U0903553

2021

法律法规全书系列

中华人民共和国
财税
法律法规全书

含优惠政策

中国法制出版社
CHINA LEGAL PUBLISHING HOUSE

出版说明

随着中国特色社会主义法律体系的建成，中国的立法进入了“修法时代”。在这一时期，为了使法律体系进一步保持内部的科学、和谐、统一，会频繁出现对法律各层级文件的适时清理。目前，清理工作已经全面展开且取得了阶段性的成果，但这一清理过程在未来几年仍将持续。这对于读者如何了解最新法律修改信息、如何准确适用法律带来了使用上的不便。基于这一考虑，我们精心编辑出版了本丛书，一方面重在向读者展示我国立法的成果与现状，另一方面旨在帮助读者在法律文件修改频率较高的时代准确适用法律。

本书独具以下四重价值：

1. **文本权威，内容全面。**本书涵盖财税领域相关的常用法律、行政法规、国务院文件、部门规章、规范性文件、司法解释，及相关示范文本；书中收录文件均为经过清理修改的现行有效标准文本，方便读者及时掌握最新法律文件。

2. **查找方便，附录实用。**全书法律文件按照紧密程度排列，方便读者对某一类问题的集中查找；重点法律附加条旨，指引读者快速找到目标条文；附录相关典型案例、文书范本，其中案例具有指引“同案同判”的作用。同时，本书采用可平摊使用的独特开本，避免因书籍太厚难以摊开使用的弊端。

3. **免费增补，动态更新。**为保持本书与新法的同步更新，避免读者因部分法律的修改而反复购买同类图书，我们为读者专门设置了以下服务：(1) 扫码添加书后“法规编辑部”公众号→点击菜单栏→进入资料下载栏→选择法律法规全书资料项→点击网址或扫码下载，即可获取本书每次改版修订内容的电子版文件；(2) 通过“法规编辑部”公众号，及时了解最新立法信息，并可线上留言，编辑团队会就图书相关疑问动态解答。

4. **目录赠送，配套使用。**赠送本书目录的电子版，与纸书配套，立体化、电子化使用，便于检索、快速定位；同时实现将本书装进电脑，随时随地查。

修订说明

本次再版，对本书作出如下改进：一是根据近年国家立法的变化，更新了相应的法律文件，如最新修改的《预算法实施条例》《涉税专业服务监管办法（试行）》等。同时，最新出台的《契税法》《城市维护建设税法》《政府购买服务管理办法》《罚没财物管理办法》《政府采购促进中小企业发展管理办法》《税务机关政府信息公开申请办理规范》《税务文书电子送达规定（试行）》等法律文件也均予以收录，保证了本书的时效性。二是补充增加了一些最新公布的税收优惠政策，如《财政部、税务总局关于延续实施普惠金融有关税收优惠政策的公告》《财政部、税务总局关于海南自由贸易港企业所得税优惠政策的通知》《财政部、税务总局、国家发展改革委关于延续西部大开发企业所得税政策的公告》等。三是删除了一些已失效或已失去普遍指导作用的文件。

总　目　录

目 录*

一、国家财政

* 编者按：本目录中的时间为法律文件的公布时间或最后一次修正、修订公布时间。

二、财务会计

三、税法

四、税收征管

（二）税务管理

（三）税收违法行为及处理

五、税收优惠

一、国家财政

（一）财政综合规定

财政违法行为处罚处分条例

（2004年11月30日中华人民共和国国务院令第427号公布　根据2011年1月8日《国务院关于废止和修改部分行政法规的决定》修订）

第一条　为了纠正财政违法行为，维护国家财政经济秩序，制定本条例。

第二条　县级以上人民政府财政部门及审计机关在各自职权范围内，依法对财政违法行为作出处理、处罚决定。

省级以上人民政府财政部门的派出机构，应当在规定职权范围内，依法对财政违法行为作出处理、处罚决定；审计机关的派出机构，应当根据审计机关的授权，依法对财政违法行为作出处理、处罚决定。

根据需要，国务院可以依法调整财政部门及其派出机构（以下统称财政部门）、审计机关及其派出机构（以下统称审计机关）的职权范围。

有财政违法行为的单位，其直接负责的主管人员和其他直接责任人员，以及有财政违法行为的个人，属于国家公务员的，由监察机关及其派出机构（以下统称监察机关）或者任免机关依照人事管理权限，依法给予行政处分。

第三条　财政收入执收单位及其工作人员有下列违反国家财政收入管理规定的行为之一的，责令改正，补收应当收取的财政收入，限期退还违法所得。对单位给予警告或者通报批评。对直接负责的主管人员和其他直接责任人员给予警告、记过或者记大过处分；情节严重的，给予降级或者撤职处分：

（一）违反规定设立财政收入项目；

（二）违反规定擅自改变财政收入项目的范围、标准、对象和期限；

（三）对已明令取消、暂停执行或者降低标准的财政收入项目，仍然依照原定项目、标准征收或者变换名称征收；

（四）缓收、不收财政收入；

（五）擅自将预算收入转为预算外收入；

（六）其他违反国家财政收入管理规定的行为。

《中华人民共和国税收征收管理法》等法律、行政法规另有规定的，依照其规定给予行政处分。

第四条　财政收入执收单位及其工作人员有下列违反国家财政收入上缴规定的行为之一的，责令改正，调整有关会计账目，收缴应当上缴的财政收入，限期退还违法所得。对单位给予警告或者通报批评。对直接负责的主管人员和其他直接责任人员给予记大过处分；情节较重的，给予降级或者撤职处分；情节严重的，给予开除处分：

（一）隐瞒应当上缴的财政收入；

（二）滞留、截留、挪用应当上缴的财政收入；

（三）坐支应当上缴的财政收入；

（四）不依照规定的财政收入预算级次、预算科目入库；

（五）违反规定退付国库库款或者财政专户资金；

（六）其他违反国家财政收入上缴规定的行为。

《中华人民共和国税收征收管理法》、《中华人民共和国预算法》等法律、行政法规另有规定的，依照其规定给予行政处分。

第五条　财政部门、国库机构及其工作人员有下列违反国家有关上解、下拨财政资金规定的行为之一的，责令改正，限期退还违法所得。对单位给予警告或者通报批评。对直接负责的主管人员和其他直接责任人员给予记过或者记大过处分；情节较重的，给予降级或者撤职处分；情节严重的，给予开除处分：

（一）延解、占压应当上解的财政收入；

（二）不依照预算或者用款计划核拨财政资金；

（三）违反规定收纳、划分、留解、退付国库库款或者财政专户资金；

（四）将应当纳入国库核算的财政收入放在财政专户核算；

（五）擅自动用国库库款或者财政专户资金；

（六）其他违反国家有关上解、下拨财政资金规定的行为。

第六条　国家机关及其工作人员有下列违反规定使用、骗取财政资金的行为之一的，责令改正，调整有关会计账目，追回有关财政资金，限期退还违法所得。对单位给予警告或者通报批评。对直接负责的主管人员和其他直接责任人员给予记大过处分；情节较重的，给予降级或者撤职处分；情节严重的，给予开除处分：

（一）以虚报、冒领等手段骗取财政资金；

（二）截留、挪用财政资金；

（三）滞留应当下拨的财政资金；

（四）违反规定扩大开支范围，提高开支标准；

（五）其他违反规定使用、骗取财政资金的行为。

第七条 财政预决算的编制部门和预算执行部门及其工作人员有下列违反国家有关预算管理规定的行为之一的，责令改正，追回有关款项，限期调整有关预算科目和预算级次。对单位给予警告或者通报批评。对直接负责的主管人员和其他直接责任人员给予警告、记过或者记大过处分；情节较重的，给予降级处分；情节严重的，给予撤职处分：

（一）虚增、虚减财政收入或者财政支出；

（二）违反规定编制、批复预算或者决算；

（三）违反规定调整预算；

（四）违反规定调整预算级次或者预算收支种类；

（五）违反规定动用预算预备费或者挪用预算周转金；

（六）违反国家关于转移支付管理规定的行为；

（七）其他违反国家有关预算管理规定的行为。

第八条 国家机关及其工作人员违反国有资产管理的规定，擅自占有、使用、处置国有资产的，责令改正，调整有关会计账目，限期退还违法所得和被侵占的国有资产。对单位给予警告或者通报批评。对直接负责的主管人员和其他直接责任人员给予记大过处分；情节较重的，给予降级或者撤职处分；情节严重的，给予开除处分。

第九条 单位和个人有下列违反国家有关投资建设项目规定的行为之一的，责令改正，调整有关会计账目，追回被截留、挪用、骗取的国家建设资金，没收违法所得，核减或者停止拨付工程投资。对单位给予警告或者通报批评，其直接负责的主管人员和其他直接责任人员属于国家公务员的，给予记大过处分；情节较重的，给予降级或者撤职处分；情节严重的，给予开除处分：

（一）截留、挪用国家建设资金；

（二）以虚报、冒领、关联交易等手段骗取国家建设资金；

（三）违反规定超概算投资；

（四）虚列投资完成额；

（五）其他违反国家投资建设项目有关规定的行为。

《中华人民共和国政府采购法》、《中华人民共和国招标投标法》、《国家重点建设项目管理办法》等法律、行政法规另有规定的，依照其规定处理、处罚。

第十条 国家机关及其工作人员违反《中华人民共和国担保法》及国家有关规定，擅自提供担保的，责令改正，没收违法所得。对单位给予警告或者通报批评。对直接负责的主管人员和其他直接责任人员给予警告、记过或者记大过处分；造成损失的，给予降级或者撤职处分；造成重大损失的，给予开除处分。

第十一条 国家机关及其工作人员违反国家有关账户管理规定，擅自在金融机构开立、使用账户的，责令改正，调整有关会计账目，追回有关财政资金，没收违法所得，依法撤销擅自开立的账户。对单位给予警告或者通报批评。对直接负责的主管人员和其他直接责任人员给予降级处分；情节严重的，给予撤职或者开除处分。

第十二条 国家机关及其工作人员有下列行为之一的，责令改正，调整有关会计账目，追回被挪用、骗取的有关资金，没收违法所得。对单位给予警告或者通报批评。对直接负责的主管人员和其他直接责任人员给予降级处分；情节较重的，给予撤职处分；情节严重的，给予开除处分：

（一）以虚报、冒领等手段骗取政府承贷或者担保的外国政府贷款、国际金融组织贷款；

（二）滞留政府承贷或者担保的外国政府贷款、国际金融组织贷款；

（三）截留、挪用政府承贷或者担保的外国政府贷款、国际金融组织贷款；

（四）其他违反规定使用、骗取政府承贷或者担保的外国政府贷款、国际金融组织贷款的行为。

第十三条 企业和个人有下列不缴或者少缴财政收入行为之一的，责令改正，调整有关会计账目，收缴应当上缴的财政收入，给予警告，没收违法所得，并处不缴或者少缴财政收入10%以上30%以下的罚款；对直接负责的主管人员和其他直接责任人员处3000元以上5万元以下的罚款：

（一）隐瞒应当上缴的财政收入；

（二）截留代收的财政收入；

（三）其他不缴或者少缴财政收入的行为。

属于税收方面的违法行为，依照有关税收法律、行政法规的规定处理、处罚。

第十四条 企业和个人有下列行为之一的，责令改正，调整有关会计账目，追回违反规定使用、骗取的有关资金，给予警告，没收违法所得，并处被骗取有关资金10%以上50%以下的罚款或者被违规使用有关资金10%以上30%以下的罚款；对直接负责的主管人员和其他直接责任人员处3000元以上5万元以下的罚款：

（一）以虚报、冒领等手段骗取财政资金以及政府承贷或者担保的外国政府贷款、国际金融组织贷款；

（二）挪用财政资金以及政府承贷或者担保的外国政府贷款、国际金融组织贷款；

（三）从无偿使用的财政资金以及政府承贷或者担保的外国政府贷款、国际金融组织贷款中非法获益；

（四）其他违反规定使用、骗取财政资金以及政府承贷或者担保的外国政府贷款、国际金融组织贷款的行为。

属于政府采购方面的违法行为，依照《中华人民共和国政府采购法》及有关法律、行政法规的规定处理、处罚。

第十五条 事业单位、社会团体、其他社会组织及其工作人员有财政违法行为的，依照本条例有关国家机关的规定执行；但其在经营活动中的财政违法行为，依照本条例第十三条、第十四条的规定执行。

第十六条 单位和个人有下列违反财政收入票据管理规定的行为之一的，销毁非法印制的票据，没收违法所得和作案工具。对单位处5000元以上10万元以下的罚款；对直接负责的主管人员和其他直接责任人员处3000元以上5万元以下的罚款。属于国家公务员的，还应当给予降级或者撤职处分；情节严重的，给予开除处分：

（一）违反规定印制财政收入票据；

（二）转借、串用、代开财政收入票据；

（三）伪造、变造、买卖、擅自销毁财政收入票据；

（四）伪造、使用伪造的财政收入票据监（印）制章；

（五）其他违反财政收入票据管理规定的行为。

属于税收收入票据管理方面的违法行为，依照有关税收法律、行政法规的规定处理、处罚。

第十七条 单位和个人违反财务管理的规定，私存私放财政资金或者其他公款的，责令改正，调整有关会计账目，追回私存私放的资金，没收违法所得。对单位处3000元以上5万元以下的罚款；对直接负责的主管人员和其他直接责任人员处2000元以上2万元以下的罚款。属于国家公务员的，还应当给予记大过处分；情节严重的，给予降级或者撤职处分。

第十八条 属于会计方面的违法行为，依照会计方面的法律、行政法规的规定处理、处罚。对其直接负责的主管人员和其他直接责任人员，属于国家公务员的，还应当给予警告、记过或者记大过处分；情节较重的，给予降级或者撤职处分；情节严重的，给予开除处分。

第十九条 属于行政性收费方面的违法行为，《中华人民共和国行政许可法》、《违反行政事业性收费和罚没收入收支两条线管理规定行政处分暂行规定》等法律、行政法规及国务院另有规定的，有关部门依照其规定处理、处罚、处分。

第二十条 单位和个人有本条例规定的财政违法行为，构成犯罪的，依法追究刑事责任。

第二十一条 财政部门、审计机关、监察机关依法进行调查或者检查时，被调查、检查的单位和个人应当予以配合，如实反映情况，不得拒绝、阻挠、拖延。

违反前款规定的，责令限期改正。逾期不改正的，对属于国家公务员的直接负责的主管人员和其他直接责任人员，给予警告、记过或者记大过处分；情节严重的，给予降级或者撤职处分。

第二十二条 财政部门、审计机关、监察机关依法进行调查或者检查时，经县级以上人民政府财政部门、审计机关、监察机关的负责人批准，可以向与被调查、检查单位有经济业务往来的单位查询有关情况，可以向金融机构查询被调查、检查单位的存款，有关单位和金融机构应当配合。

财政部门、审计机关、监察机关在依法进行调查或者检查时，执法人员不得少于2人，并应当向当事人或者有关人员出示证件；查询存款时，还应当持有县级以上人民政府财政部门、审计机关、监察机关签发的查询存款通知书，并负有保密义务。

第二十三条 财政部门、审计机关、监察机关依法进行调查或者检查时，在有关证据可能灭失或者以后难以取得的情况下，经县级以上人民政府财政部门、审计机关、监察机关的负责人批准，可以先行登记保存，并应当在7日内及时作出处理决定。在此期间，当事人或者有关人员不得销毁或者转移证据。

第二十四条 对被调查、检查单位或者个人正在进行的财政违法行为，财政部门、审计机关应当责令停止。拒不执行的，财政部门可以暂停财政拨款或者停止拨付与财政违法行为直接有关的款项，已经拨付的，责令其暂停使用；审计机关可以通知财政部门或者其他有关主管部门暂停财政拨款或者停止拨付与财政违法行为直接有关的款项，已经拨付的，责令其暂停使用，财政部门和其他有关主管部门应当将结果书面告知审计机关。

第二十五条 依照本条例规定限期退还的违法所得，到期无法退还的，应当收缴国库。

第二十六条 单位和个人有本条例所列财政违法行为，财政部门、审计机关、监察机关可以公告其财政违法行为及处理、处罚、处分决定。

第二十七条 单位和个人有本条例所列财政违法行为，弄虚作假骗取荣誉称号及其他有关奖励的，应当撤销其荣誉称号并收回有关奖励。

第二十八条 财政部门、审计机关、监察机关的工作人员滥用职权、玩忽职守、徇私舞弊的，给予警告、记过或者记大过处分；情节较重的，给予降级或者撤职处分；情节严重的，给予开除处分。构成犯罪的，依法追究刑事责任。

第二十九条 财政部门、审计机关、监察机关及其他有关监督检查机关对有关单位或者个人依法进行调查、检查后，应当出具调查、检查结论。有关监督检查机关已经作出的调查、检查结论能够满足其他监督检查机关履行本机关职责需要的，其他监督检查机关应当加以利用。

第三十条 财政部门、审计机关、监察机关及其他有关机关应当加强配合，对不属于其职权范围的事项，应当依法移送。受移送机关应当及时处理，并将结果书面告知移送机关。

第三十一条 对财政违法行为作出处理、处罚和处分决定的程序，依照本条例和《中华人民共和国行政处罚法》、《中华人民共和国行政监察法》等有关法律、行政法规的规定执行。

第三十二条 单位和个人对处理、处罚不服的，依照《中华人民共和国行政复议法》、《中华人民共和国行政诉讼法》的规定申请复议或者提起诉讼。

国家公务员对行政处分不服的，依照《中华人民共和国行政监察法》、《中华人民共和国公务员法》等法律、行政法规的规定提出申诉。

第三十三条　本条例所称“财政收入执收单位”，是指负责收取税收收入和各种非税收入的单位。

第三十四条　对法律、法规授权的具有管理公共事务职能的组织以及国家行政机关依法委托的组织及其工勤人员以外的工作人员，企业、事业单位、社会团体中由国家行政机关以委任、派遣等形式任命的人员以及其他人员有本条例规定的财政违法行为，需要给予处分的，参照本条例有关规定执行。

第三十五条　本条例自2005年2月1日起施行。1987年6月16日国务院发布的《国务院关于违反财政法规处罚的暂行规定》同时废止。

财政检查工作办法

（2006年1月26日财政部令第32号公布　自2006年3月1日起施行）

第一条　为了规范财政检查工作，保障和监督财政部门有效实施财政检查，保护公民、法人和其他组织的合法权益，根据《中华人民共和国预算法》、《财政违法行为处罚处分条例》等法律、行政法规，制定本办法。

第二条　县级以上人民政府财政部门及省级以上人民政府财政部门的派出机构（以下统称财政部门）依法实施财政检查，适用本办法。

第三条　本办法所称财政检查，是指财政部门为履行财政监督职责，纠正财政违法行为，维护国家财政经济秩序，对单位和个人执行财税法规情况以及财政、财务、会计等管理事项进行检查的活动。

第四条　财政部门实施财政检查，应当遵循合法、客观、公正、公开的原则。

第五条　财政部门应当按照法律、法规、规章和本办法的规定，在规定的职权范围内，实施财政检查，依法作出检查结论或处理、处罚决定。

对财政检查工作管辖发生争议的，报请共同的上一级财政部门指定管辖。

第六条　财政部门应当制定年度财政检查计划，按计划组织开展财政检查，或者根据日常财政管理需要，组织开展财政检查。

第七条　财政部门组织开展财政检查应当组成检查组，并指定检查组组长。检查组实行组长负责制。

第八条　检查组检查人员由财政部门工作人员组成。检查人员应当具备下列条件：

（一）熟悉有关法律、法规、规章和政策；

（二）掌握相关的专业知识；

（三）具有一定的调查研究、综合分析和文字表达能力。

第九条　根据需要，财政部门可以聘请专门机构或者具有专门知识的人员协助检查人员开展检查工作。

第十条　检查人员与被检查单位或个人（以下统称被检查人）有直接利害关系的，应当回避。被检查人认为检查人员与自己有利害关系的，可以要求检查人员回避。

检查人员的回避，由财政部门负责人决定。

第十一条　检查人员应当遵守国家有关保密规定，不得泄露检查中知悉的国家秘密和商业秘密，不得将检查中取得的材料用于与检查工作无关的事项。

第十二条　检查组在实施财政检查前，应当熟悉与检查事项有关的法律、法规、规章和政策，了解被检查人的基本情况，编制财政检查工作方案。

第十三条　财政部门实施财政检查，一般应于3个工作日前向被检查人送达财政检查通知书。

财政部门认为实施财政检查的3个工作日前向被检查人送达检查通知书对检查工作有不利影响时，经财政部门负责人批准，检查通知书可在实施财政检查前适当时间下达。

财政检查通知书的内容包括：

（一）被检查人的名称；

（二）检查的依据、范围、内容、方式和时间；

（三）对被检查人配合检查工作的具体要求；

（四）检查组组长及检查人员名单、联系方式；

（五）财政部门公章及签发日期。

第十四条　实施财政检查时，检查人员不得少于两人，并应当向被检查人出示证件。

检查人员可以向被检查人询问有关情况，被检查人应当予以配合，如实回答询问、反映情况。询问应当制作笔录，并由被检查人签字或盖章。

第十五条　实施财政检查时，检查人员可以要求被检查人提供有关资料，并可以对有关资料进行复制。

提供的资料是外国文字或少数民族文字记录的，被检查人应当将资料译成中文。

第十六条　实施财政检查时，检查人员可以运用查账、盘点、查询及函证、计算、分析性复核等方法。

第十七条　实施财政检查时，经财政部门负责人批准，检查人员可以向与被检查人有经济业务往来的单位查询有关情况，可以依法向金融机构查询被检查单位的存款。

检查人员查询存款时，应当持有财政部门签发的查询存款通知书，并负有保密义务。

第十八条　实施财政检查时，在有关证据可能灭失或者以后难以取得的情况下，经财政部门负责人批准，可以先行登记保存，并应当在7个工作日内及时作出处理决定。在此期间，被检查人或者有关人员不得销毁或者转移证据。

第十九条 检查人员在检查中取得的证明材料，应当有提供者的签名或者盖章。

未取得提供者签名或盖章的材料，检查人员应当注明原因。

第二十条 实施财政检查时，检查人员应当将检查内容与事项予以记录和摘录，编制财政检查工作底稿，并由被检查人签字或者盖章。

第二十一条 检查组组长应当对本组其他检查人员的工作质量进行监督，并对有关事项进行必要的审查和复核。

第二十二条 检查组在实施检查中，遇到重大问题应当及时向财政部门请示汇报。

第二十三条 检查工作结束前，检查组应当就检查工作的基本情况、被检查人存在的问题等事项书面征求被检查人的意见。被检查人自收到书面征求意见函之日起5个工作日内，提出书面意见或说明；在规定期限内没有提出书面意见或说明的，视为无异议。

第二十四条 检查组应于检查结束10个工作日内，向财政部门提交书面财政检查报告；特殊情况下，经批准提交财政检查报告的时间可以延长，但最长不得超过30日。

检查组在提交财政检查报告时，还应当一并提交行政处理、处罚建议或者移送处理建议以及财政检查工作底稿等材料。

第二十五条 财政检查报告应当包括下列内容：

（一）被检查人的基本情况；

（二）检查范围、内容、方式和时间；

（三）被检查人执行财税法规情况以及财政、财务、会计等管理事项的基本情况；

（四）被检查人存在财政违法行为的基本事实以及认定依据、证据；

（五）被检查人的意见或说明；

（六）应当向财政部门报告的其他事项；

（七）检查组组长签名及财政检查报告日期。

第二十六条 财政部门应当建立健全财政检查的复核制度，指定内部有关职能机构或者专门人员，对检查组提交的财政检查报告以及其他有关材料予以复核。

复核人员与被检查人或者检查人员有直接利害关系的，应当回避。

第二十七条 负责复核的有关职能机构或者专门人员，应当从以下几个方面对财政检查报告以及其他有关材料进行复核：

（一）检查事项认定的事实是否清楚；

（二）取得的证据是否真实、充分；

（三）检查程序是否合法；

（四）认定财政违法行为的法律依据是否适当；

（五）提出的行政处理、处罚建议或者移送处理建议是否适当；

（六）其他需要复核的事项。

有关职能机构或者专门人员对财政检查报告复核后，应当提出复核意见。

第二十八条 财政部门对财政检查报告和复核意见进行审定后，应当根据不同情况作出如下处理：

（一）对未发现有财政违法行为的被检查人作出检查结论；

（二）对有财政违法行为的被检查人依法作出行政处理、处罚决定；

（三）对不属于本部门职权范围的事项依法移送。

财政检查报告与复核意见存在重大分歧的，财政部门应当责成检查组进一步核实、补正有关情况或者材料；必要时，应当另行派出检查组，重新实施财政检查。

第二十九条 财政部门作出行政处理、处罚决定的，应当制作行政处理、处罚决定书。行政处理、处罚决定书应当载明以下事项：

（一）当事人的姓名或者名称、地址；

（二）违反法律、法规或者规章的事实和证据；

（三）行政处理、处罚的种类和依据；

（四）行政处理、处罚履行的方式和期限；

（五）不服行政处理、处罚决定，申请行政复议或者提起行政诉讼的途径和期限；

（六）作出行政处理、处罚决定的财政部门名称和日期；

行政处理、处罚决定书必须盖有作出行政处理、处罚决定的财政部门印章。

第三十条 财政部门在作出行政处罚决定之前，应当告知当事人作出行政处罚的事实、理由及依据，并告知当事人依法享有的权利。

当事人有权进行陈述和申辩。财政部门必须充分听取当事人的意见，对当事人提出的事实、理由和证据，应当进行核查；当事人提出的事实、理由或者证据成立的，财政部门应当采纳。

第三十一条 财政部门作出应当告知听证权利的行政处罚决定之前，应当告知当事人有要求举行听证的权利；当事人要求听证的，财政部门应当组织听证。

财政部门举行听证的，依照《财政机关行政处罚听证实施办法》（财政部令第23号）的规定办理。

第三十二条 财政部门依法作出行政处理、处罚决定后，应当将行政处理、处罚决定书送达当事人。

行政处理、处罚决定书自送达之日起生效。

第三十三条 当事人对行政处理、处罚不服的，依照《中华人民共和国行政复议法》、《中华人民共和国行政诉讼法》的规定申请行政复议或者提起行政诉讼。

行政复议和行政诉讼期间,行政处理、处罚决定不停止执行,法律另有规定的除外。

第三十四条 财政部门应当依法对财政行政处理、处罚决定执行情况进行监督检查。

第三十五条 被检查人有财政违法行为的,财政部门可以公告其财政违法行为及行政处理、处罚、处分决定。

第三十六条 财政检查工作结束后,财政部门应当做好财政检查工作相关材料的立卷归档工作。

第三十七条 财政部门的工作人员在财政检查工作中,滥用职权、玩忽职守、徇私舞弊的,依法给予行政处分。构成犯罪的,依法追究刑事责任。

第三十八条 财政部门对财政检查工作中发现的影响财税政策、预算执行等方面的重要问题,应当及时向本级人民政府和上一级财政部门报告。

第三十九条 财政部门实施会计监督检查,适用本办法以及2001年2月20日财政部发布的《财政部门实施会计监督办法》(财政部令第10号)。

第四十条 本办法自2006年3月1日起施行。1998年10月8日财政部发布的《财政检查工作规则》(财监字[1998]223号)同时废止。

财政监督检查案件移送办法

(2008年12月16日财政部令第53号公布　自2009年2月1日起施行)

第一条 为了加强对财政监督检查案件移送工作的管理,规范财政监督检查案件移送,保障财政监督检查职责的履行,根据《财政违法行为处罚处分条例》、《行政执法机关移送涉嫌犯罪案件的规定》等有关规定,制定本办法。

第二条 本办法所称财政监督检查案件移送,是指县级以上人民政府财政部门和省级以上人民政府财政部门的派出机构(以下统称财政部门)在履行监督检查职责时,对不属于财政部门职权范围的案件和其他事项,依法依纪移送其他机关处理的行为。

第三条 财政部门依法依纪实施财政监督检查案件移送,适用本办法。

第四条 财政部门移送财政监督检查案件(以下简称案件移送),应当符合法律、法规、规章的规定,做到事实清楚、材料齐全、程序合法、手续完备。

属于财政部门职权范围的案件和其他事项,财政部门应当依法处理,不得移送其他机关。

第五条 财政部门履行监督检查职责时,对需要由税务、银行、证券、保险、海关、国有资产管理以及其他有关主管或者监管机关处理的案件,应当依法办理案件移送。

第六条 财政部门履行监督检查职责时,对依法依纪应当追究责任的公务员,财政部门无权处理的,应当将案件材料移送有关监察机关或者具有人事管理权限的任免机关处理。

对法律、法规授权的具有管理公共事务职能的组织以及国家行政机关依法委托的组织中除工勤人员以外的工作人员,企业、事业单位、社会团体中由国家行政机关以委任、派遣等形式任命的人员以及其他人员依法依纪应当追究责任的,参照前款规定执行。

第七条 财政部门履行监督检查职责时,认为有关单位或者个人涉嫌犯罪的,应当按照《行政执法机关移送涉嫌犯罪案件的规定》办理案件移送。

同一案件既涉嫌职务犯罪又涉嫌其他犯罪,检察机关与公安机关分别具有管辖权的,向案件所涉嫌主罪的管辖机关移送。

第八条 财政部驻各省、自治区、直辖市、计划单列市财政监察专员办事处认为应当移送的案件,凡涉嫌犯罪金额在1000万元以上的,或者责任人员涉及副厅(局)级以上领导干部的,以及其他性质、情节恶劣或者具有较大社会影响的案件,应当报送财政部决定移送机关。

省级财政部门派出机构的移送案件,性质、情节恶劣或者具有较大社会影响的,其具体情形及移送机关由省级财政部门确定。

第九条 财政部门向其他机关移送案件前已经作出的行政处理、行政处罚,不停止执行。移送案件时,应当将行政处理、行政处罚决定等案件材料一并移送其他机关。

不得以行政处理、行政处罚等方式代替案件移送。

第十条 财政部门履行监督检查职责时,承办机构或者承办人员认为需要案件移送的,应当向财政部门提出移送建议。

第十一条 财政部门应当指定2名以上工作人员或者内部有关机构对案件是否移送进行复核。

复核人员或者机构应当按照有关规定,对建议移送案件的事实是否清楚、材料是否齐全、程序是否合法、手续是否完备等情形进行复核,并提出移送处理意见,报本级财政部门负责人审批。

第十二条 财政部门应当自接到移送处理意见之日起7日内,作出案件移送或者不予移送的决定。

决定移送的,财政部门应当明确具体的受移送机关,办理移送手续,并将案件的有关材料及时、完整地移送受移送机关。

决定不予移送的,财政部门应当将决定的理由和依据记录在案,并依法进行处理。

第十三条 财政部门办理案件移送时,应当向受移送机

关提交《财政监督检查案件移送通知书》,并附下列材料:

(一)案件基本情况;

(二)案件的检查报告或者调查报告;

(三)已作出处理处罚的情况以及处理处罚建议;

(四)有关证据;

(五)涉案款物清单;

(六)其他需要移送的材料。

第十四条 财政部门向受移送机关提交《财政监督检查案件移送通知书》时,应当附送案件移送通知书送达回证,并要求被移送机关在送达回证上签名或者盖章。

第十五条 财政部门应当及时了解、掌握移送案件的进展情况。案件移送后超过30日尚未收到送达回证的,或者受理后超过90日尚未收到书面处理结果的,财政部门应当制发《财政监督检查移送案件询问函》,向受移送机关询问移送案件进展情况。

第十六条 对受移送机关不接收或者不予受理的案件,财政部门仍有异议的,应当与受移送机关进行协商或者向有关部门反映,并将结果记录在案。

第十七条 对其他机关移送财政部门处理的案件,财政部门应当在7日内进行审核,并作出是否受理的决定。对不予受理的,财政部门应当在30日内书面向移送机关说明不予受理的理由,并退还移送的案件材料;对予以受理的,财政部门应当及时处理,并在90日内将处理结果书面通知移送机关。

第十八条 财政部门应当建立案件移送登记制度,完善档案管理,及时对案件移送情况、处理结果等进行统计分析,并将有关汇总分析报告报送上一级财政部门。

第十九条 上级财政部门应当加强对下级财政部门案件移送工作的指导和监督。

第二十条 财政部门应当加强与受移送机关的沟通和协调。受移送机关在查处移送案件过程中,需要财政部门配合的,财政部门应当予以协助。

第二十一条 财政部门及其工作人员在案件移送工作中,应当移送而不移送或者违反规定移送,造成严重后果的,应当依法依纪追究责任。

第二十二条 本办法自2009年2月1日起施行。

财政部门监督办法

(2012年3月2日财政部令第69号公布 自2012年5月1日起施行)

第一章 总 则

第一条 为了规范财政部门监督行为,加强财政管理,保障财政资金安全规范有效使用,维护国家财经秩序,根据国家有关财政管理法律法规,制定本办法。

第二条 县级以上人民政府财政部门(以下简称财政部门)依法对单位和个人(以下统称监督对象)涉及财政、财务、会计等事项实施监督适用本办法。

省级以上人民政府财政部门派出机构在规定职权范围内依法实施监督。

第三条 财政部门应当按照财政管理体制、财务隶属关系对财政、财务等事项实施监督;按照行政区域对会计事项实施监督。

上级财政部门应当加强对下级财政部门监督工作的指导;下级财政部门应当及时将监督中发现的重大问题向本级人民政府和上级财政部门报告。

第四条 财政部门实施监督应当坚持事前、事中和事后监督相结合,建立覆盖所有政府性资金和财政运行全过程的监督机制。

第五条 财政部门实施监督应当与财政管理相结合,将监督结果作为预算安排的重要参考依据;根据监督结果完善相关政策、加强财政管理。

第六条 财政部门应当加强绩效监督,提高财政资金使用效益。

第七条 财政部门应当加强信息化建设,充分运用现代技术手段实施监督,提高监督效率。

第二章 监督机构和人员

第八条 财政部门的监督职责由本部门专职监督机构和业务管理机构共同履行;由专职监督机构实行统一归口管理、统一组织实施、统一规范程序、统一行政处罚。

第九条 专职监督机构应当履行下列监督职责:

(一)制定本部门监督工作规划;

(二)参与拟定涉及监督职责的财税政策及法律制度;

(三)牵头拟定本部门年度监督计划;

(四)组织实施涉及重大事项的专项监督;

(五)向业务管理机构反馈监督结果及意见;

(六)组织实施本部门内部监督检查。

第十条 业务管理机构应当履行下列监督职责:

(一)在履行财政、财务、会计等管理职责过程中加强日常监督;

(二)配合专职监督机构进行专项监督;

(三)根据监督结果完善相关财政政策;

(四)向专职监督机构反馈意见采纳情况。

第十一条 专职监督机构和业务管理机构实施监督,应当协调配合、信息共享。

第十二条 实施监督的财政部门工作人员(以下简称监督人员)应当具备与财政监督工作相适应的专业知识和业务能力。

监督人员应当廉洁自律，秉公执法，保守秘密。

第十三条 监督人员与监督对象有利害关系的应当回避。

监督对象有权申请有利害关系的监督人员回避。

监督人员的回避，由财政部门负责人决定。

第十四条 监督人员依法履行监督职责受法律保护。

对财政部门依法实施的监督，监督对象应当予以配合、如实反映情况；不得拒绝、阻挠、拖延；不得对监督人员打击报复。

第十五条 财政部门可以根据需要，聘请有关专业机构或者专业人员协助监督工作。

财政部门应当加强对所聘机构和人员的统一管理。

第三章 监督范围和权限

第十六条 财政部门依法对下列事项实施监督：

（一）财税法规、政策的执行情况；

（二）预算编制、执行、调整和决算情况；

（三）税收收入、政府非税收入等政府性资金的征收、管理情况；

（四）国库集中收付、预算单位银行账户的管理使用情况；

（五）政府采购法规、政策的执行情况；

（六）行政、事业单位国有资产，金融类、文化企业等国有资产的管理情况；

（七）财务会计制度的执行情况；

（八）外国政府、国际金融组织贷款和赠款的管理情况；

（九）法律法规规定的其他事项。

对会计师事务所和资产评估机构设立及执业情况的监督，由省级以上人民政府财政部门依法实施。

第十七条 财政部门实施监督，可以依法采取下列措施：

（一）要求监督对象按照要求提供与监督事项有关的资料；

（二）调取、查阅、复制监督对象有关预算编制、执行、调整和决算资料，会计凭证和账簿、财务会计报告、审计报告、账户信息、电子信息管理系统情况，以及其他有关资料；

（三）经县级以上人民政府财政部门负责人批准，向与被监督单位有经济业务往来的单位查询有关情况，向金融机构查询被监督单位的存款；

（四）在证据可能灭失或者以后难以取得的情况下，经县级以上人民政府财政部门负责人批准，先行登记保存证据，并在7日内及时作出处理决定；

（五）对正在进行的财政违法行为，责令停止；拒不执行的，暂停财政拨款或者停止拨付与财政违法行为直接有关的款项；已经拨付的，责令暂停使用；

（六）法律法规规定的其他措施。

第十八条 财政部门实施监督过程中，发现监督对象制定或者执行的规定与国家相关规定相抵触的，可以根据职权予以纠正或者建议有权机关予以纠正。

第十九条 对监督对象财政违法行为作出的处理、处罚决定及其执行情况，除涉及国家秘密、商业秘密、个人隐私外，财政部门可以公开。

第二十条 对有关财政违法行为的举报，财政部门应当按照规定处理，并为举报人保密。

第四章 监督方式和程序

第二十一条 财政部门实施监督，可以采取监控、督促、调查、核查、审查、检查、评价等方法。

第二十二条 财政部门实施监督，可以采取专项监督和日常监督相结合的方式。

专项监督应当结合年度监督计划，按照规定程序组织实施。

日常监督应当结合履行财政、财务、会计等管理职责，按照规定程序组织实施。

第二十三条 财政部门实施监督，应当依法对财政违法行为作出处理处罚；对不属于本部门职权范围的事项，应当按照规定程序移送有权机关处理。

第二十四条 财政部门实施监督，应当加强与监察、审计等有关机关的沟通和协作。有关机关已经作出的调查、检查、审计结论能够满足本部门履行职责需要的，应当加以利用。

财政部门履行监督职责，可以提请有关机关予以协助。

第五章 法律责任

第二十五条 监督对象有下列情形之一的，由县级以上人民政府财政部门责令限期改正，并给予警告；直接负责的主管人员和其他直接责任人员属于国家工作人员的，建议有关主管部门依法给予处分；涉嫌犯罪的，依法移送司法机关：

（一）拒绝、阻挠、拖延财政部门依法实施的监督的；

（二）不如实提供有关资料的；

（三）对监督人员进行打击报复的。

第二十六条 监督人员实施监督过程中玩忽职守、滥用职权、徇私舞弊或者泄露国家秘密、商业秘密的，依法给予行政处分；涉嫌犯罪的，依法移送司法机关。

第二十七条 监督对象对处理、处罚决定不服的，可以依法申请行政复议或者提起行政诉讼。

国家工作人员对处分不服的，可以依照有关规定申请复核或者提出申诉。

第六章 附则

第二十八条 乡镇财政机构在规定职权范围内，或者受上级政府财政部门委托，依法实施监督工作，参照本办法执行。

第二十九条 本办法自2012年5月1日起施行。

政府和社会资本合作项目财政管理暂行办法

（2016年9月24日　财金〔2016〕92号）

第一章　总　　则

第一条　为加强政府和社会资本合作（简称PPP）项目财政管理，明确财政部门在PPP项目全生命周期内的工作要求，规范财政部门履职行为，保障合作各方合法权益，根据《预算法》、《政府采购法》、《企业国有资产法》等法律法规，制定本办法。

第二条　本办法适用于中华人民共和国境内能源、交通运输、市政公用、农业、林业、水利、环境保护、保障性安居工程、教育、科技、文化、体育、医疗卫生、养老、旅游等公共服务领域开展的各类PPP项目。

第三条　各级财政部门应当会同相关部门，统筹安排财政资金、国有资产等各类公共资产和资源与社会资本开展平等互惠的PPP项目合作，切实履行项目识别论证、政府采购、预算收支与绩效管理、资产负债管理、信息披露与监督检查等职责，保证项目全生命周期规范实施、高效运营。

第二章　项目识别论证

第四条　各级财政部门应当加强与行业主管部门的协同配合，共同做好项目前期的识别论证工作。

政府发起PPP项目的，应当由行业主管部门提出项目建议，由县级以上人民政府授权的项目实施机构编制项目实施方案，提请同级财政部门开展物有所值评价和财政承受能力论证。

社会资本发起PPP项目的，应当由社会资本向行业主管部门提交项目建议书，经行业主管部门审核同意后，由社会资本编制项目实施方案，由县级以上人民政府授权的项目实施机构提请同级财政部门开展物有所值评价和财政承受能力论证。

第五条　新建、改扩建项目的项目实施方案应当依据项目建议书、项目可行性研究报告等前期论证文件编制；存量项目实施方案的编制依据还应包括存量公共资产建设、运营维护的历史资料以及第三方出具的资产评估报告等。

项目实施方案应当包括项目基本情况、风险分配框架、运作方式、交易结构、合同体系、监管架构等内容。

第六条　项目实施机构可依法通过政府采购方式委托专家或第三方专业机构，编制项目物有所值评价报告。受托专家或第三方专业机构应独立、客观、科学地进行项目评价、论证，并对报告内容负责。

第七条　各级财政部门应当会同同级行业主管部门根据项目实施方案共同对物有所值评价报告进行审核。物有所值评价审核未通过的，项目实施机构可对实施方案进行调整后重新提请本级财政部门和行业主管部门审核。

第八条　经审核通过物有所值评价的项目，由同级财政部门依据项目实施方案和物有所值评价报告组织编制财政承受能力论证报告，统筹本级全部已实施和拟实施PPP项目的各年度支出责任，并综合考虑行业均衡性和PPP项目开发计划后，出具财政承受能力论证报告审核意见。

第九条　各级财政部门应当建立本地区PPP项目开发目录，将经审核通过物有所值评价和财政承受能力论证的项目纳入PPP项目开发目录管理。

第三章　项目政府采购管理

第十条　对于纳入PPP项目开发目录的项目，项目实施机构应根据物有所值评价和财政承受能力论证审核结果完善项目实施方案，报本级人民政府审核。本级人民政府审核同意后，由项目实施机构按照政府采购管理相关规定，依法组织开展社会资本方采购工作。

项目实施机构可以依法委托采购代理机构办理采购。

第十一条　项目实施机构应当优先采用公开招标、竞争性谈判、竞争性磋商等竞争性方式采购社会资本方，鼓励社会资本积极参与、充分竞争。根据项目需求必须采用单一来源采购方式的，应当严格符合法定条件和程序。

第十二条　项目实施机构应当根据项目特点和建设运营需求，综合考虑专业资质、技术能力、管理经验和财务实力等因素合理设置社会资本的资格条件，保证国有企业、民营企业、外资企业平等参与。

第十三条　项目实施机构应当综合考虑社会资本竞争者的技术方案、商务报价、融资能力等因素合理设置采购评审标准，确保项目的长期稳定运营和质量效益提升。

第十四条　参加采购评审的社会资本所提出的技术方案内容最终被全部或部分采纳，但经采购未中选的，财政部门应会同行业主管部门对其前期投入成本予以合理补偿。

第十五条　各级财政部门应当加强对PPP项目采购活动的支持服务和监督管理，依托政府采购平台和PPP综合信息平台，及时充分向社会公开PPP项目采购信息，包括资格预审文件及结果、采购文件、响应文件提交情况及评审结果等，确保采购过程和结果公开、透明。

第十六条　采购结果公示结束后、PPP项目合同正式签订前，项目实施机构应将PPP项目合同提交行业主管部门、财政部门、法制部门等相关职能部门审核后，报本级人民政府批准。

第十七条　PPP项目合同审核时，应当对照项目实施方案、物有所值评价报告、财政承受能力论证报告及采购文件，检查合同内容是否发生实质性变更，并重点审核合同是否满足以下要求：

（一）合同应当根据实施方案中的风险分配方案，在政府与社会资本双方之间合理分配项目风险，并确保应由社会资本方承担的风险实现了有效转移；

（二）合同应当约定项目具体产出标准和绩效考核指标，明确项目付费与绩效评价结果挂钩；

（三）合同应当综合考虑项目全生命周期内的成本核算范围和成本变动因素，设定项目基准成本；

（四）合同应当根据项目基准成本和项目资本金财务内部收益率，参照工程竣工决算合理测算确定项目的补贴或收费定价基准。项目收入基准以外的运营风险由项目公司承担；

（五）合同应当合理约定项目补贴或收费定价的调整周期、条件和程序，作为项目合作期限内行业主管部门和财政部门执行补贴或收费定价调整的依据。

第四章　项目财政预算管理

第十八条　行业主管部门应当根据预算管理要求，将PPP项目合同中约定的政府跨年度财政支出责任纳入中期财政规划，经财政部门审核汇总后，报本级人民政府审核，保障政府在项目全生命周期内的履约能力。

第十九条　本级人民政府同意纳入中期财政规划的PPP项目，由行业主管部门按照预算编制程序和要求，将合同中符合预算管理要求的下一年度财政资金收支纳入预算管理，报请财政部门审核后纳入预算草案，经本级政府同意后报本级人民代表大会审议。

第二十条　行业主管部门应按照预算编制要求，编报PPP项目收支预算：

（一）收支测算。每年7月底之前，行业主管部门应按照当年PPP项目合同约定，结合本年度预算执行情况、支出绩效评价结果等，测算下一年度应纳入预算的PPP项目收支数额。

（二）支出编制。行业主管部门应将需要从预算中安排的PPP项目支出责任，按照相关政府收支分类科目、预算支出标准和要求，列入支出预算。

（三）收入编制。行业主管部门应将政府在PPP项目中获得的收入列入预算。

（四）报送要求。行业主管部门应将包括所有PPP项目全部收支在内的预算，按照统一的时间要求报同级财政部门。

第二十一条　财政部门应对行业主管部门报送的PPP项目财政收支预算申请进行认真审核，充分考虑绩效评价、价格调整等因素，合理确定预算金额。

第二十二条　PPP项目中的政府收入，包括政府在PPP项目全生命周期过程中依据法律和合同约定取得的资产权益转让、特许经营权转让、股息、超额收益分成、社会资本违约赔偿和保险索赔等收入，以及上级财政拨付的PPP专项奖补资金收入等。

第二十三条　PPP项目中的政府支出，包括政府在PPP项目全生命周期过程中依据法律和合同约定需要从财政资金中安排的股权投资、运营补贴、配套投入、风险承担，以及上级财政对下级财政安排的PPP专项奖补资金支出。

第二十四条　行业主管部门应当会同各级财政部门做好项目全生命周期成本监测工作。每年一季度前，项目公司（或社会资本方）应向行业主管部门和财政部门报送上一年度经第三方审计的财务报告及项目建设运营成本说明材料。项目成本信息要通过PPP综合信息平台对外公示，接受社会监督。

第二十五条　各级财政部门应当会同行业主管部门开展PPP项目绩效运行监控，对绩效目标运行情况进行跟踪管理和定期检查，确保阶段性目标与资金支付相匹配，开展中期绩效评估，最终促进实现项目绩效目标。监控中发现绩效运行与原定绩效目标偏离时，应及时采取措施予以纠正。

第二十六条　社会资本方违反PPP项目合同约定，导致项目运行状况恶化，危及国家安全和重大公共利益，或严重影响公共产品和服务持续稳定供给的，本级人民政府有权指定项目实施机构或其他机构临时接管项目，直至项目恢复正常经营或提前终止。临时接管项目所产生的一切费用，根据合作协议约定，由违约方单独承担或由各责任方分担。

第二十七条　各级财政部门应当会同行业主管部门在PPP项目全生命周期内，按照事先约定的绩效目标，对项目产出、实际效果、成本收益、可持续性等方面进行绩效评价，也可委托第三方专业机构提出评价意见。

第二十八条　各级财政部门应依据绩效评价结果合理安排财政预算资金。

对于绩效评价达标的项目，财政部门应当按照合同约定，向项目公司或社会资本方及时足额安排相关支出。

对于绩效评价不达标的项目，财政部门应当按照合同约定扣减相应费用或补贴支出。

第五章　项目资产负债管理

第二十九条　各级财政部门应会同相关部门加强PPP项目涉及的国有资产管理，督促项目实施机构建立PPP项目资产管理台账。政府在PPP项目中通过存量国有资产或股权作价入股、现金出资入股或直接投资等方式形成的资产，应作为国有资产在政府综合财务报告中进行反映和管理。

第三十条　存量PPP项目中涉及存量国有资产、股权转让的，应由项目实施机构会同行业主管部门和财政部门按照国有资产管理相关办法，依法进行资产评估，防止国有资产流失。

第三十一条　PPP项目中涉及特许经营权授予或转让的，应由项目实施机构根据特许经营权未来带来的收入状况，参照市场同类标准，通过竞争性程序确定特许经营权的价值，以合理价值折价入股、授予或转让。

第三十二条 项目实施机构与社会资本方应当根据法律法规和PPP项目合同约定确定项目公司资产权属。对于归属项目公司的资产及权益的所有权和收益权,经行业主管部门和财政部门同意,可以依法设置抵押、质押等担保权益,或进行结构化融资,但应及时在财政部PPP综合信息平台上公示。项目建设完成进入稳定运营期后,社会资本方可以通过结构性融资实现部分或全部退出,但影响公共安全及公共服务持续稳定提供的除外。

第三十三条 各级财政部门应当会同行业主管部门做好项目资产移交工作。

项目合作期满移交的,政府和社会资本双方应按合同约定共同做好移交工作,确保移交过渡期内公共服务的持续稳定供给。项目合同期满前,项目实施机构或政府指定的其他机构应组建项目移交工作组,对移交资产进行性能测试、资产评估和登记入账,项目资产不符合合同约定移交标准的,社会资本应采取补救措施或赔偿损失。

项目因故提前终止的,除履行上述移交工作外,如因政府原因或不可抗力原因导致提前终止的,应当依据合同约定给予社会资本相应补偿,并妥善处置项目公司存续债务,保障债权人合法权益;如因社会资本原因导致提前终止的,应当依据合同约定要求社会资本承担相应赔偿责任。

第三十四条 各级财政部门应当会同行业主管部门加强对PPP项目债务的监控。PPP项目执行过程中形成的负债,属于项目公司的债务,由项目公司独立承担偿付义务。项目期满移交时,项目公司的债务不得移交给政府。

第六章 监督管理

第三十五条 各级财政部门应当会同行业主管部门加强对PPP项目的监督管理,切实保障项目运行质量,严禁以PPP项目名义举借政府债务。

财政部门应当会同相关部门加强项目合规性审核,确保项目属于公共服务领域,并按法律法规和相关规定履行相关前期论证审查程序。项目实施不得采用建设—移交方式。

政府与社会资本合资设立项目公司的,应按照《公司法》等法律规定以及PPP项目合同约定规范运作,不得在股东协议中约定由政府股东或政府指定的其他机构对社会资本方股东的股权进行回购安排。

财政部门应根据财政承受能力论证结果和PPP项目合同约定,严格管控和执行项目支付责任,不得将当期政府购买服务支出代替PPP项目中长期的支付责任,规避PPP项目相关评价论证程序。

第三十六条 各级财政部门应依托PPP综合信息平台,建立PPP项目库,做好PPP项目全生命周期信息公开工作,保障公众知情权,接受社会监督。

项目准备、采购和建设阶段信息公开内容包括PPP项目的基础信息和项目采购信息,采购文件,采购成交结果,不涉及国家秘密、商业秘密的项目合同文本,开工及竣工投运日期,政府移交日期等。项目运营阶段信息公开内容包括PPP项目的成本监测和绩效评价结果等。

财政部门信息公开内容包括本级PPP项目目录、本级人大批准的政府对PPP项目的财政预算、执行及决算情况等。

第三十七条 财政部驻各地财政监察专员办事处应对PPP项目财政管理情况加强全程监督管理,重点关注PPP项目物有所值评价和财政承受能力论证、政府采购、预算管理、国有资产管理、债务管理、绩效评价等环节,切实防范财政风险。

第三十八条 对违反本办法规定实施PPP项目的,依据《预算法》、《政府采购法》及其实施条例、《财政违法行为处罚处分条例》等法律法规追究有关人员责任;涉嫌犯罪的,依法移交司法机关处理。

第七章 附 则

第三十九条 本办法由财政部负责解释。

第四十条 本办法自印发之日起施行。

政府和社会资本合作(PPP)项目绩效管理操作指引

(2020年3月16日 财金〔2020〕13号)

第一章 总 则

第一条 为规范政府和社会资本合作项目(以下简称PPP项目)全生命周期绩效管理工作,提高公共服务供给质量和效率,保障合作各方合法权益,根据《中华人民共和国预算法》、《中共中央 国务院关于全面实施预算绩效管理的意见》、《国务院办公厅转发财政部发展改革委人民银行关于在公共服务领域推广政府和社会资本合作模式指导意见的通知》等有关规定,制定本指引。

第二条 PPP项目绩效管理是指在PPP项目全生命周期开展的绩效目标和指标管理、绩效监控、绩效评价及结果应用等项目管理活动。

第三条 项目实施机构应在项目所属行业主管部门的指导下开展PPP项目绩效管理工作,必要时可委托第三方机构协助。

各级财政部门负责PPP项目绩效管理制度建设、业务指导及再评价、后评价工作。

第四条 本指引适用于所有PPP项目,包括政府付费、可行性缺口补助和使用者付费项目。

第五条 各参与方应当按照科学规范、公开透明、物有所值、风险分担、诚信履约、按效付费等原则开展PPP项目全生命周期绩效管理。

第二章　PPP项目绩效目标与绩效指标管理

第六条　项目实施机构负责编制PPP项目绩效目标与绩效指标，报项目所属行业主管部门、财政部门审核。

第七条　PPP项目绩效目标包括总体绩效目标和年度绩效目标。总体绩效目标是PPP项目在全生命周期内预期达到的产出和效果；年度绩效目标是根据总体绩效目标和项目实际确定的具体年度预期达到的产出和效果，应当具体、可衡量、可实现。

PPP项目绩效目标编制应符合以下要求：

（一）指向明确。绩效目标应符合区域经济、社会与行业发展规划，与当地财政收支状况相适应，以结果为导向，反映项目应当提供的公共服务，体现环境－社会－公司治理责任（ESG）理念。

（二）细化量化。绩效目标应从产出、效果、管理等方面进行细化，尽量进行定量表述；不能以量化形式表述的，可采用定性表述，但应具有可衡量性。

（三）合理可行。绩效目标应经过调查研究和科学论证，符合客观实际，既具有前瞻性，又有可实现性。

（四）物有所值。绩效目标应符合物有所值的理念，体现成本效益的要求。

第八条　PPP项目绩效目标应包括预期产出、预期效果及项目管理等内容。

预期产出是指项目在一定期限内提供公共服务的数量、质量、时效等。

预期效果是指项目可能对经济、社会、生态环境等带来的影响情况，物有所值实现程度，可持续发展能力及各方满意程度等。

项目管理是指项目全生命周期内的预算、监督、组织、财务、制度、档案、信息公开等管理情况。

第九条　PPP项目绩效指标是衡量绩效目标实现程度的工具，应按照系统性、重要性、相关性、可比性和经济性的原则，结合预期产出、预期效果和项目管理等绩效目标细化量化后合理设定。

第十条　PPP项目绩效指标体系由绩效指标、指标解释、指标权重、数据来源、评价标准与评分方法构成。

指标权重是指指标在评价体系中的相对重要程度。确定指标权重的方法通常包括专家调查法、层次分析法、主成分分析法、熵值法等。

数据来源是在具体指标评价过程中获得可靠和真实数据或信息的载体或途径。获取数据的方法通常包括案卷研究、资料收集与数据填报、实地调研、座谈会、问卷调查等。

评价标准是指衡量绩效目标完成程度的尺度。绩效评价标准具体包括计划标准、行业标准、历史标准或其他经相关主管部门确认的标准。

评分方法是结合指标权重，衡量实际绩效值与评价标准值偏离程度，对不同的等级赋予不同分值的方法。

第十一条　PPP项目绩效目标与绩效指标各阶段管理应符合以下要求：

（一）PPP项目准备阶段，项目实施机构应根据项目立项文件、历史资料，结合PPP模式特点，在项目实施方案中编制总体绩效目标和绩效指标体系并充分征求相关部门、潜在社会资本等相关方面的意见。财政部门应会同相关主管部门从依据充分性、设置合理性和目标实现保障度等方面进行审核。

（二）PPP项目采购阶段，项目实施机构可结合社会资本响应及合同谈判情况对绩效指标体系中非实质性内容进行合理调整。PPP项目绩效目标和指标体系应在项目合同中予以明确。

（三）PPP项目执行阶段，绩效目标和指标体系原则上不予调整。但因项目实施内容、相关政策、行业标准发生变化或突发事件、不可抗力等无法预见的重大变化影响绩效目标实现而确需调整的，由项目实施机构和项目公司（未设立项目公司时为社会资本，下同）协商确定，经财政部门及相关主管部门审核通过后报本级人民政府批准。

PPP项目移交完成后，财政部门应会同有关部门针对项目总体绩效目标实现情况，从全生命周期的项目产出、成本效益、物有所值实现情况、按效付费执行情况及对本地区财政承受能力的影响、监管成效、可持续性、PPP模式应用等方面编制绩效评价（即后评价）指标体系。

第十二条　项目公司（社会资本）对绩效目标或指标体系调整结果有异议的，可申请召开评审会，就调整结果的科学性、合理性、可行性等进行评审。双方对评审意见无异议的，按评审意见完善后履行报批程序；仍有异议的，按照合同约定的争议解决机制处理。

第十三条　编制政府付费和可行性缺口补助PPP项目年度支出预算时，应将年度绩效目标和指标连同编制的预算申报材料一并报送财政部门审核。使用者付费PPP项目参照执行。

第三章　PPP项目绩效监控

第十四条　项目实施机构应根据项目合同约定定期开展PPP项目绩效监控，项目公司（社会资本）负责日常绩效监控。

第十五条　PPP项目绩效监控是对项目日常运行情况及年度绩效目标实现程度进行的跟踪、监测和管理，通常包括目标实现程度、目标保障措施、目标偏差和纠偏情况等。

PPP项目绩效监控应符合以下要求：

（一）严格遵照国家规定、行业标准、项目合同约定，按照科学规范、真实客观、重点突出等原则开展绩效监控。重点关注最能代表和反映项目产出及效果的年度绩效目标与指标，客观反映项目运行情况和执行偏差，及时纠偏，改进绩效。

（二）项目实施机构应根据PPP项目特点，考虑绩效评价和付费时点，合理选择监控时间、设定监控计划，原则上每年至少开展一次绩效监控。

第十六条　PPP项目绩效监控工作通常按照以下程序进行：

（一）开展绩效监控。项目公司（社会资本）开展PPP项目日常绩效监控，按照项目实施机构要求，定期报送监控结果。项目实施机构应对照绩效监控目标，查找项目绩效运行偏差，分析偏差原因，结合项目实际，提出实施纠偏的路径和方法，并做好信息记录。

（二）反馈、纠偏与报告。项目实施机构应根据绩效监控发现的偏差情况及时向项目公司（社会资本）和相关部门反馈，并督促其纠偏；偏差原因涉及自身的，项目实施机构应及时纠偏；偏差较大的，应撰写《绩效监控报告》报送相关主管部门和财政部门。

第四章　PPP项目绩效评价

第十七条　项目实施机构应根据项目合同约定，在执行阶段结合年度绩效目标和指标体系开展PPP项目绩效评价。

财政部门应会同相关主管部门、项目实施机构等在项目移交完成后开展PPP项目后评价。

第十八条　PPP项目绩效评价应符合以下要求：

（一）严格按照规定程序，遵循真实、客观、公正的要求，采用定量与定性分析相结合的方法。

（二）结合PPP项目实施进度及按效付费的需要确定绩效评价时点。原则上项目建设期应结合竣工验收开展一次绩效评价，分期建设的项目应当结合各期子项目竣工验收开展绩效评价；项目运营期每年度应至少开展一次绩效评价，每3－5年应结合年度绩效评价情况对项目开展中期评估；移交完成后应开展一次后评价。

（三）绩效评价结果依法依规公开并接受监督。

第十九条　PPP项目绩效评价工作通常按照以下程序进行：

（一）下达绩效评价通知。项目实施机构确定绩效评价工作开展时间后，应至少提前5个工作日通知项目公司（社会资本）及相关部门做好准备和配合工作。

（二）制定绩效评价工作方案。项目实施机构应根据政策要求及项目实际组织编制绩效评价工作方案，内容通常包括项目基本情况、绩效目标和指标体系、评价目的和依据、评价对象和范围、评价方法、组织与实施计划、资料收集与调查等。项目实施机构应组织专家对项目建设期、运营期首次及移交完成后绩效评价工作方案进行评审。

（三）组织实施绩效评价。项目实施机构应根据绩效评价工作方案对PPP项目绩效情况进行客观、公正的评价。通过综合分析、意见征询，区分责任主体，形成客观、公正、全面的绩效评价结果。对于不属于项目公司或社会资本责任造成的绩效偏差，不应影响项目公司（社会资本）绩效评价结果。

（四）编制绩效评价报告。PPP项目绩效评价报告应当依据充分、真实完整、数据准确、客观公正，内容通常包括项目基本情况、绩效评价工作情况、评价结论和绩效分析、存在问题及原因分析、相关建议、其他需要说明的问题。

（五）资料归档。项目实施机构应将绩效评价过程中收集的全部有效资料，主要包括绩效评价工作方案、专家论证意见和建议、实地调研和座谈会记录、调查问卷、绩效评价报告等一并归档，并按照有关档案管理规定妥善管理。

（六）评价结果反馈。项目实施机构应及时向项目公司（社会资本）和相关部门反馈绩效评价结果。

第二十条　项目公司对绩效评价结果有异议的，应在5个工作日内明确提出并提供有效的佐证材料，向项目实施机构解释说明并达成一致意见。无法达成一致的，应组织召开评审会，双方对评审意见无异议的，根据评审意见确定最终评价结果；仍有异议的，按照合同约定的争议解决机制处理。

第二十一条　项目实施机构应将PPP项目绩效评价报告报送相关主管部门、财政部门复核，复核重点关注绩效评价工作方案是否落实、引用数据是否真实合理、揭示的问题是否客观公正、提出的改进措施是否有针对性和可操作性等。

第二十二条　PPP项目绩效评价结果是按效付费、落实整改、监督问责的重要依据。

（一）按效付费。

政府付费和可行性缺口补助项目，政府承担的年度运营补贴支出应与当年项目公司（社会资本）绩效评价结果完全挂钩。财政部门应按照绩效评价结果安排相应支出，项目实施机构应按照项目合同约定及时支付。

使用者付费项目，项目公司（社会资本）获得的项目收益应与当年项目公司（社会资本）绩效评价结果挂钩。绩效评价结果优于约定标准的，项目实施机构应执行项目合同约定的奖励条款。绩效评价结果未达到约定标准的，项目实施机构应执行项目合同约定的违约条款，可通过设置影响项目收益的违约金、项目展期限制或影响调价机制等方式实现。

绩效评价结果可作为项目期满合同是否展期的考量因素。

（二）落实整改。

项目实施机构应根据绩效评价过程中发现的问题统筹开展整改工作，并将整改结果报送相关主管部门和财政部门。涉及自身问题的，项目实施机构应及时整改；涉及项目公司（社会资本）或其他相关部门问题的，项目实施机构应及时督促整改。

（三）监督问责。

项目实施机构应及时公开绩效评价结果并接受社会监督；项目实施机构绩效评价结果应纳入其工作考核范畴。

第五章　组织保障

第二十三条　各级财政部门应会同相关部门，建立健全PPP项目绩效管理工作相关制度和共性指标框架，加强项目识别论证、政府采购、预算收支与绩效管理及信息披露等业务指导，切实做好项目合规性审查，确保项目全生命周期规范实施、高效运营。

各级财政部门应结合预算绩效管理要求，认真审核PPP项目财政收支预算申请及PPP项目绩效目标和指标体系，充分考虑本级财政承受能力，合理安排财政预算，加强对财政资金使用合规性和有效性的监督。

各级财政部门可结合每年工作重点，选取重大PPP项目开展绩效再评价。

第二十四条　各级行业主管部门应按照绩效管理相关制度要求，建立健全本行业、本领域核心绩效指标体系，明确绩效标准；合规履行预算编制、申报和执行程序；加强与财政及其他相关部门的协调配合。

第二十五条　项目实施机构、项目公司（社会资本）应严格履行合同约定，确保各项工作合法合规。

项目实施机构应做好PPP项目绩效管理具体工作，并对PPP项目实施规范性、财政资金使用的合规性和有效性负责。

项目公司（社会资本）应做好项目投资、建设、运营、维护、移交等工作的日常管理和信息记录；积极配合开展PPP项目绩效管理工作，并对所提供资料和信息的真实性、完整性、有效性负责。

第二十六条　各级财政部门应会同相关主管部门依托PPP综合信息平台，加强PPP项目信息管理。项目实施机构、项目公司（社会资本）应根据项目实际进展及时提供和更新PPP项目绩效管理相关信息，做好信息公开，接受社会监督。

第六章　附　　则

第二十七条　本指引自印发之日起30日后施行。

本指引施行前已发布中标通知书的项目，沿用采购文件或项目合同中约定的绩效评价指标及结果应用等条款，按照本指引开展绩效监控、绩效评价相关工作，绩效目标与绩效指标体系不完善的，可参照本指引进行补充完善。

附件：1. PPP项目全生命周期绩效管理导图

2. PPP项目绩效评价工作方案（参考）

3. PPP项目绩效评价报告（参考）

4. PPP项目建设期绩效评价共性指标框架（参考）

5. PPP项目运营期绩效评价共性指标框架（参考）

附 1：

PPP 项目全生命周期绩效管理导图

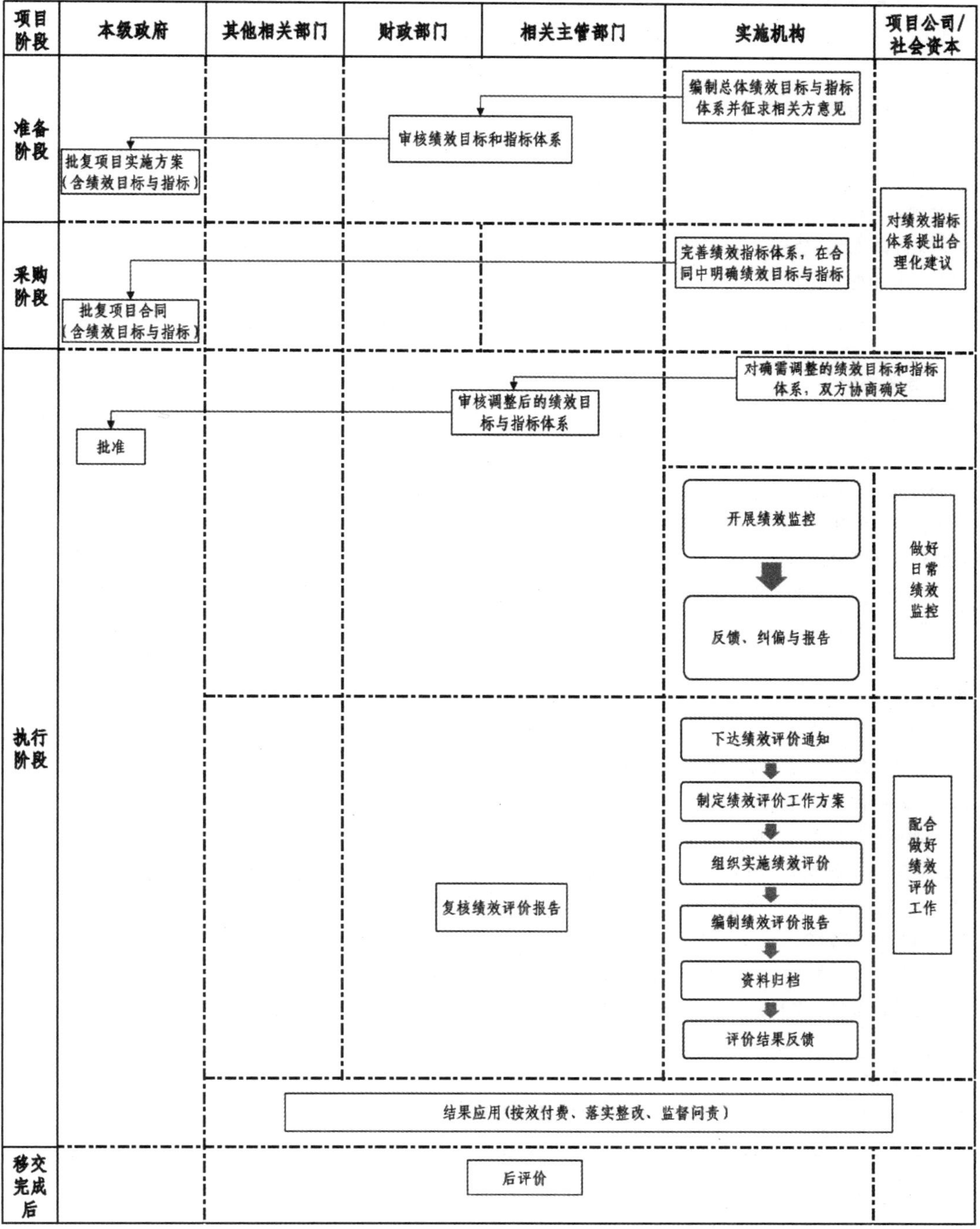

附 2：

PPP 项目绩效评价工作方案(参考)

PPP 项目绩效评价工作方案

(参考)

一、项目基本情况

(一)项目概况。

(二)项目产出说明。

(三)绩效目标和指标体系。

PPP 项目合同约定的绩效目标与指标体系、年度绩效目标与指标体系及调整情况。

(四)项目主要参与方。

说明项目主要参与方职责及参与情况,主要参与方通常包括项目公司(社会资本)、项目实施机构、相关主管部门及其他相关政府部门,项目服务对象及社会公众等其他相关方。

(五)项目实施情况。

项目实施进展情况、实施内容调整及变更情况等。

二、绩效评价思路

(一)绩效评价目的和依据。

确定评价工作基本导向,明确绩效评价工作开展所要达到的目标和结果。

评价依据通常包括 PPP 项目合同,项目相关法律、法规和规章制度,相关行业标准及专业技术规范等。

(二)绩效评价对象和范围。

评价对象为 PPP 项目,评价范围包括项目产出、项目实施效果和项目管理等。

(三)绩效评价时段。

项目本次被评价的时间范围,应明确具体的起止时间。

(四)绩效评价方法。

明确开展绩效评价所选用的相关评价方法及原因。

三、绩效评价组织与实施

(一)明确项目负责人及项目团队的职责与分工。

(二)明确各个环节及各项工作的时间节点及工作计划。

(三)明确绩效评价工作质量控制措施。

四、资料收集与调查

明确开展绩效评价工作所需的资料收集与调查方案,包括资料收集内容与途径、数据资料来源以及具体的调查方法。

调查方法通常包括案卷研究、实地调研、座谈会及问卷调查等,应当尽可能明确调查对象、调查方法、调查内容、调查时间及地点等。如果调查对象涉及抽样,应当说明调查对象总体情况、样本总数、抽样方法及抽样比例。

五、相关附件

通常包括资料清单、数据填报格式、访谈提纲及调查问卷等。

附 3:

PPP 项目绩效评价报告(参考)

PPP 项目绩效评价报告
(参考)

一、项目基本情况

(一)项目概况。

简述项目背景、PPP 模式基本安排,包括基本信息、运作模式、回报机制、交易结构等内容。

(二)项目绩效目标。

(三)项目主要参与方。

(四)项目实施情况。

包括项目实施的具体内容、范围、计划及进展情况等。如果项目内容在实施期内发生变更,应当说明变更的内容、依据及变更程序。

(五)资金来源和使用情况。

项目资金来源与使用情况、投融资管理情况、财务管理状况、预算情况等。

二、绩效评价工作情况

(一)绩效评价目的。

(二)绩效评价对象、范围与时段。

(三)绩效评价工作方案制定过程。

(四)绩效评价原则与方法。

(五)绩效评价实施过程。

(六)数据收集方法。

(七)绩效评价的局限性(如有)。

三、评价结论和绩效分析

(一)评价结论。

(二)绩效分析。

对项目产出、效果和管理指标进行分析和评价。

在对绩效指标进行分析和评价时,要充分利用评价工作中所收集的数据,做到定量分析和定性分析相结合。绩效指标评分应当依据充分、数据使用合理恰当,确保绩效评价结果的公正性、客观性、合理性。

四、存在问题及原因分析

通过分析各指标的评价结果,总结项目存在的不足及原因,明确责任主体,为提出相关建议奠定基础。

五、相关建议

通过综合考虑各指标的评价结果,有针对性地对项目存在的不足提出改进措施和建议。措施或建议应当具有较强的可行性、前瞻性及科学性,有利于促进和提高项目绩效水平。

六、绩效评价报告使用限制等其他需要说明的问题。

七、评价主体签章

绩效评价报告应当由评价主体加盖公章。

八、相关附件

通常包括主要评价依据、实地调研和座谈会相关资料、调查问卷汇总信息及其他支持评价结论的相关资料。

附 4：

PPP 项目建设期绩效评价共性指标框架(参考)

PPP 项目绩效评价共性指标框架(参考)——建设期

	一级指标	二级指标	指标解释
项目公司(社会资本)绩效评价(100 分)	产出	竣工验收	评价项目是否通过竣工验收及竣工验收情况。
	效果	社会影响	评价项目建设活动对社会发展所带来的直接或间接的正负面影响情况。如新增就业、社会荣誉、重大诉讼、公众舆情与群体性事件等。
		生态影响	评价项目建设期间对生态环境所带来的直接或间接的正负面影响情况。如节能减排、环保处罚等。
		可持续性	评价项目公司或社会资本是否做好项目运营准备工作,如资源配置、潜在风险及沟通协调机制等。
		满意度	政府相关部门、项目实施机构、社会公众(服务对象)对项目公司或社会资本建设期间相关工作的满意程度。
	管理	组织管理	评价项目公司组织架构是否健全、人员配置是否合理,能否满足项目日常运作需求。
		资金管理	评价社会资本项目资本金及项目公司融资资金的到位率和及时性。
		档案管理	评价项目建设相关资料的完整性、真实性以及归集整理的及时性。
		信息公开	评价项目公司或社会资本履行信息公开义务的及时性与准确性。
项目实施机构绩效评价(100 分)	产出	履约情况	评价项目实施机构是否及时、有效履行 PPP 项目合同约定的义务。
		成本控制	评价项目实施机构履行项目建设成本监督管控责任的情况。(注:PPP 项目合同对建设成本进行固定总价约定的不适用本指标)。
	效果	满意度	社会公众、项目公司或社会资本对项目实施机构工作开展的满意程度。
		可持续性	评价项目实施机构是否为项目可持续性建立有效的工作保障和沟通协调机制。
	管理	前期工作	评价项目实施机构应承担的项目前期手续及各项工作的落实情况。
		资金(资产)管理	评价项目实施机构股权投入、配套投入等到位率和及时性。
		监督管理	评价项目实施机构是否按照 PPP 项目合同约定履行监督管理职能,如质量监督、财务监督及日常管理等。
		信息公开	评价项目实施机构是否按照信息公开相关要求及时、准确公开信息。

备注:应根据项目行业特点与实际情况等适当调整二级指标,细化形成三级指标。

附 5：

PPP 项目运营期绩效评价共性指标框架(参考)

PPP 项目绩效评价共性指标框架(参考)——运营期

	一级指标	二级指标	指标解释	说明
项目公司（社会资本）绩效评价（100 分）	产出	项目运营	评价项目运营的数量、质量与时效等目标完成情况。如完成率、达标率与及时性等。	1.“产出”指标应作为按效付费的核心指标，指标权重不低于总权重的80%，其中“项目运营”与“项目维护”指标不低于总权重的 60%； 2. 原则上不低于 80 分才可全额付费。
		项目维护	评价项目设施设备等相关资产维护的数量、质量与时效等目标完成情况。如设施设备维护频次、完好率与维护及时性等。	
		成本效益	评价项目运营维护的成本情况。如成本构成合理性、实际成本与计划成本对比情况、成本节约率、投入产出比等。(注:PPP 项目合同中未对运营维护成本控制进行约定的项目适用本指标)	
		安全保障	评价项目公司(或社会资本)在提供公共服务过程中安全保障情况。如重大事故发生率、安全生产率、应急处理情况等。	
	效果	经济影响	评价项目实施对经济发展所带来的直接或间接的正负面影响情况。如对产业带动及区域经济影响等。	
		生态影响	评价项目实施对生态环境所带来的直接或间接的正负面影响情况。如节能减排、环保处罚等。	
		社会影响	评价项目实施对社会发展所带来的直接或间接的正负面影响情况。如新增就业、社会荣誉、重大诉讼、公众舆情与群体性事件等。	
		可持续性	评价项目在发展、运行管理及财务状况等方面的可持续性情况。	
		满意度	政府相关部门、项目实施机构、社会公众(服务对象)对项目公司或社会资本提供公共服务质量和效率的满意程度。	
	管理	组织管理	评价项目运营管理实施及组织保障等情况。如组织架构、人员管理及决策审批流程等。	
		财务管理	评价项目资金管理、会计核算等财务管理内容的合规性。	
		制度管理	评价内控制度的健全程度及执行效率。	
		档案管理	评价项目运营、维护等相关资料的完整性、真实性以及归集整理的及时性。	
		信息公开	评价项目公司或社会资本履行信息公开义务的及时性与准确性。	

续表

	一级指标	二级指标	指标解释	说明
项目实施机构绩效评价（100分）	产出	按效付费	评价项目实施机构是否及时、充分按照PPP项目合同约定履行按效付费义务。	“物有所值”指标可结合中期评估等工作定期开展。
		其他履约情况	评价项目实施机构是否及时、有效履行PPP项目合同约定的其他义务。	
	效果	满意度	社会公众、项目公司或社会资本对项目实施机构工作开展的满意程度。	
		可持续性	评价项目实施机构是否为项目可持续性建立有效的工作保障和沟通协调机制。	
		物有所值	评价项目物有所值实现程度。	
	管理	预算编制	评价项目实施机构是否及时、准确将PPP项目支出责任纳入年度预算。	
		绩效目标与指标	评价项目实施机构是否编制合理、明确的年度绩效目标和绩效指标。	
		监督管理	评价项目实施机构是否按照PPP项目合同约定履行监督管理职能，如质量监督、财务监督及日常管理等。	
		信息公开	评价项目实施机构是否按照信息公开相关要求及时、准确公开信息。	

备注：应根据项目行业特点与实际情况等适当调整二级指标，细化形成三级指标。

政府购买服务管理办法

（2020年1月3日财政部令第102号公布 自2020年3月1日起施行）

第一章 总 则

第一条 为规范政府购买服务行为，促进转变政府职能，改善公共服务供给，根据《中华人民共和国预算法》、《中华人民共和国政府采购法》、《中华人民共和国合同法》等法律、行政法规的规定，制定本办法。

第二条 本办法所称政府购买服务，是指各级国家机关将属于自身职责范围且适合通过市场化方式提供的服务事项，按照政府采购方式和程序，交由符合条件的服务供应商承担，并根据服务数量和质量等因素向其支付费用的行为。

第三条 政府购买服务应当遵循预算约束、以事定费、公开择优、诚实信用、讲求绩效原则。

第四条 财政部负责制定全国性政府购买服务制度，指导和监督各地区、各部门政府购买服务工作。

县级以上地方人民政府财政部门负责本行政区域政府购买服务管理。

第二章 购买主体和承接主体

第五条 各级国家机关是政府购买服务的购买主体。

第六条 依法成立的企业、社会组织（不含由财政拨款保障的群团组织），公益二类和从事生产经营活动的事业单位，农村集体经济组织，基层群众性自治组织，以及具备条件的个人可以作为政府购买服务的承接主体。

第七条 政府购买服务的承接主体应当符合政府采购法律、行政法规规定的条件。

购买主体可以结合购买服务项目的特点规定承接主体的具体条件，但不得违反政府采购法律、行政法规，以不合理的条件对承接主体实行差别待遇或者歧视待遇。

第八条 公益一类事业单位、使用事业编制且由财政拨款保障的群团组织，不作为政府购买服务的购买主体和承接主体。

第三章 购买内容和目录

第九条 政府购买服务的内容包括政府向社会公众提供的公共服务,以及政府履职所需辅助性服务。

第十条 以下各项不得纳入政府购买服务范围:

(一)不属于政府职责范围的服务事项;

(二)应当由政府直接履职的事项;

(三)政府采购法律、行政法规规定的货物和工程,以及将工程和服务打包的项目;

(四)融资行为;

(五)购买主体的人员招、聘用,以劳务派遣方式用工,以及设置公益性岗位等事项;

(六)法律、行政法规以及国务院规定的其他不得作为政府购买服务内容的事项。

第十一条 政府购买服务的具体范围和内容实行指导性目录管理,指导性目录依法予以公开。

第十二条 政府购买服务指导性目录在中央和省两级实行分级管理,财政部和省级财政部门分别制定本级政府购买服务指导性目录,各部门在本级指导性目录范围内编制本部门政府购买服务指导性目录。

省级财政部门根据本地区情况确定省以下政府购买服务指导性目录的编制方式和程序。

第十三条 有关部门应当根据经济社会发展实际、政府职能转变和基本公共服务均等化、标准化的要求,编制、调整指导性目录。

编制、调整指导性目录应当充分征求相关部门意见,根据实际需要进行专家论证。

第十四条 纳入政府购买服务指导性目录的服务事项,已安排预算的,可以实施政府购买服务。

第四章 购买活动的实施

第十五条 政府购买服务应当突出公共性和公益性,重点考虑、优先安排与改善民生密切相关,有利于转变政府职能、提高财政资金绩效的项目。

政府购买的基本公共服务项目的服务内容、水平、流程等标准要素,应当符合国家基本公共服务标准相关要求。

第十六条 政府购买服务项目所需资金应当在相关部门预算中统筹安排,并与中期财政规划相衔接,未列入预算的项目不得实施。

购买主体在编报年度部门预算时,应当反映政府购买服务支出情况。政府购买服务支出应当符合预算管理有关规定。

第十七条 购买主体应当根据购买内容及市场状况、相关供应商服务能力和信用状况等因素,通过公平竞争择优确定承接主体。

第十八条 购买主体向个人购买服务,应当限于确实适宜实施政府购买服务并且由个人承接的情形,不得以政府购买服务名义变相用工。

第十九条 政府购买服务项目采购环节的执行和监督管理,包括集中采购目录及标准、采购政策、采购方式和程序、信息公开、质疑投诉、失信惩戒等,按照政府采购法律、行政法规和相关制度执行。

第二十条 购买主体实施政府购买服务项目绩效管理,应当开展事前绩效评估,定期对所购服务实施情况开展绩效评价,具备条件的项目可以运用第三方评价评估。

财政部门可以根据需要,对部门政府购买服务整体工作开展绩效评价,或者对部门实施的资金金额和社会影响大的政府购买服务项目开展重点绩效评价。

第二十一条 购买主体及财政部门应当将绩效评价结果作为承接主体选择、预算安排和政策调整的重要依据。

第五章 合同及履行

第二十二条 政府购买服务合同的签订、履行、变更,应当遵循《中华人民共和国合同法》的相关规定。

第二十三条 购买主体应当与确定的承接主体签订书面合同,合同约定的服务内容应当符合本办法第九条、第十条的规定。

政府购买服务合同应当明确服务的内容、期限、数量、质量、价格,资金结算方式,各方权利义务事项和违约责任等内容。

政府购买服务合同应当依法予以公告。

第二十四条 政府购买服务合同履行期限一般不超过1年;在预算保障的前提下,对于购买内容相对固定、连续性强、经费来源稳定、价格变化幅度小的政府购买服务项目,可以签订履行期限不超过3年的政府购买服务合同。

第二十五条 购买主体应当加强政府购买服务项目履约管理,开展绩效执行监控,及时掌握项目实施进度和绩效目标实现情况,督促承接主体严格履行合同,按照合同约定向承接主体支付款项。

第二十六条 承接主体应当按照合同约定提供服务,不得将服务项目转包给其他主体。

第二十七条 承接主体应当建立政府购买服务项目台账,依照有关规定或合同约定记录保存并向购买主体提供项目实施相关重要资料信息。

第二十八条 承接主体应当严格遵守相关财务规定规范管理和使用政府购买服务项目资金。

承接主体应当配合相关部门对资金使用情况进行监督检查与绩效评价。

第二十九条 承接主体可以依法依规使用政府购买服务

合同向金融机构融资。

购买主体不得以任何形式为承接主体的融资行为提供担保。

第六章　监督管理和法律责任

第三十条　有关部门应当建立健全政府购买服务监督管理机制。购买主体和承接主体应当自觉接受财政监督、审计监督、社会监督以及服务对象的监督。

第三十一条　购买主体、承接主体及其他政府购买服务参与方在政府购买服务活动中,存在违反政府采购法律法规行为的,依照政府采购法律法规予以处理处罚;存在截留、挪用和滞留资金等财政违法行为的,依照《中华人民共和国预算法》、《财政违法行为处罚处分条例》等法律法规追究法律责任;涉嫌犯罪的,移送司法机关处理。

第三十二条　财政部门、购买主体及其工作人员,存在违反本办法规定的行为,以及滥用职权、玩忽职守、徇私舞弊等违法违纪行为的,按照《中华人民共和国预算法》、《中华人民共和国公务员法》、《中华人民共和国监察法》、《财政违法行为处罚处分条例》等国家有关规定追究相应责任;涉嫌犯罪的,移送司法机关处理。

第七章　附　　则

第三十三条　党的机关、政协机关、民主党派机关、承担行政职能的事业单位和使用行政编制的群团组织机关使用财政性资金购买服务的,参照本办法执行。

第三十四条　涉密政府购买服务项目的实施,按照国家有关规定执行。

第三十五条　本办法自2020年3月1日起施行。财政部、民政部、工商总局2014年12月15日颁布的《政府购买服务管理办法(暂行)》(财综〔2014〕96号)同时废止。

罚没财物和追回赃款赃物管理办法

(1986年12月31日　(86)财预字第228号)

第一章　总　　则

第一条　为了加强对罚没财物和追回赃款赃物的财务管理,维护社会主义法制,根据打击经济犯罪活动发展的新情况,制定本办法。

第二条　依法查处走私贩私、投机倒把、违反物价管理等违法犯罪案件的罚没款和没收物资,称"罚没财物";依法查处追回贪污盗窃、行贿受贿等违法犯罪案件的财物,称"追回赃款赃物。"

第三条　本办法适用于:

一、海关、工商行政管理、物价管理等行政执法机关依法查处走私贩私、投机倒把、违反物价管理等违法、违章案件的罚没财物;

二、公安机关、人民检察院、人民法院等政法机关(均包括军事、铁道、交通等专门政法机关,下同),依法查处违反治安管理和各类违法案件的罚没财物和追回的赃款、赃物;

三、交通、林业、外汇、渔政、城建、土地管理、标准计量、烟草专卖、医药卫生、劳动安全以及其他国家经济管理部门,依照有关法律、法规查处违法、违章案件的罚没财物;

四、国营企业、事业单位、机关团体内部查处的不构成刑事犯罪的贪污、盗窃等案件追回的赃款、赃物。

以上一、二、三款所列各行政执法机关、政法机关和国家经济管理部门统称执法机关。

第四条　违反财经纪律、税收法规、业务章程、合同协议的罚款处理,应执行有关的财政财务制度,不适用本办法。

第二章　罚没财物及追回赃款、赃物的管理和处理

第五条　各级执法机关应当加强对罚没财物(包括扣留财物)凭证的管理和会计核算工作。中央级执法机关的凭证,由海关总署、国家外汇管理局、铁道部等主管机关统一制发;地方各级执法机关的凭证,由省或县、市财政机关统一制发;要建立严格的凭证领用缴销制度,罚没财物的验收、保管制度,财物交接制度和结算对账制度。

第六条　各种罚没财物以及追回的赃款、赃物,任何部门、单位和个人,都不得挪用、调换、压价私分或变相私分。

第七条　执法机关依法追回贪污、盗窃等案件的赃款、赃物,按下列原则处理:

一、原属国营企业、事业单位、机关团体和城乡集体所有制单位的财物,除政法机关判归原单位者外,一律上缴国库。判决原则,由中央政法机关另定。

二、原属个人合法财物,单位的党费、团费、工会经费,以及职工食堂等集体福利事业单位的财物,均发还原主。

三、追回属于受贿、行贿的财物一律上缴国库。

第八条　国营企业、事业单位和机关团体内部查处的,不构成刑事犯罪的贪污、盗窃等案件追回的赃款、赃物,原则上报经上级主管部门审查核准后归原单位注销悬账;原单位已作损失核销了的,一律上缴国库。

第九条　罚没物资和追回应上缴国库的赃物,根据不同性质和用途,按下列原则处理:

一、属于商业部门经营的商品,由执法机关、财政机关、接收单位会同有关部门按质论价,交由国营商业单位纳入正常销售渠道变价处理。参与作价的部分,不得内部选购。

二、属于专管机关管理或专营企业经营的财物,如金银、外币、有价证券、文物、毒品等,应及时交由专管机关或专营企

业收兑或收购。

三、属于政治性、破坏性物品,无偿交由专管机关处理。

四、属于淫秽物品、吸毒用具等违禁品,以及其他无保管价值的物品,由收缴机关按有关规定处理。

第十条 收缴机关按规定核准处理的罚没物资和赃物,都要开列清单(必要时拍照),随缴库凭证存档备查。

第三章 罚没收入、赃款和赃物变价款的收缴和处理

第十一条 执法机关依法收缴的罚没款、赃款和没收物资、赃物的变价款一律作为国家"罚没收入"或"追回赃款和赃物变价款收入",如数上缴国库。任何机关都不得截留、坐支。对截留、坐支或拖交的,财政机关有权扣发其机关经费或通知银行从其经费存款中扣交。除因错案可予以退还外,财政机关不得办理收入退库。

第十二条 海关、工商行政管理机关、物价管理机关和各国家经济管理部门,查处的罚没款和没收物资变价款,由查处机关依法上缴国库。

第十三条 公安机关、人民检察院、人民法院直接查处的罚没款和没收物资变价款,追回应上缴国库的赃款和赃物变价款,由查处机关依法上缴国库。

第十四条 国营企业、事业单位和机关团体内部查处追回应上缴国库的赃款和赃物变价款,由发案单位上缴国库;移送政法机关结案的,由政法机关上缴国库。

第十五条 上缴国库的罚没收入,按下列规定分别划归中央财政和地方财政:

一、海关、国家外汇管理局、铁道部等隶属中央的执法机关的罚没收入,50%上交中央财政,50%上交地方财政。

二、工商行政管理机关、公安机关、人民检察院、人民法院,以及隶属地方的国家经济管理部门查处或判处的罚没收入,全部上交地方财政。

第十六条 各政法机关判处和国营企业、事业单位、机关团体内部查处的上缴国库的赃款和赃物变价款,不论发案单位的财务隶属关系,一律上交地方财政。

第四章 奖 励

第十七条 为鼓励人民群众揭发检举犯罪活动,对各类案件的下列告发人,可酌发奖金:

一、城乡居民;

二、揭发与本职工作无关案件的职工;

三、港澳同胞、华侨;

四、外国人。

案件告发人的奖金,按其贡献大小,在每案罚没收入总额的10%以内掌握(必要时对无罚没收入的告发人也可酌情发给),但一般不超过1000元。

有特殊贡献的案件告发人的奖金,可以报经省以上执法机关特案批准,不受限额控制。海关发给案件告发人的奖金额度,按"海关奖励缉私办法"执行。

农村乡镇等集体所有制单位协助破案的应发奖金,由办案机关在每案罚没收入总额的10%以内掌握,但不得超过1万元。

第十八条 各执法机关对执法干部,原则上执行国家机关统一的奖励制度,坚持结合工作考绩,同本机关职工一道评奖。对第一线查缉重大案件的破案有功人员,可经省以上执法机关批准,发给重大案件查缉破案奖,或在年度庆功评比时给予一次性的嘉奖。

第十九条 反走私任务较重的海关和广东、福建、浙江东南沿海三省,可由同级财政部门增拨一笔奖励基金。海关系统的奖励基金管理方法,由海关总署商财政部制定下达;东南沿海三省的奖励基金,由三省打击走私领导小组办公室比照海关部署的规定,商三省财政机关制定下达。

上述一次性嘉奖的奖金和奖励基金由同级财政机关专项核拨。

第五章 办案费用补助的拨付和使用

第二十条 各级执法机关的正常经费原则上一律纳入行政事业经费预算管理。不属于正常经费预算范围的开支(如大宗罚没物资保管费用、告发检举人奖金等),以及特殊情况下的必不可少的办案业务开支,可由各级执法机关的主管部门向同级财政机关编报"办案费用补助"专项支出预算。

第二十一条 "办案费用补助"主要开支范围如下:

一、按规定发给案件告发人的奖金和发给协助破案的农村乡镇集体所有制单位的奖金;

二、扣留和罚没物资的运输、仓储(包括简易仓棚修建)、整理等费用;

三、侦缉调查补助费。包括侦破、调研、审理案件的差旅费、办案专业会议等补助费;

四、办案专用车、船的燃料及修理补助费;

五、办案业务费补助。包括办案宣传费、大宗文卷资料印刷费,化验鉴定等补助费;

六、其他费用补助。包括分给联合办案单位的办案补助费、告发、告密人接待费,按规定发给第一线执法人员的一次性奖金,以及同级财政机关批准列支的其他特殊开支。

"办案费用补助"不得用于增加人员编制开支和基本建设支出;严禁给执法人员滥发奖金。

第二十二条 "办案费用补助"的经费领拨关系规定如下:

一、海关总署、国家外汇管理局、铁道部等隶属中央的执法机关,由各机关的主管部门向财政部领报。

二、工商行政管理局、物价局、公安机关、人民检察院、人

民法院,以及其他隶属地方的执法机关向同级地方财政机关领报。

第二十三条 "办案费用补助"一律纳入国家支出预算管理。事先编报预算,事后编报决算,事中编报预算执行情况报表。并参照行政事业单位会计制度单独进行会计核算。

第二十四条 各级财政机关对执法机关必不可少的办案费用,要予以保证。不受罚没收入多少的限制。

办案费用补助,也可以由省、自治区、直辖市决定,纳入各执法机关的行政事业经费统一安排管理,不另专项核拨。

第六章 附 则

第二十五条 各级财政机关,应当配备专人负责罚没财物和追回赃款、赃物的预算管理。

第二十六条 本办法自 1987 年 1 月 1 日起执行。我部 1982 年〔82〕财预字第 91 号发布的《关于罚没财物管理办法》和〔82〕财预字第 78 号发布的《关于追回赃款、赃物的财务处理办法》及其有关的补充规定、解释等同时废止。各级人民政府和有关主管部门过去发布的有关规定,与本办法有抵触的,亦同时失效并应明文通知修改。

第二十七条 各省、自治区、直辖市人民政府,可依据本办法制定具体实施办法,一并下达。中央各有关执法机关和人民解放军有关部门,可根据本办法规定的原则,制定本系统的单项实施办法,征得财政部同意后联合下达。

罚款决定与罚款收缴分离实施办法

(1997 年 11 月 17 日中华人民共和国国务院令第 235 号发布 自 1998 年 1 月 1 日起施行)

第一条 为了实施罚款决定与罚款收缴分离,加强对罚款收缴活动的监督,保证罚款及时上缴国库,根据《中华人民共和国行政处罚法》(以下简称行政处罚法)的规定,制定本办法。

第二条 罚款的收取、缴纳及相关活动,适用本办法。

第三条 作出罚款决定的行政机关应当与收缴罚款的机构分离;但是,依照行政处罚法的规定可以当场收缴罚款的除外。

第四条 罚款必须全部上缴国库,任何行政机关、组织或者个人不得以任何形式截留、私分或者变相私分。

行政机关执法所需经费的拨付,按照国家有关规定执行。

第五条 经中国人民银行批准有代理收付款项业务的商业银行、信用合作社(以下简称代收机构),可以开办代收罚款的业务。

具体代收机构由县级以上地方人民政府组织本级财政部门、中国人民银行当地分支机构和依法具有行政处罚权的行政机关共同研究,统一确定。海关、外汇管理等实行垂直领导的依法具有行政处罚权的行政机关作出罚款决定的,具体代收机构由财政部、中国人民银行会同国务院有关部门确定。依法具有行政处罚权的国务院有关部门作出罚款决定的,具体代收机构由财政部、中国人民银行确定。

代收机构应当具备足够的代收网点,以方便当事人缴纳罚款。

第六条 行政机关应当依照本办法和国家有关规定,同代收机构签订代收罚款协议。

代收罚款协议应当包括下列事项:

(一)行政机关、代收机构名称;

(二)具体代收网点;

(三)代收机构上缴罚款的预算科目、预算级次;

(四)代收机构告知行政机关代收罚款情况的方式、期限;

(五)需要明确的其他事项。

自代收罚款协议签订之日起 15 日内,行政机关应当将代收罚款协议报上一级行政机关和同级财政部门备案;代收机构应当将代收罚款协议报中国人民银行或者其当地分支机构备案。

第七条 行政机关作出罚款决定的行政处罚决定书应当载明代收机构的名称、地址和当事人应当缴纳罚款的数额、期限等,并明确对当事人逾期缴纳罚款是否加处罚款。

当事人应当按照行政处罚决定书确定的罚款数额、期限,到指定的代收机构缴纳罚款。

第八条 代收机构代收罚款,应当向当事人出具罚款收据。

罚款收据的格式和印制,由财政部规定。

第九条 当事人逾期缴纳罚款,行政处罚决定书明确需要加处罚款的,代收机构应当按照行政处罚决定书加收罚款。

当事人对加收罚款有异议的,应当先缴纳罚款和加收的罚款,再依法向作出行政处罚决定的行政机关申请复议。

第十条 代收机构应当按照代收罚款协议规定的方式、期限,将当事人的姓名或者名称、缴纳罚款的数额、时间等情况书面告知作出行政处罚决定的行政机关。

第十一条 代收机构应当按照行政处罚法和国家有关规定,将代收的罚款直接上缴国库。

第十二条 国库应当按照《中华人民共和国国家金库条例》的规定,定期同财政部门和行政机关对账,以保证收受的罚款和上缴国库的罚款数额一致。

第十三条 代收机构应当在代收网点、营业时间、服务设施、缴款手续等方面为当事人缴纳罚款提供方便。

第十四条 财政部门应当向代收机构支付手续费,具体标准由财政部制定。

第十五条 法律、法规授权的具有管理公共事务职能的组织和依法受委托的组织依法作出的罚款决定与罚款收缴,适用本办法。

第十六条 本办法由财政部会同中国人民银行组织实施。

第十七条 本办法自 1998 年 1 月 1 日起施行。

罚款代收代缴管理办法

（1998 年 5 月 28 日 财预字〔1998〕201 号）

第一章 总 则

第一条 为了加强罚款收缴入库的管理，根据《中华人民共和国行政处罚法》、《罚款决定与罚款收缴分离实施办法》、《中华人民共和国国家金库条例》等有关法律、法规的规定，制定本办法。

第二条 具有行政处罚权的行政机关及法律、法规授权或依法受行政机关委托实施行政处罚的组织（以下简称行政机关），实行罚款决定与罚款收缴分离的，其罚款的收缴，适用本办法。

行政机关按法律规定实行当场收缴罚款的，其罚款的收缴，不适用本办法。

第二章 罚款代收机构

第三条 海关、外汇管理等实行垂直领导的依法具有行政处罚权的行政机关所处的罚款，由国有商业银行分支机构代收。国有商业银行代收有困难的，经财政部驻当地财政监察专员办事机构、中国人民银行当地分支机构协商确定，委托其他商业银行代收。

第四条 依法具有行政处罚权的国务院有关部门处以的罚款，由国有商业银行分支机构代收。

第五条 具有行政处罚权的地方行政机关所处的罚款，由县级以上地方人民政府组织本级财政部门、中国人民银行当地分支机构和依法具有行政处罚权的行政机关共同研究，统一确定代收机构。

第三章 罚 款 收 据

第六条 代收机构代收罚款，必须使用全国统一格式的“代收罚款收据”。

第七条 “代收罚款收据”一式四联（每联规格：9.5 公分×17.5 公分，具体格式附后）：

第一联，收据（白纸黑油墨），由代收机构收款盖章后退缴款人。

第二联，存根（白纸红油墨），由代收机构收款盖章后作收入凭证留存。

第三联，回执（白纸绿油墨），代收机构收款盖章后退作出处罚决定的行政机关。

第四联，报查（白纸紫油墨），代收机构收款盖章后，随一般缴款书的第五联（报查联）送国库，国库收款后送财政部门。

第八条 “代收罚款收据”由省级政府财政部门按统一格式指定企业印制，其他任何单位和个人不得印制。

“代收罚款收据”由省级财政部门负责组织发放。财政部门必须保证供应，并不得向领取收据的单位收取费用。

第四章 罚 款 收 缴

第九条 代收机构应根据与行政机关签订的代收罚款协议，严格履行代收代缴罚款义务，加强对罚款代收工作的管理。经办人对单位和个人缴纳罚款，应认真办理，不得拒收罚款。

第十条 代收机构应根据行政机关的行政处罚决定书决定的罚款数额收取罚款。对逾期缴纳罚款的单位和个人，行政处罚决定书明确需要加处罚款的，根据逾期天数加收罚款。行政处罚决定书没有明确需要加处罚款的，代收机构不得自行加收罚款。

第十一条 代收机构代收的罚款，应统一使用“待结算财政款项”科目的“待报解预算收入（罚款收入）”专户核算，并于当日办理缴库；当日来不及办理的，应于次日（节假日顺延）办理，不得占压、挪用。

代收机构不参加票据交换、罚款不能直接缴入当地国库的，代收机构应于当日将代收的罚款（附“代收罚款收据”三、四联）上划管辖行。管辖行对上划的罚款，应于当日或次日（节假日顺延）办理缴库。

第十二条 代收机构代收的罚款和代收机构管辖行收到上划的罚款，应按行政机关的隶属关系和罚款收入的预算科目、预算级次就地缴入中央国库和地方国库。代收机构或管辖行在办理缴库时，应填写“一般缴款书”，其中，“缴款单位”一栏，“全称”按行政机关全称填写，其他各项，根据《中华人民共和国国家金库条例》及其实施细则的要求填写。

缴款书第一联，代收机构盖章后连同代收罚款收据第三联送作出处罚决定的行政机关；第二联，代收机构留作付款凭证。第三－五联（附“代收罚款收据”第四联），由代收机构或管辖行通过票据交换，送当地国库。国库收款盖章后，第三联留存作收入凭证；第四、五联（附代收罚款收据第四联）按预算级次分送财政部门：属于中央的罚款收入，退财政部驻当地财政监察专员办事机构；属于地方的罚款收入，退同级财政部门；属于中央与地方分成的罚款收入，代收罚款收据第四联和缴款书第五联退财政部驻当地财政监察专员办事机构，缴款书第四联退地方同级财政部门。

第十三条 代收机构只办理罚款的代收与缴库。凡错缴和多缴的罚款，以及经行政机关复议后不应处罚的罚款须办理退付的，应由作出处罚决定的行政机关提出申请，报经同级财政部门（缴入中央国库的，报财政部驻当地财政监察专员办事机构）审查批准后，由财政部门开具收入退还书，分别从中央国库和地方国库退付。代收机构不得从罚款收入中冲退。

第五章 代收手续费

第十四条 财政部门按代收机构管辖行缴入国库罚款总额 0.5% 的比例，按季支付手续费。其中，缴入中央国库的，手续费由各地财政监察专员办事机构支付，缴入地方国库的，由地方同级财政部门支付。

第十五条　代收机构应于每季终了后3日内，将上季代收并缴入中央和地方国库的各项罚款分别汇总，填写罚款汇总表（格式附后），分送财政部驻各地财政监察专员办事机构和地方财政部门、作出处罚决定的行政机关核对。财政监察专员办事机构和地方财政部门收到代收机构报送的罚款汇总表，应与国库转来的缴款书及所附"代收罚款收据"进行核对，审核完毕按实际入库数支付上季手续费。

第六章　监　　督

第十六条　作出罚款决定的行政机关财务部门应按月与委托的代收机构就罚款收入的代收情况进行对账，对未到指定代收机构缴纳罚款的，应责成被处罚单位和个人缴纳并加处罚款。

第十七条　各级财政部门应按月与国库、作出罚款决定的行政机关就罚款收入的收缴情况进行对账检查，对账中发现的问题，应通知有关单位及时纠正。

第十八条　各级国库有权对代收机构代收罚款的情况进行监督检查。对违反规定，拒收和占压、挪用代收罚款收入的，应依法进行处理。

第十九条　各级财政部门对同级行政机关罚款的收缴情况，有权进行监督检查，对违反规定拒不执行罚款决定与罚款收缴分离规定，截留、挪用应缴罚款收入的，应按《国务院关于违反财政法规处罚的暂行规定》予以处理。

第二十条　代收机构、行政机关应按照国库和财政部门的要求，如实提供必要的资料，认真配合国库、财政机关的检查工作。

第二十一条　代收机构不履行代收协议所规定义务的，由确定代收机构的部门取消其代收罚款的资格，并按规定重新确定代收机构。

第七章　附　　则

第二十二条　人民法院和人民检察院所处罚款的收缴，比照本办法的规定办理。

第二十三条　税务部门所处税收罚款的收缴，仍按现行办法办理。

第二十四条　各地财政监察专员办事机构支付罚款代收手续费以及其他相关费用，由财政部驻各省、自治区、直辖市、计划单列市财政监察专员办事处根据实际应付数按季汇总报财政部。经财政部与中央总金库核对无误后，由财政部下拨到各财政监察专员办事处，各专员办事处转拨到所属办事机构。

第二十五条　本办法由财政部会同中国人民银行解释。

第二十六条　本办法自颁布之日起实行。其他有关罚款收缴的规定与本办法不一致的，以本办法为准。

罚没财物管理办法

（2020年12月17日　财税〔2020〕54号）

第一章　总　　则

第一条　为规范和加强罚没财物管理，防止国家财产损失，保护自然人、法人和非法人组织的合法权益，根据《中华人民共和国预算法》、《罚款决定与罚款收缴分离实施办法》（国务院令第235号）等有关法律、行政法规规定，制定本办法。

第二条　罚没财物移交、保管、处置、收入上缴、预算管理等，适用本办法。

第三条　本办法所称罚没财物，是指执法机关依法对自然人、法人和非法人组织作出行政处罚决定，没收、追缴决定或者法院生效裁定、判决取得的罚款、罚金、违法所得、非法财物，没收的保证金、个人财产等，包括现金、有价票证、有价证券、动产、不动产和其他财产权利等。

本办法所称执法机关，是指各级行政机关、监察机关、审判机关、检察机关，法律法规授权的具有管理公共事务职能的事业单位和组织。

本办法所称罚没收入是指罚款、罚金等现金收入，罚没财物处置收入及其孳息。

第四条　罚没财物管理工作应遵循罚款决定与罚款收缴相分离，执法与保管、处置岗位相分离，罚没收入与经费保障相分离的原则。

第五条　财政部负责制定全国罚没财物管理制度，指导、监督各地区、各部门罚没财物管理工作。中央有关执法机关可以根据本办法，制定本系统罚没财物管理具体实施办法，指导本系统罚没财物管理工作。

地方各级财政部门负责制定罚没财物管理制度，指导、监督本行政区内各有关单位的罚没财物管理工作。

各级执法机关、政府公物仓等单位负责制定本单位罚没财物管理操作规范，并在本单位职责范围内对罚没财物管理履行主体责任。

第二章　移交和保管

第六条　有条件的部门和地区可以设置政府公物仓对罚没物品实行集中管理。未设置政府公物仓的，由执法机关对罚没物品进行管理。

各级执法机关、政府公物仓按照安全、高效、便捷和节约的原则，使用下列罚没仓库存放保管罚没物品：

（一）执法机关罚没物品保管仓库；

（二）政府公物仓库；

（三）通过购买服务等方式选择社会仓库。

第七条　设置政府公物仓的地区，执法机关应当在根据行政处罚决定，没收、追缴决定，法院生效裁定、判决没收物品或者公告期满后，在同级财政部门规定的期限内，将罚没物品及其他必要的证明文件、材料，移送至政府公物仓，并向财政部门备案。

第八条　罚没仓库的保管条件、保管措施、管理方式应当满足防火、防水、防腐、防疫、防盗等基础安全要求，符合被保管罚没物品的特性。应当安装视频监控、防盗报警等安全设备。

第九条　执法机关、政府公物仓应当建立健全罚没物品保管制度，规范业务流程和单据管理，具体包括：

（一）建立台账制度，对接管的罚没物品必须造册、登记，清楚、准确、全面反映罚没物品的主要属性和特点，完整记录从入库到处置全过程。

（二）建立分类保管制度，对不同种类的罚没物品，应当分类保管。对文物、文化艺术品、贵金属、珠宝等贵重罚没物品，应当做到移交、入库、保管、出库全程录音录像，并做好密封工作。

（三）建立安全保卫制度，落实人员责任，确保物品妥善保管。

（四）建立清查盘存制度，做到账实一致，定期向财政部门报告罚没物品管理情况。

第十条　罚没仓库应当凭经执法机关或者政府公物仓按管理职责批准的书面文件或者单证办理出库手续，并在登记的出库清单上列明，由经办人与提货人共同签名确认，确保出库清单与批准文件、出库罚没物品一致。

罚没仓库无正当理由不得妨碍符合出库规定和手续的罚没物品出库。

第十一条　执法机关、政府公物仓应当运用信息化手段，建立来源去向明晰、管理全程可控、全面接受监督的管理信息系统。

执法机关、政府公物仓的管理信息系统，应当逐步与财政部门的非税收入收缴系统等平台对接，实现互联互通和信息共享。

第三章　罚没财物处置

第十二条　罚没财物的处置应当遵循公开、公平、公正原则，依法分类、定期处置，提高处置效率，降低仓储成本和处置成本，实现处置价值最大化。

第十三条　各级执法机关、政府公物仓应当依照法律法规和本级人民政府规定的权限，按照本办法的规定处置罚没财物。

各级财政部门会同有关部门对本级罚没财物处置、收入收缴等进行监督，建立处置审批和备案制度。

财政部各地监管局对属地中央预算单位罚没财物的处置、收入收缴等进行监督。

第十四条　除法律法规另有规定外，容易损毁、灭失、变质、保管困难或者保管费用过高、季节性商品等不宜长期保存的物品，长期不使用容易导致机械性能下降、价值贬损的车辆、船艇、电子产品等物品，以及有效期即将届满的汇票、本票、支票等，在确定为罚没财物前，经权利人同意或者申请，并经执法机关负责人批准，可以依法先行处置；权利人不明确的，可以依法公告，公告期满后仍没有权利人同意或者申请的，可以依法先行处置。先行处置所得款项按照涉案现金管理。

第十五条　罚没物品处置前存在破损、污秽等情形的，在有利于加快处置的情况下，且清理、修复费用低于变卖收入的，可以进行适当清理、修复。

第十六条　执法机关依法取得的罚没物品，除法律、行政法规禁止买卖的物品或者财产权利、按国家规定另行处置外，应当按照国家规定进行公开拍卖。公开拍卖应当符合下列要求：

（一）拍卖活动可以采取现场拍卖方式，鼓励有条件的部门和地区通过互联网和公共资源交易平台进行公开拍卖。

（二）公开拍卖应当委托具有相应拍卖资格的拍卖人进行，拍卖人可以通过摇珠等方式从具备资格条件的范围中选定，必要时可以选择多个拍卖人进行联合拍卖。

（三）罚没物品属于国家有强制安全标准或者涉及人民生命财产安全的，应当委托符合有关规定资格条件的检验检疫机构进行检验检测，不符合安全、卫生、质量或者动植物检疫标准的，不得进行公开拍卖。

（四）根据需要，可以采取“一物一拍”等方式对罚没物品进行拍卖。采用公开拍卖方式处置的，一般应当确定拍卖标的保留价。保留价一般参照价格认定机构或者符合资格条件的资产评估机构作出的评估价确定，也可以参照市场价或者通过互联网询价确定。

（五）公开拍卖发生流拍情形的，再次拍卖的保留价不得低于前次拍卖保留价的80%。发生3次（含）以上流拍情形的，经执法机关商同级财政部门确定后，可以通过互联网平台采取无底价拍卖或者转为其他处置方式。

第十七条　属于国家规定的专卖商品等限制流通的罚没物品，应当交由归口管理单位统一变卖，或者变卖给按规定可以接受该物品的单位。

第十八条　下列罚没物品，应当移交相关主管部门处置：

（一）依法没收的文物，应当移交国家或者省级文物行政管理部门，由其指定的国有博物馆、图书馆等文物收藏单位收藏或者按国家有关规定处置。经国家或者省级文物行政管理部门授权，市、县的文物行政管理部门或者有关国有博物馆、图书馆等文物收藏单位可以具体承办文物接收事宜。

（二）武器、弹药、管制刀具、毒品、毒具、赌具、禁止流通的易燃易爆危险品等，应当移交同级公安部门或者其他有关部门处置，或者经公安部门、其他有关部门同意，由有关执法机关依法处置。

（三）依法没收的野生动植物及其制品，应当交由野生动植物保护主管部门、海洋执法部门或者有关保护区域管理机构按规定处置，或者经有关主管部门同意，交由相关科研机构用于科学研究。

（四）其他应当移交相关主管部门处置的罚没物品。

第十九条　罚没物品难以变卖或者变卖成本大于收入，且具有经济价值或者其他价值的，执法机关应当报送同级财政部门，经同级财政部门同意后，可以赠送有关公益单位用于公益事业；没有捐赠且能够继续使用的，由同级财政部门统一管理。

第二十条 淫秽、反动物品，非法出版物，有毒有害的食品药品及其原材料，危害国家安全以及其他有社会危害性的物品，以及法律法规规定应当销毁的，应当由执法机关予以销毁。

对难以变卖且无经济价值或者其他价值的，可以由执法机关、政府公物仓予以销毁。

属于应销毁的物品经无害化或者合法化处理，丧失原有功能后尚有经济价值的，可以由执法机关、政府公物仓作为废旧物品变卖。

第二十一条 已纳入罚没仓库保管的物品，依法应当退还的，由执法机关、政府公物仓办理退还手续。

第二十二条 依法应当进行权属登记的房产、土地使用权等罚没财产和财产权利，变卖前可以依据行政处罚决定，没收、追缴决定，法院生效裁定、判决进行权属变更，变更后应当按本办法相关规定处置。

权属变更后的承接权属主体可以是执法机关、政府公物仓、同级财政部门或者其他指定机构，但不改变罚没财物的性质，承接单位不得占用、出租、出借。

第二十三条 罚没物品无法直接适用本办法规定处置的，执法机关与同级财政商有关部门后，提出处置方案，报上级财政部门备案。

第四章 罚没收入

第二十四条 罚没收入属于政府非税收入，应当按照国库集中收缴管理有关规定，全额上缴国库，纳入一般公共预算管理。

第二十五条 除依法可以当场收缴的罚款外，作出罚款决定的执法机关应当与收缴罚款的机构分离。

第二十六条 中央与省级罚没收入的划分权限，省以下各级政府间罚没收入的划分权限，按照现行预算管理有关规定确定。法律法规另有规定的，从其规定。

第二十七条 除以下情形外，罚没收入应按照执法机关的财务隶属关系缴入同级国库：

（一）海关、公安、中国海警、市场监管等部门取得的缉私罚没收入全额缴入中央国库。

（二）海关（除缉私外）、国家外汇管理部门、国家邮政部门、通信管理部门、气象管理部门、应急管理部所属煤矿安全监察部门、交通运输部所属海事部门中央本级取得的罚没收入全额缴入中央国库。省以下机构取得的罚没收入，50%缴入中央国库，50%缴入地方国库。

（三）国家烟草专卖部门取得的罚没收入全额缴入地方国库。

（四）应急管理部所属的消防救援部门取得的罚没收入，50%缴入中央国库，50%缴入地方国库。

（五）国家市场监督管理总局所属的反垄断部门与地方反垄断部门联合办理或者委托地方查办的重大案件取得的罚没收入，全额缴入中央国库。

（六）国有企业、事业单位监察机构没收、追缴的违法所得，按照国有企业、事业单位隶属关系全额缴入中央或者地方国库。

（七）中央政法机关交办案件按照有关规定执行。

（八）财政部规定的其他情形。

第二十八条 罚没物品处置收入，可以按扣除处置该罚没物品直接支出后的余额，作为罚没收入上缴；政府预算已经安排罚没物品处置专项经费的，不得扣除处置该罚没物品的直接支出。

前款所称处置罚没物品直接支出包括质量鉴定、评估和必要的修复费用。

第二十九条 罚没收入的缴库，按下列规定执行：

（一）执法机关取得的罚没收入，除当场收缴的罚款和财政部另有规定外，应当在取得之日缴入财政专户或者国库；

（二）执法人员依法当场收缴罚款的，执法机关应当自收到款项之日起2个工作日内缴入财政专户或者国库；

（三）委托拍卖机构拍卖罚没物品取得的变价款，由委托方自收到款项之日起2个工作日内缴入财政专户或者国库。

第三十条 政府预算收入中罚没收入预算为预测性指标，不作为收入任务指标下达。执法机关的办案经费由本级政府预算统筹保障，执法机关经费预算安排不得与该单位任何年度上缴的罚没收入挂钩。

第三十一条 依法退还多缴、错缴等罚没收入，应当按照本级财政部门有关规定办理。

第三十二条 执法机关在罚没财物管理工作中，应当按照规定使用财政部门相关票据。

第三十三条 对向执法机关检举、揭发各类违法案件的人员，经查实后，按照相关规定给予奖励，奖励经费不得从案件罚没收入中列支。

第五章 附 则

第三十四条 各级财政部门、执法机关、政府公物仓及其工作人员在罚没财物管理、处置工作中，存在违反本办法规定的行为，以及其他滥用职权、玩忽职守、徇私舞弊等违法违纪行为的，按照《中华人民共和国监察法》、《财政违法行为处罚处分条例》等国家有关规定追究相应责任；构成犯罪的，依法追究刑事责任。

第三十五条 执法机关扣押的涉案财物，有关单位、个人向执法机关声明放弃的或者无人认领的财物；党的纪律检查机关依据党内法规收缴的违纪所得以及按规定登记上交的礼品、礼金等财物；党政机关收到的采购、人事等合同违约金；党政机关根据国家赔偿法履行赔偿义务之后向故意或者有重大过失的工作人员、受委托的组织或者个人追偿的赔偿款等，参照罚没财物管理。国家另有规定的除外。

国有企业、事业单位党的纪检机构依据党内法规收缴的违纪所得，以及按规定登记上交的礼品、礼金等财物，按照国有企业、事业单位隶属关系全额缴入中央或者地方国库。

第三十六条 本办法自2021年1月1日起实施。

本办法实施前已经形成的罚没财物，尚未处置的，按照本办法执行。

文书范本

1. 财政监督检查案件移送通知书

财政监督检查案件移送通知书（存根）

第 号

受移送机关： 被调查、检查单位或者个人：

移送机关： 移送机关负责人签字：

签发日期：

财政监督检查案件移送通知书

第 号

（受移送机关名称）：

根据《财政违法行为处罚处分条例》（涉嫌犯罪案件的移送，应同时写明根据《行政执法机关移送涉嫌犯罪案件的规定》）的规定，本机关决定向你单位移送________（写明案件名称）。

附件：1.

2.

……

请于××年××月××日前将处理结果反馈我单位。

联系人：

联系电话：

（移送机关印章）

××年××月××日

2. 财政监督检查移送案件询问函

××函 ××号

×××（受函询机关名称）：

我单位于××年××月××日向你单位移送了××案件（写明案件名称及文号）。根据《财政违法行为处罚处分条例》的规定，现特发此函，询问该案件的处理情况。

请于××年××月××日前将移送案件处理情况函告我单位。

联系人：

联系电话：

（移送机关印章）

中 ××年××月××日

（二）预　算

中华人民共和国预算法

（1994年3月22日第八届全国人民代表大会第二次会议通过　根据2014年8月31日第十二届全国人民代表大会常务委员会第十次会议《关于修改〈中华人民共和国预算法〉的决定》第一次修正　根据2018年12月29日第十三届全国人民代表大会常务委员会第七次会议《关于修改〈中华人民共和国产品质量法〉等五部法律的决定》第二次修正）

目　录

第一章　总　　则

第一条　为了规范政府收支行为，强化预算约束，加强对预算的管理和监督，建立健全全面规范、公开透明的预算制度，保障经济社会的健康发展，根据宪法，制定本法。

第二条　预算、决算的编制、审查、批准、监督，以及预算的执行和调整，依照本法规定执行。

第三条　国家实行一级政府一级预算，设立中央，省、自治区、直辖市，设区的市、自治州，县、自治县、不设区的市、市辖区，乡、民族乡、镇五级预算。

全国预算由中央预算和地方预算组成。地方预算由各省、自治区、直辖市总预算组成。

地方各级总预算由本级预算和汇总的下一级总预算组成；下一级只有本级预算的，下一级总预算即指下一级的本级预算。没有下一级预算的，总预算即指本级预算。

第四条　预算由预算收入和预算支出组成。

政府的全部收入和支出都应当纳入预算。

第五条　预算包括一般公共预算、政府性基金预算、国有资本经营预算、社会保险基金预算。

一般公共预算、政府性基金预算、国有资本经营预算、社会保险基金预算应当保持完整、独立。政府性基金预算、国有资本经营预算、社会保险基金预算应当与一般公共预算相衔接。

第六条　一般公共预算是对以税收为主体的财政收入，安排用于保障和改善民生、推动经济社会发展、维护国家安全、维持国家机构正常运转等方面的收支预算。

中央一般公共预算包括中央各部门（含直属单位，下同）的预算和中央对地方的税收返还、转移支付预算。

中央一般公共预算收入包括中央本级收入和地方向中央的上解收入。中央一般公共预算支出包括中央本级支出、中央对地方的税收返还和转移支付。

第七条　地方各级一般公共预算包括本级各部门（含直属单位，下同）的预算和税收返还、转移支付预算。

地方各级一般公共预算收入包括地方本级收入、上级政府对本级政府的税收返还和转移支付、下级政府的上解收入。地方各级一般公共预算支出包括地方本级支出、对上级政府的上解支出、对下级政府的税收返还和转移支付。

第八条　各部门预算由本部门及其所属各单位预算组成。

第九条　政府性基金预算是对依照法律、行政法规的规定在一定期限内向特定对象征收、收取或者以其他方式筹集的资金，专项用于特定公共事业发展的收支预算。

政府性基金预算应当根据基金项目收入情况和实际支出需要，按基金项目编制，做到以收定支。

第十条　国有资本经营预算是对国有资本收益作出支出安排的收支预算。

国有资本经营预算应当按照收支平衡的原则编制，不列赤字，并安排资金调入一般公共预算。

第十一条　社会保险基金预算是对社会保险缴款、一般公共预算安排和其他方式筹集的资金，专项用于社会保险的收支预算。

社会保险基金预算应当按照统筹层次和社会保险项目分别编制，做到收支平衡。

第十二条　各级预算应当遵循统筹兼顾、勤俭节约、量力而行、讲求绩效和收支平衡的原则。

各级政府应当建立跨年度预算平衡机制。

第十三条　经人民代表大会批准的预算，非经法定程序，不得调整。各级政府、各部门、各单位的支出必须以经批准的预算为依据，未列入预算的不得支出。

第十四条　经本级人民代表大会或者本级人民代表大会常务委员会批准的预算、预算调整、决算、预算执行情况的报告及报表，应当在批准后二十日内由本级政府财政部门向社会公开，并对本级政府财政转移支付安排、执行的情况以及举借债务的情况等重要事项作出说明。

经本级政府财政部门批复的部门预算、决算及报表，应当在批复后二十日内由各部门向社会公开，并对部门预算、决算中机关运行经费的安排、使用情况等重要事项作出说明。

各级政府、各部门、各单位应当将政府采购的情况及时向社会公开。

本条前三款规定的公开事项,涉及国家秘密的除外。

第十五条 国家实行中央和地方分税制。

第十六条 国家实行财政转移支付制度。财政转移支付应当规范、公平、公开,以推进地区间基本公共服务均等化为主要目标。

财政转移支付包括中央对地方的转移支付和地方上级政府对下级政府的转移支付,以为均衡地区间基本财力、由下级政府统筹安排使用的一般性转移支付为主体。

按照法律、行政法规和国务院的规定可以设立专项转移支付,用于办理特定事项。建立健全专项转移支付定期评估和退出机制。市场竞争机制能够有效调节的事项不得设立专项转移支付。

上级政府在安排专项转移支付时,不得要求下级政府承担配套资金。但是,按照国务院的规定应当由上下级政府共同承担的事项除外。

第十七条 各级预算的编制、执行应当建立健全相互制约、相互协调的机制。

第十八条 预算年度自公历一月一日起,至十二月三十一日止。

第十九条 预算收入和预算支出以人民币元为计算单位。

第二章 预算管理职权

第二十条 全国人民代表大会审查中央和地方预算草案及中央和地方预算执行情况的报告;批准中央预算和中央预算执行情况的报告;改变或者撤销全国人民代表大会常务委员会关于预算、决算的不适当的决议。

全国人民代表大会常务委员会监督中央和地方预算的执行;审查和批准中央预算的调整方案;审查和批准中央决算;撤销国务院制定的同宪法、法律相抵触的关于预算、决算的行政法规、决定和命令;撤销省、自治区、直辖市人民代表大会及其常务委员会制定的同宪法、法律和行政法规相抵触的关于预算、决算的地方性法规和决议。

第二十一条 县级以上地方各级人民代表大会审查本级总预算草案及本级总预算执行情况的报告;批准本级预算和本级预算执行情况的报告;改变或者撤销本级人民代表大会常务委员会关于预算、决算的不适当的决议;撤销本级政府关于预算、决算的不适当的决定和命令。

县级以上地方各级人民代表大会常务委员会监督本级总预算的执行;审查和批准本级预算的调整方案;审查和批准本级决算;撤销本级政府和下一级人民代表大会及其常务委员会关于预算、决算的不适当的决定、命令和决议。

乡、民族乡、镇的人民代表大会审查和批准本级预算和本级预算执行情况的报告;监督本级预算的执行;审查和批准本级预算的调整方案;审查和批准本级决算;撤销本级政府关于预算、决算的不适当的决定和命令。

第二十二条 全国人民代表大会财政经济委员会对中央预算草案初步方案及上一年预算执行情况、中央预算调整初步方案和中央决算草案进行初步审查,提出初步审查意见。

省、自治区、直辖市人民代表大会有关专门委员会对本级预算草案初步方案及上一年预算执行情况、本级预算调整初步方案和本级决算草案进行初步审查,提出初步审查意见。

设区的市、自治州人民代表大会有关专门委员会对本级预算草案初步方案及上一年预算执行情况、本级预算调整初步方案和本级决算草案进行初步审查,提出初步审查意见,未设立专门委员会的,由本级人民代表大会常务委员会有关工作机构研究提出意见。

县、自治县、不设区的市、市辖区人民代表大会常务委员会对本级预算草案初步方案及上一年预算执行情况进行初步审查,提出初步审查意见。县、自治县、不设区的市、市辖区人民代表大会常务委员会有关工作机构对本级预算调整初步方案和本级决算草案研究提出意见。

设区的市、自治州以上各级人民代表大会有关专门委员会进行初步审查、常务委员会有关工作机构研究提出意见时,应当邀请本级人民代表大会代表参加。

对依照本条第一款至第四款规定提出的意见,本级政府财政部门应当将处理情况及时反馈。

依照本条第一款至第四款规定提出的意见以及本级政府财政部门反馈的处理情况报告,应当印发本级人民代表大会代表。

全国人民代表大会常务委员会和省、自治区、直辖市、设区的市、自治州人民代表大会常务委员会有关工作机构,依照本级人民代表大会常务委员会的决定,协助本级人民代表大会财政经济委员会或者有关专门委员会承担审查预算草案、预算调整方案、决算草案和监督预算执行等方面的具体工作。

第二十三条 国务院编制中央预算、决算草案;向全国人民代表大会作关于中央和地方预算草案的报告;将省、自治区、直辖市政府报送备案的预算汇总后报全国人民代表大会常务委员会备案;组织中央和地方预算的执行;决定中央预算预备费的动用;编制中央预算调整方案;监督中央各部门和地方政府的预算执行;改变或者撤销中央各部门和地方政府关于预算、决算的不适当的决定、命令;向全国人民代表大会、全国人民代表大会常务委员会报告中央和地方预算的执行情况。

第二十四条 县级以上地方各级政府编制本级预算、决算草案;向本级人民代表大会作关于本级总预算草案的报告;

将下一级政府报送备案的预算汇总后报本级人民代表大会常务委员会备案；组织本级总预算的执行；决定本级预算预备费的动用；编制本级预算的调整方案；监督本级各部门和下级政府的预算执行；改变或者撤销本级各部门和下级政府关于预算、决算的不适当的决定、命令；向本级人民代表大会、本级人民代表大会常务委员会报告本级总预算的执行情况。

乡、民族乡、镇政府编制本级预算、决算草案；向本级人民代表大会作关于本级预算草案的报告；组织本级预算的执行；决定本级预算预备费的动用；编制本级预算的调整方案；向本级人民代表大会报告本级预算的执行情况。

经省、自治区、直辖市政府批准，乡、民族乡、镇本级预算草案、预算调整方案、决算草案，可以由上一级政府代编，并依照本法第二十一条的规定报乡、民族乡、镇的人民代表大会审查和批准。

第二十五条　国务院财政部门具体编制中央预算、决算草案；具体组织中央和地方预算的执行；提出中央预算预备费动用方案；具体编制中央预算的调整方案；定期向国务院报告中央和地方预算的执行情况。

地方各级政府财政部门具体编制本级预算、决算草案；具体组织本级总预算的执行；提出本级预算预备费动用方案；具体编制本级预算的调整方案；定期向本级政府和上一级政府财政部门报告本级总预算的执行情况。

第二十六条　各部门编制本部门预算、决算草案；组织和监督本部门预算的执行；定期向本级政府财政部门报告预算的执行情况。

各单位编制本单位预算、决算草案；按照国家规定上缴预算收入，安排预算支出，并接受国家有关部门的监督。

第三章　预算收支范围

第二十七条　一般公共预算收入包括各项税收收入、行政事业性收费收入、国有资源（资产）有偿使用收入、转移性收入和其他收入。

一般公共预算支出按照其功能分类，包括一般公共服务支出，外交、公共安全、国防支出，农业、环境保护支出，教育、科技、文化、卫生、体育支出，社会保障及就业支出和其他支出。

一般公共预算支出按照其经济性质分类，包括工资福利支出、商品和服务支出、资本性支出和其他支出。

第二十八条　政府性基金预算、国有资本经营预算和社会保险基金预算的收支范围，按照法律、行政法规和国务院的规定执行。

第二十九条　中央预算与地方预算有关收入和支出项目的划分、地方向中央上解收入、中央对地方税收返还或者转移支付的具体办法，由国务院规定，报全国人民代表大会常务委员会备案。

第三十条　上级政府不得在预算之外调用下级政府预算的资金。下级政府不得挤占或者截留属于上级政府预算的资金。

第四章　预 算 编 制

第三十一条　国务院应当及时下达关于编制下一年预算草案的通知。编制预算草案的具体事项由国务院财政部门部署。

各级政府、各部门、各单位应当按照国务院规定的时间编制预算草案。

第三十二条　各级预算应当根据年度经济社会发展目标、国家宏观调控总体要求和跨年度预算平衡的需要，参考上一年预算执行情况、有关支出绩效评价结果和本年度收支预测，按照规定程序征求各方面意见后，进行编制。

各级政府依据法定权限作出决定或者制定行政措施，凡涉及增加或者减少财政收入或者支出的，应当在预算批准前提出并在预算草案中作出相应安排。

各部门、各单位应当按照国务院财政部门制定的政府收支分类科目、预算支出标准和要求，以及绩效目标管理等预算编制规定，根据其依法履行职能和事业发展的需要以及存量资产情况，编制本部门、本单位预算草案。

前款所称政府收支分类科目，收入分为类、款、项、目；支出按其功能分类分为类、款、项，按其经济性质分类分为类、款。

第三十三条　省、自治区、直辖市政府应当按照国务院规定的时间，将本级总预算草案报国务院审核汇总。

第三十四条　中央一般公共预算中必需的部分资金，可以通过举借国内和国外债务等方式筹措，举借债务应当控制适当的规模，保持合理的结构。

对中央一般公共预算中举借的债务实行余额管理，余额的规模不得超过全国人民代表大会批准的限额。

国务院财政部门具体负责对中央政府债务的统一管理。

第三十五条　地方各级预算按照量入为出、收支平衡的原则编制，除本法另有规定外，不列赤字。

经国务院批准的省、自治区、直辖市的预算中必需的建设投资的部分资金，可以在国务院确定的限额内，通过发行地方政府债券举借债务的方式筹措。举借债务的规模，由国务院报全国人民代表大会或者全国人民代表大会常务委员会批准。省、自治区、直辖市依照国务院下达的限额举借的债务，列入本级预算调整方案，报本级人民代表大会常务委员会批准。举借的债务应当有偿还计划和稳定的偿还资金来源，只能用于公益性资本支出，不得用于经常性支出。

除前款规定外，地方政府及其所属部门不得以任何方式举借债务。

除法律另有规定外，地方政府及其所属部门不得为任何单位和个人的债务以任何方式提供担保。

国务院建立地方政府债务风险评估和预警机制、应急处置机制以及责任追究制度。国务院财政部门对地方政府债务实施监督。

第三十六条 各级预算收入的编制,应当与经济社会发展水平相适应,与财政政策相衔接。

各级政府、各部门、各单位应当依照本法规定,将所有政府收入全部列入预算,不得隐瞒、少列。

第三十七条 各级预算支出应当依照本法规定,按其功能和经济性质分类编制。

各级预算支出的编制,应当贯彻勤俭节约的原则,严格控制各部门、各单位的机关运行经费和楼堂馆所等基本建设支出。

各级一般公共预算支出的编制,应当统筹兼顾,在保证基本公共服务合理需要的前提下,优先安排国家确定的重点支出。

第三十八条 一般性转移支付应当按照国务院规定的基本标准和计算方法编制。专项转移支付应当分地区、分项目编制。

县级以上各级政府应当将对下级政府的转移支付预计数提前下达下级政府。

地方各级政府应当将上级政府提前下达的转移支付预计数编入本级预算。

第三十九条 中央预算和有关地方预算中应当安排必要的资金,用于扶助革命老区、民族地区、边疆地区、贫困地区发展经济社会建设事业。

第四十条 各级一般公共预算应当按照本级一般公共预算支出额的百分之一至百分之三设置预备费,用于当年预算执行中的自然灾害等突发事件处理增加的支出及其他难以预见的开支。

第四十一条 各级一般公共预算按照国务院的规定可以设置预算周转金,用于本级政府调剂预算年度内季节性收支差额。

各级一般公共预算按照国务院的规定可以设置预算稳定调节基金,用于弥补以后年度预算资金的不足。

第四十二条 各级政府上一年预算的结转资金,应当在下一年用于结转项目的支出;连续两年未用完的结转资金,应当作为结余资金管理。

各部门、各单位上一年预算的结转、结余资金按照国务院财政部门的规定办理。

第五章 预算审查和批准

第四十三条 中央预算由全国人民代表大会审查和批准。

地方各级预算由本级人民代表大会审查和批准。

第四十四条 国务院财政部门应当在每年全国人民代表大会会议举行的四十五日前,将中央预算草案的初步方案提交全国人民代表大会财政经济委员会进行初步审查。

省、自治区、直辖市政府财政部门应当在本级人民代表大会会议举行的三十日前,将本级预算草案的初步方案提交本级人民代表大会有关专门委员会进行初步审查。

设区的市、自治州政府财政部门应当在本级人民代表大会会议举行的三十日前,将本级预算草案的初步方案提交本级人民代表大会有关专门委员会进行初步审查,或者送交本级人民代表大会常务委员会有关工作机构征求意见。

县、自治县、不设区的市、市辖区政府应当在本级人民代表大会会议举行的三十日前,将本级预算草案的初步方案提交本级人民代表大会常务委员会进行初步审查。

第四十五条 县、自治县、不设区的市、市辖区、乡、民族乡、镇的人民代表大会举行会议审查预算草案前,应当采用多种形式,组织本级人民代表大会代表,听取选民和社会各界的意见。

第四十六条 报送各级人民代表大会审查和批准的预算草案应当细化。本级一般公共预算支出,按其功能分类应当编列到项;按其经济性质分类,基本支出应当编列到款。本级政府性基金预算、国有资本经营预算、社会保险基金预算支出,按其功能分类应当编列到项。

第四十七条 国务院在全国人民代表大会举行会议时,向大会作关于中央和地方预算草案以及中央和地方预算执行情况的报告。

地方各级政府在本级人民代表大会举行会议时,向大会作关于总预算草案和总预算执行情况的报告。

第四十八条 全国人民代表大会和地方各级人民代表大会对预算草案及其报告、预算执行情况的报告重点审查下列内容:

(一)上一年预算执行情况是否符合本级人民代表大会预算决议的要求;

(二)预算安排是否符合本法的规定;

(三)预算安排是否贯彻国民经济和社会发展的方针政策,收支政策是否切实可行;

(四)重点支出和重大投资项目的预算安排是否适当;

(五)预算的编制是否完整,是否符合本法第四十六条的规定;

(六)对下级政府的转移性支出预算是否规范、适当;

(七)预算安排举借的债务是否合法、合理,是否有偿还计划和稳定的偿还资金来源;

(八)与预算有关重要事项的说明是否清晰。

第四十九条 全国人民代表大会财政经济委员会向全国人民代表大会主席团提出关于中央和地方预算草案及中央和地方预算执行情况的审查结果报告。

省、自治区、直辖市、设区的市、自治州人民代表大会有关专门委员会,县、自治县、不设区的市、市辖区人民代表大会常务委员会,向本级人民代表大会主席团提出关于总预算草案及上一年总预算执行情况的审查结果报告。

审查结果报告应当包括下列内容:

(一)对上一年预算执行和落实本级人民代表大会预算决议的情况作出评价;

(二)对本年度预算草案是否符合本法的规定,是否可行作出评价;

(三)对本级人民代表大会批准预算草案和预算报告提出建议;

(四)对执行年度预算、改进预算管理、提高预算绩效、加强预算监督等提出意见和建议。

第五十条 乡、民族乡、镇政府应当及时将经本级人民代表大会批准的本级预算报上一级政府备案。县级以上地方各级政府应当及时将经本级人民代表大会批准的本级预算及下一级政府报送备案的预算汇总,报上一级政府备案。

县级以上地方各级政府将下一级政府依照前款规定报送备案的预算汇总后,报本级人民代表大会常务委员会备案。国务院将省、自治区、直辖市政府依照前款规定报送备案的预算汇总后,报全国人民代表大会常务委员会备案。

第五十一条 国务院和县级以上地方各级政府对下一级政府依照本法第五十条规定报送备案的预算,认为有同法律、行政法规相抵触或者有其他不适当之处,需要撤销批准预算的决议的,应当提请本级人民代表大会常务委员会审议决定。

第五十二条 各级预算经本级人民代表大会批准后,本级政府财政部门应当在二十日内向本级各部门批复预算。各部门应当在接到本级政府财政部门批复的本部门预算后十五日内向所属各单位批复预算。

中央对地方的一般性转移支付应当在全国人民代表大会批准预算后三十日内正式下达。中央对地方的专项转移支付应当在全国人民代表大会批准预算后九十日内正式下达。

省、自治区、直辖市政府接到中央一般性转移支付和专项转移支付后,应当在三十日内正式下达到本行政区域县级以上各级政府。

县级以上地方各级预算安排对下级政府的一般性转移支付和专项转移支付,应当分别在本级人民代表大会批准预算后的三十日和六十日内正式下达。

对自然灾害等突发事件处理的转移支付,应当及时下达预算;对据实结算等特殊项目的转移支付,可以分期下达预算,或者先预付后结算。

县级以上各级政府财政部门应当将批复本级各部门的预算和批复下级政府的转移支付预算,抄送本级人民代表大会财政经济委员会、有关专门委员会和常务委员会有关工作机构。

第六章 预算执行

第五十三条 各级预算由本级政府组织执行,具体工作由本级政府财政部门负责。

各部门、各单位是本部门、本单位的预算执行主体,负责本部门、本单位的预算执行,并对执行结果负责。

第五十四条 预算年度开始后,各级预算草案在本级人民代表大会批准前,可以安排下列支出:

(一)上一年度结转的支出;

(二)参照上一年同期的预算支出数额安排必须支付的本年度部门基本支出、项目支出,以及对下级政府的转移性支出;

(三)法律规定必须履行支付义务的支出,以及用于自然灾害等突发事件处理的支出。

根据前款规定安排支出的情况,应当在预算草案的报告中作出说明。

预算经本级人民代表大会批准后,按照批准的预算执行。

第五十五条 预算收入征收部门和单位,必须依照法律、行政法规的规定,及时、足额征收应征的预算收入。不得违反法律、行政法规规定,多征、提前征收或者减征、免征、缓征应征的预算收入,不得截留、占用或者挪用预算收入。

各级政府不得向预算收入征收部门和单位下达收入指标。

第五十六条 政府的全部收入应当上缴国家金库(以下简称国库),任何部门、单位和个人不得截留、占用、挪用或者拖欠。

对于法律有明确规定或者经国务院批准的特定专用资金,可以依照国务院的规定设立财政专户。

第五十七条 各级政府财政部门必须依照法律、行政法规和国务院财政部门的规定,及时、足额地拨付预算支出资金,加强对预算支出的管理和监督。

各级政府、各部门、各单位的支出必须按照预算执行,不得虚假列支。

各级政府、各部门、各单位应当对预算支出情况开展绩效评价。

第五十八条 各级预算的收入和支出实行收付实现制。

特定事项按照国务院的规定实行权责发生制的有关情况,应当向本级人民代表大会常务委员会报告。

第五十九条 县级以上各级预算必须设立国库;具备条件的乡、民族乡、镇也应当设立国库。

中央国库业务由中国人民银行经理,地方国库业务依照国务院的有关规定办理。

各级国库应当按照国家有关规定,及时准确地办理预算收入的收纳、划分、留解、退付和预算支出的拨付。

各级国库库款的支配权属于本级政府财政部门。除法律、行政法规另有规定外，未经本级政府财政部门同意，任何部门、单位和个人都无权冻结、动用国库库款或者以其他方式支配已入国库的库款。

各级政府应当加强对本级国库的管理和监督，按照国务院的规定完善国库现金管理，合理调节国库资金余额。

第六十条 已经缴入国库的资金，依照法律、行政法规的规定或者国务院的决定需要退付的，各级政府财政部门或者其授权的机构应当及时办理退付。按照规定应当由财政支出安排的事项，不得用退库处理。

第六十一条 国家实行国库集中收缴和集中支付制度，对政府全部收入和支出实行国库集中收付管理。

第六十二条 各级政府应当加强对预算执行的领导，支持政府财政、税务、海关等预算收入的征收部门依法组织预算收入，支持政府财政部门严格管理预算支出。

财政、税务、海关等部门在预算执行中，应当加强对预算执行的分析；发现问题时应当及时建议本级政府采取措施予以解决。

第六十三条 各部门、各单位应当加强对预算收入和支出的管理，不得截留或者动用应当上缴的预算收入，不得擅自改变预算支出的用途。

第六十四条 各级预算预备费的动用方案，由本级政府财政部门提出，报本级政府决定。

第六十五条 各级预算周转金由本级政府财政部门管理，不得挪作他用。

第六十六条 各级一般公共预算年度执行中有超收收入的，只能用于冲减赤字或者补充预算稳定调节基金。

各级一般公共预算的结余资金，应当补充预算稳定调节基金。

省、自治区、直辖市一般公共预算年度执行中出现短收，通过调入预算稳定调节基金、减少支出等方式仍不能实现收支平衡的，省、自治区、直辖市政府报本级人民代表大会或者其常务委员会批准，可以增列赤字，报国务院财政部门备案，并应当在下一年度预算中予以弥补。

第七章 预算调整

第六十七条 经全国人民代表大会批准的中央预算和经地方各级人民代表大会批准的地方各级预算，在执行中出现下列情况之一的，应当进行预算调整：

（一）需要增加或者减少预算总支出的；

（二）需要调入预算稳定调节基金的；

（三）需要调减预算安排的重点支出数额的；

（四）需要增加举借债务数额的。

第六十八条 在预算执行中，各级政府一般不制定新的增加财政收入或者支出的政策和措施，也不制定减少财政收入的政策和措施；必须作出并需要进行预算调整的，应当在预算调整方案中作出安排。

第六十九条 在预算执行中，各级政府对于必须进行的预算调整，应当编制预算调整方案。预算调整方案应当说明预算调整的理由、项目和数额。

在预算执行中，由于发生自然灾害等突发事件，必须及时增加预算支出的，应当先动支预备费；预备费不足支出的，各级政府可以先安排支出，属于预算调整的，列入预算调整方案。

国务院财政部门应当在全国人民代表大会常务委员会举行会议审查和批准预算调整方案的三十日前，将预算调整初步方案送交全国人民代表大会财政经济委员会进行初步审查。

省、自治区、直辖市政府财政部门应当在本级人民代表大会常务委员会举行会议审查和批准预算调整方案的三十日前，将预算调整初步方案送交本级人民代表大会有关专门委员会进行初步审查。

设区的市、自治州政府财政部门应当在本级人民代表大会常务委员会举行会议审查和批准预算调整方案的三十日前，将预算调整初步方案送交本级人民代表大会有关专门委员会进行初步审查，或者送交本级人民代表大会常务委员会有关工作机构征求意见。

县、自治县、不设区的市、市辖区政府财政部门应当在本级人民代表大会常务委员会举行会议审查和批准预算调整方案的三十日前，将预算调整初步方案送交本级人民代表大会常务委员会有关工作机构征求意见。

中央预算的调整方案应当提请全国人民代表大会常务委员会审查和批准。县级以上地方各级预算的调整方案应当提请本级人民代表大会常务委员会审查和批准；乡、民族乡、镇预算的调整方案应当提请本级人民代表大会审查和批准。未经批准，不得调整预算。

第七十条 经批准的预算调整方案，各级政府应当严格执行。未经本法第六十九条规定的程序，各级政府不得作出预算调整的决定。

对违反前款规定作出的决定，本级人民代表大会、本级人民代表大会常务委员会或者上级政府应当责令其改变或者撤销。

第七十一条 在预算执行中，地方各级政府因上级政府增加不需要本级政府提供配套资金的专项转移支付而引起的预算支出变化，不属于预算调整。

接受增加专项转移支付的县级以上地方各级政府应当向本级人民代表大会常务委员会报告有关情况；接受增加专项转移支付的乡、民族乡、镇政府应当向本级人民代表大会报告有关情况。

第七十二条 各部门、各单位的预算支出应当按照预算科目执行。严格控制不同预算科目、预算级次或者项目间的预算资金的调剂，确需调剂使用的，按照国务院财政部门的规定办理。

第七十三条　地方各级预算的调整方案经批准后，由本级政府报上一级政府备案。

第八章　决　　算

第七十四条　决算草案由各级政府、各部门、各单位，在每一预算年度终了后按照国务院规定的时间编制。

编制决算草案的具体事项，由国务院财政部门部署。

第七十五条　编制决算草案，必须符合法律、行政法规，做到收支真实、数额准确、内容完整、报送及时。

决算草案应当与预算相对应，按预算数、调整预算数、决算数分别列出。一般公共预算支出应当按其功能分类编列到项，按其经济性质分类编列到款。

第七十六条　各部门对所属各单位的决算草案，应当审核并汇总编制本部门的决算草案，在规定的期限内报本级政府财政部门审核。

各级政府财政部门对本级各部门决算草案审核后发现有不符合法律、行政法规规定的，有权予以纠正。

第七十七条　国务院财政部门编制中央决算草案，经国务院审计部门审计后，报国务院审定，由国务院提请全国人民代表大会常务委员会审查和批准。

县级以上地方各级政府财政部门编制本级决算草案，经本级政府审计部门审计后，报本级政府审定，由本级政府提请本级人民代表大会常务委员会审查和批准。

乡、民族乡、镇政府编制本级决算草案，提请本级人民代表大会审查和批准。

第七十八条　国务院财政部门应当在全国人民代表大会常务委员会举行会议审查和批准中央决算草案的三十日前，将上一年度中央决算草案提交全国人民代表大会财政经济委员会进行初步审查。

省、自治区、直辖市政府财政部门应当在本级人民代表大会常务委员会举行会议审查和批准本级决算草案的三十日前，将上一年度本级决算草案提交本级人民代表大会有关专门委员会进行初步审查。

设区的市、自治州政府财政部门应当在本级人民代表大会常务委员会举行会议审查和批准本级决算草案的三十日前，将上一年度本级决算草案提交本级人民代表大会有关专门委员会进行初步审查，或者送交本级人民代表大会常务委员会有关工作机构征求意见。

县、自治县、不设区的市、市辖区政府财政部门应当在本级人民代表大会常务委员会举行会议审查和批准本级决算草案的三十日前，将上一年度本级决算草案送交本级人民代表大会常务委员会有关工作机构征求意见。

全国人民代表大会财政经济委员会和省、自治区、直辖市、设区的市、自治州人民代表大会有关专门委员会，向本级人民代表大会常务委员会提出关于本级决算草案的审查结果报告。

第七十九条　县级以上各级人民代表大会常务委员会和乡、民族乡、镇人民代表大会对本级决算草案，重点审查下列内容：

（一）预算收入情况；

（二）支出政策实施情况和重点支出、重大投资项目资金的使用及绩效情况；

（三）结转资金的使用情况；

（四）资金结余情况；

（五）本级预算调整及执行情况；

（六）财政转移支付安排执行情况；

（七）经批准举借债务的规模、结构、使用、偿还等情况；

（八）本级预算周转金规模和使用情况；

（九）本级预备费使用情况；

（十）超收收入安排情况，预算稳定调节基金的规模和使用情况；

（十一）本级人民代表大会批准的预算决议落实情况；

（十二）其他与决算有关的重要情况。

县级以上各级人民代表大会常务委员会应当结合本级政府提出的上一年度预算执行和其他财政收支的审计工作报告，对本级决算草案进行审查。

第八十条　各级决算经批准后，财政部门应当在二十日内向本级各部门批复决算。各部门应当在接到本级政府财政部门批复的本部门决算后十五日内向所属单位批复决算。

第八十一条　地方各级政府应当将经批准的决算及下一级政府上报备案的决算汇总，报上一级政府备案。

县级以上各级政府应当将下一级政府报送备案的决算汇总后，报本级人民代表大会常务委员会备案。

第八十二条　国务院和县级以上地方各级政府对下一级政府依照本法第八十一条规定报送备案的决算，认为有同法律、行政法规相抵触或者有其他不适当之处，需要撤销批准该项决算的决议的，应当提请本级人民代表大会常务委员会审议决定；经审议决定撤销的，该下级人民代表大会常务委员会应当责成本级政府依照本法规定重新编制决算草案，提请本级人民代表大会常务委员会审查和批准。

第九章　监　　督

第八十三条　全国人民代表大会及其常务委员会对中央和地方预算、决算进行监督。

县级以上地方各级人民代表大会及其常务委员会对本级和下级预算、决算进行监督。

乡、民族乡、镇人民代表大会对本级预算、决算进行监督。

第八十四条　各级人民代表大会和县级以上各级人民代表大会常务委员会有权就预算、决算中的重大事项或者特定问题组织调查，有关的政府、部门、单位和个人应当如实反映情况和提供必要的材料。

第八十五条 各级人民代表大会和县级以上各级人民代表大会常务委员会举行会议时，人民代表大会代表或者常务委员会组成人员，依照法律规定程序就预算、决算中的有关问题提出询问或者质询，受询问或者受质询的有关的政府或者财政部门必须及时给予答复。

第八十六条 国务院和县级以上地方各级政府应当在每年六月至九月期间向本级人民代表大会常务委员会报告预算执行情况。

第八十七条 各级政府监督下级政府的预算执行；下级政府应当定期向上一级政府报告预算执行情况。

第八十八条 各级政府财政部门负责监督本级各部门及其所属各单位预算管理有关工作，并向本级政府和上一级政府财政部门报告预算执行情况。

第八十九条 县级以上政府审计部门依法对预算执行、决算实行审计监督。

对预算执行和其他财政收支的审计工作报告应当向社会公开。

第九十条 政府各部门负责监督检查所属各单位的预算执行，及时向本级政府财政部门反映本部门预算执行情况，依法纠正违反预算的行为。

第九十一条 公民、法人或者其他组织发现有违反本法的行为，可以依法向有关国家机关进行检举、控告。

接受检举、控告的国家机关应当依法进行处理，并为检举人、控告人保密。任何单位或者个人不得压制和打击报复检举人、控告人。

第十章 法律责任

第九十二条 各级政府及有关部门有下列行为之一的，责令改正，对负有直接责任的主管人员和其他直接责任人员追究行政责任：

（一）未依照本法规定，编制、报送预算草案、预算调整方案、决算草案和部门预算、决算以及批复预算、决算的；

（二）违反本法规定，进行预算调整的；

（三）未依照本法规定对有关预算事项进行公开和说明的；

（四）违反规定设立政府性基金项目和其他财政收入项目的；

（五）违反法律、法规规定使用预算预备费、预算周转金、预算稳定调节基金、超收收入的；

（六）违反本法规定开设财政专户的。

第九十三条 各级政府及有关部门、单位有下列行为之一的，责令改正，对负有直接责任的主管人员和其他直接责任人员依法给予降级、撤职、开除的处分：

（一）未将所有政府收入和支出列入预算或者虚列收入和支出的；

（二）违反法律、行政法规的规定，多征、提前征收或者减征、免征、缓征应征预算收入的；

（三）截留、占用、挪用或者拖欠应当上缴国库的预算收入的；

（四）违反本法规定，改变预算支出用途的；

（五）擅自改变上级政府专项转移支付资金用途的；

（六）违反本法规定拨付预算支出资金，办理预算收入收纳、划分、留解、退付，或者违反本法规定冻结、动用国库库款或者以其他方式支配已入国库库款的。

第九十四条 各级政府、各部门、各单位违反本法规定举借债务或者为他人债务提供担保，或者挪用重点支出资金，或者在预算之外及超预算标准建设楼堂馆所的，责令改正，对负有直接责任的主管人员和其他直接责任人员给予撤职、开除的处分。

第九十五条 各级政府有关部门、单位及其工作人员有下列行为之一的，责令改正，追回骗取、使用的资金，有违法所得的没收违法所得，对单位给予警告或者通报批评；对负有直接责任的主管人员和其他直接责任人员依法给予处分：

（一）违反法律、法规的规定，改变预算收入上缴方式的；

（二）以虚报、冒领等手段骗取预算资金的；

（三）违反规定扩大开支范围、提高开支标准的；

（四）其他违反财政管理规定的行为。

第九十六条 本法第九十二条、第九十三条、第九十四条、第九十五条所列违法行为，其他法律对其处理、处罚另有规定的，依照其规定。

违反本法规定，构成犯罪的，依法追究刑事责任。

第十一章 附 则

第九十七条 各级政府财政部门应当按年度编制以权责发生制为基础的政府综合财务报告，报告政府整体财务状况、运行情况和财政中长期可持续性，报本级人民代表大会常务委员会备案。

第九十八条 国务院根据本法制定实施条例。

第九十九条 民族自治地方的预算管理，依照民族区域自治法的有关规定执行；民族区域自治法没有规定的，依照本法和国务院的有关规定执行。

第一百条 省、自治区、直辖市人民代表大会或者其常务委员会根据本法，可以制定有关预算审查监督的决定或者地方性法规。

第一百零一条 本法自 1995 年 1 月 1 日起施行。1991 年 10 月 21 日国务院发布的《国家预算管理条例》同时废止。

中华人民共和国预算法实施条例

（1995年11月22日中华人民共和国国务院令第186号发布 根据2020年8月3日中华人民共和国国务院令第729号修订）

第一章 总 则

第一条 根据《中华人民共和国预算法》（以下简称预算法），制定本条例。

第二条 县级以上地方政府的派出机关根据本级政府授权进行预算管理活动，不作为一级预算，其收支纳入本级预算。

第三条 社会保险基金预算应当在精算平衡的基础上实现可持续运行，一般公共预算可以根据需要和财力适当安排资金补充社会保险基金预算。

第四条 预算法第六条第二款所称各部门，是指与本级政府财政部门直接发生预算缴拨款关系的国家机关、军队、政党组织、事业单位、社会团体和其他单位。

第五条 各部门预算应当反映一般公共预算、政府性基金预算、国有资本经营预算安排给本部门及其所属各单位的所有预算资金。

各部门预算收入包括本级财政安排给本部门及其所属各单位的预算拨款收入和其他收入。各部门预算支出为与部门预算收入相对应的支出，包括基本支出和项目支出。

本条第二款所称基本支出，是指各部门、各单位为保障其机构正常运转、完成日常工作任务所发生的支出，包括人员经费和公用经费；所称项目支出，是指各部门、各单位为完成其特定的工作任务和事业发展目标所发生的支出。

各部门及其所属各单位的本级预算拨款收入和其相对应的支出，应当在部门预算中单独反映。

部门预算编制、执行的具体办法，由本级政府财政部门依法作出规定。

第六条 一般性转移支付向社会公开应当细化到地区。专项转移支付向社会公开应当细化到地区和项目。

政府债务、机关运行经费、政府采购、财政专户资金等情况，按照有关规定向社会公开。

部门预算、决算应当公开基本支出和项目支出。部门预算、决算支出按其功能分类应当公开到项；按其经济性质分类，基本支出应当公开到款。

各部门所属单位的预算、决算及报表，应当在部门批复后20日内由单位向社会公开。单位预算、决算应当公开基本支出和项目支出。单位预算、决算支出按其功能分类应当公开到项；按其经济性质分类，基本支出应当公开到款。

第七条 预算法第十五条所称中央和地方分税制，是指在划分中央与地方事权的基础上，确定中央与地方财政支出范围，并按税种划分中央与地方预算收入的财政管理体制。

分税制财政管理体制的具体内容和实施办法，按照国务院的有关规定执行。

第八条 县级以上地方各级政府应当根据中央和地方分税制的原则和上级政府的有关规定，确定本级政府对下级政府的财政管理体制。

第九条 预算法第十六条第二款所称一般性转移支付，包括：

（一）均衡性转移支付；

（二）对革命老区、民族地区、边疆地区、贫困地区的财力补助；

（三）其他一般性转移支付。

第十条 预算法第十六条第三款所称专项转移支付，是指上级政府为了实现特定的经济和社会发展目标给予下级政府，并由下级政府按照上级政府规定的用途安排使用的预算资金。

县级以上各级政府财政部门应当会同有关部门建立健全专项转移支付定期评估和退出机制。对评估后的专项转移支付，按照下列情形分别予以处理：

（一）符合法律、行政法规和国务院规定，有必要继续执行的，可以继续执行；

（二）设立的有关要求变更，或者实际绩效与目标差距较大、管理不够完善的，应当予以调整；

（三）设立依据失效或者废止的，应当予以取消。

第十一条 预算收入和预算支出以人民币元为计算单位。预算收支以人民币以外的货币收纳和支付的，应当折合成人民币计算。

第二章 预算收支范围

第十二条 预算法第二十七条第一款所称行政事业性收费收入，是指国家机关、事业单位等依照法律法规规定，按照国务院规定的程序批准，在实施社会公共管理以及在向公民、法人和其他组织提供特定公共服务过程中，按照规定标准向特定对象收取费用形成的收入。

预算法第二十七条第一款所称国有资源（资产）有偿使用收入，是指矿藏、水流、海域、无居民海岛以及法律规定属于国家所有的森林、草原等国有资源有偿使用收入，按照规定纳入一般公共预算管理的国有资产收入等。

预算法第二十七条第一款所称转移性收入，是指上级税收返还和转移支付、下级上解收入、调入资金以及按照财政部规定列入转移性收入的无隶属关系政府的无偿援助。

第十三条 转移性支出包括上解上级支出、对下级的税收返还和转移支付、调出资金以及按照财政部规定列入转移性支出的给予无隶属关系政府的无偿援助。

第十四条 政府性基金预算收入包括政府性基金各项目收入和转移性收入。

政府性基金预算支出包括与政府性基金预算收入相对应的各项目支出和转移性支出。

第十五条 国有资本经营预算收入包括依照法律、行政法规和国务院规定应当纳入国有资本经营预算的国有独资企业和国有独资公司按照规定上缴国家的利润收入、从国有资本控股和参股公司获得的股息红利收入、国有产权转让收入、清算收入和其他收入。

国有资本经营预算支出包括资本性支出、费用性支出、向一般公共预算调出资金等转移性支出和其他支出。

第十六条 社会保险基金预算收入包括各项社会保险费收入、利息收入、投资收益、一般公共预算补助收入、集体补助收入、转移收入、上级补助收入、下级上解收入和其他收入。

社会保险基金预算支出包括各项社会保险待遇支出、转移支出、补助下级支出、上解上级支出和其他支出。

第十七条 地方各级预算上下级之间有关收入和支出项目的划分以及上解、返还或者转移支付的具体办法，由上级地方政府规定，报本级人民代表大会常务委员会备案。

第十八条 地方各级社会保险基金预算上下级之间有关收入和支出项目的划分以及上解、补助的具体办法，按照统筹层次由上级地方政府规定，报本级人民代表大会常务委员会备案。

第三章 预算编制

第十九条 预算法第三十一条所称预算草案，是指各级政府、各部门、各单位编制的未经法定程序审查和批准的预算。

第二十条 预算法第三十二条第一款所称绩效评价，是指根据设定的绩效目标，依据规范的程序，对预算资金的投入、使用过程、产出与效果进行系统和客观的评价。

绩效评价结果应当按照规定作为改进管理和编制以后年度预算的依据。

第二十一条 预算法第三十二条第三款所称预算支出标准，是指对预算事项合理分类并分别规定的支出预算编制标准，包括基本支出标准和项目支出标准。

地方各级政府财政部门应当根据财政部制定的预算支出标准，结合本地区经济社会发展水平、财力状况等，制定本地区或者本级的预算支出标准。

第二十二条 财政部于每年 6 月 15 日前部署编制下一年度预算草案的具体事项，规定报表格式、编报方法、报送期限等。

第二十三条 中央各部门应当按照国务院的要求和财政部的部署，结合本部门的具体情况，组织编制本部门及其所属各单位的预算草案。

中央各部门负责本部门所属各单位预算草案的审核，并汇总编制本部门的预算草案，按照规定报财政部审核。

第二十四条 财政部审核中央各部门的预算草案，具体编制中央预算草案；汇总地方预算草案或者地方预算，汇编中央和地方预算草案。

第二十五条 省、自治区、直辖市政府按照国务院的要求和财政部的部署，结合本地区的具体情况，提出本行政区域编制预算草案的要求。

县级以上地方各级政府财政部门应当于每年 6 月 30 日前部署本行政区域编制下一年度预算草案的具体事项，规定有关报表格式、编报方法、报送期限等。

第二十六条 县级以上地方各级政府各部门应当根据本级政府的要求和本级政府财政部门的部署，结合本部门的具体情况，组织编制本部门及其所属各单位的预算草案，按照规定报本级政府财政部门审核。

第二十七条 县级以上地方各级政府财政部门审核本级各部门的预算草案，具体编制本级预算草案，汇编本级总预算草案，经本级政府审定后，按照规定期限报上一级政府财政部门。

省、自治区、直辖市政府财政部门汇总的本级总预算草案或者本级总预算，应当于下一年度 1 月 10 日前报财政部。

第二十八条 县级以上各级政府财政部门审核本级各部门的预算草案时，发现不符合编制预算要求的，应当予以纠正；汇编本级总预算草案时，发现下级预算草案不符合上级政府或者本级政府编制预算要求的，应当及时向本级政府报告，由本级政府予以纠正。

第二十九条 各级政府财政部门编制收入预算草案时，应当征求税务、海关等预算收入征收部门和单位的意见。

预算收入征收部门和单位应当按照财政部门的要求提供下一年度预算收入征收预测情况。

第三十条 财政部门会同社会保险行政部门部署编制下一年度社会保险基金预算草案的具体事项。

社会保险经办机构具体编制下一年度社会保险基金预算草案，报本级社会保险行政部门审核汇总。社会保险基金收入预算草案由社会保险经办机构会同社会保险费征收机构具体编制。财政部门负责审核并汇总编制社会保险基金预算草案。

第三十一条 各级政府财政部门应当依照预算法和本条例规定，制定本级预算草案编制规程。

第三十二条 各部门、各单位在编制预算草案时，应当根据资产配置标准，结合存量资产情况编制相关支出预算。

第三十三条 中央一般公共预算收入编制内容包括本级一般公共预算收入、从国有资本经营预算调入资金、地方上解收入、从预算稳定调节基金调入资金、其他调入资金。

中央一般公共预算支出编制内容包括本级一般公共预算

支出、对地方的税收返还和转移支付、补充预算稳定调节基金。

中央政府债务余额的限额应当在本级预算中单独列示。

第三十四条 地方各级一般公共预算收入编制内容包括本级一般公共预算收入、从国有资本经营预算调入资金、上级税收返还和转移支付、下级上解收入、从预算稳定调节基金调入资金、其他调入资金。

地方各级一般公共预算支出编制内容包括本级一般公共预算支出、上解上级支出、对下级的税收返还和转移支付、补充预算稳定调节基金。

第三十五条 中央政府性基金预算收入编制内容包括本级政府性基金各项目收入、上一年度结余、地方上解收入。

中央政府性基金预算支出编制内容包括本级政府性基金各项目支出、对地方的转移支付、调出资金。

第三十六条 地方政府性基金预算收入编制内容包括本级政府性基金各项目收入、上一年度结余、下级上解收入、上级转移支付。

地方政府性基金预算支出编制内容包括本级政府性基金各项目支出、上解上级支出、对下级的转移支付、调出资金。

第三十七条 中央国有资本经营预算收入编制内容包括本级收入、上一年度结余、地方上解收入。

中央国有资本经营预算支出编制内容包括本级支出、向一般公共预算调出资金、对地方特定事项的转移支付。

第三十八条 地方国有资本经营预算收入编制内容包括本级收入、上一年度结余、上级对特定事项的转移支付、下级上解收入。

地方国有资本经营预算支出编制内容包括本级支出、向一般公共预算调出资金、对下级特定事项的转移支付、上解上级支出。

第三十九条 中央和地方社会保险基金预算收入、支出编制内容包括本条例第十六条规定的各项收入和支出。

第四十条 各部门、各单位预算收入编制内容包括本级预算拨款收入、预算拨款结转和其他收入。

各部门、各单位预算支出编制内容包括基本支出和项目支出。

各部门、各单位的预算支出，按其功能分类应当编列到项，按其经济性质分类应当编列到款。

第四十一条 各级政府应当加强项目支出管理。各级政府财政部门应当建立和完善项目支出预算评审制度。各部门、各单位应当按照本级政府财政部门的规定开展预算评审。

项目支出实行项目库管理，并建立健全项目入库评审机制和项目滚动管理机制。

第四十二条 预算法第三十四条第二款所称余额管理，是指国务院在全国人民代表大会批准的中央一般公共预算债务的余额限额内，决定发债规模、品种、期限和时点的管理方式；所称余额，是指中央一般公共预算中举借债务未偿还的本金。

第四十三条 地方政府债务余额实行限额管理。各省、自治区、直辖市的政府债务限额，由财政部在全国人民代表大会或者其常务委员会批准的总限额内，根据各地区债务风险、财力状况等因素，并考虑国家宏观调控政策等需要，提出方案报国务院批准。

各省、自治区、直辖市的政府债务余额不得突破国务院批准的限额。

第四十四条 预算法第三十五条第二款所称举借债务的规模，是指各地方政府债务余额限额的总和，包括一般债务限额和专项债务限额。一般债务是指列入一般公共预算用于公益性事业发展的一般债券、地方政府负有偿还责任的外国政府和国际经济组织贷款转贷债务；专项债务是指列入政府性基金预算用于有收益的公益性事业发展的专项债券。

第四十五条 省、自治区、直辖市政府财政部门依照国务院下达的本地区地方政府债务限额，提出本级和转贷给下级政府的债务限额安排方案，报本级政府批准后，将增加举借的债务列入本级预算调整方案，报本级人民代表大会常务委员会批准。

接受转贷并向下级政府转贷的政府应当将转贷债务纳入本级预算管理。使用转贷并负有直接偿还责任的政府，应当将转贷债务列入本级预算调整方案，报本级人民代表大会常务委员会批准。

地方各级政府财政部门负责统一管理本地区政府债务。

第四十六条 国务院可以将举借的外国政府和国际经济组织贷款转贷给省、自治区、直辖市政府。

国务院向省、自治区、直辖市政府转贷的外国政府和国际经济组织贷款，省、自治区、直辖市政府负有直接偿还责任的，应当纳入本级预算管理。省、自治区、直辖市政府未能按时履行还款义务的，国务院可以相应抵扣对该地区的税收返还等资金。

省、自治区、直辖市政府可以将国务院转贷的外国政府和国际经济组织贷款再转贷给下级政府。

第四十七条 财政部和省、自治区、直辖市政府财政部门应当建立健全地方政府债务风险评估指标体系，组织评估地方政府债务风险状况，对债务高风险地区提出预警，并监督化解债务风险。

第四十八条 县级以上各级政府应当按照本年度转移支付预计执行数的一定比例将下一年度转移支付预计数提前下达至下一级政府，具体下达事宜由本级政府财政部门办理。

除据实结算等特殊项目的转移支付外，提前下达的一般性转移支付预计数的比例一般不低于90%；提前下达的专项转移支付预计数的比例一般不低于70%。其中，按照项目法管理分配的专项转移支付，应当一并明确下一年度组织实施的项目。

第四十九条 经本级政府批准,各级政府财政部门可以设置预算周转金,额度不得超过本级一般公共预算支出总额的1%。年度终了时,各级政府财政部门可以将预算周转金收回并用于补充预算稳定调节基金。

第五十条 预算法第四十二条第一款所称结转资金,是指预算安排项目的支出年度终了时尚未执行完毕,或者因故未执行但下一年度需要按原用途继续使用的资金;连续两年未用完的结转资金,是指预算安排项目的支出在下一年度终了时仍未用完的资金。

预算法第四十二条第一款所称结余资金,是指年度预算执行终了时,预算收入实际完成数扣除预算支出实际完成数和结转资金后剩余的资金。

第四章 预算执行

第五十一条 预算执行中,政府财政部门的主要职责:

(一)研究和落实财政税收政策措施,支持经济社会健康发展;

(二)制定组织预算收入、管理预算支出以及相关财务、会计、内部控制、监督等制度和办法;

(三)督促各预算收入征收部门和单位依法履行职责,征缴预算收入;

(四)根据年度支出预算和用款计划,合理调度、拨付预算资金,监督各部门、各单位预算资金使用管理情况;

(五)统一管理政府债务的举借、支出与偿还,监督债务资金使用情况;

(六)指导和监督各部门、各单位建立健全财务制度和会计核算体系,规范账户管理,健全内部控制机制,按照规定使用预算资金;

(七)汇总、编报分期的预算执行数据,分析预算执行情况,按照本级人民代表大会常务委员会、本级政府和上一级政府财政部门的要求定期报告预算执行情况,并提出相关政策建议;

(八)组织和指导预算资金绩效监控、绩效评价;

(九)协调预算收入征收部门和单位、国库以及其他有关部门的业务工作。

第五十二条 预算法第五十六条第二款所称财政专户,是指财政部门为履行财政管理职能,根据法律规定或者经国务院批准开设的用于管理核算特定专用资金的银行结算账户;所称特定专用资金,包括法律规定可以设立财政专户的资金,外国政府和国际经济组织的贷款、赠款,按照规定存储的人民币以外的货币,财政部会同有关部门报国务院批准的其他特定专用资金。

开设、变更财政专户应当经财政部核准,撤销财政专户应当报财政部备案,中国人民银行应当加强对银行业金融机构开户的核准、管理和监督工作。

财政专户资金由本级政府财政部门管理。除法律另有规定外,未经本级政府财政部门同意,任何部门、单位和个人都无权冻结、动用财政专户资金。

财政专户资金应当由本级政府财政部门纳入统一的会计核算,并在预算执行情况、决算和政府综合财务报告中单独反映。

第五十三条 预算执行中,各部门、各单位的主要职责:

(一)制定本部门、本单位预算执行制度,建立健全内部控制机制;

(二)依法组织收入,严格支出管理,实施绩效监控,开展绩效评价,提高资金使用效益;

(三)对单位的各项经济业务进行会计核算;

(四)汇总本部门、本单位的预算执行情况,定期向本级政府财政部门报送预算执行情况报告和绩效评价报告。

第五十四条 财政部门会同社会保险行政部门、社会保险费征收机构制定社会保险基金预算的收入、支出以及财务管理的具体办法。

社会保险基金预算由社会保险费征收机构和社会保险经办机构具体执行,并按照规定向本级政府财政部门和社会保险行政部门报告执行情况。

第五十五条 各级政府财政部门和税务、海关等预算收入征收部门和单位必须依法组织预算收入,按照财政管理体制、征收管理制度和国库集中收缴制度的规定征收预算收入,除依法缴入财政专户的社会保险基金等预算收入外,应当及时将预算收入缴入国库。

第五十六条 除依法缴入财政专户的社会保险基金等预算收入外,一切有预算收入上缴义务的部门和单位,必须将应当上缴的预算收入,按照规定的预算级次、政府收支分类科目、缴库方式和期限缴入国库,任何部门、单位和个人不得截留、占用、挪用或者拖欠。

第五十七条 各级政府财政部门应当加强对预算资金拨付的管理,并遵循下列原则:

(一)按照预算拨付,即按照批准的年度预算和用款计划拨付资金。除预算法第五十四条规定的在预算草案批准前可以安排支出的情形外,不得办理无预算、无用款计划、超预算或者超计划的资金拨付,不得擅自改变支出用途;

(二)按照规定的预算级次和程序拨付,即根据用款单位的申请,按照用款单位的预算级次、审定的用款计划和财政部门规定的预算资金拨付程序拨付资金;

(三)按照进度拨付,即根据用款单位的实际用款进度拨付资金。

第五十八条 财政部应当根据全国人民代表大会批准的中央政府债务余额限额,合理安排发行国债的品种、结构、期限和时点。

省、自治区、直辖市政府财政部门应当根据国务院批准的本地区政府债务限额，合理安排发行本地区政府债券的结构、期限和时点。

第五十九条 转移支付预算下达和资金拨付应当由财政部门办理，其他部门和单位不得对下级政府部门和单位下达转移支付预算或者拨付转移支付资金。

第六十条 各级政府、各部门、各单位应当加强对预算支出的管理，严格执行预算，遵守财政制度，强化预算约束，不得擅自扩大支出范围、提高开支标准；严格按照预算规定的支出用途使用资金，合理安排支出进度。

第六十一条 财政部负责制定与预算执行有关的财务规则、会计准则和会计制度。各部门、各单位应当按照本级政府财政部门的要求建立健全财务制度，加强会计核算。

第六十二条 国库是办理预算收入的收纳、划分、留解、退付和库款支拨的专门机构。国库分为中央国库和地方国库。

中央国库业务由中国人民银行经理。未设中国人民银行分支机构的地区，由中国人民银行商财政部后，委托有关银行业金融机构办理。

地方国库业务由中国人民银行分支机构经理。未设中国人民银行分支机构的地区，由上级中国人民银行分支机构商有关地方政府财政部门后，委托有关银行业金融机构办理。

具备条件的乡、民族乡、镇，应当设立国库。具体条件和标准由省、自治区、直辖市政府财政部门确定。

第六十三条 中央国库业务应当接受财政部的指导和监督，对中央财政负责。

地方国库业务应当接受本级政府财政部门的指导和监督，对地方财政负责。

省、自治区、直辖市制定的地方国库业务规程应当报财政部和中国人民银行备案。

第六十四条 各级国库应当及时向本级政府财政部门编报预算收入入库、解库、库款拨付以及库款余额情况的日报、旬报、月报和年报。

第六十五条 各级国库应当依照有关法律、行政法规、国务院以及财政部、中国人民银行的有关规定，加强对国库业务的管理，及时准确地办理预算收入的收纳、划分、留解、退付和预算支出的拨付。

各级国库和有关银行业金融机构必须遵守国家有关预算收入缴库的规定，不得延解、占压应当缴入国库的预算收入和国库库款。

第六十六条 各级国库必须凭本级政府财政部门签发的拨款凭证或者支付清算指令于当日办理资金拨付，并及时将款项转入收款单位的账户或者清算资金。

各级国库和有关银行业金融机构不得占压财政部门拨付的预算资金。

第六十七条 各级政府财政部门、预算收入征收部门和单位、国库应当建立健全相互之间的预算收入对账制度，在预算执行中按月、按年核对预算收入的收纳以及库款拨付情况，保证预算收入的征收入库、库款拨付和库存金额准确无误。

第六十八条 中央预算收入、中央和地方预算共享收入退库的办法，由财政部制定。地方预算收入退库的办法，由省、自治区、直辖市政府财政部门制定。

各级预算收入退库的审批权属于本级政府财政部门。中央预算收入、中央和地方预算共享收入的退库，由财政部或者财政部授权的机构批准。地方预算收入的退库，由地方政府财政部门或者其授权的机构批准。具体退库程序按照财政部的有关规定办理。

办理预算收入退库，应当直接退给申请单位或者申请个人，按照国家规定用途使用。任何部门、单位和个人不得截留、挪用退库款项。

第六十九条 各级政府应当加强对本级国库的管理和监督，各级政府财政部门负责协调本级预算收入征收部门和单位与国库的业务工作。

第七十条 国务院各部门制定的规章、文件，凡涉及减免应缴预算收入、设立和改变收入项目和标准、罚没财物处理、经费开支标准和范围、国有资产处置和收益分配以及会计核算等事项的，应当符合国家统一的规定；凡涉及增加或者减少财政收入或者支出的，应当征求财政部意见。

第七十一条 地方政府依据法定权限制定的规章和规定的行政措施，不得涉及减免中央预算收入、中央和地方预算共享收入，不得影响中央预算收入、中央和地方预算共享收入的征收；违反规定的，有关预算收入征收部门和单位有权拒绝执行，并应当向上级预算收入征收部门和单位以及财政部报告。

第七十二条 各级政府应当加强对预算执行工作的领导，定期听取财政部门有关预算执行情况的汇报，研究解决预算执行中出现的问题。

第七十三条 各级政府财政部门有权监督本级各部门及其所属各单位的预算管理有关工作，对各部门的预算执行情况和绩效进行评价、考核。

各级政府财政部门有权对与本级各预算收入相关的征收部门和单位征收本级预算收入的情况进行监督，对违反法律、行政法规规定多征、提前征收、减征、免征、缓征或者退还预算收入的，责令改正。

第七十四条 各级政府财政部门应当每月向本级政府报告预算执行情况，具体报告内容、方式和期限由本级政府规定。

第七十五条 地方各级政府财政部门应当定期向上一级政府财政部门报送本行政区域预算执行情况，包括预算执行旬报、月报、季报，政府债务余额统计报告，国库库款报告以及相关文字说明材料。具体报送内容、方式和期限由上一级政府财政部门规定。

第七十六条 各级税务、海关等预算收入征收部门和单位应当按照财政部门规定的期限和要求，向财政部门和上级主管部门报送有关预算收入征收情况，并附文字说明材料。

各级税务、海关等预算收入征收部门和单位应当与相关财政部门建立收入征管信息共享机制。

第七十七条 各部门应当按照本级政府财政部门规定的期限和要求，向本级政府财政部门报送本部门及其所属各单位的预算收支情况等报表和文字说明材料。

第七十八条 预算法第六十六条第一款所称超收收入，是指年度本级一般公共预算收入的实际完成数超过经本级人民代表大会或者其常务委员会批准的预算收入数的部分。

预算法第六十六条第三款所称短收，是指年度本级一般公共预算收入的实际完成数小于经本级人民代表大会或者其常务委员会批准的预算收入数的情形。

前两款所称实际完成数和预算收入数，不包括转移性收入和政府债务收入。

省、自治区、直辖市政府依照预算法第六十六条第三款规定增列的赤字，可以通过在国务院下达的本地区政府债务限额内发行地方政府一般债券予以平衡。

设区的市、自治州以下各级一般公共预算年度执行中出现短收的，应当通过调入预算稳定调节基金或者其他预算资金、减少支出等方式实现收支平衡；采取上述措施仍不能实现收支平衡的，可以通过申请上级政府临时救助平衡当年预算，并在下一年度预算中安排资金归还。

各级一般公共预算年度执行中厉行节约、节约开支，造成本级预算支出实际执行数小于预算总支出的，不属于预算调整的情形。

各级政府性基金预算年度执行中有超收收入的，应当在下一年度安排使用并优先用于偿还相应的专项债务；出现短收的，应当通过减少支出实现收支平衡。国务院另有规定的除外。

各级国有资本经营预算年度执行中有超收收入的，应当在下一年度安排使用；出现短收的，应当通过减少支出实现收支平衡。国务院另有规定的除外。

第七十九条 年度预算确定后，部门、单位改变隶属关系引起预算级次或者预算关系变化的，应当在改变财务关系的同时，相应办理预算、资产划转。

第五章 决　　算

第八十条 预算法第七十四条所称决算草案，是指各级政府、各部门、各单位编制的未经法定程序审查和批准的预算收支和结余的年度执行结果。

第八十一条 财政部应当在每年第四季度部署编制决算草案的原则、要求、方法和报送期限，制发中央各部门决算、地方决算以及其他有关决算的报表格式。

省、自治区、直辖市政府按照国务院的要求和财政部的部署，结合本地区的具体情况，提出本行政区域编制决算草案的要求。

县级以上地方政府财政部门根据财政部的部署和省、自治区、直辖市政府的要求，部署编制本级政府各部门和下级政府决算草案的原则、要求、方法和报送期限，制发本级政府各部门决算、下级政府决算以及其他有关决算的报表格式。

第八十二条 地方政府财政部门根据上级政府财政部门的部署，制定本行政区域决算草案和本级各部门决算草案的具体编制办法。

各部门根据本级政府财政部门的部署，制定所属各单位决算草案的具体编制办法。

第八十三条 各级政府财政部门、各部门、各单位在每一预算年度终了时，应当清理核实全年预算收入、支出数据和往来款项，做好决算数据对账工作。

决算各项数据应当以经核实的各级政府、各部门、各单位会计数据为准，不得以估计数据替代，不得弄虚作假。

各部门、各单位决算应当列示结转、结余资金。

第八十四条 各单位应当按照主管部门的布置，认真编制本单位决算草案，在规定期限内上报。

各部门在审核汇总所属各单位决算草案基础上，连同本部门自身的决算收入和支出数据，汇编成本部门决算草案并附详细说明，经部门负责人签章后，在规定期限内报本级政府财政部门审核。

第八十五条 各级预算收入征收部门和单位应当按照财政部门的要求，及时编制收入年报以及有关资料并报送财政部门。

第八十六条 各级政府财政部门应当根据本级预算、预算会计核算数据等相关资料编制本级决算草案。

第八十七条 年度预算执行终了，对于上下级财政之间按照规定需要清算的事项，应当在决算时办理结算。

县级以上各级政府财政部门编制的决算草案应当及时报送本级政府审计部门审计。

第八十八条 县级以上地方各级政府应当自本级决算经批准之日起30日内，将本级决算以及下一级政府上报备案的决算汇总，报上一级政府备案；将下一级政府报送备案的决算汇总，报本级人民代表大会常务委员会备案。

乡、民族乡、镇政府应当自本级决算经批准之日起30日内，将本级决算报上一级政府备案。

第六章 监　　督

第八十九条 县级以上各级政府应当接受本级和上级人民代表大会及其常务委员会对预算执行情况和决算的监督，乡、民族乡、镇政府应当接受本级人民代表大会和上级人民代表大会及其常务委员会对预算执行情况和决算的监督;按照本级人民代表大会或者其常务委员会的要求,报告预算执行情况;认真研究处理本级人民代表大会代表或者其常务委员会组成人员有关改进预算管理的建议、批评和意见,并及时答复。

第九十条 各级政府应当加强对下级政府预算执行情况的监督,对下级政府在预算执行中违反预算法、本条例和国家方针政策的行为,依法予以制止和纠正;对本级预算执行中出现的问题,及时采取处理措施。

下级政府应当接受上级政府对预算执行情况的监督;根据上级政府的要求,及时提供资料,如实反映情况,不得隐瞒、虚报;严格执行上级政府作出的有关决定,并将执行结果及时上报。

第九十一条 各部门及其所属各单位应当接受本级政府财政部门对预算管理有关工作的监督。

财政部派出机构根据职责和财政部的授权,依法开展工作。

第九十二条 各级政府审计部门应当依法对本级预算执行情况和决算草案,本级各部门、各单位和下级政府的预算执行情况和决算,进行审计监督。

第七章 法律责任

第九十三条 预算法第九十三条第六项所称违反本法规定冻结、动用国库库款或者以其他方式支配已入国库库款,是指:

(一)未经有关政府财政部门同意,冻结、动用国库库款;

(二)预算收入征收部门和单位违反规定将所收税款和其他预算收入存入国库之外的其他账户;

(三)未经有关政府财政部门或者财政部门授权的机构同意,办理资金拨付和退付;

(四)将国库库款挪作他用;

(五)延解、占压国库库款;

(六)占压政府财政部门拨付的预算资金。

第九十四条 各级政府、有关部门和单位有下列行为之一的,责令改正;对负有直接责任的主管人员和其他直接责任人员,依法给予处分:

(一)突破一般债务限额或者专项债务限额举借债务;

(二)违反本条例规定下达转移支付预算或者拨付转移支付资金;

(三)擅自开设、变更账户。

第八章 附 则

第九十五条 预算法第九十七条所称政府综合财务报告,是指以权责发生制为基础编制的反映各级政府整体财务状况、运行情况和财政中长期可持续性的报告。政府综合财务报告包括政府资产负债表、收入费用表等财务报表和报表附注,以及以此为基础进行的综合分析等。

第九十六条 政府投资年度计划应当和本级预算相衔接。政府投资决策、项目实施和监督管理按照政府投资有关行政法规执行。

第九十七条 本条例自2020年10月1日起施行。

中央预算执行情况审计监督暂行办法

(1995年7月19日中华人民共和国国务院令第181号发布 自发布之日起施行)

第一条 为了做好对中央预算执行和其他财政收支的审计监督工作,根据《中华人民共和国审计法》(以下简称《审计法》),制定本办法。

第二条 审计署在国务院总理领导下,对中央预算执行情况进行审计监督,维护中央预算的法律严肃性,促进中央各部门(含直属单位,下同)严格执行预算法,发挥中央预算在国家宏观调控中的作用,保障经济和社会的健康发展。

第三条 对中央预算执行情况进行审计,应当有利于国务院对中央财政收支的管理和全国人民代表大会常务委员会对中央预算执行和其他财政收支的监督;有利于促进国务院财政税务部门和中央其他部门依法有效地行使预算管理职权;有利于实现中央预算执行和其他财政收支审计监督工作的法制化。

第四条 审计署依法对中央预算执行情况,省级预算执行情况和决算,以及中央级其他财政收支的真实、合法和效益,进行审计监督。

第五条 对中央预算执行情况进行审计监督的主要内容:

(一)财政部按照全国人民代表大会批准的中央预算向中央各部门批复预算的情况、中央预算执行中调整情况和预算收支变化情况;

(二)财政部、国家税务总局、海关总署等征收部门,依照有关法律、行政法规和国务院财政税务部门的有关规定,及时、足额征收应征的中央各项税收收入、中央企业上缴利润、专项收入和退库拨补企业计划亏损补贴等中央预算收入情况;

(三)财政部按照批准的年度预算和用款计划、预算级次和程序、用款单位的实际用款进度,拨付中央本级预算支出资金情况;

(四)财政部依照有关法律、行政法规和财政管理体制,拨付补助地方支出资金和办理结算情况;

(五)财政部依照有关法律、行政法规和财政部的有关规定,管理国内外债务还本付息情况;

(六)中央各部门执行年度支出预算和财政、财务制度,以及相关的经济建设和事业发展情况；有预算收入上缴任务的部门和单位预算收入上缴情况；

（七）中央国库按照国家有关规定，办理中央预算收入的收纳和预算支出的拨付情况；

（八）国务院总理授权审计的按照有关规定实行专项管理的中央级财政收支情况。

第六条 对中央级其他财政收支进行审计监督的主要内容：

（一）财政部依照有关法律、行政法规和财政部的有关规定，管理和使用预算外资金和财政有偿使用资金的情况；

（二）中央各部门依照有关法律、行政法规和财政部的有关规定，管理和使用预算外资金的情况。

第七条 为了做好中央预算执行情况审计监督工作，对省级政府预算执行和决算中，执行预算和税收法律、行政法规，分配使用中央财政补助地方支出资金和省级预算外资金管理和使用情况等关系国家财政工作全局的问题，进行审计或者审计调查。

第八条 根据《审计法》有关审计工作报告制度的规定，审计署应当在每年第一季度对上一年度国家税务总局、海关总署所属机构和中央有关部门实施中央预算情况和其他财政收支，进行就地审计；第二季度对上一年度中央预算执行情况进行审计。审计署对预算执行中的特定事项，应当及时组织专项审计调查。

审计署每年第二季度应当向国务院总理提出对上一年度中央预算执行和其他财政收支的审计结果报告。

审计署应当按照全国人民代表大会常务委员会的安排，受国务院委托，每年向全国人民代表大会常务委员会提出对上一年度中央预算执行和其他财政收支的审计工作报告。

第九条 国务院财政税务部门和中央其他部门应当向审计署报送以下资料：

（一）全国人民代表大会批准的中央预算和财政部向中央各部门批复的预算，税务、海关征收部门的年度收入计划，以及中央各部门向所属各单位批复的预算；

（二）中央预算收支执行和税务、海关收入计划完成情况月报、决算和年报，以及预算外资金收支决算和财政有偿使用资金收支情况；

（三）综合性财政税务工作统计年报，情况简报，财政、预算、税务、财务和会计等规章制度；

（四）中央各部门汇总编制的本部门决算草案。

第十条 对国务院财政税务部门和中央其他部门在组织中央预算执行和其他财政收支中，违反预算的行为或者其他违反国家规定的财政收支行为，审计署在法定职权范围内，依照有关法律、行政法规的规定，出具审计意见书或者作出审计决定，重大问题向国务院提出处理建议。

第十一条 国务院财政税务部门和中央其他部门发布的财政规章、制度和办法有同有关法律、行政法规相抵触或者有不适当之处，应当纠正或者完善的，审计署可以提出处理建议，报国务院审查决定。

第十二条 违反《审计法》的规定，拒绝或者阻碍审计检查的，由审计署责令改正，可以通报批评，给予警告；拒不改正的，依法追究责任。

第十三条 中国人民解放军审计署对中国人民解放军预算执行和其他财政收支的审计结果报告，报中央军事委员会的同时，并报审计署。

第十四条 省、自治区、直辖市审计机关，可以参照本办法，结合本地方的实际情况，制定地方预算执行情况审计监督实施办法，报同级人民政府批准，并报审计署备案。

第十五条 本办法自发布之日起施行。

财政部关于进一步完善中央部门项目支出预算管理的通知

（2017 年 6 月 21 日 财预〔2017〕96 号）

党中央有关部门，国务院各部委、各直属机构，中央军委后勤保障部，武警各部队，全国人大常委会办公厅，政协全国委员会办公厅，高法院，高检院，各民主党派中央，有关人民团体，有关中央管理企业：

为深化预算管理制度改革，提高中央部门预算管理水平，现就进一步完善项目支出预算管理有关工作通知如下：

一、完善专用一级项目

部门应对照“三定”方案，结合业务特点和管理需要，调整完善专用一级项目设置，更加集中、直观反映部门主要职责和工作任务，将一级项目数量控制在合理范围内。部门单项职责涉及支出规模较小的，应将多项职责合并设置一级项目；单项职责涉及支出规模较大的，应对职责适当细化后设置一级项目。

二、增设通用一级项目

从编制 2018 年预算起，增设“资产运行维护”和“信息化运行维护”通用一级项目。部门安排用于房屋、设备设施，以及办公电子设备、信息系统等的运行维护支出原则上通过公用经费解决，对于确需通过项目支出安排的大型专用设备设施、专业信息系统的运行维护支出（教育、科学等归口管理的横向支出除外），应分别纳入“资产运行维护”和“信息化运行维护”项目。原通过公用经费安排的相关运行维护支出，仍通过公用经费解决，不得转列项目支出。部门已设置的专用一级项目与“资产运行维护”和“信息化运行维护”项目内容重叠的，从编制 2019 年预算起取消，2017 年已批复执行的二级项目 2017－2018 年继续按原项目执行。

三、整合归并同类支出

部门要完善项目预算编制，改进项目管理方式，增强预算统筹能力。支出性质相同的预算事项原则上不按照司(局)、处(室)分别编报二级项目,应进行归类整合后合并编制,具体支出事项作为项目的子活动进行管理,避免对同类支出的管理碎片化。

四、规范委托事项管理

除自身不具备实施条件外,机关不得将应由自身承担的工作任务或直接提供的服务委托给所属事业单位或本部门以外的其他单位承担,也不得将相关项目支出直接列入所属事业单位预算。对于确因自身不具备实施条件,需要委托其他单位完成的工作任务,应按照政府采购和政府购买服务有关规定实施,通过合同形式委托受托单位完成相关任务,向其支付合理、必要费用。

五、加强项目评审、评估和绩效评价

(一)扩大项目预算评审范围。2017 年部门开展预算评审的项目支出数额占项目库中应评审项目支出总额的比例要达到 50% 以上。申报的新增项目属于应评审范围的,原则上全部评审。

(二)建立动态评估清理机制。财政部将每年选择部分中长期支出政策或重大项目进行滚动评估,评估结果作为安排预算和调整支出政策的重要依据。部门也应建立类似的评估清理机制,取消政策目标已实现或不再具备实施条件的项目;调整条件形势变化、未达到预期效果或支出标准不可持续的项目;整合投向趋同、交叉或政策碎片化的项目。

(三)健全项目绩效评价管理。提高项目绩效目标编报质量,全面开展项目绩效目标执行监控,健全项目绩效自评体系,确保绩效自评结果客观、准确。建立完善重大项目支出绩效评价机制,加强项目绩效信息公开。

六、完善激励约束机制

(一)绩效评价结果与项目支出预算安排挂钩。财政部开展绩效评价的结果作为调整预算安排或相关支出政策的重要依据。上年绩效自评和重点绩效评价的结果,部门应在预算编制中充分应用。

(二)预算评审情况与部门整体预算安排挂钩。按 10% 设置预算评审容忍度,财政部开展的项目预算评审,凡整体审减率超出容忍度的部门,要压减部门下一年度预算,并扣减三年支出规划数。

七、严肃追责问责

(一)加强内控机制建设。部门入库项目,除必须满足入库的各项必备立项条件外,必须经过项目单位的内部审核和决策程序,项目立项、编报和审核责任要明确到人,落实到位,有效控制项目支出管理风险。

(二)发现问题严肃问责。在项目支出管理过程中,如发现问题,将要求有关部门按规定对项目单位及相关责任人进行追责问责。

财政部关于中央预算单位预算执行管理有关事宜的通知

(2020 年 1 月 17 日　财库〔2020〕5 号)

有关中央预算单位,有关中央管理企业,各中央国库集中支付代理银行,财政部各地监管局:

根据《中华人民共和国预算法》、预算管理和财政国库管理制度有关规定,自 2020 年起,中央预算单位预算执行管理有关事项应当按照以下规定执行:

一、做好用款计划编报

(一)预算单位要严格按照财政部规定的支付方式划分标准,确定资金支付方式。除下列情形外,单笔支付金额在 500 万元(含)以上的支出实行财政直接支付,单笔支付金额在 500 万元以下的支出实行财政授权支付:

1. 纳入财政统发范围的工资津贴补贴、离退休费,国有资本经营预算支出,以及财政部规定的有特殊管理要求的支出,实行财政直接支付;

2. 未纳入财政统发范围的工资津贴补贴、离退休费,社会保险缴费,职业年金缴费,住房改革支出,日常运行的水费、电费、应由单位支付给供热企业的取暖费,按规定计提的工会经费,需兑换外汇进行支付的支出,以及财政部批准的其他支出,实行财政授权支付。

(二)预算单位要加强预算执行事前规划,严格依据本单位预算指标和实际用款需求编报用款计划,情况发生变化时应及时上报调整用款计划。除特殊情况外,主管部门不得代替所属预算单位编制用款计划,不得硬性规定所属预算单位的资金支付方式。

二、严控向实有资金账户转款

(三)各部门各单位原则上应将全部预算细化到基层用款单位,年初确实无法细化到基层用款单位的,应当按照预算调整程序对预算进行细化,并依据细化调整后的预算办理资金支付。

(四)除下列情形外,预算单位不得从本单位零余额账户向本单位或本部门其他预算单位实有资金账户划转资金:

1. 依照政府购买服务相关制度规定,按合同约定需向本部门所属事业单位支付的政府购买服务支出;

2. 确需划转的工会经费、住房改革支出、应缴或代扣代缴的税金,以及符合相关制度规定的工资代扣事项;

3. 暂不能通过零余额账户委托收款的社会保险缴费、职业年金缴费、水费、电费、取暖费等;

4. 报经财政部(国库司)同意的归垫资金和其他资金。

三、加强国库集中支付结余资金管理

(五)各部门和有关中央管理企业要以办公厅(财务部

门)名义向财政部(部门预算管理司)申报国库集中支付结余资金,财政部以办公厅名义发文确认。

(六)各部门需要调整国库集中支付结余资金的,应按预算管理有关规定在年度预算执行中以部发文形式另行申请,不得在年初国库集中支付结余资金申报环节申请调整。

四、规范预算单位账户管理

(七)所有使用财政资金的中央预算单位原则上都应开设零余额账户,纳入国库集中支付管理范围。中央预算单位所属异地、异址办公的非法人独立核算机构以及预算未单列的独立法人机构,可以由主管部门报经财政部(国库司)审核同意,为其开设零余额账户。

(八)各部门要加强对所属预算单位零余额账户及实有资金账户的管理,严格核查零余额账户及实有资金账户使用情况,及时报送零余额账户及实有资金账户开设、变更及撤销等相关文件资料。

(九)各部门各单位要严格规范资金使用,严禁以任何形式设立"小金库"。

五、推进支出经济分类科目改革

(十)各部门各单位要按照支出经济分类科目改革要求,在支付指令中准确填写政府预算支出经济分类科目。各部门各单位预算会计核算中使用的部门预算支出经济分类科目应与支付指令中填写的政府预算支出经济分类科目相衔接。各部门各单位应当配合财政部(国库司)做好支出经济分类科目账务核算信息核对工作。

(十一)中央国库集中支付代理银行应当向财政部(国库司)及时、准确反馈支付指令中的政府预算支出经济分类科目等信息。

(十二)各部门各单位办理国库集中支付支出经济分类科目更正的,财政直接支付使用《中央基层预算单位财政直接支付更正申请书》和《财政直接支付更正汇总申请书》进行更正,财政授权支付使用《财政授权支付更正(退回)通知书》进行更正。

六、强化预算执行动态监控

(十三)各部门应进一步加强预算执行监管、规范预算执行,有条件的中央部门可通过自建系统等方式加强对所属预算单位资金支付使用情况的动态监控。

(十四)各部门各单位应切实履行预算执行主体责任,主动配合财政部调查核实动态监控发现的疑点信息,对确认的违规问题要积极整改;对审计、动态监控发现的问题,要经常性开展自查自纠,避免类似问题反复发生。

(十五)财政部各地监管局应按照有关制度规定,加强对属地中央预算单位预算执行情况的动态监控和分析,对于发现的问题,应及时向财政部相关司局反映。

七、加强非税收入收缴管理

(十六)所有非税收入实行国库集中收缴管理。各部门各单位应当按照规定的缴库方式和时限及时办理收缴业务,不得自行委托非税收入收缴代理银行之外的任何机构代收非税收入;要严格非税收入收缴银行账户的使用管理,认真做好《非税收入一般缴款书》保管、使用、年度审验和核销等工作。

(十七)各部门要加强对本部门非税收入收缴的监督管理,督促所属执收单位依法征收非税收入,严格执行非税收入的取消、停征、减征、免征和缓征政策,加大欠缴收入清理力度,确保非税收入应收尽收、足额入库。

地方预决算公开操作规程

(2016年10月27日 财预〔2016〕143号)

一、总 则

第一条 为贯彻落实党的十八届三中全会关于建立全面规范、公开透明预算制度要求和党中央、国务院有关决策部署,进一步改进地方预决算公开工作,根据《中华人民共和国预算法》、《中华人民共和国政府信息公开条例》等法律法规规定,制定本规程。

第二条 本规程所称地方预决算,是指经地方各级人民代表大会或其常务委员会批准的预算、预算调整、决算、预算执行情况的报告及报表(以下简称政府预决算),以及经地方各级政府财政部门批复的部门预算、决算及报表(以下简称部门预决算)。

第三条 地方预决算公开的原则是:以公开为常态,不公开为例外,依法依规公开预决算。除涉及国家秘密外,不得少公开、不公开应当公开的事项,保证公开内容全面、真实、完整。通过公开进一步促进财政改革,促进财税政策落实,促进财政管理规范,促进政府效能提高。

第四条 地方预决算公开的基本要求是:公开及时,内容准确,形式规范。坚持问题导向,重视公开实效,聚焦社会热点,回应公众关切。方便社会监督,公开内容公众找得着、看得懂、能监督。

二、预决算公开职责

第五条 地方各级财政部门在本级政府信息公开工作主管部门领导下,组织开展本地区政府预决算公开工作,制定本地区预决算公开的规定,负责向社会公开政府预决算;指导和督促本级各部门和下级财政部门预决算公开工作,向本级政府信息公开工作主管部门和上一级政府财政部门报告本地区预决算公开情况。

第六条 地方各部门在本级政府信息公开工作主管部门领导下,组织开展本部门预决算公开工作,制定本部门预决算公开规定,负责向社会公开本部门预决算,向本级政府信息公开工作主管部门和本级政府财政部门报告本部门预决算公开情况。

第七条　地方各级财政部门和各部门应当树立依法公开观念，增强主动公开意识，切实履行主动公开责任；加强沟通合作，相互配合，共同推进本地区预决算公开工作。

三、预决算公开时间

第八条　政府预决算应当在本级人民代表大会或其常务委员会批准后20日内向社会公开。地方各级财政部门必须在法律规定的时限内公开，鼓励公开时间适当提前。

第九条　部门预决算应当在本级政府财政部门批复后20日内向社会公开。地方各部门必须在法律规定的时限内公开，鼓励公开时间适当提前，原则上在同一天集中公开。

四、政府预决算公开内容

第十条　地方各级财政部门应当公开一般公共预算、政府性基金预算、国有资本经营预算、社会保险基金预算四本预算。涉及国家秘密的除外。

第十一条　地方一般公共预算原则上至少公开6张报表，包括：①一般公共预算收入表。②一般公共预算支出表。③一般公共预算本级支出表。④一般公共预算本级基本支出表。⑤一般公共预算税收返还和转移支付表。⑥政府一般债务限额和余额情况表。

地方本级汇总的一般公共预算“三公”经费，包括预算总额，以及因公出国（境）费、公务用车购置及运行费（区分公务用车购置费、公务用车运行费两项）、公务接待费分项数额，由地方各级财政部门负责公开，并对增减变化情况进行说明。

第十二条　地方政府性基金预算原则上至少公开4张报表，包括：①政府性基金收入表。②政府性基金支出表。③政府性基金转移支付表。④政府专项债务限额和余额情况表。

第十三条　地方国有资本经营预算原则上至少公开2张报表，包括：①国有资本经营预算收入表。②国有资本经营预算支出表。对下安排转移支付的应当公开国有资本经营预算转移支付表。

第十四条　地方社会保险基金预算原则上至少公开2张报表，包括：①社会保险基金收入表。②社会保险基金支出表。没有数据的表格应当列出空表并说明。

第十五条　地方一般公共预算、政府性基金预算、国有资本经营预算和社会保险基金预算报表中涉及本级支出的，应当公开到功能分类项级科目。一般公共预算基本支出应当公开到经济性质分类款级科目，专项转移支付应当分地区、分项目公开。

第十六条　地方各级财政部门在公开政府预决算时，应当对财政转移支付安排、举借政府债务、预算绩效工作开展情况等重要事项进行解释、说明。

五、部门预决算公开内容

第十七条　地方部门预决算公开的内容为地方各级财政部门批复的部门预决算及报表，包括部门收支总体情况和财政拨款收支情况，其中：财政拨款收支情况包括一般公共预算、政府性基金预算、国有资本经营预算拨款收支情况。涉及国家秘密的除外。

第十八条　部门收支总体情况原则上至少公开3张报表，包括：①部门收支总体情况表。②部门收入总体情况表。③部门支出总体情况表。

财政拨款收支情况原则上至少公开5张报表，包括：①财政拨款收支总体情况表。②一般公共预算支出情况表。③一般公共预算基本支出情况表。④一般公共预算“三公”经费支出情况表。⑤政府性基金预算支出情况表。没有数据的表格应当列出空表并说明。

第十九条　一般公共预算支出情况表公开到功能分类项级科目。一般公共预算基本支出表公开到经济性质分类款级科目。一般公共预算“三公”经费支出表按“因公出国（境）费”、“公务用车购置及运行费”、“公务接待费”公开，其中，“公务用车购置及运行费”应当细化到“公务用车购置费”、“公务用车运行费”两个项目。

第二十条　地方各部门公开预决算的同时，应当一并公开本部门的职责、机构设置情况、预决算收支增减变化、机关运行经费安排以及政府采购等情况的说明，并对专业性较强的名词进行解释。

各地区应结合工作进展情况，推动各部门逐步公开国有资产占用、重点项目预算的绩效目标和绩效评价结果等情况。

本条第一款所称机关运行经费，是指各部门的公用经费，包括办公及印刷费、邮电费、差旅费、会议费、福利费、日常维修费、专用材料及一般设备购置费、办公用房水电费、办公用房取暖费、办公用房物业管理费、公务用车运行维护费以及其他费用。

六、预决算公开方式

第二十一条　地方各级财政部门和各部门建有门户网站的，应当在门户网站公开预决算，并永久保留，其中当年预决算应当公开在网站醒目位置；没有门户网站的，应当采取措施在公开媒体公开预决算，并积极推动门户网站建设。

第二十二条　自2017年起，地方各级财政部门应当在本级政府或财政部门门户网站上设立预决算公开统一平台（或专栏），将政府预决算、部门预决算在平台（或专栏）上集中公开。对在统一平台公开政府预决算、部门预决算，应当编制目录，对公开内容进行分类、分级，方便公众查阅和监督。

七、涉密事项管理

第二十三条　地方各级财政部门和各部门应当建立健全预决算公开保密审查机制，严格依照《中华人民共和国保守国家秘密法》、《中华人民共和国政府信息公开条例》等法律法规规定进行审查。

第二十四条 地方各级财政部门和各部门在依法公开政府预决算、部门预决算时，对涉及国家秘密的内容不予公开。部分内容涉及国家秘密的，在确保安全的前提下，按照下列原则处理：

（一）同一功能分类款级科目下，大部分项级科目涉密的，仅公开到该款级科目；

（二）同一功能分类类级科目下，大部分款级科目涉密的，仅公开到该类级科目；

（三）个别功能分类款级科目或项级科目涉密的，除不公开该涉密科目外，同一级次的“其他支出”科目也不公开。

八、保障措施

第二十五条 地方各级财政部门应当加强对本地区预决算公开工作的指导，及时制定预决算公开规范，明确政府预决算和部门预决算公开时间、内容、程序，选择部分工作基础好的下级财政部门和有关部门制作公开模版，提供下级财政部门、本级各部门参照，提高本地区政府预决算、部门预决算公开的规范化水平。

第二十六条 地方各级财政部门要将预决算公开情况纳入地方财政工作考核范围，选择预决算公开的及时性、完整性、准确性、细化程度，以及公开形式是否规范、组织是否切实有效等指标，结合社会公众评价，对本级各部门和下级财政部门预决算公开情况进行考核。各部门要结合实际，将预决算公开纳入绩效考核范围，增强职能部门和相关人员责任。

第二十七条 地方各级财政部门应当在本级政府信息公开工作主管部门领导下，开展预决算公开检查。财政部驻各省、自治区、直辖市、计划单列市财政监察专员办事处（以下简称专员办）应当按照国务院要求，将地方预决算公开工作纳入日常监督范围，对地方预决算公开情况进行监督检查。

地方各级财政部门、专员办应当对预决算公开检查结果进行量化评价、排名，排名情况在系统内通报。检查中发现的问题要坚决曝光，监督整改。整改不力的可采取通报、约谈和现场督导等方式，督促整改到位。

第二十八条 地方预决算公开检查中发现依法应当追究责任的，应当移送政府信息公开工作主管部门和监察机关，建议其依照《中华人民共和国预算法》、《中华人民共和国政府信息公开条例》等法律法规的规定，对直接负责的主管人员和其他直接责任人员给予处分。

九、附　　则

第二十九条 本规程自印发之日起执行。地方各级财政部门可结合实际情况制定实施细则。

地方各级财政部门在执行中发现问题，应当及时向财政部报告。

政府投资条例

（2018年12月5日国务院第33次常务会议通过　2019年4月14日中华人民共和国国务院令第712号公布　自2019年7月1日起施行）

第一章　总　　则

第一条 为了充分发挥政府投资作用，提高政府投资效益，规范政府投资行为，激发社会投资活力，制定本条例。

第二条 本条例所称政府投资，是指在中国境内使用预算安排的资金进行固定资产投资建设活动，包括新建、扩建、改建、技术改造等。

第三条 政府投资资金应当投向市场不能有效配置资源的社会公益服务、公共基础设施、农业农村、生态环境保护、重大科技进步、社会管理、国家安全等公共领域的项目，以非经营性项目为主。

国家完善有关政策措施，发挥政府投资资金的引导和带动作用，鼓励社会资金投向前款规定的领域。

国家建立政府投资范围定期评估调整机制，不断优化政府投资方向和结构。

第四条 政府投资应当遵循科学决策、规范管理、注重绩效、公开透明的原则。

第五条 政府投资应当与经济社会发展水平和财政收支状况相适应。

国家加强对政府投资资金的预算约束。政府及其有关部门不得违法违规举借债务筹措政府投资资金。

第六条 政府投资资金按项目安排，以直接投资方式为主；对确需支持的经营性项目，主要采取资本金注入方式，也可以适当采取投资补助、贷款贴息等方式。

安排政府投资资金，应当符合推进中央与地方财政事权和支出责任划分改革的有关要求，并平等对待各类投资主体，不得设置歧视性条件。

国家通过建立项目库等方式，加强对使用政府投资资金项目的储备。

第七条 国务院投资主管部门依照本条例和国务院的规定，履行政府投资综合管理职责。国务院其他有关部门依照本条例和国务院规定的职责分工，履行相应的政府投资管理职责。

县级以上地方人民政府投资主管部门和其他有关部门依照本条例和本级人民政府规定的职责分工，履行相应的政府投资管理职责。

第二章　政府投资决策

第八条 县级以上人民政府应当根据国民经济和社会发

展规划、中期财政规划和国家宏观调控政策,结合财政收支状况,统筹安排使用政府投资资金的项目,规范使用各类政府投资资金。

第九条 政府采取直接投资方式、资本金注入方式投资的项目(以下统称政府投资项目),项目单位应当编制项目建议书、可行性研究报告、初步设计,按照政府投资管理权限和规定的程序,报投资主管部门或者其他有关部门审批。

项目单位应当加强政府投资项目的前期工作,保证前期工作的深度达到规定的要求,并对项目建议书、可行性研究报告、初步设计以及依法应当附具的其他文件的真实性负责。

第十条 除涉及国家秘密的项目外,投资主管部门和其他有关部门应当通过投资项目在线审批监管平台(以下简称在线平台),使用在线平台生成的项目代码办理政府投资项目审批手续。

投资主管部门和其他有关部门应当通过在线平台列明与政府投资有关的规划、产业政策等,公开政府投资项目审批的办理流程、办理时限等,并为项目单位提供相关咨询服务。

第十一条 投资主管部门或者其他有关部门应当根据国民经济和社会发展规划、相关领域专项规划、产业政策等,从下列方面对政府投资项目进行审查,作出是否批准的决定:

(一)项目建议书提出的项目建设的必要性;

(二)可行性研究报告分析的项目的技术经济可行性、社会效益以及项目资金等主要建设条件的落实情况;

(三)初步设计及其提出的投资概算是否符合可行性研究报告批复以及国家有关标准和规范的要求;

(四)依照法律、行政法规和国家有关规定应当审查的其他事项。

投资主管部门或者其他有关部门对政府投资项目不予批准的,应当书面通知项目单位并说明理由。

对经济社会发展、社会公众利益有重大影响或者投资规模较大的政府投资项目,投资主管部门或者其他有关部门应当在中介服务机构评估、公众参与、专家评议、风险评估的基础上作出是否批准的决定。

第十二条 经投资主管部门或者其他有关部门核定的投资概算是控制政府投资项目总投资的依据。

初步设计提出的投资概算超过经批准的可行性研究报告提出的投资估算10%的,项目单位应当向投资主管部门或者其他有关部门报告,投资主管部门或者其他有关部门可以要求项目单位重新报送可行性研究报告。

第十三条 对下列政府投资项目,可以按照国家有关规定简化需要报批的文件和审批程序:

(一)相关规划中已经明确的项目;

(二)部分扩建、改建项目;

(三)建设内容单一、投资规模较小、技术方案简单的项目;

(四)为应对自然灾害、事故灾难、公共卫生事件、社会安全事件等突发事件需要紧急建设的项目。

前款第三项所列项目的具体范围,由国务院投资主管部门会同国务院其他有关部门规定。

第十四条 采取投资补助、贷款贴息等方式安排政府投资资金的,项目单位应当按照国家有关规定办理手续。

第三章 政府投资年度计划

第十五条 国务院投资主管部门对其负责安排的政府投资编制政府投资年度计划,国务院其他有关部门对其负责安排的本行业、本领域的政府投资编制政府投资年度计划。

县级以上地方人民政府有关部门按照本级人民政府的规定,编制政府投资年度计划。

第十六条 政府投资年度计划应当明确项目名称、建设内容及规模、建设工期、项目总投资、年度投资额及资金来源等事项。

第十七条 列入政府投资年度计划的项目应当符合下列条件:

(一)采取直接投资方式、资本金注入方式的,可行性研究报告已经批准或者投资概算已经核定;

(二)采取投资补助、贷款贴息等方式的,已经按照国家有关规定办理手续;

(三)县级以上人民政府有关部门规定的其他条件。

第十八条 政府投资年度计划应当和本级预算相衔接。

第十九条 财政部门应当根据经批准的预算,按照法律、行政法规和国库管理的有关规定,及时、足额办理政府投资资金拨付。

第四章 政府投资项目实施

第二十条 政府投资项目开工建设,应当符合本条例和有关法律、行政法规规定的建设条件;不符合规定的建设条件的,不得开工建设。

国务院规定应当审批开工报告的重大政府投资项目,按照规定办理开工报告审批手续后方可开工建设。

第二十一条 政府投资项目应当按照投资主管部门或者其他有关部门批准的建设地点、建设规模和建设内容实施;拟变更建设地点或者拟对建设规模、建设内容等作较大变更的,应当按照规定的程序报原审批部门审批。

第二十二条 政府投资项目所需资金应当按照国家有关规定确保落实到位。

政府投资项目不得由施工单位垫资建设。

第二十三条 政府投资项目建设投资原则上不得超过经核定的投资概算。

因国家政策调整、价格上涨、地质条件发生重大变化等原因确需增加投资概算的,项目单位应当提出调整方案及资金来源，按照规定的程序报原初步设计审批部门或者投资概算核定部门核定；涉及预算调整或者调剂的，依照有关预算的法律、行政法规和国家有关规定办理。

第二十四条　政府投资项目应当按照国家有关规定合理确定并严格执行建设工期，任何单位和个人不得非法干预。

第二十五条　政府投资项目建成后，应当按照国家有关规定进行竣工验收，并在竣工验收合格后及时办理竣工财务决算。

政府投资项目结余的财政资金，应当按照国家有关规定缴回国库。

第二十六条　投资主管部门或者其他有关部门应当按照国家有关规定选择有代表性的已建成政府投资项目，委托中介服务机构对所选项目进行后评价。后评价应当根据项目建成后的实际效果，对项目审批和实施进行全面评价并提出明确意见。

第五章　监督管理

第二十七条　投资主管部门和依法对政府投资项目负有监督管理职责的其他部门应当采取在线监测、现场核查等方式，加强对政府投资项目实施情况的监督检查。

项目单位应当通过在线平台如实报送政府投资项目开工建设、建设进度、竣工的基本信息。

第二十八条　投资主管部门和依法对政府投资项目负有监督管理职责的其他部门应当建立政府投资项目信息共享机制，通过在线平台实现信息共享。

第二十九条　项目单位应当按照国家有关规定加强政府投资项目档案管理，将项目审批和实施过程中的有关文件、资料存档备查。

第三十条　政府投资年度计划、政府投资项目审批和实施以及监督检查的信息应当依法公开。

第三十一条　政府投资项目的绩效管理、建设工程质量管理、安全生产管理等事项，依照有关法律、行政法规和国家有关规定执行。

第六章　法律责任

第三十二条　有下列情形之一的，责令改正，对负有责任的领导人员和直接责任人员依法给予处分：

（一）超越审批权限审批政府投资项目；

（二）对不符合规定的政府投资项目予以批准；

（三）未按照规定核定或者调整政府投资项目的投资概算；

（四）为不符合规定的项目安排投资补助、贷款贴息等政府投资资金；

（五）履行政府投资管理职责中其他玩忽职守、滥用职权、徇私舞弊的情形。

第三十三条　有下列情形之一的，依照有关预算的法律、行政法规和国家有关规定追究法律责任：

（一）政府及其有关部门违法违规举借债务筹措政府投资资金；

（二）未按照规定及时、足额办理政府投资资金拨付；

（三）转移、侵占、挪用政府投资资金。

第三十四条　项目单位有下列情形之一的，责令改正，根据具体情况，暂停、停止拨付资金或者收回已拨付的资金，暂停或者停止建设活动，对负有责任的领导人员和直接责任人员依法给予处分：

（一）未经批准或者不符合规定的建设条件开工建设政府投资项目；

（二）弄虚作假骗取政府投资项目审批或者投资补助、贷款贴息等政府投资资金；

（三）未经批准变更政府投资项目的建设地点或者对建设规模、建设内容等作较大变更；

（四）擅自增加投资概算；

（五）要求施工单位对政府投资项目垫资建设；

（六）无正当理由不实施或者不按照建设工期实施已批准的政府投资项目。

第三十五条　项目单位未按照规定将政府投资项目审批和实施过程中的有关文件、资料存档备查，或者转移、隐匿、篡改、毁弃项目有关文件、资料的，责令改正，对负有责任的领导人员和直接责任人员依法给予处分。

第三十六条　违反本条例规定，构成犯罪的，依法追究刑事责任。

第七章　附　则

第三十七条　国防科技工业领域政府投资的管理办法，由国务院国防科技工业管理部门根据本条例规定的原则另行制定。

第三十八条　中国人民解放军和中国人民武装警察部队的固定资产投资管理，按照中央军事委员会的规定执行。

第三十九条　本条例自2019年7月1日起施行。

中央部门结转和结余资金管理办法

（2016年2月17日　财预〔2016〕18号）

第一章　总　则

第一条　为加强中央部门结转和结余资金（以下简称结转结余资金）管理，优化财政资源配置，提高资金使用效益，根据《中华人民共和国预算法》、《中华人民共和国预算法实施条例》以及部门预算管理有关规定，制定本办法。

第二条　本办法所称结转结余资金，是指与中央财政有缴拨款关系的中央级行政单位、事业单位(含企业化管理的事业单位)、社会团体及企业,按照财政部批复的预算,在年度预算执行结束时,未列支出的一般公共预算和政府性基金预算资金。

第三条 结转资金是指预算未全部执行或未执行,下年需按原用途继续使用的预算资金。结余资金是指项目实施周期已结束、项目目标完成或项目提前终止,尚未列支的项目支出预算资金;因项目实施计划调整,不需要继续支出的预算资金;预算批复后连续两年未用完的预算资金。

第四条 按照国库集中收付管理制度,结转结余资金包括国库集中支付结余资金和非国库集中支付结余资金。

第五条 中央部门核算和统计结转结余资金,应与会计账表相关数字保持一致。

第六条 按照本办法管理的结转结余资金应扣除以下两项内容:一是已支付的预付账款;二是已用于购买存货,因存货未领用等原因尚未列支的账面资金。预付账款在以后年度收回资金,或者在以后年度因出售存货收回资金的,收回的资金应按照本办法相关规定管理。

第二章 基本支出结转资金管理

第七条 年度预算执行结束时,尚未列支的基本支出全部作为结转资金管理,结转下年继续用于基本支出。

第八条 基本支出结转资金包括人员经费结转资金和公用经费结转资金。

第九条 编制年度预算时,中央部门应充分预计和反映基本支出结转资金,并结合结转资金情况统筹安排以后年度基本支出预算。财政部批复年初预算时一并批复部门上年底基本支出结转资金情况。

第十条 部门决算批复后,决算中基本支出结转资金数与年初批复数不一致的,应以决算数据作为结转资金执行依据。

第十一条 中央部门在预算执行中因增人增编需增加基本支出的,应首先通过基本支出结转资金安排。

第三章 项目支出结转资金管理

第十二条 项目实施周期内,年度预算执行结束时,除连续两年未用完的预算资金外,已批复的预算资金尚未列支的部分,作为结转资金管理,结转下年按原用途继续使用。

第十三条 基本建设项目竣工之前,均视为在项目实施周期内,年度预算执行结束时,已批复的预算资金尚未列支的部分,作为结转资金管理,结转下年按原用途继续使用。

第十四条 编制年度预算时,中央部门应充分预计和反映项目支出结转资金,并结合结转资金情况统筹安排以后年度项目支出预算。财政部批复年初预算时一并批复部门上年底项目支出结转资金情况。

第十五条 部门决算批复后,决算中项目支出结转资金数与年初批复数不一致的,应以决算数据作为结转资金执行依据。

第四章 项目支出结余资金管理

第十六条 项目支出结余资金包括:项目目标完成或项目提前终止,尚未列支的预算资金;实施周期内,因实施计划调整,不需要继续支出的预算资金;实施周期内,连续两年未用完的预算资金;实施周期结束,尚未列支的预算资金;部门机动经费在预算批复当年未动用的部分。项目支出结余资金原则上由财政部收回。

第十七条 按照基本建设财务管理的有关规定,基本建设项目竣工后,项目建设单位应抓紧办理工程价款结算和清理项目结余资金,并编报竣工财务决算。财政部和相关主管部门应及时批复竣工财务决算。基本建设项目的结余资金,由财政部收回。

第十八条 按照《关于改进加强中央财政科研项目和资金管理的若干意见》(国发〔2014〕11号)精神,中央财政科研项目结余资金中符合相关条件的,报财政部确认后,可在一定期限内由项目单位统筹安排用于科研活动的直接支出。具体管理办法另行制定。

第十九条 年度预算执行结束后,中央部门应在45日内完成对结余资金的清理,将清理情况区分国库集中支付结余资金和非国库集中支付结余资金报财政部。财政部收到中央部门报送的结余清理情况后,应在30日内发文收回结余资金。

第二十条 部门决算批复后,决算中项目支出结余资金数超出财政部已收回结余资金数的,财政部应根据批复的决算,及时发文将超出部分的结余资金收回;决算中项目支出结余资金数低于财政部已收回结余资金数的,收回的资金不再退回中央部门。

第二十一条 年度预算执行中,因项目目标完成、项目提前终止或实施计划调整,不需要继续支出的预算资金,中央部门应及时清理为结余资金并报财政部,由财政部发文收回。

第五章 控制结转资金规模

第二十二条 中央部门应努力提高预算编制的科学性、准确性,合理安排分年支出计划,根据实际支出需求编制年度预算。

第二十三条 预算执行中,中央部门应及时跟踪预算资金使用情况,定期进行统计,分析预算执行中存在的问题及原因,采取措施合理加快执行进度。

第二十四条 对当年批复的预算,预计年底将形成结转资金的部分,除基本建设项目外,中央部门按照规定程序报经批准后,可调减当年预算或调剂用于其他急需资金的支出。

第二十五条 对结转资金中预计当年难以支出的部分,

除基本建设项目外，中央部门按照规定程序报经批准后，可调剂用于其他急需资金的支出。连续两年未用完的结转资金，由财政部收回。

第二十六条 中央部门拟调减预算或对结转资金用途进行调剂，应按照规定程序在8月31日前提出申请。财政部收到中央部门申请后，原则上应在9月30日前办理完成。

第二十七条 中央部门调减预算或对结转资金用途进行调剂后，相关支出如在以后年度出现经费缺口，应在部门三年支出规划确定的支出总规模内通过调整结构解决。

第二十八条 中央部门结转资金规模较大、占年度支出比重较高的，财政部可收回部分结转资金。

第二十九条 财政部对中央部门控制结转资金情况应加以考核，并对考核情况予以通报。

第三十条 中央部门应对所属单位结转资金规模控制情况进行考核，并建立激励约束机制。

第六章 结转结余资金收回

第三十一条 中央部门应按照财政部收回结转结余资金的文件，及时将资金上交国库，并区分国库集中支付结余资金和非国库集中支付结余资金，按照相关规定办理。

第三十二条 上交国库集中支付结余资金，中央部门应及时调整用款计划，财政部相应调整国库集中支付结余指标。

第三十三条 上交非国库集中支付结余资金，中央部门应在财政部发文规定的时限内将资金上交国库，并将缴款单据印送财政部备查。

第三十四条 对收回的结转结余资金，财政部应按照《财政总预算会计制度》（财库〔2015〕192号）有关规定进行会计处理。

第三十五条 基本建设项目结余资金的收回，按照基本建设项目结余财政资金管理的有关规定执行。

第七章 国库集中支付结余资金管理

第三十六条 年度预算执行结束后，中央部门与财政部就预算指标、资金支出情况进行核对。根据核对情况，财政部于1月31日前将国库集中支付结余数据发给中央部门。

第三十七条 中央部门收到国库集中支付结余数据后，应在15日内将国库集中支付结余资金申报核批表报财政部。财政部收到核批表后，应及时发文批复。申报和批复国库集中支付结余资金时，不得调整支出功能分类科目。

第八章 附　　则

第三十八条 中央部门在结转结余资金管理中违反本办法规定的，财政部应责成其进行纠正。对未及时纠正的，财政部可将有关资金收回。

第三十九条 中央部门可以依据本办法规定，结合部门实际情况，制定本部门结转结余资金管理的具体办法。中国人民解放军、武装警察部队参照本办法的原则，另行制定管理规定。

第四十条 本办法由财政部负责解释。

第四十一条 本办法自发布之日起施行，财政部2010年1月18日发布的《中央部门财政拨款结转和结余资金管理办法》（财预〔2010〕7号）同时废止。

中央预算内投资补助和贴息项目管理办法

（2016年12月5日国家发展和改革委员会令第45号发布 自2017年1月5日起施行）

第一章 总　　则

第一条 为规范中央预算内投资补助和贴息项目的管理，提高中央预算内投资补助和贴息资金的使用效益，依据《中共中央国务院关于深化投融资体制改革的意见》、《国务院关于投资体制改革的决定》以及有关法律、行政法规，制定本办法。

第二条 以投资补助和贴息方式安排中央预算内投资的项目管理，适用本办法。

第三条 本办法所称投资补助，是指国家发展改革委对符合条件的地方政府投资项目和企业投资项目给予的投资资金补助。

本办法所称贴息，是指国家发展改革委对符合条件，使用了中长期贷款的投资项目给予的贷款利息补贴。

投资补助和贴息资金均为无偿投入。

第四条 投资补助和贴息资金重点用于市场不能有效配置资源，需要政府支持的经济和社会领域。具体包括：

（一）社会公益服务和公共基础设施；

（二）农业和农村；

（三）生态环境保护和修复；

（四）重大科技进步；

（五）社会管理和国家安全；

（六）符合国家有关规定的其他公共领域。

第五条 国家发展改革委应当按照宏观调控的要求，根据国务院确定的工作重点，严格遵守科学、民主、公开、公正、高效的原则，平等对待各类投资主体，会同相关行业部门统筹安排投资补助和贴息项目。对欠发达地区，特别是革命老区、民族地区、边疆地区和集中连片特殊困难地区的投资项目应当适当倾斜。

第六条 国家发展改革委安排投资补助和贴息项目，应当分专项制定工作方案或管理办法，明确投资补助和贴息的预定目标、实施周期、支持范围、资金安排方式、工作程序、监督管理等主要内容，并针对不同行业、不同地区、不同性质投资项目的具体情况，确定相应的投资补助、贴息标准，作为各专项投资补助和贴息项目管理的具体依据。

工作方案或管理办法应当符合国家有关法律法规、产业政策、专项规划和有关宏观调控政策的要求，凡不涉及保密内容的，均应当公开。

第七条　投资补助和贴息资金应当用于计划新开工或续建项目，原则上不得用于已完工项目。

项目的投资补助和贴息金额原则上应当一次性核定，对于已经足额安排的项目，不得重复申请。同一项目原则上不得重复申请不同专项资金。

第二章　申报和审核

第八条　申请投资补助或者贴息资金的项目，应当列入三年滚动投资计划，并通过投资项目在线审批监管平台（以下简称“在线平台”）完成审批、核准或备案程序（地方政府投资项目应完成项目可行性研究报告或者初步设计审批），并提交资金申请报告。

第九条　资金申请报告应当包括以下内容：

（一）项目单位的基本情况；

（二）项目的基本情况，包括在线平台生成的项目代码、建设内容、总投资及资金来源、建设条件落实情况等；

（三）项目列入三年滚动投资计划，并通过在线平台完成审批（核准、备案）情况；

（四）申请投资补助或者贴息资金的主要理由和政策依据；

（五）工作方案或管理办法要求提供的其他内容。

项目单位应对所提交的资金申请报告内容的真实性负责。

第十条　资金申请报告由需要申请投资补助或者贴息资金的项目单位提出，按程序报送项目汇总申报单位。项目汇总申报单位应当对资金申请报告提出审核意见，并汇总报送国家发展改革委。资金申请报告可以单独报送，或者与年度投资计划申请合并报送。

各省、自治区、直辖市和计划单列市、新疆生产建设兵团发展改革委（以下简称省级发展改革委）、计划单列企业集团和中央管理企业等为项目汇总申报单位。

第十一条　项目汇总申报单位应当对资金申请报告的下列事项进行审核，并对审核结果和申报材料的真实性、合规性负责。

（一）符合本办法规定的资金投向和申请程序；

（二）符合有关专项工作方案或管理办法的要求；

（三）项目的主要建设条件基本落实；

（四）项目已经列入三年滚动投资计划，并通过在线平台完成审批（核准、备案）。

第三章　批复和下达

第十二条　国家发展改革委受理资金申请报告后，视具体情况对相关事项进行审查，确有必要时可以委托相关单位进行评审。

项目单位被列入联合惩戒合作备忘录黑名单的，国家发展改革委不予受理其资金申请报告。

第十三条　对于同意安排投资补助或者贴息资金的项目，国家发展改革委应当批复其资金申请报告。资金申请报告可以单独批复，或者在下达投资计划时合并批复。

第十四条　批复资金申请报告应当确定给予项目的投资补助或者贴息金额，并根据项目实施和资金安排情况，一次或者分次下达投资计划。

第十五条　采用贴息方式的，贴息资金总额根据项目符合贴息条件的贷款总额、当年贴息率和贴息年限计算确定。贴息率应当不高于当期银行中长期贷款利率的上限。

第十六条　对于补助地方的项目，数量多、范围广、单项资金少的和下达年度投资计划时无法明确到具体项目的，国家发展改革委可以打捆或切块下达年度投资计划。

打捆下达的年度投资计划仅下达同意安排的项目数量、投资补助和贴息总额，由省级发展改革委负责分解。切块下达的年度投资计划，应当明确投资目标、建设任务、补助标准和工作要求等，由省级发展改革委负责安排具体项目。

省级发展改革委应当对上述计划分解和安排的合规性负责，并在规定时限内通过在线平台报备相关项目信息。国家发展改革委应当加大监督检查工作力度。

第四章　项目实施管理

第十七条　使用投资补助和贴息资金的项目，应当严格执行国家有关政策要求，不得擅自改变主要建设内容和建设标准，严禁转移、侵占或者挪用投资补助和贴息资金。

第十八条　项目汇总申报单位应当定期组织调度已下达投资补助和贴息项目的下列实施情况，并按时通过在线平台向国家发展改革委报告。

（一）项目实际开竣工时间；

（二）项目资金到位、支付和投资完成情况；

（三）项目的主要建设内容；

（四）项目工程形象进度；

（五）存在的问题。

第十九条　因不能开工建设或者建设规模、标准和内容发生较大变化等情况，导致项目不能完成既定建设目标的，项目单位和项目汇总申报单位应当及时报告情况和原因，国家发展改革委可以根据具体情况进行相应调整。打捆和切块下达年度投资计划的项目由省级发展改革委调整，调整结果应当及时通过在线平台报备。

第二十条　国家发展改革委必要时可以对投资补助和贴息有关工作方案和政策等开展中期评估和后评价工作，并根据评估评价情况及时对有关工作方案和政策作出必要调整。

第二十一条　投资补助和贴息项目的财务管理，按照财政部门的有关财务管理规定执行。

第五章　监督检查和法律责任

第二十二条　不涉及保密要求的投资补助和贴息项目，应当按照有关规定公开。

国家发展改革委接受单位、个人对投资补助和贴息项目在审批、建设过程中违法违规行为的举报，并按照有关规定予以查处。

第二十三条　各级发展改革部门应当会同有关部门，依据职责分工，利用在线平台，对使用投资补助和贴息资金的项目加强监管，防止转移、侵占或者挪用投资补助和贴息资金，保证政府投资资金的合理使用和项目顺利建设实施。

第二十四条　各级发展改革部门应当按照有关规定对投资补助和贴息项目进行稽察，对稽察发现的问题按照有关规定及时作出处理，并将整改落实情况作为安排投资补助和贴息的重要依据。

第二十五条　各级发展改革部门、中央管理企业和项目单位应当自觉接受审计、监察、财政等部门依据职能分工进行的监督检查。

第二十六条　国家发展改革委工作人员有下列行为之一的，责令其限期整改，根据实际情况依纪依法追究有关责任人的党纪责任、行政责任；构成犯罪的，由司法机关依法追究刑事责任。

（一）违反《中国共产党纪律处分条例》、《行政机关公务员处分条例》相关规定的；

（二）违反规定受理资金申请报告的；

（三）违反规定的程序和原则安排投资补助和贴息的；

（四）其他违反本办法的行为。

第二十七条　项目汇总申报单位和地（市）、县（市）级发展改革部门有下列行为之一的，国家发展改革委可根据情节，在一定时期和范围内不再受理其报送的资金申请报告，或者调减其中央预算内投资安排规模。

（一）指令或授意项目单位提供虚假情况、骗取投资补助和贴息资金的；

（二）审核项目不严、造成投资补助和贴息资金损失的；

（三）对于打捆和切块下达的年度投资计划分解和安排出现严重失误的；

（四）所在地区或所属企业的项目存在较多问题且督促整改不到位的；

（五）未按要求通过在线平台报告相关项目信息的；

（六）其他违反本办法的行为。

第二十八条　项目单位有下列行为之一的，国家发展改革委（打捆和切块下达投资计划的项目由省级发展改革委）责令其限期整改；拒不整改或者整改后仍不符合要求的，应当核减、收回或者停止拨付投资补助和贴息资金，暂停其申报中央投资补助和贴息项目，将相关信息纳入全国信用信息共享平台和在“信用中国”网站公开，并可以根据情节轻重提请或者移交有关机关依法追究有关责任人的行政或者法律责任：

（一）提供虚假情况，骗取投资补助和贴息资金的；

（二）转移、侵占或者挪用投资补助和贴息资金的；

（三）擅自改变主要建设内容和建设标准的；

（四）项目建设规模、标准和内容发生较大变化而不及时报告的；

（五）无正当理由未及时建设实施的；

（六）拒不接受依法进行的稽察或者监督检查的；

（七）未按要求通过在线平台报告相关项目信息的；

（八）其他违反国家法律法规和本办法规定的行为。

第六章　附　　则

第二十九条　为了应对自然灾害和突发事件等不可预见事项，需要紧急下达投资补助或贴息的项目，不适用本办法。

第三十条　本办法由国家发展改革委负责解释。

第三十一条　本办法自2017年1月5日起施行。《中央预算内投资补助和贴息项目管理办法》（中华人民共和国国家发展和改革委员会令第3号）同时废止。

中央预算内固定资产投资补助资金财政财务管理暂行办法

（2005年7月26日　财建〔2005〕355号）

第一章　总　　则

第一条　为加强中央预算内固定资产投资补助资金（以下简称“投资补助”）预算管理，提高财政资金使用效益，根据《中华人民共和国预算法》、《中华人民共和国预算法实施条例》、《国务院关于投资体制改革的决定》以及《基本建设财务管理规定》等有关法律、行政法规，制定本办法。

第二条　本办法所称投资补助是指由中央预算内固定资产投资（含国债项目资金）安排的，专项对符合条件的固定资产投资项目给予的投资补助资金。

第二章　投资补助适用范围

第三条　投资补助主要适用于需要政府支持的经济和社会领域。主要包括：

（一）公益性和公共基础设施项目；

（二）保护和改善生态环境项目；

（三）促进欠发达地区的经济和社会发展项目；

（四）推进科技进步和高新技术产业化项目；

（五）符合国家有关规定的其他项目。

第四条 投资补助根据国家调控宏观经济的需要和国家确定的重点进行安排。对具体项目的投资补助，原则上不得超过项目总投资的50%。

第五条 投资补助可根据项目建设实施进度一次或分次安排。

第三章 投资补助项目预算管理

第六条 财政部门要加强对投资补助资金的预算管理，实行“先审核，后下达预算”的办法，严把预算下达审核关。并按照预算管理程序，下达投资补助项目预算。

第七条 有下列情形之一的，财政部门可以暂缓或停止下达预算：

（一）投资计划不符合国务院确定的投资补助安排原则和重点；

（二）项目已申请其他投资补助的；

（三）项目未履行基本建设程序的；

（四）需要地方财政部门财力配套，地方财政部门未出具意见的；

（五）需要地方财政部门承诺有关事项，地方财政部门没有承诺的；

（六）项目建成后，需同级财政部门安排运营经费而同级财政部门没有出具意见的；

（七）项目单位未按有关规定进行招投标或政府采购的；

（八）审计部门、财政监督机构和评审机构发现项目单位有违反国家法律法规行为的；

（九）项目单位违法违规受到举报的；

（十）其他违反国家法律法规和本办法规定的行为。

第八条 投资补助项目预算下达后，必须严格执行，除特殊情况外一律不得调整。对确需调整的项目，应严格按照调整预算的相关规定执行。

第九条 中央对地方项目投资补助要纳入地方同级财政预算管理。

第四章 投资补助资金拨付和财务管理

第十条 财政部门要坚持按照投资补助项目预算、国库集中支付管理规定、基本建设程序等要求拨付资金。

第十一条 投资补助资金实行与地方配套资金、银行贷款和其他资金同比例拨付的原则。财政部门拨付投资补助资金，要根据项目单位的申请，按照投资补助项目预算，综合考虑项目建设进度以及相关建设资金拨付进度等因素。

第十二条 对中央项目的投资补助，由财政部拨付到主管部门（含中央企业），各主管部门应及时将资金拨付到项目单位；对地方项目的投资补助，通过中央财政补助地方财政部门，由地方财政部门拨付到项目单位。实行国库集中支付管理的项目按有关规定执行。

第十三条 有下列情形之一的，财政部门要责令其限期整改，逾期不改正的，要核减、停止拨付或收回补助资金：

（一）提供虚假情况，骗取投资补助的；

（二）转移、侵占或者挪用投资补助的；

（三）配套资金没有落实或长期不能到位的；

（四）未按要求完成项目前期工作或未按规定建设实施的；

（五）擅自改变主要建设内容和建设标准，存在超概算、超规模、超标准等情况的；

（六）项目单位未按有关规定进行招投标和政府采购的；

（七）项目单位违法违规受到举报的；

（八）其他违反国家法律法规和本办法规定的行为。

第十四条 项目单位收到投资补助后，必须专款专用，单独建账核算，并分别按如下情况进行财务处理：

（一）对非经营性建设项目的投资补助按财政拨款有关规定执行。

（二）对经营性建设项目的投资补助作为资本公积管理，项目单位同意增资扩股的情况下，可以作为国家资本金管理。

中央对地方项目的投资补助，比照本办法执行；如地方政府有另行规定的，可从其规定。

第五章 监督检查

第十五条 国务院有关主管部门和省级财政主管部门要加强对投资补助安排使用的监督和检查，每年要不定期组成检查组或委托财政部驻当地财政监察专员办事处等机构抽查使用投资补助的项目单位，确保投资补助按规定安排使用。使用投资补助的项目单位，应在每年年底前向同级财政部门报告投资补助的使用情况，并抄送财政部驻当地财政监察专员办事处。

第十六条 各单位要对以下内容进行重点审核，并按照有关规定做出检查结论，对不属于本部门职权范围的事项依法移送，并将相关情况上报财政部。对于应缴回资金，由财政部驻当地财政监察专员办事处负责以“其他收入”科目就地监缴入库。

（一）核定项目是否按规定实施，项目单位是否按规定使用投资补助。对项目单位擅自改变主要建设内容和建设标准或未按规定安排使用投资补助的，要将拨付的投资补助资金收缴国库。

（二）项目单位是否按有关规定进行招投标和政府采购。

（三）投资补助资金是否按规定进行财务处理，对未按规定处理的要及时予以纠正。

（四）项目竣工后，核定项目投资补助总额及项目概算中其他资金来源实际到位额。对投资补助总额占项目总投资的比例超过50%的,转作直接投资或资本金注入方式管理,并根据有关规定和各投资主体资金实际到位额重新确定项目各方出资比例,由同级财政部门指定有关机构依法代表国家行使所有者或出资人权利。

第十七条 各有关部门及项目单位要严格按照国家规定管理和使用投资补助,并自觉接受财政、审计部门的监督检查。

第十八条 凡违反规定,弄虚作假,骗取、截留、挪用投资补助或项目未按规定实施的,除将已拨付资金全额收缴国库外,各级财政部门要立即停止对项目单位所在主管部门或省、自治区、直辖市及计划单列市投资补助拨付,并进行全面核查,直至纠正。对有关人员根据《财政违法行为处罚处分条例》(国务院令第427号)及国家有关规定追究责任,触犯法律的要追究相应的法律责任。

第六章 附 则

第十九条 本办法自发布之日起30日后施行。

第二十条 本办法由财政部负责解释。

中央预算内固定资产投资贴息资金财政财务管理暂行办法

(2005年7月26日 财建〔2005〕第354号)

第一章 总 则

第一条 为加强中央预算内固定资产投资贴息资金(以下简称"贴息资金")预算管理,提高财政资金使用效益,带动和引导社会投资,根据《中华人民共和国预算法》、《中华人民共和国预算法实施条例》、《国务院关于投资体制改革的决定》以及《基本建设财务管理规定》等有关法律、行政法规,制定本办法。

第二条 本办法所称贴息资金是指由中央预算内固定资产投资(含国债项目资金)安排的,用于符合条件、使用了中长期银行贷款的固定资产投资项目贴息的资金。

第二章 贴息资金安排的适用范围和标准

第三条 贴息资金主要适用于需要政府鼓励和引导社会投资的竞争性、经营性项目。主要包括:

(一)公共基础设施项目;

(二)保护和改善生态环境项目;

(三)促进欠发达地区的经济和社会发展项目;

(四)推进科技进步和高新技术产业化项目;

(五)符合国家有关规定的其他项目。

第四条 贴息资金贴补率不得超过当期银行中长期贷款利率。贴息资金总额根据符合贴息条件的项目银行贷款总额、当年贴补率和贴息年限计算确定,不得超过项目建设期实际支付的银行中长期贷款利息总额。

第五条 贴息资金可根据项目建设实施进度和贷款的实际发生额一次或分次安排。

第三章 贴息资金预算管理

第六条 财政部门要加强对贴息资金的预算管理,实行"先审核,后下达预算"的办法,严把预算下达审核关。并按照预算管理程序要求,下达项目贴息资金预算。

第七条 有下列情形之一的,财政部门可以暂缓或停止下达预算:

(一)投资计划不符合国务院确定的投资安排范围和重点,不符合贴息资金使用范围和国家有关规定;

(二)投资计划相应的项目贴息资金超过应付银行中长期贷款利息总额;

(三)已申请其他贴息资金;

(四)项目单位银行贷款未落实;

(五)需要地方财政部门承诺有关事项,没有承诺的;

(六)项目建成后,需同级财政部门安排运营经费而同级财政部门没有出具意见的;

(七)需要地方财政部门财力配套,地方财政部门未出具意见的;

(八)审计部门、财政监督机构和评审机构发现项目单位有违反国家法律法规行为;

(九)项目单位违法违规受到举报的;

(十)其他违反国家法律法规和本办法规定的行为。

第八条 贴息资金预算下达后,必须严格执行,除特殊情况外一律不得调整。对确需调整的项目,应严格按照调整预算的相关规定执行。

第九条 中央对地方项目贴息资金要纳入地方同级财政预算管理。

第四章 贴息资金的资金拨付和财务管理

第十条 财政部门要坚持按照贴息资金预算、国库集中支付管理规定、基本建设程序等要求拨付资金。

第十一条 财政部门拨付贴息资金,要根据项目单位的申请,按照贴息资金预算,综合考虑项目建设进度、贷款到位情况以及实际利息发生额等因素。

第十二条 对中央项目的贴息资金,由财政部拨付到主管部门(含中央企业),各主管部门应及时将资金拨付到项目单位;对地方项目的贴息资金,通过中央财政补助地方财政部门,由地方财政部门拨付到项目单位。实行国库集中支付管理的项目按有关规定执行。

第十三条 有下列情形之一的,财政部门要责令其限期

整改,逾期不改正的,要核减、停止拨付或收回贴息资金:

(一)提供虚假情况,骗取贴息资金的;

(二)转移、侵占或者挪用贴息资金的;

(三)银行贷款为流动资金贷款的;

(四)擅自改变主要建设内容和建设标准,存在超概算、超规模、超标准等情况的;

(五)项目单位违法违规受到举报的;

(六)其他违反国家法律法规和本办法规定的行为。

第十四条 项目单位收到贴息资金后,必须专款专用,单独核算,并分别按以下情况进行财务处理:在建项目冲减工程成本;竣工项目冲减财务费用。

第五章 监督检查

第十五条 国务院有关主管部门和省级财政主管部门要加强对贴息资金使用的监督和检查,每年要不定期组成检查组或委托财政部驻当地财政监察专员办事处等机构抽查使用贴息资金的项目单位,确保贴息资金按规定安排使用。使用贴息资金的项目单位,应在每年年底前向同级财政部门报告贴息资金的使用情况,并抄送财政部驻当地财政监察专员办事处。

第十六条 各单位要对以下内容进行重点审核,并按照有关规定做出检查结论,对不属于本部门职权范围的事项依法移送,并将相关情况上报财政部。对于应缴回资金,由财政部驻当地财政监察专员办事处负责以"其他收入"科目就地监缴入库。

(一)核定项目是否按规定实施,项目单位是否按规定使用贴息资金。对项目单位擅自改变主要建设内容和建设标准或未按规定安排使用贴息资金的,要将拨付的贴息资金收缴国库。

(二)贴息资金是否按规定进行财务处理。对未按规定处理的,要及时予以纠正。

(三)项目竣工后,核定贴息项目中长期贷款计息单。对累计贴息额超过项目建设期实际支付银行利息额部分,作为净结余资金收缴国库。

第十七条 各有关部门及项目单位要严格按照国家规定管理和使用贴息资金,并自觉接受财政、审计部门的监督检查。

第十八条 凡违反规定,弄虚作假,骗取、截留、挪用贴息资金或项目未按规定实施的,除将已拨付资金全额收缴国库外,各级财政部门要立即停止对项目单位所在主管部门或省、自治区、直辖市及计划单列市贴息资金拨付,并进行全面核查,直至纠正。对有关人员根据《财政违法行为处罚处分条例》(国务院令第427号)及国家有关规定追究责任,触犯法律的要追究相应的法律责任。

第六章 附 则

第十九条 本办法自发布之日起30日后施行。

第二十条 本办法由财政部负责解释。

项目支出绩效评价管理办法

(2020年2月25日 财预〔2020〕10号)

第一章 总 则

第一条 为全面实施预算绩效管理,建立科学、合理的项目支出绩效评价管理体系,提高财政资源配置效率和使用效益,根据《中华人民共和国预算法》和《中共中央 国务院关于全面实施预算绩效管理的意见》等有关规定,制定本办法。

第二条 项目支出绩效评价(以下简称绩效评价)是指财政部门、预算部门和单位,依据设定的绩效目标,对项目支出的经济性、效率性、效益性和公平性进行客观、公正的测量、分析和评判。

第三条 一般公共预算、政府性基金预算、国有资本经营预算项目支出的绩效评价适用本办法。涉及预算资金及相关管理活动,如政府投资基金、主权财富基金、政府和社会资本合作(PPP)、政府购买服务、政府债务项目等绩效评价可参照本办法执行。

第四条 绩效评价分为单位自评、部门评价和财政评价三种方式。单位自评是指预算部门组织部门本级和所属单位对预算批复的项目绩效目标完成情况进行自我评价。部门评价是指预算部门根据相关要求,运用科学、合理的绩效评价指标、评价标准和方法,对本部门的项目组织开展的绩效评价。财政评价是财政部门对预算部门的项目组织开展的绩效评价。

第五条 绩效评价应当遵循以下基本原则:

(一)科学公正。绩效评价应当运用科学合理的方法,按照规范的程序,对项目绩效进行客观、公正的反映。

(二)统筹兼顾。单位自评、部门评价和财政评价应职责明确,各有侧重,相互衔接。单位自评应由项目单位自主实施,即"谁支出、谁自评"。部门评价和财政评价应在单位自评的基础上开展,必要时可委托第三方机构实施。

(三)激励约束。绩效评价结果应与预算安排、政策调整、改进管理实质性挂钩,体现奖优罚劣和激励相容导向,有效要安排、低效要压减、无效要问责。

(四)公开透明。绩效评价结果应依法依规公开,并自觉接受社会监督。

第六条 绩效评价的主要依据:

(一)国家相关法律、法规和规章制度;

(二)党中央、国务院重大决策部署,经济社会发展目标,地方各级党委和政府重点任务要求;

（三）部门职责相关规定；

（四）相关行业政策、行业标准及专业技术规范；

（五）预算管理制度及办法，项目及资金管理办法、财务和会计资料；

（六）项目设立的政策依据和目标，预算执行情况，年度决算报告、项目决算或验收报告等相关材料；

（七）本级人大审查结果报告、审计报告及决定，财政监督稽核报告等；

（八）其他相关资料。

第七条　绩效评价期限包括年度、中期及项目实施期结束后；对于实施期5年及以上的项目，应适时开展中期和实施期后绩效评价。

第二章　绩效评价的对象和内容

第八条　单位自评的对象包括纳入政府预算管理的所有项目支出。

第九条　部门评价对象应根据工作需要，优先选择部门履职的重大改革发展项目，随机选择一般性项目。原则上应以5年为周期，实现部门评价重点项目全覆盖。

第十条　财政评价对象应根据工作需要，优先选择贯彻落实党中央、国务院重大方针政策和决策部署的项目，覆盖面广、影响力大、社会关注度高、实施期长的项目。对重点项目应周期性组织开展绩效评价。

第十一条　单位自评的内容主要包括项目总体绩效目标、各项绩效指标完成情况以及预算执行情况。对未完成绩效目标或偏离绩效目标较大的项目要分析并说明原因，研究提出改进措施。

第十二条　财政和部门评价的内容主要包括：

（一）决策情况；

（二）资金管理和使用情况；

（三）相关管理制度办法的健全性及执行情况；

（四）实现的产出情况；

（五）取得的效益情况；

（六）其他相关内容。

第三章　绩效评价指标、评价标准和方法

第十三条　单位自评指标是指预算批复时确定的绩效指标，包括项目的产出数量、质量、时效、成本，以及经济效益、社会效益、生态效益、可持续影响、服务对象满意度等。

单位自评指标的权重由各单位根据项目实际情况确定。原则上预算执行率和一级指标权重统一设置为：预算执行率10%、产出指标50%、效益指标30%、服务对象满意度指标10%。如有特殊情况，一级指标权重可做适当调整。二、三级指标应当根据指标重要程度、项目实施阶段等因素综合确定，准确反映项目的产出和效益。

第十四条　财政和部门绩效评价指标的确定应当符合以下要求：与评价对象密切相关，全面反映项目决策、项目和资金管理、产出和效益；优先选取最具代表性、最能直接反映产出和效益的核心指标，精简实用；指标内涵应当明确、具体、可衡量，数据及佐证资料应当可采集、可获得；同类项目绩效评价指标和标准应具有一致性，便于评价结果相互比较。

财政和部门评价指标的权重根据各项指标在评价体系中的重要程度确定，应当突出结果导向，原则上产出、效益指标权重不低于60%。同一评价对象处于不同实施阶段时，指标权重应体现差异性，其中，实施期间的评价更加注重决策、过程和产出，实施期结束后的评价更加注重产出和效益。

第十五条　绩效评价标准通常包括计划标准、行业标准、历史标准等，用于对绩效指标完成情况进行比较。

（一）计划标准。指以预先制定的目标、计划、预算、定额等作为评价标准。

（二）行业标准。指参照国家公布的行业指标数据制定的评价标准。

（三）历史标准。指参照历史数据制定的评价标准，为体现绩效改进的原则，在可实现的条件下应当确定相对较高的评价标准。

（四）财政部门和预算部门确认或认可的其他标准。

第十六条　单位自评采用定量与定性评价相结合的比较法，总分由各项指标得分汇总形成。

定量指标得分按照以下方法评定：与年初指标值相比，完成指标值的，记该指标所赋全部分值；对完成值高于指标值较多的，要分析原因，如果是由于年初指标值设定明显偏低造成的，要按照偏离度适度调减分值；未完成指标值的，按照完成值与指标值的比例记分。

定性指标得分按照以下方法评定：根据指标完成情况分为达成年度指标、部分达成年度指标并具有一定效果、未达成年度指标且效果较差三档，分别按照该指标对应分值区间100%－80%（含）、80%－60%（含）、60%－0%合理确定分值。

第十七条　财政和部门评价的方法主要包括成本效益分析法、比较法、因素分析法、最低成本法、公众评判法、标杆管理法等。根据评价对象的具体情况，可采用一种或多种方法。

（一）成本效益分析法。是指将投入与产出、效益进行关联性分析的方法。

（二）比较法。是指将实施情况与绩效目标、历史情况、不同部门和地区同类支出情况进行比较的方法。

（三）因素分析法。是指综合分析影响绩效目标实现、实施效果的内外部因素的方法。

（四）最低成本法。是指在绩效目标确定的前提下，成本最小者为优的方法。

（五）公众评判法。是指通过专家评估、公众问卷及抽样调查等方式进行评判的方法。

（六）标杆管理法。是指以国内外同行业中较高的绩效水平为标杆进行评判的方法。

（七）其他评价方法。

第十八条　绩效评价结果采取评分和评级相结合的方式，具体分值和等级可根据不同评价内容设定。总分一般设置为100分，等级一般划分为四档：90（含）-100分为优、80（含）-90分为良、60（含）-80分为中、60分以下为差。

第四章　绩效评价的组织管理与实施

第十九条　财政部门负责拟定绩效评价制度办法，指导本级各部门和下级财政部门开展绩效评价工作；会同有关部门对单位自评和部门评价结果进行抽查复核，督促部门充分应用自评和评价结果；根据需要组织实施绩效评价，加强评价结果反馈和应用。

第二十条　各部门负责制定本部门绩效评价办法，组织部门本级和所属单位开展自评工作，汇总自评结果，加强自评结果审核和应用；具体组织实施部门评价工作，加强评价结果反馈和应用。积极配合财政评价工作，落实评价整改意见。

第二十一条　部门本级和所属单位按照要求具体负责自评工作，对自评结果的真实性和准确性负责，自评中发现的问题要及时进行整改。

第二十二条　财政和部门评价工作主要包括以下环节：

（一）确定绩效评价对象和范围；

（二）下达绩效评价通知；

（三）研究制订绩效评价工作方案；

（四）收集绩效评价相关数据资料，并进行现场调研、座谈；

（五）核实有关情况，分析形成初步结论；

（六）与被评价部门（单位）交换意见；

（七）综合分析并形成最终结论；

（八）提交绩效评价报告；

（九）建立绩效评价档案。

第二十三条　财政和部门评价根据需要可委托第三方机构或相关领域专家（以下简称第三方，主要是指与资金使用单位没有直接利益关系的单位和个人）参与，并加强对第三方的指导，对第三方工作质量进行监督管理，推动提高评价的客观性和公正性。

第二十四条　部门委托第三方开展绩效评价的，要体现委托人与项目实施主体相分离的原则，一般由主管财务的机构委托，确保绩效评价的独立、客观、公正。

第五章　绩效评价结果应用及公开

第二十五条　单位自评结果主要通过项目支出绩效自评表的形式反映，做到内容完整、权重合理、数据真实、结果客观。财政和部门评价结果主要以绩效评价报告的形式体现，绩效评价报告应当依据充分、分析透彻、逻辑清晰、客观公正。

绩效评价工作和结果应依法自觉接受审计监督。

第二十六条　各部门应当按照要求随同部门决算向本级财政部门报送绩效自评结果。

部门和单位应切实加强自评结果的整理、分析，将自评结果作为本部门、本单位完善政策和改进管理的重要依据。对预算执行率偏低、自评结果较差的项目，要单独说明原因，提出整改措施。

第二十七条　财政部门和预算部门应在绩效评价工作完成后，及时将评价结果反馈被评价部门（单位），并明确整改时限；被评价部门（单位）应当按要求向财政部门或主管部门报送整改落实情况。

各部门应按要求将部门评价结果报送本级财政部门，评价结果作为本部门安排预算、完善政策和改进管理的重要依据；财政评价结果作为安排政府预算、完善政策和改进管理的重要依据。原则上，对评价等级为优、良的，根据情况予以支持；对评价等级为中、差的，要完善政策、改进管理，根据情况核减预算。对不进行整改或整改不到位的，根据情况相应调减预算或整改到位后再予安排。

第二十八条　各级财政部门、预算部门应当按照要求将绩效评价结果分别编入政府决算和本部门决算，报送本级人民代表大会常务委员会，并依法予以公开。

第六章　法律责任

第二十九条　对使用财政资金严重低效无效并造成重大损失的责任人，要按照相关规定追责问责。对绩效评价过程中发现的资金使用单位和个人的财政违法行为，依照《中华人民共和国预算法》、《财政违法行为处罚处分条例》等有关规定追究责任；发现违纪违法问题线索的，应当及时移送纪检监察机关。

第三十条　各级财政部门、预算部门和单位及其工作人员在绩效评价管理工作中存在违反本办法的行为，以及其他滥用职权、玩忽职守、徇私舞弊等违法违纪行为的，依照《中华人民共和国预算法》、《中华人民共和国公务员法》、《中华人民共和国监察法》、《财政违法行为处罚处分条例》等国家有关规定追究相应责任；涉嫌犯罪的，依法移送司法机关处理。

第七章　附　　则

第三十一条　各地区、各部门可结合实际制定具体的管理办法和实施细则。

第三十二条　本办法自印发之日起施行。《财政支出绩效评价管理暂行办法》（财预〔2011〕285号）同时废止。

附：1. 项目支出绩效自评表

2. 项目支出绩效评价指标体系框架（参考）

3. 项目支出绩效评价报告（参考提纲）

附 1

项目支出绩效自评表

（　　年度）

<table>
<tr><td>项目名称</td><td colspan="7"></td></tr>
<tr><td>主管部门</td><td colspan="2"></td><td>实施单位</td><td colspan="4"></td></tr>
<tr><td rowspan="5">项目资金
（万元）</td><td></td><td>年初预算数</td><td>全年预算数</td><td>全年执行数</td><td>分值</td><td>执行率</td><td>得分</td></tr>
<tr><td>年度资金总额</td><td></td><td></td><td></td><td>10</td><td></td><td></td></tr>
<tr><td>其中：当年财政拨款</td><td></td><td></td><td></td><td>—</td><td></td><td>—</td></tr>
<tr><td>上年结转资金</td><td></td><td></td><td></td><td>—</td><td></td><td>—</td></tr>
<tr><td>其他资金</td><td></td><td></td><td></td><td>—</td><td></td><td>—</td></tr>
</table>

<table>
<tr><td rowspan="2">年度总体目标</td><td>预期目标</td><td>实际完成情况</td></tr>
<tr><td></td><td></td></tr>
</table>

<table>
<tr><td rowspan="28">绩效指标</td><td>一级指标</td><td>二级指标</td><td>三级指标</td><td>年度指标值</td><td>实际完成值</td><td>分值</td><td>得分</td><td>偏差原因分析及改进措施</td></tr>
<tr><td rowspan="12">产出指标</td><td rowspan="3">数量指标</td><td>指标 1：</td><td></td><td></td><td></td><td></td><td></td></tr>
<tr><td>指标 2：</td><td></td><td></td><td></td><td></td><td></td></tr>
<tr><td>……</td><td></td><td></td><td></td><td></td><td></td></tr>
<tr><td rowspan="3">质量指标</td><td>指标 1：</td><td></td><td></td><td></td><td></td><td></td></tr>
<tr><td>指标 2：</td><td></td><td></td><td></td><td></td><td></td></tr>
<tr><td>……</td><td></td><td></td><td></td><td></td><td></td></tr>
<tr><td rowspan="3">时效指标</td><td>指标 1：</td><td></td><td></td><td></td><td></td><td></td></tr>
<tr><td>指标 2：</td><td></td><td></td><td></td><td></td><td></td></tr>
<tr><td>……</td><td></td><td></td><td></td><td></td><td></td></tr>
<tr><td rowspan="3">成本指标</td><td>指标 1：</td><td></td><td></td><td></td><td></td><td></td></tr>
<tr><td>指标 2：</td><td></td><td></td><td></td><td></td><td></td></tr>
<tr><td>……</td><td></td><td></td><td></td><td></td><td></td></tr>
<tr><td rowspan="12">效益指标</td><td rowspan="3">经济效益指标</td><td>指标 1：</td><td></td><td></td><td></td><td></td><td></td></tr>
<tr><td>指标 2：</td><td></td><td></td><td></td><td></td><td></td></tr>
<tr><td>……</td><td></td><td></td><td></td><td></td><td></td></tr>
<tr><td rowspan="3">社会效益指标</td><td>指标 1：</td><td></td><td></td><td></td><td></td><td></td></tr>
<tr><td>指标 2：</td><td></td><td></td><td></td><td></td><td></td></tr>
<tr><td>……</td><td></td><td></td><td></td><td></td><td></td></tr>
<tr><td rowspan="3">生态效益指标</td><td>指标 1：</td><td></td><td></td><td></td><td></td><td></td></tr>
<tr><td>指标 2：</td><td></td><td></td><td></td><td></td><td></td></tr>
<tr><td>……</td><td></td><td></td><td></td><td></td><td></td></tr>
<tr><td rowspan="3">可持续影响指标</td><td>指标 1：</td><td></td><td></td><td></td><td></td><td></td></tr>
<tr><td>指标 2：</td><td></td><td></td><td></td><td></td><td></td></tr>
<tr><td>……</td><td></td><td></td><td></td><td></td><td></td></tr>
<tr><td rowspan="3">满意度指标</td><td rowspan="3">服务对象满意度指标</td><td>指标 1：</td><td></td><td></td><td></td><td></td><td></td></tr>
<tr><td>指标 2：</td><td></td><td></td><td></td><td></td><td></td></tr>
<tr><td>……</td><td></td><td></td><td></td><td></td><td></td></tr>
<tr><td colspan="6">总分</td><td>100</td><td></td><td></td></tr>
</table>

附 2

项目支出绩效评价指标体系框架(参考)

一级指标	二级指标	三级指标	指标解释	指标说明
决策	项目立项	立项依据充分性	项目立项是否符合法律法规、相关政策、发展规划以及部门职责,用以反映和考核项目立项依据情况。	评价要点: ①项目立项是否符合国家法律法规、国民经济发展规划和相关政策; ②项目立项是否符合行业发展规划和政策要求; ③项目立项是否与部门职责范围相符,属于部门履职所需; ④项目是否属于公共财政支持范围,是否符合中央、地方事权支出责任划分原则; ⑤项目是否与相关部门同类项目或部门内部相关项目重复。
		立项程序规范性	项目申请、设立过程是否符合相关要求,用以反映和考核项目立项的规范情况。	评价要点: ①项目是否按照规定的程序申请设立; ②审批文件、材料是否符合相关要求; ③事前是否已经过必要的可行性研究、专家论证、风险评估、绩效评估、集体决策。
	绩效目标	绩效目标合理性	项目所设定的绩效目标是否依据充分,是否符合客观实际,用以反映和考核项目绩效目标与项目实施的相符情况。	评价要点: (如未设定预算绩效目标,也可考核其他工作任务目标) ①项目是否有绩效目标; ②项目绩效目标与实际工作内容是否具有相关性; ③项目预期产出效益和效果是否符合正常的业绩水平; ④是否与预算确定的项目投资额或资金量相匹配。
		绩效指标明确性	依据绩效目标设定的绩效指标是否清晰、细化、可衡量等,用以反映和考核项目绩效目标的明细化情况。	评价要点: ①是否将项目绩效目标细化分解为具体的绩效指标; ②是否通过清晰、可衡量的指标值予以体现; ③是否与项目目标任务数或计划数相对应。
	资金投入	预算编制科学性	项目预算编制是否经过科学论证、有明确标准,资金额度与年度目标是否相适应,用以反映和考核项目预算编制的科学性、合理性情况。	评价要点: ①预算编制是否经过科学论证; ②预算内容与项目内容是否匹配; ③预算额度测算依据是否充分,是否按照标准编制; ④预算确定的项目投资额或资金量是否与工作任务相匹配。
		资金分配合理性	项目预算资金分配是否有测算依据,与补助单位或地方实际是否相适应,用以反映和考核项目预算资金分配的科学性、合理性情况。	评价要点: ①预算资金分配依据是否充分; ②资金分配额度是否合理,与项目单位或地方实际是否相适应。

续表

一级指标	二级指标	三级指标	指标解释	指标说明
过程	资金管理	资金到位率	实际到位资金与预算资金的比率，用以反映和考核资金落实情况对项目实施的总体保障程度。	资金到位率＝（实际到位资金/预算资金）×100%。 实际到位资金：一定时期（本年度或项目期）内落实到具体项目的资金。 预算资金：一定时期（本年度或项目期）内预算安排到具体项目的资金。
		预算执行率	项目预算资金是否按照计划执行，用以反映或考核项目预算执行情况。	预算执行率＝（实际支出资金/实际到位资金）×100%。 实际支出资金：一定时期（本年度或项目期）内项目实际拨付的资金。
		资金使用合规性	项目资金使用是否符合相关的财务管理制度规定，用以反映和考核项目资金的规范运行情况。	评价要点： ①是否符合国家财经法规和财务管理制度以及有关专项资金管理办法的规定； ②资金的拨付是否有完整的审批程序和手续； ③是否符合项目预算批复或合同规定的用途； ④是否存在截留、挤占、挪用、虚列支出等情况。
	组织实施	管理制度健全性	项目实施单位的财务和业务管理制度是否健全，用以反映和考核财务和业务管理制度对项目顺利实施的保障情况。	评价要点： ①是否已制定或具有相应的财务和业务管理制度； ②财务和业务管理制度是否合法、合规、完整。
		制度执行有效性	项目实施是否符合相关管理规定，用以反映和考核相关管理制度的有效执行情况。	评价要点： ①是否遵守相关法律法规和相关管理规定； ②项目调整及支出调整手续是否完备； ③项目合同书、验收报告、技术鉴定等资料是否齐全并及时归档； ④项目实施的人员条件、场地设备、信息支撑等是否落实到位。
产出	产出数量	实际完成率	项目实施的实际产出数与计划产出数的比率，用以反映和考核项目产出数量目标的实现程度。	实际完成率＝（实际产出数/计划产出数）×100%。 实际产出数：一定时期（本年度或项目期）内项目实际产出的产品或提供的服务数量。 计划产出数：项目绩效目标确定的在一定时期（本年度或项目期）内计划产出的产品或提供的服务数量。
	产出质量	质量达标率	项目完成的质量达标产出数与实际产出数的比率，用以反映和考核项目产出质量目标的实现程度。	质量达标率＝（质量达标产出数/实际产出数）×100%。 质量达标产出数：一定时期（本年度或项目期）内实际达到既定质量标准的产品或服务数量。既定质量标准是指项目实施单位设立绩效目标时依据计划标准、行业标准、历史标准或其他标准而设定的绩效指标值。

续表

一级指标	二级指标	三级指标	指标解释	指标说明
	产出时效	完成及时性	项目实际完成时间与计划完成时间的比较,用以反映和考核项目产出时效目标的实现程度。	实际完成时间:项目实施单位完成该项目实际所耗用的时间。 计划完成时间:按照项目实施计划或相关规定完成该项目所需的时间。
	产出成本	成本节约率	完成项目计划工作目标的实际节约成本与计划成本的比率,用以反映和考核项目的成本节约程度。	成本节约率=[(计划成本-实际成本)/计划成本]×100%。 实际成本:项目实施单位如期、保质、保量完成既定工作目标实际所耗费的支出。 计划成本:项目实施单位为完成工作目标计划安排的支出,一般以项目预算为参考。
效益	项目效益	实施效益	项目实施所产生的效益。	项目实施所产生的社会效益、经济效益、生态效益、可持续影响等。可根据项目实际情况有选择地设置和细化。
		满意度	社会公众或服务对象对项目实施效果的满意程度。	社会公众或服务对象是指因该项目实施而受到影响的部门(单位)、群体或个人。一般采取社会调查的方式。

附3

项目支出绩效评价报告

（参考提纲）

一、基本情况

(一)项目概况。包括项目背景、主要内容及实施情况、资金投入和使用情况等。

(二)项目绩效目标。包括总体目标和阶段性目标。

二、绩效评价工作开展情况

(一)绩效评价目的、对象和范围。

(二)绩效评价原则、评价指标体系(附表说明)、评价方法、评价标准等。

(三)绩效评价工作过程。

三、综合评价情况及评价结论(附相关评分表)

四、绩效评价指标分析

(一)项目决策情况。

(二)项目过程情况。

(三)项目产出情况。

(四)项目效益情况。

五、主要经验及做法、存在的问题及原因分析

六、有关建议

七、其他需要说明的问题

(三)政府采购

中华人民共和国政府采购法

(2002年6月29日第九届全国人民代表大会常务委员会第二十八次会议通过　根据2014年8月31日第十二届全国人民代表大会常务委员会第十次会议《关于修改〈中华人民共和国保险法〉等五部法律的决定》修正)

目　录

第一章　总　　则

第一条　为了规范政府采购行为,提高政府采购资金的使用效益,维护国家利益和社会公共利益,保护政府采购当事人的合法权益,促进廉政建设,制定本法。

第二条　在中华人民共和国境内进行的政府采购适用本法。

本法所称政府采购,是指各级国家机关、事业单位和团体组织,使用财政性资金采购依法制定的集中采购目录以内的或者采购限额标准以上的货物、工程和服务的行为。

政府集中采购目录和采购限额标准依照本法规定的权限制定。

本法所称采购,是指以合同方式有偿取得货物、工程和服务的行为,包括购买、租赁、委托、雇用等。

本法所称货物,是指各种形态和种类的物品,包括原材料、燃料、设备、产品等。

本法所称工程,是指建设工程,包括建筑物和构筑物的新建、改建、扩建、装修、拆除、修缮等。

本法所称服务,是指除货物和工程以外的其他政府采购对象。

第三条　政府采购应当遵循公开透明原则、公平竞争原则、公正原则和诚实信用原则。

第四条　政府采购工程进行招标投标的,适用招标投标法。

第五条　任何单位和个人不得采用任何方式,阻挠和限制供应商自由进入本地区和本行业的政府采购市场。

第六条　政府采购应当严格按照批准的预算执行。

第七条　政府采购实行集中采购和分散采购相结合。集中采购的范围由省级以上人民政府公布的集中采购目录确定。

属于中央预算的政府采购项目,其集中采购目录由国务院确定并公布;属于地方预算的政府采购项目,其集中采购目录由省、自治区、直辖市人民政府或者其授权的机构确定并公布。

纳入集中采购目录的政府采购项目,应当实行集中采购。

第八条　政府采购限额标准,属于中央预算的政府采购项目,由国务院确定并公布;属于地方预算的政府采购项目,由省、自治区、直辖市人民政府或者其授权的机构确定并公布。

第九条　政府采购应当有助于实现国家的经济和社会发展政策目标,包括保护环境,扶持不发达地区和少数民族地区,促进中小企业发展等。

第十条　政府采购应当采购本国货物、工程和服务。但有下列情形之一的除外:

(一)需要采购的货物、工程或者服务在中国境内无法获取或者无法以合理的商业条件获取的;

(二)为在中国境外使用而进行采购的;

(三)其他法律、行政法规另有规定的。

前款所称本国货物、工程和服务的界定,依照国务院有关规定执行。

第十一条　政府采购的信息应当在政府采购监督管理部门指定的媒体上及时向社会公开发布,但涉及商业秘密的除外。

第十二条　在政府采购活动中,采购人员及相关人员与供应商有利害关系的,必须回避。供应商认为采购人员及相关人员与其他供应商有利害关系的,可以申请其回避。

前款所称相关人员,包括招标采购中评标委员会的组成人员,竞争性谈判采购中谈判小组的组成人员,询价采购中询价小组的组成人员等。

第十三条　各级人民政府财政部门是负责政府采购监督管理的部门,依法履行对政府采购活动的监督管理职责。

各级人民政府其他有关部门依法履行与政府采购活动有关的监督管理职责。

第二章　政府采购当事人

第十四条　政府采购当事人是指在政府采购活动中享有权利和承担义务的各类主体,包括采购人、供应商和采购代理机构等。

第十五条　采购人是指依法进行政府采购的国家机关、事业单位、团体组织。

第十六条　集中采购机构为采购代理机构。设区的市、自治州以上人民政府根据本级政府采购项目组织集中采购的需要设立集中采购机构。

集中采购机构是非营利事业法人，根据采购人的委托办理采购事宜。

第十七条 集中采购机构进行政府采购活动，应当符合采购价格低于市场平均价格、采购效率更高、采购质量优良和服务良好的要求。

第十八条 采购人采购纳入集中采购目录的政府采购项目，必须委托集中采购机构代理采购；采购未纳入集中采购目录的政府采购项目，可以自行采购，也可以委托集中采购机构在委托的范围内代理采购。

纳入集中采购目录属于通用的政府采购项目的，应当委托集中采购机构代理采购；属于本部门、本系统有特殊要求的项目，应当实行部门集中采购；属于本单位有特殊要求的项目，经省级以上人民政府批准，可以自行采购。

第十九条 采购人可以委托集中采购机构以外的采购代理机构，在委托的范围内办理政府采购事宜。

采购人有权自行选择采购代理机构，任何单位和个人不得以任何方式为采购人指定采购代理机构。

第二十条 采购人依法委托采购代理机构办理采购事宜的，应当由采购人与采购代理机构签订委托代理协议，依法确定委托代理的事项，约定双方的权利义务。

第二十一条 供应商是指向采购人提供货物、工程或者服务的法人、其他组织或者自然人。

第二十二条 供应商参加政府采购活动应当具备下列条件：

（一）具有独立承担民事责任的能力；

（二）具有良好的商业信誉和健全的财务会计制度；

（三）具有履行合同所必需的设备和专业技术能力；

（四）有依法缴纳税收和社会保障资金的良好记录；

（五）参加政府采购活动前三年内，在经营活动中没有重大违法记录；

（六）法律、行政法规规定的其他条件。

采购人可以根据采购项目的特殊要求，规定供应商的特定条件，但不得以不合理的条件对供应商实行差别待遇或者歧视待遇。

第二十三条 采购人可以要求参加政府采购的供应商提供有关资质证明文件和业绩情况，并根据本法规定的供应商条件和采购项目对供应商的特定要求，对供应商的资格进行审查。

第二十四条 两个以上的自然人、法人或者其他组织可以组成一个联合体，以一个供应商的身份共同参加政府采购。

以联合体形式进行政府采购的，参加联合体的供应商均应当具备本法第二十二条规定的条件，并应当向采购人提交联合协议，载明联合体各方承担的工作和义务。联合体各方应当共同与采购人签订采购合同，就采购合同约定的事项对采购人承担连带责任。

第二十五条 政府采购当事人不得相互串通损害国家利益、社会公共利益和其他当事人的合法权益；不得以任何手段排斥其他供应商参与竞争。

供应商不得以向采购人、采购代理机构、评标委员会的组成人员、竞争性谈判小组的组成人员、询价小组的组成人员行贿或者采取其他不正当手段谋取中标或者成交。

采购代理机构不得以向采购人行贿或者采取其他不正当手段谋取非法利益。

第三章 政府采购方式

第二十六条 政府采购采用以下方式：

（一）公开招标；

（二）邀请招标；

（三）竞争性谈判；

（四）单一来源采购；

（五）询价；

（六）国务院政府采购监督管理部门认定的其他采购方式。

公开招标应作为政府采购的主要采购方式。

第二十七条 采购人采购货物或者服务应当采用公开招标方式的，其具体数额标准，属于中央预算的政府采购项目，由国务院规定；属于地方预算的政府采购项目，由省、自治区、直辖市人民政府规定；因特殊情况需要采用公开招标以外的采购方式的，应当在采购活动开始前获得设区的市、自治州以上人民政府采购监督管理部门的批准。

第二十八条 采购人不得将应当以公开招标方式采购的货物或者服务化整为零或者以其他任何方式规避公开招标采购。

第二十九条 符合下列情形之一的货物或者服务，可以依照本法采用邀请招标方式采购：

（一）具有特殊性，只能从有限范围的供应商处采购的；

（二）采用公开招标方式的费用占政府采购项目总价值的比例过大的。

第三十条 符合下列情形之一的货物或者服务，可以依照本法采用竞争性谈判方式采购：

（一）招标后没有供应商投标或者没有合格标的或者重新招标未能成立的；

（二）技术复杂或者性质特殊，不能确定详细规格或者具体要求的；

（三）采用招标所需时间不能满足用户紧急需要的；

（四）不能事先计算出价格总额的。

第三十一条 符合下列情形之一的货物或者服务，可以依照本法采用单一来源方式采购：

（一）只能从惟一供应商处采购的；

（二）发生了不可预见的紧急情况不能从其他供应商处采购的；

（三）必须保证原有采购项目一致性或者服务配套的要求，需要继续从原供应商处添购，且添购资金总额不超过原合同采购金额百分之十的。

第三十二条 采购的货物规格、标准统一、现货货源充足且价格变化幅度小的政府采购项目，可以依照本法采用询价方式采购。

第四章 政府采购程序

第三十三条 负有编制部门预算职责的部门在编制下一财政年度部门预算时，应当将该财政年度政府采购的项目及资金预算列出，报本级财政部门汇总。部门预算的审批，按预算管理权限和程序进行。

第三十四条 货物或者服务项目采取邀请招标方式采购的，采购人应当从符合相应资格条件的供应商中，通过随机方式选择三家以上的供应商，并向其发出投标邀请书。

第三十五条 货物和服务项目实行招标方式采购的，自招标文件开始发出之日起至投标人提交投标文件截止之日止，不得少于二十日。

第三十六条 在招标采购中，出现下列情形之一的，应予废标：

（一）符合专业条件的供应商或者对招标文件作实质响应的供应商不足三家的；

（二）出现影响采购公正的违法、违规行为的；

（三）投标人的报价均超过了采购预算，采购人不能支付的；

（四）因重大变故，采购任务取消的。

废标后，采购人应当将废标理由通知所有投标人。

第三十七条 废标后，除采购任务取消情形外，应当重新组织招标；需要采取其他方式采购的，应当在采购活动开始前获得设区的市、自治州以上人民政府采购监督管理部门或者政府有关部门批准。

第三十八条 采用竞争性谈判方式采购的，应当遵循下列程序：

（一）成立谈判小组。谈判小组由采购人的代表和有关专家共三人以上的单数组成，其中专家的人数不得少于成员总数的三分之二。

（二）制定谈判文件。谈判文件应当明确谈判程序、谈判内容、合同草案的条款以及评定成交的标准等事项。

（三）确定邀请参加谈判的供应商名单。谈判小组从符合相应资格条件的供应商名单中确定不少于三家的供应商参加谈判，并向其提供谈判文件。

（四）谈判。谈判小组所有成员集中与单一供应商分别进行谈判。在谈判中，谈判的任何一方不得透露与谈判有关的其他供应商的技术资料、价格和其他信息。谈判文件有实质性变动的，谈判小组应当以书面形式通知所有参加谈判的供应商。

（五）确定成交供应商。谈判结束后，谈判小组应当要求所有参加谈判的供应商在规定时间内进行最后报价，采购人从谈判小组提出的成交候选人中根据符合采购需求、质量和服务相等且报价最低的原则确定成交供应商，并将结果通知所有参加谈判的未成交的供应商。

第三十九条 采取单一来源方式采购的，采购人与供应商应当遵循本法规定的原则，在保证采购项目质量和双方商定合理价格的基础上进行采购。

第四十条 采取询价方式采购的，应当遵循下列程序：

（一）成立询价小组。询价小组由采购人的代表和有关专家共三人以上的单数组成，其中专家的人数不得少于成员总数的三分之二。询价小组应当对采购项目的价格构成和评定成交的标准等事项作出规定。

（二）确定被询价的供应商名单。询价小组根据采购需求，从符合相应资格条件的供应商名单中确定不少于三家的供应商，并向其发出询价通知书让其报价。

（三）询价。询价小组要求被询价的供应商一次报出不得更改的价格。

（四）确定成交供应商。采购人根据符合采购需求、质量和服务相等且报价最低的原则确定成交供应商，并将结果通知所有被询价的未成交的供应商。

第四十一条 采购人或者其委托的采购代理机构应当组织对供应商履约的验收。大型或者复杂的政府采购项目，应当邀请国家认可的质量检测机构参加验收工作。验收方成员应当在验收书上签字，并承担相应的法律责任。

第四十二条 采购人、采购代理机构对政府采购项目每项采购活动的采购文件应当妥善保存，不得伪造、变造、隐匿或者销毁。采购文件的保存期限为从采购结束之日起至少保存十五年。

采购文件包括采购活动记录、采购预算、招标文件、投标文件、评标标准、评估报告、定标文件、合同文本、验收证明、质疑答复、投诉处理决定及其他有关文件、资料。

采购活动记录至少应当包括下列内容：

（一）采购项目类别、名称；

（二）采购项目预算、资金构成和合同价格；

（三）采购方式，采用公开招标以外的采购方式的，应当载明原因；

（四）邀请和选择供应商的条件及原因；

（五）评标标准及确定中标人的原因；

（六）废标的原因；

（七）采用招标以外采购方式的相应记载。

第五章 政府采购合同

第四十三条 政府采购合同适用合同法。采购人和供应商之间的权利和义务,应当按照平等、自愿的原则以合同方式约定。

采购人可以委托采购代理机构代表其与供应商签订政府采购合同。由采购代理机构以采购人名义签订合同的,应当提交采购人的授权委托书,作为合同附件。

第四十四条 政府采购合同应当采用书面形式。

第四十五条 国务院政府采购监督管理部门应当会同国务院有关部门,规定政府采购合同必须具备的条款。

第四十六条 采购人与中标、成交供应商应当在中标、成交通知书发出之日起三十日内,按照采购文件确定的事项签订政府采购合同。

中标、成交通知书对采购人和中标、成交供应商均具有法律效力。中标、成交通知书发出后,采购人改变中标、成交结果的,或者中标、成交供应商放弃中标、成交项目的,应当依法承担法律责任。

第四十七条 政府采购项目的采购合同自签订之日起七个工作日内,采购人应当将合同副本报同级政府采购监督管理部门和有关部门备案。

第四十八条 经采购人同意,中标、成交供应商可以依法采取分包方式履行合同。

政府采购合同分包履行的,中标、成交供应商就采购项目和分包项目向采购人负责,分包供应商就分包项目承担责任。

第四十九条 政府采购合同履行中,采购人需追加与合同标的相同的货物、工程或者服务的,在不改变合同其他条款的前提下,可以与供应商协商签订补充合同,但所有补充合同的采购金额不得超过原合同采购金额的百分之十。

第五十条 政府采购合同的双方当事人不得擅自变更、中止或者终止合同。

政府采购合同继续履行将损害国家利益和社会公共利益的,双方当事人应当变更、中止或者终止合同。有过错的一方应当承担赔偿责任,双方都有过错的,各自承担相应的责任。

第六章 质疑与投诉

第五十一条 供应商对政府采购活动事项有疑问的,可以向采购人提出询问,采购人应当及时作出答复,但答复的内容不得涉及商业秘密。

第五十二条 供应商认为采购文件、采购过程和中标、成交结果使自己的权益受到损害的,可以在知道或者应知其权益受到损害之日起七个工作日内,以书面形式向采购人提出质疑。

第五十三条 采购人应当在收到供应商的书面质疑后七个工作日内作出答复,并以书面形式通知质疑供应商和其他有关供应商,但答复的内容不得涉及商业秘密。

第五十四条 采购人委托采购代理机构采购的,供应商可以向采购代理机构提出询问或者质疑,采购代理机构应当依照本法第五十一条、第五十三条的规定就采购人委托授权范围内的事项作出答复。

第五十五条 质疑供应商对采购人、采购代理机构的答复不满意或者采购人、采购代理机构未在规定的时间内作出答复的,可以在答复期满后十五个工作日内向同级政府采购监督管理部门投诉。

第五十六条 政府采购监督管理部门应当在收到投诉后三十个工作日内,对投诉事项作出处理决定,并以书面形式通知投诉人和与投诉事项有关的当事人。

第五十七条 政府采购监督管理部门在处理投诉事项期间,可以视具体情况书面通知采购人暂停采购活动,但暂停时间最长不得超过三十日。

第五十八条 投诉人对政府采购监督管理部门的投诉处理决定不服或者政府采购监督管理部门逾期未作处理的,可以依法申请行政复议或者向人民法院提起行政诉讼。

第七章 监督检查

第五十九条 政府采购监督管理部门应当加强对政府采购活动及集中采购机构的监督检查。

监督检查的主要内容是:

(一)有关政府采购的法律、行政法规和规章的执行情况;

(二)采购范围、采购方式和采购程序的执行情况;

(三)政府采购人员的职业素质和专业技能。

第六十条 政府采购监督管理部门不得设置集中采购机构,不得参与政府采购项目的采购活动。

采购代理机构与行政机关不得存在隶属关系或者其他利益关系。

第六十一条 集中采购机构应当建立健全内部监督管理制度。采购活动的决策和执行程序应当明确,并相互监督、相互制约。经办采购的人员与负责采购合同审核、验收人员的职责权限应当明确,并相互分离。

第六十二条 集中采购机构的采购人员应当具有相关职业素质和专业技能,符合政府采购监督管理部门规定的专业岗位任职要求。

集中采购机构对其工作人员应当加强教育和培训;对采购人员的专业水平、工作实绩和职业道德状况定期进行考核。采购人员经考核不合格的,不得继续任职。

第六十三条 政府采购项目的采购标准应当公开。

采用本法规定的采购方式的,采购人在采购活动完成后,应当将采购结果予以公布。

第六十四条 采购人必须按照本法规定的采购方式和采购程序进行采购。

任何单位和个人不得违反本法规定，要求采购人或者采购工作人员向其指定的供应商进行采购。

第六十五条 政府采购监督管理部门应当对政府采购项目的采购活动进行检查，政府采购当事人应当如实反映情况，提供有关材料。

第六十六条 政府采购监督管理部门应当对集中采购机构的采购价格、节约资金效果、服务质量、信誉状况、有无违法行为等事项进行考核，并定期如实公布考核结果。

第六十七条 依照法律、行政法规的规定对政府采购负有行政监督职责的政府有关部门，应当按照其职责分工，加强对政府采购活动的监督。

第六十八条 审计机关应当对政府采购进行审计监督。政府采购监督管理部门、政府采购各当事人有关政府采购活动，应当接受审计机关的审计监督。

第六十九条 监察机关应当加强对参与政府采购活动的国家机关、国家公务员和国家行政机关任命的其他人员实施监察。

第七十条 任何单位和个人对政府采购活动中的违法行为，有权控告和检举，有关部门、机关应当依照各自职责及时处理。

第八章 法律责任

第七十一条 采购人、采购代理机构有下列情形之一的，责令限期改正，给予警告，可以并处罚款，对直接负责的主管人员和其他直接责任人员，由其行政主管部门或者有关机关给予处分，并予通报：

（一）应当采用公开招标方式而擅自采用其他方式采购的；

（二）擅自提高采购标准的；

（三）以不合理的条件对供应商实行差别待遇或者歧视待遇的；

（四）在招标采购过程中与投标人进行协商谈判的；

（五）中标、成交通知书发出后不与中标、成交供应商签订采购合同的；

（六）拒绝有关部门依法实施监督检查的。

第七十二条 采购人、采购代理机构及其工作人员有下列情形之一，构成犯罪的，依法追究刑事责任；尚不构成犯罪的，处以罚款，有违法所得的，并处没收违法所得，属于国家机关工作人员的，依法给予行政处分：

（一）与供应商或者采购代理机构恶意串通的；

（二）在采购过程中接受贿赂或者获取其他不正当利益的；

（三）在有关部门依法实施的监督检查中提供虚假情况的；

（四）开标前泄露标底的。

第七十三条 有前两条违法行为之一影响中标、成交结果或者可能影响中标、成交结果的，按下列情况分别处理：

（一）未确定中标、成交供应商的，终止采购活动；

（二）中标、成交供应商已经确定但采购合同尚未履行的，撤销合同，从合格的中标、成交候选人中另行确定中标、成交供应商；

（三）采购合同已经履行的，给采购人、供应商造成损失的，由责任人承担赔偿责任。

第七十四条 采购人对应当实行集中采购的政府采购项目，不委托集中采购机构实行集中采购的，由政府采购监督管理部门责令改正；拒不改正的，停止按预算向其支付资金，由其上级行政主管部门或者有关机关依法给予其直接负责的主管人员和其他直接责任人员处分。

第七十五条 采购人未依法公布政府采购项目的采购标准和采购结果的，责令改正，对直接负责的主管人员依法给予处分。

第七十六条 采购人、采购代理机构违反本法规定隐匿、销毁应当保存的采购文件或者伪造、变造采购文件的，由政府采购监督管理部门处以二万元以上十万元以下的罚款，对其直接负责的主管人员和其他直接责任人员依法给予处分；构成犯罪的，依法追究刑事责任。

第七十七条 供应商有下列情形之一的，处以采购金额千分之五以上千分之十以下的罚款，列入不良行为记录名单，在一至三年内禁止参加政府采购活动，有违法所得的，并处没收违法所得，情节严重的，由工商行政管理机关吊销营业执照；构成犯罪的，依法追究刑事责任：

（一）提供虚假材料谋取中标、成交的；

（二）采取不正当手段诋毁、排挤其他供应商的；

（三）与采购人、其他供应商或者采购代理机构恶意串通的；

（四）向采购人、采购代理机构行贿或者提供其他不正当利益的；

（五）在招标采购过程中与采购人进行协商谈判的；

（六）拒绝有关部门监督检查或者提供虚假情况的。

供应商有前款第（一）至（五）项情形之一的，中标、成交无效。

第七十八条 采购代理机构在代理政府采购业务中有违法行为的，按照有关法律规定处以罚款，可以在一至三年内禁止其代理政府采购业务，构成犯罪的，依法追究刑事责任。

第七十九条 政府采购当事人有本法第七十一条、第七十二条、第七十七条违法行为之一，给他人造成损失的，并应依照有关民事法律规定承担民事责任。

第八十条 政府采购监督管理部门的工作人员在实施监督检查中违反本法规定滥用职权，玩忽职守，徇私舞弊的，依法给予行政处分；构成犯罪的，依法追究刑事责任。

第八十一条　政府采购监督管理部门对供应商的投诉逾期未作处理的，给予直接负责的主管人员和其他直接责任人员行政处分。

第八十二条　政府采购监督管理部门对集中采购机构业绩的考核，有虚假陈述，隐瞒真实情况的，或者不作定期考核和公布考核结果的，应当及时纠正，由其上级机关或者监察机关对其负责人进行通报，并对直接负责的人员依法给予行政处分。

集中采购机构在政府采购监督管理部门考核中，虚报业绩，隐瞒真实情况的，处以二万元以上二十万元以下的罚款，并予以通报；情节严重的，取消其代理采购的资格。

第八十三条　任何单位或者个人阻挠和限制供应商进入本地区或者本行业政府采购市场的，责令限期改正；拒不改正的，由该单位、个人的上级行政主管部门或者有关机关给予单位责任人或者个人处分。

第九章　附　　则

第八十四条　使用国际组织和外国政府贷款进行的政府采购，贷款方、资金提供方与中方达成的协议对采购的具体条件另有规定的，可以适用其规定，但不得损害国家利益和社会公共利益。

第八十五条　对因严重自然灾害和其他不可抗力事件所实施的紧急采购和涉及国家安全和秘密的采购，不适用本法。

第八十六条　军事采购法规由中央军事委员会另行制定。

第八十七条　本法实施的具体步骤和办法由国务院规定。

第八十八条　本法自2003年1月1日起施行。

中华人民共和国政府采购法实施条例

（2014年12月31日国务院第75次常务会议通过　2015年1月30日中华人民共和国国务院令第658号公布　自2015年3月1日起施行）

第一章　总　　则

第一条　根据《中华人民共和国政府采购法》（以下简称政府采购法），制定本条例。

第二条　政府采购法第二条所称财政性资金是指纳入预算管理的资金。

以财政性资金作为还款来源的借贷资金，视同财政性资金。

国家机关、事业单位和团体组织的采购项目既使用财政性资金又使用非财政性资金的，使用财政性资金采购的部分，适用政府采购法及本条例；财政性资金与非财政性资金无法分割采购的，统一适用政府采购法及本条例。

政府采购法第二条所称服务，包括政府自身需要的服务和政府向社会公众提供的公共服务。

第三条　集中采购目录包括集中采购机构采购项目和部门集中采购项目。

技术、服务等标准统一，采购人普遍使用的项目，列为集中采购机构采购项目；采购人本部门、本系统基于业务需要有特殊要求，可以统一采购的项目，列为部门集中采购项目。

第四条　政府采购法所称集中采购，是指采购人将列入集中采购目录的项目委托集中采购机构代理采购或者进行部门集中采购的行为；所称分散采购，是指采购人将采购限额标准以上的未列入集中采购目录的项目自行采购或者委托采购代理机构代理采购的行为。

第五条　省、自治区、直辖市人民政府或者其授权的机构根据实际情况，可以确定分别适用于本行政区域省级、设区的市级、县级的集中采购目录和采购限额标准。

第六条　国务院财政部门应当根据国家的经济和社会发展政策，会同国务院有关部门制定政府采购政策，通过制定采购需求标准、预留采购份额、价格评审优惠、优先采购等措施，实现节约能源、保护环境、扶持不发达地区和少数民族地区、促进中小企业发展等目标。

第七条　政府采购工程以及与工程建设有关的货物、服务，采用招标方式采购的，适用《中华人民共和国招标投标法》及其实施条例；采用其他方式采购的，适用政府采购法及本条例。

前款所称工程，是指建设工程，包括建筑物和构筑物的新建、改建、扩建及其相关的装修、拆除、修缮等；所称与工程建设有关的货物，是指构成工程不可分割的组成部分，且为实现工程基本功能所必需的设备、材料等；所称与工程建设有关的服务，是指为完成工程所需的勘察、设计、监理等服务。

政府采购工程以及与工程建设有关的货物、服务，应当执行政府采购政策。

第八条　政府采购项目信息应当在省级以上人民政府财政部门指定的媒体上发布。采购项目预算金额达到国务院财政部门规定标准的，政府采购项目信息应当在国务院财政部门指定的媒体上发布。

第九条　在政府采购活动中，采购人员及相关人员与供应商有下列利害关系之一的，应当回避：

（一）参加采购活动前3年内与供应商存在劳动关系；

（二）参加采购活动前3年内担任供应商的董事、监事；

（三）参加采购活动前3年内是供应商的控股股东或者实际控制人；

（四）与供应商的法定代表人或者负责人有夫妻、直系血亲、三代以内旁系血亲或者近姻亲关系；

（五）与供应商有其他可能影响政府采购活动公平、公正进行的关系。

供应商认为采购人员及相关人员与其他供应商有利害关系的,可以向采购人或者采购代理机构书面提出回避申请,并说明理由。采购人或者采购代理机构应当及时询问被申请回避人员,有利害关系的被申请回避人员应当回避。

第十条 国家实行统一的政府采购电子交易平台建设标准,推动利用信息网络进行电子化政府采购活动。

第二章 政府采购当事人

第十一条 采购人在政府采购活动中应当维护国家利益和社会公共利益,公正廉洁,诚实守信,执行政府采购政策,建立政府采购内部管理制度,厉行节约,科学合理确定采购需求。

采购人不得向供应商索要或者接受其给予的赠品、回扣或者与采购无关的其他商品、服务。

第十二条 政府采购法所称采购代理机构,是指集中采购机构和集中采购机构以外的采购代理机构。

集中采购机构是设区的市级以上人民政府依法设立的非营利事业法人,是代理集中采购项目的执行机构。集中采购机构应当根据采购人委托制定集中采购项目的实施方案,明确采购规程,组织政府采购活动,不得将集中采购项目转委托。集中采购机构以外的采购代理机构,是从事采购代理业务的社会中介机构。

第十三条 采购代理机构应当建立完善的政府采购内部监督管理制度,具备开展政府采购业务所需的评审条件和设施。

采购代理机构应当提高确定采购需求,编制招标文件、谈判文件、询价通知书,拟订合同文本和优化采购程序的专业化服务水平,根据采购人委托在规定的时间内及时组织采购人与中标或者成交供应商签订政府采购合同,及时协助采购人对采购项目进行验收。

第十四条 采购代理机构不得以不正当手段获取政府采购代理业务,不得与采购人、供应商恶意串通操纵政府采购活动。

采购代理机构工作人员不得接受采购人或者供应商组织的宴请、旅游、娱乐,不得收受礼品、现金、有价证券等,不得向采购人或者供应商报销应当由个人承担的费用。

第十五条 采购人、采购代理机构应当根据政府采购政策、采购预算、采购需求编制采购文件。

采购需求应当符合法律法规以及政府采购政策规定的技术、服务、安全等要求。政府向社会公众提供的公共服务项目,应当就确定采购需求征求社会公众的意见。除因技术复杂或者性质特殊,不能确定详细规格或者具体要求外,采购需求应当完整、明确。必要时,应当就确定采购需求征求相关供应商、专家的意见。

第十六条 政府采购法第二十条规定的委托代理协议,应当明确代理采购的范围、权限和期限等具体事项。

采购人和采购代理机构应当按照委托代理协议履行各自义务,采购代理机构不得超越代理权限。

第十七条 参加政府采购活动的供应商应当具备政府采购法第二十二条第一款规定的条件,提供下列材料:

(一)法人或者其他组织的营业执照等证明文件,自然人的身份证明;

(二)财务状况报告,依法缴纳税收和社会保障资金的相关材料;

(三)具备履行合同所必需的设备和专业技术能力的证明材料;

(四)参加政府采购活动前3年内在经营活动中没有重大违法记录的书面声明;

(五)具备法律、行政法规规定的其他条件的证明材料。

采购项目有特殊要求的,供应商还应当提供其符合特殊要求的证明材料或者情况说明。

第十八条 单位负责人为同一人或者存在直接控股、管理关系的不同供应商,不得参加同一合同项下的政府采购活动。

除单一来源采购项目外,为采购项目提供整体设计、规范编制或者项目管理、监理、检测等服务的供应商,不得再参加该采购项目的其他采购活动。

第十九条 政府采购法第二十二条第一款第五项所称重大违法记录,是指供应商因违法经营受到刑事处罚或者责令停产停业、吊销许可证或者执照、较大数额罚款等行政处罚。

供应商在参加政府采购活动前3年内因违法经营被禁止在一定期限内参加政府采购活动,期限届满的,可以参加政府采购活动。

第二十条 采购人或者采购代理机构有下列情形之一的,属于以不合理的条件对供应商实行差别待遇或者歧视待遇:

(一)就同一采购项目向供应商提供有差别的项目信息;

(二)设定的资格、技术、商务条件与采购项目的具体特点和实际需要不相适应或者与合同履行无关;

(三)采购需求中的技术、服务等要求指向特定供应商、特定产品;

(四)以特定行政区域或者特定行业的业绩、奖项作为加分条件或者中标、成交条件;

(五)对供应商采取不同的资格审查或者评审标准;

(六)限定或者指定特定的专利、商标、品牌或者供应商;

(七)非法限定供应商的所有制形式、组织形式或者所在地;

(八)以其他不合理条件限制或者排斥潜在供应商。

第二十一条 采购人或者采购代理机构对供应商进行资格预审的,资格预审公告应当在省级以上人民政府财政部门指定的媒体上发布。已进行资格预审的,评审阶段可以不再对供应商资格进行审查。资格预审合格的供应商在评审阶段资格发生变化的,应当通知采购人和采购代理机构。

资格预审公告应当包括采购人和采购项目名称、采购需求、对供应商的资格要求以及供应商提交资格预审申请文件的时间和地点。提交资格预审申请文件的时间自公告发布之日起不得少于5个工作日。

第二十二条 联合体中有同类资质的供应商按照联合体分工承担相同工作的,应当按照资质等级较低的供应商确定资质等级。

以联合体形式参加政府采购活动的,联合体各方不得再单独参加或者与其他供应商另外组成联合体参加同一合同项下的政府采购活动。

第三章 政府采购方式

第二十三条 采购人采购公开招标数额标准以上的货物或者服务,符合政府采购法第二十九条、第三十条、第三十一条、第三十二条规定情形或者有需要执行政府采购政策等特殊情况的,经设区的市级以上人民政府财政部门批准,可以依法采用公开招标以外的采购方式。

第二十四条 列入集中采购目录的项目,适合实行批量集中采购的,应当实行批量集中采购,但紧急的小额零星货物项目和有特殊要求的服务、工程项目除外。

第二十五条 政府采购工程依法不进行招标的,应当依照政府采购法和本条例规定的竞争性谈判或者单一来源采购方式采购。

第二十六条 政府采购法第三十条第三项规定的情形,应当是采购人不可预见的或者非因采购人拖延导致的;第四项规定的情形,是指因采购艺术品或者因专利、专有技术或者因服务的时间、数量事先不能确定等导致不能事先计算出价格总额。

第二十七条 政府采购法第三十一条第一项规定的情形,是指因货物或者服务使用不可替代的专利、专有技术,或者公共服务项目具有特殊要求,导致只能从某一特定供应商处采购。

第二十八条 在一个财政年度内,采购人将一个预算项目下的同一品目或者类别的货物、服务采用公开招标以外的方式多次采购,累计资金数额超过公开招标数额标准的,属于以化整为零方式规避公开招标,但项目预算调整或者经批准采用公开招标以外方式采购除外。

第四章 政府采购程序

第二十九条 采购人应当根据集中采购目录、采购限额标准和已批复的部门预算编制政府采购实施计划,报本级人民政府财政部门备案。

第三十条 采购人或者采购代理机构应当在招标文件、谈判文件、询价通知书中公开采购项目预算金额。

第三十一条 招标文件的提供期限自招标文件开始发出之日起不得少于5个工作日。

采购人或者采购代理机构可以对已发出的招标文件进行必要的澄清或者修改。澄清或者修改的内容可能影响投标文件编制的,采购人或者采购代理机构应当在投标截止时间至少15日前,以书面形式通知所有获取招标文件的潜在投标人;不足15日的,采购人或者采购代理机构应当顺延提交投标文件的截止时间。

第三十二条 采购人或者采购代理机构应当按照国务院财政部门制定的招标文件标准文本编制招标文件。

招标文件应当包括采购项目的商务条件、采购需求、投标人的资格条件、投标报价要求、评标方法、评标标准以及拟签订的合同文本等。

第三十三条 招标文件要求投标人提交投标保证金的,投标保证金不得超过采购项目预算金额的2%。投标保证金应当以支票、汇票、本票或者金融机构、担保机构出具的保函等非现金形式提交。投标人未按照招标文件要求提交投标保证金的,投标无效。

采购人或者采购代理机构应当自中标通知书发出之日起5个工作日内退还未中标供应商的投标保证金,自政府采购合同签订之日起5个工作日内退还中标供应商的投标保证金。

竞争性谈判或者询价采购中要求参加谈判或者询价的供应商提交保证金的,参照前两款的规定执行。

第三十四条 政府采购招标评标方法分为最低评标价法和综合评分法。

最低评标价法,是指投标文件满足招标文件全部实质性要求且投标报价最低的供应商为中标候选人的评标方法。综合评分法,是指投标文件满足招标文件全部实质性要求且按照评审因素的量化指标评审得分最高的供应商为中标候选人的评标方法。

技术、服务等标准统一的货物和服务项目,应当采用最低评标价法。

采用综合评分法的,评审标准中的分值设置应当与评审因素的量化指标相对应。

招标文件中没有规定的评标标准不得作为评审的依据。

第三十五条 谈判文件不能完整、明确列明采购需求,需要由供应商提供最终设计方案或者解决方案的,在谈判结束后,谈判小组应当按照少数服从多数的原则投票推荐3家以上供应商的设计方案或者解决方案,并要求其在规定时间内提交最后报价。

第三十六条 询价通知书应当根据采购需求确定政府采购合同条款。在询价过程中,询价小组不得改变询价通知书所确定的政府采购合同条款。

第三十七条 政府采购法第三十八条第五项、第四十条第四项所称质量和服务相等,是指供应商提供的产品质量和服务均能满足采购文件规定的实质性要求。

第三十八条 达到公开招标数额标准,符合政府采购法第三十一条第一项规定情形,只能从唯一供应商处采购的,采购人应当将采购项目信息和唯一供应商名称在省级以上人民政府财政部门指定的媒体上公示,公示期不得少于 5 个工作日。

第三十九条 除国务院财政部门规定的情形外,采购人或者采购代理机构应当从政府采购评审专家库中随机抽取评审专家。

第四十条 政府采购评审专家应当遵守评审工作纪律,不得泄露评审文件、评审情况和评审中获悉的商业秘密。

评标委员会、竞争性谈判小组或者询价小组在评审过程中发现供应商有行贿、提供虚假材料或者串通等违法行为的,应当及时向财政部门报告。

政府采购评审专家在评审过程中受到非法干预的,应当及时向财政、监察等部门举报。

第四十一条 评标委员会、竞争性谈判小组或者询价小组成员应当按照客观、公正、审慎的原则,根据采购文件规定的评审程序、评审方法和评审标准进行独立评审。采购文件内容违反国家有关强制性规定的,评标委员会、竞争性谈判小组或者询价小组应当停止评审并向采购人或者采购代理机构说明情况。

评标委员会、竞争性谈判小组或者询价小组成员应当在评审报告上签字,对自己的评审意见承担法律责任。对评审报告有异议的,应当在评审报告上签署不同意见,并说明理由,否则视为同意评审报告。

第四十二条 采购人、采购代理机构不得向评标委员会、竞争性谈判小组或者询价小组的评审专家作倾向性、误导性的解释或者说明。

第四十三条 采购代理机构应当自评审结束之日起 2 个工作日内将评审报告送交采购人。采购人应当自收到评审报告之日起 5 个工作日内在评审报告推荐的中标或者成交候选人中按顺序确定中标或者成交供应商。

采购人或者采购代理机构应当自中标、成交供应商确定之日起 2 个工作日内,发出中标、成交通知书,并在省级以上人民政府财政部门指定的媒体上公告中标、成交结果,招标文件、竞争性谈判文件、询价通知书随中标、成交结果同时公告。

中标、成交结果公告内容应当包括采购人和采购代理机构的名称、地址、联系方式,项目名称和项目编号,中标或者成交供应商名称、地址和中标或者成交金额,主要中标或者成交标的的名称、规格型号、数量、单价、服务要求以及评审专家名单。

第四十四条 除国务院财政部门规定的情形外,采购人、采购代理机构不得以任何理由组织重新评审。采购人、采购代理机构按照国务院财政部门的规定组织重新评审的,应当书面报告本级人民政府财政部门。

采购人或者采购代理机构不得通过对样品进行检测、对供应商进行考察等方式改变评审结果。

第四十五条 采购人或者采购代理机构应当按照政府采购合同规定的技术、服务、安全标准组织对供应商履约情况进行验收,并出具验收书。验收书应当包括每一项技术、服务、安全标准的履约情况。

政府向社会公众提供的公共服务项目,验收时应当邀请服务对象参与并出具意见,验收结果应当向社会公告。

第四十六条 政府采购法第四十二条规定的采购文件,可以用电子档案方式保存。

第五章 政府采购合同

第四十七条 国务院财政部门应当会同国务院有关部门制定政府采购合同标准文本。

第四十八条 采购文件要求中标或者成交供应商提交履约保证金的,供应商应当以支票、汇票、本票或者金融机构、担保机构出具的保函等非现金形式提交。履约保证金的数额不得超过政府采购合同金额的 10%。

第四十九条 中标或者成交供应商拒绝与采购人签订合同的,采购人可以按照评审报告推荐的中标或者成交候选人名单排序,确定下一候选人为中标或者成交供应商,也可以重新开展政府采购活动。

第五十条 采购人应当自政府采购合同签订之日起 2 个工作日内,将政府采购合同在省级以上人民政府财政部门指定的媒体上公告,但政府采购合同中涉及国家秘密、商业秘密的内容除外。

第五十一条 采购人应当按照政府采购合同规定,及时向中标或者成交供应商支付采购资金。

政府采购项目资金支付程序,按照国家有关财政资金支付管理的规定执行。

第六章 质疑与投诉

第五十二条 采购人或者采购代理机构应当在 3 个工作日内对供应商依法提出的询问作出答复。

供应商提出的询问或者质疑超出采购人对采购代理机构委托授权范围的,采购代理机构应当告知供应商向采购人提出。

政府采购评审专家应当配合采购人或者采购代理机构答

复供应商的询问和质疑。

第五十三条 政府采购法第五十二条规定的供应商应知其权益受到损害之日，是指：

（一）对可以质疑的采购文件提出质疑的，为收到采购文件之日或者采购文件公告期限届满之日；

（二）对采购过程提出质疑的，为各采购程序环节结束之日；

（三）对中标或者成交结果提出质疑的，为中标或者成交结果公告期限届满之日。

第五十四条 询问或者质疑事项可能影响中标、成交结果的，采购人应当暂停签订合同，已经签订合同的，应当中止履行合同。

第五十五条 供应商质疑、投诉应当有明确的请求和必要的证明材料。供应商投诉的事项不得超出已质疑事项的范围。

第五十六条 财政部门处理投诉事项采用书面审查的方式，必要时可以进行调查取证或者组织质证。

对财政部门依法进行的调查取证，投诉人和与投诉事项有关的当事人应当如实反映情况，并提供相关材料。

第五十七条 投诉人捏造事实、提供虚假材料或者以非法手段取得证明材料进行投诉的，财政部门应当予以驳回。

财政部门受理投诉后，投诉人书面申请撤回投诉的，财政部门应当终止投诉处理程序。

第五十八条 财政部门处理投诉事项，需要检验、检测、鉴定、专家评审以及需要投诉人补正材料的，所需时间不计算在投诉处理期限内。

财政部门对投诉事项作出的处理决定，应当在省级以上人民政府财政部门指定的媒体上公告。

第七章 监督检查

第五十九条 政府采购法第六十三条所称政府采购项目的采购标准，是指项目采购所依据的经费预算标准、资产配置标准和技术、服务标准等。

第六十条 除政府采购法第六十六条规定的考核事项外，财政部门对集中采购机构的考核事项还包括：

（一）政府采购政策的执行情况；

（二）采购文件编制水平；

（三）采购方式和采购程序的执行情况；

（四）询问、质疑答复情况；

（五）内部监督管理制度建设及执行情况；

（六）省级以上人民政府财政部门规定的其他事项。

财政部门应当制定考核计划，定期对集中采购机构进行考核，考核结果有重要情况的，应当向本级人民政府报告。

第六十一条 采购人发现采购代理机构有违法行为的，应当要求其改正。采购代理机构拒不改正的，采购人应当向本级人民政府财政部门报告，财政部门应当依法处理。

采购代理机构发现采购人的采购需求存在以不合理条件对供应商实行差别待遇、歧视待遇或者其他不符合法律、法规和政府采购政策规定内容，或者发现采购人有其他违法行为的，应当建议其改正。采购人拒不改正的，采购代理机构应当向采购人的本级人民政府财政部门报告，财政部门应当依法处理。

第六十二条 省级以上人民政府财政部门应当对政府采购评审专家库实行动态管理，具体管理办法由国务院财政部门制定。

采购人或者采购代理机构应当对评审专家在政府采购活动中的职责履行情况予以记录，并及时向财政部门报告。

第六十三条 各级人民政府财政部门和其他有关部门应当加强对参加政府采购活动的供应商、采购代理机构、评审专家的监督管理，对其不良行为予以记录，并纳入统一的信用信息平台。

第六十四条 各级人民政府财政部门对政府采购活动进行监督检查，有权查阅、复制有关文件、资料，相关单位和人员应当予以配合。

第六十五条 审计机关、监察机关以及其他有关部门依法对政府采购活动实施监督，发现采购当事人有违法行为的，应当及时通报财政部门。

第八章 法律责任

第六十六条 政府采购法第七十一条规定的罚款，数额为10万元以下。

政府采购法第七十二条规定的罚款，数额为5万元以上25万元以下。

第六十七条 采购人有下列情形之一的，由财政部门责令限期改正，给予警告，对直接负责的主管人员和其他直接责任人员依法给予处分，并予以通报：

（一）未按照规定编制政府采购实施计划或者未按照规定将政府采购实施计划报本级人民政府财政部门备案；

（二）将应当进行公开招标的项目化整为零或者以其他任何方式规避公开招标；

（三）未按照规定在评标委员会、竞争性谈判小组或者询价小组推荐的中标或者成交候选人中确定中标或者成交供应商；

（四）未按照采购文件确定的事项签订政府采购合同；

（五）政府采购合同履行中追加与合同标的相同的货物、工程或者服务的采购金额超过原合同采购金额10%；

（六）擅自变更、中止或者终止政府采购合同；

（七）未按照规定公告政府采购合同；

（八）未按照规定时间将政府采购合同副本报本级人民政府财政部门和有关部门备案。

第六十八条 采购人、采购代理机构有下列情形之一的，依照政府采购法第七十一条、第七十八条的规定追究法律责任：

（一）未依照政府采购法和本条例规定的方式实施采购；

（二）未依法在指定的媒体上发布政府采购项目信息；

（三）未按照规定执行政府采购政策；

（四）违反本条例第十五条的规定导致无法组织对供应商履约情况进行验收或者国家财产遭受损失；

（五）未依法从政府采购评审专家库中抽取评审专家；

（六）非法干预采购评审活动；

（七）采用综合评分法时评审标准中的分值设置未与评审因素的量化指标相对应；

（八）对供应商的询问、质疑逾期未作处理；

（九）通过对样品进行检测、对供应商进行考察等方式改变评审结果；

（十）未按照规定组织对供应商履约情况进行验收。

第六十九条 集中采购机构有下列情形之一的，由财政部门责令限期改正，给予警告，有违法所得的，并处没收违法所得，对直接负责的主管人员和其他直接责任人员依法给予处分，并予以通报：

（一）内部监督管理制度不健全，对依法应当分设、分离的岗位、人员未分设、分离；

（二）将集中采购项目委托其他采购代理机构采购；

（三）从事营利活动。

第七十条 采购人员与供应商有利害关系而不依法回避的，由财政部门给予警告，并处2000元以上2万元以下的罚款。

第七十一条 有政府采购法第七十一条、第七十二条规定的违法行为之一，影响或者可能影响中标、成交结果的，依照下列规定处理：

（一）未确定中标或者成交供应商的，终止本次政府采购活动，重新开展政府采购活动。

（二）已确定中标或者成交供应商但尚未签订政府采购合同的，中标或者成交结果无效，从合格的中标或者成交候选人中另行确定中标或者成交供应商；没有合格的中标或者成交候选人的，重新开展政府采购活动。

（三）政府采购合同已签订但尚未履行的，撤销合同，从合格的中标或者成交候选人中另行确定中标或者成交供应商；没有合格的中标或者成交候选人的，重新开展政府采购活动。

（四）政府采购合同已经履行，给采购人、供应商造成损失的，由责任人承担赔偿责任。

政府采购当事人有其他违反政府采购法或者本条例规定的行为，经改正后仍然影响或者可能影响中标、成交结果或者依法被认定为中标、成交无效的，依照前款规定处理。

第七十二条 供应商有下列情形之一的，依照政府采购法第七十七条第一款的规定追究法律责任：

（一）向评标委员会、竞争性谈判小组或者询价小组成员行贿或者提供其他不正当利益；

（二）中标或者成交后无正当理由拒不与采购人签订政府采购合同；

（三）未按照采购文件确定的事项签订政府采购合同；

（四）将政府采购合同转包；

（五）提供假冒伪劣产品；

（六）擅自变更、中止或者终止政府采购合同。

供应商有前款第一项规定情形的，中标、成交无效。评审阶段资格发生变化，供应商未依照本条例第二十一条的规定通知采购人和采购代理机构的，处以采购金额5‰的罚款，列入不良行为记录名单，中标、成交无效。

第七十三条 供应商捏造事实、提供虚假材料或者以非法手段取得证明材料进行投诉的，由财政部门列入不良行为记录名单，禁止其1至3年内参加政府采购活动。

第七十四条 有下列情形之一的，属于恶意串通，对供应商依照政府采购法第七十七条第一款的规定追究法律责任，对采购人、采购代理机构及其工作人员依照政府采购法第七十二条的规定追究法律责任：

（一）供应商直接或者间接从采购人或者采购代理机构处获得其他供应商的相关情况并修改其投标文件或者响应文件；

（二）供应商按照采购人或者采购代理机构的授意撤换、修改投标文件或者响应文件；

（三）供应商之间协商报价、技术方案等投标文件或者响应文件的实质性内容；

（四）属于同一集团、协会、商会等组织成员的供应商按照该组织要求协同参加政府采购活动；

（五）供应商之间事先约定由某一特定供应商中标、成交；

（六）供应商之间商定部分供应商放弃参加政府采购活动或者放弃中标、成交；

（七）供应商与采购人或者采购代理机构之间、供应商相互之间，为谋求特定供应商中标、成交或者排斥其他供应商的其他串通行为。

第七十五条 政府采购评审专家未按照采购文件规定的评审程序、评审方法和评审标准进行独立评审或者泄露评审文件、评审情况的，由财政部门给予警告，并处2000元以上2万元以下的罚款；影响中标、成交结果的，处2万元以上5万元以下的罚款，禁止其参加政府采购评审活动。

政府采购评审专家与供应商存在利害关系未回避的，处2万元以上5万元以下的罚款，禁止其参加政府采购评审活动。

政府采购评审专家收受采购人、采购代理机构、供应商贿赂或者获取其他不正当利益，构成犯罪的，依法追究刑事责任；尚不构成犯罪的，处2万元以上5万元以下的罚款，禁止其参加政府采购评审活动。

政府采购评审专家有上述违法行为的，其评审意见无效，不得获取评审费；有违法所得的，没收违法所得；给他人造成损失的，依法承担民事责任。

第七十六条　政府采购当事人违反政府采购法和本条例规定，给他人造成损失的，依法承担民事责任。

第七十七条　财政部门在履行政府采购监督管理职责中违反政府采购法和本条例规定，滥用职权、玩忽职守、徇私舞弊的，对直接负责的主管人员和其他直接责任人员依法给予处分；直接负责的主管人员和其他直接责任人员构成犯罪的，依法追究刑事责任。

第九章　附　　则

第七十八条　财政管理实行省直接管理的县级人民政府可以根据需要并报经省级人民政府批准，行使政府采购法和本条例规定的设区的市级人民政府批准变更采购方式的职权。

第七十九条　本条例自2015年3月1日起施行。

政府采购货物和服务招标投标管理办法

（2017年7月11日财政部令第87号公布　自2017年10月1日起施行）

第一章　总　　则

第一条　为了规范政府采购当事人的采购行为，加强对政府采购货物和服务招标投标活动的监督管理，维护国家利益、社会公共利益和政府采购招标投标活动当事人的合法权益，依据《中华人民共和国政府采购法》（以下简称政府采购法）、《中华人民共和国政府采购法实施条例》（以下简称政府采购法实施条例）和其他有关法律法规规定，制定本办法。

第二条　本办法适用于在中华人民共和国境内开展政府采购货物和服务（以下简称货物服务）招标投标活动。

第三条　货物服务招标分为公开招标和邀请招标。

公开招标，是指采购人依法以招标公告的方式邀请非特定的供应商参加投标的采购方式。

邀请招标，是指采购人依法从符合相应资格条件的供应商中随机抽取3家以上供应商，并以投标邀请书的方式邀请其参加投标的采购方式。

第四条　属于地方预算的政府采购项目，省、自治区、直辖市人民政府根据实际情况，可以确定分别适用于本行政区域省级、设区的市级、县级公开招标数额标准。

第五条　采购人应当在货物服务招标投标活动中落实节约能源、保护环境、扶持不发达地区和少数民族地区、促进中小企业发展等政府采购政策。

第六条　采购人应当按照行政事业单位内部控制规范要求，建立健全本单位政府采购内部控制制度，在编制政府采购预算和实施计划、确定采购需求、组织采购活动、履约验收、答复询问质疑、配合投诉处理及监督检查等重点环节加强内部控制管理。

采购人不得向供应商索要或者接受其给予的赠品、回扣或者与采购无关的其他商品、服务。

第七条　采购人应当按照财政部制定的《政府采购品目分类目录》确定采购项目属性。按照《政府采购品目分类目录》无法确定的，按照有利于采购项目实施的原则确定。

第八条　采购人委托采购代理机构代理招标的，采购代理机构应当在采购人委托的范围内依法开展采购活动。

采购代理机构及其分支机构不得在所代理的采购项目中投标或者代理投标，不得为所代理的采购项目的投标人参加本项目提供投标咨询。

第二章　招　　标

第九条　未纳入集中采购目录的政府采购项目，采购人可以自行招标，也可以委托采购代理机构在委托的范围内代理招标。

采购人自行组织开展招标活动的，应当符合下列条件：

（一）有编制招标文件、组织招标的能力和条件；

（二）有与采购项目专业性相适应的专业人员。

第十条　采购人应当对采购标的的市场技术或者服务水平、供应、价格等情况进行市场调查，根据调查情况、资产配置标准等科学、合理地确定采购需求，进行价格测算。

第十一条　采购需求应当完整、明确，包括以下内容：

（一）采购标的需实现的功能或者目标，以及为落实政府采购政策需满足的要求；

（二）采购标的需执行的国家相关标准、行业标准、地方标准或者其他标准、规范；

（三）采购标的需满足的质量、安全、技术规格、物理特性等要求；

（四）采购标的的数量、采购项目交付或者实施的时间和地点；

（五）采购标的需满足的服务标准、期限、效率等要求；

（六）采购标的的验收标准；

（七）采购标的的其他技术、服务等要求。

第十二条　采购人根据价格测算情况，可以在采购预算额度内合理设定最高限价，但不得设定最低限价。

第十三条　公开招标公告应当包括以下主要内容：

（一）采购人及其委托的采购代理机构的名称、地址和联系方法；

（二）采购项目的名称、预算金额，设定最高限价的，还应当公开最高限价；

（三）采购人的采购需求；

（四）投标人的资格要求；

（五）获取招标文件的时间期限、地点、方式及招标文件售价；

（六）公告期限；

（七）投标截止时间、开标时间及地点；

（八）采购项目联系人姓名和电话。

第十四条 采用邀请招标方式的，采购人或者采购代理机构应当通过以下方式产生符合资格条件的供应商名单，并从中随机抽取3家以上供应商向其发出投标邀请书：

（一）发布资格预审公告征集；

（二）从省级以上人民政府财政部门（以下简称财政部门）建立的供应商库中选取；

（三）采购人书面推荐。

采用前款第一项方式产生符合资格条件供应商名单的，采购人或者采购代理机构应当按照资格预审文件载明的标准和方法，对潜在投标人进行资格预审。

采用第一款第二项或者第三项方式产生符合资格条件供应商名单的，备选的符合资格条件供应商总数不得少于拟随机抽取供应商总数的两倍。

随机抽取是指通过抽签等能够保证所有符合资格条件供应商机会均等的方式选定供应商。随机抽取供应商时，应当有不少于两名采购人工作人员在场监督，并形成书面记录，随采购文件一并存档。

投标邀请书应当同时向所有受邀请的供应商发出。

第十五条 资格预审公告应当包括以下主要内容：

（一）本办法第十三条第一至四项、第六项和第八项内容；

（二）获取资格预审文件的时间期限、地点、方式；

（三）提交资格预审申请文件的截止时间、地点及资格预审日期。

第十六条 招标公告、资格预审公告的公告期限为5个工作日。公告内容应当以省级以上财政部门指定媒体发布的公告为准。公告期限自省级以上财政部门指定媒体最先发布公告之日起算。

第十七条 采购人、采购代理机构不得将投标人的注册资本、资产总额、营业收入、从业人员、利润、纳税额等规模条件作为资格要求或者评审因素，也不得通过将除进口货物以外的生产厂家授权、承诺、证明、背书等作为资格要求，对投标人实行差别待遇或者歧视待遇。

第十八条 采购人或者采购代理机构应当按照招标公告、资格预审公告或者投标邀请书规定的时间、地点提供招标文件或者资格预审文件，提供期限自招标公告、资格预审公告发布之日起计算不得少于5个工作日。提供期限届满后，获取招标文件或者资格预审文件的潜在投标人不足3家的，可以顺延提供期限，并予公告。

公开招标进行资格预审的，招标公告和资格预审公告可以合并发布，招标文件应当向所有通过资格预审的供应商提供。

第十九条 采购人或者采购代理机构应当根据采购项目的实施要求，在招标公告、资格预审公告或者投标邀请书中载明是否接受联合体投标。如未载明，不得拒绝联合体投标。

第二十条 采购人或者采购代理机构应当根据采购项目的特点和采购需求编制招标文件。招标文件应当包括以下主要内容：

（一）投标邀请；

（二）投标人须知（包括投标文件的密封、签署、盖章要求等）；

（三）投标人应当提交的资格、资信证明文件；

（四）为落实政府采购政策，采购标的需满足的要求，以及投标人须提供的证明材料；

（五）投标文件编制要求、投标报价要求和投标保证金交纳、退还方式以及不予退还投标保证金的情形；

（六）采购项目预算金额，设定最高限价的，还应当公开最高限价；

（七）采购项目的技术规格、数量、服务标准、验收等要求，包括附件、图纸等；

（八）拟签订的合同文本；

（九）货物、服务提供的时间、地点、方式；

（十）采购资金的支付方式、时间、条件；

（十一）评标方法、评标标准和投标无效情形；

（十二）投标有效期；

（十三）投标截止时间、开标时间及地点；

（十四）采购代理机构代理费用的收取标准和方式；

（十五）投标人信用信息查询渠道及截止时点、信用信息查询记录和证据留存的具体方式、信用信息的使用规则等；

（十六）省级以上财政部门规定的其他事项。

对于不允许偏离的实质性要求和条件，采购人或者采购代理机构应当在招标文件中规定，并以醒目的方式标明。

第二十一条 采购人或者采购代理机构应当根据采购项目的特点和采购需求编制资格预审文件。资格预审文件应当包括以下主要内容：

（一）资格预审邀请；

（二）申请人须知；

（三）申请人的资格要求；

（四）资格审核标准和方法；

（五）申请人应当提供的资格预审申请文件的内容和格式；

（六）提交资格预审申请文件的方式、截止时间、地点及资格审核日期；

（七）申请人信用信息查询渠道及截止时点、信用信息查询记录和证据留存的具体方式、信用信息的使用规则等内容；

（八）省级以上财政部门规定的其他事项。

资格预审文件应当免费提供。

第二十二条　采购人、采购代理机构一般不得要求投标人提供样品，仅凭书面方式不能准确描述采购需求或者需要对样品进行主观判断以确认是否满足采购需求等特殊情况除外。

要求投标人提供样品的，应当在招标文件中明确规定样品制作的标准和要求、是否需要随样品提交相关检测报告、样品的评审方法以及评审标准。需要随样品提交检测报告的，还应当规定检测机构的要求、检测内容等。

采购活动结束后，对于未中标人提供的样品，应当及时退还或者经未中标人同意后自行处理；对于中标人提供的样品，应当按照招标文件的规定进行保管、封存，并作为履约验收的参考。

第二十三条　投标有效期从提交投标文件的截止之日起算。投标文件中承诺的投标有效期应当不少于招标文件中载明的投标有效期。投标有效期内投标人撤销投标文件的，采购人或者采购代理机构可以不退还投标保证金。

第二十四条　招标文件售价应当按照弥补制作、邮寄成本的原则确定，不得以营利为目的，不得以招标采购金额作为确定招标文件售价的依据。

第二十五条　招标文件、资格预审文件的内容不得违反法律、行政法规、强制性标准、政府采购政策，或者违反公开透明、公平竞争、公正和诚实信用原则。

有前款规定情形，影响潜在投标人投标或者资格预审结果的，采购人或者采购代理机构应当修改招标文件或者资格预审文件后重新招标。

第二十六条　采购人或者采购代理机构可以在招标文件提供期限截止后，组织已获取招标文件的潜在投标人现场考察或者召开开标前答疑会。

组织现场考察或者召开答疑会的，应当在招标文件中载明，或者在招标文件提供期限截止后以书面形式通知所有获取招标文件的潜在投标人。

第二十七条　采购人或者采购代理机构可以对已发出的招标文件、资格预审文件、投标邀请书进行必要的澄清或者修改，但不得改变采购标的和资格条件。澄清或者修改应当在原公告发布媒体上发布澄清公告。澄清或者修改的内容为招标文件、资格预审文件、投标邀请书的组成部分。

澄清或者修改的内容可能影响投标文件编制的，采购人或者采购代理机构应当在投标截止时间至少15日前，以书面形式通知所有获取招标文件的潜在投标人；不足15日的，采购人或者采购代理机构应当顺延提交投标文件的截止时间。

澄清或者修改的内容可能影响资格预审申请文件编制的，采购人或者采购代理机构应当在提交资格预审申请文件截止时间至少3日前，以书面形式通知所有获取资格预审文件的潜在投标人；不足3日的，采购人或者采购代理机构应当顺延提交资格预审申请文件的截止时间。

第二十八条　投标截止时间前，采购人、采购代理机构和有关人员不得向他人透露已获取招标文件的潜在投标人的名称、数量以及可能影响公平竞争的有关招标投标的其他情况。

第二十九条　采购人、采购代理机构在发布招标公告、资格预审公告或者发出投标邀请书后，除因重大变故采购任务取消情况外，不得擅自终止招标活动。

终止招标的，采购人或者采购代理机构应当及时在原公告发布媒体上发布终止公告，以书面形式通知已经获取招标文件、资格预审文件或者被邀请的潜在投标人，并将项目实施情况和采购任务取消原因报告本级财政部门。已经收取招标文件费用或者投标保证金的，采购人或者采购代理机构应当在终止采购活动后5个工作日内，退还所收取的招标文件费用和所收取的投标保证金及其在银行产生的孳息。

第三章　投　　标

第三十条　投标人，是指响应招标、参加投标竞争的法人、其他组织或者自然人。

第三十一条　采用最低评标价法的采购项目，提供相同品牌产品的不同投标人参加同一合同项下投标的，以其中通过资格审查、符合性审查且报价最低的参加评标；报价相同的，由采购人或者采购人委托评标委员会按照招标文件规定的方式确定一个参加评标的投标人，招标文件未规定的采取随机抽取方式确定，其他投标无效。

使用综合评分法的采购项目，提供相同品牌产品且通过资格审查、符合性审查的不同投标人参加同一合同项下投标的，按一家投标人计算，评审后得分最高的同品牌投标人获得中标人推荐资格；评审得分相同的，由采购人或者采购人委托评标委员会按照招标文件规定的方式确定一个投标人获得中标人推荐资格，招标文件未规定的采取随机抽取方式确定，其他同品牌投标人不作为中标候选人。

非单一产品采购项目，采购人应当根据采购项目技术构成、产品价格比重等合理确定核心产品，并在招标文件中载明。多家投标人提供的核心产品品牌相同的，按前两款规定处理。

第三十二条　投标人应当按照招标文件的要求编制投标文件。投标文件应当对招标文件提出的要求和条件作出明确响应。

第三十三条　投标人应当在招标文件要求提交投标文件

的截止时间前,将投标文件密封送达投标地点。采购人或者采购代理机构收到投标文件后,应当如实记载投标文件的送达时间和密封情况,签收保存,并向投标人出具签收回执。任何单位和个人不得在开标前开启投标文件。

逾期送达或者未按照招标文件要求密封的投标文件,采购人、采购代理机构应当拒收。

第三十四条 投标人在投标截止时间前,可以对所递交的投标文件进行补充、修改或者撤回,并书面通知采购人或者采购代理机构。补充、修改的内容应当按照招标文件要求签署、盖章、密封后,作为投标文件的组成部分。

第三十五条 投标人根据招标文件的规定和采购项目的实际情况,拟在中标后将中标项目的非主体、非关键性工作分包的,应当在投标文件中载明分包承担主体,分包承担主体应当具备相应资质条件且不得再次分包。

第三十六条 投标人应当遵循公平竞争的原则,不得恶意串通,不得妨碍其他投标人的竞争行为,不得损害采购人或者其他投标人的合法权益。

在评标过程中发现投标人有上述情形的,评标委员会应当认定其投标无效,并书面报告本级财政部门。

第三十七条 有下列情形之一的,视为投标人串通投标,其投标无效:

(一)不同投标人的投标文件由同一单位或者个人编制;

(二)不同投标人委托同一单位或者个人办理投标事宜;

(三)不同投标人的投标文件载明的项目管理成员或者联系人员为同一人;

(四)不同投标人的投标文件异常一致或者投标报价呈规律性差异;

(五)不同投标人的投标文件相互混装;

(六)不同投标人的投标保证金从同一单位或者个人的账户转出。

第三十八条 投标人在投标截止时间前撤回已提交的投标文件的,采购人或者采购代理机构应当自收到投标人书面撤回通知之日起5个工作日内,退还已收取的投标保证金,但因投标人自身原因导致无法及时退还的除外。

采购人或者采购代理机构应当自中标通知书发出之日起5个工作日内退还未中标人的投标保证金,自采购合同签订之日起5个工作日内退还中标人的投标保证金或者转为中标人的履约保证金。

采购人或者采购代理机构逾期退还投标保证金的,除应当退还投标保证金本金外,还应当按中国人民银行同期贷款基准利率上浮20%后的利率支付超期资金占用费,但因投标人自身原因导致无法及时退还的除外。

第四章 开标、评标

第三十九条 开标应当在招标文件确定的提交投标文件截止时间的同一时间进行。开标地点应当为招标文件中预先确定的地点。

采购人或者采购代理机构应当对开标、评标现场活动进行全程录音录像。录音录像应当清晰可辨,音像资料作为采购文件一并存档。

第四十条 开标由采购人或者采购代理机构主持,邀请投标人参加。评标委员会成员不得参加开标活动。

第四十一条 开标时,应当由投标人或者其推选的代表检查投标文件的密封情况;经确认无误后,由采购人或者采购代理机构工作人员当众拆封,宣布投标人名称、投标价格和招标文件规定的需要宣布的其他内容。

投标人不足3家的,不得开标。

第四十二条 开标过程应当由采购人或者采购代理机构负责记录,由参加开标的各投标人代表和相关工作人员签字确认后随采购文件一并存档。

投标人代表对开标过程和开标记录有疑义,以及认为采购人、采购代理机构相关工作人员有需要回避的情形的,应当场提出询问或者回避申请。采购人、采购代理机构对投标人代表提出的询问或者回避申请应当及时处理。

投标人未参加开标的,视同认可开标结果。

第四十三条 公开招标数额标准以上的采购项目,投标截止后投标人不足3家或者通过资格审查或符合性审查的投标人不足3家的,除采购任务取消情形外,按照以下方式处理:

(一)招标文件存在不合理条款或者招标程序不符合规定的,采购人、采购代理机构改正后依法重新招标;

(二)招标文件没有不合理条款、招标程序符合规定,需要采用其他采购方式采购的,采购人应当依法报财政部门批准。

第四十四条 公开招标采购项目开标结束后,采购人或者采购代理机构应当依法对投标人的资格进行审查。

合格投标人不足3家的,不得评标。

第四十五条 采购人或者采购代理机构负责组织评标工作,并履行下列职责:

(一)核对评审专家身份和采购人代表授权函,对评审专家在政府采购活动中的职责履行情况予以记录,并及时将有关违法违规行为向财政部门报告;

(二)宣布评标纪律;

(三)公布投标人名单,告知评审专家应当回避的情形;

(四)组织评标委员会推选评标组长,采购人代表不得担任组长;

(五)在评标期间采取必要的通讯管理措施,保证评标活动不受外界干扰;

(六)根据评标委员会的要求介绍政府采购相关政策法规、招标文件;

(七)维护评标秩序,监督评标委员会依照招标文件规定的评标程序、方法和标准进行独立评审,及时制止和纠正采购人代表、评审专家的倾向性言论或者违法违规行为；

（八）核对评标结果，有本办法第六十四条规定情形的，要求评标委员会复核或者书面说明理由，评标委员会拒绝的，应予记录并向本级财政部门报告；

（九）评审工作完成后，按照规定向评审专家支付劳务报酬和异地评审差旅费，不得向评审专家以外的其他人员支付评审劳务报酬；

（十）处理与评标有关的其他事项。

采购人可以在评标前说明项目背景和采购需求，说明内容不得含有歧视性、倾向性意见，不得超出招标文件所述范围。说明应当提交书面材料，并随采购文件一并存档。

第四十六条 评标委员会负责具体评标事务，并独立履行下列职责：

（一）审查、评价投标文件是否符合招标文件的商务、技术等实质性要求；

（二）要求投标人对投标文件有关事项作出澄清或者说明；

（三）对投标文件进行比较和评价；

（四）确定中标候选人名单，以及根据采购人委托直接确定中标人；

（五）向采购人、采购代理机构或者有关部门报告评标中发现的违法行为。

第四十七条 评标委员会由采购人代表和评审专家组成，成员人数应当为5人以上单数，其中评审专家不得少于成员总数的三分之二。

采购项目符合下列情形之一的，评标委员会成员人数应当为7人以上单数：

（一）采购预算金额在1000万元以上；

（二）技术复杂；

（三）社会影响较大。

评审专家对本单位的采购项目只能作为采购人代表参与评标，本办法第四十八条第二款规定情形除外。采购代理机构工作人员不得参加由本机构代理的政府采购项目的评标。

评标委员会成员名单在评标结果公告前应当保密。

第四十八条 采购人或者采购代理机构应当从省级以上财政部门设立的政府采购评审专家库中，通过随机方式抽取评审专家。

对技术复杂、专业性强的采购项目，通过随机方式难以确定合适评审专家的，经主管预算单位同意，采购人可以自行选定相应专业领域的评审专家。

第四十九条 评标中因评标委员会成员缺席、回避或者健康等特殊原因导致评标委员会组成不符合本办法规定的，采购人或者采购代理机构应当依法补足后继续评标。被更换的评标委员会成员所作出的评标意见无效。

无法及时补足评标委员会成员的，采购人或者采购代理机构应当停止评标活动，封存所有投标文件和开标、评标资料，依法重新组建评标委员会进行评标。原评标委员会所作出的评标意见无效。

采购人或者采购代理机构应当将变更、重新组建评标委员会的情况予以记录，并随采购文件一并存档。

第五十条 评标委员会应当对符合资格的投标人的投标文件进行符合性审查，以确定其是否满足招标文件的实质性要求。

第五十一条 对于投标文件中含义不明确、同类问题表述不一致或者有明显文字和计算错误的内容，评标委员会应当以书面形式要求投标人作出必要的澄清、说明或者补正。

投标人的澄清、说明或者补正应当采用书面形式，并加盖公章，或者由法定代表人或其授权的代表签字。投标人的澄清、说明或者补正不得超出投标文件的范围或者改变投标文件的实质性内容。

第五十二条 评标委员会应当按照招标文件中规定的评标方法和标准，对符合性审查合格的投标文件进行商务和技术评估，综合比较与评价。

第五十三条 评标方法分为最低评标价法和综合评分法。

第五十四条 最低评标价法，是指投标文件满足招标文件全部实质性要求，且投标报价最低的投标人为中标候选人的评标方法。

技术、服务等标准统一的货物服务项目，应当采用最低评标价法。

采用最低评标价法评标时，除了算术修正和落实政府采购政策需进行的价格扣除外，不能对投标人的投标价格进行任何调整。

第五十五条 综合评分法，是指投标文件满足招标文件全部实质性要求，且按照评审因素的量化指标评审得分最高的投标人为中标候选人的评标方法。

评审因素的设定应当与投标人所提供货物服务的质量相关，包括投标报价、技术或者服务水平、履约能力、售后服务等。资格条件不得作为评审因素。评审因素应当在招标文件中规定。

评审因素应当细化和量化，且与相应的商务条件和采购需求对应。商务条件和采购需求指标有区间规定的，评审因素应当量化到相应区间，并设置各区间对应的不同分值。

评标时，评标委员会各成员应当独立对每个投标人的投标文件进行评价，并汇总每个投标人的得分。

货物项目的价格分值占总分值的比重不得低于30%；服务项目的价格分值占总分值的比重不得低于10%。执行国家统一定价标准和采用固定价格采购的项目，其价格不列为评审因素。

价格分应当采用低价优先法计算，即满足招标文件要求且投标价格最低的投标报价为评标基准价，其价格分为满分。

其他投标人的价格分统一按照下列公式计算：

投标报价得分＝(评标基准价/投标报价)×100

评标总得分＝F1×A1＋F2×A2＋……＋Fn×An

F1、F2……Fn 分别为各项评审因素的得分；

A1、A2……An 分别为各项评审因素所占的权重(A1＋A2＋……＋An＝1)。

评标过程中，不得去掉报价中的最高报价和最低报价。

因落实政府采购政策进行价格调整的，以调整后的价格计算评标基准价和投标报价。

第五十六条 采用最低评标价法的，评标结果按投标报价由低到高顺序排列。投标报价相同的并列。投标文件满足招标文件全部实质性要求且投标报价最低的投标人为排名第一的中标候选人。

第五十七条 采用综合评分法的，评标结果按评审后得分由高到低顺序排列。得分相同的，按投标报价由低到高顺序排列。得分且投标报价相同的并列。投标文件满足招标文件全部实质性要求，且按照评审因素的量化指标评审得分最高的投标人为排名第一的中标候选人。

第五十八条 评标委员会根据全体评标成员签字的原始评标记录和评标结果编写评标报告。评标报告应当包括以下内容：

(一)招标公告刊登的媒体名称、开标日期和地点；

(二)投标人名单和评标委员会成员名单；

(三)评标方法和标准；

(四)开标记录和评标情况及说明，包括无效投标人名单及原因；

(五)评标结果，确定的中标候选人名单或者经采购人委托直接确定的中标人；

(六)其他需要说明的情况，包括评标过程中投标人根据评标委员会要求进行的澄清、说明或者补正，评标委员会成员的更换等。

第五十九条 投标文件报价出现前后不一致的，除招标文件另有规定外，按照下列规定修正：

(一)投标文件中开标一览表(报价表)内容与投标文件中相应内容不一致的，以开标一览表(报价表)为准；

(二)大写金额和小写金额不一致的，以大写金额为准；

(三)单价金额小数点或者百分比有明显错位的，以开标一览表的总价为准，并修改单价；

(四)总价金额与按单价汇总金额不一致的，以单价金额计算结果为准。

同时出现两种以上不一致的，按照前款规定的顺序修正。修正后的报价按照本办法第五十一条第二款的规定经投标人确认后产生约束力，投标人不确认的，其投标无效。

第六十条 评标委员会认为投标人的报价明显低于其他通过符合性审查投标人的报价，有可能影响产品质量或者不能诚信履约的，应当要求其在评标现场合理的时间内提供书面说明，必要时提交相关证明材料；投标人不能证明其报价合理性的，评标委员会应当将其作为无效投标处理。

第六十一条 评标委员会成员对需要共同认定的事项存在争议的，应当按照少数服从多数的原则作出结论。持不同意见的评标委员会成员应当在评标报告上签署不同意见及理由，否则视为同意评标报告。

第六十二条 评标委员会及其成员不得有下列行为：

(一)确定参与评标至评标结束前私自接触投标人；

(二)接受投标人提出的与投标文件不一致的澄清或者说明，本办法第五十一条规定的情形除外；

(三)违反评标纪律发表倾向性意见或者征询采购人的倾向性意见；

(四)对需要专业判断的主观评审因素协商评分；

(五)在评标过程中擅离职守，影响评标程序正常进行的；

(六)记录、复制或者带走任何评标资料；

(七)其他不遵守评标纪律的行为。

评标委员会成员有前款第一至五项行为之一的，其评审意见无效，并不得获取评审劳务报酬和报销异地评审差旅费。

第六十三条 投标人存在下列情况之一的，投标无效：

(一)未按照招标文件的规定提交投标保证金的；

(二)投标文件未按招标文件要求签署、盖章的；

(三)不具备招标文件中规定的资格要求的；

(四)报价超过招标文件中规定的预算金额或者最高限价的；

(五)投标文件含有采购人不能接受的附加条件的；

(六)法律、法规和招标文件规定的其他无效情形。

第六十四条 评标结果汇总完成后，除下列情形外，任何人不得修改评标结果：

(一)分值汇总计算错误的；

(二)分项评分超出评分标准范围的；

(三)评标委员会成员对客观评审因素评分不一致的；

(四)经评标委员会认定评分畸高、畸低的。

评标报告签署前，经复核发现存在以上情形之一的，评标委员会应当当场修改评标结果，并在评标报告中记载；评标报告签署后，采购人或者采购代理机构发现存在以上情形之一的，应当组织原评标委员会进行重新评审，重新评审改变评标结果的，书面报告本级财政部门。

投标人对本条第一款情形提出质疑的，采购人或者采购代理机构可以组织原评标委员会进行重新评审，重新评审改变评标结果的，应当书面报告本级财政部门。

第六十五条 评标委员会发现招标文件存在歧义、重大缺陷导致评标工作无法进行，或者招标文件内容违反国家有关强制性规定的，应当停止评标工作，与采购人或者采购代理机构沟通并作书面记录。采购人或者采购代理机构确认后，应当修改招标文件,重新组织采购活动。

第六十六条　采购人、采购代理机构应当采取必要措施,保证评标在严格保密的情况下进行。除采购人代表、评标现场组织人员外,采购人的其他工作人员以及与评标工作无关的人员不得进入评标现场。

有关人员对评标情况以及在评标过程中获悉的国家秘密、商业秘密负有保密责任。

第六十七条　评标委员会或者其成员存在下列情形导致评标结果无效的,采购人、采购代理机构可以重新组建评标委员会进行评标,并书面报告本级财政部门,但采购合同已经履行的除外:

(一)评标委员会组成不符合本办法规定的;

(二)有本办法第六十二条第一至五项情形的;

(三)评标委员会及其成员独立评标受到非法干预的;

(四)有政府采购法实施条例第七十五条规定的违法行为的。

有违法违规行为的原评标委员会成员不得参加重新组建的评标委员会。

第五章　中标和合同

第六十八条　采购代理机构应当在评标结束后 2 个工作日内将评标报告送采购人。

采购人应当自收到评标报告之日起 5 个工作日内,在评标报告确定的中标候选人名单中按顺序确定中标人。中标候选人并列的,由采购人或者采购人委托评标委员会按照招标文件规定的方式确定中标人;招标文件未规定的,采取随机抽取的方式确定。

采购人自行组织招标的,应当在评标结束后 5 个工作日内确定中标人。

采购人在收到评标报告 5 个工作日内未按评标报告推荐的中标候选人顺序确定中标人,又不能说明合法理由的,视同按评标报告推荐的顺序确定排名第一的中标候选人为中标人。

第六十九条　采购人或者采购代理机构应当自中标人确定之日起 2 个工作日内,在省级以上财政部门指定的媒体上公告中标结果,招标文件应当随中标结果同时公告。

中标结果公告内容应当包括采购人及其委托的采购代理机构的名称、地址、联系方式,项目名称和项目编号,中标人名称、地址和中标金额,主要中标标的的名称、规格型号、数量、单价、服务要求,中标公告期限以及评审专家名单。

中标公告期限为 1 个工作日。

邀请招标采购人采用书面推荐方式产生符合资格条件的潜在投标人的,还应当将所有被推荐供应商名单和推荐理由随中标结果同时公告。

在公告中标结果的同时,采购人或者采购代理机构应当向中标人发出中标通知书;对未通过资格审查的投标人,应当告知其未通过的原因;采用综合评分法评审的,还应当告知未中标人本人的评审得分与排序。

第七十条　中标通知书发出后,采购人不得违法改变中标结果,中标人无正当理由不得放弃中标。

第七十一条　采购人应当自中标通知书发出之日起 30 日内,按照招标文件和中标人投标文件的规定,与中标人签订书面合同。所签订的合同不得对招标文件确定的事项和中标人投标文件作实质性修改。

采购人不得向中标人提出任何不合理的要求作为签订合同的条件。

第七十二条　政府采购合同应当包括采购人与中标人的名称和住所、标的、数量、质量、价款或者报酬、履行期限及地点和方式、验收要求、违约责任、解决争议的方法等内容。

第七十三条　采购人与中标人应当根据合同的约定依法履行合同义务。

政府采购合同的履行、违约责任和解决争议的方法等适用《中华人民共和国合同法》。

第七十四条　采购人应当及时对采购项目进行验收。采购人可以邀请参加本项目的其他投标人或者第三方机构参与验收。参与验收的投标人或者第三方机构的意见作为验收书的参考资料一并存档。

第七十五条　采购人应当加强对中标人的履约管理,并按照采购合同约定,及时向中标人支付采购资金。对于中标人违反采购合同约定的行为,采购人应当及时处理,依法追究其违约责任。

第七十六条　采购人、采购代理机构应当建立真实完整的招标采购档案,妥善保存每项采购活动的采购文件。

第六章　法律责任

第七十七条　采购人有下列情形之一的,由财政部门责令限期改正;情节严重的,给予警告,对直接负责的主管人员和其他直接责任人员由其行政主管部门或者有关机关依法给予处分,并予以通报;涉嫌犯罪的,移送司法机关处理:

(一)未按照本办法的规定编制采购需求的;

(二)违反本办法第六条第二款规定的;

(三)未在规定时间内确定中标人的;

(四)向中标人提出不合理要求作为签订合同条件的。

第七十八条　采购人、采购代理机构有下列情形之一的,由财政部门责令限期改正,情节严重的,给予警告,对直接负责的主管人员和其他直接责任人员,由其行政主管部门或者有关机关给予处分,并予通报;采购代理机构有违法所得的,没收违法所得,并可以处以不超过违法所得 3 倍、最高不超过 3 万元的罚款,没有违法所得的,可以处以 1 万元以下的罚款:

(一)违反本办法第八条第二款规定的;

（二）设定最低限价的；

（三）未按照规定进行资格预审或者资格审查的；

（四）违反本办法规定确定招标文件售价的；

（五）未按规定对开标、评标活动进行全程录音录像的；

（六）擅自终止招标活动的；

（七）未按照规定进行开标和组织评标的；

（八）未按照规定退还投标保证金的；

（九）违反本办法规定进行重新评审或者重新组建评标委员会进行评标的；

（十）开标前泄露已获取招标文件的潜在投标人的名称、数量或者其他可能影响公平竞争的有关招标投标情况的；

（十一）未妥善保存采购文件的；

（十二）其他违反本办法规定的情形。

第七十九条 有本办法第七十七条、第七十八条规定的违法行为之一，经改正后仍然影响或者可能影响中标结果的，依照政府采购法实施条例第七十一条规定处理。

第八十条 政府采购当事人违反本办法规定，给他人造成损失的，依法承担民事责任。

第八十一条 评标委员会成员有本办法第六十二条所列行为之一的，由财政部门责令限期改正；情节严重的，给予警告，并对其不良行为予以记录。

第八十二条 财政部门应当依法履行政府采购监督管理职责。财政部门及其工作人员在履行监督管理职责中存在懒政怠政、滥用职权、玩忽职守、徇私舞弊等违法违纪行为的，依照政府采购法、《中华人民共和国公务员法》、《中华人民共和国行政监察法》、政府采购法实施条例等国家有关规定追究相应责任；涉嫌犯罪的，移送司法机关处理。

第七章 附 则

第八十三条 政府采购货物服务电子招标投标、政府采购货物中的进口机电产品招标投标有关特殊事宜，由财政部另行规定。

第八十四条 本办法所称主管预算单位是指负有编制部门预算职责，向本级财政部门申报预算的国家机关、事业单位和团体组织。

第八十五条 本办法规定按日计算期间的，开始当天不计入，从次日开始计算。期限的最后一日是国家法定节假日的，顺延到节假日后的次日为期限的最后一日。

第八十六条 本办法所称的“以上”、“以下”、“内”、“以内”，包括本数；所称的“不足”，不包括本数。

第八十七条 各省、自治区、直辖市财政部门可以根据本办法制定具体实施办法。

第八十八条 本办法自 2017 年 10 月 1 日起施行。财政部 2004 年 8 月 11 日发布的《政府采购货物和服务招标投标管理办法》（财政部令第 18 号）同时废止。

政府采购非招标采购方式管理办法

（2013 年 12 月 19 日财政部令第 74 号公布　自 2014 年 2 月 1 日起施行）

第一章 总 则

第一条 为了规范政府采购行为，加强对采用非招标采购方式采购活动的监督管理，维护国家利益、社会公共利益和政府采购当事人的合法权益，依据《中华人民共和国政府采购法》（以下简称政府采购法）和其他法律、行政法规的有关规定，制定本办法。

第二条 采购人、采购代理机构采用非招标采购方式采购货物、工程和服务的，适用本办法。

本办法所称非招标采购方式，是指竞争性谈判、单一来源采购和询价采购方式。

竞争性谈判是指谈判小组与符合资格条件的供应商就采购货物、工程和服务事宜进行谈判，供应商按照谈判文件的要求提交响应文件和最后报价，采购人从谈判小组提出的成交候选人中确定成交供应商的采购方式。

单一来源采购是指采购人从某一特定供应商处采购货物、工程和服务的采购方式。

询价是指询价小组向符合资格条件的供应商发出采购货物询价通知书，要求供应商一次报出不得更改的价格，采购人从询价小组提出的成交候选人中确定成交供应商的采购方式。

第三条 采购人、采购代理机构采购以下货物、工程和服务之一的，可以采用竞争性谈判、单一来源采购方式采购；采购货物的，还可以采用询价采购方式：

（一）依法制定的集中采购目录以内，且未达到公开招标数额标准的货物、服务；

（二）依法制定的集中采购目录以外、采购限额标准以上，且未达到公开招标数额标准的货物、服务；

（三）达到公开招标数额标准、经批准采用非公开招标方式的货物、服务；

（四）按照招标投标法及其实施条例必须进行招标的工程建设项目以外的政府采购工程。

第二章 一 般 规 定

第四条 达到公开招标数额标准的货物、服务采购项目，拟采用非招标采购方式的，采购人应当在采购活动开始前，报经主管预算单位同意后，向设区的市、自治州以上人民政府财政部门申请批准。

第五条 根据本办法第四条申请采用非招标采购方式采购的，采购人应当向财政部门提交以下材料并对材料的真实性负责：

(一)采购人名称、采购项目名称、项目概况等项目基本情况说明;

(二)项目预算金额、预算批复文件或者资金来源证明;

(三)拟申请采用的采购方式和理由。

第六条 采购人、采购代理机构应当按照政府采购法和本办法的规定组织开展非招标采购活动,并采取必要措施,保证评审在严格保密的情况下进行。

任何单位和个人不得非法干预、影响评审过程和结果。

第七条 竞争性谈判小组或者询价小组由采购人代表和评审专家共3人以上单数组成,其中评审专家人数不得少于竞争性谈判小组或者询价小组成员总数的2/3。采购人不得以评审专家身份参加本部门或本单位采购项目的评审。采购代理机构人员不得参加本机构代理的采购项目的评审。

达到公开招标数额标准的货物或者服务采购项目,或者达到招标规模标准的政府采购工程,竞争性谈判小组或者询价小组应当由5人以上单数组成。

采用竞争性谈判、询价方式采购的政府采购项目,评审专家应当从政府采购评审专家库内相关专业的专家名单中随机抽取。技术复杂、专业性强的竞争性谈判采购项目,通过随机方式难以确定合适的评审专家的,经主管预算单位同意,可以自行选定评审专家。技术复杂、专业性强的竞争性谈判采购项目,评审专家中应当包含1名法律专家。

第八条 竞争性谈判小组或者询价小组在采购活动过程中应当履行下列职责:

(一)确认或者制定谈判文件、询价通知书;

(二)从符合相应资格条件的供应商名单中确定不少于3家的供应商参加谈判或者询价;

(三)审查供应商的响应文件并作出评价;

(四)要求供应商解释或者澄清其响应文件;

(五)编写评审报告;

(六)告知采购人、采购代理机构在评审过程中发现的供应商的违法违规行为。

第九条 竞争性谈判小组或者询价小组成员应当履行下列义务:

(一)遵纪守法,客观、公正、廉洁地履行职责;

(二)根据采购文件的规定独立进行评审,对个人的评审意见承担法律责任;

(三)参与评审报告的起草;

(四)配合采购人、采购代理机构答复供应商提出的质疑;

(五)配合财政部门的投诉处理和监督检查工作。

第十条 谈判文件、询价通知书应当根据采购项目的特点和采购人的实际需求制定,并经采购人书面同意。采购人应当以满足实际需求为原则,不得擅自提高经费预算和资产配置等采购标准。

谈判文件、询价通知书不得要求或者标明供应商名称或者特定货物的品牌,不得含有指向特定供应商的技术、服务等条件。

第十一条 谈判文件、询价通知书应当包括供应商资格条件、采购邀请、采购方式、采购预算、采购需求、采购程序、价格构成或者报价要求、响应文件编制要求、提交响应文件截止时间及地点、保证金交纳数额和形式、评定成交的标准等。

谈判文件除本条第一款规定的内容外,还应当明确谈判小组根据与供应商谈判情况可能实质性变动的内容,包括采购需求中的技术、服务要求以及合同草案条款。

第十二条 采购人、采购代理机构应当通过发布公告、从省级以上财政部门建立的供应商库中随机抽取或者采购人和评审专家分别书面推荐的方式邀请不少于3家符合相应资格条件的供应商参与竞争性谈判或者询价采购活动。

符合政府采购法第二十二条第一款规定条件的供应商可以在采购活动开始前加入供应商库。财政部门不得对供应商申请入库收取任何费用,不得利用供应商库进行地区和行业封锁。

采取采购人和评审专家书面推荐方式选择供应商的,采购人和评审专家应当各自出具书面推荐意见。采购人推荐供应商的比例不得高于推荐供应商总数的50%。

第十三条 供应商应当按照谈判文件、询价通知书的要求编制响应文件,并对其提交的响应文件的真实性、合法性承担法律责任。

第十四条 采购人、采购代理机构可以要求供应商在提交响应文件截止时间之前交纳保证金。保证金应当采用支票、汇票、本票、网上银行支付或者金融机构、担保机构出具的保函等非现金形式交纳。保证金数额应当不超过采购项目预算的2%。

供应商为联合体的,可以由联合体中的一方或者多方共同交纳保证金,其交纳的保证金对联合体各方均具有约束力。

第十五条 供应商应当在谈判文件、询价通知书要求的截止时间前,将响应文件密封送达指定地点。在截止时间后送达的响应文件为无效文件,采购人、采购代理机构或者谈判小组、询价小组应当拒收。

供应商在提交询价响应文件截止时间前,可以对所提交的响应文件进行补充、修改或者撤回,并书面通知采购人、采购代理机构。补充、修改的内容作为响应文件的组成部分。补充、修改的内容与响应文件不一致的,以补充、修改的内容为准。

第十六条 谈判小组、询价小组在对响应文件的有效性、完整性和响应程度进行审查时,可以要求供应商对响应文件中含义不明确、同类问题表述不一致或者有明显文字和计算错误的内容等作出必要的澄清、说明或者更正。供应商的澄清、说明或者更正不得超出响应文件的范围或者改变响应文件的实质性内容。

谈判小组、询价小组要求供应商澄清、说明或者更正响应文件应当以书面形式作出。供应商的澄清、说明或者更正应当由法定代表人或其授权代表签字或者加盖公章。由授权代表签字的,应当附法定代表人授权书。供应商为自然人的,应当由本人签字并附身份证明。

第十七条 谈判小组、询价小组应当根据评审记录和评审结果编写评审报告,其主要内容包括:

(一)邀请供应商参加采购活动的具体方式和相关情况,以及参加采购活动的供应商名单;

(二)评审日期和地点,谈判小组、询价小组成员名单;

(三)评审情况记录和说明,包括对供应商的资格审查情况、供应商响应文件评审情况、谈判情况、报价情况等;

(四)提出的成交候选人的名单及理由。

评审报告应当由谈判小组、询价小组全体人员签字认可。谈判小组、询价小组成员对评审报告有异议的,谈判小组、询价小组按照少数服从多数的原则推荐成交候选人,采购程序继续进行。对评审报告有异议的谈判小组、询价小组成员,应当在报告上签署不同意见并说明理由,由谈判小组、询价小组书面记录相关情况。谈判小组、询价小组成员拒绝在报告上签字又不书面说明其不同意见和理由的,视为同意评审报告。

第十八条 采购人或者采购代理机构应当在成交供应商确定后2个工作日内,在省级以上财政部门指定的媒体上公告成交结果,同时向成交供应商发出成交通知书,并将竞争性谈判文件、询价通知书随成交结果同时公告。成交结果公告应当包括以下内容:

(一)采购人和采购代理机构的名称、地址和联系方式;

(二)项目名称和项目编号;

(三)成交供应商名称、地址和成交金额;

(四)主要成交标的的名称、规格型号、数量、单价、服务要求;

(五)谈判小组、询价小组成员名单及单一来源采购人员名单。

采用书面推荐供应商参加采购活动的,还应当公告采购人和评审专家的推荐意见。

第十九条 采购人与成交供应商应当在成交通知书发出之日起30日内,按照采购文件确定的合同文本以及采购标的、规格型号、采购金额、采购数量、技术和服务要求等事项签订政府采购合同。

采购人不得向成交供应商提出超出采购文件以外的任何要求作为签订合同的条件,不得与成交供应商订立背离采购文件确定的合同文本以及采购标的、规格型号、采购金额、采购数量、技术和服务要求等实质性内容的协议。

第二十条 采购人或者采购代理机构应当在采购活动结束后及时退还供应商的保证金,但因供应商自身原因导致无法及时退还的除外。未成交供应商的保证金应当在成交通知书发出后5个工作日内退还,成交供应商的保证金应当在采购合同签订后5个工作日内退还。

有下列情形之一的,保证金不予退还:

(一)供应商在提交响应文件截止时间后撤回响应文件的;

(二)供应商在响应文件中提供虚假材料的;

(三)除因不可抗力或谈判文件、询价通知书认可的情形以外,成交供应商不与采购人签订合同的;

(四)供应商与采购人、其他供应商或者采购代理机构恶意串通的;

(五)采购文件规定的其他情形。

第二十一条 除资格性审查认定错误和价格计算错误外,采购人或者采购代理机构不得以任何理由组织重新评审。采购人、采购代理机构发现谈判小组、询价小组未按照采购文件规定的评定成交的标准进行评审的,应当重新开展采购活动,并同时书面报告本级财政部门。

第二十二条 除不可抗力等因素外,成交通知书发出后,采购人改变成交结果,或者成交供应商拒绝签订政府采购合同的,应当承担相应的法律责任。

成交供应商拒绝签订政府采购合同的,采购人可以按照本办法第三十六条第二款、第四十九条第二款规定的原则确定其他供应商作为成交供应商并签订政府采购合同,也可以重新开展采购活动。拒绝签订政府采购合同的成交供应商不得参加对该项目重新开展的采购活动。

第二十三条 在采购活动中因重大变故,采购任务取消的,采购人或者采购代理机构应当终止采购活动,通知所有参加采购活动的供应商,并将项目实施情况和采购任务取消原因报送本级财政部门。

第二十四条 采购人或者采购代理机构应当按照采购合同规定的技术、服务等要求组织对供应商履约的验收,并出具验收书。验收书应当包括每一项技术、服务等要求的履约情况。大型或者复杂的项目,应当邀请国家认可的质量检测机构参加验收。验收方成员应当在验收书上签字,并承担相应的法律责任。

第二十五条 谈判小组、询价小组成员以及与评审工作有关的人员不得泄露评审情况以及评审过程中获悉的国家秘密、商业秘密。

第二十六条 采购人、采购代理机构应当妥善保管每项采购活动的采购文件。采购文件包括采购活动记录、采购预算、谈判文件、询价通知书、响应文件、推荐供应商的意见、评审报告、成交供应商确定文件、单一来源采购协商情况记录、合同文本、验收证明、质疑答复、投诉处理决定以及其他有关文件、资料。采购文件可以电子档案方式保存。

采购活动记录至少应当包括下列内容:

(一)采购项目类别、名称;

（二）采购项目预算、资金构成和合同价格；
（三）采购方式，采用该方式的原因及相关说明材料；
（四）选择参加采购活动的供应商的方式及原因；
（五）评定成交的标准及确定成交供应商的原因；
（六）终止采购活动的，终止的原因。

第三章 竞争性谈判

第二十七条 符合下列情形之一的采购项目，可以采用竞争性谈判方式采购：

（一）招标后没有供应商投标或者没有合格标的，或者重新招标未能成立的；

（二）技术复杂或者性质特殊，不能确定详细规格或者具体要求的；

（三）非采购人所能预见的原因或者非采购人拖延造成采用招标所需时间不能满足用户紧急需要的；

（四）因艺术品采购、专利、专有技术或者服务的时间、数量事先不能确定等原因不能事先计算出价格总额的。

公开招标的货物、服务采购项目，招标过程中提交投标文件或者经评审实质性响应招标文件要求的供应商只有两家时，采购人、采购代理机构按照本办法第四条经本级财政部门批准后可以与该两家供应商进行竞争性谈判采购，采购人、采购代理机构应当根据招标文件中的采购需求编制谈判文件，成立谈判小组，由谈判小组对谈判文件进行确认。符合本款情形的，本办法第三十三条、第三十五条中规定的供应商最低数量可以为两家。

第二十八条 符合本办法第二十七条第一款第一项情形和第二款情形，申请采用竞争性谈判采购方式时，除提交本办法第五条第一至三项规定的材料外，还应当提交下列申请材料：

（一）在省级以上财政部门指定的媒体上发布招标公告的证明材料；

（二）采购人、采购代理机构出具的对招标文件和招标过程是否有供应商质疑及质疑处理情况的说明；

（三）评标委员会或者3名以上评审专家出具的招标文件没有不合理条款的论证意见。

第二十九条 从谈判文件发出之日起至供应商提交首次响应文件截止之日止不得少于3个工作日。

提交首次响应文件截止之日前，采购人、采购代理机构或者谈判小组可以对已发出的谈判文件进行必要的澄清或者修改，澄清或者修改的内容作为谈判文件的组成部分。澄清或者修改的内容可能影响响应文件编制的，采购人、采购代理机构或者谈判小组应当在提交首次响应文件截止之日3个工作日前，以书面形式通知所有接收谈判文件的供应商，不足3个工作日的，应当顺延提交首次响应文件截止之日。

第三十条 谈判小组应当对响应文件进行评审，并根据谈判文件规定的程序、评定成交的标准等事项与实质性响应谈判文件要求的供应商进行谈判。未实质性响应谈判文件的响应文件按无效处理，谈判小组应当告知有关供应商。

第三十一条 谈判小组所有成员应当集中与单一供应商分别进行谈判，并给予所有参加谈判的供应商平等的谈判机会。

第三十二条 在谈判过程中，谈判小组可以根据谈判文件和谈判情况实质性变动采购需求中的技术、服务要求以及合同草案条款，但不得变动谈判文件中的其他内容。实质性变动的内容，须经采购人代表确认。

对谈判文件作出的实质性变动是谈判文件的有效组成部分，谈判小组应当及时以书面形式同时通知所有参加谈判的供应商。

供应商应当按照谈判文件的变动情况和谈判小组的要求重新提交响应文件，并由其法定代表人或授权代表签字或者加盖公章。由授权代表签字的，应当附法定代表人授权书。供应商为自然人的，应当由本人签字并附身份证明。

第三十三条 谈判文件能够详细列明采购标的的技术、服务要求的，谈判结束后，谈判小组应当要求所有继续参加谈判的供应商在规定时间内提交最后报价，提交最后报价的供应商不得少于3家。

谈判文件不能详细列明采购标的的技术、服务要求，需经谈判由供应商提供最终设计方案或解决方案的，谈判结束后，谈判小组应当按照少数服从多数的原则投票推荐3家以上供应商的设计方案或者解决方案，并要求其在规定时间内提交最后报价。

最后报价是供应商响应文件的有效组成部分。

第三十四条 已提交响应文件的供应商，在提交最后报价之前，可以根据谈判情况退出谈判。采购人、采购代理机构应当退还退出谈判的供应商的保证金。

第三十五条 谈判小组应当从质量和服务均能满足采购文件实质性响应要求的供应商中，按照最后报价由低到高的顺序提出3名以上成交候选人，并编写评审报告。

第三十六条 采购代理机构应当在评审结束后2个工作日内将评审报告送采购人确认。

采购人应当在收到评审报告后5个工作日内，从评审报告提出的成交候选人中，根据质量和服务均能满足采购文件实质性响应要求且最后报价最低的原则确定成交供应商，也可以书面授权谈判小组直接确定成交供应商。采购人逾期未确定成交供应商且不提出异议的，视为确定评审报告提出的最后报价最低的供应商为成交供应商。

第三十七条 出现下列情形之一的，采购人或者采购代理机构应当终止竞争性谈判采购活动，发布项目终止公告并说明原因，重新开展采购活动：

（一）因情况变化，不再符合规定的竞争性谈判采购方式适用情形的；

（二）出现影响采购公正的违法、违规行为的；

（三）在采购过程中符合竞争要求的供应商或者报价未超过采购预算的供应商不足 3 家的，但本办法第二十七条第二款规定的情形除外。

第四章　单一来源采购

第三十八条　属于政府采购法第三十一条第一项情形，且达到公开招标数额的货物、服务项目，拟采用单一来源采购方式的，采购人、采购代理机构在按照本办法第四条报财政部门批准之前，应当在省级以上财政部门指定媒体上公示，并将公示情况一并报财政部门。公示期不得少于 5 个工作日，公示内容应当包括：

（一）采购人、采购项目名称和内容；

（二）拟采购的货物或者服务的说明；

（三）采用单一来源采购方式的原因及相关说明；

（四）拟定的唯一供应商名称、地址；

（五）专业人员对相关供应商因专利、专有技术等原因具有唯一性的具体论证意见，以及专业人员的姓名、工作单位和职称；

（六）公示的期限；

（七）采购人、采购代理机构、财政部门的联系地址、联系人和联系电话。

第三十九条　任何供应商、单位或者个人对采用单一来源采购方式公示有异议的，可以在公示期内将书面意见反馈给采购人、采购代理机构，并同时抄送相关财政部门。

第四十条　采购人、采购代理机构收到对采用单一来源采购方式公示的异议后，应当在公示期满后 5 个工作日内，组织补充论证，论证后认为异议成立的，应当依法采取其他采购方式；论证后认为异议不成立的，应当将异议意见、论证意见与公示情况一并报相关财政部门。

采购人、采购代理机构应当将补充论证的结论告知提出异议的供应商、单位或者个人。

第四十一条　采用单一来源采购方式采购的，采购人、采购代理机构应当组织具有相关经验的专业人员与供应商商定合理的成交价格并保证采购项目质量。

第四十二条　单一来源采购人员应当编写协商情况记录，主要内容包括：

（一）依据本办法第三十八条进行公示的，公示情况说明；

（二）协商日期和地点，采购人员名单；

（三）供应商提供的采购标的成本、同类项目合同价格以及相关专利、专有技术等情况说明；

（四）合同主要条款及价格商定情况。

协商情况记录应当由采购全体人员签字认可。对记录有异议的采购人员，应当签署不同意见并说明理由。采购人员拒绝在记录上签字又不书面说明其不同意见和理由的，视为同意。

第四十三条　出现下列情形之一的，采购人或者采购代理机构应当终止采购活动，发布项目终止公告并说明原因，重新开展采购活动：

（一）因情况变化，不再符合规定的单一来源采购方式适用情形的；

（二）出现影响采购公正的违法、违规行为的；

（三）报价超过采购预算的。

第五章　询　　价

第四十四条　询价采购需求中的技术、服务等要求应当完整、明确，符合相关法律、行政法规和政府采购政策的规定。

第四十五条　从询价通知书发出之日起至供应商提交响应文件截止之日止不得少于 3 个工作日。

提交响应文件截止之日前，采购人、采购代理机构或者询价小组可以对已发出的询价通知书进行必要的澄清或者修改，澄清或者修改的内容作为询价通知书的组成部分。澄清或者修改的内容可能影响响应文件编制的，采购人、采购代理机构或者询价小组应当在提交响应文件截止之日 3 个工作日前，以书面形式通知所有接收询价通知书的供应商，不足 3 个工作日的，应当顺延提交响应文件截止之日。

第四十六条　询价小组在询价过程中，不得改变询价通知书所确定的技术和服务等要求、评审程序、评定成交的标准和合同文本等事项。

第四十七条　参加询价采购活动的供应商，应当按照询价通知书的规定一次报出不得更改的价格。

第四十八条　询价小组应当从质量和服务均能满足采购文件实质性响应要求的供应商中，按照报价由低到高的顺序提出 3 名以上成交候选人，并编写评审报告。

第四十九条　采购代理机构应当在评审结束后 2 个工作日内将评审报告送采购人确认。

采购人应当在收到评审报告后 5 个工作日内，从评审报告提出的成交候选人中，根据质量和服务均能满足采购文件实质性响应要求且报价最低的原则确定成交供应商，也可以书面授权询价小组直接确定成交供应商。采购人逾期未确定成交供应商且不提出异议的，视为确定评审报告提出的最后报价最低的供应商为成交供应商。

第五十条　出现下列情形之一的，采购人或者采购代理机构应当终止询价采购活动，发布项目终止公告并说明原因，重新开展采购活动：

（一）因情况变化，不再符合规定的询价采购方式适用情形的；

（二）出现影响采购公正的违法、违规行为的；

（三）在采购过程中符合竞争要求的供应商或者报价未

超过采购预算的供应商不足 3 家的。

第六章　法律责任

第五十一条　采购人、采购代理机构有下列情形之一的，责令限期改正，给予警告；有关法律、行政法规规定处以罚款的，并处罚款；涉嫌犯罪的，依法移送司法机关处理：

（一）未按照本办法规定在指定媒体上发布政府采购信息的；

（二）未按照本办法规定组成谈判小组、询价小组的；

（三）在询价采购过程中与供应商进行协商谈判的；

（四）未按照政府采购法和本办法规定的程序和要求确定成交候选人的；

（五）泄露评审情况以及评审过程中获悉的国家秘密、商业秘密的。

采购代理机构有前款情形之一，情节严重的，暂停其政府采购代理机构资格 3 至 6 个月；情节特别严重或者逾期不改正的，取消其政府采购代理机构资格。

第五十二条　采购人有下列情形之一的，责令限期改正，给予警告；有关法律、行政法规规定处以罚款的，并处罚款：

（一）未按照政府采购法和本办法的规定采用非招标采购方式的；

（二）未按照政府采购法和本办法的规定确定成交供应商的；

（三）未按照采购文件确定的事项签订政府采购合同，或者与成交供应商另行订立背离合同实质性内容的协议的；

（四）未按规定将政府采购合同副本报本级财政部门备案的。

第五十三条　采购人、采购代理机构有本办法第五十一条、第五十二条规定情形之一，且情节严重或者拒不改正的，其直接负责的主管人员和其他直接责任人员属于国家机关工作人员的，由任免机关或者监察机关依法给予处分，并予通报。

第五十四条　成交供应商有下列情形之一的，责令限期改正，情节严重的，列入不良行为记录名单，在 1 至 3 年内禁止参加政府采购活动，并予以通报：

（一）未按照采购文件确定的事项签订政府采购合同，或者与采购人另行订立背离合同实质性内容的协议的；

（二）成交后无正当理由不与采购人签订合同的；

（三）拒绝履行合同义务的。

第五十五条　谈判小组、询价小组成员有下列行为之一的，责令改正，给予警告；有关法律、行政法规规定处以罚款的，并处罚款；涉嫌犯罪的，依法移送司法机关处理：

（一）收受采购人、采购代理机构、供应商、其他利害关系人的财物或者其他不正当利益的；

（二）泄露评审情况以及评审过程中获悉的国家秘密、商业秘密的；

（三）明知与供应商有利害关系而不依法回避的；

（四）在评审过程中擅离职守，影响评审程序正常进行的；

（五）在评审过程中有明显不合理或者不正当倾向性的；

（六）未按照采购文件规定的评定成交的标准进行评审的。

评审专家有前款情形之一，情节严重的，取消其政府采购评审专家资格，不得再参加任何政府采购项目的评审，并在财政部门指定的政府采购信息发布媒体上予以公告。

第五十六条　有本办法第五十一条、第五十二条、第五十五条违法行为之一，并且影响或者可能影响成交结果的，应当按照下列情形分别处理：

（一）未确定成交供应商的，终止本次采购活动，依法重新开展采购活动；

（二）已确定成交供应商但采购合同尚未履行的，撤销合同，从合格的成交候选人中另行确定成交供应商，没有合格的成交候选人的，重新开展采购活动；

（三）采购合同已经履行的，给采购人、供应商造成损失的，由责任人依法承担赔偿责任。

第五十七条　政府采购当事人违反政府采购法和本办法规定，给他人造成损失的，应当依照有关民事法律规定承担民事责任。

第五十八条　任何单位或者个人非法干预、影响评审过程或者结果的，责令改正；该单位责任人或者个人属于国家机关工作人员的，由任免机关或者监察机关依法给予处分。

第五十九条　财政部门工作人员在实施监督管理过程中违法干预采购活动或者滥用职权、玩忽职守、徇私舞弊的，依法给予处分；涉嫌犯罪的，依法移送司法机关处理。

第七章　附　　则

第六十条　本办法所称主管预算单位是指负有编制部门预算职责，向同级财政部门申报预算的国家机关、事业单位和团体组织。

第六十一条　各省、自治区、直辖市人民政府财政部门可以根据本办法制定具体实施办法。

第六十二条　本办法自 2014 年 2 月 1 日起施行。

政府采购信息发布管理办法

（2019 年 11 月 27 日财政部令第 101 号公布　自 2020 年 3 月 1 日起施行）

第一条　为了规范政府采购信息发布行为，提高政府采购透明度，根据《中华人民共和国政府采购法》《中华人民共和国政府采购法实施条例》等有关法律、行政法规，制定本办法。

第二条 政府采购信息发布,适用本办法。

第三条 本办法所称政府采购信息,是指依照政府采购有关法律制度规定应予公开的公开招标公告、资格预审公告、单一来源采购公示、中标(成交)结果公告、政府采购合同公告等政府采购项目信息,以及投诉处理结果、监督检查处理结果、集中采购机构考核结果等政府采购监管信息。

第四条 政府采购信息发布应当遵循格式规范统一、渠道相对集中、便于查找获得的原则。

第五条 财政部指导和协调全国政府采购信息发布工作,并依照政府采购法律、行政法规有关规定,对中央预算单位的政府采购信息发布活动进行监督管理。

地方各级人民政府财政部门(以下简称财政部门)对本级预算单位的政府采购信息发布活动进行监督管理。

第六条 财政部对中国政府采购网进行监督管理。省级(自治区、直辖市、计划单列市)财政部门对中国政府采购网省级分网进行监督管理。

第七条 政府采购信息应当按照财政部规定的格式编制。

第八条 中央预算单位政府采购信息应当在中国政府采购网发布,地方预算单位政府采购信息应当在所在行政区域的中国政府采购网省级分网发布。

除中国政府采购网及其省级分网以外,政府采购信息可以在省级以上财政部门指定的其他媒体同步发布。

第九条 财政部门、采购人和其委托的采购代理机构(以下统称发布主体)应当对其提供的政府采购信息的真实性、准确性、合法性负责。

中国政府采购网及其省级分网和省级以上财政部门指定的其他媒体(以下统称指定媒体)应当对其收到的政府采购信息发布的及时性、完整性负责。

第十条 发布主体发布政府采购信息不得有虚假和误导性陈述,不得遗漏依法必须公开的事项。

第十一条 发布主体应当确保其在不同媒体发布的同一政府采购信息内容一致。

在不同媒体发布的同一政府采购信息内容、时间不一致的,以在中国政府采购网或者其省级分网发布的信息为准。同时在中国政府采购网和省级分网发布的,以在中国政府采购网上发布的信息为准。

第十二条 指定媒体应当采取必要措施,对政府采购信息发布主体的身份进行核验。

第十三条 指定媒体应当及时发布收到的政府采购信息。

中国政府采购网或者其省级分网应当自收到政府采购信息起1个工作日内发布。

第十四条 指定媒体应当加强安全防护,确保发布的政府采购信息不被篡改、不遗漏,不得擅自删除或者修改信息内容。

第十五条 指定媒体应当向发布主体免费提供信息发布服务,不得向市场主体和社会公众收取信息查阅费用。

第十六条 采购人或者其委托的采购代理机构未依法在指定媒体上发布政府采购项目信息的,依照政府采购法实施条例第六十八条追究法律责任。

采购人或者其委托的采购代理机构存在其他违反本办法规定行为的,由县级以上财政部门依法责令限期改正,给予警告,对直接负责的主管人员和其他直接责任人员,建议其行政主管部门或者有关机关依法依规处理,并予通报。

第十七条 指定媒体违反本办法规定的,由实施指定行为的省级以上财政部门依法责令限期改正,对直接负责的主管人员和其他直接责任人员,建议其行政主管部门或者有关机关依法依规处理,并予通报。

第十八条 财政部门及其工作人员在政府采购信息发布活动中存在懒政怠政、滥用职权、玩忽职守、徇私舞弊等违法违纪行为的,依照《中华人民共和国政府采购法》《中华人民共和国公务员法》《中华人民共和国监察法》《中华人民共和国政府采购法实施条例》等国家有关规定追究相应责任;涉嫌犯罪的,依法移送有关国家机关处理。

第十九条 涉密政府采购项目信息发布,依照国家有关规定执行。

第二十条 省级财政部门可以根据本办法制定具体实施办法。

第二十一条 本办法自2020年3月1日起施行。财政部2004年9月11日颁布实施的《政府采购信息公告管理办法》(财政部令第19号)同时废止。

政府采购评审专家管理办法

(2016年11月18日 财库〔2016〕198号)

第一章 总 则

第一条 为加强政府采购评审活动管理,规范政府采购评审专家(以下简称评审专家)评审行为,根据《中华人民共和国政府采购法》(以下简称《政府采购法》)、《中华人民共和国政府采购法实施条例》(以下简称《政府采购法实施条例》)等法律法规及有关规定,制定本办法。

第二条 本办法所称评审专家,是指经省级以上人民政府财政部门选聘,以独立身份参加政府采购评审,纳入评审专家库管理的人员。评审专家选聘、解聘、抽取、使用、监督管理适用本办法。

第三条 评审专家实行统一标准、管用分离、随机抽取的管理原则。

第四条　财政部负责制定全国统一的评审专家专业分类标准和评审专家库建设标准，建设管理国家评审专家库。

省级人民政府财政部门负责建设本地区评审专家库并实行动态管理，与国家评审专家库互联互通、资源共享。

各级人民政府财政部门依法履行对评审专家的监督管理职责。

第二章　评审专家选聘与解聘

第五条　省级以上人民政府财政部门通过公开征集、单位推荐和自我推荐相结合的方式选聘评审专家。

第六条　评审专家应当具备以下条件：

（一）具有良好的职业道德，廉洁自律，遵纪守法，无行贿、受贿、欺诈等不良信用记录；

（二）具有中级专业技术职称或同等专业水平且从事相关领域工作满8年，或者具有高级专业技术职称或同等专业水平；

（三）熟悉政府采购相关政策法规；

（四）承诺以独立身份参加评审工作，依法履行评审专家工作职责并承担相应法律责任的中国公民；

（五）不满70周岁，身体健康，能够承担评审工作；

（六）申请成为评审专家前三年内，无本办法第二十九条规定的不良行为记录。

对评审专家数量较少的专业，前款第（二）项、第（五）项所列条件可以适当放宽。

第七条　符合本办法第六条规定条件，自愿申请成为评审专家的人员（以下简称申请人），应当提供以下申请材料：

（一）个人简历、本人签署的申请书和承诺书；

（二）学历学位证书、专业技术职称证书或者具有同等专业水平的证明材料；

（三）证明本人身份的有效证件；

（四）本人认为需要申请回避的信息；

（五）省级以上人民政府财政部门规定的其他材料。

第八条　申请人应当根据本人专业或专长申报评审专业。

第九条　省级以上人民政府财政部门对申请人提交的申请材料、申报的评审专业和信用信息进行审核，符合条件的选聘为评审专家，纳入评审专家库管理。

第十条　评审专家工作单位、联系方式、专业技术职称、需要回避的信息等发生变化的，应当及时向相关省级以上人民政府财政部门申请变更相关信息。

第十一条　评审专家存在以下情形之一的，省级以上人民政府财政部门应当将其解聘：

（一）不符合本办法第六条规定条件；

（二）本人申请不再担任评审专家；

（三）存在本办法第二十九条规定的不良行为记录；

（四）受到刑事处罚。

第三章　评审专家抽取与使用

第十二条　采购人或者采购代理机构应当从省级以上人民政府财政部门设立的评审专家库中随机抽取评审专家。

评审专家库中相关专家数量不能保证随机抽取需要的，采购人或者采购代理机构可以推荐符合条件的人员，经审核选聘入库后再随机抽取使用。

第十三条　技术复杂、专业性强的采购项目，通过随机方式难以确定合适评审专家的，经主管预算单位同意，采购人可以自行选定相应专业领域的评审专家。

自行选定评审专家的，应当优先选择本单位以外的评审专家。

第十四条　除采用竞争性谈判、竞争性磋商方式采购，以及异地评审的项目外，采购人或者采购代理机构抽取评审专家的开始时间原则上不得早于评审活动开始前2个工作日。

第十五条　采购人或者采购代理机构应当在评审活动开始前宣布评审工作纪律，并将记载评审工作纪律的书面文件作为采购文件一并存档。

第十六条　评审专家与参加采购活动的供应商存在下列利害关系之一的，应当回避：

（一）参加采购活动前三年内，与供应商存在劳动关系，或者担任过供应商的董事、监事，或者是供应商的控股股东或实际控制人；

（二）与供应商的法定代表人或者负责人有夫妻、直系血亲、三代以内旁系血亲或者近姻亲关系；

（三）与供应商有其他可能影响政府采购活动公平、公正进行的关系。

评审专家发现本人与参加采购活动的供应商有利害关系的，应当主动提出回避。采购人或者采购代理机构发现评审专家与参加采购活动的供应商有利害关系的，应当要求其回避。

除本办法第十三条规定的情形外，评审专家对本单位的政府采购项目只能作为采购人代表参与评审活动。

各级财政部门政府采购监督管理工作人员，不得作为评审专家参与政府采购项目的评审活动。

第十七条　出现评审专家缺席、回避等情形导致评审现场专家数量不符合规定的，采购人或者采购代理机构应当及时补抽评审专家，或者经采购人主管预算单位同意自行选定补足评审专家。无法及时补足评审专家的，采购人或者采购代理机构应当立即停止评审工作，妥善保存采购文件，依法重新组建评标委员会、谈判小组、询价小组、磋商小组进行评审。

第十八条　评审专家应当严格遵守评审工作纪律，按照客观、公正、审慎的原则，根据采购文件规定的评审程序、评审方法和评审标准进行独立评审。

评审专家发现采购文件内容违反国家有关强制性规定或者采购文件存在歧义、重大缺陷导致评审工作无法进行时,应当停止评审并向采购人或者采购代理机构书面说明情况。

评审专家应当配合答复供应商的询问、质疑和投诉等事项,不得泄露评审文件、评审情况和在评审过程中获悉的商业秘密。

评审专家发现供应商具有行贿、提供虚假材料或者串通等违法行为的,应当及时向财政部门报告。

评审专家在评审过程中受到非法干预的,应当及时向财政、监察等部门举报。

第十九条 评审专家应当在评审报告上签字,对自己的评审意见承担法律责任。对需要共同认定的事项存在争议的,按照少数服从多数的原则做出结论。对评审报告有异议的,应当在评审报告上签署不同意见并说明理由,否则视为同意评审报告。

第二十条 评审专家名单在评审结果公告前应当保密。评审活动完成后,采购人或者采购代理机构应当随中标、成交结果一并公告评审专家名单,并对自行选定的评审专家做出标注。

各级财政部门、采购人和采购代理机构有关工作人员不得泄露评审专家的个人情况。

第二十一条 采购人或者采购代理机构应当于评审活动结束后5个工作日内,在政府采购信用评价系统中记录评审专家的职责履行情况。

评审专家可以在政府采购信用评价系统中查询本人职责履行情况记录,并就有关情况作出说明。

省级以上人民政府财政部门可根据评审专家履职情况等因素设置阶梯抽取概率。

第二十二条 评审专家应当于评审活动结束后5个工作日内,在政府采购信用评价系统中记录采购人或者采购代理机构的职责履行情况。

第二十三条 集中采购目录内的项目,由集中采购机构支付评审专家劳务报酬;集中采购目录外的项目,由采购人支付评审专家劳务报酬。

第二十四条 省级人民政府财政部门应当根据实际情况,制定本地区评审专家劳务报酬标准。中央预算单位参照本单位所在地或评审活动所在地标准支付评审专家劳务报酬。

第二十五条 评审专家参加异地评审的,其往返的城市间交通费、住宿费等实际发生的费用,可参照采购人执行的差旅费管理办法相应标准向采购人或集中采购机构凭据报销。

第二十六条 评审专家未完成评审工作擅自离开评审现场,或者在评审活动中有违法违规行为的,不得获取劳务报酬和报销异地评审差旅费。评审专家以外的其他人员不得获取评审劳务报酬。

第四章 评审专家监督管理

第二十七条 评审专家未按照采购文件规定的评审程序、评审方法和评审标准进行独立评审或者泄露评审文件、评审情况的,由财政部门给予警告,并处2000元以上2万元以下的罚款;影响中标、成交结果的,处2万元以上5万元以下的罚款,禁止其参加政府采购评审活动。

评审专家与供应商存在利害关系未回避的,处2万元以上5万元以下的罚款,禁止其参加政府采购评审活动。

评审专家收受采购人、采购代理机构、供应商贿赂或者获取其他不正当利益,构成犯罪的,依法追究刑事责任;尚不构成犯罪的,处2万元以上5万元以下的罚款,禁止其参加政府采购评审活动。

评审专家有上述违法行为的,其评审意见无效;有违法所得的,没收违法所得;给他人造成损失的,依法承担民事责任。

第二十八条 采购人、采购代理机构发现评审专家有违法违规行为的,应当及时向采购人本级财政部门报告。

第二十九条 申请人或评审专家有下列情形的,列入不良行为记录:

(一)未按照采购文件规定的评审程序、评审方法和评审标准进行独立评审;

(二)泄露评审文件、评审情况;

(三)与供应商存在利害关系未回避;

(四)收受采购人、采购代理机构、供应商贿赂或者获取其他不正当利益;

(五)提供虚假申请材料;

(六)拒不履行配合答复供应商询问、质疑、投诉等法定义务;

(七)以评审专家身份从事有损政府采购公信力的活动。

第三十条 采购人或者采购代理机构未按照本办法规定抽取和使用评审专家的,依照《政府采购法》及有关法律法规追究法律责任。

第三十一条 财政部门工作人员在评审专家管理工作中存在滥用职权、玩忽职守、徇私舞弊等违法违纪行为的,依照《政府采购法》《公务员法》《行政监察法》《政府采购法实施条例》等国家有关规定追究相应责任;涉嫌犯罪的,移送司法机关处理。

第五章 附 则

第三十二条 参加评审活动的采购人代表、采购人依法自行选定的评审专家管理参照本办法执行。

第三十三条 国家对评审专家抽取、选定另有规定的,从其规定。

第三十四条 各省级人民政府财政部门,可以根据本办法规定,制定具体实施办法。

第三十五条　本办法由财政部负责解释。

第三十六条　本办法自2017年1月1日起施行。财政部、监察部2003年11月17日发布的《政府采购评审专家管理办法》(财库〔2003〕119号)同时废止。

政府采购质疑和投诉办法

(2017年12月26日财政部令第94号公布　自2018年3月1日起施行)

第一章　总　　则

第一条　为了规范政府采购质疑和投诉行为，保护参加政府采购活动当事人的合法权益，根据《中华人民共和国政府采购法》《中华人民共和国政府采购法实施条例》和其他有关法律法规规定，制定本办法。

第二条　本办法适用于政府采购质疑的提出和答复、投诉的提起和处理。

第三条　政府采购供应商(以下简称供应商)提出质疑和投诉应当坚持依法依规、诚实信用原则。

第四条　政府采购质疑答复和投诉处理应当坚持依法依规、权责对等、公平公正、简便高效原则。

第五条　采购人负责供应商质疑答复。采购人委托采购代理机构采购的，采购代理机构在委托授权范围内作出答复。

县级以上各级人民政府财政部门(以下简称财政部门)负责依法处理供应商投诉。

第六条　供应商投诉按照采购人所属预算级次，由本级财政部门处理。

跨区域联合采购项目的投诉，采购人所属预算级次相同的，由采购文件事先约定的财政部门负责处理，事先未约定的，由最先收到投诉的财政部门负责处理；采购人所属预算级次不同的，由预算级次最高的财政部门负责处理。

第七条　采购人、采购代理机构应当在采购文件中载明接收质疑函的方式、联系部门、联系电话和通讯地址等信息。

县级以上财政部门应当在省级以上财政部门指定的政府采购信息发布媒体公布受理投诉的方式、联系部门、联系电话和通讯地址等信息。

第八条　供应商可以委托代理人进行质疑和投诉。其授权委托书应当载明代理人的姓名或者名称、代理事项、具体权限、期限和相关事项。供应商为自然人的，应当由本人签字；供应商为法人或者其他组织的，应当由法定代表人、主要负责人签字或者盖章，并加盖公章。

代理人提出质疑和投诉，应当提交供应商签署的授权委托书。

第九条　以联合体形式参加政府采购活动的，其投诉应当由组成联合体的所有供应商共同提出。

第二章　质疑提出与答复

第十条　供应商认为采购文件、采购过程、中标或者成交结果使自己的权益受到损害的，可以在知道或者应知其权益受到损害之日起7个工作日内，以书面形式向采购人、采购代理机构提出质疑。

采购文件可以要求供应商在法定质疑期内一次性提出针对同一采购程序环节的质疑。

第十一条　提出质疑的供应商(以下简称质疑供应商)应当是参与所质疑项目采购活动的供应商。

潜在供应商已依法获取其可质疑的采购文件的，可以对该文件提出质疑。对采购文件提出质疑的，应当在获取采购文件或者采购文件公告期限届满之日起7个工作日内提出。

第十二条　供应商提出质疑应当提交质疑函和必要的证明材料。质疑函应当包括下列内容：

(一)供应商的姓名或者名称、地址、邮编、联系人及联系电话；

(二)质疑项目的名称、编号；

(三)具体、明确的质疑事项和与质疑事项相关的请求；

(四)事实依据；

(五)必要的法律依据；

(六)提出质疑的日期。

供应商为自然人的，应当由本人签字；供应商为法人或者其他组织的，应当由法定代表人、主要负责人，或者其授权代表签字或者盖章，并加盖公章。

第十三条　采购人、采购代理机构不得拒收质疑供应商在法定质疑期内发出的质疑函，应当在收到质疑函后7个工作日内作出答复，并以书面形式通知质疑供应商和其他有关供应商。

第十四条　供应商对评审过程、中标或者成交结果提出质疑的，采购人、采购代理机构可以组织原评标委员会、竞争性谈判小组、询价小组或者竞争性磋商小组协助答复质疑。

第十五条　质疑答复应当包括下列内容：

(一)质疑供应商的姓名或者名称；

(二)收到质疑函的日期、质疑项目名称及编号；

(三)质疑事项、质疑答复的具体内容、事实依据和法律依据；

(四)告知质疑供应商依法投诉的权利；

(五)质疑答复人名称；

(六)答复质疑的日期。

质疑答复的内容不得涉及商业秘密。

第十六条　采购人、采购代理机构认为供应商质疑不成立，或者成立但未对中标、成交结果构成影响的，继续开展采购活动；认为供应商质疑成立且影响或者可能影响中标、成交结果的，按照下列情况处理：

（一）对采购文件提出的质疑，依法通过澄清或者修改可以继续开展采购活动的，澄清或者修改采购文件后继续开展采购活动；否则应当修改采购文件后重新开展采购活动。

（二）对采购过程、中标或者成交结果提出的质疑，合格供应商符合法定数量时，可以从合格的中标或者成交候选人中另行确定中标、成交供应商的，应当依法另行确定中标、成交供应商；否则应当重新开展采购活动。

质疑答复导致中标、成交结果改变的，采购人或者采购代理机构应当将有关情况书面报告本级财政部门。

第三章 投诉提起

第十七条 质疑供应商对采购人、采购代理机构的答复不满意，或者采购人、采购代理机构未在规定时间内作出答复的，可以在答复期满后15个工作日内向本办法第六条规定的财政部门提起投诉。

第十八条 投诉人投诉时，应当提交投诉书和必要的证明材料，并按照被投诉采购人、采购代理机构（以下简称被投诉人）和与投诉事项有关的供应商数量提供投诉书的副本。投诉书应当包括下列内容：

（一）投诉人和被投诉人的姓名或者名称、通讯地址、邮编、联系人及联系电话；

（二）质疑和质疑答复情况说明及相关证明材料；

（三）具体、明确的投诉事项和与投诉事项相关的投诉请求；

（四）事实依据；

（五）法律依据；

（六）提起投诉的日期。

投诉人为自然人的，应当由本人签字；投诉人为法人或者其他组织的，应当由法定代表人、主要负责人，或者其授权代表签字或者盖章，并加盖公章。

第十九条 投诉人应当根据本办法第七条第二款规定的信息内容，并按照其规定的方式提起投诉。

投诉人提起投诉应当符合下列条件：

（一）提起投诉前已依法进行质疑；

（二）投诉书内容符合本办法的规定；

（三）在投诉有效期限内提起投诉；

（四）同一投诉事项未经财政部门投诉处理；

（五）财政部规定的其他条件。

第二十条 供应商投诉的事项不得超出已质疑事项的范围，但基于质疑答复内容提出的投诉事项除外。

第四章 投诉处理

第二十一条 财政部门收到投诉书后，应当在5个工作日内进行审查，审查后按照下列情况处理：

（一）投诉书内容不符合本办法第十八条规定的，应当在收到投诉书5个工作日内一次性书面通知投诉人补正。补正通知应当载明需要补正的事项和合理的补正期限。未按照补正期限进行补正或者补正后仍不符合规定的，不予受理。

（二）投诉不符合本办法第十九条规定条件的，应当在3个工作日内书面告知投诉人不予受理，并说明理由。

（三）投诉不属于本部门管辖的，应当在3个工作日内书面告知投诉人向有管辖权的部门提起投诉。

（四）投诉符合本办法第十八条、第十九条规定的，自收到投诉书之日起即为受理，并在收到投诉后8个工作日内向被投诉人和其他与投诉事项有关的当事人发出投诉答复通知书及投诉书副本。

第二十二条 被投诉人和其他与投诉事项有关的当事人应当在收到投诉答复通知书及投诉书副本之日起5个工作日内，以书面形式向财政部门作出说明，并提交相关证据、依据和其他有关材料。

第二十三条 财政部门处理投诉事项原则上采用书面审查的方式。财政部门认为有必要时，可以进行调查取证或者组织质证。

财政部门可以根据法律、法规规定或者职责权限，委托相关单位或者第三方开展调查取证、检验、检测、鉴定。

质证应当通知相关当事人到场，并制作质证笔录。质证笔录应当由当事人签字确认。

第二十四条 财政部门依法进行调查取证时，投诉人、被投诉人以及与投诉事项有关的单位及人员应当如实反映情况，并提供财政部门所需要的相关材料。

第二十五条 应当由投诉人承担举证责任的投诉事项，投诉人未提供相关证据、依据和其他有关材料的，视为该投诉事项不成立；被投诉人未按照投诉答复通知书要求提交相关证据、依据和其他有关材料的，视同其放弃说明权利，依法承担不利后果。

第二十六条 财政部门应当自收到投诉之日起30个工作日内，对投诉事项作出处理决定。

第二十七条 财政部门处理投诉事项，需要检验、检测、鉴定、专家评审以及需要投诉人补正材料的，所需时间不计算在投诉处理期限内。

前款所称所需时间，是指财政部门向相关单位、第三方、投诉人发出相关文书、补正通知之日至收到相关反馈文书或材料之日。

财政部门向相关单位、第三方开展检验、检测、鉴定、专家评审的，应当将所需时间告知投诉人。

第二十八条 财政部门在处理投诉事项期间，可以视具体情况书面通知采购人和采购代理机构暂停采购活动，暂停采购活动时间最长不得超过30日。

采购人和采购代理机构收到暂停采购活动通知后应当立即中止采购活动，在法定的暂停期限结束前或者财政部门发出恢复采购活动通知前，不得进行该项采购活动。

第二十九条　投诉处理过程中，有下列情形之一的，财政部门应当驳回投诉：

（一）受理后发现投诉不符合法定受理条件；

（二）投诉事项缺乏事实依据，投诉事项不成立；

（三）投诉人捏造事实或者提供虚假材料；

（四）投诉人以非法手段取得证明材料。证据来源的合法性存在明显疑问，投诉人无法证明其取得方式合法的，视为以非法手段取得证明材料。

第三十条　财政部门受理投诉后，投诉人书面申请撤回投诉的，财政部门应当终止投诉处理程序，并书面告知相关当事人。

第三十一条　投诉人对采购文件提起的投诉事项，财政部门经查证属实的，应当认定投诉事项成立。经认定成立的投诉事项不影响采购结果的，继续开展采购活动；影响或者可能影响采购结果的，财政部门按照下列情况处理：

（一）未确定中标或者成交供应商的，责令重新开展采购活动。

（二）已确定中标或者成交供应商但尚未签订政府采购合同的，认定中标或者成交结果无效，责令重新开展采购活动。

（三）政府采购合同已经签订但尚未履行的，撤销合同，责令重新开展采购活动。

（四）政府采购合同已经履行，给他人造成损失的，相关当事人可依法提起诉讼，由责任人承担赔偿责任。

第三十二条　投诉人对采购过程或者采购结果提起的投诉事项，财政部门经查证属实的，应当认定投诉事项成立。经认定成立的投诉事项不影响采购结果的，继续开展采购活动；影响或者可能影响采购结果的，财政部门按照下列情况处理：

（一）未确定中标或者成交供应商的，责令重新开展采购活动。

（二）已确定中标或者成交供应商但尚未签订政府采购合同的，认定中标或者成交结果无效。合格供应商符合法定数量时，可以从合格的中标或者成交候选人中另行确定中标或者成交供应商的，应当要求采购人依法另行确定中标、成交供应商；否则责令重新开展采购活动。

（三）政府采购合同已经签订但尚未履行的，撤销合同。合格供应商符合法定数量时，可以从合格的中标或者成交候选人中另行确定中标或者成交供应商的，应当要求采购人依法另行确定中标、成交供应商；否则责令重新开展采购活动。

（四）政府采购合同已经履行，给他人造成损失的，相关当事人可依法提起诉讼，由责任人承担赔偿责任。

投诉人对废标行为提起的投诉事项成立的，财政部门应当认定废标行为无效。

第三十三条　财政部门作出处理决定，应当制作投诉处理决定书，并加盖公章。投诉处理决定书应当包括下列内容：

（一）投诉人和被投诉人的姓名或者名称、通讯地址等；

（二）处理决定查明的事实和相关依据，具体处理决定和法律依据；

（三）告知相关当事人申请行政复议的权利、行政复议机关和行政复议申请期限，以及提起行政诉讼的权利和起诉期限；

（四）作出处理决定的日期。

第三十四条　财政部门应当将投诉处理决定书送达投诉人和与投诉事项有关的当事人，并及时将投诉处理结果在省级以上财政部门指定的政府采购信息发布媒体上公告。

投诉处理决定书的送达，参照《中华人民共和国民事诉讼法》关于送达的规定执行。

第三十五条　财政部门应当建立投诉处理档案管理制度，并配合有关部门依法进行的监督检查。

第五章　法律责任

第三十六条　采购人、采购代理机构有下列情形之一的，由财政部门责令限期改正；情节严重的，给予警告，对直接负责的主管人员和其他直接责任人员，由其行政主管部门或者有关机关给予处分，并予通报：

（一）拒收质疑供应商在法定质疑期内发出的质疑函；

（二）对质疑不予答复或者答复与事实明显不符，并不能作出合理说明；

（三）拒绝配合财政部门处理投诉事宜。

第三十七条　投诉人在全国范围12个月内三次以上投诉查无实据的，由财政部门列入不良行为记录名单。

投诉人有下列行为之一的，属于虚假、恶意投诉，由财政部门列入不良行为记录名单，禁止其1至3年内参加政府采购活动：

（一）捏造事实；

（二）提供虚假材料；

（三）以非法手段取得证明材料。证据来源的合法性存在明显疑问，投诉人无法证明其取得方式合法的，视为以非法手段取得证明材料。

第三十八条　财政部门及其工作人员在履行投诉处理职责中违反本办法规定及存在其他滥用职权、玩忽职守、徇私舞弊等违法违纪行为的，依照《中华人民共和国政府采购法》《中华人民共和国公务员法》《中华人民共和国行政监察法》《中华人民共和国政府采购法实施条例》等国家有关规定追究相应责任；涉嫌犯罪的，依法移送司法机关处理。

第六章　附　　则

第三十九条　质疑函和投诉书应当使用中文。质疑函和投诉书的范本，由财政部制定。

第四十条　相关当事人提供外文书证或者外国语视听资料的，应当附有中文译本，由翻译机构盖章或者翻译人员签名。

相关当事人向财政部门提供的在中华人民共和国领域外形成的证据，应当说明来源，经所在国公证机关证明，并经中华人民共和国驻该国使领馆认证，或者履行中华人民共和国与证据所在国订立的有关条约中规定的证明手续。

相关当事人提供的在香港特别行政区、澳门特别行政区和台湾地区内形成的证据，应当履行相关的证明手续。

第四十一条　财政部门处理投诉不得向投诉人和被投诉人收取任何费用。但因处理投诉发生的第三方检验、检测、鉴定等费用，由提出申请的供应商先行垫付。投诉处理决定明确双方责任后，按照"谁过错谁负担"的原则由承担责任的一方负担；双方都有责任的，由双方合理分担。

第四十二条　本办法规定的期间开始之日，不计算在期间内。期间届满的最后一日是节假日的，以节假日后的第一日为期间届满的日期。期间不包括在途时间，质疑和投诉文书在期满前交邮的，不算过期。

本办法规定的"以上""以下"均含本数。

第四十三条　对在质疑答复和投诉处理过程中知悉的国家秘密、商业秘密、个人隐私和依法不予公开的信息，财政部门、采购人、采购代理机构等相关知情人应当保密。

第四十四条　省级财政部门可以根据本办法制定具体实施办法。

第四十五条　本办法自2018年3月1日起施行。财政部2004年8月11日发布的《政府采购供应商投诉处理办法》（财政部令第20号）同时废止。

政府采购代理机构管理暂行办法

（2018年1月4日　财库〔2018〕2号）

第一章　总　　则

第一条　为加强政府采购代理机构监督管理，促进政府采购代理机构规范发展，根据《中华人民共和国政府采购法》《中华人民共和国政府采购法实施条例》等法律法规，制定本办法。

第二条　本办法所称政府采购代理机构（以下简称代理机构）是指集中采购机构以外、受采购人委托从事政府采购代理业务的社会中介机构。

第三条　代理机构的名录登记、从业管理、信用评价及监督检查适用本办法。

第四条　各级人民政府财政部门（以下简称财政部门）依法对代理机构从事政府采购代理业务进行监督管理。

第五条　财政部门应当加强对代理机构的政府采购业务培训，不断提高代理机构专业化水平。鼓励社会力量开展培训，增强代理机构业务能力。

第二章　名录登记

第六条　代理机构实行名录登记管理。省级财政部门依托中国政府采购网省级分网（以下简称省级分网）建立政府采购代理机构名录（以下简称名录）。名录信息全国共享并向社会公开。

第七条　代理机构应当通过工商登记注册地（以下简称注册地）省级分网填报以下信息申请进入名录，并承诺对信息真实性负责：

（一）代理机构名称、统一社会信用代码、办公场所地址、联系电话等机构信息；

（二）法定代表人及专职从业人员有效身份证明等个人信息；

（三）内部监督管理制度；

（四）在自有场所组织评审工作的，应当提供评审场所地址、监控设备设施情况；

（五）省级财政部门要求提供的其他材料。

登记信息发生变更的，代理机构应当在信息变更之日起10个工作日内自行更新。

第八条　代理机构登记信息不完整的，财政部门应当及时告知其完善登记资料；代理机构登记信息完整清晰的，财政部门应当及时为其开通相关政府采购管理交易系统信息发布、专家抽取等操作权限。

第九条　代理机构在其注册地省级行政区划以外从业的，应当向从业地财政部门申请开通政府采购管理交易系统相关操作权限，从业地财政部门不得要求其重复提交登记材料，不得强制要求其在从业地设立分支机构。

第十条　代理机构注销时，应当向相关采购人移交档案，并及时向注册地所在省级财政部门办理名录注销手续。

第三章　从业管理

第十一条　代理机构代理政府采购业务应当具备以下条件：

（一）具有独立承担民事责任的能力；

（二）建立完善的政府采购内部监督管理制度；

（三）拥有不少于5名熟悉政府采购法律法规、具备编制采购文件和组织采购活动等相应能力的专职从业人员；

（四）具备独立办公场所和代理政府采购业务所必需的办公条件；

（五）在自有场所组织评审工作的，应当具备必要的评审场地和录音录像等监控设备设施并符合省级人民政府规定的标准。

第十二条　采购人应当根据项目特点、代理机构专业领域和综合信用评价结果,从名录中自主择优选择代理机构。

任何单位和个人不得以摇号、抽签、遴选等方式干预采购人自行选择代理机构。

第十三条 代理机构受采购人委托办理采购事宜,应当与采购人签订委托代理协议,明确采购代理范围、权限、期限、档案保存、代理费用收取方式及标准、协议解除及终止、违约责任等具体事项,约定双方权利义务。

第十四条 代理机构应当严格按照委托代理协议的约定依法依规开展政府采购代理业务,相关开标及评审活动应当全程录音录像,录音录像应当清晰可辨,音像资料作为采购文件一并存档。

第十五条 代理费用可以由中标、成交供应商支付,也可由采购人支付。由中标、成交供应商支付的,供应商报价应当包含代理费用。代理费用超过分散采购限额标准的,原则上由中标、成交供应商支付。

代理机构应当在采购文件中明示代理费用收取方式及标准,随中标、成交结果一并公开本项目收费情况,包括具体收费标准及收费金额等。

第十六条 采购人和代理机构在委托代理协议中约定由代理机构负责保存采购文件的,代理机构应当妥善保存采购文件,不得伪造、变造、隐匿或者销毁采购文件。采购文件的保存期限为从采购结束之日起至少十五年。

采购文件可以采用电子档案方式保存。采用电子档案方式保存采购文件的,相关电子档案应当符合《中华人民共和国档案法》《中华人民共和国电子签名法》等法律法规的要求。

第四章 信用评价及监督检查

第十七条 财政部门负责组织开展代理机构综合信用评价工作。采购人、供应商和评审专家根据代理机构的从业情况对代理机构的代理活动进行综合信用评价。综合信用评价结果应当全国共享。

第十八条 采购人、评审专家应当在采购活动或评审活动结束后5个工作日内,在政府采购信用评价系统中记录代理机构的职责履行情况。

供应商可以在采购活动结束后5个工作日内,在政府采购信用评价系统中记录代理机构的职责履行情况。

代理机构可以在政府采购信用评价系统中查询本机构的职责履行情况,并就有关情况作出说明。

第十九条 财政部门应当建立健全定向抽查和不定向抽查相结合的随机抽查机制。对存在违法违规线索的政府采购项目开展定向检查;对日常监管事项,通过随机抽取检查对象、随机选派执法检查人员等方式开展不定向检查。

财政部门可以根据综合信用评价结果合理优化对代理机构的监督检查频次。

第二十条 财政部门应当依法加强对代理机构的监督检查,监督检查包括以下内容:

(一)代理机构名录信息的真实性;

(二)委托代理协议的签订和执行情况;

(三)采购文件编制与发售、评审组织、信息公告发布、评审专家抽取及评价情况;

(四)保证金收取及退还情况,中标或者成交供应商的通知情况;

(五)受托签订政府采购合同、协助采购人组织验收情况;

(六)答复供应商质疑、配合财政部门处理投诉情况;

(七)档案管理情况;

(八)其他政府采购从业情况。

第二十一条 对代理机构的监督检查结果应当在省级以上财政部门指定的政府采购信息发布媒体向社会公开。

第二十二条 受到财政部门禁止代理政府采购业务处罚的代理机构,应当及时停止代理业务,已经签订委托代理协议的项目,按下列情况分别处理:

(一)尚未开始执行的项目,应当及时终止委托代理协议;

(二)已经开始执行的项目,可以终止的应当及时终止,确因客观原因无法终止的应当妥善做好善后工作。

第二十三条 代理机构及其工作人员违反政府采购法律法规的行为,依照政府采购法律法规进行处理;涉嫌犯罪的,依法移送司法机关处理。

代理机构的违法行为给他人造成损失的,依法承担民事责任。

第二十四条 财政部门工作人员在代理机构管理中存在滥用职权、玩忽职守、徇私舞弊等违法违纪行为的,依照《中华人民共和国政府采购法》《中华人民共和国公务员法》《中华人民共和国行政监察法》《中华人民共和国政府采购法实施条例》等国家有关规定追究相关责任;涉嫌犯罪的,依法移送司法机关处理。

第五章 附 则

第二十五条 政府采购行业协会按照依法制定的章程开展活动,加强代理机构行业自律。

第二十六条 省级财政部门可根据本办法规定制定具体实施办法。

第二十七条 本办法自2018年3月1日施行。

中央预算单位变更政府采购方式审批管理办法

(2015年1月15日 财库〔2015〕36号)

第一章 总 则

第一条 为了加强中央预算单位政府采购管理,规范中央预算单位变更政府采购方式审批管理工作,根据《中华人民共和国政府采购法》、《政府采购非招标采购方式管理办法》及政府采购相关制度规定,制定本办法。

第二条 中央预算单位达到公开招标数额标准的货物、服务采购项目,需要采用公开招标以外采购方式的,应当在采购活动开始前,按照本办法规定申请变更政府采购方式。

本办法所称公开招标以外的采购方式,是指邀请招标、竞争性谈判、竞争性磋商、单一来源采购、询价以及财政部认定的其他采购方式。

第三条 变更政府采购方式申请应当由中央主管预算单位向财政部提出。财政部应当按照政府采购法和本办法规定进行审批。

第四条 中央主管预算单位应当加强对本部门所属预算单位变更政府采购方式工作的指导和监督。中央预算单位应当提交完整、明确、合规的申请材料,并对申请材料的真实性负责。

第二章 变更方式申请

第五条 中央预算单位应当建立和完善采购方式变更内部管理制度,明确采购、财务、业务相关部门(岗位)责任。业务部门应当结合工作实际,根据经费预算和资产配置等采购标准,提出合理采购需求。采购部门(岗位)应当组织财务、业务等相关部门(岗位),根据采购需求和相关行业、产业发展状况,对拟申请采用采购方式的理由及必要性进行内部会商。会商意见应当由相关部门(岗位)人员共同签字认可。

第六条 中央预算单位申请单一来源采购方式,符合政府采购法第三十一条第一项情形的,在进行单位内部会商前,应先组织3名以上专业人员对只能从唯一供应商处采购的理由进行论证。专业人员论证意见应当完整、清晰和明确,意见不明确或者含混不清的,属于无效意见,不作为审核依据。专业人员论证意见中应当载明专业人员姓名、工作单位、职称、联系电话和身份证号码。专业人员不能与论证项目有直接利害关系,不能是本单位或者潜在供应商及其关联单位的工作人员。

第七条 中央预算单位申请采用公开招标以外采购方式的,应当提交以下材料:

(一)中央主管预算单位出具的变更采购方式申请公文,公文中应当载明以下内容:中央预算单位名称、采购项目名称、项目概况等项目基本情况说明,拟申请采用的采购方式和理由,联系人及联系电话等。申请变更为单一来源采购方式的,还需提供拟定的唯一供应商名称、地址;

(二)项目预算金额、预算批复文件或者资金来源证明;

(三)单位内部会商意见。申请变更为单一来源采购方式的,如符合政府采购法第三十一条第一项情形,还需提供专业人员论证意见。

第八条 非中央预算单位所能预见的原因或者非中央预算单位拖延造成采用招标所需时间不能满足需要而申请变更采购方式的,中央预算单位应当提供项目紧急原因的说明材料。

第九条 中央预算单位因采购任务涉及国家秘密需要变更采购方式的,应当提供由国家保密机关出具的本项目为涉密采购项目的证明文件。

第十条 中央预算单位符合《政府采购非招标采购方式管理办法》第二十七条第一款第一项情形和第二款情形,申请采用竞争性谈判采购方式的;公开招标过程中提交投标文件或者经评审实质性响应招标文件要求的供应商只有一家时,申请单一来源采购方式的,除按照本办法第七条第一项和第二项要求提供有关申请材料外,还应当提供以下材料:

(一)在中国政府采购网发布招标公告的证明材料;

(二)中央预算单位、采购代理机构出具的对招标文件和招标过程没有供应商质疑的说明材料;

(三)评标委员会或3名以上评审专家出具的招标文件没有不合理条款的论证意见。

第十一条 中央主管预算单位在同一预算年度内,对所属多个预算单位因相同采购需求和原因采购同一品目的货物或者服务,拟申请采用同一种采购方式的,可统一组织一次内部会商后,向财政部报送一揽子方式变更申请。

第十二条 中央预算单位一般应通过“政府采购计划管理系统”报送采购方式变更申请,对系统中已导入政府采购预算的,不再提供部门预算批复文件复印件。因采购任务涉及国家秘密需要变更采购方式的,应当通过纸质文件报送。

第十三条 中央预算单位申请采用单一来源采购方式,符合政府采购法第三十一条第一项情形的,在向财政部提出变更申请前,经中央主管预算单位同意后,在中国政府采购网上进行公示,并将公示情况一并报财政部。

因采购任务涉及国家秘密需要变更为单一来源采购方式的,可不进行公示。

第十四条 中央预算单位申请变更为单一来源采购方式的申请前公示,公示期不得少于5个工作日,公示材料为单一来源采购征求意见公示文书和专业人员论证意见。因公开招标过程中提交投标文件或者经评审实质性响应招标文件要求的供应商只有一家时,申请采用单一来源采购方式的,公示材料还包括评审专家和代理机构分别出具的招标文件无歧视性条款、招标过程未受质疑相关意见材料。

单一来源采购征求意见公示文书内容应包括:中央预算单位、采购项目名称和内容;公示的期限;拟采购的唯一供应商名称;中央主管预算单位、财政部政府采购监管部门的联系地址、联系人和联系电话。

第十五条 任何供应商、单位或者个人对采用单一来源采购方式公示有异议的,可以在公示期内将书面意见反馈给中央预算单位,并同时抄送中央主管预算单位和财政部。

第十六条 中央预算单位收到对采用单一来源采购方式公示的异议后,应当在公示期满5个工作日内,组织补充论证,论证后认为异议成立的,应当依法采取其他采购方式;论证后认为异议不成立的,应当将异议意见、论证意见与公示情况一并报财政部。

第三章 审批管理

第十七条 财政部收到变更采购方式申请后应当及时审查,并按下列情形限时办结:

(一)变更政府采购方式申请的理由和申请材料符合政府采购法和本办法规定的,财政部应当在收到材料之日起,7个工作日内予以批复。

(二)申请材料不符合本办法规定的,财政部应当在3个工作日内通知中央主管预算单位修改补充。办结日期以财政部重新收到申报材料时算起。

(三)变更政府采购方式申请的理由不符合政府采购法规定的,财政部应当在收到材料之日起,3个工作日内予以答复,并将不予批复的理由告知中央主管预算单位。

第十八条 中央预算单位应当按照财政部的批复文件,依法开展政府采购活动,未经批准,擅自采用公开招标以外采购方式的,财政部将依据政府采购法及有关法律法规予以处理。

第四章 附则

第十九条 中央预算单位采购限额标准以上公开招标数额标准以下的货物、工程和服务,以及达到招标规模标准依法可不进行招标的政府采购工程建设项目,需要采用公开招标以外采购方式的,由单位根据《政府采购非招标采购方式管理办法》及有关制度规定,自主选择相应采购方式。

第二十条 本办法自2015年3月1日起实施。原《中央单位变更政府采购方式审批管理暂行办法》(财库〔2009〕48号)、《财政部关于对中央单位申请单一来源采购实行审核前公示相关问题的通知》(财库〔2011〕130号)停止执行。

政府和社会资本合作项目政府采购管理办法

(2014年12月31日 财库〔2014〕215号)

第一章 总则

第一条 为了规范政府和社会资本合作项目政府采购(以下简称PPP项目采购)行为,维护国家利益、社会公共利益和政府采购当事人的合法权益,依据《中华人民共和国政府采购法》(以下简称政府采购法)和有关法律、行政法规、部门规章,制定本办法。

第二条 本办法所称PPP项目采购,是指政府为达成权利义务平衡、物有所值的PPP项目合同,遵循公开、公平、公正和诚实信用原则,按照相关法规要求完成PPP项目识别和准备等前期工作后,依法选择社会资本合作者的过程。PPP项目实施机构(采购人)在项目实施过程中选择合作社会资本(供应商),适用本办法。

第三条 PPP项目实施机构可以委托政府采购代理机构办理PPP项目采购事宜。PPP项目咨询服务机构从事PPP项目采购业务的,应当按照政府采购代理机构管理的有关要求及时进行网上登记。

第二章 采购程序

第四条 PPP项目采购方式包括公开招标、邀请招标、竞争性谈判、竞争性磋商和单一来源采购。项目实施机构应当根据PPP项目的采购需求特点,依法选择适当的采购方式。公开招标主要适用于采购需求中核心边界条件和技术经济参数明确、完整、符合国家法律法规及政府采购政策,且采购过程中不作更改的项目。

第五条 PPP项目采购应当实行资格预审。项目实施机构应当根据项目需要准备资格预审文件,发布资格预审公告,邀请社会资本和与其合作的金融机构参与资格预审,验证项目能否获得社会资本响应和实现充分竞争。

第六条 资格预审公告应当在省级以上人民政府财政部门指定的政府采购信息发布媒体上发布。资格预审合格的社会资本在签订PPP项目合同前资格发生变化的,应当通知项目实施机构。

资格预审公告应当包括项目授权主体、项目实施机构和项目名称、采购需求、对社会资本的资格要求、是否允许联合体参与采购活动、是否限定参与竞争的合格社会资本的数量及限定的方法和标准、以及社会资本提交资格预审申请文件的时间和地点。提交资格预审申请文件的时间自公告发布之日起不得少于15个工作日。

第七条 项目实施机构、采购代理机构应当成立评审小组,负责PPP项目采购的资格预审和评审工作。评审小组由项目实施机构代表和评审专家共5人以上单数组成,其中评审专家人数不得少于评审小组成员总数的2/3。评审专家可以由项目实施机构自行选定,但评审专家中至少应当包含1名财务专家和1名法律专家。项目实施机构代表不得以评审专家身份参加项目的评审。

第八条 项目有3家以上社会资本通过资格预审的,项目实施机构可以继续开展采购文件准备工作;项目通过资格预审的社会资本不足3家的,项目实施机构应当在调整资格预审公告内容后重新组织资格预审;项目经重新资格预审后合格社会资本仍不够3家的,可以依法变更采购方式。

资格预审结果应当告知所有参与资格预审的社会资本，并将资格预审的评审报告提交财政部门(政府和社会资本合作中心)备案。

第九条 项目采购文件应当包括采购邀请、竞争者须知(包括密封、签署、盖章要求等)、竞争者应当提供的资格、资信及业绩证明文件、采购方式、政府对项目实施机构的授权、实施方案的批复和项目相关审批文件、采购程序、响应文件编制要求、提交响应文件截止时间、开启时间及地点、保证金交纳数额和形式、评审方法、评审标准、政府采购政策要求、PPP 项目合同草案及其他法律文本、采购结果确认谈判中项目合同可变的细节、以及是否允许未参加资格预审的供应商参与竞争并进行资格后审等内容。项目采购文件中还应当明确项目合同必须报请本级人民政府审核同意，在获得同意前项目合同不得生效。

采用竞争性谈判或者竞争性磋商采购方式的，项目采购文件除上款规定的内容外，还应当明确评审小组根据与社会资本谈判情况可能实质性变动的内容，包括采购需求中的技术、服务要求以及项目合同草案条款。

第十条 项目实施机构应当在资格预审公告、采购公告、采购文件、项目合同中列明采购本国货物和服务、技术引进和转让等政策要求，以及对社会资本参与采购活动和履约保证的担保要求。

第十一条 项目实施机构应当组织社会资本进行现场考察或者召开采购前答疑会，但不得单独或者分别组织只有一个社会资本参加的现场考察和答疑会。项目实施机构可以视项目的具体情况，组织对符合条件的社会资本的资格条件进行考察核实。

第十二条 评审小组成员应当按照客观、公正、审慎的原则，根据资格预审公告和采购文件规定的程序、方法和标准进行资格预审和独立评审。已进行资格预审的，评审小组在评审阶段可以不再对社会资本进行资格审查。允许进行资格后审的，由评审小组在响应文件评审环节对社会资本进行资格审查。

评审小组成员应当在资格预审报告和评审报告上签字，对自己的评审意见承担法律责任。对资格预审报告或者评审报告有异议的，应当在报告上签署不同意见，并说明理由，否则视为同意资格预审报告和评审报告。

评审小组发现采购文件内容违反国家有关强制性规定的，应当停止评审并向项目实施机构说明情况。

第十三条 评审专家应当遵守评审工作纪律，不得泄露评审情况和评审中获悉的国家秘密、商业秘密。

评审小组在评审过程中发现社会资本有行贿、提供虚假材料或者串通等违法行为的，应当及时向财政部门报告。

评审专家在评审过程中受到非法干涉的，应当及时向财政、监察等部门举报。

第十四条 PPP 项目采购评审结束后，项目实施机构应当成立专门的采购结果确认谈判工作组，负责采购结果确认前的谈判和最终的采购结果确认工作。

采购结果确认谈判工作组成员及数量由项目实施机构确定，但应当至少包括财政预算管理部门、行业主管部门代表，以及财务、法律等方面的专家。涉及价格管理、环境保护的 PPP 项目，谈判工作组还应当包括价格管理、环境保护行政执法机关代表。评审小组成员可以作为采购结果确认谈判工作组成员参与采购结果确认谈判。

第十五条 采购结果确认谈判工作组应当按照评审报告推荐的候选社会资本排名，依次与候选社会资本及与其合作的金融机构就项目合同中可变的细节问题进行项目合同签署前的确认谈判，率先达成一致的候选社会资本即为预中标、成交社会资本。

第十六条 确认谈判不得涉及项目合同中不可谈判的核心条款，不得与排序在前但已终止谈判的社会资本进行重复谈判。

第十七条 项目实施机构应当在预中标、成交社会资本确定后 10 个工作日内，与预中标、成交社会资本签署确认谈判备忘录，并将预中标、成交结果和根据采购文件、响应文件及有关补遗文件和确认谈判备忘录拟定的项目合同文本在省级以上人民政府财政部门指定的政府采购信息发布媒体上进行公示，公示期不得少于 5 个工作日。项目合同文本应当将预中标、成交社会资本响应文件中的重要承诺和技术文件等作为附件。项目合同文本涉及国家秘密、商业秘密的内容可以不公示。

第十八条 项目实施机构应当在公示期满无异议后 2 个工作日内，将中标、成交结果在省级以上人民政府财政部门指定的政府采购信息发布媒体上进行公告，同时发出中标、成交通知书。

中标、成交结果公告内容应当包括：项目实施机构和采购代理机构的名称、地址和联系方式；项目名称和项目编号；中标或者成交社会资本的名称、地址、法人代表；中标或者成交标的名称、主要中标或者成交条件(包括但不限于合作期限、服务要求、项目概算、回报机制)等；评审小组和采购结果确认谈判工作组成员名单。

第十九条 项目实施机构应当在中标、成交通知书发出后 30 日内，与中标、成交社会资本签订经本级人民政府审核同意的 PPP 项目合同。

需要为 PPP 项目设立专门项目公司的，待项目公司成立后，由项目公司与项目实施机构重新签署 PPP 项目合同，或者签署关于继承 PPP 项目合同的补充合同。

第二十条 项目实施机构应当在 PPP 项目合同签订之日起 2 个工作日内，将 PPP 项目合同在省级以上人民政府财政部门指定的政府采购信息发布媒体上公告，但 PPP 项目合同中涉及国家秘密、商业秘密的内容除外。

第二十一条 项目实施机构应当在采购文件中要求社会资本交纳参加采购活动的保证金和履约保证金。社会资本应当以支票、汇票、本票或者金融机构、担保机构出具的保函等非现金形式交纳保证金。参加采购活动的保证金数额不得超过项目预算金额的2%。履约保证金的数额不得超过PPP项目初始投资总额或者资产评估值的10%,无固定资产投资或者投资额不大的服务型PPP项目,履约保证金的数额不得超过平均6个月服务收入额。

第三章 争议处理和监督检查

第二十二条 参加PPP项目采购活动的社会资本对采购活动的询问、质疑和投诉,依照有关政府采购法律制度规定执行。

项目实施机构和中标、成交社会资本在PPP项目合同履行中发生争议且无法协商一致的,可以依法申请仲裁或者提起民事诉讼。

第二十三条 各级人民政府财政部门应当加强对PPP项目采购活动的监督检查,依法处理采购活动中的违法违规行为。

第二十四条 PPP项目采购有关单位和人员在采购活动中出现违法违规行为的,依照政府采购法及有关法律法规追究法律责任。

第四章 附 则

第二十五条 本办法自发布之日起施行。

政府采购促进中小企业发展管理办法

(2020年12月18日 财库〔2020〕46号)

第一条 为了发挥政府采购的政策功能,促进中小企业健康发展,根据《中华人民共和国政府采购法》、《中华人民共和国中小企业促进法》等有关法律法规,制定本办法。

第二条 本办法所称中小企业,是指在中华人民共和国境内依法设立,依据国务院批准的中小企业划分标准确定的中型企业、小型企业和微型企业,但与大企业的负责人为同一人,或者与大企业存在直接控股、管理关系的除外。

符合中小企业划分标准的个体工商户,在政府采购活动中视同中小企业。

第三条 采购人在政府采购活动中应当通过加强采购需求管理,落实预留采购份额、价格评审优惠、优先采购等措施,提高中小企业在政府采购中的份额,支持中小企业发展。

第四条 在政府采购活动中,供应商提供的货物、工程或者服务符合下列情形的,享受本办法规定的中小企业扶持政策:

(一)在货物采购项目中,货物由中小企业制造,即货物由中小企业生产且使用该中小企业商号或者注册商标;

(二)在工程采购项目中,工程由中小企业承建,即工程施工单位为中小企业;

(三)在服务采购项目中,服务由中小企业承接,即提供服务的人员为中小企业依照《中华人民共和国劳动合同法》订立劳动合同的从业人员。

在货物采购项目中,供应商提供的货物既有中小企业制造货物,也有大型企业制造货物的,不享受本办法规定的中小企业扶持政策。

以联合体形式参加政府采购活动,联合体各方均为中小企业的,联合体视同中小企业。其中,联合体各方均为小微企业的,联合体视同小微企业。

第五条 采购人在政府采购活动中应当合理确定采购项目的采购需求,不得以企业注册资本、资产总额、营业收入、从业人员、利润、纳税额等规模条件和财务指标作为供应商的资格要求或者评审因素,不得在企业股权结构、经营年限等方面对中小企业实行差别待遇或者歧视待遇。

第六条 主管预算单位应当组织评估本部门及所属单位政府采购项目,统筹制定面向中小企业预留采购份额的具体方案,对适宜由中小企业提供的采购项目和采购包,预留采购份额专门面向中小企业采购,并在政府采购预算中单独列示。

符合下列情形之一的,可不专门面向中小企业预留采购份额:

(一)法律法规和国家有关政策明确规定优先或者应当面向事业单位、社会组织等非企业主体采购的;

(二)因确需使用不可替代的专利、专有技术,基础设施限制,或者提供特定公共服务等原因,只能从中小企业之外的供应商处采购的;

(三)按照本办法规定预留采购份额无法确保充分供应、充分竞争,或者存在可能影响政府采购目标实现的情形;

(四)框架协议采购项目;

(五)省级以上人民政府财政部门规定的其他情形。

除上述情形外,其他均为适宜由中小企业提供的情形。

第七条 采购限额标准以上,200万元以下的货物和服务采购项目、400万元以下的工程采购项目,适宜由中小企业提供的,采购人应当专门面向中小企业采购。

第八条 超过200万元的货物和服务采购项目、超过400万元的工程采购项目中适宜由中小企业提供的,预留该部分采购项目预算总额的30%以上专门面向中小企业采购,其中预留给小微企业的比例不低于60%。预留份额通过下列措施进行:

(一)将采购项目整体或者设置采购包专门面向中小企业采购;

（二）要求供应商以联合体形式参加采购活动，且联合体中中小企业承担的部分达到一定比例；

（三）要求获得采购合同的供应商将采购项目中的一定比例分包给一家或者多家中小企业。

组成联合体或者接受分包合同的中小企业与联合体内其他企业、分包企业之间不得存在直接控股、管理关系。

第九条 对于经主管预算单位统筹后未预留份额专门面向中小企业采购的采购项目，以及预留份额项目中的非预留部分采购包，采购人、采购代理机构应当对符合本办法规定的小微企业报价给予 6%—10%（工程项目为 3%—5%）的扣除，用扣除后的价格参加评审。适用招标投标法的政府采购工程建设项目，采用综合评估法但未采用低价优先法计算价格分的，评标时应当在采用原报价进行评分的基础上增加其价格得分的 3%—5% 作为其价格分。

接受大中型企业与小微企业组成联合体或者允许大中型企业向一家或者多家小微企业分包的采购项目，对于联合协议或者分包意向协议约定小微企业的合同份额占到合同总金额 30% 以上的，采购人、采购代理机构应当对联合体或者大中型企业的报价给予 2% –3%（工程项目为 1%—2%）的扣除，用扣除后的价格参加评审。适用招标投标法的政府采购工程建设项目，采用综合评估法但未采用低价优先法计算价格分的，评标时应当在采用原报价进行评分的基础上增加其价格得分的 1%—2% 作为其价格分。组成联合体或者接受分包的小微企业与联合体内其他企业、分包企业之间存在直接控股、管理关系的，不享受价格扣除优惠政策。

价格扣除比例或者价格分加分比例对小型企业和微型企业同等对待，不作区分。具体采购项目的价格扣除比例或者价格分加分比例，由采购人根据采购标的相关行业平均利润率、市场竞争状况等，在本办法规定的幅度内确定。

第十条 采购人应当严格按照本办法规定和主管预算单位制定的预留采购份额具体方案开展采购活动。预留份额的采购项目或者采购包，通过发布公告方式邀请供应商后，符合资格条件的中小企业数量不足 3 家的，应当中止采购活动，视同未预留份额的采购项目或者采购包，按照本办法第九条有关规定重新组织采购活动。

第十一条 中小企业参加政府采购活动，应当出具本办法规定的《中小企业声明函》（附 1），否则不得享受相关中小企业扶持政策。任何单位和个人不得要求供应商提供《中小企业声明函》之外的中小企业身份证明文件。

第十二条 采购项目涉及中小企业采购的，采购文件应当明确以下内容：

（一）预留份额的采购项目或者采购包，明确该项目或相关采购包专门面向中小企业采购，以及相关标的及预算金额；

（二）要求以联合体形式参加或者合同分包的，明确联合协议或者分包意向协议中中小企业合同金额应当达到的比例，并作为供应商资格条件；

（三）非预留份额的采购项目或者采购包，明确有关价格扣除比例或者价格分加分比例；

（四）规定依据本办法规定享受扶持政策获得政府采购合同的，小微企业不得将合同分包给大中型企业，中型企业不得将合同分包给大型企业；

（五）采购人认为具备相关条件的，明确对中小企业在资金支付期限、预付款比例等方面的优惠措施；

（六）明确采购标的对应的中小企业划分标准所属行业；

（七）法律法规和省级以上人民政府财政部门规定的其他事项。

第十三条 中标、成交供应商享受本办法规定的中小企业扶持政策的，采购人、采购代理机构应当随中标、成交结果公开中标、成交供应商的《中小企业声明函》。

适用招标投标法的政府采购工程建设项目，应当在公示中标候选人时公开中标候选人的《中小企业声明函》。

第十四条 对于通过预留采购项目、预留专门采购包、要求以联合体形式参加或者合同分包等措施签订的采购合同，应当明确标注本合同为中小企业预留合同。其中，要求以联合体形式参加采购活动或者合同分包的，应当将联合协议或者分包意向协议作为采购合同的组成部分。

第十五条 鼓励各地区、各部门在采购活动中允许中小企业引入信用担保手段，为中小企业在投标（响应）保证、履约保证等方面提供专业化服务。鼓励中小企业依法合规通过政府采购合同融资。

第十六条 政府采购监督检查、投诉处理及政府采购行政处罚中对中小企业的认定，由货物制造商或者工程、服务供应商注册登记所在地的县级以上人民政府中小企业主管部门负责。

中小企业主管部门应当在收到财政部门或者有关招标投标行政监督部门关于协助开展中小企业认定函后 10 个工作日内做出书面答复。

第十七条 各地区、各部门应当对涉及中小企业采购的预算项目实施全过程绩效管理，合理设置绩效目标和指标，落实扶持中小企业有关政策要求，定期开展绩效监控和评价，强化绩效评价结果应用。

第十八条 主管预算单位应当自 2022 年起向同级财政部门报告本部门上一年度面向中小企业预留份额和采购的具体情况，并在中国政府采购网公开预留项目执行情况（附 2）。未达到本办法规定的预留份额比例的，应当作出说明。

第十九条 采购人未按本办法规定为中小企业预留采购份额，采购人、采购代理机构未按照本办法规定要求实施价格扣除或者价格分加分的，属于未按照规定执行政府采购政策，依照《中华人民共和国政府采购法》等国家有关规定追究法律责任。

第二十条　供应商按照本办法规定提供声明函内容不实的，属于提供虚假材料谋取中标、成交，依照《中华人民共和国政府采购法》等国家有关规定追究相应责任。

适用招标投标法的政府采购工程建设项目，投标人按照本办法规定提供声明函内容不实的，属于弄虚作假骗取中标，依照《中华人民共和国招标投标法》等国家有关规定追究相应责任。

第二十一条　财政部门、中小企业主管部门及其工作人员在履行职责中违反本办法规定及存在其他滥用职权、玩忽职守、徇私舞弊等违法违纪行为的，依照《中华人民共和国政府采购法》、《中华人民共和国公务员法》、《中华人民共和国监察法》、《中华人民共和国政府采购法实施条例》等国家有关规定追究相应责任；涉嫌犯罪的，依法移送有关国家机关处理。

第二十二条　对外援助项目、国家相关资格或者资质管理制度另有规定的项目，不适用本办法。

第二十三条　关于视同中小企业的其他主体的政府采购扶持政策，由财政部会同有关部门另行规定。

第二十四条　省级财政部门可以会同中小企业主管部门根据本办法的规定制定具体实施办法。

第二十五条　本办法自2021年1月1日起施行。《财政部、工业和信息化部关于印发〈政府采购促进中小企业发展暂行办法〉的通知》（财库〔2011〕181号）同时废止。

附：1. 中小企业声明函

2. 面向中小企业预留项目执行情况公告

附1

中小企业声明函（货物）

本公司（联合体）郑重声明，根据《政府采购促进中小企业发展管理办法》（财库〔2020〕46号）的规定，本公司（联合体）参加（单位名称）的（项目名称）采购活动，提供的货物全部由符合政策要求的中小企业制造。相关企业（含联合体中的中小企业、签订分包意向协议的中小企业）的具体情况如下：

1. （标的名称），属于（采购文件中明确的所属行业）行业；制造商为（企业名称），从业人员______人，营业收入为______万元，资产总额为______万元①，属于（中型企业、小型企业、微型企业）；

2. （标的名称），属于（采购文件中明确的所属行业）行业；制造商为（企业名称），从业人员______人，营业收入为______万元，资产总额为______万元，属于（中型企业、小型企业、微型企业）；

……

以上企业，不属于大企业的分支机构，不存在控股股东为大企业的情形，也不存在与大企业的负责人为同一人的情形。

本企业对上述声明内容的真实性负责。如有虚假，将依法承担相应责任。

企业名称（盖章）：

日　期：

① 从业人员、营业收入、资产总额填报上一年度数据，无上一年度数据的新成立企业可不填报。

中小企业声明函(工程、服务)

本公司(联合体)郑重声明,根据《政府采购促进中小企业发展管理办法》(财库〔2020〕46号)的规定,本公司(联合体)参加(单位名称)的(项目名称)采购活动,工程的施工单位全部为符合政策要求的中小企业(或者:服务全部由符合政策要求的中小企业承接)。相关企业(含联合体中的中小企业、签订分包意向协议的中小企业)的具体情况如下:

1. (标的名称),属于(采购文件中明确的所属行业);承建(承接)企业为(企业名称),从业人员______人,营业收入为______万元,资产总额为______万元①,属于(中型企业、小型企业、微型企业);

2. (标的名称),属于(采购文件中明确的所属行业);承建(承接)企业为(企业名称),从业人员______人,营业收入为______万元,资产总额为______万元,属于(中型企业、小型企业、微型企业);

……

以上企业,不属于大企业的分支机构,不存在控股股东为大企业的情形,也不存在与大企业的负责人为同一人的情形。

本企业对上述声明内容的真实性负责。如有虚假,将依法承担相应责任。

企业名称(盖章):
日　期:

附2

(单位名称)××年面向中小企业预留项目执行情况公告

根据《政府采购促进中小企业发展管理办法》(财库〔2020〕46号)要求,现对本部门(单位)××年面向中小企业预留项目执行情况公告如下:

本部门(单位)××年预留项目面向中小企业采购共计××万元,其中,面向小微企业采购××万元,占××%。

面向中小企业预留项目明细

序号	项目名称	预留选项	面向中小企业采购金额	合同链接
	(填写集中采购目录以内或者采购限额标准以上的采购项目)	(填写"采购项目整体预留"、"设置专门采购包"、"要求以联合体形式参加"或者"要求合同分包",除"采购项目全部预留"外,还应当填写预留给中小企业的比例)	(精确到万元)	(填写合同在中国政府采购网公开的网址,合同中应当包含有关联合体协议或者分包意向协议)
……	……	……	……	……

部门(单位)名称:
日期:

① 从业人员、营业收入、资产总额填报上一年度数据,无上一年度数据的新成立企业可不填报。

财政部、国务院扶贫办关于运用政府采购政策支持脱贫攻坚的通知

（2019年5月27日　财库〔2019〕27号）

各中央预算单位，各省、自治区、直辖市、计划单列市财政厅（局）、扶贫办（局），新疆生产建设兵团财政局、扶贫办：

为深入贯彻党的十九大精神和习近平总书记关于扶贫工作的重要论述，认真落实党中央、国务院关于打赢脱贫攻坚战的各项决策部署，进一步做好运用政府采购政策支持脱贫攻坚工作，现就有关事项通知如下：

一、充分认识运用好政府采购政策支持打赢脱贫攻坚战的重要性

党的十八大以来，以习近平同志为核心的党中央作出坚决打赢脱贫攻坚战的决定，推动脱贫攻坚战取得决定性进展。党的十九大提出将精准脱贫作为全面建成小康社会的三大攻坚战之一。打赢打好脱贫攻坚战，对如期全面建成小康社会，实现第一个一百年奋斗目标具有十分重要的意义。运用好政府采购这一财政调控手段支持打赢脱贫攻坚战，优先采购贫困地区农副产品和物业服务，是贯彻习近平总书记关于脱贫攻坚的新理念新思想新战略，落实《国务院办公厅关于深入开展消费扶贫助力打赢脱贫攻坚战的指导意见》（国办发〔2018〕129号）的具体措施，有助于帮助贫困人口增收脱贫，调动贫困人口依靠自身努力实现脱贫致富的积极性，促进贫困人口稳定脱贫和贫困地区产业持续发展。各级财政部门、扶贫办及各级预算单位要切实提高政治站位，充分认识运用政府采购政策支持脱贫攻坚的重要意义，增强执行政策的自觉性和紧迫性，确保取得政策实效。

二、鼓励采用优先采购、预留采购份额方式采购贫困地区农副产品

各级预算单位采购农副产品的，同等条件下应优先采购贫困地区农副产品。各主管预算单位要做好统筹协调，确定并预留本部门各预算单位食堂采购农副产品总额的一定比例定向采购贫困地区农副产品。各级预算单位要按照积极稳妥的原则确定预留比例，购买贫困地区农副产品时要遵循就近、经济的原则，在确保完成既定预留比例的基础上，鼓励更多采购贫困地区农副产品，注重扶贫实际效果。

贫困地区农副产品是指832个国家级贫困县域内注册的企业、农民专业合作社、家庭农场等出产的农副产品。

三、鼓励优先采购聘用建档立卡贫困人员物业公司提供的物业服务

各级预算单位使用财政性资金采购物业服务的，有条件的应当优先采购注册地在832个国家级贫困县域内，且聘用建档立卡贫困人员物业公司提供的物业服务。对注册地在832个国家级贫困县域内，且聘用建档立卡贫困人员达到公司员工（含服务外包用工）30%以上的物业公司，各级预算单位可根据符合条件的物业公司数量等具体情况，按规定履行有关变更采购方式报批程序后，采用竞争性谈判、竞争性磋商、单一来源等非公开招标采购方式，采购有关物业公司提供的物业服务。

各级预算单位要按照注重实效、切实可行的原则确定采购贫困地区物业服务的需求。按上述政策优先采购有关物业公司物业服务的，除按规定在政府采购指定媒体公开项目采购信息外，还应公开物业公司注册所在县扶贫部门出具的聘用建档立卡贫困人员具体数量的证明，确保支持政策落到实处，接受社会监督。

四、建立健全保障措施

财政部、国务院扶贫办会同有关部门制定优先采购贫困地区农副产品的实施方案，搭建贫困地区农副产品网络销售平台，提供高效便捷的贫困地区农副产品产销渠道，有序开展相关工作。各级扶贫办（局）要会同本级有关部门加强贫困地区农副产品货源组织，建立长期稳定的供给体系。

各主管预算单位应于2019年底前将本部门各预算单位预留采购贫困地区农副产品的具体比例情况（详见附件），报同级财政部门和扶贫部门备案。2020年起，各级财政部门和扶贫部门将定期统计和通报采购贫困地区农副产品情况，将采购贫困地区物业服务情况作为政府采购政策执行情况专项统计纳入政府采购信息统计范围，加强对各单位政策执行情况的督导。

附件：预算单位采购贫困地区农副产品预留份额情况表（略）

二、财务会计

（一）企业财务

中华人民共和国发票管理办法

（1993 年 12 月 12 日国务院批准　1993 年 12 月 23 日财政部令第 6 号发布　根据 2010 年 12 月 20 日《国务院关于修改〈中华人民共和国发票管理办法〉的决定》第一次修订　根据 2019 年 3 月 2 日《国务院关于修改部分行政法规的决定》第二次修订）

第一章　总　　则

第一条　为了加强发票管理和财务监督，保障国家税收收入，维护经济秩序，根据《中华人民共和国税收征收管理法》，制定本办法。

第二条　在中华人民共和国境内印制、领购、开具、取得、保管、缴销发票的单位和个人（以下称印制、使用发票的单位和个人），必须遵守本办法。

第三条　本办法所称发票，是指在购销商品、提供或者接受服务以及从事其他经营活动中，开具、收取的收付款凭证。

第四条　国务院税务主管部门统一负责全国的发票管理工作。省、自治区、直辖市税务机关依据职责做好本行政区域内的发票管理工作。

财政、审计、市场监督管理、公安等有关部门在各自的职责范围内，配合税务机关做好发票管理工作。

第五条　发票的种类、联次、内容以及使用范围由国务院税务主管部门规定。

第六条　对违反发票管理法规的行为，任何单位和个人可以举报。税务机关应当为检举人保密，并酌情给予奖励。

第二章　发票的印制

第七条　增值税专用发票由国务院税务主管部门确定的企业印制；其他发票，按照国务院税务主管部门的规定，由省、自治区、直辖市税务机关确定的企业印制。禁止私自印制、伪造、变造发票。

第八条　印制发票的企业应当具备下列条件：

（一）取得印刷经营许可证和营业执照；

（二）设备、技术水平能够满足印制发票的需要；

（三）有健全的财务制度和严格的质量监督、安全管理、保密制度。

税务机关应当以招标方式确定印制发票的企业，并发给发票准印证。

第九条　印制发票应当使用国务院税务主管部门确定的全国统一的发票防伪专用品。禁止非法制造发票防伪专用品。

第十条　发票应当套印全国统一发票监制章。全国统一发票监制章的式样和发票版面印刷的要求，由国务院税务主管部门规定。发票监制章由省、自治区、直辖市税务机关制作。禁止伪造发票监制章。

发票实行不定期换版制度。

第十一条　印制发票的企业按照税务机关的统一规定，建立发票印制管理制度和保管措施。

发票监制章和发票防伪专用品的使用和管理实行专人负责制度。

第十二条　印制发票的企业必须按照税务机关批准的式样和数量印制发票。

第十三条　发票应当使用中文印制。民族自治地方的发票，可以加印当地一种通用的民族文字。有实际需要的，也可以同时使用中外两种文字印制。

第十四条　各省、自治区、直辖市内的单位和个人使用的发票，除增值税专用发票外，应当在本省、自治区、直辖市内印制；确有必要到外省、自治区、直辖市印制的，应当由省、自治区、直辖市税务机关商印制地省、自治区、直辖市税务机关同意，由印制地省、自治区、直辖市税务机关确定的企业印制。

禁止在境外印制发票。

第三章　发票的领购

第十五条　需要领购发票的单位和个人，应当持税务登记证件、经办人身份证明、按照国务院税务主管部门规定式样制作的发票专用章的印模，向主管税务机关办理发票领购手续。主管税务机关根据领购单位和个人的经营范围和规模，确认领购发票的种类、数量以及领购方式，在 5 个工作日内发给发票领购簿。

单位和个人领购发票时，应当按照税务机关的规定报告发票使用情况，税务机关应当按照规定进行查验。

第十六条　需要临时使用发票的单位和个人，可以凭购销商品、提供或者接受服务以及从事其他经营活动的书面证明、经办人身份证明,直接向经营地税务机关申请代开发票。依照税收法律、行政法规规定应当缴纳税款的,税务机关应当先征收税款,再开具发票。税务机关根据发票管理的需要,可以按照国务院税务主管部门的规定委托其他单位代开发票。

禁止非法代开发票。

第十七条 临时到本省、自治区、直辖市以外从事经营活动的单位或者个人,应当凭所在地税务机关的证明,向经营地税务机关领购经营地的发票。

临时在本省、自治区、直辖市以内跨市、县从事经营活动领购发票的办法,由省、自治区、直辖市税务机关规定。

第十八条 税务机关对外省、自治区、直辖市来本辖区从事临时经营活动的单位和个人领购发票的,可以要求其提供保证人或者根据所领购发票的票面限额以及数量交纳不超过1万元的保证金,并限期缴销发票。

按期缴销发票的,解除保证人的担保义务或者退还保证金;未按期缴销发票的,由保证人或者以保证金承担法律责任。

税务机关收取保证金应当开具资金往来结算票据。

第四章 发票的开具和保管

第十九条 销售商品、提供服务以及从事其他经营活动的单位和个人,对外发生经营业务收取款项,收款方应当向付款方开具发票;特殊情况下,由付款方向收款方开具发票。

第二十条 所有单位和从事生产、经营活动的个人在购买商品、接受服务以及从事其他经营活动支付款项,应当向收款方取得发票。取得发票时,不得要求变更品名和金额。

第二十一条 不符合规定的发票,不得作为财务报销凭证,任何单位和个人有权拒收。

第二十二条 开具发票应当按照规定的时限、顺序、栏目,全部联次一次性如实开具,并加盖发票专用章。

任何单位和个人不得有下列虚开发票行为:

(一)为他人、为自己开具与实际经营业务情况不符的发票;

(二)让他人为自己开具与实际经营业务情况不符的发票;

(三)介绍他人开具与实际经营业务情况不符的发票。

第二十三条 安装税控装置的单位和个人,应当按照规定使用税控装置开具发票,并按期向主管税务机关报送开具发票的数据。

使用非税控电子器具开具发票的,应当将非税控电子器具使用的软件程序说明资料报主管税务机关备案,并按照规定保存、报送开具发票的数据。

国家推广使用网络发票管理系统开具发票,具体管理办法由国务院税务主管部门制定。

第二十四条 任何单位和个人应当按照发票管理规定使用发票,不得有下列行为:

(一)转借、转让、介绍他人转让发票、发票监制章和发票防伪专用品;

(二)知道或者应当知道是私自印制、伪造、变造、非法取得或者废止的发票而受让、开具、存放、携带、邮寄、运输;

(三)拆本使用发票;

(四)扩大发票使用范围;

(五)以其他凭证代替发票使用。

税务机关应当提供查询发票真伪的便捷渠道。

第二十五条 除国务院税务主管部门规定的特殊情形外,发票限于领购单位和个人在本省、自治区、直辖市内开具。

省、自治区、直辖市税务机关可以规定跨市、县开具发票的办法。

第二十六条 除国务院税务主管部门规定的特殊情形外,任何单位和个人不得跨规定的使用区域携带、邮寄、运输空白发票。

禁止携带、邮寄或者运输空白发票出入境。

第二十七条 开具发票的单位和个人应当建立发票使用登记制度,设置发票登记簿,并定期向主管税务机关报告发票使用情况。

第二十八条 开具发票的单位和个人应当在办理变更或者注销税务登记的同时,办理发票和发票领购簿的变更、缴销手续。

第二十九条 开具发票的单位和个人应当按照税务机关的规定存放和保管发票,不得擅自损毁。已经开具的发票存根联和发票登记簿,应当保存5年。保存期满,报经税务机关查验后销毁。

第五章 发票的检查

第三十条 税务机关在发票管理中有权进行下列检查:

(一)检查印制、领购、开具、取得、保管和缴销发票的情况;

(二)调出发票查验;

(三)查阅、复制与发票有关的凭证、资料;

(四)向当事各方询问与发票有关的问题和情况;

(五)在查处发票案件时,对与案件有关的情况和资料,可以记录、录音、录像、照像和复制。

第三十一条 印制、使用发票的单位和个人,必须接受税务机关依法检查,如实反映情况,提供有关资料,不得拒绝、隐瞒。

税务人员进行检查时,应当出示税务检查证。

第三十二条 税务机关需要将已开具的发票调出查验时,应当向被查验的单位和个人开具发票换票证。发票换票证与所调出查验的发票有同等的效力。被调出查验发票的单位和个人不得拒绝接受。

税务机关需要将空白发票调出查验时,应当开具收据;经查无问题的,应当及时返还。

第三十三条 单位和个人从中国境外取得的与纳税有关的发票或者凭证,税务机关在纳税审查时有疑义的,可以要求其提供境外公证机构或者注册会计师的确认证明,经税务机关审核认可后,方可作为记账核算的凭证。

第三十四条 税务机关在发票检查中需要核对发票存根联与发票联填写情况时,可以向持有发票或者发票存根联的单位发出发票填写情况核对卡,有关单位应当如实填写,按期报回。

第六章 罚　　则

第三十五条 违反本办法的规定,有下列情形之一的,由税务机关责令改正,可以处1万元以下的罚款;有违法所得的予以没收:

(一)应当开具而未开具发票,或者未按照规定的时限、顺序、栏目,全部联次一次性开具发票,或者未加盖发票专用章的;

(二)使用税控装置开具发票,未按期向主管税务机关报送开具发票的数据的;

(三)使用非税控电子器具开具发票,未将非税控电子器具使用的软件程序说明资料报主管税务机关备案,或者未按照规定保存、报送开具发票的数据的;

(四)拆本使用发票的;

(五)扩大发票使用范围的;

(六)以其他凭证代替发票使用的;

(七)跨规定区域开具发票的;

(八)未按照规定缴销发票的;

(九)未按照规定存放和保管发票的。

第三十六条 跨规定的使用区域携带、邮寄、运输空白发票,以及携带、邮寄或者运输空白发票出入境的,由税务机关责令改正,可以处1万元以下的罚款;情节严重的,处1万元以上3万元以下的罚款;有违法所得的予以没收。

丢失发票或者擅自损毁发票的,依照前款规定处罚。

第三十七条 违反本办法第二十二条第二款的规定虚开发票的,由税务机关没收违法所得;虚开金额在1万元以下的,可以并处5万元以下的罚款;虚开金额超过1万元的,并处5万元以上50万元以下的罚款;构成犯罪的,依法追究刑事责任。

非法代开发票的,依照前款规定处罚。

第三十八条 私自印制、伪造、变造发票,非法制造发票防伪专用品,伪造发票监制章的,由税务机关没收违法所得,没收、销毁作案工具和非法物品,并处1万元以上5万元以下的罚款;情节严重的,并处5万元以上50万元以下的罚款;对印制发票的企业,可以并处吊销发票准印证;构成犯罪的,依法追究刑事责任。

前款规定的处罚,《中华人民共和国税收征收管理法》有规定的,依照其规定执行。

第三十九条 有下列情形之一的,由税务机关处1万元以上5万元以下的罚款;情节严重的,处5万元以上50万元以下的罚款;有违法所得的予以没收:

(一)转借、转让、介绍他人转让发票、发票监制章和发票防伪专用品的;

(二)知道或者应当知道是私自印制、伪造、变造、非法取得或者废止的发票而受让、开具、存放、携带、邮寄、运输的。

第四十条 对违反发票管理规定2次以上或者情节严重的单位和个人,税务机关可以向社会公告。

第四十一条 违反发票管理法规,导致其他单位或者个人未缴、少缴或者骗取税款的,由税务机关没收违法所得,可以并处未缴、少缴或者骗取的税款1倍以下的罚款。

第四十二条 当事人对税务机关的处罚决定不服的,可以依法申请行政复议或者向人民法院提起行政诉讼。

第四十三条 税务人员利用职权之便,故意刁难印制、使用发票的单位和个人,或者有违反发票管理法规行为的,依照国家有关规定给予处分;构成犯罪的,依法追究刑事责任。

第七章 附　　则

第四十四条 国务院税务主管部门可以根据有关行业特殊的经营方式和业务需求,会同国务院有关主管部门制定该行业的发票管理办法。

国务院税务主管部门可以根据增值税专用发票管理的特殊需要,制定增值税专用发票的具体管理办法。

第四十五条 本办法自发布之日起施行。财政部1986年发布的《全国发票管理暂行办法》和原国家税务局1991年发布的《关于对外商投资企业和外国企业发票管理的暂行规定》同时废止。

中华人民共和国发票管理办法实施细则

(2011年2月14日国家税务总局令第25号公布　根据2014年12月27日《国家税务总局关于修改〈中华人民共和国发票管理办法实施细则〉的决定》第一次修正　根据2018年6月15日《国家税务总局关于修改部分税务部门规章的决定》第二次修正　根据2019年7月24日《国家税务总局关于公布取消一批税务证明事项以及废止和修改部分规章规范性文件的决定》第三次修正)

第一章 总　　则

第一条 根据《中华人民共和国发票管理办法》(以下简称《办法》)规定,制定本实施细则。

第二条 在全国范围内统一式样的发票,由国家税务总局确定。

在省、自治区、直辖市范围内统一式样的发票,由省、自治区、直辖市税务局(以下简称省税务局)确定。

第三条 发票的基本联次包括存根联、发票联、记账联。存根联由收款方或开票方留存备查;发票联由付款方或受票方作为付款原始凭证;记账联由收款方或开票方作为记账原始凭证。

省以上税务机关可根据发票管理情况以及纳税人经营业务需要,增减除发票联以外的其他联次,并确定其用途。

第四条 发票的基本内容包括:发票的名称、发票代码和号码、联次及用途、客户名称、开户银行及账号、商品名称或经营项目、计量单位、数量、单价、大小写金额、开票人、开票日期、开票单位(个人)名称(章)等。

省以上税务机关可根据经济活动以及发票管理需要,确定发票的具体内容。

第五条 用票单位可以书面向税务机关要求使用印有本单位名称的发票,税务机关依据《办法》第十五条的规定,确认印有该单位名称发票的种类和数量。

第二章 发票的印制

第六条 发票准印证由国家税务总局统一监制,省税务局核发。

税务机关应当对印制发票企业实施监督管理,对不符合条件的,应当取消其印制发票的资格。

第七条 全国统一的发票防伪措施由国家税务总局确定,省税务局可以根据需要增加本地区的发票防伪措施,并向国家税务总局备案。

发票防伪专用品应当按照规定专库保管,不得丢失。次品、废品应当在税务机关监督下集中销毁。

第八条 全国统一发票监制章是税务机关管理发票的法定标志,其形状、规格、内容、印色由国家税务总局规定。

第九条 全国范围内发票换版由国家税务总局确定;省、自治区、直辖市范围内发票换版由省税务局确定。

发票换版时,应当进行公告。

第十条 监制发票的税务机关根据需要下达发票印制通知书,被指定的印制企业必须按照要求印制。

发票印制通知书应当载明印制发票企业名称、用票单位名称、发票名称、发票代码、种类、联次、规格、印色、印制数量、起止号码、交货时间、地点等内容。

第十一条 印制发票企业印制完毕的成品应当按照规定验收后专库保管,不得丢失。废品应当及时销毁。

第三章 发票的领购

第十二条 《办法》第十五条所称经办人身份证明是指经办人的居民身份证、护照或者其他能证明经办人身份的证件。

第十三条 《办法》第十五条所称发票专用章是指用票单位和个人在其开具发票时加盖的有其名称、税务登记号、发票专用章字样的印章。

发票专用章式样由国家税务总局确定。

第十四条 税务机关对领购发票单位和个人提供的发票专用章的印模应当留存备查。

第十五条 《办法》第十五条所称领购方式是指批量供应、交旧购新或者验旧购新等方式。

第十六条 《办法》第十五条所称发票领购簿的内容应当包括用票单位和个人的名称、所属行业、购票方式、核准购票种类、开票限额、发票名称、领购日期、准购数量、起止号码、违章记录、领购人签字(盖章)、核发税务机关(章)等内容。

第十七条 《办法》第十五条所称发票使用情况是指发票领用存情况及相关开票数据。

第十八条 税务机关在发售发票时,应当按照核准的收费标准收取工本管理费,并向购票单位和个人开具收据。发票工本费征缴办法按照国家有关规定执行。

第十九条 《办法》第十六条所称书面证明是指有关业务合同、协议或者税务机关认可的其他资料。

第二十条 税务机关应当与受托代开发票的单位签订协议,明确代开发票的种类、对象、内容和相关责任等内容。

第二十一条 《办法》第十八条所称保证人,是指在中国境内具有担保能力的公民、法人或者其他经济组织。

保证人同意为领购发票的单位和个人提供担保的,应当填写担保书。担保书内容包括:担保对象、范围、期限和责任以及其他有关事项。

担保书须经购票人、保证人和税务机关签字盖章后方为有效。

第二十二条 《办法》第十八条第二款所称由保证人或者以保证金承担法律责任,是指由保证人缴纳罚款或者以保证金缴纳罚款。

第二十三条 提供保证人或者交纳保证金的具体范围由省税务局规定。

第四章 发票的开具和保管

第二十四条 《办法》第十九条所称特殊情况下,由付款方向收款方开具发票,是指下列情况:

(一)收购单位和扣缴义务人支付个人款项时;

(二)国家税务总局认为其他需要由付款方向收款方开具发票的。

第二十五条 向消费者个人零售小额商品或者提供零星服务的,是否可免予逐笔开具发票,由省税务局确定。

第二十六条 填开发票的单位和个人必须在发生经营业务确认营业收入时开具发票。未发生经营业务一律不准开具发票。

第二十七条 开具发票后,如发生销货退回需开红字发票的,必须收回原发票并注明“作废”字样或取得对方有效证明。

开具发票后,如发生销售折让的,必须在收回原发票并注明“作废”字样后重新开具销售发票或取得对方有效证明后开具红字发票。

第二十八条 单位和个人在开具发票时,必须做到按照号码顺序填开,填写项目齐全,内容真实,字迹清楚,全部联次一次打印,内容完全一致,并在发票联和抵扣联加盖发票专用章。

第二十九条 开具发票应当使用中文。民族自治地方可以同时使用当地通用的一种民族文字。

第三十条 《办法》第二十六条所称规定的使用区域是指国家税务总局和省税务局规定的区域。

第三十一条 使用发票的单位和个人应当妥善保管发票。发生发票丢失情形时,应当于发现丢失当日书面报告税务机关。

第五章 发票的检查

第三十二条 《办法》第三十二条所称发票换票证仅限于在本县(市)范围内使用。需要调出外县(市)的发票查验时,应当提请该县(市)税务机关调取发票。

第三十三条 用票单位和个人有权申请税务机关对发票的真伪进行鉴别。收到申请的税务机关应当受理并负责鉴别发票的真伪;鉴别有困难的,可以提请发票监制税务机关协助鉴别。

在伪造、变造现场以及买卖地、存放地查获的发票,由当地税务机关鉴别。

第六章 罚 则

第三十四条 税务机关对违反发票管理法规的行为进行处罚,应当将行政处罚决定书面通知当事人;对违反发票管理法规的案件,应当立案查处。

对违反发票管理法规的行政处罚,由县以上税务机关决定;罚款额在2000元以下的,可由税务所决定。

第三十五条 《办法》第四十条所称的公告是指,税务机关应当在办税场所或者广播、电视、报纸、期刊、网络等新闻媒体上公告纳税人发票违法的情况。公告内容包括:纳税人名称、纳税人识别号、经营地点、违反发票管理法规的具体情况。

第三十六条 对违反发票管理法规情节严重构成犯罪的,税务机关应当依法移送司法机关处理。

第七章 附 则

第三十七条 《办法》和本实施细则所称“以上”、“以下”均含本数。

第三十八条 本实施细则自2011年2月1日起施行。

网络发票管理办法

(2013年2月25日国家税务总局令第30号公布 根据2018年6月15日《国家税务总局关于修改部分税务部门规章的决定》修正)

第一条 为加强普通发票管理,保障国家税收收入,规范网络发票的开具和使用,根据《中华人民共和国发票管理办法》规定,制定本办法。

第二条 在中华人民共和国境内使用网络发票管理系统开具发票的单位和个人办理网络发票管理系统的开户登记、网上领取发票手续、在线开具、传输、查验和缴销等事项,适用本办法。

第三条 本办法所称网络发票是指符合国家税务总局统一标准并通过国家税务总局及省、自治区、直辖市税务局公布的网络发票管理系统开具的发票。

国家积极推广使用网络发票管理系统开具发票。

第四条 税务机关应加强网络发票的管理,确保网络发票的安全、唯一、便利,并提供便捷的网络发票信息查询渠道;应通过应用网络发票数据分析,提高信息管税水平。

第五条 税务机关应根据开具发票的单位和个人的经营情况,核定其在线开具网络发票的种类、行业类别、开票限额等内容。

开具发票的单位和个人需要变更网络发票核定内容的,可向税务机关提出书面申请,经税务机关确认,予以变更。

第六条 开具发票的单位和个人开具网络发票应登录网络发票管理系统,如实完整填写发票的相关内容及数据,确认保存后打印发票。

开具发票的单位和个人在线开具的网络发票,经系统自动保存数据后即完成开票信息的确认、查验。

第七条 单位和个人取得网络发票时,应及时查询验证网络发票信息的真实性、完整性,对不符合规定的发票,不得作为财务报销凭证,任何单位和个人有权拒收。

第八条 开具发票的单位和个人需要开具红字发票的,必须收回原网络发票全部联次或取得受票方出具的有效证明,通过网络发票管理系统开具金额为负数的红字网络发票。

第九条 开具发票的单位和个人作废开具的网络发票,应收回原网络发票全部联次,注明“作废”,并在网络发票管理系统中进行发票作废处理。

第十条 开具发票的单位和个人应当在办理变更或者注销税务登记的同时,办理网络发票管理系统的用户变更、注销手续并缴销空白发票。

第十一条 税务机关根据发票管理的需要,可以按照国家税务总局的规定委托其他单位通过网络发票管理系统代开网络发票。

税务机关应当与受托代开发票的单位签订协议，明确代开网络发票的种类、对象、内容和相关责任等内容。

第十二条 开具发票的单位和个人必须如实在线开具网络发票，不得利用网络发票进行转借、转让、虚开发票及其他违法活动。

第十三条 开具发票的单位和个人在网络出现故障，无法在线开具发票时，可离线开具发票。

开具发票后，不得改动开票信息，并于48小时内上传开票信息。

第十四条 开具发票的单位和个人违反本办法规定的，按照《中华人民共和国发票管理办法》有关规定处理。

第十五条 省以上税务机关在确保网络发票电子信息正确生成、可靠存储、查询验证、安全唯一等条件的情况下，可以试行电子发票。

第十六条 本办法自2013年4月1日起施行。

现金管理暂行条例

（1988年9月8日中华人民共和国国务院令第12号发布 根据2011年1月8日《国务院关于废止和修改部分行政法规的决定》修订）

第一章 总　　则

第一条 为改善现金管理，促进商品生产和流通，加强对社会经济活动的监督，制定本条例。

第二条 凡在银行和其他金融机构（以下简称开户银行）开立账户的机关、团体、部队、企业、事业单位和其他单位（以下简称开户单位），必须依照本条例的规定收支和使用现金，接受开户银行的监督。

国家鼓励开户单位和个人在经济活动中，采取转账方式进行结算，减少使用现金。

第三条 开户单位之间的经济往来，除按本条例规定的范围可以使用现金外，应当通过开户银行进行转账结算。

第四条 各级人民银行应当严格履行金融主管机关的职责，负责对开户银行的现金管理进行监督和稽核。

开户银行依照本条例和中国人民银行的规定，负责现金管理的具体实施，对开户单位收支、使用现金进行监督管理。

第二章 现金管理和监督

第五条 开户单位可以在下列范围内使用现金：

（一）职工工资、津贴；

（二）个人劳务报酬；

（三）根据国家规定颁发给个人的科学技术、文化艺术、体育等各种奖金；

（四）各种劳保，福利费用以及国家规定的对个人的其他支出；

（五）向个人收购农副产品和其他物资的价款；

（六）出差人员必须随身携带的差旅费；

（七）结算起点以下的零星支出；

（八）中国人民银行确定需要支付现金的其他支出。

前款结算起点定为1000元。结算起点的调整，由中国人民银行确定，报国务院备案。

第六条 除本条例第五条第（五）、（六）项外，开户单位支付给个人的款项，超过使用现金限额的部分，应当以支票或者银行本票支付；确需全额支付现金的，经开户银行审核后，予以支付现金。

前款使用现金限额，按本条例第五条第二款的规定执行。

第七条 转账结算凭证在经济往来中，具有同现金相同的支付能力。

开户单位在销售活动中，不得对现金结算给予比转账结算优惠待遇；不得拒收支票、银行汇票和银行本票。

第八条 机关、团体、部队、全民所有制和集体所有制企业事业单位购置国家规定的专项控制商品，必须采取转账结算方式，不得使用现金。

第九条 开户银行应当根据实际需要，核定开户单位3天至5天的日常零星开支所需的库存现金限额。

边远地区和交通不便地区的开户单位的库存现金限额，可以多于5天，但不得超过15天的日常零星开支。

第十条 经核定的库存现金限额，开户单位必须严格遵守。需要增加或者减少库存现金限额的，应当向开户银行提出申请，由开户银行核定。

第十一条 开户单位现金收支应当依照下列规定办理：

（一）开户单位现金收入应当于当日送存开户银行。当日送存确有困难的，由开户银行确定送存时间；

（二）开户单位支付现金，可以从本单位库存现金限额中支付或者从开户银行提取，不得从本单位的现金收入中直接支付（即坐支）。因特殊情况需要坐支现金的，应当事先报经开户银行审查批准，由开户银行核定坐支范围和限额。坐支单位应当定期向开户银行报送坐支金额和使用情况；

（三）开户单位根据本条例第五条和第六条的规定，从开户银行提取现金，应当写明用途，由本单位财会部门负责人签字盖章，经开户银行审核后，予以支付现金；

（四）因采购地点不固定，交通不便，生产或者市场急需，抢险救灾以及其他特殊情况必须使用现金的，开户单位应当向开户银行提出申请，由本单位财会部门负责人签字盖章，经开户银行审核后，予以支付现金。

第十二条 开户单位应当建立健全现金账目，逐笔记载现金支付。账目应当日清月结，账款相符。

第十三条　对个体工商户、农村承包经营户发放的贷款，应当以转账方式支付。对确需在集市使用现金购买物资的，经开户银行审核后，可以在贷款金额内支付现金。

第十四条　在开户银行开户的个体工商户、农村承包经营户异地采购所需货款，应当通过银行汇兑方式支付。因采购地点不固定，交通不便必须携带现金的，由开户银行根据实际需要，予以支付现金。

未在开户银行开户的个体工商户、农村承包经营户异地采购所需货款，可以通过银行汇兑方式支付。凡加盖“现金”字样的结算凭证，汇入银行必须保证支付现金。

第十五条　具备条件的银行应当接受开户单位的委托，开展代发工资、转存储蓄业务。

第十六条　为保证开户单位的现金收入及时送存银行，开户银行必须按照规定做好现金收款工作，不得随意缩短收款时间。大中城市和商业比较集中的地区，应当建立非营业时间收款制度。

第十七条　开户银行应当加强柜台审查，定期和不定期地对开户单位现金收支情况进行检查，并按规定向当地人民银行报告现金管理情况。

第十八条　一个单位在几家银行开户的，由一家开户银行负责现金管理工作，核定开户单位库存现金限额。

各金融机构的现金管理分工，由中国人民银行确定。有关现金管理分工的争议，由当地人民银行协调、裁决。

第十九条　开户银行应当建立健全现金管理制度，配备专职人员，改进工作作风，改善服务设施。现金管理工作所需经费应当在开户银行业务费中解决。

第三章　法律责任

第二十条　开户单位有下列情形之一的，开户银行应当依照中国人民银行的规定，责令其停止违法活动，并可根据情节轻重处以罚款：

（一）超出规定范围、限额使用现金的；

（二）超出核定的库存现金限额留存现金的。（2011年1月8日删除）

第二十一条　开户单位有下列情形之一的，开户银行应当依照中国人民银行的规定，予以警告或者罚款；情节严重的，可在一定期限内停止对该单位的贷款或者停止对该单位的现金支付：

（一）对现金结算给予比转账结算优惠待遇的；

（二）拒收支票、银行汇票和银行本票的；

（三）违反本条例第八条规定，不采取转账结算方式购置国家规定的专项控制商品的；

（四）用不符合财务会计制度规定的凭证顶替库存现金的；

（五）用转账凭证套换现金的；

（六）编造用途套取现金的；

（七）互相借用现金的；

（八）利用账户替其他单位和个人套取现金的；

（九）将单位的现金收入按个人储蓄方式存入银行的；

（十）保留账外公款的；

（十一）未经批准坐支或者未按开户银行核定的坐支范围和限额坐支现金的。（2011年1月8日删除）

第二十二条　开户单位对开户银行作出的处罚决定不服的，必须首先按照处罚决定执行，然后可在10日内向开户银行的同级人民银行申请复议。同级人民银行应当在收到复议申请之日起30日内作出复议决定。开户单位对复议决定不服的，可以在收到复议决定之日起30日内向人民法院起诉。（2011年1月8日删除）

第二十三条　银行工作人员违反本条例规定，徇私舞弊、贪污受贿、玩忽职守纵容违法行为的，应当根据情节轻重，给予行政处分和经济处罚；构成犯罪的，由司法机关依法追究刑事责任。

第四章　附　　则

第二十四条　本条例由中国人民银行负责解释；施行细则由中国人民银行制定。

第二十五条　本条例自1988年10月1日起施行。1977年11月28日发布的《国务院关于实行现金管理的决定》同时废止。

现金管理暂行条例实施细则

（1988年9月23日　银发〔1988〕288号）

第一条　为了更好地贯彻执行国务院1988年发布的《现金管理暂行条例》，特制定本细则。

第二条　凡在银行和其他金融机构（以下简称开户银行）开立账户的机关、团体、部队、企业、事业单位（以下简称开户单位），必须执行本细则，接受开户银行的监督。开户银行包括：各专业银行，国内金融机构，经批准在中国境内经营人民币业务的外资、中外合资银行和金融机构。企业包括：国家企业、城乡集体企业（包括村办企业）、联营企业、私营企业（包括个体工商户、农村承包经营户）。

中外合资和合作经营企业原则上执行本细则，具体管理办法由人民银行各省、自治区、直辖市分行根据当地实际情况制订。

部队、公安系统所属的保密单位和其他保密单位的现金管理，原则上执行本细则。具体管理办法和其他单位可以有所区别（见第四条第二款）。

第三条 中国人民银行总行是现金管理的主管部门。各级人民银行要严格履行金融主管机关的职责，负责对开户银行的现金管理进行监督和稽核。

开户银行负责现金管理的具体执行，对开户单位的现金收支、使用进行监督管理。

一个单位在几家银行开户的，只能在一家银行开设现金结算户，支取现金，并由该家银行负责核定现金库存限额和进行现金管理检查。当地人民银行要协同各行开户银行，认真清理现金结算账户，负责将开户单位的现金结算户落实到一家开户银行。

第四条 各开户单位的库存现金都要核定限额。库存现金限额应当由开户单位提出计划，报开户银行审批。经核定的库存现金限额，开户单位必须严格遵守。

部队、公安系统的保密单位和其他保密单位的库存现金限额的核定和现金管理工作检查事宜，由其主管部门负责，并由主管部门将确定的库存现金限额和检查情况报开户银行。

各开户单位的库存现金限额，由于生产或业务变化，需要增加或减少时，应向开户银行提出申请，经批准后再行调整。

第五条 开户银行根据实际需要，原则上以开户单位3天至5天的日常零星开支所需核定库存现金限额。边远地区和交通不发达地区的开户单位的库存现金限额，可以适当放宽，但最多不得超过15天的日常零星开支。

对没有在银行单独开立账户的附属单位也要实行现金管理，必须保留的现金，也要核定限额，其限额包括在开户单位的库存限额之内。

商业和服务行业的找零备用现金也要根据营业额核定定额，但不包括在开户单位的库存现金限额之内。

第六条 开户单位之间的经济往来，必须通过银行进行转账结算。根据国家有关规定，开户单位只可在下列范围内使用现金：

（一）职工工资、各种工资性津贴；

（二）个人劳动报酬，包括稿费和讲课费及其他专门工作报酬；

（三）支付给个人的各种奖金，包括根据国家规定颁发给个人的各种科学技术、文化艺术、体育等各种奖金；

（四）各种劳保、福利费用以及国家规定的对个人的其他现金支出；

（五）收购单位向个人收购农副产品和其他物资支付的价款；

（六）出差人员必须随身携带的差旅费；

（七）结算起点以下的零星支出；

（八）确实需要现金支付的其他支出（见第十一条第四项）。

第七条 结算起点为1000元，需要增加时由中国人民银行总行确定后，报国务院备案。

第八条 除本条例第六条第（五）、（六）项外、开户单位支付给个人的款项中，支付现金每人一次不得超过1000元，超过限额部分，根据提款人的要求在指定的银行转为储蓄存款或以支票、银行本票支付。确需全额支付现金的，应经开户银行审查后予以支付。

第九条 转账结算凭证在经济往来中具有同现金相同的支付能力。开户单位在购销活动中，不得对现金结算给予比转账结算优惠的待遇；不得只收现金拒收支票、银行汇票、银行本票和其他转账结算凭证。

第十条 开户单位购置国家规定的社会集团专项控制商品，必须采取转账方式，不得使用现金，商业单位也不得收取现金。

第十一条 开户单位现金收支按下列规定管理：

（一）开户单位收入现金应于当日送存开户银行，当日送存确有困难的，由开户银行确定送存时间；

（二）开户单位支付现金，可从本单位现金库存中支付或者从开户银行提取，不得从本单位的现金收入中直接支付（即坐支）；

需要坐支现金的单位，要事先报经开户银行审查批准，由开户银行核定坐支范围和限额。坐支单位必须在现金账上如实反映坐支金额，并按月向开户银行报送坐支金额和使用情况。

（三）开户单位根据本细则第六条和第七条的规定，从开户银行提取现金的，应当如实写明用途，由本单位财会部门负责人签字盖章，并经开户银行审查批准，予以支付。

（四）因采购地点不确定、交通不便、抢险救灾以及其他特殊情况，办理转账结算不够方便、必须使用现金的开户单位，要向开户银行提出书面申请，由本单位财务部门负责人签字盖章，开户银行审查批准后，予以支付现金。

第十二条 开户单位必须建立健全现金账目，逐笔记载现金支付，账目要日清月结，做到账款相符。不准用不符合财务制度的凭证顶替库存现金；不准单位之间相互借用现金；不准谎报用途套取现金；不准利用银行账户代其他单位和个人存入或支取现金；不准将单位收入的现金以个人名义存入储蓄；不准保留账外公款（即小金库）；禁止发行变相货币，不准以任何票券代替人民币在市场上流通。

第十三条 对个体工商户、农村承包户发放的贷款，应以转账方式支付；对于确需在集市使用现金购买物资的，由承贷人提出书面申请，经开户银行审查批准后，可以在贷款金额内支付现金。

第十四条 在银行开户的个体工商户、农村承包经营户异地采购的贷款，应当通过银行以转账方式进行结算。因采购地点不确定、交通不方便必须携带现金的，由客户提出申请，开户银行根据实际需要予以支付现金。

未在银行开户的个体工商户、农村承包经营户异地采购，可以通过银行以汇兑方式支付。凡加盖“现金”字样的结算凭证,汇入银行必须保证支付现金。

第十五条 具备条件的银行应当积极开展代发工资、转存储蓄业务。

第十六条 为保证开户单位的现金收入及时送存银行,开户银行必须按照规定做好现金收款工作,不得随意缩短收款时间。大中城市和商业比较集中的地区,要建立非营业时间收款制度。

第十七条 开户银行应当加强柜台审查,定期和不定期地检查开户单位执行国务院《现金管理暂行条例》和本细则的情况,并按规定向其上级单位和当地人民银行报告现金管理情况。

各级人民银行要定期不定期地对同级专业银行和其他金融机构(包括经营人民币业务的外资、中外合资银行和金融机构)的现金管理情况进行检查监督,并及时解决有关现金管理中的问题。

各开户单位要向银行派出检查人员提供有关资料,如实反映情况。

第十八条 各开户单位的主管部门要定期和不定期地检查所属单位执行国务院《现金管理暂行条例》和本细则的情况,发现问题及时纠正,并将检查情况书面通知开户银行。

第十九条 各级银行要支持敢于坚持原则、严格执行现金管理的财务人员,对模范遵守国务院《现金管理暂行条例》和本细则的单位和个人应给予表彰和奖励。

第二十条 开户单位如违犯《现金管理暂行条例》,开户银行有权责令其停止违法活动,并根据情节轻重给予警告或罚款。

有下列情况之一的,给予警告或处以罚款:

(一)超出规定范围和限额使用现金的,按超过额的10%—30%处罚;

(二)超出核定的库存现金限额留存现金的,按超出额的10%—30%处罚;

(三)用不符合财务制度规定的凭证顶替库存现金的,按凭证额10%—30%处罚;

(四)未经批准坐支或者未按开户银行核定坐支额度和使用范围坐支现金的,按坐支金额10%—30%处罚;

(五)单位之间互相借用现金的,按借用金额10%—30%处罚。

有下列情况之一的,一律处以罚款:

(六)保留账外公款的,按保留金额10%—30%处罚;

(七)对现金结算给予比转账结算优惠待遇的,按交易额的10%—50%处罚;

(八)只收现金拒收支票、银行汇票、本票的,按交易额的10%—50%处罚;

(九)开户单位不采取转账结算方式购置国家规定的专项控制商品的,按购买金额50%至全额对买卖双方处罚;

(十)用转账凭证套取现金的,按套取金额30%—50%处罚;

(十一)编造用途套取现金的,按套取现金额30%—50%处罚;

(十二)利用账户替其他单位和个人套取现金的,按套取金额30%—50%处罚;

(十三)将单位的现金收入以个人储蓄方式存入银行的,按存入金额30%—50%处罚;

(十四)发行变相货币和以票券代替人民币在市场流通的,按发行额或流通额30%—50%处罚。

第二十一条 中国人民银行各省、自治区、直辖市分行根据本细则第二十条的原则和当地实际情况制订具体处罚办法。所得的罚没款项一律上缴国库。

第二十二条 开户单位如对开户银行的处罚决定不服,必须首先按照处罚决定执行,然后在10日内向当地人民银行申请复议;各级人民银行应自收到复议申请之日起30日内作出复议决定。开户单位如对复议决定不服,应自收到复议决定之日起30日内向人民法院起诉。

第二十三条 开户银行不执行或违犯《现金管理暂行条例》及本细则,由当地人民银行负责查处;当地人民银行根据其情节轻重,可给予警告、追究行政领导责任直至停止其办理现金结算业务等处罚。

银行工作人员违犯《现金管理暂行条例》和本细则,徇私舞弊、贪污受贿、玩忽职守纵容违法行为的,根据情节轻重给予行政处分和经济处罚;构成犯罪的,由司法机关依法追究刑事责任。

第二十四条 各开户银行要建立健全现金管理制度;配备专职人员,改善服务设施,方便开户单位。现金管理工作所需经费应当在各开户银行业务费用中解决。

第二十五条 现金管理工作政策性强、涉及面广,各级银行要加强调查研究,根据实际情况,实事求是地解决各种问题,及时满足单位正常的、合理的现金需要。

第二十六条 本细则由中国人民银行总行负责解释。

本细则自1988年10月1日起施行,过去发布的各项规定同时废除,一律以《现金管理暂行条例》和本细则为准。

单位公务卡管理办法(试行)

(2016年1月4日 财库〔2016〕8号)

第一条 为适应预算单位支付结算管理需要,进一步丰富公务卡品种,健全公务卡制度体系,根据财政国库管理制度和银行卡管理有关规定,制定本办法。

第二条 本办法所称单位公务卡,是指预算单位指定工作人员持有,仅用于公务支出与财务报销,以单位为还款责任主体的信用卡。

公务卡包括单位公务卡和个人公务卡两类。个人公务卡是预算单位工作人员持有的,主要用于公务支出与财务报销,并与个人信用记录相关联的信用卡。

第三条　单位公务卡采用发卡行标识代码(Bank Identification Number, BIN)为“628”开头的人民币单币种银联标准信用卡,卡片正面右上方用中文标识“单位公务卡”,卡片正面左下方标识持卡人个人姓名(汉语拼音或英文字母)。单位公务卡统一采用符合 PBOC3.0 标准的 IC 芯片介质,禁止发行纯磁条卡。

第四条　预算单位在公务卡代理银行范围内,自行选择一家银行作为单位公务卡发卡银行(以下简称发卡银行)。

第五条　预算单位应根据本单位公务支出实际情况,指定少数特定人员持有单位公务卡,每单位一般不超过 4 人。特殊情况下可酌情增加持卡人数,原则上不应超过 8 人。

第六条　单位公务卡的持卡人应为预算单位正式在编人员。持卡人一人一卡,不允许一人持有多张单位公务卡。

持卡人因离职、退休等原因离开单位时,预算单位应及时办理销卡手续。持卡人发生变更,单位应注销原持卡人卡片,按照标准申卡流程重新指定新持卡人,办理和使用单位公务卡。

第七条　单位公务卡账户信用额度由预算单位向发卡银行提出申请,由发卡银行予以核定。

每个预算单位的多张单位公务卡共享一个账户信用总额度,试点期间总额度上限暂定为 50 万元人民币。超过 50 万元人民币总额上限的,应经单位主管部门核准。核准结果应提供给发卡银行。

预算单位可在总额度内,协商发卡银行调剂分配各张卡的卡片信用额度。账户总额度不能满足公务支付临时需要时,预算单位可向发卡银行申请临时调额。临时调额有关情况要报单位主管部门备案。临时调额期限届满,发卡银行应及时恢复其原有额度。

第八条　单位公务卡由预算单位承担还款责任。

第九条　单位公务卡只能用于公务支出,禁止用于个人支出,禁止分期付款,禁止存取现金,不产生积分或发卡银行用卡红利返还。

第十条　单位公务卡和个人公务卡都适用于公务卡强制结算目录所规定的结算项目。发行单位公务卡后,个人公务卡主要用于结算差旅费支出项目,单位公务卡主要用于结算差旅费之外的其他支出项目。

第十一条　单位公务卡和个人公务卡均可在线下、线上渠道(网上购买商品或服务等)支付结算。单位公务卡用于线下交易必须采用“密码 + 签名”方式进行核验。线下交易的销售点终端(Point of Sale, POS)签购单、线上交易的记录凭据等,可作为辅助报销凭证。商户发票为必备报销凭证。

第十二条　单位公务卡使用现行代理银行公务卡支持系统(或财政部门国库集中支付管理系统的公务卡模块)进行报销,并纳入财政部门预算执行动态监控范围。报销和动态监控有关规定参照个人公务卡执行。

第十三条　预算单位应在单位公务卡免息还款期内完成报销还款工作,逾期产生的利息、滞纳金等相关费用均由单位承担。但持卡人应当按照有关规定,及时提请办理单位公务卡报销手续。

第十四条　单位公务卡被盗或遗失,持卡人应及时联系发卡银行办理挂失,并向单位报告。挂失不及时造成的损失,由持卡人承担主要责任。

第十五条　预算单位应积极配合发卡银行加强单位公务卡风险控制,严格制定有关内部管理制度,特别是明确与持卡人在保管、使用、报销,以及卡片发生遗失盗刷等情况下的责任关系。

第十六条　财政部门在单位公务卡管理中的主要职责是:

(一)组织制定单位公务卡管理有关制度规定,组织管理单位公务卡试点和推广工作。

(二)指导和督促发卡银行按照单位公务卡服务协议,做好有关服务工作。

(三)管理预算执行动态监控系统,对单位公务卡的消费支出和报销事项进行监控管理,对重大问题进行调研和核查处理。

(四)协调有关部门,解决单位公务卡实施中的有关政策衔接问题,并协同推动改善公务卡受理环境。

第十七条　中国人民银行及其分支机构在单位公务卡管理中的主要职责是:

(一)配合同级财政部门制定单位公务卡管理有关制度规定,共同推动单位公务卡实施工作。

(二)加强对单位公务卡的业务指导和管理,引导发卡银行、收单机构、银行卡清算机构不断加强公务卡应用、受理环境建设。

第十八条　预算单位在单位公务卡管理中的主要职责是:

(一)选择单位公务卡发卡银行,签订单位公务卡服务协议。

(二)确定本单位单位公务卡的持卡人,组织统一办理单位公务卡,合理分配信用额度,并做好离职、变更等情况下的单位公务卡管理工作。

(三)制定单位公务卡内部管理规定,加强对单位公务卡持卡人的培训和管理,防范持卡用卡风险。

(四)及时办理单位公务卡报销还款和资金退回等业务,做好有关账务处理及对账工作。

（五）配合财政部门做好单位公务卡监督管理和业务数据统计工作。

第十九条 发卡银行在单位公务卡管理中的主要职责是：

（一）主动向中国银联申请单位公务卡专用卡 BIN，确保单位公务卡与个人公务卡的卡 BIN 分离管理。

（二）按照本办法规定及与预算单位签订的单位公务卡服务协议，为单位及持卡人提供办卡、使用、挂失、注销、资金信息反馈等方面的服务。

（三）按照财政部门有关政策要求，加强与单位公务卡管理有关的内部制度规范和信息系统建设，及时反馈动态监控所需信息，并确保信息传送的准确性和保密性。

（四）配合财政部门做好有关单位公务卡业务的数据统计和报送工作。

（五）加强对员工的公务卡业务培训，不断提升公务卡服务水平。积极扩大线下、线上商户范围，不断改善公务卡受理环境。

第二十条 银行卡清算机构在单位公务卡管理中的主要职责是：

（一）负责单位公务卡 BIN 的分配管理和发卡银行卡面设计的审核。

（二）确保转接清算系统的平稳运行。

（三）配合财政部门做好有关单位公务卡业务的数据统计和报送工作。

（四）配合财政部门、中国人民银行及其分支机构、发卡银行开展单位公务卡的宣传推广工作。

第二十一条 持卡人在单位公务卡管理中的主要职责是：

（一）按规定持有单位公务卡，妥善保管卡片和密码。

（二）严格执行单位公务卡有关使用规定，规范用卡行为，防范支付风险。

（三）按照单位有关内部管理规定，及时申请办理单位公务卡报销业务。

第二十二条 本办法由财政部会同中国人民银行负责解释。

第二十三条 本办法自 2016 年 2 月 1 日起实施。

企业财务通则

（2006 年 12 月 4 日财政部令第 41 号修订公布　自 2007 年 1 月 1 日起施行）

第一章　总　　则

第一条 为了加强企业财务管理，规范企业财务行为，保护企业及其相关方的合法权益，推进现代企业制度建设，根据有关法律、行政法规的规定，制定本通则。

第二条 在中华人民共和国境内依法设立的具备法人资格的国有及国有控股企业适用本通则。金融企业除外。

其他企业参照执行。

第三条 国有及国有控股企业（以下简称企业）应当确定内部财务管理体制，建立健全财务管理制度，控制财务风险。

企业财务管理应当按照制定的财务战略，合理筹集资金，有效营运资产，控制成本费用，规范收益分配及重组清算财务行为，加强财务监督和财务信息管理。

第四条 财政部负责制定企业财务规章制度。

各级财政部门（以下通称主管财政机关）应当加强对企业财务的指导、管理、监督，其主要职责包括：

（一）监督执行企业财务规章制度，按照财务关系指导企业建立健全内部财务制度；

（二）制定促进企业改革发展的财政财务政策，建立健全支持企业发展的财政资金管理制度；

（三）建立健全企业年度财务会计报告审计制度，检查企业财务会计报告质量；

（四）实施企业财务评价，监测企业财务运行状况；

（五）研究、拟订企业国有资本收益分配和国有资本经营预算的制度；

（六）参与审核属于本级人民政府及其有关部门、机构出资的企业重要改革、改制方案。

（七）根据企业财务管理的需要提供必要的帮助、服务。

第五条 各级人民政府及其部门、机构，企业法人、其他组织或者自然人等企业投资者（以下通称投资者），企业经理、厂长或者实际负责经营管理的其他领导成员（以下通称经营者），依照法律、法规、本通则和企业章程的规定，履行企业内部财务管理职责。

第六条 企业应当依法纳税。企业财务处理与税收法律、行政法规规定不一致的，纳税时应当依法进行调整。

第七条 各级人民政府及其部门、机构出资的企业，其财务关系隶属同级财政机关。

第二章　企业财务管理体制

第八条 企业实行资本权属清晰、财务关系明确、符合法人治理结构要求的财务管理体制。

企业应当按照国家有关规定建立有效的内部财务管理级次。企业集团公司自行决定集团内部财务管理体制。

第九条 企业应当建立财务决策制度，明确决策规则、程序、权限和责任等。法律、行政法规规定应当通过职工（代表）大会审议或者听取职工、相关组织意见的财务事项，依照其规定执行。

企业应当建立财务决策回避制度。对投资者、经营者个人与企业利益有冲突的财务决策事项，相关投资者、经营者应当回避。

第十条　企业应当建立财务风险管理制度，明确经营者、投资者及其他相关人员的管理权限和责任，按照风险与收益均衡、不相容职务分离等原则，控制财务风险。

第十一条　企业应当建立财务预算管理制度，以现金流为核心，按照实现企业价值最大化等财务目标的要求，对资金筹集、资产营运、成本控制、收益分配、重组清算等财务活动，实施全面预算管理。

第十二条　投资者的财务管理职责主要包括：

（一）审议批准企业内部财务管理制度、企业财务战略、财务规划和财务预算；

（二）决定企业的筹资、投资、担保、捐赠、重组、经营者报酬、利润分配等重大财务事项；

（三）决定企业聘请或者解聘会计师事务所、资产评估机构等中介机构事项；

（四）对经营者实施财务监督和财务考核；

（五）按照规定向全资或者控股企业委派或者推荐财务总监。

投资者应当通过股东（大）会、董事会或者其他形式的内部机构履行财务管理职责，可以通过企业章程、内部制度、合同约定等方式将部分财务管理职责授予经营者。

第十三条　经营者的财务管理职责主要包括：

（一）拟订企业内部财务管理制度、财务战略、财务规划，编制财务预算；

（二）组织实施企业筹资、投资、担保、捐赠、重组和利润分配等财务方案，诚信履行企业偿债义务；

（三）执行国家有关职工劳动报酬和劳动保护的规定，依法缴纳社会保险费、住房公积金等，保障职工合法权益；

（四）组织财务预测和财务分析，实施财务控制；

（五）编制并提供企业财务会计报告，如实反映财务信息和有关情况；

（六）配合有关机构依法进行审计、评估、财务监督等工作。

第三章　资 金 筹 集

第十四条　企业可以接受投资者以货币资金、实物、无形资产、股权、特定债权等形式的出资。其中，特定债权是指企业依法发行的可转换债券、符合有关规定转作股权的债权等。

企业接受投资者非货币资产出资时，法律、行政法规对出资形式、程序和评估作价等有规定的，依照其规定执行。

企业接受投资者商标权、著作权、专利权及其他专有技术等无形资产出资的，应当符合法律、行政法规规定的比例。

第十五条　企业依法以吸收直接投资、发行股份等方式筹集权益资金的，应当拟订筹资方案，确定筹资规模，履行内部决策程序和必要的报批手续，控制筹资成本。

企业筹集的实收资本，应当依法委托法定验资机构验资并出具验资报告。

第十六条　企业应当执行国家有关资本管理制度，在获准工商登记后30日内，依据验资报告等向投资者出具出资证明书，确定投资者的合法权益。

企业筹集的实收资本，在持续经营期间可以由投资者依照法律、行政法规以及企业章程的规定转让或者减少，投资者不得抽逃或者变相抽回出资。

除《公司法》等有关法律、行政法规另有规定外，企业不得回购本企业发行的股份。企业依法回购股份，应当符合有关条件和财务处理办法，并经投资者决议。

第十七条　对投资者实际缴付的出资超出注册资本的差额（包括股票溢价），企业应当作为资本公积管理。

经投资者审议决定后，资本公积用于转增资本。国家另有规定的，从其规定。

第十八条　企业从税后利润中提取的盈余公积包括法定公积金和任意公积金，可以用于弥补企业亏损或者转增资本。法定公积金转增资本后留存企业的部分，以不少于转增前注册资本的25%为限。

第十九条　企业增加实收资本或者以资本公积、盈余公积转增实收资本，由投资者履行财务决策程序后，办理相关财务事项和工商变更登记。

第二十条　企业取得的各类财政资金，区分以下情况处理：

（一）属于国家直接投资、资本注入的，按照国家有关规定增加国家资本或者国有资本公积；

（二）属于投资补助的，增加资本公积或者实收资本。国家拨款时对权属有规定的，按规定执行；没有规定的，由全体投资者共同享有；

（三）属于贷款贴息、专项经费补助的，作为企业收益处理；

（四）属于政府转贷、偿还性资助的，作为企业负债管理；

（五）属于弥补亏损、救助损失或者其他用途的，作为企业收益处理。

第二十一条　企业依法以借款、发行债券、融资租赁等方式筹集债务资金的，应当明确筹资目的，根据资金成本、债务风险和合理的资金需求，进行必要的资本结构决策，并签订书面合同。

企业筹集资金用于固定资产投资项目的，应当遵守国家产业政策、行业规划、自有资本比例及其他规定。

企业筹集资金，应当按规定核算和使用，并诚信履行合同，依法接受监督。

第四章　资 产 营 运

第二十二条　企业应当根据风险与收益均衡等原则和经

营需要，确定合理的资产结构，并实施资产结构动态管理。

第二十三条 企业应当建立内部资金调度控制制度，明确资金调度的条件、权限和程序，统一筹集、使用和管理资金。企业支付、调度资金，应当按照内部财务管理制度的规定，依据有效合同、合法凭证，办理相关手续。

企业向境外支付、调度资金应当符合国家有关外汇管理的规定。

企业集团可以实行内部资金集中统一管理，但应当符合国家有关金融管理等法律、行政法规规定，并不得损害成员企业的利益。

第二十四条 企业应当建立合同的财务审核制度，明确业务流程和审批权限，实行财务监控。

企业应当加强应收款项的管理，评估客户信用风险，跟踪客户履约情况，落实收账责任，减少坏账损失。

第二十五条 企业应当建立健全存货管理制度，规范存货采购审批、执行程序，根据合同的约定以及内部审批制度支付货款。

企业选择供货商以及实施大宗采购，可以采取招标等方式进行。

第二十六条 企业应当建立固定资产购建、使用、处置制度。

企业自行选择、确定固定资产折旧办法，可以征询中介机构、有关专家的意见，并由投资者审议批准。固定资产折旧办法一经选用，不得随意变更。确需变更的，应当说明理由，经投资者审议批准。

企业购建重要的固定资产、进行重大技术改造，应当经过可行性研究，按照内部审批制度履行财务决策程序，落实决策和执行责任。

企业在建工程项目交付使用后，应当在一个年度内办理竣工决算。

第二十七条 企业对外投资应当遵守法律、行政法规和国家有关政策的规定，符合企业发展战略的要求，进行可行性研究，按照内部审批制度履行批准程序，落实决策和执行的责任。

企业对外投资应当签订书面合同，明确企业投资权益，实施财务监管。依据合同支付投资款项，应当按照企业内部审批制度执行。

企业向境外投资的，还应当经投资者审议批准，并遵守国家境外投资项目核准和外汇管理等相关规定。

第二十八条 企业通过自创、购买、接受投资等方式取得的无形资产，应当依法明确权属，落实有关经营、管理的财务责任。

无形资产出现转让、租赁、质押、授权经营、连锁经营、对外投资等情形时，企业应当签订书面合同，明确双方的权利义务，合理确定交易价格。

第二十九条 企业对外担保应当符合法律、行政法规及有关规定，根据被担保单位的资信及偿债能力，按照内部审批制度采取相应的风险控制措施，并设立备查账簿登记，实行跟踪监督。

企业对外捐赠应当符合法律、行政法规及有关财务规定，制定实施方案，明确捐赠的范围和条件，落实执行责任，严格办理捐赠资产的交接手续。

第三十条 企业从事期货、期权、证券、外汇交易等业务或者委托其他机构理财，不得影响主营业务的正常开展，并应当签订书面合同，建立交易报告制度，定期对账，控制风险。

第三十一条 企业从事代理业务，应当严格履行合同，实行代理业务与自营业务分账管理，不得挪用客户资金、互相转嫁经营风险。

第三十二条 企业应当建立各项资产损失或者减值准备管理制度。各项资产损失或者减值准备的计提标准，一经选用，不得随意变更。企业在制订计提标准时可以征询中介机构、有关专家的意见。

对计提损失或者减值准备后的资产，企业应当落实监管责任。能够收回或者继续使用以及没有证据证明实际损失的资产，不得核销。

第三十三条 企业发生的资产损失，应当及时予以核实、查清责任，追偿损失，按照规定程序处理。

企业重组中清查出的资产损失，经批准后依次冲减未分配利润、盈余公积、资本公积和实收资本。

第三十四条 企业以出售、抵押、置换、报废等方式处理资产时，应当按照国家有关规定和企业内部财务管理制度规定的权限和程序进行。其中，处理主要固定资产涉及企业经营业务调整或者资产重组的，应当根据投资者审议通过的业务调整或者资产重组方案实施。

第三十五条 企业发生关联交易的，应当遵守国家有关规定，按照独立企业之间的交易计价结算。投资者或者经营者不得利用关联交易非法转移企业经济利益或者操纵关联企业的利润。

第五章 成本控制

第三十六条 企业应当建立成本控制系统，强化成本预算约束，推行质量成本控制办法，实行成本定额管理、全员管理和全过程控制。

第三十七条 企业实行费用归口、分级管理和预算控制，应当建立必要的费用开支范围、标准和报销审批制度。

第三十八条 企业技术研发和科技成果转化项目所需经费，可以通过建立研发准备金筹措，据实列入相关资产成本或者当期费用。

符合国家规定条件的企业集团，可以集中使用研发费用，用于企业主导产品和核心技术的自主研发。

第三十九条 企业依法实施安全生产、清洁生产、污染治理、地质灾害防治、生态恢复和环境保护等所需经费,按照国家有关标准列入相关资产成本或者当期费用。

第四十条 企业发生销售折扣、折让以及支付必要的佣金、回扣、手续费、劳务费、提成、返利、进场费、业务奖励等支出的,应当签订相关合同,履行内部审批手续。

企业开展进出口业务收取或者支付的佣金、保险费、运费,按照合同规定的价格条件处理。

企业向个人以及非经营单位支付费用的,应当严格履行内部审批及支付的手续。

第四十一条 企业可以根据法律、法规和国家有关规定,对经营者和核心技术人员实行与其他职工不同的薪酬办法,属于本级人民政府及其部门、机构出资的企业,应当将薪酬办法报主管财政机关备案。

第四十二条 企业应当按照劳动合同及国家有关规定支付职工报酬,并为从事高危作业的职工缴纳团体人身意外伤害保险费,所需费用直接作为成本(费用)列支。

经营者可以在工资计划中安排一定数额,对企业技术研发、降低能源消耗、治理"三废"、促进安全生产、开拓市场等作出突出贡献的职工给予奖励。

第四十三条 企业应当依法为职工支付基本医疗、基本养老、失业、工伤等社会保险费,所需费用直接作为成本(费用)列支。

已参加基本医疗、基本养老保险的企业,具有持续盈利能力和支付能力的,可以为职工建立补充医疗保险和补充养老保险,所需费用按照省级以上人民政府规定的比例从成本(费用)中提取。超出规定比例的部分,由职工个人负担。

第四十四条 企业为职工缴纳住房公积金以及职工住房货币化分配的财务处理,按照国家有关规定执行。

职工教育经费按照国家规定的比例提取,专项用于企业职工后续职业教育和职业培训。

工会经费按照国家规定比例提取并拨缴工会。

第四十五条 企业应当依法缴纳行政事业性收费、政府性基金以及使用或者占用国有资源的费用等。

企业对没有法律法规依据或者超过法律法规规定范围和标准的各种摊派、收费、集资,有权拒绝。

第四十六条 企业不得承担属于个人的下列支出:

(一)娱乐、健身、旅游、招待、购物、馈赠等支出;

(二)购买商业保险、证券、股权、收藏品等支出;

(三)个人行为导致的罚款、赔偿等支出;

(四)购买住房、支付物业管理费等支出;

(五)应由个人承担的其他支出。

第六章 收益分配

第四十七条 投资者、经营者及其他职工履行本企业职务或者以企业名义开展业务所得的收入,包括销售收入以及对方给予的销售折扣、折让、佣金、回扣、手续费、劳务费、提成、返利、进场费、业务奖励等收入,全部属于企业。

企业应当建立销售价格管理制度,明确产品或者劳务的定价和销售价格调整的权限、程序与方法,根据预期收益、资金周转、市场竞争、法律规范约束等要求,采取相应的价格策略,防范销售风险。

第四十八条 企业出售股权投资,应当按照规定的程序和方式进行。股权投资出售底价,参照资产评估结果确定,并按照合同约定收取所得价款。在履行交割时,对尚未收款部分的股权投资,应当按照合同的约定结算,取得受让方提供的有效担保。

上市公司国有股减持所得收益,按照国务院的规定处理。

第四十九条 企业发生的年度经营亏损,依照税法的规定弥补。税法规定年限内的税前利润不足弥补的,用以后年度的税后利润弥补,或者经投资者审议后用盈余公积弥补。

第五十条 企业年度净利润,除法律、行政法规另有规定外,按照以下顺序分配:

(一)弥补以前年度亏损;

(二)提取10%法定公积金。法定公积金累计额达到注册资本50%以后,可以不再提取;

(三)提取任意公积金。任意公积金提取比例由投资者决议;

(四)向投资者分配利润。企业以前年度未分配的利润,并入本年度利润,在充分考虑现金流量状况后,向投资者分配。属于各级人民政府及其部门、机构出资的企业,应当将应付国有利润上缴财政。

国有企业可以将任意公积金与法定公积金合并提取。股份有限公司依法回购后暂未转让或者注销的股份,不得参与利润分配;以回购股份对经营者及其他职工实施股权激励的,在拟订利润分配方案时,应当预留回购股份所需利润。

第五十一条 企业弥补以前年度亏损和提取盈余公积后,当年没有可供分配的利润时,不得向投资者分配利润,但法律、行政法规另有规定的除外。

第五十二条 企业经营者和其他职工以管理、技术等要素参与企业收益分配的,应当按照国家有关规定在企业章程或者有关合同中对分配办法作出规定,并区别以下情况处理:

(一)取得企业股权的,与其他投资者一同进行企业利润分配;

(二)没有取得企业股权的,在相关业务实现的利润限额和分配标准内,从当期费用中列支。

第七章 重组清算

第五十三条 企业通过改制、产权转让、合并、分立、托管等方式实施重组,对涉及资本权益的事项,应当由投资者或者授权机构进行可行性研究,履行内部财务决策程序,并组织开展以下工作：

（一）清查财产，核实债务，委托会计师事务所审计；

（二）制订职工安置方案，听取重组企业的职工、职工代表大会的意见或者提交职工代表大会审议；

（三）与债权人协商，制订债务处置或者承继方案；

（四）委托评估机构进行资产评估，并以评估价值作为净资产作价或者折股的参考依据；

（五）拟订股权设置方案和资本重组实施方案，经过审议后履行报批手续。

第五十四条 企业采取分立方式进行重组，应当明晰分立后的企业产权关系。

企业划分各项资产、债务以及经营业务，应当按照业务相关性或者资产相关性原则制订分割方案。对不能分割的整体资产，在评估机构评估价值的基础上，经分立各方协商，由拥有整体资产的一方给予他方适当经济补偿。

第五十五条 企业可以采取新设或者吸收方式进行合并重组。企业合并前的各项资产、债务以及经营业务，由合并后的企业承继，并应当明确合并后企业的产权关系以及各投资者的出资比例。

企业合并的资产税收处理应当符合国家有关税法的规定，合并后净资产超出注册资本的部分，作为资本公积；少于注册资本的部分，应当变更注册资本或者由投资者补足出资。

对资不抵债的企业以承担债务方式合并的，合并方应当制定企业重整措施，按照合并方案履行偿还债务责任，整合财务资源。

第五十六条 企业实行托管经营，应当由投资者决定，并签订托管协议，明确托管经营的资产负债状况、托管经营目标、托管资产处置权限以及收益分配办法等，并落实财务监管措施。

受托企业应当根据托管协议制订相关方案，重组托管企业的资产与债务。未经托管企业投资者同意，不得改组、改制托管企业，不得转让托管企业及转移托管资产、经营业务，不得以托管企业名义或者以托管资产对外担保。

第五十七条 企业进行重组时，对已占用的国有划拨土地应当按照有关规定进行评估，履行相关手续，并区别以下情况处理：

（一）继续采取划拨方式的，可以不纳入企业资产管理，但企业应当明确划拨土地使用权权益，并按规定用途使用，设立备查账簿登记。国家另有规定的除外；

（二）采取作价入股方式的，将应缴纳的土地出让金转作国家资本，形成的国有股权由企业重组前的国有资本持有单位或者主管财政机关确认的单位持有；

（三）采取出让方式的，由企业购买土地使用权，支付出让费用；

（四）采取租赁方式的，由企业租赁使用，租金水平参照银行同期贷款利率确定，并在租赁合同中约定。

企业进行重组时，对已占用的水域、探矿权、采矿权、特许经营权等国有资源，依法可以转让的，比照前款处理。

第五十八条 企业重组过程中，对拖欠职工的工资和医疗、伤残补助、抚恤费用以及欠缴的基本社会保险费、住房公积金，应当以企业现有资产优先清偿。

第五十九条 企业被责令关闭、依法破产、经营期限届满而终止经营的，或者经投资者决议解散的，应当按照法律、法规和企业章程的规定实施清算。清算财产变卖底价，参照资产评估结果确定。国家另有规定的，从其规定。

企业清算结束，应当编制清算报告，委托会计师事务所审计，报投资者或者人民法院确认后，向相关部门、债权人以及其他的利益相关人通告。其中，属于各级人民政府及其部门、机构出资的企业，其清算报告应当报送主管财政机关。

第六十条 企业解除职工劳动关系，按照国家有关规定支付的经济补偿金或者安置费，除正常经营期间发生的列入当期费用以外，应当区别以下情况处理：

（一）企业重组中发生的，依次从未分配利润、盈余公积、资本公积、实收资本中支付；

（二）企业清算时发生的，以企业扣除清算费用后的清算财产优先清偿。

第八章 信息管理

第六十一条 企业可以结合经营特点，优化业务流程，建立财务和业务一体化的信息处理系统，逐步实现财务、业务相关信息一次性处理和实时共享。

第六十二条 企业应当逐步创造条件，实行统筹企业资源计划，全面整合和规范财务、业务流程，对企业物流、资金流、信息流进行一体化管理和集成运作。

第六十三条 企业应当建立财务预警机制，自行确定财务危机警戒标准，重点监测经营性净现金流量与到期债务、企业资产与负债的适配性，及时沟通企业有关财务危机预警的信息，提出解决财务危机的措施和方案。

第六十四条 企业应当按照有关法律、行政法规和国家统一的会计制度的规定，按时编制财务会计报告，经营者或者投资者不得拖延、阻挠。

第六十五条 企业应当按照规定向主管财政机关报送月份、季度、年度财务会计报告等材料，不得在报送的财务会计报告等材料上作虚假记载或者隐瞒重要事实。主管财政机关应当根据企业的需要提供必要的培训和技术支持。

企业对外提供的年度财务会计报告，应当依法经过会计师事务所审计。国家另有规定的，从其规定。

第六十六条 企业应当在年度内定期向职工公开以下信息：

（一）职工劳动报酬、养老、医疗、工伤、住房、培训、休假等

信息;

(二)经营者报酬实施方案;

(三)年度财务会计报告审计情况;

(四)企业重组涉及的资产评估及处置情况;

(五)其他依法应当公开的信息。

第六十七条 主管财政机关应当建立健全企业财务评价体系,主要评估企业内部财务控制的有效性,评价企业的偿债能力、盈利能力、资产营运能力、发展能力和社会贡献。评估和评价的结果可以通过适当方式向社会发布。

第六十八条 主管财政机关及其工作人员应当恰当使用所掌握的企业财务信息,并依法履行保密义务,不得利用企业的财务信息谋取私利或者损害企业利益。

第九章 财务监督

第六十九条 企业应当依法接受主管财政机关的财务监督和国家审计机关的财务审计。

第七十条 经营者在经营过程中违反本通则有关规定的,投资者可以依法追究经营者的责任。

第七十一条 企业应当建立、健全内部财务监督制度。

企业设立监事会或者监事人员的,监事会或者监事人员依照法律、行政法规、本通则和企业章程的规定,履行企业内部财务监督职责。

经营者应当实施内部财务控制,配合投资者或者企业监事会以及中介机构的检查、审计工作。

第七十二条 企业和企业负有直接责任的主管人员和其他人员有以下行为之一的,县级以上主管财政机关可以责令限期改正、予以警告,有违法所得的,没收违法所得,并可以处以不超过违法所得3倍、但最高不超过3万元的罚款;没有违法所得的,可以处以1万元以下的罚款:

(一)违反本通则第三十九条、四十条、四十二条第一款、四十三条、四十六条规定列支成本费用的;

(二)违反本通则第四十七条第一款规定截留、隐瞒、侵占企业收入的;

(三)违反本通则第五十条、五十一条、五十二条规定进行利润分配的。但依照《公司法》设立的企业不按本通则第五十条第一款第二项规定提取法定公积金的,依照《公司法》的规定予以处罚;

(四)违反本通则第五十七条规定处理国有资源的;

(五)不按本通则第五十八条规定清偿职工债务的。

第七十三条 企业和企业负有直接责任的主管人员和其他人员有以下行为之一的,县级以上主管财政机关可以责令限期改正、予以警告:

(一)未按本通则规定建立健全各项内部财务管理制度的;

(二)内部财务管理制度明显与法律、行政法规和通用的企业财务规章制度相抵触,且不按主管财政机关要求修正的。

第七十四条 企业和企业负有直接责任的主管人员和其他人员不按本通则第六十四条、第六十五条规定编制、报送财务会计报告等材料的,县级以上主管财政机关可以依照《公司法》、《企业财务会计报告条例》的规定予以处罚。

第七十五条 企业在财务活动中违反财政、税收等法律、行政法规的,依照《财政违法行为处罚处分条例》(国务院令第427号)及有关税收法律、行政法规的规定予以处理、处罚。

第七十六条 主管财政机关以及政府其他部门、机构有关工作人员,在企业财务管理中滥用职权、玩忽职守、徇私舞弊或者泄露国家机密、企业商业秘密的,依法进行处理。

第十章 附 则

第七十七条 实行企业化管理的事业单位比照适用本通则。

第七十八条 本通则自2007年1月1日起施行。

事业单位财务规则

(2012年2月7日财政部令第68号公布 根据2017年12月4日《财政部关于修改〈注册会计师注册办法〉等6部规章的决定》修正)

第一章 总 则

第一条 为了进一步规范事业单位的财务行为,加强事业单位财务管理和监督,提高资金使用效益,保障事业单位健康发展,制定本规则。

第二条 本规则适用于各级各类事业单位(以下简称事业单位)的财务活动。

第三条 事业单位财务管理的基本原则是:执行国家有关法律、法规和财务规章制度;坚持勤俭办事业的方针;正确处理事业发展需要和资金供给的关系,社会效益和经济效益的关系,国家、单位和个人三者利益的关系。

第四条 事业单位财务管理的主要任务是:合理编制单位预算,严格预算执行,完整、准确编制单位决算,真实反映单位财务状况;依法组织收入,努力节约支出;建立健全财务制度,加强经济核算,实施绩效评价,提高资金使用效益;加强资产管理,合理配置和有效利用资产,防止资产流失;加强对单位经济活动的财务控制和监督,防范财务风险。

第五条 事业单位的财务活动在单位负责人的领导下,由单位财务部门统一管理。

第二章 单位预算管理

第六条 事业单位预算是指事业单位根据事业发展目标和计划编制的年度财务收支计划。

事业单位预算由收入预算和支出预算组成。

第七条　国家对事业单位实行核定收支、定额或者定项补助、超支不补、结转和结余按规定使用的预算管理办法。

定额或者定项补助根据国家有关政策和财力可能，结合事业特点、事业发展目标和计划、事业单位收支及资产状况等确定。定额或者定项补助可以为零。

非财政补助收入大于支出较多的事业单位，可以实行收入上缴办法。具体办法由财政部门会同有关主管部门制定。

第八条　事业单位参考以前年度预算执行情况，根据预算年度的收入增减因素和措施，以及以前年度结转和结余情况，测算编制收入预算；根据事业发展需要与财力可能，测算编制支出预算。

事业单位预算应当自求收支平衡，不得编制赤字预算。

第九条　事业单位根据年度事业发展目标和计划以及预算编制的规定，提出预算建议数，经主管部门审核汇总报财政部门（一级预算单位直接报财政部门，下同）。事业单位根据财政部门下达的预算控制数编制预算，由主管部门审核汇总报财政部门，经法定程序审核批复后执行。

第十条　事业单位应当严格执行批准的预算。预算执行中，国家对财政补助收入和财政专户管理资金的预算一般不予调整。上级下达的事业计划有较大调整，或者根据国家有关政策增加或者减少支出，对预算执行影响较大时，事业单位应当报主管部门审核后报财政部门调整预算；财政补助收入和财政专户管理资金以外部分的预算需要调增或者调减的，由单位自行调整并报主管部门和财政部门备案。

收入预算调整后，相应调增或者调减支出预算。

第十一条　事业单位决算是指事业单位根据预算执行结果编制的年度报告。

第十二条　事业单位应当按照规定编制年度决算，由主管部门审核汇总后报财政部门审批。

第十三条　事业单位应当加强决算审核和分析，保证决算数据的真实、准确，规范决算管理工作。

第三章　收入管理

第十四条　收入是指事业单位为开展业务及其他活动依法取得的非偿还性资金。

第十五条　事业单位收入包括：

（一）财政补助收入，即事业单位从同级财政部门取得的各类财政拨款。

（二）事业收入，即事业单位开展专业业务活动及其辅助活动取得的收入。其中：按照国家有关规定应当上缴国库或者财政专户的资金，不计入事业收入；从财政专户核拨给事业单位的资金和经核准不上缴国库或者财政专户的资金，计入事业收入。

（三）上级补助收入，即事业单位从主管部门和上级单位取得的非财政补助收入。

（四）附属单位上缴收入，即事业单位附属独立核算单位按照有关规定上缴的收入。

（五）经营收入，即事业单位在专业业务活动及其辅助活动之外开展非独立核算经营活动取得的收入。

（六）其他收入，即本条上述规定范围以外的各项收入，包括投资收益、利息收入、捐赠收入等。

第十六条　事业单位应当将各项收入全部纳入单位预算，统一核算，统一管理。

第十七条　事业单位对按照规定上缴国库或者财政专户的资金，应当按照国库集中收缴的有关规定及时足额上缴，不得隐瞒、滞留、截留、挪用和坐支。

第四章　支出管理

第十八条　支出是指事业单位开展业务及其他活动发生的资金耗费和损失。

第十九条　事业单位支出包括：

（一）事业支出，即事业单位开展专业业务活动及其辅助活动发生的基本支出和项目支出。基本支出是指事业单位为了保障其正常运转、完成日常工作任务而发生的人员支出和公用支出。项目支出是指事业单位为了完成特定工作任务和事业发展目标，在基本支出之外所发生的支出。

（二）经营支出，即事业单位在专业业务活动及其辅助活动之外开展非独立核算经营活动发生的支出。

（三）对附属单位补助支出，即事业单位用财政补助收入之外的收入对附属单位补助发生的支出。

（四）上缴上级支出，即事业单位按照财政部门和主管部门的规定上缴上级单位的支出。

（五）其他支出，即本条上述规定范围以外的各项支出，包括利息支出、捐赠支出等。

第二十条　事业单位应当将各项支出全部纳入单位预算，建立健全支出管理制度。

第二十一条　事业单位的支出应当严格执行国家有关财务规章制度规定的开支范围及开支标准；国家有关财务规章制度没有统一规定的，由事业单位规定，报主管部门和财政部门备案。事业单位的规定违反法律制度和国家政策的，主管部门和财政部门应当责令改正。

第二十二条　事业单位在开展非独立核算经营活动中，应当正确归集实际发生的各项费用数；不能归集的，应当按照规定的比例合理分摊。

经营支出应当与经营收入配比。

第二十三条　事业单位从财政部门和主管部门取得的有指定项目和用途的专项资金，应当专款专用、单独核算，并按照规定向财政部门或者主管部门报送专项资金使用情况；项目完成后，应当报送专项资金支出决算和使用效果的书面报告，接受财政部门或者主管部门的检查、验收。

第二十四条 事业单位应当加强经济核算，可以根据开展业务活动及其他活动的实际需要，实行内部成本核算办法。

第二十五条 事业单位应当严格执行国库集中支付制度和政府采购制度等有关规定。

第二十六条 事业单位应当加强支出的绩效管理，提高资金使用的有效性。

第二十七条 事业单位应当依法加强各类票据管理，确保票据来源合法、内容真实、使用正确，不得使用虚假票据。

第五章 结转和结余管理

第二十八条 结转和结余是指事业单位年度收入与支出相抵后的余额。

结转资金是指当年预算已执行但未完成，或者因故未执行，下一年度需要按照原用途继续使用的资金。结余资金是指当年预算工作目标已完成，或者因故终止，当年剩余的资金。

经营收支结转和结余应当单独反映。

第二十九条 财政拨款结转和结余的管理，应当按照同级财政部门的规定执行。

第三十条 非财政拨款结转按照规定结转下一年度继续使用。非财政拨款结余可以按照国家有关规定提取职工福利基金，剩余部分作为事业基金用于弥补以后年度单位收支差额；国家另有规定的，从其规定。

第三十一条 事业单位应当加强事业基金的管理，遵循收支平衡的原则，统筹安排、合理使用，支出不得超出基金规模。

第六章 专用基金管理

第三十二条 专用基金是指事业单位按照规定提取或者设置的有专门用途的资金。

专用基金管理应当遵循先提后用、收支平衡、专款专用的原则，支出不得超出基金规模。

第三十三条 专用基金包括：

（一）修购基金，即按照事业收入和经营收入的一定比例提取，并按照规定在相应的购置和修缮科目中列支（各列50%），以及按照其他规定转入，用于事业单位固定资产维修和购置的资金。事业收入和经营收入较少的事业单位可以不提取修购基金，实行固定资产折旧的事业单位不提取修购基金。

（二）职工福利基金，即按照非财政拨款结余的一定比例提取以及按照其他规定提取转入，用于单位职工的集体福利设施、集体福利待遇等的资金。

（三）其他基金，即按照其他有关规定提取或者设置的专用资金。

第三十四条 各项基金的提取比例和管理办法，国家有统一规定的，按照统一规定执行；没有统一规定的，由主管部门会同同级财政部门确定。

第七章 资产管理

第三十五条 资产是指事业单位占有或者使用的能以货币计量的经济资源，包括各种财产、债权和其他权利。

第三十六条 事业单位的资产包括流动资产、固定资产、在建工程、无形资产和对外投资等。

第三十七条 事业单位应当建立健全单位资产管理制度，加强和规范资产配置、使用和处置管理，维护资产安全完整，保障事业健康发展。

第三十八条 事业单位应当按照科学规范、从严控制、保障事业发展需要的原则合理配置资产。

第三十九条 流动资产是指可以在一年以内变现或者耗用的资产，包括现金、各种存款、零余额账户用款额度、应收及预付款项、存货等。

前款所称存货是指事业单位在开展业务活动及其他活动中为耗用而储存的资产，包括材料、燃料、包装物和低值易耗品等。

事业单位应当建立健全现金及各种存款的内部管理制度，对存货进行定期或者不定期的清查盘点，保证账实相符。对存货盘盈、盘亏应当及时处理。

第四十条 固定资产是指使用期限超过一年，单位价值在1000元以上（其中：专用设备单位价值在1500元以上），并在使用过程中基本保持原有物质形态的资产。单位价值虽未达到规定标准，但是耐用时间在一年以上的大批同类物资，作为固定资产管理。

固定资产一般分为六类：房屋及构筑物；专用设备；通用设备；文物和陈列品；图书、档案；家具、用具、装具及动植物。行业事业单位的固定资产明细目录由国务院主管部门制定，报国务院财政部门备案。

第四十一条 事业单位应当对固定资产进行定期或者不定期的清查盘点。年度终了前应当进行一次全面清查盘点，保证账实相符。

第四十二条 在建工程是指已经发生必要支出，但尚未达到交付使用状态的建设工程。

在建工程达到交付使用状态时，应当按照规定办理工程竣工财务决算和资产交付使用。

第四十三条 无形资产是指不具有实物形态而能为使用者提供某种权利的资产，包括专利权、商标权、著作权、土地使用权、非专利技术、商誉以及其他财产权利。

事业单位转让无形资产，应当按照有关规定进行资产评估，取得的收入按照国家有关规定处理。事业单位取得无形资产发生的支出，应当计入事业支出。

第四十四条 对外投资是指事业单位依法利用货币资

金、实物、无形资产等方式向其他单位的投资。

事业单位应当严格控制对外投资。在保证单位正常运转和事业发展的前提下,按照国家有关规定可以对外投资的,应当履行相关审批程序。事业单位不得使用财政拨款及其结余进行对外投资,不得从事股票、期货、基金、企业债券等投资,国家另有规定的除外。

事业单位以非货币性资产对外投资的,应当按照国家有关规定进行资产评估,合理确定资产价值。

第四十五条 事业单位资产处置应当遵循公开、公平、公正和竞争、择优的原则,严格履行相关审批程序。

事业单位出租、出借资产,应当按照国家有关规定经主管部门审核同意后报同级财政部门审批。

第四十六条 事业单位应当提高资产使用效率,按照国家有关规定实行资产共享、共用。

第八章 负债管理

第四十七条 负债是指事业单位所承担的能以货币计量,需要以资产或者劳务偿还的债务。

第四十八条 事业单位的负债包括借入款项、应付款项、暂存款项、应缴款项等。

应缴款项包括事业单位收取的应当上缴国库或者财政专户的资金、应缴税费,以及其他按照国家有关规定应当上缴的款项。

第四十九条 事业单位应当对不同性质的负债分类管理,及时清理并按照规定办理结算,保证各项负债在规定期限内归还。

第五十条 事业单位应当建立健全财务风险控制机制,规范和加强借入款项管理,严格执行审批程序,不得违反规定举借债务和提供担保。

第九章 事业单位清算

第五十一条 事业单位发生划转、撤销、合并、分立时,应当进行清算。

第五十二条 事业单位清算,应当在主管部门和财政部门的监督指导下,对单位的财产、债权、债务等进行全面清理,编制财产目录和债权、债务清单,提出财产作价依据和债权、债务处理办法,做好资产的移交、接收、划转和管理工作,并妥善处理各项遗留问题。

第五十三条 事业单位清算结束后,经主管部门审核并报财政部门批准,其资产分别按照下列办法处理:

(一)因隶属关系改变,成建制划转的事业单位,全部资产无偿移交,并相应划转经费指标。

(二)转为企业管理的事业单位,全部资产扣除负债后,转作国家资本金。需要进行资产评估的,按照国家有关规定执行。

(三)撤销的事业单位,全部资产由主管部门和财政部门核准处理。

(四)合并的事业单位,全部资产移交接收单位或者新组建单位,合并后多余的资产由主管部门和财政部门核准处理。

(五)分立的事业单位,资产按照有关规定移交分立后的事业单位,并相应划转经费指标。

第十章 财务报告和财务分析

第五十四条 财务报告是反映事业单位一定时期财务状况和事业成果的总结性书面文件。

事业单位应当定期向主管部门和财政部门以及其他有关的报表使用者提供财务报告。

第五十五条 事业单位报送的年度财务报告包括资产负债表、收入支出表、财政拨款收入支出表、固定资产投资决算报表等主表,有关附表以及财务情况说明书等。

第五十六条 财务情况说明书,主要说明事业单位收入及其支出、结转、结余及其分配、资产负债变动、对外投资、资产出租出借、资产处置、固定资产投资、绩效考评的情况,对本期或者下期财务状况发生重大影响的事项,以及需要说明的其他事项。

第五十七条 财务分析的内容包括预算编制与执行、资产使用、收入支出状况等。

财务分析的指标包括预算收入和支出完成率、人员支出与公用支出分别占事业支出的比率、人均基本支出、资产负债率等。主管部门和事业单位可以根据本单位的业务特点增加财务分析指标。

第十一章 财务监督

第五十八条 事业单位财务监督主要包括对预算管理、收入管理、支出管理、结转和结余管理、专用基金管理、资产管理、负债管理等的监督。

第五十九条 事业单位财务监督应当实行事前监督、事中监督、事后监督相结合,日常监督与专项监督相结合。

第六十条 事业单位应当建立健全内部控制制度、经济责任制度、财务信息披露制度等监督制度,依法公开财务信息。

第六十一条 事业单位应当依法接受主管部门和财政、审计部门的监督。

第六十二条 各级财政部门及其工作人员在事业单位预算管理、国有资产管理审批工作中,存在违反本规则规定的行为,以及其他滥用职权、玩忽职守、徇私舞弊等违法违纪行为的,依照《中华人民共和国预算法》《中华人民共和国公务员法》《中华人民共和国行政监察法》《财政违法行为处罚处分条例》等国家有关规定追究相应责任;涉嫌犯罪的,依法移送司法机关处理。

第十二章 附 则

第六十三条 事业单位基本建设投资的财务管理，应当执行本规则，但国家基本建设投资财务管理制度另有规定的，从其规定。

第六十四条 参照公务员法管理的事业单位财务制度的适用，由国务院财政部门另行规定。

第六十五条 接受国家经常性资助的社会力量举办的公益服务性组织和社会团体，依照本规则执行；其他社会力量举办的公益服务性组织和社会团体，可以参照本规则执行。

第六十六条 下列事业单位或者事业单位特定项目，执行企业财务制度，不执行本规则：

（一）纳入企业财务管理体系的事业单位和事业单位附属独立核算的生产经营单位；

（二）事业单位经营的接受外单位要求投资回报的项目；

（三）经主管部门和财政部门批准的具备条件的其他事业单位。

第六十七条 行业特点突出，需要制定行业事业单位财务管理制度的，由国务院财政部门会同有关主管部门根据本规则制定。

部分行业根据成本核算和绩效管理的需要，可以在行业事业单位财务管理制度中引入权责发生制。

第六十八条 省、自治区、直辖市人民政府财政部门可以根据本规则结合本地区实际情况制定事业单位具体财务管理办法。

第六十九条 本规则自2012年4月1日起施行。

附件：

事业单位财务分析指标

1. 预算收入和支出完成率，衡量事业单位收入和支出总预算及分项预算完成的程度。计算公式为：

预算收入完成率＝年终执行数÷（年初预算数±年中预算调整数）×100%

年终执行数不含上年结转和结余收入数

预算支出完成率＝年终执行数÷（年初预算数±年中预算调整数）×100%

年终执行数不含上年结转和结余支出数

2. 人员支出、公用支出占事业支出的比率，衡量事业单位事业支出结构。计算公式为：

人员支出比率＝人员支出÷事业支出×100%

公用支出比率＝公用支出÷事业支出×100%

3. 人均基本支出，衡量事业单位按照实际在编人数平均的基本支出水平。计算公式为：

人均基本支出＝（基本支出－离退休人员支出）÷实际在编人数

4. 资产负债率，衡量事业单位利用债权人提供资金开展业务活动的能力，以及反映债权人提供资金的安全保障程度。计算公式为：

资产负债率＝负债总额÷资产总额×100%

行政单位财务规则

（2012年12月6日财政部令第71号公布　自2013年1月1日起施行）

第一章 总 则

第一条 为了规范行政单位的财务行为，加强行政单位财务管理和监督，提高资金使用效益，保障行政单位工作任务的完成，制定本规则。

第二条 本规则适用于各级各类国家机关、政党组织（以下统称行政单位）的财务活动。

第三条 行政单位财务管理的基本原则是：量入为出，保障重点，兼顾一般，厉行节约，制止奢侈浪费，降低行政成本，注重资金使用效益。

第四条 行政单位财务管理的主要任务是：

（一）科学、合理编制预算，严格预算执行，完整、准确、及时编制决算，真实反映单位财务状况；

（二）建立健全财务管理制度，实施预算绩效管理，加强对行政单位财务活动的控制和监督；

（三）加强资产管理，合理配置、有效利用、规范处置资产，防止国有资产流失；

（四）定期编制财务报告，进行财务活动分析；

（五）对行政单位所属并归口行政财务管理的单位的财务活动实施指导、监督；

（六）加强对非独立核算的机关后勤服务部门的财务管理，实行内部核算办法。

第五条 行政单位的财务活动在单位负责人领导下，由单位财务部门统一管理。

行政单位应当单独设置财务机构，配备专职财务会计人员，实行独立核算。人员编制少、财务工作量小等不具备独立核算条件的单位，可以实行单据报账制度。

第二章 单位预算管理

第六条 行政单位预算由收入预算和支出预算组成。

第七条 按照预算管理权限，行政单位预算管理分为下列级次：

（一）向同级财政部门申报预算的行政单位，为一级预算单位；

（二）向上一级预算单位申报预算并有下级预算单位的

行政单位，为二级预算单位；

（三）向上一级预算单位申报预算，且没有下级预算单位的行政单位，为基层预算单位。

一级预算单位有下级预算单位的，为主管预算单位。

第八条 各级预算单位应当按照预算管理级次申报预算，并按照批准的预算组织实施，定期将预算执行情况向上一级预算单位或者同级财政部门报告。

第九条 财政部门对行政单位实行收支统一管理，定额、定项拨款，超支不补，结转和结余按规定使用的预算管理办法。

第十条 行政单位编制预算，应当综合考虑以下因素：

（一）年度工作计划和相应支出需求；

（二）以前年度预算执行情况；

（三）以前年度结转和结余情况；

（四）资产占有和使用情况；

（五）其他因素。

第十一条 行政单位预算依照下列程序编报和审批：

（一）行政单位测算、提出预算建议数，逐级汇总后报送同级财政部门；

（二）财政部门审核行政单位提出的预算建议数，下达预算控制数；

（三）行政单位根据预算控制数正式编制年度预算，逐级汇总后报送同级财政部门；

（四）经法定程序批准后，财政部门批复行政单位预算。

第十二条 行政单位应当严格执行预算，按照收支平衡的原则，合理安排各项资金，不得超预算安排支出。

预算在执行中原则上不予调整。因特殊情况确需调整预算的，行政单位应当按照规定程序报送审批。

第十三条 行政单位应当按照规定编制决算，逐级审核汇总后报同级财政部门审批。

第十四条 行政单位应当加强决算审核和分析，规范决算管理工作，保证决算数据的完整、真实、准确。

第三章 收入管理

第十五条 收入是指行政单位依法取得的非偿还性资金，包括财政拨款收入和其他收入。

财政拨款收入，是指行政单位从同级财政部门取得的财政预算资金。

其他收入，是指行政单位依法取得的除财政拨款收入以外的各项收入。

行政单位依法取得的应当上缴财政的罚没收入、行政事业性收费、政府性基金、国有资产处置和出租出借收入等，不属于行政单位的收入。

第十六条 行政单位取得各项收入，应当符合国家规定，按照财务管理的要求，分项如实核算。

第十七条 行政单位的各项收入应当全部纳入单位预算，统一核算，统一管理。

第四章 支出管理

第十八条 支出是指行政单位为保障机构正常运转和完成工作任务所发生的资金耗费和损失，包括基本支出和项目支出。

基本支出，是指行政单位为保障机构正常运转和完成日常工作任务发生的支出，包括人员支出和公用支出。

项目支出，是指行政单位为完成特定的工作任务，在基本支出之外发生的支出。

第十九条 行政单位应当将各项支出全部纳入单位预算。

各项支出由单位财务部门按照批准的预算和有关规定审核办理。

第二十条 行政单位的支出应当严格执行国家规定的开支范围及标准，建立健全支出管理制度，对节约潜力大、管理薄弱的支出进行重点管理和控制。

第二十一条 行政单位从财政部门或者上级预算单位取得的项目资金，应当按照批准的项目和用途使用，专款专用、单独核算，并按照规定向同级财政部门或者上级预算单位报告资金使用情况，接受财政部门和上级预算单位的检查监督。

项目完成后，行政单位应当向同级财政部门或者上级预算单位报送项目支出决算和使用效果的书面报告。

第二十二条 行政单位应当严格执行国库集中支付制度和政府采购制度等规定。

第二十三条 行政单位应当加强支出的绩效管理，提高资金的使用效益。

第二十四条 行政单位应当依法加强各类票据管理，确保票据来源合法、内容真实、使用正确，不得使用虚假票据。

第五章 结转和结余管理

第二十五条 结转资金，是指当年预算已执行但未完成，或者因故未执行，下一年度需要按照原用途继续使用的资金。

第二十六条 结余资金，是指当年预算工作目标已完成，或者因故终止，当年剩余的资金。

结转资金在规定使用年限未使用或者未使用完的，视为结余资金。

第二十七条 财政拨款结转和结余的管理，应当按照同级财政部门的规定执行。

第六章 资产管理

第二十八条 资产是指行政单位占有或者使用的，能以货币计量的经济资源，包括流动资产、固定资产、在建工程、无形资产等。

第二十九条　流动资产是指可以在一年内变现或者耗用的资产，包括现金、银行存款、零余额账户用款额度、应收及暂付款项、存货等。

前款所称存货是指行政单位在工作中为耗用而储存的资产，包括材料、燃料、包装物和低值易耗品等。

第三十条　固定资产是指使用期限超过一年，单位价值在1000元以上（其中：专用设备单位价值在1500元以上），并且在使用过程中基本保持原有物质形态的资产。单位价值虽未达到规定标准，但是耐用时间在一年以上的大批同类物资，作为固定资产管理。

固定资产一般分为六类：房屋及构筑物；通用设备；专用设备；文物和陈列品；图书、档案；家具、用具、装具及动植物。

第三十一条　在建工程是指已经发生必要支出，但尚未达到交付使用状态的建设工程。

在建工程达到交付使用状态时，应当按照规定办理工程竣工财务决算和资产交付使用。

第三十二条　无形资产是指不具有实物形态而能为使用者提供某种权利的资产，包括著作权、土地使用权等。

第三十三条　行政单位应当建立健全单位资产管理制度，加强和规范资产配置、使用和处置管理，维护资产安全完整。

第三十四条　行政单位应当按照科学规范、从严控制、保障工作需要的原则合理配置资产。

行政单位资产有原始凭证的，按照原始凭证记账；无原始凭证的，应当依法进行评估，按照评估价值记账。

第三十五条　行政单位应当加强资产日常管理工作，做好资产建账、核算和登记工作，定期或者不定期进行清查盘点，保证账账相符，账实相符。年度终了，应当进行全面清查盘点。对资产盘盈、盘亏应当及时处理。

第三十六条　行政单位开设银行存款账户，应当报同级财政部门审批，并由财务部门统一管理。

第三十七条　行政单位应当加强应收及暂付款项的管理，严格控制规模，并及时进行清理，不得长期挂账。

第三十八条　行政单位的资产增加时，应当及时登记入账；减少时，应当按照资产处置规定办理报批手续，进行账务处理。

行政单位的固定资产不计提折旧，但财政部另有规定的除外。

第三十九条　行政单位不得以任何形式用占有、使用的国有资产对外投资或者举办经济实体。对于未与行政单位脱钩的经济实体，行政单位应当按照有关规定进行监管。

除法律、行政法规另有规定外，行政单位不得举借债务，不得对外提供担保。

第四十条　未经同级财政部门批准，行政单位不得将占有、使用的国有资产对外出租、出借。

第四十一条　行政单位应当按照国家有关规定实行资源共享、装备共建，提高资产使用效率。

第四十二条　行政单位资产处置应当遵循公开、公平、公正的原则，依法进行评估，严格履行相关审批程序。

第七章　负 债 管 理

第四十三条　负债是指行政单位所承担的能以货币计量，需要以资产或者劳务偿还的债务，包括应缴款项、暂存款项、应付款项等。

第四十四条　应缴款项是指行政单位依法取得的应当上缴财政的资金，包括罚没收入、行政事业性收费、政府性基金、国有资产处置和出租出借收入等。

第四十五条　行政单位取得罚没收入、行政事业性收费、政府性基金、国有资产处置和出租出借收入等，应当按照国库集中收缴的有关规定及时足额上缴，不得隐瞒、滞留、截留、挪用和坐支。

第四十六条　暂存款项是行政单位在业务活动中与其他单位或者个人发生的预收、代管等待结算的款项。

第四十七条　行政单位应当加强对暂存款项的管理，不得将应当纳入单位收入管理的款项列入暂存款项；对各种暂存款项应当及时清理、结算，不得长期挂账。

第八章　行政单位划转撤并的财务处理

第四十八条　行政单位划转撤并的财务处理，应当在财政部门、主管预算单位等部门的监督指导下进行。

划转撤并的行政单位应当对单位的财产、债权、债务等进行全面清理，编制财产目录和债权、债务清单，提出财产作价依据和债权、债务处理办法，做好资产的移交、接收、划转和管理工作，并妥善处理各项遗留问题。

第四十九条　划转撤并的行政单位的资产经主管预算单位审核并上报财政部门和有关部门批准后，分别按照下列规定处理：

（一）转为事业单位和改变隶属关系的行政单位，其资产无偿移交，并相应调整、划转经费指标。

（二）转为企业的行政单位，其资产按照有关规定进行评估作价后，转作企业的国有资本。

（三）撤销的行政单位，其全部资产由财政部门或者财政部门授权的单位处理。

（四）合并的行政单位，其全部资产移交接收单位或者新组建单位；合并后多余的资产，由财政部门或者财政部门授权的单位处理。

（五）分立的行政单位，其资产按照有关规定移交分立后的行政单位，并相应划转经费指标。

第九章 财务报告和财务分析

第五十条 财务报告是反映行政单位一定时期财务状况和预算执行结果的总结性书面文件。

第五十一条 行政单位的财务报告,包括财务报表和财务情况说明书。

财务报表包括资产负债表、收入支出表、支出明细表、财政拨款收入支出表、固定资产投资决算报表等主表及有关附表。

财务情况说明书,主要说明行政单位本期收入、支出、结转、结余、专项资金使用及资产负债变动等情况,以及影响财务状况变化的重要事项,总结财务管理经验,对存在的问题提出改进意见。

第五十二条 财务分析是依据会计核算资料和其他有关信息资料,对单位财务活动过程及其结果进行的研究、分析和评价。

第五十三条 财务分析的内容包括预算编制与执行情况、收入支出状况、人员增减情况、资产使用情况等。

财务分析的指标主要有:支出增长率、当年预算支出完成率、人均开支、项目支出占总支出的比率、人员支出占总支出的比率、公用支出占总支出的比率、人均办公使用面积、人车比例等。

行政单位可以根据其业务特点,增加财务分析指标。

第五十四条 行政单位应当真实、准确、完整、及时地编制财务报告,认真进行财务分析,并按照规定报送财政部门、主管预算单位和其他有关部门。

第十章 财务监督

第五十五条 行政单位财务监督主要包括对预算管理、收入管理、支出管理、结转和结余管理、资产管理、负债管理等的监督。

第五十六条 行政单位财务监督应当实行事前监督、事中监督、事后监督相结合,日常监督与专项监督相结合,并对违反财务规章制度的问题进行检查处理。

第五十七条 行政单位应当建立健全内部控制制度、经济责任制度、财务信息披露制度等监督制度,依法公开财务信息。

第五十八条 行政单位应当依法接受主管预算单位和财政、审计部门的监督。

第五十九条 财政部门、行政单位及其工作人员违反本规则,按照《财政违法行为处罚处分条例》(国务院令第427号)处理。

第十一章 附则

第六十条 行政单位基本建设投资的财务管理,应当执行本规则,但国家基本建设投资财务管理制度另有规定的,从其规定。

第六十一条 参照公务员法管理的事业单位财务制度的适用,由财政部另行规定。

行政单位所属独立核算的企业、事业单位分别执行相应的财务制度,不执行本规则。

第六十二条 省、自治区、直辖市人民政府财政部门可以依据本规则结合本地区实际情况制定实施办法。

第六十三条 本规则自2013年1月1日起施行。

附

行政单位财务分析指标

1. 支出增长率,衡量行政单位支出的增长水平。计算公式为:

支出增长率 =(本期支出总额 ÷ 上期支出总额 − 1)× 100%

2. 当年预算支出完成率,衡量行政单位当年支出总预算及分项预算完成的程度。计算公式为:

当年预算支出完成率 = 年终执行数 ÷(年初预算数 ± 年中预算调整数)× 100%

年终执行数不含上年结转和结余支出数。

3. 人均开支,衡量行政单位人均年消耗经费水平。计算公式为:

人均开支 = 本期支出数 ÷ 本期平均在职人员数 × 100%

4. 项目支出占总支出的比率,衡量行政单位的支出结构。计算公式为:

项目支出比率 = 本期项目支出数 ÷ 本期支出总数 × 100%

5. 人员支出、公用支出占总支出的比率,衡量行政单位的支出结构。计算公式为:

人员支出比率 = 本期人员支出数 ÷ 本期支出总数 × 100%

公用支出比率 = 本期公用支出数 ÷ 本期支出总数 × 100%

6. 人均办公使用面积,衡量行政单位办公用房配备情况。计算公式为:

人均办公使用面积 = 本期末单位办公用房使用面积 ÷ 本期末在职人员数

7. 人车比例,衡量行政单位公务用车配备情况。计算公式为:

人车比例 = 本期末在职人员数 ÷ 本期末公务用车实有数:1

（二）会 计

中华人民共和国会计法

（1985年1月21日第六届全国人民代表大会常务委员会第九次会议通过 根据1993年12月29日第八届全国人民代表大会常务委员会第五次会议《关于修改〈中华人民共和国会计法〉的决定》第一次修正 1999年10月31日第九届全国人民代表大会常务委员会第十二次会议修订 根据2017年11月4日第十二届全国人民代表大会常务委员会第三十次会议《关于修改〈中华人民共和国会计法〉等十一部法律的决定》第二次修正）

目 录

第一章 总 则

第一条 为了规范会计行为，保证会计资料真实、完整，加强经济管理和财务管理，提高经济效益，维护社会主义市场经济秩序，制定本法。

第二条 国家机关、社会团体、公司、企业、事业单位和其他组织（以下统称单位）必须依照本法办理会计事务。

第三条 各单位必须依法设置会计帐簿，并保证其真实、完整。

第四条 单位负责人对本单位的会计工作和会计资料的真实性、完整性负责。

第五条 会计机构、会计人员依照本法规定进行会计核算，实行会计监督。

任何单位或者个人不得以任何方式授意、指使、强令会计机构、会计人员伪造、变造会计凭证、会计帐簿和其他会计资料，提供虚假财务会计报告。

任何单位或者个人不得对依法履行职责、抵制违反本法规定行为的会计人员实行打击报复。

第六条 对认真执行本法，忠于职守，坚持原则，做出显著成绩的会计人员，给予精神的或者物质的奖励。

第七条 国务院财政部门主管全国的会计工作。

县级以上地方各级人民政府财政部门管理本行政区域内的会计工作。

第八条 国家实行统一的会计制度。国家统一的会计制度由国务院财政部门根据本法制定并公布。

国务院有关部门可以依照本法和国家统一的会计制度制定对会计核算和会计监督有特殊要求的行业实施国家统一的会计制度的具体办法或者补充规定，报国务院财政部门审核批准。

中国人民解放军总后勤部可以依照本法和国家统一的会计制度制定军队实施国家统一的会计制度的具体办法，报国务院财政部门备案。

第二章 会计核算

第九条 各单位必须根据实际发生的经济业务事项进行会计核算，填制会计凭证，登记会计帐簿，编制财务会计报告。

任何单位不得以虚假的经济业务事项或者资料进行会计核算。

第十条 下列经济业务事项，应当办理会计手续，进行会计核算：

（一）款项和有价证券的收付；

（二）财物的收发、增减和使用；

（三）债权债务的发生和结算；

（四）资本、基金的增减；

（五）收入、支出、费用、成本的计算；

（六）财务成果的计算和处理；

（七）需要办理会计手续、进行会计核算的其他事项。

第十一条 会计年度自公历1月1日起至12月31日止。

第十二条 会计核算以人民币为记帐本位币。

业务收支以人民币以外的货币为主的单位，可以选定其中一种货币作为记帐本位币，但是编报的财务会计报告应当折算为人民币。

第十三条 会计凭证、会计帐簿、财务会计报告和其他会计资料，必须符合国家统一的会计制度的规定。

使用电子计算机进行会计核算的，其软件及其生成的会计凭证、会计帐簿、财务会计报告和其他会计资料，也必须符合国家统一的会计制度的规定。

任何单位和个人不得伪造、变造会计凭证、会计帐簿及其他会计资料，不得提供虚假的财务会计报告。

第十四条 会计凭证包括原始凭证和记帐凭证。

办理本法第十条所列的经济业务事项，必须填制或者取得原始凭证并及时送交会计机构。

会计机构、会计人员必须按照国家统一的会计制度的规定对原始凭证进行审核，对不真实、不合法的原始凭证有权不予接受，并向单位负责人报告；对记载不准确、不完整的原始凭证予以退回，并要求按照国家统一的会计制度的规定更正、补充。

原始凭证记载的各项内容均不得涂改；原始凭证有错误

的,应当由出具单位重开或者更正,更正处应当加盖出具单位印章。原始凭证金额有错误的,应当由出具单位重开,不得在原始凭证上更正。

记帐凭证应当根据经过审核的原始凭证及有关资料编制。

第十五条 会计帐簿登记,必须以经过审核的会计凭证为依据,并符合有关法律、行政法规和国家统一的会计制度的规定。会计帐簿包括总帐、明细帐、日记帐和其他辅助性帐簿。

会计帐簿应当按照连续编号的页码顺序登记。会计帐簿记录发生错误或者隔页、缺号、跳行的,应当按照国家统一的会计制度规定的方法更正,并由会计人员和会计机构负责人(会计主管人员)在更正处盖章。

使用电子计算机进行会计核算的,其会计帐簿的登记、更正,应当符合国家统一的会计制度的规定。

第十六条 各单位发生的各项经济业务事项应当在依法设置的会计帐簿上统一登记、核算,不得违反本法和国家统一的会计制度的规定私设会计帐簿登记、核算。

第十七条 各单位应当定期将会计帐簿记录与实物、款项及有关资料相互核对,保证会计帐簿记录与实物及款项的实有数额相符、会计帐簿记录与会计凭证的有关内容相符、会计帐簿之间相对应的记录相符、会计帐簿记录与会计报表的有关内容相符。

第十八条 各单位采用的会计处理方法,前后各期应当一致,不得随意变更;确有必要变更的,应当按照国家统一的会计制度的规定变更,并将变更的原因、情况及影响在财务会计报告中说明。

第十九条 单位提供的担保、未决诉讼等或有事项,应当按照国家统一的会计制度的规定,在财务会计报告中予以说明。

第二十条 财务会计报告应当根据经过审核的会计帐簿记录和有关资料编制,并符合本法和国家统一的会计制度关于财务会计报告的编制要求、提供对象和提供期限的规定;其他法律、行政法规另有规定的,从其规定。

财务会计报告由会计报表、会计报表附注和财务情况说明书组成。向不同的会计资料使用者提供的财务会计报告,其编制依据应当一致。有关法律、行政法规规定会计报表、会计报表附注和财务情况说明书须经注册会计师审计的,注册会计师及其所在的会计师事务所出具的审计报告应当随同财务会计报告一并提供。

第二十一条 财务会计报告应当由单位负责人和主管会计工作的负责人、会计机构负责人(会计主管人员)签名并盖章;设置总会计师的单位,还须由总会计师签名并盖章。

单位负责人应当保证财务会计报告真实、完整。

第二十二条 会计记录的文字应当使用中文。在民族自治地方,会计记录可以同时使用当地通用的一种民族文字。在中华人民共和国境内的外商投资企业、外国企业和其他外国组织的会计记录可以同时使用一种外国文字。

第二十三条 各单位对会计凭证、会计帐簿、财务会计报告和其他会计资料应当建立档案,妥善保管。会计档案的保管期限和销毁办法,由国务院财政部门会同有关部门制定。

第三章 公司、企业会计核算的特别规定

第二十四条 公司、企业进行会计核算,除应当遵守本法第二章的规定外,还应当遵守本章规定。

第二十五条 公司、企业必须根据实际发生的经济业务事项,按照国家统一的会计制度的规定确认、计量和记录资产、负债、所有者权益、收入、费用、成本和利润。

第二十六条 公司、企业进行会计核算不得有下列行为:

(一)随意改变资产、负债、所有者权益的确认标准或者计量方法,虚列、多列、不列或者少列资产、负债、所有者权益;

(二)虚列或者隐瞒收入,推迟或者提前确认收入;

(三)随意改变费用、成本的确认标准或者计量方法,虚列、多列、不列或者少列费用、成本;

(四)随意调整利润的计算、分配方法,编造虚假利润或者隐瞒利润;

(五)违反国家统一的会计制度规定的其他行为。

第四章 会 计 监 督

第二十七条 各单位应当建立、健全本单位内部会计监督制度。单位内部会计监督制度应当符合下列要求:

(一)记帐人员与经济业务事项和会计事项的审批人员、经办人员、财物保管人员的职责权限应当明确,并相互分离、相互制约;

(二)重大对外投资、资产处置、资金调度和其他重要经济业务事项的决策和执行的相互监督、相互制约程序应当明确;

(三)财产清查的范围、期限和组织程序应当明确;

(四)对会计资料定期进行内部审计的办法和程序应当明确。

第二十八条 单位负责人应当保证会计机构、会计人员依法履行职责,不得授意、指使、强令会计机构、会计人员违法办理会计事项。

会计机构、会计人员对违反本法和国家统一的会计制度规定的会计事项,有权拒绝办理或者按照职权予以纠正。

第二十九条 会计机构、会计人员发现会计帐簿记录与实物、款项及有关资料不相符的,按照国家统一的会计制度的规定有权自行处理的,应当及时处理;无权处理的,应当立即向单位负责人报告,请求查明原因,作出处理。

第三十条 任何单位和个人对违反本法和国家统一的会

计制度规定的行为，有权检举。收到检举的部门有权处理的，应当依法按照职责分工及时处理；无权处理的，应当及时移送有权处理的部门处理。收到检举的部门、负责处理的部门应当为检举人保密，不得将检举人姓名和检举材料转给被检举单位和被检举人个人。

第三十一条　有关法律、行政法规规定，须经注册会计师进行审计的单位，应当向受委托的会计师事务所如实提供会计凭证、会计帐簿、财务会计报告和其他会计资料以及有关情况。

任何单位或者个人不得以任何方式要求或者示意注册会计师及其所在的会计师事务所出具不实或者不当的审计报告。

财政部门有权对会计师事务所出具审计报告的程序和内容进行监督。

第三十二条　财政部门对各单位的下列情况实施监督：

（一）是否依法设置会计帐簿；

（二）会计凭证、会计帐簿、财务会计报告和其他会计资料是否真实、完整；

（三）会计核算是否符合本法和国家统一的会计制度的规定；

（四）从事会计工作的人员是否具备专业能力、遵守职业道德。

在对前款第（二）项所列事项实施监督，发现重大违法嫌疑时，国务院财政部门及其派出机构可以向与被监督单位有经济业务往来的单位和被监督单位开立帐户的金融机构查询有关情况，有关单位和金融机构应当给予支持。

第三十三条　财政、审计、税务、人民银行、证券监管、保险监管等部门应当依照有关法律、行政法规规定的职责，对有关单位的会计资料实施监督检查。

前款所列监督检查部门对有关单位的会计资料依法实施监督检查后，应当出具检查结论。有关监督检查部门已经作出的检查结论能够满足其他监督检查部门履行本部门职责需要的，其他监督检查部门应当加以利用，避免重复查帐。

第三十四条　依法对有关单位的会计资料实施监督检查的部门及其工作人员对在监督检查中知悉的国家秘密和商业秘密负有保密义务。

第三十五条　各单位必须依照有关法律、行政法规的规定，接受有关监督检查部门依法实施的监督检查，如实提供会计凭证、会计帐簿、财务会计报告和其他会计资料以及有关情况，不得拒绝、隐匿、谎报。

第五章　会计机构和会计人员

第三十六条　各单位应当根据会计业务的需要，设置会计机构，或者在有关机构中设置会计人员并指定会计主管人员；不具备设置条件的，应当委托经批准设立从事会计代理记帐业务的中介机构代理记帐。

国有的和国有资产占控股地位或者主导地位的大、中型企业必须设置总会计师。总会计师的任职资格、任免程序、职责权限由国务院规定。

第三十七条　会计机构内部应当建立稽核制度。

出纳人员不得兼任稽核、会计档案保管和收入、支出、费用、债权债务帐目的登记工作。

第三十八条　会计人员应当具备从事会计工作所需要的专业能力。

担任单位会计机构负责人（会计主管人员）的，应当具备会计师以上专业技术职务资格或者从事会计工作三年以上经历。

本法所称会计人员的范围由国务院财政部门规定。

第三十九条　会计人员应当遵守职业道德，提高业务素质。对会计人员的教育和培训工作应当加强。

第四十条　因有提供虚假财务会计报告，做假帐，隐匿或者故意销毁会计凭证、会计帐簿、财务会计报告，贪污，挪用公款，职务侵占等与会计职务有关的违法行为被依法追究刑事责任的人员，不得再从事会计工作。

第四十一条　会计人员调动工作或者离职，必须与接管人员办清交接手续。

一般会计人员办理交接手续，由会计机构负责人（会计主管人员）监交；会计机构负责人（会计主管人员）办理交接手续，由单位负责人监交，必要时主管单位可以派人会同监交。

第六章　法律责任

第四十二条　违反本法规定，有下列行为之一的，由县级以上人民政府财政部门责令限期改正，可以对单位并处三千元以上五万元以下的罚款；对其直接负责的主管人员和其他直接责任人员，可以处二千元以上二万元以下的罚款；属于国家工作人员的，还应当由其所在单位或者有关单位依法给予行政处分：

（一）不依法设置会计帐簿的；

（二）私设会计帐簿的；

（三）未按照规定填制、取得原始凭证或者填制、取得的原始凭证不符合规定的；

（四）以未经审核的会计凭证为依据登记会计帐簿或者登记会计帐簿不符合规定的；

（五）随意变更会计处理方法的；

（六）向不同的会计资料使用者提供的财务会计报告编制依据不一致的；

（七）未按照规定使用会计记录文字或者记帐本位币的；

（八）未按照规定保管会计资料，致使会计资料毁损、灭失的；

（九）未按照规定建立并实施单位内部会计监督制度或者拒绝依法实施的监督或者不如实提供有关会计资料及有关情况的；

（十）任用会计人员不符合本法规定的。

有前款所列行为之一，构成犯罪的，依法追究刑事责任。

会计人员有第一款所列行为之一，情节严重的，五年内不得从事会计工作。

有关法律对第一款所列行为的处罚另有规定的，依照有关法律的规定办理。

第四十三条 伪造、变造会计凭证、会计帐簿，编制虚假财务会计报告，构成犯罪的，依法追究刑事责任。

有前款行为，尚不构成犯罪的，由县级以上人民政府财政部门予以通报，可以对单位并处五千元以上十万元以下的罚款；对其直接负责的主管人员和其他直接责任人员，可以处三千元以上五万元以下的罚款；属于国家工作人员的，还应当由其所在单位或者有关单位依法给予撤职直至开除的行政处分；其中的会计人员，五年内不得从事会计工作。

第四十四条 隐匿或者故意销毁依法应当保存的会计凭证、会计帐簿、财务会计报告，构成犯罪的，依法追究刑事责任。

有前款行为，尚不构成犯罪的，由县级以上人民政府财政部门予以通报，可以对单位并处五千元以上十万元以下的罚款；对其直接负责的主管人员和其他直接责任人员，可以处三千元以上五万元以下的罚款；属于国家工作人员的，还应当由其所在单位或者有关单位依法给予撤职直至开除的行政处分；其中的会计人员，五年内不得从事会计工作。

第四十五条 授意、指使、强令会计机构、会计人员及其他人员伪造、变造会计凭证、会计帐簿，编制虚假财务会计报告或者隐匿、故意销毁依法应当保存的会计凭证、会计帐簿、财务会计报告，构成犯罪的，依法追究刑事责任；尚不构成犯罪的，可以处五千元以上五万元以下的罚款；属于国家工作人员的，还应当由其所在单位或者有关单位依法给予降级、撤职、开除的行政处分。

第四十六条 单位负责人对依法履行职责、抵制违反本法规定行为的会计人员以降级、撤职、调离工作岗位、解聘或者开除等方式实行打击报复，构成犯罪的，依法追究刑事责任；尚不构成犯罪的，由其所在单位或者有关单位依法给予行政处分。对受打击报复的会计人员，应当恢复其名誉和原有职务、级别。

第四十七条 财政部门及有关行政部门的工作人员在实施监督管理中滥用职权、玩忽职守、徇私舞弊或者泄露国家秘密、商业秘密，构成犯罪的，依法追究刑事责任；尚不构成犯罪的，依法给予行政处分。

第四十八条 违反本法第三十条规定，将检举人姓名和检举材料转给被检举单位和被检举人个人的，由所在单位或者有关单位依法给予行政处分。

第四十九条 违反本法规定，同时违反其他法律规定的，由有关部门在各自职权范围内依法进行处罚。

第七章 附 则

第五十条 本法下列用语的含义：

单位负责人，是指单位法定代表人或者法律、行政法规规定代表单位行使职权的主要负责人。

国家统一的会计制度，是指国务院财政部门根据本法制定的关于会计核算、会计监督、会计机构和会计人员以及会计工作管理的制度。

第五十一条 个体工商户会计管理的具体办法，由国务院财政部门根据本法的原则另行规定。

第五十二条 本法自2000年7月1日起施行。

中华人民共和国注册会计师法

（1993年10月31日第八届全国人民代表大会常务委员会第四次会议通过　根据2014年8月31日第十二届全国人民代表大会常务委员会第十次会议《关于修改〈中华人民共和国保险法〉等五部法律的决定》修正）

目 录

第一章 总 则

第一条 为了发挥注册会计师在社会经济活动中的鉴证和服务作用，加强对注册会计师的管理，维护社会公共利益和投资者的合法权益，促进社会主义市场经济的健康发展，制定本法。

第二条 注册会计师是依法取得注册会计师证书并接受委托从事审计和会计咨询、会计服务业务的执业人员。

第三条 会计师事务所是依法设立并承办注册会计师业务的机构。

注册会计师执行业务，应当加入会计师事务所。

第四条 注册会计师协会是由注册会计师组成的社会团体。中国注册会计师协会是注册会计师的全国组织，省、自治区、直辖市注册会计师协会是注册会计师的地方组织。

第五条 国务院财政部门和省、自治区、直辖市人民政府财政部门，依法对注册会计师、会计师事务所和注册会计师协会进行监督、指导。

第六条 注册会计师和会计师事务所执行业务，必须遵守法律、行政法规。

注册会计师和会计师事务所依法独立、公正执行业务，受法律保护。

第二章 考试和注册

第七条 国家实行注册会计师全国统一考试制度。注册会计师全国统一考试办法，由国务院财政部门制定，由中国注册会计师协会组织实施。

第八条 具有高等专科以上学校毕业的学历、或者具有会计或者相关专业中级以上技术职称的中国公民，可以申请参加注册会计师全国统一考试；具有会计或者相关专业高级技术职称的人员，可以免予部分科目的考试。

第九条 参加注册会计师全国统一考试成绩合格，并从事审计业务工作二年以上的，可以向省、自治区、直辖市注册会计师协会申请注册。

除有本法第十条所列情形外，受理申请的注册会计师协会应当准予注册。

第十条 有下列情形之一的，受理申请的注册会计师协会不予注册：

（一）不具有完全民事行为能力的；

（二）因受刑事处罚，自刑罚执行完毕之日起至申请注册之日止不满五年的；

（三）因在财务、会计、审计、企业管理或者其他经济管理工作中犯有严重错误受行政处罚、撤职以上处分，自处罚、处分决定之日起至申请注册之日止不满二年的；

（四）受吊销注册会计师证书的处罚，自处罚决定之日起至申请注册之日止不满五年的；

（五）国务院财政部门规定的其他不予注册的情形的。

第十一条 注册会计师协会应当将准予注册的人员名单报国务院财政部门备案。国务院财政部门发现注册会计师协会的注册不符合本法规定的，应当通知有关的注册会计师协会撤销注册。

注册会计师协会依照本法第十条的规定不予注册的，应当自决定之日起十五日内书面通知申请人。申请人有异议的，可以自收到通知之日起十五日内向国务院财政部门或者省、自治区、直辖市人民政府财政部门申请复议。

第十二条 准予注册的申请人，由注册会计师协会发给国务院财政部门统一制定的注册会计师证书。

第十三条 已取得注册会计师证书的人员，除本法第十一条第一款规定的情形外，注册后有下列情形之一的，由准予注册的注册会计师协会撤销注册，收回注册会计师证书：

（一）完全丧失民事行为能力的；

（二）受刑事处罚的；

（三）因在财务、会计、审计、企业管理或者其他经济管理工作中犯有严重错误受行政处罚、撤职以上处分的；

（四）自行停止执行注册会计师业务满一年的。

被撤销注册的当事人有异议的，可以自接到撤销注册、收回注册会计师证书的通知之日起十五日内向国务院财政部门或者省、自治区、直辖市人民政府财政部门申请复议。

依照第一款规定被撤销注册的人员可以重新申请注册，但必须符合本法第九条、第十条的规定。

第三章 业务范围和规则

第十四条 注册会计师承办下列审计业务：

（一）审查企业会计报表，出具审计报告；

（二）验证企业资本，出具验资报告；

（三）办理企业合并、分立、清算事宜中的审计业务，出具有关的报告；

（四）法律、行政法规规定的其他审计业务。

注册会计师依法执行审计业务出具的报告，具有证明效力。

第十五条 注册会计师可以承办会计咨询、会计服务业务。

第十六条 注册会计师承办业务，由其所在的会计师事务所统一受理并与委托人签订委托合同。

会计师事务所对本所注册会计师依照前款规定承办的业务，承担民事责任。

第十七条 注册会计师执行业务，可以根据需要查阅委托人的有关会计资料和文件，查看委托人的业务现场和设施，要求委托人提供其他必要的协助。

第十八条 注册会计师与委托人有利害关系的，应当回避；委托人有权要求其回避。

第十九条 注册会计师对在执行业务中知悉的商业秘密，负有保密义务。

第二十条 注册会计师执行审计业务，遇有下列情形之一的，应当拒绝出具有关报告：

（一）委托人示意其作不实或者不当证明的；

（二）委托人故意不提供有关会计资料和文件的；

（三）因委托人有其他不合理要求，致使注册会计师出具的报告不能对财务会计的重要事项作出正确表述的。

第二十一条 注册会计师执行审计业务，必须按照执业准则、规则确定的工作程序出具报告。

注册会计师执行审计业务出具报告时，不得有下列行为：

（一）明知委托人对重要事项的财务会计处理与国家有关规定相抵触，而不予指明；

（二）明知委托人的财务会计处理会直接损害报告使用人或者其他利害关系人的利益，而予以隐瞒或者作不实的报告；

（三）明知委托人的财务会计处理会导致报告使用人或者其他利害关系人产生重大误解，而不予指明；

（四）明知委托人的会计报表的重要事项有其他不实的内容，而不予指明。

对委托人有前款所列行为，注册会计师按照执业准则、规则应当知道的，适用前款规定。

第二十二条 注册会计师不得有下列行为：

（一）在执行审计业务期间，在法律、行政法规规定不得买卖被审计单位的股票、债券或者不得购买被审计单位或者个人的其他财产的期限内，买卖被审计单位的股票、债券或者购买被审计单位或者个人所拥有的其他财产；

（二）索取、收受委托合同约定以外的酬金或者其他财物，或者利用执行业务之便，谋取其他不正当的利益；

（三）接受委托催收债款；

（四）允许他人以本人名义执行业务；

（五）同时在两个或者两个以上的会计师事务所执行业务；

（六）对其能力进行广告宣传以招揽业务；

（七）违反法律、行政法规的其他行为。

第四章　会计师事务所

第二十三条 会计师事务所可以由注册会计师合伙设立。

合伙设立的会计师事务所的债务，由合伙人按照出资比例或者协议的约定，以各自的财产承担责任。合伙人对会计师事务所的债务承担连带责任。

第二十四条 会计师事务所符合下列条件的，可以是负有限责任的法人：

（一）不少于三十万元的注册资本；

（二）有一定数量的专职从业人员，其中至少有五名注册会计师；

（三）国务院财政部门规定的业务范围和其他条件。

负有限责任的会计师事务所以其全部资产对其债务承担责任。

第二十五条 设立会计师事务所，由省、自治区、直辖市人民政府财政部门批准。

申请设立会计师事务所，申请者应当向审批机关报送下列文件：

（一）申请书；

（二）会计师事务所的名称、组织机构和业务场所；

（三）会计师事务所章程，有合伙协议的并应报送合伙协议；

（四）注册会计师名单、简历及有关证明文件；

（五）会计师事务所主要负责人、合伙人的姓名、简历及有关证明文件；

（六）负有限责任的会计师事务所的出资证明；

（七）审批机关要求的其他文件。

第二十六条 审批机关应当自收到申请文件之日起三十日内决定批准或者不批准。

省、自治区、直辖市人民政府财政部门批准的会计师事务所，应当报国务院财政部门备案。国务院财政部门发现批准不当的，应当自收到备案报告之日起三十日内通知原审批机关重新审查。

第二十七条 会计师事务所设立分支机构，须经分支机构所在地的省、自治区、直辖市人民政府财政部门批准。

第二十八条 会计师事务所依法纳税。

会计师事务所按照国务院财政部门的规定建立职业风险基金，办理职业保险。

第二十九条 会计师事务所受理业务，不受行政区域、行业的限制；但是，法律、行政法规另有规定的除外。

第三十条 委托人委托会计师事务所办理业务，任何单位和个人不得干预。

第三十一条 本法第十八条至第二十一条的规定，适用于会计师事务所。

第三十二条 会计师事务所不得有本法第二十二条第（一）项至第（四）项、第（六）项、第（七）项所列的行为。

第五章　注册会计师协会

第三十三条 注册会计师应当加入注册会计师协会。

第三十四条 中国注册会计师协会的章程由全国会员代表大会制定，并报国务院财政部门备案；省、自治区、直辖市注册会计师协会的章程由省、自治区、直辖市会员代表大会制定，并报省、自治区、直辖市人民政府财政部门备案。

第三十五条 中国注册会计师协会依法拟订注册会计师执业准则、规则，报国务院财政部门批准后施行。

第三十六条 注册会计师协会应当支持注册会计师依法执行业务，维护其合法权益，向有关方面反映其意见和建议。

第三十七条 注册会计师协会应当对注册会计师的任职资格和执业情况进行年度检查。

第三十八条 注册会计师协会依法取得社会团体法人资格。

第六章　法律责任

第三十九条 会计师事务所违反本法第二十条、第二十一条规定的，由省级以上人民政府财政部门给予警告，没收违法所得，可以并处违法所得一倍以上五倍以下的罚款；情节严重的，并可以由省级以上人民政府财政部门暂停其经营业务或者予以撤销。

注册会计师违反本法第二十条、第二十一条规定的，由省级以上人民政府财政部门给予警告；情节严重的，可以由省级以上人民政府财政部门暂停其执行业务或者吊销注册会计师证书。

会计师事务所、注册会计师违反本法第二十条、第二十一条的规定，故意出具虚假的审计报告、验资报告，构成犯罪的，依法追究刑事责任。

第四十条 对未经批准承办本法第十四条规定的注册会计师业务的单位，由省级以上人民政府财政部门责令其停止违法活动，没收违法所得，可以并处违法所得一倍以上五倍以下的罚款。

第四十一条 当事人对行政处罚决定不服的，可以在接到处罚通知之日起十五日内向作出处罚决定的机关的上一级机关申请复议；当事人也可以在接到处罚决定通知之日起十五日内直接向人民法院起诉。

复议机关应当在接到复议申请之日起六十日内作出复议决定。当事人对复议决定不服的，可以在接到复议决定之日起十五日内向人民法院起诉。复议机关逾期不作出复议决定的，当事人可以在复议期满之日起十五日内向人民法院起诉。

当事人逾期不申请复议，也不向人民法院起诉，又不履行处罚决定的，作出处罚决定的机关可以申请人民法院强制执行。

第四十二条 会计师事务所违反本法规定，给委托人、其他利害关系人造成损失的，应当依法承担赔偿责任。

第七章 附 则

第四十三条 在审计事务所工作的注册审计师，经认定为具有注册会计师资格的，可以执行本法规定的业务，其资格认定和对其监督、指导、管理的办法由国务院另行规定。

第四十四条 外国人申请参加中国注册会计师全国统一考试和注册，按照互惠原则办理。

外国会计师事务所需要在中国境内临时办理有关业务的，须经有关的省、自治区、直辖市人民政府财政部门批准。

第四十五条 国务院可以根据本法制定实施条例。

第四十六条 本法自1994年1月1日起施行。1986年7月3日国务院发布的《中华人民共和国注册会计师条例》同时废止。

总会计师条例

（1990年12月31日中华人民共和国国务院令第72号发布 根据2011年1月8日《国务院关于废止和修改部分行政法规的决定》修订）

第一章 总 则

第一条 为了确定总会计师的职权和地位，发挥总会计师在加强经济管理、提高经济效益中的作用，制定本条例。

第二条 全民所有制大、中型企业设置总会计师；事业单位和业务主管部门根据需要，经批准可以设置总会计师。

总会计师的设置、职权、任免和奖惩，依照本条例的规定执行。

第三条 总会计师是单位行政领导成员，协助单位主要行政领导人工作，直接对单位主要行政领导人负责。

第四条 凡设置总会计师的单位，在单位行政领导成员中，不设与总会计师职权重叠的副职。

第五条 总会计师组织领导本单位的财务管理、成本管理、预算管理、会计核算和会计监督等方面的工作，参与本单位重要经济问题的分析和决策。

第六条 总会计师具体组织本单位执行国家有关财经法律、法规、方针、政策和制度，保护国家财产。

总会计师的职权受国家法律保护。单位主要行政领导人应当支持并保障总会计师依法行使职权。

第二章 总会计师的职责

第七条 总会计师负责组织本单位的下列工作：

（一）编制和执行预算、财务收支计划、信贷计划，拟订资金筹措和使用方案，开辟财源，有效地使用资金；

（二）进行成本费用预测、计划、控制、核算、分析和考核，督促本单位有关部门降低消耗、节约费用、提高经济效益；

（三）建立、健全经济核算制度，利用财务会计资料进行经济活动分析；

（四）承办单位主要行政领导人交办的其他工作。

第八条 总会计师负责对本单位财会机构的设置和会计人员的配备、会计专业职务的设置和聘任提出方案；组织会计人员的业务培训和考核；支持会计人员依法行使职权。

第九条 总会计师协助单位主要行政领导人对企业的生产经营、行政事业单位的业务发展以及基本建设投资等问题作出决策。

总会计师参与新产品开发、技术改造、科技研究、商品（劳务）价格和工资奖金等方案的制定；参与重大经济合同和经济协议的研究、审查。

第三章 总会计师的权限

第十条 总会计师对违反国家财经法律、法规、方针、政策、制度和有可能在经济上造成损失、浪费的行为，有权制止或者纠正。制止或者纠正无效时，提请单位主要行政领导人处理。

单位主要行政领导人不同意总会计师对前款行为的处理意见的，总会计师应当依照《中华人民共和国会计法》的有关规定执行。

第十一条 总会计师有权组织本单位各职能部门、直属基层组织的经济核算、财务会计和成本管理方面的工作。

第十二条 总会计师主管审批财务收支工作。除一般的财务收支可以由总会计师授权的财会机构负责人或者其他指定人员审批外,重大的财务收支,须经总会计师审批或者由总会计师报单位主要行政领导人批准。

第十三条 预算、财务收支计划、成本和费用计划、信贷计划、财务专题报告、会计决算报表,须经总会计师签署。

涉及财务收支的重大业务计划、经济合同、经济协议等,在单位内部须经总会计师会签。

第十四条 会计人员的任用、晋升、调动、奖惩,应当事先征求总会计师的意见。财会机构负责人或者会计主管人员的人选,应当由总会计师进行业务考核,依照有关规定审批。

第四章 任免与奖惩

第十五条 企业的总会计师由本单位主要行政领导人提名,政府主管部门任命或者聘任;免职或者解聘程序与任命或者聘任程序相同。

事业单位和业务主管部门的总会计师依照干部管理权限任命或者聘任;免职或者解聘程序与任命或者聘任程序相同。

第十六条 总会计师必须具备下列条件:

(一)坚持社会主义方向,积极为社会主义建设和改革开放服务;

(二)坚持原则,廉洁奉公;

(三)取得会计师任职资格后,主管一个单位或者单位内一个重要方面的财务会计工作时间不少于3年;

(四)有较高的理论政策水平,熟悉国家财经法律、法规、方针、政策和制度,掌握现代化管理的有关知识;

(五)具备本行业的基本业务知识,熟悉行业情况,有较强的组织领导能力;

(六)身体健康,能胜任本职工作。

第十七条 总会计师在工作中成绩显著,有下列情形之一的,依照国家有关企业职工或者国家行政机关工作人员奖惩的规定给予奖励:

(一)在加强财务会计管理,应用现代化会计方法和技术手段,提高财务管理水平和经济效益方面,取得显著成绩的;

(二)在组织经济核算,挖掘增产节约、增收节支潜力,加速资金周转,提高资金使用效果方面,取得显著成绩的;

(三)在维护国家财经纪律,抵制违法行为,保护国家财产,防止或者避免国家财产遭受重大损失方面,有突出贡献的;

(四)在廉政建设方面,事迹突出的;

(五)有其他突出成就或者模范事迹的。

第十八条 总会计师在工作中有下列情形之一的,应当区别情节轻重,依照国家有关企业职工或者国家行政机关工作人员奖惩的规定给予处分:

(一)违反法律、法规、方针、政策和财经制度,造成财会工作严重混乱的;

(二)对偷税漏税,截留应当上交国家的收入,滥发奖金、补贴,挥霍浪费国家资财,损害国家利益的行为,不抵制、不制止、不报告,致使国家利益遭受损失的;

(三)在其主管的工作范围内发生严重失误,或者由于玩忽职守,致使国家利益遭受损失的;

(四)以权谋私,弄虚作假,徇私舞弊,致使国家利益遭受损失,或者造成恶劣影响的;

(五)有其他渎职行为和严重错误的。

总会计师有前款所列行为,情节严重,构成犯罪的,由司法机关依法追究刑事责任。

第十九条 单位主要行政领导人阻碍总会计师行使职权的,以及对其打击报复或者变相打击报复的,上级主管单位应当根据情节给予行政处分。情节严重,构成犯罪的,由司法机关依法追究刑事责任。

第五章 附 则

第二十条 城乡集体所有制企业事业单位需要设置总会计师的,参照本条例执行。

第二十一条 各省、自治区、直辖市,国务院各部门可以根据本条例的规定,结合本地区、本部门的实际情况制定实施办法。

第二十二条 本条例由财政部负责解释。

第二十三条 本条例自发布之日起施行。1963年10月18日国务院批转国家经济委员会、财政部《关于国营工业、交通企业设置总会计师的几项规定(草案)》、1978年9月12日国务院发布的《会计人员职权条例》中有关总会计师的规定同时废止。

企业财务会计报告条例

(2000年6月21日中华人民共和国国务院令第287号公布 自2001年1月1日起施行)

第一章 总 则

第一条 为了规范企业财务会计报告,保证财务会计报告的真实、完整,根据《中华人民共和国会计法》,制定本条例。

第二条 企业(包括公司,下同)编制和对外提供财务会计报告,应当遵守本条例。

本条例所称财务会计报告,是指企业对外提供的反映企业某一特定日期财务状况和某一会计期间经营成果、现金流量的文件。

第三条 企业不得编制和对外提供虚假的或者隐瞒重要事实的财务会计报告。

企业负责人对本企业财务会计报告的真实性、完整性负责。

第四条 任何组织或者个人不得授意、指使、强令企业编制和对外提供虚假的或者隐瞒重要事实的财务会计报告。

第五条 注册会计师、会计师事务所审计企业财务会计报告，应当依照有关法律、行政法规以及注册会计师执业规则的规定进行，并对所出具的审计报告负责。

第二章 财务会计报告的构成

第六条 财务会计报告分为年度、半年度、季度和月度财务会计报告。

第七条 年度、半年度财务会计报告应当包括：

(一)会计报表；

(二)会计报表附注；

(三)财务情况说明书。

会计报表应当包括资产负债表、利润表、现金流量表及相关附表。

第八条 季度、月度财务会计报告通常仅指会计报表，会计报表至少应当包括资产负债表和利润表。国家统一的会计制度规定季度、月度财务会计报告需要编制会计报表附注的，从其规定。

第九条 资产负债表是反映企业在某一特定日期财务状况的报表。资产负债表应当按照资产、负债和所有者权益(或者股东权益，下同)分类分项列示。其中，资产、负债和所有者权益的定义及列示应当遵循下列规定：

(一)资产，是指过去的交易、事项形成并由企业拥有或者控制的资源，该资源预期会给企业带来经济利益。在资产负债表上，资产应当按照其流动性分类分项列示，包括流动资产、长期投资、固定资产、无形资产及其他资产。银行、保险公司和非银行金融机构的各项资产有特殊性的，按照其性质分类分项列示。

(二)负债，是指过去的交易、事项形成的现时义务，履行该义务预期会导致经济利益流出企业。在资产负债表上，负债应当按照其流动性分类分项列示，包括流动负债、长期负债等。银行、保险公司和非银行金融机构的各项负债有特殊性的，按照其性质分类分项列示。

(三)所有者权益，是指所有者在企业资产中享有的经济利益，其金额为资产减去负债后的余额。在资产负债表上，所有者权益应当按照实收资本(或者股本)、资本公积、盈余公积、未分配利润等项目分项列示。

第十条 利润表是反映企业在一定会计期间经营成果的报表。利润表应当按照各项收入、费用以及构成利润的各个项目分类分项列示。其中，收入、费用和利润的定义及列示应当遵循下列规定：

(一)收入，是指企业在销售商品、提供劳务及让渡资产使用权等日常活动中所形成的经济利益的总流入。收入不包括为第三方或者客户代收的款项。在利润表上，收入应当按照其重要性分项列示。

(二)费用，是指企业为销售商品、提供劳务等日常活动所发生的经济利益的流出。在利润表上，费用应当按照其性质分项列示。

(三)利润，是指企业在一定会计期间的经营成果。在利润表上，利润应当按照营业利润、利润总额和净利润等利润的构成分类分项列示。

第十一条 现金流量表是反映企业一定会计期间现金和现金等价物(以下简称现金)流入和流出的报表。现金流量表应当按照经营活动、投资活动和筹资活动的现金流量分类分项列示。其中，经营活动、投资活动和筹资活动的定义及列示应当遵循下列规定：

(一)经营活动，是指企业投资活动和筹资活动以外的所有交易和事项。在现金流量表上，经营活动的现金流量应当按照其经营活动的现金流入和流出的性质分项列示；银行、保险公司和非银行金融机构的经营活动按照其经营活动特点分项列示。

(二)投资活动，是指企业长期资产的购建和不包括在现金等价物范围内的投资及其处置活动。在现金流量表上，投资活动的现金流量应当按照其投资活动的现金流入和流出的性质分项列示。

(三)筹资活动，是指导致企业资本及债务规模和构成发生变化的活动。在现金流量表上，筹资活动的现金流量应当按照其筹资活动的现金流入和流出的性质分项列示。

第十二条 相关附表是反映企业财务状况、经营成果和现金流量的补充报表，主要包括利润分配表以及国家统一的会计制度规定的其他附表。

利润分配表是反映企业一定会计期间对实现净利润以及以前年度未分配利润的分配或者亏损弥补的报表。利润分配表应当按照利润分配各个项目分类分项列示。

第十三条 年度、半年度会计报表至少应当反映两个年度或者相关两个期间的比较数据。

第十四条 会计报表附注是为便于会计报表使用者理解会计报表的内容而对会计报表的编制基础、编制依据、编制原则和方法及主要项目等所作的解释。会计报表附注至少应当包括下列内容：

(一)不符合基本会计假设的说明；

(二)重要会计政策和会计估计及其变更情况、变更原因及其对财务状况和经营成果的影响；

(三)或有事项和资产负债表日后事项的说明；

(四)关联方关系及其交易的说明；

(五)重要资产转让及其出售情况；

(六)企业合并、分立；

(七)重大投资、融资活动；

(八)会计报表中重要项目的明细资料；

(九)有助于理解和分析会计报表需要说明的其他事项。

第十五条 财务情况说明书至少应当对下列情况作出说明：

（一）企业生产经营的基本情况；

（二）利润实现和分配情况；

（三）资金增减和周转情况；

（四）对企业财务状况、经营成果和现金流量有重大影响的其他事项。

第三章 财务会计报告的编制

第十六条 企业应当于年度终了编报年度财务会计报告。国家统一的会计制度规定企业应当编报半年度、季度和月度财务会计报告的，从其规定。

第十七条 企业编制财务会计报告，应当根据真实的交易、事项以及完整、准确的账簿记录等资料，并按照国家统一的会计制度规定的编制基础、编制依据、编制原则和方法。

企业不得违反本条例和国家统一的会计制度规定，随意改变财务会计报告的编制基础、编制依据、编制原则和方法。

任何组织或者个人不得授意、指使、强令企业违反本条例和国家统一的会计制度规定，改变财务会计报告的编制基础、编制依据、编制原则和方法。

第十八条 企业应当依照本条例和国家统一的会计制度规定，对会计报表中各项会计要素进行合理的确认和计量，不得随意改变会计要素的确认和计量标准。

第十九条 企业应当依照有关法律、行政法规和本条例规定的结账日进行结账，不得提前或者延迟。年度结账日为公历年度每年的12月31日；半年度、季度、月度结账日分别为公历年度每半年、每季、每月的最后1天。

第二十条 企业在编制年度财务会计报告前，应当按照下列规定，全面清查资产、核实债务：

（一）结算款项，包括应收款项、应付款项、应交税金等是否存在，与债务、债权单位的相应债务、债权金额是否一致；

（二）原材料、在产品、自制半成品、库存商品等各项存货的实存数量与账面数量是否一致，是否有报废损失和积压物资等；

（三）各项投资是否存在，投资收益是否按照国家统一的会计制度规定进行确认和计量；

（四）房屋建筑物、机器设备、运输工具等各项固定资产的实存数量与账面数量是否一致；

（五）在建工程的实际发生额与账面记录是否一致；

（六）需要清查、核实的其他内容。

企业通过前款规定的清查、核实，查明财产物资的实存数量与账面数量是否一致、各项结算款项的拖欠情况及其原因、材料物资的实际储备情况、各项投资是否达到预期目的、固定资产的使用情况及其完好程度等。企业清查、核实后，应当将清查、核实的结果及其处理办法向企业的董事会或者相应机构报告，并根据国家统一的会计制度的规定进行相应的会计处理。

企业应当在年度中间根据具体情况，对各项财产物资和结算款项进行重点抽查、轮流清查或者定期清查。

第二十一条 企业在编制财务会计报告前，除应当全面清查资产、核实债务外，还应当完成下列工作：

（一）核对各会计账簿记录与会计凭证的内容、金额等是否一致，记账方向是否相符；

（二）依照本条例规定的结账日进行结账，结出有关会计账簿的余额和发生额，并核对各会计账簿之间的余额；

（三）检查相关的会计核算是否按照国家统一的会计制度的规定进行；

（四）对于国家统一的会计制度没有规定统一核算方法的交易、事项，检查其是否按照会计核算的一般原则进行确认和计量以及相关账务处理是否合理；

（五）检查是否存在因会计差错、会计政策变更等原因需要调整前期或者本期相关项目。

在前款规定工作中发现问题的，应当按照国家统一的会计制度的规定进行处理。

第二十二条 企业编制年度和半年度财务会计报告时，对经查实后的资产、负债有变动的，应当按照资产、负债的确认和计量标准进行确认和计量，并按照国家统一的会计制度的规定进行相应的会计处理。

第二十三条 企业应当按照国家统一的会计制度规定的会计报表格式和内容，根据登记完整、核对无误的会计账簿记录和其他有关资料编制会计报表，做到内容完整、数字真实、计算准确，不得漏报或者任意取舍。

第二十四条 会计报表之间、会计报表各项目之间，凡有对应关系的数字，应当相互一致；会计报表中本期与上期的有关数字应当相互衔接。

第二十五条 会计报表附注和财务情况说明书应当按照本条例和国家统一的会计制度的规定，对会计报表中需要说明的事项作出真实、完整、清楚的说明。

第二十六条 企业发生合并、分立情形的，应当按照国家统一的会计制度的规定编制相应的财务会计报告。

第二十七条 企业终止营业的，应当在终止营业时按照编制年度财务会计报告的要求全面清查资产、核实债务、进行结账，并编制财务会计报告；在清算期间，应当按照国家统一的会计制度的规定编制清算期间的财务会计报告。

第二十八条 按照国家统一的会计制度的规定，需要编制合并会计报表的企业集团，母公司除编制其个别会计报表外，还应当编制企业集团的合并会计报表。

企业集团合并会计报表，是指反映企业集团整体财务状况、经营成果和现金流量的会计报表。

第四章 财务会计报告的对外提供

第二十九条 对外提供的财务会计报告反映的会计信息

应当真实、完整。

第三十条 企业应当依照法律、行政法规和国家统一的会计制度有关财务会计报告提供期限的规定,及时对外提供财务会计报告。

第三十一条 企业对外提供的财务会计报告应当依次编定页数,加具封面,装订成册,加盖公章。封面上应当注明:企业名称、企业统一代码、组织形式、地址、报表所属年度或者月份、报出日期,并由企业负责人和主管会计工作的负责人、会计机构负责人(会计主管人员)签名并盖章;设置总会计师的企业,还应当由总会计师签名并盖章。

第三十二条 企业应当依照企业章程的规定,向投资者提供财务会计报告。

国务院派出监事会的国有重点大型企业、国有重点金融机构和省、自治区、直辖市人民政府派出监事会的国有企业,应当依法定期向监事会提供财务会计报告。

第三十三条 有关部门或者机构依照法律、行政法规或者国务院的规定,要求企业提供部分或者全部财务会计报告及其有关数据的,应当向企业出示依据,并不得要求企业改变财务会计报告有关数据的会计口径。

第三十四条 非依照法律、行政法规或者国务院的规定,任何组织或者个人不得要求企业提供部分或者全部财务会计报告及其有关数据。

违反本条例规定,要求企业提供部分或者全部财务会计报告及其有关数据的,企业有权拒绝。

第三十五条 国有企业、国有控股的或者占主导地位的企业,应当至少每年一次向本企业的职工代表大会公布财务会计报告,并重点说明下列事项:

(一)反映与职工利益密切相关的信息,包括:管理费用的构成情况,企业管理人员工资、福利和职工工资、福利费用的发放、使用和结余情况,公益金的提取及使用情况,利润分配的情况以及其他与职工利益相关的信息;

(二)内部审计发现的问题及纠正情况;

(三)注册会计师审计的情况;

(四)国家审计机关发现的问题及纠正情况;

(五)重大的投资、融资和资产处置决策及其原因的说明;

(六)需要说明的其他重要事项。

第三十六条 企业依照本条例规定向有关各方提供的财务会计报告,其编制基础、编制依据、编制原则和方法应当一致,不得提供编制基础、编制依据、编制原则和方法不同的财务会计报告。

第三十七条 财务会计报告须经注册会计师审计的,企业应当将注册会计师及其会计师事务所出具的审计报告随同财务会计报告一并对外提供。

第三十八条 接受企业财务会计报告的组织或者个人,在企业财务会计报告未正式对外披露前,应当对其内容保密。

第五章 法律责任

第三十九条 违反本条例规定,有下列行为之一的,由县级以上人民政府财政部门责令限期改正,对企业可以处3000元以上5万元以下的罚款;对直接负责的主管人员和其他直接责任人员,可以处2000元以上2万元以下的罚款;属于国家工作人员的,并依法给予行政处分或者纪律处分:

(一)随意改变会计要素的确认和计量标准的;

(二)随意改变财务会计报告的编制基础、编制依据、编制原则和方法的;

(三)提前或者延迟结账日结账的;

(四)在编制年度财务会计报告前,未按照本条例规定全面清查资产、核实债务的;

(五)拒绝财政部门和其他有关部门对财务会计报告依法进行的监督检查,或者不如实提供有关情况的。

会计人员有前款所列行为之一,情节严重的,由县级以上人民政府财政部门吊销会计从业资格证书。

第四十条 企业编制、对外提供虚假的或者隐瞒重要事实的财务会计报告,构成犯罪的,依法追究刑事责任。

有前款行为,尚不构成犯罪的,由县级以上人民政府财政部门予以通报,对企业可以处5000元以上10万元以下的罚款;对直接负责的主管人员和其他直接责任人员,可以处3000元以上5万元以下的罚款;属于国家工作人员的,并依法给予撤职直至开除的行政处分或者纪律处分;对其中的会计人员,情节严重的,并由县级以上人民政府财政部门吊销会计从业资格证书。

第四十一条 授意、指使、强令会计机构、会计人员及其他人员编制、对外提供虚假的或者隐瞒重要事实的财务会计报告,或者隐匿、故意销毁依法应当保存的财务会计报告,构成犯罪的,依法追究刑事责任;尚不构成犯罪的,可以处5000元以上5万元以下的罚款;属于国家工作人员的,并依法给予降级、撤职、开除的行政处分或者纪律处分。

第四十二条 违反本条例的规定,要求企业向其提供部分或者全部财务会计报告及其有关数据的,由县级以上人民政府责令改正。

第四十三条 违反本条例规定,同时违反其他法律、行政法规规定的,由有关部门在各自的职权范围内依法给予处罚。

第六章 附 则

第四十四条 国务院财政部门可以根据本条例的规定,制定财务会计报告的具体编报办法。

第四十五条 不对外筹集资金、经营规模较小的企业编制和对外提供财务会计报告的办法,由国务院财政部门根据本条例的原则另行规定。

第四十六条 本条例自2001年1月1日起施行。

会计基础工作规范

（1996年6月17日财会字〔1996〕19号公布　根据2019年3月14日《财政部关于修改〈代理记账管理办法〉等2部部门规章的决定》修改）

第一章　总　　则

第一条　为了加强会计基础工作，建立规范的会计工作秩序，提高会计工作水平，根据《中华人民共和国会计法》的有关规定，制定本规范。

第二条　国家机关、社会团体、企业、事业单位、个体工商户和其他组织的会计基础工作，应当符合本规范的规定。

第三条　各单位应当依据有关法律、法规和本规范的规定，加强会计基础工作，严格执行会计法规制度，保证会计工作依法有序地进行。

第四条　单位领导人对本单位的会计基础工作负有领导责任。

第五条　各省、自治区、直辖市财政厅（局）要加强对会计基础工作的管理和指导，通过政策引导、经验交流、监督检查等措施，促进基层单位加强会计基础工作，不断提高会计工作水平。

国务院各业务主管部门根据职责权限管理本部门的会计基础工作。

第二章　会计机构和会计人员

第一节　会计机构设置和会计人员配备

第六条　各单位应当根据会计业务的需要设置会计机构；不具备单独设置会计机构条件的，应当在有关机构中配备专职会计人员。

事业行政单位会计机构的设置和会计人员的配备，应当符合国家统一事业行政单位会计制度的规定。

设置会计机构，应当配备会计机构负责人；在有关机构中配备专职会计人员，应当在专职会计人员中指定会计主管人员。

会计机构负责人、会计主管人员的任免，应当符合《中华人民共和国会计法》和有关法律的规定。

第七条　会计机构负责人、会计主管人员应当具备下列基本条件：

（一）坚持原则，廉洁奉公；

（二）具备会计师以上专业技术职务资格或者从事会计工作不少于三年；

（三）熟悉国家财经法律、法规、规章和方针、政策，掌握本行业业务管理的有关知识；

（四）有较强的组织能力；

（五）身体状况能够适应本职工作的要求。

第八条　没有设置会计机构或者配备会计人员的单位，应当根据《代理记账管理办法》的规定，委托会计师事务所或者持有代理记账许可证书的代理记账机构进行代理记账。

第九条　大、中型企业、事业单位、业务主管部门应当根据法律和国家有关规定设置总会计师。总会计师由具有会计师以上专业技术资格的人员担任。

总会计师行使《总会计师条例》规定的职责、权限。

总会计师的任命（聘任）、免职（解聘）依照《总会计师条例》和有关法律的规定办理。

第十条　各单位应当根据会计业务需要配备会计人员，督促其遵守职业道德和国家统一的会计制度。

第十一条　各单位应当根据会计业务需要设置会计工作岗位。

会计工作岗位一般可分为：会计机构负责人或者会计主管人员，出纳，财产物资核算，工资核算，成本费用核算，财务成果核算，资金核算，往来结算，总帐报表，稽核，档案管理等。开展会计电算化和管理会计的单位，可以根据需要设置相应工作岗位，也可以与其他工作岗位相结合。

第十二条　会计工作岗位，可以一人一岗、一人多岗或者一岗多人。但出纳人员不得兼管稽核、会计档案保管和收入、费用、债权债务帐目的登记工作。

第十三条　会计人员的工作岗位应当有计划地进行轮换。

第十四条　会计人员应当具备必要的专业知识和专业技能，熟悉国家有关法律、法规、规章和国家统一会计制度，遵守职业道德。

会计人员应当按照国家有关规定参加会计业务的培训。各单位应当合理安排会计人员的培训，保证会计人员每年有一定时间用于学习和参加培训。

第十五条　各单位领导人应当支持会计机构、会计人员依法行使职权；对忠于职守，坚持原则，做出显著成绩的会计机构、会计人员，应当给予精神的和物质的奖励。

第十六条　国家机关、国有企业、事业单位任用会计人员应当实行回避制度。

单位领导人的直系亲属不得担任本单位的会计机构负责人、会计主管人员。会计机构负责人、会计主管人员的直系亲属不得在本单位会计机构中担任出纳工作。

需要回避的直系亲属为：夫妻关系、直系血亲关系、三代以内旁系血亲以及配偶亲关系。

第二节　会计人员职业道德

第十七条　会计人员在会计工作中应当遵守职业道德，树立良好的职业品质、严谨的工作作风，严守工作纪律，努力提高工作效率和工作质量。

第十八条　会计人员应当热爱本职工作,努力钻研业务,使自己的知识和技能适应所从事工作的要求。

第十九条　会计人员应当熟悉财经法律、法规、规章和国家统一会计制度,并结合会计工作进行广泛宣传。

第二十条　会计人员应当按照会计法律、法规和国家统一会计制度规定的程序和要求进行会计工作,保证所提供的会计信息合法、真实、准确、及时、完整。

第二十一条　会计人员办理会计事务应当实事求是、客观公正。

第二十二条　会计人员应当熟悉本单位的生产经营和业务管理情况,运用掌握的会计信息和会计方法,为改善单位内部管理、提高经济效益服务。

第二十三条　会计人员应当保守本单位的商业秘密。除法律规定和单位领导人同意外,不能私自向外界提供或者泄露单位的会计信息。

第二十四条　财政部门、业务主管部门和各单位应当定期检查会计人员遵守职业道德的情况,并作为会计人员晋升、晋级、聘任专业职务、表彰奖励的重要考核依据。

会计人员违反职业道德的,由所在单位进行处理。

第三节　会计工作交接

第二十五条　会计人员工作调动或者因故离职,必须将本人所经管的会计工作全部移交给接替人员。没有办清交接手续的,不得调动或者离职。

第二十六条　接替人员应当认真接管移交工作,并继续办理移交的未了事项。

第二十七条　会计人员办理移交手续前,必须及时做好以下工作:

(一)已经受理的经济业务尚未填制会计凭证的,应当填制完毕。

(二)尚未登记的帐目,应当登记完毕,并在最后一笔余额后加盖经办人员印章。

(三)整理应该移交的各项资料,对未了事项写出书面材料。

(四)编制移交清册,列明应当移交的会计凭证、会计帐簿、会计报表、印章、现金、有价证券、支票簿、发票、文件、其他会计资料和物品等内容;实行会计电算化的单位,从事该项工作的移交人员还应当在移交清册中列明会计软件及密码、会计软件数据磁盘(磁带等)及有关资料、实物等内容。

第二十八条　会计人员办理交接手续,必须有监交人负责监交。一般会计人员交接,由单位会计机构负责人、会计主管人员负责监交;会计机构负责人、会计主管人员交接,由单位领导人负责监交,必要时可由上级主管部门派人会同监交。

第二十九条　移交人员在办理移交时,要按移交清册逐项移交;接替人员要逐项核对点收。

(一)现金、有价证券要根据会计帐簿有关记录进行点交。库存现金、有价证券必须与会计帐簿记录保持一致。不一致时,移交人员必须限期查清。

(二)会计凭证、会计帐簿、会计报表和其他会计资料必须完整无缺。如有短缺,必须查清原因,并在移交清册中注明,由移交人员负责。

(三)银行存款帐户余额要与银行对帐单核对,如不一致,应当编制银行存款余额调节表调节相符,各种财产物资和债权债务的明细帐户余额要与总帐有关帐户余额核对相符;必要时,要抽查个别帐户的余额,与实物核对相符,或者与往来单位、个人核对清楚。

(四)移交人员经管的票据、印章和其他实物等,必须交接清楚;移交人员从事会计电算化工作的,要对有关电子数据在实际操作状态下进行交接。

第三十条　会计机构负责人、会计主管人员移交时,还必须将全部财务会计工作、重大财务收支和会计人员的情况等,向接替人员详细介绍。对需要移交的遗留问题,应当写出书面材料。

第三十一条　交接完毕后,交接双方和监交人员要在移交注册上签名或者盖章。并应在移交注册上注明:单位名称,交接日期,交接双方和监交人员的职务、姓名,移交清册页数以及需要说明的问题和意见等。

移交清册一般应当填制一式三份,交接双方各执一份,存档一份。

第三十二条　接替人员应当继续使用移交的会计帐簿,不得自行另立新帐,以保持会计记录的连续性。

第三十三条　会计人员临时离职或者因病不能工作且需要接替或者代理的,会计机构负责人、会计主管人员或者单位领导人必须指定有关人员接替或者代理,并办理交接手续。

临时离职或者因病不能工作的会计人员恢复工作的,应当与接替或者代理人员办理交接手续。

移交人员因病或者其他特殊原因不能亲自办理移交的,经单位领导人批准,可由移交人员委托他人代办移交,但委托人应当承担本规范第三十五条规定的责任。

第三十四条　单位撤销时,必须留有必要的会计人员,会同有关人员办理清理工作,编制决算。未移交前,不得离职。接收单位和移交日期由主管部门确定。

单位合并、分立的,其会计工作交接手续比照上述有关规定办理。

第三十五条　移交人员对所移交的会计凭证、会计帐簿、会计报表和其他有关资料的合法性、真实性承担法律责任。

第三章 会计核算

第一节 会计核算一般要求

第三十六条 各单位应当按照《中华人民共和国会计法》和国家统一会计制度的规定建立会计帐册，进行会计核算，及时提供合法、真实、准确、完整的会计信息。

第三十七条 各单位发生的下列事项，应当及时办理会计手续、进行会计核算：

（一）款项和有价证券的收付；

（二）财物的收发、增减和使用；

（三）债权债务的发生和结算；

（四）资本、基金的增减；

（五）收入、支出、费用、成本的计算；

（六）财务成果的计算和处理；

（七）其他需要办理会计手续、进行会计核算的事项。

第三十八条 各单位的会计核算应当以实际发生的经济业务为依据，按照规定的会计处理方法进行，保证会计指标的口径一致、相互可比和会计处理方法的前后各期相一致。

第三十九条 会计年度自公历1月1日起至12月31日止。

第四十条 会计核算以人民币为记帐本位币。

收支业务以外国货币为主的单位，也可以选定某种外国货币作为记帐本位币，但是编制的会计报表应当折算为人民币反映。

境外单位向国内有关部门编报的会计报表，应当折算为人民币反映。

第四十一条 各单位根据国家统一会计制度的要求，在不影响会计核算要求、会计报表指标汇总和对外统一会计报表的前提下，可以根据实际情况自行设置和使用会计科目。

事业行政单位会计科目的设置和使用，应当符合国家统一事业行政单位会计制度的规定。

第四十二条 会计凭证、会计帐簿、会计报表和其他会计资料的内容和要求必须符合国家统一会计制度的规定，不得伪造、变造会计凭证和会计帐簿，不得设置帐外帐，不得报送虚假会计报表。

第四十三条 各单位对外报送的会计报表格式由财政部统一规定。

第四十四条 实行会计电算化的单位，对使用的会计软件及其生成的会计凭证、会计帐簿、会计报表和其他会计资料的要求，应当符合财政部关于会计电算化的有关规定。

第四十五条 各单位的会计凭证、会计帐簿、会计报表和其他会计资料，应当建立档案，妥善保管。会计档案建档要求、保管期限、销毁办法等依据《会计档案管理办法》的规定进行。

实行会计电算化的单位，有关电子数据、会计软件资料等应当作为会计档案进行管理。

第四十六条 会计记录的文字应当使用中文，少数民族自治地区可以同时使用少数民族文字。中国境内的外商投资企业、外国企业和其他外国经济组织也可以同时使用某种外国文字。

第二节 填制会计凭证

第四十七条 各单位办理本规范第三十七条规定的事项，必须取得或者填制原始凭证，并及时送交会计机构。

第四十八条 原始凭证的基本要求是：

（一）原始凭证的内容必须具备：凭证的名称；填制凭证的日期；填制凭证单位名称或者填制人姓名；经办人员的签名或者盖章；接受凭证单位名称；经济业务内容；数量、单价和金额。

（二）从外单位取得的原始凭证，必须盖有填制单位的公章；从个人取得的原始凭证，必须有填制人员的签名或者盖章。自制原始凭证必须有经办单位领导人或者其指定的人员签名或者盖章。对外开出的原始凭证，必须加盖本单位公章。

（三）凡填有大写和小写金额的原始凭证，大写与小写金额必须相符。购买实物的原始凭证，必须有验收证明。支付款项的原始凭证，必须有收款单位和收款人的收款证明。

（四）一式几联的原始凭证，应当注明各联的用途，只能以一联作为报销凭证。

一式几联的发票和收据，必须用双面复写纸（发票和收据本身具备复写纸功能的除外）套写，并连续编号。作废时应当加盖“作废”戳记，连同存根一起保存，不得撕毁。

（五）发生销货退回的，除填制退货发票外，还必须有退货验收证明；退款时，必须取得对方的收款收据或者汇款银行的凭证，不得以退货发票代替收据。

（六）职工公出借款凭据，必须附在记帐凭证之后。收回借款时，应当另开收据或者退还借据副本，不得退还原借款收据。

（七）经上级有关部门批准的经济业务，应当将批准文件作为原始凭证附件。如果批准文件需要单独归档的，应当在凭证上注明批准机关名称、日期和文件字号。

第四十九条 原始凭证不得涂改、挖补。发现原始凭证有错误的，应当由开出单位重开或者更正，更正处应当加盖开出单位的公章。

第五十条 会计机构、会计人员要根据审核无误的原始凭证填制记帐凭证。

记帐凭证可以分为收款凭证、付款凭证和转帐凭证，也可以使用通用记帐凭证。

第五十一条 记帐凭证的基本要求是：

（一）记帐凭证的内容必须具备：填制凭证的日期；凭证编号；经济业务摘要；会计科目；金额；所附原始凭证张数；填制

凭证人员、稽核人员、记帐人员、会计机构负责人、会计主管人员签名或者盖章。收款和付款记帐凭证还应当由出纳人员签名或者盖章。

以自制的原始凭证或者原始凭证汇总表代替记帐凭证的,也必须具备记帐凭证应有的项目。

(二)填制记帐凭证时,应当对记帐凭证进行连续编号。一笔经济业务需要填制两张以上记帐凭证的,可以采用分数编号法编号。

(三)记帐凭证可以根据每一张原始凭证填制,或者根据若干张同类原始凭证汇总填制,也可以根据原始凭证汇总表填制。但不得将不同内容和类别的原始凭证汇总填制在一张记帐凭证上。

(四)除结帐和更正错误的记帐凭证可以不附原始凭证外,其他记帐凭证必须附有原始凭证。如果一张原始凭证涉及几张记帐凭证,可以把原始凭证附在一张主要的记帐凭证后面,并在其他记帐凭证上注明附有该原始凭证的记帐凭证的编号或者附原始凭证复印件。

一张原始凭证所列支出需要几个单位共同负担的,应当将其他单位负担的部分,开给对方原始凭证分割单,进行结算。原始凭证分割单必须具备原始凭证的基本内容:凭证名称、填制凭证日期、填制凭证单位名称或者填制人姓名、经办人的签名或者盖章、接受凭证单位名称、经济业务内容、数量、单价、金额和费用分摊情况等。

(五)如果在填制记帐凭证时发生错误,应当重新填制。

已经登记入帐的记帐凭证,在当年内发现填写错误时,可以用红字填写一张与原内容相同的记帐凭证,在摘要栏注明"注销某月某日某号凭证"字样,同时再用蓝字重新填制一张正确的记帐凭证,注明"订正某月某日某号凭证"字样。如果会计科目没有错误,只是金额错误,也可以将正确数字与错误数字之间的差额,另编一张调整的记帐凭证,调增金额用蓝字,调减金额用红字。发现以前年度记帐凭证有错误的,应当用蓝字填制一张更正的记帐凭证。

(六)记帐凭证填制完经济业务事项后,如有空行,应当自金额栏最后一笔金额数字下的空行处至合计数上的空行处划线注销。

第五十二条 填制会计凭证,字迹必须清晰、工整,并符合下列要求:

(一)阿拉伯数字应当一个一个地写,不得连笔写。阿拉伯金额数字前面应当书写货币币种符号或者货币名称简写和币种符号。币种符号与阿拉伯金额数字之间不得留有空白。凡阿拉伯数字前写有币种符号的,数字后面不再写货币单位。

(二)所有以元为单位(其他货币种类为货币基本单位,下同)的阿拉伯数字,除表示单价等情况外,一律填写到角分;无角分的,角位和分位可写"0 0",或者符号"— —";有角无分的,分位应当写"0",不得用符号"— —"代替。

(三)汉字大写数字金额如零、壹、贰、叁、肆、伍、陆、柒、捌、玖、拾、佰、仟、万、亿等,一律用正楷或者行书体书写,不得用0、一、二、三、四、五、六、七、八、九、十等简化字代替,不得任意自造简化字。大写金额数字到元或者角为止的,在"元"或者"角"字之后应当写"整"字或者"正"字;大写金额数字有分的,分字后面不写"整"或者"正"字。

(四)大写金额数字前未印有货币名称的,应当加填货币名称,货币名称与金额数字之间不得留有空白。

(五)阿拉伯金额数字中间有"0"时,汉字大写金额要写"零"字;阿拉伯数字金额中间连续有几个"0"时,汉字大写金额中可以只写一个"零"字;阿拉伯金额数字元位是"0",或者数字中间连续有几个"0"、元位也是"0"但角位不是"0"时,汉字大写金额可以只写一个"零"字,也可以不写"零"字。

第五十三条 实行会计电算化的单位,对于机制记帐凭证,要认真审核,做到会计科目使用正确,数字准确无误。打印出的机制记帐凭证要加盖制单人员、审核人员、记帐人员及会计机构负责人、会计主管人员印章或者签字。

第五十四条 各单位会计凭证的传递程序应当科学、合理,具体办法由各单位根据会计业务需要自行规定。

第五十五条 会计机构、会计人员要妥善保管会计凭证。

(一)会计凭证应当及时传递,不得积压。

(二)会计凭证登记完毕后,应当按照分类和编号顺序保管,不得散乱丢失。

(三)记帐凭证应当连同所附的原始凭证或者原始凭证汇总表,按照编号顺序,折叠整齐,按期装订成册,并加具封面,注明单位名称、年度、月份和起讫日期、凭证种类、起讫号码,由装订人在装订线封签外签名或者盖章。

对于数量过多的原始凭证,可以单独装订保管,在封面上注明记帐凭证日期、编号、种类,同时在记帐凭证上注明"附件另订"和原始凭证名称及编号。

各种经济合同、存出保证金收据以及涉外文件等重要原始凭证,应当另编目录,单独登记保管,并在有关的记帐凭证和原始凭证上相互注明日期和编号。

(四)原始凭证不得外借,其他单位如因特殊原因需要使用原始凭证时,经本单位会计机构负责人、会计主管人员批准,可以复制。向外单位提供的原始凭证复制件,应当在专设的登记簿上登记,并由提供人员和收取人员共同签名或者盖章。

(五)从外单位取得的原始凭证如有遗失,应当取得原开出单位盖有公章的证明,并注明原来凭证的号码、金额和内容等,由经办单位会计机构负责人、会计主管人员和单位领导人批准后,才能代作原始凭证。如果确实无法取得证明的,如火车、轮船、飞机票等凭证,由当事人写出详细情况,由经办单位会计机构负责人、会计主管人员和单位领导人批准后,代作原始凭证。

第三节 登记会计帐簿

第五十六条 各单位应当按照国家统一会计制度的规定和会计业务的需要设置会计帐簿。会计帐簿包括总帐、明细帐、日记帐和其他辅助性帐簿。

第五十七条 现金日记帐和银行存款日记帐必须采用订本式帐簿。不得用银行对帐单或者其他方法代替日记帐。

第五十八条 实行会计电算化的单位,用计算机打印的会计帐簿必须连续编号,经审核无误后装订成册,并由记帐人员和会计机构负责人、会计主管人员签字或者盖章。

第五十九条 启用会计帐簿时,应当在帐簿封面上写明单位名称和帐簿名称。在帐簿扉页上应当附启用表,内容包括:启用日期、帐簿页数、记帐人员和会计机构负责人、会计主管人员姓名,并加盖名章和单位公章。记帐人员或者会计机构负责人、会计主管人员调动工作时,应当注明交接日期、接办人员或者监交人员姓名,并由交接双方人员签名或者盖章。

启用订本式帐簿,应当从第一页到最后一页顺序编定页数,不得跳页、缺号。使用活页式帐页,应当按帐户顺序编号,并须定期装订成册。装订后再按实际使用的帐页顺序编定页码。另加目录,记明每个帐户的名称和页次。

第六十条 会计人员应当根据审核无误的会计凭证登记会计帐簿。登记帐簿的基本要求是:

(一)登记会计帐簿时,应当将会计凭证日期、编号、业务内容摘要、金额和其他有关资料逐项记入帐内,做到数字准确、摘要清楚、登记及时、字迹工整。

(二)登记完毕后,要在记帐凭证上签名或者盖章,并注明已经登帐的符号,表示已经记帐。

(三)帐簿中书写的文字和数字上面要留有适当空格,不要写满格;一般应占格距的二分之一。

(四)登记帐簿要用蓝黑墨水或者碳素墨水书写,不得使用圆珠笔(银行的复写帐簿除外)或者铅笔书写。

(五)下列情况,可以用红色墨水记帐:

1. 按照红字冲帐的记帐凭证,冲销错误记录;

2. 在不设借贷等栏的多栏式帐页中,登记减少数;

3. 在三栏式帐户的余额栏前,如未印明余额方向的,在余额栏内登记负数余额;

4. 根据国家统一会计制度的规定可以用红字登记的其他会计记录。

(六)各种帐簿按页次顺序连续登记,不得跳行、隔页。如果发生跳行、隔页,应当将空行、空页划线注销,或者注明"此行空白"、"此页空白"字样,并由记帐人员签名或者盖章。

(七)凡需要结出余额的帐户,结出余额后,应当在"借或贷"等栏内写明"借"或者"贷"等字样。没有余额的帐户,应当在"借或贷"等栏内写"平"字,并在余额栏内用"Q"表示。

现金日记帐和银行存款日记帐必须逐日结出余额。

(八)每一帐页登记完毕结转下页时,应当结出本页合计数及余额,写在本页最后一行和下页第一行有关栏内,并在摘要栏内注明"过次页"和"承前页"字样;也可以将本页合计数及金额只写在下页第一行有关栏内,并在摘要栏内注明"承前页"字样。

对需要结计本月发生额的帐户,结计"过次页"的本页合计数应当为自本月初起至本页末止的发生额合计数;对需要结计本年累计发生额的帐户,结计"过次页"的本页合计数应当为自年初起至本页末止的累计数;对既不需要结计本月发生额也不需要结计本年累计发生额的帐户,可以只将每页末的余额结转次页。

第六十一条 帐簿记录发生错误,不准涂改、挖补、刮擦或者用药水消除字迹,不准重新抄写,必须按照下列方法进行更正:

(一)登记帐簿时发生错误,应当将错误的文字或者数字划红线注销,但必须使原有字迹仍可辨认;然后在划线上方填写正确的文字或者数字,并由记帐人员在更正处盖章。对于错误的数字,应当全部划红线更正,不得只更正其中的错误数字。对于文字错误,可只划去错误的部分。

(二)由于记帐凭证错误而使帐簿记录发生错误,应当按更正的记帐凭证登记帐簿。

第六十二条 各单位应当定期对会计帐簿记录的有关数字与库存实物、货币资金、有价证券、往来单位或者个人等进行相互核对,保证帐证相符、帐帐相符、帐实相符。对帐工作每年至少进行一次。

(一)帐证核对。核对会计帐簿记录与原始凭证、记帐凭证的时间、凭证字号、内容、金额是否一致,记帐方向是否相符。

(二)帐帐核对。核对不同会计帐簿之间的帐簿记录是否相符,包括:总帐有关帐户的余额核对,总帐与明细帐核对,总帐与日记帐核对,会计部门的财产物资明细帐与财产物资保管和使用部门的有关明细帐核对等。

(三)帐实核对。核对会计帐簿记录与财产等实有数额是否相符。包括:现金日记帐帐面余额与现金实际库存数相核对;银行存款日记帐帐面余额定期与银行对帐单相核对;各种财物明细帐帐面余额与财物实存数额相核对;各种应收、应付款明细帐帐面余额与有关债务、债权单位或者个人核对等。

第六十三条 各单位应当按照规定定期结帐。

(一)结帐前,必须将本期内所发生的各项经济业务全部登记入帐。

(二)结帐时,应当结出每个帐户的期末余额。需要结出当月发生额的,应当在摘要栏内注明"本月合计"字样,并在下面通栏划单红线。需要结出本年累计发生额的,应当在摘要栏内注明"本年累计"字样,并在下面通栏划单红线;12 月末的"本年累计"就是全年累计发生额。全年累计发生额下面应当通栏划双红线。年度终了结帐时,所有总帐帐户都应当结出全年发生额和年末余额。

(三)年度终了,要把各帐户的余额结转到下一会计年度,并在摘要栏注明“结转下年”字样;在下一会计年度新建有关会计帐簿的第一行余额栏内填写上年结转的余额,并在摘要栏注明“上年结转”字样。

第四节 编制财务报告

第六十四条 各单位必须按照国家统一会计制度的规定,定期编制财务报告。

财务报告包括会计报表及其说明。会计报表包括会计报表主表、会计报表附表、会计报表附注。

第六十五条 各单位对外报送的财务报告应当根据国家统一会计制度规定的格式和要求编制。

单位内部使用的财务报告,其格式和要求由各单位自行规定。

第六十六条 会计报表应当根据登记完整、核对无误的会计帐簿记录和其他有关资料编制,做到数字真实、计算准确、内容完整、说明清楚。

任何人不得篡改或者授意、指使、强令他人篡改会计报表的有关数字。

第六十七条 会计报表之间、会计报表各项目之间,凡有对应关系的数字,应当相互一致。本期会计报表与上期会计报表之间有关的数字应当相互衔接。如果不同会计年度会计报表中各项目的内容和核算方法有变更的,应当在年度会计报表中加以说明。

第六十八条 各单位应当按照国家统一会计制度的规定认真编写会计报表附注及其说明,做到项目齐全,内容完整。

第六十九条 各单位应当按照国家规定的期限对外报送财务报告。

对外报送的财务报告,应当依次编写页码,加具封面,装订成册,加盖公章。封面上应当注明:单位名称,单位地址,财务报告所属年度、季度、月度,送出日期,并由单位领导人、总会计师、会计机构负责人、会计主管人员签名或者盖章。

单位领导人对财务报告的合法性、真实性负法律责任。

第七十条 根据法律和国家有关规定应当对财务报告进行审计的,财务报告编制单位应当先行委托注册会计师进行审计,并将注册会计师出具的审计报告随同财务报告按照规定的期限报送有关部门。

第七十一条 如果发现对外报送的财务报告有错误,应当及时办理更正手续。除更正本单位留存的财务报告外,并应同时通知接受财务报告的单位更正。错误较多的,应当重新编报。

第四章 会计监督

第七十二条 各单位的会计机构、会计人员对本单位的经济活动进行会计监督。

第七十三条 会计机构、会计人员进行会计监督的依据是:

(一)财经法律、法规、规章;

(二)会计法律、法规和国家统一会计制度;

(三)各省、自治区、直辖市财政厅(局)和国务院业务主管部门根据《中华人民共和国会计法》和国家统一会计制度制定的具体实施办法或者补充规定;

(四)各单位根据《中华人民共和国会计法》和国家统一会计制度制定的单位内部会计管理制度;

(五)各单位内部的预算、财务计划、经济计划、业务计划等。

第七十四条 会计机构、会计人员应当对原始凭证进行审核和监督。

对不真实、不合法的原始凭证,不予受理。对弄虚作假、严重违法的原始凭证,在不予受理的同时,应当予以扣留,并及时向单位领导人报告,请求查明原因,追究当事人的责任。

对记载不准确、不完整的原始凭证,予以退回,要求经办人员更正、补充。

第七十五条 会计机构、会计人员对伪造、变造、故意毁灭会计帐簿或者帐外设帐行为,应当制止和纠正;制止和纠正无效的,应当向上级主管单位报告,请求作出处理。

第七十六条 会计机构、会计人员应当对实物、款项进行监督,督促建立并严格执行财产清查制度。发现帐簿记录与实物、款项不符时,应当按照国家有关规定进行处理。超出会计机构、会计人员职权范围的,应当立即向本单位领导报告,请求查明原因,作出处理。

第七十七条 会计机构、会计人员对指使、强令编造、篡改财务报告行为,应当制止和纠正;制止和纠正无效的,应当向上级主管单位报告,请求处理。

第七十八条 会计机构、会计人员应当对财务收支进行监督。

(一)对审批手续不全的财务收支,应当退回,要求补充、更正。

(二)对违反规定不纳入单位统一会计核算的财务收支,应当制止和纠正。

(三)对违反国家统一的财政、财务、会计制度规定的财务收支,不予办理。

(四)对认为是违反国家统一的财政、财务、会计制度规定的财务收支,应当制止和纠正;制止和纠正无效的,应当向单位领导人提出书面意见请求处理。

单位领导人应当在接到书面意见起十日内作出书面决定,并对决定承担责任。

(五)对违反国家统一的财政、财务、会计制度规定的财务收支,不予制止和纠正,又不向单位领导人提出书面意见的,也应当承担责任。

(六)对严重违反国家利益和社会公众利益的财务收支,应当向主管单位或者财政、审计、税务机关报告。

第七十九条 会计机构、会计人员对违反单位内部会计管理制度的经济活动,应当制止和纠正;制止和纠正无效的,向单位领导人报告,请求处理。

第八十条 会计机构、会计人员应当对单位制定的预算、财务计划、经济计划、业务计划的执行情况进行监督。

第八十一条 各单位必须依照法律和国家有关规定接受财政、审计、税务等机关的监督,如实提供会计凭证、会计帐簿、会计报表和其他会计资料以及有关情况、不得拒绝、隐匿、谎报。

第八十二条 按照法律规定应当委托注册会计师进行审计的单位,应当委托注册会计师进行审计,并配合注册会计师的工作,如实提供会计凭证、会计帐簿、会计报表和其他会计资料以及有关情况,不得拒绝、隐匿、谎报,不得示意注册会计师出具不当的审计报告。

第五章 内部会计管理制度

第八十三条 各单位应当根据《中华人民共和国会计法》和国家统一会计制度的规定,结合单位类型和内容管理的需要,建立健全相应的内部会计管理制度。

第八十四条 各单位制定内部会计管理制度应当遵循下列原则:

(一)应当执行法律、法规和国家统一的财务会计制度。

(二)应当体现本单位的生产经营、业务管理的特点和要求。

(三)应当全面规范本单位的各项会计工作,建立健全会计基础,保证会计工作的有序进行。

(四)应当科学、合理,便于操作和执行。

(五)应当定期检查执行情况。

(六)应当根据管理需要和执行中的问题不断完善。

第八十五条 各单位应当建立内部会计管理体系。主要内容包括:单位领导人、总会计师对会计工作的领导职责;会计部门及其会计机构负责人、会计主管人员的职责、权限;会计部门与其他职能部门的关系;会计核算的组织形式等。

第八十六条 各单位应当建立会计人员岗位责任制度。主要内容包括:会计人员的工作岗位设置;各会计工作岗位的职责和标准;各会计工作岗位的人员和具体分工;会计工作岗位轮换办法;对各会计工作岗位的考核办法。

第八十七条 各单位应当建立帐务处理程序制度。主要内容包括:会计科目及其明细科目的设置和使用;会计凭证的格式、审核要求和传递程序;会计核算方法;会计帐簿的设置;编制会计报表的种类和要求;单位会计指标体系。

第八十八条 各单位应当建立内部牵制制度。主要内容包括:内部牵制制度的原则;组织分工;出纳岗位的职责和限制条件;有关岗位的职责和权限。

第八十九条 各单位应当建立稽核制度。主要内容包括:稽核工作的组织形式和具体分工;稽核工作的职责、权限;审核会计凭证和复核会计帐簿、会计报表的方法。

第九十条 各单位应当建立原始记录管理制度。主要内容包括:原始记录的内容和填制方法;原始记录的格式;原始记录的审核;原始记录填制人的责任;原始记录签署、传递、汇集要求。

第九十一条 各单位应当建立定额管理制度。主要内容包括:定额管理的范围;制定和修订定额的依据、程序和方法;定额的执行;定额考核和奖惩办法等。

第九十二条 各单位应当建立计量验收制度。主要内容包括:计量检测手段和方法;计量验收管理的要求;计量验收人员的责任和奖惩办法。

第九十三条 各单位应当建立财产清查制度。主要内容包括:财产清查的范围;财产清查的组织;财产清查的期限和方法;对财产清查中发现问题的处理办法;对财产管理人员的奖惩办法。

第九十四条 各单位应当建立财务收支审批制度。主要内容包括:财务收支审批人员和审批权限;财务收支审批程序;财务收支审批人员的责任。

第九十五条 实行成本核算的单位应当建立成本核算制度。主要内容包括:成本核算的对象;成本核算的方法和程序;成本分析等。

第九十六条 各单位应当建立财务会计分析制度。主要内容包括:财务会计分析的主要内容;财务会计分析的基本要求和组织程序;财务会计分析的具体方法;财务会计分析报告的编写要求等。

第六章 附则

第九十七条 本规范所称国家统一会计制度,是指由财政部制定、或者财政部与国务院有关部门联合制定、或者经财政部审核批准的在全国范围内统一执行的会计规章、准则、办法等规范性文件。

本规范所称会计主管人员,是指不设置会计机构、只在其他机构中设置专职会计人员的单位行使会计机构负责人职权的人员。

本规范第三章第二节和第三节关于填制会计凭证、登记会计帐簿的规定,除特别指出外,一般适用于手工记帐。实行会计电算化的单位,填制会计凭证和登记会计帐簿的有关要求,应当符合财政部关于会计电算化的有关规定。

第九十八条 各省、自治区、直辖市财政厅(局)、国务院各业务主管部门可以根据本规范的原则,结合本地区、本部门的具体情况,制定具体实施办法,报财政部备案。

第九十九条 本规范由财政部负责解释、修改。

第一百条 本规范自公布之日起实施。1984 年 4 月 24 日财政部发布的《会计人员工作规则》同时废止。

企业会计准则——基本准则

（2006 年 2 月 15 日财政部令第 33 号公布 根据 2014 年 7 月 23 日《财政部关于修改〈企业会计准则——基本准则〉的决定》修改）

第一章 总 则

第一条 为了规范企业会计确认、计量和报告行为，保证会计信息质量，根据《中华人民共和国会计法》和其他有关法律、行政法规，制定本准则。

第二条 本准则适用于在中华人民共和国境内设立的企业（包括公司，下同）。

第三条 企业会计准则包括基本准则和具体准则，具体准则的制定应当遵循本准则。

第四条 企业应当编制财务会计报告（又称财务报告，下同）。财务会计报告的目标是向财务会计报告使用者提供与企业财务状况、经营成果和现金流量等有关的会计信息，反映企业管理层受托责任履行情况，有助于财务会计报告使用者作出经济决策。

财务会计报告使用者包括投资者、债权人、政府及其有关部门和社会公众等。

第五条 企业应当对其本身发生的交易或者事项进行会计确认、计量和报告。

第六条 企业会计确认、计量和报告应当以持续经营为前提。

第七条 企业应当划分会计期间，分期结算账目和编制财务会计报告。

会计期间分为年度和中期。中期是指短于一个完整的会计年度的报告期间。

第八条 企业会计应当以货币计量。

第九条 企业应当以权责发生制为基础进行会计确认、计量和报告。

第十条 企业应当按照交易或者事项的经济特征确定会计要素。会计要素包括资产、负债、所有者权益、收入、费用和利润。

第十一条 企业应当采用借贷记账法记账。

第二章 会计信息质量要求

第十二条 企业应当以实际发生的交易或者事项为依据进行会计确认、计量和报告，如实反映符合确认和计量要求的各项会计要素及其他相关信息，保证会计信息真实可靠、内容完整。

第十三条 企业提供的会计信息应当与财务会计报告使用者的经济决策需要相关，有助于财务会计报告使用者对企业过去、现在或者未来的情况作出评价或者预测。

第十四条 企业提供的会计信息应当清晰明了，便于财务会计报告使用者理解和使用。

第十五条 企业提供的会计信息应当具有可比性。

同一企业不同时期发生的相同或者相似的交易或者事项，应当采用一致的会计政策，不得随意变更。确需变更的，应当在附注中说明。

不同企业发生的相同或者相似的交易或者事项，应当采用规定的会计政策，确保会计信息口径一致、相互可比。

第十六条 企业应当按照交易或者事项的经济实质进行会计确认、计量和报告，不应仅以交易或者事项的法律形式为依据。

第十七条 企业提供的会计信息应当反映与企业财务状况、经营成果和现金流量等有关的所有重要交易或者事项。

第十八条 企业对交易或者事项进行会计确认、计量和报告应当保持应有的谨慎，不应高估资产或者收益、低估负债或者费用。

第十九条 企业对于已经发生的交易或者事项，应当及时进行会计确认、计量和报告，不得提前或者延后。

第三章 资 产

第二十条 资产是指企业过去的交易或者事项形成的、由企业拥有或者控制的、预期会给企业带来经济利益的资源。

前款所指的企业过去的交易或者事项包括购买、生产、建造行为或其他交易或者事项。预期在未来发生的交易或者事项不形成资产。

由企业拥有或者控制，是指企业享有某项资源的所有权，或者虽然不享有某项资源的所有权，但该资源能被企业所控制。

预期会给企业带来经济利益，是指直接或者间接导致现金和现金等价物流入企业的潜力。

第二十一条 符合本准则第二十条规定的资产定义的资源，在同时满足以下条件时，确认为资产：

（一）与该资源有关的经济利益很可能流入企业；

（二）该资源的成本或者价值能够可靠地计量。

第二十二条 符合资产定义和资产确认条件的项目，应当列入资产负债表；符合资产定义、但不符合资产确认条件的项目，不应当列入资产负债表。

第四章 负 债

第二十三条 负债是指企业过去的交易或者事项形成的、预期会导致经济利益流出企业的现时义务。

现时义务是指企业在现行条件下已承担的义务。未来发生的交易或者事项形成的义务,不属于现时义务,不应当确认为负债。

第二十四条 符合本准则第二十三条规定的负债定义的义务,在同时满足以下条件时,确认为负债:

(一)与该义务有关的经济利益很可能流出企业;

(二)未来流出的经济利益的金额能够可靠地计量。

第二十五条 符合负债定义和负债确认条件的项目,应当列入资产负债表;符合负债定义、但不符合负债确认条件的项目,不应当列入资产负债表。

第五章 所有者权益

第二十六条 所有者权益是指企业资产扣除负债后由所有者享有的剩余权益。

公司的所有者权益又称为股东权益。

第二十七条 所有者权益的来源包括所有者投入的资本、直接计入所有者权益的利得和损失、留存收益等。

直接计入所有者权益的利得和损失,是指不应计入当期损益、会导致所有者权益发生增减变动的、与所有者投入资本或者向所有者分配利润无关的利得或者损失。

利得是指由企业非日常活动所形成的、会导致所有者权益增加的、与所有者投入资本无关的经济利益的流入。

损失是指由企业非日常活动所发生的、会导致所有者权益减少的、与向所有者分配利润无关的经济利益的流出。

第二十八条 所有者权益金额取决于资产和负债的计量。

第二十九条 所有者权益项目应当列入资产负债表。

第六章 收　　入

第三十条 收入是指企业在日常活动中形成的、会导致所有者权益增加的、与所有者投入资本无关的经济利益的总流入。

第三十一条 收入只有在经济利益很可能流入从而导致企业资产增加或者负债减少、且经济利益的流入额能够可靠计量时才能予以确认。

第三十二条 符合收入定义和收入确认条件的项目,应当列入利润表。

第七章 费　　用

第三十三条 费用是指企业在日常活动中发生的、会导致所有者权益减少的、与向所有者分配利润无关的经济利益的总流出。

第三十四条 费用只有在经济利益很可能流出从而导致企业资产减少或者负债增加、且经济利益的流出额能够可靠计量时才能予以确认。

第三十五条 企业为生产产品、提供劳务等发生的可归属于产品成本、劳务成本等的费用,应当在确认产品销售收入、劳务收入等时,将已销售产品、已提供劳务的成本等计入当期损益。

企业发生的支出不产生经济利益的,或者即使能够产生经济利益但不符合或者不再符合资产确认条件的,应当在发生时确认为费用,计入当期损益。

企业发生的交易或者事项导致其承担了一项负债而又不确认为一项资产的,应当在发生时确认为费用,计入当期损益。

第三十六条 符合费用定义和费用确认条件的项目,应当列入利润表。

第八章 利　　润

第三十七条 利润是指企业在一定会计期间的经营成果。利润包括收入减去费用后的净额、直接计入当期利润的利得和损失等。

第三十八条 直接计入当期利润的利得和损失,是指应当计入当期损益、会导致所有者权益发生增减变动的、与所有者投入资本或者向所有者分配利润无关的利得或者损失。

第三十九条 利润金额取决于收入和费用、直接计入当期利润的利得和损失金额的计量。

第四十条 利润项目应当列入利润表。

第九章 会 计 计 量

第四十一条 企业在将符合确认条件的会计要素登记入账并列报于会计报表及其附注(又称财务报表,下同)时,应当按照规定的会计计量属性进行计量,确定其金额。

第四十二条 会计计量属性主要包括:

(一)历史成本。在历史成本计量下,资产按照购置时支付的现金或者现金等价物的金额,或者按照购置资产时所付出的对价的公允价值计量。负债按照因承担现时义务而实际收到的款项或者资产的金额,或者承担现时义务的合同金额,或者按照日常活动中为偿还负债预期需要支付的现金或者现金等价物的金额计量。

(二)重置成本。在重置成本计量下,资产按照现在购买相同或者相似资产所需支付的现金或者现金等价物的金额计量。负债按照现在偿付该项债务所需支付的现金或者现金等价物的金额计量。

(三)可变现净值。在可变现净值计量下,资产按照其正常对外销售所能收到现金或者现金等价物的金额扣减该资产至完工时估计将要发生的成本、估计的销售费用以及相关税费后的金额计量。

(四)现值。在现值计量下,资产按照预计从其持续使用和最终处置中所产生的未来净现金流入量的折现金额计量。负债按照预计期限内需要偿还的未来净现金流出量的折现金额计量。

(五)公允价值。在公允价值计量下,资产和负债按照市场参与者在计量日发生的有序交易中,出售资产所能收到或者转移负债所需支付的价格计量。

第四十三条 企业在对会计要素进行计量时，一般应当采用历史成本，采用重置成本、可变现净值、现值、公允价值计量的，应当保证所确定的会计要素金额能够取得并可靠计量。

第十章 财务会计报告

第四十四条 财务会计报告是指企业对外提供的反映企业某一特定日期的财务状况和某一会计期间的经营成果、现金流量等会计信息的文件。

财务会计报告包括会计报表及其附注和其他应当在财务会计报告中披露的相关信息和资料。会计报表至少应当包括资产负债表、利润表、现金流量表等报表。

小企业编制的会计报表可以不包括现金流量表。

第四十五条 资产负债表是指反映企业在某一特定日期的财务状况的会计报表。

第四十六条 利润表是指反映企业在一定会计期间的经营成果的会计报表。

第四十七条 现金流量表是指反映企业在一定会计期间的现金和现金等价物流入和流出的会计报表。

第四十八条 附注是指对在会计报表中列示项目所作的进一步说明，以及对未能在这些报表中列示项目的说明等。

第十一章 附 则

第四十九条 本准则由财政部负责解释。

第五十条 本准则自2007年1月1日起施行。

小企业会计准则

（2011年10月18日 财会〔2011〕17号）

第一章 总 则

第一条 为了规范小企业会计确认、计量和报告行为，促进小企业可持续发展，发挥小企业在国民经济和社会发展中的重要作用，根据《中华人民共和国会计法》及其他有关法律和法规，制定本准则。

第二条 本准则适用于在中华人民共和国境内依法设立的、符合《中小企业划型标准规定》所规定的小型企业标准的企业。

下列三类小企业除外：

（一）股票或债券在市场上公开交易的小企业。

（二）金融机构或其他具有金融性质的小企业。

（三）企业集团内的母公司和子公司。

前款所称企业集团、母公司和子公司的定义与《企业会计准则》的规定相同。

第三条 符合本准则第二条规定的小企业，可以执行本准则，也可以执行《企业会计准则》。

（一）执行本准则的小企业，发生的交易或者事项本准则未作规范的，可以参照《企业会计准则》中的相关规定进行处理。

（二）执行《企业会计准则》的小企业，不得在执行《企业会计准则》的同时，选择执行本准则的相关规定。

（三）执行本准则的小企业公开发行股票或债券的，应当转为执行《企业会计准则》；因经营规模或企业性质变化导致不符合本准则第二条规定而成为大中型企业或金融企业的，应当从次年1月1日起转为执行《企业会计准则》。

（四）已执行《企业会计准则》的上市公司、大中型企业和小企业，不得转为执行本准则。

第四条 执行本准则的小企业转为执行《企业会计准则》时，应当按照《企业会计准则第38号——首次执行企业会计准则》等相关规定进行会计处理。

第二章 资 产

第五条 资产，是指小企业过去的交易或者事项形成的、由小企业拥有或者控制的、预期会给小企业带来经济利益的资源。

小企业的资产按照流动性，可分为流动资产和非流动资产。

第六条 小企业的资产应当按照成本计量，不计提资产减值准备。

第一节 流动资产

第七条 小企业的流动资产，是指预计在1年内（含1年，下同）或超过1年的一个正常营业周期内变现、出售或耗用的资产。

小企业的流动资产包括：货币资金、短期投资、应收及预付款项、存货等。

第八条 短期投资，是指小企业购入的能随时变现并且持有时间不准备超过1年（含1年，下同）的投资，如小企业以赚取差价为目的从二级市场购入的股票、债券、基金等。

短期投资应当按照以下规定进行会计处理：

（一）以支付现金取得的短期投资，应当按照购买价款和相关税费作为成本进行计量。

实际支付价款中包含的已宣告但尚未发放的现金股利或已到付息期但尚未领取的债券利息，应当单独确认为应收股利或应收利息，不计入短期投资的成本。

（二）在短期投资持有期间，被投资单位宣告分派的现金股利或在债务人应付利息日按照分期付息、一次还本债券投资的票面利率计算的利息收入，应当计入投资收益。

（三）出售短期投资，出售价款扣除其账面余额、相关税费后的净额，应当计入投资收益。

第九条 应收及预付款项，是指小企业在日常生产经营活动中发生的各项债权。包括：应收票据、应收账款、应收股利、应收利息、其他应收款等应收款项和预付账款。

应收及预付款项应当按照发生额入账。

第十条 小企业应收及预付款项符合下列条件之一的，减除可收回的金额后确认的无法收回的应收及预付款项，作为坏账损失：

（一）债务人依法宣告破产、关闭、解散、被撤销，或者被依法注销、吊销营业执照，其清算财产不足清偿的。

（二）债务人死亡，或者依法被宣告失踪、死亡，其财产或者遗产不足清偿的。

（三）债务人逾期3年以上未清偿，且有确凿证据证明已无力清偿债务的。

（四）与债务人达成债务重组协议或法院批准破产重整计划后，无法追偿的。

（五）因自然灾害、战争等不可抗力导致无法收回的。

（六）国务院财政、税务主管部门规定的其他条件。

应收及预付款项的坏账损失应当于实际发生时计入营业外支出，同时冲减应收及预付款项。

第十一条 存货，是指小企业在日常生产经营过程中持有以备出售的产成品或商品、处在生产过程中的在产品、将在生产过程或提供劳务过程中耗用的材料和物料等，以及小企业（农、林、牧、渔业）为出售而持有的、或在将来收获为农产品的消耗性生物资产。

小企业的存货包括：原材料、在产品、半成品、产成品、商品、周转材料、委托加工物资、消耗性生物资产等。

（一）原材料，是指小企业在生产过程中经加工改变其形态或性质并构成产品主要实体的各种原料及主要材料、辅助材料、外购半成品（外购件）、修理用备件（备品备件）、包装材料、燃料等。

（二）在产品，是指小企业正在制造尚未完工的产品。包括：正在各个生产工序加工的产品，以及已加工完毕但尚未检验或已检验但尚未办理入库手续的产品。

（三）半成品，是指小企业经过一定生产过程并已检验合格交付半成品仓库保管，但尚未制造完工成为产成品，仍需进一步加工的中间产品。

（四）产成品，是指小企业已经完成全部生产过程并已验收入库，符合标准规格和技术条件，可以按照合同规定的条件送交订货单位，或者可以作为商品对外销售的产品。

（五）商品，是指小企业（批发业、零售业）外购或委托加工完成并已验收入库用于销售的各种商品。

（六）周转材料，是指小企业能够多次使用、逐渐转移其价值但仍保持原有形态且不确认为固定资产的材料。包括：包装物、低值易耗品、小企业（建筑业）的钢模板、木模板、脚手架等。

（七）委托加工物资，是指小企业委托外单位加工的各种材料、商品等物资。

（八）消耗性生物资产，是指小企业（农、林、牧、渔业）生长中的大田作物、蔬菜、用材林以及存栏待售的牲畜等。

第十二条 小企业取得的存货，应当按照成本进行计量。

（一）外购存货的成本包括：购买价款、相关税费、运输费、装卸费、保险费以及在外购存货过程发生的其他直接费用，但不含按照税法规定可以抵扣的增值税进项税额。

（二）通过进一步加工取得存货的成本包括：直接材料、直接人工以及按照一定方法分配的制造费用。

经过1年期以上的制造才能达到预定可销售状态的存货发生的借款费用，也计入存货的成本。

前款所称借款费用，是指小企业因借款而发生的利息及其他相关成本。包括：借款利息、辅助费用以及因外币借款而发生的汇兑差额等。

（三）投资者投入存货的成本，应当按照评估价值确定。

（四）提供劳务的成本包括：与劳务提供直接相关的人工费、材料费和应分摊的间接费用。

（五）自行栽培、营造、繁殖或养殖的消耗性生物资产的成本，应当按照下列规定确定：

1. 自行栽培的大田作物和蔬菜的成本包括：在收获前耗用的种子、肥料、农药等材料费、人工费和应分摊的间接费用。

2. 自行营造的林木类消耗性生物资产的成本包括：郁闭前发生的造林费、抚育费、营林设施费、良种试验费、调查设计费和应分摊的间接费用。

3. 自行繁殖的育肥畜的成本包括：出售前发生的饲料费、人工费和应分摊的间接费用。

4. 水产养殖的动物和植物的成本包括：在出售或入库前耗用的苗种、饲料、肥料等材料费、人工费和应分摊的间接费用。

（六）盘盈存货的成本，应当按照同类或类似存货的市场价格或评估价值确定。

第十三条 小企业应当采用先进先出法、加权平均法或者个别计价法确定发出存货的实际成本。计价方法一经选用，不得随意变更。

对于性质和用途相似的存货，应当采用相同的成本计算方法确定发出存货的成本。

对于不能替代使用的存货、为特定项目专门购入或制造的存货以及提供的劳务，采用个别计价法确定发出存货的成本。

对于周转材料，采用一次转销法进行会计处理，在领用时按其成本计入生产成本或当期损益；金额较大的周转材料，也可以采用分次摊销法进行会计处理。出租或出借周转材料，不需要结转其成本，但应当进行备查登记。

对于已售存货，应当将其成本结转为营业成本。

第十四条 小企业应当根据生产特点和成本管理的要

求，选择适合于本企业的成本核算对象、成本项目和成本计算方法。

小企业发生的各项生产费用，应当按照成本核算对象和成本项目分别归集。

（一）属于材料费、人工费等直接费用，直接计入基本生产成本和辅助生产成本。

（二）属于辅助生产车间为生产产品提供的动力等直接费用，可以先作为辅助生产成本进行归集，然后按照合理的方法分配计入基本生产成本；也可以直接计入所生产产品发生的生产成本。

（三）其他间接费用应当作为制造费用进行归集，月度终了，再按一定的分配标准，分配计入有关产品的成本。

第十五条　存货发生毁损，处置收入、可收回的责任人赔偿和保险赔款，扣除其成本、相关税费后的净额，应当计入营业外支出或营业外收入。

盘盈存货实现的收益应当计入营业外收入。

盘亏存货发生的损失应当计入营业外支出。

第二节　长期投资

第十六条　小企业的非流动资产，是指流动资产以外的资产。

小企业的非流动资产包括：长期债券投资、长期股权投资、固定资产、生产性生物资产、无形资产、长期待摊费用等。

第十七条　长期债券投资，是指小企业准备长期（在1年以上，下同）持有的债券投资。

第十八条　长期债券投资应当按照购买价款和相关税费作为成本进行计量。

实际支付价款中包含的已到付息期但尚未领取的债券利息，应当单独确认为应收利息，不计入长期债券投资的成本。

第十九条　长期债券投资在持有期间发生的应收利息应当确认为投资收益。

（一）分期付息、一次还本的长期债券投资，在债务人应付利息日按照票面利率计算的应收未收利息收入应当确认为应收利息，不增加长期债券投资的账面余额。

（二）一次还本付息的长期债券投资，在债务人应付利息日按照票面利率计算的应收未收利息收入应当增加长期债券投资的账面余额。

（三）债券的折价或者溢价在债券存续期间内于确认相关债券利息收入时采用直线法进行摊销。

第二十条　长期债券投资到期，小企业收回长期债券投资，应当冲减其账面余额。

处置长期债券投资，处置价款扣除其账面余额、相关税费后的净额，应当计入投资收益。

第二十一条　小企业长期债券投资符合本准则第十条所列条件之一的，减除可收回的金额后确认的无法收回的长期债券投资，作为长期债券投资损失。

长期债券投资损失应当于实际发生时计入营业外支出，同时冲减长期债券投资账面余额。

第二十二条　长期股权投资，是指小企业准备长期持有的权益性投资。

第二十三条　长期股权投资应当按照成本进行计量。

（一）以支付现金取得的长期股权投资，应当按照购买价款和相关税费作为成本进行计量。

实际支付价款中包含的已宣告但尚未发放的现金股利，应当单独确认为应收股利，不计入长期股权投资的成本。

（二）通过非货币性资产交换取得的长期股权投资，应当按照换出非货币性资产的评估价值和相关税费作为成本进行计量。

第二十四条　长期股权投资应当采用成本法进行会计处理。

在长期股权投资持有期间，被投资单位宣告分派的现金股利或利润，应当按照应分得的金额确认为投资收益。

第二十五条　处置长期股权投资，处置价款扣除其成本、相关税费后的净额，应当计入投资收益。

第二十六条　小企业长期股权投资符合下列条件之一的，减除可收回的金额后确认的无法收回的长期股权投资，作为长期股权投资损失：

（一）被投资单位依法宣告破产、关闭、解散、被撤销，或者被依法注销、吊销营业执照的。

（二）被投资单位财务状况严重恶化，累计发生巨额亏损，已连续停止经营3年以上，且无重新恢复经营改组计划的。

（三）对被投资单位不具有控制权，投资期限届满或者投资期限已超过10年，且被投资单位因连续3年经营亏损导致资不抵债的。

（四）被投资单位财务状况严重恶化，累计发生巨额亏损，已完成清算或清算期超过3年以上的。

（五）国务院财政、税务主管部门规定的其他条件。

长期股权投资损失应当于实际发生时计入营业外支出，同时冲减长期股权投资账面余额。

第三节　固定资产和生产性生物资产

第二十七条　固定资产，是指小企业为生产产品、提供劳务、出租或经营管理而持有的，使用寿命超过1年的有形资产。

小企业的固定资产包括：房屋、建筑物、机器、机械、运输工具、设备、器具、工具等。

第二十八条　固定资产应当按照成本进行计量。

（一）外购固定资产的成本包括：购买价款、相关税费、运输费、装卸费、保险费、安装费等，但不含按照税法规定可以抵扣的增值税进项税额。

以一笔款项购入多项没有单独标价的固定资产，应当按照各项固定资产或类似资产的市场价格或评估价值比例对总成本进行分配，分别确定各项固定资产的成本。

（二）自行建造固定资产的成本，由建造该项资产在竣工决算前发生的支出（含相关的借款费用）构成。

小企业在建工程在试运转过程中形成的产品、副产品或试车收入冲减在建工程成本。

（三）投资者投入固定资产的成本，应当按照评估价值和相关税费确定。

（四）融资租入的固定资产的成本，应当按照租赁合同约定的付款总额和在签订租赁合同过程中发生的相关税费等确定。

（五）盘盈固定资产的成本，应当按照同类或者类似固定资产的市场价格或评估价值，扣除按照该项固定资产新旧程度估计的折旧后的余额确定。

第二十九条 小企业应当对所有固定资产计提折旧，但已提足折旧仍继续使用的固定资产和单独计价入账的土地不得计提折旧。

固定资产的折旧费应当根据固定资产的受益对象计入相关资产成本或者当期损益。

前款所称折旧，是指在固定资产使用寿命内，按照确定的方法对应计折旧额进行系统分摊。应计折旧额，是指应当计提折旧的固定资产的原价（成本）扣除其预计净残值后的金额。预计净残值，是指固定资产预计使用寿命已满，小企业从该项固定资产处置中获得的扣除预计处置费用后的净额。已提足折旧，是指已经提足该项固定资产的应计折旧额。

第三十条 小企业应当按照年限平均法（即直线法，下同）计提折旧。小企业的固定资产由于技术进步等原因，确需加速折旧的，可以采用双倍余额递减法和年数总和法。

小企业应当根据固定资产的性质和使用情况，并考虑税法的规定，合理确定固定资产的使用寿命和预计净残值。

固定资产的折旧方法、使用寿命、预计净残值一经确定，不得随意变更。

第三十一条 小企业应当按月计提折旧，当月增加的固定资产，当月不计提折旧，从下月起计提折旧；当月减少的固定资产，当月仍计提折旧，从下月起不计提折旧。

第三十二条 固定资产的日常修理费，应当在发生时根据固定资产的受益对象计入相关资产成本或者当期损益。

第三十三条 固定资产的改建支出，应当计入固定资产的成本，但已提足折旧的固定资产和经营租入的固定资产发生的改建支出应当计入长期待摊费用。

前款所称固定资产的改建支出，是指改变房屋或者建筑物结构、延长使用年限等发生的支出。

第三十四条 处置固定资产，处置收入扣除其账面价值、相关税费和清理费用后的净额，应当计入营业外收入或营业外支出。

前款所称固定资产的账面价值，是指固定资产原价（成本）扣减累计折旧后的金额。

盘亏固定资产发生的损失应当计入营业外支出。

第三十五条 生产性生物资产，是指小企业（农、林、牧、渔业）为生产农产品、提供劳务或出租等目的而持有的生物资产。包括：经济林、薪炭林、产畜和役畜等。

第三十六条 生产性生物资产应当按照成本进行计量。

（一）外购的生产性生物资产的成本，应当按照购买价款和相关税费确定。

（二）自行营造或繁殖的生产性生物资产的成本，应当按照下列规定确定：

1. 自行营造的林木类生产性生物资产的成本包括：达到预定生产经营目的前发生的造林费、抚育费、营林设施费、良种试验费、调查设计费和应分摊的间接费用等必要支出。

2. 自行繁殖的产畜和役畜的成本包括：达到预定生产经营目的前发生的饲料费、人工费和应分摊的间接费用等必要支出。

前款所称达到预定生产经营目的，是指生产性生物资产进入正常生产期，可以多年连续稳定产出农产品、提供劳务或出租。

第三十七条 生产性生物资产应当按照年限平均法计提折旧。

小企业（农、林、牧、渔业）应当根据生产性生物资产的性质和使用情况，并考虑税法的规定，合理确定生产性生物资产的使用寿命和预计净残值。

生产性生物资产的折旧方法、使用寿命、预计净残值一经确定，不得随意变更。

小企业（农、林、牧、渔业）应当自生产性生物资产投入使用月份的下月起按月计提折旧；停止使用的生产性生物资产，应当自停止使用月份的下月起停止计提折旧。

第四节　无形资产

第三十八条 无形资产，是指小企业为生产产品、提供劳务、出租或经营管理而持有的、没有实物形态的可辨认非货币性资产。

小企业的无形资产包括：土地使用权、专利权、商标权、著作权、非专利技术等。

自行开发建造厂房等建筑物，相关的土地使用权与建筑物应当分别进行处理。外购土地及建筑物支付的价款应当在建筑物与土地使用权之间按照合理的方法进行分配；难以合理分配的，应当全部作为固定资产。

第三十九条 无形资产应当按照成本进行计量。

（一）外购无形资产的成本包括：购买价款、相关税费和相关的其他支出（含相关的借款费用）。

（二）投资者投入的无形资产的成本，应当按照评估价值和相关税费确定。

（三）自行开发的无形资产的成本，由符合资本化条件后至达到预定用途前发生的支出（含相关的借款费用）构成。

第四十条 小企业自行开发无形资产发生的支出，同时满足下列条件的，才能确认为无形资产：

（一）完成该无形资产以使其能够使用或出售在技术上具有可行性；

（二）具有完成该无形资产并使用或出售的意图；

（三）能够证明运用该无形资产生产的产品存在市场或无形资产自身存在市场，无形资产将在内部使用的，应当证明其有用性；

（四）有足够的技术、财务资源和其他资源支持，以完成该无形资产的开发，并有能力使用或出售该无形资产；

（五）归属于该无形资产开发阶段的支出能够可靠地计量。

第四十一条 无形资产应当在其使用寿命内采用年限平均法进行摊销，根据其受益对象计入相关资产成本或者当期损益。

无形资产的摊销期自其可供使用时开始至停止使用或出售时止。有关法律规定或合同约定了使用年限的，可以按照规定或约定的使用年限分期摊销。

小企业不能可靠估计无形资产使用寿命的，摊销期不得低于10年。

第四十二条 处置无形资产，处置收入扣除其账面价值、相关税费等后的净额，应当计入营业外收入或营业外支出。

前款所称无形资产的账面价值，是指无形资产的成本扣减累计摊销后的金额。

第五节 长期待摊费用

第四十三条 小企业的长期待摊费用包括：已提足折旧的固定资产的改建支出、经营租入固定资产的改建支出、固定资产的大修理支出和其他长期待摊费用等。

前款所称固定资产的大修理支出，是指同时符合下列条件的支出：

（一）修理支出达到取得固定资产时的计税基础50%以上；

（二）修理后固定资产的使用寿命延长2年以上。

第四十四条 长期待摊费用应当在其摊销期限内采用年限平均法进行摊销，根据其受益对象计入相关资产的成本或者管理费用，并冲减长期待摊费用。

（一）已提足折旧的固定资产的改建支出，按照固定资产预计尚可使用年限分期摊销。

（二）经营租入固定资产的改建支出，按照合同约定的剩余租赁期限分期摊销。

（三）固定资产的大修理支出，按照固定资产尚可使用年限分期摊销。

（四）其他长期待摊费用，自支出发生月份的下月起分期摊销，摊销期不得低于3年。

第三章 负 债

第四十五条 负债，是指小企业过去的交易或者事项形成的，预期会导致经济利益流出小企业的现时义务。

小企业的负债按照其流动性，可分为流动负债和非流动负债。

第一节 流动负债

第四十六条 小企业的流动负债，是指预计在1年内或者超过1年的一个正常营业周期内清偿的债务。

小企业的流动负债包括：短期借款、应付及预收款项、应付职工薪酬、应交税费、应付利息等。

第四十七条 各项流动负债应当按照其实际发生额入账。

小企业确实无法偿付的应付款项，应当计入营业外收入。

第四十八条 短期借款应当按照借款本金和借款合同利率在应付利息日计提利息费用，计入财务费用。

第四十九条 应付职工薪酬，是指小企业为获得职工提供的服务而应付给职工的各种形式的报酬以及其他相关支出。

小企业的职工薪酬包括：

（一）职工工资、奖金、津贴和补贴。

（二）职工福利费。

（三）医疗保险费、养老保险费、失业保险费、工伤保险费和生育保险费等社会保险费。

（四）住房公积金。

（五）工会经费和职工教育经费。

（六）非货币性福利。

（七）因解除与职工的劳动关系给予的补偿。

（八）其他与获得职工提供的服务相关的支出等。

第五十条 小企业应当在职工为其提供服务的会计期间，将应付的职工薪酬确认为负债，并根据职工提供服务的受益对象，分别下列情况进行会计处理：

（一）应由生产产品、提供劳务负担的职工薪酬，计入产品成本或劳务成本。

（二）应由在建工程、无形资产开发项目负担的职工薪酬，计入固定资产成本或无形资产成本。

（三）其他职工薪酬（含因解除与职工的劳动关系给予的补偿），计入当期损益。

第二节 非流动负债

第五十一条 小企业的非流动负债，是指流动负债以外的负债。

小企业的非流动负债包括:长期借款、长期应付款等。

第五十二条 非流动负债应当按照其实际发生额入账。

长期借款应当按照借款本金和借款合同利率在应付利息日计提利息费用,计入相关资产成本或财务费用。

第四章 所有者权益

第五十三条 所有者权益,是指小企业资产扣除负债后由所有者享有的剩余权益。

小企业的所有者权益包括:实收资本(或股本,下同)、资本公积、盈余公积和未分配利润。

第五十四条 实收资本,是指投资者按照合同协议约定或相关规定投入到小企业、构成小企业注册资本的部分。

(一)小企业收到投资者以现金或非货币性资产投入的资本,应当按照其在本企业注册资本中所占的份额计入实收资本,超出的部分,应当计入资本公积。

(二)投资者根据有关规定对小企业进行增资或减资,小企业应当增加或减少实收资本。

第五十五条 资本公积,是指小企业收到的投资者出资额超过其在注册资本或股本中所占份额的部分。

小企业用资本公积转增资本,应当冲减资本公积。小企业的资本公积不得用于弥补亏损。

第五十六条 盈余公积,是指小企业按照法律规定在税后利润中提取的法定公积金和任意公积金。

小企业用盈余公积弥补亏损或者转增资本,应当冲减盈余公积。小企业的盈余公积还可以用于扩大生产经营。

第五十七条 未分配利润,是指小企业实现的净利润,经过弥补亏损、提取法定公积金和任意公积金、向投资者分配利润后,留存在本企业的、历年结存的利润。

第五章 收　入

第五十八条 收入,是指小企业在日常生产经营活动中形成的、会导致所有者权益增加、与所有者投入资本无关的经济利益的总流入。包括:销售商品收入和提供劳务收入。

第五十九条 销售商品收入,是指小企业销售商品(或产成品、材料,下同)取得的收入。

通常,小企业应当在发出商品且收到货款或取得收款权利时,确认销售商品收入。

(一)销售商品采用托收承付方式的,在办妥托收手续时确认收入。

(二)销售商品采取预收款方式的,在发出商品时确认收入。

(三)销售商品采用分期收款方式的,在合同约定的收款日期确认收入。

(四)销售商品需要安装和检验的,在购买方接受商品以及安装和检验完毕时确认收入。安装程序比较简单的,可在发出商品时确认收入。

(五)销售商品采用支付手续费方式委托代销的,在收到代销清单时确认收入。

(六)销售商品以旧换新的,销售的商品作为商品销售处理,回收的商品作为购进商品处理。

(七)采取产品分成方式取得的收入,在分得产品之日按照产品的市场价格或评估价值确定销售商品收入金额。

第六十条 小企业应当按照从购买方已收或应收的合同或协议价款,确定销售商品收入金额。

销售商品涉及现金折扣的,应当按照扣除现金折扣前的金额确定销售商品收入金额。现金折扣应当在实际发生时,计入当期损益。

销售商品涉及商业折扣的,应当按照扣除商业折扣后的金额确定销售商品收入金额。

前款所称现金折扣,是指债权人为鼓励债务人在规定的期限内付款而向债务人提供的债务扣除。商业折扣,是指小企业为促进商品销售而在商品标价上给予的价格扣除。

第六十一条 小企业已经确认销售商品收入的售出商品发生的销售退回(不论属于本年度还是属于以前年度的销售),应当在发生时冲减当期销售商品收入。

小企业已经确认销售商品收入的售出商品发生的销售折让,应当在发生时冲减当期销售商品收入。

前款所称销售退回,是指小企业售出的商品由于质量、品种不符合要求等原因发生的退货。销售折让,是指小企业因售出商品的质量不合格等原因而在售价上给予的减让。

第六十二条 小企业提供劳务的收入,是指小企业从事建筑安装、修理修配、交通运输、仓储租赁、邮电通信、咨询经纪、文化体育、科学研究、技术服务、教育培训、餐饮住宿、中介代理、卫生保健、社区服务、旅游、娱乐、加工以及其他劳务服务活动取得的收入。

第六十三条 同一会计年度内开始并完成的劳务,应当在提供劳务交易完成且收到款项或取得收款权利时,确认提供劳务收入。提供劳务收入的金额为从接受劳务方已收或应收的合同或协议价款。

劳务的开始和完成分属不同会计年度的,应当按照完工进度确认提供劳务收入。年度资产负债表日,按照提供劳务收入总额乘以完工进度扣除以前会计年度累计已确认提供劳务收入后的金额,确认本年度的提供劳务收入;同时,按照估计的提供劳务成本总额乘以完工进度扣除以前会计年度累计已确认营业成本后的金额,结转本年度营业成本。

第六十四条 小企业与其他企业签订的合同或协议包含销售商品和提供劳务时,销售商品部分和提供劳务部分能够区分且能够单独计量的,应当将销售商品的部分作为销售商品处理,将提供劳务的部分作为提供劳务处理。

销售商品部分和提供劳务部分不能够区分,或虽能区分但不能够单独计量的,应当作为销售商品处理。

第六章 费 用

第六十五条 费用,是指小企业在日常生产经营活动中发生的、会导致所有者权益减少、与向所有者分配利润无关的经济利益的总流出。

小企业的费用包括:营业成本、营业税金及附加、销售费用、管理费用、财务费用等。

(一)营业成本,是指小企业所销售商品的成本和所提供劳务的成本。

(二)营业税金及附加,是指小企业开展日常生产经营活动应负担的消费税、营业税、城市维护建设税、资源税、土地增值税、城镇土地使用税、房产税、车船税、印花税和教育费附加、矿产资源补偿费、排污费等。

(三)销售费用,是指小企业在销售商品或提供劳务过程中发生的各种费用。包括:销售人员的职工薪酬、商品维修费、运输费、装卸费、包装费、保险费、广告费、业务宣传费、展览费等费用。

小企业(批发业、零售业)在购买商品过程中发生的费用(包括:运输费、装卸费、包装费、保险费、运输途中的合理损耗和入库前的挑选整理费等)也构成销售费用。

(四)管理费用,是指小企业为组织和管理生产经营发生的其他费用。包括:小企业在筹建期间内发生的开办费、行政管理部门发生的费用(包括:固定资产折旧费、修理费、办公费、水电费、差旅费、管理人员的职工薪酬等)、业务招待费、研究费用、技术转让费、相关长期待摊费用摊销、财产保险费、聘请中介机构费、咨询费(含顾问费)、诉讼费等费用。

(五)财务费用,是指小企业为筹集生产经营所需资金发生的筹资费用。包括:利息费用(减利息收入)、汇兑损失、银行相关手续费、小企业给予的现金折扣(减享受的现金折扣)等费用。

第六十六条 通常,小企业的费用应当在发生时按照其发生额计入当期损益。

小企业销售商品收入和提供劳务收入已予确认的,应当将已销售商品和已提供劳务的成本作为营业成本结转至当期损益。

第七章 利润及利润分配

第六十七条 利润,是指小企业在一定会计期间的经营成果。包括:营业利润、利润总额和净利润。

(一)营业利润,是指营业收入减去营业成本、营业税金及附加、销售费用、管理费用、财务费用,加上投资收益(或减去投资损失)后的金额。

前款所称营业收入,是指小企业销售商品和提供劳务实现的收入总额。投资收益,由小企业股权投资取得的现金股利(或利润)、债券投资取得的利息收入和处置股权投资和债券投资取得的处置价款扣除成本或账面余额、相关税费后的净额三部分构成。

(二)利润总额,是指营业利润加上营业外收入,减去营业外支出后的金额。

(三)净利润,是指利润总额减去所得税费用后的净额。

第六十八条 营业外收入,是指小企业非日常生产经营活动形成的、应当计入当期损益、会导致所有者权益增加、与所有者投入资本无关的经济利益的净流入。

小企业的营业外收入包括:非流动资产处置净收益、政府补助、捐赠收益、盘盈收益、汇兑收益、出租包装物和商品的租金收入、逾期未退包装物押金收益、确实无法偿付的应付款项、已作坏账损失处理后又收回的应收款项、违约金收益等。

通常,小企业的营业外收入应当在实现时按照其实现金额计入当期损益。

第六十九条 政府补助,是指小企业从政府无偿取得货币性资产或非货币性资产,但不含政府作为小企业所有者投入的资本。

(一)小企业收到与资产相关的政府补助,应当确认为递延收益,并在相关资产的使用寿命内平均分配,计入营业外收入。

收到的其他政府补助,用于补偿本企业以后期间的相关费用或亏损的,确认为递延收益,并在确认相关费用或发生亏损的期间,计入营业外收入;用于补偿本企业已发生的相关费用或亏损的,直接计入营业外收入。

(二)政府补助为货币性资产的,应当按照收到的金额计量。

政府补助为非货币性资产的,政府提供了有关凭据的,应当按照凭据上标明的金额计量;政府没有提供有关凭据的,应当按照同类或类似资产的市场价格或评估价值计量。

(三)小企业按照规定实行企业所得税、增值税、消费税、营业税等先征后返的,应当在实际收到返还的企业所得税、增值税(不含出口退税)、消费税、营业税时,计入营业外收入。

第七十条 营业外支出,是指小企业非日常生产经营活动发生的、应当计入当期损益、会导致所有者权益减少、与向所有者分配利润无关的经济利益的净流出。

小企业的营业外支出包括:存货的盘亏、毁损、报废损失,非流动资产处置净损失,坏账损失,无法收回的长期债券投资损失,无法收回的长期股权投资损失,自然灾害等不可抗力因素造成的损失,税收滞纳金,罚金,罚款,被没收财物的损失,捐赠支出,赞助支出等。

通常,小企业的营业外支出应当在发生时按照其发生额计入当期损益。

第七十一条 小企业应当按照企业所得税法规定计算的

当期应纳税额,确认所得税费用。

小企业应当在利润总额的基础上,按照企业所得税法规定进行纳税调整,计算出当期应纳税所得额,按照应纳税所得额与适用所得税税率为基础计算确定当期应纳税额。

第七十二条 小企业以当年净利润弥补以前年度亏损等剩余的税后利润,可用于向投资者进行分配。

小企业(公司制)在分配当年税后利润时,应当按照公司法的规定提取法定公积金和任意公积金。

第八章 外币业务

第七十三条 小企业的外币业务由外币交易和外币财务报表折算构成。

第七十四条 外币交易,是指小企业以外币计价或者结算的交易。

小企业的外币交易包括:买入或者卖出以外币计价的商品或者劳务、借入或者借出外币资金和其他以外币计价或者结算的交易。

前款所称外币,是指小企业记账本位币以外的货币。记账本位币,是指小企业经营所处的主要经济环境中的货币。

第七十五条 小企业应当选择人民币作为记账本位币。业务收支以人民币以外的货币为主的小企业,可以选定其中一种货币作为记账本位币,但编报的财务报表应当折算为人民币财务报表。

小企业记账本位币一经确定,不得随意变更,但小企业经营所处的主要经济环境发生重大变化除外。

小企业因经营所处的主要经济环境发生重大变化,确需变更记账本位币的,应当采用变更当日的即期汇率将所有项目折算为变更后的记账本位币。

前款所称即期汇率,是指中国人民银行公布的当日人民币外汇牌价的中间价。

第七十六条 小企业对于发生的外币交易,应当将外币金额折算为记账本位币金额。

外币交易在初始确认时,采用交易发生日的即期汇率将外币金额折算为记账本位币金额;也可以采用交易当期平均汇率折算。

小企业收到投资者以外币投入的资本,应当采用交易发生日即期汇率折算,不得采用合同约定汇率和交易当期平均汇率折算。

第七十七条 小企业在资产负债表日,应当按照下列规定对外币货币性项目和外币非货币性项目进行会计处理:

(一)外币货币性项目,采用资产负债表日的即期汇率折算。因资产负债表日即期汇率与初始确认时或者前一资产负债表日即期汇率不同而产生的汇兑差额,计入当期损益。

(二)以历史成本计量的外币非货币性项目,仍采用交易发生日的即期汇率折算,不改变其记账本位币金额。

前款所称货币性项目,是指小企业持有的货币资金和将以固定或可确定的金额收取的资产或者偿付的负债。货币性项目分为货币性资产和货币性负债。货币性资产包括:库存现金、银行存款、应收账款、其他应收款等;货币性负债包括:短期借款、应付账款、其他应付款、长期借款、长期应付款等。非货币性项目,是指货币性项目以外的项目。包括:存货、长期股权投资、固定资产、无形资产等。

第七十八条 小企业对外币财务报表进行折算时,应当采用资产负债表日的即期汇率对外币资产负债表、利润表和现金流量表的所有项目进行折算。

第九章 财务报表

第七十九条 财务报表,是指对小企业财务状况、经营成果和现金流量的结构性表述。小企业的财务报表至少应当包括下列组成部分:

(一)资产负债表;

(二)利润表;

(三)现金流量表;

(四)附注。

第八十条 资产负债表,是指反映小企业在某一特定日期的财务状况的报表。

(一)资产负债表中的资产类至少应当单独列示反映下列信息的项目:

1. 货币资金;
2. 应收及预付款项;
3. 存货;
4. 长期债券投资;
5. 长期股权投资;
6. 固定资产;
7. 生产性生物资产;
8. 无形资产;
9. 长期待摊费用。

(二)资产负债表中的负债类至少应当单独列示反映下列信息的项目:

1. 短期借款;
2. 应付及预收款项;
3. 应付职工薪酬;
4. 应交税费;
5. 应付利息;
6. 长期借款;
7. 长期应付款。

(三)资产负债表中的所有者权益类至少应当单独列示反映下列信息的项目:

1. 实收资本;
2. 资本公积;

3. 盈余公积;

4. 未分配利润。

(四)资产负债表中的资产类应当包括流动资产和非流动资产的合计项目;负债类应当包括流动负债、非流动负债和负债的合计项目;所有者权益类应当包括所有者权益的合计项目。

资产负债表应当列示资产总计项目,负债和所有者权益总计项目。

第八十一条 利润表,是指反映小企业在一定会计期间的经营成果的报表。

费用应当按照功能分类,分为营业成本、营业税金及附加、销售费用、管理费用和财务费用等。

利润表至少应当单独列示反映下列信息的项目:

(一)营业收入;

(二)营业成本;

(三)营业税金及附加;

(四)销售费用;

(五)管理费用;

(六)财务费用;

(七)所得税费用;

(八)净利润。

第八十二条 现金流量表,是指反映小企业在一定会计期间现金流入和流出情况的报表。

现金流量表应当分别经营活动、投资活动和筹资活动列报现金流量。现金流量应当分别按照现金流入和现金流出总额列报。

前款所称现金,是指小企业的库存现金以及可以随时用于支付的存款和其他货币资金。

第八十三条 经营活动,是指小企业投资活动和筹资活动以外的所有交易和事项。

小企业经营活动产生的现金流量应当单独列示反映下列信息的项目:

(一)销售产成品、商品、提供劳务收到的现金;

(二)购买原材料、商品、接受劳务支付的现金;

(三)支付的职工薪酬;

(四)支付的税费。

第八十四条 投资活动,是指小企业固定资产、无形资产、其他非流动资产的购建和短期投资、长期债券投资、长期股权投资及其处置活动。

小企业投资活动产生的现金流量应当单独列示反映下列信息的项目:

(一)收回短期投资、长期债券投资和长期股权投资收到的现金;

(二)取得投资收益收到的现金;

(三)处置固定资产、无形资产和其他非流动资产收回的现金净额;

(四)短期投资、长期债券投资和长期股权投资支付的现金;

(五)购建固定资产、无形资产和其他非流动资产支付的现金。

第八十五条 筹资活动,是指导致小企业资本及债务规模和构成发生变化的活动。

小企业筹资活动产生的现金流量应当单独列示反映下列信息的项目:

(一)取得借款收到的现金;

(二)吸收投资者投资收到的现金;

(三)偿还借款本金支付的现金;

(四)偿还借款利息支付的现金;

(五)分配利润支付的现金。

第八十六条 附注,是指对在资产负债表、利润表和现金流量表等报表中列示项目的文字描述或明细资料,以及对未能在这些报表中列示项目的说明等。

附注应当按照下列顺序披露:

(一)遵循小企业会计准则的声明。

(二)短期投资、应收账款、存货、固定资产项目的说明。

(三)应付职工薪酬、应交税费项目的说明。

(四)利润分配的说明。

(五)用于对外担保的资产名称、账面余额及形成的原因;未决诉讼、未决仲裁以及对外提供担保所涉及的金额。

(六)发生严重亏损的,应当披露持续经营的计划、未来经营的方案。

(七)对已在资产负债表和利润表中列示项目与企业所得税法规定存在差异的纳税调整过程。

(八)其他需要在附注中说明的事项。

第八十七条 小企业应当根据实际发生的交易和事项,按照本准则的规定进行确认和计量,在此基础上按月或者按季编制财务报表。

第八十八条 小企业对会计政策变更、会计估计变更和会计差错更正应当采用未来适用法进行会计处理。

前款所称会计政策,是指小企业在会计确认、计量和报告中所采用的原则、基础和会计处理方法。会计估计变更,是指由于资产和负债的当前状况及预期经济利益和义务发生了变化,从而对资产或负债的账面价值或者资产的定期消耗金额进行调整。前期差错包括:计算错误、应用会计政策错误、应用会计估计错误等。未来适用法,是指将变更后的会计政策和会计估计应用于变更日及以后发生的交易或者事项,或者在会计差错发生或发现的当期更正差错的方法。

第十章 附 则

第八十九条 符合《中小企业划型标准规定》所规定的

微型企业标准的企业参照执行本准则。

第九十条 本准则自 2013 年 1 月 1 日起施行。财政部 2004 年发布的《小企业会计制度》(财会[2004]2 号)同时废止。

附录:小企业会计准则——会计科目、主要账务处理和财务报表

附录:

小企业会计准则

——会计科目、主要账务处理和财务报表

一、会计科目

会计科目和主要账务处理依据小企业会计准则中确认和计量的规定制定,涵盖了各类小企业的交易和事项。小企业在不违反会计准则中确认、计量和报告规定的前提下,可以根据本企业的实际情况自行增设、分拆、合并会计科目。小企业不存在的交易或者事项,可不设置相关会计科目。对于明细科目,小企业可以比照本附录中的规定自行设置。会计科目编号供小企业填制会计凭证、登记会计账簿、查阅会计账目、采用会计软件系统参考,小企业可结合本企业的实际情况自行确定其他会计科目的编号。

顺序号	编 号	会计科目名称
		一、资产类
1	1001	库存现金
2	1002	银行存款
3	1012	其他货币资金
4	1101	短期投资
5	1121	应收票据
6	1122	应收账款
7	1123	预付账款
8	1131	应收股利
9	1132	应收利息
10	1221	其他应收款
11	1401	材料采购
12	1402	在途物资
13	1403	原材料
14	1404	材料成本差异
15	1405	库存商品
16	1407	商品进销差价
17	1408	委托加工物资
18	1411	周转材料
19	1421	消耗性生物资产

续表

顺序号	编 号	会计科目名称
20	1501	长期债券投资
21	1511	长期股权投资
22	1601	固定资产
23	1602	累计折旧
24	1604	在建工程
25	1605	工程物资
26	1606	固定资产清理
27	1621	生产性生物资产
28	1622	生产性生物资产累计折旧
29	1701	无形资产
30	1702	累计摊销
31	1801	长期待摊费用
32	1901	待处理财产损溢
		二、负债类
33	2001	短期借款
34	2201	应付票据
35	2202	应付账款
36	2203	预收账款
37	2211	应付职工薪酬
38	2221	应交税费
39	2231	应付利息
40	2232	应付利润
41	2241	其他应付款
42	2401	递延收益
43	2501	长期借款
44	2701	长期应付款
		三、所有者权益类
45	3001	实收资本
46	3002	资本公积
47	3101	盈余公积
48	3103	本年利润
49	3104	利润分配
		四、成本类
50	4001	生产成本
51	4101	制造费用
52	4301	研发支出
53	4401	工程施工

续表

顺序号	编 号	会计科目名称
54	4403	机械作业
		五、损益类
55	5001	主营业务收入
56	5051	其他业务收入
57	5111	投资收益
58	5301	营业外收入
59	5401	主营业务成本
60	5402	其他业务成本
61	5403	营业税金及附加
62	5601	销售费用
63	5602	管理费用
64	5603	财务费用
65	5711	营业外支出
66	5801	所得税费用

二、主要账务处理

资产类

1001 库存现金

一、本科目核算小企业的库存现金。

小企业有内部周转使用备用金的，可以单独设置“1004 备用金”科目。

二、库存现金的主要账务处理。

小企业增加库存现金，借记本科目，贷记“银行存款”等科目；减少库存现金，做相反的会计分录。

三、小企业应当设置“库存现金日记账”，由出纳人员根据收付款凭证，按照业务发生顺序逐笔登记。每日终了，应当计算当日的现金收入合计额、现金支出合计额和结余额，将结余额与实际库存额核对，做到账款相符。

有外币现金的小企业，还应当分别按照人民币和外币进行明细核算。

四、每日终了结算现金收支、财产清查等发现的有待查明原因的现金短缺或溢余，应通过“待处理财产损溢”科目核算：属于现金短缺，应按照实际短缺的金额，借记“待处理财产损溢——待处理流动资产损溢”科目，贷记本科目；属于现金溢余，按照实际溢余的金额，借记本科目，贷记“待处理财产损溢——待处理流动资产损溢”科目。

五、本科目期末借方余额，反映小企业持有的库存现金。

1002 银行存款

一、本科目核算小企业存入银行或其他金融机构的各种款项。

二、银行存款的主要账务处理。

小企业增加银行存款，借记本科目，贷记“库存现金”、“应收账款”等科目；减少银行存款，做相反的会计分录。

三、小企业应当按照开户银行和其他金融机构、存款种类等设置“银行存款日记账”，由出纳人员根据收付款凭证，按照业务的发生顺序逐笔登记。每日终了，应结出余额。

“银行存款日记账”应定期与“银行对账单”核对，至少每月核对一次。小企业银行存款账面余额与银行对账单余额之间如有差额，应编制“银行存款余额调节表”调节相符。

有外币银行存款的小企业，还应当分别按照人民币和外币进行明细核算。

四、本科目期末借方余额，反映小企业存在银行或其他金融机构的各种款项。

1012 其他货币资金

一、本科目核算小企业的银行汇票存款、银行本票存款、信用卡存款、信用证保证金存款、外埠存款、备用金等其他货币资金。

二、本科目应按照银行汇票或本票、信用卡发放银行、信用证的收款单位，外埠存款的开户银行，分别“银行汇票”、“银行本票”、“信用卡”、“信用证保证金”、“外埠存款”等进行明细核算。

三、其他货币资金的主要账务处理。

小企业增加其他货币资金，借记本科目，贷记“银行存款”科目；减少其他货币资金，做相反的会计分录。

四、本科目期末借方余额，反映小企业持有的其他货币资金。

1101 短期投资

一、本科目核算小企业购入的能随时变现并且持有时间不准备超过1年(含1年，下同)的投资。

二、本科目应按照股票、债券、基金等短期投资种类进行明细核算。

三、短期投资的主要账务处理。

(一)小企业购入各种股票、债券、基金等作为短期投资的，应当按照实际支付的购买价款和相关税费，借记本科目，贷记“银行存款”科目。

小企业购入股票，如果实际支付的购买价款中包含已宣告但尚未发放的现金股利，应当按照实际支付的购买价款和相关税费扣除已宣告但尚未发放的现金股利后的金额，借记本科目，按照应收的现金股利，借记“应收股利”科目，按照实际支付的购买价款和相关税费，贷记“银行存款”科目。

小企业购入债券，如果实际支付的购买价款中包含已到付息期但尚未领取的债券利息，应当按照实际支付的购买价款和相关税费扣除已到付息期但尚未领取的债券利息后的金额，借记本科目，按照应收的债券利息，借记“应收利息”科目，按照实际支付的购买价款和相关税费，贷记“银行存款”科目。

（二）在短期投资持有期间，被投资单位宣告分派的现金股利，借记“应收股利”科目，贷记“投资收益”科目。

在债务人应付利息日，按照分期付息、一次还本债券投资的票面利率计算的利息收入，借记“应收利息”科目，贷记“投资收益”科目。

（三）出售短期投资，应当按照实际收到的出售价款，借记“银行存款”或“库存现金”科目，按照该项短期投资的账面余额，贷记本科目，按照尚未收到的现金股利或债券利息，贷记“应收股利”或“应收利息”科目，按照其差额，贷记或借记“投资收益”科目。

四、本科目期末借方余额，反映小企业持有的短期投资成本。

1121 应收票据

一、本科目核算小企业因销售商品（产成品或材料，下同）、提供劳务等日常生产经营活动而收到的商业汇票（银行承兑汇票和商业承兑汇票）。

二、本科目应按照开出、承兑商业汇票的单位进行明细核算。

三、应收票据的主要账务处理。

（一）小企业因销售商品、提供劳务等而收到开出、承兑的商业汇票，按照商业汇票的票面金额，借记本科目，按照确认的营业收入，贷记“主营业务收入”等科目。涉及增值税销项税额的，还应当贷记“应交税费——应交增值税（销项税额）”科目。

（二）持未到期的商业汇票向银行贴现，应按照实际收到的金额（即减去贴现息后的净额），借记“银行存款”科目，按照贴现息，借记“财务费用”科目，按照商业汇票的票面金额，贷记本科目（银行无追索权情况下）或“短期借款”科目（银行有追索权情况下）。

（三）将持有的商业汇票背书转让以取得所需物资，按照应计入取得物资成本的金额，借记“材料采购”或“原材料”、“库存商品”等科目，按照商业汇票的票面金额，贷记本科目，如有差额，借记或贷记“银行存款”等科目。涉及按照税法规定可抵扣的增值税进项税额的，还应当借记“应交税费——应交增值税（进项税额）”科目。

（四）商业汇票到期，应按照实际收到的金额，借记“银行存款”科目，贷记本科目。

因付款人无力支付票款，或到期不能收回应收票据，应按照商业汇票的票面金额，借记“应收账款”科目，贷记本科目。

四、小企业应当设置“应收票据备查簿”，逐笔登记商业汇票的种类、号数和出票日、票面金额、交易合同号和付款人、承兑人、背书人的姓名或单位名称、到期日、背书转让日、贴现日、贴现率和贴现净额以及收款日期和收回金额、退票情况等资料。商业汇票到期结清票款或退票后，在备查簿中应予注销。

五、本科目期末借方余额，反映小企业持有的商业汇票的票面金额。

1122 应收账款

一、本科目核算小企业因销售商品、提供劳务等日常生产经营活动应收取的款项。

二、本科目应按照对方单位（或个人）进行明细核算。

三、应收账款的主要账务处理。

（一）小企业因销售商品或提供劳务形成应收账款，应当按照应收金额，借记本科目，按照税法规定应交纳的增值税销项税额，贷记“应交税费——应交增值税（销项税额）”科目，按照其差额，贷记“主营业务收入”或“其他业务收入”科目。

（二）收回应收账款，借记“银行存款”或“库存现金”科目，贷记本科目。

（三）按照小企业会计准则规定确认应收账款实际发生的坏账损失，应当按照可收回的金额，借记“银行存款”等科目，按照其账面余额，贷记本科目，按照其差额，借记“营业外支出”科目。

四、本科目期末借方余额，反映小企业尚未收回的应收账款。

1123 预付账款

一、本科目核算小企业按照合同规定预付的款项。包括：根据合同规定预付的购货款、租金、工程款等。

预付款项情况不多的小企业，也可以不设置本科目，将预付的款项直接记入“应付账款”科目借方。

小企业进行在建工程预付的工程价款，也通过本科目核算。

二、本科目应按照对方单位（或个人）进行明细核算。

三、预付账款的主要账务处理。

（一）小企业因购货而预付的款项，借记本科目，贷记“银行存款”等科目。

收到所购物资，按照应计入购入物资成本的金额，借记“在途物资”或“原材料”、“库存商品”等科目，按照税法规定可抵扣的增值税进项税额，借记“应交税费——应交增值税（进项税额）”科目，按照应支付的金额，贷记本科目。补付的款项，借记本科目，贷记“银行存款”等科目；退回多付的款项，做相反的会计分录。

（二）出包工程按照合同规定预付的工程价款，借记本科目，贷记“银行存款”等科目。按照工程进度和合同规定结算的工程价款，借记“在建工程”科目，贷记本科目、“银行存款”

等科目。

(三)按照小企业会计准则规定确认预付账款实际发生的坏账损失,应当按照可收回的金额,借记"银行存款"等科目,按照其账面余额,贷记本科目,按照其差额,借记"营业外支出"科目。

四、本科目期末借方余额,反映小企业预付的各种款项。

1131 应收股利

一、本科目核算小企业应收取的现金股利或利润。

二、本科目应按照被投资单位进行明细核算。

三、应收股利的主要账务处理。

(一)小企业购入股票,如果实际支付的购买价款中包含已宣告但尚未发放的现金股利,应当按照实际支付的购买价款和相关税费扣除已宣告但尚未发放的现金股利后的金额,借记"短期投资"或"长期股权投资"科目,按照应收的现金股利,借记本科目,按照实际支付的购买价款和相关税费,贷记"银行存款"科目。

(二)在短期投资或长期股权投资持有期间,被投资单位宣告分派现金股利或利润,应当按照本企业应享有的金额,借记本科目,贷记"投资收益"科目。

(三)小企业实际收到现金股利或利润,借记"银行存款"等科目,贷记本科目。

四、本科目期末借方余额,反映小企业尚未收到的现金股利或利润。

1132 应收利息

一、本科目核算小企业债券投资应收取的利息。

购入的一次还本付息债券投资持有期间的利息收入,在"长期债券投资"科目核算,不在本科目核算。

二、本科目应按照被投资单位进行明细核算。

三、应收利息的主要账务处理。

(一)小企业购入债券,如果实际支付的购买价款中包含已到付息期但尚未领取的债券利息,应当按照实际支付的购买价款和相关税费扣除应收的债券利息后的金额,借记"短期投资"或"长期债券投资"科目,按照应收的债券利息,借记本科目,按照实际支付的购买价款和相关税费,贷记"银行存款"科目。

(二)在长期债券投资持有期间,在债务人应付利息日,按照分期付息、一次还本债券投资的票面利率计算的利息收入,借记本科目,贷记"投资收益"科目;按照一次还本付息债券投资的票面利率计算的利息收入,借记"长期债券投资——应计利息"科目,贷记"投资收益"科目。

(三)实际收到债券利息,借记"银行存款"等科目,贷记本科目。

四、本科目期末借方余额,反映小企业尚未收到的债券利息。

1221 其他应收款

一、本科目核算小企业除应收票据、应收账款、预付账款、应收股利、应收利息等以外的其他各种应收及暂付款项。包括:各种应收的赔款、应向职工收取的各种垫付款项等。

小企业出口产品或商品按照税法规定应予退回的增值税款,也通过本科目核算。

二、本科目应按照对方单位(或个人)进行明细核算。

三、其他应收款的主要账务处理。

(一)小企业发生的其他各种应收款项,借记本科目,贷记"库存现金"、"银行存款"、"固定资产清理"等科目。

出口产品或商品按照税法规定应予退回的增值税款,借记本科目,贷记"应交税费——应交增值税(出口退税)"科目。

(二)收回其他各种应收款项,借记"库存现金"、"银行存款"、"应付职工薪酬"等科目,贷记本科目。

(三)按照小企业会计准则规定确认其他应收款实际发生的坏账损失,应当按照可收回的金额,借记"银行存款"等科目,按照其账面余额,贷记本科目,按照其差额,借记"营业外支出"科目。

四、本科目期末借方余额,反映小企业尚未收回的其他应收款项。

1401 材料采购

一、本科目核算小企业采用计划成本进行材料日常核算、购入材料的采购成本。

采用实际成本进行材料日常核算的,购入材料的采购成本,在"在途物资"科目核算。

委托外单位加工材料、商品的加工成本,在"委托加工物资"科目核算。

二、本科目应按照供应单位和材料品种进行明细核算。

三、材料采购的主要账务处理。

(一)小企业外购材料,应当按照发票账单所列购买价款、运输费、装卸费、保险费以及在外购材料过程发生的其他直接费用,借记本科目,按照税法规定可抵扣的增值税进项税额,借记"应交税费——应交增值税(进项税额)"科目,按照购买价款、相关税费、运输费、装卸费、保险费以及在外购材料过程发生的其他直接费用,贷记"库存现金"、"银行存款"、"其他货币资金"、"预付账款"、"应付账款"等科目。

材料已经收到、但尚未办理结算手续的,可暂不作会计分录;待办理结算手续后,再根据所付金额或发票账单的应付金额,借记本科目,贷记"银行存款"等科目。

应向供应单位、运输机构等收回的材料短缺或其他应冲减材料采购成本的赔偿款项,应根据有关的索赔凭证,借记"应付账款"或"其他应收款"科目,贷记本科目。因自然灾害等发生的损失和尚待查明原因的途中损耗,先记入“待处理财产损溢”科目,查明原因后再作处理。

(二)月末,应将仓库转来的外购收料凭证,分别下列不同情况进行处理:

1. 对于收到发票账单的收料凭证(包括本月付款或开出、承兑商业汇票的上月收料凭证),应按照实际成本和计划成本分别汇总,并按照计划成本,借记“原材料”、“周转材料”等科目,贷记本科目;将实际成本大于计划成本的差异,借记“材料成本差异”科目,贷记本科目;实际成本小于计划成本的差异做相反的会计分录。

2. 对于尚未收到发票账单的收料凭证,应按照计划成本暂估入账,借记“原材料”、“周转材料”等科目,贷记“应付账款——暂估应付账款”科目,下月初用红字做同样的会计分录予以冲回,以便下月收到发票账单等结算凭证时,按照正常程序进行账务处理。

四、本科目期末借方余额,反映小企业已经收到发票账单、但材料尚未到达或尚未验收入库的在途材料的采购成本。

1402 在途物资

一、本科目核算小企业采用实际成本进行材料、商品等物资的日常核算、尚未到达或尚未验收入库的各种物资的实际采购成本。

小企业(批发业、零售业)在购买商品过程中发生的费用(包括:运输费、装卸费、包装费、保险费、运输途中的合理损耗和入库前的挑选整理费等),在“销售费用”科目核算,不在本科目核算。

二、本科目应按照供应单位和物资品种进行明细核算。

三、在途物资的主要账务处理。

(一)小企业外购材料、商品等物资,应当按照发票账单所列购买价款、运输费、装卸费、保险费以及在外购材料过程发生的其他直接费用,借记本科目,按照税法规定可抵扣的增值税进项税额,借记“应交税费——应交增值税(进项税额)”科目,按照购买价款、相关税费、运输费、装卸费、保险费以及在外购物资过程发生的其他直接费用,贷记“库存现金”、“银行存款”、“其他货币资金”、“预付账款”、“应付账款”等科目。

材料已经收到、但尚未办理结算手续的,可暂不作会计分录;待办理结算手续后,再根据所付金额或发票账单的应付金额,借记本科目,贷记“银行存款”等科目。

应向供应单位、外部运输机构等收回的材料或商品短缺或其他应冲减材料或商品采购成本的赔偿款项,应根据有关的索赔凭证,借记“应付账款”或“其他应收款”科目,贷记本科目。因自然灾害等发生的损失和尚待查明原因的途中损耗,先记入“待处理财产损溢”科目,查明原因后再作处理。

(二)月末,应将仓库转来的外购材料或商品收料凭证,按照材料或商品并分别下列不同情况进行汇总:

1. 对于收到发票账单的收料凭证(包括本月付款或开出、承兑商业汇票的上月收料凭证),应当按照汇总金额,借记“原材料”、“周转材料”、“库存商品”等科目,贷记本科目。

2. 对于尚未收到发票账单的收料凭证,应分别材料或商品,并按照估计金额暂估入账,借记“原材料”、“周转材料”、“库存商品”等科目,贷记“应付账款——暂估应付账款”科目,下月初用红字做同样的会计分录予以冲回,以便下月收到发票账单等结算凭证时,按照正常程序进行账务处理。

四、本科目期末借方余额,反映小企业已经收到发票账单、但材料或商品尚未到达或尚未验收入库的在途材料、商品等物资的采购成本。

1403 原材料

一、本科目核算小企业库存的各种材料。包括:原料及主要材料、辅助材料、外购半成品(外购件)、修理用备件(备品备件)、包装材料、燃料等的实际成本或计划成本。

购入的工程用材料,在“工程物资”科目核算,不在本科目核算。

二、本科目应按照材料的保管地点(仓库)、材料的类别、品种和规格等进行明细核算。

三、原材料的主要账务处理。

(一)小企业购入并已验收入库的材料,按照实际成本,借记本科目,贷记“在途物资”、“应付账款”等科目。涉及按照税法规定可抵扣的增值税进项税额的,还应当借记“应交税费——应交增值税(进项税额)”科目。

购入的材料已经到达并已验收入库,但在月末尚未办理结算手续的,可按照暂估价值入账,借记本科目、“周转材料”等科目,贷记“应付账款——暂估应付账款”科目;下月初用红字做同样的会计分录予以冲回,以便下月收到发票账单等结算凭证时,按照正常程序进行账务处理。

(二)自制并已验收入库的材料,按照实际成本,借记本科目,贷记“生产成本”科目。

(三)取得投资者投入的原材料,应当按照评估价值,借记本科目,贷记“实收资本”、“资本公积”科目。涉及增值税进项税额的,还应进行相应的账务处理。

(四)生产经营领用材料,按照实际成本,借记“生产成本”、“制造费用”、“销售费用”、“管理费用”等科目,贷记本科目。

出售材料结转成本,按照实际成本,借记“其他业务成本”科目,贷记本科目。

发给外单位加工的材料,按照实际成本,借记“委托加工物资”科目,贷记本科目。外单位加工完成并已验收入库的材料,按照加工收回材料的实际成本,借记本科目,贷记“委托加工物资”科目。

(五)清查盘点,发现盘盈、盘亏、毁损的原材料,按照实际成本(或估计价值),借记或贷记本科目,贷记或借记“待处理财产损溢——待处理流动资产损溢”科目。

(六)采用计划成本进行材料日常核算的小企业,日常领用、发出原材料均按照计划成本记账。

月末,按照发出各种原材料的计划成本计算应负担的成本差异,借记“生产成本”、“制造费用”、“销售费用”、“管理费用”、“委托加工物资”、“其他业务成本”等科目,贷记“材料成本差异”科目;实际成本小于计划成本的差异做相反的会计分录。

四、本科目期末借方余额,反映小企业库存材料的实际成本或计划成本。

1404 材料成本差异

一、本科目核算小企业采用计划成本进行日常核算的材料计划成本与实际成本的差额。

小企业也可以在“原材料”、“周转材料”等科目设置“成本差异”明细科目。

二、本科目可以分别“原材料”、“周转材料”等,按照类别或品种进行明细核算。

三、材料成本差异的主要账务处理。

(一)小企业验收入库材料发生的材料成本差异,实际成本大于计划成本的差异,借记本科目,贷记“材料采购”科目;实际成本小于计划成本的差异做相反的会计分录。

入库材料的计划成本应当尽可能接近实际成本。除特殊情况外,计划成本在年度内不得随意变更。

(二)结转发出材料应负担的材料成本差异,按照实际成本大于计划成本的差异,借记“生产成本”、“管理费用”、“销售费用”、“委托加工物资”、“其他业务成本”等科目,贷记本科目;实际成本小于计划成本的差异做相反的会计分录。

发出材料应负担的成本差异应当按月分摊,不得在季末或年末一次计算。发出材料应负担的成本差异,除委托外部加工发出材料可按照月初成本差异率计算外,应使用本月的实际成本差异率;月初成本差异率与本月实际成本差异率相差不大的,也可按照月初成本差异率计算。计算方法一经确定,不得随意变更。

材料成本差异率的计算公式如下:

本月材料成本差异率 = (月初结存材料的成本差异 + 本月验收入库材料的成本差异) ÷ (月初结存材料的计划成本 + 本月验收入库材料的计划成本) × 100%

月初材料成本差异率 = 月初结存材料的成本差异 ÷ 月初结存材料的计划成本 × 100%

发出材料应负担的成本差异 = 发出材料的计划成本 × 材料成本差异率

四、本科目期末借方余额,反映小企业库存材料等的实际成本大于计划成本的差异;贷方余额反映小企业库存材料等的实际成本小于计划成本的差异。

1405 库存商品

一、本科目核算小企业库存的各种商品的实际成本或售价。包括:库存产成品、外购商品、存放在门市部准备出售的商品、发出展览的商品以及寄存在外的商品等。

接受来料加工制造的代制品和为外单位加工修理的代修品,在制造和修理完成验收入库后,视同小企业的产成品,也通过本科目核算。

可以降价出售的不合格品,也在本科目核算,但应与合格产品分开记账。

已经完成销售手续,但购买单位在月末未提取的库存产成品,应作为代管产品处理,单独设置代管产品备查簿,不再在本科目核算。

小企业(农、林、牧、渔业)可将本科目改为“1405 农产品”科目。

小企业(批发业、零售业)在购买商品过程中发生的费用(包括:运输费、装卸费、包装费、保险费、运输途中的合理损耗和入库前的挑选整理费等),在“销售费用”科目核算,不在本科目核算。

二、本科目应按照库存商品的种类、品种和规格等进行明细核算。

三、库存商品的主要账务处理。

(一)小企业生产的产成品的入库和出库,平时只记数量不记金额,月末计算入库产成品的实际成本。生产完成验收入库的产成品,按照其实际成本,借记本科目,贷记“生产成本”等科目。

对外销售产成品,借记“主营业务成本”科目,贷记本科目。

(二)购入商品到达验收入库后,按照商品的实际成本或售价,借记本科目,贷记“库存现金”、“银行存款”、“在途物资”等科目。涉及增值税进项税额的,还应进行相应的处理。按照售价与进价之间的差额,贷记“商品进销差价”科目。

购入的商品已经到达并已验收入库,但尚未办理结算手续的,可按照暂估价值入账,借记本科目,贷记“应付账款——暂估应付账款”科目;下月初用红字做同样的会计分录予以冲回,以便下月收到发票账单等结算凭证时,按照正常程序进行账务处理。

对外销售商品结转销售成本或售价,借记“主营业务成本”科目,贷记本科目。月末,分摊已销商品的进销差价,借记“商品进销差价”科目,贷记“主营业务成本”科目。

四、本科目期末借方余额,反映小企业库存商品的实际成本或售价。

1407 商品进销差价

一、本科目核算小企业采用售价进行日常核算的商品售价与进价之间的差额。

二、本科目应按照库存商品的种类、品种和规格等进行明细核算。

三、商品进销差价的主要账务处理。

(一)小企业购入、加工收回以及销售退回等增加的库存商品,按照商品售价,借记“库存商品”科目,按照商品进价,贷记“银行存款”、“委托加工物资”等科目,按照售价与进价之间的差额,贷记本科目。

(二)月末,分摊已销商品的进销差价,借记本科目,贷记“主营业务成本”科目。

销售商品应分摊的商品进销差价,按照以下公式计算:

商品进销差价率=月末分摊前本科目贷方余额÷(“库存商品”科目月末借方余额+本月“主营业务收入”科目贷方发生额)×100%

本月销售商品应分摊的商品进销差价=本月“主营业务收入”科目贷方发生额×商品进销差价率

小企业的商品进销差价率各月之间比较均衡的,也可以采用上月商品进销差价率计算分摊本月的商品进销差价。年度终了,应对商品进销差价进行复核调整。

四、本科目的期末贷方余额,反映小企业库存商品的商品进销差价。

1408 委托加工物资

一、本科目核算小企业委托外单位加工的各种材料、商品等物资的实际成本。

二、本科目应按照加工合同、受托加工单位以及加工物资的品种等进行明细核算。

三、委托加工物资的主要账务处理。

(一)小企业发给外单位加工的物资,按照实际成本,借记本科目,贷记“原材料”、“库存商品”等科目;按照计划成本或售价核算的,还应同时结转材料成本差异或商品进销差价。

(二)支付加工费、运杂费等,借记本科目,贷记“银行存款”等科目;需要交纳消费税的委托加工物资,由受托方代收代缴的消费税,借记本科目(收回后用于直接销售的)或“应交税费——应交消费税”科目(收回后用于继续加工的),贷记“应付账款”、“银行存款”等科目。

(三)加工完成验收入库的物资和剩余的物资,按照加工收回物资的实际成本和剩余物资的实际成本,借记“原材料”、“库存商品”等科目,贷记本科目。

(四)采用计划成本或售价核算的,按照计划成本或售价,借记“原材料”或“库存商品”科目,按照实际成本,贷记本科目,按照实际成本与计划成本或售价之间的差额,借记或贷记“材料成本差异”或贷记“商品进销差价”科目。

采用计划成本或售价核算的,也可以采用上月材料成本差异率或商品进销差价率计算分摊本月应分摊的材料成本差异或商品进销差价。

四、本科目期末借方余额,反映小企业委托外单位加工尚未完成物资的实际成本。

1411 周转材料

一、本科目核算小企业库存的周转材料的实际成本或计划成本。包括:包装物、低值易耗品,以及小企业(建筑业)的钢模板、木模板、脚手架等。

各种包装材料,如纸、绳、铁丝、铁皮等,应在“原材料”科目内核算;用于储存和保管产品、材料而不对外出售的包装物,应按照价值大小和使用年限长短,分别在“固定资产”科目或本科目核算。

小企业的包装物、低值易耗品,也可以单独设置“1412 包装物”、“1413 低值易耗品”科目。

包装物数量不多的小企业,也可以不设置本科目,将包装物并入“原材料”科目核算。

二、本科目应按照周转材料的种类,分别“在库”、“在用”和“摊销”进行明细核算。

三、周转材料的主要账务处理。

(一)小企业购入、自制、委托外单位加工完成并验收入库的周转材料,以及对周转材料的清查盘点,比照“原材料”科目的相关规定进行账务处理。

(二)生产、施工领用周转材料,通常采用一次转销法,按照其成本,借记“生产成本”、“管理费用”、“工程施工”等科目,贷记本科目。

随同产品出售但不单独计价的包装物,按照其成本,借记“销售费用”科目,贷记本科目。

随同产品出售并单独计价的包装物,按照其成本,借记“其他业务成本”科目,贷记本科目。

金额较大的周转材料,也可以采用分次摊销法,领用时应按照其成本,借记本科目(在用),贷记本科目(在库);按照使用次数摊销时,应按照其摊销额,借记“生产成本”、“管理费用”、“工程施工”等科目,贷记本科目(摊销)。

(三)周转材料采用计划成本进行日常核算的,领用等发出周转材料,还应结转应分摊的成本差异。

四、本科目的期末余额,反映小企业在库、出租、出借周转材料的实际成本或计划成本以及在用周转材料的摊余价值。

1421 消耗性生物资产

一、本科目核算小企业(农、林、牧、渔业)持有的消耗性生物资产的实际成本。

二、本科目应按照消耗性生物资产的种类、群别等进行明细核算。

三、消耗性生物资产的主要账务处理。

(一)外购的消耗性生物资产,按照应计入消耗性生物资产成本的金额,借记本科目,贷记“银行存款”、“应付账款”等科目。

(二)自行栽培的大田作物和蔬菜,应按照收获前发生的必要支出,借记本科目,贷记“银行存款”等科目。

自行营造的林木类消耗性生物资产,应按照郁闭前发生的必要支出,借记本科目,贷记“银行存款”等科目。

自行繁殖的育肥畜、水产养殖的动植物,应按照出售前发生的必要支出,借记本科目,贷记“银行存款”等科目。

(三)产畜或役畜淘汰转为育肥畜的,应按照转群时的账面价值,借记本科目,按照已计提的累计折旧,借记“生产性生物资产累计折旧”科目,按照其账面余额,贷记“生产性生物资产”科目。

育肥畜转为产畜或役畜的,应按照其账面余额,借记“生产性生物资产”科目,贷记本科目。

(四)择伐、间伐或抚育更新性质采伐而补植林木类消耗性生物资产发生的后续支出,借记本科目,贷记“银行存款”等科目。

林木类消耗性生物资产达到郁闭后发生的管护费用等后续支出,借记“管理费用”科目,贷记“银行存款”等科目。

(五)农业生产过程中发生的应归属于消耗性生物资产的费用,按照应分配的金额,借记本科目,贷记“生产成本”科目。

(六)消耗性生物资产收获为农产品时,应按照其账面余额,借记“农产品”科目,贷记本科目。

(七)出售消耗性生物资产,应按照实际收到的金额,借记“银行存款”等科目,贷记“主营业务收入”等科目。按照其账面余额,借记“主营业务成本”等科目,贷记本科目。

四、本科目期末借方余额,反映小企业(农、林、牧、渔业)消耗性生物资产的实际成本。

1501 长期债券投资

一、本科目核算小企业准备长期(在1年以上,下同)持有的债券投资。

二、本科目应按照债券种类和被投资单位,分别“面值”、“溢折价”、“应计利息”进行明细核算。

三、长期债券投资的主要账务处理。

(一)小企业购入债券作为长期投资,应当按照债券票面价值,借记本科目(面值),按照实际支付的购买价款和相关税费,贷记“银行存款”科目,按照其差额,借记或贷记本科目(溢折价)。

如果实际支付的购买价款中包含已到付息期但尚未领取的债券利息,应当按照债券票面价值,借记本科目(面值),按照应收的债券利息,借记“应收利息”科目,按照实际支付的购买价款和相关税费,贷记“银行存款”科目,按照其差额,借记或贷记本科目(溢折价)。

(二)在长期债券投资持有期间,在债务人应付利息日,按照分期付息、一次还本的长期债券投资票面利率计算的利息收入,借记“应收利息”科目,贷记“投资收益”科目;按照一次还本付息的长期债券投资票面利率计算的利息收入,借记本科目(应计利息),贷记“投资收益”科目。

在债务人应付利息日,按照应分摊的债券溢折价金额,借记或贷记“投资收益”科目,贷记或借记本科目(溢折价)。

(三)长期债券投资到期,收回长期债券投资,应当按照收回的债券本金或本息,借记“银行存款”等科目,按照其账面余额,贷记本科目(成本、溢折价、应计利息),按照应收未收的利息收入,贷记“应收利息”科目。

处置长期债券投资,应当按照处置收入,借记“银行存款”等科目,按照其账面余额,贷记本科目(成本、溢折价),按照应收未收的利息收入,贷记“应收利息”科目,按照其差额,贷记或借记“投资收益”科目。

(四)按照小企业会计准则规定确认实际发生的长期债券投资损失,应当按照可收回的金额,借记“银行存款”等科目,按照其账面余额,贷记本科目(成本、溢折价),按照其差额,借记“营业外支出”科目。

四、本科目期末借方余额,反映小企业持有的分期付息、一次还本债券投资的成本和到期一次还本付息债券投资的本息。

1511 长期股权投资

一、本科目核算小企业准备长期持有的权益性投资。

二、本科目应按照被投资单位进行明细核算。

三、长期股权投资的主要账务处理。

(一)小企业以支付现金取得的长期股权投资,如果实际支付的购买价款中包含已宣告但尚未发放的现金股利,应当按照实际支付的购买价款和相关税费扣除已宣告但尚未发放的现金股利后的金额,借记本科目,按照应收的现金股利,借记“应收股利”科目,按照实际支付的购买价款和相关税费,贷记“银行存款”科目。

通过非货币性资产交换取得的长期股权投资,应当按照非货币性资产的评估价值与相关税费之和,借记本科目,按照换出非货币性资产的账面价值,贷记“固定资产清理”、“无形资产”等科目,按照支付的相关税费,贷记“应交税费”等科目,按照其差额,贷记“营业外收入”或借记“营业外支出”等科目。

(二)在长期股权投资持有期间,被投资单位宣告分派的现金股利或利润,应当按照应分得的金额,借记“应收股利”科目,贷记“投资收益”科目。

(三)处置长期股权投资,应当按照处置价款,借记“银行存款”等科目,按照其成本,贷记本科目,按照应收未收的现金股利或利润,贷记“应收股利”科目,按照其差额,贷记或借记

"投资收益"科目。

(四)根据小企业会计准则规定确认实际发生的长期股权投资损失,应当按照可收回的金额,借记"银行存款"等科目,按照其账面余额,贷记本科目,按照其差额,借记"营业外支出"科目。

四、本科目期末借方余额,反映小企业持有的长期股权投资的成本。

1601 固定资产

一、本科目核算小企业固定资产的原价(成本)。

小企业应当根据小企业会计准则规定的固定资产标准,结合本企业的具体情况,制定固定资产目录,作为核算依据。

小企业购置计算机硬件所附带的、未单独计价的软件,也通过本科目核算。

小企业临时租入的固定资产和以经营租赁租入的固定资产,应另设备查簿进行登记,不在本科目核算。

二、本科目应按照固定资产类别和项目进行明细核算。

小企业根据实际情况设置"固定资产登记簿"和"固定资产卡片"。

三、固定资产的主要账务处理。

(一)小企业购入(含以分期付款方式购入)不需要安装的固定资产,应当按照实际支付的购买价款、相关税费(不包括按照税法规定可抵扣的增值税进项税额)、运输费、装卸费、保险费等,借记本科目,按照税法规定可抵扣的增值税进项税额,借记"应交税费——应交增值税(进项税额)"科目,贷记"银行存款"、"长期应付款"等科目。

购入需要安装的固定资产,先记入"在建工程"科目,安装完成后再转入本科目。

自行建造固定资产完成竣工决算,按照竣工决算前发生相关支出,借记本科目,贷记"在建工程"科目。

取得投资者投入的固定资产,应当按照评估价值和相关税费,借记本科目或"在建工程"科目,贷记"实收资本"、"资本公积"科目。

融资租入的固定资产,在租赁期开始日,按照租赁合同约定的付款总额和在签订租赁合同过程中发生的相关税费等,借记本科目或"在建工程"科目,贷记"长期应付款"等科目。

盘盈的固定资产,按照同类或类似固定资产的市场价格或评估价值扣除按照新旧程度估计的折旧后的余额,借记本科目,贷记"待处理财产损溢——待处理非流动资产损溢"科目。

(二)在固定资产使用过程中发生的修理费,应当按照固定资产的受益对象,借记"制造费用"、"管理费用"等科目,贷记"银行存款"等科目。

固定资产的大修理支出,借记"长期待摊费用"科目,贷记"银行存款"等科目。

(三)对固定资产进行改扩建时,应当按照该项固定资产账面价值,借记"在建工程"科目,按照其已计提的累计折旧,借记"累计折旧"科目,按照其原价,贷记本科目。

(四)因出售、报废、毁损、对外投资等原因处置固定资产,应当按照该项固定资产账面价值,借记"固定资产清理"科目,按照其已计提的累计折旧,借记"累计折旧"科目,按照其原价,贷记本科目。

盘亏的固定资产,按照该项固定资产的账面价值,借记"待处理财产损溢——待处理非流动资产损溢"科目,按照已计提的折旧,借记"累计折旧"科目,按照其原价,贷记本科目。

四、本科目期末借方余额,反映小企业固定资产的原价(成本)。

1602 累计折旧

一、本科目核算小企业固定资产的累计折旧。

二、本科目可以进行总分类核算,也可以进行明细核算。

需要查明某项固定资产的已计提折旧,可以根据"固定资产卡片"上所记载的该项固定资产原价、折旧率和实际使用年数等资料进行计算。

三、累计折旧的主要账务处理。

(一)小企业按月计提固定资产的折旧费,应当按照固定资产的受益对象,借记"制造费用"、"管理费用"等科目,贷记本科目。

(二)因出售、报废、毁损、对外投资等原因处置固定资产,应当按照该项固定资产账面价值,借记"固定资产清理"科目,按照其已计提的累计折旧,借记本科目,按照其原价,贷记"固定资产"科目。

四、本科目期末贷方余额,反映小企业固定资产的累计折旧额。

1604 在建工程

一、本科目核算小企业需要安装的固定资产、固定资产新建工程、改扩建等所发生的成本。

小企业购入不需要安装的固定资产,在"固定资产"科目核算,不在本科目核算。

小企业已提足折旧的固定资产的改建支出和经营租入固定资产的改建支出,在"长期待摊费用"科目核算,不在本科目核算。

二、本科目应按照在建工程项目进行明细核算。

三、在建工程的主要账务处理。

(一)小企业购入需要安装的固定资产,应当按照实际支付的购买价款、相关税费(不包括按照税法规定可抵扣的增值税进项税额)、运输费、装卸费、保险费、安装费等,借记本科目,按照税法规定可抵扣的增值税进项税额,借记"应交税费——应交增值税(进项税额)"科目,贷记"银行存款"等科目。

融资租入的固定资产,在租赁期开始日,按照租赁合同约定的付款总额和在签订租赁合同过程中发生的相关税费等,借记本科目或“固定资产”科目,贷记“长期应付款”科目。

固定资产安装完成,借记“固定资产”科目,贷记本科目。

(二)自营工程领用工程物资,借记本科目,贷记“工程物资”科目。

在建工程应负担的职工薪酬,借记本科目,贷记“应付职工薪酬”科目。

在建工程使用本企业的产品或商品,应当按照成本,借记本科目,贷记“库存商品”科目。同时,按照税法规定应交纳的增值税额,借记本科目,贷记“应交税费——应交增值税(销项税额)”科目。

在建工程在竣工决算前发生的借款利息,在应付利息日应当根据借款合同利率计算确定的利息费用,借记本科目,贷记“应付利息”科目。办理竣工决算后发生的利息费用,在应付利息日,借记“财务费用”科目,贷记“应付利息”等科目。

在建工程在试运转过程中发生的支出,借记本科目,贷记“银行存款”等科目;形成的产品或者副产品对外销售或转为库存商品的,借记“银行存款”、“库存商品”等科目,贷记本科目。

自营工程办理竣工决算,借记“固定资产”科目,贷记本科目。

(三)出包工程,按照工程进度和合同规定结算的工程价款,借记本科目,贷记“银行存款”、“预付账款”等科目。

工程完工收到承包单位提供的账单,借记“固定资产”科目,贷记本科目。

(四)对固定资产进行改扩建时,应当按照该项固定资产账面价值,借记本科目,按照其已计提的累计折旧,借记“累计折旧”科目,按照其原价,贷记“固定资产”科目。

在改扩建过程中发生的相关支出,借记本科目,贷记相关科目。

改扩建完成办理竣工决算,借记“固定资产”科目,贷记本科目。

四、本科目期末借方余额,反映小企业尚未完工或虽已完工,但尚未办理竣工决算的工程成本。

1605 工程物资

一、本科目核算小企业为在建工程准备的各种物资的成本。包括:工程用材料、尚未安装的设备以及为生产准备的工器具等。

二、本科目应按照“专用材料”、“专用设备”、“工器具”等进行明细核算。

三、工程物资的主要账务处理。

(一)小企业购入为工程准备的物资,应当按照实际支付的购买价款和相关税费,借记本科目,贷记“银行存款”等科目。

(二)工程领用工程物资,借记“在建工程”科目,贷记本科目。工程完工后将领出的剩余物资退库时做相反的会计分录。

工程完工后剩余的工程物资转作本企业存货的,借记“原材料”等科目,贷记本科目。

四、本科目期末借方余额,反映小企业为在建工程准备的各种物资的成本。

1606 固定资产清理

一、本科目核算小企业因出售、报废、毁损、对外投资等原因处置固定资产所转出的固定资产账面价值以及在清理过程中发生的费用等。

二、本科目应按照被清理的固定资产项目进行明细核算。

三、固定资产清理的主要账务处理。

(一)小企业因出售、报废、毁损、对外投资等原因处置固定资产,应当按照该项固定资产的账面价值,借记本科目,按照其已计提的累计折旧,借记“累计折旧”科目,按照其原价,贷记“固定资产”科目。

同时,按照税法规定不得从增值税销项税额中抵扣的进项税额,借记本科目,贷记“应交税费——应交增值税(进项税额转出)”科目。

(二)清理过程中应支付的相关税费及其他费用,借记本科目,贷记“银行存款”、“应交税费”等科目。取得出售固定资产的价款、残料价值和变价收入等处置收入,借记“银行存款”、“原材料”等科目,贷记本科目。应由保险公司或过失人赔偿的损失,借记“其他应收款”等科目,贷记本科目。

(三)固定资产清理完成后,如为借方余额,借记“营业外支出——非流动资产处置净损失”科目,贷记本科目。如为贷方余额,借记本科目,贷记“营业外收入——非流动资产处置净收益”科目。

四、本科目期末借方余额,反映小企业尚未清理完毕的固定资产清理净损失;本科目期末贷方余额,反映小企业尚未清理完毕的固定资产清理净收益。

1621 生产性生物资产

一、本科目核算小企业(农、林、牧、渔业)持有的生产性生物资产的原价(成本)。

二、本科目应按照“未成熟生产性生物资产”和“成熟生产性生物资产”,分别生物资产的种类、群别等进行明细核算。

三、生产性生物资产的主要账务处理。

(一)小企业外购的生产性生物资产,按照购买价款和相关税费,借记本科目,贷记“银行存款”等科目。涉及按照税法规定可抵扣的增值税进项税额的,还应当借记“应交税费——

应交增值税(进项税额)”科目。

(二)自行营造的林木类生产性生物资产,达到预定生产经营目的前发生的造林费、抚育费、营林设施费、良种试验费、调查设计费和应分摊的间接费用等必要支出,借记本科目(未成熟生产性生物资产),贷记“原材料”、“银行存款”、“应付利息”等科目。

(三)自行繁殖的产畜和役畜,达到预定生产经营目的前发生的饲料费、人工费和应分摊的间接费用等必要支出,借记本科目(未成熟生产性生物资产),贷记“原材料”、“银行存款”、“应付利息”等科目。

(四)未成熟生产性生物资产达到预定生产经营目的时,按照其账面余额,借记本科目(成熟生产性生物资产),贷记本科目(未成熟生产性生物资产)。

(五)育肥畜转为产畜或役畜,应当按照其账面余额,借记本科目,贷记“消耗性生物资产”科目。

产畜或役畜淘汰转为育肥畜,应按照转群时其账面价值,借记“消耗性生物资产”科目,按照已计提的累计折旧,借记“生产性生物资产累计折旧”科目,按照其原价,贷记本科目。

(六)择伐、间伐或抚育更新等生产性采伐而补植林木类生产性生物资产发生的后续支出,借记本科目(未成熟生产性生物资产),贷记“银行存款”等科目。

生产性生物资产发生的管护、饲养费用等后续支出,借记“管理费用”科目,贷记“银行存款”等科目。

(七)因出售、报废、毁损、对外投资等原因处置生产性生物资产,应按照取得的出售生产性生物资产的价款、残料价值和变价收入等处置收入,借记“银行存款”等科目,按照已计提的累计折旧,借记“生产性生物资产累计折旧”科目,按照其原价,贷记本科目,按照其差额,借记“营业外支出——非流动资产处置净损失”科目或贷记“营业外收入——处置非流动资产处置净收益”科目。

四、本科目期末借方余额,反映小企业(农、林、牧、渔业)生产性生物资产的原价(成本)。

1622 生产性生物资产累计折旧

一、本科目核算小企业(农、林、牧、渔业)成熟生产性生物资产的累计折旧。

二、本科目应按照生产性生物资产的种类、群别等进行明细核算。

三、生产性生物资产累计折旧的主要账务处理。

小企业按月计提成熟生产性生物资产的折旧,借记“生产成本”、“管理费用”等科目,贷记本科目。

处置生产性生物资产还应同时结转生产性生物资产累计折旧。

四、本科目期末贷方余额,反映小企业成熟生产性生物资产的累计折旧额。

1701 无形资产

一、本科目核算小企业持有的无形资产成本。

二、本科目应按照无形资产项目进行明细核算。

三、无形资产的主要账务处理。

(一)小企业外购无形资产,应当按照实际支付的购买价款、相关税费和相关的其他支出(含相关的利息费用),借记本科目,贷记“银行存款”、“应付利息”等科目。

(二)自行开发建造厂房等建筑物,外购土地及建筑物支付的价款应当在建筑物与土地使用权之间按照合理的方法进行分配,其中属于土地使用权的部分,借记本科目,贷记“银行存款”等科目。

(三)收到投资者投入的无形资产,应当按照评估价值和相关税费,借记本科目,贷记“实收资本”、“资本公积”科目。

(四)开发项目达到预定用途形成无形资产的,按照应予资本化的支出,借记本科目,贷记“研发支出”科目。

(五)因出售、报废、对外投资等原因处置无形资产,应当按照取得的出售无形资产的价款等处置收入,借记“银行存款”等科目,按照其已计提的累计摊销,借记“累计摊销”科目,按照应支付的相关税费及其他费用,贷记“应交税费——应交营业税”、“银行存款”等科目,按照其成本,贷记本科目,按照其差额,贷记“营业外收入——非流动资产处置净收益”科目或借记“营业外支出——非流动资产处置净损失”科目。

四、本科目期末借方余额,反映小企业无形资产的成本。

1702 累计摊销

一、本科目核算小企业对无形资产计提的累计摊销。

二、本科目应按照无形资产项目进行明细核算。

三、累计摊销的主要账务处理。

小企业按月采用年限平均法计提无形资产的摊销,应当按照无形资产的受益对象,借记“制造费用”、“管理费用”等科目,贷记本科目。

处置无形资产还应同时结转累计摊销。

四、本科目期末借方余额,反映小企业无形资产的累计摊销额。

1801 长期待摊费用

一、本科目核算小企业已提足折旧的固定资产的改建支出、经营租入固定资产的改建支出、固定资产的大修理支出和其他长期待摊费用等。

二、本科目应按照支出项目进行明细核算。

三、长期待摊费用的主要账务处理。

(一)小企业发生的长期待摊费用,借记本科目,贷记“银行存款”、“原材料”等科目。

(二)按月采用年限平均法摊销长期待摊费用,应当按照长期待摊费用的受益对象，借记“制造费用”、“管理费用”等科目，贷记本科目。

四、本科目期末借方余额，反映小企业尚未摊销完毕的长期待摊费用。

1901 待处理财产损溢

一、本科目核算小企业在清查财产过程中查明的各种财产盘盈、盘亏和毁损的价值。

所采购物资在运输途中因自然灾害等发生的损失或尚待查明的损耗，也通过本科目核算。

二、本科目应按照待处理流动资产损溢和待处理非流动资产损溢进行明细核算。

三、待处理财产损溢的主要账务处理。

（一）盘盈的各种材料、产成品、商品、现金等，应当按照同类或类似存货的市场价格或评估价值，借记“原材料”、“库存商品”、“库存现金”等科目，贷记本科目（待处理流动资产损溢）。盘亏、毁损、短缺的各种材料、产成品、商品、现金等，应当按照其账面余额，借记本科目（待处理流动资产损溢），贷记“材料采购”或“在途物资”、“原材料”、“库存商品”、“库存现金”等科目。涉及增值税进项税额的，还应进行相应的账务处理。

盘盈的固定资产，按照同类或类似固定资产的市场价格或评估价值扣除按照该项固定资产新旧程度估计的折旧后的余额，借记“固定资产”科目，贷记本科目（待处理非流动资产损溢）。盘亏的固定资产，按照该项固定资产的账面价值，借记本科目（待处理非流动资产损溢），按照已计提的累计折旧，借记“累计折旧”科目，按照其原价，贷记“固定资产”科目。

（二）盘亏、毁损、报废的各项资产，按照管理权限经批准后处理时，按照残料价值，借记“原材料”等科目，按照可收回的保险赔偿或过失人赔偿，借记“其他应收款”科目，按照本科目余额，贷记本科目（待处理流动资产损溢、待处理非流动资产损溢），按照其借方差额，借记“营业外支出”科目。

盘盈的各种材料、产成品、商品、固定资产、现金等，按照管理权限经批准后处理时，按照本科目余额，借记本科目（待处理流动资产损溢、待处理非流动资产损溢），贷记“营业外收入”科目。

四、小企业的财产损溢，应当查明原因，在年末结账前处理完毕，处理后本科目应无余额。

负债类

2001 短期借款

一、本科目核算小企业向银行或其他金融机构等借入的期限在1年内的各种借款。

二、本科目应按照借款种类、贷款人和币种进行明细核算。

三、短期借款的主要账务处理。

（一）小企业借入的各种短期借款，借记“银行存款”科目，贷记本科目；偿还借款，做相反的会计分录。

银行承兑汇票到期，小企业无力支付票款的，按照银行承兑汇票的票面金额，借记“应付票据”科目，贷记本科目。

持未到期的商业汇票向银行贴现，应当按照实际收到的金额（即减去贴现息后的净额），借记“银行存款”科目，按照贴现息，借记“财务费用”科目，按照商业汇票的票面金额，贷记“应收票据”科目（银行无追索权情况下）或本科目（银行有追索权情况下）。

（二）在应付利息日，应当按照短期借款合同利率计算确定的利息费用，借记“财务费用”科目，贷记“应付利息”等科目。

四、本科目期末贷方余额，反映小企业尚未偿还的短期借款本金。

2201 应付票据

一、本科目核算小企业因购买材料、商品和接受劳务等日常生产经营活动开出、承兑的商业汇票（银行承兑汇票和商业承兑汇票）。

二、本科目应按照债权人进行明细核算。

三、应付票据的主要账务处理。

（一）小企业开出、承兑商业汇票或以承兑商业汇票抵付货款、应付账款等，借记“材料采购”或“在途物资”、“库存商品”等科目，贷记本科目。涉及增值税进项税额的，还应进行相应的账务处理。

（二）支付银行承兑汇票的手续费，借记“财务费用”科目，贷记“银行存款”科目。支付票款，借记本科目，贷记“银行存款”科目。

（三）银行承兑汇票到期，小企业无力支付票款的，按照银行承兑汇票的票面金额，借记本科目，贷记“短期借款”科目。

四、小企业应当设置“应付票据备查簿”，详细登记商业汇票的种类、号数和出票日期、到期日、票面金额、交易合同号和收款人姓名或单位名称以及付款日期和金额等资料，商业汇票到期结清票款后，在备查簿中应予注销。

五、本科目期末贷方余额，反映小企业开出、承兑的尚未到期的商业汇票的票面金额。

2202 应付账款

一、本科目核算小企业因购买材料、商品和接受劳务等日常生产经营活动应支付的款项。

二、本科目应按照对方单位（或个人）进行明细核算。

三、应付账款的主要账务处理。

（一）小企业购入材料、商品等未验收入库，货款尚未支付，应当根据有关凭证（发票账单、随货同行发票上记载的实际价款或暂估价值),借记"在途物资"科目,按照可抵扣的增值税进项税额,借记"应交税费——应交增值税(进项税额)"科目,按照应付的价款,贷记本科目。

接受供应单位提供劳务而发生的应付未付款项,应当根据供应单位的发票账单,借记"生产成本"、"管理费用"等科目,贷记本科目。

(二)偿付应付账款,借记本科目,贷记"银行存款"等科目。

小企业确实无法偿付的应付账款,借记本科目,贷记"营业外收入"科目。

四、本科目期末贷方余额,反映小企业尚未支付的应付账款。

2203 预收账款

一、本科目核算小企业按照合同规定预收的款项。包括:预收的购货款、工程款等。

预收账款情况不多的,也可以不设置本科目,将预收的款项直接记入"应收账款"科目贷方。

二、本科目应按照对方单位(或个人)进行明细核算。

三、预收账款的主要账务处理。

(一)小企业向购货单位预收的款项,借记"银行存款"等科目,贷记本科目。

(二)销售收入实现时,按照实现的收入金额,借记本科目,贷记"主营业务收入"科目。涉及增值税销项税额的,还应进行相应的账务处理。

四、本科目期末贷方余额,反映小企业预收的款项;期末如为借方余额,反映小企业尚未转销的款项。

2211 应付职工薪酬

一、本科目核算小企业根据有关规定应付给职工的各种薪酬。

小企业(外商投资)按照规定从净利润中提取的职工奖励及福利基金,也通过本科目核算。

二、本科目应按照"职工工资"、"奖金、津贴和补贴"、"职工福利费"、"社会保险费"、"住房公积金"、"工会经费"、"职工教育经费"、"非货币性福利"、"辞退福利"等进行明细核算。

三、应付职工薪酬的主要账务处理。

(一)月末,小企业应当将本月发生的职工薪酬区分以下情况进行分配:

1. 生产部门(提供劳务)人员的职工薪酬,借记"生产成本"、"制造费用"等科目,贷记本科目。

2. 应由在建工程、无形资产开发项目负担的职工薪酬,借记"在建工程"、"研发支出"等科目,贷记本科目。

3. 管理部门人员的职工薪酬和因解除与职工的劳动关系给予的补偿,借记"管理费用"科目,贷记本科目。

4. 销售人员的职工薪酬,借记"销售费用"科目,贷记本科目。

(二)小企业发放职工薪酬应当区分以下情况进行处理:

1. 向职工支付工资、奖金、津贴、福利费等,从应付职工薪酬中扣还的各种款项(代垫的家属药费、个人所得税等)等,借记本科目,贷记"库存现金"、"银行存款"、"其他应收款"、"应交税费——应交个人所得税"等科目。

2. 支付工会经费和职工教育经费用于工会活动和职工培训,借记本科目,贷记"银行存款"等科目。

3. 按照国家有关规定缴纳的社会保险费和住房公积金,借记本科目,贷记"银行存款"科目。

4. 以其自产产品发放给职工的,按照其销售价格,借记本科目,贷记"主营业务收入"科目;同时,还应结转产成品的成本。涉及增值税销项税额的,还应进行相应的账务处理。

5. 支付的因解除与职工的劳动关系给予职工的补偿,借记本科目,贷记"库存现金"、"银行存款"等科目。

四、本科目期末贷方余额,反映小企业应付未付的职工薪酬。

2221 应交税费

一、本科目核算小企业按照税法等规定计算应交纳的各种税费。包括:增值税、消费税、营业税、城市维护建设税、企业所得税、资源税、土地增值税、城镇土地使用税、房产税、车船税和教育费附加、矿产资源补偿费、排污费等。

小企业代扣代缴的个人所得税等,也通过本科目核算。

二、本科目应按照应交的税费项目进行明细核算。

应交增值税还应当分别"进项税额"、"销项税额"、"出口退税"、"进项税额转出"、"已交税金"等设置专栏。

小规模纳税人只需设置"应交增值税"明细科目,不需要在"应交增值税"明细科目中设置上述专栏。

三、应交税费的主要账务处理。

(一)应交增值税的主要账务处理。

1. 小企业采购物资等,按照应计入采购成本的金额,借记"材料采购"或"在途物资"、"原材料"、"库存商品"等科目,按照税法规定可抵扣的增值税进项税额,借记本科目(应交增值税——进项税额),按照应付或实际支付的金额,贷记"应付账款"、"银行存款"等科目。购入物资发生退货的,做相反的会计分录。

购进免税农业产品,按照购入农业产品的买价和税法规定的税率计算的增值税进项税额,借记本科目(应交增值税——进项税额),按照买价减去按照税法规定计算的增值税进项税额后的金额,借记"材料采购"或"在途物资"等科目,按照应付或实际支付的价款,贷记"应付账款"、"库存现金"、"银行存款"等科目。

2. 销售商品(提供劳务),按照收入金额和应收取的增值税销项税额,借记“应收账款”、“银行存款”等科目,按照税法规定应交纳的增值税销项税额,贷记本科目(应交增值税——销项税额),按照确认的营业收入金额,贷记“主营业务收入”、“其他业务收入”等科目。发生销售退回的,做相反的会计分录。

随同商品出售但单独计价的包装物,应当按照实际收到或应收的金额,借记“银行存款”、“应收账款”等科目,按照税法规定应交纳的增值税销项税额,贷记本科目(应交增值税——销项税额),按照确认的其他业务收入金额,贷记“其他业务收入”科目。

3. 有出口产品的小企业,其出口退税的账务处理如下:

(1)实行“免、抵、退”管理办法的小企业,按照税法规定计算的当期出口产品不予免征、抵扣和退税的增值税额,借记“主营业务成本”科目,贷记本科目(应交增值税——进项税额转出)。按照税法规定计算的当期应予抵扣的增值税额,借记本科目(应交增值税——出口抵减内销产品应纳税额),贷记本科目(应交增值税——出口退税)。

出口产品按照税法规定应予退回的增值税款,借记“其他应收款”科目,贷记本科目(应交增值税——出口退税)。

(2)未实行“免、抵、退”管理办法的小企业,出口产品实现销售收入时,应当按照应收的金额,借记“应收账款”等科目,按照税法规定应收的出口退税,借记“其他应收款”科目,按照税法规定不予退回的增值税额,借记“主营业务成本”科目,按照确认的销售商品收入,贷记“主营业务收入”科目,按照税法规定应交纳的增值税额,贷记本科目(应交增值税——销项税额)。

4. 购入材料等按照税法规定不得从增值税销项税额中抵扣的进项税额,其进项税额应计入材料等的成本,借记“材料采购”或“在途物资”等科目,贷记“银行存款”等科目,不通过本科目(应交增值税——进项税额)核算。

5. 将自产的产品等用作福利发放给职工,应视同产品销售计算应交增值税的,借记“应付职工酬薪”科目,贷记“主营业务收入”、本科目(应交增值税——销项税额)等科目。

6. 购进的物资、在产品、产成品因盘亏、毁损、报废、被盗,以及购进物资改变用途等原因按照税法规定不得从增值税销项税额中抵扣的进项税额,其进项税额应转入有关科目,借记“待处理财产损溢”等科目,贷记本科目(应交增值税——进项税额转出)。

由于工程而使用本企业的产品或商品,应当按照成本,借记“在建工程”科目,贷记“库存商品”科目。同时,按照税法规定应交纳的增值税销项税额,借记“在建工程”科目,贷记本科目(应交增值税——销项税额)。

7. 交纳的增值税,借记本科目(应交增值税——已交税金),贷记“银行存款”科目。

(二)应交消费税的主要账务处理。

1. 销售需要交纳消费税的物资应交的消费税,借记“营业税金及附加”等科目,贷记本科目(应交消费税)。

2. 以生产的产品用于在建工程、非生产机构等,按照税法规定应交纳的消费税,借记“在建工程”、“管理费用”等科目,贷记本科目(应交消费税)。

随同商品出售但单独计价的包装物,按照税法规定应交纳的消费税,借记“营业税金及附加”科目,贷记本科目(应交消费税)。出租、出借包装物逾期未收回没收的押金应交的消费税,借记“营业税金及附加”科目,贷记本科目(应交消费税)。

3. 需要交纳消费税的委托加工物资,由受托方代收代缴税款(除受托加工或翻新改制金银首饰按照税法规定由受托方交纳消费税外)。小企业(受托方)按照应交税款金额,借记“应收账款”、“银行存款”等科目,贷记本科目(应交消费税)。

委托加工物资收回后,直接用于销售的,小企业(委托方)应将代收代缴的消费税计入委托加工物资的成本,借记“库存商品”等科目,贷记“应付账款”、“银行存款”等科目;委托加工物资收回后用于连续生产,按照税法规定准予抵扣的,按照代收代缴的消费税,借记本科目(应交消费税),贷记“应付账款”、“银行存款”等科目。

4. 有金银首饰零售业务的以及采用以旧换新方式销售金银首饰的小企业,在营业收入实现时,按照应交的消费税,借记“营业税金及附加”科目,贷记本科目(应交消费税)。有金银首饰零售业务的小企业因受托代销金银首饰按照税法规定应交纳的消费税,借记“营业税金及附加”科目,贷记本科目(应交消费税);以其他方式代销金银首饰的,其交纳的消费税,借记“营业税金及附加”科目,贷记本科目(应交消费税)。

有金银首饰批发、零售业务的小企业将金银首饰用于馈赠、赞助、广告、职工福利、奖励等方面的,应于物资移送时,按照应交的消费税,借记“营业外支出”、“销售费用”、“应付职工薪酬”等科目,贷记本科目(应交消费税)。

随同金银首饰出售但单独计价的包装物,按照税法规定应交纳的消费税,借记“营业税金及附加”科目,贷记本科目(应交消费税)。

小企业因受托加工或翻新改制金银首饰按照税法规定应交纳的消费税,于向委托方交货时,借记“营业税金及附加”科目,贷记本科目(应交消费税)。

5. 需要交纳消费税的进口物资,其交纳的消费税应计入该项物资的成本,借记“材料采购”或“在途物资”、“库存商品”、“固定资产”等科目,贷记“银行存款”等科目。

6. 小企业(生产性)直接出口或通过外贸企业出口的物资,按照税法规定直接予以免征消费税的,可不计算应交消费税。

7. 交纳的消费税，借记本科目（应交消费税），贷记“银行存款”科目。

（三）应交营业税的主要账务处理。

1. 小企业按照营业额和税法规定的税率，计算应交纳的营业税，借记“营业税金及附加”等科目，贷记本科目（应交营业税）。

2. 出售原作为固定资产管理的不动产应交纳的营业税，借记“固定资产清理”等科目，贷记本科目（应交营业税）。

3. 交纳的营业税，借记本科目（应交营业税），贷记“银行存款”科目。

（四）应交城市维护建设税和教育费附加的主要账务处理。

1. 小企业按照税法规定应交的城市维护建设税、教育费附加，借记“营业税金及附加”科目，贷记本科目（应交城市维护建设税、应交教育费附加）。

2. 交纳的城市维护建设税和教育费附加，借记本科目（应交城市维护建设税、应交教育费附加），贷记“银行存款”科目。

（五）应交企业所得税的主要账务处理。

1. 小企业按照税法规定应交的企业所得税，借记“所得税费用”科目，贷记本科目（应交企业所得税）。

2. 交纳的企业所得税，借记本科目（应交企业所得税），贷记“银行存款”科目。

（六）应交资源税的主要账务处理。

1. 小企业销售商品按照税法规定应交纳的资源税，借记“营业税金及附加”科目，贷记本科目（应交资源税）。

2. 自产自用的物资应交纳的资源税，借记“生产成本”科目，贷记本科目（应交资源税）。

3. 收购未税矿产品，按照实际支付的价款，借记“材料采购”或“在途物资”等科目，贷记“银行存款”等科目，按照代扣代缴的资源税，借记“材料采购”或“在途物资”等科目，贷记本科目（应交资源税）。

4. 外购液体盐加工固体盐：在购入液体盐时，按照税法规定所允许抵扣的资源税，借记本科目（应交资源税），按照购买价款减去允许抵扣的资源税后的金额，借记“材料采购”或“在途物资”、“原材料”等科目，按照应支付的购买价款，贷记“银行存款”、“应付账款”等科目；加工成固体盐后，在销售时，按照销售固体盐应交纳的资源税，借记“营业税金及附加”科目，贷记本科目（应交资源税）；将销售固体盐应交资源税抵扣液体盐已交资源税后的差额上交时，借记本科目（应交资源税），贷记“银行存款”科目。

5. 交纳的资源税，借记本科目（应交资源税），贷记“银行存款”科目。

（七）应交土地增值税的主要账务处理。

1. 小企业转让土地使用权应交纳的土地增值税，土地使用权与地上建筑物及其附着物一并在“固定资产”科目核算的，借记“固定资产清理”科目，贷记本科目（应交土地增值税）。

土地使用权在“无形资产”科目核算的，按照实际收到的金额，借记“银行存款”科目，按照应交纳的土地增值税，贷记本科目（应交土地增值税），按照已计提的累计摊销，借记“累计摊销”科目，按照其成本，贷记“无形资产”科目，按照其差额，贷记“营业外收入——非流动资产处置净收益”科目或借记“营业外支出——非流动资产处置净损失”科目。

2. 小企业（房地产开发经营）销售房地产应交纳的土地增值税，借记“营业税金及附加”科目，贷记本科目（应交土地增值税）。

3. 交纳的土地增值税，借记本科目（应交土地增值税），贷记“银行存款”科目。

（八）应交城镇土地使用税、房产税、车船税、矿产资源补偿费、排污费的主要账务处理。

1. 小企业按照规定应交纳的城镇土地使用税、房产税、车船税、矿产资源补偿费、排污费，借记“营业税金及附加”科目，贷记本科目（应交城镇土地使用税、应交房产税、应交车船税、应交矿产资源补偿费、应交排污费）。

2. 交纳的城镇土地使用税、房产税、车船税、矿产资源补偿费、排污费，借记本科目（应交城镇土地使用税、应交房产税、应交车船税、应交矿产资源补偿费、应交排污费），贷记“银行存款”科目。

（九）应交个人所得税的主要账务处理。

1. 小企业按照税法规定应代扣代缴的职工个人所得税，借记“应付职工薪酬”科目，贷记本科目（应交个人所得税）。

2. 交纳的个人所得税，借记本科目（应交个人所得税），贷记“银行存款”科目。

（十）小企业按照规定实行企业所得税、增值税、消费税、营业税等先征后返的，应当在实际收到返还的企业所得税、增值税（不含出口退税）、消费税、营业税等时，借记“银行存款”科目，贷记“营业外收入”科目。

四、本科目期末贷方余额，反映小企业尚未交纳的税费；期末如为借方余额，反映小企业多交或尚未抵扣的税费。

2231 应付利息

一、本科目核算小企业按照合同约定应支付的利息费用。

二、本科目应按照贷款人等进行明细核算。

三、应付利息的主要账务处理。

（一）在应付利息日，小企业应当按照合同利率计算确定的利息费用，借记“财务费用”、“在建工程”等科目，贷记本科目。

（二）实际支付的利息，借记本科目，贷记“银行存款”等科目。

四、本科目期末贷方余额,反映小企业应付未付的利息费用。

2232 应付利润

一、本科目核算小企业向投资者分配的利润。

二、本科目应按照投资者进行明细核算。

三、应付利润的主要账务处理。

(一)小企业根据规定或协议确定的应分配给投资者的利润,借记"利润分配"科目,贷记本科目。

(二)向投资者实际支付利润,借记本科目,贷记"库存现金"、"银行存款"科目。

四、本科目期末贷方余额,反映小企业应付未付的利润。

2241 其他应付款

一、本科目核算小企业除应付账款、预收账款、应付职工薪酬、应交税费、应付利息、应付利润等以外的其他各项应付、暂收的款项,如应付租入固定资产和包装物的租金、存入保证金等。

二、本科目应按照其他应付款的项目和对方单位(或个人)进行明细核算。

三、其他应付款的主要账务处理。

(一)小企业发生的其他各种应付、暂收款项,借记"管理费用"等科目,贷记本科目。

(二)支付的其他各种应付、暂收款项,借记本科目,贷记"银行存款"等科目。

小企业无法支付的其他应付款,借记本科目,贷记"营业外收入"科目。

四、本科目期末贷方余额,反映小企业应付未付的其他应付款项。

2401 递延收益

一、本科目核算小企业已经收到、应在以后期间计入损益的政府补助。

二、本科目应按照相关项目进行明细核算。

三、递延收益的主要账务处理。

(一)小企业收到与资产相关的政府补助,借记"银行存款"等科目,贷记本科目。

在相关资产的使用寿命内平均分配递延收益,借记本科目,贷记"营业外收入"科目。

(二)收到的其他政府补助,用于补偿本企业以后期间的相关费用或亏损的,应当按照收到的金额,借记"银行存款"等科目,贷记本科目。在发生相关费用或亏损的未来期间,应当按照应补偿的金额,借记本科目,贷记"营业外收入"科目。

用于补偿本企业已发生的相关费用或亏损的,应当按照收到的金额,借记"银行存款"等科目,贷记"营业外收入"科目。

四、本科目期末贷方余额,反映小企业已经收到、但应在以后期间计入损益的政府补助。

2501 长期借款

一、本科目核算小企业向银行或其他金融机构借入的期限在1年以上的各项借款本金。

二、本科目应按照借款种类、贷款人和币种进行明细核算。

三、长期借款的主要账务处理。

(一)小企业借入长期借款,借记"银行存款"科目,贷记本科目。

(二)在应付利息日,应当按照借款本金和借款合同利率计提利息费用,借记"财务费用"、"在建工程"等科目,贷记"应付利息"科目。

(三)偿还长期借款本金,借记本科目,贷记"银行存款"科目。

四、本科目期末贷方余额,反映小企业尚未偿还的长期借款本金。

2701 长期应付款

一、本科目核算小企业除长期借款以外的其他各种长期应付款项。包括:应付融资租入固定资产的租赁费、以分期付款方式购入固定资产发生的应付款项等。

二、本科目应按照长期应付款的种类和债权人进行明细核算。

三、长期应付款的主要账务处理。

(一)小企业融资租入固定资产,在租赁期开始日,按照租赁合同约定的付款总额和在签订租赁合同过程中发生的相关税费等,借记"固定资产"或"在建工程"科目,贷记本科目等科目。

(二)以分期付款方式购入固定资产,应当按照实际支付的购买价款和相关税费(不包括按照税法规定可抵扣的增值税进项税额),借记"固定资产"或"在建工程"科目,按照税法规定可抵扣的增值税进项税额,借记"应交税费——应交增值税(进项税额)"科目,贷记本科目。

四、本科目期末贷方余额,反映小企业应付未付的长期应付款项。

所有者权益类

3001 实收资本

一、本科目核算小企业收到投资者按照合同协议约定或相关规定投入的、构成注册资本的部分。

小企业(股份有限公司)应当将本科目的名称改为"3001 股本"科目。

小企业收到投资者出资超过其在注册资本中所占份额的部分,作为资本溢价,在“资本公积”科目核算,不在本科目核算。

二、本科目应按照投资者进行明细核算。

小企业(中外合作经营)根据合同规定在合作期间归还投资者的投资,应在本科目设置“已归还投资”明细科目进行核算。

三、实收资本的主要账务处理。

(一)小企业收到投资者的出资,借记“银行存款”、“其他应收款”、“固定资产”、“无形资产”等科目,按照其在注册资本中所占的份额,贷记本科目,按照其差额,贷记“资本公积”科目。

(二)根据有关规定增加注册资本,借记“银行存款”、“资本公积”、“盈余公积”等科目,贷记本科目。

根据有关规定减少注册资本,借记本科目、“资本公积”等科目,贷记“库存现金”、“银行存款”等科目。

小企业(中外合作经营)根据合同规定在合作期间归还投资者的投资,应当按照实际归还投资的金额,借记本科目(已归还投资),贷记“银行存款”等科目;同时,借记“利润分配——利润归还投资”科目,贷记“盈余公积——利润归还投资”科目。

四、本科目期末贷方余额,反映小企业实收资本总额。

3002 资本公积

一、本科目核算小企业收到投资者出资超出其在注册资本中所占份额的部分。

二、资本公积的主要账务处理。

(一)小企业收到投资者的出资,借记“银行存款”、“其他应收款”、“固定资产”、“无形资产”等科目,按照其在注册资本中所占的份额,贷记“实收资本”科目,按照其差额,贷记本科目。

(二)根据有关规定用资本公积转增资本,借记本科目,贷记“实收资本”科目。

根据有关规定减少注册资本,借记“实收资本”科目、本科目等科目,贷记“库存现金”、“银行存款”等科目。

三、本科目期末贷方余额,反映小企业资本公积总额。

3101 盈余公积

一、本科目核算小企业(公司制)按照公司法规定在税后利润中提取的法定公积金和任意公积金。

小企业(外商投资)按照法律规定在税后利润中提取储备基金和企业发展基金也在本科目核算。

二、本科目应当分别“法定盈余公积”、“任意盈余公积”进行明细核算。小企业(外商投资)还应当分别“储备基金”、“企业发展基金”进行明细核算。

小企业(中外合作经营)根据合同规定在合作期间归还投资者的投资,应在本科目设置“利润归还投资”明细科目进行核算。

三、盈余公积的主要账务处理。

(一)小企业(公司制)按照公司法规定提取法定公积金和任意公积金,借记“利润分配——提取法定盈余公积、提取任意盈余公积”科目,贷记本科目(法定盈余公积、任意盈余公积)。

小企业(外商投资)按照规定提取储备基金、企业发展基金、职工奖励及福利基金,借记“利润分配——提取储备基金、提取企业发展基金、提取职工奖励及福利基金”科目,贷记本科目(储备基金、企业发展基金)、“应付职工薪酬”科目。

(二)用盈余公积弥补亏损或者转增资本,借记本科目,贷记“利润分配——盈余公积补亏”或“实收资本”科目。

小企业(中外合作经营)根据合同规定在合作期间归还投资者的投资,应当按照实际归还投资的金额,借记“实收资本——已归还投资”科目,贷记“银行存款”等科目;同时,借记“利润分配——利润归还投资”科目,贷记本科目(利润归还投资)。

四、本科目期末贷方余额,反映小企业(公司制)的法定公积金和任意公积金总额,小企业(外商投资)的储备基金和企业发展基金总额。

3103 本年利润

一、本科目核算小企业当期实现的净利润(或发生的净亏损)。

二、本年利润的主要账务处理。

(一)期(月)末结转利润时,小企业可以将“主营业务收入”、“其他业务收入”、“营业外收入”科目的余额,转入本科目,借记“主营业务收入”、“其他业务收入”、“营业外收入”科目,贷记本科目;将“主营业务成本”、“其他业务成本”、“营业税金及附加”、“销售费用”、“管理费用”、“财务费用”、“营业外支出”、“所得税费用”科目的余额,转入本科目,借记本科目,贷记“主营业务成本”、“其他业务成本”、“营业税金及附加”、“销售费用”、“管理费用”、“财务费用”、“营业外支出”、“所得税费用”科目。将“投资收益”科目的贷方余额,转入本科目,借记“投资收益”科目,贷记本科目;如为借方余额,做相反的会计分录。

结转后本科目的贷方余额为当期实现的净利润;借方余额为当期发生的净亏损。

(二)年度终了,应当将本年收入和支出相抵后结出的本年实现的净利润,转入“利润分配”科目,借记本科目,贷记“利润分配——未分配利润”科目;如为净亏损,做相反的会计分录。

结转后本科目应无余额。

3104 利润分配

一、本科目核算小企业利润的分配(或亏损的弥补)和历年分配(或弥补)后的余额。

二、本科目应按照"应付利润"、"未分配利润"等进行明细核算。

三、利润分配的主要账务处理。

(一)小企业根据有关规定分配给投资者的利润,借记本科目(应付利润),贷记"应付利润"科目。

(二)用盈余公积弥补亏损,借记"盈余公积"科目,贷记本科目(盈余公积补亏)。

小企业(中外合作经营)根据合同规定在合作期间归还投资者的投资,应按照实际归还投资的金额,借记"实收资本——已归还投资"科目,贷记"银行存款"等科目;同时,借记本科目(利润归还投资),贷记"盈余公积——利润归还投资"科目。

四、年度终了,小企业应当将本年实现的净利润,自"本年利润"科目转入本科目,借记"本年利润"科目,贷记本科目(未分配利润);为净亏损的,做相反的会计分录。同时,将"利润分配"科目所属明细科目(应付利润、盈余公积补亏)的余额转入本科目明细科目(未分配利润)。结转后,本科目除"未分配利润"明细科目外,其他明细科目应无余额。

五、本科目年末余额,反映小企业的未分配利润(或未弥补亏损)。

成本类

4001 生产成本

一、本科目核算小企业进行工业性生产发生的各项生产成本。包括:生产各种产品(产成品、自制半成品等)、自制材料、自制工具、自制设备等。

小企业对外提供劳务发生的成本,可将本科目改为"4001 劳务成本"科目,或单独设置"4002 劳务成本"科目进行核算。

二、本科目可按照基本生产成本和辅助生产成本进行明细核算。

三、生产成本的主要账务处理。

(一)小企业发生的各项直接生产成本,借记本科目(基本生产成本、辅助生产成本),贷记"原材料"、"库存现金"、"银行存款"、"应付职工薪酬"等科目。

各生产车间应负担的制造费用,借记本科目(基本生产成本、辅助生产成本),贷记"制造费用"科目。

(二)辅助生产车间为基本生产车间、管理部门和其他部门提供的劳务和产品,可在月末按照一定的分配标准分配给各受益对象,借记本科目(基本生产成本)、"销售费用"、"管理费用"、"其他业务成本"、"在建工程"等科目,贷记本科目(辅助生产成本);也可在提供相关劳务和产品时,借记本科目、"销售费用"、"管理费用"、"其他业务成本"、"在建工程"等科目,贷记"原材料"、"库存现金"、"银行存款"、"应付职工薪酬"等科目。

(三)小企业已经生产完成并已验收入库的产成品以及入库的自制半成品,可在月末,借记"库存商品"等科目,贷记本科目(基本生产成本)。

四、本科目期末借方余额,反映小企业尚未加工完成的在产品成本。

4101 制造费用

一、本科目核算小企业生产车间(部门)为生产产品和提供劳务而发生的各项间接费用。

小企业经过1年期以上的制造才能达到预定可销售状态的产品发生的借款费用,也在本科目核算。

小企业行政管理部门为组织和管理生产经营活动而发生的管理费用,在"管理费用"科目核算,不在本科目核算。

二、本科目应按照不同的生产车间、部门和费用项目进行明细核算。

三、制造费用的主要账务处理。

(一)生产车间发生的机物料消耗和固定资产修理费,借记本科目,贷记"原材料"、"银行存款"等科目。

(二)发生的生产车间管理人员的工资等职工薪酬,借记本科目,贷记"应付职工薪酬"科目。

(三)生产车间计提的固定资产折旧费,借记本科目,贷记"累计折旧"科目。

(四)生产车间支付的办公费、水电费等,借记本科目,贷记"银行存款"、"应付利息"等科目。

(五)发生季节性和修理期间的停工损失,借记本科目,贷记"原材料"、"应付职工薪酬"、"银行存款"等科目。

(六)小企业经过1年期以上的制造才能达到预定可销售状态的产品在制造完成之前发生的借款利息,在应付利息日根据借款合同利率计算确定的利息费用,借记本科目,贷记"应付利息"科目。制造完成之后发生的利息费用,借记"财务费用"科目,贷记"应付利息"科目。

(七)将制造费用分配计入有关的成本核算对象,借记"生产成本——基本生产成本、辅助生产成本"等科目,贷记本科目。

(八)季节性生产小企业制造费用全年实际发生额与分配额的差额,除其中属于为下一年开工生产做准备的可留待下一年分配外,其余部分实际发生额大于分配额的差额,借记"生产成本——基本生产成本"科目,贷记本科目;实际发生额小于分配额的差额,做相反的会计分录。

四、除季节性的生产性小企业外,本科目期末应无余额。

4301 研发支出

一、本科目核算小企业进行研究与开发无形资产过程中发生的各项支出。

二、本科目应按照研究开发项目,分别"费用化支出"、"资本化支出"进行明细核算。

三、研发支出的主要账务处理。

(一)小企业自行研究开发无形资产发生的研发支出,不满足资本化条件的,借记本科目(费用化支出),满足资本化条件的,借记本科目(资本化支出),贷记"原材料"、"银行存款"、"应付职工薪酬"、"应付利息"等科目。

(二)研究开发项目达到预定用途形成无形资产的,应按本科目(资本化支出)的余额,借记"无形资产"科目,贷记本科目(资本化支出)。

月末,应将本科目归集的费用化支出金额转入"管理费用"科目,借记"管理费用"科目,贷记本科目(费用化支出)。

四、本科目期末借方余额,反映小企业正在进行的无形资产开发项目满足资本化条件的支出。

4401 工程施工

一、本科目核算小企业(建筑业)实际发生的各种工程成本。

二、本科目应按照建造合同项目分别"合同成本"和"间接费用"进行明细核算。

三、工程施工的主要账务处理。

(一)小企业进行合同建造时发生的人工费、材料费、机械使用费以及施工现场材料的二次搬运费、生产工具和用具使用费、检验试验费、临时设施折旧费等其他直接费用,借记本科目(合同成本),贷记"应付职工薪酬"、"原材料"等科目。

发生的施工、生产单位管理人员职工薪酬、财产保险费、工程保修费、固定资产折旧费等间接费用,借记本科目(间接费用),贷记"累计折旧"、"银行存款"等科目。

期(月)末,将间接费用分配计入有关合同成本,借记本科目(合同成本),贷记本科目(间接费用)。

(二)确认合同收入和合同费用时,借记"应收账款"、"预收账款"等科目,贷记"主营业务收入"科目;按照应结转的合同成本,借记"主营业务成本"科目,贷记本科目(合同成本)。

四、本科目期末借方余额,反映小企业尚未完工的建造合同成本和合同毛利。

4403 机械作业

一、本科目核算小企业(建筑业)及其内部独立核算的施工单位、机械站和运输队使用自有施工机械和运输设备进行机械作业(含机械化施工和运输作业等) 所发生的各项费用。

小企业及其内部独立核算的施工单位,从外单位或本企业其他内部独立核算的机械站租入施工机械发生的机械租赁费,在"工程施工"科目核算,不在本科目核算。

二、本科目应按照施工机械或运输设备的种类等进行明细核算。

小企业内部独立核算的机械施工、运输单位使用自有施工机械或运输设备进行机械作业所发生的各项费用,应按照成本核算对象和成本项目进行归集。

成本项目一般分为:职工薪酬、燃料及动力费、折旧及修理费、其他直接费用、间接费用(为组织和管理机械作业生产所发生的费用)。

三、机械作业的主要账务处理。

(一)小企业发生的机械作业支出,借记本科目,贷记"原材料"、"应付职工薪酬"、"累计折旧"等科目。

(二)期(月)末,小企业及其内部独立核算的施工单位、机械站和运输队为本企业承包的工程进行机械化施工和运输作业的成本,应转入承包工程的成本,借记"工程施工"科目,贷记本科目。

对外单位、专项工程等提供机械作业(含运输设备)的成本,借记"生产成本(或劳务成本)"科目,贷记本科目。

四、本科目期末应无余额。

损益类

5001 主营业务收入

一、本科目核算小企业确认的销售商品或提供劳务等主营业务的收入。

二、本科目应按照主营业务的种类进行明细核算。

三、主营业务收入的主要账务处理。

小企业销售商品或提供劳务实现的收入,应当按照实际收到或应收的金额,借记"银行存款"、"应收账款"等科目,按照税法规定应交纳的增值税额,贷记"应交税费——应交增值税(销项税额)"科目,按照确认的销售商品收入,贷记本科目。

发生销货退回(不论属于本年度还是属于以前年度的销售),按照应冲减销售商品收入的金额,借记本科目,按照实际支付或应退还的金额,贷记"银行存款"、"应收账款"等科目。涉及增值税销项税额的,还应进行相应的账务处理。

四、月末,可将本科目的余额转入"本年利润"科目,结转后本科目应无余额。

5051 其他业务收入

一、本科目核算小企业确认的除主营业务活动以外的其他日常生产经营活动实现的收入。包括:出租固定资产、出租无形资产、销售材料等实现的收入。

二、本科目应按照其他业务收入种类进行明细核算。

三、其他业务收入的主要账务处理。

小企业确认的其他业务收入,借记"银行存款"、"其他应收款"等科目,贷记本科目。涉及增值税销项税额的,还应进行相应的账务处理。

四、月末,可将本科目余额转入"本年利润"科目,结转后本科目应无余额。

5111 投资收益

一、本科目核算小企业确认的投资收益或投资损失。

二、本科目应按照投资项目进行明细核算。

三、投资收益的主要账务处理。

(一)对于短期股票投资、短期基金投资和长期股权投资,小企业应当按照被投资单位宣告分派的现金股利或利润中属于本企业的部分,借记"应收股利"科目,贷记本科目。

(二)在长期债券投资或短期债券投资持有期间,在债务人应付利息日,按照分期付息、一次还本的长期债券投资或短期债券投资的票面利率计算的利息收入,借记"应收利息"科目,贷记本科目;按照一次还本付息的长期债券投资票面利率计算的利息收入,借记"长期债券投资——应计利息"科目,贷记本科目。

在债务人应付利息日,按照应分摊的债券溢折价金额,借记或贷记本科目,贷记或借记"长期债券投资——溢折价"科目。

(三)出售短期投资、处置长期股权投资和长期债券投资,应当按照实际收到的价款或收回的金额,借记"银行存款"或"库存现金"科目,按照其账面余额,贷记"短期投资"、"长期股权投资"、"长期债券投资"科目,按照尚未领取的现金股利或利润、债券利息收入,贷记"应收股利"、"应收利息"科目,按照其差额,贷记或借记本科目。

四、月末,可将本科目余额转入"本年利润"科目,本科目结转后应无余额。

5301 营业外收入

一、本科目核算小企业实现的各项营业外收入。包括:非流动资产处置净收益、政府补助、捐赠收益、盘盈收益、汇兑收益、出租包装物和商品的租金收入、逾期未退包装物押金收益、确实无法偿付的应付款项、已作坏账损失处理后又收回的应收款项、违约金收益等。

小企业收到出口产品或商品按照规定退回的增值税款,在"其他应收款"科目核算,不在本科目核算。

二、本科目应按照营业外收入项目进行明细核算。

三、营业外收入的主要账务处理。

(一)小企业确认非流动资产处置净收益,比照"固定资产清理"、"无形资产"等科目的相关规定进行账务处理。

(二)确认的政府补助收入,借记"银行存款"或"递延收益"科目,贷记本科目。

(三)小企业按照规定实行企业所得税、增值税(不含出口退税)、消费税、营业税等先征后返的,应当在实际收到返还的企业所得税、增值税、消费税、营业税等时,借记"银行存款"科目,贷记本科目。

(四)确认的捐赠收益,借记"银行存款"、"固定资产"等科目,贷记本科目。

(五)确认的盘盈收益,借记"待处理财产损溢——待处理流动资产损溢、待处理非流动资产损溢"科目,贷记本科目。

(六)确认的汇兑收益,借记有关科目,贷记本科目。

(七)确认的出租包装物和商品的租金收入、逾期未退包装物押金收益、确实无法偿付的应付款项、违约金收益等,借记"其他应收款"、"应付账款"、"其他应付款"等科目,贷记本科目。

(八)确认的已作坏账损失处理后又收回的应收款项,借记"银行存款"等科目,贷记本科目。

四、月末,可将本科目余额转入"本年利润"科目,结转后本科目应无余额。

5401 主营业务成本

一、本科目核算小企业确认销售商品或提供劳务等主营业务收入应结转的成本。

二、本科目应按照主营业务的种类进行明细核算。

三、主营业务成本的主要账务处理。

(一)月末,小企业可根据本月销售各种商品或提供各种劳务实际成本,计算应结转的主营业务成本,借记本科目,贷记"库存商品"、"生产成本"、"工程施工"等科目。

(二)本月发生的销售退回,可以直接从本月的销售数量中减去,得出本月销售的净数量,然后计算应结转的主营业务成本,也可以单独计算本月销售退回成本,借记"库存商品"等科目,贷记本科目。

四、月末,可将本科目的余额转入"本年利润"科目,结转后本科目应无余额。

5402 其他业务成本

一、本科目核算小企业确认的除主营业务活动以外的其他日常生产经营活动所发生的支出。包括:销售材料的成本、出租固定资产的折旧费、出租无形资产的摊销额等。

二、本科目应按照其他业务成本的种类进行明细核算。

三、其他业务成本的主要账务处理。

小企业发生的其他业务成本,借记本科目,贷记"原材料"、"周转材料"、"累计折旧"、"累计摊销"、"银行存款"等科目。

四、月末,可将本科目余额转入"本年利润"科目,结转后本科目应无余额。

5403 营业税金及附加

一、本科目核算小企业开展日常生产经营活动应负担的消费税、营业税、城市维护建设税、资源税、土地增值税、城镇土地使用税、房产税、车船税、印花税和教育费附加、矿产资源补偿费、排污费等相关税费。

与最终确认营业外收入或营业外支出相关的税费，在“固定资产清理”、“无形资产”等科目核算，不在本科目核算。

二、本科目应按照税费种类进行明细核算。

三、营业税金及附加的主要账务处理。

小企业按照规定计算确定的与其日常生产经营活动相关的税费，借记本科目，贷记“应交税费”等科目。

四、月末，可将本科目余额转入“本年利润”科目，结转后本科目应无余额。

5601 销售费用

一、本科目核算小企业在销售商品或提供劳务过程中发生的各种费用。包括：销售人员的职工薪酬、商品维修费、运输费、装卸费、包装费、保险费、广告费和业务宣传费、展览费等费用。

小企业（批发业、零售业）在购买商品过程中发生的费用（包括：运输费、装卸费、包装费、保险费、运输途中的合理损耗和入库前的挑选整理费等），也在本科目核算。

二、本科目应按照费用项目进行明细核算。

三、销售费用的主要账务处理。

小企业在销售商品或提供劳务过程中发生的销售人员的职工薪酬、商品维修费、运输费、装卸费、包装费、保险费、广告费、业务宣传费、展览费等费用，借记本科目，贷记“库存现金”、“银行存款”等科目。

小企业（批发业、零售业）在购买商品过程中发生的运输费、装卸费、包装费、保险费、运输途中的合理损耗和入库前的挑选整理费等，借记本科目，贷记“库存现金”、“银行存款”、“应付账款”等科目。

四、月末，可将本科目余额转入“本年利润”科目，结转后本科目应无余额。

5602 管理费用

一、本科目核算小企业为组织和管理生产经营发生的其他费用。包括：小企业在筹建期间内发生的开办费、行政管理部门发生的费用（包括：固定资产折旧费、修理费、办公费、水电费、差旅费、管理人员的职工薪酬等）、业务招待费、研究费用、技术转让费、相关长期待摊费用摊销、财产保险费、聘请中介机构费、咨询费（含顾问费）、诉讼费等费用。

小企业（批发业、零售业）管理费用不多的，可不设置本科目，本科目的核算内容可并入“销售费用”科目核算。

二、本科目应按照费用项目进行明细核算。

三、管理费用的主要账务处理。

（一）小企业在筹建期间内发生的开办费（包括：相关人员的职工薪酬、办公费、培训费、差旅费、印刷费、注册登记费以及不计入固定资产成本的借款费用等费用），在实际发生时，借记本科目，贷记“银行存款”等科目。

（二）行政管理部门人员的职工薪酬，借记本科目，贷记“应付职工薪酬”科目。

（三）行政管理部门计提的固定资产折旧费和发生的修理费，借记本科目，贷记“累计折旧”、“银行存款”等科目。

（四）行政管理部门发生的办公费、水电费、差旅费，借记本科目，贷记“银行存款”等科目。

（五）小企业发生的业务招待费、相关长期待摊费用摊销、技术转让费、财产保险费、聘请中介机构费、咨询费（含顾问费）、诉讼费等，借记本科目，贷记“银行存款”、“长期待摊费用”等科目。

（六）小企业自行研究无形资产发生的研究费用，借记本科目，贷记“研发支出”科目。

四、月末，可将本科目的余额转入“本年利润”科目，结转后本科目应无余额。

5603 财务费用

一、本科目核算小企业为筹集生产经营所需资金发生的筹资费用。包括：利息费用（减利息收入）、汇兑损失、银行相关手续费、小企业给予的现金折扣（减享受的现金折扣）等费用。

小企业为购建固定资产、无形资产和经过1年期以上的制造才能达到预定可销售状态的存货发生的借款费用，在“在建工程”、“研发支出”、“制造费用”等科目核算，不在本科目核算。

小企业发生的汇兑收益，在“营业外收入”科目核算，不在本科目核算。

二、本科目应按照费用项目进行明细核算。

三、财务费用的主要账务处理。

（一）小企业发生的利息费用、汇兑损失、银行相关手续费、给予的现金折扣等，借记本科目，贷记“应付利息”、“银行存款”等科目。

（二）持未到期的商业汇票向银行贴现，应当按照实际收到的金额（即减去贴现息后的净额），借记“银行存款”科目，按照贴现息，借记本科目，按照商业汇票的票面金额，贷记“应收票据”科目（银行无追索权情况下）或“短期借款”科目（银行有追索权情况下）。

（三）发生的应冲减财务费用的利息收入、享受的现金折扣等，借记“银行存款”等科目，贷记本科目。

四、月末，可将本科目余额转入“本年利润”科目，结转后本科目应无余额。

5711 营业外支出

一、本科目核算小企业发生的各项营业外支出。包括：存货的盘亏、毁损、报废损失，非流动资产处置净损失，坏账损失，无法收回的长期债券投资损失，无法收回的长期股权投资损失，自然灾害等不可抗力因素造成的损失，税收滞纳金，罚金，罚款，被没收财物的损失，捐赠支出，赞助支出等。

二、本科目应按照支出项目进行明细核算。

三、营业外支出的主要账务处理。

（一）小企业确认存货的盘亏、毁损、报废损失，非流动资产处置净损失，自然灾害等不可抗力因素造成的损失，借记本科目、"生产性生物资产累计折旧"、"累计摊销"等科目，贷记"待处理财产损溢——待处理流动资产损溢、待处理非流动资产损溢"、"固定资产清理"、"生产性生物资产"、"无形资产"等科目。

（二）根据小企业会计准则规定确认实际发生的坏账损失、长期债券投资损失，应当按照可收回的金额，借记"银行存款"等科目，按照应收账款、预付账款、其他应收款、长期债券投资的账面余额，贷记"应收账款"、"预付账款"、"其他应收款"、"长期债券投资"等科目，按照其差额，借记本科目。

（三）根据小企业会计准则规定确认实际发生的长期股权投资损失，按照可收回的金额，借记"银行存款"等科目，按照长期股权投资的账面余额，贷记"长期股权投资"科目，按照其差额，借记本科目。

（四）支付的税收滞纳金、罚金、罚款，借记本科目，贷记"银行存款"等科目。

（五）确认被没收财物的损失、捐赠支出、赞助支出，借记本科目，贷记"银行存款"等科目。

四、月末，可将本科目余额转入"本年利润"科目，结转后本科目应无余额。

5801 所得税费用

一、本科目核算小企业根据企业所得税法确定的应从当期利润总额中扣除的所得税费用。

小企业根据企业所得税法规定补交的所得税，也通过本科目核算。

小企业按照规定实行企业所得税先征后返的，实际收到返还的企业所得税，在"营业外收入"科目核算，不在本科目核算。

二、所得税费用的主要账务处理。

年度终了，小企业按照企业所得税法规定计算确定的当期应纳税税额，借记本科目，贷记"应交税费——应交企业所得税"科目。

三、年度终了，应将本科目的余额转入"本年利润"科目，结转后本科目应无余额。

三、财务报表

小企业的财务报表包括资产负债表、利润表、现金流量表和附注。

（一）财务报表种类和格式

编　号	报表名称	编报期
会小企 01 表	资产负债表	月报、年报
会小企 02 表	利润表	月报、年报
会小企 03 表	现金流量表	月报、年报

（二）小企业资产负债表格式及编制说明

资产负债表

会小企 01 表

编制单位： ____年____月____日 单位：元

资　产	行次	期末余额	年初余额	负　债 和所有者权益	行次	期末余额	年初余额
流动资产：				流动负债：			
货币资金	1			短期借款	31		
短期投资	2			应付票据	32		
应收票据	3			应付账款	33		
应收账款	4			预收账款	34		
预付账款	5			应付职工薪酬	35		
应收股利	6			应交税费	36		
应收利息	7			应付利息	37		
其他应收款	8			应付利润	38		
存货	9			其他应付款	39		
其中：原材料	10			其他流动负债	40		
在产品	11			流动负债合计	41		
库存商品	12			非流动负债：			
周转材料	13			长期借款	42		
其他流动资产	14			长期应付款	43		
流动资产合计	15			递延收益	44		
非流动资产：				其他非流动负债	45		
长期债券投资	16			非流动负债合计	46		
长期股权投资	17			负债合计	47		
固定资产原价	18						
减：累计折旧	19						
固定资产账面价值	20						
在建工程	21						
工程物资	22						
固定资产清理	23						
生产性生物资产	24			所有者权益（或股东权益）：			
无形资产	25			实收资本（或股本）	48		
开发支出	26			资本公积	49		
长期待摊费用	27			盈余公积	50		
其他非流动资产	28			未分配利润	51		
非流动资产合计	29			所有者权益（或股东权益）合计	52		
资产总计	30			负债和所有者权益（或股东权益）总计	53		

小企业（中外合作经营）根据合同规定在合作期间归还投资者的投资，应在“实收资本（或股本）”项目下增加“减：已归还投资”项目单独列示。

1.本表反映小企业某一特定日期全部资产、负债和所有者权益的情况。

2.本表“年初余额”栏内各项数字,应根据上年末资产负债表“期末余额”栏内所列数字填列。

3.本表“期末余额”各项目的内容和填列方法:

(1)“货币资金”项目,反映小企业库存现金、银行存款、其他货币资金的合计数。本项目应根据“库存现金”、“银行存款”和“其他货币资金”科目的期末余额合计填列。

(2)“短期投资”项目,反映小企业购入的能随时变现并且持有时间不准备超过1年的股票、债券和基金投资的余额。本项目应根据“短期投资”科目的期末余额填列。

(3)“应收票据”项目,反映小企业收到的未到期收款也未向银行贴现的应收票据(银行承兑汇票和商业承兑汇票)。本项目应根据“应收票据”科目的期末余额填列。

(4)“应收账款”项目,反映小企业因销售商品、提供劳务等日常生产经营活动应收取的款项。本项目应根据“应收账款”的期末余额分析填列。如“应收账款”科目期末为贷方余额,应当在“预收账款”项目列示。

(5)“预付账款”项目,反映小企业按照合同规定预付的款项。包括:根据合同规定预付的购货款、租金、工程款等。本项目应根据“预付账款”科目的期末借方余额填列;如“预付账款”科目期末为贷方余额,应当在“应付账款”项目列示。

属于超过1年期以上的预付账款的借方余额应当在“其他非流动资产”项目列示。

(6)“应收股利”项目,反映小企业应收取的现金股利或利润。本项目应根据“应收股利”科目的期末余额填列。

(7)“应收利息”项目,反映小企业债券投资应收取的利息。小企业购入一次还本付息债券应收的利息,不包括在本项目内。本项目应根据“应收利息”科目的期末余额填列。

(8)“其他应收款”项目,反映小企业除应收票据、应收账款、预付账款、应收股利、应收利息等以外的其他各种应收及暂付款项。包括:各种应收的赔款、应向职工收取的各种垫付款项等。本项目应根据“其他应收款”科目的期末余额填列。

(9)“存货”项目,反映小企业期末在库、在途和在加工中的各项存货的成本。包括:各种原材料、在产品、半成品、产成品、商品、周转材料(包装物、低值易耗品等)、消耗性生物资产等。本项目应根据“材料采购”、“在途物资”、“原材料”、“材料成本差异”、“生产成本”、“库存商品”、“商品进销差价”、“委托加工物资”、“周转材料”、“消耗性生物资产”等科目的期末余额分析填列。

(10)“其他流动资产”项目,反映小企业除以上流动资产项目外的其他流动资产(含1年内到期的非流动资产)。本项目应根据有关科目的期末余额分析填列。

(11)“长期债券投资”项目,反映小企业准备长期持有的债券投资的本息。本项目应根据“长期债券投资”科目的期末余额分析填列。

(12)“长期股权投资”项目,反映小企业准备长期持有的权益性投资的成本。本项目应根据“长期股权投资”科目的期末余额填列。

(13)“固定资产原价”和“累计折旧”项目,反映小企业固定资产的原价(成本)及累计折旧。这两个项目应根据“固定资产”科目和“累计折旧”科目的期末余额填列。

(14)“固定资产账面价值”项目,反映小企业固定资产原价扣除累计折旧后的余额。本项目应根据“固定资产”科目的期末余额减去“累计折旧”科目的期末余额后的金额填列。

(15)“在建工程”项目,反映小企业尚未完工或虽已完工,但尚未办理竣工决算的工程成本。本项目应根据“在建工程”科目的期末余额填列。

(16)“工程物资”项目,反映小企业为在建工程准备的各种物资的成本。本项目应根据“工程物资”科目的期末余额填列。

(17)“固定资产清理”项目,反映小企业因出售、报废、毁损、对外投资等原因处置固定资产所转出的固定资产账面价值以及在清理过程中发生的费用等。本项目应根据“固定资产清理”科目的期末借方余额填列;如“固定资产清理”科目期末为贷方余额,以“-”号填列。

(18)“生产性生物资产”项目,反映小企业生产性生物资产的账面价值。本项目应根据“生产性生物资产”科目的期末余额减去“生产性生物资产累计折旧”科目的期末余额后的金额填列。

(19)“无形资产”项目,反映小企业无形资产的账面价值。本项目应根据“无形资产”科目的期末余额减去“累计摊销”科目的期末余额后的金额填列。

(20)“开发支出”项目,反映小企业正在进行的无形资产研究开发项目满足资本化条件的支出。本项目应根据“研发支出”科目的期末余额填列。

(21)“长期待摊费用”项目,反映小企业尚未摊销完毕的已提足折旧的固定资产的改建支出、经营租入固定资产的改建支出、固定资产的大修理支出和其他长期待摊费用。本项目应根据“长期待摊费用”科目的期末余额分析填列。

(22)“其他非流动资产”项目,反映小企业除以上非流动资产以外的其他非流动资产。本项目应根据有关科目的期末余额分析填列。

(23)“短期借款”项目,反映小企业向银行或其他金融机构等借入的期限在1年内的、尚未偿还的各种借款本金。本项目应根据“短期借款”科目的期末余额填列。

(24)“应付票据”项目,反映小企业因购买材料、商品和接受劳务等日常生产经营活动开出、承兑的商业汇票(银行承兑汇票和商业承兑汇票)尚未到期的票面金额。本项目应根据“应付票据”科目的期末余额填列。

（25）“应付账款”项目，反映小企业因购买材料、商品和接受劳务等日常生产经营活动尚未支付的款项。本项目应根据“应付账款”科目的期末余额填列。如“应付账款”科目期末为借方余额，应当在“预付账款”项目列示。

（26）“预收账款”项目，反映小企业根据合同规定预收的款项。包括：预收的购货款、工程款等。本项目应根据“预收账款”科目的期末贷方余额填列；如“预收账款”科目期末为借方余额，应当在“应收账款”项目列示。

属于超过1年期以上的预收账款的贷方余额应当在“其他非流动负债”项目列示。

（27）“应付职工薪酬”项目，反映小企业应付未付的职工薪酬。本项目应根据“应付职工薪酬”科目期末余额填列。

（28）“应交税费”项目，反映小企业期末未交、多交或尚未抵扣的各种税费。本项目应根据“应交税费”科目的期末贷方余额填列；如“应交税费”科目期末为借方余额，以“-”号填列。

（29）“应付利息”项目，反映小企业尚未支付的利息费用。本项目应根据“应付利息”科目的期末余额填列。

（30）“应付利润”项目，反映小企业尚未向投资者支付的利润。本项目应根据“应付利润”科目的期末余额填列。

（31）“其他应付款”项目，反映小企业除应付账款、预收账款、应付职工薪酬、应交税费、应付利息、应付利润等以外的其他各项应付、暂收的款项。包括：应付租入固定资产和包装物的租金、存入保证金等。本项目应根据“其他应付款”科目的期末余额填列。

（32）“其他流动负债”项目，反映小企业除以上流动负债以外的其他流动负债（含1年内到期的非流动负债）。本项目应根据有关科目的期末余额填列。

（33）“长期借款”项目，反映小企业向银行或其他金融机构借入的期限在1年以上的、尚未偿还的各项借款本金。本项目应根据“长期借款”科目的期末余额分析填列。

（34）“长期应付款”项目，反映小企业除长期借款以外的其他各种应付未付的长期应付款项。包括：应付融资租入固定资产的租赁费、以分期付款方式购入固定资产发生的应付款项等。本项目应根据“长期应付款”科目的期末余额分析填列。

（35）“递延收益”项目，反映小企业收到的、应在以后期间计入损益的政府补助。本项目应根据“递延收益”科目的期末余额分析填列。

（36）“其他非流动负债”项目，反映小企业除以上非流动负债项目以外的其他非流动负债。本项目应根据有关科目的期末余额分析填列。

（37）“实收资本（或股本）”项目，反映小企业收到投资者按照合同协议约定或相关规定投入的、构成小企业注册资本的部分。本项目应根据“实收资本（或股本）”科目的期末余额分析填列。

（38）“资本公积”项目，反映小企业收到投资者投入资本超出其在注册资本中所占份额的部分。本项目应根据“资本公积”科目的期末余额填列。

（39）“盈余公积”项目，反映反映小企业（公司制）的法定公积金和任意公积金，小企业（外商投资）的储备基金和企业发展基金。本项目应根据“盈余公积”科目的期末余额填列。

（40）“未分配利润”项目，反映小企业尚未分配的历年结存的利润。本项目应根据“利润分配”科目的期余额填列。未弥补的亏损，在本项目内以“-”号填列。

4. 本表中各项目之间的勾稽关系为：

行15 = 行1 + 行2 + 行3 + 行4 + 行5 + 行6 + 行7 + 行8 + 行9 + 行14；

行9 ≥ 行10 + 行11 + 行12 + 行13；

行29 = 行16 + 行17 + 行20 + 行21 + 行22 + 行23 + 行24 + 行25 + 行26 + 行27 + 行28

行20 = 行18 - 行19；

行30 = 行15 + 行29；

行41 = 行31 + 行32 + 行33 + 行34 + 行35 + 行36 + 行37 + 行38 + 行39 + 行40；

行46 = 行42 + 行43 + 行44 + 行45；

行47 = 行41 + 行46；

行52 = 行48 + 行49 + 行50 + 行51；

行53 = 行47 + 行52 = 行30。

（三）小企业利润表格式及编制说明

利润表

会小企 02 表

编制单位：　　　　　　　　　　　＿＿年＿＿月　　　　　　　　　　　单位：元

项　目	行次	本年累计金额	本月金额
一、营业收入	1		
减：营业成本	2		
营业税金及附加	3		
其中：消费税	4		
营业税	5		
城市维护建设税	6		
资源税	7		
土地增值税	8		
城镇土地使用税、房产税、车船税、印花税	9		
教育费附加、矿产资源补偿费、排污费	10		
销售费用	11		
其中：商品维修费	12		
广告费和业务宣传费	13		
管理费用	14		
其中：开办费	15		
业务招待费	16		
研究费用	17		
财务费用	18		
其中：利息费用(收入以“－”号填列)	19		
加：投资收益(损失以“－”号填列)	20		
二、营业利润(亏损以“－”号填列)	21		
加：营业外收入	22		
其中：政府补助	23		
减：营业外支出	24		
其中：坏账损失	25		
无法收回的长期债券投资损失	26		
无法收回的长期股权投资损失	27		
自然灾害等不可抗力因素造成的损失	28		
税收滞纳金	29		
三、利润总额(亏损总额以“－”号填列)	30		
减：所得税费用	31		
四、净利润(净亏损以“－”号填列)	32		

1. 本表反映小企业在一定会计期间内利润(亏损)的实现情况。

2. 本表“本年累计金额”栏反映各项目自年初起至报告期末止的累计实际发生额。

本表“本月金额”栏反映各项目的本月实际发生额;在编报年度财务报表时,应将“本月金额”栏改为“上年金额”栏,填列上年全年实际发生额。

3. 本表各项目的内容及其填列方法:

(1)“营业收入”项目,反映小企业销售商品和提供劳务所实现的收入总额。本项目应根据“主营业务收入”科目和“其他业务收入”科目的发生额合计填列。

(2)“营业成本”项目,反映小企业所销售商品的成本和所提供劳务的成本。本项目应根据“主营业务成本”科目和“其他业务成本”科目的发生额合计填列。

(3)“营业税金及附加”项目,反映小企业开展日常生产活动应负担的消费税、营业税、城市维护建设税、资源税、土地增值税、城镇土地使用税、房产税、车船税、印花税和教育费附加、矿产资源补偿费、排污费等。本项目应根据“营业税金及附加”科目的发生额填列。

(4)“销售费用”项目,反映小企业销售商品或提供劳务过程中发生的费用。本项目应根据“销售费用”科目的发生额填列。

(5)“管理费用”项目,反映小企业为组织和管理生产经营发生的其他费用。本项目应根据“管理费用”科目的发生额填列。

(6)“财务费用”项目,反映小企业为筹集生产经营所需资金发生的筹资费用。本项目应根据“财务费用”科目的发生额填列。

(7)“投资收益”项目,反映小企业股权投资取得的现金股利(或利润)、债券投资取得的利息收入和处置股权投资和债券投资取得的处置价款扣除成本或账面余额、相关税费后的净额。本项目应根据“投资收益”科目的发生额填列;如为投资损失,以“-”号填列。

(8)“营业利润”项目,反映小企业当期开展日常生产经营活动实现的利润。本项目应根据营业收入扣除营业成本、营业税金及附加、销售费用、管理费用和财务费用,加上投资收益后的金额填列。如为亏损,以“-”号填列。

(9)“营业外收入”项目,反映小企业实现的各项营业外收入金额。包括:非流动资产处置净收益、政府补助、捐赠收益、盘盈收益、汇兑收益、出租包装物和商品的租金收入、逾期未退包装物押金收益、确实无法偿付的应付款项、已作坏账损失处理后又收回的应收款项、违约金收益等。本项目应根据“营业外收入”科目的发生额填列。

(10)“营业外支出”项目,反映小企业发生的各项营业外支出金额。包括:存货的盘亏、毁损、报废损失,非流动资产处置净损失,坏账损失,无法收回的长期债券投资损失,无法收回的长期股权投资损失,自然灾害等不可抗力因素造成的损失,税收滞纳金,罚金,罚款,被没收财物的损失,捐赠支出,赞助支出等。本项目应根据“营业外支出”科目的发生额填列。

(11)“利润总额”项目,反映小企业当期实现的利润总额。本项目应根据营业利润加上营业外收入减去营业外支出后的金额填列。如为亏损总额,以“-”号填列。

(12)“所得税费用”项目,反映小企业根据企业所得税法确定的应从当期利润总额中扣除的所得税费用。本项目应根据“所得税费用”科目的发生额填列。

(13)“净利润”项目,反映小企业当期实现的净利润。本项目应根据利润总额扣除所得税费用后的金额填列。如为净亏损,以“-”号填列。

4. 本表中各项目之间的勾稽关系为:

行21=行1-行2-行3-行11-行14-行18+行20;

行3≥行4+行5+行6+行7+行8+行9+行10;

行11≥行12+行13;

行14≥行15+行16+行17;

行18≥行19;

行30=行21+行22-行24;

行22≥行23;

行24≥行25+行26+行27+行28+行29;

行32=行30-行31。

(四)小企业现金流量表格式及编制说明

现金流量表

会小企 03 表

编制单位：　　　　　　　　　　　　　____年____月　　　　　　　　　　　　　单位：元

项　　目	行次	本年累计金额	本月金额
一、经营活动产生的现金流量：			
销售产成品、商品、提供劳务收到的现金	1		
收到其他与经营活动有关的现金	2		
购买原材料、商品、接受劳务支付的现金	3		
支付的职工薪酬	4		
支付的税费	5		
支付其他与经营活动有关的现金	6		
经营活动产生的现金流量净额	7		
二、投资活动产生的现金流量：			
收回短期投资、长期债券投资和长期股权投资收到的现金	8		
取得投资收益收到的现金	9		
处置固定资产、无形资产和其他非流动资产收回的现金净额	10		
短期投资、长期债券投资和长期股权投资支付的现金	11		
购建固定资产、无形资产和其他非流动资产支付的现金	12		
投资活动产生的现金流量净额	13		
三、筹资活动产生的现金流量：			
取得借款收到的现金	14		
吸收投资者投资收到的现金	15		
偿还借款本金支付的现金	16		
偿还借款利息支付的现金	17		
分配利润支付的现金	18		
筹资活动产生的现金流量净额	19		
四、现金净增加额	20		
加：期初现金余额	21		
五、期末现金余额	22		

1. 本表反映小企业一定会计期间内有关现金流入和流出的信息。

2. 本表"本年累计金额"栏反映各项目自年初起至报告期末止的累计实际发生额。

本表"本月金额"栏反映各项目的本月实际发生额;在编报年度财务报表时,应将"本月金额"栏改为"上年金额"栏,填列上年全年实际发生额。

3. 本表各项目的内容及填列方法如下:

(1)经营活动产生的现金流量

①"销售产成品、商品、提供劳务收到的现金"项目,反映小企业本期销售产成品、商品、提供劳务收到的现金。本项目可以根据"库存现金"、"银行存款"和"主营业务收入"等科目的本期发生额分析填列。

②"收到其他与经营活动有关的现金"项目,反映小企业本期收到的其他与经营活动有关的现金。本项目可以根据"库存现金"和"银行存款"等科目的本期发生额分析填列。

③"购买原材料、商品、接受劳务支付的现金"项目,反映小企业本期购买原材料、商品、接受劳务支付的现金。本项目可以根据"库存现金"、"银行存款"、"其他货币资金"、"原材料"、"库存商品"等科目的本期发生额分析填列。

④"支付的职工薪酬"项目,反映小企业本期向职工支付的薪酬。本项目可以根据"库存现金"、"银行存款"、"应付职工薪酬"科目的本期发生额填列。

⑤"支付的税费"项目,反映小企业本期支付的税费。本项目可以根据"库存现金"、"银行存款"、"应交税费"等科目的本期发生额填列。

⑥"支付其他与经营活动有关的现金"项目,反映小企业本期支付的其他与经营活动有关的现金。本项目可以根据"库存现金"、"银行存款"等科目的本期发生额分析填列。

(2)投资活动产生的现金流量

①"收回短期投资、长期债券投资和长期股权投资收到的现金"项目,反映小企业出售、转让或到期收回短期投资、长期股权投资而收到的现金,以及收回长期债券投资本金而收到的现金,不包括长期债券投资收回的利息。本项目可以根据"库存现金"、"银行存款"、"短期投资"、"长期股权投资"、"长期债券投资"等科目的本期发生额分析填列。

②"取得投资收益收到的现金"项目,反映小企业因权益性投资和债权性投资取得的现金股利或利润和利息收入。本项目可以根据"库存现金"、"银行存款"、"投资收益"等科目的本期发生额分析填列。

③"处置固定资产、无形资产和其他非流动资产收回的现金净额"项目,反映小企业处置固定资产、无形资产和其他非流动资产取得的现金,减去为处置这些资产而支付的有关税费等后的净额。本项目可以根据"库存现金"、"银行存款"、"固定资产清理"、"无形资产"、"生产性生物资产"等科目的本期发生额分析填列。

④"短期投资、长期债券投资和长期股权投资支付的现金"项目,反映小企业进行权益性投资和债权性投资支付的现金。包括:企业取得短期股票投资、短期债券投资、短期基金投资、长期债券投资、长期股权投资支付的现金。本项目可以根据"库存现金"、"银行存款"、"短期投资"、"长期债券投资"、"长期股权投资"等科目的本期发生额分析填列。

⑤"购建固定资产、无形资产和其他非流动资产支付的现金"项目,反映小企业购建固定资产、无形资产和其他非流动资产支付的现金。包括:购买机器设备、无形资产、生产性生物资产支付的现金、建造工程支付的现金等现金支出,不包括为购建固定资产、无形资产和其他非流动资产而发生的借款费用资本化部分和支付给在建工程和无形资产开发项目人员的薪酬。为购建固定资产、无形资产和其他非流动资产而发生借款费用资本化部分,在"偿还借款利息支付的现金"项目反映;支付给在建工程和无形资产开发项目人员的薪酬,在"支付的职工薪"项目反映。本项目可以根据"库存现金"、"银行存款"、"固定资产"、"在建工程"、"无形资产"、"研发支出"、"生产性生物资产"、"应付职工薪酬"等科目的本期发生额分析填列。

(3)筹资活动产生的现金流量

①"取得借款收到的现金"项目,反映小企业举借各种短期、长期借款收到的现金。本项目可以根据"库存现金"、"银行存款"、"短期借款"、"长期借款"等科目的本期发生额分析填列。

②"吸收投资者投资收到的现金"项目,反映小企业收到的投资者作为资本投入的现金。本项目可以根据"库存现金"、"银行存款"、"实收资本"、"资本公积"等科目的本期发生额分析填列。

③"偿还借款本金支付的现金"项目,反映小企业以现金偿还各种短期、长期借款的本金。本项目可以根据"库存现金"、"银行存款"、"短期借款"、"长期借款"等科目的本期发生额分析填列。

④"偿还借款利息支付的现金"项目,反映小企业以现金偿还各种短期、长期借款的利息。本项目可以根据"库存现金"、"银行存款"、"应付利息"等科目的本期发生额分析填列。

⑤"分配利润支付的现金"项目,反映小企业向投资者实际支付的利润。本项目可以根据"库存现金"、"银行存款"、"应付利润"等科目的本期发生额分析填列。

4. 本表中各项目之间的勾稽关系为:

行 7 = 行 1 + 行 2 - 行 3 - 行 4 - 行 5 - 行 6;

行 13 = 行 8 + 行 9 + 行 10 - 行 11 - 行 12;

行 19 = 行 14 + 行 15 - 行 16 - 行 17 - 行 18;

行 20 = 行 7 + 行 13 + 行 19;

行22 = 行20 + 行21。

（五）附注

附注是财务报表的重要组成部分。小企业应当按照小企业会计准则规定披露附注信息，主要包括下列内容：

1. 遵循小企业会计准则的声明

小企业应当声明编制的财务报表符合小企业会计准则的要求，真实、完整地反映了小企业的财务状况、经营成果和现金流量等有关信息。

2. 短期投资、应收账款、存货、固定资产项目的说明。

（1）短期投资的披露格式如下：

项　目	期末账面余额	期末市价	期末账面余额与市价的差额
1. 股票			
2. 债券			
3. 基金			
4. 其他			
合　计			

（2）应收账款按账龄结构披露的格式如下：

账龄结构	期末账面余额	年初账面余额
1年以内（含1年）		
1年至2年（含2年）		
2年至3年（含3年）		
3年以上		
合　计		

（3）存货的披露格式如下：

存货种类	期末账面余额	期末市价	期末账面余额与市价的差额
1. 原材料			
2. 在产品			
3. 库存商品			
4. 周转材料			
5. 消耗性生物资产			
……			
合　计			

（4）固定资产的披露格式如下：

项　目	原　价	累计折旧	期末账面价值
1. 房屋、建筑物			
2. 机器			
3. 机械			
4. 运输工具			
5. 设备			
6. 器具			
7. 工具			
……			
合　计			

3. 应付职工薪酬、应交税费项目的说明。

（1）应付职工薪酬的披露格式如下：

应付职工薪酬明细表

会小企01表附表1

编制单位：　　　　____年____月　　　　单位：元

项　　目	期末账面余额	年初账面余额
1. 职工工资		
2. 奖金、津贴和补贴		
3. 职工福利费		
4. 社会保险费		
5. 住房公积金		
6. 工会经费		
7. 职工教育经费		
8. 非货币性福利		
9. 辞退福利		
10. 其他		
合　计		

(2)应交税费的披露格式如下：

应交税费明细表

会小企01表附表2

编制单位：　　　　____年____月　　　　单位:元

项　　目	期末账面余额	年初账面余额
1. 增值税		
2. 消费税		
3. 营业税		
4. 城市维护建设税		
5. 企业所得税		
6. 资源税		
7. 土地增值税		
8. 城镇土地使用税		
9. 房产税		
10. 车船税		
11. 教育费附加		
12. 矿产资源补偿费		
13. 排污费		
14. 代扣代缴的个人所得税		
……		
合　计		

4. 利润分配的说明。

利润分配表

会小企01表附表3

编制单位：　　　　____年____度　　　　单位:元

项　　目	行次	本年金额	上年金额
一、净利润	1		
加:年初未分配利润	2		
其他转入	3		
二、可供分配的利润	4		
减:提取法定盈余公积	5		
提取任意盈余公积	6		
提取职工奖励及福利基金＊	7		
提取储备基金＊	8		
提取企业发展基金＊	9		
利润归还投资＊＊	10		
三、可供投资者分配的利润	11		
减:应付利润	12		
四、未分配利润	13		

＊提取职工奖励及福利基金、提取储备基金、提取企业发展基金这3个项目仅适用于小企业(外商投资)按照相关法律规定提取的3项基金。

＊＊利润归还投资这个项目仅适用于小企业(中外合作经营)根据合同规定在合作期间归还投资者的投资。

5. 用于对外担保的资产名称、账面余额及形成的原因；未决诉讼、未决仲裁以及对外提供担保所涉及的金额。

6. 发生严重亏损的，应当披露持续经营的计划、未来经营的方案。

7. 对已在资产负债表和利润表中列示项目与企业所得税法规定存在差异的纳税调整过程。

参见《中华人民共和国企业所得税年度纳税申报表》。

8. 其他需要说明的事项。

增值税会计处理规定

(2016年12月3日　财会〔2016〕22号)

根据《中华人民共和国增值税暂行条例》和《关于全面推开营业税改征增值税试点的通知》(财税〔2016〕36号)等有关规定，现对增值税有关会计处理规定如下：

一、会计科目及专栏设置

增值税一般纳税人应当在“应交税费”科目下设置“应交增值税”、“未交增值税”、“预交增值税”、“待抵扣进项税额”、“待认证进项税额”、“待转销项税额”、“增值税留抵税额”、“简易计税”、“转让金融商品应交增值税”、“代扣代交增值税”等明细科目。

(一)增值税一般纳税人应在“应交增值税”明细账内设置“进项税额”、“销项税额抵减”、“已交税金”、“转出未交增值税”、“减免税款”、“出口抵减内销产品应纳税额”、“销项税额”、“出口退税”、“进项税额转出”、“转出多交增值税”等专栏。其中：

1.“进项税额”专栏，记录一般纳税人购进货物、加工修理修配劳务、服务、无形资产或不动产而支付或负担的、准予从当期销项税额中抵扣的增值税额；

2.“销项税额抵减”专栏，记录一般纳税人按照现行增值税制度规定因扣减销售额而减少的销项税额；

3.“已交税金”专栏，记录一般纳税人当月已交纳的应交增值税额；

4.“转出未交增值税”和“转出多交增值税”专栏，分别记录一般纳税人月度终了转出当月应交未交或多交的增值税额；

5.“减免税款”专栏，记录一般纳税人按现行增值税制度规定准予减免的增值税额；

6.“出口抵减内销产品应纳税额”专栏，记录实行“免、抵、退”办法的一般纳税人按规定计算的出口货物的进项税抵减内销产品的应纳税额；

7.“销项税额”专栏，记录一般纳税人销售货物、加工修理修配劳务、服务、无形资产或不动产应收取的增值税额；

8.“出口退税”专栏，记录一般纳税人出口货物、加工修理修配劳务、服务、无形资产按规定退回的增值税额；

9.“进项税额转出”专栏，记录一般纳税人购进货物、加工修理修配劳务、服务、无形资产或不动产等发生非正常损失以及其他原因而不应从销项税额中抵扣、按规定转出的进项税额。

（二）“未交增值税”明细科目，核算一般纳税人月度终了从“应交增值税”或“预交增值税”明细科目转入当月应交未交、多交或预缴的增值税额，以及当月交纳以前期间未交的增值税额。

（三）“预交增值税”明细科目，核算一般纳税人转让不动产、提供不动产经营租赁服务、提供建筑服务、采用预收款方式销售自行开发的房地产项目等，以及其他按现行增值税制度规定应预缴的增值税额。

（四）“待抵扣进项税额”明细科目，核算一般纳税人已取得增值税扣税凭证并经税务机关认证，按照现行增值税制度规定准予以后期间从销项税额中抵扣的进项税额。包括：一般纳税人自2016年5月1日后取得并按固定资产核算的不动产或者2016年5月1日后取得的不动产在建工程，按现行增值税制度规定准予以后期间从销项税额中抵扣的进项税额；实行纳税辅导期管理的一般纳税人取得的尚未交叉稽核比对的增值税扣税凭证上注明或计算的进项税额。

（五）“待认证进项税额”明细科目，核算一般纳税人由于未经税务机关认证而不得从当期销项税额中抵扣的进项税额。包括：一般纳税人已取得增值税扣税凭证、按照现行增值税制度规定准予从销项税额中抵扣，但尚未经税务机关认证的进项税额；一般纳税人已申请稽核但尚未取得稽核相符结果的海关缴款书进项税额。

（六）“待转销项税额”明细科目，核算一般纳税人销售货物、加工修理修配劳务、服务、无形资产或不动产，已确认相关收入（或利得）但尚未发生增值税纳税义务而需于以后期间确认为销项税额的增值税额。

（七）“增值税留抵税额”明细科目，核算兼有销售服务、无形资产或者不动产的原增值税一般纳税人，截止到纳入营改增试点之日前的增值税期末留抵税额按照现行增值税制度规定不得从销售服务、无形资产或不动产的销项税额中抵扣的增值税留抵税额。

（八）“简易计税”明细科目，核算一般纳税人采用简易计税方法发生的增值税计提、扣减、预缴、缴纳等业务。

（九）“转让金融商品应交增值税”明细科目，核算增值税纳税人转让金融商品发生的增值税额。

（十）“代扣代交增值税”明细科目，核算纳税人购进在境内未设经营机构的境外单位或个人在境内的应税行为代扣代缴的增值税。

小规模纳税人只需在“应交税费”科目下设置“应交增值税”明细科目，不需要设置上述专栏及除“转让金融商品应交增值税”、“代扣代交增值税”外的明细科目。

二、账务处理

（一）取得资产或接受劳务等业务的账务处理。

1. 采购等业务进项税额允许抵扣的账务处理。一般纳税人购进货物、加工修理修配劳务、服务、无形资产或不动产，按应计入相关成本费用或资产的金额，借记“在途物资”或“原材料”、“库存商品”、“生产成本”、“无形资产”、“固定资产”、“管理费用”等科目，按当月已认证的可抵扣增值税额，借记“应交税费——应交增值税（进项税额）”科目，按当月未认证的可抵扣增值税额，借记“应交税费——待认证进项税额”科目，按应付或实际支付的金额，贷记“应付账款”、“应付票据”、“银行存款”等科目。发生退货的，如原增值税专用发票已做认证，应根据税务机关开具的红字增值税专用发票做相反的会计分录；如原增值税专用发票未做认证，应将发票退回并做相反的会计分录。

2. 采购等业务进项税额不得抵扣的账务处理。一般纳税人购进货物、加工修理修配劳务、服务、无形资产或不动产，用于简易计税方法计税项目、免征增值税项目、集体福利或个人消费等，其进项税额按照现行增值税制度规定不得从销项税额中抵扣的，取得增值税专用发票时，应借记相关成本费用或资产科目，借记“应交税费——待认证进项税额”科目，贷记“银行存款”、“应付账款”等科目，经税务机关认证后，应借记相关成本费用或资产科目，贷记“应交税费——应交增值税（进项税额转出）”科目。

3. 购进不动产或不动产在建工程按规定进项税额分年

抵扣的账务处理。一般纳税人自2016年5月1日后取得并按固定资产核算的不动产或者2016年5月1日后取得的不动产在建工程，其进项税额按现行增值税制度规定自取得之日起分2年从销项税额中抵扣的，应当按取得成本，借记"固定资产"、"在建工程"等科目，按当期可抵扣的增值税额，借记"应交税费——应交增值税（进项税额）"科目，按以后期间可抵扣的增值税额，借记"应交税费——待抵扣进项税额"科目，按应付或实际支付的金额，贷记"应付账款"、"应付票据"、"银行存款"等科目。尚未抵扣的进项税额待以后期间允许抵扣时，按允许抵扣的金额，借记"应交税费——应交增值税（进项税额）"科目，贷记"应交税费——待抵扣进项税额"科目。

4. 货物等已验收入库但尚未取得增值税扣税凭证的账务处理。一般纳税人购进的货物等已到达并验收入库，但尚未收到增值税扣税凭证并未付款的，应在月末按货物清单或相关合同协议上的价格暂估入账，不需要将增值税的进项税额暂估入账。下月初，用红字冲销原暂估入账金额，待取得相关增值税扣税凭证并经认证后，按应计入相关成本费用或资产的金额，借记"原材料"、"库存商品"、"固定资产"、"无形资产"等科目，按可抵扣的增值税额，借记"应交税费——应交增值税（进项税额）"科目，按应付金额，贷记"应付账款"等科目。

5. 小规模纳税人采购等业务的账务处理。小规模纳税人购买物资、服务、无形资产或不动产，取得增值税专用发票上注明的增值税应计入相关成本费用或资产，不通过"应交税费——应交增值税"科目核算。

6. 购买方作为扣缴义务人的账务处理。按照现行增值税制度规定，境外单位或个人在境内发生应税行为，在境内未设有经营机构的，以购买方为增值税扣缴义务人。境内一般纳税人购进服务、无形资产或不动产，按应计入相关成本费用或资产的金额，借记"生产成本"、"无形资产"、"固定资产"、"管理费用"等科目，按可抵扣的增值税额，借记"应交税费——进项税额"科目（小规模纳税人应借记相关成本费用或资产科目），按应付或实际支付的金额，贷记"应付账款"等科目，按应代扣代缴的增值税额，贷记"应交税费——代扣代交增值税"科目。实际缴纳代扣代缴增值税时，按代扣代缴的增值税额，借记"应交税费——代扣代交增值税"科目，贷记"银行存款"科目。

（二）销售等业务的账务处理。

1. 销售业务的账务处理。企业销售货物、加工修理修配劳务、服务、无形资产或不动产，应当按应收或已收的金额，借记"应收账款"、"应收票据"、"银行存款"等科目，按取得的收入金额，贷记"主营业务收入"、"其他业务收入"、"固定资产清理"、"工程结算"等科目，按现行增值税制度规定计算的销项税额（或采用简易计税方法计算的应纳增值税额），贷记"应交税费——应交增值税（销项税额）"或"应交税费——简易计税"科目（小规模纳税人应贷记"应交税费——应交增值税"科目）。发生销售退回的，应根据按规定开具的红字增值税专用发票做相反的会计分录。

按照国家统一的会计制度确认收入或利得的时点早于按照增值税制度确认增值税纳税义务发生时点的，应将相关销项税额计入"应交税费——待转销项税额"科目，待实际发生纳税义务时再转入"应交税费——应交增值税（销项税额）"或"应交税费——简易计税"科目。

按照增值税制度确认增值税纳税义务发生时点早于按照国家统一的会计制度确认收入或利得的时点的，应将应纳增值税额，借记"应收账款"科目，贷记"应交税费——应交增值税（销项税额）"或"应交税费——简易计税"科目，按照国家统一的会计制度确认收入或利得时，应按扣除增值税销项税额后的金额确认收入。

2. 视同销售的账务处理。企业发生税法上视同销售的行为，应当按照企业会计准则制度相关规定进行相应的会计处理，并按照现行增值税制度规定计算的销项税额（或采用简易计税方法计算的应纳增值税额），借记"应付职工薪酬"、"利润分配"等科目，贷记"应交税费——应交增值税（销项税额）"或"应交税费——简易计税"科目（小规模纳税人应计入"应交税费——应交增值税"科目）。

3. 全面试行营业税改征增值税前已确认收入，此后产生增值税纳税义务的账务处理。企业营业税改征增值税前已确认收入，但因未产生营业税纳税义务而未计提营业税的，在达到增值税纳税义务时点时，企业应在确认应交增值税销项税额的同时冲减当期收入；已经计提营业税且未缴纳的，在达到增值税纳税义务时点时，应借记"应交税费——应交营业税"、"应交税费——应交城市维护建设税"、"应交税费——应交教育费附加"等科目，贷记"主营业务收入"科目，并根据调整后的收入计算确定计入"应交税费——待转销项税额"科目的金额，同时冲减收入。

全面试行营业税改征增值税后，"营业税金及附加"科目名称调整为"税金及附加"科目，该科目核算企业经营活动发生的消费税、城市维护建设税、资源税、教育费附加及房产税、土地使用税、车船使用税、印花税等相关税费；利润表中的"营业税金及附加"项目调整为"税金及附加"项目。

（三）差额征税的账务处理。

1. 企业发生相关成本费用允许扣减销售额的账务处理。按现行增值税制度规定企业发生相关成本费用允许扣减销售额的，发生成本费用时，按应付或实际支付的金额，借记"主营业务成本"、"存货"、"工程施工"等科目，贷记"应付账款"、"应付票据"、"银行存款"等科目。待取得合规增值税扣税凭证且纳税义务发生时，按照允许抵扣的税额，借记"应交税费——应交增值税（销项税额抵减）"或"应交税费——简易计税"科目（小规模纳税人应借记"应交税费——应交增值税”科目），贷记“主营业务成本”、“存货”、“工程施工”等科目。

2. 金融商品转让按规定以盈亏相抵后的余额作为销售额的账务处理。金融商品实际转让月末，如产生转让收益，则按应纳税额借记“投资收益”等科目，贷记“应交税费——转让金融商品应交增值税”科目；如产生转让损失，则按可结转下月抵扣税额，借记“应交税费——转让金融商品应交增值税”科目，贷记“投资收益”等科目。交纳增值税时，应借记“应交税费——转让金融商品应交增值税”科目，贷记“银行存款”科目。年末，本科目如有借方余额，则借记“投资收益”等科目，贷记“应交税费——转让金融商品应交增值税”科目。

（四）出口退税的账务处理。

为核算纳税人出口货物应收取的出口退税款，设置“应收出口退税款”科目，该科目借方反映销售出口货物按规定向税务机关申报应退回的增值税、消费税等，贷方反映实际收到的出口货物应退回的增值税、消费税等。期末借方余额，反映尚未收到的应退税额。

1. 未实行“免、抵、退”办法的一般纳税人出口货物按规定退税的，按规定计算的应收出口退税额，借记“应收出口退税款”科目，贷记“应交税费——应交增值税（出口退税）”科目，收到出口退税时，借记“银行存款”科目，贷记“应收出口退税款”科目；退税额低于购进时取得的增值税专用发票上的增值税额的差额，借记“主营业务成本”科目，贷记“应交税费——应交增值税（进项税额转出）”科目。

2. 实行“免、抵、退”办法的一般纳税人出口货物，在货物出口销售后结转产品销售成本时，按规定计算的退税额低于购进时取得的增值税专用发票上的增值税额的差额，借记“主营业务成本”科目，贷记“应交税费——应交增值税（进项税额转出）”科目；按规定计算的当期出口货物的进项税抵减内销产品的应纳税额，借记“应交税费——应交增值税（出口抵减内销产品应纳税额）”科目，贷记“应交税费——应交增值税（出口退税）”科目。在规定期限内，内销产品的应纳税额不足以抵减出口货物的进项税额，不足部分按有关税法规定给予退税的，应在实际收到退税款时，借记“银行存款”科目，贷记“应交税费——应交增值税（出口退税）”科目。

（五）进项税额抵扣情况发生改变的账务处理。

因发生非正常损失或改变用途等，原已计入进项税额、待抵扣进项税额或待认证进项税额，但按现行增值税制度规定不得从销项税额中抵扣的，借记“待处理财产损溢”、“应付职工薪酬”、“固定资产”、“无形资产”等科目，贷记“应交税费——应交增值税（进项税额转出）”、“应交税费——待抵扣进项税额”或“应交税费——待认证进项税额”科目；原不得抵扣且未抵扣进项税额的固定资产、无形资产等，因改变用途等用于允许抵扣进项税额的应税项目的，应按允许抵扣的进项税额，借记“应交税费——应交增值税（进项税额）”科目，贷记“固定资产”、“无形资产”等科目。固定资产、无形资产等经上述调整后，应按调整后的账面价值在剩余尚可使用寿命内计提折旧或摊销。

一般纳税人购进时已全额计提进项税额的货物或服务等转用于不动产在建工程的，对于结转以后期间的进项税额，应借记“应交税费——待抵扣进项税额”科目，贷记“应交税费——应交增值税（进项税额转出）”科目。

（六）月末转出多交增值税和未交增值税的账务处理。

月度终了，企业应当将当月应交未交或多交的增值税自“应交增值税”明细科目转入“未交增值税”明细科目。对于当月应交未交的增值税，借记“应交税费——应交增值税（转出未交增值税）”科目，贷记“应交税费——未交增值税”科目；对于当月多交的增值税，借记“应交税费——未交增值税”科目，贷记“应交税费——应交增值税（转出多交增值税）”科目。

（七）交纳增值税的账务处理。

1. 交纳当月应交增值税的账务处理。企业交纳当月应交的增值税，借记“应交税费——应交增值税（已交税金）”科目（小规模纳税人应借记“应交税费——应交增值税”科目），贷记“银行存款”科目。

2. 交纳以前期间未交增值税的账务处理。企业交纳以前期间未交的增值税，借记“应交税费——未交增值税”科目，贷记“银行存款”科目。

3. 预缴增值税的账务处理。企业预缴增值税时，借记“应交税费——预交增值税”科目，贷记“银行存款”科目。月末，企业应将“预交增值税”明细科目余额转入“未交增值税”明细科目，借记“应交税费——未交增值税”科目，贷记“应交税费——预交增值税”科目。房地产开发企业等在预缴增值税后，应直至纳税义务发生时方可从“应交税费——预交增值税”科目结转至“应交税费——未交增值税”科目。

4. 减免增值税的账务处理。对于当期直接减免的增值税，借记“应交税费——应交增值税（减免税款）”科目，贷记损益类相关科目。

（八）增值税期末留抵税额的账务处理。

纳入营改增试点当月月初，原增值税一般纳税人应按不得从销售服务、无形资产或不动产的销项税额中抵扣的增值税留抵税额，借记“应交税费——增值税留抵税额”科目，贷记“应交税费——应交增值税（进项税额转出）”科目。待以后期间允许抵扣时，按允许抵扣的金额，借记“应交税费——应交增值税（进项税额）”科目，贷记“应交税费——增值税留抵税额”科目。

（九）增值税税控系统专用设备和技术维护费用抵减增值税额的账务处理。

按现行增值税制度规定，企业初次购买增值税税控系统专用设备支付的费用以及缴纳的技术维护费允许在增值税应纳税额中全额抵减的，按规定抵减的增值税应纳税额，借记“应交税费——应交增值税（减免税款）”科目（小规模纳税人应借记“应交税费——应交增值税”科目），贷记“管理费用”等科目。

（十）关于小微企业免征增值税的会计处理规定。

小微企业在取得销售收入时，应当按照税法的规定计算应交增值税，并确认为应交税费，在达到增值税制度规定的免征增值税条件时，将有关应交增值税转入当期损益。

三、财务报表相关项目列示

“应交税费”科目下的“应交增值税”、“未交增值税”、“待抵扣进项税额”、“待认证进项税额”、“增值税留抵税额”等明细科目期末借方余额应根据情况，在资产负债表中的“其他流动资产” 或“其他非流动资产”项目列示；“应交税费——待转销项税额”等科目期末贷方余额应根据情况，在资产负债表中的“其他流动负债” 或“其他非流动负债”项目列示；“应交税费”科目下的“未交增值税”、“简易计税”、“转让金融商品应交增值税”、“代扣代交增值税”等科目期末贷方余额应在资产负债表中的“应交税费”项目列示。

四、附则

本规定自发布之日起施行，国家统一的会计制度中相关规定与本规定不一致的，应按本规定执行。2016 年 5 月 1 日至本规定施行之间发生的交易由于本规定而影响资产、负债等金额的，应按本规定调整。《营业税改征增值税试点有关企业会计处理规定》（财会〔2012〕13 号）及《关于小微企业免征增值税和营业税的会计处理规定》（财会〔2013〕24 号）等原有关增值税会计处理的规定同时废止。

会计人员管理办法

（2018 年 12 月 6 日　财会〔2018〕33 号）

第一条　为加强会计人员管理，规范会计人员行为，根据《中华人民共和国会计法》及相关法律法规的规定，制定本办法。

第二条　会计人员，是指根据《中华人民共和国会计法》的规定，在国家机关、社会团体、企业、事业单位和其他组织（以下统称单位）中从事会计核算、实行会计监督等会计工作的人员。

会计人员包括从事下列具体会计工作的人员：

（一）出纳；

（二）稽核；

（三）资产、负债和所有者权益（净资产）的核算；

（四）收入、费用（支出）的核算；

（五）财务成果（政府预算执行结果）的核算；

（六）财务会计报告（决算报告）编制；

（七）会计监督；

（八）会计机构内会计档案管理；

（九）其他会计工作。

担任单位会计机构负责人（会计主管人员）、总会计师的人员，属于会计人员。

第三条　会计人员从事会计工作，应当符合下列要求：

（一）遵守《中华人民共和国会计法》和国家统一的会计制度等法律法规；

（二）具备良好的职业道德；

（三）按照国家有关规定参加继续教育；

（四）具备从事会计工作所需要的专业能力。

第四条　会计人员具有会计类专业知识，基本掌握会计基础知识和业务技能，能够独立处理基本会计业务，表明具备从事会计工作所需要的专业能力。

单位应当根据国家有关法律法规和本办法有关规定，判断会计人员是否具备从事会计工作所需要的专业能力。

第五条　单位应当根据《中华人民共和国会计法》等法律法规和本办法有关规定，结合会计工作需要，自主任用（聘用）会计人员。

单位任用（聘用）的会计机构负责人（会计主管人员）、总会计师，应当符合《中华人民共和国会计法》《总会计师条例》等法律法规和本办法有关规定。

单位应当对任用（聘用）的会计人员及其从业行为加强监督和管理。

第六条　因发生与会计职务有关的违法行为被依法追究刑事责任的人员，单位不得任用（聘用）其从事会计工作。

因违反《中华人民共和国会计法》有关规定受到行政处罚五年内不得从事会计工作的人员，处罚期届满前，单位不得任用（聘用）其从事会计工作。

本条第一款和第二款规定的违法人员行业禁入期限，自其违法行为被认定之日起计算。

第七条　单位应当根据有关法律法规、内部控制制度要求和会计业务需要设置会计岗位，明确会计人员职责权限。

第八条　县级以上地方人民政府财政部门、新疆生产建设兵团财政局、中央军委后勤保障部、中共中央直属机关事务管理局、国家机关事务管理局应当采用随机抽取检查对象、随机选派执法检查人员的方式，依法对单位任用（聘用）会计人员及其从业情况进行管理和监督检查，并将监督检查情况及结果及时向社会公开。

第九条　依法成立的会计人员自律组织，应当依据有关法律法规和其章程规定，指导督促会员依法从事会计工作，对违反有关法律法规、会计职业道德和其章程的会员进行惩戒。

第十条　各省、自治区、直辖市、计划单列市财政厅（局），新疆生产建设兵团财政局，中央军委后勤保障部、中共中央直属机关事务管理局、国家机关事务管理局可以根据本办法制定具体实施办法,报财政部备案。

第十一条 本办法自2019年1月1日起施行。

注册会计师注册办法

(2005年1月22日财政部令第25号公布 根据2017年12月4日《财政部关于修改〈注册会计师注册办法〉等6部规章的决定》第一次修订 根据2019年3月15日《财政部关于修改〈注册会计师注册办法〉的决定》第二次修订)

第一条 为了规范注册会计师注册工作,根据《中华人民共和国注册会计师法》及相关法律,制定本办法。

第二条 申请注册成为注册会计师适用本办法。

第三条 省、自治区、直辖市注册会计师协会(以下简称"省级注册会计师协会")负责本地区注册会计师的注册及相关管理工作。中国注册会计师协会对省级注册会计师协会的注册管理工作进行指导。

注册会计师依法执行业务,应当取得财政部统一制定的中华人民共和国注册会计师证书(以下简称"注册会计师证书")。

第四条 具备下列条件之一,并在中国境内从事审计业务工作2年以上者,可以向省级注册会计师协会申请注册:

(一)参加注册会计师全国统一考试成绩合格;

(二)经依法认定或者考核具有注册会计师资格。

第五条 申请人有下列情形之一的,不予注册:

(一)不具有完全民事行为能力的;

(二)因受刑事处罚,自刑罚执行完毕之日起至申请注册之日止不满5年的;

(三)因在财务、会计、审计、企业管理或者其他经济管理工作中犯有严重错误受行政处罚、撤职以上处分,自处罚、处分决定生效之日起至申请注册之日止不满2年的;

(四)受吊销注册会计师证书的处罚,自处罚决定生效之日起至申请注册之日止不满5年的;

(五)因以欺骗、贿赂等不正当手段取得注册会计师证书而被撤销注册,自撤销注册决定生效之日起至申请注册之日止不满3年的;

(六)不在会计师事务所专职执业的;

(七)年龄超过70周岁的。

第六条 申请人申请注册,应当通过其所在的会计师事务所,向会计师事务所所在地的省级注册会计师协会提交注册会计师注册申请表(附表1):

(一)申请人基本情况;

(二)申请人出具的符合注册条件的承诺;

(三)申请人所在会计师事务所出具的申请人在该会计师事务所专职从业的承诺。

申请人为香港、澳门特别行政区和台湾地区居民的,应当提交港澳台居民居住证信息或者港澳台居民出入境证件信息。

申请人为外国人的,应当同时提交护照和签证信息以及《外国人工作许可证》信息。

经依法认定或者考核具有注册会计师资格的,应当提交相关文件和符合认定或者考核条件的相关材料。

第七条 申请人和所在的会计师事务所应当分别对申请材料内容的真实性负责。

第八条 省级注册会计师协会应当在受理申请的办公场所将申请注册应当提交的材料目录及要求、准予注册的程序及期限,以及不予注册的情形予以公示。

第九条 省级注册会计师协会收到申请人提交的申请材料后,应当对其进行形式审查。

申请材料不齐全或者不符合法定形式的,应当当场或者在5个工作日内一次告知需要补正的材料及内容。

申请材料齐全、符合法定形式的,应当受理其注册申请。

第十条 省级注册会计师协会受理或者不予受理注册申请,应当向申请人出具加盖本单位专用印章和注明日期的书面凭证。

第十一条 省级注册会计师协会应当对申请材料的内容进行审查,并自受理注册申请之日起20个工作日内作出准予或者不予注册的决定。20个工作日内不能作出决定的,经省级注册会计师协会负责人批准,可以延长10个工作日,并应当将延长期限的理由告知申请人。

第十二条 省级注册会计师协会作出准予注册决定的,应当自作出决定之日起10个工作日内向申请人颁发注册会计师证书。

省级注册会计师协会应当自作出准予注册决定之日起20个工作日内,将准予注册的决定和注册会计师注册备案表(附表2)报送财政部、中国注册会计师协会备案,抄报所在地的省、自治区、直辖市人民政府财政部门(以下简称"省级财政部门")并将准予注册人员的名单在全国性报刊或者相关网站上予以公告。

第十三条 省级注册会计师协会作出不予注册决定的,应当自作出决定之日起15个工作日内书面通知申请人。书面通知中应当说明不予注册的理由,并告知申请人享有依法申请行政复议或者提起行政诉讼的权利。

第十四条 财政部依法对省级注册会计师协会的注册工作进行检查,发现注册不符合本办法规定的,应当通知省级注册会计师协会撤销注册。

第十五条 中国注册会计师协会和省级注册会计师协会应当对注册会计师的任职资格和执业情况进行监督检查,必要时可以进行实地检查。

第十六条 注册会计师有下列情形之一的，由所在地的省级注册会计师协会撤销注册，收回注册会计师证书：

（一）完全丧失民事行为能力的；

（二）受刑事处罚的；

（三）自行停止执行注册会计师业务满1年的；

（四）以欺骗、贿赂等不正当手段取得注册会计师证书的。

对因前款第（四）项被撤销注册、收回注册会计师证书的人员，由省级财政部门给予警告，并向社会公告。

第十七条 申请人及其所在会计师事务所出具虚假申请材料的，由省级财政部门对申请人、会计师事务所首席合伙人（主任会计师）给予警告，并向社会公告。

第十八条 省级注册会计师协会工作人员滥用职权、玩忽职守准予注册的，或者对不具备申请资格或不符合法定条件的申请人准予注册的，由省级注册会计师协会撤销注册，收回注册会计师证书。

第十九条 被撤销注册的人员可以重新申请注册，但必须符合本办法第四条规定条件，并且没有本办法第五条规定所列情形。

第二十条 注册会计师有下列情形之一的，由所在地的省级注册会计师协会注销注册：

（一）依法被撤销注册，或者吊销注册会计师证书的；

（二）不在会计师事务所专职执业的。

第二十一条 省级注册会计师协会应当将注销注册的决定抄报财政部和所在地的省级财政部门、中国注册会计师协会，并自作出决定之日起10个工作日内将注销注册人员的名单在全国性报刊或者相关网站上予以公告。

第二十二条 注册会计师违反《中华人民共和国注册会计师法》第二十条、第二十一条规定，由财政部或者所在地的省级财政部门给予警告；情节严重的，可以由财政部或者所在地的省级财政部门暂停其执行业务或者吊销注册会计师证书。

财政部和省级财政部门应当按照《中华人民共和国行政处罚法》及有关规定实施行政处罚，并将行政处罚决定抄送中国注册会计师协会和注册会计师所在地的省级注册会计师协会。

第二十三条 受到行政处罚，或者被撤销注册或注销注册的当事人有异议的，可以依法申请行政复议或者提起行政诉讼。

第二十四条 各省级注册会计师协会及其工作人员在开展注册会计师注册工作中，存在违反本办法规定的行为，以及其他滥用职权、玩忽职守、徇私舞弊等违法违纪行为的，依照《中华人民共和国注册会计师法》《中华人民共和国行政许可法》《中华人民共和国监察法》《财政违法行为处罚处分条例》等国家有关规定追究相应责任；涉嫌犯罪的，依法移送司法机关处理。

第二十五条 香港、澳门特别行政区和台湾地区居民以及按照互惠原则确认的外国人申请注册，依照本办法办理。

第二十六条 本办法自2005年3月1日起施行。

自本办法施行之日起，《注册会计师注册审批暂行办法》[（93）财会协字第122号]、《外籍中国注册会计师注册审批暂行办法》（财协字〔1998〕9号）、《〈外籍中国注册会计师注册审批暂行办法〉的补充规定》（财会〔2003〕34号）同时废止。

附表 1：

注册会计师注册申请表

<table>
<tr><td>姓　名</td><td></td><td>性别</td><td></td><td>国籍（地区）</td><td></td><td rowspan="4">一寸彩照
（近期免冠）</td></tr>
<tr><td>出生日期</td><td colspan="2"></td><td>政治面貌</td><td colspan="2"></td></tr>
<tr><td>民族</td><td></td><td>户口所在地</td><td></td><td>是否退休</td><td></td></tr>
<tr><td>有效身份证件
名称/号码</td><td colspan="5">/</td></tr>
<tr><td colspan="3">参加注册会计师全国统一考试提供的有效身份证件名称/号码</td><td colspan="4">/</td></tr>
<tr><td>专业职称</td><td></td><td>职称等级</td><td></td><td>学历</td><td colspan="2"></td></tr>
<tr><td>毕业学校</td><td colspan="3"></td><td>所学专业</td><td colspan="2"></td></tr>
<tr><td>毕业时间</td><td></td><td>外语程度</td><td></td><td>学位</td><td colspan="2"></td></tr>
<tr><td>进所时间</td><td></td><td>进所前
工作单位</td><td colspan="4"></td></tr>
<tr><td>电子邮箱</td><td></td><td>非执业
会员证号</td><td colspan="4"></td></tr>
<tr><td>通讯地址</td><td colspan="3"></td><td>邮编</td><td colspan="2"></td></tr>
<tr><td>考试（　）</td><td colspan="2">全科合格证号码</td><td></td><td>全科合格日期</td><td colspan="2"></td></tr>
<tr><td>考核（　）</td><td colspan="2">考核批准文号</td><td></td><td>考核批准日期</td><td colspan="2"></td></tr>
<tr><td>档案现存放的
单位</td><td colspan="2"></td><td>个人社会
保障号码</td><td colspan="3"></td></tr>
<tr><td>是否在会计师
事务所专职从业</td><td colspan="2"></td><td>所内
职务</td><td></td><td>从事审计业务
时间（年）</td><td></td></tr>
<tr><td>固定电话</td><td colspan="2"></td><td>移动电话</td><td colspan="3"></td></tr>
<tr><td>何时因何原因
受到何种处罚或
处分</td><td colspan="6"></td></tr>
</table>

<table>
<tr><td colspan="4">个人简历(从大学填起)</td></tr>
<tr><td>起止时间</td><td colspan="2">在何单位学习、工作</td><td>证明人</td></tr>
<tr><td></td><td colspan="2"></td><td></td></tr>
<tr><td></td><td colspan="2"></td><td></td></tr>
<tr><td></td><td colspan="2"></td><td></td></tr>
<tr><td></td><td colspan="2"></td><td></td></tr>
<tr><td></td><td colspan="2"></td><td></td></tr>
<tr><td colspan="4">个人从事审计业务经历</td></tr>
<tr><td>起止时间</td><td>会计师事务所</td><td>从事审计业务具体项目
(至少填写1个)</td><td>证明人</td></tr>
<tr><td></td><td></td><td></td><td></td></tr>
<tr><td></td><td></td><td></td><td></td></tr>
<tr><td></td><td></td><td></td><td></td></tr>
<tr><td></td><td></td><td></td><td></td></tr>
<tr><td></td><td></td><td></td><td></td></tr>
<tr><td colspan="2">本人声明已从事审计业务满2年、熟知《中华人民共和国注册会计师法》规定的权利与义务,承诺在会计师事务所专职从业,并且不具有《注册会计师注册办法》第五条规定不予注册的其他情形,对以上所填写内容及提交的申请材料的真实性负责。

申请人签字:
年　　月　　日</td><td colspan="2">所在会计师事务所意见:

申请人为本所员工,在本所专职从业,本所对以上情形的真实性负责。

首席合伙人(主任会计师)签字:
会计师事务所盖章

年　　月　　日</td></tr>
</table>

附表2

注册会计师注册备案表

姓　名	性别	会计师事务所名称	考试合格证号或考核(认定)批准文号	档案存放单位	审计工作时间	身份证号码

注:外国人和香港、澳门特别行政区及台湾地区居民申请注册时可不填“档案存放单位”一栏。

填报人:　　　　负责人:　　　　填报日期:　　年　　月　　日

省级注册会计师协会盖章

会计师事务所执业许可和监督管理办法

(2017年8月20日财政部令第89号公布　根据2019年1月2日《财政部关于修改〈会计师事务所执业许可和监督管理办法〉等2部部门规章的决定》修改)

第一章　总　　则

第一条　为规范会计师事务所及其分所执业许可,加强对会计师事务所的监督管理,促进注册会计师行业健康发展,根据《中华人民共和国注册会计师法》(以下简称《注册会计师法》)、《中华人民共和国合伙企业法》、《中华人民共和国公司法》等法律、行政法规,制定本办法。

第二条　财政部和省、自治区、直辖市人民政府财政部门(以下简称省级财政部门)对会计师事务所和注册会计师进行管理、监督和指导,适用本办法。

第三条　省级财政部门应当遵循公开、公平、公正、便民、高效的原则,依法办理本地区会计师事务所执业许可工作,并对本地区会计师事务所进行监督管理。

财政部和省级财政部门应当加强对会计师事务所和注册会计师的政策指导,营造公平的会计市场环境,引导和鼓励会计师事务所不断完善内部治理,实现有序发展。

省级财政部门应当推进网上政务,便利会计师事务所执业许可申请和变更备案。

第四条　会计师事务所、注册会计师应当遵守法律、行政法规,恪守职业道德,遵循执业准则、规则。

第五条　会计师事务所、注册会计师依法独立、客观、公正执业,受法律保护,任何单位和个人不得违法干预。

第六条　会计师事务所可以采用普通合伙、特殊普通合伙或者有限责任公司形式。

会计师事务所从事证券服务业务和经法律、行政法规规定的关系公众利益的其他特定业务,应当采用普通合伙或者特殊普通合伙形式,接受财政部的监督。

第二章　会计师事务所执业许可的取得

第七条　会计师事务所应当自领取营业执照之日起60日内,向所在地的省级财政部门申请执业许可。

未取得会计师事务所执业许可的,不得以会计师事务所的名义开展业务活动,不得从事《注册会计师法》第十四条规定的业务(以下简称注册会计师法定业务)。

第八条 普通合伙会计师事务所申请执业许可,应当具备下列条件:

(一)2 名以上合伙人,且合伙人均符合本办法第十一条规定条件;

(二)书面合伙协议;

(三)有经营场所。

第九条 特殊普通合伙会计师事务所申请执业许可,应当具备下列条件:

(一)15 名以上由注册会计师担任的合伙人,且合伙人均符合本办法第十一条、第十二条规定条件;

(二)60 名以上注册会计师;

(三)书面合伙协议;

(四)有经营场所;

(五)法律、行政法规或者财政部依授权规定的其他条件。

第十条 有限责任会计师事务所申请执业许可,应当具备下列条件:

(一)5 名以上股东,且股东均符合本办法第十一条规定条件;

(二)不少于人民币 30 万元的注册资本;

(三)股东共同制定的公司章程;

(四)有经营场所。

第十一条 除本办法第十二条规定外,会计师事务所的合伙人(股东),应当具备下列条件:

(一)具有注册会计师执业资格;

(二)成为合伙人(股东)前 3 年内没有因为执业行为受到行政处罚;

(三)最近连续 3 年在会计师事务所从事审计业务且在会计师事务所从事审计业务时间累计不少于 10 年或者取得注册会计师执业资格后最近连续 5 年在会计师事务所从事审计业务;

(四)成为合伙人(股东)前 3 年内没有因欺骗、贿赂等不正当手段申请会计师事务所执业许可而被省级财政部门作出不予受理、不予批准或者撤销会计师事务所执业许可的决定;

(五)在境内有稳定住所,每年在境内居留不少于 6 个月,且最近连续居留已满 5 年。

因受行政处罚、刑事处罚被吊销、撤销注册会计师执业资格的,其被吊销、撤销执业资格之前在会计师事务所从事审计业务的年限,不得计入本条第一款第三项规定的累计年限。

第十二条 不符合本办法第十一条第一款第一项和第三项规定的条件,但具有相关职业资格的人员,经合伙协议约定,可以担任特殊普通合伙会计师事务所履行内部特定管理职责或者从事咨询业务的合伙人,但不得担任首席合伙人和执行合伙事务的合伙人,不得以任何形式对该会计师事务所实施控制。具体办法另行制定。

第十三条 普通合伙会计师事务所和特殊普通合伙会计师事务所应当设立首席合伙人,由执行合伙事务的合伙人担任。

有限责任会计师事务所应当设立主任会计师,由法定代表人担任,法定代表人应当是有限责任会计师事务所的股东。

首席合伙人(主任会计师)应当符合下列条件:

(一)在境内有稳定住所,每年在境内居留不少于 6 个月,且最近连续居留已满 10 年;

(二)具有代表会计师事务所履行合伙协议或者公司章程授予的管理职权的能力和经验。

第十四条 会计师事务所应当加强执业质量控制,建立健全合伙人(股东)、签字注册会计师和其他从业人员在执业质量控制中的权责体系。

首席合伙人(主任会计师)对会计师事务所的执业质量负主体责任。审计业务主管合伙人(股东)、质量控制主管合伙人(股东)对会计师事务所的审计业务质量负直接主管责任。审计业务项目合伙人(股东)对组织承办的具体业务项目的审计质量负直接责任。

第十五条 注册会计师担任会计师事务所的合伙人(股东),涉及执业关系转移的,该注册会计师应当先在省、自治区、直辖市注册会计师协会(以下简称省级注册会计师协会)办理从原会计师事务所转出的手续。若为原会计师事务所合伙人(股东)的,还应当按照有关法律、行政法规,以及合伙协议或者公司章程的规定,先办理退伙或者股权转让手续。

第十六条 会计师事务所的名称应当符合国家有关规定。未经同意,会计师事务所不得使用包含其他已取得执业许可的会计师事务所字号的名称。

第十七条 申请会计师事务所执业许可,应当向其所在地的省级财政部门提交下列材料:

(一)会计师事务所执业许可申请表;

(二)会计师事务所合伙人(股东)执业经历等符合规定条件的材料;

(三)拟在该会计师事务所执业的注册会计师情况汇总表;

(四)统一社会信用代码。

合伙人(股东)是境外人员或移居境外人员的,还应当提交符合本办法第十一条第一款第五项、第十三条第三款第一项条件的材料及承诺函。

因合并或者分立新设会计师事务所的,申请时还应当提交合并协议或者分立协议。

申请人应当对申请材料内容的真实性、准确性、完整性负责。

第十八条 省级财政部门应当对申请人提交的申请材料进行审查。对申请材料不齐全或者不符合法定形式的,应当当场或者在接到申请材料后 5 日内一次性告知申请人需要补正的全部内容。对申请材料齐全、符合法定形式,或者申请人按照要求提交全部补正申请材料的应当受理。受理申请或者不予受理申请,应当向申请人出具加盖本行政机关专用印章和注明日期的书面凭证。

省级财政部门受理申请的,应当将申请材料中有关会计师事务所名称以及合伙人(股东)执业资格及执业时间等情况在5日内予以公示。

第十九条　省级财政部门应当通过财政会计行业管理系统对申请人有关信息进行核对,并自受理申请之日起30日内作出准予或者不予会计师事务所执业许可的决定。

第二十条　省级财政部门作出准予会计师事务所执业许可决定的,应当自作出准予决定之日起10日内向申请人出具准予行政许可的书面决定、颁发会计师事务所执业证书,并予以公告。准予许可决定应当载明下列事项:

(一)会计师事务所的名称和组织形式;

(二)会计师事务所合伙人(股东)的姓名;

(三)会计师事务所首席合伙人(主任会计师)的姓名;

(四)会计师事务所的业务范围。

第二十一条　省级财政部门作出准予会计师事务所执业许可决定的,应当自作出准予决定之日起30日内将准予许可决定报财政部备案。

财政部发现准予许可不当的,应当自收到准予许可决定之日起30日内通知省级财政部门重新审查。

省级财政部门重新审查后发现申请人不符合本办法规定的申请执业许可的条件的,应当撤销执业许可,并予以公告。

第二十二条　省级财政部门作出不予会计师事务所执业许可决定的,应当自作出决定之日起10日内向申请人出具书面决定,并通知工商行政管理部门。

书面决定应当说明不予许可的理由,并告知申请人享有依法申请行政复议或者提起行政诉讼的权利。

会计师事务所执业许可申请未予准许,企业主体继续存续的,不得从事注册会计师法定业务,企业名称中不得继续使用"会计师事务所"字样,申请人应当自收到不予许可决定之日起20日内办理工商变更登记。

第二十三条　会计师事务所的合伙人(股东)应当自会计师事务所取得执业证书之日起30日内办理完成转入该会计师事务所的手续。

注册会计师在未办理完成转入手续以前,不得在拟转入的会计师事务所执业。

第二十四条　会计师事务所应当完善职业风险防范机制,建立职业风险基金,办理职业责任保险。具体办法由财政部另行制定。

特殊普通合伙会计师事务所的合伙人按照《合伙企业法》等法律法规的规定及合伙协议的约定,对会计师事务所的债务承担相应责任。

第三章　会计师事务所分所执业许可的取得

第二十五条　会计师事务所设立分支机构应当依照本办法规定申请分所执业许可。

第二十六条　会计师事务所分所的名称应当采用"会计师事务所名称＋分支机构所在行政区划名＋分所"的形式。

第二十七条　会计师事务所应当在人事、财务、业务、技术标准、信息管理等方面对其设立的分所进行实质性的统一管理,并对分所的业务活动、执业质量和债务承担法律责任。

第二十八条　会计师事务所申请分所执业许可,应当自领取分所营业执照之日起60日内,向分所所在地的省级财政部门提出申请。

第二十九条　申请分所执业许可的会计师事务所,应当具备下列条件:

(一)取得会计师事务所执业许可3年以上,内部管理制度健全;

(二)不少于50名注册会计师(已到和拟到分所执业的注册会计师除外);

(三)申请设立分所前3年内没有因为执业行为受到行政处罚。

跨省级行政区划申请分所执业许可的,会计师事务所上一年度业务收入应当达到2000万元以上。

因合并或者分立新设的会计师事务所申请分所执业许可的,其取得会计师事务所执业许可的期限,可以从合并或者分立前会计师事务所取得执业许可的时间算起。

第三十条　会计师事务所申请分所执业许可,该分所应当具备下列条件:

(一)分所负责人为会计师事务所的合伙人(股东),并具有注册会计师执业资格;

(二)不少于5名注册会计师,且注册会计师的执业关系应当转入分所所在地省级注册会计师协会;由总所人员兼任分所负责人的,其执业关系可以不作变动,但不计入本项规定的5名注册会计师;

(三)有经营场所。

第三十一条　会计师事务所申请分所执业许可,应当向分所所在地的省级财政部门提交下列材料:

(一)分所执业许可申请表;

(二)会计师事务所合伙人会议或者股东会作出的设立分所的书面决议;

(三)注册会计师情况汇总表(会计师事务所和申请执业许可的分所分别填写);

(四)分所统一社会信用代码;

(五)会计师事务所对该分所进行实质性统一管理的承诺书,该承诺书由首席合伙人(主任会计师)签署,并加盖会计师事务所公章。

跨省级行政区划申请分所执业许可的,还应当提交上一年度会计师事务所业务收入情况。

第三十二条　省级财政部门审批分所执业许可的程序比

照本办法第十八条至第二十二条第二款的规定办理。

会计师事务所跨省级行政区划设立分所的，准予分所执业许可的省级财政部门还应当将准予许可决定抄送会计师事务所所在地的省级财政部门。

省级财政部门作出不予分所执业许可决定的，会计师事务所应当自收到不予许可决定之日起 20 日内办理该分所的工商注销手续。

第四章　会计师事务所及其分所的变更备案和执业许可的注销

第三十三条　会计师事务所下列事项发生变更的，应当自作出决议之日起 20 日内向所在地的省级财政部门备案；涉及工商变更登记的，应当自办理完工商变更登记之日起 20 日内向所在地的省级财政部门备案：

（一）会计师事务所的名称；

（二）首席合伙人（主任会计师）；

（三）合伙人（股东）；

（四）经营场所；

（五）有限责任会计师事务所的注册资本。

分所的名称、负责人或者经营场所发生变更的，该会计师事务所应当同时向会计师事务所和分所所在地的省级财政部门备案。

第三十四条　会计师事务所及其分所变更备案的，应当提交变更事项情况表，以及变更事项符合会计师事务所和分所执业许可条件的材料。

第三十五条　会计师事务所及其分所变更名称的，应当同时向会计师事务所和分所所在地的省级财政部门交回原会计师事务所执业证书或者分所执业证书，换取新的会计师事务所执业证书或者分所执业证书。

省级财政部门应当将会计师事务所及其分所的名称变更情况予以公告。

第三十六条　会计师事务所跨省级行政区划迁移经营场所的，应当在办理完迁入地工商登记手续后 10 日内向迁入地省级财政部门备案，并提交会计师事务所跨省级行政区划迁移表和合伙人（股东）情况汇总表。

迁入地省级财政部门应当在收到备案材料后 10 日内，及时核实该会计师事务所有关情况，收回原会计师事务所执业证书，换发新的会计师事务所执业证书，并予以公告，同时通知迁出地省级财政部门。

迁出地省级财政部门收到通知后，将该会计师事务所迁移情况予以公告。

第三十七条　迁入地省级财政部门应当对迁入的会计师事务所持续符合执业许可条件的情况予以审查。未持续符合执业许可条件的，责令其在 60 日内整改，未在规定期限内整改或者整改期满仍未达到执业许可条件的，由迁入地省级财政部门撤销执业许可，并予以公告。

第三十八条　跨省级行政区划迁移经营场所的会计师事务所设有分所的，会计师事务所应当在取得迁入地省级财政部门换发的执业证书后 15 日内向其分所所在地的省级财政部门备案，并提交新的执业证书信息。分所所在地省级财政部门应当收回原分所执业证书，换发新的分所执业证书。

第三十九条　会计师事务所未在规定时间内办理迁出和迁入备案手续的，由迁出地省级财政部门自发现之日起 15 日内公告该会计师事务所执业许可失效。

第四十条　省级财政部门应当在受理申请的办公场所将会计师事务所、会计师事务所分所申请执业许可的条件、变更、注销等应当提交的材料目录及要求、批准的程序及期限予以公示。

第四十一条　会计师事务所发生下列情形之一的，省级财政部门应当办理会计师事务所执业许可注销手续，收回会计师事务所执业许可证书：

（一）会计师事务所依法终止的；

（二）会计师事务所执业许可被依法撤销、撤回或者执业许可证书依法被吊销的；

（三）法律、行政法规规定的应当注销执业许可的其他情形。

会计师事务所分所执业许可注销的，比照本条第一款规定办理。

会计师事务所或者分所依法终止的，应当自办理工商注销手续之日起 10 日内，告知所在地的省级财政部门。

第四十二条　会计师事务所执业许可被依法注销，企业主体继续存续的，不得从事注册会计师法定业务，企业名称中不得继续使用“会计师事务所”字样，并应当自执业许可被注销之日起 10 日内，办理工商变更登记。

分所执业许可被依法注销的，应当自注销之日起 20 日内办理工商注销手续。

第四十三条　省级财政部门应当将注销会计师事务所或者分所执业许可的有关情况予以公告，并通知工商行政管理部门。

第四十四条　会计师事务所及其分所在接受财政部或者省级财政部门（以下简称省级以上财政部门）检查、整改及整改情况核查期间，不得办理以下手续：

（一）首席合伙人（主任会计师）、审计业务主管合伙人（股东）、质量控制主管合伙人（股东）和相关签字注册会计师的离职、退伙（转股）或者转所；

（二）跨省级行政区划迁移经营场所。

第五章　监 督 检 查

第四十五条　省级以上财政部门依法对下列事项实施监督检查：

（一）会计师事务所及其分所持续符合执业许可条件的情况；

（二）会计师事务所备案事项的报备情况；

（三）会计师事务所和注册会计师的执业情况；

（四）会计师事务所的风险管理和执业质量控制制度建立与执行情况；

（五）会计师事务所对分所实施实质性统一管理的情况；

（六）法律、行政法规规定的其他监督检查事项。

第四十六条 省级以上财政部门依法对会计师事务所实施全面或者专项监督检查。

省级以上财政部门对会计师事务所进行监督检查时，可以依法对被审计单位进行延伸检查或者调查。财政部门开展其他检查工作时，发现被检查单位存在违规行为而会计师事务所涉嫌出具不实审计报告及其他鉴证报告的，可以由省级以上财政部门延伸检查相关会计师事务所。

省级以上财政部门在开展检查过程中，可以根据工作需要，聘用一定数量的专业人员协助检查。

第四十七条 在实施监督检查过程中，检查人员应当严格遵守财政检查工作的有关规定。

第四十八条 财政部应当加强对省级财政部门监督、指导会计师事务所和注册会计师工作的监督检查。

省级财政部门应当按照财政部要求建立信息报告制度，将会计师事务所和注册会计师发生的重大违法违规案件及时上报财政部。

第四十九条 省级以上财政部门在开展会计师事务所监督检查时，要采取随机抽取检查对象、随机选派执法检查人员并及时公开抽查情况和查处结果。

省级以上财政部门结合会计师事务所业务分布、质量控制和内部管理等情况，分类确定对会计师事务所实施监督检查的频次和方式，建立定期轮查制度和随机抽查制度。

第五十条 省级以上财政部门应当将发生以下情形的会计师事务所列为重点检查对象，实施严格监管：

（一）审计收费明显低于成本的；

（二）会计师事务所对分所实施实质性统一管理薄弱的；

（三）以向委托人或者被审计单位有关人员、中间人支付回扣、协作费、劳务费、信息费、咨询费等不正当方式承揽业务的；

（四）有不良执业记录的；

（五）被实名投诉或者举报的；

（六）业务报告数量明显超出服务能力的；

（七）被非注册会计师实际控制的；

（八）需要实施严格监管的其他情形。

第五十一条 会计师事务所应当在出具审计报告及其他鉴证报告后30日内，通过财政会计行业管理系统报备签字注册会计师、审计意见、审计收费等基本信息。

会计师事务所应当在出具审计报告后60日内，通过财政会计行业管理系统报备其出具的年度财务报表审计报告，省级财政部门不得自行增加报备信息，不得要求会计师事务所报送纸质材料，并与注册会计师协会等实行信息共享。

第五十二条 省级以上财政部门可以对会计师事务所依法进行实地检查，或者将有关材料调到本机关或者检查人员办公地点进行核查。

调阅的有关材料应当在检查工作结束后1个月内送还并保持完整。

第五十三条 省级以上财政部门在实施监督检查过程中，有权要求会计师事务所和注册会计师说明有关情况，调阅会计师事务所工作底稿及相关资料，向相关单位和人员调查、询问、取证和核实有关情况。

第五十四条 会计师事务所和注册会计师应当接受省级以上财政部门依法实施的监督检查，如实提供中文工作底稿及相关资料，不得拒绝、延误、阻挠、逃避检查，不得谎报、隐匿、销毁相关证据材料。

会计师事务所或者注册会计师有明显转移、隐匿有关证据材料迹象的，省级以上财政部门可以对证据材料先行登记保存。

第五十五条 对会计师事务所和注册会计师的违法违规行为，省级以上财政部门依法作出行政处罚决定的，应当自作出处罚决定之日起10日内将相关信息录入财政会计行业管理系统，并及时予以公告。

第五十六条 会计师事务所应当于每年5月31日之前，按照财政部要求通过财政会计行业管理系统向所在地的省级财政部门报备下列信息：

（一）持续符合执业许可条件的相关信息；

（二）上一年度经营情况；

（三）内部治理及会计师事务所对分所实施实质性统一管理情况；

（四）会计师事务所由于执行业务涉及法律诉讼情况。

会计师事务所与境外会计师事务所有成员所、联系所或者业务合作关系的，应当同时报送相关信息，说明上一年度与境外会计师事务所合作开展业务的情况。

会计师事务所在境外发展成员所、联系所或者设立分支机构的，应当同时报送相关信息。

会计师事务所跨省级行政区划设有分所的，应当同时将分所有关材料报送分所所在地的省级财政部门。

第五十七条 省级财政部门收到会计师事务所按照本办法第五十六条的规定报送的材料后，应当对会计师事务所及其分所持续符合执业许可条件等情况进行汇总，于6月30日之前报财政部，并将持续符合执业许可条件的会计师事务所及其分所名单及时予以公告。

第五十八条 会计师事务所未按照本办法第五十一条、

第五十六条规定报备的，省级以上财政部门应当责令限期补交报备材料、约谈首席合伙人（主任会计师），并视补交报备材料和约谈情况组织核查。

第五十九条 会计师事务所及其分所未能持续符合执业许可条件的，会计师事务所应当在20日内向所在地的省级财政部门报告，并在报告日后60日内自行整改。

省级财政部门在日常管理、监督检查中发现会计师事务所及其分所未持续符合执业许可条件的，应当责令其在60日内整改。

整改期满，会计师事务所及其分所仍未达到执业许可条件的，由所在地的省级财政部门撤销执业许可并予以公告。

第六十条 会计师事务所和注册会计师必须按照执业准则、规则的要求，在实施必要的审计程序后，以经过核实的审计证据为依据，形成审计意见，出具审计报告，不得有下列行为：

（一）在未履行必要的审计程序，未获取充分适当的审计证据的情况下出具审计报告；

（二）对同一委托单位的同一事项，依据相同的审计证据出具不同结论的审计报告；

（三）隐瞒审计中发现的问题，发表不恰当的审计意见；

（四）为被审计单位编造或者伪造事由，出具虚假或者不实的审计报告；

（五）未实施严格的逐级复核制度，未按规定编制和保存审计工作底稿；

（六）未保持形式上和实质上的独立；

（七）违反执业准则、规则的其他行为。

第六十一条 注册会计师不得有下列行为：

（一）在执行审计业务期间，在法律、行政法规规定不得买卖被审计单位的股票、债券或者不得购买被审计单位或者个人的其他财产的期限内，买卖被审计单位的股票、债券或者购买被审计单位或者个人所拥有的其他财产；

（二）索取、收受委托合同约定以外的酬金或者其他财物，或者利用执行业务之便，谋取其他不正当利益；

（三）接受委托催收债款；

（四）允许他人以本人名义执行业务；

（五）同时在两个或者两个以上的会计师事务所执行业务；

（六）同时为被审计单位编制财务会计报告；

（七）对其能力进行广告宣传以招揽业务；

（八）违反法律、行政法规的其他行为。

第六十二条 会计师事务所不得有下列行为：

（一）分支机构未取得执业许可；

（二）对分所未实施实质性统一管理；

（三）向省级以上财政部门提供虚假材料或者不及时报送相关材料；

（四）雇用正在其他会计师事务所执业的注册会计师，或者允许本所人员以他人名义执行业务，或者明知本所的注册会计师在其他会计师事务所执业而不予制止；

（五）允许注册会计师在本所挂名而不在本所执行业务，或者明知本所注册会计师在其他单位从事获取工资性收入的工作而不予制止；

（六）借用、冒用其他单位名义承办业务；

（七）允许其他单位或者个人以本所名义承办业务；

（八）采取强迫、欺诈、贿赂等不正当方式招揽业务，或者通过网络平台或者其他媒介售卖注册会计师业务报告；

（九）承办与自身规模、执业能力、风险承担能力不匹配的业务；

（十）违反法律、行政法规的其他行为。

第六章 法律责任

第六十三条 会计师事务所或者注册会计师违反法律法规及本办法规定的，由省级以上财政部门依法给予行政处罚。

违法情节轻微，没有造成危害后果的，省级以上财政部门可以采取责令限期整改、下达监管关注函、出具管理建议书、约谈、通报等方式进行处理。

第六十四条 会计师事务所采取隐瞒有关情况、提供虚假材料等手段拒绝提供申请执业许可情况的真实材料的，省级财政部门不予受理或者不予许可，并对会计师事务所和负有责任的相关人员给予警告。

会计师事务所采取欺骗、贿赂等不正当手段获得会计师事务所执业许可的，由省级财政部门予以撤销，并对负有责任的相关人员给予警告。

第六十五条 会计师事务所及其分所已办理完工商登记手续但未在规定时间内申请执业许可的，以及违反本办法第二十二条第三款、第三十二条第三款、第四十二条规定的，由省级财政部门责令限期改正，逾期不改正的，通知工商行政管理部门依法进行处理，并予以公告，对其执行合伙事务合伙人、法定代表人或者分所负责人给予警告，不予办理变更、转所手续。

第六十六条 会计师事务所有下列情形之一的，由省级以上财政部门责令限期改正，逾期不改正的可以按照本办法第六十三条第二款的规定进行处理：

（一）未按照本办法第二十三条规定办理转所手续的；

（二）分所名称不符合本办法第二十六条规定的；

（三）未按照本办法第三十三条至三十五条第一款规定办理有关变更事项备案手续的。

第六十七条 会计师事务所违反本办法第六十条第一项至第四项规定的，由省级以上财政部门给予警告，没收违法所得，可以并处违法所得1倍以上5倍以下的罚款；情节严重的，并可以由省级以上财政部门暂停其执业1个月到1年或者吊销执业许可。

会计师事务所违反本办法第六十条第五项至第七项规定,情节轻微,没有造成危害后果的,按照本办法第六十三条第二款的规定进行处理;情节严重的,由省级以上财政部门给予警告,没收违法所得。

第六十八条 会计师事务所违反本办法第二十四条、第六十二条第二项至第十项规定的,由省级以上财政部门责令限期整改,未按规定期限整改的,对会计师事务所给予警告,有违法所得的,可以并处违法所得1倍以上3倍以下罚款,最高不超过3万元;没有违法所得的,可以并处以1万元以下的罚款。对会计师事务所首席合伙人(主任会计师)等相关管理人员和直接责任人员可以给予警告,情节严重的,可以并处1万元以下罚款;涉嫌犯罪的,移送司法机关,依法追究刑事责任。

第六十九条 会计师事务所违反本办法第四十四条、第五十四条规定的,由省级以上财政部门对会计师事务所给予警告,可以并处1万元以下的罚款;对会计师事务所首席合伙人(主任会计师)等相关管理人员和直接责任人员给予警告,可以并处1万元以下罚款。

第七十条 注册会计师违反本办法第六十条第一项至第四项规定的,由省级以上财政部门给予警告;情节严重的,可以由省级以上财政部门暂停其执行业务1个月至1年或者吊销注册会计师证书。

注册会计师违反本办法第六十条第五项至第七项规定的,情节轻微,没有造成危害后果的,按照本办法第六十三条第二款的规定进行处理;情节严重的,由省级以上财政部门给予警告。

第七十一条 注册会计师违反本办法第六十一条规定,情节轻微,没有造成危害后果的,按照本办法第六十三条第二款的规定进行处理;情节严重的,由省级以上财政部门给予警告,有违法所得的,可以并处违法所得1倍以上3倍以下的罚款,最高不超过3万元;没有违法所得的,可以并处以1万元以下罚款。

第七十二条 法人或者其他组织未获得执业许可,或者被撤销、注销执业许可后继续承办注册会计师法定业务的,由省级以上财政部门责令其停止违法活动,没收违法所得,可以并处违法所得1倍以上5倍以下的罚款。

会计师事务所违反本办法第六条第二款规定的,适用前款规定处理。

第七十三条 会计师事务所或者注册会计师违反本办法的规定,故意出具虚假的审计报告、验资报告,涉嫌犯罪的,移送司法机关,依法追究刑事责任。

第七十四条 省级以上财政部门在作出较大数额罚款、暂停执业、吊销注册会计师证书或者会计师事务所执业许可的决定之前,应当告知当事人有要求听证的权利;当事人要求听证的,应当按规定组织听证。

第七十五条 当事人对省级以上财政部门审批和监督行为不服的,可以依法申请行政复议或者提起行政诉讼。

第七十六条 省级以上财政部门的工作人员在实施审批和监督过程中,滥用职权、玩忽职守、徇私舞弊或者泄露国家秘密、商业秘密的,按照《公务员法》等国家有关规定追究相应责任;涉嫌犯罪的,移送司法机关,依法追究刑事责任。

第七章 附 则

第七十七条 本办法所称"注册会计师"是指中国注册会计师;所称"注册会计师执业资格"是指中国注册会计师执业资格。

本办法所称"以上"、"以下"均包括本数或者本级。本办法规定的期限以工作日计算,不含法定节假日。

第七十八条 具有注册会计师执业资格的境外人员可以依据本办法申请担任会计师事务所合伙人(股东)。

其他国家或者地区对具有该国家或者地区注册会计师执业资格的中国境内居民在当地设立会计师事务所、担任会计师事务所合伙人(股东)或者执业有特别规定的,我国可以采取对等管理措施。

第七十九条 本办法施行前已经取得的会计师事务所及其分所执业许可继续有效,发生变更事项的,其变更后的情况应当符合本办法的规定。

会计师事务所申请转制为普通合伙或者特殊普通合伙会计师事务所的,转制办法另行制定。

第八十条 注册会计师协会是由会计师事务所和注册会计师组成的社会团体,依照《注册会计师法》履行相关职责,接受财政部和省级财政部门的监督、指导。

第八十一条 本办法自2017年10月1日起施行。财政部2005年1月18日发布的《会计师事务所审批和监督暂行办法》(财政部令第24号)同时废止。

会计档案管理办法

(2015年12月11日财政部、国家档案局令第79号公布自2016年1月1日起施行)

第一条 为了加强会计档案管理,有效保护和利用会计档案,根据《中华人民共和国会计法》《中华人民共和国档案法》等有关法律和行政法规,制定本办法。

第二条 国家机关、社会团体、企业、事业单位和其他组织(以下统称单位)管理会计档案适用本办法。

第三条 本办法所称会计档案是指单位在进行会计核算等过程中接收或形成的,记录和反映单位经济业务事项的,具有保存价值的文字、图表等各种形式的会计资料,包括通过计算机等电子设备形成、传输和存储的电子会计档案。

第四条 财政部和国家档案局主管全国会计档案工作，共同制定全国统一的会计档案工作制度，对全国会计档案工作实行监督和指导。

县级以上地方人民政府财政部门和档案行政管理部门管理本行政区域内的会计档案工作，并对本行政区域内会计档案工作实行监督和指导。

第五条 单位应当加强会计档案管理工作，建立和完善会计档案的收集、整理、保管、利用和鉴定销毁等管理制度，采取可靠的安全防护技术和措施，保证会计档案的真实、完整、可用、安全。

单位的档案机构或者档案工作人员所属机构（以下统称单位档案管理机构）负责管理本单位的会计档案。单位也可以委托具备档案管理条件的机构代为管理会计档案。

第六条 下列会计资料应当进行归档：

（一）会计凭证，包括原始凭证、记账凭证；

（二）会计账簿，包括总账、明细账、日记账、固定资产卡片及其他辅助性账簿；

（三）财务会计报告，包括月度、季度、半年度、年度财务会计报告；

（四）其他会计资料，包括银行存款余额调节表、银行对账单、纳税申报表、会计档案移交清册、会计档案保管清册、会计档案销毁清册、会计档案鉴定意见书及其他具有保存价值的会计资料。

第七条 单位可以利用计算机、网络通信等信息技术手段管理会计档案。

第八条 同时满足下列条件的，单位内部形成的属于归档范围的电子会计资料可仅以电子形式保存，形成电子会计档案：

（一）形成的电子会计资料来源真实有效，由计算机等电子设备形成和传输；

（二）使用的会计核算系统能够准确、完整、有效接收和读取电子会计资料，能够输出符合国家标准归档格式的会计凭证、会计账簿、财务会计报表等会计资料，设定了经办、审核、审批等必要的审签程序；

（三）使用的电子档案管理系统能够有效接收、管理、利用电子会计档案，符合电子档案的长期保管要求，并建立了电子会计档案与相关联的其他纸质会计档案的检索关系；

（四）采取有效措施，防止电子会计档案被篡改；

（五）建立电子会计档案备份制度，能够有效防范自然灾害、意外事故和人为破坏的影响；

（六）形成的电子会计资料不属于具有永久保存价值或者其他重要保存价值的会计档案。

第九条 满足本办法第八条规定条件，单位从外部接收的电子会计资料附有符合《中华人民共和国电子签名法》规定的电子签名的，可仅以电子形式归档保存，形成电子会计档案。

第十条 单位的会计机构或会计人员所属机构（以下统称单位会计管理机构）按照归档范围和归档要求，负责定期将应当归档的会计资料整理立卷，编制会计档案保管清册。

第十一条 当年形成的会计档案，在会计年度终了后，可由单位会计管理机构临时保管一年，再移交单位档案管理机构保管。因工作需要确需推迟移交的，应当经单位档案管理机构同意。

单位会计管理机构临时保管会计档案最长不超过三年。临时保管期间，会计档案的保管应当符合国家档案管理的有关规定，且出纳人员不得兼管会计档案。

第十二条 单位会计管理机构在办理会计档案移交时，应当编制会计档案移交清册，并按照国家档案管理的有关规定办理移交手续。

纸质会计档案移交时应当保持原卷的封装。电子会计档案移交时应当将电子会计档案及其元数据一并移交，且文件格式应当符合国家档案管理的有关规定。特殊格式的电子会计档案应当与其读取平台一并移交。

单位档案管理机构接收电子会计档案时，应当对电子会计档案的准确性、完整性、可用性、安全性进行检测，符合要求的才能接收。

第十三条 单位应当严格按照相关制度利用会计档案，在进行会计档案查阅、复制、借出时履行登记手续，严禁篡改和损坏。

单位保存的会计档案一般不得对外借出。确因工作需要且根据国家有关规定必须借出的，应当严格按照规定办理相关手续。

会计档案借用单位应当妥善保管和利用借入的会计档案，确保借入会计档案的安全完整，并在规定时间内归还。

第十四条 会计档案的保管期限分为永久、定期两类。定期保管期限一般分为10年和30年。

会计档案的保管期限，从会计年度终了后的第一天算起。

第十五条 各类会计档案的保管期限原则上应当按照本办法附表执行，本办法规定的会计档案保管期限为最低保管期限。

单位会计档案的具体名称如有同本办法附表所列档案名称不相符的，应当比照类似档案的保管期限办理。

第十六条 单位应当定期对已到保管期限的会计档案进行鉴定，并形成会计档案鉴定意见书。经鉴定，仍需继续保存的会计档案，应当重新划定保管期限；对保管期满，确无保存价值的会计档案，可以销毁。

第十七条 会计档案鉴定工作应当由单位档案管理机构牵头，组织单位会计、审计、纪检监察等机构或人员共同进行。

第十八条 经鉴定可以销毁的会计档案，应当按照以下程序销毁：

（一）单位档案管理机构编制会计档案销毁清册，列明拟销毁会计档案的名称、卷号、册数、起止年度、档案编号、应保管期限、已保管期限和销毁时间等内容。

（二）单位负责人、档案管理机构负责人、会计管理机构负责人、档案管理机构经办人、会计管理机构经办人在会计档案销毁清册上签署意见。

（三）单位档案管理机构负责组织会计档案销毁工作，并与会计管理机构共同派员监销。监销人在会计档案销毁前，应当按照会计档案销毁清册所列内容进行清点核对；在会计档案销毁后，应当在会计档案销毁清册上签名或盖章。

电子会计档案的销毁还应当符合国家有关电子档案的规定，并由单位档案管理机构、会计管理机构和信息系统管理机构共同派员监销。

第十九条 保管期满但未结清的债权债务会计凭证和涉及其他未了事项的会计凭证不得销毁，纸质会计档案应当单独抽出立卷，电子会计档案单独转存，保管到未了事项完结时为止。

单独抽出立卷或转存的会计档案，应当在会计档案鉴定意见书、会计档案销毁清册和会计档案保管清册中列明。

第二十条 单位因撤销、解散、破产或其他原因而终止的，在终止或办理注销登记手续之前形成的会计档案，按照国家档案管理的有关规定处置。

第二十一条 单位分立后原单位存续的，其会计档案应当由分立后的存续方统一保管，其他方可以查阅、复制与其业务相关的会计档案。

单位分立后原单位解散的，其会计档案应当经各方协商后由其中一方代管或按照国家档案管理的有关规定处置，各方可以查阅、复制与其业务相关的会计档案。

单位分立中未结清的会计事项所涉及的会计凭证，应当单独抽出由业务相关方保存，并按照规定办理交接手续。

单位因业务移交其他单位办理所涉及的会计档案，应当由原单位保管，承接业务单位可以查阅、复制与其业务相关的会计档案。对其中未结清的会计事项所涉及的会计凭证，应当单独抽出由承接业务单位保存，并按照规定办理交接手续。

第二十二条 单位合并后原各单位解散或者一方存续其他方解散的，原各单位的会计档案应当由合并后的单位统一保管。单位合并后原各单位仍存续的，其会计档案仍应当由原各单位保管。

第二十三条 建设单位在项目建设期间形成的会计档案，需要移交给建设项目接受单位的，应当在办理竣工财务决算后及时移交，并按照规定办理交接手续。

第二十四条 单位之间交接会计档案时，交接双方应当办理会计档案交接手续。

移交会计档案的单位，应当编制会计档案移交清册，列明应当移交的会计档案名称、卷号、册数、起止年度、档案编号、应保管期限和已保管期限等内容。

交接会计档案时，交接双方应当按照会计档案移交清册所列内容逐项交接，并由交接双方的单位有关负责人负责监督。交接完毕后，交接双方经办人和监督人应当在会计档案移交清册上签名或盖章。

电子会计档案应当与其元数据一并移交，特殊格式的电子会计档案应当与其读取平台一并移交。档案接受单位应当对保存电子会计档案的载体及其技术环境进行检验，确保所接收电子会计档案的准确、完整、可用和安全。

第二十五条 单位的会计档案及其复制件需要携带、寄运或者传输至境外的，应当按照国家有关规定执行。

第二十六条 单位委托中介机构代理记账的，应当在签订的书面委托合同中，明确会计档案的管理要求及相应责任。

第二十七条 违反本办法规定的单位和个人，由县级以上人民政府财政部门、档案行政管理部门依据《中华人民共和国会计法》《中华人民共和国档案法》等法律法规处理处罚。

第二十八条 预算、计划、制度等文件材料，应当执行文书档案管理规定，不适用本办法。

第二十九条 不具备设立档案机构或配备档案工作人员条件的单位和依法建账的个体工商户，其会计档案的收集、整理、保管、利用和鉴定销毁等参照本办法执行。

第三十条 各省、自治区、直辖市、计划单列市人民政府财政部门、档案行政管理部门，新疆生产建设兵团财务局、档案局，国务院各业务主管部门，中国人民解放军总后勤部，可以根据本办法制定具体实施办法。

第三十一条 本办法由财政部、国家档案局负责解释，自2016年1月1日起施行。1998年8月21日财政部、国家档案局发布的《会计档案管理办法》（财会字〔1998〕32号）同时废止。

附表：1. 企业和其他组织会计档案保管期限表

2. 财政总预算、行政单位、事业单位和税收会计档案保管期限表

附表 1

企业和其他组织会计档案保管期限表

序号	档案名称	保管期限	备注
一	**会计凭证**		
1	原始凭证	30 年	
2	记账凭证	30 年	
二	**会计账簿**		
3	总账	30 年	
4	明细账	30 年	
5	日记账	30 年	
6	固定资产卡片		固定资产报废清理后保管 5 年
7	其他辅助性账簿	30 年	
三	**财务会计报告**		
8	月度、季度、半年度财务会计报告	10 年	
9	年度财务会计报告	永久	
四	**其他会计资料**		
10	银行存款余额调节表	10 年	
11	银行对账单	10 年	
12	纳税申报表	10 年	
13	会计档案移交清册	30 年	
14	会计档案保管清册	永久	
15	会计档案销毁清册	永久	
16	会计档案鉴定意见书	永久	

附表 2

财政总预算、行政单位、事业单位和税收会计档案保管期限表

序号	档案名称	保管期限			备注
		财政总预算	行政单位事业单位	税收会计	
一	**会计凭证**				
1	国家金库编送的各种报表及缴库退库凭证	10 年		10 年	
2	各收入机关编送的报表	10 年			
3	行政单位和事业单位的各种会计凭证		30 年		包括:原始凭证、记账凭证和传票汇总表
4	财政总预算拨款凭证和其他会计凭证	30 年			包括:拨款凭证和其他会计凭证
二	**会计账簿**				
5	日记账		30 年	30 年	
6	总账	30 年	30 年	30 年	
7	税收日记账(总账)			30 年	
8	明细分类、分户账或登记簿	30 年	30 年	30 年	
9	行政单位和事业单位固定资产卡片				固定资产报废清理后保管 5 年
三	**财务会计报告**				
10	政府综合财务报告	永久			下级财政、本级部门和单位报送的保管 2 年
11	部门财务报告		永久		所属单位报送的保管 2 年
12	财政总决算	永久			下级财政、本级部门和单位报送的保管 2 年
13	部门决算		永久		所属单位报送的保管 2 年
14	税收年报(决算)			永久	
15	国家金库年报(决算)	10 年			
16	基本建设拨、贷款年报(决算)	10 年			
17	行政单位和事业单位会计月、季度报表		10 年		所属单位报送的保管 2 年
18	税收会计报表			10 年	所属税务机关报送的保管 2 年
四	**其他会计资料**				
19	银行存款余额调节表	10 年	10 年		
20	银行对账单	10 年	10 年	10 年	
21	会计档案移交清册	30 年	30 年	30 年	
22	会计档案保管清册	永久	永久	永久	
23	会计档案销毁清册	永久	永久	永久	
24	会计档案鉴定意见书	永久	永久	永久	

注:税务机关的税务经费会计档案保管期限,按行政单位会计档案保管期限规定办理。

财政总预算会计制度

（2015 年 10 月 10 日 财库〔2015〕192 号）

第一章 总 则

第一条 为了规范各级政府财政总预算会计（以下简称总会计）核算，保证会计信息质量，充分发挥总会计的职能作用，根据《中华人民共和国会计法》、《中华人民共和国预算法》及其他有关法律法规，制定本制度。

第二条 本制度适用于中央，省、自治区、直辖市，设区的市、自治州，县、自治县、不设区的市、市辖区，乡、民族乡、镇等各级政府财政部门的总会计。

第三条 总会计是各级政府财政核算、反映、监督政府一般公共预算资金、政府性基金预算资金、国有资本经营预算资金、社会保险基金预算资金以及财政专户管理资金、专用基金和代管资金等资金活动的专业会计。

社会保险基金预算资金会计核算不适用本制度，由财政部另行规定。

第四条 总会计的工作任务主要包括：

（一）进行会计核算。办理政府财政各项收支、资产负债的会计核算工作，反映政府财政预算执行情况和财务状况；

（二）严格财政资金收付调度管理。组织办理财政资金的收付、调拨，在确保资金安全性、规范性、流动性前提下，合理调度管理资金，提高资金使用效益；

（三）规范账户管理。加强对国库单一账户、财政专户、零余额账户和预算单位银行账户等的管理；

（四）实行会计监督，参与预算管理。通过会计核算和反映，进行预算执行情况分析，并对总预算、部门预算和单位预算执行实行会计监督；

（五）协调预算收入征收部门、国家金库、国库集中收付代理银行、财政专户开户银行和其他有关部门之间的业务关系；

（六）组织本地区财政总决算、部门决算编审和汇总工作；

（七）组织和指导下级政府总会计工作。

第五条 各级政府财政部门应当根据工作需要，配备一定数量的专职会计人员，负责总会计工作，并保持相对稳定。

第六条 总会计的核算目标是向会计信息使用者提供政府财政预算执行情况、财务状况等会计信息，反映政府财政受托责任履行情况。

总会计的会计信息使用者包括人民代表大会、政府及其有关部门、政府财政部门自身和其他会计信息使用者。

第七条 总会计的会计核算应当以本级政府财政业务活动持续正常地进行为前提。

第八条 总会计应当划分会计期间，分期结算账目和编制会计报表。

会计期间至少分为年度和月度。会计年度、月度等会计期间的起讫日期采用公历日期。

年度终了后，可根据工作特殊需要设置一定期限的上年决算清理期。

第九条 总会计应当以人民币作为记账本位币，以元为金额单位，元以下记至角、分。发生外币业务，在登记外币金额的同时，一般应当按照业务发生当日中国人民银行公布的汇率中间价，将有关外币金额折算为人民币金额记账。

期末，各种以外币计价或结算的资产负债项目，应当按照期末中国人民银行公布的汇率中间价进行折算。其中，货币资金项目因汇率变动产生的差额计入有关支出等科目；其他资产负债项目因汇率变动产生的差额计入有关净资产等科目。

第十条 总会计应当按照业务或事项的经济特征确定会计要素。会计要素包括资产、负债、净资产、收入和支出。

第十一条 总会计的会计核算一般采用收付实现制，部分经济业务或者事项应当按照规定采用权责发生制核算。

第十二条 总会计应当采用借贷记账法记账。

第十三条 总会计的会计记录应当使用中文，少数民族地区可以同时使用本民族文字。

第二章 会计信息质量要求

第十四条 总会计应当以实际发生的经济业务或者事项为依据进行会计核算，如实反映各项会计要素的情况和结果，保证会计信息真实可靠，全面反映政府财政的预算执行情况和财务状况等。

第十五条 总会计提供的会计信息应当与政府财政受托责任履行情况的反映、会计信息使用者的监督、决策和管理需要相关，有助于会计信息使用者对政府财政过去、现在或者未来的情况作出评价或者预测。

第十六条 总会计对于已经发生的经济业务或者事项，应当及时进行会计核算。

第十七条 总会计提供的会计信息应当具有可比性。

同一政府财政不同时期发生的相同或者相似的经济业务或者事项，应当采用一致的会计政策，不得随意变更。确需变更的，应当将变更的内容、理由和对政府财政预算执行情况、财务状况的影响在附注中予以说明。

不同政府财政发生的相同或者相似的经济业务或者事项，应当采用统一的会计政策，确保不同政府财政的会计信息口径一致、相互可比。

第十八条 总会计提供的会计信息应当清晰明了，便于会计信息使用者理解和使用。

第三章 资 产

第十九条 资产是指政府财政占有或控制的，能以货币计量的经济资源。

第二十条 总会计核算的资产按照流动性,分为流动资产和非流动资产。流动资产是指预计在1年内(含1年)变现的资产;非流动资产是指流动资产以外的资产。

第二十一条 总会计核算的资产具体包括财政存款、有价证券、应收股利、借出款项、暂付及应收款项、预拨经费、应收转贷款和股权投资等。

财政存款是指政府财政部门代表政府管理的国库存款、国库现金管理存款以及其他财政存款等。财政存款的支配权属于同级政府财政部门,并由总会计负责管理,统一在国库或选定的银行开立存款账户,统一收付,不得透支,不得提取现金。

有价证券是指政府财政按照有关规定取得并持有的政府债券。

应收股利是指政府因持有股权投资应当收取的现金股利或利润。

借出款项是指政府财政按照对外借款管理相关规定借给预算单位临时急需,并需按期收回的款项。

暂付及应收款项是指政府财政业务活动中形成的债权,包括与下级往来和其他应收款等。暂付及应收款项应当及时清理结算,不得长期挂账。

预拨经费是指政府财政在年度预算执行中预拨出应在以后各月列支以及会计年度终了前根据"二上"预算预拨出的下年度预算资金。预拨经费(不含预拨下年度预算资金)应在年终前转列支出或清理收回。

应收转贷款是指政府财政将借入的资金转贷给下级政府财政的款项,包括应收地方政府债券转贷款、应收主权外债转贷款等。

股权投资是指政府持有的各类股权投资资产,包括国际金融组织股权投资、投资基金段权投资、国有企业股权投资等。

第二十二条 总会计对符合本制度第十九条资产定义的经济资源,应当在取得对其相关的权利,并且能够可靠地进行货币计量时确认。

符合资产定义并确认的资产项目,应当列入资产负债表。

第二十三条 总会计核算的资产,应当按照取得或发生时实际金额进行计量。

第四章 负 债

第二十四条 负债是指政府财政承担的能以货币计量、需以资产偿付的债务。

第二十五条 总会计核算的负债按照流动性,分为流动负债和非流动负债。流动负债是指预计在1年内(含1年)偿还的负债;非流动负债是指流动负债以外的负债。

第二十六条 总会计核算的负债具体包括应付国库集中支付结余、暂收及应付款项、应付政府债券、借入款项、应付转贷款、其他负债、应付代管资金等。

应付国库集中支付结余是指国库集中支付中,按照财政部门批复的部门预算,当年未支而需结转下一年度支付的款项采用权责发生制列支后形成的债务。

暂收及应付款项是指政府财政业务活动中形成的债务,包括与上级往来和其他应付款等。暂收及应付款项应当及时清理结算。

应付政府债券是指政府财政采用发行政府债券方式筹集资金而形成的负债,包括应付短期政府债券和应付长期政府债券。

借入款项是指政府财政部门以政府名义向外国政府、国际金融组织等借入的款项,以及通过经国务院批准的其他方式借款形成的负债。

应付转贷款是指地方政府财政向上级政府财政借入转贷资金而形成的负债,包括应付地方政府债券转贷款和应付主权外债转贷款等。

其他负债是指政府财政因有关政策明确要求其承担支出责任的事项而形成的应付未付款项。

应付代管资金是指政府财政代为管理的,使用权属于被代管主体的资金。

第二十七条 总会计对符合本制度第二十四条负债定义的债务,应当在对其承担偿还责任,并且能够可靠地进行货币计量时确认。

符合负债定义并确认的负债项目,应当列入资产负债表。政府财政承担或有责任(偿债责任需要通过未来不确定事项的发生或不发生予以证实)的负债,不列入资产负债表,但应当在报表附注中披露。

第二十八条 总会计核算的负债,应当按照承担的相关合同金额或实际发生金额进行计量。

第五章 净 资 产

第二十九条 净资产是指政府财政资产减去负债的差额。

第三十条 总会计核算的净资产包括一般公共预算结转结余、政府性基金预算结转结余、国有资本经营预算结转结余、财政专户管理资金结余、专用基金结余、预算稳定调节基金、预算周转金、资产基金和待偿债净资产。

一般公共预算结转结余是指一般公共预算收支的执行结果。

政府性基金预算结转结余是指政府性基金预算收支的执行结果。

国有资本经营预算结转结余是指国有资本经营预算收支的执行结果。

财政专户管理资金结余是指纳入财政专户管理的教育收

费等资金收支的执行结果。

专用基金结余是指专用基金收支的执行结果。

预算稳定调节基金是指政府财政安排用于弥补以后年度预算资金不足的储备资金。

预算周转金是指政府财政为调剂预算年度内季节性收支差额,保证及时用款而设置的库款周转资金。

资产基金是指政府财政持有的债权和股权投资等资产(与其相关的资金收支纳入预算管理)在净资产中占用的金额。

待偿债净资产是指政府财政承担应付短期政府债券、应付长期政府债券、借入款项、应付地方政府债券转贷款、应付主权外债转贷款、其他负债等负债(与其相关的资金收支纳入预算管理)而相应需在净资产中冲减的金额。

第三十一条 各项结转结余应每年结算一次。

第六章 收 入

第三十二条 收入是指政府财政为实现政府职能,根据法律法规等所筹集的资金。

第三十三条 总会计核算的收入包括一般公共预算本级收入、政府性基金预算本级收入、国有资本经营预算本级收入、财政专户管理资金收入、专用基金收入、转移性收入、债务收入、债务转贷收入等。

一般公共预算本级收入是指政府财政筹集的纳入本级一般公共预算管理的税收收入和非税收入。

政府性基金预算本级收入是指政府财政筹集的纳入本级政府性基金预算管理的非税收入。

国有资本经营预算本级收入是指政府财政筹集的纳入本级国有资本经营预算管理的非税收入。

财政专户管理资金收入是指政府财政纳入财政专户管理的教育收费等资金收入。

专用基金收入是指政府财政根据法律法规等规定设立的各项专用基金(包括粮食风险基金等)取得的资金收入。

转移性收入是指在各级政府财政之间进行资金调拨以及在本级政府财政不同类型资金之间调剂所形成的收入,包括补助收入、上解收入、调入资金和地区间援助收入等。其中,补助收入是指上级政府财政按照财政体制规定或因专项需要补助给本级政府财政的款项,包括上级税收返还、转移支付等。上解收入是指按照财政体制规定由下级政府财政上交给本级政府财政的款项。调入资金是指政府财政为平衡某类预算收支、从其他类型预算资金及其他渠道调入的资金。地区间援助收入是指受援方政府财政收到援助方政府财政转来的可统筹使用的各类援助、捐赠等资金收入。

债务收入是指政府财政根据法律法规等规定,通过发行债券、向外国政府和国际金融组织借款等方式筹集的纳入预算管理的资金收入。

债务转贷收入是指本级政府财政收到上级政府财政转贷的债务收入。

第三十四条 一般公共预算本级收入、政府性基金预算本级收入、国有资本经营预算本级收入、财政专户管理资金收入和专用基金收入应当按照实际收到的金额入账。转移性收入应当按照财政体制的规定或实际发生的金额入账。债务收入应当按照实际发行额或借入的金额入账,债务转贷收入应当按照实际收到的转贷金额入账。

已建乡(镇)国库的地区,乡(镇)财政的本级收入以乡(镇)国库收到数为准。县(含县本级)以上各级财政的各项预算收入(含固定收入与共享收入)以缴入基层国库数额为准。

未建乡(镇)国库的地区,乡(镇)财政的本级收入以乡(镇)总会计收到县级财政返回数额为准。

第三十五条 总会计应当加强各项收入的管理,严格会计核算手续。对于各项收入的账务处理必须以审核无误的国库入库凭证、预算收入日报表和其他合法凭证为依据。发现错误,应当按照相关规定及时通知有关单位共同更正。

对于已缴入国库和财政专户的收入退库(付),要严格把关,强化监督。凡不属于国家规定的退库(付)项目,一律不得冲退收入。

属于国家规定的退库(付)事项,具体退库(付)程序按财政部的有关规定办理。

第七章 支 出

第三十六条 支出是指政府财政为实现政府职能,对财政资金的分配和使用。

第三十七条 总会计核算的支出包括一般公共预算本级支出、政府性基金预算本级支出、国有资本经营预算本级支出、财政专户管理资金支出、专用基金支出、转移性支出、债务还本支出、债务转贷支出等。

一般公共预算本级支出是指政府财政管理的由本级政府使用的列入一般公共预算的支出。

政府性基金预算本级支出是指政府财政管理的由本级政府使用的列入政府性基金预算的支出。

国有资本经营预算本级支出是指政府财政管理的由本级政府使用的列入国有资本经营预算的支出。

财政专户管理资金支出是指政府财政用纳入财政专户管理的教育收费等资金安排的支出。

专用基金支出是指政府财政用专用基金收入安排的支出。

转移性支出是指在各级政府财政之间进行资金调拨以及在本级政府财政不同类型资金之间调剂所形成的支出,包括补助支出、上解支出、调出资金、地区间援助支出等。其中,补助支出是指本级政府财政按财政体制规定或因专项需要补助给下级政府财政的款项，包括对下级的税收返还、转移支付等。上解支出是指按照财政体制规定由本级政府财政上交给上级政府财政的款项。调出资金是指政府财政为平衡预算收支、从某类资金向其他类型预算调出的资金。地区间援助支出是指援助方政府财政安排用于受援方政府财政统筹使用的各类援助、捐赠等资金支出。

债务转贷支出是指本级政府财政向下级政府财政转贷的债务支出。

债务还本支出是指政府财政偿还本级政府承担的债务本金支出。

第三十八条 一般公共预算本级支出、政府性基金预算本级支出、国有资本经营预算本级支出一般应当按照实际支付的金额入账，年末可采用权责发生制将国库集中支付结余列支入账。从本级预算支出中安排提取的专用基金，按照实际提取金额列支入账。财政专户管理资金支出、专用基金支出应当按照实际支付的金额入账。转移性支出应当按照财政体制的规定或实际发生的金额入账。债务转贷支出应当按照实际转贷的金额入账。债务还本支出应当按照实际偿还的金额入账。

凡是属于预拨经费的款项，到期转列支出时，应当按本条前款规定列报口径转列支出。

对于收回当年已列支出的款项，应冲销当年支出。对于收回以前年度已列支出的款项，除财政部门另有规定外，应冲销当年支出。

第三十九条 总会计应当加强支出管理，科学预测和调度资金，严格按照批准的年度预算和用款计划办理支出，严格审核拨付申请，严格按预算管理规定和拨付实际列报支出，不得办理无预算、无用款计划、超预算、超用款计划的支出，不得任意调整预算支出科目。

对于各项支出的账务处理必须以审核无误的国库划款清算凭证、资金支付凭证和其他合法凭证为依据。

地方各级财政部门除国库集中支付结余外，不得采用权责发生制列支。权责发生制列支只限于年末采用，平时不得采用。

第八章 会计科目

第四十条 各级总会计应当按照下列规定运用会计科目：

一、各级总会计应当对有关法律、法规允许进行的经济活动，按照本制度的规定使用会计科目进行核算；不得以本制度规定的会计科目及使用说明作为进行有关经济活动的依据。

二、各级总会计应当按照本制度的规定设置和使用会计科目，不需使用的总账科目可以不用；在不影响会计处理和编报会计报表的前提下，各级总会计可以根据实际情况自行增设本制度规定以外的明细科目，或者自行减少、合并本制度规定的明细科目。

三、各级总会计应当使用本制度统一规定的会计科目编号，不得随意打乱重编。

第四十一条 各级总会计适用的会计科目如下：

序号	科目编号	会计科目名称
一、资产类		
1	1001	国库存款
2	1003	国库现金管理存款
3	1004	其他财政存款
4	1005	财政零余额账户存款
5	1006	有价证券
6	1007	在途款
7	1011	预拨经费
8	1021	借出款项
9	1022	应收股利
10	1031	与下级往来
11	1036	其他应收款
12	1041	应收地方政府债券转贷款
13	1045	应收主权外债转贷款

续表

序号	科目编号	会计科目名称
14	1071	股权投资
15	1081	待发国债
二、负债类		
16	2001	应付短期政府债券
17	2011	应付国库集中支付结余
18	2012	与上级往来
19	2015	其他应付款
20	2017	应付代管资金
21	2021	应付长期政府债券
22	2022	借入款项
23	2026	应付地方政府债券转贷款
24	2027	应付主权外债转贷款
25	2045	其他负债
26	2091	已结报支出
三、净资产类		
27	3001	一般公共预算结转结余
28	3002	政府性基金预算结转结余
29	3003	国有资本经营预算结转结余
30	3005	财政专户管理资金结余
31	3007	专用基金结余
32	3031	预算稳定调节基金
33	3033	预算周转金
34	3081 308101 308102 308103 308104	资产基金 应收地方政府债券转贷款 应收主权外债转贷款 股权投资 应收股利
35	3082 308201 308202 308203 308204 308205 308206	待偿债净资产 应付短期政府债券 应付长期政府债券 借入款项 应付地方政府债券转贷款 应付主权外债转贷款 其他负债
四、收入类		
36	4001	一般公共预算本级收入
37	4002	政府性基金预算本级收入

续表

序号	科目编号	会计科目名称
38	4003	国有资本经营预算本级收入
39	4005	财政专户管理资金收入
40	4007	专用基金收入
41	4011	补助收入
42	4012	上解收入
43	4013	地区间援助收入
44	4021	调入资金
45	4031	动用预算稳定调节基金
46	4041	债务收入
47	4042	债务转贷收入
五、支出类		
48	5001	一般公共预算本级支出
49	5002	政府性基金预算本级支出
50	5003	国有资本经营预算本级支出
51	5005	财政专户管理资金支出
52	5007	专用基金支出
53	5011	补助支出
54	5012	上解支出
55	5013	地区间援助支出
56	5021	调出资金
57	5031	安排预算稳定调节基金
58	5041	债务还本支出
59	5042	债务转贷支出

第四十二条　会计科目使用说明如下：

一、资产类

1001 国库存款

一、本科目核算政府财政存放在国库单一账户的款项。

二、国库存款的主要账务处理如下：

(一)收到预算收入时，借记本科目，贷记有关预算收入科目。当日收入数为负数时，以红字记入(采用计算机记账的，用负数反映)。

(二)收到国库存款利息收入时，借记本科目，贷记“一般公共预算本级收入”科目。

(三)收到缴入国库的来源不清的款项时，借记本科目，贷记“其他应付款”等科目。

(四)国库库款减少时，按照实际支付的金额，借记有关科目，贷记本科目。

三、本科目期末借方余额反映政府财政国库存款的结存数。

1003 国库现金管理存款

一、本科目核算政府财政实行国库现金管理业务存放在商业银行的款项。

二、国库现金管理存款的主要账务处理如下：

(一)按照国库现金管理有关规定，将库款转存商业银行时，按照存入商业银行的金额，借记本科目，贷记“国库存款”科目。

(二)国库现金管理存款收回国库时，按照实际收回的金额，借记“国库存款”科目，按照原存入商业银行的存款本金金额，贷记本科目，按照两者的差额，贷记“一般公共预算本级收入”科目。

三、本科目期末借方余额反映政府财政实行国库现金管理业务持有的存款。

1004 其他财政存款

一、本科目核算政府财政未列入“国库存款”、“国库现金管理存款”科目反映的各项存款。

二、本科目应当按照资金性质和存款银行等进行明细核算。

三、其他财政存款的主要账务处理如下：

（一）财政专户收到款项时，按照实际收到的金额，借记本科目，贷记有关科目。

（二）其他财政存款产生的利息收入，除规定作为专户资金收入外，其他利息收入都应缴入国库纳入一般公共预算管理。取得其他财政存款利息收入时，按照实际获得的利息金额，根据以下情况分别处理：

1. 按规定作为专户资金收入的，借记本科目，贷记“应付代管资金”或有关收入科目；

2. 按规定应缴入国库的，借记本科目，贷记“其他应付款”科目。将其他财政存款利息收入缴入国库时，借记“其他应付款”科目，贷记本科目；同时，借记“国库存款”科目，贷记“一般公共预算本级收入”科目。

（三）其他财政存款减少时，按照实际支付的金额，借记有关科目，贷记本科目。

四、本科目期末借方余额反映政府财政持有的其他财政存款。

1005 财政零余额账户存款

一、本科目核算财政国库支付执行机构在代理银行办理财政直接支付的业务。财政国库支付执行机构未单设的地区不使用该科目。

二、财政零余额账户存款的主要账务处理如下：

（一）财政国库支付执行机构为预算单位直接支付款项时，借记有关预算支出科目，贷记本科目。

（二）财政国库支付执行机构每日将按部门分“类”、“款”、“项”汇总的预算支出结算清单等结算单与中国人民银行国库划款凭证核对无误后，送总会计结算资金，按照结算的金额，借记本科目，贷记“已结报支出”科目。

三、本科目当日资金结算后一般应无余额。

1006 有价证券

一、本科目核算政府财政按照有关规定取得并持有的有价证券金额。

二、本科目应当按照有价证券种类和资金性质进行明细核算。

三、有价证券的主要账务处理如下：

（一）购入有价证券时，按照实际支付的金额，借记本科目，贷记“国库存款”、“其他财政存款”等科目。

（二）转让或到期兑付有价证券时，按照实际收到的金额，借记“国库存款”、“其他财政存款”等科目，按照该有价证券的账面余额，贷记本科目，按其差额，贷记“一般公共预算本级收入”等科目。

四、本科目期末借方余额反映政府财政持有的有价证券金额。

1007 在途款

一、本科目核算决算清理期和库款报解整理期内发生的需要通过本科目过渡处理的属于上年度收入、支出等业务的资金数。

二、在途款的主要账务处理如下：

决算清理期和库款报解整理期内收到属于上年度收入时，在上年度账务中，借记本科目，贷记有关收入科目；收回属于上年度拨款或支出时，在上年度账务中，借记本科目，贷记“预拨经费”或有关支出科目。冲转在途款时，在本年度账务中，借记“国库存款”科目，贷记本科目。

三、本科目期末借方余额反映政府财政持有的在途款。

1011 预拨经费

一、本科目核算政府财政预拨给预算单位尚未列为预算支出的款项。

二、本科目应当按照预拨经费种类、预算单位等进行明细核算。

三、预拨经费的主要账务处理如下：

（一）拨出款项时，借记本科目，贷记“国库存款”科目。

（二）转列支出或收回预拨款项时，借记“一般公共预算本级支出”、“政府性基金预算本级支出”、“国库存款”等科目，贷记本科目。

四、本科目借方余额反映政府财政年末尚未转列支出或尚待收回的预拨经费数。

1021 借出款项

一、本科目核算政府财政按照对外借款管理相关规定借给预算单位临时急需的，并需按期收回的款项。

二、本科目应当按照借款单位等进行明细核算。

三、借出款项的主要账务处理如下：

（一）将款项借出时，按照实际支付的金额，借记本科目，贷记“国库存款”等科目。

（二）收回借款时，按照实际收到的金额，借记“国库存款”等科目，贷记本科目。

四、本科目期末借方余额反映政府财政借给预算单位尚未收回的款项。

1022 应收股利

一、本科目核算政府因持有股权投资应当收取的现金股利或利润。

二、本科目应当按照被投资主体进行明细核算。

三、应收股利的主要账务处理如下：

（一）持有股权投资期间被投资主体宣告发放现金股利

或利润的，按应上缴政府财政的部分，借记本科目，贷记“资产基金—应收股利”科目；按照相同的金额，借记“资产基金—股权投资”科目，贷记“股权投资（损益调整）”科目。

（二）实际收到现金股利或利润，借记“国库存款”等科目，贷记有关收入科目；按照相同的金额，借记“资产基金—应收股利”科目，贷记本科目。

四、本科目期末借方余额反映政府尚未收回的现金股利或利润。

1031 与下级往来

一、本科目核算本级政府财政与下级政府财政的往来待结算款项。

二、本科目应当按照下级政府财政、资金性质等进行明细核算。

三、与下级往来的主要账务处理如下：

（一）借给下级政府财政款项时，借记本科目，贷记“国库存款”科目。

（二）体制结算中应当由下级政府财政上交的收入数，借记本科目，贷记“上解收入”科目。

（三）借款收回、转作补助支出或体制结算应当补助下级政府财政的支出，借记“国库存款”、“补助支出”等有关科目，贷记本科目。

（四）发生上解多交应当退回的，按照应当退回的金额，借记“上解收入”科目，贷记本科目。

（五）发生补助多补应当退回的，按照应当退回的金额，借记本科目，贷记“补助支出”科目。

四、本科目期末借方余额反映下级政府财政欠本级政府财政的款项；期末贷方余额反映本级政府财政欠下级政府财政的款项。

1036 其他应收款

一、本科目核算政府财政临时发生的其他应收、暂付、垫付款项。项目单位拖欠外国政府和国际金融组织贷款本息和相关费用导致相关政府财政履行担保责任，代偿的贷款本息费，也通过本科目核算。

二、本科目应当按照资金性质、债务单位等进行明细核算。

三、其他应收款的主要账务处理如下：

（一）发生其他应收款项时，借记本科目，贷记“国库存款”、“其他财政存款”等科目。

（二）收回或转作预算支出时，借记“国库存款”、“其他财政存款”或有关支出科目，贷记本科目。

（三）政府财政对使用外国政府和国际金融组织贷款资金的项目单位履行担保责任，代偿贷款本息费时，借记本科目，贷记“国库存款”、“其他财政存款”等科目。政府财政行使追索权，收回项目单位贷款本息费时，借记“国库存款”、“其他财政存款”等科目，贷记本科目。政府财政最终未收回项目单位贷款本息费，经核准列支时，借记“一般公共预算本级支出”等科目，贷记本科目。

四、本科目应及时清理结算。年终，原则上应无余额。

1041 应收地方政府债券转贷款

一、本科目核算本级政府财政转贷给下级政府财政的地方政府债券资金的本金及利息。

二、本科目下应当设置“应收地方政府一般债券转贷款”和“应收地方政府专项债券转贷款”明细科目，其下分别设置“应收本金”和“应收利息”两个明细科目，并按照转贷对象进行明细核算。

三、应收地方政府债券转贷款的主要账务处理如下：

（一）向下级政府财政转贷地方政府债券资金时，按照转贷的金额，借记“债务转贷支出”科目，贷记“国库存款”科目；根据债务管理部门转来的相关资料，按照到期应收回的转贷本金金额，借记本科目，贷记“资产基金—应收地方政府债券转贷款”科目。

（二）期末确认地方政府债券转贷款的应收利息时，根据债务管理部门计算出的转贷款本期应收未收利息金额，借记本科目，贷记“资产基金—应收地方政府债券转贷款”科目。

（三）收回下级政府财政偿还的转贷款本息时，按照收回的金额，借记“国库存款”等科目，贷记“其他应付款”或“其他应收款”科目；根据债务管理部门转来的相关资料，按照收回的转贷款本金及已确认的应收利息金额，借记“资产基金—应收地方政府债券转贷款”科目，贷记本科目。

（四）扣缴下级政府财政的转贷款本息时，按照扣缴的金额，借记“与下级往来”科目，贷记“其他应付款”或“其他应收款”科目；根据债务管理部门转来的相关资料，按照扣缴的转贷款本金及已确认的应收利息金额，借记“资产基金—应收地方政府债券转贷款”科目，贷记本科目。

四、本科目期末借方余额反映政府财政应收未收的地方政府债券转贷款本金和利息。

1045 应收主权外债转贷款

一、本科目核算本级政府财政转贷给下级政府财政的外国政府和国际金融组织贷款等主权外债资金的本金及利息。

二、本科目下应当设置“应收本金”和“应收利息”两个明细科目，并按照转贷对象进行明细核算。

三、应收主权外债转贷款的主要账务处理如下：

（一）本级政府财政向下级政府财政转贷主权外债资金，且主权外债最终还款责任由下级政府财政承担的，相关账务处理如下：

1. 本级政府财政支付转贷资金时，根据转贷资金支付相关资料，借记“债务转贷支出”科目，贷记“其他财政存款”科目；根据债务管理部门转来的相关资料，按照实际持有的债权金额，借记本科目，贷记“资产基金—应收主权外债转贷款”科目。

2. 外方将贷款资金直接支付给用款单位或供应商时，本级政府财政根据转贷资金支付相关资料,借记"债务转贷支出"科目,贷记"债务收入"或"债务转贷收入"科目;根据债务管理部门转来的相关资料,按照实际持有的债权金额,借记本科目,贷记"资产基金—应收主权外债转贷款"科目;同时,借记"待偿债净资产"科目,贷记"借入款项"或"应付主权外债转贷款"科目。

(二)期末确认主权外债转贷款的应收利息时,根据债务管理部门计算出转贷款的本期应收未收利息金额,借记本科目,贷记"资产基金—应收主权外债转贷款"科目。

(三)收回转贷给下级政府财政主权外债的本息时,按照收回的金额,借记"其他财政存款"科目,贷记"其他应付款"或"其他应收款"科目;根据债务管理部门转来的相关资料,按照实际收回的转贷款本金及已确认的应收利息金额,借记"资产基金—应收主权外债转贷款"科目,贷记本科目。

(四)扣缴下级政府财政的转贷款本息时,按照扣缴的金额,借记"与下级往来"科目,贷记"其他应付款"或"其他应收款"科目;根据债务管理部门转来的相关资料,按照扣缴的转贷款本金及已确认的应收利息金额,借记"资产基金—应收主权外债转贷款"科目,贷记本科目。

四、本科目期末借方余额反映政府财政应收未收的主权外债转贷款本金和利息。

1071 股权投资

一、本科目核算政府持有的各类股权投资。包括国际金融组织股权投资、投资基金股权投资和企业股权投资等。

二、股权投资一般采用权益法进行核算。

三、本科目应当按照"国际金融组织股权投资"、"投资基金股权投资"、"企业股权投资"设置一级明细科目,在一级明细科目下,可根据管理需要,按照被投资主体进行明细核算。对每一被投资主体还可按"投资成本"、"收益转增投资"、"损益调整"、"其他权益变动"进行明细核算。

四、股权投资的主要账务处理如下:

(一)国际金融组织股权投资。

1. 政府财政代表政府认缴国际金融组织股本时,按照实际支付的金额,借记"一般公共预算本级支出"等科目,贷记"国库存款"科目;根据股权投资确认相关资料,按照确定的股权投资成本,借记本科目,贷记"资产基金—股权投资"科目。

2. 从国际金融组织撤出股本时,按照收回的金额,借记"国库存款"科目,贷记"一般公共预算本级支出"科目;根据股权投资清算相关资料,按照实际撤出的股本,借记"资产基金—股权投资"科目,贷记本科目。

(二)投资基金股权投资。

1. 政府财政对投资基金进行股权投资时,按照实际支付的金额,借记"一般公共预算本级支出"等科目,贷记"国库存款"等科目;根据股权投资确认相关资料,按照实际支付的金额,借记本科目(投资成本),按照确定的在被投资基金中占有的权益金额与实际支付金额的差额,借记或贷记本科目(其他权益变动),按照确定的在被投资基金中占有的权益金额,贷记"资产基金—股权投资"科目。

2. 年末,根据政府财政在被投资基金当期净利润或净亏损中占有的份额,借记或贷记本科目(损益调整),贷记或借记"资产基金—股权投资"科目。

3. 政府财政将归属财政的收益留作基金滚动使用时,借记本科目(收益转增投资),贷记本科目(损益调整)。

4. 被投资基金宣告发放现金股利或利润时,按照应上缴政府财政的部分,借记"应收股利"科目,贷记"资产基金—应收股利"科目;同时按照相同的金额,借记"资产基金—股权投资"科目,贷记本科目(损益调整)。

5. 被投资基金发生除净损益以外的其他权益变动时,按照政府财政持股比例计算应享有的部分,借记或贷记本科目(其他权益变动),贷记或借记"资产基金—股权投资"科目。

6. 投资基金存续期满、清算或政府财政从投资基金退出需收回出资时,政府财政按照实际收回的资金,借记"国库存款"等科目,按照收回的原实际出资部分,贷记"一般公共预算本级支出"等科目,按照超出原实际出资的部分,贷记"一般公共预算本级收入"等科目;根据股权投资清算相关资料,按照因收回股权投资而减少在被投资基金中占有的权益金额,借记"资产基金—股权投资"科目,贷记本科目。

(三)企业股权投资。

企业股权投资的账务处理,根据管理条件和管理需要,参照投资基金股权投资的账务处理。

五、本科目期末借方余额反映政府持有的各种股权投资金额。

1081 待发国债

一、本科目核算为弥补中央财政预算收支差额,中央财政预计发行国债与实际发行国债之间的差额。

二、待发国债的主要账务处理如下:

年度终了,实际发行国债收入用于债务还本支出后,小于为弥补中央财政预算收支差额中央财政预计发行国债时,按两者的差额,借记本科目,贷记相关科目;实际发行国债收入用于债务还本支出后,大于为弥补中央财政预算收支差额中央财政预计发行国债时,按两者的差额,借记相关科目,贷记本科目。

三、本科目期末借方余额反映中央财政尚未使用的国债发行额度。

二、负债类

2001 应付短期政府债券

一、本科目核算政府财政部门以政府名义发行的期限不超过1年(含1年)的国债和地方政府债券的应付本金和利息。

二、本科目下应当设置"应付国债"、"应付地方政府一般债券"、"应付地方政府专项债券"等一级明细科目，在一级明细科目下，再分别设置"应付本金"、"应付利息"明细科目，分别核算政府债券的应付本金和利息。债务管理部门应当设置相应的辅助账，详细记录每期政府债券金额、种类、期限、发行日、到期日、票面利率、偿还本金及付息情况等。

三、应付短期政府债券的主要账务处理如下：

（一）实际收到短期政府债券发行收入时，按照实际收到的金额，借记"国库存款"科目，按照短期政府债券实际发行额，贷记"债务收入"科目，按照发行收入和发行额的差额，借记或贷记有关支出科目；根据债券发行确认文件等相关债券管理资料，按照到期应付的短期政府债券本金金额，借记"待偿债净资产—应付短期政府债券"科目，贷记本科目。

（二）期末确认短期政府债券的应付利息时，根据债务管理部门计算出的本期应付未付利息金额，借记"待偿债净资产—应付短期政府债券"科目，贷记本科目。

（三）实际支付本级政府财政承担的短期政府债券利息时，借记"一般公共预算本级支出"或"政府性基金预算本级支出"科目，贷记"国库存款"等科目；实际支付利息金额中属于已确认的应付利息部分，还应根据债券兑付确认文件等相关债券管理资料，借记本科目，贷记"待偿债净资产—应付短期政府债券"科目。

（四）实际偿还本级政府财政承担的短期政府债券本金时，借记"债务还本支出"科目，贷记"国库存款"等科目；根据债券兑付确认文件等相关债券管理资料，借记本科目，贷记"待偿债净资产—应付短期政府债券"科目。

（五）省级财政部门采用定向承销方式发行短期地方政府债券置换存量债务时，根据债权债务确认相关资料，按照置换本级政府存量债务的额度，借记"债务还本支出"科目，贷记"债务收入"科目；根据债务管理部门转来的相关资料，按照置换本级政府存量债务的额度，借记"待偿债净资产—应付短期政府债券"科目，贷记本科目。

四、本科目期末贷方余额，反映政府财政尚未偿还的短期政府债券本金和利息。

2011 应付国库集中支付结余

一、本科目核算政府财政采用权责发生制列支，预算单位尚未使用的国库集中支付结余资金。

二、本科目应当根据管理需要，按照政府收支分类科目等进行相应明细核算。

三、应付国库集中支付结余的主要账务处理如下：

（一）年末，对当年形成的国库集中支付结余采用权责发生制列支时，借记有关支出科目，贷记本科目。

（二）以后年度实际支付国库集中支付结余资金时，分以下情况处理：

1. 按原结转预算科目支出的，借记本科目，贷记"国库存款"科目。

2. 调整支出预算科目的，应当按原结转预算科目作冲销处理，借记本科目，贷记有关支出科目。同时，按实际支出预算科目作列支账务处理，借记有关支出科目，贷记"国库存款"科目。

四、本科目期末贷方余额反映政府财政尚未支付的国库集中支付结余。

2012 与上级往来

一、本科目核算本级政府财政与上级政府财政的往来待结算款项。

二、本科目应当按照往来款项的类别和项目等进行明细核算。

三、与上级往来的主要账务处理如下：

（一）本级政府财政从上级政府财政借入款或体制结算中发生应上交上级政府财政款项时，借记"国库存款"、"上解支出"等科目，贷记本科目。

（二）本级政府财政归还借款、转作上级补助收入或体制结算中应由上级补给款项时，借记本科目，贷记"国库存款"、"补助收入"等科目。

四、本科目期末贷方余额反映本级政府财政欠上级政府财政的款项；借方余额反映上级政府财政欠本级政府财政的款项。

2015 其他应付款

一、本科目核算政府财政临时发生的暂收、应付和收到的不明性质款项。税务机关代征入库的社会保险费、项目单位使用并承担还款责任的外国政府和国际金融组织贷款，也通过本科目核算。

二、本科目应当按照债权单位或资金来源等进行明细核算。

三、其他应付款的主要账务处理如下：

（一）收到暂存款项时，借记"国库存款"、"其他财政存款"等科目，贷记本科目。

（二）将暂存款项清理退还或转作收入时，借记本科目，贷记"国库存款"、"其他财政存款"或有关收入科目。

（三）社会保险费代征入库时，借记"国库存款"科目，贷记本科目。社会保险费国库缴存社保基金财政专户时，借记本科目，贷记"国库存款"科目。

（四）收到项目单位承担还款责任的外国政府和国际金融组织贷款资金时，借记"其他财政存款"科目，贷记本科目；付给项目单位时，借记本科目，贷记"其他财政存款"科目。收到项目单位偿还贷款资金时，借记"其他财政存款"科目，贷记本科目；付给外国政府和国际金融组织项目单位还款资金时，借记本科目，贷记"其他财政存款"科目。

四、本科目期末贷方余额反映政府财政尚未结清的其他应付款项。

2017 应付代管资金

一、本科目核算政府财政代为管理的、使用权属于被代管主体的资金。

二、本科目应当根据管理需要进行相关明细核算。

三、应付代管资金的主要账务处理如下：

（一）收到代管资金时，借记“其他财政存款”等科目，贷记本科目。

（二）支付代管资金时，借记本科目，贷记“其他财政存款”等科目。

（三）代管资金产生的利息收入按照相关规定仍属于代管资金的，借记“其他财政存款”等科目，贷记本科目。

四、本科目期末贷方余额反映政府财政尚未支付的代管资金。

2021 应付长期政府债券

一、本科目核算政府财政部门以政府名义发行的期限超过1年的国债和地方政府债券的应付本金和利息。

二、本科目下应当设置“应付国债”、“应付地方政府一般债券”、“应付地方政府专项债券”等一级明细科目，在一级明细科目下，再分别设置“应付本金”、“应付利息”明细科目，分别核算政府债券的应付本金和利息。债务管理部门应当设置相应的辅助账，详细记录每期政府债券金额、种类、期限、发行日、到期日、票面利率、偿还本金及付息情况等。

三、应付长期政府债券的主要账务处理如下：

（一）实际收到长期政府债券发行收入时，按照实际收到的金额，借记“国库存款”科目，按照长期政府债券实际发行额，贷记“债务收入”科目，按照发行收入和发行额的差额，借记或贷记有关支出科目；根据债券发行确认文件等相关债券管理资料，按照到期应付的长期政府债券本金金额，借记“待偿债净资产—应付长期政府债券”科目，贷记本科目。

（二）期末确认长期政府债券的应付利息时，根据债务管理部门计算出的本期应付未付利息金额，借记“待偿债净资产—应付长期政府债券”科目，贷记本科目。

（三）实际支付本级政府财政承担的长期政府债券利息时，借记“一般公共预算本级支出”或“政府性基金预算本级支出”科目，贷记“国库存款”等科目；实际支付利息金额中属于已确认的应付利息部分，还应根据债券兑付确认文件等相关债券管理资料，借记本科目，贷记“待偿债净资产—应付长期政府债券”科目。

（四）实际偿还本级政府财政承担的长期政府债券本金时，借记“债务还本支出”科目，贷记“国库存款”等科目；根据债券兑付确认文件等相关债券管理资料，借记本科目，贷记“待偿债净资产—应付长期政府债券”科目。

（五）本级政府财政偿还下级政府财政承担的地方政府债券本息时，借记“其他应付款”或“其他应收款”科目，贷记“国库存款”科目；根据债券兑付确认文件等相关债券管理资料，按照实际偿还的长期政府债券本金及已确认的应付利息金额，借记本科目，贷记“待偿债净资产—应付长期政府债券”科目。

（六）省级财政部门采用定向承销方式发行长期地方政府债券置换存量债务时，根据债权债务确认相关资料，按照置换本级政府存量债务的额度，借记“债务还本支出”科目，按照置换下级政府存量债务的额度，借记“债务转贷支出”科目，按照置换存量债务的总额度，贷记“债务收入”科目；根据债务管理部门转来的相关资料，按照置换存量债务的总额度，借记“待偿债净资产—应付长期政府债券”科目，贷记本科目。同时，按照置换下级政府存量债务额度，借记“应收地方政府债券转贷款”科目，贷记“资产基金—应收地方政府债券转贷款”科目。

四、本科目期末贷方余额反映政府财政尚未偿还的长期政府债券本金和利息。

2022 借入款项

一、本科目核算政府财政部门以政府名义向外国政府和国际金融组织等借入的款项，以及经国务院批准的其他方式借入的款项。

二、本科目下应当设置“应付本金”、“应付利息”明细科目，分别对借入款项的应付本金和利息进行明细核算，还应当按照债权人进行明细核算。债务管理部门应当设置相应的辅助账，详细记录每笔借入款项的期限、借入日期、偿还及付息情况等。

三、借入款项的主要账务处理如下：

（一）借入主权外债的账务处理如下：

1. 本级政府财政收到借入的主权外债资金时，借记“其他财政存款”科目，贷记“债务收入”科目；根据债务管理部门转来的相关资料，按照实际承担的债务金额，借记“待偿债净资产—借入款项”科目，贷记本科目。

2. 本级政府财政借入主权外债，且由外方将贷款资金直接支付给用款单位或供应商时，应根据以下情况分别处理：

（1）本级政府财政承担还款责任，贷款资金由本级政府财政同级部门（单位）使用的，本级政府财政部门根据贷款资金支付相关资料，借记“一般公共预算本级支出”等科目，贷记“债务收入”科目；根据债务管理部门转来的相关资料，按照实际承担的债务金额，借记“待偿债净资产—借入款项”科目，贷记本科目。

（2）本级政府财政承担还款责任，贷款资金由下级政府财政同级部门（单位）使用的，本级政府财政部门根据贷款资金支付相关资料及预算指标文件，借记“补助支出”科目，贷记“债务收入”科目；根据债务管理部门转来的相关资料，按照实际承担的债务金额，借记“待偿债净资产—借入款项”科目，贷记本科目。

（3）下级政府财政承担还款责任，贷款资金由下级政府财政同级部门（单位）使用的，本级政府财政部门根据贷款资金支付相关资料，借记“债务转贷支出”科目，贷记“债务收入”科目；根据债务管理部门转来的相关资料，按照实际承担的债务金额，借记“待偿债净资产—借入款项”科目，贷记本科目；

同时,借记“应收主权外债转贷款”科目,贷记“资产基金—应收主权外债转贷款”科目。

3. 期末确认借入主权外债的应付利息时,根据债务管理部门计算出的本期应付未付利息金额,借记“待偿债净资产—借入款项”科目,贷记本科目。

4. 偿还本级政府财政承担的借入主权外债本金时,借记“债务还本支出”科目,贷记“国库存款”、“其他财政存款”等科目;根据债务管理部门转来的相关资料,按照实际偿还的本金金额,借记本科目,贷记“待偿债净资产—借入款项”科目。

5. 偿还本级政府财政承担的借入主权外债利息时,借记“一般公共预算本级支出”等科目,贷记“国库存款”、“其他财政存款”等科目;实际偿还利息金额中属于已确认的应付利息部分,还应根据债务管理部门转来的相关资料,借记本科目,贷记“待偿债净资产—借入款项”科目。

6. 偿还下级政府财政承担的借入主权外债的本息时,借记“其他应付款”或“其他应收款”科目,贷记“国库存款”、“其他财政存款”等科目;根据债务管理部门转来的相关资料,按照实际偿还的本金及已确认的应付利息金额,借记本科目,贷记“待偿债净资产—借入款项”科目。

7. 被上级政府财政扣缴借入主权外债的本息时,借记“其他应收款”科目,贷记“与上级往来”科目;根据债务管理部门转来的相关资料,按照实际扣缴的本金及已确认的应付利息金额,借记本科目,贷记“待偿债净资产—借入款项”科目。列报支出时,对应由本级政府财政承担的还本支出,借记“债务还本支出”科目,贷记“其他应收款”科目;对应由本级政府财政承担的利息支出,借记“一般公共预算本级支出”等科目,贷记“其他应收款”科目。

8. 债权人豁免本级政府财政承担偿还责任的借入主权外债本息时,根据债务管理部门转来的相关资料,按照被豁免的本金及已确认的应付利息金额,借记本科目,贷记“待偿债净资产—借入款项”科目。

债权人豁免下级政府财政承担偿还责任的借入主权外债本息时,根据债务管理部门转来的相关资料,按照被豁免的本金及已确认的应付利息金额,借记本科目,贷记“待偿债净资产—借入款项”科目;同时,借记“资产基金—应收主权外债转贷款”科目,贷记“应收主权外债转贷款”科目。

(二)其他借入款项账务处理参照本科目使用说明中借入主权外债业务的账务处理。

四、本科目期末贷方余额反映本级政府财政尚未偿还的借入款项本金和利息。

2026 应付地方政府债券转贷款

一、本科目核算地方政府财政从上级政府财政借入的地方政府债券转贷款的本金和利息。

二、本科目下应当设置“应付地方政府一般债券转贷款”和“应付地方政府专项债券转贷款”一级明细科目,在一级明细科目下再分别设置“应付本金”和“应付利息”两个明细科目,分别对应付本金和利息进行明细核算。

三、应付地方政府债券转贷款的主要账务处理如下:

(一)收到上级政府财政转贷的地方政府债券资金时,借记“国库存款”科目,贷记“债务转贷收入”科目;根据债务管理部门转来的相关资料,按照到期应偿还的转贷款本金金额,借记“待偿债净资产—应付地方政府债券转贷款”科目,贷记本科目。

(二)期末确认地方政府债券转贷款的应付利息时,根据债务管理部门计算出的本期应付未付利息金额,借记“待偿债净资产—应付地方政府债券转贷款”科目,贷记本科目。

(三)偿还本级政府财政承担的地方政府债券转贷款本金时,借记“债务还本支出”科目,贷记“国库存款”等科目;根据债务管理部门转来的相关资料,按照实际偿还的本金金额,借记本科目,贷记“待偿债净资产—应付地方政府债券转贷款”科目。

(四)偿还本级政府财政承担的地方政府债券转贷款的利息时,借记“一般公共预算本级支出”或“政府性基金预算本级支出”科目,贷记“国库存款”等科目;实际支付利息金额中属于已确认的应付利息部分,还应根据债务管理部门转来的相关资料,借记本科目,贷记“待偿债净资产—应付地方政府债券转贷款”科目。

(五)偿还下级政府财政承担的地方政府债券转贷款的本息时,借记“其他应付款”或“其他应收款”科目,贷记“国库存款”等科目;根据债务管理部门转来的相关资料,按照实际偿还的本金及已确认的应付利息金额,借记本科目,贷记“待偿债净资产—应付地方政府债券转贷款”科目。

(六)被上级政府财政扣缴地方政府债券转贷款本息时,借记“其他应收款”科目,贷记“与上级往来”科目;根据债务管理部门转来的相关资料,按照实际扣缴的本金及已确认的应付利息金额,借记本科目,贷记“待偿债净资产—应付地方政府债券转贷款”科目。列报支出时,对本级政府财政承担的还本支出,借记“债务还本支出”科目,贷记“其他应收款”科目;对本级政府财政承担的利息支出,借记“一般公共预算本级支出”或“政府性基金预算本级支出”科目,贷记“其他应收款”科目。

(七)采用定向承销方式发行地方政府债券置换存量债务时,省级以下(不含省级)财政部门根据上级财政部门提供的债权债务确认相关资料,按照置换本级政府存量债务的额度,借记“债务还本支出”科目,按照置换下级政府存量债务的额度,借记“债务转贷支出”科目,按照置换存量债务的总额度,贷记“债务转贷收入”科目;根据债务管理部门转来的相关资料,按照置换存量债务的总额度,借记“待偿债净资产—应付地方政府债券转贷款”科目,贷记本科目。同时,按照置换下级政府存量债务额度,借记“应收地方政府债券转贷款”科目,贷记“资产基金—应收地方政府债券转贷款”科目。

四、本科目期末贷方余额反映本级政府财政尚未偿还的地方政府债券转贷款的本金和利息。

2027 应付主权外债转贷款

一、本科目核算本级政府财政从上级政府财政借入的主权外债转贷款的本金和利息。

二、本科目下应当设置"应付本金"和"应付利息"两个明细科目,分别对应付本金和利息进行明细核算。

三、应付主权外债转贷款的主要账务处理如下:

(一)收到上级政府财政转贷的主权外债资金时,借记"其他财政存款"科目,贷记"债务转贷收入"科目;根据债务管理部门转来的相关资料,按照实际承担的债务金额,借记"待偿债净资产—应付主权外债转贷款"科目,贷记本科目。

(二)从上级政府财政借入主权外债转贷款,且由外方将贷款资金直接支付给用款单位或供应商时,应根据以下情况分别处理:

1. 本级政府财政承担还款责任,贷款资金由本级政府财政同级部门(单位)使用的,本级政府财政根据贷款资金支付相关资料,借记"一般公共预算本级支出"等科目,贷记"债务转贷收入"科目;根据债务管理部门转来的相关资料,按照实际承担的债务金额,借记"待偿债净资产—应付主权外债转贷款"科目,贷记本科目。

2. 本级政府财政承担还款责任,贷款资金由下级政府财政同级部门(单位)使用的,本级政府财政部门根据贷款资金支付相关资料及预算指标文件,借记"补助支出"科目,贷记"债务转贷收入"科目;根据债务管理部门转来的相关资料,按照实际承担的债务金额,借记"待偿债净资产—应付主权外债转贷款"科目,贷记本科目。

3. 下级政府财政承担还款责任,贷款资金由下级政府财政同级部门(单位)使用的,本级政府财政部门根据贷款资金支付相关资料,借记"债务转贷支出"科目,贷记"债务转贷收入";根据债务管理部门转来的相关资料,按照实际承担的债务金额,借记"待偿债净资产—应付主权外债转贷款"科目,贷记本科目;同时,借记"应收主权外债转贷款"科目,贷记"资产基金—应收主权外债转贷款"科目。

(三)期末确认主权外债转贷款的应付利息时,按照债务管理部门计算出的本期应付未付利息金额,借记"待偿债净资产—应付主权外债转贷款"科目,贷记本科目。

(四)偿还本级政府财政承担的借入主权外债转贷款的本金时,借记"债务还本支出"科目,贷记"其他财政存款"等科目;根据债务管理部门转来的相关资料,按照实际偿还的本金金额,借记本科目,贷记"待偿债净资产—应付主权外债转贷款"科目。

(五)偿还本级政府财政承担的借入主权外债转贷款的利息时,借记"一般公共预算本级支出"等科目,贷记"其他财政存款"等科目;实际偿还利息金额中属于已确认的应付利息部分,还应根据债务管理部门转来的相关资料,借记本科目,贷记"待偿债净资产—应付主权外债转贷款"科目。

(六)偿还下级政府财政承担的借入主权外债转贷款的本息时,借记"其他应付款"或"其他应收款"科目,贷记"其他财政存款"等科目;根据债务管理部门转来的相关资料,按照实际偿还的本金及已确认的应付利息金额,借记本科目,贷记"待偿债净资产—应付主权外债转贷款"科目。

(七)被上级政府财政扣缴借入主权外债转贷款的本息时,借记"其他应收款"科目,贷记"与上级往来"科目;根据债务管理部门转来的相关资料,按照被扣缴的本金及已确认的应付利息金额,借记本科目,贷记"待偿债净资产—应付主权外债转贷款"科目。列报支出时,对本级政府财政承担的还本支出,借记"债务还本支出"科目,贷记"其他应收款"科目;对本级政府财政承担的利息支出,借记"一般公共预算本级支出"等科目,贷记"其他应收款"科目。

(八)上级政府财政豁免主权外债转贷款本息时,根据以下情况分别处理:

1. 豁免本级政府财政承担偿还责任的主权外债转贷款本息时,根据债务管理部门转来的相关资料,按照豁免转贷款的本金及已确认的应付利息金额,借记本科目,贷记"待偿债净资产—应付主权外债转贷款"科目。

2. 豁免下级政府财政承担偿还责任的主权外债转贷款本息时,根据债务管理部门转来的相关资料,按照豁免转贷款的本金及已确认的应付利息金额,借记本科目,贷记"待偿债净资产—应付主权外债转贷款"科目;同时,借记"资产基金—应收主权外债转贷款"科目,贷记"应收主权外债转贷款"科目。

四、本科目期末贷方余额反映本级政府财政尚未偿还的主权外债转贷款本金和利息。

2045 其他负债

一、本科目核算政府财政因有关政策明确要求其承担支出责任的事项而形成的应付未付款项。

二、本科目应当按照债权单位和项目等进行明细核算。

三、其他负债的主要账务处理如下:

(一)有关政策已明确政府财政承担的支出责任,按照确定应承担的负债金额,借记"待偿债净资产"科目,贷记本科目。

(二)实际偿还负债时,借记有关支出等科目,贷记"国库存款"等科目,同时,按照相同的金额,借记本科目,贷记"待偿债净资产"科目。

四、本科目贷方余额反映政府财政承担的尚未支付的其他负债余额。

2091 已结报支出

一、本科目核算政府财政国库支付执行机构已清算的国库集中支付支出数额。财政国库支付执行机构未单设的地区,不使用该科目。

二、已结报支出的主要账务处理如下:

(一)每日汇总清算后,财政国库支付执行机构会计根据有关划款凭证回执联和按部门分"类"、"款"、"项"汇总的《预算支出结算清单》,对于财政直接支付,借记"财政零余额账户存款"科目,贷记本科目;对于财政授权支付,借记"一般公共预算本级支出"、"政府性基金预算本级支出"、"国有资本经营预算本级支出"等科目,贷记本科目。

(二)年终财政国库支付执行机构按照累计结清的支出金额,与有关方面核对一致后转账时,借记本科目,贷记"一般公共预算本级支出"、"政府性基金预算本级支出"、"国有资本经营预算本级支出"等科目。

三、本科目年终转账后无余额。

三、净资产类

3001 一般公共预算结转结余

一、本科目核算政府财政纳入一般公共预算管理的收支相抵形成的结转结余。

二、一般公共预算结转结余的主要账务处理如下:

(一)年终转账时,将一般公共预算的有关收入科目贷方余额转入本科目的贷方,借记"一般公共预算本级收入"、"补助收入——一般公共预算补助收入"、"上解收入——一般公共预算上解收入"、"地区间援助收入"、"调入资金——一般公共预算调入资金"、"债务收入(一般债务收入)"、"债务转贷收入(地方政府一般债务转贷收入)"、"动用预算稳定调节基金"等科目,贷记本科目;将一般公共预算的有关支出科目借方余额转入本科目的借方,借记本科目,贷记"一般公共预算本级支出"、"上解支出——一般公共预算上解支出"、"补助支出——一般公共预算补助支出"、"地区间援助支出"、"调出资金——一般公共预算调出资金"、"安排预算稳定调节基金"、"债务转贷支出(地方政府一般债务转贷支出)"、"债务还本支出(一般债务还本支出)"等科目。

(二)设置和补充预算周转金时,借记本科目,贷记"预算周转金"科目。

三、本科目年终贷方余额反映一般公共预算收支相抵后的滚存结转结余。

3002 政府性基金预算结转结余

一、本科目核算政府财政纳入政府性基金预算管理的收支相抵形成的结转结余。

二、本科目应当根据管理需要,按照政府性基金的种类进行明细核算。

三、政府性基金预算结转结余的主要账务处理如下:

年终转账时,应将政府性基金预算的有关收入科目贷方余额按照政府性基金种类分别转入本科目下相应明细科目的贷方,借记"政府性基金预算本级收入"、"补助收入—政府性基金预算补助收入"、"上解收入—政府性基金预算上解收入"、"调入资金—政府性基金预算调入资金"、"债务收入—专项债务收入"、"债务转贷收入—地方政府专项债务转贷收入"等科目,贷记本科目;将政府性基金预算的有关支出科目借方余额按照政府性基金种类分别转入本科目下相应明细科目的借方,借记本科目,贷记"政府性基金预算本级支出"、"上解支出—政府性基金预算上解支出"、"补助支出—政府性基金预算补助支出"、"调出资金—政府性基金预算调出资金"、"债务还本支出—专项债务还本支出"、"债务转贷支出—地方政府专项债务转贷支出"等科目。

四、本科目年终贷方余额反映政府性基金预算收支相抵后的滚存结转结余。

3003 国有资本经营预算结转结余

一、本科目核算政府财政纳入国有资本经营预算管理的收支相抵形成的结转结余。

二、国有资本经营预算结转结余的主要账务处理如下:

年终转账时,应将国有资本经营预算的有关收入科目贷方余额转入本科目贷方,借记"国有资本经营预算本级收入"等科目,贷记本科目;将国有资本经营预算的有关支出科目借方余额转入本科目借方,借记本科目,贷记"国有资本经营预算本级支出"、"调出资金—国有资本经营预算调出资金"等科目。

三、本科目年终贷方余额反映国有资本经营预算收支相抵后的滚存结转结余。

3005 财政专户管理资金结余

一、本科目核算政府财政纳入财政专户管理的教育收费等资金收支相抵后形成的结余。

二、本科目应当根据管理需要,按照部门(单位)等进行明细核算。

三、年终转账时,将财政专户管理资金的有关收入科目贷方余额转入本科目贷方,借记"财政专户管理资金收入"等科目,贷记本科目;将财政专户管理资金的有关支出科目借方余额转入本科目借方,借记本科目,贷记"财政专户管理资金支出"等科目。

四、本科目年终贷方余额反映政府财政纳入财政专户管理的资金收支相抵后的滚存结余。

3007 专用基金结余

一、本科目核算政府财政管理的专用基金收支相抵形成的结余。

二、本科目应当根据专用基金的种类进行明细核算。

三、年终转账时,将专用基金的有关收入科目贷方余额转入本科目贷方,借记"专用基金收入"等科目,贷记本科目;将专用基金的有关支出科目借方余额转入本科目借方,借记本科目,贷记"专用基金支出"等科目。

四、本科目年终贷方余额反映政府财政管理的专用基金收支相抵后的滚存结余。

3031 预算稳定调节基金

一、本科目核算政府财政设置的用于弥补以后年度预算资金不足的储备资金。

二、预算稳定调节基金的主要账务处理如下：

（一）使用超收收入或一般公共预算结余补充预算稳定调节基金时，借记“安排预算稳定调节基金”科目，贷记本科目。

（二）将预算周转金调入预算稳定调节基金时，借记“预算周转金”科目，贷记本科目。

（三）调用预算稳定调节基金时，借记本科目，贷记“动用预算稳定调节基金”科目。

三、本科目期末贷方余额反映预算稳定调节基金的规模。

3033 预算周转金

一、本科目核算政府财政设置的用于调剂预算年度内季节性收支差额周转使用的资金。预算周转金应根据《中华人民共和国预算法》要求设置。

二、预算周转金的主要账务处理如下：

（一）设置和补充预算周转金时，借记“一般公共预算结转结余”科目，贷记本科目。

（二）将预算周转金调入预算稳定调节基金时，借记本科目，贷记“预算稳定调节基金”科目。

三、本科目期末贷方余额反映预算周转金的规模。

3081 资产基金

一、本科目核算政府财政持有的应收地方政府债券转贷款、应收主权外债转贷款、股权投资和应收股利等资产（与其相关的资金收支纳入预算管理）在净资产中占用的金额。

二、本科目下应当设置“应收地方政府债券转贷款”、“应收主权外债转贷款”、“股权投资”、“应收股利”等明细科目，进行明细核算。

三、资产基金的账务处理参见“应收地方政府债券转贷款”、“应收主权外债转贷款”、“股权投资”和“应收股利”等科目的使用说明。

四、本科目期末贷方余额，反映政府财政持有应收地方政府债券转贷款、应收主权外债转贷款、股权投资和应收股利等资产（与其相关的资金收支纳入预算管理）在净资产中占用的金额。

3082 待偿债净资产

一、本科目核算政府财政因发生应付政府债券、借入款项、应付地方政府债券转贷款、应付主权外债转贷款、其他负债等负债（与其相关的资金收支纳入预算管理）相应需在净资产中冲减的金额。

二、本科目下应当设置“应付短期政府债券”、“应付长期政府债券”、“借入款项”、“应付地方政府债券转贷款”、“应付主权外债转贷款”、“其他负债”等明细科目，进行明细核算。

三、待偿债净资产的账务处理参见“应付短期政府债券”、“应付长期政府债券”、“借入款项”、“应付地方政府债券转贷款”、“应付主权外债转贷款”和“其他负债”等科目的使用说明。

四、本科目期末借方余额，反映政府财政承担应付政府债券、借入款项、应付地方政府债券转贷款、应付主权外债转贷款和其他负债等负债（与其相关的资金收支纳入预算管理）而相应需冲减净资产的金额。

四、收入类

4001 一般公共预算本级收入

一、本科目核算政府财政筹集的纳入本级一般公共预算管理的税收收入和非税收入。

二、本科目应当根据《政府收支分类科目》中“一般公共预算收入科目”规定进行明细核算。

三、一般公共预算本级收入的主要账务处理如下：

（一）收到款项时，根据当日预算收入日报表所列一般公共预算本级收入数，借记“国库存款”等科目，贷记本科目。

（二）年终转账时，本科目贷方余额全数转入“一般公共预算结转结余”科目，借记本科目，贷记“一般公共预算结转结余”科目。结转后，本科目无余额。

四、本科目平时贷方余额反映一般公共预算本级收入的累计数。

4002 政府性基金预算本级收入

一、本科目核算政府财政筹集的纳入本级政府性基金预算管理的非税收入。

二、本科目应当根据《政府收支分类科目》中“政府性基金预算收入科目”规定进行明细核算。

三、政府性基金预算本级收入的主要账务处理如下：

（一）收到款项时，根据当日预算收入日报表所列政府性基金预算本级收入数，借记“国库存款”等科目，贷记本科目。

（二）年终转账时，本科目贷方余额全数转入“政府性基金预算结转结余”科目，借记本科目，贷记“政府性基金预算结转结余”科目。结转后，本科目无余额。

四、本科目平时贷方余额反映政府性基金预算本级收入的累计数。

4003 国有资本经营预算本级收入

一、本科目核算政府财政筹集的纳入本级国有资本经营预算管理的非税收入。

二、本科目应当根据《政府收支分类科目》中“国有资本经营预算收入科目”规定进行明细核算。

三、国有资本经营预算本级收入的主要账务处理如下：

（一）收到款项时，根据当日预算收入日报表所列国有资本经营预算本级收入数，借记“国库存款”等科目，贷记本科目。

（二）年终转账时，本科目贷方余额全数转入“国有资本经营预算结转结余”科目，借记本科目，贷记“国有资本经营预算结转结余”科目。结转后，本科目无余额。

四、本科目平时贷方余额反映国有资本经营预算本级收入的累计数。

4005 财政专户管理资金收入

一、本科目核算政府财政纳入财政专户管理的教育收费等资金收入。

二、本科目应当按照《政府收支分类科目》中收入分类科目规定进行明细核算。同时，根据管理需要，按部门（单位）等进行明细核算。

三、财政专户管理资金收入的主要账务处理如下：

（一）收到财政专户管理资金时，借记"其他财政存款"科目，贷记本科目。

（二）年终转账时，本科目贷方余额全数转入"财政专户管理资金结余"科目，借记本科目，贷记"财政专户管理资金结余"科目。结转后，本科目无余额。

四、本科目平时贷方余额反映财政专户管理资金收入的累计数。

4007 专用基金收入

一、本科目核算政府财政按照法律法规和国务院、财政部规定设置或取得的粮食风险基金等专用基金收入。

二、本科目应当按照专用基金的种类进行明细核算。

三、专用基金收入的主要账务处理如下：

（一）通过预算支出安排取得专用基金收入转入财政专户的，借记"其他财政存款"科目，贷记本科目；同时，借记"一般公共预算本级支出"等科目，贷记"国库存款"、"补助收入"等科目。退回专用基金收入时，借记本科目，贷记"其他财政存款"科目。

（二）通过预算支出安排取得专用基金收入仍存在国库的，借记"一般公共预算本级支出"等科目，贷记"专用基金收入"科目。

（三）年终转账时，本科目贷方余额全数转入"专用基金结余"科目，借记本科目，贷记"专用基金结余"科目。结转后，本科目无余额。

四、本科目平时贷方余额反映取得专用基金收入的累计数。

4011 补助收入

一、本科目核算上级政府财政按照财政体制规定或因专项需要补助给本级政府财政的款项，包括税收返还、转移支付等。

二、本科目下应当按照不同的资金性质设置"一般公共预算补助收入"、"政府性基金预算补助收入"等明细科目。

三、补助收入的主要账务处理如下：

（一）收到上级政府财政拨入的补助款时，借记"国库存款"、"其他财政存款"等科目，贷记本科目。

（二）专项转移支付资金实行特设专户管理的，政府财政应当根据上级政府财政下达的预算文件确认补助收入。年度当中收到资金时，借记"其他财政存款"科目，贷记"与上级往来"等科目；年度终了，根据专项转移支付资金预算文件，借记"与上级往来"科目，贷记本科目。

（三）从"与上级往来"科目转入本科目时，借记"与上级往来"科目，贷记本科目。

（四）有主权外债业务的财政部门，贷款资金由本级政府财政同级部门（单位）使用，且贷款的最终还款责任由上级政府财政承担的，本级政府财政部门收到贷款资金时，借记"其他财政存款"科目，贷记本科目；外方将贷款资金直接支付给供应商或用款单位时，借记"一般公共预算本级支出"，贷记本科目。

（五）年终与上级政府财政结算时，根据预算文件，按照尚未收到的补助款金额，借记"与上级往来"科目，贷记本科目。退还或核减补助收入时，借记本科目，贷记"国库存款"、"与上级往来"等科目。

（六）年终转账时，本科目贷方余额应根据不同资金性质分别转入对应的结转结余科目，借记本科目，贷记"一般公共预算结转结余"、"政府性基金预算结转结余"等科目。结转后，本科目无余额。

四、本科目平时贷方余额反映补助收入的累计数。

4012 上解收入

一、本科目核算按照体制规定由下级政府财政上交给本级政府财政的款项。

二、本科目下应当按照不同资金性质设置"一般公共预算上解收入"、"政府性基金预算上解收入"等明细科目。同时，还应当按照上解地区进行明细核算。

三、上解收入的主要账务处理如下：

（一）收到下级政府财政的上解款时，借记"国库存款"等科目，贷记本科目。

（二）年终与下级政府财政结算时，根据预算文件，按照尚未收到的上解款金额，借记"与下级往来"科目，贷记本科目。退还或核减上解收入时，借记本科目，贷记"国库存款"、"与下级往来"等科目。

（三）年终转账时，本科目贷方余额应根据不同资金性质分别转入对应的结转结余科目，借记本科目，贷记"一般公共预算结转结余"、"政府性基金预算结转结余"等科目。结转后，本科目无余额。

四、本科目平时贷方余额反映上解收入的累计数。

4013 地区间援助收入

一、本科目核算受援方政府财政收到援助方政府财政转来的可统筹使用的各类援助、捐赠等资金收入。

二、本科目应当按照援助地区及管理需要进行相应的明细核算。

三、地区间援助收入的主要账务处理如下：

（一）收到援助方政府财政转来的资金时，借记"国库存款"科目，贷记本科目。

（二）年终转账时，本科目贷方余额全数转入"一般公共预算结转结余"科目，借记本科目，贷记"一般公共预算结转结余"科目。结转后，本科目无余额。

四、本科目平时贷方余额反映地区间援助收入的累计数。

4021 调入资金

一、本科目核算政府财政为平衡某类预算收支、从其他类型预算资金及其他渠道调入的资金。

二、本科目下应当按照不同资金性质设置"一般公共预算调入资金"、"政府性基金预算调入资金"等明细科目。

三、调入资金的主要账务处理如下：

(一)从其他类型预算资金及其他渠道调入一般公共预算时，按照调入的资金金额，借记"调出资金—政府性基金预算调出资金"、"调出资金—国有资本经营预算调出资金"、"国库存款"等科目，贷记本科目(一般公共预算调入资金)。

(二)从其他类型预算资金及其他渠道调入政府性基金预算时，按照调入的资金金额，借记"调出资金——一般公共预算调出资金"、"国库存款"等科目，贷记本科目(政府性基金预算调入资金)。

(三)年终转账时，本科目贷方余额分别转入相应的结转结余科目，借记本科目，贷记"一般公共预算结转结余"、"政府性基金预算结转结余"等科目。结转后，本科目无余额。

四、本科目平时贷方余额反映调入资金的累计数。

4031 动用预算稳定调节基金

一、本科目核算政府财政为弥补本年度预算资金的不足，调用的预算稳定调节基金。

二、动用预算稳定调节基金的主要账务处理如下：

(一)调用预算稳定调节基金时，借记"预算稳定调节基金"科目，贷记本科目。

(二)年终转账时，本科目贷方余额全数转入"一般公共预算结转结余"科目，借记本科目，贷记"一般公共预算结转结余"科目。结转后，本科目无余额。

三、本科目平时贷方余额反映动用预算稳定调节基金的累计数。

4041 债务收入

一、本科目核算政府财政按照国家法律、国务院规定以发行债券等方式取得的，以及向外国政府、国际金融组织等机构借款取得的纳入预算管理的债务收入。

二、本科目应当按照《政府收支分类科目》中"债务收入"科目的规定进行明细核算。

三、债务收入的主要账务处理如下：

(一)省级以上政府财政收到政府债券发行收入时，按照实际收到的金额，借记"国库存款"科目，按照政府债券实际发行额，贷记本科目，按照发行收入和发行额的差额，借记或贷记有关支出科目；根据债务管理部门转来的债券发行确认文件等相关资料，按照到期应付的政府债券本金金额，借记"待偿债净资产—应付短期政府债券/应付长期政府债券"科目，贷记"应付短期政府债券"、"应付长期政府债券"等科目。

(二)政府财政向外国政府、国际金融组织等机构借款时，按照借入的金额，借记"国库存款"、"其他财政存款"等科目，贷记本科目；根据债务管理部门转来的相关资料，按照实际承担的债务金额，借记"待偿债净资产—借入款项"科目，贷记"借入款项"科目。

(三)本级政府财政借入主权外债，且由外方将贷款资金直接支付给用款单位或供应商时，应根据以下情况分别处理：

1. 本级政府财政承担还款责任，贷款资金由本级政府财政同级部门(单位)使用的，本级政府财政根据贷款资金支付相关资料，借记"一般公共预算本级支出"科目，贷记本科目；根据债务管理部门转来的相关资料，按照实际承担的债务金额，借记"待偿债净资产—借入款项"科目，贷记"借入款项"科目。

2. 本级政府财政承担还款责任，贷款资金由下级政府财政同级部门(单位)使用的，本级政府财政根据贷款资金支付相关资料及预算指标文件，借记"补助支出"科目，贷记本科目；根据债务管理部门转来的相关资料，按照实际承担的债务金额，借记"待偿债净资产—借入款项"科目，贷记"借入款项"科目。

3. 下级政府财政承担还款责任，贷款资金由下级政府财政同级部门(单位)使用的，本级政府财政根据贷款资金支付相关资料，借记"债务转贷支出"科目，贷记本科目；根据债务管理部门转来的相关资料，按照实际承担的债务金额，借记"待偿债净资产—借入款项"科目，贷记"借入款项"科目；同时，借记"应收主权外债转贷款"科目，贷记"资产基金—应收主权外债转贷款"科目。

(四)年终转账时，本科目下"专项债务收入"明细科目的贷方余额应按照对应的政府性基金种类分别转入"政府性基金预算结转结余"相应明细科目，借记本科目(专项债务收入明细科目)，贷记"政府性基金预算结转结余"科目；本科目下其他明细科目的贷方余额全数转入"一般公共预算结转结余"科目，借记本科目(其他明细科目)，贷记"一般公共预算结转结余"科目。结转后，本科目无余额。

四、本科目平时贷方余额反映债务收入的累计数。

4042 债务转贷收入

一、本科目核算省级以下(不含省级)政府财政收到上级政府财政转贷的债务收入。

二、本科目下应当设置"地方政府一般债务转贷收入"、"地方政府专项债务转贷收入"明细科目。

三、债务转贷收入的主要账务处理如下：

(一)省级以下(不含省级)政府财政收到地方政府债券转贷收入时，按照实际收到的金额，借记"国库存款"科目，贷记本科目；根据债务管理部门转来的相关资料，按照到期应偿还的转贷款本金金额，借记"待偿债净资产—应付地方政府债券转贷款"科目，贷记"应付地方政府债券转贷款"科目。

(二)省级以下(不含省级)政府财政收到主权外债转贷收入的具体账务处理如下：

1. 本级财政收到主权外债转贷资金时，借记"其他财政存款"科目，贷记本科目；根据债务管理部门转来的相关资料，按照实际承担的债务金额，借记"待偿债净资产—应付主权外债转贷款”科目，贷记“应付主权外债转贷款”科目。

2. 从上级政府财政借入三权外债转贷款，且由外方将贷款资金直接支付给用款单位或供应商时，应根据以下情况分别处理：

(1)本级政府财政承担还款责任，贷款资金由本级政府财政同级部门(单位)使用的，本级政府财政根据贷款资金支付相关资料，借记“一般公共预算本级支出”科目，贷记本科目；根据债务管理部门转来的相关资料，按照实际承担的债务金额，借记“待偿债净资产—应付主权外债转贷款”科目，贷记“应付主权外债转贷款”科目。

(2)本级政府财政承担还款责任，贷款资金由下级政府财政同级部门(单位)使用的，本级政府财政根据贷款资金支付相关资料及预算文件，借记“补助支出”科目，贷记本科目；根据债务管理部门转来的相关资料，按照实际承担的债务金额，借记“待偿债净资产—应付主权外债转贷款”科目，贷记“应付主权外债转贷款”科目。

(3)下级政府财政承担还款责任，贷款资金由下级政府财政同级部门(单位)使用的，本级政府财政根据转贷资金支付相关资料，借记“债务转贷支出”科目，贷记本科目；根据债务管理部门转来的相关资料，按照实际承担的债务金额，借记“待偿债净资产—应付主权外债转贷款”科目，贷记“应付主权外债转贷款”科目；同时，借记“应收主权外债转贷款”科目，贷记“资产基金—应收主权外债转贷款”科目。下级政府财政根据贷款资金支付相关资料，借记“一般公共预算本级支出”科目，贷记本科目；根据债务管理部门转来的相关资料，按照实际承担的债务金额，借记“待偿债净资产—应付主权外债转贷款”科目，贷记“应付主权外债转贷款”科目。

(三)年终转账时，本科目下“地方政府一般债务转贷收入”明细科目的贷方余额全数转入“一般公共预算结转结余”科目，借记本科目，贷记“一般公共预算结转结余”科目。本科目下“地方政府专项债务转贷收入”明细科目的贷方余额按照对应的政府性基金种类分别转入“政府性基金预算结转结余”相应明细科目，借记本科目，贷记“政府性基金预算结转结余”科目。结转后，本科目无余额。

四、本科目平时贷方余额反块债务转贷收入的累计数。

五、支出类

5001 一般公共预算本级支出

一、本科目核算政府财政管理的由本级政府使用的列入一般公共预算的支出。

二、本科目应当根据《政府收支分类科目》中支出功能分类科目设置明细科目。同时，根据管理需要，按照支出经济分类科目、部门等进行明细核算。

三、一般公共预算本级支出的主要账务处理如下：

(一)实际发生一般公共预算本级支出时，借记本科目，贷记“国库存款”、“其他财政存款”等科目。

(二)年度终了，对纳入国库集中支付管理的、当年未支而需结转下一年度支付的款项(国库集中支付结余)，采用权责发生制确认支出时，借记本科目，贷记“应付国库集中支付结余”科目。

(三)年终转账时，本科目借方余额应全数转入“一般公共预算结转结余”科目，借记“一般公共预算结转结余”科目，贷记本科目。结转后，本科目无余额。

四、本科目平时借方余额反映一般公共预算本级支出的累计数。

5002 政府性基金预算本级支出

一、本科目核算政府财政管理的由本级政府使用的列入政府性基金预算的支出。

二、本科目应当按照《政府收支分类科目》中支出功能分类科目设置明细科目。同时，根据管理需要，按照支出经济分类科目、部门等进行明细核算。

三、政府性基金预算本级支出的主要账务处理如下：

(一)实际发生政府性基金预算本级支出时，借记本科目，贷记“国库存款”科目。

(二)年度终了，对纳入国库集中支付管理的、当年未支而需结转下一年度支付的款项(国库集中支付结余)，采用权责发生制确认支出时，借记本科目，贷记“应付国库集中支付结余”科目。

(三)年终转账时，本科目借方余额应全数转入“政府性基金预算结转结余”科目，借记“政府性基金预算结转结余”科目，贷记本科目。结转后，本科目无余额。

四、本科目平时借方余额反映政府性基金预算本级支出的累计数。

5003 国有资本经营预算本级支出

一、本科目核算政府财政管理的由本级政府使用的列入国有资本经营预算的支出。

二、本科目应当按照《政府收支分类科目》中支出功能分类科目设置明细科目。同时，根据管理需要，按照支出经济分类科目、部门等进行明细核算。

三、国有资本经营预算本级支出的主要账务处理如下：

(一)实际发生国有资本经营预算本级支出时，借记本科目，贷记“国库存款”科目。

(二)年度终了，对纳入国库集中支付管理的、当年未支而需结转下一年度支付的款项(国库集中支付结余)，采用权责发生制确认支出时，借记本科目，贷记“应付国库集中支付结余”科目。

(三)年终转账时，本科目借方余额应全数转入“国有资本经营预算结转结余”科目，借记“国有资本经营预算结转结余”科目，贷记本科目。结转后，本科目无余额。

四、本科目平时借方余额反映国有资本经营预算本级支出的累计数。

5005 财政专户管理资金支出

一、本科目核算政府财政用纳入财政专户管理的教育收费等资金安排的支出。

二、本科目应当按照《政府收支分类科目》中支出功能分类科目设置相应明细科目。同时,根据管理需要,按照支出经济分类科目、部门(单位)等进行明细核算。

三、财政专户管理资金支出的主要账务处理如下:

(一)发生财政专户管理资金支出时,借记本科目,贷记“其他财政存款”等有关科目。

(二)年终转账时,本科目借方余额全数转入“财政专户管理资金结余”科目,借记“财政专户管理资金结余”科目,贷记本科目。结转后,本科目无余额。

四、本科目平时借方余额反映财政专户管理资金支出的累计数。

5007 专用基金支出

一、本科目核算政府财政用专用基金收入安排的支出。

二、本科目应当根据专用基金的种类设置明细科目。同时,根据管理需要,按部门等进行明细核算。

三、专用基金支出的主要账务处理如下:

(一)发生专用基金支出时,借记本科目,贷记“其他财政存款”等有关科目。退回专用基金支出时,做相反的会计分录。

(二)年终转账时,本科目借方余额全数转入“专用基金结余”科目,借记“专用基金结余”科目,贷记本科目。结转后,本科目无余额。

四、本科目平时借方余额反映专用基金支出的累计数。

5011 补助支出

一、本科目核算本级政府财政按财政体制规定或因专项需要补助给下级政府财政的款项,包括对下级的税收返还、转移支付等。

二、本科目下应当按照不同资金性质设置“一般公共预算补助支出”、“政府性基金预算补助支出”等明细科目,同时还应当按照补助地区进行明细核算。

三、补助支出的主要账务处理如下:

(一)发生补助支出或从“与下级往来”科目转入时,借记本科目,贷记“国库存款”、“其他财政存款”、“与下级往来”等科目。

(二)专项转移支付资金实行特设专户管理的,本级政府财政应当根据本级政府财政下达的预算文件确认补助支出,借记本科目,贷记“国库存款”、“与下级往来”等科目。

(三)有主权外债业务的财政部门,贷款资金由下级政府财政同级部门(单位)使用,且贷款最终还款责任由本级政府财政承担的,本级政府财政部门支付贷款资金时,借记本科目,贷记“其他财政存款”科目;外方将贷款资金直接支付给用款单位或供应商时,借记本科目,贷记“债务收入”、“债务转贷收入”等科目;根据债务管理部门转来的相关外债转贷管理资料,按照实际支付的金额,借记“待偿债净资产”科目,贷记“借入款项”、“应付主权外债转贷款”等科目。

(四)年终与下级政府财政结算时,按照尚未拨付的补助金额,借记本科目,贷记“与下级往来”科目。退还或核减补助支出时,借记“国库存款”、“与下级往来”等科目,贷记本科目。

(五)年终转账时,本科目借方余额应根据不同资金性质分别转入对应的结转结余科目,借记“一般公共预算结转结余”、“政府性基金预算结转结余”等科目,贷记本科目。结转后,本科目无余额。

四、本科目平时借方余额反映补助支出的累计数。

5012 上解支出

一、本科目核算本级政府财政按照财政体制规定上交给上级政府财政的款项。

二、本科目下应当按照不同资金性质设置“一般公共预算上解支出”、“政府性基金预算上解支出”等明细科目。

三、上解支出的主要账务处理如下:

(一)发生上解支出时,借记本科目,贷记“国库存款”、“与上级往来”等科目。

(二)年终与上级政府财政结算时,按照尚未支付的上解金额,借记本科目,贷记“与上级往来”科目。退还或核减上解支出时,借记“国库存款”、“与上级往来”等科目,贷记本科目。

(三)年终转账时,本科目借方余额应根据不同资金性质分别转入对应的结转结余科目,借记“一般公共预算结转结余”、“政府性基金预算结转结余”等科目,贷记本科目。结转后,本科目无余额。

四、本科目平时借方余额反映上解支出的累计数。

5013 地区间援助支出

一、本科目核算援助方政府财政安排用于受援方政府财政统筹使用的各类援助、捐赠等资金支出。

二、本科目应当按照受援地区及管理需要进行相应明细核算。

三、地区间援助支出的主要账务处理如下:

(一)发生地区间援助支出时,借记本科目,贷记“国库存款”科目。

(二)年终转账时,本科目借方余额全数转入“一般公共预算结转结余”科目,借记“一般公共预算结转结余”科目,贷记本科目。结转后,本科目无余额。

四、本科目平时借方余额反映地区间援助支出的累计数。

5021 调出资金

一、本科目核算政府财政为平衡预算收支、从某类资金向其他类型预算调出的资金。

二、本科目下应当设置“一般公共预算调出资金”、“政府性基金预算调出资金”和“国有资本经营预算调出资金”等明细科目。

三、调出资金的主要账务处理如下:

（一）从一般公共预算调出资金时，按照调出的金额，借记本科目（一般公共预算调出资金），贷记“调入资金”相关明细科目。

（二）从政府性基金预算调出资金时，按照调出的金额，借记本科目（政府性基金预算调出资金），贷记“调入资金”相关明细科目。

（三）从国有资本经营预算调出资金时，按照调出的金额，借记本科目（国有资本经营预算调出资金），贷记“调入资金”相关明细科目。

（四）年终转账时，本科目借方余额分别转入相应的结转结余科目，借记“一般公共预算结转结余”、“政府性基金预算结转结余”和“国有资本经营预算结转结余”等科目，贷记本科目。结转后，本科目无余额。

四、本科目平时借方余额反映调出资金的累计数。

5031 安排预算稳定调节基金

一、本科目核算政府财政按照有关规定安排的预算稳定调节基金。

二、安排预算稳定调节基金的主要账务处理如下：

（一）补充预算稳定调节基金时，借记本科目，贷记“预算稳定调节基金”科目。

（二）年终转账时，本科目借方余额全数转入“一般公共预算结转结余”科目，借记“一般公共预算结转结余”科目，贷记本科目。结转后，本科目无余额。

三、本科目平时借方余额反映安排预算稳定调节基金的累计数。

5041 债务还本支出

一、本科目核算政府财政偿还本级政府财政承担的纳入预算管理的债务本金支出。

二、本科目应当根据《政府收支分类科目》中“债务还本支出”有关规定设置明细科目。

三、债务还本支出的主要账务处理如下：

（一）偿还本级政府财政承担的政府债券、主权外债等纳入预算管理的债务本金时，借记本科目，贷记“国库存款”、“其他财政存款”等科目；根据债务管理部门转来相关资料，按照实际偿还的本金金额，借记“应付短期政府债券”、“应付长期政府债券”、“借入款项”、“应付地方政府债券转贷款”、“应付主权外债转贷款”等科目，贷记“待偿债净资产”科目。

（二）偿还截至 2014 年 12 月 31 日本级政府财政承担的存量债务本金时，借记本科目，贷记“国库存款”、“其他财政存款”等科目。

（三）年终转账时，本科目下“专项债务还本支出”明细科目的借方余额应按照对应的政府性基金种类分别转入“政府性基金预算结转结余”相应明细科目，借记“政府性基金预算结转结余”科目，贷记本科目（专项债务还本支出）。本科目下其他明细科目的借方余额全数转入“一般公共预算结转结余”科目，借记“一般公共预算结转结余”科目，贷记本科目（其他明细科目）。结转后，本科目无余额。

四、本科目平时借方余额反映本级政府财政债务还本支出的累计数。

5042 债务转贷支出

一、本科目核算本级政府财政向下级政府财政转贷的债务支出。

二、本科目下应当设置“地方政府一般债务转贷支出”、“地方政府专项债务转贷支出”明细科目，同时还应当按照转贷地区进行明细核算。

三、债务转贷支出的主要账务处理如下：

（一）本级政府财政向下级政府财政转贷地方政府债券资金时，借记本科目，贷记“国库存款”科目；根据债务管理部门转来的相关资料，按照到期应收回的转贷款本金金额，借记“应收地方政府债券转贷款”科目，贷记“资产基金—应收地方政府债券转贷款”科目。

（二）本级政府财政向下级政府财政转贷主权外债资金，且主权外债最终还款责任由下级政府财政承担的，相关账务处理如下：

1. 本级政府财政支付转贷资金时，根据转贷资金支付相关资料，借记“债务转贷支出”科目，贷记“其他财政存款”科目；根据债务管理部门转来的相关资料，按照实际持有的债权金额，借记“应收主权外债转贷款”科目，贷记“资产基金—应收主权外债转贷款”科目。

2. 外方将贷款资金直接支付给用款单位或供应商时，本级政府财政根据转贷资金支付相关资料，借记本科目，贷记“债务收入”、“债务转贷收入”科目；根据债务管理部门转来的相关资料，按照实际持有的债权金额，借记“应收主权外债转贷款”科目，贷记“资产基金—应收主权外债转贷款”科目；同时，借记“待偿债净资产”科目，贷记“借入款项”、“应付主权外债转贷款”等科目。

（三）年终转账时，本科目下“地方政府一般债务转贷支出”明细科目的借方余额全数转入“一般公共预算结转结余”科目，借记“一般公共预算结转结余”科目，贷记“债务转贷支出（地方政府一般债务转贷支出）”科目。本科目下“地方政府专项债务转贷支出”明细科目的借方余额全数转入“政府性基金预算结转结余”科目，借记“政府性基金预算结转结余”科目，贷记“债务转贷支出（地方政府专项债务转贷支出）”科目。结转后，本科目无余额。

四、本科目平时借方余额反映债务转贷支出的累计数。

第九章　会计结账和结算

第四十三条　总会计应当按月进行会计结账。具体结账方法，按照《会计基础工作规范》办理。

第四十四条　政府财政部门应当及时进行年终清理结

算。年终清理结算的主要事项如下：

一、核对年度预算。预算是预算执行和办理会计结算的依据。年终前，总会计应配合预算管理部门将本级政府财政全年预算指标与上、下级政府财政总预算和本级各部门预算进行核对，及时办理预算调整和转移支付事项。本年预算调整和对下转移支付一般截止到11月底；各项预算拨款，一般截止到12月25日。

二、清理本年预算收支。认真清理本年预算收入，督促征收部门和国家金库年终前如数缴库。应在本年预算支领列报的款项，非特殊原因，应在年终前办理完毕。

清理财政专户管理资金和专用基金收支。凡属应列入本年的收入，应及时催收，并缴入国库或指定财政专户。

三、组织征收部门和国家金库进行年度对账。

四、清理核对当年拨款支出。总会计对本级各单位的拨款支出应与单位的拨款收入核对无误。属于应收回的拨款，应及时收回，并按收回数相应冲减预算支出。属于预拨下年度的经费，不得列入当年预算支出。

五、核实股权、债权和债务。财政部门内部相关资产、债务管理部门应于12月20日前向总会计提供与股权、债权、债务等核算和反映相关的资料。总会计对股权投资、借出款项、应收股利、应收地方政府债券转贷款、应收主权外债转贷款、借入款项、应付短期政府债券、应付长期政府债券、应付地方政府债券转贷款、应付主权外债转贷款、其他负债等余额应与相关管理部门进行核对，记录不一致的要及时查明原因，按规定调整账务，做到账实相符，账账相符。

六、清理往来款项。政府财政要认真清理其他应收款、其他应付款等各种往来款项，在年度终了前予以收回或归还。应转作收入或支出的各项款项，要及时转入本年有关收支账。

七、进行年终财政结算。财政预算管理部门要在年终清理的基础上，于次年元月底前结清上下级政府财政的转移支付收支和往来款项。总会计要按照财政管理体制的规定，根据预算结算单，与年度预算执行过程中已补助和已上解数额进行比较，结合往来款和借垫款情况，计算出全年最后应补或应退数额，填制“年终财政决算结算单”，经核对无误后，作为年终财政结算凭证，据以入账。

第四十五条 总会计对年终决算清理期内发生的会计事项，应当划清会计年度。属于清理上年度的会计事项，记入上年度会计账；属于新年度的会计事项，记入新年度会计账，防止错记漏记。

第四十六条 经过年终清理和结算，把各项结算收支入账后，即可办理年终结账。年终结账工作一般分为年终转账、结清旧账和记入新账三个步骤，依次做账。

一、年终转账。计算出各科目12月份合计数和全年累计数，结出12月末余额，编制结账前的“资产负债表”，再根据收支余额填制记账凭证，将收支分别转入“一般公共预算结转结余”、“政府性基金预算结转结余”、“国有资本经营预算结转结余”、“专用基金结余”、“财政专户管理资金结余”等科目冲销。

二、结清旧账。将各个收入和支出科目的借方、贷方结出全年总计数。对年终有余额的科目，在“摘要”栏内注明“结转下年”字样，表示转入新账。

三、记入新账。根据年终转账后的总账和明细账余额编制年终“资产负债表”和有关明细表（不需填制记账凭证），将表列各科目余额直接记入新年度有关总账和明细账年初余额栏内，并在“摘要”栏注明“上年结转”字样，以区别新年度发生数。

决算经本级人民代表大会常务委员会（或人民代表大会）审查批准后，如需更正原报决算草案收入、支出时，则要相应调整有关账目，重新办理结账事项。

第十章 总会计报表

第四十七条 总会计报表是反映政府财政预算执行结果和财务状况的书面文件。

第四十八条 总会计报表包括资产负债表、收入支出表、一般公共预算执行情况表、政府性基金预算执行情况表、国有资本经营预算执行情况表、财政专户管理资金收支情况表、专用基金收支情况表等会计报表和附注。

资产负债表是反映政府财政在某一特定日期财务状况的报表。资产负债表应当按照资产、负债和净资产分类、分项列示。

收入支出表是反映政府财政在某一会计期间各类财政资金收支余情况的报表。收入支出表根据资金性质按照收入、支出、结转结余的构成分类、分项列示。

一般公共预算执行情况表是反映政府财政在某一会计期间一般公共预算收支执行结果的报表，按照《政府收支分类科目》中一般公共预算收支科目列示。

政府性基金预算执行情况表是反映政府财政在某一会计期间政府性基金预算收支执行结果的报表，按照《政府收支分类科目》中政府性基金预算收支科目列示。

国有资本经营预算执行情况表是反映政府财政在某一会计期间国有资本经营预算收支执行结果的报表，按照《政府收支分类科目》中国有资本经营预算收支科目列示。

财政专户管理资金收支情况表是反映政府财政在某一会计期间纳入财政专户管理的财政专户管理资金全部收支情况的报表，按照相关政府收支分类科目列示。

专用基金收支情况表是反映政府财政在某一会计期间专用基金全部收支情况的报表，按照不同类型的专用基金分别列示。

附注是指对在会计报表中列示项目的文字描述或明细资料，以及对未能在会计报表中列示项目的说明。

第四十九条 总会计报表的格式如下：

资产负债表

会财政 01 表

编制单位：　　　　　　　　　　____年____月____日　　　　　　　　　　单位：元

资产	年初余额	期末余额	负债和净资产	年初余额	期末余额
流动资产：			流动负债：		
国库存款			应付短期政府债券		
国库现金管理存款			应付利息		
其他财政存款			应付国库集中支付结余		
有价证券			与上级往来		
在途款			其他应付款		
预拨经费			应付代管资金		
借出款项			一年内到期的非流动负债		
应收股利			流动负债合计		
应收利息			非流动负债：		
与下级往来			应付长期政府债券		
其他应收款			借入款项		
流动资产合计			应付地方政府债券转贷款		
非流动资产：			应付主权外债转贷款		
应收地方政府债券转贷款			其他负债		
应收主权外债转贷款			非流动负债合计		
股权投资			**负债合计**		
待发国债			一般公共预算结转结余		
非流动资产合计			政府性基金预算结转结余		
			国有资本经营预算结转结余		
			财政专户管理资金结余		
			专用基金结余		
			预算稳定调节基金		
			预算周转金		
			资产基金		
			减：待偿债净资产		
			净资产合计		
资产总计			**负债和净资产总计**		

收入支出表

会财政 02 表

编制单位：　　　　　　　　　　　　____年____月　　　　　　　　　　　　单位：元

项目	一般公共预算		政府性基金预算		国有资本经营预算		财政专户管理资金		专用基金	
	本月数	本年累计数	本月数	本年累计数	本月数	本年累计数	本月数	本年累计数	本月数	本年累计数
年初结转结余										
收入合计										
本级收入										
其中：来自预算安排的收入	—	—	—	—	—	—	—	—		
补助收入					—	—	—	—	—	—
上解收入					—	—	—	—	—	—
地区间援助收入			—	—	—	—	—	—	—	—
债务收入					—	—	—	—	—	—
债务转贷收入					—	—	—	—	—	—
动用预算稳定调节基金			—	—	—	—	—	—	—	—
调入资金					—	—	—	—	—	—
支出合计										
本级支出										
其中：权责发生制列支							—	—	—	—
预算安排专用基金的支出			—	—	—	—	—	—	—	—
补助支出					—	—	—	—	—	—
上解支出					—	—	—	—	—	—
地区间援助支出			—	—	—	—	—	—	—	—
债务还本支出					—	—	—	—	—	—
债务转贷支出					—	—	—	—	—	—
安排预算稳定调节基金			—	—	—	—	—	—	—	—
调出资金							—	—	—	—
结余转出			—	—	—	—	—	—	—	—
其中：增设预算周转金			—	—	—	—	—	—	—	—
年末结转结余										

注：表中有“—”的部分不必填列。

一般公共预算执行情况表

会财政 03－1 表

编制单位：　　　　＿＿年＿＿月＿＿旬　　　　单位：元

项目	本月(旬)数	本年(月)累计数
一般公共预算本级收入		
101 税收收入		
10101 增值税		
1010101 国内增值税		
……		
一般公共预算本级支出		
201 一般公共服务支出		
20101 人大事务		
2010101 行政运行		
……		

政府性基金预算执行情况表

会财政 03－2 表

编制单位：　　　　＿＿年＿＿月＿＿旬　　　　单位：元

项目	本月(旬)数	本年(月)累计数
政府性基金预算本级收入		
10301 政府性基金收入		
1030102 农网还贷资金收入		
103010201 中央农网还贷资金收入		
……		
政府性基金预算本级支出		
206 科学技术支出		
20610 核电站乏燃料处理处置基金支出		
2061001 乏燃料运输		
……		

国有资本经营预算执行情况表

会财政 03－3 表

编制单位：　　　　　　　　　　＿＿年＿＿月＿＿旬　　　　　　　　　　单位：元

项目	本月(旬)数	本年(月)累计数
国有资本经营预算本级收入		
10306 国有资本经营收入		
1030601 利润收入		
103060103 烟草企业利润收入		
……		
国有资本经营预算本级支出		
208 社会保障和就业支出		
20804 补充全国社会保障基金		
2080451 国有资本经营预算补充社保基金支出		
……		

财政专户管理资金收支情况表

会财政 04 表

编制单位：　　　　　　　　　　＿＿年＿＿月　　　　　　　　　　单位：元

项目	本月数	本年累计数
财政专户管理资金收入		
财政专户管理资金支出		

专用基金收支情况表

会财政05表

编制单位：　　　　　　　　　　　　　　　　____年____月　　　　　　　　　　　　　　　　单位：元

项目	本月数	本年累计数
专用基金收入		
粮食风险基金		
……		
专用基金支出		
粮食风险基金		
……		

第五十条　总会计应当按照下列规定编制会计报表：

一、一般公共预算执行情况表、政府性基金预算执行情况表、国有资本经营预算执行情况表应当按旬、月度和年度编制，财政专户管理资金收支情况表和专用基金收支情况表应当按月度和年度编制，收入支出表按月度和年度编制，资产负债表和附注应当至少按年度编制。旬报、月报的报送期限及编报内容应当根据上级政府财政具体要求和本行政区域预算管理的需要办理。

二、总会计应当根据本制度编制并提供真实、完整的会计报表，切实做到账表一致，不得估列代编，弄虚作假。

三、总会计要严格按照统一规定的种类、格式、内容、计算方法和编制口径填制会计报表，以保证全国统一汇总和分析。汇总报表的单位，要把所属单位的报表汇集齐全，防止漏报。

第五十一条　总会计报表编制说明如下：

一、资产负债表的编制说明

（一）本表"年初余额"栏内各项数字，应当根据上年末资产负债表"期末余额"栏内数字填列。如果本年度资产负债表规定的各个项目的名称和内容同上年度不相一致，应对上年年末资产负债表各项目的名称和数字按照本年度的规定进行调整，填入本表"年初余额"栏内。

（二）本表"期末余额"栏各项目的内容和填列方法。

1. 资产类项目。

（1）"国库存款"项目，反映政府财政期末存放在国库单一账户的款项金额。本项目应当根据"国库存款"科目的期末余额填列。

（2）"国库现金管理存款"项目，反映政府财政期末实行国库现金管理业务持有的存款金额。本项目应当根据"国库现金管理存款"科目的期末余额填列。

（3）"其他财政存款"项目，反映政府财政期末持有的其他财政存款金额。本项目应当根据"其他财政存款"科目的期末余额填列。

（4）"有价证券"项目，反映政府财政期末持有的有价证券金额。本项目应当根据"有价证券"科目的期末余额填列。

（5）"在途款"项目，反映政府财政期末持有的在途款金额。本项目应当根据"在途款"科目的期末余额填列。

（6）"预拨经费"项目，反映政府财政期末尚未转列支出或尚待收回的预拨经费金额。本项目应当根据"预拨经费"科目的期末余额填列。

（7）"借出款项"项目，反映政府财政期末借给预算单位尚未收回的款项金额。本项目应当根据"借出款项"科目的期末余额填列。

（8）"应收股利"项目，反映政府期末尚未收回的现金股利或利润金额。本项目应当根据"应收股利"科目的期末余额填列。

（9）"应收利息"项目，反映政府财政期末尚未收回应收利息金额。本项目应当根据"应收地方政府债券转贷款"科目和"应收主权外债转贷款"科目下"应收利息"明细科目的期末余额合计数填列。

（10）"与下级往来"项目，正数反映下级政府财政欠本级政府财政的款项金额；负数反映本级政府财政欠下级政府财政的款项金额。本项目应当根据"与下级往来"科目的期末余额填列，期末余额如为借方则以正数填列；如为贷方则以"－"号填列。

（11）"其他应收款"项目，反映政府财政期末尚未收回的其他应收款的金额。本项目应当根据"其他应收款"科目的期末余额填列。

(12)"应收地方政府债券转贷款"项目,反映政府财政期末尚未收回的地方政府债券转贷款的本金金额。本项目应当根据"应收地方政府债券转贷款"科目下"应收本金"明细科目的期末余额填列。

(13)"应收主权外债转贷款"项目,反映政府财政期末尚未收回的主权外债转贷款的本金金额。本项目应当根据"应收主权外债转贷款"科目下的"应收本金"明细科目的期末余额填列。

(14)"股权投资"项目,反映政府期末持有的股权投资的金额。本项目应当根据"股权投资"科目的期末余额填列。

(15)"待发国债"项目,反映中央政府财政期末尚未使用的国债发行额度。本项目应当根据"待发国债"科目的期末余额填列。

2. 负债类项目。

(16)"应付短期政府债券"项目,反映政府财政期末尚未偿还的发行期限不超过1年(含1年)的政府债券的本金金额。本项目应当根据"应付短期政府债券"科目下的"应付本金"明细科目的期末余额填列。

(17)"应付利息"项目,反映政府财政期末尚未支付的应付利息金额。本项目应当根据"应付短期政府债券"、"借入款项"、"应付地方政府债券转贷款"、"应付主权外债转贷款"科目下的"应付利息"明细科目期末余额,以及属于分期付息到期还本的"应付长期政府债券"的"应付利息"明细科目期末余额计算填列。

(18)"应付国库集中支付结余"项目,反映政府财政期末尚未支付的国库集中支付结余金额。本项目应当根据"应付国库集中支付结余"科目的期末余额填列。

(19)"与上级往来"项目,正数反映本级政府财政期末欠上级政府财政的款项金额;负数反映上级政府财政欠本级政府财政的款项金额。本项目应当根据"与上级往来"科目的期末余额填列,如为借方余额则以"-"号填列。

(20)"其他应付款"项目,反映政府财政期末尚未支付的其他应付款的金额。本项目应当根据"其他应付款"科目的期末余额填列。

(21)"应付代管资金"项目,反映政府财政期末尚未支付的代管资金金额。本项目应当根据"应付代管资金"科目的期末余额填列。

(22)"一年内到期的非流动负债"项目,反映政府财政期末承担的1年以内(含1年)到偿还期的非流动负债。本项目应当根据"应付长期政府债券"、"借入款项"、"应付地方政府债券转贷款"、"应付主权外债转贷款"、"其他负债"等科目的期末余额及债务管理部门提供的资料分析填列。

(23)"应付长期政府债券"项目,反映政府财政期末承担的偿还期限超过1年的长期政府债券的本金金额及到期一次还本付息的长期政府债券的应付利息金额。本项目应当根据"应付长期政府债券"科目的期末余额分析填列。

(24)"应付地方政府债券转贷款"项目,反映政府财政期末承担的偿还期限超过1年的地方政府债券转贷款的本金金额。本项目应当根据"应付地方政府债券转贷款"科目下"应付本金"明细科目的期末余额分析填列。

(25)"应付主权外债转贷款"项目,反映政府财政期末承担的偿还期限超过1年的主权外债转贷款的本金金额。本项目应当根据"应付主权外债转贷款"科目下"应付本金"明细科目的期末余额分析填列。

(26)"借入款项"项目,反映政府财政期末承担的偿还期限超过1年的借入款项的本金金额。本项目应当根据"借入款项"科目下"应付本金"明细科目的期末余额分析填列。

(27)"其他负债"项目,反映政府财政期末承担的偿还期限超过1年的其他负债金额。本项目应当根据"其他负债"科目的期末余额分析填列。

3. 净资产类项目。

(28)"一般公共预算结转结余"项目,反映政府财政期末滚存的一般公共预算结转金额。本项目应当根据"一般公共预算结转结余"科目的期末余额填列。

(29)"政府性基金预算结转结余"项目,反映政府财政期末滚存的政府性基金预算结转结余金额。本项目应当根据"政府性基金预算结转结余"科目的期末余额填列。

(30)"国有资本经营预算结转结余"项目,反映政府财政期末滚存的国有资本经营预算结转结余金额。本项目应当根据"国有资本经营预算结转结余"科目的期末余额填列。

(31)"财政专户管理资金结余"项目,反映政府财政期末滚存的财政专户管理资金结余金额。本项目应当根据"财政专户管理资金结余"科目的期末余额填列。

(32)"专用基金结余"项目,反映政府财政期末滚存的专用基金结余金额。本项目应当根据"专用基金结余"科目的期末余额填列。

(33)"预算稳定调节基金"项目,反映政府财政期末预算稳定调节基金的余额。本项目应当根据"预算稳定调节基金"科目的期末余额填列。

(34)"预算周转金"项目,反映政府财政期末预算周转金的余额。本项目应当根据"预算周转金"科目的期末余额填列。

(35)"资产基金"项目,反映政府财政期末持有的应收地方政府债券转贷款、应收主权外债转贷款、股权投资和应收股利等资产在净资产中占用的金额。本项目应当根据"资产基金"科目的期末余额填列。

(36)"待偿债净资产"项目,反映政府财政期末因承担应付短期政府债券、应付长期政府债券、借入款项、应付地方政府债券转贷款、应付主权外债转贷款、其他负债等负债相应需在净资产中冲减的金额。本项目应当根据"待偿债净资产"科目的期末借方余额以"-"号填列。

二、收入支出表的编制说明

(一)本表"本月数"栏反映各项目的本月实际发生数。在编制年度收入支出表时,应将本栏改为"上年数"栏,反映上年度各项目的实际发生数;如果本年度收入支出表规定的各个项目的名称和内容同上年度不一致,应对上年度收入支出表各项目的名称和数字按照本年度的规定进行调整,填入本年度收入支出表的"上年数"栏。

本表"本年累计数"栏反映各项目自年初起至报告期末止的累计实际发生数。编制年度收入支出表时,应当将本栏改为"本年数"。

(二)本表"本月数"栏各项目的内容和填列方法:

1."年初结转结余"项目,反映政府财政本年初各类资金结转结余金额。其中,一般公共预算的"年初结转结余"应当根据"一般公共预算结转结余"科目的年初余额填列;政府性基金预算的"年初结转结余"应当根据"政府性基金预算结转结余"科目的年初余额填列;国有资本经营预算的"年初结转结余"应当根据"国有资本经营预算结转结余"科目的年初余额填列;财政专户管理资金的"年初结转结余"应当根据"财政专户管理资金结余"科目的年初余额填列;专用基金的"年初结转结余"应当根据"专用基金结余"科目的年初余额填列。

2."收入合计"项目,反映政府财政本期取得的各类资金的收入合计金额。其中,一般公共预算的"收入合计"应当根据属于一般公共预算的"本级收入"、"补助收入"、"上解收入"、"地区间援助收入"、"债务收入"、"债务转贷收入"、"动用预算稳定调节基金"和"调入资金"各行项目金额的合计填列;政府性基金预算的"收入合计"应当根据属于政府性基金预算的"本级收入"、"补助收入"、"上解收入"、"债务收入"、"债务转贷收入"和"调入资金"各行项目金额的合计填列;国有资本经营预算的"收入合计"应当根据属于国有资本经营预算的"本级收入"项目的金额填列;财政专户管理资金的"收入合计"应当根据属于财政专户管理资金的"本级收入"项目的金额填列;专用基金的"收入合计"应当根据属于专用基金的"本级收入"项目的金额填列。

3."本级收入"项目,反映政府财政本期取得的各类资金的本级收入金额。其中,一般公共预算的"本级收入"应当根据"一般公共预算本级收入"科目的本期发生额填列;政府性基金预算的"本级收入"应当根据"政府性基金预算本级收入"科目的本期发生额填列;国有资本经营预算的"本级收入"应当根据"国有资本经营预算本级收入"科目的本期发生额填列;财政专户管理资金的"本级收入"应当根据"财政专户管理资金收入"科目的本期发生额填列;专用基金的"本级收入"应当根据"专用基金收入"科目的本期发生额填列。

4."补助收入"项目,反映政府财政本期取得的各类资金的补助收入金额。其中,一般公共预算的"补助收入"应当根据"补助收入"科目下的"一般公共预算补助收入"明细科目的本期发生额填列;政府性基金预算的"补助收入"应当根据"补助收入"科目下的"政府性基金预算补助收入"明细科目的本期发生额填列。

5."上解收入"项目,反映政府财政本期取得的各类资金的上解收入金额。其中,一般公共预算的"上解收入"应当根据"上解收入"科目下的"一般公共预算上解收入"明细科目的本期发生额填列;政府性基金预算的"上解收入"应当根据"上解收入"科目下的"政府性基金预算上解收入"明细科目的本期发生额填列。

6."地区间援助收入"项目,反映政府财政本期取得的地区间援助收入金额。本项目应当根据"地区间援助收入"科目的本期发生额填列。

7."债务收入"项目,反映政府财政本期取得的债务收入金额。其中,一般公共预算的"债务收入"应当根据"债务收入"科目下除"专项债务收入"以外的其他明细科目的本期发生额填列;政府性基金预算的"债务收入"应当根据"债务收入"科目下的"专项债务收入"明细科目的本期发生额填列。

8."债务转贷收入"项目,反映政府财政本期取得的债务转贷收入金额。其中,一般公共预算的"债务转贷收入"应当根据"债务转贷收入"科目下"地方政府一般债务转贷收入"明细科目的本期发生额填列;政府性基金预算的"债务转贷收入"应当根据"债务转贷收入"科目下的"地方政府专项债务转贷收入"明细科目的本期发生额填列。

9."动用预算稳定调节基金"项目,反映政府财政本期调用的预算稳定调节基金金额。本项目应当根据"动用预算稳定调节基金"科目的本期发生额填列。

10."调入资金"项目,反映政府财政本期取得的调入资金金额。其中,一般公共预算的"调入资金"应当根据"调入资金"科目下"一般公共预算调入资金"明细科目的本期发生额填列;政府性基金预算的"调入资金"应当根据"调入资金"科目下"政府性基金预算调入资金"明细科目的本期发生额填列。

11."支出合计"项目,反映政府财政本期发生的各类资金的支出合计金额。其中,一般公共预算的"支出合计"应当根据属于一般公共预算的"本级支出"、"补助支出"、"上解支出"、"地区间援助支出"、"债务还本支出"、"债务转贷支出"、"安排预算稳定调节基金"和"调出资金"各行项目金额的合计填列;政府性基金预算的"支出合计"应当根据属于政府性基金预算的"本级支出"、"补助支出"、"上解支出"、"债务还本支出"、"债务转贷支出"和"调出资金"各行项目金额的合计填列;国有资本经营预算的"支出合计"应当根据属于国有资本经营预算的"本级支出"和"调出资金"项目金额的合计填列;财政专户管理资金的"支出合计"应当根据属于财政专户管理资金的"本级支出"项目的金额填列;专用基金的"支出合计"应当根据属于专用基金的"本级支出"项目的金额填列。

12."补助支出"项目,反映政府财政本期发生的各类资金的补助支出金额。其中,一般公共预算的"补助支出"应当根据"补助支出"科目下的"一般公共预算补助支出"明细科目的本期发生额填列;政府性基金预算的"补助支出"应当根据"补助支出"科目下的"政府性基金预算补助支出"明细科目的本期发生额填列。

13."上解支出"项目,反映政府财政本期发生的各类资金的上解支出金额。其中,一般公共预算的"上解支出"应当根据"上解支出"科目下的"一般公共预算上解支出"明细科目的本期发生额填列;政府性基金预算的"上解支出"应当根据"上解支出"科目下的"政府性基金预算上解支出"明细科目的本期发生额填列。

14."地区间援助支出"项目,反映政府财政本期发生的地区间援助支出金额。本项目应当根据"地区间援助支出"科目的本期发生额填列。

15."债务还本支出"项目,反映政府财政本期发生的债务还本支出金额。其中,一般公共预算的"债务还本支出"应当根据"债务还本支出"科目下除"专项债务还本支出"以外的其他明细科目的本期发生额填列;政府性基金预算的"债务还本支出"应当根据"债务还本支出"科目下的"专项债务还本支出"明细科目的本期发生额填列。

16."债务转贷支出"项目,反映政府财政本期发生的债务转贷支出金额。其中,一般公共预算的"债务转贷支出"应当根据"债务转贷支出"科目下"地方政府一般债务转贷支出"明细科目的本期发生额填列;政府性基金预算的"债务转贷支出"应当根据"债务转贷支出"科目下的"地方政府专项债务转贷支出"明细科目的本期发生额填列。

17."安排预算稳定调节基金"项目,反映政府财政本期安排的预算稳定调节基金金额。本项目根据"安排预算稳定调节基金"科目的本期发生额填列。

18."调出资金"项目,反映政府财政本期发生的各类资金的调出资金金额。其中,一般公共预算的"调出资金"应当根据"调出资金"科目下"一般公共预算调出资金"明细科目的本期发生额填列;政府性基金预算的"调出资金"应当根据"调出资金"科目下"政府性基金预算调出资金"明细科目的本期发生额填列;国有资本经营预算的"调出资金"应当根据"调出资金"科目下"国有资本经营预算调出资金"明细科目的本期发生额填列。

19."增设预算周转金"项目,反映政府财政本期设置和补充预算周转金的金额。本项目应当根据"预算周转金"科目的本期贷方发生额填列。

20."年末结转结余"项目,反映政府财政本年末的各类资金的结转结余金额。其中,一般公共预算的"年末结转结余"应当根据"一般公共预算结转结余"科目的年末余额填列;政府性基金预算的"年末结转结余"应当根据"政府性基金预算结转结余"科目的年末余额填列;国有资本经营预算的"年末结转结余"应当根据"国有资本经营预算结转结余"科目的年末余额填列;财政专户管理资金的"年末结转结余"应当根据"财政专户管理资金结余"科目的年末余额填列;专用基金的"年末结转结余"应当根据"专用基金结余"科目的年末余额填列。

三、一般公共预算执行情况表的编制说明

(一)"一般公共预算本级收入"项目及所属各明细项目,应当根据"一般公共预算本级收入"科目及所属各明细科目的本期发生额填列。

(二)"一般公共预算本级支出"项目及所属各明细项目,应当根据"一般公共预算本级支出"科目及所属各明细科目的本期发生额填列。

四、政府性基金预算执行情况表的编制说明

(一)"政府性基金预算本级收入"项目及所属各明细项目,应当根据"政府性基金预算本级收入"科目及所属各明细科目的本期发生额填列。

(二)"政府性基金预算本级支出"项目及所属各明细项目,应当根据"政府性基金预算本级支出"科目及所属各明细科目的本期发生额填列。

五、国有资本经营预算执行情况表的编制说明

(一)"国有资本经营预算本级收入"项目及所属各明细项目,应当根据"国有资本经营预算本级收入"科目及所属各明细科目的本期发生额填列。

(二)"国有资本经营预算本级支出"项目及所属各明细项目,应当根据"国有资本经营预算本级支出"科目及所属各明细科目的本期发生额填列。

六、财政专户管理资金收支情况表的编制说明

(一)"财政专户管理资金收入"项目及所属各明细项目,应当根据"财政专户管理资金收入"科目及所属各明细科目的本期发生额填列。

(二)"财政专户管理资金支出"项目及所属各明细项目,应当根据"财政专户管理资金支出"科目及所属各明细科目的本期发生额填列。

七、专用基金收支情况表的编制说明

(一)"专用基金收入"项目及所属各明细项目,应当根据"专用基金收入"科目及所属各明细科目的本期发生额填列。

(二)"专用基金支出"项目及所属各明细项目,应当根据"专用基金支出"科目及所属各明细科目的本期发生额填列。

八、附注

总会计报表附注应当至少披露下列内容:

(一)遵循《财政总预算会计制度》的声明;

(二)本级政府财政预算执行情况和财务状况的说明;

(三)会计报表中列示的重要项目的进一步说明,包括其主要构成、增减变动情况等;

(四)或有负债情况的说明;

(五)有助于理解和分析会计报表的其他需要说明的事项。

第五十二条 总会计年度报表,反映年度预算收支的最终结果和财务状况。总会计参与或具体负责组织下列决算草案编审工作:

一、参与组织制定决算草案编审办法。根据上级政府财政的统一要求和本行政区域预算管理的需要,提出年终收支清理、数字编列口径、决算审查和组织领导等具体要求,并对财政结算、结余处理等具体问题制定管理办法。

二、根据上级政府财政的要求,结合本行政区域的具体情况制定本行政区域政府财政总决算统一表格。

三、办理全年各项收支、预拨款项、往来款项等会计对账、结账工作。

四、对下级政府财政布置决算草案编审工作,指导、督促其及时汇总报送决算。

五、审核、汇总所属财政部门总决算草案,向上级政府财政部门报送本辖区汇总的财政总决算草案。

六、编制决算说明和决算分析报告,向上级政府财政汇报决算编审工作情况,进行上下级政府财政之间的财政体制结算以及财政总决算的文件归档工作。

七、各级政府财政应将汇总编制的本级决算草案及时报本级政府审定。各级政府财政应按照上级政府财政部门的要求,将经本级人民政府审定的本行政区域决算草案逐级及时报送备案。计划单列市的财政决算,除按规定报送财政部外,应按所在省的规定报所在省。

具体的决算编审工作,按照财政决算管理部门的相关规定执行。

第十一章 信息化管理

第五十三条 各级总会计采用的会计信息管理系统必须符合本制度规定的核算方法,并与预算编制、预算执行等业务系统相衔接,不断提高账务处理的自动化程度。

第五十四条 各级总会计不得直接在会计信息管理系统中更改登记有误的账簿信息,应当采取冲销法或补充登记法重新填制调账记账凭证,复核无误后登记会计账簿。

第五十五条 信息系统储存的总会计原始数据应当由专人定期备份至专用存储设备。保存电子会计数据的存储介质应当纳入容灾备份体系妥善保管。

第十二章 会计监督

第五十六条 各级总会计应加强对各项财政业务的核算管理与会计监督。严格依法办事,对于不合法的会计事项,应及时予以纠正或按程序反映。

第五十七条 各级总会计应加强对预算单位财政资金使用情况的管理,及时了解掌握有关单位的用款情况,发现问题及时按程序反映。

第五十八条 各级总会计应自觉接受审计、监察部门,以及上级政府财政部门的监督,按规定向审计、监察部门,以及上级政府财政部门提供有关资料。

第十三章 附 则

第五十九条 本制度未特殊规定的一般会计处理方法,按照财政部有关规定处理。会计档案的管理,按照财政部、国家档案局《会计档案管理办法》执行。

第六十条 各级财政部门管理的国际金融组织和外国政府赠款的会计核算不适用本制度。

第六十一条 各级财政部门对不同类型资金活动根据管理需要可单独设账核算。

第六十二条 地方各级财政部门在与本制度不相违背的前提下,负责制定本地区总会计有关具体核算办法。

第六十三条 本制度自2016年1月1日起执行。财政部《财政总预算会计制度》(财预字〔1997〕287号)、《财政国库管理制度改革试点会计核算暂行办法》(财库〔2001〕54号)、《财政部关于印发〈财政国库管理制度改革试点会计核算暂行办法补充规定〉的通知》(财库〔2002〕39号)、《地方财政实施财政国库管理制度改革年终预算结余资金会计处理的暂行规定》(财库〔2003〕126号)、《财政部关于政府收支分类改革后财政总预算会计预算外资金财政专户会计核算问题的通知》(财库〔2006〕25号)、《农村义务教育经费保障机制改革中央专项资金会计核算暂行办法》(财库〔2006〕27号)、《财政部关于应发未发国债和预算稳定调节基金会计核算的通知》(财库〔2007〕117号)、《财政部关于国有资本经营预算收支会计核算的通知》(财库〔2007〕123号)、《财政部关于新型农村合作医疗补助资金国库集中支付会计核算有关事项的通知》(财库〔2008〕59号)、《财政部关于预算外资金纳入预算管理后有关账务处理问题的通知》(财库〔2008〕103号)、《财政部代理发行地方政府债券财政总预算会计核算办法》(财库〔2009〕19号)、《财政部关于预算外资金纳入预算管理后涉及有关财政专户管理资金会计核算问题的通知》(财库〔2010〕141号)、《统借自还主权外债会计核算暂行办法》(财库〔2011〕183号)、《财政部关于地区间援助资金会计核算的通知》(财库〔2012〕157号)、《财政部关于地方政府专项债券会计核算问题的通知》(财库〔2015〕91号)同时废止。

代理记账管理办法

(2016年2月16日财政部令第80号公布 根据2019年3月14日《财政部关于修改〈代理记账管理办法〉等2部部门规章的决定》修改)

第一条 为了加强代理记账资格管理,规范代理记账活动,促进代理记账行业健康发展,根据《中华人民共和国会计法》等法律、行政法规,制定本办法。

第二条 代理记账资格的申请、取得和管理,以及代理记账机构从事代理记账业务,适用本办法。

本办法所称代理记账机构是指依法取得代理记账资格,从事代理记账业务的机构。

本办法所称代理记账是指代理记账机构接受委托办理会计业务。

第三条 除会计师事务所以外的机构从事代理记账业务,应当经县级以上地方人民政府财政部门(以下简称审批机关)批准,领取由财政部统一规定样式的代理记账许可证书。具体审批机关由省、自治区、直辖市、计划单列市人民政府财政部门确定。

会计师事务所及其分所可以依法从事代理记账业务。

第四条 申请代理记账资格的机构应当同时具备以下条件:

(一)为依法设立的企业;

(二)专职从业人员不少于3名;

(三)主管代理记账业务的负责人具有会计师以上专业技术职务资格或者从事会计工作不少于三年,且为专职从业人员;

(四)有健全的代理记账业务内部规范。

代理记账机构从业人员应当具有会计类专业基础知识和业务技能,能够独立处理基本会计业务,并由代理记账机构自主评价认定。

本条第一款所称专职从业人员是指仅在一个代理记账机构从事代理记账业务的人员。

第五条 申请代理记账资格的机构,应当向所在地的审批机关提交申请及下列材料,并对提交材料的真实性负责:

(一)统一社会信用代码;

(二)主管代理记账业务的负责人具备会计师以上专业技术职务资格或者从事会计工作不少于三年的书面承诺;

(三)专职从业人员在本机构专职从业的书面承诺;

(四)代理记账业务内部规范。

第六条 审批机关审批代理记账资格应当按照下列程序办理:

(一)申请人提交的申请材料不齐全或不符合规定形式的,应当在5日内一次告知申请人需要补正的全部内容,逾期不告知的,自收到申请材料之日起即视为受理;申请人提交的申请材料齐全、符合规定形式的,或者申请人按照要求提交全部补正申请材料的,应当受理申请。

(二)受理申请后应当按照规定对申请材料进行审核,并自受理申请之日起10日内作出批准或者不予批准的决定。10日内不能作出决定的,经本审批机关负责人批准可延长10日,并应当将延长期限的理由告知申请人。

(三)作出批准决定的,应当自作出决定之日起10日内向申请人发放代理记账许可证书,并向社会公示。审批机关进行全覆盖例行检查,发现实际情况与承诺内容不符的,依法撤销审批并给予处罚。

(四)作出不予批准决定的,应当自作出决定之日起10日内书面通知申请人。书面通知应当说明不予批准的理由,并告知申请人享有依法申请行政复议或者提起行政诉讼的权利。

第七条 申请人应当自取得代理记账许可证书之日起20日内通过企业信用信息公示系统向社会公示。

第八条 代理记账机构名称、主管代理记账业务的负责人发生变更,设立或撤销分支机构,跨原审批机关管辖地迁移办公地点的,应当自作出变更决定或变更之日起30日内依法向审批机关办理变更登记,并应当自变更登记完成之日起20日内通过企业信用信息公示系统向社会公示。

代理记账机构变更名称的,应当向审批机关领取新的代理记账许可证书,并同时交回原代理记账许可证书。

代理记账机构跨原审批机关管辖地迁移办公地点的,迁出地审批机关应当及时将代理记账机构的相关信息及材料移交迁入地审批机关。

第九条 代理记账机构设立分支机构的,分支机构应当及时向其所在地的审批机关办理备案登记。

分支机构名称、主管代理记账业务的负责人发生变更的,分支机构应当按照要求向其所在地的审批机关办理变更登记。

代理记账机构应当在人事、财务、业务、技术标准、信息管理等方面对其设立的分支机构进行实质性的统一管理,并对分支机构的业务活动、执业质量和债务承担法律责任。

第十条 未设置会计机构或配备会计人员的单位,应当委托代理记账机构办理会计业务。

第十一条 代理记账机构可以接受委托办理下列业务:

(一)根据委托人提供的原始凭证和其他相关资料,按照国家统一的会计制度的规定进行会计核算,包括审核原始凭证、填制记账凭证、登记会计账簿、编制财务会计报告等;

(二)对外提供财务会计报告;

(三)向税务机关提供税务资料;

(四)委托人委托的其他会计业务。

第十二条 委托人委托代理记账机构代理记账,应当在相互协商的基础上,订立书面委托合同。委托合同除应具备法律规定的基本条款外,应当明确下列内容:

(一)双方对会计资料真实性、完整性各自应当承担的责任;

(二)会计资料传递程序和签收手续;

(三)编制和提供财务会计报告的要求;

(四)会计档案的保管要求及相应的责任;

(五)终止委托合同应当办理的会计业务交接事宜。

第十三条 委托人应当履行下列义务：

（一）对本单位发生的经济业务事项，应当填制或者取得符合国家统一的会计制度规定的原始凭证；

（二）应当配备专人负责日常货币收支和保管；

（三）及时向代理记账机构提供真实、完整的原始凭证和其他相关资料；

（四）对于代理记账机构退回的，要求按照国家统一的会计制度的规定进行更正、补充的原始凭证，应当及时予以更正、补充。

第十四条 代理记账机构及其从业人员应当履行下列义务：

（一）遵守有关法律、法规和国家统一的会计制度的规定，按照委托合同办理代理记账业务；

（二）对在执行业务中知悉的商业秘密予以保密；

（三）对委托人要求其作出不当的会计处理，提供不实的会计资料，以及其他不符合法律、法规和国家统一的会计制度行为的，予以拒绝；

（四）对委托人提出的有关会计处理相关问题予以解释。

第十五条 代理记账机构为委托人编制的财务会计报告，经代理记账机构负责人和委托人负责人签名并盖章后，按照有关法律、法规和国家统一的会计制度的规定对外提供。

第十六条 代理记账机构应当于每年4月30日之前，向审批机关报送下列材料：

（一）代理记账机构基本情况表（附表）；

（二）专职从业人员变动情况。

代理记账机构设立分支机构的，分支机构应当于每年4月30日之前向其所在地的审批机关报送上述材料。

第十七条 县级以上人民政府财政部门对代理记账机构及其从事代理记账业务情况实施监督，随机抽取检查对象、随机选派执法检查人员，并将抽查情况及查处结果依法及时向社会公开。

对委托代理记账的企业因违反财税法律、法规受到处理处罚的，县级以上人民政府财政部门应当将其委托的代理记账机构列入重点检查对象。

对其他部门移交的代理记账违法行为线索，县级以上人民政府财政部门应当及时予以查处。

第十八条 公民、法人或者其他组织发现有违反本办法规定的代理记账行为，可以依法向县级以上人民政府财政部门进行举报，县级以上人民政府财政部门应当依法进行处理。

第十九条 代理记账机构采取欺骗、贿赂等不正当手段取得代理记账资格的，由审批机关撤销其资格，并对代理记账机构及其负责人给予警告，记入会计领域违法失信记录，根据有关规定实施联合惩戒，并向社会公告。

第二十条 代理记账机构在经营期间达不到本办法规定的资格条件的，审批机关发现后，应当责令其在60日内整改；逾期仍达不到规定条件的，由审批机关撤销其代理记账资格。

第二十一条 代理记账机构有下列情形之一的，审批机关应当办理注销手续，收回代理记账许可证书并予以公告：

（一）代理记账机构依法终止的；

（二）代理记账资格被依法撤销或撤回的；

（三）法律、法规规定的应当注销的其他情形。

第二十二条 代理记账机构违反本办法第七条、第八条、第九条、第十四条、第十六条规定，由县级以上人民政府财政部门责令其限期改正，拒不改正的，将代理记账机构及其负责人列入重点关注名单，并向社会公示，提醒其履行有关义务；情节严重的，由县级以上人民政府财政部门按照有关法律、法规给予行政处罚，并向社会公示。

第二十三条 代理记账机构及其负责人、主管代理记账业务负责人及其从业人员违反规定出具虚假申请材料或者备案材料的，由县级以上人民政府财政部门给予警告，记入会计领域违法失信记录，根据有关规定实施联合惩戒，并向社会公告。

第二十四条 代理记账机构从业人员在办理业务中违反会计法律、法规和国家统一的会计制度的规定，造成委托人会计核算混乱、损害国家和委托人利益的，由县级以上人民政府财政部门依据《中华人民共和国会计法》等有关法律、法规的规定处理。

代理记账机构有前款行为的，县级以上人民政府财政部门应当责令其限期改正，并给予警告；有违法所得的，可以处违法所得3倍以下罚款，但最高不得超过3万元；没有违法所得的，可以处1万元以下罚款。

第二十五条 委托人向代理记账机构隐瞒真实情况或者委托人会同代理记账机构共同提供虚假会计资料的，应当承担相应法律责任。

第二十六条 未经批准从事代理记账业务的单位或者个人，由县级以上人民政府财政部门按照《中华人民共和国行政许可法》及有关规定予以查处。

第二十七条 县级以上人民政府财政部门及其工作人员在代理记账资格管理过程中，滥用职权、玩忽职守、徇私舞弊的，依法给予行政处分；涉嫌犯罪的，移送司法机关处理。

第二十八条 代理记账机构依法成立的行业组织，应当维护会员合法权益，建立会员诚信档案，规范会员代理记账行为，推动代理记账信息化建设。

代理记账行业组织应当接受县级以上人民政府财政部门的指导和监督。

第二十九条 本办法规定的"5日""10日""20日""30日"均指工作日。

第三十条 省级人民政府财政部门可以根据本办法制定具体实施办法，报财政部备案。

第三十一条 外商投资企业申请代理记账资格，从事代理记账业务按照本办法和其他有关规定办理。

第三十二条 本办法自2016年5月1日起施行，财政部2005年1月22日发布的《代理记账管理办法》(财政部令第27号)同时废止。

附表

代理记账机构基本情况表

________年度

<table>
<tr><td colspan="4">代理记账机构(分支机构)基本信息</td></tr>
<tr><td>代理记账许可证书编号</td><td></td><td>发证日期</td><td></td></tr>
<tr><td>机构名称</td><td></td><td>组织形式</td><td></td></tr>
<tr><td>注册号/统一社会信用代码</td><td></td><td>成立日期</td><td></td></tr>
<tr><td>注册资本/出资总额(万元)</td><td></td><td>企业类型</td><td></td></tr>
<tr><td>办公地址(与注册地不一致时填写实际办公地址)</td><td></td><td>邮政编码</td><td></td></tr>
<tr><td>机构负责人姓名</td><td></td><td>机构负责人身份证号</td><td></td></tr>
<tr><td>股东/合伙人数量</td><td></td><td>机构人员数量</td><td></td></tr>
<tr><td>联系人姓名</td><td></td><td>联系电话</td><td></td></tr>
<tr><td>传真号码</td><td></td><td>电子邮箱</td><td></td></tr>
<tr><td>本年度业务总收入(万元)</td><td></td><td>其中:代理记账业务收入(万元)</td><td></td></tr>
<tr><td>代理客户数量</td><td></td><td>分支机构数量</td><td></td></tr>
</table>

<table>
<tr><td colspan="4">专职从业人员信息</td></tr>
<tr><td rowspan="4">代理记账业务负责人姓名</td><td rowspan="2">身份证号</td><td>会计专业技术资格证书管理号</td><td>会计专业技术资格等级</td></tr>
<tr><td></td><td></td></tr>
<tr><td rowspan="2"></td><td>是否具有三年以上从事会计工作的经历</td><td>备注</td></tr>
<tr><td>□是 □否</td><td>需附书面承诺书</td></tr>
</table>

<table>
<tr><td>其他专职从业人员姓名</td><td>身份证号</td><td>备注</td></tr>
<tr><td></td><td></td><td rowspan="3">需附书面承诺书</td></tr>
<tr><td></td><td></td></tr>
<tr><td></td><td></td></tr>
<tr><td colspan="3">我机构保证本表所填内容全部属实
代理记账机构负责人签名(或签章):
代理记账机构盖章
年 月 日</td></tr>
</table>

注:1.“组织形式”栏根据以下选择填写:有限责任公司、股份有限公司、分公司、非公司企业法人、企业非法人分支机构、个人独资企业、普通合伙企业、特殊普通合伙企业、有限合伙企业。

2.“企业类型”栏根据以下选择填写:内资企业、外商投资企业、港澳商投资企业、台商投资企业。

3. 分支机构填写时，代理记账许可证书编号及发证日期填写总部机构的证书信息;表中部分栏目对分支机构不适用的，分支机构可不用填写。

（三）审　计

中华人民共和国审计法

（1994年8月31日第八届全国人民代表大会常务委员会第九次会议通过　根据2006年2月28日第十届全国人民代表大会常务委员会第二十次会议《关于修改〈中华人民共和国审计法〉的决定》修正）

目　录

第一章　总　则

第一条　为了加强国家的审计监督，维护国家财政经济秩序，提高财政资金使用效益，促进廉政建设，保障国民经济和社会健康发展，根据宪法，制定本法。

第二条　国家实行审计监督制度。国务院和县级以上地方人民政府设立审计机关。

国务院各部门和地方各级人民政府及其各部门的财政收支，国有的金融机构和企业事业组织的财务收支，以及其他依照本法规定应当接受审计的财政收支、财务收支，依照本法规定接受审计监督。

审计机关对前款所列财政收支或者财务收支的真实、合法和效益，依法进行审计监督。

第三条　审计机关依照法律规定的职权和程序，进行审计监督。

审计机关依据有关财政收支、财务收支的法律、法规和国家其他有关规定进行审计评价，在法定职权范围内作出审计决定。

第四条　国务院和县级以上地方人民政府应当每年向本级人民代表大会常务委员会提出审计机关对预算执行和其他财政收支的审计工作报告。审计工作报告应当重点报告对预算执行的审计情况。必要时，人民代表大会常务委员会可以对审计工作报告作出决议。

国务院和县级以上地方人民政府应当将审计工作报告中指出的问题的纠正情况和处理结果向本级人民代表大会常务委员会报告。

第五条　审计机关依照法律规定独立行使审计监督权，不受其他行政机关、社会团体和个人的干涉。

第六条　审计机关和审计人员办理审计事项，应当客观公正，实事求是，廉洁奉公，保守秘密。

第二章　审计机关和审计人员

第七条　国务院设立审计署，在国务院总理领导下，主管全国的审计工作。审计长是审计署的行政首长。

第八条　省、自治区、直辖市、设区的市、自治州、县、自治县、不设区的市、市辖区的人民政府的审计机关，分别在省长、自治区主席、市长、州长、县长、区长和上一级审计机关的领导下，负责本行政区域内的审计工作。

第九条　地方各级审计机关对本级人民政府和上一级审计机关负责并报告工作，审计业务以上级审计机关领导为主。

第十条　审计机关根据工作需要，经本级人民政府批准，可以在其审计管辖范围内设立派出机构。

派出机构根据审计机关的授权，依法进行审计工作。

第十一条　审计机关履行职责所必需的经费，应当列入财政预算，由本级人民政府予以保证。

第十二条　审计人员应当具备与其从事的审计工作相适应的专业知识和业务能力。

第十三条　审计人员办理审计事项，与被审计单位或者审计事项有利害关系的，应当回避。

第十四条　审计人员对其在执行职务中知悉的国家秘密和被审计单位的商业秘密，负有保密的义务。

第十五条　审计人员依法执行职务，受法律保护。

任何组织和个人不得拒绝、阻碍审计人员依法执行职务，不得打击报复审计人员。

审计机关负责人依照法定程序任免。审计机关负责人没有违法失职或者其他不符合任职条件的情况的，不得随意撤换。

地方各级审计机关负责人的任免，应当事先征求上一级审计机关的意见。

第三章　审计机关职责

第十六条　审计机关对本级各部门（含直属单位）和下级政府预算的执行情况和决算以及其他财政收支情况，进行审计监督。

第十七条　审计署在国务院总理领导下，对中央预算执行情况和其他财政收支情况进行审计监督，向国务院总理提出审计结果报告。

地方各级审计机关分别在省长、自治区主席、市长、州长、县长、区长和上一级审计机关的领导下，对本级预算执行情况和其他财政收支情况进行审计监督，向本级人民政府和上一级审计机关提出审计结果报告。

第十八条　审计署对中央银行的财务收支，进行审计监督。

审计机关对国有金融机构的资产、负债、损益,进行审计监督。

第十九条 审计机关对国家的事业组织和使用财政资金的其他事业组织的财务收支,进行审计监督。

第二十条 审计机关对国有企业的资产、负债、损益,进行审计监督。

第二十一条 对国有资本占控股地位或者主导地位的企业、金融机构的审计监督,由国务院规定。

第二十二条 审计机关对政府投资和以政府投资为主的建设项目的预算执行情况和决算,进行审计监督。

第二十三条 审计机关对政府部门管理的和其他单位受政府委托管理的社会保障基金、社会捐赠资金以及其他有关基金、资金的财务收支,进行审计监督。

第二十四条 审计机关对国际组织和外国政府援助、贷款项目的财务收支,进行审计监督。

第二十五条 审计机关按照国家有关规定,对国家机关和依法属于审计机关审计监督对象的其他单位的主要负责人,在任职期间对本地区、本部门或者本单位的财政收支、财务收支以及有关经济活动应负经济责任的履行情况,进行审计监督。

第二十六条 除本法规定的审计事项外,审计机关对其他法律、行政法规规定应当由审计机关进行审计的事项,依照本法和有关法律、行政法规的规定进行审计监督。

第二十七条 审计机关有权对与国家财政收支有关的特定事项,向有关地方、部门、单位进行专项审计调查,并向本级人民政府和上一级审计机关报告审计调查结果。

第二十八条 审计机关根据被审计单位的财政、财务隶属关系或者国有资产监督管理关系,确定审计管辖范围。

审计机关之间对审计管辖范围有争议的,由其共同的上级审计机关确定。

上级审计机关可以将其审计管辖范围内的本法第十八条第二款至第二十五条规定的审计事项,授权下级审计机关进行审计;上级审计机关对下级审计机关审计管辖范围内的重大审计事项,可以直接进行审计,但是应当防止不必要的重复审计。

第二十九条 依法属于审计机关审计监督对象的单位,应当按照国家有关规定建立健全内部审计制度;其内部审计工作应当接受审计机关的业务指导和监督。

第三十条 社会审计机构审计的单位依法属于审计机关审计监督对象的,审计机关按照国务院的规定,有权对该社会审计机构出具的相关审计报告进行核查。

第四章　审计机关权限

第三十一条 审计机关有权要求被审计单位按照审计机关的规定提供预算或者财务收支计划、预算执行情况、决算、财务会计报告,运用电子计算机储存、处理的财政收支、财务收支电子数据和必要的电子计算机技术文档,在金融机构开立账户的情况,社会审计机构出具的审计报告,以及其他与财政收支或者财务收支有关的资料,被审计单位不得拒绝、拖延、谎报。

被审计单位负责人对本单位提供的财务会计资料的真实性和完整性负责。

第三十二条 审计机关进行审计时,有权检查被审计单位的会计凭证、会计账簿、财务会计报告和运用电子计算机管理财政收支、财务收支电子数据的系统,以及其他与财政收支、财务收支有关的资料和资产,被审计单位不得拒绝。

第三十三条 审计机关进行审计时,有权就审计事项的有关问题向有关单位和个人进行调查,并取得有关证明材料。有关单位和个人应当支持、协助审计机关工作,如实向审计机关反映情况,提供有关证明材料。

审计机关经县级以上人民政府审计机关负责人批准,有权查询被审计单位在金融机构的账户。

审计机关有证据证明被审计单位以个人名义存储公款的,经县级以上人民政府审计机关主要负责人批准,有权查询被审计单位以个人名义在金融机构的存款。

第三十四条 审计机关进行审计时,被审计单位不得转移、隐匿、篡改、毁弃会计凭证、会计账簿、财务会计报告以及其他与财政收支或者财务收支有关的资料,不得转移、隐匿所持有的违反国家规定取得的资产。

审计机关对被审计单位违反前款规定的行为,有权予以制止;必要时,经县级以上人民政府审计机关负责人批准,有权封存有关资料和违反国家规定取得的资产;对其中在金融机构的有关存款需要予以冻结的,应当向人民法院提出申请。

审计机关对被审计单位正在进行的违反国家规定的财政收支、财务收支行为,有权予以制止;制止无效的,经县级以上人民政府审计机关负责人批准,通知财政部门和有关主管部门暂停拨付与违反国家规定的财政收支、财务收支行为直接有关的款项,已经拨付的,暂停使用。

审计机关采取前两款规定的措施不得影响被审计单位合法的业务活动和生产经营活动。

第三十五条 审计机关认为被审计单位所执行的上级主管部门有关财政收支、财务收支的规定与法律、行政法规相抵触的,应当建议有关主管部门纠正;有关主管部门不予纠正的,审计机关应当提请有权处理的机关依法处理。

第三十六条 审计机关可以向政府有关部门通报或者向社会公布审计结果。

审计机关通报或者公布审计结果,应当依法保守国家秘密和被审计单位的商业秘密,遵守国务院的有关规定。

第三十七条 审计机关履行审计监督职责,可以提请公安、监察、财政、税务、海关、价格、工商行政管理等机关予以协助。

第五章　审计程序

第三十八条　审计机关根据审计项目计划确定的审计事项组成审计组，并应当在实施审计三日前，向被审计单位送达审计通知书；遇有特殊情况，经本级人民政府批准，审计机关可以直接持审计通知书实施审计。

被审计单位应当配合审计机关的工作，并提供必要的工作条件。

审计机关应当提高审计工作效率。

第三十九条　审计人员通过审查会计凭证、会计账簿、财务会计报告，查阅与审计事项有关的文件、资料，检查现金、实物、有价证券，向有关单位和个人调查等方式进行审计，并取得证明材料。

审计人员向有关单位和个人进行调查时，应当出示审计人员的工作证件和审计通知书副本。

第四十条　审计组对审计事项实施审计后，应当向审计机关提出审计组的审计报告。审计组的审计报告报送审计机关前，应当征求被审计对象的意见。被审计对象应当自接到审计组的审计报告之日起十日内，将其书面意见送交审计组。审计组应当将被审计对象的书面意见一并报送审计机关。

第四十一条　审计机关按照审计署规定的程序对审计组的审计报告进行审议，并对被审计对象对审计组的审计报告提出的意见一并研究后，提出审计机关的审计报告；对违反国家规定的财政收支、财务收支行为，依法应当给予处理、处罚的，在法定职权范围内作出审计决定或者向有关主管机关提出处理、处罚的意见。

审计机关应当将审计机关的审计报告和审计决定送达被审计单位和有关主管机关、单位。审计决定自送达之日起生效。

第四十二条　上级审计机关认为下级审计机关作出的审计决定违反国家有关规定的，可以责成下级审计机关予以变更或者撤销，必要时也可以直接作出变更或者撤销的决定。

第六章　法律责任

第四十三条　被审计单位违反本法规定，拒绝或者拖延提供与审计事项有关的资料的，或者提供的资料不真实、不完整的，或者拒绝、阻碍检查的，由审计机关责令改正，可以通报批评，给予警告；拒不改正的，依法追究责任。

第四十四条　被审计单位违反本法规定，转移、隐匿、篡改、毁弃会计凭证、会计账簿、财务会计报告以及其他与财政收支、财务收支有关的资料，或者转移、隐匿所持有的违反国家规定取得的资产，审计机关认为对直接负责的主管人员和其他直接责任人员依法应当给予处分的，应当提出给予处分的建议，被审计单位或者其上级机关、监察机关应当依法及时作出决定，并将结果书面通知审计机关；构成犯罪的，依法追究刑事责任。

第四十五条　对本级各部门（含直属单位）和下级政府违反预算的行为或者其他违反国家规定的财政收支行为，审计机关、人民政府或者有关主管部门在法定职权范围内，依照法律、行政法规的规定，区别情况采取下列处理措施：

（一）责令限期缴纳应当上缴的款项；

（二）责令限期退还被侵占的国有资产；

（三）责令限期退还违法所得；

（四）责令按照国家统一的会计制度的有关规定进行处理；

（五）其他处理措施。

第四十六条　对被审计单位违反国家规定的财务收支行为，审计机关、人民政府或者有关主管部门在法定职权范围内，依照法律、行政法规的规定，区别情况采取前条规定的处理措施，并可以依法给予处罚。

第四十七条　审计机关在法定职权范围内作出的审计决定，被审计单位应当执行。

审计机关依法责令被审计单位上缴应当上缴的款项，被审计单位拒不执行的，审计机关应当通报有关主管部门，有关主管部门应当依照有关法律、行政法规的规定予以扣缴或者采取其他处理措施，并将结果书面通知审计机关。

第四十八条　被审计单位对审计机关作出的有关财务收支的审计决定不服的，可以依法申请行政复议或者提起行政诉讼。

被审计单位对审计机关作出的有关财政收支的审计决定不服的，可以提请审计机关的本级人民政府裁决，本级人民政府的裁决为最终决定。

第四十九条　被审计单位的财政收支、财务收支违反国家规定，审计机关认为对直接负责的主管人员和其他直接责任人员依法应当给予处分的，应当提出给予处分的建议，被审计单位或者其上级机关、监察机关应当依法及时作出决定，并将结果书面通知审计机关。

第五十条　被审计单位的财政收支、财务收支违反法律、行政法规的规定，构成犯罪的，依法追究刑事责任。

第五十一条　报复陷害审计人员的，依法给予处分；构成犯罪的，依法追究刑事责任。

第五十二条　审计人员滥用职权、徇私舞弊、玩忽职守或者泄露所知悉的国家秘密、商业秘密的，依法给予处分；构成犯罪的，依法追究刑事责任。

第七章　附　　则

第五十三条　中国人民解放军审计工作的规定，由中央军事委员会根据本法制定。

第五十四条　本法自1995年1月1日起施行。1988年11月30日国务院发布的《中华人民共和国审计条例》同时废止。

中华人民共和国审计法实施条例

（1997年10月21日中华人民共和国国务院令第231号公布　2010年2月2日国务院第100次常务会议修订通过　2010年2月11日中华人民共和国国务院令第571号公布　自2010年5月1日起施行）

第一章　总　　则

第一条　根据《中华人民共和国审计法》（以下简称审计法）的规定，制定本条例。

第二条　审计法所称审计，是指审计机关依法独立检查被审计单位的会计凭证、会计账簿、财务会计报告以及其他与财政收支、财务收支有关的资料和资产，监督财政收支、财务收支真实、合法和效益的行为。

第三条　审计法所称财政收支，是指依照《中华人民共和国预算法》和国家其他有关规定，纳入预算管理的收入和支出，以及下列财政资金中未纳入预算管理的收入和支出：

（一）行政事业性收费；

（二）国有资源、国有资产收入；

（三）应当上缴的国有资本经营收益；

（四）政府举借债务筹措的资金；

（五）其他未纳入预算管理的财政资金。

第四条　审计法所称财务收支，是指国有的金融机构、企业事业组织以及依法应当接受审计机关审计监督的其他单位，按照国家财务会计制度的规定，实行会计核算的各项收入和支出。

第五条　审计机关依照审计法和本条例以及其他有关法律、法规规定的职责、权限和程序进行审计监督。

审计机关依照有关财政收支、财务收支的法律、法规，以及国家有关政策、标准、项目目标等方面的规定进行审计评价，对被审计单位违反国家规定的财政收支、财务收支行为，在法定职权范围内作出处理、处罚的决定。

第六条　任何单位和个人对依法应当接受审计机关审计监督的单位违反国家规定的财政收支、财务收支行为，有权向审计机关举报。审计机关接到举报，应当依法及时处理。

第二章　审计机关和审计人员

第七条　审计署在国务院总理领导下，主管全国的审计工作，履行审计法和国务院规定的职责。

地方各级审计机关在本级人民政府行政首长和上一级审计机关的领导下，负责本行政区域的审计工作，履行法律、法规和本级人民政府规定的职责。

第八条　省、自治区人民政府设有派出机关的，派出机关的审计机关对派出机关和省、自治区人民政府审计机关负责并报告工作，审计业务以省、自治区人民政府审计机关领导为主。

第九条　审计机关派出机构依照法律、法规和审计机关的规定，在审计机关的授权范围内开展审计工作，不受其他行政机关、社会团体和个人的干涉。

第十条　审计机关编制年度经费预算草案的依据主要包括：

（一）法律、法规；

（二）本级人民政府的决定和要求；

（三）审计机关的年度审计工作计划；

（四）定员定额标准；

（五）上一年度经费预算执行情况和本年度的变化因素。

第十一条　审计人员实行审计专业技术资格制度，具体按照国家有关规定执行。

审计机关根据工作需要，可以聘请具有与审计事项相关专业知识的人员参加审计工作。

第十二条　审计人员办理审计事项，有下列情形之一的，应当申请回避，被审计单位也有权申请审计人员回避：

（一）与被审计单位负责人或者有关主管人员有夫妻关系、直系血亲关系、三代以内旁系血亲或者近姻亲关系的；

（二）与被审计单位或者审计事项有经济利益关系的；

（三）与被审计单位、审计事项、被审计单位负责人或者有关主管人员有其他利害关系，可能影响公正执行公务的。

审计人员的回避，由审计机关负责人决定；审计机关负责人办理审计事项时的回避，由本级人民政府或者上一级审计机关负责人决定。

第十三条　地方各级审计机关正职和副职负责人的任免，应当事先征求上一级审计机关的意见。

第十四条　审计机关负责人在任职期间没有下列情形之一的，不得随意撤换：

（一）因犯罪被追究刑事责任的；

（二）因严重违法、失职受到处分，不适宜继续担任审计机关负责人的；

（三）因健康原因不能履行职责1年以上的；

（四）不符合国家规定的其他任职条件的。

第三章　审计机关职责

第十五条　审计机关对本级人民政府财政部门具体组织本级预算执行的情况，本级预算收入征收部门征收预算收入的情况，与本级人民政府财政部门直接发生预算缴款、拨款关系的部门、单位的预算执行情况和决算，下级人民政府的预算执行情况和决算，以及其他财政收支情况，依法进行审计监督。经本级人民政府批准，审计机关对其他取得财政资金的单位和项目接受、运用财政资金的真实、合法和效益情况，依法进行审计监督。

第十六条 审计机关对本级预算收入和支出的执行情况进行审计监督的内容包括：

（一）财政部门按照本级人民代表大会批准的本级预算向本级各部门（含直属单位）批复预算的情况、本级预算执行中调整情况和预算收支变化情况；

（二）预算收入征收部门依照法律、行政法规的规定和国家其他有关规定征收预算收入情况；

（三）财政部门按照批准的年度预算、用款计划，以及规定的预算级次和程序，拨付本级预算支出资金情况；

（四）财政部门依照法律、行政法规的规定和财政管理体制，拨付和管理政府间财政转移支付资金情况以及办理结算、结转情况；

（五）国库按照国家有关规定办理预算收入的收纳、划分、留解情况和预算支出资金的拨付情况；

（六）本级各部门（含直属单位）执行年度预算情况；

（七）依照国家有关规定实行专项管理的预算资金收支情况；

（八）法律、法规规定的其他预算执行情况。

第十七条 审计法第十七条所称审计结果报告，应当包括下列内容：

（一）本级预算执行和其他财政收支的基本情况；

（二）审计机关对本级预算执行和其他财政收支情况作出的审计评价；

（三）本级预算执行和其他财政收支中存在的问题以及审计机关依法采取的措施；

（四）审计机关提出的改进本级预算执行和其他财政收支管理工作的建议；

（五）本级人民政府要求报告的其他情况。

第十八条 审计署对中央银行及其分支机构履行职责所发生的各项财务收支，依法进行审计监督。

审计署向国务院总理提出的中央预算执行和其他财政收支情况审计结果报告，应当包括对中央银行的财务收支的审计情况。

第十九条 审计法第二十一条所称国有资本占控股地位或者主导地位的企业、金融机构，包括：

（一）国有资本占企业、金融机构资本（股本）总额的比例超过50%的；

（二）国有资本占企业、金融机构资本（股本）总额的比例在50%以下，但国有资本投资主体拥有实际控制权的。

审计机关对前款规定的企业、金融机构，除国务院另有规定外，比照审计法第十八条第二款、第二十条规定进行审计监督。

第二十条 审计法第二十二条所称政府投资和以政府投资为主的建设项目，包括：

（一）全部使用预算内投资资金、专项建设基金、政府举借债务筹措的资金等财政资金的；

（二）未全部使用财政资金，财政资金占项目总投资的比例超过50%，或者占项目总投资的比例在50%以下，但政府拥有项目建设、运营实际控制权的。

审计机关对前款规定的建设项目的总预算或者概算的执行情况、年度预算的执行情况和年度决算、单项工程结算、项目竣工决算，依法进行审计监督；对前款规定的建设项目进行审计时，可以对直接有关的设计、施工、供货等单位取得建设项目资金的真实性、合法性进行调查。

第二十一条 审计法第二十三条所称社会保障基金，包括社会保险、社会救助、社会福利基金以及发展社会保障事业的其他专项基金；所称社会捐赠资金，包括来源于境内外的货币、有价证券和实物等各种形式的捐赠。

第二十二条 审计法第二十四条所称国际组织和外国政府援助、贷款项目，包括：

（一）国际组织、外国政府及其机构向中国政府及其机构提供的贷款项目；

（二）国际组织、外国政府及其机构向中国企业事业组织以及其他组织提供的由中国政府及其机构担保的贷款项目；

（三）国际组织、外国政府及其机构向中国政府及其机构提供的援助和赠款项目；

（四）国际组织、外国政府及其机构向受中国政府委托管理有关基金、资金的单位提供的援助和赠款项目；

（五）国际组织、外国政府及其机构提供援助、贷款的其他项目。

第二十三条 审计机关可以依照审计法和本条例规定的审计程序、方法以及国家其他有关规定，对预算管理或者国有资产管理使用等与国家财政收支有关的特定事项，向有关地方、部门、单位进行专项审计调查。

第二十四条 审计机关根据被审计单位的财政、财务隶属关系，确定审计管辖范围；不能根据财政、财务隶属关系确定审计管辖范围的，根据国有资产监督管理关系，确定审计管辖范围。

两个以上国有资本投资主体投资的金融机构、企业事业组织和建设项目，由对主要投资主体有审计管辖权的审计机关进行审计监督。

第二十五条 各级审计机关应当按照确定的审计管辖范围进行审计监督。

第二十六条 依法属于审计机关审计监督对象的单位的内部审计工作，应当接受审计机关的业务指导和监督。

依法属于审计机关审计监督对象的单位，可以根据内部审计工作的需要，参加依法成立的内部审计自律组织。审计机关可以通过内部审计自律组织，加强对内部审计工作的业务指导和监督。

第二十七条 审计机关进行审计或者专项审计调查时，

有权对社会审计机构出具的相关审计报告进行核查。

审计机关核查社会审计机构出具的相关审计报告时，发现社会审计机构存在违反法律、法规或者执业准则等情况的，应当移送有关主管机关依法追究责任。

第四章 审计机关权限

第二十八条 审计机关依法进行审计监督时，被审计单位应当依照审计法第三十一条规定，向审计机关提供与财政收支、财务收支有关的资料。被审计单位负责人应当对本单位提供资料的真实性和完整性作出书面承诺。

第二十九条 各级人民政府财政、税务以及其他部门（含直属单位）应当向本级审计机关报送下列资料：

（一）本级人民代表大会批准的本级预算和本级人民政府财政部门向本级各部门（含直属单位）批复的预算，预算收入征收部门的年度收入计划，以及本级各部门（含直属单位）向所属各单位批复的预算；

（二）本级预算收支执行和预算收入征收部门的收入计划完成情况月报、年报，以及决算情况；

（三）综合性财政税务工作统计年报、情况简报，财政、预算、税务、财务和会计等规章制度；

（四）本级各部门（含直属单位）汇总编制的本部门决算草案。

第三十条 审计机关依照审计法第三十三条规定查询被审计单位在金融机构的账户的，应当持县级以上人民政府审计机关负责人签发的协助查询单位账户通知书；查询被审计单位以个人名义在金融机构的存款的，应当持县级以上人民政府审计机关主要负责人签发的协助查询个人存款通知书。有关金融机构应当予以协助，并提供证明材料，审计机关和审计人员负有保密义务。

第三十一条 审计法第三十四条所称违反国家规定取得的资产，包括：

（一）弄虚作假骗取的财政拨款、实物以及金融机构贷款；

（二）违反国家规定享受国家补贴、补助、贴息、免息、减税、免税、退税等优惠政策取得的资产；

（三）违反国家规定向他人收取的款项、有价证券、实物；

（四）违反国家规定处分国有资产取得的收益；

（五）违反国家规定取得的其他资产。

第三十二条 审计机关依照审计法第三十四条规定封存被审计单位有关资料和违反国家规定取得的资产的，应当持县级以上人民政府审计机关负责人签发的封存通知书，并在依法收集与审计事项相关的证明材料或者采取其他措施后解除封存。封存的期限为7日以内；有特殊情况需要延长的，经县级以上人民政府审计机关负责人批准，可以适当延长，但延长的期限不得超过7日。

对封存的资料、资产，审计机关可以指定被审计单位负责保管，被审计单位不得损毁或者擅自转移。

第三十三条 审计机关依照审计法第三十六条规定，可以就有关审计事项向政府有关部门通报或者向社会公布对被审计单位的审计、专项审计调查结果。

审计机关经与有关主管机关协商，可以在向社会公布的审计、专项审计调查结果中，一并公布对社会审计机构相关审计报告核查的结果。

审计机关拟向社会公布对上市公司的审计、专项审计调查结果的，应当在5日前将拟公布的内容告知上市公司。

第五章 审计程序

第三十四条 审计机关应当根据法律、法规和国家其他有关规定，按照本级人民政府和上级审计机关的要求，确定年度审计工作重点，编制年度审计项目计划。

审计机关在年度审计项目计划中确定对国有资本占控股地位或者主导地位的企业、金融机构进行审计的，应当自确定之日起7日内告知列入年度审计项目计划的企业、金融机构。

第三十五条 审计机关应当根据年度审计项目计划，组成审计组，调查了解被审计单位的有关情况，编制审计方案，并在实施审计3日前，向被审计单位送达审计通知书。

第三十六条 审计法第三十八条所称特殊情况，包括：

（一）办理紧急事项的；

（二）被审计单位涉嫌严重违法违规的；

（三）其他特殊情况。

第三十七条 审计人员实施审计时，应当按照下列规定办理：

（一）通过检查、查询、监督盘点、发函询证等方法实施审计；

（二）通过收集原件、原物或者复制、拍照等方法取得证明材料；

（三）对与审计事项有关的会议和谈话内容作出记录，或者要求被审计单位提供会议记录材料；

（四）记录审计实施过程和查证结果。

第三十八条 审计人员向有关单位和个人调查取得的证明材料，应当有提供者的签名或者盖章；不能取得提供者签名或者盖章的，审计人员应当注明原因。

第三十九条 审计组向审计机关提出审计报告前，应当书面征求被审计单位意见。被审计单位应当自接到审计组的审计报告之日起10日内，提出书面意见；10日内未提出书面意见的，视同无异议。

审计组应当针对被审计单位提出的书面意见，进一步核实情况，对审计组的审计报告作必要修改，连同被审计单位的书面意见一并报送审计机关。

第四十条 审计机关有关业务机构和专门机构或者人员对审计组的审计报告以及相关审计事项进行复核、审理后，由审计机关按照下列规定办理：

（一）提出审计机关的审计报告，内容包括：对审计事项的审计评价，对违反国家规定的财政收支、财务收支行为提出的处理、处罚意见，移送有关主管机关、单位的意见，改进财政收支、财务收支管理工作的意见；

（二）对违反国家规定的财政收支、财务收支行为，依法应当给予处理、处罚的，在法定职权范围内作出处理、处罚的审计决定；

（三）对依法应当追究有关人员责任的，向有关主管机关、单位提出给予处分的建议；对依法应当由有关主管机关处理、处罚的，移送有关主管机关；涉嫌犯罪的，移送司法机关。

第四十一条　审计机关在审计中发现损害国家利益和社会公共利益的事项，但处理、处罚依据又不明确的，应当向本级人民政府和上一级审计机关报告。

第四十二条　被审计单位应当按照审计机关规定的期限和要求执行审计决定。对应当上缴的款项，被审计单位应当按照财政管理体制和国家有关规定缴入国库或者财政专户。审计决定需要有关主管机关、单位协助执行的，审计机关应当书面提请协助执行。

第四十三条　上级审计机关应当对下级审计机关的审计业务依法进行监督。

下级审计机关作出的审计决定违反国家有关规定的，上级审计机关可以责成下级审计机关予以变更或者撤销，也可以直接作出变更或者撤销的决定；审计决定被撤销后需要重新作出审计决定的，上级审计机关可以责成下级审计机关在规定的期限内重新作出审计决定，也可以直接作出审计决定。

下级审计机关应当作出而没有作出审计决定的，上级审计机关可以责成下级审计机关在规定的期限内作出审计决定，也可以直接作出审计决定。

第四十四条　审计机关进行专项审计调查时，应当向被调查的地方、部门、单位出示专项审计调查的书面通知，并说明有关情况；有关地方、部门、单位应当接受调查，如实反映情况，提供有关资料。

在专项审计调查中，依法属于审计机关审计监督对象的部门、单位有违反国家规定的财政收支、财务收支行为或者其他违法违规行为的，专项审计调查人员和审计机关可以依照审计法和本条例的规定提出审计报告，作出审计决定，或者移送有关主管机关、单位依法追究责任。

第四十五条　审计机关应当按照国家有关规定建立、健全审计档案制度。

第四十六条　审计机关送达审计文书，可以直接送达，也可以邮寄送达或者以其他方式送达。直接送达的，以被审计单位在送达回证上注明的签收日期或者见证人证明的收件日期为送达日期；邮寄送达的，以邮政回执上注明的收件日期为送达日期；以其他方式送达的，以签收或者收件日期为送达日期。

审计机关的审计文书的种类、内容和格式，由审计署规定。

第六章　法律责任

第四十七条　被审计单位违反审计法和本条例的规定，拒绝、拖延提供与审计事项有关的资料，或者提供的资料不真实、不完整，或者拒绝、阻碍检查的，由审计机关责令改正，可以通报批评，给予警告；拒不改正的，对被审计单位可以处5万元以下的罚款，对直接负责的主管人员和其他直接责任人员，可以处2万元以下的罚款，审计机关认为应当给予处分的，向有关主管机关、单位提出给予处分的建议；构成犯罪的，依法追究刑事责任。

第四十八条　对本级各部门（含直属单位）和下级人民政府违反预算的行为或者其他违反国家规定的财政收支行为，审计机关在法定职权范围内，依照法律、行政法规的规定，区别情况采取审计法第四十五条规定的处理措施。

第四十九条　对被审计单位违反国家规定的财务收支行为，审计机关在法定职权范围内，区别情况采取审计法第四十五条规定的处理措施，可以通报批评，给予警告；有违法所得的，没收违法所得，并处违法所得1倍以上5倍以下的罚款；没有违法所得的，可以处5万元以下的罚款；对直接负责的主管人员和其他直接责任人员，可以处2万元以下的罚款，审计机关认为应当给予处分的，向有关主管机关、单位提出给予处分的建议；构成犯罪的，依法追究刑事责任。

法律、行政法规对被审计单位违反国家规定的财务收支行为处理、处罚另有规定的，从其规定。

第五十条　审计机关在作出较大数额罚款的处罚决定前，应当告知被审计单位和有关人员有要求举行听证的权利。较大数额罚款的具体标准由审计署规定。

第五十一条　审计机关提出的对被审计单位给予处理、处罚的建议以及对直接负责的主管人员和其他直接责任人员给予处分的建议，有关主管机关、单位应当依法及时作出决定，并将结果书面通知审计机关。

第五十二条　被审计单位对审计机关依照审计法第十六条、第十七条和本条例第十五条规定进行审计监督作出的审计决定不服的，可以自审计决定送达之日起60日内，提请审计机关的本级人民政府裁决，本级人民政府的裁决为最终决定。

审计机关应当在审计决定中告知被审计单位提请裁决的途径和期限。

裁决期间，审计决定不停止执行。但是，有下列情形之一的，可以停止执行：

（一）审计机关认为需要停止执行的；

（二）受理裁决的人民政府认为需要停止执行的；

（三）被审计单位申请停止执行，受理裁决的人民政府认为其要求合理，决定停止执行的。

裁决由本级人民政府法制机构办理。裁决决定应当自接到提请之日起60日内作出；有特殊情况需要延长的，经法制机构负责人批准，可以适当延长，并告知审计机关和提请裁决的被审计单位，但延长的期限不得超过30日。

第五十三条 除本条例第五十二条规定的可以提请裁决的审计决定外，被审计单位对审计机关作出的其他审计决定不服的，可以依法申请行政复议或者提起行政诉讼。

审计机关应当在审计决定中告知被审计单位申请行政复议或者提起行政诉讼的途径和期限。

第五十四条 被审计单位应当将审计决定执行情况书面报告审计机关。审计机关应当检查审计决定的执行情况。

被审计单位不执行审计决定的，审计机关应当责令限期执行；逾期仍不执行的，审计机关可以申请人民法院强制执行，建议有关主管机关、单位对直接负责的主管人员和其他直接责任人员给予处分。

第五十五条 审计人员滥用职权、徇私舞弊、玩忽职守，或者泄露所知悉的国家秘密、商业秘密的，依法给予处分；构成犯罪的，依法追究刑事责任。

审计人员违法违纪取得的财物，依法予以追缴、没收或者责令退赔。

第七章 附 则

第五十六条 本条例所称以上、以下，包括本数。

本条例第五十二条规定的期间的最后一日是法定节假日的，以节假日后的第一个工作日为期间届满日。审计法和本条例规定的其他期间以工作日计算，不含法定节假日。

第五十七条 实施经济责任审计的规定，另行制定。

第五十八条 本条例自2010年5月1日起施行。

审计机关审计听证的规定

（2000年1月28日审计署令第1号发布 自发布之日起施行）

第一条 为规范审计机关的审计处罚程序，保证审计质量，维护公民、法人或者其他组织的合法权益，根据《中华人民共和国行政处罚法》和《中华人民共和国审计法》，制定本规定。

第二条 审计机关进行审计听证应当遵循公正、公平、公开的原则。

第三条 审计机关对被审计单位和有关责任人员（以下简称当事人）作出下列审计处罚前，应当向当事人送达审计听证告知书，告知当事人在收到审计听证报告知书之后3日内有权要求举行审计听证会：

（一）对被审计单位处以违反国家规定的财务收支金额5%以上且金额在10万元以上罚款；

（二）对违反国家规定的财务收支行为负有直接责任的有关责任人员处以2000元以上罚款。

第四条 审计听证告知书主要包括以下内容：

（一）当事人的名称或姓名；

（二）建议作出的审计处罚；

（三）审计处罚的事实依据；

（四）审计处罚的法律依据；

（五）当事人有要求审计听证的权利；

（六）当事人申请审计听证的期限；

（七）审计听证主持人的姓名；

（八）审计机关的名称（印章）和日期。

第五条 审计听证告知书可以直接送达、委托送达或者邮寄送达。

第六条 当事人要求举行审计听证会的，应当自收到审计听证告知书之日起3日内，向审计机关提出书面申请，列明听证要求，并由申请人签名或者盖章。逾期不提出审计听证要求的，视为放弃审计听证权利。

当事人直接送达、委托送达审计听证申请的，以审计机关收到审计听证申请之日为送达日；当事人邮寄送达审计听证申请的，以该申请寄出的邮戳日期为送达日。

第七条 审计机关收到审计听证申请后，应当进行审核。对符合审计听证条件的，应当组织审计听证；对不符合审计听证条件的，裁定不予审计听证。

第八条 审计机关应当在举行审计听证会7日前向当事人送达审计听证会通知书，告知当事人举行审计听证会的时间、地点。

裁定不予审计听证的，审计机关应当作出不予审计听证裁定书，载明理由告知当事人。

第九条 除涉及国家秘密、商业秘密或者个人隐私外，审计听证会应当公开举行。

第十条 审计听证会应当由审计机关指定的非本案审计人员主持。

第十一条 审计机关应当根据实际情况确定审计听证会的主持人、书记员。

主持人负责审计听证会的组织、主持工作。一般审计事项的审计听证会由一人主持；重大审计事项的审计听证会由三人主持，但审计机关应指定首席主持人。

书记员负责审计听证会的记录工作，可以由一至二人组成。

第十二条 当事人认为主持人或者书记员与本案有直接利害关系的，有权申请其回避并说明理由。

当事人申请主持人回避应当在审计听证会举行之前提

出;申请书记员回避可以在审计听证会举行时提出。

当事人申请回避可以以书面形式提出,也可以以口头形式提出。以口头形式提出的,由书记员记录在案。

第十三条　主持人的回避,由听证机关决定;书记员的回避,由主持人决定。

主持人应当回避,需要重新确定主持人的,听证机关可以裁定延期审计听证;主持人不需回避的,听证机关裁定审计听证如期举行。

第十四条　当事人可以亲自参加审计听证,也可以委托一至二人代理参加审计听证。委托他人代理参加审计听证会的,代理人应当出具当事人的授权委托书。

当事人的授权委托书应当载明代理人的代理权限。

第十五条　当事人接到审计听证通知书后,不能按时参加审计听证会的,应当及时告知听证机关。

当事人无正当理由不按时参加审计听证会的,视为放弃听证权利,听证机关予以书面记载。在审计听证会举行过程中当事人放弃申辩或者无故退出审计听证会的,听证机关可以宣布终止听证,并记入审计听证笔录。

第十六条　审计听证会应当制作笔录。笔录应当交当事人确认无误后,由当事人签字或者盖章。当事人如认为笔录有差错,可以要求补正。

具备条件的审计机关应当对审计听证会情况进行录音、录像。

第十七条　审计听证会参加人和旁听人应当遵守以下听证纪律:

(一)审计听证会参加人应当在主持人的主持下发言、提问、辩论;

(二)未经主持人允许,审计听证会参加人不得提前退席;

(三)未经主持人允许,任何人不得录音、录像或摄影;

(四)旁听人员要保持肃静,不得发言、提问或者议论。

第十八条　主持人在审计听证会主持过程中,有以下权利:

(一)对审计听证会参加人的不当辩论或者其他违反审计听证会纪律的行为予以制止、警告;

(二)对违反审计听证会纪律的旁听人员予以制止、警告、责令退席;

(三)对违反审计听证纪律的人员制止无效的,移交公安机关依法处置。

第十九条　审计听证会应当按照下列程序进行:

(一)主持人宣布审计听证会开始;

(二)主持人宣布案由并宣读参加审计听证会的主持人、书记员、听证参加人的姓名、工作单位和职务;

(三)主持人宣读审计听证会的纪律和应注意的事项;

(四)主持人告知当事人或其代理人有申请书记员回避的权利,并询问当事人或其代理人是否申请回避;

(五)参与审计的人员提出当事人违反违章的事实、证据、建议作出的审计处罚及其法律依据;

(六)当事人进行陈述、申辩;

(七)在主持人允许下,双方进行质证、辩论;

(八)双方作最后陈述;

(九)书记员将所作的笔录交听证双方当场确认并签字或者盖章;

(十)主持人宣布审计听证会结束。

第二十条　在听证会举行过程中当事人申请书记员回避的,由主持人当场作出是否回避的裁定。

第二十一条　有下列情形之一的,可以延期举行审计听证会:

(一)当事人有正当理由未到场的;

(二)需要通知新的证人到场,或者有新的事实需要重新调查核实的;

(三)其他需要延期的情形。

第二十二条　审计听证会结束后,听证主持人应当根据审计听证情况和有关法律、法规的规定,向审计机关提交审计听证报告。审计听证报告连同审计听证笔录、案卷材料一并报送审计机关。

第二十三条　审计听证报告主要包括以下内容:

(一)听证案由;

(二)主持人、书记员和听证参加人的姓名、工作单位和职务;

(三)审计听证的时间、地点;

(四)审计听证建议;

(五)听证主持人签名或盖章。

审计听证建议主要包括以下内容:

(一)确有应受审计处罚的违法行为的,根据情节轻重及具体情况,建议作出审计处罚;

(二)违法事实不成立或者没有处罚的法律、法规依据的,建议不给予审计处罚;

(三)违法行为情节轻微,依法可以不予审计处罚的,建议不予审计处罚。

第二十四条　审计机关应当对听证主持人提出的审计听证建议进行审查,作出决定。

审计机关不得因当事人要求审计听证、在审计听证中进行申辩和质证而加重处罚。

第二十五条　审计听证笔录和审计听证报告应当归入审计档案。

第二十六条　本规定由审计署负责解释。

第二十七条　本规定自发布之日起施行。

附件:1. 审计听证告知书格式(略)

2. 审计听证会通知书格式(略)

3. 不予审计听证裁定书格式(略)

中华人民共和国国家审计准则

（2010年9月1日审计署令第8号公布　自2011年1月1日起施行）

目　　录

第一章　总　　则

第一条　为了规范和指导审计机关和审计人员执行审计业务的行为，保证审计质量，防范审计风险，发挥审计保障国家经济和社会健康运行的"免疫系统"功能，根据《中华人民共和国审计法》、《中华人民共和国审计法实施条例》和其他有关法律法规，制定本准则。

第二条　本准则是审计机关和审计人员履行法定审计职责的行为规范，是执行审计业务的职业标准，是评价审计质量的基本尺度。

第三条　本准则中使用"应当"、"不得"词汇的条款为约束性条款，是审计机关和审计人员执行审计业务必须遵守的职业要求。

本准则中使用"可以"词汇的条款为指导性条款，是对良好审计实务的推介。

第四条　审计机关和审计人员执行审计业务，应当适用本准则。其他组织或者人员接受审计机关的委托、聘用，承办或者参加审计业务，也应当适用本准则。

第五条　审计机关和审计人员执行审计业务，应当区分被审计单位的责任和审计机关的责任。

在财政收支、财务收支以及有关经济活动中，履行法定职责、遵守相关法律法规、建立并实施内部控制、按照有关会计准则和会计制度编报财务会计报告、保持财务会计资料的真实性和完整性，是被审计单位的责任。

依据法律法规和本准则的规定，对被审计单位财政收支、财务收支以及有关经济活动独立实施审计并作出审计结论，是审计机关的责任。

第六条　审计机关的主要工作目标是通过监督被审计单位财政收支、财务收支以及有关经济活动的真实性、合法性、效益性，维护国家经济安全，推进民主法治，促进廉政建设，保障国家经济和社会健康发展。

真实性是指反映财政收支、财务收支以及有关经济活动的信息与实际情况相符合的程度。

合法性是指财政收支、财务收支以及有关经济活动遵守法律、法规或者规章的情况。

效益性是指财政收支、财务收支以及有关经济活动实现的经济效益、社会效益和环境效益。

第七条　审计机关对依法属于审计机关审计监督对象的单位、项目、资金进行审计。

审计机关按照国家有关规定，对依法属于审计机关审计监督对象的单位的主要负责人经济责任进行审计。

第八条　审计机关依法对预算管理或者国有资产管理使用等与国家财政收支有关的特定事项向有关地方、部门、单位进行专项审计调查。

审计机关进行专项审计调查时，也应当适用本准则。

第九条　审计机关和审计人员执行审计业务，应当依据年度审计项目计划，编制审计实施方案，获取审计证据，作出审计结论。

审计机关应当委派具备相应资格和能力的审计人员承办审计业务，并建立和执行审计质量控制制度。

第十条　审计机关依据法律法规规定，公开履行职责的情况及其结果，接受社会公众的监督。

第十一条　审计机关和审计人员未遵守本准则约束性条款的，应当说明原因。

第二章　审计机关和审计人员

第十二条　审计机关和审计人员执行审计业务，应当具备本准则规定的资格条件和职业要求。

第十三条　审计机关执行审计业务，应当具备下列资格条件：

（一）符合法定的审计职责和权限；

（二）有职业胜任能力的审计人员；

（三）建立适当的审计质量控制制度；

（四）必需的经费和其他工作条件。

第十四条　审计人员执行审计业务，应当具备下列职业要求：

（一）遵守法律法规和本准则；

（二）恪守审计职业道德；

（三）保持应有的审计独立性；

（四）具备必需的职业胜任能力；

（五）其他职业要求。

第十五条 审计人员应当恪守严格依法、正直坦诚、客观公正、勤勉尽责、保守秘密的基本审计职业道德。

严格依法就是审计人员应当严格依照法定的审计职责、权限和程序进行审计监督，规范审计行为。

正直坦诚就是审计人员应当坚持原则，不屈从于外部压力；不歪曲事实，不隐瞒审计发现的问题；廉洁自律，不利用职权谋取私利；维护国家利益和公共利益。

客观公正就是审计人员应当保持客观公正的立场和态度，以适当、充分的审计证据支持审计结论，实事求是地作出审计评价和处理审计发现的问题。

勤勉尽责就是审计人员应当爱岗敬业，勤勉高效，严谨细致，认真履行审计职责，保证审计工作质量。

保守秘密就是审计人员应当保守其在执行审计业务中知悉的国家秘密、商业秘密；对于执行审计业务取得的资料、形成的审计记录和掌握的相关情况，未经批准不得对外提供和披露，不得用于与审计工作无关的目的。

第十六条 审计人员执行审计业务时，应当保持应有的审计独立性，遇有下列可能损害审计独立性情形的，应当向审计机关报告：

（一）与被审计单位负责人或者有关主管人员有夫妻关系、直系血亲关系、三代以内旁系血亲以及近姻亲关系；

（二）与被审计单位或者审计事项有直接经济利益关系；

（三）对曾经管理或者直接办理过的相关业务进行审计；

（四）可能损害审计独立性的其他情形。

第十七条 审计人员不得参加影响审计独立性的活动，不得参与被审计单位的管理活动。

第十八条 审计机关组成审计组时，应当了解审计组成员可能损害审计独立性的情形，并根据具体情况采取下列措施，避免损害审计独立性：

（一）依法要求相关审计人员回避；

（二）对相关审计人员执行具体审计业务的范围作出限制；

（三）对相关审计人员的工作追加必要的复核程序；

（四）其他措施。

第十九条 审计机关应当建立审计人员交流等制度，避免审计人员因执行审计业务长期与同一被审计单位接触可能对审计独立性造成的损害。

第二十条 审计机关可以聘请外部人员参加审计业务或者提供技术支持、专业咨询、专业鉴定。

审计机关聘请的外部人员应当具备本准则第十四条规定的职业要求。

第二十一条 有下列情形之一的外部人员，审计机关不得聘请：

（一）被刑事处罚的；

（二）被劳动教养的；

（三）被行政拘留的；

（四）审计独立性可能受到损害的；

（五）法律规定不得从事公务的其他情形。

第二十二条 审计人员应当具备与其从事审计业务相适应的专业知识、职业能力和工作经验。

审计机关应当建立和实施审计人员录用、继续教育、培训、业绩评价考核和奖惩激励制度，确保审计人员具有与其从事业务相适应的职业胜任能力。

第二十三条 审计机关应当合理配备审计人员，组成审计组，确保其在整体上具备与审计项目相适应的职业胜任能力。

被审计单位的信息技术对实现审计目标有重大影响的，审计组的整体胜任能力应当包括信息技术方面的胜任能力。

第二十四条 审计人员执行审计业务时，应当合理运用职业判断，保持职业谨慎，对被审计单位可能存在的重要问题保持警觉，并审慎评价所获取审计证据的适当性和充分性，得出恰当的审计结论。

第二十五条 审计人员执行审计业务时，应当从下列方面保持与被审计单位的工作关系：

（一）与被审计单位沟通并听取其意见；

（二）客观公正地作出审计结论，尊重并维护被审计单位的合法权益；

（三）严格执行审计纪律；

（四）坚持文明审计，保持良好的职业形象。

第三章 审计计划

第二十六条 审计机关应当根据法定的审计职责和审计管辖范围，编制年度审计项目计划。

编制年度审计项目计划应当服务大局，围绕政府工作中心，突出审计工作重点，合理安排审计资源，防止不必要的重复审计。

第二十七条 审计机关按照下列步骤编制年度审计项目计划：

（一）调查审计需求，初步选择审计项目；

（二）对初选审计项目进行可行性研究，确定备选审计项目及其优先顺序；

（三）评估审计机关可用审计资源，确定审计项目，编制年度审计项目计划。

第二十八条 审计机关从下列方面调查审计需求，初步选择审计项目：

（一）国家和地区财政收支、财务收支以及有关经济活动情况；

（二）政府工作中心；

（三）本级政府行政首长和相关领导机关对审计工作的要求；

（四）上级审计机关安排或者授权审计的事项；

（五）有关部门委托或者提请审计机关审计的事项；

（六）群众举报、公众关注的事项；

（七）经分析相关数据认为应当列入审计的事项；

（八）其他方面的需求。

第二十九条 审计机关对初选审计项目进行可行性研究，确定初选审计项目的审计目标、审计范围、审计重点和其他重要事项。

进行可行性研究重点调查研究下列内容：

（一）与确定和实施审计项目相关的法律法规和政策；

（二）管理体制、组织结构、主要业务及其开展情况；

（三）财政收支、财务收支状况及结果；

（四）相关的信息系统及其电子数据情况；

（五）管理和监督机构的监督检查情况及结果；

（六）以前年度审计情况；

（七）其他相关内容。

第三十条 审计机关在调查审计需求和可行性研究过程中，从下列方面对初选审计项目进行评估，以确定备选审计项目及其优先顺序：

（一）项目重要程度，评估在国家经济和社会发展中的重要性、政府行政首长和相关领导机关及公众关注程度、资金和资产规模等；

（二）项目风险水平，评估项目规模、管理和控制状况等；

（三）审计预期效果；

（四）审计频率和覆盖面；

（五）项目对审计资源的要求。

第三十一条 年度审计项目计划应当按照审计机关规定的程序审定。

审计机关在审定年度审计项目计划前，根据需要，可以组织专家进行论证。

第三十二条 下列审计项目应当作为必选审计项目：

（一）法律法规规定每年应当审计的项目；

（二）本级政府行政首长和相关领导机关要求审计的项目；

（三）上级审计机关安排或者授权的审计项目。

审计机关对必选审计项目，可以不进行可行性研究。

第三十三条 上级审计机关直接审计下级审计机关审计管辖范围内的重大审计事项，应当列入上级审计机关年度审计项目计划，并及时通知下级审计机关。

第三十四条 上级审计机关可以依法将其审计管辖范围内的审计事项，授权下级审计机关进行审计。对于上级审计机关审计管辖范围内的审计事项，下级审计机关也可以提出授权申请，报有管辖权的上级审计机关审批。

获得授权的审计机关应当将授权的审计事项列入年度审计项目计划。

第三十五条 根据中国政府及其机构与国际组织、外国政府及其机构签订的协议和上级审计机关的要求，审计机关确定对国际组织、外国政府及其机构援助、贷款项目进行审计的，应当纳入年度审计项目计划。

第三十六条 对于预算管理或者国有资产管理使用等与国家财政收支有关的特定事项，符合下列情形的，可以进行专项审计调查：

（一）涉及宏观性、普遍性、政策性或者体制、机制问题的；

（二）事项跨行业、跨地区、跨单位的；

（三）事项涉及大量非财务数据的；

（四）其他适宜进行专项审计调查的。

第三十七条 审计机关年度审计项目计划的内容主要包括：

（一）审计项目名称；

（二）审计目标，即实施审计项目预期要完成的任务和结果；

（三）审计范围，即审计项目涉及的具体单位、事项和所属期间；

（四）审计重点；

（五）审计项目组织和实施单位；

（六）审计资源。

采取跟踪审计方式实施的审计项目，年度审计项目计划应当列明跟踪的具体方式和要求。

专项审计调查项目的年度审计项目计划应当列明专项审计调查的要求。

第三十八条 审计机关编制年度审计项目计划可以采取文字、表格或者两者相结合的形式。

第三十九条 审计机关计划管理部门与业务部门或者派出机构，应当建立经常性的沟通和协调机制。

调查审计需求、进行可行性研究和确定备选审计项目，以业务部门或者派出机构为主实施；备选审计项目排序、配置审计资源和编制年度审计项目计划草案，以计划管理部门为主实施。

第四十条 审计机关根据项目评估结果，确定年度审计项目计划。

第四十一条 审计机关应当将年度审计项目计划报经本级政府行政首长批准并向上一级审计机关报告。

第四十二条 审计机关应当对确定的审计项目配置必要的审计人力资源、审计时间、审计技术装备、审计经费等审计资源。

第四十三条 审计机关同一年度内对同一被审计单位实

施不同的审计项目，应当在人员和时间安排上进行协调，尽量避免给被审计单位工作带来不必要的影响。

第四十四条　审计机关应当将年度审计项目计划下达审计项目组织和实施单位执行。

年度审计项目计划一经下达，审计项目组织和实施单位应当确保完成，不得擅自变更。

第四十五条　年度审计项目计划执行过程中，遇有下列情形之一的，应当按照原审批程序调整：

（一）本级政府行政首长和相关领导机关临时交办审计项目的；

（二）上级审计机关临时安排或者授权审计项目的；

（三）突发重大公共事件需要进行审计的；

（四）原定审计项目的被审计单位发生重大变化，导致原计划无法实施的；

（五）需要更换审计项目实施单位的；

（六）审计目标、审计范围等发生重大变化需要调整的；

（七）需要调整的其他情形。

第四十六条　上级审计机关应当指导下级审计机关编制年度审计项目计划，提出下级审计机关重点审计领域或者审计项目安排的指导意见。

第四十七条　年度审计项目计划确定审计机关统一组织多个审计组共同实施一个审计项目或者分别实施同一类审计项目的，审计机关业务部门应当编制审计工作方案。

第四十八条　审计机关业务部门编制审计工作方案，应当根据年度审计项目计划形成过程中调查审计需求、进行可行性研究的情况，开展进一步调查，对审计目标、范围、重点和项目组织实施等进行确定。

第四十九条　审计工作方案的内容主要包括：

（一）审计目标；

（二）审计范围；

（三）审计内容和重点；

（四）审计工作组织安排；

（五）审计工作要求。

第五十条　审计机关业务部门编制的审计工作方案应当按照审计机关规定的程序审批。在年度审计项目计划确定的实施审计起始时间之前，下达到审计项目实施单位。

审计机关批准审计工作方案前，根据需要，可以组织专家进行论证。

第五十一条　审计机关业务部门根据审计实施过程中情况的变化，可以申请对审计工作方案的内容进行调整，并按审计机关规定的程序报批。

第五十二条　审计机关应当定期检查年度审计项目计划执行情况，评估执行效果。

审计项目实施单位应当向下达审计项目计划的审计机关报告计划执行情况。

第五十三条　审计机关应当按照国家有关规定，建立和实施审计项目计划执行情况及其结果的统计制度。

第四章　审计实施

第一节　审计实施方案

第五十四条　审计机关应当在实施项目审计前组成审计组。

审计组由审计组组长和其他成员组成。审计组实行审计组组长负责制。审计组组长由审计机关确定，审计组组长可以根据需要在审计组成员中确定主审，主审应当履行其规定职责和审计组组长委托履行的其他职责。

第五十五条　审计机关应当依照法律法规的规定，向被审计单位送达审计通知书。

第五十六条　审计通知书的内容主要包括被审计单位名称、审计依据、审计范围、审计起始时间、审计组组长及其他成员名单和被审计单位配合审计工作的要求。同时，还应当向被审计单位告知审计组的审计纪律要求。

采取跟踪审计方式实施审计的，审计通知书应当列明跟踪审计的具体方式和要求。

专项审计调查项目的审计通知书应当列明专项审计调查的要求。

第五十七条　审计组应当调查了解被审计单位及其相关情况，评估被审计单位存在重要问题的可能性，确定审计应对措施，编制审计实施方案。

对于审计机关已经下达审计工作方案的，审计组应当按照审计工作方案的要求编制审计实施方案。

第五十八条　审计实施方案的内容主要包括：

（一）审计目标；

（二）审计范围；

（三）审计内容、重点及审计措施，包括审计事项和根据本准则第七十三条确定的审计应对措施；

（四）审计工作要求，包括项目审计进度安排、审计组内部重要管理事项及职责分工等。

采取跟踪审计方式实施审计的，审计实施方案应当对整个跟踪审计工作作出统筹安排。

专项审计调查项目的审计实施方案应当列明专项审计调查的要求。

第五十九条　审计组调查了解被审计单位及其相关情况，为作出下列职业判断提供基础：

（一）确定职业判断适用的标准；

（二）判断可能存在的问题；

（三）判断问题的重要性；

（四）确定审计应对措施。

第六十条　审计人员可以从下列方面调查了解被审计单

位及其相关情况：

（一）单位性质、组织结构；

（二）职责范围或者经营范围、业务活动及其目标；

（三）相关法律法规、政策及其执行情况；

（四）财政财务管理体制和业务管理体制；

（五）适用的业绩指标体系以及业绩评价情况；

（六）相关内部控制及其执行情况；

（七）相关信息系统及其电子数据情况；

（八）经济环境、行业状况及其他外部因素；

（九）以往接受审计和监管及其整改情况；

（十）需要了解的其他情况。

第六十一条 审计人员可以从下列方面调查了解被审计单位相关内部控制及其执行情况：

（一）控制环境，即管理模式、组织结构、责权配置、人力资源制度等；

（二）风险评估，即被审计单位确定、分析与实现内部控制目标相关的风险，以及采取的应对措施；

（三）控制活动，即根据风险评估结果采取的控制措施，包括不相容职务分离控制、授权审批控制、资产保护控制、预算控制、业绩分析和绩效考评控制等；

（四）信息与沟通，即收集、处理、传递与内部控制相关的信息，并能有效沟通的情况；

（五）对控制的监督，即对各项内部控制设计、职责及其履行情况的监督检查。

第六十二条 审计人员可以从下列方面调查了解被审计单位信息系统控制情况：

（一）一般控制，即保障信息系统正常运行的稳定性、有效性、安全性等方面的控制；

（二）应用控制，即保障信息系统产生的数据的真实性、完整性、可靠性等方面的控制。

第六十三条 审计人员可以采取下列方法调查了解被审计单位及其相关情况：

（一）书面或者口头询问被审计单位内部和外部相关人员；

（二）检查有关文件、报告、内部管理手册、信息系统的技术文档和操作手册；

（三）观察有关业务活动及其场所、设施和有关内部控制的执行情况；

（四）追踪有关业务的处理过程；

（五）分析相关数据。

第六十四条 审计人员根据审计目标和被审计单位的实际情况，运用职业判断确定调查了解的范围和程度。

对于定期审计项目，审计人员可以利用以往审计中获得的信息，重点调查了解已经发生变化的情况。

第六十五条 审计人员在调查了解被审计单位及其相关情况的过程中，可以选择下列标准作为职业判断的依据：

（一）法律、法规、规章和其他规范性文件；

（二）国家有关方针和政策；

（三）会计准则和会计制度；

（四）国家和行业的技术标准；

（五）预算、计划和合同；

（六）被审计单位的管理制度和绩效目标；

（七）被审计单位的历史数据和历史业绩；

（八）公认的业务惯例或者良好实务；

（九）专业机构或者专家的意见；

（十）其他标准。

审计人员在审计实施过程中需要持续关注标准的适用性。

第六十六条 职业判断所选择的标准应当具有客观性、适用性、相关性、公认性。

标准不一致时，审计人员应当采用权威的和公认程度高的标准。

第六十七条 审计人员应当结合适用的标准，分析调查了解的被审计单位及其相关情况，判断被审计单位可能存在的问题。

第六十八条 审计人员应当运用职业判断，根据可能存在问题的性质、数额及其发生的具体环境，判断其重要性。

第六十九条 审计人员判断重要性时，可以关注下列因素：

（一）是否属于涉嫌犯罪的问题；

（二）是否属于法律法规和政策禁止的问题；

（三）是否属于故意行为所产生的问题；

（四）可能存在问题涉及的数量或者金额；

（五）是否涉及政策、体制或者机制的严重缺陷；

（六）是否属于信息系统设计缺陷；

（七）政府行政首长和相关领导机关及公众的关注程度；

（八）需要关注的其他因素。

第七十条 审计人员实施审计时，应当根据重要性判断的结果，重点关注被审计单位可能存在的重要问题。

第七十一条 需要对财务报表发表审计意见的，审计人员可以参照中国注册会计师执业准则的有关规定确定和运用重要性。

第七十二条 审计组应当评估被审计单位存在重要问题的可能性，以确定审计事项和审计应对措施。

第七十三条 审计组针对审计事项确定的审计应对措施包括：

（一）评估对内部控制的依赖程度，确定是否及如何测试相关内部控制的有效性；

（二）评估对信息系统的依赖程度，确定是否及如何检查相关信息系统的有效性、安全性；

（三）确定主要审计步骤和方法；

（四）确定审计时间；

（五）确定执行的审计人员；

（六）其他必要措施。

第七十四条 审计组在分配审计资源时，应当为重要审计事项分派有经验的审计人员和安排充足的审计时间，并评估特定审计事项是否需要利用外部专家的工作。

第七十五条 审计人员认为存在下列情形之一的，应当测试相关内部控制的有效性：

（一）某项内部控制设计合理且预期运行有效，能够防止重要问题的发生；

（二）仅实施实质性审查不足以为发现重要问题提供适当、充分的审计证据。

审计人员决定不依赖某项内部控制的，可以对审计事项直接进行实质性审查。

被审计单位规模较小、业务比较简单的，审计人员可以对审计事项直接进行实质性审查。

第七十六条 审计人员认为存在下列情形之一的，应当检查相关信息系统的有效性、安全性：

（一）仅审计电子数据不足以为发现重要问题提供适当、充分的审计证据；

（二）电子数据中频繁出现某类差异。

审计人员在检查被审计单位相关信息系统时，可以利用被审计单位信息系统的现有功能或者采用其他计算机技术和工具，检查中应当避免对被审计单位相关信息系统及其电子数据造成不良影响。

第七十七条 审计人员实施审计时，应当持续关注已作出的重要性判断和对存在重要问题可能性的评估是否恰当，及时作出修正，并调整审计应对措施。

第七十八条 遇有下列情形之一的，审计组应当及时调整审计实施方案：

（一）年度审计项目计划、审计工作方案发生变化的；

（二）审计目标发生重大变化的；

（三）重要审计事项发生变化的；

（四）被审计单位及其相关情况发生重大变化的；

（五）审计组人员及其分工发生重大变化的；

（六）需要调整的其他情形。

第七十九条 一般审计项目的审计实施方案应当经审计组组长审定，并及时报审计机关业务部门备案。

重要审计项目的审计实施方案应当报经审计机关负责人审定。

第八十条 审计组调整审计实施方案中的下列事项，应当报经审计机关主要负责人批准：

（一）审计目标；

（二）审计组组长；

（三）审计重点；

（四）现场审计结束时间。

第八十一条 编制和调整审计实施方案可以采取文字、表格或者两者相结合的形式。

第二节 审计证据

第八十二条 审计证据是指审计人员获取的能够为审计结论提供合理基础的全部事实，包括审计人员调查了解被审计单位及其相关情况和对确定的审计事项进行审查所获取的证据。

第八十三条 审计人员应当依照法定权限和程序获取审计证据。

第八十四条 审计人员获取的审计证据，应当具有适当性和充分性。

适当性是对审计证据质量的衡量，即审计证据在支持审计结论方面具有的相关性和可靠性。相关性是指审计证据与审计事项及其具体审计目标之间具有实质性联系。可靠性是指审计证据真实、可信。

充分性是对审计证据数量的衡量。审计人员在评估存在重要问题的可能性和审计证据质量的基础上，决定应当获取审计证据的数量。

第八十五条 审计人员对审计证据的相关性分析时，应当关注下列方面：

（一）一种取证方法获取的审计证据可能只与某些具体审计目标相关，而与其他具体审计目标无关；

（二）针对一项具体审计目标可以从不同来源获取审计证据或者获取不同形式的审计证据。

第八十六条 审计人员可以从下列方面分析审计证据的可靠性：

（一）从被审计单位外部获取的审计证据比从内部获取的审计证据更可靠；

（二）内部控制健全有效情况下形成的审计证据比内部控制缺失或者无效情况下形成的审计证据更可靠；

（三）直接获取的审计证据比间接获取的审计证据更可靠；

（四）从被审计单位财务会计资料中直接采集的审计证据比经被审计单位加工处理后提交的审计证据更可靠；

（五）原件形式的审计证据比复制件形式的审计证据更可靠。

不同来源和不同形式的审计证据存在不一致或者不能相互印证时，审计人员应当追加必要的审计措施，确定审计证据的可靠性。

第八十七条 审计人员获取的电子审计证据包括与信息系统控制相关的配置参数、反映交易记录的电子数据等。

采集被审计单位电子数据作为审计证据的，审计人员应当记录电子数据的采集和处理过程。

第八十八条 审计人员根据实际情况，可以在审计事项中选取全部项目或者部分特定项目进行审查，也可以进行审计抽样，以获取审计证据。

第八十九条 存在下列情形之一的，审计人员可以对审计事项中的全部项目进行审查：

（一）审计事项由少量大额项目构成的；

（二）审计事项可能存在重要问题，而选取其中部分项目进行审查无法提供适当、充分的审计证据的；

（三）对审计事项中的全部项目进行审查符合成本效益原则的。

第九十条 审计人员可以在审计事项中选取下列特定项目进行审查：

（一）大额或者重要项目；

（二）数量或者金额符合设定标准的项目；

（三）其他特定项目。

选取部分特定项目进行审查的结果，不能用于推断整个审计事项。

第九十一条 在审计事项包含的项目数量较多，需要对审计事项某一方面的总体特征作出结论时，审计人员可以进行审计抽样。

审计人员进行审计抽样时，可以参照中国注册会计师执业准则的有关规定。

第九十二条 审计人员可以采取下列方法向有关单位和个人获取审计证据：

（一）检查，是指对纸质、电子或者其他介质形式存在的文件、资料进行审查，或者对有形资产进行审查；

（二）观察，是指察看相关人员正在从事的活动或者执行的程序；

（三）询问，是指以书面或者口头方式向有关人员了解关于审计事项的信息；

（四）外部调查，是指向与审计事项有关的第三方进行调查；

（五）重新计算，是指以手工方式或者使用信息技术对有关数据计算的正确性进行核对；

（六）重新操作，是指对有关业务程序或者控制活动独立进行重新操作验证；

（七）分析，是指研究财务数据之间、财务数据与非财务数据之间可能存在的合理关系，对相关信息作出评价，并关注异常波动和差异。

审计人员进行专项审计调查，可以使用上述方法及其以外的其他方法。

第九十三条 审计人员应当依照法律法规规定，取得被审计单位负责人对本单位提供资料真实性和完整性的书面承诺。

第九十四条 审计人员取得证明被审计单位存在违反国家规定的财政收支、财务收支行为以及其他重要审计事项的审计证据材料，应当由提供证据的有关人员、单位签名或者盖章；不能取得签名或者盖章不影响事实存在的，该审计证据仍然有效，但审计人员应当注明原因。

审计事项比较复杂或者取得的审计证据数量较大的，可以对审计证据进行汇总分析，编制审计取证单，由证据提供者签名或者盖章。

第九十五条 被审计单位的相关资料、资产可能被转移、隐匿、篡改、毁弃并影响获取审计证据的，审计机关应当依照法律法规的规定采取相应的证据保全措施。

第九十六条 审计机关执行审计业务过程中，因行使职权受到限制而无法获取适当、充分的审计证据，或者无法制止违法行为对国家利益的侵害时，根据需要，可以按照有关规定提请有权处理的机关或者相关单位予以协助和配合。

第九十七条 审计人员需要利用所聘请外部人员的专业咨询和专业鉴定作为审计证据的，应当对下列方面作出判断：

（一）依据的样本是否符合审计项目的具体情况；

（二）使用的方法是否适当和合理；

（三）专业咨询、专业鉴定是否与其他审计证据相符。

第九十八条 审计人员需要使用有关监管机构、中介机构、内部审计机构等已经形成的工作结果作为审计证据的，应当对该工作结果的下列方面作出判断：

（一）是否与审计目标相关；

（二）是否可靠；

（三）是否与其他审计证据相符。

第九十九条 审计人员对于重要问题，可以围绕下列方面获取审计证据：

（一）标准，即判断被审计单位是否存在问题的依据；

（二）事实，即客观存在和发生的情况。事实与标准之间的差异构成审计发现的问题；

（三）影响，即问题产生的后果；

（四）原因，即问题产生的条件。

第一百条 审计人员在审计实施过程中，应当持续评价审计证据的适当性和充分性。

已采取的审计措施难以获取适当、充分审计证据的，审计人员应当采取替代审计措施；仍无法获取审计证据的，由审计组报请审计机关采取其他必要的措施或者不作出审计结论。

第三节 审计记录

第一百零一条 审计人员应当真实、完整地记录实施审计的过程、得出的结论和与审计项目有关的重要管理事项，以实现下列目标：

（一）支持审计人员编制审计实施方案和审计报告；

（二）证明审计人员遵循相关法律法规和本准则；

（三）便于对审计人员的工作实施指导、监督和检查。

第一百零二条 审计人员作出的记录，应当使未参与该项业务的有经验的其他审计人员能够理解其执行的审计措施、获取的审计证据、作出的职业判断和得出的审计结论。

第一百零三条 审计记录包括调查了解记录、审计工作底稿和重要管理事项记录。

第一百零四条 审计组在编制审计实施方案前，应当对调查了解被审计单位及其相关情况作出记录。调查了解记录的内容主要包括：

（一）对被审计单位及其相关情况的调查了解情况；

（二）对被审计单位存在重要问题可能性的评估情况；

（三）确定的审计事项及其审计应对措施。

第一百零五条 审计工作底稿主要记录审计人员依据审计实施方案执行审计措施的活动。

审计人员对审计实施方案确定的每一审计事项，均应当编制审计工作底稿。一个审计事项可以根据需要编制多份审计工作底稿。

第一百零六条 审计工作底稿的内容主要包括：

（一）审计项目名称；

（二）审计事项名称；

（三）审计过程和结论；

（四）审计人员姓名及审计工作底稿编制日期并签名；

（五）审核人员姓名、审核意见及审核日期并签名；

（六）索引号及页码；

（七）附件数量。

第一百零七条 审计工作底稿记录的审计过程和结论主要包括：

（一）实施审计的主要步骤和方法；

（二）取得的审计证据的名称和来源；

（三）审计认定的事实摘要；

（四）得出的审计结论及其相关标准。

第一百零八条 审计证据材料应当作为调查了解记录和审计工作底稿的附件。一份审计证据材料对应多个审计记录时，审计人员可以将审计证据材料附在与其关系最密切的审计记录后面，并在其他审计记录中予以注明。

第一百零九条 审计组起草审计报告前，审计组组长应当对审计工作底稿的下列事项进行审核：

（一）具体审计目标是否实现；

（二）审计措施是否有效执行；

（三）事实是否清楚；

（四）审计证据是否适当、充分；

（五）得出的审计结论及其相关标准是否适当；

（六）其他有关重要事项。

第一百一十条 审计组组长审核审计工作底稿，应当根据不同情况分别提出下列意见：

（一）予以认可；

（二）责成采取进一步审计措施，获取适当、充分的审计证据；

（三）纠正或者责成纠正不恰当的审计结论。

第一百一十一条 重要管理事项记录应当记载与审计项目相关并对审计结论有重要影响的下列管理事项：

（一）可能损害审计独立性的情形及采取的措施；

（二）所聘请外部人员的相关情况；

（三）被审计单位承诺情况；

（四）征求被审计对象或者相关单位及人员意见的情况、被审计对象或者相关单位及人员反馈的意见及审计组的采纳情况；

（五）审计组对审计发现的重大问题和审计报告讨论的过程及结论；

（六）审计机关业务部门对审计报告、审计决定书等审计项目材料的复核情况和意见；

（七）审理机构对审计项目的审理情况和意见；

（八）审计机关对审计报告的审定过程和结论；

（九）审计人员未能遵守本准则规定的约束性条款及其原因；

（十）因外部因素使审计任务无法完成的原因及影响；

（十一）其他重要管理事项。

重要管理事项记录可以使用被审计单位承诺书、审计机关内部审批文稿、会议记录、会议纪要、审理意见书或者其他书面形式。

第四节 重大违法行为检查

第一百一十二条 审计人员执行审计业务时，应当保持职业谨慎，充分关注可能存在的重大违法行为。

第一百一十三条 本准则所称重大违法行为是指被审计单位和相关人员违反法律法规、涉及金额比较大、造成国家重大经济损失或者对社会造成重大不良影响的行为。

第一百一十四条 审计人员检查重大违法行为，应当评估被审计单位和相关人员实施重大违法行为的动机、性质、后果和违法构成。

第一百一十五条 审计人员调查了解被审计单位及其相关情况时，可以重点了解可能与重大违法行为有关的下列事项：

（一）被审计单位所在行业发生重大违法行为的状况；

（二）有关的法律法规及其执行情况；

（三）监管部门已经发现和了解的与被审计单位有关的重大违法行为的事实或者线索；

（四）可能形成重大违法行为的动机和原因；

（五）相关的内部控制及其执行情况；

（六）其他情况。

第一百一十六条 审计人员可以通过关注下列情况，判断可能存在的重大违法行为：

（一）具体经济活动中存在的异常事项；

（二）财务和非财务数据中反映出的异常变化；

（三）有关部门提供的线索和群众举报；

（四）公众、媒体的反映和报道；

（五）其他情况。

第一百一十七条 审计人员根据被审计单位实际情况、工作经验和审计发现的异常现象，判断可能存在重大违法行为的性质，并确定检查重点。

审计人员在检查重大违法行为时，应当关注重大违法行为的高发领域和环节。

第一百一十八条 发现重大违法行为的线索，审计组或者审计机关可以采取下列应对措施：

（一）增派具有相关经验和能力的人员；

（二）避免让有关单位和人员事先知晓检查的时间、事项、范围和方式；

（三）扩大检查范围，使其能够覆盖重大违法行为可能涉及的领域；

（四）获取必要的外部证据；

（五）依法采取保全措施；

（六）提请有关机关予以协助和配合；

（七）向政府和有关部门报告；

（八）其他必要的应对措施。

第五章　审计报告

第一节　审计报告的形式和内容

第一百一十九条 审计报告包括审计机关进行审计后出具的审计报告以及专项审计调查后出具的专项审计调查报告。

第一百二十条 审计组实施审计或者专项审计调查后，应当向派出审计组的审计机关提交审计报告。审计机关审定审计组的审计报告后，应当出具审计机关的审计报告。遇有特殊情况，审计机关可以不向被调查单位出具专项审计调查报告。

第一百二十一条 审计报告应当内容完整、事实清楚、结论正确、用词恰当、格式规范。

第一百二十二条 审计机关的审计报告（审计组的审计报告）包括下列基本要素：

（一）标题；

（二）文号（审计组的审计报告不含此项）；

（三）被审计单位名称；

（四）审计项目名称；

（五）内容；

（六）审计机关名称（审计组名称及审计组组长签名）；

（七）签发日期（审计组向审计机关提交报告的日期）。

经济责任审计报告还包括被审计人员姓名及所担任职务。

第一百二十三条 审计报告的内容主要包括：

（一）审计依据，即实施审计所依据的法律法规规定；

（二）实施审计的基本情况，一般包括审计范围、内容、方式和实施的起止时间；

（三）被审计单位基本情况；

（四）审计评价意见，即根据不同的审计目标，以适当、充分的审计证据为基础发表的评价意见；

（五）以往审计决定执行情况和审计建议采纳情况；

（六）审计发现的被审计单位违反国家规定的财政收支、财务收支行为和其他重要问题的事实、定性、处理处罚意见以及依据的法律法规和标准；

（七）审计发现的移送处理事项的事实和移送处理意见，但是涉嫌犯罪等不宜让被审计单位知悉的事项除外；

（八）针对审计发现的问题，根据需要提出的改进建议。

审计期间被审计单位对审计发现的问题已经整改的，审计报告还应当包括有关整改情况。

经济责任审计报告还应当包括被审计人员履行经济责任的基本情况，以及被审计人员对审计发现问题承担的责任。

核查社会审计机构相关审计报告发现的问题，应当在审计报告中一并反映。

第一百二十四条 采取跟踪审计方式实施审计的，审计组在跟踪审计过程中发现的问题，应当以审计机关的名义及时向被审计单位通报，并要求其整改。

跟踪审计实施工作全部结束后，应当以审计机关的名义出具审计报告。审计报告应当反映审计发现但尚未整改的问题，以及已经整改的重要问题及其整改情况。

第一百二十五条 专项审计调查报告除符合审计报告的要素和内容要求外，还应当根据专项审计调查目标重点分析宏观性、普遍性、政策性或者体制、机制问题并提出改进建议。

第一百二十六条 对审计或者专项审计调查中发现被审计单位违反国家规定的财政收支、财务收支行为，依法应当由审计机关在法定职权范围内作出处理处罚决定的，审计机关应当出具审计决定书。

第一百二十七条 审计决定书的内容主要包括：

（一）审计的依据、内容和时间；

（二）违反国家规定的财政收支、财务收支行为的事实、定性、处理处罚决定以及法律法规依据；

（三）处理处罚决定执行的期限和被审计单位书面报告审计决定执行结果等要求；

（四）依法提请政府裁决或者申请行政复议、提起行政诉讼的途径和期限。

第一百二十八条 审计或者专项审计调查发现的依法需要移送其他有关主管机关或者单位纠正、处理处罚或者追究有关人员责任的事项,审计机关应当出具审计移送处理书。

第一百二十九条 审计移送处理书的内容主要包括:

(一)审计的时间和内容;

(二)依法需要移送有关主管机关或者单位纠正、处理处罚或者追究有关人员责任事项的事实、定性及其依据和审计机关的意见;

(三)移送的依据和移送处理说明,包括将处理结果书面告知审计机关的说明;

(四)所附的审计证据材料。

第一百三十条 出具对国际组织、外国政府及其机构援助、贷款项目的审计报告,按照审计机关的相关规定执行。

第二节 审计报告的编审

第一百三十一条 审计组在起草审计报告前,应当讨论确定下列事项:

(一)评价审计目标的实现情况;

(二)审计实施方案确定的审计事项完成情况;

(三)评价审计证据的适当性和充分性;

(四)提出审计评价意见;

(五)评估审计发现问题的重要性;

(六)提出对审计发现问题的处理处罚意见;

(七)其他有关事项。

审计组应当对讨论前款事项的情况及其结果作出记录。

第一百三十二条 审计组组长应当确认审计工作底稿和审计证据已经审核,并从总体上评价审计证据的适当性和充分性。

第一百三十三条 审计组根据不同的审计目标,以审计认定的事实为基础,在防范审计风险的情况下,按照重要性原则,从真实性、合法性、效益性方面提出审计评价意见。

审计组应当只对所审计的事项发表审计评价意见。对审计过程中未涉及、审计证据不适当或者不充分、评价依据或者标准不明确以及超越审计职责范围的事项,不得发表审计评价意见。

第一百三十四条 审计组应当根据审计发现问题的性质、数额及其发生的原因和审计报告的使用对象,评估审计发现问题的重要性,如实在审计报告中予以反映。

第一百三十五条 审计组对审计发现的问题提出处理处罚意见时,应当关注下列因素:

(一)法律法规的规定;

(二)审计职权范围:属于审计职权范围的,直接提出处理处罚意见,不属于审计职权范围的,提出移送处理意见;

(三)问题的性质、金额、情节、原因和后果;

(四)对同类问题处理处罚的一致性;

(五)需要关注的其他因素。

审计发现被审计单位信息系统存在重大漏洞或者不符合国家规定的,应当责成被审计单位在规定期限内整改。

第一百三十六条 审计组应当针对经济责任审计发现的问题,根据被审计人员履行职责情况,界定其应当承担的责任。

第一百三十七条 审计组实施审计或者专项审计调查后,应当提出审计报告,按照审计机关规定的程序审批后,以审计机关的名义征求被审计单位、被调查单位和拟处罚的有关责任人员的意见。

经济责任审计报告还应当征求被审计人员的意见;必要时,征求有关干部监督管理部门的意见。

审计报告中涉及的重大经济案件调查等特殊事项,经审计机关主要负责人批准,可以不征求被审计单位或者被审计人员的意见。

第一百三十八条 被审计单位、被调查单位、被审计人员或者有关责任人员对征求意见的审计报告有异议的,审计组应当进一步核实,并根据核实情况对审计报告作出必要的修改。

审计组应当对采纳被审计单位、被调查单位、被审计人员、有关责任人员意见的情况和原因,或者上述单位或人员未在法定时间内提出书面意见的情况作出书面说明。

第一百三十九条 对被审计单位或者被调查单位违反国家规定的财政收支、财务收支行为,依法应当由审计机关进行处理处罚的,审计组应当起草审计决定书。

对依法应当由其他有关部门纠正、处理处罚或者追究有关责任人员责任的事项,审计组应当起草审计移送处理书。

第一百四十条 审计组应当将下列材料报送审计机关业务部门复核:

(一)审计报告;

(二)审计决定书;

(三)被审计单位、被调查单位、被审计人员或者有关责任人员对审计报告的书面意见及审计组采纳情况的书面说明;

(四)审计实施方案;

(五)调查了解记录、审计工作底稿、重要管理事项记录、审计证据材料;

(六)其他有关材料。

第一百四十一条 审计机关业务部门应当对下列事项进行复核,并提出书面复核意见:

(一)审计目标是否实现;

(二)审计实施方案确定的审计事项是否完成;

(三)审计发现的重要问题是否在审计报告中反映;

(四)事实是否清楚、数据是否正确;

(五)审计证据是否适当、充分;

(六)审计评价、定性、处理处罚和移送处理意见是否恰

当,适用法律法规和标准是否适当;

(七)被审计单位、被调查单位、被审计人员或者有关责任人员提出的合理意见是否采纳;

(八)需要复核的其他事项。

第一百四十二条 审计机关业务部门应当将复核修改后的审计报告、审计决定书等审计项目材料连同书面复核意见,报送审理机构审理。

第一百四十三条 审理机构以审计实施方案为基础,重点关注审计实施的过程及结果,主要审理下列内容:

(一)审计实施方案确定的审计事项是否完成;

(二)审计发现的重要问题是否在审计报告中反映;

(三)主要事实是否清楚、相关证据是否适当、充分;

(四)适用法律法规和标准是否适当;

(五)评价、定性、处理处罚意见是否恰当;

(六)审计程序是否符合规定。

第一百四十四条 审理机构审理时,应当就有关事项与审计组及相关业务部门进行沟通。

必要时,审理机构可以参加审计组与被审计单位交换意见的会议,或者向被审计单位和有关人员了解相关情况。

第一百四十五条 审理机构审理后,可以根据情况采取下列措施:

(一)要求审计组补充重要审计证据;

(二)对审计报告、审计决定书进行修改。

审理过程中遇有复杂问题的,经审计机关负责人同意后,审理机构可以组织专家进行论证。

审理机构审理后,应当出具审理意见书。

第一百四十六条 审理机构将审理后的审计报告、审计决定书连同审理意见书报送审计机关负责人。

第一百四十七条 审计报告、审计决定书原则上应当由审计机关审计业务会议审定;特殊情况下,经审计机关主要负责人授权,可以由审计机关其他负责人审定。

第一百四十八条 审计决定书经审定,处罚的事实、理由、依据、决定与审计组征求意见的审计报告不一致并且加重处罚的,审计机关应当依照有关法律法规的规定及时告知被审计单位、被调查单位和有关责任人员,并听取其陈述和申辩。

第一百四十九条 对于拟作出罚款的处罚决定,符合法律法规规定的听证条件的,审计机关应当依照有关法律法规的规定履行听证程序。

第一百五十条 审计报告、审计决定书经审计机关负责人签发后,按照下列要求办理:

(一)审计报告送达被审计单位、被调查单位;

(二)经济责任审计报告送达被审计单位和被审计人员;

(三)审计决定书送达被审计单位、被调查单位、被处罚的有关责任人员。

第三节 专题报告与综合报告

第一百五十一条 审计机关在审计中发现的下列事项,可以采用专题报告、审计信息等方式向本级政府、上一级审计机关报告:

(一)涉嫌重大违法犯罪的问题;

(二)与国家财政收支、财务收支有关政策及其执行中存在的重大问题;

(三)关系国家经济安全的重大问题;

(四)关系国家信息安全的重大问题;

(五)影响人民群众经济利益的重大问题;

(六)其他重大事项。

第一百五十二条 专题报告应当主题突出、事实清楚、定性准确、建议适当。

审计信息应当事实清楚、定性准确、内容精炼、格式规范、反映及时。

第一百五十三条 审计机关统一组织审计项目的,可以根据需要汇总审计情况和结果,编制审计综合报告。必要时,审计综合报告应当征求有关主管机关的意见。

审计综合报告按照审计机关规定的程序审定后,向本级政府和上一级审计机关报送,或者向有关部门通报。

第一百五十四条 审计机关实施经济责任审计项目后,应当按照相关规定,向本级政府行政首长和有关干部监督管理部门报告经济责任审计结果。

第一百五十五条 审计机关依照法律法规的规定,每年汇总对本级预算执行情况和其他财政收支情况的审计报告,形成审计结果报告,报送本级政府和上一级审计机关。

第一百五十六条 审计机关依照法律法规的规定,代本级政府起草本级预算执行情况和其他财政收支情况的审计工作报告(稿),经本级政府行政首长审定后,受本级政府委托向本级人民代表大会常务委员会报告。

第四节 审计结果公布

第一百五十七条 审计机关依法实行公告制度。审计机关的审计结果、审计调查结果依法向社会公布。

第一百五十八条 审计机关公布的审计和审计调查结果主要包括下列信息:

(一)被审计(调查)单位基本情况;

(二)审计(调查)评价意见;

(三)审计(调查)发现的主要问题;

(四)处理处罚决定及审计(调查)建议;

(五)被审计(调查)单位的整改情况。

第一百五十九条 在公布审计和审计调查结果时,审计机关不得公布下列信息:

(一)涉及国家秘密、商业秘密的信息;

（二）正在调查、处理过程中的事项；

（三）依照法律法规的规定不予公开的其他信息。

涉及商业秘密的信息，经权利人同意或者审计机关认为不公布可能对公共利益造成重大影响的，可以予以公布。

审计机关公布审计和审计调查结果应当客观公正。

第一百六十条 审计机关公布审计和审计调查结果，应当指定专门机构统一办理，履行规定的保密审查和审核手续，报经审计机关主要负责人批准。

审计机关内设机构、派出机构和个人，未经授权不得向社会公布审计和审计调查结果。

第一百六十一条 审计机关统一组织不同级次审计机关参加的审计项目，其审计和审计调查结果原则上由负责该项目组织工作的审计机关统一对外公布。

第一百六十二条 审计机关公布审计和审计调查结果按照国家有关规定需要报批的，未经批准不得公布。

第五节 审计整改检查

第一百六十三条 审计机关应当建立审计整改检查机制，督促被审计单位和其他有关单位根据审计结果进行整改。

第一百六十四条 审计机关主要检查或者了解下列事项：

（一）执行审计机关作出的处理处罚决定情况；

（二）对审计机关要求自行纠正事项采取措施的情况；

（三）根据审计机关的审计建议采取措施的情况；

（四）对审计机关移送处理事项采取措施的情况。

第一百六十五条 审计组在审计实施过程中，应当及时督促被审计单位整改审计发现的问题。

审计机关在出具审计报告、作出审计决定后，应当在规定的时间内检查或者了解被审计单位和其他有关单位的整改情况。

第一百六十六条 审计机关可以采取下列方式检查或者了解被审计单位和其他有关单位的整改情况：

（一）实地检查或者了解；

（二）取得并审阅相关书面材料；

（三）其他方式。

对于定期审计项目，审计机关可以结合下一次审计，检查或者了解被审计单位的整改情况。

检查或者了解被审计单位和其他有关单位的整改情况应当取得相关证明材料。

第一百六十七条 审计机关指定的部门负责检查或者了解被审计单位和其他有关单位整改情况，并向审计机关提出检查报告。

第一百六十八条 检查报告的内容主要包括：

（一）检查工作开展情况，主要包括检查时间、范围、对象、和方式等；

（二）被审计单位和其他有关单位的整改情况；

（三）没有整改或者没有完全整改事项的原因和建议。

第一百六十九条 审计机关对被审计单位没有整改或者没有完全整改的事项，依法采取必要措施。

第一百七十条 审计机关对审计决定书中存在的重要错误事项，应当予以纠正。

第一百七十一条 审计机关汇总审计整改情况，向本级政府报送关于审计工作报告中指出问题的整改情况的报告。

第六章 审计质量控制和责任

第一百七十二条 审计机关应当建立审计质量控制制度，以保证实现下列目标：

（一）遵守法律法规和本准则；

（二）作出恰当的审计结论；

（三）依法进行处理处罚。

第一百七十三条 审计机关应当针对下列要素建立审计质量控制制度：

（一）审计质量责任；

（二）审计职业道德；

（三）审计人力资源；

（四）审计业务执行；

（五）审计质量监控。

对前款第二、三、四项应当按照本准则第二至五章的有关要求建立审计质量控制制度。

第一百七十四条 审计机关实行审计组成员、审计组主审、审计组组长、审计机关业务部门、审理机构、总审计师和审计机关负责人对审计业务的分级质量控制。

第一百七十五条 审计组成员的工作职责包括：

（一）遵守本准则，保持审计独立性；

（二）按照分工完成审计任务，获取审计证据；

（三）如实记录实施的审计工作并报告工作结果；

（四）完成分配的其他工作。

第一百七十六条 审计组成员应当对下列事项承担责任：

（一）未按审计实施方案实施审计导致重大问题未被发现的；

（二）未按照本准则的要求获取审计证据导致审计证据不适当、不充分的；

（三）审计记录不真实、不完整的；

（四）对发现的重要问题隐瞒不报或者不如实报告的。

第一百七十七条 审计组组长的工作职责包括：

（一）编制或者审定审计实施方案；

（二）组织实施审计工作；

（三）督导审计组成员的工作；

（四）审核审计工作底稿和审计证据；

（五）组织编制并审核审计组起草的审计报告、审计决定书、审计移送处理书、专题报告、审计信息；

（六）配置和管理审计组的资源；

（七）审计机关规定的其他职责。

第一百七十八条 审计组组长应当从下列方面督导审计组成员的工作：

（一）将具体审计事项和审计措施等信息告知审计组成员，并与其讨论；

（二）检查审计组成员的工作进展，评估审计组成员的工作质量，并解决工作中存在的问题；

（三）给予审计组成员必要的培训和指导。

第一百七十九条 审计组组长应当对审计项目的总体质量负责，并对下列事项承担责任：

（一）审计实施方案编制或者组织实施不当，造成审计目标未实现或者重要问题未被发现的；

（二）审核未发现或者未纠正审计证据不适当、不充分问题的；

（三）审核未发现或者未纠正审计工作底稿不真实、不完整问题的；

（四）得出的审计结论不正确的；

（五）审计组起草的审计文书和审计信息反映的问题严重失实的；

（六）提出的审计处理处罚意见或者移送处理意见不正确的；

（七）对审计组发现的重要问题隐瞒不报或者不如实报告的；

（八）违反法定审计程序的。

第一百八十条 根据工作需要，审计组可以设立主审。主审根据审计分工和审计组组长的委托，主要履行下列职责：

（一）起草审计实施方案、审计文书和审计信息；

（二）对主要审计事项进行审计查证；

（三）协助组织实施审计；

（四）督导审计组成员的工作；

（五）审核审计工作底稿和审计证据；

（六）组织审计项目归档工作；

（七）完成审计组组长委托的其他工作。

第一百八十一条 审计组组长将其工作职责委托给主审或者审计组其他成员的，仍应当对委托事项承担责任。受委托的成员在受托范围内承担相应责任。

第一百八十二条 审计机关业务部门的工作职责包括：

（一）提出审计组组长人选；

（二）确定聘请外部人员事宜；

（三）指导、监督审计组的审计工作；

（四）复核审计报告、审计决定书等审计项目材料；

（五）审计机关规定的其他职责。

业务部门统一组织审计项目的，应当承担编制审计工作方案，组织、协调审计实施和汇总审计结果的职责。

第一百八十三条 审计机关业务部门应当及时发现和纠正审计组工作中存在的重要问题，并对下列事项承担责任：

（一）对审计组请示的问题未及时采取适当措施导致严重后果的；

（二）复核未发现审计报告、审计决定书等审计项目材料中存在的重要问题的；

（三）复核意见不正确的；

（四）要求审计组不在审计文书和审计信息中反映重要问题的。

业务部门对统一组织审计项目的汇总审计结果出现重大错误、造成严重不良影响的事项承担责任。

第一百八十四条 审计机关审理机构的工作职责包括：

（一）审查修改审计报告、审计决定书；

（二）提出审理意见；

（三）审计机关规定的其他职责。

第一百八十五条 审计机关审理机构对下列事项承担责任：

（一）审理意见不正确的；

（二）对审计报告、审计决定书作出的修改不正确的；

（三）审理时应当发现而未发现重要问题的。

第一百八十六条 审计机关负责人的工作职责包括：

（一）审定审计项目目标、范围和审计资源的配置；

（二）指导和监督检查审计工作；

（三）审定审计文书和审计信息；

（四）审计管理中的其他重要事项。

审计机关负责人对审计项目实施结果承担最终责任。

第一百八十七条 审计机关对审计人员违反法律法规和本准则的行为，应当按照相关规定追究其责任。

第一百八十八条 审计机关应当按照国家有关规定，建立健全审计项目档案管理制度，明确审计项目归档要求、保存期限、保存措施、档案利用审批程序等。

第一百八十九条 审计项目归档工作实行审计组组长负责制，审计组组长应当确定立卷责任人。

立卷责任人应当收集审计项目的文件材料，并在审计项目终结后及时立卷归档，由审计组组长审查验收。

第一百九十条 审计机关实行审计业务质量检查制度，对其业务部门、派出机构和下级审计机关的审计业务质量进行检查。

第一百九十一条 审计机关可以通过查阅有关文件和审计档案、询问相关人员等方式、方法，检查下列事项：

（一）建立和执行审计质量控制制度的情况；

（二）审计工作中遵守法律法规和本准则的情况；

（三）与审计业务质量有关的其他事项。

审计业务质量检查应当重点关注审计结论的恰当性、审计处理处罚意见的合法性和适当性。

第一百九十二条 审计机关开展审计业务质量检查，应当向被检查单位通报检查结果。

第一百九十三条 审计机关在审计业务质量检查中，发现被检查的派出机构或者下级审计机关应当作出审计决定而未作出的，可以依法直接或者责成其在规定期限内作出审计决定；发现其作出的审计决定违反国家有关规定的，可以依法直接或者责成其在规定期限内变更、撤销审计决定。

第一百九十四条 审计机关应当对其业务部门、派出机构实行审计业务年度考核制度，考核审计质量控制目标的实现情况。

第一百九十五条 审计机关可以定期组织优秀审计项目评选，对被评为优秀审计项目的予以表彰。

第一百九十六条 审计机关应当对审计质量控制制度及其执行情况进行持续评估，及时发现审计质量控制制度及其执行中存在的问题，并采取措施加以纠正或者改进。

审计机关可以结合日常管理工作或者通过开展审计业务质量检查、考核和优秀审计项目评选等方式，对审计质量控制制度及其执行情况进行持续评估。

第七章 附 则

第一百九十七条 审计机关和审计人员开展下列工作，不适用本准则的规定：

（一）配合有关部门查处案件；

（二）与有关部门共同办理检查事项；

（三）接受交办或者接受委托办理不属于法定审计职责范围的事项。

第一百九十八条 地方审计机关可以根据本地实际情况，在遵循本准则规定的基础上制定实施细则。

第一百九十九条 本准则由审计署负责解释。

第二百条 本准则自2011年1月1日起施行。附件所列的审计署以前发布的审计准则和规定同时废止。

附件

废止的审计准则和规定目录

1. 中华人民共和国国家审计基本准则（2000年审计署第1号令）
2. 审计机关审计处理处罚的规定（2000年审计署第1号令）
3. 审计机关审计方案准则（2000年审计署第2号令）
4. 审计机关审计证据准则（2000年审计署第2号令）
5. 审计机关审计工作底稿准则（试行）（2000年审计署第2号令）
6. 审计机关审计报告编审准则（2000年审计署第2号令）
7. 审计机关审计复核准则（2000年审计署第2号令）
8. 审计机关专项审计调查准则（2001年审计署第3号令）
9. 审计机关公布审计结果准则（2001年审计署第3号令）
10. 审计机关审计人员职业道德准则（2001年审计署第3号令）
11. 审计机关国家建设项目审计准则（2001年审计署第3号令）
12. 审计机关审计重要性与审计风险评价准则（2003年审计署第5号令）
13. 审计机关分析性复核准则（2003年审计署第5号令）
14. 审计机关内部控制测评准则（2003年审计署第5号令）
15. 审计机关审计抽样准则（2003年审计署第5号令）
16. 审计机关审计事项评价准则（2003年审计署第5号令）
17. 国有企业财务审计准则（试行）（审法发〔1999〕10号）
18. 审计机关审计项目质量控制办法（试行）（2004年审计署第6号令）
19. 审计署关于国有金融机构财务审计实施办法（审金发〔1996〕331号）
20. 审计署关于中央银行财务审计实施办法（审金发〔1996〕332号）
21. 审计机关对社会保障基金审计实施办法（审行发〔1996〕350号）
22. 审计机关对社会捐赠资金审计实施办法（审行发〔1996〕351号）
23. 审计机关对国外贷援款项目审计实施办法（审外资发〔1996〕353号）
24. 审计机关审计行政强制性措施的规定（审法发〔1996〕359号）
25. 审计机关指导监督内部审计业务的规定（审管发〔1996〕367号）
26. 审计署关于派出审计局开展审计工作的暂行办法（审发〔1998〕314号）
27. 中央预算执行审计工作程序实施细则（审财发〔1999〕32号）
28. 审计机关审计项目计划管理办法（审办发〔2002〕104号）

审计署关于内部审计工作的规定

（2018年1月12日审计署令第11号公布　自2018年3月1日起施行）

第一章　总 则

第一条　为了加强内部审计工作，建立健全内部审计制度，提升内部审计工作质量，充分发挥内部审计作用，根据《中华人民共和国审计法》《中华人民共和国审计法实施条例》以及国家其他有关规定，制定本规定。

第二条　依法属于审计机关审计监督对象的单位（以下统称单位）的内部审计工作，以及审计机关对单位内部审计工作的业务指导和监督，适用本规定。

第三条　本规定所称内部审计，是指对本单位及所属单位财政财务收支、经济活动、内部控制、风险管理实施独立、客观的监督、评价和建议，以促进单位完善治理、实现目标的活动。

第四条　单位应当依照有关法律法规、本规定和内部审计职业规范，结合本单位实际情况，建立健全内部审计制度，明确内部审计工作的领导体制、职责权限、人员配备、经费保障、审计结果运用和责任追究等。

第五条　内部审计机构和内部审计人员从事内部审计工作，应当严格遵守有关法律法规、本规定和内部审计职业规范，忠于职守，做到独立、客观、公正、保密。

内部审计机构和内部审计人员不得参与可能影响独立、客观履行审计职责的工作。

第二章　内部审计机构和人员管理

第六条　国家机关、事业单位、社会团体等单位的内部审计机构或者履行内部审计职责的内设机构，应当在本单位党组织、主要负责人的直接领导下开展内部审计工作，向其负责并报告工作。

国有企业内部审计机构或者履行内部审计职责的内设机构应当在企业党组织、董事会（或者主要负责人）直接领导下开展内部审计工作，向其负责并报告工作。国有企业应当按照有关规定建立总审计师制度。总审计师协助党组织、董事会（或者主要负责人）管理内部审计工作。

第七条　内部审计人员应当具备从事审计工作所需要的专业能力。单位应当严格内部审计人员录用标准，支持和保障内部审计机构通过多种途径开展继续教育，提高内部审计人员的职业胜任能力。

内部审计机构负责人应当具备审计、会计、经济、法律或者管理等工作背景。

第八条　内部审计机构应当根据工作需要，合理配备内部审计人员。除涉密事项外，可以根据内部审计工作需要向社会购买审计服务，并对采用的审计结果负责。

第九条　单位应当保障内部审计机构和内部审计人员依法依规独立履行职责，任何单位和个人不得打击报复。

第十条　内部审计机构履行内部审计职责所需经费，应当列入本单位预算。

第十一条　对忠于职守、坚持原则、认真履职、成绩显著的内部审计人员，由所在单位予以表彰。

第三章　内部审计职责权限和程序

第十二条　内部审计机构或者履行内部审计职责的内设机构应当按照国家有关规定和本单位的要求，履行下列职责：

（一）对本单位及所属单位贯彻落实国家重大政策措施情况进行审计；

（二）对本单位及所属单位发展规划、战略决策、重大措施以及年度业务计划执行情况进行审计；

（三）对本单位及所属单位财政财务收支进行审计；

（四）对本单位及所属单位固定资产投资项目进行审计；

（五）对本单位及所属单位的自然资源资产管理和生态环境保护责任的履行情况进行审计；

（六）对本单位及所属单位的境外机构、境外资产和境外经济活动进行审计；

（七）对本单位及所属单位经济管理和效益情况进行审计；

（八）对本单位及所属单位内部控制及风险管理情况进行审计；

（九）对本单位内部管理的领导人员履行经济责任情况进行审计；

（十）协助本单位主要负责人督促落实审计发现问题的整改工作；

（十一）对本单位所属单位的内部审计工作进行指导、监督和管理；

（十二）国家有关规定和本单位要求办理的其他事项。

第十三条　内部审计机构或者履行内部审计职责的内设机构应有下列权限：

（一）要求被审计单位按时报送发展规划、战略决策、重大措施、内部控制、风险管理、财政财务收支等有关资料（含相关电子数据，下同），以及必要的计算机技术文档；

（二）参加单位有关会议，召开与审计事项有关的会议；

（三）参与研究制定有关的规章制度，提出制定内部审计规章制度的建议；

（四）检查有关财政财务收支、经济活动、内部控制、风险管理的资料、文件和现场勘察实物；

（五）检查有关计算机系统及其电子数据和资料；

（六）就审计事项中的有关问题，向有关单位和个人开展调查和询问，取得相关证明材料；

（七）对正在进行的严重违法违规、严重损失浪费行为及时向单位主要负责人报告，经同意作出临时制止决定；

（八）对可能转移、隐匿、篡改、毁弃会计凭证、会计账簿、会计报表以及与经济活动有关的资料，经批准，有权予以暂时封存；

（九）提出纠正、处理违法违规行为的意见和改进管理、提高绩效的建议；

（十）对违法违规和造成损失浪费的被审计单位和人员，给予通报批评或者提出追究责任的建议；

（十一）对严格遵守财经法规、经济效益显著、贡献突出的被审计单位和个人，可以向单位党组织、董事会（或者主要负责人）提出表彰建议。

第十四条　单位党组织、董事会（或者主要负责人）应当定期听取内部审计工作汇报，加强对内部审计工作规划、年度审计计划、审计质量控制、问题整改和队伍建设等重要事项的管理。

第十五条　下属单位、分支机构较多或者实行系统垂直管理的单位，其内部审计机构应当对全系统的内部审计工作进行指导和监督。系统内各单位的内部审计结果和发现的重大违纪违法问题线索，在向本单位党组织、董事会（或者主要负责人）报告的同时，应当及时向上一级单位的内部审计机构报告。

单位应当将内部审计工作计划、工作总结、审计报告、整改情况以及审计中发现的重大违纪违法问题线索等资料报送同级审计机关备案。

第十六条　内部审计的实施程序，应当依照内部审计职业规范和本单位的相关规定执行。

第十七条　内部审计机构或者履行内部审计职责的内设机构，对本单位内部管理的领导人员实施经济责任审计时，可以参照执行国家有关经济责任审计的规定。

第四章　审计结果运用

第十八条　单位应当建立健全审计发现问题整改机制，明确被审计单位主要负责人为整改第一责任人。对审计发现的问题和提出的建议，被审计单位应当及时整改，并将整改结果书面告知内部审计机构。

第十九条　单位对内部审计发现的典型性、普遍性、倾向性问题，应当及时分析研究，制定和完善相关管理制度，建立健全内部控制措施。

第二十条　内部审计机构应当加强与内部纪检监察、巡视巡察、组织人事等其他内部监督力量的协作配合，建立信息共享、结果共用、重要事项共同实施、问题整改问责共同落实等工作机制。

内部审计结果及整改情况应当作为考核、任免、奖惩干部和相关决策的重要依据。

第二十一条　单位对内部审计发现的重大违纪违法问题线索，应当按照管辖权限依法依规及时移送纪检监察机关、司法机关。

第二十二条　审计机关在审计中，特别是在国家机关、事业单位和国有企业三级以下单位审计中，应当有效利用内部审计力量和成果。对内部审计发现且已经纠正的问题不再在审计报告中反映。

第五章　对内部审计工作的指导和监督

第二十三条　审计机关应当依法对内部审计工作进行业务指导和监督，明确内部职能机构和专职人员，并履行下列职责：

（一）起草有关内部审计工作的法规草案；

（二）制定有关内部审计工作的规章制度和规划；

（三）推动单位建立健全内部审计制度；

（四）指导内部审计统筹安排审计计划，突出审计重点；

（五）监督内部审计职责履行情况，检查内部审计业务质量；

（六）指导内部审计自律组织开展工作；

（七）法律、法规规定的其他职责。

第二十四条　审计机关可以通过业务培训、交流研讨等方式，加强对内部审计人员的业务指导。

第二十五条　审计机关应当对单位报送的备案资料进行分析，将其作为编制年度审计项目计划的参考依据。

第二十六条　审计机关可以采取日常监督、结合审计项目监督、专项检查等方式，对单位的内部审计制度建立健全情况、内部审计工作质量情况等进行指导和监督。

对内部审计制度建设和内部审计工作质量存在问题的，审计机关应当督促单位内部审计机构及时进行整改并书面报告整改情况；情节严重的，应当通报批评并视情况抄送有关主管部门。

第二十七条　审计机关应当按照国家有关规定对内部审计自律组织进行政策和业务指导，推动内部审计自律组织按照法律法规和章程开展活动。必要时，可以向内部审计自律组织购买服务。

第六章　责任追究

第二十八条　被审计单位有下列情形之一的，由单位党组织、董事会（或者主要负责人）责令改正，并对直接负责的主管人员和其他直接责任人员进行处理：

（一）拒绝接受或者不配合内部审计工作的；

（二）拒绝、拖延提供与内部审计事项有关的资料，或者提供资料不真实、不完整的；

（三）拒不纠正审计发现问题的；

（四）整改不力、屡审屡犯的；

（五）违反国家规定或者本单位内部规定的其他情形。

第二十九条 内部审计机构或者履行内部审计职责的内设机构和内部审计人员有下列情形之一的，由单位对直接负责的主管人员和其他直接责任人员进行处理；涉嫌犯罪的，移送司法机关依法追究刑事责任：

（一）未按有关法律法规、本规定和内部审计职业规范实施审计导致应当发现的问题未被发现并造成严重后果的；

（二）隐瞒审计查出的问题或者提供虚假审计报告的；

（三）泄露国家秘密或者商业秘密的；

（四）利用职权谋取私利的；

（五）违反国家规定或者本单位内部规定的其他情形。

第三十条 内部审计人员因履行职责受到打击、报复、陷害的，单位党组织、董事会（或者主要负责人）应当及时采取保护措施，并对相关责任人员进行处理；涉嫌犯罪的，移送司法机关依法追究刑事责任。

第七章 附 则

第三十一条 本规定所称国有企业是指国有和国有资本占控股地位或者主导地位的企业、金融机构。

第三十二条 不属于审计机关审计监督对象的单位的内部审计工作，可以参照本规定执行。

第三十三条 本规定由审计署负责解释。

第三十四条 本规定自2018年3月1日起施行。审计署于2003年3月4日发布的《审计署关于内部审计工作的规定》（2003年审计署第4号令）同时废止。

审计机关封存资料资产规定

（2010年12月28日审计署令第9号公布 自2011年2月1日起施行）

第一条 为了规范审计机关封存被审计单位有关资料和违反国家规定取得的资产的行为，保障审计机关和审计人员严格依法行使审计监督职权，提高依法审计水平，维护国家利益和被审计单位的合法权益，根据审计法、审计法实施条例和其他有关法律法规，制定本规定。

第二条 审计机关对被审计单位有关资料和违反国家规定取得的资产采取封存措施适用本规定。

审计机关在审计证据可能灭失或者以后难以取得的情况下，采取的先行登记保存措施，依照行政处罚法和有关行政法规的规定执行。

第三条 审计机关采取封存措施，应当遵循合法、谨慎的原则。

审计机关应当严格依照审计法、审计法实施条例和本规定确定的条件、程序采取封存措施，不得滥用封存权。

审计机关通过制止被审计单位违法行为、及时取证或者采取先行登记保存措施可以达到审计目的的，不必采取封存措施。

第四条 有下列情形之一的，审计机关可以采取封存措施：

（一）被审计单位正在或者可能转移、隐匿、篡改、毁弃会计凭证、会计账簿、财务会计报告以及其他与财政收支或者财务收支有关的资料的；

（二）被审计单位正在或者可能转移、隐匿违反国家规定取得的资产的。

第五条 审计机关依法对被审计单位的下列资料进行封存：

（一）会计凭证、会计账簿、财务会计报告等会计资料；

（二）合同、文件、会议记录等与被审计单位财政收支或者财务收支有关的其他资料。

上述资料存储在磁、光、电等介质上的，审计机关可以依法封存相关存储介质。

第六条 审计机关依法对被审计单位违反国家规定取得的现金、实物等资产或者有价证券、权属证明等资产凭证进行封存。

第七条 审计机关采取封存措施，应当经县级以上人民政府审计机关（含县级人民政府审计机关和省级以上人民政府审计机关派出机构，下同）负责人批准，由两名审计人员实施。

第八条 审计机关采取封存措施，应当向被审计单位送达封存通知书。

封存通知书包括下列内容：

（一）被审计单位名称；

（二）封存依据；

（三）封存资料或者资产的名称、数量等；

（四）封存期限；

（五）被审计单位申请行政复议或者提起行政诉讼的途径和期限；

（六）审计机关的名称、印章和日期。

在被审计单位正在转移、隐匿、篡改、毁弃有关资料或者正在转移、隐匿违反国家规定取得的资产等紧急情况下，审计人员报经县级以上人民政府审计机关负责人口头批准，可以采取必要措施，当场予以封存，再补送封存通知书。

第九条 审计机关采取封存措施时，审计人员应当会同被审计单位相关人员对有关资料或者资产进行清点，开列封存清单。

封存清单一般登记封存资料的名称、数量，封存资产的名称、规格、型号、数量等。封存资料存储在磁、光、电等介质上的，还应当列明存储介质的名称、规格等。

封存清单一式两份，由审计人员和被审计单位相关人员核对后签名或者盖章，双方各执一份。

第十条 审计机关应当对存放封存资料或者资产的文件柜、保险柜、档案室、库房等加贴封条。

封条上应当注明审计机关名称、封存日期并加盖审计机关印章。

第十一条 审计机关具备保管条件的，可以自行保管封存的资料或者资产；不具备保管条件的，可以指定被审计单位对存放封存资料、资产的设备或者设施进行保管或者看管；特殊情况下，也可以委托与被审计单位无利害关系的第三人保管。

审计机关指定被审计单位保管或者看管存放封存资料、资产的设备或者设施的，应当在封存通知书中一并载明被审计单位的保管责任。

第十二条 被审计单位或者受托保管的第三人应当履行保管责任，除本规定第十三条规定的情形外，不得擅自启封，不得损毁或者转移存放封存资料、资产的设备或者设施。

第十三条 遇有自然灾害等突发事件，可能导致封存的资料或者资产损毁的，负有保管责任的被审计单位或者第三人，应当将封存的资料或者资产转移到安全的地方，并将情况及时报告采取封存措施的审计机关。

第十四条 封存的期限一般不得超过7个工作日；有特殊情况需要延长的，经县级以上人民政府审计机关负责人批准，可以适当延长，但延长的期限不得超过7个工作日。

第十五条 审计机关封存资料或者资产后，审计人员应当及时进行审查，获取审计证据，或者提请有关主管部门对被审计单位违反国家规定取得的资产进行处理。

第十六条 审计机关在封存期限届满或者在封存期限内完成对有关资料或者资产处理的，审计人员应当与被审计单位相关人员共同清点封存的资料或者资产后予以退还，并在双方持有的封存清单上注明解除封存日期和退还的资料或者资产，由双方签名或者盖章。

第十七条 审计机关违反规定采取封存措施，给国家利益或者被审计单位的合法权益造成重大损害的，依照有关法律法规的规定追究相关人员的责任。

第十八条 被审计单位或者负有保管责任的第三人有下列行为之一的，依照有关法律法规的规定追究相关人员的责任：

（一）除本规定第十三条规定的情形外，擅自启封的；

（二）故意或者未尽保管责任，导致封存的资料被转移、隐匿、篡改、毁弃的；

（三）故意或者未尽保管责任，导致封存的资产被转移、隐匿、损毁的。

第十九条 本规定由审计署负责解释。

第二十条 本规定自2011年2月1日起施行。

审计机关审计档案管理规定

（2012年11月28日审计署、国家档案局令第10号公布 自2013年1月1日起施行）

第一条 为了规范审计档案管理，维护审计档案的完整与安全，保证审计档案的质量，发挥审计档案的作用，根据《中华人民共和国档案法》、《中华人民共和国审计法》和其他有关法律法规，制定本规定。

第二条 本规定所称审计档案，是指审计机关进行审计（含专项审计调查）活动中直接形成的对国家和社会具有保存价值的各种文字、图表等不同形式的历史记录。

审计档案是国家档案的组成部分。

第三条 审计机关的审计档案管理工作接受同级档案行政管理部门的监督和指导；审计机关和档案行政管理部门在各自的职责范围内开展审计档案工作。

第四条 审计机关审计档案应当实行集中统一管理。

第五条 审计机关应当设立档案机构或者配备专职（兼职）档案人员，负责本单位的审计档案工作。

第六条 审计档案案卷质量的基本要求是：审计项目文件材料应当真实、完整、有效、规范，并做到遵循文件材料的形成规律和特点，保持文件材料之间的有机联系，区别不同价值，便于保管和利用。

第七条 审计文件材料应当按照结论类、证明类、立项类、备查类4个单元进行排列。

第八条 审计文件材料归档范围：

（一）结论类文件材料：上级机关（领导）对该审计项目形成的《审计要情》、《重要信息要目》等审计信息批示的情况说明、审计报告、审计决定书、审计移送处理书等结论类报告，及相关的审理意见书、审计业务会议记录、纪要、被审计对象对审计报告的书面意见、审计组的书面说明等。

（二）证明类文件材料：被审计单位承诺书、审计工作底稿汇总表、审计工作底稿及相应的审计取证单、审计证据等。

（三）立项类文件材料：上级审计机关或者本级政府的指令性文件、与审计事项有关的举报材料及领导批示、调查了解记录、审计实施方案及相关材料、审计通知书和授权审计通知书等。

（四）备查类文件材料：被审计单位整改情况、该审计项目审计过程中产生的信息等不属于前三类的其他文件材料。

第九条 审计文件材料按审计项目立卷，不同审计项目不得合并立卷。

第十条 审计文件材料归档工作实行审计组组长负责制。

审计组组长确定的立卷人应当及时收集审计项目的文件

材料，在审计项目终结后按立卷方法和规则进行归类整理，经业务部门负责人审核、档案人员检查后，按照有关规定进行编目和装订，由审计业务部门向本机关档案机构或者专职（兼职）档案人员办理移交手续。

第十一条 审计机关统一组织多个下级审计机关的审计组共同实施一个审计项目，由审计机关负责组织的业务部门确定文件材料归档工作。

第十二条 审计复议案件的文件材料由复议机构逐案单独立卷归档。

为了便于查找和利用，档案机构（人员）应当将审计复议案件归档情况在被复议的审计项目案卷备考表中加以说明。

第十三条 审计档案的保管期限应当根据审计项目涉及的金额、性质、社会影响等因素划定为永久、定期两种，定期分为30年、10年。

（一）永久保管的档案，是指特别重大的审计事项、列入审计工作报告、审计结果报告或第一次涉及的审计领域等具有突出代表意义的审计事项档案。

（二）保管30年的档案，是指重要审计事项、查考价值较大的档案。

（三）保管10年的档案，是指一般性审计事项的档案。

审计机关业务部门应当负责划定审计档案的保管期限。

执行同一审计工作方案的审计项目档案，由审计机关负责组织的业务部门确定相同保管期限。

审计档案的保管期限自归档年度开始计算。

第十四条 审计文件材料的归档时间应当在该审计项目终结后的5个月内，不得迟于次年4月底。

跟踪审计项目，按年度分别立卷归档。

第十五条 审计机关应当根据审计工作保密事项范围和有关主管部门保密事项范围的规定确定密级和保密期限。凡未标明保密期限的，按照绝密级30年、机密级20年、秘密级10年认定。

审计档案的密级及其保密期限，按卷内文件的最高密级及其保密期限确定，由审计业务部门按有关规定作出标识。

审计档案保密期限届满，即自行解密。因工作需要提前或者推迟解密的，由审计业务部门向本机关保密工作部门按解密程序申请办理。

第十六条 审计档案应当采用“年度—组织机构—保管期限”的方法排列、编目和存放。审计案卷排列方法应当统一，前后保持一致，不可任意变动。

第十七条 审计机关应当按照国家有关规定配置具有防盗、防光、防高温、防火、防潮、防尘、防鼠、防虫功能的专用、坚固的审计档案库房，配备必要的设施和设备。

第十八条 审计机关应当加强审计档案信息化管理，采用计算机等现代化管理技术编制适用的检索工具和参考材料，积极开展审计档案的利用工作。

第十九条 审计机关应当建立健全审计档案利用制度。借阅审计档案，仅限定在审计机关内部。审计机关以外的单位有特殊情况需要查阅、复制审计档案或者要求出具审计档案证明的，须经审计档案所属审计机关分管领导审批，重大审计事项的档案须经审计机关主要领导审批。

第二十条 省级以上（含省级）审计机关应当将永久保管的、省级以下审计机关应当将永久和30年保管的审计档案在本机关保管20年后，定期向同级国家综合档案馆移交。

第二十一条 审计机关应当按照有关规定成立鉴定小组，在审计机关办公厅（室）主要负责人的主持下定期对已超过保管期限的审计档案进行鉴定，准确地判定档案的存毁。

第二十二条 审计机关应当对确无保存价值的审计档案进行登记造册，经分管负责人批准后销毁。销毁审计档案，应当指定两人负责监销。

第二十三条 对审计机关工作人员损毁、丢失、涂改、伪造、出卖、转卖、擅自提供审计档案的，由任免机关或者监察机关依法对直接责任人员和负有责任的领导人员给予行政处分；涉嫌犯罪的，移送司法机关依法追究刑事责任。档案行政管理部门可以对相关责任单位依法给予行政处罚。

第二十四条 电子审计档案的管理办法另行规定。

第二十五条 审计机关和档案行政管理部门可以根据本地实际情况，在遵循本规定的基础上联合制定实施办法。

第二十六条 本规定由审计署和国家档案局负责解释。

第二十七条 本规定自2013年1月1日起施行。此前审计署发布的《审计机关审计档案工作准则》（2001年审计署第3号令）同时废止。

中央企业内部审计管理暂行办法

（2004年8月23日国务院国有资产监督管理委员会令第8号公布　自2004年8月30日起施行）

第一章　总　　则

第一条 为加强对国务院国有资产监督管理委员会（以下简称国资委）履行出资人职责企业（以下简称企业）的内部监督和风险控制，规范企业内部审计工作，保障企业财务管理、会计核算和生产经营符合国家各项法律法规要求，根据《企业国有资产监督管理暂行条例》和国家有关法律法规，制定本办法。

第二条 企业开展内部审计工作，适用本办法。

第三条 本办法所称企业内部审计，是指企业内部审计机构依据国家有关法律法规、财务会计制度和企业内部管理规定，对本企业及子企业（单位）财务收支、财务预算、财务决算、资产质量、经营绩效，以及建设项目或者有关经济活动的真实性、合法性和效益性进行监督和评价工作。

第四条 企业应当按照国家有关规定，依照内部审计准则的要求，认真组织做好内部审计工作，及时发现问题，明确经济责任，纠正违规行为，检查内部控制程序的有效性，防范和化解经营风险，维护企业正常生产经营秩序，促进企业提高经营管理水平，实现国有资产的保值增值。

第五条 国资委依法对企业内部审计工作进行指导和监督。

第二章 内部审计机构设置

第六条 企业应当按照国家有关规定，建立相对独立的内部审计机构，配备相应的专职工作人员，建立健全内部审计工作规章制度，有效开展内部审计工作，强化企业内部监督和风险控制。

第七条 国有控股公司和国有独资公司，应当依据完善公司治理结构和完备内部控制机制的要求，在董事会下设立独立的审计委员会。企业审计委员会成员应当由熟悉企业财务、会计和审计等方面专业知识并具备相应业务能力的董事组成，其中主任委员应当由外部董事担任。

第八条 企业审计委员会应当履行以下主要职责：

(一)审议企业年度内部审计工作计划；

(二)监督企业内部审计质量与财务信息披露；

(三)监督企业内部审计机构负责人的任免，提出有关意见；

(四)监督企业社会中介审计等机构的聘用、更换和报酬支付；

(五)审查企业内部控制程序的有效性，并接受有关方面的投诉；

(六)其他重要审计事项。

第九条 未建立董事会的国有独资公司及国有独资企业，应当按照加强财务监督和完善内部控制机制的要求，依据国家的有关规定，加强内部审计工作的组织领导，明确工作责任，强化企业内部审计工作，做好内部审计机构与内部监察(纪检)、财务、人事等有关部门的协调工作。

第十条 企业内部审计机构依据国家有关规定开展内部审计工作，直接对企业董事会(或主要负责人)负责；设立审计委员会的企业，内部审计机构应当接受审计委员会的监督和指导。

第十一条 企业所属子企业应当按照有关规定设立相应的内部审计机构；尚不具备条件的应当设立专职审计人员。

第十二条 企业内部审计人员应当具备审计岗位所必备的会计、审计等专业知识和业务能力；内部审计机构的负责人应当具备相应的专业技术职称资格。

第三章 内部审计机构主要职责

第十三条 根据国家有关规定，结合出资人财务监督和企业管理工作的需要，企业内部审计机构应当履行以下主要职责：

(一)制定企业内部审计工作制度，编制企业年度内部审计工作计划；

(二)按企业内部分工组织或参与组织企业年度财务决算的审计工作，并对企业年度财务决算的审计质量进行监督；

(三)对国家法律法规规定不适宜或者未规定须由社会中介机构进行年度财务决算审计的有关内容组织进行内部审计；

(四)对本企业及其子企业的财务收支、财务预算、财务决算、资产质量、经营绩效以及其他有关的经济活动进行审计监督；

(五)组织对企业主要业务部门负责人和子企业的负责人进行任期或定期经济责任审计；

(六)组织对发生重大财务异常情况的子企业进行专项经济责任审计工作；

(七)对本企业及其子企业的基建工程和重大技术改造、大修等的立项、概(预)算、决算和竣工交付使用进行审计监督；

(八)对本企业及其子企业的物资(劳务)采购、产品销售、工程招标、对外投资及风险控制等经济活动和重要的经济合同等进行审计监督；

(九)对本企业及其子企业内部控制系统的健全性、合理性和有效性进行检查、评价和意见反馈，对企业有关业务的经营风险进行评估和意见反馈；

(十)对本企业及其子企业的经营绩效及有关经济活动进行监督与评价；

(十一)对本企业年度工资总额来源、使用和结算情况进行检查；

(十二)其他事项。

第十四条 企业内部审计机构对年度财务决算的审计质量监督应当根据企业的内部职责分工，依据独立、客观、公正的原则，保障企业财务管理、会计核算和生产经营符合国家各项法律法规要求。

第十五条 为保证企业年度财务决算报告的真实和完整，企业内部审计机构应按照国资委相关工作要求，对下列特殊情形的子企业组织进行定期内部审计工作：

(一)按照国家有关规定，涉及国家安全不适宜社会中介机构审计的特殊子企业；

(二)依据所在国家及地区法律规定，在境外进行审计的境外子企业；

(三)国家法律、法规未规定须委托社会中介机构审计的企业内部有关单位。

第十六条 企业内部审计机构对本企业及其子企业的经营绩效及有关经济活动的评价工作，依据国家有关经营绩效评价政策进行。

第十七条　企业内部审计机构应当加强对社会中介机构开展本企业及其子企业有关财务审计、资产评估及相关业务活动工作结果的真实性、合法性进行监督，并做好社会中介机构聘用、更换和报酬支付的监督。

第十八条　企业内部审计机构相关审计工作应当与外部审计相互协调，并按有关规定对外部审计提供必要的支持和相关工作资料。

第十九条　企业应当依据国家有关法律法规，完善内部审计管理规章制度，保障内部审计机构拥有履行职责所必需的权限：

（一）参加企业有关经营和财务管理决策会议，参与协助企业有关业务部门研究制定和修改企业有关规章制度并督促落实；

（二）检查被审计单位会计账簿、报表、凭证和现场勘察相关资产，有权查阅有关生产经营活动等方面的文件、会议记录、计算机软件等相关资料；

（三）对与审计事项有关的部门和个人进行调查，并取得相关证明材料；

（四）对正在进行的严重违法违规和严重损失浪费行为，可作出临时制止决定，并及时向董事会（或企业主要负责人）报告；

（五）对可能被转移、隐匿、篡改、毁弃的会计凭证、会计账簿、会计报表以及与经济活动有关的资料，经企业主要负责人或有关权力机构授权可暂予以封存；

（六）企业主要负责人或权力机构在管理权限范围内，应当授予内部审计机构必要的处理权或者处罚权。

第四章　内部审计工作程序

第二十条　企业内部审计机构应当根据国家有关规定，结合企业实际情况，制定企业年度审计工作计划，对内部审计工作作出合理安排，并报经企业主要负责人或审计委员会审核批准后实施。

第二十一条　企业内部审计机构应当充分考虑审计风险和内部管理需要，制定具体项目审计计划，做好审计准备。

第二十二条　企业内部审计机构应当在实施审计前5个工作日，向被审计单位送达审计通知书。对于需要突击执行审计的特殊业务，审计通知书可在实施审计时送达。

被审计单位接到审计通知书后，应当做好接受审计的各项准备。

第二十三条　企业内部审计人员在出具审计报告前应当与被审计单位交换审计意见。被审计单位有异议的，应当自接到审计报告之日起10个工作日内提出书面意见；逾期不提出的，视为无异议。

第二十四条　被审计单位若对审计报告有异议且无法协调时，设立审计委员会的企业，应当将审计报告与被审计单位意见一并报审计委员会协调处理；尚未设立审计委员会的企业，应当将审计报告与被审计单位意见一并报企业主要负责人协调处理。

第二十五条　审计报告上报企业董事会或主要负责人审定后，企业内部审计机构应当根据审计结论，向被审计单位下达审计意见（决定）。

对于报请审计委员会、主要负责人协调处理的审计报告，应当根据审计委员会、主要负责人的审定意见，向被审计单位下达审计意见（决定）。

第二十六条　企业内部审计机构对已办结的内部审计事项，应当按照国家档案管理规定建立审计档案。

第二十七条　企业内部审计机构应当每年向本企业董事会（或主要负责人）和审计委员会提交内部审计工作总结报告。

第二十八条　企业内部审计机构对主要审计项目应当进行后续审计监督，督促检查被审计单位对审计意见的采纳情况和对审计决定的执行情况。

第五章　内部审计工作要求

第二十九条　企业内部审计机构应当根据国家有关规定和企业内部管理需要有效开展内部审计工作，加强内部监督，纠正违规行为，规避经营风险。

第三十条　企业内部审计机构应当对违反国家法律法规和企业内部管理制度的行为及时报告，并提出处理意见；对发现的企业内部控制管理漏洞，及时提出改进建议。

第三十一条　对于被审计单位及相关工作人员不及时落实内部审计意见，给企业造成损失浪费的，企业应当追究相关人员责任；对于给企业造成重大损失的，还应当按有关规定向上一级机构及时反映情况。

第三十二条　企业内部审计机构下列工作事项应当报国资委备案：

（一）企业年度内部审计工作计划和工作总结报告；

（二）重要子企业负责人及企业财务部门负责人的经济责任审计报告；

企业内部审计工作中发现的重大违法违纪问题、重大资产损失情况、重大经济案件及重大经营风险等，应向国资委报送专项报告。

第三十三条　根据出资人财务监督工作需要，企业内部审计机构按照国资委有关工作要求，对企业及其子企业发生重大财务异常等情况组织进行的专项经济责任审计，应当向国资委提交审计报告。

第三十四条　企业内部审计机构要不断提高内部审计业务质量，并依法接受国资委、国家审计机关对内部审计业务质量的检查和评估。

第三十五条 企业内部审计机构应当根据本办法组织开展内部审计工作，并对其出具的内部审计报告的客观真实性承担责任。

第三十六条 为保证内部审计工作的独立、客观、公正，企业内部审计人员与审计事项有利害关系的，应当回避。

第三十七条 企业内部审计人员应当严格遵守审计职业道德规范，坚持原则、客观公正、恪尽职守、保持廉洁、保守秘密，不得滥用职权，徇私舞弊，泄露秘密，玩忽职守。

第三十八条 企业内部审计人员在实施内部审计时，应当在深入调查的基础上，采用检查、抽样和分析性复核等审计方法，获取充分、相关、可靠的审计证据，以支持审计结论和审计建议。

第三十九条 企业董事会（或主要负责人）应当保障内部审计机构和人员依法行使职权和履行职责；企业内部各职能机构应当积极配合内部审计工作。任何组织和个人不得对认真履行职责的内部审计人员进行打击报复。

第四十条 企业对于认真履行职责、忠于职守、坚持原则、作出显著成绩的内部审计人员，应当给予奖励。

第四十一条 企业应当保证内部审计机构所必需的审计工作经费，并列入企业年度财务预算。企业内部审计人员参加国家统一组织的专业技术职务资格的考评、聘任和后续教育，企业应当按照国家有关规定予以执行。

第六章 罚 则

第四十二条 对于企业出现重大违反国家财经法纪的行为和企业内部控制程序出现严重缺陷，除按规定依法追究企业主要负责人、总会计师（或者主管财务工作负责人）及财务部门负责人的有关责任外，同时还相应追究企业审计委员会及内部审计机构相关人员的监督责任。

第四十三条 对于滥用职权、徇私舞弊、玩忽职守、泄漏秘密的内部审计人员，由所在单位依照国家有关规定给予纪律处分；涉嫌犯罪的，依法移交司法机关处理。

第四十四条 对于打击报复内部审计人员问题，企业应及时予以纠正；涉嫌犯罪的，依法移交司法机关处理。受打击报复的企业内部审计人员有权直接向国资委报告相关情况。

第四十五条 被审计单位相关人员不配合企业内部审计工作、拒绝审计或者不提供资料、提供虚假资料、拒不执行审计结论的，企业应当给予纪律处分；涉嫌犯罪的，依法移交司法机关处理。

第七章 附 则

第四十六条 各中央企业可结合本企业实际情况，制定具体实施细则。

第四十七条 各省、自治区、直辖市国有资产监督管理机构可参照本办法，结合本地区实际制定本地区相关工作规范。

第四十八条 本办法自 2004 年 8 月 30 日起施行。

三、税　法

(一)商品税

1. 增值税

全国人民代表大会常务委员会关于外商投资企业和外国企业适用增值税、消费税、营业税等税收暂行条例的决定

(1993年12月29日第八届全国人民代表大会常务委员会第五次会议通过　1993年12月29日中华人民共和国主席令第18号公布　自公布之日起施行)

第八届全国人民代表大会常务委员会第五次会议审议了国务院关于提请审议外商投资企业和外国企业适用增值税、消费税、营业税等税收暂行条例的议案,为了统一税制,公平税负,改善我国的投资环境,适应建立和发展社会主义市场经济的需要,特作如下决定:

一、在有关税收法律制定以前,外商投资企业和外国企业自1994年1月1日起适用国务院发布的增值税暂行条例、消费税暂行条例和营业税暂行条例。1958年9月11日全国人民代表大会常务委员会第一百零一次会议原则通过、1958年9月13日国务院公布试行的《中华人民共和国工商统一税条例(草案)》同时废止。

中外合作开采海洋石油、天然气,按实物征收增值税,其税率和征收办法由国务院另行规定。

二、1993年12月31日前已批准设立的外商投资企业,由于依照本决定第一条的规定改征增值税、消费税、营业税而增加税负的,经企业申请,税务机关批准,在已批准的经营期限内,最长不超过5年,退还其因税负增加而多缴纳的税款;没有经营期限的,经企业申请,税务机关批准,在最长不超过5年的期限内,退还其因税负增加而多缴纳的税款。具体办法由国务院规定。

三、除增值税、消费税、营业税外,其他税种对外商投资企业和外国企业的适用,法律有规定的,依照法律的规定执行;法律未作规定的,依照国务院的规定执行。

本决定所称外商投资企业,是指在中国境内设立的中外合资经营企业、中外合作经营企业和外资企业。

本决定所称外国企业,是指在中国境内设立机构、场所,从事生产、经营和虽未设立机构、场所,而有来源于中国境内所得的外国公司、企业和其他经济组织。

本决定自公布之日起施行。

全国人民代表大会常务委员会关于惩治虚开、伪造和非法出售增值税专用发票犯罪的决定

(1995年10月30日第八届全国人民代表大会常务委员会第十六次会议通过　1995年10月30日中华人民共和国主席令第57号公布　自公布之日起施行)

为了惩治虚开、伪造和非法出售增值税专用发票和其他发票进行偷税、骗税等犯罪活动,保障国家税收,特作如下决定:

一、虚开增值税专用发票的,处3年以下有期徒刑或者拘役,并处2万元以上20万元以下罚金;虚开的税款数额较大或者有其他严重情节的,处3年以上10年以下有期徒刑,并处5万元以上50万元以下罚金;虚开的税款数额巨大或者有其他特别严重情节的,处10年以上有期徒刑或者无期徒刑,并处没收财产。

有前款行为骗取国家税款,数额特别巨大、情节特别严重、给国家利益造成特别重大损失的,处无期徒刑或者死刑,并处没收财产。

虚开增值税专用发票的犯罪集团的首要分子,分别依照前两款的规定从重处罚。

虚开增值税专用发票是指有为他人虚开、为自己虚开、让他人为自己虚开、介绍他人虚开增值税专用发票行为之一的。

二、伪造或者出售伪造的增值税专用发票的,处3年以下有期徒刑或者拘役,并处2万元以上20万元以下罚金;数量较大或者有其他严重情节的,处3年以上10年以下有期徒刑,并处5万元以上50万元以下罚金;数量巨大或者有其他特别严重情节的,处10年以上有期徒刑或者无期徒刑,并处没收财产。

伪造并出售伪造的增值税专用发票,数量特别巨大、情节

特别严重、严重破坏经济秩序的，处无期徒刑或者死刑，并处没收财产。

伪造、出售伪造的增值税专用发票的犯罪集团的首要分子，分别依照前两款的规定从重处罚。

三、非法出售增值税专用发票的，处3年以下有期徒刑或者拘役，并处2万元以上20万元以下罚金；数量较大的，处3年以上10年以下有期徒刑，并处5万元以上50万元以下罚金；数量巨大的，处10年以上有期徒刑或者无期徒刑，并处没收财产。

四、非法购买增值税专用发票或者购买伪造的增值税专用发票的，处5年以下有期徒刑、拘役，并处或者单处2万元以上20万元以下罚金。

非法购买增值税专用发票或者购买伪造的增值税专用发票又虚开或者出售的，分别依照第一条、第二条、第三条的规定处罚。

五、虚开用于骗取出口退税、抵扣税款的其他发票的，依照本决定第一条的规定处罚。

虚开用于骗取出口退税、抵扣税款的其他发票是指有为他人虚开、为自己虚开、让他人为自己虚开、介绍他人虚开用于骗取出口退税、抵扣税款的其他发票行为之一的。

六、伪造、擅自制造或者出售伪造、擅自制造的可以用于骗取出口退税、抵扣税款的其他发票的，处3年以下有期徒刑或者拘役，并处2万元以上20万元以下罚金；数量巨大的，处3年以上7年以下有期徒刑，并处5万元以上50万元以下罚金；数量特别巨大的，处7年以上有期徒刑，并处没收财产。

伪造、擅自制造或者出售伪造、擅自制造的前款规定以外的其他发票的，比照刑法第一百二十四条的规定处罚。

非法出售可以用于骗取出口退税、抵扣税款的其他发票的，依照第一款的规定处罚。

非法出售前款规定以外的其他发票的，比照刑法第一百二十四条的规定处罚。

七、盗窃增值税专用发票或者其他发票的，依照刑法关于盗窃罪的规定处罚。

使用欺骗手段骗取增值税专用发票或者其他发票的，依照刑法关于诈骗罪的规定处罚。

八、税务机关或者其他国家机关的工作人员有下列情形之一的，依照本决定的有关规定从重处罚：

（一）与犯罪分子相勾结，实施本决定规定的犯罪的；

（二）明知是虚开的发票，予以退税或者抵扣税款的；

（三）明知犯罪分子实施本决定规定的犯罪，而提供其他帮助的。

九、税务机关的工作人员违反法律、行政法规的规定，在发售发票、抵扣税款、出口退税工作中玩忽职守，致使国家利益遭受重大损失的，处5年以下有期徒刑或者拘役；致使国家利益遭受特别重大损失的，处5年以上有期徒刑。

十、单位犯本决定第一条、第二条、第三条、第四条、第五条、第六条、第七条第二款规定之罪的，对单位判处罚金，并对直接负责的主管人员和其他直接责任人员依照各该条的规定追究刑事责任。

十一、有本决定第二条、第三条、第四条第一款、第六条规定的行为，情节显著轻微，尚不构成犯罪的，由公安机关处15日以下拘留、5000元以下罚款。

十二、对追缴犯本决定规定之罪的犯罪分子的非法抵扣和骗取的税款，由税务机关上交国库，其他的违法所得和供犯罪使用的财物一律没收。

供本决定规定的犯罪所使用的发票和伪造的发票一律没收。

十三、本决定自公布之日起施行。

中华人民共和国增值税暂行条例

（1993年12月13日中华人民共和国国务院令第134号公布　2008年11月5日国务院第34次常务会议修订通过　根据2016年2月6日《国务院关于修改部分行政法规的决定》第一次修订　根据2017年11月19日《国务院关于废止〈中华人民共和国营业税暂行条例〉和修改〈中华人民共和国增值税暂行条例〉的决定》第二次修订）

第一条　在中华人民共和国境内销售货物或者加工、修理修配劳务（以下简称劳务），销售服务、无形资产、不动产以及进口货物的单位和个人，为增值税的纳税人，应当依照本条例缴纳增值税。

第二条　增值税税率：

（一）纳税人销售货物、劳务、有形动产租赁服务或者进口货物，除本条第二项、第四项、第五项另有规定外，税率为17%。

（二）纳税人销售交通运输、邮政、基础电信、建筑、不动产租赁服务，销售不动产，转让土地使用权，销售或者进口下列货物，税率为11%：

1. 粮食等农产品、食用植物油、食用盐；
2. 自来水、暖气、冷气、热水、煤气、石油液化气、天然气、二甲醚、沼气、居民用煤炭制品；
3. 图书、报纸、杂志、音像制品、电子出版物；
4. 饲料、化肥、农药、农机、农膜；
5. 国务院规定的其他货物。

（三）纳税人销售服务、无形资产，除本条第一项、第二项、第五项另有规定外，税率为6%。

（四）纳税人出口货物，税率为零；但是，国务院另有规定的除外。

（五）境内单位和个人跨境销售国务院规定范围内的服

务、无形资产,税率为零。

税率的调整,由国务院决定。

第三条 纳税人兼营不同税率的项目,应当分别核算不同税率项目的销售额;未分别核算销售额的,从高适用税率。

第四条 除本条例第十一条规定外,纳税人销售货物、劳务、服务、无形资产、不动产(以下统称应税销售行为),应纳税额为当期销项税额抵扣当期进项税额后的余额。应纳税额计算公式:

应纳税额=当期销项税额-当期进项税额

当期销项税额小于当期进项税额不足抵扣时,其不足部分可以结转下期继续抵扣。

第五条 纳税人发生应税销售行为,按照销售额和本条例第二条规定的税率计算收取的增值税额,为销项税额。销项税额计算公式:

销项税额=销售额×税率

第六条 销售额为纳税人发生应税销售行为收取的全部价款和价外费用,但是不包括收取的销项税额。

销售额以人民币计算。纳税人以人民币以外的货币结算销售额的,应当折合成人民币计算。

第七条 纳税人发生应税销售行为的价格明显偏低并无正当理由的,由主管税务机关核定其销售额。

第八条 纳税人购进货物、劳务、服务、无形资产、不动产支付或者负担的增值税额,为进项税额。

下列进项税额准予从销项税额中抵扣:

(一)从销售方取得的增值税专用发票上注明的增值税额。

(二)从海关取得的海关进口增值税专用缴款书上注明的增值税额。

(三)购进农产品,除取得增值税专用发票或者海关进口增值税专用缴款书外,按照农产品收购发票或者销售发票上注明的农产品买价和11%的扣除率计算的进项税额,国务院另有规定的除外。进项税额计算公式:

进项税额=买价×扣除率

(四)自境外单位或者个人购进劳务、服务、无形资产或者境内的不动产,从税务机关或者扣缴义务人取得的代扣代缴税款的完税凭证上注明的增值税额。

准予抵扣的项目和扣除率的调整,由国务院决定。

第九条 纳税人购进货物、劳务、服务、无形资产、不动产,取得的增值税扣税凭证不符合法律、行政法规或者国务院税务主管部门有关规定的,其进项税额不得从销项税额中抵扣。

第十条 下列项目的进项税额不得从销项税额中抵扣:

(一)用于简易计税方法计税项目、免征增值税项目、集体福利或者个人消费的购进货物、劳务、服务、无形资产和不动产;

(二)非正常损失的购进货物,以及相关的劳务和交通运输服务;

(三)非正常损失的在产品、产成品所耗用的购进货物(不包括固定资产)、劳务和交通运输服务;

(四)国务院规定的其他项目。

第十一条 小规模纳税人发生应税销售行为,实行按照销售额和征收率计算应纳税额的简易办法,并不得抵扣进项税额。应纳税额计算公式:

应纳税额=销售额×征收率

小规模纳税人的标准由国务院财政、税务主管部门规定。

第十二条 小规模纳税人增值税征收率为3%,国务院另有规定的除外。

第十三条 小规模纳税人以外的纳税人应当向主管税务机关办理登记。具体登记办法由国务院税务主管部门制定。

小规模纳税人会计核算健全,能够提供准确税务资料的,可以向主管税务机关办理登记,不作为小规模纳税人,依照本条例有关规定计算应纳税额。

第十四条 纳税人进口货物,按照组成计税价格和本条例第二条规定的税率计算应纳税额。组成计税价格和应纳税额计算公式:

组成计税价格=关税完税价格+关税+消费税

应纳税额=组成计税价格×税率

第十五条 下列项目免征增值税:

(一)农业生产者销售的自产农产品;

(二)避孕药品和用具;

(三)古旧图书;

(四)直接用于科学研究、科学试验和教学的进口仪器、设备;

(五)外国政府、国际组织无偿援助的进口物资和设备;

(六)由残疾人的组织直接进口供残疾人专用的物品;

(七)销售的自己使用过的物品。

除前款规定外,增值税的免税、减税项目由国务院规定。任何地区、部门均不得规定免税、减税项目。

第十六条 纳税人兼营免税、减税项目的,应当分别核算免税、减税项目的销售额;未分别核算销售额的,不得免税、减税。

第十七条 纳税人销售额未达到国务院财政、税务主管部门规定的增值税起征点的,免征增值税;达到起征点的,依照本条例规定全额计算缴纳增值税。

第十八条 中华人民共和国境外的单位或者个人在境内销售劳务,在境内未设有经营机构的,以其境内代理人为扣缴义务人;在境内没有代理人的,以购买方为扣缴义务人。

第十九条 增值税纳税义务发生时间:

(一)发生应税销售行为,为收讫销售款项或者取得索取销售款项凭据的当天;先开具发票的,为开具发票的当天。

（二）进口货物，为报关进口的当天。

增值税扣缴义务发生时间为纳税人增值税纳税义务发生的当天。

第二十条 增值税由税务机关征收，进口货物的增值税由海关代征。

个人携带或者邮寄进境自用物品的增值税，连同关税一并计征。具体办法由国务院关税税则委员会会同有关部门制定。

第二十一条 纳税人发生应税销售行为，应当向索取增值税专用发票的购买方开具增值税专用发票，并在增值税专用发票上分别注明销售额和销项税额。

属于下列情形之一的，不得开具增值税专用发票：

（一）应税销售行为的购买方为消费者个人的；

（二）发生应税销售行为适用免税规定的。

第二十二条 增值税纳税地点：

（一）固定业户应当向其机构所在地的主管税务机关申报纳税。总机构和分支机构不在同一县（市）的，应当分别向各自所在地的主管税务机关申报纳税；经国务院财政、税务主管部门或者其授权的财政、税务机关批准，可以由总机构汇总向总机构所在地的主管税务机关申报纳税。

（二）固定业户到外县（市）销售货物或者劳务，应当向其机构所在地的主管税务机关报告外出经营事项，并向其机构所在地的主管税务机关申报纳税；未报告的，应当向销售地或者劳务发生地的主管税务机关申报纳税；未向销售地或者劳务发生地的主管税务机关申报纳税的，由其机构所在地的主管税务机关补征税款。

（三）非固定业户销售货物或者劳务，应当向销售地或者劳务发生地的主管税务机关申报纳税；未向销售地或者劳务发生地的主管税务机关申报纳税的，由其机构所在地或者居住地的主管税务机关补征税款。

（四）进口货物，应当向报关地海关申报纳税。

扣缴义务人应当向其机构所在地或者居住地的主管税务机关申报缴纳其扣缴的税款。

第二十三条 增值税的纳税期限分别为1日、3日、5日、10日、15日、1个月或者1个季度。纳税人的具体纳税期限，由主管税务机关根据纳税人应纳税额的大小分别核定；不能按照固定期限纳税的，可以按次纳税。

纳税人以1个月或者1个季度为1个纳税期的，自期满之日起15日内申报纳税；以1日、3日、5日、10日或者15日为1个纳税期的，自期满之日起5日内预缴税款，于次月1日起15日内申报纳税并结清上月应纳税款。

扣缴义务人解缴税款的期限，依照前两款规定执行。

第二十四条 纳税人进口货物，应当自海关填发海关进口增值税专用缴款书之日起15日内缴纳税款。

第二十五条 纳税人出口货物适用退（免）税规定的，应当向海关办理出口手续，凭出口报关单等有关凭证，在规定的出口退（免）税申报期内按月向主管税务机关申报办理该项出口货物的退（免）税；境内单位和个人跨境销售服务和无形资产适用退（免）税规定的，应当按期向主管税务机关申报办理退（免）税。具体办法由国务院财政、税务主管部门制定。

出口货物办理退税后发生退货或者退关的，纳税人应当依法补缴已退的税款。

第二十六条 增值税的征收管理，依照《中华人民共和国税收征收管理法》及本条例有关规定执行。

第二十七条 纳税人缴纳增值税的有关事项，国务院或者国务院财政、税务主管部门经国务院同意另有规定的，依照其规定。

第二十八条 本条例自2009年1月1日起施行。

中华人民共和国增值税暂行条例实施细则

（2008年12月15日财政部、国家税务总局令第50号公布 根据2011年10月28日《关于修改〈中华人民共和国增值税暂行条例实施细则〉和〈中华人民共和国营业税暂行条例实施细则〉的决定》修订）

第一条 根据《中华人民共和国增值税暂行条例》（以下简称条例），制定本细则。

第二条 条例第一条所称货物，是指有形动产，包括电力、热力、气体在内。

条例第一条所称加工，是指受托加工货物，即委托方提供原料及主要材料，受托方按照委托方的要求，制造货物并收取加工费的业务。

条例第一条所称修理修配，是指受托对损伤和丧失功能的货物进行修复，使其恢复原状和功能的业务。

第三条 条例第一条所称销售货物，是指有偿转让货物的所有权。

条例第一条所称提供加工、修理修配劳务（以下称应税劳务），是指有偿提供加工、修理修配劳务。单位或者个体工商户聘用的员工为本单位或者雇主提供加工、修理修配劳务，不包括在内。

本细则所称有偿，是指从购买方取得货币、货物或者其他经济利益。

第四条 单位或者个体工商户的下列行为，视同销售货物：

（一）将货物交付其他单位或者个人代销；

（二）销售代销货物；

（三）设有两个以上机构并实行统一核算的纳税人，将货物从一个机构移送其他机构用于销售，但相关机构设在同一县(市)的除外；

(四)将自产或者委托加工的货物用于非增值税应税项目；

(五)将自产、委托加工的货物用于集体福利或者个人消费；

(六)将自产、委托加工或者购进的货物作为投资，提供给其他单位或者个体工商户；

(七)将自产、委托加工或者购进的货物分配给股东或者投资者；

(八)将自产、委托加工或者购进的货物无偿赠送其他单位或者个人。

第五条 一项销售行为如果既涉及货物又涉及非增值税应税劳务，为混合销售行为。除本细则第六条的规定外，从事货物的生产、批发或者零售的企业、企业性单位和个体工商户的混合销售行为，视为销售货物，应当缴纳增值税；其他单位和个人的混合销售行为，视为销售非增值税应税劳务，不缴纳增值税。

本条第一款所称非增值税应税劳务，是指属于应缴营业税的交通运输业、建筑业、金融保险业、邮电通信业、文化体育业、娱乐业、服务业税目征收范围的劳务。

本条第一款所称从事货物的生产、批发或者零售的企业、企业性单位和个体工商户，包括以从事货物的生产、批发或者零售为主，并兼营非增值税应税劳务的单位和个体工商户在内。

第六条 纳税人的下列混合销售行为，应当分别核算货物的销售额和非增值税应税劳务的营业额，并根据其销售货物的销售额计算缴纳增值税，非增值税应税劳务的营业额不缴纳增值税；未分别核算的，由主管税务机关核定其货物的销售额：

(一)销售自产货物并同时提供建筑业劳务的行为；

(二)财政部、国家税务总局规定的其他情形。

第七条 纳税人兼营非增值税应税项目的，应分别核算货物或者应税劳务的销售额和非增值税应税项目的营业额；未分别核算的，由主管税务机关核定货物或者应税劳务的销售额。

第八条 条例第一条所称在中华人民共和国境内(以下简称境内)销售货物或者提供加工、修理修配劳务，是指：

(一)销售货物的起运地或者所在地在境内；

(二)提供的应税劳务发生在境内。

第九条 条例第一条所称单位，是指企业、行政单位、事业单位、军事单位、社会团体及其他单位。

条例第一条所称个人，是指个体工商户和其他个人。

第十条 单位租赁或者承包给其他单位或者个人经营的，以承租人或者承包人为纳税人。

第十一条 小规模纳税人以外的纳税人(以下称一般纳税人)因销售货物退回或者折让而退还给购买方的增值税额，应从发生销售货物退回或者折让当期的销项税额中扣减；因购进货物退出或者折让而收回的增值税额，应从发生购进货物退出或者折让当期的进项税额中扣减。

一般纳税人销售货物或者应税劳务，开具增值税专用发票后，发生销售货物退回或者折让、开票有误等情形，应按国家税务总局的规定开具红字增值税专用发票。未按规定开具红字增值税专用发票的，增值税额不得从销项税额中扣减。

第十二条 条例第六条第一款所称价外费用，包括价外向购买方收取的手续费、补贴、基金、集资费、返还利润、奖励费、违约金、滞纳金、延期付款利息、赔偿金、代收款项、代垫款项、包装费、包装物租金、储备费、优质费、运输装卸费以及其他各种性质的价外收费。但下列项目不包括在内：

(一)受托加工应征消费税的消费品所代收代缴的消费税；

(二)同时符合以下条件的代垫运输费用：

1. 承运部门的运输费用发票开具给购买方的；

2. 纳税人将该项发票转交给购买方的。

(三)同时符合以下条件代为收取的政府性基金或者行政事业性收费：

1. 由国务院或者财政部批准设立的政府性基金，由国务院或者省级人民政府及其财政、价格主管部门批准设立的行政事业性收费；

2. 收取时开具省级以上财政部门印制的财政票据；

3. 所收款项全额上缴财政。

(四)销售货物的同时代办保险等而向购买方收取的保险费，以及向购买方收取的代购买方缴纳的车辆购置税、车辆牌照费。

第十三条 混合销售行为依照本细则第五条规定应当缴纳增值税的，其销售额为货物的销售额与非增值税应税劳务营业额的合计。

第十四条 一般纳税人销售货物或者应税劳务，采用销售额和销项税额合并定价方法的，按下列公式计算销售额：

销售额 = 含税销售额 ÷ (1 + 税率)

第十五条 纳税人按人民币以外的货币结算销售额的，其销售额的人民币折合率可以选择销售额发生的当天或者当月 1 日的人民币汇率中间价。纳税人应在事先确定采用何种折合率，确定后 1 年内不得变更。

第十六条 纳税人有条例第七条所称价格明显偏低并无正当理由或者有本细则第四条所列视同销售货物行为而无销售额者，按下列顺序确定销售额：

(一)按纳税人最近时期同类货物的平均销售价格确定；

(二)按其他纳税人最近时期同类货物的平均销售价格确定；

(三)按组成计税价格确定。组成计税价格的公式为：

组成计税价格 = 成本 ×（1 + 成本利润率）

属于应征消费税的货物，其组成计税价格中应加计消费税额。

公式中的成本是指：销售自产货物的为实际生产成本，销售外购货物的为实际采购成本。公式中的成本利润率由国家税务总局确定。

第十七条　条例第八条第二款第（三）项所称买价，包括纳税人购进农产品在农产品收购发票或者销售发票上注明的价款和按规定缴纳的烟叶税。

第十八条　条例第八条第二款第（四）项所称运输费用金额，是指运输费用结算单据上注明的运输费用（包括铁路临管线及铁路专线运输费用）、建设基金，不包括装卸费、保险费等其他杂费。

第十九条　条例第九条所称增值税扣税凭证，是指增值税专用发票、海关进口增值税专用缴款书、农产品收购发票和农产品销售发票以及运输费用结算单据。

第二十条　混合销售行为依照本细则第五条规定应当缴纳增值税的，该混合销售行为所涉及的非增值税应税劳务所用购进货物的进项税额，符合条例第八条规定的，准予从销项税额中抵扣。

第二十一条　条例第十条第（一）项所称购进货物，不包括既用于增值税应税项目（不含免征增值税项目）也用于非增值税应税项目、免征增值税（以下简称免税）项目、集体福利或者个人消费的固定资产。

前款所称固定资产，是指使用期限超过 12 个月的机器、机械、运输工具以及其他与生产经营有关的设备、工具、器具等。

第二十二条　条例第十条第（一）项所称个人消费包括纳税人的交际应酬消费。

第二十三条　条例第十条第（一）项和本细则所称非增值税应税项目，是指提供非增值税应税劳务、转让无形资产、销售不动产和不动产在建工程。

前款所称不动产是指不能移动或者移动后会引起性质、形状改变的财产，包括建筑物、构筑物和其他土地附着物。

纳税人新建、改建、扩建、修缮、装饰不动产，均属于不动产在建工程。

第二十四条　条例第十条第（二）项所称非正常损失，是指因管理不善造成被盗、丢失、霉烂变质的损失。

第二十五条　纳税人自用的应征消费税的摩托车、汽车、游艇，其进项税额不得从销项税额中抵扣。

第二十六条　一般纳税人兼营免税项目或者非增值税应税劳务而无法划分不得抵扣的进项税额的，按下列公式计算不得抵扣的进项税额：

不得抵扣的进项税额 = 当月无法划分的全部进项税额 × 当月免税项目销售额、非增值税应税劳务营业额合计 ÷ 当月全部销售额、营业额合计

第二十七条　已抵扣进项税额的购进货物或者应税劳务，发生条例第十条规定的情形的（免税项目、非增值税应税劳务除外），应当将该项购进货物或者应税劳务的进项税额从当期的进项税额中扣减；无法确定该项进项税额的，按当期实际成本计算应扣减的进项税额。

第二十八条　条例第十一条所称小规模纳税人的标准为：

（一）从事货物生产或者提供应税劳务的纳税人，以及以从事货物生产或者提供应税劳务为主，并兼营货物批发或者零售的纳税人，年应征增值税销售额（以下简称应税销售额）在 50 万元以下（含本数，下同）的；

（二）除本条第一款第（一）项规定以外的纳税人，年应税销售额在 80 万元以下的。

本条第一款所称以从事货物生产或者提供应税劳务为主，是指纳税人的年货物生产或者提供应税劳务的销售额占年应税销售额的比重在 50% 以上。

第二十九条　年应税销售额超过小规模纳税人标准的其他个人按小规模纳税人纳税；非企业性单位、不经常发生应税行为的企业可选择按小规模纳税人纳税。

第三十条　小规模纳税人的销售额不包括其应纳税额。

小规模纳税人销售货物或者应税劳务采用销售额和应纳税额合并定价方法的，按下列公式计算销售额：

销售额 = 含税销售额 ÷（1 + 征收率）

第三十一条　小规模纳税人因销售货物退回或者折让退还给购买方的销售额，应从发生销售货物退回或者折让当期的销售额中扣减。

第三十二条　条例第十三条和本细则所称会计核算健全，是指能够按照国家统一的会计制度规定设置账簿，根据合法、有效凭证核算。

第三十三条　除国家税务总局另有规定外，纳税人一经认定为一般纳税人后，不得转为小规模纳税人。

第三十四条　有下列情形之一者，应按销售额依照增值税税率计算应纳税额，不得抵扣进项税额，也不得使用增值税专用发票：

（一）一般纳税人会计核算不健全，或者不能够提供准确税务资料的；

（二）除本细则第二十九条规定外，纳税人销售额超过小规模纳税人标准，未申请办理一般纳税人认定手续的。

第三十五条　条例第十五条规定的部分免税项目的范围，限定如下：

（一）第一款第（一）项所称农业，是指种植业、养殖业、林业、牧业、水产业。

农业生产者，包括从事农业生产的单位和个人。

农产品，是指初级农产品，具体范围由财政部、国家税务

总局确定。

（二）第一款第（三）项所称古旧图书，是指向社会收购的古书和旧书。

（三）第一款第（七）项所称自己使用过的物品，是指其他个人自己使用过的物品。

第三十六条 纳税人销售货物或者应税劳务适用免税规定的，可以放弃免税，依照条例的规定缴纳增值税。放弃免税后，36个月内不得再申请免税。

第三十七条 增值税起征点的适用范围限于个人。

增值税起征点的幅度规定如下：

（一）销售货物的，为月销售额5000－20000元；

（二）销售应税劳务的，为月销售额5000－20000元；

（三）按次纳税的，为每次（日）销售额300－500元。

前款所称销售额，是指本细则第三十条第一款所称小规模纳税人的销售额。

省、自治区、直辖市财政厅（局）和国家税务局应在规定的幅度内，根据实际情况确定本地区适用的起征点，并报财政部、国家税务总局备案。

第三十八条 条例第十九条第一款第（一）项规定的收讫销售款项或者取得索取销售款项凭据的当天，按销售结算方式的不同，具体为：

（一）采取直接收款方式销售货物，不论货物是否发出，均为收到销售款或者取得索取销售款凭据的当天；

（二）采取托收承付和委托银行收款方式销售货物，为发出货物并办妥托收手续的当天；

（三）采取赊销和分期收款方式销售货物，为书面合同约定的收款日期的当天，无书面合同的或者书面合同没有约定收款日期的，为货物发出的当天；

（四）采取预收货款方式销售货物，为货物发出的当天，但生产销售生产工期超过12个月的大型机械设备、船舶、飞机等货物，为收到预收款或者书面合同约定的收款日期的当天；

（五）委托其他纳税人代销货物，为收到代销单位的代销清单或者收到全部或者部分货款的当天。未收到代销清单及货款的，为发出代销货物满180天的当天；

（六）销售应税劳务，为提供劳务同时收讫销售款或者取得索取销售款的凭据的当天；

（七）纳税人发生本细则第四条第（三）项至第（八）项所列视同销售货物行为，为货物移送的当天。

第三十九条 条例第二十三条以1个季度为纳税期限的规定仅适用于小规模纳税人。小规模纳税人的具体纳税期限，由主管税务机关根据其应纳税额的大小分别核定。

第四十条 本细则自2009年1月1日起施行。

国家税务总局关于印发《增值税若干具体问题的规定》的通知

（1993年12月28日 国税发〔1993〕154号）

各省、自治区、直辖市税务局，各计划单列市税务局：

现将《增值税若干具体问题的规定》印发给你们，希贯彻执行。

附件：

增值税若干具体问题的规定①

一、征税范围

（一）货物期货（包括商品期货和贵金属期货），应当征收增值税。

（二）银行销售金银的业务，应当征收增值税。

（三）融资租赁业务，无论租赁的货物的所有权是否转让给承租方，均不征收增值税。（**本项已失效或废止**）

（四）基本建设单位和从事建筑安装业务的企业附设的工厂、车间生产的水泥预制构件、其他构件或建筑材料，用于本单位或本企业的建筑工程的，应在移送使用时征收增值税。但对其在建筑现场制造的预制构件，凡直接用于本单位或本企业建筑工程的，不征收增值税。

（五）典当业的死当物品销售业务和寄售业代委托人销售寄售物品的业务，均应征收增值税。

（六）因转让著作所有权而发生的销售电影母片、录像带母带、录音磁带母带的业务，以及因转让专利技术和非专利技术的所有权而发生的销售计算机软件的业务，不征收增值税。

（七）供应或开采未经加工的天然水（如水库供应农业灌溉用水，工厂自采地下水用于生产），不征收增值税。

（八）邮政部门销售集邮邮票、首日封，应当征收增值税。

（九）缝纫，应当征收增值税。

二、计税依据

（一）纳税人为销售货物而出租出借包装物收取的押金，单独记账核算的，不并入销售额征税。但对因逾期未收回包装物不再退还的押金，应按所包装货物的适用税率征收增值税。

（二）纳税人采取折扣方式销售货物，如果销售额和折扣额在同一张发票上分别注明的，可按折扣后的销售额征收增值税；如果将折扣额另开发票，不论其在财务上如何处理，均

① 本规定第一条第三项、第三条、第四条已被宣布失效或废止。

不得从销售额中减除折扣额。

（三）纳税人采取以旧换新方式销售货物，应按新货物的同期销售价格确定销售额。

纳税人采取还本销售方式销售货物，不得从销售额中减除还本支出。

（四）纳税人因销售价格明显偏低或无销售价格等原因，按规定需组成计税价格确定销售额的，其组价公式中的成本利润率为10%。但属于应从价定率征收消费税的货物，其组价公式中的成本利润率，为《消费税若干具体问题的规定》中规定的成本利润率。

三、小规模纳税人标准（本部分已失效或废止）

（一）增值税细则第二十四条关于小规模纳税人标准的规定中所提到的销售额，是指该细则第二十五条所说的小规模纳税人的销售额。

（二）该细则第二十四条所说的以从事货物生产或提供应税劳务为主，并兼营货物的批发或零售的纳税人，是指该类纳税人的全部年应税销售额中货物或应税劳务的销售额超过50%，批发或零售货物的销售额不到50%。

四、固定业户到外县（市）销售货物，应当向其机构所在地主管税务机关申请开具外出经营活动税收管理证明，回其机构所在地向税务机关申报纳税。未持有其机构所在地主管税务机关核发的外出经营活动税收管理证明的，销售地主管税务机关一律按6%的征收率征税。其在销售地发生的销售额，回机构所在地后，仍应按规定申报纳税，在销售地缴纳的税款不得从当期应纳税额中扣减。**（本部分已失效或废止）**

国家税务总局关于深化增值税改革有关事项的公告

（2019年3月21日国家税务总局公告2019年第14号公布　自2019年4月1日起施行）

现将深化增值税改革有关事项公告如下：

一、增值税一般纳税人（以下称纳税人）在增值税税率调整前已按原16%、10%适用税率开具的增值税发票，发生销售折让、中止或者退回等情形需要开具红字发票的，按照原适用税率开具红字发票；开票有误需要重新开具的，先按照原适用税率开具红字发票后，再重新开具正确的蓝字发票。

二、纳税人在增值税税率调整前未开具增值税发票的增值税应税销售行为，需要补开增值税发票的，应当按照原适用税率补开。

三、增值税发票税控开票软件税率栏次默认显示调整后税率，纳税人发生本公告第一条、第二条所列情形的，可以手工选择原适用税率开具增值税发票。

四、税务总局在增值税发票税控开票软件中更新了《商品和服务税收分类编码表》，纳税人应当按照更新后的《商品和服务税收分类编码表》开具增值税发票。

五、纳税人应当及时完成增值税发票税控开票软件升级和自身业务系统调整。

六、已抵扣进项税额的不动产，发生非正常损失，或者改变用途，专用于简易计税方法计税项目、免征增值税项目、集体福利或者个人消费的，按照下列公式计算不得抵扣的进项税额，并从当期进项税额中扣减：

不得抵扣的进项税额＝已抵扣进项税额×不动产净值率

不动产净值率＝（不动产净值÷不动产原值）×100%

七、按照规定不得抵扣进项税额的不动产，发生用途改变，用于允许抵扣进项税额项目的，按照下列公式在改变用途的次月计算可抵扣进项税额。

可抵扣进项税额＝增值税扣税凭证注明或计算的进项税额×不动产净值率

八、按照《财政部 税务总局 海关总署关于深化增值税改革有关政策的公告》（财政部 税务总局 海关总署公告2019年第39号）规定，适用加计抵减政策的生产、生活性服务业纳税人，应在年度首次确认适用加计抵减政策时，通过电子税务局（或前往办税服务厅）提交《适用加计抵减政策的声明》（见附件）。适用加计抵减政策的纳税人，同时兼营邮政服务、电信服务、现代服务、生活服务的，应按照四项服务中收入占比最高的业务在《适用加计抵减政策的声明》中勾选确定所属行业。

九、本公告自2019年4月1日起施行。《不动产进项税额分期抵扣暂行办法》（国家税务总局公告2016年第15号发布）同时废止。

附件：适用加计抵减政策的声明（略）

财政部、税务总局、海关总署关于深化增值税改革有关政策的公告

（2019年3月20日财政部、税务总局、海关总署公告2019年第39号公布　自2019年4月1日起施行）

为贯彻落实党中央、国务院决策部署，推进增值税实质性减税，现将2019年增值税改革有关事项公告如下：

一、增值税一般纳税人（以下称纳税人）发生增值税应税销售行为或者进口货物，原适用16%税率的，税率调整为13%；原适用10%税率的，税率调整为9%。

二、纳税人购进农产品，原适用10%扣除率的，扣除率调整为9%。纳税人购进用于生产或者委托加工13%税率货物的农产品，按照10%的扣除率计算进项税额。

三、原适用16%税率且出口退税率为16%的出口货物劳务，出口退税率调整为13%；原适用10%税率且出口退税率

为10%的出口货物、跨境应税行为,出口退税率调整为9%。

2019年6月30日前(含2019年4月1日前),纳税人出口前款所涉货物劳务、发生前款所涉跨境应税行为,适用增值税免退税办法的,购进时已按调整前税率征收增值税的,执行调整前的出口退税率,购进时已按调整后税率征收增值税的,执行调整后的出口退税率;适用增值税免抵退税办法的,执行调整前的出口退税率,在计算免抵退税时,适用税率低于出口退税率的,适用税率与出口退税率之差视为零参与免抵退税计算。

出口退税率的执行时间及出口货物劳务、发生跨境应税行为的时间,按照以下规定执行:报关出口的货物劳务(保税区及经保税区出口除外),以海关出口报关单上注明的出口日期为准;非报关出口的货物劳务、跨境应税行为,以出口发票或普通发票的开具时间为准;保税区及经保税区出口的货物,以货物离境时海关出具的出境货物备案清单上注明的出口日期为准。

四、适用13%税率的境外旅客购物离境退税物品,退税率为11%;适用9%税率的境外旅客购物离境退税物品,退税率为8%。

2019年6月30日前,按调整前税率征收增值税的,执行调整前的退税率;按调整后税率征收增值税的,执行调整后的退税率。

退税率的执行时间,以退税物品增值税普通发票的开具日期为准。

五、自2019年4月1日起,《营业税改征增值税试点有关事项的规定》(财税〔2016〕36号印发)第一条第(四)项第1点、第二条第(一)项第1点停止执行,纳税人取得不动产或者不动产在建工程的进项税额不再分2年抵扣。此前按照上述规定尚未抵扣完毕的待抵扣进项税额,可自2019年4月税款所属期起从销项税额中抵扣。

六、纳税人购进国内旅客运输服务,其进项税额允许从销项税额中抵扣。

(一)纳税人未取得增值税专用发票的,暂按照以下规定确定进项税额:

1. 取得增值税电子普通发票的,为发票上注明的税额;

2. 取得注明旅客身份信息的航空运输电子客票行程单的,为按照下列公式计算进项税额:

航空旅客运输进项税额 = (票价 + 燃油附加费) ÷ (1 + 9%) × 9%

3. 取得注明旅客身份信息的铁路车票的,为按照下列公式计算的进项税额:

铁路旅客运输进项税额 = 票面金额 ÷ (1 + 9%) × 9%

4. 取得注明旅客身份信息的公路、水路等其他客票的,按照下列公式计算进项税额:

公路、水路等其他旅客运输进项税额 = 票面金额 ÷ (1 + 3%) × 3%

(二)《营业税改征增值税试点实施办法》(财税〔2016〕36号印发)第二十七条第(六)项和《营业税改征增值税试点有关事项的规定》(财税〔2016〕36号印发)第二条第(一)项第5点中"购进的旅客运输服务、贷款服务、餐饮服务、居民日常服务和娱乐服务"修改为"购进的贷款服务、餐饮服务、居民日常服务和娱乐服务"。

七、自2019年4月1日至2021年12月31日,允许生产、生活性服务业纳税人按照当期可抵扣进项税额加计10%,抵减应纳税额(以下称加计抵减政策)。

(一)本公告所称生产、生活性服务业纳税人,是指提供邮政服务、电信服务、现代服务、生活服务(以下称四项服务)取得的销售额占全部销售额的比重超过50%的纳税人。四项服务的具体范围按照《销售服务、无形资产、不动产注释》(财税〔2016〕36号印发)执行。

2019年3月31日前设立的纳税人,自2018年4月至2019年3月期间的销售额(经营期不满12个月的,按照实际经营期的销售额)符合上述规定条件的,自2019年4月1日起适用加计抵减政策。

2019年4月1日后设立的纳税人,自设立之日起3个月的销售额符合上述规定条件的,自登记为一般纳税人之日起适用加计抵减政策。

纳税人确定适用加计抵减政策后,当年内不再调整,以后年度是否适用,根据上年度销售额计算确定。

纳税人可计提但未计提的加计抵减额,可在确定适用加计抵减政策当期一并计提。

(二)纳税人应按照当期可抵扣进项税额的10%计提当期加计抵减额。按照现行规定不得从销项税额中抵扣的进项税额,不得计提加计抵减额;已计提加计抵减额的进项税额,按规定作进项税额转出的,应在进项税额转出当期,相应调减加计抵减额。计算公式如下:

当期计提加计抵减额 = 当期可抵扣进项税额 × 10%

当期可抵减加计抵减额 = 上期末加计抵减额余额 + 当期计提加计抵减额 - 当期调减加计抵减额

(三)纳税人应按照现行规定计算一般计税方法下的应纳税额(以下称抵减前的应纳税额)后,区分以下情形加计抵减:

1. 抵减前的应纳税额等于零的,当期可抵减加计抵减额全部结转下期抵减;

2. 抵减前的应纳税额大于零,且大于当期可抵减加计抵减额的,当期可抵减加计抵减额全额从抵减前的应纳税额中抵减;

3. 抵减前的应纳税额大于零,且小于或等于当期可抵减加计抵减额的,以当期可抵减加计抵减额抵减应纳税额至零。未抵减完的当期可抵减加计抵减额,结转下期继续抵减。

（四）纳税人出口货物劳务、发生跨境应税行为不适用加计抵减政策，其对应的进项税额不得计提加计抵减额。

纳税人兼营出口货物劳务、发生跨境应税行为且无法划分不得计提加计抵减额的进项税额，按照以下公式计算：

不得计提加计抵减额的进项税额＝当期无法划分的全部进项税额×当期出口货物劳务和发生跨境应税行为的销售额÷当期全部销售额

（五）纳税人应单独核算加计抵减额的计提、抵减、调减、结余等变动情况。骗取适用加计抵减政策或虚增加计抵减额的，按照《中华人民共和国税收征收管理法》等有关规定处理。

（六）加计抵减政策执行到期后，纳税人不再计提加计抵减额，结余的加计抵减额停止抵减。

八、自 2019 年 4 月 1 日起，试行增值税期末留抵税额退税制度。

（一）同时符合以下条件的纳税人，可以向主管税务机关申请退还增量留抵税额：

1. 自 2019 年 4 月税款所属期起，连续六个月（按季纳税的，连续两个季度）增量留抵税额均大于零，且第六个月增量留抵税额不低于 50 万元；

2. 纳税信用等级为 A 级或者 B 级；

3. 申请退税前 36 个月未发生骗取留抵退税、出口退税或虚开增值税专用发票情形的；

4. 申请退税前 36 个月未因偷税被税务机关处罚两次及以上的；

5. 自 2019 年 4 月 1 日起未享受即征即退、先征后返（退）政策的。

（二）本公告所称增量留抵税额，是指与 2019 年 3 月底相比新增加的期末留抵税额。

（三）纳税人当期允许退还的增量留抵税额，按照以下公式计算：

允许退还的增量留抵税额＝增量留抵税额×进项构成比例×60%

进项构成比例，为 2019 年 4 月至申请退税前一税款所属期内已抵扣的增值税专用发票（含税控机动车销售统一发票）、海关进口增值税专用缴款书、解缴税款完税凭证注明的增值税额占同期全部已抵扣进项税额的比重。

（四）纳税人应在增值税纳税申报期内，向主管税务机关申请退还留抵税额。

（五）纳税人出口货物劳务、发生跨境应税行为，适用免抵退税办法的，办理免抵退税后，仍符合本公告规定条件的，可以申请退还留抵税额；适用免退税办法的，相关进项税额不得用于退还留抵税额。

（六）纳税人取得退还的留抵税额后，应相应调减当期留抵税额。按照本条规定再次满足退税条件的，可以继续向主管税务机关申请退还留抵税额，但本条第（一）项第 1 点规定的连续期间，不得重复计算。

（七）以虚增进项、虚假申报或其他欺骗手段，骗取留抵退税款的，由税务机关追缴其骗取的退税款，并按照《中华人民共和国税收征收管理法》等有关规定处理。

（八）退还的增量留抵税额中央、地方分担机制另行通知。

九、本公告自 2019 年 4 月 1 日起执行。

特此公告。

财政部、国家税务总局、人民银行关于调整完善增值税留抵退税地方分担机制及预算管理有关事项的通知

（2019 年 12 月 4 日　财预〔2019〕205 号）

各省、自治区、直辖市、计划单列市财政厅（局），新疆生产建设兵团财政局，财政部各地监管局，国家税务总局各省、自治区、直辖市、计划单列市税务局，中国人民银行上海总部、各分行、营业管理部，各省会（首府）城市中心支行，各副省级城市中心支行：

根据《国务院关于印发实施更大规模减税降费后调整中央与地方收入划分改革推进方案的通知》（国发〔2019〕21 号）的有关规定，现将调整完善增值税留抵退税地方分担机制及预算管理的有关事项通知如下：

一、关于地方分担机制

自 2019 年 9 月 1 日起，增值税留抵退税地方分担的 50% 部分，15% 由企业所在地分担，35% 由各地按增值税分享额占地方分享总额比重分担，该比重由财政部根据上年各地区实际分享增值税收入情况计算确定。具体操作时，15% 部分由企业所在省份直接退付，35% 部分先由企业所在地省级财政垫付，垫付少于应分担的部分由企业所在地省级财政通过调库方式按月调给中央财政，垫付多于应分担的部分由中央财政通过调库方式按月调给企业所在地省级财政。各地区省级财政部门要结合省以下财政体制及财力状况，合理确定省以下留抵退税分担机制，提高效率，切实减轻基层财政退税压力，确保留抵退税及时退付。

二、关于预算科目设置

自 2019 年起，在《政府收支分类科目》“国内增值税”（1010101 项）科目下增设“101010136 增值税留抵退税”目级科目，为中央与地方共用收入退库科目，反映税务部门按照增值税留抵退税政策退还的增值税；增设“101010137 增值税留抵退税省级调库”目级科目，为中央与地方共用收入科目，反映通过调库方式调整企业所在地省级财政垫付多（或少）于应分担的 35% 部分增值税留抵退税；增设“101010138 增值税留抵退税省级以下调库”目级科目，为地方收入科目，反映通过调库方式调整企业所在地市县财政垫付多（或少）于应分

担的增值税留抵退税。在“改征增值税”(1010104 项)科目下增设“101010426 改征增值税留抵退税”目级科目,为中央与地方共用收入退库科目,反映税务部门按照增值税留抵退税政策退还的改征增值税;增设“101010427 改征增值税留抵退税省级调库”目级科目,为中央与地方共用收入科目,反映通过调库方式调整企业所在地省级财政垫付多(或少)于应分担的 35% 部分改征增值税留抵退税;增设“101010428 改征增值税留抵退税省级以下调库”目级科目,为地方收入科目,反映通过调库方式调整企业所在地市县财政垫付多(或少)于应分担的改征增值税留抵退税。将“改征增值税国内退税”(101010429 目)科目名称修改为“其他改征增值税国内退税”。

三、关于退库业务办理

(一)税务机关办理增值税留抵退税业务,税收收入退还书预算科目填列“增值税留抵退税”(101010136 目)或“改征增值税留抵退税”(101010426 目),预算级次按照中央 50%、省级 35%、15% 部分按各省确定的省以下增值税留抵退税分担机制填列。

(二)对自 2019 年 9 月 1 日至本办法印发日期之间发生的留抵退税相应作调库处理。税务机关根据 2019 年 9 月 1 日后已办理留抵退税的情况,开具更正(调库)通知书,填列“增值税留抵退税”(101010136 目)、“改征增值税留抵退税”(101010426 目)以及原增值税留抵已退税款使用的科目。各级国库依据税务部门开具的更正(调库)通知书等凭证和文件审核办理相关业务。

四、关于财政调库

增值税留抵退税财政调库,根据地方应调库数额,分别由省级财政部门和财政部监管局发起,统一由省级国库按规定就地办理。其中:企业所在地省级财政垫付少于应分担的部分,由省级财政部门通过调库方式按月调为中央级;企业所在地省级财政垫付多于应分担的部分,由财政部监管局通过调库方式按月调为省级。地方应调库数额由财政部根据上年各地增值税分享比重、省级财政部门垫付部分及留抵退税地方分担 35% 部分的数额计算。

(一)省级财政部门调库。

每月前 10 个工作日内,企业所在地省级财政部门根据财政部提供的本地区少垫付的应调库数额,向省级国库按目级科目开具更正(调库)通知书,通过“增值税留抵退税省级调库”(101010137 目)科目和“改征增值税留抵退税省级调库”(101010427 目)科目,将少垫付部分由省级调整至中央级。

(二)财政部监管局调库。

在每月省级财政部门完成调库后的 5 个工作日内,财政部监管局根据财政部提供的当地多垫付的应调库数额,向省级国库按目级科目开具更正(调库)通知书,通过“增值税留抵退税省级调库”(101010137 目)科目和“改征增值税留抵退税省级调库”(101010427 目)科目,将相关地区多垫付部分由中央级调整至省级。

每年 1 月,省级财政部门和财政部监管局对上年 12 月发生的增值税留抵退税 35% 部分进行调库,调库收入统一作为本年度的收入处理,不计入上年收入。各省级国库在上年 12 月 31 日向中央总金库报解最后一份中央预算收入日报表后,整理期发生的增值税留抵退税,统一作为本年度的收入处理。

五、加强留抵退税监管

财政部各地监管局以抽审的方式对留抵退税政策执行情况进行监督管理。省级财政、税务、国库部门按照要求予以配合。每个季度,省级税务部门将全省留抵退税清单、省级国库部门将调(退)库清单或报表提供财政部当地监管局。财政部各地监管局发现虚报留抵税额、未按规定审核、未按规定调(退)库、未及时保障退库资金到位等问题,应及时向相关部门提出处理建议并上报财政部。每年财政部各地监管局须向财政部提交监管报告。

本通知自 2019 年 9 月 1 日起施行。自 2019 年 9 月 1 日起至本通知印发前,《关于退还部分项目进口设备增值税期末留抵退税的补充通知》(财预〔2011〕486 号)、《关于利用石脑油和燃料油生产乙烯芳烃类产品有关增值税退税问题的通知》(财预〔2015〕3 号)规定的中央与地方分担办法按本通知规定予以调整,以前年度中央财政垫付的地方应负担的留抵税额通过 2019 年及以后年度中央财政与地方财政年终结算扣回,上述文件自本通知印发之日起相应废止。

附件:2019 年政府收支分类科目修订前后对照表(略)

2019 年政府收支分类科目修订前后对照表

修订前(2019 年)					修订情况	修订后(2019 年)					
类	款	项	目	科目名称		类	款	项	目	科目名称	科目说明
					增设	101	01	01	36	增值税留抵退税	中央与地方共用收入退库科目。反映税务部门按照增值税留抵退税政策退还的增值税。
					增设				37	增值税留抵退税省级调库	中央与地方共用收入科目。反映通过调库方式调整企业所在地省级财政垫付多(或少)于应分担的 35% 部分增值税留抵退税。
					增设				38	增值税留抵退税省级以下调库	地方收入科目。反映通过调库方式调整企业所在地市县财政垫付多(或少)于应分担的增值税留抵退税。
					增设	101	01	04	26	改征增值税留抵退税	中央与地方共用收入退库科目。反映税务部门按照增值税留抵退税政策退还的改征增值税。
					增设				27	改征增值税留抵退税省级调库	中央与地方共用收入科目。反映通过调库方式调整企业所在地省级财政垫付多(或少)于应分担的 35% 部分改征增值税留抵退税。
					增设				28	改征增值税留抵退税省级以下调库	地方收入科目。反映通过调库方式调整企业所在地市县财政垫付多(或少)于应分担的改征增值税留抵退税。
101	01	04	29	改征增值税国内退税	“修改科目名称和说明”	101	01	04	29	其他改征增值税国内退税	中央与地方共用收入退库科目。反映税务部门按照即征即退政策审批退库的其他改征增值税。

增值税日常稽查办法

（1998 年 3 月 26 日　国税发〔1998〕44 号）

第一条　为了规范增值税日常稽查的内容和程序，加强增值税日常稽查管理，防范和查处偷骗增值税行为，提高纳税人依法纳税自觉性，根据《中华人民共和国税收征收管理法》、《中华人民共和国增值税暂行条例》制定本办法。

第二条　本办法适用于税务机关对增值税一般纳税人（以下简称纳税人）实施的增值税日常稽查。小规模纳税人增值税日常稽查办法另行制定。

第三条　增值税日常稽查是税务机关依照税收法律、法规和规章，对纳税人履行纳税义务情况实施常规稽核和检查的总称，包括稽核、检查及一般性违法问题的处理。

第四条　增值税稽核是税务机关监审纳税人增值税纳税申报情况及相关资料，筛选检查对象的过程，分为一级稽核和二级稽核。

一级稽核的工作内容和步骤：

（一）监控纳税人的申报情况。对超过纳税申报期限未办理纳税申报者，在本纳税申报期结束后 5 日内，向其发出催报通知。对连续两个月逾期未申报的，列印《未申报纳税人清单》送交检查。

（二）审核纳税人的申报数据。依据纳税申报表内各指标之间的逻辑关系，对所申报的应纳税额进行逻辑审核。对申报有误的，应及时向纳税人发出《申报错误更正通知》。

（三）按季计算分析纳税人销售额变动率和税负率，计算公式如下：

1. 销售额变动率 =（本年累计应税销售额 - 上年同期应税销售额）/上年同期应税销售额 ×100%

2. 税负率 = 本年累计应纳税额/本年累计应税销售额 × 100%

将销售额变动率和税负率与相应的正常峰值进行比较，对存在下列问题的纳税人，列印《纳税申报异常纳税人清单》送交二级稽核。

1. 销售额变动率高于正常峰值，税负率低于正常峰值的；

2. 销售额变动率低于正常峰值，税负率低于正常峰值的；

3. 销售额变动率及税负率均高于正常峰值的。

前款所称正常峰值，是指纳税人在一定时期内实现的销售额和税负正常变化的上限或下限。即：销售额变动率正常峰值，为纳税人在正常经营的前提下，销售额与上年同期比较，销售额变动率（±）所能达到的最大值；税负率正常峰值，为纳税人在正常履行纳税义务的前提下，由于受市场、季节等因素的影响而使税负率变化所能达到的最小值或最大值。正常峰值由地市级以上税务机关根据本地区不同行业的具体情况分别确定。

二级稽核的工作内容和步骤：

（一）审核增值税纳税申报表、发票领用存月报表、相关发票存根联、抵扣联、发票领用存原始记录等资料之间的数据是否相符。

（二）对防伪税控系统开具的增值税专用发票抵扣联按规定进行认证。

（三）运用全国丢失、被盗增值税专用发票查询系统对其抵扣联进行抽查验证。

（四）根据纳税人报送的增值税纳税申报表、资产负债表、损益表和其他有关纳税资料，做好案头分析工作，对纳税人形成异常申报的原因作出初步判断。

1. 毛益率分析。根据损益表计算销售毛益率，计算公式为：

销售毛益率 =（销售收入 - 销售成本）÷ 销售收入 × 100%

若本期销售毛益率较以前各期或上年同期有较大幅度下降，可能存在购进货物（包括应税劳务，下同）入账，销售货物结转销售成本而不计或少计销售额的问题。

2. 存货、负债、进项税额综合分析。适用于商品流通企业。分析时，先计算本期进项税额控制数，计算公式为：

本期进项税额控制数 =〔期末存货较期初增加额（减少额用负数表示）+ 本期销售成本 + 期末应付账款较期初减少数（增加额用负数表示）〕× 主要外购货物的增值税税率 + 本期运费支出数 ×10%

以进项税额控制数与增值税申报表中的本期进项税额核对，若前者明显小于后者，则可能存在虚抵进项税额和未付款的购进货物提前申报抵扣进项税额的问题。

3. 销售额分析。将损益表中的当期销售成本加上按成本毛利率计算出的毛益额后，与损益表、增值税申报表中的本期销售额进行对比，若表中数额小，且差距较大，则可能存在销售额不入账、挂账或瞒报等问题。成本毛利率计算公式如下：

成本毛利率 = 本年累计毛利额/本年累计销售成本 × 100%

第五条　将稽核发现的问题和疑点，分别不同情况作如下处理：

（一）对纳税人申报异常提出质询，并逐一记录质询情况，质询记录内容包括：纳税人名称、纳税人识别号、申报异常所属时期、销售额变动率及税负率、答复人姓名以及答复情况等。

（二）对申报异常且无正当理由的纳税人应填写《增值税待查对象通知》，送交检查；申报异常现象特别严重或有较大偷骗税嫌疑的,填写《增值税待查对象特急通知》送交专案检查。

(三)质询记录、待查对象通知和检查情况所报资料要随时复核,定期统计并报主管领导审阅。

第六条 对稽核阶段未被列入检查对象的纳税人,应定期随机抽取一定数量的待查对象送交检查。对该类纳税人的检查间隔(即实施两次检查之间的时间)最长不得超过3年。

第七条 增值税检查是税务机关对纳税人会计核算资料及有关生产经营情况进行实地检查的过程。

第八条 增值税检查的对象为稽核环节送达的未申报清单和待查对象通知所列的纳税人以及根据本办法第六条确定的纳税人。

第九条 增值税检查应按计划组织实施,对未申报待查对象的检查应自通知送达之日起1个月内实施,对申报异常的待查对象的检查应自通知送达之日起2个月内实施。

第十条 增值税检查方法根据待查对象的具体情况确定:

(一)无申报异常现象的,可采取抽查的方法,如有问题再全面检查。

(二)有申报异常现象的,应以销项或进项的某一方面问题核实为主,实施销项税额与进项税额的全面检查。

1. 销售额变动率高于正常峰值及税负率低于正常峰值或销售额变动率正常,而税负率低于正常峰值的,以进项税额为检查重点,查证有无扩大进项抵扣范围、骗抵进项税额、不按规定申报抵扣等问题,对应核实销项税额计算的正确性;

2. 销售额变动率低于正常峰值及税负率变动低于正常峰值的,销项税额和进项税额均应作为检查重点。

对销项税额的检查,应侧重查证有无账外经营、瞒报、迟报计税销售额、混淆增值税与营业税征税范围、错用税率等问题。

检查基本方法见附件1。

第十一条 经稽核、检查核实的一般性偷骗税问题应按《中华人民共和国税收征收管理法》有关条款及现行有关管理规定进行处理;同时责成纳税人进行相关的账务调整(具体调账方法见附件2)。对偷骗税数额较大、情节较严重、涉及地域范围较广的偷骗税案件应及时移送专案稽查。

第十二条 经增值税检查查实的问题及处理情况应按国家税务总局统一规定的文书形式反馈给二级稽核。

第十三条 《未申报纳税人清单》、《申报错误更正通知》、《纳税申报异常纳税人清单》、《增值税待查对象通知》、《增值税待查对象特急通知》的样式及内容由各省级税务机关确定。

第十四条 本办法自1998年1月1日起执行。

附件1:

增值税检查基本方法

一、瞒报计税销售额的检查。应对下列问题运用账证核对法逐项查证:

(一)发票上填开的销售额与有关收入账户中的记录是否一致;

(二)有无计税销售额记入往来账户问题;

(三)有无将计税销售额或差价记入"应付福利费"、"投资收益"、"资本公积"、"盈余公积"等账户,逃避纳税的现象;

(四)以物易物有无不反映销售而只办理存货之间转账的问题;

(五)有无发生销售不反映销售额,而是以"生产成本"、"产成品"、"库存商品"等存货账户以及资金账户或往来账户对转的问题;

(六)有关收入账户的红字冲销记录有无足以证明业务确实发生的证据;

(七)视同销售业务不申报纳税。检查"应付福利费"、"在建工程"、"长期投资"、"营业外支出"等账户的借方记录,核对会计凭证,查明视同销售是否按规定申报了计税销售额和销项税额。

二、迟报计税销售额的检查。

(一)将已填开的发票存根联与有关收入账户记录进行核对,看当月实现的收入是否全部入账,有无压票现象;

(二)对不以销货发票为记账依据的商业零售企业,应查明有无将本月的"销售日报"作为下月原始凭证入账的现象。

三、适用税率的检查。看已填开的增值税专用发票和含税销售额换算为不含税销售额所使用的税率是否正确。

四、虚开发票的检查。将已填开的发票存根联与其所列货物的明细账记录进行核对,看账证记录是否一致。

五、扩大进项税额抵扣范围的检查。以"进项税额"账户为中心,逐一分析每笔记录记账凭证的会计处理和原始凭证所载明的经济业务,看有无将不属于抵扣范围的进项税额申报抵扣。

六、骗抵进项税额的检查。将进项凭证与相关的付款凭证、资金账户、相关的存货账户进行核实,凡发现异常的进项凭证或涉嫌虚开、伪造的进项凭证,应委托销货方所在地税务机关配合查实。

对依据运费发票等其他扣税凭证计算进项税额的,应检查进项税额计算的正确性和扣税凭证的真实性。

七、擅自抵扣期初存货进项税额的检查。对纳税人申报抵扣的期初存货进项税额,应查明是否经主管税务机关批准,验证其计算的正确性。

八、进项税额转出的检查。分析“应付福利费”、“在建工程”、“其他业务支出”、“待处理财产损益”、“营业外支出”以及销售收入类等账户，并核对其会计凭证，看是否发生了进项税额转出事项，该办理进项税额转出的是否已经转出，转出额确定的是否正确。对兼营免税项目的纳税人，应通过分析有关销售收入和成本账户，看是否按规定办理进项税。

九、账外经营检查。涉嫌有账外经营的，可采用突击检查方式，运用盘存法对存货和库存现金进行账实核对，凡相差悬殊的，要进一步查证有无未入账的进项凭证（包括代销，寄存等其他有效凭证）和现金收入凭证，如有未入账凭证，将其所载金额从实存数中扣除后，其结果仍大于账存的，即存在账外经营。

附件2：

增值税检查调账方法

增值税检查后的账务调整，应设立“应交税金－增值税检查调整”专门账户。凡检查后应调减账面进项税额或调增销项税额和进项税额转出的数额，借记有关科目，贷记本科目；凡检查后应调增账面进项税额或调减销项税额和进项税额转出的数额，借记本科目，贷记有关科目；全部调账事项入账后，应结出本账户的余额，并对该余额进行处理：

1. 若余额在借方，全部视同留抵进项税额，按借方余额数，借记“应交税金－应交增值税（进项税额）”科目，贷记本科目。

2. 若余额在贷方，且“应交税金－应交增值税”账户无余额，按贷方余额数，借记本科目，贷记“应交税金－未交增值税”科目。

3. 若本账户余额在贷方，“应交税金－应交增值税”账户有借方余额且等于或大于这个贷方余额，按贷方余额数，借记本科目，贷记“应交税金－应交增值税”科目。

4. 若本账户余额在贷方，“应交税金－应交增值税”账户有借方余额但小于这个贷方余额，应将这两个账户的余额冲出，其差额贷记“应交税金－未交增值税”科目。

上述账务调整应按纳税期逐期进行。

增值税一般纳税人纳税申报办法

（2003年5月13日国税发〔2003〕53号公布　根据2018年6月15日《国家税务总局关于修改部分税收规范性文件的公告》修正）

根据《中华人民共和国税收征收管理法》及其实施细则、《中华人民共和国增值税暂行条例》和《中华人民共和国发票管理办法》的有关规定，制定本办法。

一、凡增值税一般纳税人（以下简称纳税人）均按本办法进行纳税申报。

二、纳税人进行纳税申报必须实行电子信息采集。使用防伪税控系统开具增值税专用发票的纳税人必须在抄报税成功后，方可进行纳税申报。

三、纳税申报资料

（一）必报资料

1.《增值税纳税申报表（适用于增值税一般纳税人）》及其《增值税纳税申报表附列资料（表一）、（表二）、（表三）、（表四）》；

2. 使用防伪税控系统的纳税人，必须报送记录当期纳税信息的IC卡（明细数据备份在软盘上的纳税人，还须报送备份数据软盘）、《增值税专用发票存根联明细表》及《增值税专用发票抵扣联明细表》；

3.《资产负债表》和《损益表》；

4.《成品油购销存情况明细表》（发生成品油零售业务的纳税人填报）；

5. 主管税务机关规定的其他必报资料。

纳税申报实行电子信息采集的纳税人，除向主管税务机关报送上述必报资料的电子数据外，还需报送纸介的《增值税纳税申报表（适用于一般纳税人）》（主表及附表）。

（二）备查资料

1. 已开具的增值税专用发票和普通发票存根联；

2. 符合抵扣条件并且在本期申报抵扣的增值税专用发票抵扣联；

3. 海关进口货物完税凭证、运输发票、购进农产品普通发票及购进废旧物资普通发票的复印件；

4. 收购凭证的存根联或报查联；

5. 代扣代缴税款凭证存根联；

6. 主管税务机关规定的其他备查资料。

备查资料是否需要在当期报送，由各省税务局确定。

四、增值税纳税申报资料的管理

（一）增值税纳税申报必报资料

纳税人在纳税申报期内，应及时将全部必报资料的电子数据报送主管税务机关，并在主管税务机关按照税法规定确定的期限内（具体时间由各省税务局确定），将本办法第三条、第一款要求报送的纸介的必报资料（具体份数由省税务局确定）报送主管税务机关，税务机关签收后，一份退还纳税人，其余留存。

（二）增值税纳税申报备查资料

纳税人在月度终了后，应将备查资料认真整理并装订成册。

1. 属于整本开具的手工版增值税专用发票及普通发票的存根联，按原顺序装订；开具的电脑版增值税专用发票，包括防伪税控系统开具的增值税专用发票的存根联，应按开票顺序号码每25份装订一册，不足25份的按实际开具份数装订。

2. 对属于扣税凭证的单证，根据取得的时间顺序，按单证种类每25份装订一册，不足25份的按实际份数装订。

3. 装订时，必须使用税务机关统一规定的《征税/扣税单证汇总簿封面》（以下简称《封面》），并按规定填写封面内容，由办税人员和财务人员审核签章。启用《封面》后，纳税人可不再填写原增值税专用发票的封面内容。

4. 纳税人当月未使用完的手工版增值税专用发票，暂不加装《封面》，两个月仍未使用完的，应在主管税务机关对其剩余部分剪角作废的当月加装《封面》。

纳税人开具的普通发票及收购凭证在其整本使用完毕的当月，加装《封面》。

5.《封面》的内容包括纳税人单位名称、本册单证份数、金额、税额、本月此种单证总册数及本册单证编号、税款所属时间等，具体格式由各省税务局制定。

五、《增值税纳税申报表（适用于增值税一般纳税人）》（主表及附表）由纳税人向主管税务机关购领。

六、申报期限

纳税人应按月进行纳税申报，申报期为次月1日起至10日止，遇最后一日为法定节假日的，顺延1日；在每月1日至10日内有连续3日以上法定休假日的，按休假日天数顺延。

七、罚则

（一）纳税人未按规定期限办理纳税申报和报送纳税资料的，按照《中华人民共和国税收征收管理法》第六十二条的有关规定处罚。

（二）纳税人经税务机关通知申报而拒不申报或者进行虚假的纳税申报，不缴或者少缴应纳税款的，按偷税处理，并按《中华人民共和国税收征收管理法》第六十三条的有关规定处罚。

（三）纳税人不进行纳税申报，不缴或者少缴应纳税款的，按《中华人民共和国税收征收管理法》第六十四条的有关规定处罚。

附件：

1. 增值税纳税申报表（适用于增值税一般纳税人）（略）
2. 增值税纳税申报表附列资料（表一）（略）
3. 增值税纳税申报表附列资料（表二）（略）
4. 增值税纳税申报表附列资料（表三）（略）
5. 增值税纳税申报表附列资料（表四）（略）
6. 增值税纳税申报表（适用于一般纳税人）及其附表填表说明（略）
7. 增值税纳税申报表逻辑关系审核表（略）
8. 资产负债表（略）
9. 损益表（略）
10. 成品油购销存情况明细表及填表说明（略）

增值税纳税申报比对管理操作规程（试行）

（2017年10月30日　税总发〔2017〕124号）

一、为进一步加强和规范增值税纳税申报比对（以下简称“申报比对”）管理，提高申报质量，优化纳税服务，根据《中华人民共和国税收征收管理法》和《中华人民共和国增值税暂行条例》等有关税收法律、法规规定，制定本规程。

二、申报比对管理是指税务机关以信息化为依托，通过优化整合现有征管信息资源，对增值税纳税申报信息进行票表税比对，并对比对结果进行相应处理。

三、主管税务机关应设置申报异常处理岗，主要负责异常比对结果的核实及相关处理工作。异常处理岗原则上不设置在办税服务厅前台。

四、申报比对范围及内容

（一）比对信息范围

1. 增值税纳税申报表及其附列资料（以下简称“申报表”）信息。

2. 增值税一般纳税人和小规模纳税人开具的增值税发票信息。

3. 增值税一般纳税人取得的进项抵扣凭证信息。

4. 纳税人税款入库信息。

5. 增值税优惠备案信息。

6. 申报比对所需的其他信息。

（二）比对内容

比对内容包括表表比对、票表比对和表税比对。表表比对是指申报表表内、表间逻辑关系比对。票表比对是指各类发票、凭证、备案资格等信息与申报表进行比对。表税比对是指纳税人当期申报的应纳税款与当期的实际入库税款进行比对。

五、申报比对规则

（一）申报表表内、表间逻辑关系比对，按照税务总局制定的申报表填写规则执行。

（二）增值税一般纳税人票表比对规则

1. 销项比对。

当期开具发票（不包含不征税发票）的金额、税额合计数应小于或者等于当期申报的销售额、税额合计数。

纳税人当期申报免税销售额、即征即退销售额的，应当比对其增值税优惠备案信息，按规定不需要办理备案手续的除外。

2. 进项比对。

（1）当期已认证或确认的进项增值税专用发票（以下简称“专用发票”）上注明的金额、税额合计数应大于或者等于申报表中本期申报抵扣的专用发票进项金额、税额合计数。

(2)经稽核比对相符的海关进口增值税专用缴款书上注明的税额合计数应大于或者等于申报表中本期申报抵扣的海关进口增值税专用缴款书的税额。

(3)取得的代扣代缴税收缴款凭证上注明的增值税税额合计数应大于或者等于申报表中本期申报抵扣的代扣代缴税收缴款凭证的税额。

(4)取得的《出口货物转内销证明》上注明的进项税额合计数应大于或者等于申报表中本期申报抵扣的外贸企业进项税额抵扣证明的税额。

(5)按照政策规定,依据相关凭证注明的金额计算抵扣进项税额的,计算得出的进项税额应大于或者等于申报表中本期申报抵扣的相应凭证税额。

(6)红字增值税专用发票信息表中注明的应作转出的进项税额应等于申报表中进项税额转出中的红字专用发票信息表注明的进项税额。

(7)申报表中进项税额转出金额不应小于零。

3. 应纳税额减征额比对。当期申报的应纳税额减征额应小于或者等于当期符合政策规定的减征税额。

4. 预缴税款比对。申报表中的预缴税额本期发生额应小于或者等于实际已预缴的税款。

5. 特殊规则。

(1)实行汇总缴纳增值税的总机构和分支机构可以不进行票表比对。

(2)按季申报的纳税人应当对其季度数据进行汇总比对。

(三)增值税小规模纳税人票表比对规则

1. 当期开具的增值税专用发票金额应小于或者等于申报表填报的增值税专用发票销售额。

2. 当期开具的增值税普通发票金额应小于或者等于申报表填报的增值税普通发票销售额。

3. 申报表中的预缴税额应小于或者等于实际已预缴的税款。

4. 纳税人当期申报免税销售额的,应当比对其增值税优惠备案信息,按规定不需要办理备案手续的除外。

(四)表税比对规则

纳税人当期申报的应纳税款应小于或者等于当期实际入库税款。

(五)申报比对其他规则

1. 税务总局可以根据增值税风险管理的需要,对申报表特定项目设置申报比对规则。

2. 各省国税机关可以根据申报比对管理实际,合理设置相关比对项目金额尾差的正负范围。

3. 主管税务机关可以结合申报比对管理实际,将征收方式、发票开具等业务存在特殊情形的纳税人列入白名单管理,并根据实际情况确定所适用的申报比对规则。白名单实行动态管理。

(六)本条第(一)至(三)项比对规则为基本规则,第(四)至(五)项比对规则为可选规则。各省税务机关可以在上述比对规则的基础上,根据申报管理的需要自主增加比对规则。

六、申报比对操作流程

申报比对环节可以设置在事中或者事后,由省税务机关根据申报管理需要进行确定。主管税务机关通过征管信息系统或网上申报系统进行申报比对,并根据比对结果分别采取以下处理流程:

(一)申报比对相符

申报比对相符后,主管税务机关对纳税人税控设备进行解锁。

(二)申报比对不相符

申报比对不相符的,向纳税人反馈比对不相符的内容,并按照下列流程进行处理:

1. 申报比对不符的,除符合本项第2点情形外,暂不对其税控设备进行解锁,并将异常比对结果转交申报异常处理岗。

2. 纳税人仅因为相关资格尚未备案,造成比对不符的,应当对税控设备进行解锁。

3. 异常比对结果经申报异常处理岗核实可以解除异常的,对纳税人税控设备进行解锁;核实后仍不能解除异常的,不得对税控设备解锁,由税源管理部门继续核实处理。

4. 异常比对结果经税源管理部门核实可以解除异常的,对纳税人税控设备进行解锁。核实后发现涉嫌虚开发票等严重涉税违法行为,经稽查部门分析判断认为需要稽查立案的,转交稽查部门处理,经处理可以解除异常的,对纳税人税控设备进行解锁。

5. 异常比对结果的处理期限,由主管税务机关根据实际情况确定。

七、由于出现信息系统异常等突发情形,影响正常纳税申报秩序时,省税务机关可以采取应急措施,暂停申报比对。在突发情形消除后,可以根据实际情况重新启动申报比对流程。

国家税务总局关于调整增值税纳税申报有关事项的公告

(2019年3月21日国家税务总局公告2019年第15号公布 自2019年5月1日起施行)

为贯彻落实党中央、国务院关于减税降费的决策部署,进一步优化纳税服务,减轻纳税人负担,现将调整增值税纳税申报有关事项公告如下:

一、根据国务院关于深化增值税改革的决定,修订并重新发布《增值税纳税申报表(一般纳税人适用)》《增值税纳税申报表附列资料(一)》《增值税纳税申报表附列资料(二)》《增值税纳税申报表附列资料(三)》《增值税纳税申报表附列资料(四)》。

二、截至2019年3月税款所属期,《国家税务总局关于全面推开营业税改征增值税试点后增值税纳税申报有关事项的公告》(国家税务总局公告2016年第13号)附件1中《增值税纳税申报表附列资料(五)》第6栏"期末待抵扣不动产进项税额"的期末余额,可以自本公告施行后结转填入《增值税纳税申报表附列资料(二)》第8b栏"其他"。

三、本公告施行后,纳税人申报适用16%、10%等原增值税税率应税项目时,按照申报表调整前后的对应关系,分别填写相关栏次。

四、修订后的《增值税纳税申报表(一般纳税人适用)》及其附列资料见附件1,相关填写说明见附件2。

五、本公告自2019年5月1日起施行,国家税务总局公告2016年第13号附件1中《增值税纳税申报表附列资料(五)》《国家税务总局关于营业税改征增值税部分试点纳税人增值税纳税申报有关事项调整的公告》(国家税务总局公告2016年第30号)、《国家税务总局关于调整增值税纳税申报有关事项的公告》(国家税务总局公告2017年第19号)、《国家税务总局关于调整增值税纳税申报有关事项的公告》(国家税务总局公告2018年第17号)同时废止。

特此公告。

附件:1.《增值税纳税申报表(一般纳税人适用)》及其附列资料(略)

2.《增值税纳税申报表(一般纳税人适用)》及其附列资料填写说明(略)

增值税一般纳税人登记管理办法

(2017年12月29日国家税务总局令第43号公布 自2018年2月1日起施行)

第一条 为了做好增值税一般纳税人(以下简称"一般纳税人")登记管理,根据《中华人民共和国增值税暂行条例》及其实施细则有关规定,制定本办法。

第二条 增值税纳税人(以下简称"纳税人"),年应税销售额超过财政部、国家税务总局规定的小规模纳税人标准(以下简称"规定标准")的,除本办法第四条规定外,应当向主管税务机关办理一般纳税人登记。

本办法所称年应税销售额,是指纳税人在连续不超过12个月或四个季度的经营期内累计应征增值税销售额,包括纳税申报销售额、稽查查补销售额、纳税评估调整销售额。

销售服务、无形资产或者不动产(以下简称"应税行为")有扣除项目的纳税人,其应税行为年应税销售额按未扣除之前的销售额计算。纳税人偶然发生的销售无形资产、转让不动产的销售额,不计入应税行为年应税销售额。

第三条 年应税销售额未超过规定标准的纳税人,会计核算健全,能够提供准确税务资料的,可以向主管税务机关办理一般纳税人登记。

本办法所称会计核算健全,是指能够按照国家统一的会计制度规定设置账簿,根据合法、有效凭证进行核算。

第四条 下列纳税人不办理一般纳税人登记:

(一)按照政策规定,选择按照小规模纳税人纳税的;

(二)年应税销售额超过规定标准的其他个人。

第五条 纳税人应当向其机构所在地主管税务机关办理一般纳税人登记手续。

第六条 纳税人办理一般纳税人登记的程序如下:

(一)纳税人向主管税务机关填报《增值税一般纳税人登记表》(附件1),如实填写固定生产经营场所等信息,并提供税务登记证件;

(二)纳税人填报内容与税务登记信息一致的,主管税务机关当场登记;

(三)纳税人填报内容与税务登记信息不一致,或者不符合填列要求的,税务机关应当场告知纳税人需要补正的内容。

第七条 年应税销售额超过规定标准的纳税人符合本办法第四条第一项规定的,应当向主管税务机关提交书面说明(附件2)。

第八条 纳税人在年应税销售额超过规定标准的月份(或季度)的所属申报期结束后15日内按照本办法第六条或者第七条的规定办理相关手续;未按规定时限办理的,主管税务机关应当在规定时限结束后5日内制作《税务事项通知书》,告知纳税人应当在5日内向主管税务机关办理相关手续;逾期仍不办理的,次月起按销售额依照增值税税率计算应纳税额,不得抵扣进项税额,直至纳税人办理相关手续为止。

第九条 纳税人自一般纳税人生效之日起,按照增值税一般计税方法计算应纳税额,并可以按照规定领用增值税专用发票,财政部、国家税务总局另有规定的除外。

本办法所称的生效之日,是指纳税人办理登记的当月1日或者次月1日,由纳税人在办理登记手续时自行选择。

第十条 纳税人登记为一般纳税人后,不得转为小规模纳税人,国家税务总局另有规定的除外。

第十一条 主管税务机关应当加强对税收风险的管理。对税收遵从度低的一般纳税人,主管税务机关可以实行纳税辅导期管理,具体办法由国家税务总局另行制定。

第十二条 本办法自2018年2月1日起施行,《增值税一般纳税人资格认定管理办法》(国家税务总局令第22号公布)同时废止。

附件 1

增值税一般纳税人登记表

<table>
<tr><td>纳税人名称</td><td colspan="2"></td><td>社会信用代码(纳税人识别号)</td><td></td></tr>
<tr><td>法定代表人
(负责人、业主)</td><td></td><td>证件名称及号码</td><td></td><td>联系电话</td></tr>
<tr><td>财务负责人</td><td></td><td>证件名称及号码</td><td></td><td>联系电话</td></tr>
<tr><td>办税人员</td><td></td><td>证件名称及号码</td><td></td><td>联系电话</td></tr>
<tr><td>税务登记日期</td><td colspan="4"></td></tr>
<tr><td>生产经营地址</td><td colspan="4"></td></tr>
<tr><td>注册地址</td><td colspan="4"></td></tr>
<tr><td colspan="5">纳税人类别:企业□ 非企业性单位□ 个体工商户□ 其他□</td></tr>
<tr><td colspan="5">主营业务类别:工业 □ 商业 □ 服务业 □ 其他□</td></tr>
<tr><td colspan="5">会计核算健全:是□</td></tr>
<tr><td colspan="5">一般纳税人生效之日:当月 1 日 □ 次月 1 日 □</td></tr>
<tr><td colspan="5">纳税人(代理人)承诺:
会计核算健全,能够提供准确税务资料,上述各项内容真实、可靠、完整。如有虚假,愿意承担相关法律责任。

经办人: 法定代表人: 代理人: (签章)
年 月 日</td></tr>
<tr><td colspan="5">以下由税务机关填写</td></tr>
<tr><td>税务机关
受理情况</td><td colspan="4">受理人:
受理税务机关(章)
年 月 日</td></tr>
</table>

填表说明:1. 本表由纳税人如实填写。

2. 表中“证件名称及号码”相关栏次,根据纳税人的法定代表人、财务负责人、办税人员的居民身份证、护照等有效身份证件及号码填写。

3. 表中“一般纳税人生效之日”由纳税人自行勾选。

4. 本表一式二份,主管税务机关和纳税人各留存一份。

附件2

选择按小规模纳税人纳税的情况说明

<table>
<tr><td>纳税人名称</td><td></td><td>社会信用代码
(纳税人识别号)</td><td colspan="2"></td></tr>
<tr><td colspan="2" rowspan="2">连续不超过12个月或四个季度的
经营期内累计应税销售额</td><td colspan="3">货物劳务： 年 月至 年 月共 元。</td></tr>
<tr><td colspan="3">应税行为： 年 月至 年 月共 元。</td></tr>
<tr><td>情况
说明</td><td colspan="4"></td></tr>
<tr><td colspan="5">纳税人(代理人)承诺：
上述各项内容真实、可靠、完整。如有虚假,愿意承担相关法律责任。

经办人： 法定代表人： 代理人： (签章) 年 月 日</td></tr>
<tr><td colspan="5">以下由税务机关填写</td></tr>
<tr><td>税务
机关
受理
情况</td><td colspan="4">受理人： 受理税务机关(章)

年 月 日</td></tr>
</table>

填表说明:1."情况说明"栏由纳税人填写符合财政部、国家税务总局规定可选择按小规模纳税人纳税的具体情形及理由。

2.本表一式二份,主管税务机关和纳税人各留存一份。

增值税一般纳税人纳税辅导期管理办法

(2010年4月7日 国税发〔2010〕40号)

第一条 为加强增值税一般纳税人纳税辅导期管理,根据《增值税一般纳税人资格认定管理办法》(以下简称认定办法)第十三条规定,制定本办法。

第二条 实行纳税辅导期管理的增值税一般纳税人(以下简称辅导期纳税人),适用本办法。

第三条 认定办法第十三条第一款所称的"小型商贸批发企业",是指注册资金在80万元(含80万元)以下、职工人数在10人(含10人)以下的批发企业。只从事出口贸易,不需要使用增值税专用发票的企业除外。

批发企业按照国家统计局颁发的《国民经济行业分类》

(GB/T4754－2002)中有关批发业的行业划分方法界定。

第四条 认定办法第十三条所称"其他一般纳税人",是指具有下列情形之一的一般纳税人:

(一)增值税偷税数额占应纳税额的10%以上并且偷税数额在10万元以上的;

(二)骗取出口退税的;

(三)虚开增值税扣税凭证的;

(四)国家税务总局规定的其他情形。

第五条 新认定为一般纳税人的小型商贸批发企业实行纳税辅导期管理的期限为3个月;其他一般纳税人实行纳税辅导期管理的期限为6个月。

第六条 对新办小型商贸批发企业,主管税务机关应在认定办法第九条第(四)款规定的《税务事项通知书》内告知纳税人对其实行纳税辅导期管理,纳税辅导期自主管税务机关制作《税务事项通知书》的当月起执行;对其他一般纳税人,主管税务机关应自稽查部门作出《税务稽查处理决定书》后40个工作日内,制作、送达《税务事项通知书》告知纳税人对其实行纳税辅导期管理,纳税辅导期自主管税务机关制作《税务事项通知书》的次月起执行。

第七条 辅导期纳税人取得的增值税专用发票(以下简称专用发票)抵扣联、海关进口增值税专用缴款书以及运输费用结算单据应当在交叉稽核比对无误后,方可抵扣进项税额。

第八条 主管税务机关对辅导期纳税人实行限量限额发售专用发票。

(一)实行纳税辅导期管理的小型商贸批发企业,领购专用发票的最高开票限额不得超过十万元;其他一般纳税人专用发票最高开票限额应根据企业实际经营情况重新核定。

(二)辅导期纳税人专用发票的领购实行按次限量控制,主管税务机关可根据纳税人的经营情况核定每次专用发票的供应数量,但每次发售专用发票数量不得超过25份。

辅导期纳税人领购的专用发票未使用完而再次领购的,主管税务机关发售专用发票的份数不得超过核定的每次领购专用发票份数与未使用完的专用发票份数的差额。

第九条 辅导期纳税人一个月内多次领购专用发票的,应从当月第二次领购专用发票起,按照上一次已领购并开具的专用发票销售额的3%预缴增值税,未预缴增值税的,主管税务机关不得向其发售专用发票。

预缴增值税时,纳税人应提供已领购并开具的专用发票记账联,主管税务机关根据其提供的专用发票记账联计算应预缴的增值税。

第十条 辅导期纳税人按第九条规定预缴的增值税可在本期增值税应纳税额中抵减,抵减后预缴增值税仍有余额的,可抵减下期再次领购专用发票时应当预缴的增值税。

纳税辅导期结束后,纳税人因增购专用发票发生的预缴增值税有余额的,主管税务机关应在纳税辅导期结束后的第一个月内,一次性退还纳税人。

第十一条 辅导期纳税人应当在"应交税金"科目下增设"待抵扣进项税额"明细科目,核算尚未交叉稽核比对的专用发票抵扣联、海关进口增值税专用缴款书以及运输费用结算单据(以下简称增值税抵扣凭证)注明或者计算的进项税额。

辅导期纳税人取得增值税抵扣凭证后,借记"应交税金——待抵扣进项税额"明细科目,贷记相关科目。交叉稽核比对无误后,借记"应交税金——应交增值税(进项税额)"科目,贷记"应交税金——待抵扣进项税额"科目。经核实不得抵扣的进项税额,红字借记"应交税金——待抵扣进项税额",红字贷记相关科目。

第十二条 主管税务机关定期接收交叉稽核比对结果,通过《稽核结果导出工具》导出发票明细数据及《稽核结果通知书》并告知辅导期纳税人。

辅导期纳税人根据交叉稽核比对结果相符的增值税抵扣凭证本期数据申报抵扣进项税额,未收到交叉稽核比对结果的增值税抵扣凭证留待下期抵扣。

第十三条 辅导期纳税人按以下要求填写《增值税纳税申报表附列资料(表二)》。

(一)第2栏填写当月取得认证相符且当月收到《稽核比对结果通知书》及其明细清单注明的稽核相符专用发票、协查结果中允许抵扣的专用发票的份数、金额、税额。

(二)第3栏填写前期取得认证相符且当月收到《稽核比对结果通知书》及其明细清单注明的稽核相符专用发票、协查结果中允许抵扣的专用发票的份数、金额、税额。

(三)第5栏填写税务机关告知的《稽核比对结果通知书》及其明细清单注明的本期稽核相符的海关进口增值税专用缴款书、协查结果中允许抵扣的海关进口增值税专用缴款书的份数、金额、税额。

(四)第7栏"废旧物资发票"不再填写。

(五)第8栏填写税务机关告知的《稽核比对结果通知书》及其明细清单注明的本期稽核相符的运输费用结算单据、协查结果中允许抵扣的运输费用结算单据的份数、金额、税额。

(六)第23栏填写认证相符但未收到稽核比对结果的增值税专用发票月初余额数。

(七)第24栏填写本月已认证相符但未收到稽核比对结果的专用发票数据。

(八)第25栏填写已认证相符但未收到稽核比对结果的专用发票月末余额数。

(九)第28栏填写本月未收到稽核比对结果的海关进口增值税专用缴款书。

(十)第30栏"废旧物资发票"不再填写。

(十一)第31栏填写本月未收到稽核比对结果的运输费用结算单据数据。

第十四条 主管税务机关在受理辅导期纳税人纳税申报时，按照以下要求进行“一窗式”票表比对。

（一）审核《增值税纳税申报表》附表二第3栏份数、金额、税额是否等于或小于本期稽核系统比对相符的专用发票抵扣联数据。

（二）审核《增值税纳税申报表》附表二第5栏份数、金额、税额是否等于或小于本期交叉稽核比对相符和协查后允许抵扣的海关进口增值税专用缴款书合计数。

（三）审核《增值税纳税申报表》附表二中第8栏的份数、金额是否等于或小于本期交叉稽核比对相符和协查后允许抵扣的运输费用结算单据合计数。

（四）申报表数据若大于稽核结果数据的，按现行“一窗式”票表比对异常情况处理。

第十五条 纳税辅导期内，主管税务机关未发现纳税人存在偷税、逃避追缴欠税、骗取出口退税、抗税或其他需要立案查处的税收违法行为的，从期满的次月起不再实行纳税辅导期管理，主管税务机关应制作、送达《税务事项通知书》，告知纳税人；主管税务机关发现辅导期纳税人存在偷税、逃避追缴欠税、骗取出口退税、抗税或其他需要立案查处的税收违法行为的，从期满的次月起按照本规定重新实行纳税辅导期管理，主管税务机关应制作、送达《税务事项通知书》，告知纳税人。

第十六条 本办法自2010年3月20日起执行。《国家税务总局关于加强新办商贸企业增值税征收管理有关问题的紧急通知》（国税发明电〔2004〕37号）、《国家税务总局关于辅导期一般纳税人实施“先比对、后扣税”有关管理问题的通知》（国税发明电〔2004〕51号）、《国家税务总局关于加强新办商贸企业增值税征收管理有关问题的补充通知》（国税发明电〔2004〕62号）、《国家税务总局关于辅导期增值税一般纳税人增值税专用发票预缴增值税有关问题的通知》（国税函〔2005〕1097号）同时废止。

国家税务总局关于增值税一般纳税人登记管理若干事项的公告[①]

（2018年1月29日国家税务总局公告2018年第6号公布 自2018年2月1日起施行）

为了贯彻实施《增值税一般纳税人登记管理办法》（国家税务总局令第43号，以下简称《办法》），现将有关事项公告如下：

一、《办法》第二条所称“经营期”是指在纳税人存续期内的连续经营期间，含未取得销售收入的月份或季度。

二、《办法》第二条所称“纳税申报销售额”是指纳税人自行申报的全部应征增值税销售额，其中包括免税销售额和税务机关代开发票销售额。“稽查查补销售额”和“纳税评估调整销售额”计入查补税款申报当月（或当季）的销售额，不计入税款所属期销售额。

三、《办法》第四条第二项所称的“其他个人”是指自然人。

四、《办法》第六条第一项所称的“固定生产经营场所”信息是指填写在《增值税一般纳税人登记表》“生产经营地址”栏次中的内容。

五、《办法》第六条第一项所称的“税务登记证件”，包括纳税人领取的由工商行政管理部门或者其他主管部门核发的加载法人和其他组织统一社会信用代码的相关证件。

六、《办法》第八条规定主管税务机关制作的《税务事项通知书》中，需告知纳税人的内容应当包括：纳税人年应税销售额已超过规定标准，应在收到《税务事项通知书》后5日内向税务机关办理增值税一般纳税人登记手续或者选择按照小规模纳税人纳税的手续；逾期未办理的，自通知时限期满的次月起按销售额依照增值税税率计算应纳税额，不得抵扣进项税额，直至纳税人办理相关手续为止。

七、纳税人兼有销售货物、提供加工修理修配劳务（以下称“应税货物及劳务”）和销售服务、无形资产、不动产（以下称“应税行为”）的，应税货物及劳务销售额与应税行为销售额分别计算，分别适用增值税一般纳税人登记标准，其中有一项销售额超过规定标准，就应当按照规定办理增值税一般纳税人登记相关手续。

八、经税务机关核对后退还纳税人留存的《增值税一般纳税人登记表》，可以作为证明纳税人成为增值税一般纳税人的凭据。

九、《办法》中所规定期限的最后一日是法定休假日的，以休假日期满的次日为期限的最后一日；在期限内有连续3日以上（含3日）法定休假日的，按休假日天数顺延。

十、本公告自2018年2月1日起施行。《国家税务总局关于明确〈增值税一般纳税人资格认定管理办法〉若干条款处理意见的通知》（国税函〔2010〕139号）、《国家税务总局关于调整增值税一般纳税人管理有关事项的公告》（国家税务总局公告2015年第18号）、《国家税务总局关于“三证合一”登记制度改革涉及增值税一般纳税人管理有关事项的公告》（国家税务总局公告2015年第74号）、《国家税务总局关于全面推开营业税改征增值税试点有关税收征收管理事项的公告》（国家税务总局公告2016年第23号）第二条同时废止。

特此公告。

① 本公告第七条已被《国家税务总局关于统一小规模纳税人标准等若干增值税问题的公告》废止。

财政部、税务总局关于统一增值税小规模纳税人标准的通知

（2018 年 4 月 4 日　财税〔2018〕33 号）

各省、自治区、直辖市、计划单列市财政厅（局）、国家税务局、地方税务局，新疆生产建设兵团财政局：

为完善增值税制度，进一步支持中小微企业发展，现将统一增值税小规模纳税人标准有关事项通知如下：

一、增值税小规模纳税人标准为年应征增值税销售额500万元及以下。

二、按照《中华人民共和国增值税暂行条例实施细则》第二十八条规定已登记为增值税一般纳税人的单位和个人，在2018 年 12 月 31 日前，可转登记为小规模纳税人，其未抵扣的进项税额作转出处理。

三、本通知自 2018 年 5 月 1 日起执行。

国家税务总局关于统一小规模纳税人标准等若干增值税问题的公告

（2018 年 4 月 20 日国家税务总局公告 2018 年第 18 号公布　自 2018 年 5 月 1 日起施行）

现将统一小规模纳税人标准等若干增值税问题公告如下：

一、同时符合以下条件的一般纳税人，可选择按照《财政部 税务总局关于统一增值税小规模纳税人标准的通知》（财税〔2018〕33 号）第二条的规定，转登记为小规模纳税人，或选择继续作为一般纳税人：

（一）根据《中华人民共和国增值税暂行条例》第十三条和《中华人民共和国增值税暂行条例实施细则》第二十八条的有关规定，登记为一般纳税人。

（二）转登记日前连续 12 个月（以 1 个月为 1 个纳税期，下同）或者连续 4 个季度（以 1 个季度为 1 个纳税期，下同）累计应征增值税销售额（以下称应税销售额）未超过 500 万元。

转登记日前经营期不满 12 个月或者 4 个季度的，按照月（季度）平均应税销售额估算上款规定的累计应税销售额。

应税销售额的具体范围，按照《增值税一般纳税人登记管理办法》（国家税务总局令第 43 号）和《国家税务总局关于增值税一般纳税人登记管理若干事项的公告》（国家税务总局公告 2018 年第 6 号）的有关规定执行。

二、符合本公告第一条规定的纳税人，向主管税务机关填报《一般纳税人转为小规模纳税人登记表》（表样见附件），并提供税务登记证件；已实行实名办税的纳税人，无需提供税务登记证件。主管税务机关根据下列情况分别作出处理：

（一）纳税人填报内容与税务登记、纳税申报信息一致的，主管税务机关当场办理。

（二）纳税人填报内容与税务登记、纳税申报信息不一致，或者不符合填列要求的，主管税务机关应当场告知纳税人需要补正的内容。

三、一般纳税人转登记为小规模纳税人（以下称转登记纳税人）后，自转登记日的下期起，按照简易计税方法计算缴纳增值税；转登记日当期仍按照一般纳税人的有关规定计算缴纳增值税。

四、转登记纳税人尚未申报抵扣的进项税额以及转登记日当期的期末留抵税额，计入“应交税费—待抵扣进项税额”核算。

尚未申报抵扣的进项税额计入“应交税费—待抵扣进项税额”时：

（一）转登记日当期已经取得的增值税专用发票、机动车销售统一发票、收费公路通行费增值税电子普通发票，应当已经通过增值税发票选择确认平台进行选择确认或认证后稽核比对相符；经稽核比对异常的，应当按照现行规定进行核查处理。已经取得的海关进口增值税专用缴款书，经稽核比对相符的，应当自行下载《海关进口增值税专用缴款书稽核结果通知书》；经稽核比对异常的，应当按照现行规定进行核查处理。

（二）转登记日当期尚未取得的增值税专用发票、机动车销售统一发票、收费公路通行费增值税电子普通发票，转登记纳税人在取得上述发票以后，应当持税控设备，由主管税务机关通过增值税发票选择确认平台（税务局端）为其办理选择确认。尚未取得的海关进口增值税专用缴款书，转登记纳税人在取得以后，经稽核比对相符的，应当由主管税务机关通过稽核系统为其下载《海关进口增值税专用缴款书稽核结果通知书》；经稽核比对异常的，应当按照现行规定进行核查处理。

五、转登记纳税人在一般纳税人期间销售或者购进的货物、劳务、服务、无形资产、不动产，自转登记日的下期起发生销售折让、中止或者退回的，调整转登记日当期的销项税额、进项税额和应纳税额。

（一）调整后的应纳税额小于转登记日当期申报的应纳税额形成的多缴税款，从发生销售折让、中止或者退回当期的应纳税额中抵减；不足抵减的，结转下期继续抵减。

（二）调整后的应纳税额大于转登记日当期申报的应纳税额形成的少缴税款，从“应交税费—待抵扣进项税额”中抵减；抵减后仍有余额的，计入发生销售折让、中止或者退回当期的应纳税额一并申报缴纳。

转登记纳税人因税务稽查、补充申报等原因，需要对一般纳税人期间的销项税额、进项税额和应纳税额进行调整的，按照上述规定处理。

转登记纳税人应准确核算“应交税费—待抵扣进项税额”的变动情况。

六、转登记纳税人可以继续使用现有税控设备开具增值税发票，不需要缴销税控设备和增值税发票。

转登记纳税人自转登记日的下期起，发生增值税应税销售行为，应当按照征收率开具增值税发票；转登记日前已作增值税专用发票票种核定的，继续通过增值税发票管理系统自行开具增值税专用发票；销售其取得的不动产，需要开具增值税专用发票的，应当按照有关规定向税务机关申请代开。

七、转登记纳税人在一般纳税人期间发生的增值税应税销售行为，未开具增值税发票需要补开的，应当按照原适用税率或者征收率补开增值税发票；发生销售折让、中止或者退回等情形，需要开具红字发票的，按照原蓝字发票记载的内容开具红字发票；开票有误需要重新开具的，先按照原蓝字发票记载的内容开具红字发票后，再重新开具正确的蓝字发票。

转登记纳税人发生上述行为，需要按照原适用税率开具增值税发票的，应当在互联网连接状态下开具。按照有关规定不使用网络办税的特定纳税人，可以通过离线方式开具增值税发票。

八、自转登记日的下期起连续不超过12个月或者连续不超过4个季度的经营期内，转登记纳税人应税销售额超过财政部、国家税务总局规定的小规模纳税人标准的，应当按照《增值税一般纳税人登记管理办法》（国家税务总局令第43号）的有关规定，向主管税务机关办理一般纳税人登记。

转登记纳税人按规定再次登记为一般纳税人后，不得再转登记为小规模纳税人。

九、一般纳税人在增值税税率调整前已按原适用税率开具的增值税发票，发生销售折让、中止或者退回等情形需要开具红字发票的，按照原适用税率开具红字发票；开票有误需要重新开具的，先按照原适用税率开具红字发票后，再重新开具正确的蓝字发票。

一般纳税人在增值税税率调整前未开具增值税发票的增值税应税销售行为，需要补开增值税发票的，应当按照原适用税率补开。

增值税发票税控开票软件税率栏次默认显示调整后税率，一般纳税人发生上述行为可以手工选择原适用税率开具增值税发票。

十、国家税务总局在增值税发票管理系统中更新了《商品和服务税收分类编码表》，纳税人应当按照更新后的《商品和服务税收分类编码表》开具增值税发票。

转登记纳税人和一般纳税人应当及时完成增值税发票税控开票软件升级、税控设备变更发行和自身业务系统调整。

十一、本公告自2018年5月1日起施行。《国家税务总局关于增值税一般纳税人登记管理若干事项的公告》（国家税务总局公告2018年第6号）第七条同时废止。

特此公告。

附件：一般纳税人转为小规模纳税人登记表（略）

财政部、税务总局关于调整增值税税率的通知

（2018年4月4日　财税〔2018〕32号）

各省、自治区、直辖市、计划单列市财政厅（局）、国家税务局、地方税务局，新疆生产建设兵团财政局：

为完善增值税制度，现将调整增值税税率有关政策通知如下：

一、纳税人发生增值税应税销售行为或者进口货物，原适用17%和11%税率的，税率分别调整为16%、10%。

二、纳税人购进农产品，原适用11%扣除率的，扣除率调整为10%。

三、纳税人购进用于生产销售或委托加工16%税率货物的农产品，按照12%的扣除率计算进项税额。

四、原适用17%税率且出口退税率为17%的出口货物，出口退税率调整至16%。原适用11%税率且出口退税率为11%的出口货物、跨境应税行为，出口退税率调整至10%。

五、外贸企业2018年7月31日前出口的第四条所涉货物、销售的第四条所涉跨境应税行为，购进时已按调整前税率征收增值税的，执行调整前的出口退税率；购进时已按调整后税率征收增值税的，执行调整后的出口退税率。生产企业2018年7月31日前出口的第四条所涉货物、销售的第四条所涉跨境应税行为，执行调整前的出口退税率。

调整出口货物退税率的执行时间及出口货物的时间，以出口货物报关单上注明的出口日期为准，调整跨境应税行为退税率的执行时间及销售跨境应税行为的时间，以出口发票的开具日期为准。

六、本通知自2018年5月1日起执行。此前有关规定与本通知规定的增值税税率、扣除率、出口退税率不一致的，以本通知为准。

七、各地要高度重视增值税税率调整工作，做好实施前的各项准备以及实施过程中的监测分析、宣传解释等工作，确保增值税税率调整工作平稳、有序推进。如遇问题，请及时上报财政部和税务总局。

财政部、税务总局关于简并增值税税率有关政策的通知

（2017年4月28日　财税〔2017〕37号）

各省、自治区、直辖市、计划单列市财政厅（局）、国家税务局、地方税务局，新疆生产建设兵团财务局：

自2017年7月1日起，简并增值税税率结构，取消13%

的增值税税率。现将有关政策通知如下：

一、纳税人销售或者进口下列货物，税率为11%：

农产品（含粮食）、自来水、暖气、石油液化气、天然气、食用植物油、冷气、热水、煤气、居民用煤炭制品、食用盐、农机、饲料、农药、农膜、化肥、沼气、二甲醚、图书、报纸、杂志、音像制品、电子出版物。

上述货物的具体范围见本通知附件1。

二、纳税人购进农产品，按下列规定抵扣进项税额：

（一）除本条第（二）项规定外，纳税人购进农产品，取得一般纳税人开具的增值税专用发票或海关进口增值税专用缴款书的，以增值税专用发票或海关进口增值税专用缴款书上注明的增值税额为进项税额；从按照简易计税方法依照3%征收率计算缴纳增值税的小规模纳税人取得增值税专用发票的，以增值税专用发票上注明的金额和11%的扣除率计算进项税额；取得（开具）农产品销售发票或收购发票的，以农产品销售发票或收购发票上注明的农产品买价和11%的扣除率计算进项税额。

（二）营业税改征增值税试点期间，纳税人购进用于生产销售或委托受托加工17%税率货物的农产品维持原扣除力度不变。

（三）继续推进农产品增值税进项税额核定扣除试点，纳税人购进农产品进项税额已实行核定扣除的，仍按照《财政部 国家税务总局关于在部分行业试行农产品增值税进项税额核定扣除办法的通知》（财税〔2012〕38号）、《财政部 国家税务总局关于扩大农产品增值税进项税额核定扣除试点行业范围的通知》（财税〔2013〕57号）执行。其中，《农产品增值税进项税额核定扣除试点实施办法》（财税〔2012〕38号印发）第四条第（二）项规定的扣除率调整为11%；第（三）项规定的扣除率调整为按本条第（一）项、第（二）项规定执行。

（四）纳税人从批发、零售环节购进适用免征增值税政策的蔬菜、部分鲜活肉蛋而取得的普通发票，不得作为计算抵扣进项税额的凭证。

（五）纳税人购进农产品既用于生产销售或委托受托加工17%税率货物又用于生产销售其他货物服务的，应当分别核算用于生产销售或委托受托加工17%税率货物和其他货物服务的农产品进项税额。未分别核算的，统一以增值税专用发票或海关进口增值税专用缴款书上注明的增值税额为进项税额，或以农产品收购发票或销售发票上注明的农产品买价和11%的扣除率计算进项税额。

（六）《中华人民共和国增值税暂行条例》第八条第二款第（三）项和本通知所称销售发票，是指农业生产者销售自产农产品适用免征增值税政策而开具的普通发票。

三、本通知附件2所列货物的出口退税率调整为11%。出口货物适用的出口退税率，以出口货物报关单上注明的出口日期界定。

外贸企业2017年8月31日前出口本通知附件2所列货物，购进时已按13%税率征收增值税的，执行13%出口退税率；购进时已按11%税率征收增值税的，执行11%出口退税率。生产企业2017年8月31日前出口本通知附件2所列货物，执行13%出口退税率。出口货物的时间，按照出口货物报关单上注明的出口日期执行。

四、本通知自2017年7月1日起执行。此前有关规定与本通知规定的增值税税率、扣除率、相关货物具体范围不一致的，以本通知为准。《财政部 国家税务总局关于免征部分鲜活肉蛋产品流通环节增值税政策的通知》（财税〔2012〕75号）第三条同时废止。

五、各地要高度重视简并增值税税率工作，切实加强组织领导，周密安排，明确责任。做好实施前的各项准备以及实施过程中的监测分析、宣传解释等工作，确保简并增值税税率平稳、有序推进。遇到问题请及时向财政部和税务总局反映。

附件：1. 适用11%增值税税率货物范围注释（略）

2. 出口退税率调整产品清单（略）

国家税务总局关于逾期增值税扣税凭证抵扣问题的公告

（2011年9月14日国家税务总局公告2011年第50号公布 根据2017年10月13日《国家税务总局关于进一步优化增值税、消费税有关涉税事项办理程序的公告》第一次修正 根据2018年6月15日《国家税务总局关于修改部分税收规范性文件的公告》第二次修正）

为保障纳税人合法权益，经国务院批准，现将2007年1月1日以后开具的增值税扣税凭证未能按照规定期限办理认证或者稽核比对（以下简称逾期）抵扣问题公告如下：

一、增值税一般纳税人发生真实交易但由于客观原因造成增值税扣税凭证（包括增值税专用发票、海关进口增值税专用缴款书和机动车销售统一发票）未能按照规定期限办理认证、确认或者稽核比对的，经主管税务机关核实、逐级上报，由省税务局认证并稽核比对后，对比对相符的增值税扣税凭证，允许纳税人继续抵扣其进项税额。

增值税一般纳税人由于除本公告第二条规定以外的其他原因造成增值税扣税凭证逾期的，仍应按照增值税扣税凭证抵扣期限有关规定执行。

二、客观原因包括如下类型：

（一）因自然灾害、社会突发事件等不可抗力因素造成增值税扣税凭证逾期；

（二）增值税扣税凭证被盗、抢，或者因邮寄丢失、误递导致逾期；

（三）有关司法、行政机关在办理业务或者检查中，扣押增值税扣税凭证,纳税人不能正常履行申报义务,或者税务机关信息系统、网络故障,未能及时处理纳税人网上认证数据等导致增值税扣税凭证逾期;

(四)买卖双方因经济纠纷,未能及时传递增值税扣税凭证,或者纳税人变更纳税地点,注销旧户和重新办理税务登记的时间过长,导致增值税扣税凭证逾期;

(五)由于企业办税人员伤亡、突发危重疾病或者擅自离职,未能办理交接手续,导致增值税扣税凭证逾期;

(六)国家税务总局规定的其他情形。

三、增值税一般纳税人因客观原因造成增值税扣税凭证逾期的,可按照本公告附件《逾期增值税扣税凭证抵扣管理办法》的规定,申请办理逾期抵扣手续。

四、本公告自 2011 年 10 月 1 日起执行。

特此公告。

附件:

逾期增值税扣税凭证抵扣管理办法

一、增值税一般纳税人发生真实交易但由于客观原因造成增值税扣税凭证逾期的,可向主管税务机关申请办理逾期抵扣。

二、纳税人申请办理逾期抵扣时,应报送如下资料:

(一)《逾期增值税扣税凭证抵扣申请单》;

(二)增值税扣税凭证逾期情况说明。纳税人应详细说明未能按期办理认证、确认或者稽核比对的原因,并加盖企业公章。其中,对客观原因不涉及第三方的,纳税人应说明的情况具体为:发生自然灾害、社会突发事件等不可抗力原因的,纳税人应详细说明自然灾害或者社会突发事件发生的时间、影响地区、对纳税人生产经营的实际影响等;纳税人变更纳税地点,注销旧户和重新办理税务登记的时间过长,导致增值税扣税凭证逾期的,纳税人应详细说明办理搬迁时间、注销旧户和注册新户的时间、搬出及搬入地点等;企业办税人员擅自离职,未办理交接手续的,纳税人应详细说明事情经过、办税人员姓名、离职时间等,并提供解除劳动关系合同及企业内部相关处理决定。

(三)客观原因涉及第三方的,应提供第三方证明或说明。具体为:企业办税人员伤亡或者突发危重疾病的,应提供公安机关、交通管理部门或者医院证明;有关司法、行政机关在办理业务或者检查中,扣押增值税扣税凭证,导致纳税人不能正常履行申报义务的,应提供相关司法、行政机关证明;增值税扣税凭证被盗、抢的,应提供公安机关证明;买卖双方因经济纠纷,未能及时传递增值税扣税凭证的,应提供卖方出具的情况说明;邮寄丢失或者误递导致增值税扣税凭证逾期的,应提供邮政单位出具的说明。

(四)逾期增值税扣税凭证电子信息;

(五)逾期增值税扣税凭证复印件(复印件必须整洁、清晰,在凭证备注栏注明"与原件一致"并加盖企业公章,增值税专用发票复印件必须裁剪成与原票大小一致)。

三、由于税务机关自身原因造成纳税人增值税扣税凭证逾期的,主管税务机关应在上报文件中说明相关情况。具体为,税务机关信息系统或者网络故障,未能及时处理纳税人网上认证数据的,主管税务机关应详细说明信息系统或网络故障出现、持续的时间,故障原因及表现等。

四、主管税务机关应认真核实纳税人所报资料,重点核查纳税人所报送资料是否齐全、交易是否真实发生、造成增值税扣税凭证逾期的原因是否属于客观原因、第三方证明或说明所述时间是否具有逻辑性、资料信息是否一致、增值税扣税凭证复印件与原件是否一致等。

主管税务机关核实无误后,应向上级税务机关上报,并将增值税扣税凭证逾期情况说明、第三方证明或说明、逾期增值税扣税凭证电子信息、逾期增值税扣税凭证复印件逐级上报至省税务局。

五、省税务局对上报的资料进行案头复核,并对逾期增值税扣税凭证信息进行认证、稽核比对,对资料符合条件、稽核比对结果相符的,允许纳税人继续抵扣逾期增值税扣税凭证上所注明或计算的税额。

六、主管税务机关可定期或者不定期对已抵扣逾期增值税扣税凭证进项税额的纳税人进行复查,发现纳税人提供虚假信息,存在弄虚作假行为的,应责令纳税人将已抵扣进项税额转出,并按《中华人民共和国税收征收管理法》的有关规定进行处罚。

附表:1. 逾期增值税扣税凭证抵扣申请单(略)

2. 逾期增值税扣税凭证电子信息格式(略)

税务机关代开增值税专用发票管理办法(试行)

(2004 年 12 月 22 日国税发〔2004〕153 号公布　根据 2018 年 6 月 15 日《国家税务总局关于修改部分税收规范性文件的公告》修正)

第一条　为了进一步加强税务机关为增值税纳税人代开增值税专用发票(以下简称专用发票)管理,防范不法分子利用代开专用发票进行偷骗税活动,优化税收服务,特制定本办法。

第二条　本办法所称代开专用发票是指主管税务机关为所辖范围内的增值税纳税人代开专用发票,其他单位和个人不得代开。

第三条　主管税务机关应设立代开专用发票岗位和税款

征收岗位,并分别确定专人负责代开专用发票和税款征收工作。

第四条　代开专用发票统一使用增值税防伪税控代开票系统开具。非防伪税控代开票系统开具的代开专用发票不得作为增值税进项税额抵扣凭证。

增值税防伪税控代开票系统由防伪税控企业发行岗位按规定发行。

第五条　本办法所称增值税纳税人是指已办理税务登记的小规模纳税人(包括个体经营者)以及国家税务总局确定的其他可予代开增值税专用发票的纳税人。

第六条　增值税纳税人发生增值税应税行为、需要开具专用发票时,可向其主管税务机关申请代开。

第七条　增值税纳税人申请代开专用发票时,应填写《代开增值税专用发票缴纳税款申报单》(式样见附件,以下简称《申报单》),连同税务登记证副本,到主管税务机关税款征收岗位按专用发票上注明的税额全额申报缴纳税款,同时缴纳专用发票工本费。

第八条　税款征收岗位接到《申报单》后,应对以下事项进行审核:

(一)是否属于本税务机关管辖的增值税纳税人;

(二)《申报单》上增值税征收率填写、税额计算是否正确。

审核无误后,税款征收岗位应通过防伪税控代开票征收子系统录入《申报单》的相关信息,按照《申报单》上注明的税额征收税款,开具税收完税凭证,同时收取专用发票工本费,按照规定开具有关票证,将有关征税电子信息及时传递给代开发票岗位。

在防伪税控代开票征税子系统未使用前暂传递纸质凭证。

税务机关可采取税银联网划款、银行卡(POS机)划款或现金收取三种方式征收税款。

第九条　增值税纳税人缴纳税款后,凭《申报单》和税收完税凭证及税务登记证副本,到代开专用发票岗位申请代开专用发票。

代开发票岗位确认税款征收岗位传来的征税电子信息与《申报单》和税收完税凭证上的金额、税额相符后,按照《申报单》、完税凭证和专用发票一一对应即"一单一证一票"原则,为增值税纳税人代开专用发票。

在防伪税控代开票征税子系统未使用前,代开票岗位凭《申报单》和税收完税凭证代开发票。

第十条　代开发票岗位应按下列要求填写专用发票的有关项目:

1. "单价"栏和"金额"栏分别填写不含增值税税额的单价和销售额;

2. "税率"栏填写增值税征收率;

3. 销货单位栏填写代开税务机关的统一代码和代开税务机关名称;

4. 销方开户银行及账号栏内填写税收完税凭证号码;

5. 备注栏内注明增值税纳税人的名称和纳税人识别号。

其他项目按照专用发票填开的有关规定填写。

第十一条　增值税纳税人应在代开专用发票的备注栏上,加盖本单位的财务专用章或发票专用章。

第十二条　代开专用发票遇有填写错误、销货退回或销售折让等情形的,按照专用发票有关规定处理。

税务机关代开专用发票时填写有误的,应及时在防伪税控代开票系统中作废,重新开具。代开专用发票后发生退票的,税务机关应按照增值税一般纳税人作废或开具负数专用发票的有关规定进行处理。对需要重新开票的,税务机关应同时进行新开票税额与原开票税额的清算,多退少补;对无需重新开票的,按有关规定退还增值税纳税人已缴的税款或抵顶下期正常申报税款。

第十三条　为增值税纳税人代开的专用发票应统一使用六联专用发票,第五联代开发票岗位留存,以备发票的扫描补录,第六联交税款征收岗位,用于代开发票税额与征收税款的定期核对,其他联次交增值税纳税人。

第十四条　代开专用发票岗位领用专用发票,经发票管理部门负责人批准后,到专用发票发售窗口领取专用发票,并将相应发票的电子信息读入防伪税控代开票系统。

第十五条　代开专用发票岗位应在每月纳税申报期的第一个工作日,将上月所开具的代开专用发票数据抄取、传递到防伪税控报税系统。代开专用发票的金税卡等专用设备发生故障的,税务机关应使用留存的专用发票第五联进行扫描补录。

第十六条　代开发票岗位应妥善保管代开专用发票数据,及时备份。

第十七条　税务机关应按月对代开专用发票进行汇总统计,对代开专用发票数据通过增值税计算机稽核系统比对后属于滞留、缺联、失控、作废、红字缺联等情况,应及时分析,查明原因,按规定处理,确保代开专用发票存根联数据采集的完整性和准确性。

第十八条　代开专用发票各岗位人员应严格执行本办法及有关规定。对违反规定的,追究有关人员的责任。

第十九条　各省、自治区、直辖市和计划单列市税务局可根据实际在本办法基础上制定实施细则。

第二十条　本办法自二〇〇五年一月一日起实施,凡与本办法相抵触的规定同时停止执行。

增值税专用发票使用规定[①]

（2006 年 10 月 17 日国税发〔2006〕156 号公布 根据 2018 年 6 月 15 日《国家税务总局关于修改部分税收规范性文件的公告》修正）

第一条 为加强增值税征收管理，规范增值税专用发票（以下简称专用发票）使用行为，根据《中华人民共和国增值税暂行条例》及其实施细则和《中华人民共和国税收征收管理法》及其实施细则，制定本规定。

第二条 专用发票，是增值税一般纳税人（以下简称一般纳税人）销售货物或者提供应税劳务开具的发票，是购买方支付增值税额并可按照增值税有关规定据以抵扣增值税进项税额的凭证。

第三条 一般纳税人应通过增值税防伪税控系统（以下简称防伪税控系统）使用专用发票。使用，包括领购、开具、缴销、认证纸质专用发票及其相应的数据电文。

本规定所称防伪税控系统，是指经国务院同意推行的，使用专用设备和通用设备、运用数字密码和电子存储技术管理专用发票的计算机管理系统。

本规定所称专用设备，是指金税卡、IC 卡、读卡器和其他设备。

本规定所称通用设备，是指计算机、打印机、扫描器具和其他设备。

第四条 专用发票由基本联次或者基本联次附加其他联次构成，基本联次为三联：发票联、抵扣联和记账联。发票联，作为购买方核算采购成本和增值税进项税额的记账凭证；抵扣联，作为购买方报送主管税务机关认证和留存备查的凭证；记账联，作为销售方核算销售收入和增值税销项税额的记账凭证。其他联次用途，由一般纳税人自行确定。

第五条 专用发票实行最高开票限额管理。最高开票限额，是指单份专用发票开具的销售额合计数不得达到的上限额度。

最高开票限额由一般纳税人申请，税务机关依法审批。最高开票限额为十万元及以下的，由区县级税务机关审批；最高开票限额为一百万元的，由地市级税务机关审批；最高开票限额为一千万元及以上的，由省级税务机关审批。防伪税控系统的具体发行工作由区县级税务机关负责。

税务机关审批最高开票限额应进行实地核查。批准使用最高开票限额为十万元及以下的，由区县级税务机关派人实地核查；批准使用最高开票限额为一百万元的，由地市级税务机关派人实地核查；批准使用最高开票限额为一千万元及以上的，由地市级税务机关派人实地核查后将核查资料报省级税务机关审核。

一般纳税人申请最高开票限额时，需填报《最高开票限额申请表》（附件 1）。

第六条 一般纳税人领购专用设备后，凭《增值税专用发票最高开票限额申请单》、《发票领购簿》到主管税务机关办理初始发行。

本规定所称初始发行，是指主管税务机关将一般纳税人的下列信息载入空白金税卡和 IC 卡的行为。

（一）企业名称；

（二）税务登记代码；

（三）开票限额；

（四）购票限量；

（五）购票人员姓名、密码；

（六）开票机数量；

（七）国家税务总局规定的其他信息。

一般纳税人发生上列第一、三、四、五、六、七项信息变化，应向主管税务机关申请变更发行；发生第二项信息变化，应向主管税务机关申请注销发行。

第七条 一般纳税人凭《发票领购簿》、IC 卡和经办人身份证明领购专用发票。

第八条 一般纳税人有下列情形之一的，不得领购开具专用发票：

（一）会计核算不健全，不能向税务机关准确提供增值税销项税额、进项税额、应纳税额数据及其他有关增值税税务资料的。

上列其他有关增值税税务资料的内容，由省、自治区、直辖市和计划单列市税务局确定。

（二）有《税收征管法》规定的税收违法行为，拒不接受税务机关处理的。

（三）有下列行为之一，经税务机关责令限期改正而仍未改正的：

1. 虚开增值税专用发票；
2. 私自印制专用发票；
3. 向税务机关以外的单位和个人买取专用发票；
4. 借用他人专用发票；
5. 未按本规定第十一条开具专用发票；
6. 未按规定保管专用发票和专用设备；
7. 未按规定申请办理防伪税控系统变更发行；
8. 未按规定接受税务机关检查。

有上列情形的，如已领购专用发票，主管税务机关应暂扣其结存的专用发票和 IC 卡。

第九条 有下列情形之一的，为本规定第八条所称未按

① 本规定中的第五条已被《国家税务总局关于在全国开展营业税改征增值税试点有关征收管理问题的公告》废止，第二十八条已被《国家税务总局关于简化增值税发票领用和使用程序有关问题的公告》废止，第十四条、第十五条、第十六条、第十七条、第十八条、第十九条已被《国家税务总局关于推行增值税发票系统升级版有关问题的公告》废止。

规定保管专用发票和专用设备：

(一)未设专人保管专用发票和专用设备；

(二)未按税务机关要求存放专用发票和专用设备；

(三)未将认证相符的专用发票抵扣联、《认证结果通知书》和《认证结果清单》装订成册；

(四)未经税务机关查验，擅自销毁专用发票基本联次。

第十条 一般纳税人销售货物或者提供应税劳务，应向购买方开具专用发票。

商业企业一般纳税人零售的烟、酒、食品、服装、鞋帽(不包括劳保专用部分)、化妆品等消费品不得开具专用发票。

增值税小规模纳税人(以下简称小规模纳税人)需要开具专用发票的，可向主管税务机关申请代开。

销售免税货物不得开具专用发票，法律、法规及国家税务总局另有规定的除外。

第十一条 专用发票应按下列要求开具：

(一)项目齐全，与实际交易相符；

(二)字迹清楚，不得压线、错格；

(三)发票联和抵扣联加盖财务专用章或者发票专用章；

(四)按照增值税纳税义务的发生时间开具。

对不符合上列要求的专用发票，购买方有权拒收。

第十二条 一般纳税人销售货物或者提供应税劳务可汇总开具专用发票。汇总开具专用发票的，同时使用防伪税控系统开具《销售货物或者提供应税劳务清单》(附件2)，并加盖财务专用章或者发票专用章。

第十三条 一般纳税人在开具专用发票当月，发生销货退回、开票有误等情形，收到退回的发票联、抵扣联符合作废条件的，按作废处理；开具时发现有误的，可即时作废。

作废专用发票须在防伪税控系统中将相应的数据电文按"作废"处理，在纸质专用发票(含未打印的专用发票)各联次上注明"作废"字样，全联次留存。

第十四条 一般纳税人取得专用发票后，发生销货退回、开票有误等情形但不符合作废条件的，或者因销货部分退回及发生销售折让的，购买方应向主管税务机关填报《开具红字增值税专用发票申请单》(以下简称《申请单》，附件3)。

《申请单》所对应的蓝字专用发票应经税务机关认证。

经认证结果为"认证相符"并且已经抵扣增值税进项税额的，一般纳税人在填报《申请单》时不填写相对应的蓝字专用发票信息。

经认证结果为"纳税人识别号认证不符"、"专用发票代码、号码认证不符"的，一般纳税人在填报《申请单》时应填写相对应的蓝字专用发票信息。

第十五条 《申请单》一式两联：第一联由购买方留存；第二联由购买方主管税务机关留存。

《申请单》应加盖一般纳税人财务专用章。

第十六条 主管税务机关对一般纳税人填报的《申请单》进行审核后，出具《开具红字增值税专用发票通知单》(以下简称《通知单》，附件4)。《通知单》应与《申请单》一一对应。

第十七条 《通知单》一式三联：第一联由购买方主管税务机关留存；第二联由购买方送交销售方留存；第三联由购买方留存。

《通知单》应加盖主管税务机关印章。

《通知单》应按月依次装订成册，并比照专用发票保管规定管理。

第十八条 购买方必须暂依《通知单》所列增值税税额从当期进项税额中转出，未抵扣增值税进项税额的可列入当期进项税额，待取得销售方开具的红字专用发票后，与留存的《通知单》一并作为记账凭证。属于本规定第十四条第四款所列情形的，不作进项税额转出。

第十九条 销售方凭购买方提供的《通知单》开具红字专用发票，在防伪税控系统中以销项负数开具。

红字专用发票应与《通知单》一一对应。

第二十条 同时具有下列情形的，为本规定所称作废条件：

(一)收到退回的发票联、抵扣联时间未超过销售方开票当月；

(二)销售方未抄税并且未记账；

(三)购买方未认证或者认证结果为"纳税人识别号认证不符"、"专用发票代码、号码认证不符"。

本规定所称抄税，是报税前用IC卡或者IC卡和软盘抄取开票数据电文。

第二十一条 一般纳税人开具专用发票应在增值税纳税申报期内向主管税务机关报税，在申报所属月份内可分次向主管税务机关报税。

本规定所称报税，是纳税人持IC卡或者IC卡和软盘向税务机关报送开票数据电文。

第二十二条 因IC卡、软盘质量等问题无法报税的，应更换IC卡、软盘。

因硬盘损坏、更换金税卡等原因不能正常报税的，应提供已开具未向税务机关报税的专用发票记账联原件或者复印件，由主管税务机关补采开票数据。

第二十三条 一般纳税人注销税务登记或者转为小规模纳税人，应将专用设备和结存未用的纸质专用发票送交主管税务机关。

主管税务机关应缴销其专用发票，并按有关安全管理的要求处理专用设备。

第二十四条 本规定第二十三条所称专用发票的缴销，是指主管税务机关在纸质专用发票监制章处按"V"字剪角作废，同时作废相应的专用发票数据电文。

被缴销的纸质专用发票应退还纳税人。

第二十五条 用于抵扣增值税进项税额的专用发票应经税务机关认证相符(国家税务总局另有规定的除外)。认证相符的专用发票应作为购买方的记账凭证,不得退还销售方。

本规定所称认证,是税务机关通过防伪税控系统对专用发票所列数据的识别、确认。

本规定所称认证相符,是指纳税人识别号无误,专用发票所列密文解译后与明文一致。

第二十六条 经认证,有下列情形之一的,不得作为增值税进项税额的抵扣凭证,税务机关退还原件,购买方可要求销售方重新开具专用发票。

(一)无法认证。

本规定所称无法认证,是指专用发票所列密文或者明文不能辨认,无法产生认证结果。

(二)纳税人识别号认证不符。

本规定所称纳税人识别号认证不符,是指专用发票所列购买方纳税人识别号有误。

(三)专用发票代码、号码认证不符。

本规定所称专用发票代码、号码认证不符,是指专用发票所列密文解译后与明文的代码或者号码不一致。

第二十七条 经认证,有下列情形之一的,暂不得作为增值税进项税额的抵扣凭证,税务机关扣留原件,查明原因,分别情况进行处理。

(一)重复认证。

本规定所称重复认证,是指已经认证相符的同一张专用发票再次认证。

(二)密文有误。

本规定所称密文有误,是指专用发票所列密文无法解译。

(三)认证不符。

本规定所称认证不符,是指纳税人识别号有误,或者专用发票所列密文解译后与明文不一致。

本项所称认证不符不含第二十六条第二项、第三项所列情形。

(四)列为失控专用发票。

本规定所称列为失控专用发票,是指认证时的专用发票已被登记为失控专用发票。

第二十八条 一般纳税人丢失已开具专用发票的发票联和抵扣联,如果丢失前已认证相符的,购买方凭销售方提供的相应专用发票记账联复印件及销售方所在地主管税务机关出具的《丢失增值税专用发票已报税证明单》(附件5),经购买方主管税务机关审核同意后,可作为增值税进项税额的抵扣凭证;如果丢失前未认证的,购买方凭销售方提供的相应专用发票记账联复印件到主管税务机关进行认证,认证相符的凭该专用发票记账联复印件及销售方所在地主管税务机关出具的《丢失增值税专用发票已报税证明单》,经购买方主管税务机关审核同意后,可作为增值税进项税额的抵扣凭证。

一般纳税人丢失已开具专用发票的抵扣联,如果丢失前已认证相符的,可使用专用发票发票联复印件留存备查;如果丢失前未认证的,可使用专用发票发票联到主管税务机关认证,专用发票发票联复印件留存备查。

一般纳税人丢失已开具专用发票的发票联,可将专用发票抵扣联作为记账凭证,专用发票抵扣联复印件留存备查。

第二十九条 专用发票抵扣联无法认证的,可使用专用发票发票联到主管税务机关认证。专用发票发票联复印件留存备查。

第三十条 本规定自2007年1月1日施行,《国家税务总局关于印发〈增值税专用发票使用规定〉的通知》(国税发〔1993〕150号)、《国家税务总局关于增值税专用发票使用问题的补充通知》(国税发〔1994〕056号)、《国家税务总局关于由税务所为小规模企业代开增值税专用发票的通知》(国税发〔1994〕058号)、《国家税务总局关于印发〈关于商业零售企业开具增值税专用发票的通告〉的通知》(国税发〔1994〕081号)、《国家税务总局关于修改〈国家税务总局关于严格控制增值税专用发票使用范围的通知〉的通知》(国税发〔2000〕075号)、《国家税务总局关于加强防伪税控开票系统最高开票限额管理的通知》(国税发明电〔2001〕57号)、《国家税务总局关于增值税一般纳税人丢失防伪税控系统开具的增值税专用发票有关税务处理问题的通知》(国税发〔2002〕010号)、《国家税务总局关于进一步加强防伪税控开票系统最高开票限额管理的通知》(国税发明电〔2002〕33号)同时废止。以前有关政策规定与本规定不一致的,以本规定为准。

国家税务总局关于增值税发票开具有关问题的公告

(2017年5月19日国家税务总局公告2017年第16号公布)

为进一步加强增值税发票管理,保障全面推开营业税改征增值税试点工作顺利实施,保护纳税人合法权益,营造健康公平的税收环境,现将增值税发票开具有关问题公告如下:

一、自2017年7月1日起,购买方为企业的,索取增值税普通发票时,应向销售方提供纳税人识别号或统一社会信用代码;销售方为其开具增值税普通发票时,应在"购买方纳税人识别号"栏填写购买方的纳税人识别号或统一社会信用代码。不符合规定的发票,不得作为税收凭证。

本公告所称企业,包括公司、非公司制企业法人、企业分支机构、个人独资企业、合伙企业和其他企业。

二、销售方开具增值税发票时,发票内容应按照实际销售情况如实开具,不得根据购买方要求填开与实际交易不符的内容。销售方开具发票时,通过销售平台系统与增值税发票税控系统后台对接,导入相关信息开票的,系统导入的开票数据内容应与实际交易相符,如不相符应及时修改完善销售平台系统。

特此公告。

国家税务总局关于新办纳税人首次申领增值税发票有关事项的公告

(2018 年 6 月 11 日国家税务总局公告 2018 年第 29 号公布)

为了进一步深化税务系统“放管服”改革,优化税收营商环境,方便新办纳税人首次申领增值税发票,按照国务院关于进一步压缩企业开办时间的要求,税务总局决定压缩新办纳税人首次申领增值税发票时间。现将有关事项公告如下:

一、同时满足下列条件的新办纳税人首次申领增值税发票,主管税务机关应当自受理申请之日起 2 个工作日内办结,有条件的主管税务机关当日办结:

(一)纳税人的办税人员、法定代表人已经进行实名信息采集和验证(需要采集、验证法定代表人实名信息的纳税人范围由各省税务机关确定);

(二)纳税人有开具增值税发票需求,主动申领发票;

(三)纳税人按照规定办理税控设备发行等事项。

二、新办纳税人首次申领增值税发票主要包括发票票种核定、增值税专用发票(增值税税控系统)最高开票限额审批、增值税税控系统专用设备初始发行、发票领用等涉税事项。

三、税务机关为符合本公告第一条规定的首次申领增值税发票的新办纳税人办理发票票种核定,增值税专用发票最高开票限额不超过 10 万元,每月最高领用数量不超过 25 份;增值税普通发票最高开票限额不超过 10 万元,每月最高领用数量不超过 50 份。各省税务机关可以在此范围内结合纳税人税收风险程度,自行确定新办纳税人首次申领增值税发票票种核定标准。

四、各省税务机关要根据本地区的实际情况,进一步明确新办纳税人首次申领增值税发票的办理时限、办理方式和办理流程,尽可能实现税控设备网上购买,并做好压缩新办纳税人首次申领增值税发票时间相关政策的宣传解释工作,确保符合条件的新办纳税人及时、顺利地领用增值税发票。

除新疆、青海、西藏以外的地区,本公告自 2018 年 8 月 1 日起施行;新疆、青海、西藏地区自 2018 年 10 月 1 日起施行。

特此公告。

国家税务总局关于启用增值税普通发票(卷票)有关事项的公告

(2016 年 12 月 13 日国家税务总局公告 2016 年第 82 号公布　自 2017 年 1 月 1 日起实施)

为了满足纳税人发票使用需要,税务总局决定自 2017 年 1 月 1 日起启用增值税普通发票(卷票),现将有关事项公告如下:

一、增值税普通发票(卷票)规格、联次及防伪措施

增值税普通发票(卷票)分为两种规格:57mm × 177.8mm、76mm × 177.8mm,均为单联。增值税普通发票(卷票)的防伪措施为光变油墨防伪(详见附件 1)。

二、增值税普通发票(卷票)代码及号码

增值税普通发票(卷票)的发票代码为 12 位,编码规则:第 1 位为 0,第 2－5 位代表省、自治区、直辖市和计划单列市,第 6－7 位代表年度,第 8－10 位代表批次,第 11－12 位代表票种和规格,其中 06 代表 57mm × 177.8mm 增值税普通发票(卷票)、07 代表 76mm × 177.8mm 增值税普通发票(卷票)。

增值税普通发票(卷票)的发票号码为 8 位,按年度、分批次编制。

三、增值税普通发票(卷票)内容

增值税普通发票(卷票)的基本内容包括:发票名称、发票监制章、发票联、税徽、发票代码、发票号码、机打号码、机器编号、销售方名称及纳税人识别号、开票日期、收款员、购买方名称及纳税人识别号、项目、单价、数量、金额、合计金额(小写)、合计金额(大写)、校验码、二维码码区等。增值税普通发票(卷票)票样见附件 2。

四、其他事项

(一)增值税普通发票(卷票)由纳税人自愿选择使用,重点在生活性服务业纳税人中推广使用。

(二)增值税普通发票(卷票)的真伪鉴别按照《中华人民共和国发票管理办法实施细则》第三十三条有关规定执行。

本公告自 2017 年 1 月 1 日起实施。

特此公告。

附件:1. 增值税普通发票(卷票)防伪措施的说明(略)

2. 增值税普通发票(卷票)票样(略)

国家税务总局关于使用印有本单位名称的增值税普通发票(卷票)有关问题的公告

(2017 年 4 月 14 日国家税务总局公告 2017 年第 9 号公布　根据 2018 年 6 月 15 日《国家税务总局关于修改部分税收规范性文件的公告》修正)

为进一步规范增值税发票管理,优化纳税服务,保障全面推开营业税改征增值税试点工作顺利实施,现将使用印有本单位名称的增值税普通发票(卷票)有关问题公告如下:

一、纳税人可按照《中华人民共和国发票管理办法》及其实施细则要求,书面向税务机关要求使用印有本单位名称的增值税普通发票(卷票),税务机关按规定确认印有该单位名称发票的种类和数量。纳税人通过增值税发票管理新系统开具印有本单位名称的增值税普通发票(卷票)。

二、印有本单位名称的增值税普通发票(卷票),由税务总局统一招标采购的增值税普通发票(卷票)中标厂商印制,其式样、规格、联次和防伪措施等与原有增值税普通发票(卷票)一致,并加印企业发票专用章。

三、印有本单位名称的增值税普通发票(卷票)发票代码及号码按照《国家税务总局关于启用增值税普通发票(卷票)有关事项的公告》(国家税务总局公告2016年第82号)规定的编码规则编制。发票代码的第8-10位代表批次,由省税务机关在501-999范围内统一编制。

四、使用印有本单位名称的增值税普通发票(卷票)的企业,按照《国家税务总局 财政部关于冠名发票印制费结算问题的通知》(税总发〔2013〕53号)规定,与发票印制企业直接结算印制费用。

本公告自2017年7月1日起施行。

特此公告。

国家税务总局关于增值税电子普通发票使用有关事项的公告

(2018年7月23日国家税务总局公告2018年第41号发布 自发布之日起施行)

为了保障国税地税征管体制改革工作顺利推进,确保改革前后增值税电子普通发票有序衔接、平稳过渡,现将增值税电子普通发票使用有关事项公告如下:

一、新税务机构挂牌后,国家税务总局各省、自治区、直辖市和计划单列市税务局[以下简称"各省(区、市)税务局"]将启用新的发票监制章。增值税电子普通发票(含收费公路通行费增值税电子普通发票,下同)版式文件上的发票监制章,相应修改为各省(区、市)税务局新启用的发票监制章。

二、新启用的发票监制章形状为椭圆型,长轴为3厘米,短轴为2厘米,边宽为0.1厘米,内环加刻一细线,上环刻制"全国统一发票监制章"字样,中间刻制"国家税务总局"字样,下环刻制"××省(区、市)税务局"字样,下环字样例如:"江苏省税务局"、"上海市税务局"、"内蒙古自治区税务局"、"新疆维吾尔自治区税务局"。字体为楷体7磅,印色为大红色。新启用的发票监制章样式见附件。

三、纳税人自建电子发票服务平台和第三方电子发票服务平台,应当于2018年12月31日前完成升级工作。电子发票服务平台升级后,生成的增值税电子普通发票版式文件使用各省(区、市)税务局新启用的发票监制章。电子发票服务平台升级前,生成的增值税电子普通发票版式文件可以继续使用原各省、自治区、直辖市和计划单列市国家税务局的发票监制章。

四、各省(区、市)税务局要利用多种渠道,切实做好增值税电子普通发票使用有关事项的宣传解释工作。要多措并举、扎实推进,将相关政策规定及时、准确告知自建电子发票服务平台的纳税人和第三方电子发票服务平台运营商,并督促其按时完成电子发票服务平台升级工作。

五、《国家税务总局关于推行通过增值税电子发票系统开具的增值税电子普通发票有关问题的公告》(国家税务总局公告2015年第84号发布,国家税务总局公告2018年第31号修改)附件1增值税电子普通发票票样中的发票监制章按照本公告规定调整。

本公告自发布之日起施行。

特此公告。

附件:发票监制章样式(略)

国家税务总局关于异常增值税扣税凭证管理等有关事项的公告

(2019年11月14日国家税务总局公告2019年第38号公布 自2020年2月1日起施行)

现将异常增值税扣税凭证(以下简称"异常凭证")管理等有关事项公告如下:

一、符合下列情形之一的增值税专用发票,列入异常凭证范围:

(一)纳税人丢失、被盗税控专用设备中未开具或已开具未上传的增值税专用发票;

(二)非正常户纳税人未向税务机关申报或未按规定缴纳税款的增值税专用发票;

(三)增值税发票管理系统稽核比对发现"比对不符""缺联""作废"的增值税专用发票;

(四)经税务总局、省税务局大数据分析发现,纳税人开具的增值税专用发票存在涉嫌虚开、未按规定缴纳消费税等情形的;

(五)属于《国家税务总局关于走逃(失联)企业开具增值税专用发票认定处理有关问题的公告》(国家税务总局公告2016年第76号)第二条第(一)项规定情形的增值税专用发票。

二、增值税一般纳税人申报抵扣异常凭证,同时符合下列情形的,其对应开具的增值税专用发票列入异常凭证范围:

(一)异常凭证进项税额累计占同期全部增值税专用发票进项税额70%(含)以上的;

(二)异常凭证进项税额累计超过5万元的。

纳税人尚未申报抵扣、尚未申报出口退税或已作进项税额转出的异常凭证,其涉及的进项税额不计入异常凭证进项税额的计算。

三、增值税一般纳税人取得的增值税专用发票列入异常凭证范围的,应按照以下规定处理:

(一)尚未申报抵扣增值税进项税额的,暂不允许抵扣。已经申报抵扣增值税进项税额的,除另有规定外,一律作进项税额转出处理。

(二)尚未申报出口退税或者已申报但尚未办理出口退税的,除另有规定外,暂不允许办理出口退税。适用增值税免抵退税办法的纳税人已经办理出口退税的,应根据列入异常凭证范围的增值税专用发票上注明的增值税额作进项税额转出处理;适用增值税免退税办法的纳税人已经办理出口退税的,税务机关应按照现行规定对列入异常凭证范围的增值税专用发票对应的已退税款追回。

纳税人因骗取出口退税停止出口退(免)税期间取得的增值税专用发票列入异常凭证范围的,按照本条第(一)项规定执行。

(三)消费税纳税人以外购或委托加工收回的已税消费品为原料连续生产应税消费品,尚未申报扣除原料已纳消费税税款的,暂不允许抵扣;已经申报抵扣的,冲减当期允许抵扣的消费税税款,当期不足冲减的应当补缴税款。

(四)纳税信用A级纳税人取得异常凭证且已经申报抵扣增值税、办理出口退税或抵扣消费税的,可以自接到税务机关通知之日起10个工作日内,向主管税务机关提出核实申请。经税务机关核实,符合现行增值税进项税额抵扣、出口退税或消费税抵扣相关规定的,可不作进项税额转出、追回已退税款、冲减当期允许抵扣的消费税税款等处理。纳税人逾期未提出核实申请的,应于期满后按照本条第(一)项、第(二)项、第(三)项规定作相关处理。

(五)纳税人对税务机关认定的异常凭证存有异议,可以向主管税务机关提出核实申请。经税务机关核实,符合现行增值税进项税额抵扣或出口退税相关规定的,纳税人可继续申报抵扣或者重新申报出口退税;符合消费税抵扣规定且已缴纳消费税税款的,纳税人可继续申报抵扣消费税税款。

四、经税务总局、省税务局大数据分析发现存在涉税风险的纳税人,不得离线开具发票,其开票人员在使用开票软件时,应当按照税务机关指定的方式进行人员身份信息实名验证。

五、新办理增值税一般纳税人登记的纳税人,自首次开票之日起3个月内不得离线开具发票,按照有关规定不使用网络办税或不具备风险条件的特定纳税人除外。

六、本公告自2020年2月1日起施行。《国家税务总局关于走逃(失联)企业开具增值税专用发票认定处理有关问题的公告》(国家税务总局公告2016年第76号)第二条第(二)项、《国家税务总局关于建立增值税失控发票快速反应机制的通知》(国税发〔2004〕123号文件印发,国家税务总局公告2018年第31号修改)、《国家税务总局关于金税工程增值税征管信息系统发现的涉嫌违规增值税专用发票处理问题的通知》(国税函〔2006〕969号)第一条第(二)项和第二条、《国家税务总局关于认真做好增值税失控发票数据采集工作有关问题的通知》(国税函〔2007〕517号)、《国家税务总局关于失控增值税专用发票处理的批复》(国税函〔2008〕607号)、《国家税务总局关于外贸企业使用增值税专用发票办理出口退税有关问题的公告》(国家税务总局公告2012年第22号)第二条第(二)项同时废止。

特此公告。

房地产开发企业销售自行开发的房地产项目增值税征收管理暂行办法

(2016年3月31日国家税务总局公告2016年第18号公布 根据2018年6月15日《国家税务总局关于修改部分税收规范性文件的公告》修正)

第一章 适 用 范 围

第一条 根据《财政部、国家税务总局关于全面推开营业税改征增值税试点的通知》(财税〔2016〕36号)及现行增值税有关规定,制定本办法。

第二条 房地产开发企业销售自行开发的房地产项目,适用本办法。

自行开发,是指在依法取得土地使用权的土地上进行基础设施和房屋建设。

第三条 房地产开发企业以接盘等形式购入未完工的房地产项目继续开发后,以自己的名义立项销售的,属于本办法规定的销售自行开发的房地产项目。

第二章 一般纳税人征收管理

第一节 销 售 额

第四条 房地产开发企业中的一般纳税人(以下简称一般纳税人)销售自行开发的房地产项目,适用一般计税方法计税,按照取得的全部价款和价外费用,扣除当期销售房地产项目对应的土地价款后的余额计算销售额。销售额的计算公式如下:

销售额=(全部价款和价外费用-当期允许扣除的土地价款)÷(1+11%)

第五条 当期允许扣除的土地价款按照以下公式计算:

当期允许扣除的土地价款=(当期销售房地产项目建筑面积÷房地产项目可供销售建筑面积)×支付的土地价款

当期销售房地产项目建筑面积,是指当期进行纳税申报的增值税销售额对应的建筑面积。

房地产项目可供销售建筑面积，是指房地产项目可以出售的总建筑面积，不包括销售房地产项目时未单独作价结算的配套公共设施的建筑面积。

支付的土地价款，是指向政府、土地管理部门或受政府委托收取土地价款的单位直接支付的土地价款。

第六条　在计算销售额时从全部价款和价外费用中扣除土地价款，应当取得省级以上（含省级）财政部门监（印）制的财政票据。

第七条　一般纳税人应建立台账登记土地价款的扣除情况，扣除的土地价款不得超过纳税人实际支付的土地价款。

第八条　一般纳税人销售自行开发的房地产老项目，可以选择适用简易计税方法按照5%的征收率计税。一经选择简易计税方法计税的，36个月内不得变更为一般计税方法计税。

房地产老项目，是指：

（一）《建筑工程施工许可证》注明的合同开工日期在2016年4月30日前的房地产项目；

（二）《建筑工程施工许可证》未注明合同开工日期或者未取得《建筑工程施工许可证》但建筑工程承包合同注明的开工日期在2016年4月30日前的建筑工程项目。

第九条　一般纳税人销售自行开发的房地产老项目适用简易计税方法计税的，以取得的全部价款和价外费用为销售额，不得扣除对应的土地价款。

第二节　预缴税款

第十条　一般纳税人采取预收款方式销售自行开发的房地产项目，应在收到预收款时按照3%的预征率预缴增值税。

第十一条　应预缴税款按照以下公式计算：

应预缴税款＝预收款÷（1＋适用税率或征收率）×3%

适用一般计税方法计税的，按照11%的适用税率计算；适用简易计税方法计税的，按照5%的征收率计算。

第十二条　一般纳税人应在取得预收款的次月纳税申报期向主管税务机关预缴税款。

第三节　进项税额

第十三条　一般纳税人销售自行开发的房地产项目，兼有一般计税方法计税、简易计税方法计税、免征增值税的房地产项目而无法划分不得抵扣的进项税额的，应以《建筑工程施工许可证》注明的"建设规模"为依据进行划分。

不得抵扣的进项税额＝当期无法划分的全部进项税额×（简易计税、免税房地产项目建设规模÷房地产项目总建设规模）

第四节　纳税申报

第十四条　一般纳税人销售自行开发的房地产项目适用一般计税方法计税的，应按照《营业税改征增值税试点实施办法》（财税〔2016〕36号文件印发，以下简称《试点实施办法》）第四十五条规定的纳税义务发生时间，以当期销售额和11%的适用税率计算当期应纳税额，抵减已预缴税款后，向主管税务机关申报纳税。未抵减完的预缴税款可以结转下期继续抵减。

第十五条　一般纳税人销售自行开发的房地产项目适用简易计税方法计税的，应按照《试点实施办法》第四十五条规定的纳税义务发生时间，以当期销售额和5%的征收率计算当期应纳税额，抵减已预缴税款后，向主管税务机关申报纳税。未抵减完的预缴税款可以结转下期继续抵减。

第五节　发票开具

第十六条　一般纳税人销售自行开发的房地产项目，自行开具增值税发票。

第十七条　一般纳税人销售自行开发的房地产项目，其2016年4月30日前收取并已向主管地税机关申报缴纳营业税的预收款，未开具营业税发票的，可以开具增值税普通发票，不得开具增值税专用发票。

第十八条　一般纳税人向其他个人销售自行开发的房地产项目，不得开具增值税专用发票。

第三章　小规模纳税人征收管理

第一节　预缴税款

第十九条　房地产开发企业中的小规模纳税人（以下简称小规模纳税人）采取预收款方式销售自行开发的房地产项目，应在收到预收款时按照3%的预征率预缴增值税。

第二十条　应预缴税款按照以下公式计算：

应预缴税款＝预收款÷（1＋5%）×3%

第二十一条　小规模纳税人应在取得预收款的次月纳税申报期或主管税务机关核定的纳税期限向主管税务机关预缴税款。

第二节　纳税申报

第二十二条　小规模纳税人销售自行开发的房地产项目，应按照《试点实施办法》第四十五条规定的纳税义务发生时间，以当期销售额和5%的征收率计算当期应纳税额，抵减已预缴税款后，向主管税务机关申报纳税。未抵减完的预缴税款可以结转下期继续抵减。

第三节　发票开具

第二十三条　小规模纳税人销售自行开发的房地产项目，自行开具增值税普通发票。购买方需要增值税专用发票的，小规模纳税人向主管税务机关申请代开。

第二十四条　小规模纳税人销售自行开发的房地产项目，其2016年4月30日前收取并已向主管地税机关申报缴纳营业税的预收款，未开具营业税发票的，可以开具增值税普通发票,不得申请代开增值税专用发票。

第二十五条 小规模纳税人向其他个人销售自行开发的房地产项目,不得申请代开增值税专用发票。

第四章 其他事项

第二十六条 房地产开发企业销售自行开发的房地产项目,按照本办法规定预缴税款时,应填报《增值税预缴税款表》。

第二十七条 房地产开发企业以预缴税款抵减应纳税额,应以完税凭证作为合法有效凭证。

第二十八条 房地产开发企业销售自行开发的房地产项目,未按本办法规定预缴或缴纳税款的,由主管税务机关按照《中华人民共和国税收征收管理法》及相关规定进行处理。

纳税人转让不动产增值税征收管理暂行办法

(2016年3月31日国家税务总局公告2016年第14号公布 根据2018年6月15日《国家税务总局关于修改部分税收规范性文件的公告》修正)

第一条 根据《财政部、国家税务总局关于全面推开营业税改征增值税试点的通知》(财税〔2016〕36号)及现行增值税有关规定,制定本办法。

第二条 纳税人转让其取得的不动产,适用本办法。

本办法所称取得的不动产,包括以直接购买、接受捐赠、接受投资入股、自建以及抵债等各种形式取得的不动产。

房地产开发企业销售自行开发的房地产项目不适用本办法。

第三条 一般纳税人转让其取得的不动产,按照以下规定缴纳增值税:

(一)一般纳税人转让其2016年4月30日前取得(不含自建)的不动产,可以选择适用简易计税方法计税,以取得的全部价款和价外费用扣除不动产购置原价或者取得不动产时的作价后的余额为销售额,按照5%的征收率计算应纳税额。纳税人应按照上述计税方法向不动产所在地主管税务机关预缴税款,向机构所在地主管税务机关申报纳税。

(二)一般纳税人转让其2016年4月30日前自建的不动产,可以选择适用简易计税方法计税,以取得的全部价款和价外费用为销售额,按照5%的征收率计算应纳税额。纳税人应按照上述计税方法向不动产所在地主管税务机关预缴税款,向机构所在地主管税务机关申报纳税。

(三)一般纳税人转让其2016年4月30日前取得(不含自建)的不动产,选择适用一般计税方法计税的,以取得的全部价款和价外费用为销售额计算应纳税额。纳税人应以取得的全部价款和价外费用扣除不动产购置原价或者取得不动产时的作价后的余额,按照5%的预征率向不动产所在地主管税务机关预缴税款,向机构所在地主管税务机关申报纳税。

(四)一般纳税人转让其2016年4月30日前自建的不动产,选择适用一般计税方法计税的,以取得的全部价款和价外费用为销售额计算应纳税额。纳税人应以取得的全部价款和价外费用,按照5%的预征率向不动产所在地主管税务机关预缴税款,向机构所在地主管税务机关申报纳税。

(五)一般纳税人转让其2016年5月1日后取得(不含自建)的不动产,适用一般计税方法,以取得的全部价款和价外费用为销售额计算应纳税额。纳税人应以取得的全部价款和价外费用扣除不动产购置原价或者取得不动产时的作价后的余额,按照5%的预征率向不动产所在地主管税务机关预缴税款,向机构所在地主管税务机关申报纳税。

(六)一般纳税人转让其2016年5月1日后自建的不动产,适用一般计税方法,以取得的全部价款和价外费用为销售额计算应纳税额。纳税人应以取得的全部价款和价外费用,按照5%的预征率向不动产所在地主管税务机关预缴税款,向机构所在地主管税务机关申报纳税。

第四条 小规模纳税人转让其取得的不动产,除个人转让其购买的住房外,按照以下规定缴纳增值税:

(一)小规模纳税人转让其取得(不含自建)的不动产,以取得的全部价款和价外费用扣除不动产购置原价或者取得不动产时的作价后的余额为销售额,按照5%的征收率计算应纳税额。

(二)小规模纳税人转让其自建的不动产,以取得的全部价款和价外费用为销售额,按照5%的征收率计算应纳税额。

除其他个人之外的小规模纳税人,应按照本条规定的计税方法向不动产所在地主管税务机关预缴税款,向机构所在地主管税务机关申报纳税;其他个人按照本条规定的计税方法向不动产所在地主管税务机关申报纳税。

第五条 个人转让其购买的住房,按照以下规定缴纳增值税:

(一)个人转让其购买的住房,按照有关规定全额缴纳增值税的,以取得的全部价款和价外费用为销售额,按照5%的征收率计算应纳税额。

(二)个人转让其购买的住房,按照有关规定差额缴纳增值税的,以取得的全部价款和价外费用扣除购买住房价款后的余额为销售额,按照5%的征收率计算应纳税额。

个体工商户应按照本条规定的计税方法向住房所在地主管税务机关预缴税款,向机构所在地主管税务机关申报纳税;其他个人应按照本条规定的计税方法向住房所在地主管税务机关申报纳税。

第六条 其他个人以外的纳税人转让其取得的不动产，区分以下情形计算应向不动产所在地主管税务机关预缴的税款：

（一）以转让不动产取得的全部价款和价外费用作为预缴税款计算依据的，计算公式为：

应预缴税款＝全部价款和价外费用÷（1＋5%）×5%

（二）以转让不动产取得的全部价款和价外费用扣除不动产购置原价或者取得不动产时的作价后的余额作为预缴税款计算依据的，计算公式为：

应预缴税款＝（全部价款和价外费用－不动产购置原价或者取得不动产时的作价）÷（1＋5%）×5%

第七条 其他个人转让其取得的不动产，按照本办法第六条规定的计算方法计算应纳税额并向不动产所在地主管税务机关申报纳税。

第八条 纳税人按规定从取得的全部价款和价外费用中扣除不动产购置原价或者取得不动产时的作价的，应当取得符合法律、行政法规和国家税务总局规定的合法有效凭证。否则，不得扣除。

上述凭证是指：

（一）税务部门监制的发票。

（二）法院判决书、裁定书、调解书，以及仲裁裁决书、公证债权文书。

（三）国家税务总局规定的其他凭证。

第九条 纳税人转让其取得的不动产，向不动产所在地主管税务机关预缴的增值税税款，可以在当期增值税应纳税额中抵减，抵减不完的，结转下期继续抵减。

纳税人以预缴税款抵减应纳税额，应以完税凭证作为合法有效凭证。

第十条 小规模纳税人转让其取得的不动产，不能自行开具增值税发票的，可向不动产所在地主管税务机关申请代开。

第十一条 纳税人向其他个人转让其取得的不动产，不得开具或申请代开增值税专用发票。

第十二条 纳税人转让不动产，按照本办法规定应向不动产所在地主管税务机关预缴税款而自应当预缴之月起超过6个月没有预缴税款的，由机构所在地主管税务机关按照《中华人民共和国税收征收管理法》及相关规定进行处理。

纳税人转让不动产，未按照本办法规定缴纳税款的，由主管税务机关按照《中华人民共和国税收征收管理法》及相关规定进行处理。

纳税人提供不动产经营租赁服务增值税征收管理暂行办法

（2016年3月31日国家税务总局公告2016年第16号公布　根据2018年6月15日《国家税务总局关于修改部分税收规范性文件的公告》修正）

第一条 根据《财政部、国家税务总局关于全面推开营业税改征增值税试点的通知》（财税〔2016〕36号）及现行增值税有关规定，制定本办法。

第二条 纳税人以经营租赁方式出租其取得的不动产（以下简称出租不动产），适用本办法。

取得的不动产，包括以直接购买、接受捐赠、接受投资入股、自建以及抵债等各种形式取得的不动产。

纳税人提供道路通行服务不适用本办法。

第三条 一般纳税人出租不动产，按照以下规定缴纳增值税：

（一）一般纳税人出租其2016年4月30日前取得的不动产，可以选择适用简易计税方法，按照5%的征收率计算应纳税额。

不动产所在地与机构所在地不在同一县（市、区）的，纳税人应按照上述计税方法向不动产所在地主管税务机关预缴税款，向机构所在地主管税务机关申报纳税。

不动产所在地与机构所在地在同一县（市、区）的，纳税人向机构所在地主管税务机关申报纳税。

（二）一般纳税人出租其2016年5月1日后取得的不动产，适用一般计税方法计税。

不动产所在地与机构所在地不在同一县（市、区）的，纳税人应按照3%的预征率向不动产所在地主管税务机关预缴税款，向机构所在地主管税务机关申报纳税。

不动产所在地与机构所在地在同一县（市、区）的，纳税人应向机构所在地主管税务机关申报纳税。

一般纳税人出租其2016年4月30日前取得的不动产适用一般计税方法计税的，按照上述规定执行。

第四条 小规模纳税人出租不动产，按照以下规定缴纳增值税：

（一）单位和个体工商户出租不动产（不含个体工商户出租住房），按照5%的征收率计算应纳税额。个体工商户出租住房，按照5%的征收率减按1.5%计算应纳税额。

不动产所在地与机构所在地不在同一县（市、区）的，纳税人应按照上述计税方法向不动产所在地主管税务机关预缴税款，向机构所在地主管税务机关申报纳税。

不动产所在地与机构所在地在同一县（市、区）的，纳税人应向机构所在地主管税务机关申报纳税。

（二）其他个人出租不动产（不含住房），按照5%的征收率计算应纳税额，向不动产所在地主管税务机关申报纳税。其他个人出租住房，按照5%的征收率减按1.5%计算应纳税额，向不动产所在地主管税务机关申报纳税。

第五条 纳税人出租的不动产所在地与其机构所在地在同一直辖市或计划单列市但不在同一县（市、区）的，由直辖市或计划单列市税务机关决定是否在不动产所在地预缴税款。

第六条 纳税人出租不动产，按照本办法规定需要预缴税款的，应在取得租金的次月纳税申报期或不动产所在地主管税务机关核定的纳税期限预缴税款。

第七条 预缴税款的计算

（一）纳税人出租不动产适用一般计税方法计税的，按照以下公式计算应预缴税款：

应预缴税款＝含税销售额÷（1＋11%）×3%

（二）纳税人出租不动产适用简易计税方法计税的，除个人出租住房外，按照以下公式计算应预缴税款：

应预缴税款＝含税销售额÷（1＋5%）×5%

（三）个体工商户出租住房，按照以下公式计算应预缴税款：

应预缴税款＝含税销售额÷（1＋5%）×1.5%

第八条 其他个人出租不动产，按照以下公式计算应纳税款：

（一）出租住房：

应纳税款＝含税销售额÷（1＋5%）×1.5%

（二）出租非住房：

应纳税款＝含税销售额÷（1＋5%）×5%

第九条 单位和个体工商户出租不动产，按照本办法规定向不动产所在地主管税务机关预缴税款时，应填写《增值税预缴税款表》。

第十条 单位和个体工商户出租不动产，向不动产所在地主管税务机关预缴的增值税款，可以在当期增值税应纳税额中抵减，抵减不完的，结转下期继续抵减。

纳税人以预缴税款抵减应纳税额，应以完税凭证作为合法有效凭证。

第十一条 小规模纳税人中的单位和个体工商户出租不动产，不能自行开具增值税发票的，可向不动产所在地主管税务机关申请代开增值税发票。

其他个人出租不动产，可向不动产所在地主管税务机关申请代开增值税发票。

第十二条 纳税人向其他个人出租不动产，不得开具或申请代开增值税专用发票。

第十三条 纳税人出租不动产，按照本办法规定应向不动产所在地主管税务机关预缴税款而自应当预缴之月起超过6个月没有预缴税款的，由机构所在地主管税务机关按照《中华人民共和国税收征收管理法》及相关规定进行处理。

纳税人出租不动产，未按照本办法规定缴纳税款的，由主管税务机关按照《中华人民共和国税收征收管理法》及相关规定进行处理。

财政部、税务总局关于资管产品增值税有关问题的通知

（2017年6月30日 财税〔2017〕56号）

各省、自治区、直辖市、计划单列市财政厅（局）、国家税务局、地方税务局，新疆生产建设兵团财务局：

现将资管产品增值税有关问题通知如下：

一、资管产品管理人（以下称管理人）运营资管产品过程中发生的增值税应税行为（以下称资管产品运营业务），暂适用简易计税方法，按照3%的征收率缴纳增值税。

资管产品管理人，包括银行、信托公司、公募基金管理公司及其子公司、证券公司及其子公司、期货公司及其子公司、私募基金管理人、保险资产管理公司、专业保险资产管理机构、养老保险公司。

资管产品，包括银行理财产品、资金信托（包括集合资金信托、单一资金信托）、财产权信托、公开募集证券投资基金、特定客户资产管理计划、集合资产管理计划、定向资产管理计划、私募投资基金、债权投资计划、股权投资计划、股债结合型投资计划、资产支持计划、组合类保险资产管理产品、养老保障管理产品。

财政部和税务总局规定的其他资管产品管理人及资管产品。

二、管理人接受投资者委托或信托对受托资产提供的管理服务以及管理人发生的除本通知第一条规定的其他增值税应税行为（以下称其他业务），按照现行规定缴纳增值税。

三、管理人应分别核算资管产品运营业务和其他业务的销售额和增值税应纳税额。未分别核算的，资管产品运营业务不得适用本通知第一条规定。

四、管理人可选择分别或汇总核算资管产品运营业务销售额和增值税应纳税额。

五、管理人应按照规定的纳税期限，汇总申报缴纳资管产品运营业务和其他业务增值税。

六、本通知自2018年1月1日起施行。

对资管产品在2018年1月1日前运营过程中发生的增值税应税行为，未缴纳增值税的，不再缴纳；已缴纳增值税的，已纳税额从资管产品管理人以后月份的增值税应纳税额中抵减。

财政部、国家税务总局关于明确金融、房地产开发、教育辅助服务等增值税政策的通知

（2016年12月21日　财税〔2016〕140号）

各省、自治区、直辖市、计划单列市财政厅（局）、国家税务局，地方税务局，新疆生产建设兵团财务局：

现将营改增试点期间有关金融、房地产开发、教育辅助服务等政策补充通知如下：

一、《销售服务、无形资产、不动产注释》（财税〔2016〕36号）第一条第（五）项第1点所称"保本收益、报酬、资金占用费、补偿金"，是指合同中明确承诺到期本金可全部收回的投资收益。金融商品持有期间（含到期）取得的非保本的上述收益，不属于利息或利息性质的收入，不征收增值税。

二、纳税人购入基金、信托、理财产品等各类资产管理产品持有至到期，不属于《销售服务、无形资产、不动产注释》（财税〔2016〕36号）第一条第（五）项第4点所称的金融商品转让。

三、证券公司、保险公司、金融租赁公司、证券基金管理公司、证券投资基金以及其他经人民银行、银监会、证监会、保监会批准成立且经营金融保险业务的机构发放贷款后，自结息日起90天内发生的应收未收利息按现行规定缴纳增值税，自结息日起90天后发生的应收未收利息暂不缴纳增值税，待实际收到利息时按规定缴纳增值税。

四、资管产品运营过程中发生的增值税应税行为，以资管产品管理人为增值税纳税人。

五、纳税人2016年1-4月份转让金融商品出现的负差，可结转下一纳税期，与2016年5-12月份转让金融商品销售额相抵。

六、《财政部 国家税务总局关于全面推开营业税改征增值税试点的通知》（财税〔2016〕36号）所称"人民银行、银监会或者商务部批准"、"商务部授权的省级商务主管部门和国家经济技术开发区批准"从事融资租赁业务（含融资性售后回租业务）的试点纳税人（含试点纳税人中的一般纳税人），包括经上述部门备案从事融资租赁业务的试点纳税人。

七、《营业税改征增值税试点有关事项的规定》（财税〔2016〕36号）第一条第（三）项第10点中"向政府部门支付的土地价款"，包括土地受让人向政府部门支付的征地和拆迁补偿费用、土地前期开发费用和土地出让收益等。

房地产开发企业中的一般纳税人销售其开发的房地产项目（选择简易计税方法的房地产老项目除外），在取得土地时向其他单位或个人支付的拆迁补偿费用也允许在计算销售额时扣除。纳税人按上述规定扣除拆迁补偿费用时，应提供拆迁协议、拆迁双方支付和取得拆迁补偿费用凭证等能够证明拆迁补偿费用真实性的材料。

八、房地产开发企业（包括多个房地产开发企业组成的联合体）受让土地向政府部门支付土地价款后，设立项目公司对该受让土地进行开发，同时符合下列条件的，可由项目公司按规定扣除房地产开发企业向政府部门支付的土地价款。

（一）房地产开发企业、项目公司、政府部门三方签订变更协议或补充合同，将土地受让人变更为项目公司；

（二）政府部门出让土地的用途、规划等条件不变的情况下，签署变更协议或补充合同时，土地价款总额不变；

（三）项目公司的全部股权由受让土地的房地产开发企业持有。

九、提供餐饮服务的纳税人销售的外卖食品，按照"餐饮服务"缴纳增值税。

十、宾馆、旅馆、旅社、度假村和其他经营性住宿场所提供会议场地及配套服务的活动，按照"会议展览服务"缴纳增值税。

十一、纳税人在游览场所经营索道、摆渡车、电瓶车、游船等取得的收入，按照"文化体育服务"缴纳增值税。

十二、非企业性单位中的一般纳税人提供的研发和技术服务、信息技术服务、鉴证咨询服务，以及销售技术、著作权等无形资产，可以选择简易计税方法按照3%征收率计算缴纳增值税。

非企业性单位中的一般纳税人提供《营业税改征增值税试点过渡政策的规定》（财税〔2016〕36号）第一条第（二十六）项中的"技术转让、技术开发和与之相关的技术咨询、技术服务"，可以参照上述规定，选择简易计税方法按照3%征收率计算缴纳增值税。

十三、一般纳税人提供教育辅助服务，可以选择简易计税方法按照3%征收率计算缴纳增值税。

十四、纳税人提供武装守护押运服务，按照"安全保护服务"缴纳增值税。

十五、物业服务企业为业主提供的装修服务，按照"建筑服务"缴纳增值税。

十六、纳税人将建筑施工设备出租给他人使用并配备操作人员的，按照"建筑服务"缴纳增值税。

十七、自2017年1月1日起，生产企业销售自产的海洋工程结构物，或者融资租赁企业及其设立的项目子公司、金融租赁公司及其设立的项目子公司购买并以融资租赁方式出租的国内生产企业生产的海洋工程结构物，应按规定缴纳增值税，不再适用《财政部国家税务总局关于出口货物劳务增值税和消费税政策的通知》（财税〔2012〕39号）或者《财政部国家税务总局关于在全国开展融资租赁货物出口退税政策试点的通知》（财税〔2014〕62号）规定的增值税出口退税政策，但购买方或者承租方为按实物征收增值税的中外合作油（气）田

开采企业的除外。

2017 年 1 月 1 日前签订的海洋工程结构物销售合同或者融资租赁合同，在合同到期前，可继续按现行相关出口退税政策执行。

十八、本通知除第十七条规定的政策外，其他均自 2016 年 5 月 1 日起执行。此前已征的应予免征或不征的增值税，可抵减纳税人以后月份应缴纳的增值税。

最高人民法院关于适用《全国人民代表大会常务委员会关于惩治虚开、伪造和非法出售增值税专用发票犯罪的决定》的若干问题的解释

（1996 年 10 月 17 日　法发〔1996〕30 号）

为正确执行《全国人民代表大会常务委员会关于惩治虚开、伪造和非法出售增值税专用发票犯罪的决定》（以下简称《决定》），依法惩治虚开、伪造和非法出售增值税专用发票和其他发票犯罪，现就适用《决定》的若干具体问题解释如下：

一、根据《决定》第一条规定，虚开增值税专用发票的，构成虚开增值税专用发票罪。

具有下列行为之一的，属于“虚开增值税专用发票”：(1)没有货物购销或者没有提供或接受应税劳务而为他人、为自己、让他人为自己、介绍他人开具增值税专用发票；(2)有货物购销或者提供或接受了应税劳务但为他人、为自己、让他人为自己、介绍他人开具数量或者金额不实的增值税专用发票；(3)进行了实际经营活动，但让他人为自己代开增值税专用发票。

虚开税款数额 1 万元以上的或者虚开增值税专用发票致使国家税款被骗取 5000 元以上的，应当依法定罪处罚。

虚开税款数额 10 万元以上的，属于“虚开的税款数额较大”；具有下列情形之一的，属于“有其他严重情节”：(1)因虚开增值税专用发票致使国家税款被骗取 5 万元以上的；(2)曾因虚开增值税专用发票受过刑事处罚的；(3)具有其他严重情节的。

虚开税款数额 50 万元以上的，属于“虚开的税款数额巨大”；具有下列情形之一的，属于“有其他特别严重情节”：(1)因虚开增值税专用发票致使国家税款被骗取 30 万元以上的；(2)虚开的税款数额接近巨大并有其他严重情节的；(3)具有其他特别严重情节的。

利用虚开的增值税专用发票实际抵扣税款或者骗取出口退税 100 万元以上的，属于“骗取国家税款数额特别巨大”；造成国家税款损失 50 万元以上并且在侦查终结前仍无法追回的，属于“给国家利益造成特别重大损失”。利用虚开的增值税专用发票骗取国家税款数额特别巨大、给国家利益造成特别重大损失，为“情节特别严重”的基本内容。

虚开增值税专用发票犯罪分子与骗取税款犯罪分子均应当对虚开的税款数额和实际骗取的国家税款数额承担刑事责任。

利用虚开的增值税专用发票抵扣税款或者骗取出口退税的，应当依照《决定》第一条的规定定罪处罚；以其他手段骗取国家税款的，仍应依照《全国人民代表大会常务委员会关于惩治偷税、抗税犯罪的补充规定》的有关规定定罪处罚。

二、根据《决定》第二条规定，伪造或者出售伪造的增值税专用发票的，构成伪造、出售伪造的增值税专用发票罪。

伪造或者出售伪造的增值税专用发票 25 份以上或者票面额（千元版以每份 1000 元，万元版以每份 1 万元计算，以此类推。下同）累计 10 万元以上的应当依法定罪处罚。

伪造或者出售伪造的增值税专用发票 100 份以上或者票面额累计 50 万元以上的，属于“数量较大”；具有下列情形之一的，属于“有其他严重情节”：(1)违法所得数额在 1 万元以上的；(2)伪造并出售伪造的增值税专用发票 60 份以上或者票面额累计 30 万元以上的；(3)造成严重后果或者具有其他严重情节的。

伪造或者出售伪造的增值税专用发票 500 份以上或者票面额累计 250 万元以上的，属于“数量巨大”；具有下列情形之一的，属于“有其他特别严重情节”：(1)违法所得数额在 5 万元以上的；(2)伪造并出售伪造的增值税专用发票 300 份以上或者票面额累计 200 万元以上的；(3)伪造或者出售伪造的增值税专用发票接近“数量巨大”并有其他严重情节的；(4)造成特别严重后果或者具有其他特别严重情节的。

伪造并出售伪造的增值税专用发票 1000 份以上或者票面额累计 1000 万元以上的，属于“伪造并出售伪造的增值税专用发票数量特别巨大”；具有下列情形之一的，属于“情节特别严重”：(1)违法所得数额在 5 万元以上的；(2)因伪造、出售伪造的增值税专用发票致使国家税款被骗取 100 万元以上的；(3)给国家税款造成实际损失 50 万元以上的；(4)具有其他特别严重情节的。对于伪造并出售伪造的增值税专用发票数量达到特别巨大，又具有特别严重情节，严重破坏经济秩序的，应当依照《决定》第二条第二款的规定处罚。

伪造并出售同一宗增值税专用发票的，数量或者票面额不重复计算。

变造增值税专用发票的，按照伪造增值税专用发票行为处理。

三、根据《决定》第三条规定，非法出售增值税专用发票的，构成非法出售增值税专用发票罪。

非法出售增值税专用发票案件的定罪量刑数量标准按照本解释第二条第二、三、四款的规定执行。

四、根据《决定》第四条规定，非法购买增值税专用发票或者购买伪造的增值税专用发票的，构成非法购买增值税专用发票、伪造的增值税专用发票罪。

非法购买增值税专用发票或者购买伪造的增值税专用发票25份以上或者票面额累计10万元以上的，应当依法定罪处罚。

非法购买真、伪两种增值税专用发票的，数量累计计算，不实行数罪并罚。

五、根据《决定》第五条规定，虚开用于骗取出口退税、抵扣税款的其他发票的，构成虚开专用发票罪，依照《决定》第一条的规定处罚。

"用于骗取出口退税、抵扣税款的其他发票"是指可以用于申请出口退税、抵扣税款的非增值税专用发票，如运输发票、废旧物品收购发票、农业产品收购发票等。

六、根据《决定》第六条规定，伪造、擅自制造或者出售伪造、擅自制造的可以用于骗取出口退税、抵扣税款的其他发票的，构成非法制造专用发票罪或出售非法制造的专用发票罪。

伪造、擅自制造或者出售伪造、擅自制造的可以用于骗取出口退税、抵扣税款的其他发票50份以上的，应当依法定罪处罚；伪造、擅自制造或者出售伪造、擅自制造的可以用于骗取出口退税、抵扣税款的其他发票200份以上的，属于"数量巨大"；伪造、擅自制造或者出售伪造、擅自制造的可以用于骗取出口退税、抵扣税款的其他发票1000份以上的，属于"数量特别巨大"。

七、盗窃增值税专用发票或者可以用于骗取出口退税、抵扣税款的其他发票25份以上，或者其他发票50份以上的；诈骗增值税专用发票或者可以用于骗取出口退税、抵扣税款的其他发票50份以上，或者其他发票100份以上的，依照刑法第一百五十一条的规定处罚。

盗窃增值税专用发票或者可以用于骗取出口退税、抵扣税款的其他发票250份以上，或者其他发票500份以上的；诈骗增值税专用发票或者可以用于骗取出口退税、抵扣税款的其他发票500份以上，或者其他发票1000份以上的，依照刑法第一百五十二条的规定处罚。

盗窃增值税专用发票或者其他发票情节特别严重的，依照《全国人民代表大会常务委员会关于严惩严重破坏经济的罪犯的决定》第一条第(一)项的规定处罚。

盗窃、诈骗增值税专用发票或者其他发票后，又实施《决定》规定的虚开、出售等犯罪的，按照其中的重罪定罪处罚，不实行数罪并罚。

文书范本

一般纳税人转为小规模纳税人登记表

<table>
<tr><td>纳税人名称</td><td colspan="2"></td><td colspan="2">社会信用代码
(统一社会信用代码)</td><td></td></tr>
<tr><td rowspan="2">法定代表人
(负责人、业主)</td><td rowspan="2"></td><td>身份证件种类</td><td></td><td rowspan="2">联系电话</td><td rowspan="2"></td></tr>
<tr><td>身份证件号码</td><td></td></tr>
<tr><td rowspan="2">办税人员</td><td rowspan="2"></td><td>身份证件种类</td><td></td><td rowspan="2">联系电话</td><td rowspan="2"></td></tr>
<tr><td>身份证件号码</td><td></td></tr>
<tr><td colspan="6">原登记为一般纳税人的生效时间:　　　年　　月　　日</td></tr>
<tr><td colspan="6">是否为出口企业:　　　是(　)　　　否(　)</td></tr>
<tr><td colspan="6">经营期超过(含)12 个月或者 4 个季度纳税人填写:</td></tr>
<tr><td>年应税销售额</td><td colspan="5"></td></tr>
<tr><td colspan="6">经营期不足 12 个月或者 4 个季度纳税人填写:</td></tr>
<tr><td>累计应税销售额</td><td colspan="3"></td><td>预估年应税销售额</td><td></td></tr>
<tr><td colspan="6">转为小规模纳税人生效之日:　　　年　　月 1 日</td></tr>
<tr><td colspan="6">纳税人(代理人)承诺:
此登记表所填信息是真实、可靠、完整的,纳税人身份转换为自愿进行,已了解相关税收规定并办理完毕相关事项。

法定代表人(签字)
年　月　日</td></tr>
<tr><td colspan="6">以下由税务机关填写</td></tr>
<tr><td>税务机关受理情况</td><td colspan="5">受理人:
受理税务机关(章)
年　月　日</td></tr>
</table>

填表说明:

1. 经营期超过(含)12 个月或者 4 个季度纳税人的年应税销售额,是指本公告第一条所述转登记纳税人在转登记日前连续 12 个月或者连续 4 个季度累计应税销售额。

2. 以 1 个月为 1 个纳税期的纳税人,如果转登记日前经营期不足 12 个月,其预估年应税销售额 = 转登记日前累计应税销售额/转登记日前实际经营的月份 * 12 ;以 1 个季度为 1 个纳税期的纳税人,如果转登记日前经营期不足 4 个季度,其预估年应税销售额 = 转登记日前累计应税销售额/转登记日前实际经营的季度数 * 4。

3. “转为小规模纳税人生效之日”,是指一般纳税人转为小规模纳税人后,转登记日下期首日。

4. 本表一式二份,主管税务机关和纳税人各留存一份。

2. 消费税

中华人民共和国消费税暂行条例

（1993年12月13日中华人民共和国国务院令第135号公布 2008年11月5日国务院第34次常务会议修订通过 2008年11月10日中华人民共和国国务院令第539号公布 自2009年1月1日起施行）

第一条 在中华人民共和国境内生产、委托加工和进口本条例规定的消费品的单位和个人，以及国务院确定的销售本条例规定的消费品的其他单位和个人，为消费税的纳税人，应当依照本条例缴纳消费税。

第二条 消费税的税目、税率，依照本条例所附的《消费税税目税率表》执行。

消费税税目、税率的调整，由国务院决定。

第三条 纳税人兼营不同税率的应当缴纳消费税的消费品（以下简称应税消费品），应当分别核算不同税率应税消费品的销售额、销售数量；未分别核算销售额、销售数量，或者将不同税率的应税消费品组成成套消费品销售的，从高适用税率。

第四条 纳税人生产的应税消费品，于纳税人销售时纳税。纳税人自产自用的应税消费品，用于连续生产应税消费品的，不纳税；用于其他方面的，于移送使用时纳税。

委托加工的应税消费品，除受托方为个人外，由受托方在向委托方交货时代收代缴税款。委托加工的应税消费品，委托方用于连续生产应税消费品的，所纳税款准予按规定抵扣。

进口的应税消费品，于报关进口时纳税。

第五条 消费税实行从价定率、从量定额，或者从价定率和从量定额复合计税（以下简称复合计税）的办法计算应纳税额。应纳税额计算公式：

实行从价定率办法计算的应纳税额＝销售额×比例税率

实行从量定额办法计算的应纳税额＝销售数量×定额税率

实行复合计税办法计算的应纳税额＝销售额×比例税率＋销售数量×定额税率

纳税人销售的应税消费品，以人民币计算销售额。纳税人以人民币以外的货币结算销售额的，应当折合成人民币计算。

第六条 销售额为纳税人销售应税消费品向购买方收取的全部价款和价外费用。

第七条 纳税人自产自用的应税消费品，按照纳税人生产的同类消费品的销售价格计算纳税；没有同类消费品销售价格的，按照组成计税价格计算纳税。

实行从价定率办法计算纳税的组成计税价格计算公式：

组成计税价格＝（成本＋利润）÷（1－比例税率）

实行复合计税办法计算纳税的组成计税价格计算公式：

组成计税价格＝（成本＋利润＋自产自用数量×定额税率）÷（1－比例税率）

第八条 委托加工的应税消费品，按照受托方的同类消费品的销售价格计算纳税；没有同类消费品销售价格的，按照组成计税价格计算纳税。

实行从价定率办法计算纳税的组成计税价格计算公式：

组成计税价格＝（材料成本＋加工费）÷（1－比例税率）

实行复合计税办法计算纳税的组成计税价格计算公式：

组成计税价格＝（材料成本＋加工费＋委托加工数量×定额税率）÷（1－比例税率）

第九条 进口的应税消费品，按照组成计税价格计算纳税。

实行从价定率办法计算纳税的组成计税价格计算公式：

组成计税价格＝（关税完税价格＋关税）÷（1－消费税比例税率）

实行复合计税办法计算纳税的组成计税价格计算公式：

组成计税价格＝（关税完税价格＋关税＋进口数量×消费税定额税率）÷（1－消费税比例税率）

第十条 纳税人应税消费品的计税价格明显偏低并无正当理由的，由主管税务机关核定其计税价格。

第十一条 对纳税人出口应税消费品，免征消费税；国务院另有规定的除外。出口应税消费品的免税办法，由国务院财政、税务主管部门规定。

第十二条 消费税由税务机关征收，进口的应税消费品的消费税由海关代征。

个人携带或者邮寄进境的应税消费品的消费税，连同关税一并计征。具体办法由国务院关税税则委员会会同有关部门制定。

第十三条 纳税人销售的应税消费品，以及自产自用的应税消费品，除国务院财政、税务主管部门另有规定外，应当向纳税人机构所在地或者居住地的主管税务机关申报纳税。

委托加工的应税消费品，除受托方为个人外，由受托方向机构所在地或者居住地的主管税务机关解缴消费税税款。

进口的应税消费品，应当向报关地海关申报纳税。

第十四条 消费税的纳税期限分别为1日、3日、5日、10日、15日、1个月或者1个季度。纳税人的具体纳税期限，由主管税务机关根据纳税人应纳税额的大小分别核定；不能按照固定期限纳税的，可以按次纳税。

纳税人以1个月或者1个季度为1个纳税期的，自期满之日起15日内申报纳税；以1日、3日、5日、10日或者15日为1个纳税期的，自期满之日起5日内预缴税款，于次月1日起15日内申报纳税并结清上月应纳税款。

第十五条 纳税人进口应税消费品，应当自海关填发海关进口消费税专用缴款书之日起15日内缴纳税款。

第十六条 消费税的征收管理，依照《中华人民共和国税收征收管理法》及本条例有关规定执行。

第十七条 本条例自2009年1月1日起施行。

附：

消费税税目税率表

税目	税率
一、烟	
1. 卷烟	
(1)甲类卷烟	45%加0.003元/支
(2)乙类卷烟	30%加0.003元/支
2. 雪茄烟	25%
3. 烟丝	30%
二、酒及酒精	
1. 白酒	20%加0.5元/500克(或者500毫升)
2. 黄酒	240元/吨
3. 啤酒	
(1)甲类啤酒	250元/吨
(2)乙类啤酒	220元/吨
4. 其他酒	10%
5. 酒精	5%
三、化妆品	30%
四、贵重首饰及珠宝玉石	
1. 金银首饰、铂金首饰和钻石及钻石饰品	5%
2. 其他贵重首饰和珠宝玉石	10%
五、鞭炮、焰火	15%
六、成品油	
1. 汽油	
(1)含铅汽油	0.28元/升
(2)无铅汽油	0.20元/升
2. 柴油	0.10元/升
3. 航空煤油	0.10元/升
4. 石脑油	0.20元/升
5. 溶剂油	0.20元/升
6. 润滑油	0.20元/升
7. 燃料油	0.10元/升
七、汽车轮胎	3%
八、摩托车	
1. 气缸容量(排气量,下同)在250毫升(含250毫升)以下的	3%
2. 气缸容量在250毫升以上的	10%

续表

税　目	税　率
九、小汽车 　1. 乘用车 　　(1)气缸容量(排气量,下同)在1.0升(含1.0升)以下的 　　(2)气缸容量在1.0升以上至1.5升(含1.5升)的 　　(3)气缸容量在1.5升以上至2.0升(含2.0升)的 　　(4)气缸容量在2.0升以上至2.5升(含2.5升)的 　　(5)气缸容量在2.5升以上至3.0升(含3.0升)的 　　(6)气缸容量在3.0升以上至4.0升(含4.0升)的 　　(7)气缸容量在4.0升以上的 　2. 中轻型商用客车	 1% 3% 5% 9% 12% 25% 40% 5%
十、高尔夫球及球具	10%
十一、高档手表	20%
十二、游艇	10%
十三、木制一次性筷子	5%
十四、实木地板	5%

中华人民共和国消费税暂行条例实施细则

(2008年12月15日财政部、国家税务总局令第51号修订公布　自2009年1月1日起施行)

第一条　根据《中华人民共和国消费税暂行条例》(以下简称条例),制定本细则。

第二条　条例第一条所称单位,是指企业、行政单位、事业单位、军事单位、社会团体及其他单位。

条例第一条所称个人,是指个体工商户及其他个人。

条例第一条所称在中华人民共和国境内,是指生产、委托加工和进口属于应当缴纳消费税的消费品的起运地或者所在地在境内。

第三条　条例所附《消费税税目税率表》中所列应税消费品的具体征税范围,由财政部、国家税务总局确定。

第四条　条例第三条所称纳税人兼营不同税率的应当缴纳消费税的消费品,是指纳税人生产销售两种税率以上的应税消费品。

第五条　条例第四条第一款所称销售,是指有偿转让应税消费品的所有权。

前款所称有偿,是指从购买方取得货币、货物或者其他经济利益。

第六条　条例第四条第一款所称用于连续生产应税消费品,是指纳税人将自产自用的应税消费品作为直接材料生产最终应税消费品,自产自用应税消费品构成最终应税消费品的实体。

条例第四条第一款所称用于其他方面,是指纳税人将自产自用应税消费品用于生产非应税消费品、在建工程、管理部门、非生产机构、提供劳务、馈赠、赞助、集资、广告、样品、职工福利、奖励等方面。

第七条　条例第四条第二款所称委托加工的应税消费品,是指由委托方提供原料和主要材料,受托方只收取加工费和代垫部分辅助材料加工的应税消费品。对于由受托方提供原材料生产的应税消费品,或者受托方先将原材料卖给委托方,然后再接受加工的应税消费品,以及由受托方以委托方名义购进原材料生产的应税消费品,不论在财务上是否作销售处理,都不得作为委托加工应税消费品,而应当按照销售自制应税消费品缴纳消费税。

委托加工的应税消费品直接出售的,不再缴纳消费税。

委托个人加工的应税消费品,由委托方收回后缴纳消费税。

第八条　消费税纳税义务发生时间,根据条例第四条的规定,分列如下:

(一)纳税人销售应税消费品的,按不同的销售结算方式分别为:

1. 采取赊销和分期收款结算方式的,为书面合同约定的收款日期的当天，书面合同没有约定收款日期或者无书面合同的，为发出应税消费品的当天；

2. 采取预收货款结算方式的，为发出应税消费品的当天；

3. 采取托收承付和委托银行收款方式的，为发出应税消费品并办妥托收手续的当天；

4. 采取其他结算方式的，为收讫销售款或者取得索取销售款凭据的当天。

（二）纳税人自产自用应税消费品的，为移送使用的当天。

（三）纳税人委托加工应税消费品的，为纳税人提货的当天。

（四）纳税人进口应税消费品的，为报关进口的当天。

第九条 条例第五条第一款所称销售数量，是指应税消费品的数量。具体为：

（一）销售应税消费品的，为应税消费品的销售数量；

（二）自产自用应税消费品的，为应税消费品的移送使用数量；

（三）委托加工应税消费品的，为纳税人收回的应税消费品数量；

（四）进口应税消费品的，为海关核定的应税消费品进口征税数量。

第十条 实行从量定额办法计算应纳税额的应税消费品，计量单位的换算标准如下：

（一）黄酒 1 吨＝962 升

（二）啤酒 1 吨＝988 升

（三）汽油 1 吨＝1388 升

（四）柴油 1 吨＝1176 升

（五）航空煤油 1 吨＝1246 升

（六）石脑油 1 吨＝1385 升

（七）溶剂油 1 吨＝1282 升

（八）润滑油 1 吨＝1126 升

（九）燃料油 1 吨＝1015 升

第十一条 纳税人销售的应税消费品，以人民币以外的货币结算销售额的，其销售额的人民币折合率可以选择销售额发生的当天或者当月 1 日的人民币汇率中间价。纳税人应在事先确定采用何种折合率，确定后 1 年内不得变更。

第十二条 条例第六条所称销售额，不包括应向购货方收取的增值税税款。如果纳税人应税消费品的销售额中未扣除增值税税款或者因不得开具增值税专用发票而发生价款和增值税税款合并收取的，在计算消费税时，应当换算为不含增值税税款的销售额。其换算公式为：

应税消费品的销售额＝含增值税的销售额÷（1＋增值税税率或者征收率）

第十三条 应税消费品连同包装物销售的，无论包装物是否单独计价以及在会计上如何核算，均应并入应税消费品的销售额中缴纳消费税。如果包装物不作价随同产品销售，而是收取押金，此项押金则不应并入应税消费品的销售额中征税。但对因逾期未收回的包装物不再退还的或者已收取的时间超过 12 个月的押金，应并入应税消费品的销售额，按照应税消费品的适用税率缴纳消费税。

对既作价随同应税消费品销售，又另外收取押金的包装物的押金，凡纳税人在规定的期限内没有退还的，均应并入应税消费品的销售额，按照应税消费品的适用税率缴纳消费税。

第十四条 条例第六条所称价外费用，是指价外向购买方收取的手续费、补贴、基金、集资费、返还利润、奖励费、违约金、滞纳金、延期付款利息、赔偿金、代收款项、代垫款项、包装费、包装物租金、储备费、优质费、运输装卸费以及其他各种性质的价外收费。但下列项目不包括在内：

（一）同时符合以下条件的代垫运输费用：

1. 承运部门的运输费用发票开具给购买方的；

2. 纳税人将该项发票转交给购买方的。

（二）同时符合以下条件代为收取的政府性基金或者行政事业性收费：

1. 由国务院或者财政部批准设立的政府性基金，由国务院或者省级人民政府及其财政、价格主管部门批准设立的行政事业性收费；

2. 收取时开具省级以上财政部门印制的财政票据；

3. 所收款项全额上缴财政。

第十五条 条例第七条第一款所称纳税人自产自用的应税消费品，是指依照条例第四条第一款规定于移送使用时纳税的应税消费品。

条例第七条第一款、第八条第一款所称同类消费品的销售价格，是指纳税人或者代收代缴义务人当月销售的同类消费品的销售价格，如果当月同类消费品各期销售价格高低不同，应按销售数量加权平均计算。但销售的应税消费品有下列情况之一的，不得列入加权平均计算：

（一）销售价格明显偏低并无正当理由的；

（二）无销售价格的。

如果当月无销售或者当月未完结，应按照同类消费品上月或者最近月份的销售价格计算纳税。

第十六条 条例第七条所称成本，是指应税消费品的产品生产成本。

第十七条 条例第七条所称利润，是指根据应税消费品的全国平均成本利润率计算的利润。应税消费品全国平均成本利润率由国家税务总局确定。

第十八条 条例第八条所称材料成本，是指委托方所提供加工材料的实际成本。

委托加工应税消费品的纳税人，必须在委托加工合同上如实注明（或者以其他方式提供）材料成本，凡未提供材料成本的,受托方主管税务机关有权核定其材料成本。

第十九条 条例第八条所称加工费,是指受托方加工应税消费品向委托方所收取的全部费用(包括代垫辅助材料的实际成本)。

第二十条 条例第九条所称关税完税价格,是指海关核定的关税计税价格。

第二十一条 条例第十条所称应税消费品的计税价格的核定权限规定如下:

(一)卷烟、白酒和小汽车的计税价格由国家税务总局核定,送财政部备案;

(二)其他应税消费品的计税价格由省、自治区和直辖市国家税务局核定;

(三)进口的应税消费品的计税价格由海关核定。

第二十二条 出口的应税消费品办理退税后,发生退关,或者国外退货进口时予以免税的,报关出口者必须及时向其机构所在地或者居住地主管税务机关申报补缴已退的消费税税款。

纳税人直接出口的应税消费品办理免税后,发生退关或者国外退货,进口时已予以免税的,经机构所在地或者居住地主管税务机关批准,可暂不办理补税,待其转为国内销售时,再申报补缴消费税。

第二十三条 纳税人销售的应税消费品,如因质量等原因由购买者退回时,经机构所在地或者居住地主管税务机关审核批准后,可退还已缴纳的消费税税款。

第二十四条 纳税人到外县(市)销售或者委托外县(市)代销自产应税消费品的,于应税消费品销售后,向机构所在地或者居住地主管税务机关申报纳税。

纳税人的总机构与分支机构不在同一县(市)的,应当分别向各自机构所在地的主管税务机关申报纳税;经财政部、国家税务总局或者其授权的财政、税务机关批准,可以由总机构汇总向总机构所在地的主管税务机关申报纳税。

委托个人加工的应税消费品,由委托方向其机构所在地或者居住地主管税务机关申报纳税。

进口的应税消费品,由进口人或者其代理人向报关地海关申报纳税。

第二十五条 本细则自2009年1月1日起施行。

出口货物劳务增值税和消费税管理办法[①]

(2012年6月14日国家税务总局公告2012年第24号公布)

一、根据《中华人民共和国税收征收管理法》、《中华人民共和国增值税暂行条例》、《中华人民共和国消费税暂行条例》及其实施细则,以及财政部、国家税务总局关于出口货物劳务增值税和消费税政策的规定,制定本办法。

二、出口企业和其他单位办理出口货物、视同出口货物、对外提供加工修理修配劳务(以下统称出口货物劳务)增值税、消费税的退(免)税、免税,适用本办法。

出口企业和出口货物劳务的范围,退(免)税和免税的适用范围和计算办法,按《财政部、国家税务总局关于出口货物增值税和消费税政策的通知》(财税〔2012〕39号)执行。

三、出口退(免)税资格的认定

(一)出口企业应在办理对外贸易经营者备案登记或签订首份委托出口协议之日起30日内,填报《出口退(免)税资格认定申请表》(见附件1),提供下列资料到主管税务机关办理出口退(免)税资格认定:

1. 加盖备案登记专用章的《对外贸易经营者备案登记表》或《中华人民共和国外商投资企业批准证书》;

2. 中华人民共和国海关进出口货物收发货人报关注册登记证书;

3. 银行开户许可证;

4. 未办理备案登记发生委托出口业务的生产企业提供委托代理出口协议,不需提供第1、2项资料;

5. 主管税务机关要求提供的其他资料。

(二)其他单位应在发生出口货物劳务业务之前,填报《出口退(免)税资格认定申请表》,提供银行开户许可证及主管税务机关要求的其他资料,到主管税务机关办理出口退(免)税资格认定。

(三)出口企业和其他单位在出口退(免)税资格认定之前发生的出口货物劳务,在办理出口退(免)税资格认定后,可以在规定的退(免)税申报期内按规定申报增值税退(免)税或免税,以及消费税退(免)税或免税。

---

① 本办法中的第四条第二项第2目第(5)之②,第四条第三项,第五条第二项第5目第(3),第七条第三项第4目、第四项、第五项,第八条第三项,第九条第四项第1目第(2),第十条第四项中有关出口收汇核销单的内容,第十一条第四项、第五项,附件21、附件22已被《国家税务总局关于〈出口货物劳务增值税和消费税管理办法〉有关问题的公告》废止;与《国家税务总局关于调整出口退(免)税申报办法的公告》相冲突的内容已被废止;第三条第一项第3目已被《国家税务总局关于出口退(免)税有关问题的公告》废止;第五条第二项第5目之(2)、(5)关于"还需同时提供进口货物报关单"的内容已被《国家税务总局关于进一步加强出口退(免)税事中事后管理有关问题的公告》废止。第三条第一、二、四、五项,第十一条第三项已被《国家税务总局关于公布失效废止的税务部门规章和税收规范性文件目录的决定》废止;第五条第二项第5目第(2)"出口退税进货分批申报单"的内容、第十条第二项第2目、第十条第五项已被《国家税务总局关于出口退(免)税申报有关问题的公告》废止。

（四）出口企业和其他单位出口退（免）税资格认定的内容发生变更的，须自变更之日起30日内，填报《出口退（免）税资格认定变更申请表》（见附件2），提供相关资料向主管税务机关申请变更出口退（免）税资格认定。

（五）需要注销税务登记的出口企业和其他单位，应填报《出口退（免）税资格认定注销申请表》（见附件3），向主管税务机关申请注销出口退（免）税资格，然后再按规定办理税务登记的注销。

出口企业和其他单位在申请注销认定前，应先结清出口退（免）税款。注销认定后，出口企业和其他单位不得再申报办理出口退（免）税。

四、生产企业出口货物免抵退税的申报

（一）申报程序和期限

企业当月出口的货物须在次月的增值税纳税申报期内，向主管税务机关办理增值税纳税申报、免抵退税相关申报及消费税免税申报。

企业应在货物报关出口之日（以出口货物报关单〈出口退税专用〉上的出口日期为准，下同）次月起至次年4月30日前的各增值税纳税申报期内收齐有关凭证，向主管税务机关申报办理出口货物增值税免抵退税及消费税退税。逾期的，企业不得申报免抵退税。

（二）申报资料

1. 企业向主管税务机关办理增值税纳税申报时，除按纳税申报的规定提供有关资料外，还应提供下列资料：

（1）主管税务机关确认的上期《免抵退税申报汇总表》（见附件4）。

（2）主管税务机关要求提供的其他资料。

2. 企业向主管税务机关办理增值税免抵退税申报，应提供下列凭证资料：

（1）《免抵退税申报汇总表》及其附表（见附件5）。

（2）《免抵退税申报资料情况表》（见附件6）。

（3）《生产企业出口货物免抵退税申报明细表》（见附件7）。

（4）出口货物退（免）税正式申报电子数据。

（5）下列原始凭证：

①出口货物报关单（出口退税专用，以下未作特别说明的均为此联）（保税区内的出口企业可提供中华人民共和国海关保税区出境货物备案清单，简称出境货物备案清单，下同）；

②出口收汇核销单（出口退税联，以下未作特别说明的均为此联）（远期结汇的提供远期收汇备案证明，保税区内的出口企业提供结汇水单。跨境贸易人民币结算业务、试行出口退税免予提供纸质出口收汇核销单地区和货物贸易外汇管理制度改革试点地区的企业免予提供，下同）；

③出口发票；

④委托出口的货物，还应提供受托方主管税务机关签发的代理出口货物证明，以及代理出口协议复印件；

⑤主管税务机关要求提供的其他资料。

3. 生产企业出口的视同自产货物以及列名生产企业出口的非自产货物，属于消费税应税消费品（以下简称应税消费品）的，还应提供下列资料：

（1）《生产企业出口非自产货物消费税退税申报表》（附件8）。

（2）消费税专用缴款书或分割单，海关进口消费税专用缴款书、委托加工收回应税消费品的代扣代收税款凭证原件或复印件。

（三）从事进料加工业务的企业，还须按下列规定办理手册登记、进口料件申报和手册核销：

1. 企业在办理进料加工贸易手（账）册后，应于料件实际进口之日起至次月（采用实耗法扣除的，在料件实际耗用之日起至次月）的增值税纳税申报期内，填报《生产企业进料加工登记申报表》（见附件9），提供正式申报的电子数据及下列资料，向主管税务机关申请办理进料加工登记手续：

（1）采用纸质手册的企业应提供进料加工手册原件及复印件；采用电子化手册的企业应提供海关签章的加工贸易电子化纸质单证；采用电子账册的企业应提供海关核发的《加工贸易联网监管企业电子账册备案证明》。

（2）主管税务机关要求提供的其他资料。

以双委托方式（生产企业进、出口均委托出口企业办理，下同）从事进料加工业务的企业，由委托方凭代理进、出口协议及受托方的上述资料的复印件，到主管税务机关办理进料加工登记手续。

已办理进料加工登记手续的纸质手册、电子化手册或电子账册，如发生加工单位、登记进口料件总额、登记出口货物总额、手册有效期等项目变更的，企业应在变更事项发生之日起至次月的增值税纳税申报期内，填报《生产企业进料加工登记变更申请表》（附件10），提供正式申报电子数据及海关核发的变更后的相关资料向主管税务机关申报办理手（账）册变更手续。

2. 从事进料加工业务的企业应于料件实际进口之日起至次月（采用实耗法计算的，在料件实际耗用之日起至次月）的增值税纳税申报期内，持进口货物报关单、代理进口货物证明及代理进口协议等资料向主管税务机关申报《生产企业进料加工进口料件申报明细表》（见附件11）、《生产企业进料加工出口货物扣除保税进口料件申请表》（见附件12）。

3. 采用纸质手册或电子化手册的企业，应在海关签发核销结案通知书（以结案日期为准，下同）之日起至次月的增值税纳税申报期内填报《生产企业进料加工手册登记核销申请表》（见附件13），提供正式申报电子数据及纸质手册或电子化手册，向主管税务机关申请办理进料加工的核销手续；采用电子账册的企业，应在海关办结一个周期核销手续后，在海关签发核销结案通知书之日起至次月的增值税纳税申报期内填报《生产企业进料加工手册登记核销申请表》，提供正式申报电子数据，向主管税务机关申请办理进料加工的核销手续。

企业应根据核销后的免税进口料件金额，计算调整当期的增值税纳税申报和免抵退税申报。

（四）购进不计提进项税额的国内免税原材料用于加工出口货物的，企业应单独核算用于加工出口货物的免税原材料，并在免税原材料购进之日起至次月的增值税纳税申报期内，填报《生产企业出口货物扣除国内免税原材料申请表》（见附件14），提供正式申报电子数据，向主管税务机关办理申报手续。

（五）免抵退税申报数据的调整

对前期申报错误的，在当期进行调整。在当期用负数将前期错误申报数据全额冲减，再重新全额申报。

发生本年度退运的，在当期用负数冲减原免抵退税申报数据；发生跨年度退运的，应全额补缴原免抵退税款，并按现行会计制度的有关规定进行相应调整。

本年度已申报免抵退税的，如须实行免税办法或征税办法，在当期用负数冲减原免抵退税申报数据；跨年度已申报免抵退税的，如须实行免税或征税办法，不用负数冲减，应全额补缴原免抵退税款，并按现行会计制度的有关规定进行相应调整。

五、外贸企业出口货物免退税的申报

（一）申报程序和期限

企业当月出口的货物须在次月的增值税纳税申报期内，向主管税务机关办理增值税纳税申报，将适用退（免）税政策的出口货物销售额填报在增值税纳税申报表的“免税货物销售额”栏。

企业应在货物报关出口之日次月起至次年4月30日前的各增值税纳税申报期内，收齐有关凭证，向主管税务机关办理出口货物增值税、消费税免退税申报。经主管税务机关批准的，企业在增值税纳税申报期以外的其他时间也可办理免退税申报。逾期的，企业不得申报免退税。

（二）申报资料

1.《外贸企业出口退税汇总申报表》（见附件15）。

2.《外贸企业出口退税进货明细申报表》（见附件16）。

3.《外贸企业出口退税出口明细申报表》（见附件17）。

4. 出口货物退（免）税正式申报电子数据。

5. 下列原始凭证

（1）出口货物报关单；

（2）增值税专用发票（抵扣联）、出口退税进货分批申报单、海关进口增值税专用缴款书（提供海关进口增值税专用缴款书的，还需同时提供进口货物报关单，下同）；

（3）出口收汇核销单；

（4）委托出口的货物，还应提供受托方主管税务机关签发的代理出口货物证明，以及代理出口协议副本；

（5）属应税消费品的，还应提供消费税专用缴款书或分割单、海关进口消费税专用缴款书（提供海关进口消费税专用缴款书的，还需同时提供进口货物报关单，下同）；

（6）主管税务机关要求提供的其他资料。

六、出口企业和其他单位出口的视同出口货物及对外提供加工修理修配劳务的退（免）税申报

报关进入特殊区域并销售给特殊区域内单位或境外单位、个人的货物，特殊区域外的生产企业或外贸企业的退（免）税申报分别按本办法第四、五条的规定办理。

其他视同出口货物和对外提供加工修理修配劳务，属于报关出口的，为报关出口之日起，属于非报关出口销售的，为出口发票或普通发票开具之日起，出口企业或其他单位应在次月至次年4月30日前的各增值税纳税申报期内申报退（免）税。逾期的，出口企业或其他单位不得申报退（免）税。申报退（免）税时，生产企业除按本办法第四条，外贸企业和没有生产能力的其他单位除按本办法第五条的规定申报〔不提供出口收汇核销单；非报关出口销售的不提供出口货物报关单和出口发票，属于生产企业销售的提供普通发票〕外，下列货物劳务，出口企业和其他单位还须提供下列对应的补充资料：

（一）对外援助的出口货物，应提供商务部批准使用援外优惠贷款的批文（“援外任务书”）复印件或商务部批准使用援外合资合作项目基金的批文（“援外任务书”）复印件。

（二）用于对外承包工程项目的出口货物，应提供对外承包工程合同；属于分包的，由承接分包的出口企业或其他单位申请退（免）税，申请退（免）税时除提供对外承包合同外，还须提供分包合同（协议）。

（三）用于境外投资的出口货物，应提供商务部及其授权单位批准其在境外投资的文件副本。

（四）向海关报关运入海关监管仓库供海关隔离区内免税店销售的货物，提供的出口货物报关单应加盖有免税品经营企业报关专用章；上海虹桥、浦东机场海关国际隔离区内的免税店销售的货物，提供的出口货物报关单应加盖免税店报关专用章，并提供海关对免税店销售货物的核销证明。

（五）销售的中标机电产品，应提供下列资料：

1. 招标单位所在地主管税务机关签发的《中标证明通知书》；

2. 由中国招标公司或其他国内招标组织签发的中标证明（正本）；

3. 中标人与中国招标公司或其他招标组织签订的供货合同（协议）；

4. 中标人按照标书规定及供货合同向用户发货的发货单；

5. 中标机电产品用户收货清单；

6. 外国企业中标再分包给国内企业供应的机电产品，还应提供与中标企业签署的分包合同(协议)。

(六)销售给海上石油天然气开采企业的自产的海洋工程结构物，应提供销售合同。

(七)销售给外轮、远洋国轮的货物，应提供列明销售货物名称、数量、销售金额并经外轮、远洋国轮船长签名的出口发票。

(八)生产并销售给国内和国外航空公司国际航班的航空食品，应提供下列资料：

1. 与航空公司签订的配餐合同；

2. 航空公司提供的配餐计划表(须注明航班号、起降城市等内容)；

3. 国际航班乘务长签字的送货清单(须注明航空公司名称、航班号等内容)。

(九)对外提供加工修理修配劳务，应提供下列资料：

1. 修理修配船舶以外其他物品的提供贸易方式为“修理物品”的出口货物报关单；

2. 与境外单位、个人签署的修理修配合同；

3. 维修工作单(对外修理修配飞机业务提供)。

七、出口货物劳务退(免)税其他申报要求

(一)输入特殊区域的水电气，由购买水电气的特殊区域内的生产企业申报退税。企业应在购进货物增值税专用发票的开具之日次月起至次年4月30日前的各增值税纳税申报期内向主管税务机关申报退税。逾期的，企业不得申报退税。申报退税时，应填报《购进自用货物退税申报表》(见附件18)，提供正式电子申报数据及下列资料：

1. 增值税专用发票(抵扣联)；

2. 支付水、电、气费用的银行结算凭证(加盖银行印章的复印件)。

(二)运入保税区的货物，如果属于出口企业销售给境外单位、个人，境外单位、个人将其存放在保税区内的仓储企业，离境时由仓储企业办理报关手续，海关在其全部离境后，签发进入保税区的出口货物报关单的，保税区外的生产企业和外贸企业申报退(免)税时，除分别提供本办法第四、五条规定的资料外，还须提供仓储企业的出境货物备案清单。确定申报退(免)税期限的出口日期以最后一批出境货物备案清单上的出口日期为准。

(三)出口企业和其他单位出口的在2008年12月31日以前购进的设备、2009年1月1日以后购进但按照有关规定不得抵扣进项税额的设备、非增值税纳税人购进的设备，以及营业税改征增值税试点地区的出口企业和其他单位出口在本企业试点以前购进的设备，如果属于未计算抵扣进项税额的已使用过的设备，均实行增值税免退税办法。

出口企业和其他单位应在货物报关出口之日次月起至次年4月30日前的各增值税纳税申报期内，向主管税务机关单独申报退税。逾期的，出口企业和其他单位不得申报退税。申报退税时应填报《出口已使用过的设备退税申报表》(见附件19)，提供正式申报电子数据及下列资料：

1. 出口货物报关单；

2. 委托出口的货物，还应提供受托方主管税务机关签发的代理出口货物证明，以及代理出口协议；

3. 增值税专用发票(抵扣联)或海关进口增值税专用缴款书；

4. 出口收汇核销单；

5.《出口已使用过的设备折旧情况确认表》(见附件20)；

6. 主管税务机关要求提供的其他资料。

(四)边境地区一般贸易或边境小额贸易项下以人民币结算的从所在省(自治区)的边境口岸出口到接壤毗邻国家，并采取银行转账人民币结算方式的出口货物，生产企业、外贸企业申报退(免)税时，除分别提供本办法第四、五条规定的资料外，还应提供人民币结算的银行入账单，银行入账单应与外汇管理部门出具的出口收汇核销单相匹配。确有困难不能提供银行入账单的，可提供签注“人民币核销”的出口收汇核销单。

(五)跨境贸易人民币结算方式出口的货物，出口企业申报退(免)税不必提供出口收汇核销单。

(六)出口企业和其他单位申报附件21所列货物的退(免)税，应在申报报表中的明细表“退(免)税业务类型”栏内填写附件21所列货物对应的标识。

八、退(免)税原始凭证的有关规定

(一)增值税专用发票(抵扣联)

出口企业和其他单位购进出口货物劳务取得的增值税专用发票，应按规定办理增值税专用发票的认证手续。进项税额已计算抵扣的增值税专用发票，不得在申报退(免)税时提供。

出口企业和其他单位丢失增值税专用发票的发票联和抵扣联的，经认证相符后，可凭增值税专用发票记账联复印件及销售方所在地主管税务机关出具的丢失增值税专用发票已报税证明单，向主管税务机关申报退(免)税。

出口企业和其他单位丢失增值税专用发票抵扣联的，在增值税专用发票认证相符后，可凭增值税专用发票的发票联复印件向主管出口退税的税务机关申报退(免)税。

(二)出口货物报关单

出口企业应在货物报关出口后及时在“中国电子口岸出口退税子系统”中进行报关单确认操作。及时查询出口货物报关单电子信息，对于无出口货物报关单电子信息的，应及时向中国电子口岸或主管税务机关反映。

受托方将代理出口的货物与其他货物一笔报关出口的，委托方申报退(免)税时可提供出口货物报关单的复印件。

(三)出口收汇核销单

出口企业有下列情形之一的，自发生之日起2年内，申报出口退（免）税时，必须提供出口收汇核销单：

1. 纳税信用等级评定为C级或D级的；

2. 未在规定期限内办理出口退（免）税资格认定的；

3. 财务会计制度不健全、日常申报出口退（免）税时多次出现错误的；

4. 首次申报办理出口退（免）税的；

5. 有偷税、逃避追缴欠税、骗取出口退税、抗税、虚开增值税专用发票或农产品收购发票、接受虚开增值税专用发票（善意取得虚开增值税专用发票除外）等涉税违法行为的。

出口企业不存在上述5种情形的，包括因改制、改组以及合并、分立等原因新设立并重新办理出口退（免）税资格认定且原出口企业不存在上述所列情形，并经省级税务机关批准的，在申报出口退（免）税时，可暂不提供出口收汇核销单。但须在出口退（免）税申报截止之日前，收齐并提供按月依申报明细表顺序装订成册的出口收汇核销单。

（四）有关备案单证

出口企业应在申报出口退（免）税后15日内，将所申报退（免）税货物的下列单证，按申报退（免）税的出口货物顺序，填写《出口货物备案单证目录》，注明备案单证存放地点，以备主管税务机关核查：

1. 外贸企业购货合同、生产企业收购非自产货物出口的购货合同，包括一笔购销合同下签订的补充合同等；

2. 出口货物装货单；

3. 出口货物运输单据（包括：海运提单、航空运单、铁路运单、货物承运单据、邮政收据等承运人出具的货物单据，以及出口企业承付运费的国内运输单证）。

若有无法取得上述原始单证情况的，出口企业可用具有相似内容或作用的其他单证进行单证备案。除另有规定外，备案单证由出口企业存放和保管，不得擅自损毁，保存期为5年。

视同出口货物及对外提供修理修配劳务不实行备案单证管理。

九、出口企业和其他单位适用免税政策出口货物劳务的申报

（一）特殊区域内的企业出口的特殊区域内的货物、出口企业或其他单位视同出口的适用免税政策的货物劳务，应在出口或销售次月的增值税纳税申报内，向主管税务机关办理增值税、消费税免税申报。

（二）其他的适用免税政策的出口货物劳务，出口企业和其他单位应在货物劳务免税业务发生的次月（按季度进行增值税纳税申报的为次季度），填报《免税出口货物劳务明细表》（见附件22），提供正式申报电子数据，向主管税务机关办理免税申报手续。出口货物报关单（委托出口的为代理出口货物证明）等资料留存企业备查。

非出口企业委托出口的货物，委托方应在货物劳务免税业务发生的次月（按季度进行增值税纳税申报的为次季度）的增值税纳税申报期内，凭受托方主管税务机关签发的代理出口货物证明以及代理出口协议副本等资料，向主管税务机关办理增值税、消费税免税申报。

出口企业和其他单位未在规定期限内申报出口退（免）税或申报开具《代理出口货物证明》，以及已申报增值税退（免）税，却未在规定期限内向税务机关补齐增值税退（免）税凭证的，如果在申报退（免）税截止期限前已确定要实行增值税免税政策的，出口企业和其他单位可在确定免税的次月的增值税纳税申报期，按前款规定的手续向主管税务机关申报免税。已经申报免税的，不得再申报出口退（免）税或申报开具代理出口货物证明。

（三）本条第（二）项第三款出口货物若已办理退（免）税的，在申报免税前，外贸企业及没有生产能力的其他单位须补缴已退税款；生产企业按本办法第四条第（五）项规定，调整申报数据或全额补缴原免抵退税款。

（四）相关免税证明及免税核销办理。

1. 国家计划内出口的卷烟相关证明及免税核销办理

卷烟出口企业向卷烟生产企业购进卷烟时，应先在免税出口卷烟计划内向主管税务机关申请开具《准予免税购进出口卷烟证明申请表》（见附件23），然后将《准予免税购进出口卷烟证明》（见附件24）转交卷烟生产企业，卷烟生产企业据此向主管税务机关申报办理免税手续。

已准予免税购进的卷烟，卷烟生产企业须以不含消费税、增值税的价格销售给出口企业，并向主管税务机关报送《出口卷烟已免税证明申请表》（见附件25）。卷烟生产企业的主管税务机关核准免税后，出具《出口卷烟已免税证明》（见附件26），并直接寄送卷烟出口企业主管税务机关。

卷烟出口企业（包括购进免税卷烟出口的企业、直接出口自产卷烟的生产企业、委托出口自产卷烟的生产企业）应在卷烟报关出口之日次月起至次年4月30日前的各增值税纳税申报期内，向主管税务机关办理出口卷烟的免税核销手续。逾期的，出口企业不得申报核销，应按规定缴纳增值税、消费税。申报核销时，应填报《出口卷烟免税核销申报表》（见附件27），提供正式申报电子数据及下列资料：

（1）出口货物报关单；

（2）出口收汇核销单；

（3）出口发票；

（4）出口合同；

（5）《出口卷烟已免税证明》（购进免税卷烟出口的企业提供）；

（6）代理出口货物证明，以及代理出口协议副本（委托出口自产卷烟的生产企业提供）；

（7）主管税务机关要求提供的其他资料。

2. 来料加工委托加工出口的货物免税证明及核销办理

(1)从事来料加工委托加工业务的出口企业,在取得加工企业开具的加工费的普通发票后,应在加工费的普通发票开具之日起至次月的增值税纳税申报期内,填报《来料加工免税证明申请表》(见附件28),提供正式申报电子数据,及下列资料向主管税务机关办理《来料加工免税证明》(见附件29):

①进口货物报关单原件及复印件;

②加工企业开具的加工费的普通发票原件及复印件;

③主管税务机关要求提供的其他资料。

出口企业应将《来料加工免税证明》转交加工企业,加工企业持此证明向主管税务机关申报办理加工费的增值税、消费税免税手续。

(2)出口企业以"来料加工"贸易方式出口货物并办理海关核销手续后,持海关签发的核销结案通知书、《来料加工出口货物免税证明核销申请表》(见附件30)和下列资料及正式申报电子数据,向主管税务机关办理来料加工出口货物免税核销手续:

①出口货物报关单原件及复印件;

②来料加工免税证明;

③加工企业开具的加工费的普通发票原件及复印件;

④主管税务机关要求提供的其他资料。

十、有关单证证明的办理

(一)代理出口货物证明

委托出口的货物,受托方须自货物报关出口之日起至次年4月15日前,向主管税务机关申请开具《代理出口货物证明》(附件31),并将其及时转交委托方,逾期的,受托方不得申报开具《代理出口货物证明》。申请开具代理出口货物证明时应填报《代理出口货物证明申请表》(见附件32),提供正式申报电子数据及下列资料:

1. 代理出口协议原件及复印件;

2. 出口货物报关单;

3. 委托方税务登记证副本复印件;

4. 主管税务机关要求报送的其他资料。

受托方被停止退(免)税资格的,不得申请开具代理出口货物证明。

(二)代理进口货物证明

委托进口加工贸易料件,受托方应及时向主管税务机关申请开具代理进口货物证明,并及时转交委托方。受托方申请开具代理进口货物证明时,应填报《代理进口货物证明申请表》(见附件33),提供正式申报电子数据及下列资料:

1. 加工贸易手册及复印件;

2. 进口货物报关单(加工贸易专用);

3. 代理进口协议原件及复印件;

4. 主管税务机关要求报送的其他资料。

(三)出口货物退运已补税(未退税)证明

出口货物发生退运的,出口企业应先向主管税务机关申请开具《出口货物退运已补税(未退税)证明》(附件34),并携其到海关申请办理出口货物退运手续。委托出口的货物发生退运的,由委托方申请开具出口货物退运已补税(未退税)证明并转交受托方。申请开具《出口货物退运已补税(未退税)证明》时应填报《退运已补税(未退税)证明申请表》(见附件35),提供正式申报电子数据及下列资料:

1. 出口货物报关单(退运发生时已申报退税的,不需提供);

2. 出口发票(外贸企业不需提供);

3. 税收通用缴款书原件及复印件(退运发生时未申报退税的、以及生产企业本年度发生退运的、不需提供);

4. 主管税务机关要求报送的其他资料。

(四)补办出口报关单证明及补办出口收汇核销单证明

丢失出口货物报关单或出口收汇核销单的,出口企业应向主管税务机关申请开具补办出口报关单证明或补办出口收汇核销单证明。

1. 申请开具补办出口报关单证明的,应填报《补办出口货物报关单申请表》(见附件36),提供正式申报电子数据及下列资料:

(1)出口货物报关单(其他联次或通过口岸电子执法系统打印的报关单信息页面);

(2)主管税务机关要求报送的其他资料。

2. 申请开具补办出口收汇核销单证明的,应填报《补办出口收汇核销单证明申请表》(见附件37),提供正式申报电子数据及下列资料:

(1)出口货物报关单(出口退税专用或其他联次或通过口岸电子执法系统打印的报关单信息页面);

(2)主管税务机关要求报送的其他资料。

(五)出口退税进货分批申报单

外贸企业购进货物需分批申报退(免)税的及生产企业购进非自产应税消费品需分批申报消费税退税的,出口企业应凭下列资料填报并向主管税务机关申请出具《出口退税进货分批申报单》(见附件38):

1. 增值税专用发票(抵扣联)、消费税专用缴款书、已开具过的进货分批申报单;

2. 增值税专用发票清单复印件;

3. 主管税务机关要求提供的其他资料及正式申报电子数据。

(六)出口货物转内销证明

外贸企业发生原记入出口库存账的出口货物转内销或视同内销货物征税的,以及已申报退(免)税的出口货物发生退运并转内销的,外贸企业应于发生内销或视同内销货物的当月向主管税务机关申请开具出口货物转内销证明。申请开具出口货物转内销证明时,应填报《出口货物转内销证明申报

表》(见附件39),提供正式申报电子数据及下列资料:

1. 增值税专用发票(抵扣联)、海关进口增值税专用缴款书、进货分批申报单、出口货物退运已补税(未退税)证明原件及复印件;

2. 内销货物发票(记账联)原件及复印件;

3. 主管税务机关要求报送的其他资料。

外贸企业应在取得出口货物转内销证明的下一个增值税纳税申报期内申报纳税时,以此作为进项税额的抵扣凭证使用。

(七)中标证明通知书

利用外国政府贷款或国际金融组织贷款建设的项目,招标机构须在招标完毕并待中标企业签订的供货合同生效后,向其所在地主管税务机关申请办理《中标证明通知书》。招标机构应向主管税务机关报送《中标证明通知书》及中标设备清单表(见附件40),并提供下列资料和信息:

1. 国家评标委员会《评标结果通知》;

2. 中标项目不退税货物清单(见附件41);

3. 中标企业所在地主管税务机关的名称、地址、邮政编码;

4. 贷款项目中,属于外国企业中标再分包给国内企业供应的机电产品,还应提供招标机构对分包合同出具的验证证明;

5. 贷款项目中属于联合体中标的,还应提供招标机构对联合体协议出具的验证证明;

6. 税务机关要求提供的其他资料。

(八)丢失有关证明的补办

出口企业或其他单位丢失出口退税有关证明的,应向原出具证明的税务机关填报《关于补办出口退税有关证明的申请》(附件42),提供正式申报电子数据。原出具证明的税务机关在核实确曾出具过相关证明后,重新出具有关证明,但需注明"补办"字样。

十一、其他规定

(一)出口货物劳务除输入特殊区域的水电气外,出口企业和其他单位不得开具增值税专用发票。

(二)增值税退税率有调整的,其执行时间:

1. 属于向海关报关出口的货物,以出口货物报关单上注明的出口日期为准;属于非报关出口销售的货物,以出口发票或普通发票的开具时间为准。

2. 保税区内出口企业或其他单位出口的货物以及经保税区出口的货物,以货物离境时海关出具的出境货物备案清单上注明的出口日期为准。

(三)需要认定为可按收购视同自产货物申报免抵退税的集团公司,集团公司总部必须将书面认定申请及成员企业的证明材料报送主管税务机关,并由集团公司总部所在地的地级以上(含本级)税务机关认定。

集团公司总部及其成员企业不在同一地区的,或不在同一省(自治区、直辖市,计划单列市)的,由集团公司总部所在地的省级国家税务局认定;总部及其成员不在同一个省的,总部所在地的省级国家税务局应将认定文件抄送成员企业所在地的省级国家税务局。

(四)境外单位、个人推迟支付货款或不能支付货款的出口货物劳务,及出口企业以差额结汇方式进行结汇的进料加工出口货物,凡外汇管理部门出具出口收汇核销单的(免予提供纸质出口收汇核销单的试点地区的税务机关收到外汇管理部门传输的收汇核销电子数据),出口企业和其他单位可按现行有关规定申报退(免)税。

(五)属于远期收汇且未超过在外汇管理部门远期收汇备案的预计收汇日期的出口货物劳务,提供远期收汇备案证明申请退(免)税的,出口企业和其他单位应在预计收汇日期起30天内向主管税务机关提供出口收汇核销单(出口退税联)。逾期未提供的,或免予提供纸质出口收汇核销单的试点地区的税务机关收到外汇管理部门传输的收汇核销电子数据的"核销日期"超过预计收汇日期起30天的,主管税务机关不再办理相关出口退(免)税,已办理出口退(免)税的,由税务机关按有关规定追回已退(免)税款。

(六)输入特殊区域的水电气,区内生产企业未在规定期限内申报退(免)税的,进项税额须转入成本。

(七)适用增值税免税政策的出口货物劳务,除特殊区域内的企业出口的特殊区域内的货物、出口企业或其他单位视同出口的货物劳务外,出口企业或其他单位如果未在规定的纳税申报期内按规定申报免税的,应视同内销货物和加工修理修配劳务征免增值税、消费税,属于内销免税的,除按规定补报免税外,还应接受主管税务机关按《中华人民共和国税收征收管理法》做出的处罚;属于内销征税的,应在免税申报期次月的增值税纳税申报期内申报缴纳增值税、消费税。

出口企业或其他单位对本年度的出口货物劳务,剔除已申报增值税退(免)税、免税,已按内销征收增值税、消费税,以及已开具代理出口证明的出口货物劳务后的余额,除内销免税货物按前款规定执行外,须在次年6月份的增值税纳税申报期内申报缴纳增值税、消费税。

(八)适用增值税免税政策的出口货物劳务,出口企业或其他单位如果放弃免税,实行按内销货物征税的,应向主管税务机关提出书面报告,一旦放弃免税,36个月内不得更改。

(九)除经国家税务总局批准销售给免税店的卷烟外,免税出口的卷烟须从指定口岸(见附件43)直接报关出口。

(十)出口企业和其他单位出口财税〔2012〕39号文件第九条第(二)项第6点所列的货物,出口企业和其他单位应按财税〔2012〕39号文件附件9所列原料对应海关税则号在出口货物劳务退税率文库中对应的退税率申报纳税或免税或退(免)税。

出口企业和其他单位如果未按上述规定申报纳税或免税或退(免)税的,一经主管税务机关发现,除执行本项规定外,还应接受主管税务机关按《中华人民共和国税收征收管理法》做出的处罚。

十二、适用增值税征税政策的出口货物劳务,出口企业或其他单位申报缴纳增值税,按内销货物缴纳增值税的统一规定执行。

十三、违章处理

(一)出口企业和其他单位有下列行为之一的,主管税务机关应按照《中华人民共和国税收征收管理法》第六十条规定予以处罚:

1. 未按规定设置、使用和保管有关出口货物退(免)税账簿、凭证、资料的;

2. 未按规定装订、存放和保管备案单证的。

(二)出口企业和其他单位拒绝税务机关检查或拒绝提供有关出口货物退(免)税账簿、凭证、资料的,税务机关应按照《中华人民共和国税收征收管理法》第七十条规定予以处罚。

(三)出口企业提供虚假备案单证的,主管税务机关应按照《中华人民共和国税收征收管理法》第七十条的规定处罚。

(四)从事进料加工业务的生产企业,未按规定期限办理进料加工登记、申报、核销手续的,主管税务机关在按照《中华人民共和国税收征收管理法》第六十二条有关规定进行处理后再办理相关手续。

(五)出口企业和其他单位有违反发票管理规定行为的,主管税务机关应按照《中华人民共和国发票管理办法》有关规定予以处罚。

(六)出口企业和其他单位以假报出口或者其他欺骗手段,骗取国家出口退税款,由主管税务机关追缴其骗取的退税款,并处骗取税款1倍以上5倍以下的罚款;构成犯罪的,依法追究刑事责任。

对骗取国家出口退税款的,由省级以上(含本级)税务机关批准,按下列规定停止其出口退(免)税资格:

1. 骗取国家出口退税款不满5万元的,可以停止为其办理出口退税半年以上1年以下。

2. 骗取国家出口退税款5万元以上不满50万元的,可以停止为其办理出口退税1年以上1年半以下。

3. 骗取国家出口退税款50万元以上不满250万元,或因骗取出口退税行为受过行政处罚、2年内又骗取国家出口退税款数额在30万元以上不满150万元的,停止为其办理出口退税1年半以上2年以下。

4. 骗取国家出口退税款250万元以上,或因骗取出口退税行为受过行政处罚、两年内又骗取国家出口退税款数额在150万元以上的,停止为其办理出口退税两年以上3年以下。

5. 停止办理出口退税的时间以省级以上(含本级)税务机关批准后作出的《税务行政处罚决定书》的决定之日为起始日。

十四、本办法第四、五、六、七条中关于退(免)税申报期限的规定,第九条第(二)项第三款的出口货物的免税申报期限的规定,以及第十条第(一)项中关于申请开具代理出口货物证明期限的规定,自2011年1月1日起开始执行。2011年的出口货物劳务,退(免)税申报期限、第九条第(二)项第三款的出口货物的免税申报期限、第十条第(一)项申请开具代理出口货物证明的期限,第十一条第(七)项第二款规定的期限延长3个月。

本办法其他规定自2012年7月1日开始执行。起始日期:属于向海关报关出口的货物劳务,以出口货物报关单上注明的出口日期为准;属于非报关出口销售的货物,以出口发票(外销发票)或普通发票的开具时间为准;属于保税区内出口企业或其他单位出口的货物以及经保税区出口的货物,以货物离境时海关出具的出境货物备案清单上注明的出口日期为准。

《废止文件目录》(见附件44)所列文件及条款同时废止。本办法未纳入的出口货物增值税、消费税其他管理规定,仍按原规定执行。

附件(略)

国家税务总局关于《出口货物劳务增值税和消费税管理办法》有关问题的公告①

(2013年3月13日国家税务总局公告2013年第12号公布)

为准确执行出口货物劳务税收政策,进一步规范管理,国家税务总局细化、完善了《出口货物劳务增值税和消费税管理办法》(国家税务总局公告2012年第24号,以下简称《管理办法》)有关条款,现公告如下:

一、出口退(免)税资格认定

(一)出口企业或其他单位申请办理出口退(免)税资格

① 本公告中与《国家税务总局关于调整出口退(免)税申报办法的公告》相冲突的内容已被废止,第五条第十四项已被《国家税务总局关于出口退(免)税有关问题的公告》废止,第二条第十八项中"出口企业或其他单位提出的出口退(免)税延期申请,需经省、自治区、直辖市、计划单列市国家税务局批准的规定"已被《国家税务总局关于逾期未申报的出口退(免)税可延期申报的公告》停止执行。第五条第一、十项已被《国家税务总局关于公布失效废止的税务部门规章和税收规范性文件目录的决定》废止;第二条第二项、第十项第3目、第十八项已被《国家税务总局关于出口退(免)税申报有关问题的公告》废止。

认定时,除提供《管理办法》规定的资料外,还应提供《出口退(免)税资格认定申请表》电子数据。

(二)出口企业或其他单位申请变更退(免)税办法的,经主管税务机关批准变更的次月起按照变更后的退(免)税办法申报退(免)税。企业应将批准变更前全部出口货物按变更前退(免)税办法申报退(免)税,变更后不得申报变更前出口货物退(免)税。

原执行免退税办法的企业,在批准变更次月的增值税纳税申报期内可将原计入出口库存账的且未申报免退税的出口货物向主管税务机关申请开具《出口转内销证明》。

原执行免抵退税办法的企业,应将批准变更当月的《免抵退税申报汇总表》中"当期应退税额"填报在批准变更次月的《增值税纳税申报表》"免、抵、退应退税额"栏中。

企业按照变更前退(免)税办法已申报但在批准变更前未审核办理的退(免)税,主管税务机关对其按照原退(免)税办法单独审核、审批办理。对原执行免抵退税办法的企业,主管税务机关对已按免抵退税办法申报的退(免)税应全部按规定审核通过后,一次性审批办理退(免)税。

退(免)税办法由免抵退税变更为免退税的,批准变更前已通过认证的增值税专用发票或取得的海关进口增值税专用缴款书,出口企业或其他单位不得作为申报免退税的原始凭证。

(三)出口企业申请注销出口退(免)税认定资格但不需要注销税务登记的,按《管理办法》第三条第(五)项相关规定办理。

二、出口退(免)税申报

(一)出口企业或其他单位应使用出口退税申报系统办理出口货物劳务退(免)税、免税申报业务及申请开具相关证明业务。《管理办法》及本公告中要求出口企业或其他单位报送的电子数据应均通过出口退税申报系统生成、报送。在出口退税申报系统信息生成、报送功能升级完成前,涉及需报送的电子数据,可暂报送纸质资料。

出口退税申报系统可从国家税务总局网站免费下载或由主管税务机关免费提供。

(二)出口企业或其他单位应先通过税务机关提供的远程预申报服务进行退(免)税预申报,在排除录入错误后,方可进行正式申报。税务机关不能提供远程预申报服务的,企业可到主管税务机关进行预申报。

出口企业或其他单位退(免)税凭证电子信息不齐的出口货物劳务,可进行正式退(免)税申报,但退(免)税需在税务机关按规定对电子信息审核通过后方能办理。

(三)在出口货物报关单上的申报日期和出口日期期间,若海关调整商品代码,导致出口货物报关单上的商品代码与调整后的商品代码不一致的,出口企业或其他单位应按照出口货物报关单上列明的商品代码申报退(免)税,并同时报送《海关出口商品代码、名称、退税率调整对应表》(附件1)及电子数据。

(四)出口企业或其他单位进行正式退(免)税申报时须提供的原始凭证,应按明细申报表载明的申报顺序装订成册。

(五)2013年5月1日以后报关出口的货物(以出口货物报关单上的出口日期为准),除下款规定以外,出口企业或其他单位申报出口退(免)税提供的出口货物报关单上的第一计量单位、第二计量单位,及出口企业申报的计量单位,至少有一个应同与其匹配的增值税专用发票上的计量单位相符,且上述出口货物报关单、增值税专用发票上的商品名称须相符,否则不得申报出口退(免)税。

如属同一货物的多种零部件需要合并报关为同一商品名称的,企业应将出口货物报关单、增值税专用发票上不同商品名称的相关性及不同计量单位的折算标准向主管税务机关书面报告,经主管税务机关确认后,可申报退(免)税。

(六)受托方将代理多家企业出口的货物集中一笔报关出口的,委托方可提供该出口货物报关单的复印件申报出口退(免)税。

(七)出口企业或其他单位出口并按会计规定做销售的货物,须在做销售的次月进行增值税纳税申报。生产企业还需办理免抵退税相关申报及消费税免税申报(属于消费税应税货物的)。《管理办法》第四条第(一)项第一款和第五条第(一)项第一款与此冲突的规定,停止执行。

《管理办法》第四条第(一)项第二款和第五条第(一)项第二款中的"逾期"是指超过次年4月30日前最后一个增值税纳税申报期截止之日。

(八)属于增值税一般纳税人的集成电路设计、软件设计、动漫设计企业及其他高新技术企业出口适用增值税退(免)税政策的货物,实行免抵退税办法,按《管理办法》第四条及本公告有关规定申报出口退(免)税。

(九)生产企业申报免抵退税时,若报送的《生产企业出口货物免、抵、退税申报明细表》中的离岸价与相应出口货物报关单上的离岸价不一致的,应按主管税务机关的要求填报《出口货物离岸价差异原因说明表》(附件2)及电子数据。

(十)从事进料加工业务的生产企业,自2013年7月1日起,按下列规定办理进料加工出口货物退(免)税的申报及手(账)册核销业务。《管理办法》第四条第(三)项停止执行。2013年7月1日以前,企业已经在主管税务机关办理登记手续的进料加工手(账)册,按原办法办理免抵退税申报、进口料件申报、手(账)册核销(电子账册核销指海关办结一个周期核销手续后的核销)。

1.进料加工计划分配率的确定

2012年1月1日至2013年6月15日已在税务机关办理过进料加工手(账)册核销的企业,2013年度进料加工业务的计划分配率为该期间税务机关已核销的全部手(账)册的加权平均实际分配率。主管税务机关应在2013年7月1日以前,计算并与企业确认2013年度进料加工业务的计划分配率。

2012年1月1日至2013年6月15日未在税务机关办理进料加工业务手(账)册核销的企业,当年进料加工业务的计划分配率为2013年7月1日后首份进料加工手(账)册的计划分配率。企业应在首次申报2013年7月1日以后进料加工手(账)册的进料加工出口货物免抵退税前,向主管税务机关报送《进料加工企业计划分配率备案表》(附件3)及其电子数据。

2. 进料加工出口货物的免抵退税申报

对进料加工出口货物,企业应以出口货物人民币离岸价扣除出口货物耗用的保税进口料件金额的余额为增值税退(免)税的计税依据。按《管理办法》第四条的有关规定,办理免抵退税相关申报。

进料加工出口货物耗用的保税进口料件金额 = 进料加工出口货物人民币离岸价 × 进料加工计划分配率

计算不得免征和抵扣税额时,应按当期全部出口货物的离岸价扣除当期全部进料加工出口货物耗用的保税进口料件金额后的余额乘以征退税率之差计算。进料加工出口货物收齐有关凭证申报免抵退税时,以收齐凭证的进料加工出口货物人民币离岸价扣除其耗用的保税进口料件金额后的余额计算免抵退税额。

3. 年度进料加工业务的核销

自2014年起,企业应在本年度4月20日前,向主管税务机关报送《生产企业进料加工业务免抵退税核销申报表》(附件4)及电子数据,申请办理上年度海关已核销的进料加工手(账)册项下的进料加工业务核销手续。企业申请核销后,主管税务机关不再受理其上一年度进料加工出口货物的免抵退税申报。4月20日之后仍未申请核销的,该企业的出口退(免)税业务,主管税务机关暂不办理,待其申请核销后,方可办理。

主管税务机关受理核销申请后,应通过出口退税审核系统提取海关联网监管加工贸易电子数据中的进料加工“电子账册(电子化手册)核销数据”以及进料加工业务的进、出口货物报关单数据,计算生成《进料加工手(账)册实际分配率反馈表》(附件5),交企业确认。

企业应及时根据进料加工手(账)册实际发生的进出口情况对反馈表中手(账)册实际分配率进行核对。经核对相符的,企业应对该手(账)册进行确认;核对不相符的,企业应提供该手(账)册的实际进出口情况。核对完成后,企业应在《进料加工手(账)册实际分配率反馈表》中填写确认意见及需要补充的内容,加盖公章后交主管税务机关。

主管税务机关对于企业未确认相符的手(账)册,应提取海关联网监管加工贸易电子数据中的该手(账)册的进料加工“电子账册(电子化手册)核销数据”以及进、出口货物报关单数据,反馈给企业。对反馈的数据缺失或与纸质报关单不一致的,企业应及时向报关海关申请查询,并根据该手(账)册实际发生的进出口情况将缺失或不一致的数据填写《已核销手(账)册海关数据调整报告表(进口报关单/出口报关单)》(附件6-1,附件6-2),报送至主管税务机关,同时附送电子数据、相关报关单原件、向报关海关查询情况的书面说明。

主管税务机关应将企业报送的《已核销手(账)册海关数据调整报告表》电子数据读入出口退税审核系统,重新计算生成《进料加工手(账)册实际分配率反馈表》。在企业对手(账)册的实际分配率确认后,主管税务机关按照企业确认的实际分配率对进料加工业务进行核销,并将《生产企业进料加工业务免抵退税核销表》(附件7)交企业。企业应在次月根据该表调整前期免抵退税额及不得免征和抵扣税额。

主管税务机关完成年度核销后,企业应以《生产企业进料加工业务免抵退税核销表》中的“上年度已核销手(账)册综合实际分配率”,作为当年度进料加工计划分配率。

4. 企业申请注销或变更退(免)税办法的,应在申请注销或变更退(免)税办法前按照上述办法进行进料加工业务的核销。

(十一)符合《财政部、国家税务总局关于出口货物劳务增值税和消费税政策的通知》(财税〔2012〕39号)第九条第(四)项规定的生产企业,应在交通运输工具和机器设备出口合同签订后,报送《先退税后核销资格申请表》(见附件8)及电子数据,经主管税务机关审核同意后,按照以下规定办理出口免抵退税申报、核销:

1. 企业应在交通运输工具或机器设备自会计上做销售后,与其他出口货物劳务一并向主管税务机关办理免抵退税申报(在《生产企业出口货物免、抵、退税申报明细表》“出口收汇核销单号”栏中填写出口合同号,“业务类型”栏填写“XTHH”),并附送下列资料:

(1)出口合同(复印件,仅第一次申报时提供);

(2)企业财务会计制度(复印件,仅第一次申报时提供);

(3)出口销售明细账(复印件);

(4)《先退税后核销企业免抵退税申报附表》(附件9)及其电子数据;

(5)年度财务报表(年度结束后至4月30日前报送);

(6)收款凭证(复印件,取得预付款的提供);

(7)主管税务机关要求提供的其他资料。

2. 交通工具或机器设备报关出口之日起3个月内,企业应在增值税纳税申报期,按《管理办法》第四条规定收齐有关单证,申报免抵退税,办理已退(免)税的核销。

(十二)已申报免抵退税的出口货物发生退运,及需改为免税或征税的,应在上述情形发生的次月增值税纳税申报期内用负数申报冲减原免抵退税申报数据,并按现行会计制度的有关规定进行相应调整。《管理办法》第四条第(五)项与此冲突的规定停止执行。

(十三)免税品经营企业应根据《企业法人营业执照》规定的经营货物范围,填写《免税品经营企业销售货物退税备案表》(附件10)并生成电子数据,报主管税务机关备案。如企业的经营范围发生变化,应在变化之日后的首个增值税纳税申报期内进行补充填报。

(十四)用于对外承包工程项目的出口货物,由出口企业申请退(免)税。出口企业如属于分包单位的,申请退(免)税时,须补充提供分包合同(协议)。本项规定自2012年1月1日起开始执行。《管理办法》第六条第二款第(二)项与此冲突的规定,停止执行。

(十五)销售给海上石油天然气开采企业自产的海洋工程结构物,生产企业申报出口退(免)税时,应在《生产企业出口货物免、抵、退税申报明细表》的"备注栏"中填写购货企业的纳税人识别号和购货企业名称。

(十六)申报修理修配船舶退(免)税的,应提供在修理修配业务中使用零部件、原材料的贸易方式为"一般贸易"的出口货物报关单。出口货物报关单中"标记唛码及备注"栏注明修理船舶或被修理船舶名称的,以被修理船舶作为出口货物。

(十七)为国外(地区)企业的飞机(船舶)提供航线维护(航次维修)的货物劳务,出口企业(维修企业)申报退(免)税时应将国外(地区)企业名称、航班号(船名)填写在《生产企业出口货物免、抵、退税申报明细表》的第22栏"备注"中,并提供以下资料:

1. 与被维修的国外(地区)企业签订的维修合同;

2. 出口发票;

3. 国外(地区)企业的航班机长或外轮船长签字确认的维修单据〔须注明国外(地区)企业名称和航班号(船名)〕。

(十八)出口企业或其他单位发生的真实出口货物劳务,由于以下原因造成在规定期限内未收齐单证无法申报出口退(免)税的,应在退(免)税申报期限截止之日前向主管税务机关提出申请,并提供相关举证材料,经主管税务机关审核、逐级上报省级国家税务局批准后,可进行出口退(免)税申报。本项规定从2011年1月1日起执行。2011年1月1日前发生的同样情形的出口货务劳务,出口企业可在2013年6月30日前按照本项规定办理退(免)税申报,逾期的,主管税务机关不再受理此类申报。

1. 自然灾害、社会突发事件等不可抗力因素;

2. 出口退(免)税申报凭证被盗、抢,或者因邮寄丢失、误递;

3. 有关司法、行政机关在办理业务或者检查中,扣押出口退(免)税申报凭证;

4. 买卖双方因经济纠纷,未能按时取得出口退(免)税申报凭证;

5. 由于企业办税人员伤亡、突发危重疾病或者擅自离职,未能办理交接手续,导致不能按期提供出口退(免)税申报凭证;

6. 由于企业向海关提出修改出口货物报关单申请,在退(免)税期限截止之日海关未完成修改,导致不能按期提供出口货物报关单;

7. 国家税务总局规定的其他情形。

三、适用免税政策的出口货物劳务申报

(一)《管理办法》第十一条第(七)项中"未在规定的纳税申报期内按规定申报免税"是指出口企业或其他单位未在报关出口之日的次月至次年5月31日前的各增值税纳税申报期内填报《免税出口货物劳务明细表》(附件11),提供正式申报电子数据,向主管税务机关办理免税申报手续。

(二)出口企业或其他单位在按《管理办法》第九条第(二)项规定办理免税申报手续时,应将以下凭证按《免税出口货物劳务明细表》载明的申报顺序装订成册,留存企业备查:

1. 出口货物报关单(如无法提供出口退税联的,可提供其他联次代替);

2. 出口发票;

3. 委托出口的货物,还应提供受托方主管税务机关出具的代理出口货物证明;

4. 属购进货物直接出口的,还应提供相应的合法有效的进货凭证。合法有效的进货凭证包括增值税专用发票、增值税普通发票及其他普通发票、海关进口增值税专用缴款书、农产品收购发票、政府非税收入票据;

5. 以旅游购物贸易方式报关出口的货物暂不提供上述第2、4项凭证。

(三)出口企业或其他单位申报的出口货物免税销售额与出口货物报关单上的离岸价不一致(来料加工出口货物除外)的,应在报送《免税出口货物劳务明细表》的同时报送《出口货物离岸价差异原因说明表》及电子数据。

(四)主管税务机关已受理出口企业或其他单位的退(免)税申报,但在免税申报期限之后审核发现按规定不予退(免)税的出口货物,若符合免税条件,企业可在主管税务机关审核不予退(免)税的次月申报免税。

(五)出口企业从事来料加工委托加工业务的,应在海关签发来料加工核销结案通知书之日(以结案日期为准)起至次月的增值税纳税申报期内,提供出口货物报关单的非"出口退税专用"联原件或复印件,按照《管理办法》第九条第(四)项第2目第(2)规定办理来料加工出口货物免税核销手续。未按规定办理来料加工出口货物免税核销手续或经主管税务机关审核不予办理免税核销的,应按规定补缴来料加工加工费的增值税。

(六)出口企业或其他单位按照《管理办法》第十一条第

(八)项规定放弃免税的,应向主管税务机关报送《出口货物劳务放弃免税权声明表》(附件12),办理备案手续。自备案次月起执行征税政策,36个月内不得变更。

四、有关单证证明办理

委托出口货物发生退运的,应由委托方向主管税务机关申请开具《出口货物退运已补税(未退税)证明》转交受托方,受托方凭该证明向主管税务机关申请开具《出口货物退运已补税(未退税)证明》。《管理办法》第十条第(三)项与此冲突的内容停止执行。

五、其他补充规定

(一)符合《管理办法》第十一条第(三)项规定的集团公司,集团公司总部在申请认定时应提供以下资料:

1.《集团公司成员企业认定申请表》(附件13)及电子申报数据;

2. 集团公司总部及其控股的生产企业的营业执照副本复印件;

3. 集团公司总部及其控股的生产企业的《出口退(免)税资格认定表》复印件;

4. 集团公司总部及其控股生产企业的章程复印件;

5. 主管税务机关要求报送的其他资料。

(二)外贸企业在2012年6月30日以前签订的委托加工业务合同,如果在2012年7月1日以后收回加工货物并在2013年6月30日前出口的,按2012年6月30日以前的规定申报出口退(免)税。外贸企业须在2013年4月30日前向主管税务机关提供上述合同进行备案。

(三)为适应货物贸易外汇管理制度改革,《管理办法》中涉及到出口收汇核销单的规定不再执行。

2012年8月1日后报关出口的货物,以及截至2012年7月31日未到出口收汇核销期限或者已到出口收汇核销期限的但未核销的2012年8月1日前报关出口的货物,出口企业或其他单位在申报出口退(免)税、免税时,不填写《管理办法》附件中涉及出口收汇核销单的报表栏目。

(四)经税务机关审核发现的出口退(免)税疑点,出口企业或其他单位应按照主管税务机关的要求接受约谈、提供书面说明情况、报送《生产企业出口业务自查表》(附件14)或《外贸企业出口业务自查表》(附件15)及电子数据。

出口货物的供货企业主管税务机关按照规定需要对供货的真实性及纳税情况进行核实的,供货企业应填报《供货企业自查表》(附件16),具备条件的,应按照主管税务机关的要求同时报送电子数据。

(五)主管税务机关发现出口企业或其他单位的出口业务有以下情形之一的,该笔出口业务暂不办理出口退(免)税。已办理的,主管税务机关可按照所涉及的退税额对该企业其他已审核通过的应退税款暂缓办理出口退(免)税,无其他应退税款或应退税款小于所涉及退税额的,可由出口企业提供差额部分的担保。待税务机关核实排除相应疑点后,方可办理退(免)税或解除担保。

1. 因涉嫌骗取出口退税被税务机关稽查部门立案查处未结案;

2. 因涉嫌出口走私被海关立案查处未结案;

3. 出口货物报关单、出口发票、海运提单等出口单证的商品名称、数量、金额等内容与进口国家(或地区)的进口报关数据不符;

4. 涉嫌将低退税率出口货物以高退税率出口货物报关;

5. 出口货物的供货企业存在涉嫌虚开增值税专用发票等需要对其供货的真实性及纳税情况进行核实的疑点。

(六)主管税务机关发现出口企业或其他单位购进出口的货物劳务存在财税〔2012〕39号文件第七条第(一)项第4目、第5目和第7目情形之一的,该批出口货物劳务的出口货物报关单上所载明的其他货物,主管税务机关须排除骗税疑点后,方能办理退(免)税。

(七)出口企业或其他单位被列为非正常户的,主管税务机关对该企业暂不办理出口退税。

(八)出口企业或其他单位未按规定进行单证备案(因出口货物的成交方式特性,企业没有有关备案单证的情况除外)的出口货物,不得申报退(免)税,适用免税政策。已申报退(免)税的,应用负数申报冲减原申报。

(九)出口企业或其他单位出口的货物劳务,主管税务机关如果发现有下列情形之一的,按财税〔2012〕39号文件第七条第(一)项第4目和第5目规定,适用增值税征税政策。查实属于偷骗税的,应按相应的规定处理。

1. 提供的增值税专用发票、海关进口增值税专用缴款书等进货凭证为虚开或伪造;

2. 提供的增值税专用发票是在供货企业税务登记被注销或被认定为非正常户之后开具;

3. 提供的增值税专用发票抵扣联上的内容与供货企业记账联上的内容不符;

4. 提供的增值税专用发票上载明的货物劳务与供货企业实际销售的货物劳务不符;

5. 提供的增值税专用发票上的金额与实际购进交易的金额不符;

6. 提供的增值税专用发票上的货物名称、数量与供货企业的发货单、出库单及相关国内运输单据等凭证上的相关内容不符,数量属合理损溢的除外;

7. 出口货物报关单上的出口日期早于申报退税匹配的进货凭证上所列货物的发货时间(供货企业发货时间)或生产企业自产货物发货时间;

8. 出口货物报关单上载明的出口货物与申报退税匹配的进货凭证上载明的货物或生产企业自产货物不符;

9. 出口货物报关单上的商品名称、数量、重量与出口运输单据载明的不符，数量、重量属合理损溢的除外；

10. 生产企业出口自产货物的，其生产设备、工具不能生产该种货物；

11. 供货企业销售的自产货物，其生产设备、工具不能生产该种货物；

12. 供货企业销售的外购货物，其购进业务为虚假业务；

13. 供货企业销售的委托加工收回货物，其委托加工业务为虚假业务；

14. 出口货物的提单或运单等备案单证为伪造、虚假；

15. 出口货物报关单是通过报关行等单位将他人出口的货物虚构为本企业出口货物的手段取得。

（十）以边境小额贸易方式代理外国企业、外国自然人报关出口的货物（国家取消出口退税的货物除外），可按下列规定办理备案手续，办理过备案的上述货物，不进行增值税和消费税的纳税、免税申报。

1. 边境地区出口企业应在货物出口之前，提供下列资料向主管税务机关办理备案登记手续：

（1）企业相关人员签字、盖有单位公章且填写内容齐全的纸质《以边境小额贸易方式代理外国企业、外国自然人报关出口货物备案登记表》（见附件17）及电子数据；

（2）代理出口协议原件及复印件。代理出口协议以外文拟定的，需同时提供中文翻译版本。

（3）委托方经办人护照或外国边民的边民证原件和复印件。

2. 边境地区出口企业应在货物报关出口之日（以出口货物报关单上的出口日期为准）次月起至次年4月30日前的各增值税纳税申报期内，提供下列资料向主管税务机关办理代理报关备案核销手续：

（1）企业相关人员签字、盖有单位公章且填写内容齐全的纸质《以边境小额贸易方式代理外国企业、外国自然人报关出口货物备案核销表》（见附件18）及电子数据；

（2）出口货物报关单（出口退税专用联，以人民币结算的为盖有海关验讫章其他联次）。

3. 边境地区出口企业代理报关出口的货物属国家明确取消出口退（免）税的，按有关规定适用增值税、消费税征税政策。

4. 边境地区出口企业在2011年1月1日至本公告执行之日代理外国企业、外国自然人报关出口的货物（以出口货物报关单上的出口日期为准），应在2013年4月30日前的各增值税纳税申报期内，提供本项第2目所列的资料，向主管税务机关办理代理报关备案核销手续。

5. 边境地区出口企业未按照本项规定办理代理报关备案登记、备案核销的，主管税务机关可取消其按照代理报关备案管理的资格，并可按《中华人民共和国税收征收管理法》第六十二条等有关规定处理。

（十一）出口企业或其他单位出口财税〔2012〕39号文件第九条第（二）项第6目所列货物的，如果出口货物有两种及两种以上原材料为财税〔2012〕39号文件附件9所列原材料的，按主要原材料适用政策执行。主要原材料是指出口货物材料成本中比例最高的原材料。

（十二）输入特殊区域的水电气，区内生产企业用于出租、出让厂房的，不得申报退税，进项税额须转入成本。

（十三）出口企业或其他单位可填报《出口企业或其他单位选择出口退税业务提醒信息申请表》（见附件19），向主管税务机关申请免费的出口退税业务提醒服务。已申请出口退税业务提醒服务的，企业负责人、联系电话、邮箱等相关信息发生变化时，应及时向主管税务机关申请变更。

出口企业或其他单位应按照国家制发的出口退（免）税相关政策和管理规定办理出口退（免）税业务。主管税务机关提供的出口退税业务提醒服务仅为出口企业和其他单位参考，不作为办理出口退（免）税的依据。

（十四）出口企业或其他单位应于每年11月15日至30日，根据本年度实际出口情况及次年计划出口情况，向主管税务机关填报《出口企业预计出口情况报告表》（见附件20）及电子数据。

（十五）《管理办法》及本公告中要求同时提供原件和复印件的资料，出口企业或其他单位提供的复印件上应注明“与原件相符”字样，并加盖企业公章。主管税务机关在核对复印件与原件相符后，将原件退回，留存复印件。

六、本公告除已明确执行时间的规定外，其他规定自2013年4月1日起执行，《废止文件目录》（见附件22）所列文件条款同时废止。

特此公告。

附件（略）

国家税务总局关于出口货物劳务增值税和消费税有关问题的公告

（2013年11月13日国家税务总局公告2013年第65号公布　根据2018年6月15日《国家税务总局关于修改部分税收规范性文件的公告》修正）

为进一步规范管理，准确执行出口货物劳务税收政策，现就出口货物劳务增值税和消费税有关问题公告如下：

一、出口企业或其他单位申请注销退（免）税资格认定，如向主管税务机关声明放弃未申报或已申报但尚未办理的出口退（免）税并按规定申报免税的，视同已结清出口退税税款。

因合并、分立、改制重组等原因申请注销退（免）税资格认定的出口企业或其他单位（以下简称注销企业），可向主管税务机关申报《申请注销退（免）税资格认定企业未结清退（免）

税确认书》(附件1),提供合并、分立、改制重组企业决议、章程、相关部门批件及承继注销企业权利和义务的企业(以下简称承继企业)在注销企业所在地的开户银行、账号,经主管税务机关确认无误后,可在注销企业结清出口退(免)税款前办理退(免)税资格认定注销手续。注销后,注销企业的应退税款由其主管税务机关退还至承继企业账户,如发生需要追缴多退税款的向承继企业追缴。

二、出口企业或其他单位可以放弃全部适用退(免)税政策出口货物劳务的退(免)税,并选择适用增值税免税政策或征税政策。放弃适用退(免)税政策的出口企业或其他单位,应向主管税务机关报送《出口货物劳务放弃退(免)税声明》(附件2),办理备案手续。自备案次日起36个月内,其出口的适用增值税退(免)税政策的出口货物劳务,适用增值税免税政策或征税政策。

三、从事进料加工业务的生产企业,因上年度无海关已核销手(账)册不能确定本年度进料加工业务计划分配率的,应使用最近一次确定的"上年度已核销手(账)册综合实际分配率"作为本年度的计划分配率。

生产企业在办理年度进料加工业务核销后,如认为《生产企业进料加工业务免抵退税核销表》中的"上年度已核销手(账)册综合实际分配率"与企业当年度实际情况差别较大的,可在向主管税务机关提供当年度预计的进料加工计划分配率及书面合理理由后,将预计的进料加工计划分配率作为该年度的计划分配率。

四、出口企业将加工贸易进口料件,采取委托加工收回出口的,在申报退(免)税或申请开具《来料加工免税证明》时,如提供的加工费发票不是由加工贸易手(账)册上注明的加工单位开具的,出口企业须向主管税务机关书面说明理由,并提供主管海关出具的书面证明。否则,属于进料加工委托加工业务的,对应的加工费不得抵扣或申报退(免)税;属于来料加工委托加工业务的,不得申请开具《来料加工免税证明》,相应的加工费不得申报免税。

五、出口企业报关进入国家批准的出口加工区、保税物流园区、保税港区、综合保税区、珠澳跨境工业区(珠海园区)、中哈霍尔果斯国际边境合作中心(中方配套区域)、保税物流中心(B型)(以下统称特殊区域)并销售给特殊区域内单位或境外单位、个人的货物,以人民币结算的,可申报出口退(免)税,按有关规定提供收汇资料时,可以提供收取人民币的凭证。

六、出口企业或其他单位申报对外援助出口货物退(免)税时,不需要提供商务部批准使用援外优惠贷款的批文("援外任务书")复印件和商务部批准使用援外合资合作项目基金的批文("援外任务书")复印件。

七、生产企业外购的不经过本企业加工或组装,出口后能直接与本企业自产货物组合成成套产品的货物,如配套出口给进口本企业自产货物的境外单位或个人,可作为视同自产货物申报退(免)税。生产企业申报出口视同自产的货物退(免)税时,应按《生产企业出口视同自产货物业务类型对照表》(附件3),在《生产企业出口货物免、抵、退税申报明细表》的"业务类型"栏内填写对应标识,主管税务机关如发现企业填报错误的,应及时要求企业改正。

八、出口企业或其他单位出口适用增值税免税政策的货物劳务,在向主管税务机关办理增值税、消费税免税申报时,不再报送《免税出口货物劳务明细表》及其电子数据。出口货物报关单、合法有效的进货凭证等留存企业备查的资料,应按出口日期装订成册。

九、以下出口货物劳务应按照下列规定留存备查合法有效的进货凭证:

(一)出口企业或其他单位从依法拍卖单位购买货物出口的,将与拍卖人签署的成交确认书及有关收据留存备查;

(二)通过合并、分立、重组改制等资产重组方式设立的出口企业或其他单位,出口重组前的企业无偿划转的货物,将资产重组文件、无偿划转的证明材料留存备查。

十、出口企业或其他单位按照《国家税务总局关于〈出口货物劳务增值税和消费税管理办法〉有关问题的公告》(国家税务总局公告2013年第12号)第二条第(十八)项规定申请延期申报退(免)税的,如省级税务机关在免税申报截止之日后批复不予延期,若该出口货物符合其他免税条件,出口企业或其他单位应在批复的次月申报免税。次月未申报免税的,适用增值税征税政策。

十一、委托出口的货物,委托方应自货物报关出口之日起至次年3月15日前,凭委托代理出口协议(复印件)向主管税务机关报送《委托出口货物证明》(附件4)及其电子数据。主管税务机关审核委托代理出口协议后在《委托出口货物证明》签章。

受托方申请开具《代理出口货物证明》时,应提供规定的凭证资料及委托方主管税务机关签章的《委托出口货物证明》。

十二、外贸企业出口视同内销征税的货物,申请开具《出口货物转内销证明》时,需提供规定的凭证资料及计提销项税的记账凭证复印件。

主管税务机关在审核外贸企业《出口货物转内销证明申报表》时,对增值税专用发票交叉稽核信息比对不符,以及发现提供的增值税专用发票或者其他增值税扣税凭证存在以下情形之一的,不得出具《出口货物转内销证明》:

(一)提供的增值税专用发票或海关进口增值税专用缴款书为虚开、伪造或内容不实;

(二)提供的增值税专用发票是在供货企业税务登记被注销或被认定为非正常户之后开具;

(三)外贸企业出口货物转内销时申报的《出口货物转内销证明申报表》的进货凭证上载明的货物与申报免退税匹配

的出口货物报关单上载明的出口货物名称不符。属同一货物的多种零部件合并报关为同一商品名称的除外；

（四）供货企业销售的自产货物，其生产设备、工具不能生产该种货物；

（五）供货企业销售的外购货物，其购进业务为虚假业务；

（六）供货企业销售的委托加工收回货物，其委托加工业务为虚假业务。

主管税务机关在开具《出口货物转内销证明》后，发现外贸企业提供的增值税专用发票或者其他增值税扣税凭证存在以上情形之一的，主管税务机关应通知外贸企业将原取得的《出口货物转内销证明》涉及的进项税额做转出处理。

十三、出口企业按规定向国家商检、海关、外汇管理等对出口货物相关事项实施监管核查部门报送的资料中，属于申报出口退（免）税规定的凭证资料及备案单证的，如果上述部门或主管税务机关发现为虚假或其内容不实的，其对应的出口货物不适用增值税退（免）税和免税政策，适用增值税征税政策。查实属于偷骗税的按照相应的规定处理。

十四、本公告自2014年1月1日起执行。

特此公告。

附件：（略）

财政部、国家税务总局关于消费税纳税人总分支机构汇总缴纳消费税有关政策的通知

（2012年4月13日　财税〔2012〕42号）

各省、自治区、直辖市、计划单列市财政厅（局）、国家税务局，新疆生产建设兵团财务局：

根据《中华人民共和国消费税暂行条例实施细则》第二十四条有关规定，现将纳税人总分支机构汇总缴纳消费税政策通知如下：

纳税人的总机构与分支机构不在同一县（市），但在同一省（自治区、直辖市）范围内，经省（自治区、直辖市）财政厅（局）、国家税务局审批同意，可以由总机构汇总向总机构所在地的主管税务机关申报缴纳消费税。

省（自治区、直辖市）财政厅（局）、国家税务局应将审批同意的结果，上报财政部、国家税务总局备案。

3. 关税

中华人民共和国海关法

（1987年1月22日第六届全国人民代表大会常务委员会第十九次会议通过　根据2000年7月8日第九届全国人民代表大会常务委员会第十六次会议《关于修改〈中华人民共和国海关法〉的决定》第一次修正　根据2013年6月29日第十二届全国人民代表大会常务委员会第三次会议《关于修改〈中华人民共和国文物保护法〉等十二部法律的决定》第二次修正　根据2013年12月28日第十二届全国人民代表大会常务委员会第六次会议《关于修改〈中华人民共和国海洋环境保护法〉等七部法律的决定》第三次修正　根据2016年11月7日第十二届全国人民代表大会常务委员会第二十四次会议《关于修改〈中华人民共和国对外贸易法〉等十二部法律的决定》第四次修正　根据2017年11月4日第十二届全国人民代表大会常务委员会第三十次会议《关于修改〈中华人民共和国会计法〉等十一部法律的决定》第五次修正）

目　录

第一章　总　　则

第一条　为了维护国家的主权和利益，加强海关监督管理，促进对外经济贸易和科技文化交往，保障社会主义现代化建设，特制定本法。

第二条　中华人民共和国海关是国家的进出关境（以下简称进出境）监督管理机关。海关依照本法和其他有关法律、行政法规，监管进出境的运输工具、货物、行李物品、邮递物品和其他物品（以下简称进出境运输工具、货物、物品），征收关税和其他税、费，查缉走私，并编制海关统计和办理其他海关业务。

第三条　国务院设立海关总署，统一管理全国海关。

国家在对外开放的口岸和海关监管业务集中的地点设立海关。海关的隶属关系，不受行政区划的限制。

海关依法独立行使职权，向海关总署负责。

第四条 国家在海关总署设立专门侦查走私犯罪的公安机构,配备专职缉私警察,负责对其管辖的走私犯罪案件的侦查、拘留、执行逮捕、预审。

海关侦查走私犯罪公安机构履行侦查、拘留、执行逮捕、预审职责,应当按照《中华人民共和国刑事诉讼法》的规定办理。

海关侦查走私犯罪公安机构根据国家有关规定,可以设立分支机构。各分支机构办理其管辖的走私犯罪案件,应当依法向有管辖权的人民检察院移送起诉。

地方各级公安机关应当配合海关侦查走私犯罪公安机构依法履行职责。

第五条 国家实行联合缉私、统一处理、综合治理的缉私体制。海关负责组织、协调、管理查缉走私工作。有关规定由国务院另行制定。

各有关行政执法部门查获的走私案件,应当给予行政处罚的,移送海关依法处理;涉嫌犯罪的,应当移送海关侦查走私犯罪公安机构、地方公安机关依据案件管辖分工和法定程序办理。

第六条 海关可以行使下列权力:

(一)检查进出境运输工具,查验进出境货物、物品;对违反本法或者其他有关法律、行政法规的,可以扣留。

(二)查阅进出境人员的证件;查问违反本法或者其他有关法律、行政法规的嫌疑人,调查其违法行为。

(三)查阅、复制与进出境运输工具、货物、物品有关的合同、发票、账册、单据、记录、文件、业务函电、录音录像制品和其他资料;对其中与违反本法或者其他有关法律、行政法规的进出境运输工具、货物、物品有牵连的,可以扣留。

(四)在海关监管区和海关附近沿海沿边规定地区,检查有走私嫌疑的运输工具和有藏匿走私货物、物品嫌疑的场所,检查走私嫌疑人的身体;对有走私嫌疑的运输工具、货物、物品和走私犯罪嫌疑人,经直属海关关长或者其授权的隶属海关关长批准,可以扣留;对走私犯罪嫌疑人,扣留时间不超过二十四小时,在特殊情况下可以延长至四十八小时。

在海关监管区和海关附近沿海沿边规定地区以外,海关在调查走私案件时,对有走私嫌疑的运输工具和除公民住处以外的有藏匿走私货物、物品嫌疑的场所,经直属海关关长或者其授权的隶属海关关长批准,可以进行检查,有关当事人应当到场;当事人未到场的,在有见证人在场的情况下,可以径行检查;对其中有证据证明有走私嫌疑的运输工具、货物、物品,可以扣留。

海关附近沿海沿边规定地区的范围,由海关总署和国务院公安部门会同有关省级人民政府确定。

(五)在调查走私案件时,经直属海关关长或者其授权的隶属海关关长批准,可以查询案件涉嫌单位和涉嫌人员在金融机构、邮政企业的存款、汇款。

(六)进出境运输工具或者个人违抗海关监管逃逸的,海关可以连续追至海关监管区和海关附近沿海沿边规定地区以外,将其带回处理。

(七)海关为履行职责,可以配备武器。海关工作人员佩带和使用武器的规则,由海关总署会同国务院公安部门制定,报国务院批准。

(八)法律、行政法规规定由海关行使的其他权力。

第七条 各地方、各部门应当支持海关依法行使职权,不得非法干预海关的执法活动。

第八条 进出境运输工具、货物、物品,必须通过设立海关的地点进境或者出境。在特殊情况下,需要经过未设立海关的地点临时进境或者出境的,必须经国务院或者国务院授权的机关批准,并依照本法规定办理海关手续。

第九条 进出口货物,除另有规定的外,可以由进出口货物收发货人自行办理报关纳税手续,也可以由进出口货物收发货人委托海关准予注册登记的报关企业办理报关纳税手续。

进出境物品的所有人可以自行办理报关纳税手续,也可以委托他人办理报关纳税手续。

第十条 报关企业接受进出口货物收发货人的委托,以委托人的名义办理报关手续的,应当向海关提交由委托人签署的授权委托书,遵守本法对委托人的各项规定。

报关企业接受进出口货物收发货人的委托,以自己的名义办理报关手续的,应当承担与收发货人相同的法律责任。

委托人委托报关企业办理报关手续的,应当向报关企业提供所委托报关事项的真实情况;报关企业接受委托人的委托办理报关手续的,应当对委托人所提供情况的真实性进行合理审查。

第十一条 进出口货物收发货人、报关企业办理报关手续,必须依法经海关注册登记。未依法经海关注册登记,不得从事报关业务。

报关企业和报关人员不得非法代理他人报关,或者超出其业务范围进行报关活动。

第十二条 海关依法执行职务,有关单位和个人应当如实回答询问,并予以配合,任何单位和个人不得阻挠。

海关执行职务受到暴力抗拒时,执行有关任务的公安机关和人民武装警察部队应当予以协助。

第十三条 海关建立对违反本法规定逃避海关监管行为的举报制度。

任何单位和个人均有权对违反本法规定逃避海关监管的行为进行举报。

海关对举报或者协助查获违反本法案件的有功单位和个人,应当给予精神的或者物质的奖励。

海关应当为举报人保密。

第二章 进出境运输工具

第十四条 进出境运输工具到达或者驶离设立海关的地点时，运输工具负责人应当向海关如实申报，交验单证，并接受海关监管和检查。

停留在设立海关的地点的进出境运输工具，未经海关同意，不得擅自驶离。

进出境运输工具从一个设立海关的地点驶往另一个设立海关的地点的，应当符合海关监管要求，办理海关手续，未办结海关手续的，不得改驶境外。

第十五条 进境运输工具在进境以后向海关申报以前，出境运输工具在办结海关手续以后出境以前，应当按照交通主管机关规定的路线行进；交通主管机关没有规定的，由海关指定。

第十六条 进出境船舶、火车、航空器到达和驶离时间、停留地点、停留期间更换地点以及装卸货物、物品时间，运输工具负责人或者有关交通运输部门应当事先通知海关。

第十七条 运输工具装卸进出境货物、物品或者上下进出境旅客，应当接受海关监管。

货物、物品装卸完毕，运输工具负责人应当向海关递交反映实际装卸情况的交接单据和记录。

上下进出境运输工具的人员携带物品的，应当向海关如实申报，并接受海关检查。

第十八条 海关检查进出境运输工具时，运输工具负责人应当到场，并根据海关的要求开启舱室、房间、车门；有走私嫌疑的，并应当开拆可能藏匿走私货物、物品的部位，搬移货物、物料。

海关根据工作需要，可以派员随运输工具执行职务，运输工具负责人应当提供方便。

第十九条 进境的境外运输工具和出境的境内运输工具，未向海关办理手续并缴纳关税，不得转让或者移作他用。

第二十条 进出境船舶和航空器兼营境内客、货运输，应当符合海关监管要求。

进出境运输工具改营境内运输，需向海关办理手续。

第二十一条 沿海运输船舶、渔船和从事海上作业的特种船舶，未经海关同意，不得载运或者换取、买卖、转让进出境货物、物品。

第二十二条 进出境船舶和航空器，由于不可抗力的原因，被迫在未设立海关的地点停泊、降落或者抛掷、起卸货物、物品，运输工具负责人应当立即报告附近海关。

第三章 进出境货物

第二十三条 进口货物自进境起到办结海关手续止，出口货物自向海关申报起到出境止，过境、转运和通运货物自进境起到出境止，应当接受海关监管。

第二十四条 进口货物的收货人、出口货物的发货人应当向海关如实申报，交验进出口许可证件和有关单证。国家限制进出口的货物，没有进出口许可证件的，不予放行，具体处理办法由国务院规定。

进口货物的收货人应当自运输工具申报进境之日起十四日内，出口货物的发货人除海关特准的外应当在货物运抵海关监管区后、装货的二十四小时以前，向海关申报。

进口货物的收货人超过前款规定期限向海关申报的，由海关征收滞报金。

第二十五条 办理进出口货物的海关申报手续，应当采用纸质报关单和电子数据报关单的形式。

第二十六条 海关接受申报后，报关单证及其内容不得修改或者撤销，但符合海关规定情形的除外。

第二十七条 进口货物的收货人经海关同意，可以在申报前查看货物或者提取货样。需要依法检疫的货物，应当在检疫合格后提取货样。

第二十八条 进出口货物应当接受海关查验。海关查验货物时，进口货物的收货人、出口货物的发货人应当到场，并负责搬移货物，开拆和重封货物的包装。海关认为必要时，可以径行开验、复验或者提取货样。

海关在特殊情况下对进出口货物予以免验，具体办法由海关总署制定。

第二十九条 除海关特准的外，进出口货物在收发货人缴清税款或者提供担保后，由海关签印放行。

第三十条 进口货物的收货人自运输工具申报进境之日起超过三个月未向海关申报的，其进口货物由海关提取依法变卖处理，所得价款在扣除运输、装卸、储存等费用和税款后，尚有余款的，自货物依法变卖之日起一年内，经收货人申请，予以发还；其中属于国家对进口有限制性规定，应当提交许可证件而不能提供的，不予发还。逾期无人申请或者不予发还的，上缴国库。

确属误卸或者溢卸的进境货物，经海关审定，由原运输工具负责人或者货物的收发货人自该运输工具卸货之日起三个月内，办理退运或者进口手续；必要时，经海关批准，可以延期三个月。逾期未办手续的，由海关按前款规定处理。

前两款所列货物不宜长期保存的，海关可以根据实际情况提前处理。

收货人或者货物所有人声明放弃的进口货物，由海关提取依法变卖处理；所得价款在扣除运输、装卸、储存等费用后，上缴国库。

第三十一条 按照法律、行政法规、国务院或者海关总署规定暂时进口或者暂时出口的货物，应当在六个月内复运出境或者复运进境；需要延长复运出境或者复运进境期限的，应当根据海关总署的规定办理延期手续。

第三十二条 经营保税货物的储存、加工、装配、展示、运输、寄售业务和经营免税商店，应当符合海关监管要求，经海关批准，并办理注册手续。

保税货物的转让、转移以及进出保税场所，应当向海关办理有关手续，接受海关监管和查验。

第三十三条 企业从事加工贸易，应当按照海关总署的规定向海关备案。加工贸易制成品单位耗料量由海关按照有关规定核定。

加工贸易制成品应当在规定的期限内复出口。其中使用的进口料件，属于国家规定准予保税的，应当向海关办理核销手续；属于先征收税款的，依法向海关办理退税手续。

加工贸易保税进口料件或者制成品内销的，海关对保税的进口料件依法征税；属于国家对进口有限制性规定的，还应当向海关提交进口许可证件。

第三十四条 经国务院批准在中华人民共和国境内设立的保税区等海关特殊监管区域，由海关按照国家有关规定实施监管。

第三十五条 进口货物应当由收货人在货物的进境地海关办理海关手续，出口货物应当由发货人在货物的出境地海关办理海关手续。

经收发货人申请，海关同意，进口货物的收货人可以在设有海关的指运地、出口货物的发货人可以在设有海关的启运地办理海关手续。上述货物的转关运输，应当符合海关监管要求；必要时，海关可以派员押运。

经电缆、管道或者其他特殊方式输送进出境的货物，经营单位应当定期向指定的海关申报和办理海关手续。

第三十六条 过境、转运和通运货物，运输工具负责人应当向进境地海关如实申报，并应当在规定期限内运输出境。

海关认为必要时，可以查验过境、转运和通运货物。

第三十七条 海关监管货物，未经海关许可，不得开拆、提取、交付、发运、调换、改装、抵押、质押、留置、转让、更换标记、移作他用或者进行其他处置。

海关加施的封志，任何人不得擅自开启或者损毁。

人民法院判决、裁定或者有关行政执法部门决定处理海关监管货物的，应当责令当事人办结海关手续。

第三十八条 经营海关监管货物仓储业务的企业，应当经海关注册，并按照海关规定，办理收存、交付手续。

在海关监管区外存放海关监管货物，应当经海关同意，并接受海关监管。

违反前两款规定或者在保管海关监管货物期间造成海关监管货物损毁或者灭失的，除不可抗力外，对海关监管货物负有保管义务的人应当承担相应的纳税义务和法律责任。

第三十九条 进出境集装箱的监管办法、打捞进出境货物和沉船的监管办法、边境小额贸易进出口货物的监管办法，以及本法未具体列明的其他进出境货物的监管办法，由海关总署或者由海关总署会同国务院有关部门另行制定。

第四十条 国家对进出境货物、物品有禁止性或者限制性规定的，海关依据法律、行政法规、国务院的规定或者国务院有关部门依据法律、行政法规的授权作出的规定实施监管。具体监管办法由海关总署制定。

第四十一条 进出口货物的原产地按照国家有关原产地规则的规定确定。

第四十二条 进出口货物的商品归类按照国家有关商品归类的规定确定。

海关可以要求进出口货物的收发货人提供确定商品归类所需的有关资料；必要时，海关可以组织化验、检验，并将海关认定的化验、检验结果作为商品归类的依据。

第四十三条 海关可以根据对外贸易经营者提出的书面申请，对拟作进口或者出口的货物预先作出商品归类等行政裁定。

进口或者出口相同货物，应当适用相同的商品归类行政裁定。

海关对所作出的商品归类等行政裁定，应当予以公布。

第四十四条 海关依照法律、行政法规的规定，对与进出境货物有关的知识产权实施保护。

需要向海关申报知识产权状况的，进出口货物收发货人及其代理人应当按照国家规定向海关如实申报有关知识产权状况，并提交合法使用有关知识产权的证明文件。

第四十五条 自进出口货物放行之日起三年内或者在保税货物、减免税进口货物的海关监管期限内及其后的三年内，海关可以对与进出口货物直接有关的企业、单位的会计账簿、会计凭证、报关单证以及其他有关资料和有关进出口货物实施稽查。具体办法由国务院规定。

第四章 进出境物品

第四十六条 个人携带进出境的行李物品、邮寄进出境的物品，应当以自用、合理数量为限，并接受海关监管。

第四十七条 进出境物品的所有人应当向海关如实申报，并接受海关查验。

海关加施的封志，任何人不得擅自开启或者损毁。

第四十八条 进出境邮袋的装卸、转运和过境，应当接受海关监管。邮政企业应当向海关递交邮件路单。

邮政企业应当将开拆及封发国际邮袋的时间事先通知海关，海关应当按时派员到场监管查验。

第四十九条 邮运进出境的物品，经海关查验放行后，有关经营单位方可投递或者交付。

第五十条 经海关登记准予暂时免税进境或者暂时免税出境的物品，应当由本人复带出境或者复带进境。

过境人员未经海关批准，不得将其所带物品留在境内。

第五十一条 进出境物品所有人声明放弃的物品、在海关规定期限内未办理海关手续或者无人认领的物品，以及无法投递又无法退回的进境邮递物品，由海关依照本法第三十条的规定处理。

第五十二条 享有外交特权和豁免的外国机构或者人员的公务用品或者自用物品进出境，依照有关法律、行政法规的规定办理。

第五章 关 税

第五十三条 准许进出口的货物、进出境物品，由海关依法征收关税。

第五十四条 进口货物的收货人、出口货物的发货人、进出境物品的所有人，是关税的纳税义务人。

第五十五条 进出口货物的完税价格，由海关以该货物的成交价格为基础审查确定。成交价格不能确定时，完税价格由海关依法估定。

进口货物的完税价格包括货物的货价、货物运抵中华人民共和国境内输入地点起卸前的运输及其相关费用、保险费；出口货物的完税价格包括货物的货价、货物运至中华人民共和国境内输出地点装载前的运输及其相关费用、保险费，但是其中包含的出口关税税额，应当予以扣除。

进出境物品的完税价格，由海关依法确定。

第五十六条 下列进出口货物、进出境物品，减征或者免征关税：

（一）无商业价值的广告品和货样；

（二）外国政府、国际组织无偿赠送的物资；

（三）在海关放行前遭受损坏或者损失的货物；

（四）规定数额以内的物品；

（五）法律规定减征、免征关税的其他货物、物品；

（六）中华人民共和国缔结或者参加的国际条约规定减征、免征关税的货物、物品。

第五十七条 特定地区、特定企业或者有特定用途的进出口货物，可以减征或者免征关税。特定减税或者免税的范围和办法由国务院规定。

依照前款规定减征或者免征关税进口的货物，只能用于特定地区、特定企业或者特定用途，未经海关核准并补缴关税，不得移作他用。

第五十八条 本法第五十六条、第五十七条第一款规定范围以外的临时减征或者免征关税，由国务院决定。

第五十九条 暂时进口或者暂时出口的货物，以及特准进口的保税货物，在货物收发货人向海关缴纳相当于税款的保证金或者提供担保后，准予暂时免纳关税。

第六十条 进出口货物的纳税义务人，应当自海关填发税款缴款书之日起十五日内缴纳税款；逾期缴纳的，由海关征收滞纳金。纳税义务人、担保人超过三个月仍未缴纳的，经直属海关关长或者其授权的隶属海关关长批准，海关可以采取下列强制措施：

（一）书面通知其开户银行或者其他金融机构从其存款中扣缴税款；

（二）将应税货物依法变卖，以变卖所得抵缴税款；

（三）扣留并依法变卖其价值相当于应纳税款的货物或者其他财产，以变卖所得抵缴税款。

海关采取强制措施时，对前款所列纳税义务人、担保人未缴纳的滞纳金同时强制执行。

进出境物品的纳税义务人，应当在物品放行前缴纳税款。

第六十一条 进出口货物的纳税义务人在规定的纳税期限内有明显的转移、藏匿其应税货物以及其他财产迹象的，海关可以责令纳税义务人提供担保；纳税义务人不能提供纳税担保的，经直属海关关长或者其授权的隶属海关关长批准，海关可以采取下列税收保全措施：

（一）书面通知纳税义务人开户银行或者其他金融机构暂停支付纳税义务人相当于应纳税款的存款；

（二）扣留纳税义务人价值相当于应纳税款的货物或者其他财产。

纳税义务人在规定的纳税期限内缴纳税款的，海关必须立即解除税收保全措施；期限届满仍未缴纳税款的，经直属海关关长或者其授权的隶属海关关长批准，海关可以书面通知纳税义务人开户银行或者其他金融机构从其暂停支付的存款中扣缴税款，或者依法变卖所扣留的货物或者其他财产，以变卖所得抵缴税款。

采取税收保全措施不当，或者纳税义务人在规定期限内已缴纳税款，海关未立即解除税收保全措施，致使纳税义务人的合法权益受到损失的，海关应当依法承担赔偿责任。

第六十二条 进出口货物、进出境物品放行后，海关发现少征或者漏征税款，应当自缴纳税款或者货物、物品放行之日起一年内，向纳税义务人补征。因纳税义务人违反规定而造成的少征或者漏征，海关在三年以内可以追征。

第六十三条 海关多征的税款，海关发现后应当立即退还；纳税义务人自缴纳税款之日起一年内，可以要求海关退还。

第六十四条 纳税义务人同海关发生纳税争议时，应当缴纳税款，并可以依法申请行政复议；对复议决定仍不服的，可以依法向人民法院提起诉讼。

第六十五条 进口环节海关代征税的征收管理，适用关税征收管理的规定。

第六章 海关事务担保

第六十六条 在确定货物的商品归类、估价和提供有效报关单证或者办结其他海关手续前，收发货人要求放行货物的，海关应当在其提供与其依法应当履行的法律义务相适应的担保后放行。法律、行政法规规定可以免除担保的除外。

法律、行政法规对履行海关义务的担保另有规定的，从其规定。

国家对进出境货物、物品有限制性规定，应当提供许可证件而不能提供的，以及法律、行政法规规定不得担保的其他情形，海关不得办理担保放行。

第六十七条 具有履行海关事务担保能力的法人、其他组织或者公民，可以成为担保人。法律规定不得为担保人的除外。

第六十八条 担保人可以以下列财产、权利提供担保：

（一）人民币、可自由兑换货币；

（二）汇票、本票、支票、债券、存单；

（三）银行或者非银行金融机构的保函；

（四）海关依法认可的其他财产、权利。

第六十九条 担保人应当在担保期限内承担担保责任。担保人履行担保责任的，不免除被担保人应当办理有关海关手续的义务。

第七十条 海关事务担保管理办法，由国务院规定。

第七章 执法监督

第七十一条 海关履行职责，必须遵守法律，维护国家利益，依照法定职权和法定程序严格执法，接受监督。

第七十二条 海关工作人员必须秉公执法，廉洁自律，忠于职守，文明服务，不得有下列行为：

（一）包庇、纵容走私或者与他人串通进行走私；

（二）非法限制他人人身自由，非法检查他人身体、住所或者场所，非法检查、扣留进出境运输工具、货物、物品；

（三）利用职权为自己或者他人谋取私利；

（四）索取、收受贿赂；

（五）泄露国家秘密、商业秘密和海关工作秘密；

（六）滥用职权，故意刁难，拖延监管、查验；

（七）购买、私分、占用没收的走私货物、物品；

（八）参与或者变相参与营利性经营活动；

（九）违反法定程序或者超越权限执行职务；

（十）其他违法行为。

第七十三条 海关应当根据依法履行职责的需要，加强队伍建设，使海关工作人员具有良好的政治、业务素质。

海关专业人员应当具有法律和相关专业知识，符合海关规定的专业岗位任职要求。

海关招收工作人员应当按照国家规定，公开考试，严格考核，择优录用。

海关应当有计划地对其工作人员进行政治思想、法制、海关业务培训和考核。海关工作人员必须定期接受培训和考核，经考核不合格的，不得继续上岗执行职务。

第七十四条 海关总署应当实行海关关长定期交流制度。

海关关长定期向上一级海关述职，如实陈述其执行职务情况。海关总署应当定期对直属海关关长进行考核，直属海关应当定期对隶属海关关长进行考核。

第七十五条 海关及其工作人员的行政执法活动，依法接受监察机关的监督；缉私警察进行侦查活动，依法接受人民检察院的监督。

第七十六条 审计机关依法对海关的财政收支进行审计监督，对海关办理的与国家财政收支有关的事项，有权进行专项审计调查。

第七十七条 上级海关应当对下级海关的执法活动依法进行监督。上级海关认为下级海关作出的处理或者决定不适当的，可以依法予以变更或者撤销。

第七十八条 海关应当依照本法和其他有关法律、行政法规的规定，建立健全内部监督制度，对其工作人员执行法律、行政法规和遵守纪律的情况，进行监督检查。

第七十九条 海关内部负责审单、查验、放行、稽查和调查等主要岗位的职责权限应当明确，并相互分离、相互制约。

第八十条 任何单位和个人均有权对海关及其工作人员的违法、违纪行为进行控告、检举。收到控告、检举的机关有权处理的，应当依法按照职责分工及时查处。收到控告、检举的机关和负责查处的机关应当为控告人、检举人保密。

第八十一条 海关工作人员在调查处理违法案件时，遇有下列情形之一的，应当回避：

（一）是本案的当事人或者是当事人的近亲属；

（二）本人或者其近亲属与本案有利害关系；

（三）与本案当事人有其他关系，可能影响案件公正处理的。

第八章 法律责任

第八十二条 违反本法及有关法律、行政法规，逃避海关监管，偷逃应纳税款、逃避国家有关进出境的禁止性或者限制性管理，有下列情形之一的，是走私行为：

（一）运输、携带、邮寄国家禁止或者限制进出境货物、物品或者依法应当缴纳税款的货物、物品进出境的；

（二）未经海关许可并且未缴纳应纳税款、交验有关许可证件，擅自将保税货物、特定减免税货物以及其他海关监管货物、物品、进境的境外运输工具，在境内销售的；

（三）有逃避海关监管，构成走私的其他行为的。

有前款所列行为之一，尚不构成犯罪的，由海关没收走私货物、物品及违法所得，可以并处罚款；专门或者多次用于掩护走私的货物、物品，专门或者多次用于走私的运输工具，予以没收，藏匿走私货物、物品的特制设备，责令拆毁或者没收。

有第一款所列行为之一，构成犯罪的，依法追究刑事责任。

第八十三条 有下列行为之一的，按走私行为论处，依照本法第八十二条的规定处罚：

（一）直接向走私人非法收购走私进口的货物、物品的；

（二）在内海、领海、界河、界湖，船舶及所载人员运输、收购、贩卖国家禁止或者限制进出境的货物、物品，或者运输、收购、贩卖依法应当缴纳税款的货物，没有合法证明的。

第八十四条 伪造、变造、买卖海关单证，与走私人通谋为走私人提供贷款、资金、账号、发票、证明、海关单证，与走私人通谋为走私人提供运输、保管、邮寄或者其他方便，构成犯罪的，依法追究刑事责任；尚不构成犯罪的，由海关没收违法所得，并处罚款。

第八十五条 个人携带、邮寄超过合理数量的自用物品进出境，未依法向海关申报的，责令补缴关税，可以处以罚款。

第八十六条 违反本法规定有下列行为之一的，可以处以罚款，有违法所得的，没收违法所得：

（一）运输工具不经设立海关的地点进出境的；

（二）不将进出境运输工具到达的时间、停留的地点或者更换的地点通知海关的；

（三）进出口货物、物品或者过境、转运、通运货物向海关申报不实的；

（四）不按照规定接受海关对进出境运输工具、货物、物品进行检查、查验的；

（五）进出境运输工具未经海关同意，擅自装卸进出境货物、物品或者上下进出境旅客的；

（六）在设立海关的地点停留的进出境运输工具未经海关同意，擅自驶离的；

（七）进出境运输工具从一个设立海关的地点驶往另一个设立海关的地点，尚未办结海关手续又未经海关批准，中途擅自改驶境外或者境内未设立海关的地点的；

（八）进出境运输工具，不符合海关监管要求或者未向海关办理手续，擅自兼营或者改营境内运输的；

（九）由于不可抗力的原因，进出境船舶和航空器被迫在未设立海关的地点停泊、降落或者在境内抛掷、起卸货物、物品，无正当理由，不向附近海关报告的；

（十）未经海关许可，擅自将海关监管货物开拆、提取、交付、发运、调换、改装、抵押、质押、留置、转让、更换标记、移作他用或者进行其他处置的；

（十一）擅自开启或者损毁海关封志的；

（十二）经营海关监管货物的运输、储存、加工等业务，有关货物灭失或者有关记录不真实，不能提供正当理由的；

（十三）有违反海关监管规定的其他行为的。

第八十七条 海关准予从事有关业务的企业，违反本法有关规定的，由海关责令改正，可以给予警告，暂停其从事有关业务，直至撤销注册。

第八十八条 未经海关注册登记从事报关业务的，由海关予以取缔，没收违法所得，可以并处罚款。

第八十九条 报关企业非法代理他人报关或者超出其业务范围进行报关活动的，由海关责令改正，处以罚款；情节严重的，撤销其报关注册登记。

报关人员非法代理他人报关或者超出其业务范围进行报关活动的，由海关责令改正，处以罚款。

第九十条 进出口货物收发货人、报关企业向海关工作人员行贿的，由海关撤销其报关注册登记，并处以罚款；构成犯罪的，依法追究刑事责任，并不得重新注册登记为报关企业。

报关人员向海关工作人员行贿的，处以罚款；构成犯罪的，依法追究刑事责任。

第九十一条 违反本法规定进出口侵犯中华人民共和国法律、行政法规保护的知识产权的货物的，由海关依法没收侵权货物，并处以罚款；构成犯罪的，依法追究刑事责任。

第九十二条 海关依法扣留的货物、物品、运输工具，在人民法院判决或者海关处罚决定作出之前，不得处理。但是，危险品或者鲜活、易腐、易失效等不宜长期保存的货物、物品以及所有人申请先行变卖的货物、物品、运输工具，经直属海关关长或者其授权的隶属海关关长批准，可以先行依法变卖，变卖所得价款由海关保存，并通知其所有人。

人民法院判决没收或者海关决定没收的走私货物、物品、违法所得、走私运输工具、特制设备，由海关依法统一处理，所得价款和海关决定处以的罚款，全部上缴中央国库。

第九十三条 当事人逾期不履行海关的处罚决定又不申请复议或者向人民法院提起诉讼的，作出处罚决定的海关可以将其保证金抵缴或者将其被扣留的货物、物品、运输工具依法变价抵缴，也可以申请人民法院强制执行。

第九十四条 海关在查验进出境货物、物品时，损坏被查验的货物、物品的，应当赔偿实际损失。

第九十五条 海关违法扣留货物、物品、运输工具，致使当事人的合法权益受到损失的，应当依法承担赔偿责任。

第九十六条 海关工作人员有本法第七十二条所列行为之一的，依法给予行政处分；有违法所得的，依法没收违法所得；构成犯罪的，依法追究刑事责任。

第九十七条 海关的财政收支违反法律、行政法规规定的，由审计机关以及有关部门依照法律、行政法规的规定作出处理；对直接负责的主管人员和其他直接责任人员，依法给予行政处分；构成犯罪的，依法追究刑事责任。

第九十八条 未按照本法规定为控告人、检举人、举报人保密的，对直接负责的主管人员和其他直接责任人员，由所在单位或者有关单位依法给予行政处分。

第九十九条 海关工作人员在调查处理违法案件时，未按照本法规定进行回避的，对直接负责的主管人员和其他直接责任人员，依法给予行政处分。

第九章 附 则

第一百条 本法下列用语的含义：

直属海关,是指直接由海关总署领导,负责管理一定区域范围内的海关业务的海关;隶属海关,是指由直属海关领导,负责办理具体海关业务的海关。

进出境运输工具,是指用以载运人员、货物、物品进出境的各种船舶、车辆、航空器和驮畜。

过境、转运和通运货物,是指由境外启运、通过中国境内继续运往境外的货物。其中,通过境内陆路运输的,称过境货物;在境内设立海关的地点换装运输工具,而不通过境内陆路运输的,称转运货物;由船舶、航空器载运进境并由原装运输工具载运出境的,称通运货物。

海关监管货物,是指本法第二十三条所列的进出口货物,过境、转运、通运货物,特定减免税货物,以及暂时进出口货物、保税货物和其他尚未办结海关手续的进出境货物。

保税货物,是指经海关批准未办理纳税手续进境,在境内储存、加工、装配后复运出境的货物。

海关监管区,是指设立海关的港口、车站、机场、国界孔道、国际邮件互换局(交换站)和其他有海关监管业务的场所,以及虽未设立海关,但是经国务院批准的进出境地点。

第一百零一条 经济特区等特定地区同境内其他地区之间往来的运输工具、货物、物品的监管办法,由国务院另行规定。

第一百零二条 本法自 1987 年 7 月 1 日起施行。1951 年 4 月 18 日中央人民政府公布的《中华人民共和国暂行海关法》同时废止。

中华人民共和国进出口关税条例

(2003 年 11 月 23 日中华人民共和国国务院令第 392 号公布 根据 2011 年 1 月 8 日《国务院关于废止和修改部分行政法规的决定》第一次修订 根据 2013 年 12 月 7 日《国务院关于修改部分行政法规的决定》第二次修订 根据 2016 年 2 月 6 日《国务院关于修改部分行政法规的决定》第三次修订 根据 2017 年 3 月 1 日《国务院关于修改和废止部分行政法规的决定》第四次修订)

第一章 总 则

第一条 为了贯彻对外开放政策,促进对外经济贸易和国民经济的发展,根据《中华人民共和国海关法》(以下简称《海关法》)的有关规定,制定本条例。

第二条 中华人民共和国准许进出口的货物、进境物品,除法律、行政法规另有规定外,海关依照本条例规定征收进出口关税。

第三条 国务院制定《中华人民共和国进出口税则》(以下简称《税则》)、《中华人民共和国进境物品进口税税率表》(以下简称《进境物品进口税税率表》),规定关税的税目、税则号列和税率,作为本条例的组成部分。

第四条 国务院设立关税税则委员会,负责《税则》和《进境物品进口税税率表》的税目、税则号列和税率的调整和解释,报国务院批准后执行;决定实行暂定税率的货物、税率和期限;决定关税配额税率;决定征收反倾销税、反补贴税、保障措施关税、报复性关税以及决定实施其他关税措施;决定特殊情况下税率的适用,以及履行国务院规定的其他职责。

第五条 进口货物的收货人、出口货物的发货人、进境物品的所有人,是关税的纳税义务人。

第六条 海关及其工作人员应当依照法定职权和法定程序履行关税征管职责,维护国家利益,保护纳税人合法权益,依法接受监督。

第七条 纳税义务人有权要求海关对其商业秘密予以保密,海关应当依法为纳税义务人保密。

第八条 海关对检举或者协助查获违反本条例行为的单位和个人,应当按照规定给予奖励,并负责保密。

第二章 进出口货物关税税率的设置和适用

第九条 进口关税设置最惠国税率、协定税率、特惠税率、普通税率、关税配额税率等税率。对进口货物在一定期限内可以实行暂定税率。

出口关税设置出口税率。对出口货物在一定期限内可以实行暂定税率。

第十条 原产于共同适用最惠国待遇条款的世界贸易组织成员的进口货物,原产于与中华人民共和国签订含有相互给予最惠国待遇条款的双边贸易协定的国家或者地区的进口货物,以及原产于中华人民共和国境内的进口货物,适用最惠国税率。

原产于与中华人民共和国签订含有关税优惠条款的区域性贸易协定的国家或者地区的进口货物,适用协定税率。

原产于与中华人民共和国签订含有特殊关税优惠条款的贸易协定的国家或者地区的进口货物,适用特惠税率。

原产于本条第一款、第二款和第三款所列以外国家或者地区的进口货物,以及原产地不明的进口货物,适用普通税率。

第十一条 适用最惠国税率的进口货物有暂定税率的,应当适用暂定税率;适用协定税率、特惠税率的进口货物有暂定税率的,应当从低适用税率;适用普通税率的进口货物,不适用暂定税率。

适用出口税率的出口货物有暂定税率的,应当适用暂定税率。

第十二条 按照国家规定实行关税配额管理的进口货物,关税配额内的,适用关税配额税率;关税配额外的,其税率的适用按照本条例第十条、第十一条的规定执行。

第十三条 按照有关法律、行政法规的规定对进口货物采取反倾销、反补贴、保障措施的,其税率的适用按照《中华人民共和国反倾销条例》、《中华人民共和国反补贴条例》和《中华人民共和国保障措施条例》的有关规定执行。

第十四条 任何国家或者地区违反与中华人民共和国签订或者共同参加的贸易协定及相关协定，对中华人民共和国在贸易方面采取禁止、限制、加征关税或者其他影响正常贸易的措施的，对原产于该国家或者地区的进口货物可以征收报复性关税，适用报复性关税税率。

征收报复性关税的货物、适用国别、税率、期限和征收办法，由国务院关税税则委员会决定并公布。

第十五条 进出口货物，应当适用海关接受该货物申报进口或者出口之日实施的税率。

进口货物到达前，经海关核准先行申报的，应当适用装载该货物的运输工具申报进境之日实施的税率。

转关运输货物税率的适用日期，由海关总署另行规定。

第十六条 有下列情形之一，需缴纳税款的，应当适用海关接受申报办理纳税手续之日实施的税率：

（一）保税货物经批准不复运出境的；

（二）减免税货物经批准转让或者移作他用的；

（三）暂时进境货物经批准不复运出境，以及暂时出境货物经批准不复运进境的；

（四）租赁进口货物，分期缴纳税款的。

第十七条 补征和退还进出口货物关税，应当按照本条例第十五条或者第十六条的规定确定适用的税率。

因纳税义务人违反规定需要追征税款的，应当适用该行为发生之日实施的税率；行为发生之日不能确定的，适用海关发现该行为之日实施的税率。

第三章 进出口货物完税价格的确定

第十八条 进口货物的完税价格由海关以符合本条第三款所列条件的成交价格以及该货物运抵中华人民共和国境内输入地点起卸前的运输及其相关费用、保险费为基础审查确定。

进口货物的成交价格，是指卖方向中华人民共和国境内销售该货物时买方为进口该货物向卖方实付、应付的，并按照本条例第十九条、第二十条规定调整后的价款总额，包括直接支付的价款和间接支付的价款。

进口货物的成交价格应当符合下列条件：

（一）对买方处置或者使用该货物不予限制，但法律、行政法规规定实施的限制、对货物转售地域的限制和对货物价格无实质性影响的限制除外；

（二）该货物的成交价格没有因搭售或者其他因素的影响而无法确定；

（三）卖方不得从买方直接或者间接获得因该货物进口后转售、处置或者使用而产生的任何收益，或者虽有收益但能够按照本条例第十九条、第二十条的规定进行调整；

（四）买卖双方没有特殊关系，或者虽有特殊关系但未对成交价格产生影响。

第十九条 进口货物的下列费用应当计入完税价格：

（一）由买方负担的购货佣金以外的佣金和经纪费；

（二）由买方负担的在审查确定完税价格时与该货物视为一体的容器的费用；

（三）由买方负担的包装材料费用和包装劳务费用；

（四）与该货物的生产和向中华人民共和国境内销售有关的，由买方以免费或者以低于成本的方式提供并可以按适当比例分摊的料件、工具、模具、消耗材料及类似货物的价款，以及在境外开发、设计等相关服务的费用；

（五）作为该货物向中华人民共和国境内销售的条件，买方必须支付的、与该货物有关的特许权使用费；

（六）卖方直接或者间接从买方获得的该货物进口后转售、处置或者使用的收益。

第二十条 进口时在货物的价款中列明的下列税收、费用，不计入该货物的完税价格：

（一）厂房、机械、设备等货物进口后进行建设、安装、装配、维修和技术服务的费用；

（二）进口货物运抵境内输入地点起卸后的运输及其相关费用、保险费；

（三）进口关税及国内税收。

第二十一条 进口货物的成交价格不符合本条例第十八条第三款规定条件的，或者成交价格不能确定的，海关经了解有关情况，并与纳税义务人进行价格磋商后，依次以下列价格估定该货物的完税价格：

（一）与该货物同时或者大约同时向中华人民共和国境内销售的相同货物的成交价格；

（二）与该货物同时或者大约同时向中华人民共和国境内销售的类似货物的成交价格；

（三）与该货物进口的同时或者大约同时，将该进口货物、相同或者类似进口货物在第一级销售环节销售给无特殊关系买方最大销售总量的单位价格，但应当扣除本条例第二十二条规定的项目；

（四）按照下列各项总和计算的价格：生产该货物所使用的料件成本和加工费用，向中华人民共和国境内销售同等级或者同种类货物通常的利润和一般费用，该货物运抵境内输入地点起卸前的运输及其相关费用、保险费；

（五）以合理方法估定的价格。

纳税义务人向海关提供有关资料后，可以提出申请，颠倒前款第（三）项和第（四）项的适用次序。

第二十二条 按照本条例第二十一条第一款第（三）项规定估定完税价格，应当扣除的项目是指：

（一）同等级或者同种类货物在中华人民共和国境内第一级销售环节销售时通常的利润和一般费用以及通常支付的

佣金；

（二）进口货物运抵境内输入地点起卸后的运输及其相关费用、保险费；

（三）进口关税及国内税收。

第二十三条 以租赁方式进口的货物，以海关审查确定的该货物的租金作为完税价格。

纳税义务人要求一次性缴纳税款的，纳税义务人可以选择按照本条例第二十一条的规定估定完税价格，或者按照海关审查确定的租金总额作为完税价格。

第二十四条 运往境外加工的货物，出境时已向海关报明并在海关规定的期限内复运进境的，应当以境外加工费和料件费以及复运进境的运输及其相关费用和保险费审查确定完税价格。

第二十五条 运往境外修理的机械器具、运输工具或者其他货物，出境时已向海关报明并在海关规定的期限内复运进境的，应当以境外修理费和料件费审查确定完税价格。

第二十六条 出口货物的完税价格由海关以该货物的成交价格以及该货物运至中华人民共和国境内输出地点装载前的运输及其相关费用、保险费为基础审查确定。

出口货物的成交价格，是指该货物出口时卖方为出口该货物应当向买方直接收取和间接收取的价款总额。

出口关税不计入完税价格。

第二十七条 出口货物的成交价格不能确定的，海关经了解有关情况，并与纳税义务人进行价格磋商后，依次以下列价格估定该货物的完税价格：

（一）与该货物同时或者大约同时向同一国家或者地区出口的相同货物的成交价格；

（二）与该货物同时或者大约同时向同一国家或者地区出口的类似货物的成交价格；

（三）按照下列各项总和计算的价格：境内生产相同或者类似货物的料件成本、加工费用，通常的利润和一般费用，境内发生的运输及其相关费用、保险费；

（四）以合理方法估定的价格。

第二十八条 按照本条例规定计入或者不计入完税价格的成本、费用、税收，应当以客观、可量化的数据为依据。

第四章 进出口货物关税的征收

第二十九条 进口货物的纳税义务人应当自运输工具申报进境之日起14日内，出口货物的纳税义务人除海关特准的外，应当在货物运抵海关监管区后、装货的24小时以前，向货物的进出境地海关申报。进出口货物转关运输的，按照海关总署的规定执行。

进口货物到达前，纳税义务人经海关核准可以先行申报。具体办法由海关总署另行规定。

第三十条 纳税义务人应当依法如实向海关申报，并按照海关的规定提供有关确定完税价格、进行商品归类、确定原产地以及采取反倾销、反补贴或者保障措施等所需的资料；必要时，海关可以要求纳税义务人补充申报。

第三十一条 纳税义务人应当按照《税则》规定的目录条文和归类总规则、类注、章注、子目注释以及其他归类注释，对其申报的进出口货物进行商品归类，并归入相应的税则号列；海关应当依法审核确定该货物的商品归类。

第三十二条 海关可以要求纳税义务人提供确定商品归类所需的有关资料；必要时，海关可以组织化验、检验，并将海关认定的化验、检验结果作为商品归类的依据。

第三十三条 海关为审查申报价格的真实性和准确性，可以查阅、复制与进出口货物有关的合同、发票、账册、结付汇凭证、单据、业务函电、录音录像制品和其他反映买卖双方关系及交易活动的资料。

海关对纳税义务人申报的价格有怀疑并且所涉关税数额较大的，经直属海关关长或者其授权的隶属海关关长批准，凭海关总署统一格式的协助查询账户通知书及有关工作人员的工作证件，可以查询纳税义务人在银行或者其他金融机构开立的单位账户的资金往来情况，并向银行业监督管理机构通报有关情况。

第三十四条 海关对纳税义务人申报的价格有怀疑的，应当将怀疑的理由书面告知纳税义务人，要求其在规定的期限内书面作出说明、提供有关资料。

纳税义务人在规定的期限内未作说明、未提供有关资料的，或者海关仍有理由怀疑申报价格的真实性和准确性的，海关可以不接受纳税义务人申报的价格，并按照本条例第三章的规定估定完税价格。

第三十五条 海关审查确定进出口货物的完税价格后，纳税义务人可以以书面形式要求海关就如何确定其进出口货物的完税价格作出书面说明，海关应当向纳税义务人作出书面说明。

第三十六条 进出口货物关税，以从价计征、从量计征或者国家规定的其他方式征收。

从价计征的计算公式为：应纳税额＝完税价格×关税税率

从量计征的计算公式为：应纳税额＝货物数量×单位税额

第三十七条 纳税义务人应当自海关填发税款缴款书之日起15日内向指定银行缴纳税款。纳税义务人未按期缴纳税款的，从滞纳税款之日起，按日加收滞纳税款万分之五的滞纳金。

海关可以对纳税义务人欠缴税款的情况予以公告。

海关征收关税、滞纳金等，应当制发缴款凭证，缴款凭证格式由海关总署规定。

第三十八条 海关征收关税、滞纳金等，应当按人民币计征。

进出口货物的成交价格以及有关费用以外币计价的，以中国人民银行公布的基准汇率折合为人民币计算完税价格；以基准汇率币种以外的外币计价的，按照国家有关规定套算为人民币计算完税价格。适用汇率的日期由海关总署规定。

第三十九条 纳税义务人因不可抗力或者在国家税收政策调整的情形下，不能按期缴纳税款的，经依法提供税款担保后，可以延期缴纳税款，但是最长不得超过6个月。

第四十条 进出口货物的纳税义务人在规定的纳税期限内有明显的转移、藏匿其应税货物以及其他财产迹象的，海关可以责令纳税义务人提供担保；纳税义务人不能提供担保的，海关可以按照《海关法》第六十一条的规定采取税收保全措施。

纳税义务人、担保人自缴纳税款期限届满之日起超过3个月仍未缴纳税款的，海关可以按照《海关法》第六十条的规定采取强制措施。

第四十一条 加工贸易的进口料件按照国家规定保税进口的，其制成品或者进口料件未在规定的期限内出口的，海关按照规定征收进口关税。

加工贸易的进口料件进境时按照国家规定征收进口关税的，其制成品或者进口料件在规定的期限内出口的，海关按照有关规定退还进境时已征收的关税税款。

第四十二条 暂时进境或者暂时出境的下列货物，在进境或者出境时纳税义务人向海关缴纳相当于应纳税款的保证金或者提供其他担保的，可以暂不缴纳关税，并应当自进境或者出境之日起6个月内复运出境或者复运进境；需要延长复运出境或者复运进境期限的，纳税义务人应当根据海关总署的规定向海关办理延期手续：

（一）在展览会、交易会、会议及类似活动中展示或者使用的货物；

（二）文化、体育交流活动中使用的表演、比赛用品；

（三）进行新闻报道或者摄制电影、电视节目使用的仪器、设备及用品；

（四）开展科研、教学、医疗活动使用的仪器、设备及用品；

（五）在本款第（一）项至第（四）项所列活动中使用的交通工具及特种车辆；

（六）货样；

（七）供安装、调试、检测设备时使用的仪器、工具；

（八）盛装货物的容器；

（九）其他用于非商业目的的货物。

第一款所列暂时进境货物在规定的期限内未复运出境的，或者暂时出境货物在规定的期限内未复运进境的，海关应当依法征收关税。

第一款所列可以暂时免征关税范围以外的其他暂时进境货物，应当按照该货物的完税价格和其在境内滞留时间与折旧时间的比例计算征收进口关税。具体办法由海关总署规定。

第四十三条 因品质或者规格原因，出口货物自出口之日起1年内原状复运进境的，不征收进口关税。

因品质或者规格原因，进口货物自进口之日起1年内原状复运出境的，不征收出口关税。

第四十四条 因残损、短少、品质不良或者规格不符原因，由进出口货物的发货人、承运人或者保险公司免费补偿或者更换的相同货物，进出口时不征收关税。被免费更换的原进口货物不退运出境或者原出口货物不退运进境的，海关应当对原进出口货物重新按照规定征收关税。

第四十五条 下列进出口货物，免征关税：

（一）关税税额在人民币50元以下的一票货物；

（二）无商业价值的广告品和货样；

（三）外国政府、国际组织无偿赠送的物资；

（四）在海关放行前损失的货物；

（五）进出境运输工具装载的途中必需的燃料、物料和饮食用品。

在海关放行前遭受损坏的货物，可以根据海关认定的受损程度减征关税。

法律规定的其他免征或者减征关税的货物，海关根据规定予以免征或者减征。

第四十六条 特定地区、特定企业或者有特定用途的进出口货物减征或者免征关税，以及临时减征或者免征关税，按照国务院的有关规定执行。

第四十七条 进口货物减征或者免征进口环节海关代征税，按照有关法律、行政法规的规定执行。

第四十八条 纳税义务人进出口减免税货物的，除另有规定外，应当在进出口该货物之前，按照规定持有关文件向海关办理减免税审批手续。经海关审查符合规定的，予以减征或者免征关税。

第四十九条 需由海关监管使用的减免税进口货物，在监管年限内转让或者移作他用需要补税的，海关应当根据该货物进口时间折旧估价，补征进口关税。

特定减免税进口货物的监管年限由海关总署规定。

第五十条 有下列情形之一的，纳税义务人自缴纳税款之日起1年内，可以申请退还关税，并应当以书面形式向海关说明理由，提供原缴款凭证及相关资料：

（一）已征进口关税的货物，因品质或者规格原因，原状退货复运出境的；

（二）已征出口关税的货物，因品质或者规格原因，原状退货复运进境，并已重新缴纳因出口而退还的国内环节有关税收的；

（三）已征出口关税的货物，因故未装运出口，申报退关的。

海关应当自受理退税申请之日起30日内查实并通知纳税义务人办理退还手续。纳税义务人应当自收到通知之日起3个月内办理有关退税手续。

按照其他有关法律、行政法规规定应当退还关税的，海关应当按照有关法律、行政法规的规定退税。

第五十一条 进出口货物放行后，海关发现少征或者漏征税款的，应当自缴纳税款或者货物放行之日起1年内，向纳税义务人补征税款。但因纳税义务人违反规定造成少征或者漏征税款的，海关可以自缴纳税款或者货物放行之日起3年内追征税款，并从缴纳税款或者货物放行之日起按日加收少征或者漏征税款万分之五的滞纳金。

海关发现海关监管货物因纳税义务人违反规定造成少征或者漏征税款的，应当自纳税义务人应缴纳税款之日起3年内追征税款，并从应缴纳税款之日起按日加收少征或者漏征税款万分之五的滞纳金。

第五十二条 海关发现多征税款的，应当立即通知纳税义务人办理退还手续。

纳税义务人发现多缴税款的，自缴纳税款之日起1年内，可以以书面形式要求海关退还多缴的税款并加算银行同期活期存款利息；海关应当自受理退税申请之日起30日内查实并通知纳税义务人办理退还手续。

纳税义务人应当自收到通知之日起3个月内办理有关退税手续。

第五十三条 按照本条例第五十条、第五十二条的规定退还税款、利息涉及从国库中退库的，按照法律、行政法规有关国库管理的规定执行。

第五十四条 报关企业接受纳税义务人的委托，以纳税义务人的名义办理报关纳税手续，因报关企业违反规定而造成海关少征、漏征税款的，报关企业对少征或者漏征的税款、滞纳金与纳税义务人承担纳税的连带责任。

报关企业接受纳税义务人的委托，以报关企业的名义办理报关纳税手续的，报关企业与纳税义务人承担纳税的连带责任。

除不可抗力外，在保管海关监管货物期间，海关监管货物损毁或者灭失的，对海关监管货物负有保管义务的人应当承担相应的纳税责任。

第五十五条 欠税的纳税义务人，有合并、分立情形的，在合并、分立前，应当向海关报告，依法缴清税款。纳税义务人合并时未缴清税款的，由合并后的法人或者其他组织继续履行未履行的纳税义务；纳税义务人分立时未缴清税款的，分立后的法人或者其他组织对未履行的纳税义务承担连带责任。

纳税义务人在减免税货物、保税货物监管期间，有合并、分立或者其他资产重组情形的，应当向海关报告。按照规定需要缴税的，应当依法缴清税款；按照规定可以继续享受减免税、保税待遇的，应当到海关办理变更纳税义务人的手续。

纳税义务人欠税或者在减免税货物、保税货物监管期间，有撤销、解散、破产或者其他依法终止经营情形的，应当在清算前向海关报告。海关应当依法对纳税义务人的应缴税款予以清缴。

第五章 进境物品进口税的征收

第五十六条 进境物品的关税以及进口环节海关代征税合并为进口税，由海关依法征收。

第五十七条 海关总署规定数额以内的个人自用进境物品，免征进口税。

超过海关总署规定数额但仍在合理数量以内的个人自用进境物品，由进境物品的纳税义务人在进境物品放行前按照规定缴纳进口税。

超过合理、自用数量的进境物品应当按照进口货物依法办理相关手续。

国务院关税税则委员会规定按货物征税的进境物品，按照本条例第二章至第四章的规定征收关税。

第五十八条 进境物品的纳税义务人是指，携带物品进境的入境人员、进境邮递物品的收件人以及以其他方式进口物品的收件人。

第五十九条 进境物品的纳税义务人可以自行办理纳税手续，也可以委托他人办理纳税手续。接受委托的人应当遵守本章对纳税义务人的各项规定。

第六十条 进口税从价计征。

进口税的计算公式为：进口税税额＝完税价格×进口税税率

第六十一条 海关应当按照《进境物品进口税税率表》及海关总署制定的《中华人民共和国进境物品归类表》、《中华人民共和国进境物品完税价格表》对进境物品进行归类、确定完税价格和确定适用税率。

第六十二条 进境物品，适用海关填发税款缴款书之日实施的税率和完税价格。

第六十三条 进口税的减征、免征、补征、追征、退还以及对暂准进境物品征收进口税参照本条例对货物征收进口关税的有关规定执行。

第六章 附　　则

第六十四条 纳税义务人、担保人对海关确定纳税义务人、确定完税价格、商品归类、确定原产地、适用税率或者汇率、减征或者免征税款、补税、退税、征收滞纳金、确定计征方式以及确定纳税地点有异议的，应当缴纳税款，并可以依法向上一级海关申请复议。对复议决定不服的，可以依法向人民法院提起诉讼。

第六十五条 进口环节海关代征税的征收管理，适用关税征收管理的规定。

第六十六条 有违反本条例规定行为的，按照《海关法》、《中华人民共和国海关行政处罚实施条例》和其他有关法律、行政法规的规定处罚。

第六十七条 本条例自2004年1月1日起施行。1992

年3月18日国务院修订发布的《中华人民共和国进出口关税条例》同时废止。

中华人民共和国海关进出口货物征税管理办法

（2005年1月4日海关总署令第124号公布　根据2010年11月26日《海关总署关于修改部分规章的决定》第一次修正　根据2014年3月13日《海关总署关于修改部分规章的决定》第二次修正　根据2017年12月20日《海关总署关于修改部分规章的决定》第三次修正　根据2018年5月29日《海关总署关于修改部分规章的决定》第四次修正）

第一章　总　　则

第一条　为了保证国家税收政策的贯彻实施，加强海关税收管理，确保依法征税，保障国家税收，维护纳税义务人的合法权益，根据《中华人民共和国海关法》（以下简称《海关法》）、《中华人民共和国进出口关税条例》（以下简称《关税条例》）以及其他有关法律、行政法规的规定，制定本办法。

第二条　海关征税工作，应当遵循准确归类、正确估价、依率计征、依法减免、严肃退补、及时入库的原则。

第三条　进出口关税、进口环节海关代征税的征收管理适用本办法。

进境物品进口税和船舶吨税的征收管理按照有关法律、行政法规和部门规章的规定执行，有关法律、行政法规、部门规章未作规定的，适用本办法。

第四条　海关应当按照国家有关规定承担保密义务，妥善保管纳税义务人提供的涉及商业秘密的资料，除法律、行政法规另有规定外，不得对外提供。

纳税义务人可以书面向海关提出为其保守商业秘密的要求，并且具体列明需要保密的内容，但不得以商业秘密为理由拒绝向海关提供有关资料。

第二章　进出口货物税款的征收

第一节　申报与审核

第五条　纳税义务人进出口货物时应当依法向海关办理申报手续，按照规定提交有关单证。海关认为必要时，纳税义务人还应当提供确定商品归类、完税价格、原产地等所需的相关资料。提供的资料为外文的，海关需要时，纳税义务人应当提供中文译文并且对译文内容负责。

进出口减免税货物的，纳税义务人还应当提交主管海关签发的《进出口货物征免税证明》（以下简称《征免税证明》），但本办法第七十条所列减免税货物除外。

第六条　纳税义务人应当按照法律、行政法规和海关规章关于商品归类、审定完税价格和原产地管理的有关规定，如实申报进出口货物的商品名称、税则号列（商品编号）、规格型号、价格、运保费及其他相关费用、原产地、数量等。

第七条　为审核确定进出口货物的商品归类、完税价格、原产地等，海关可以要求纳税义务人按照有关规定进行补充申报。纳税义务人认为必要时，也可以主动要求进行补充申报。

第八条　海关应当按照法律、行政法规和海关规章的规定，对纳税义务人申报的进出口货物商品名称、规格型号、税则号列、原产地、价格、成交条件、数量等进行审核。

海关可以根据口岸通关和货物进出口的具体情况，在货物通关环节仅对申报内容作程序性审核，在货物放行后再进行申报价格、商品归类、原产地等是否真实、正确的实质性核查。

第九条　海关为审核确定进出口货物的商品归类、完税价格及原产地等，可以对进出口货物进行查验，组织化验、检验或者对相关企业进行核查。

经审核，海关发现纳税义务人申报的进出口货物税则号列有误的，应当按照商品归类的有关规则和规定予以重新确定。

经审核，海关发现纳税义务人申报的进出口货物价格不符合成交价格条件，或者成交价格不能确定的，应当按照审定进出口货物完税价格的有关规定另行估价。

经审核，海关发现纳税义务人申报的进出口货物原产地有误的，应当通过审核纳税义务人提供的原产地证明、对货物进行实际查验或者审核其他相关单证等方法，按照海关原产地管理的有关规定予以确定。

经审核，海关发现纳税义务人提交的减免税申请或者所申报的内容不符合有关减免税规定的，应当按照规定计征税款。

纳税义务人违反海关规定，涉嫌伪报、瞒报的，应当按照规定移交海关调查或者缉私部门处理。

第十条　纳税义务人在货物实际进出口前，可以按照有关规定向海关申请对进出口货物进行商品预归类、价格预审核或者原产地预确定。海关审核确定后，应当书面通知纳税义务人，并且在货物实际进出口时予以认可。

第二节　税款的征收

第十一条　海关应当根据进出口货物的税则号列、完税价格、原产地、适用的税率和汇率计征税款。

第十二条　海关应当按照《关税条例》有关适用最惠国税率、协定税率、特惠税率、普通税率、出口税率、关税配额税率或者暂定税率，以及实施反倾销措施、反补贴措施、保障措施或者征收报复性关税等适用税率的规定，确定进出口货物适用的税率。

第十三条 进出口货物,应当适用海关接受该货物申报进口或者出口之日实施的税率。

进口货物到达前,经海关核准先行申报的,应当适用装载该货物的运输工具申报进境之日实施的税率。

进口转关运输货物,应当适用指运地海关接受该货物申报进口之日实施的税率;货物运抵指运地前,经海关核准先行申报的,应当适用装载该货物的运输工具抵达指运地之日实施的税率。

出口转关运输货物,应当适用启运地海关接受该货物申报出口之日实施的税率。

经海关批准,实行集中申报的进出口货物,应当适用每次货物进出口时海关接受该货物申报之日实施的税率。

因超过规定期限未申报而由海关依法变卖的进口货物,其税款计征应当适用装载该货物的运输工具申报进境之日实施的税率。

因纳税义务人违反规定需要追征税款的进出口货物,应当适用违反规定的行为发生之日实施的税率;行为发生之日不能确定的,适用海关发现该行为之日实施的税率。

第十四条 已申报进境并且放行的保税货物、减免税货物、租赁货物或者已申报进出境并且放行的暂时进出境货物,有下列情形之一需缴纳税款的,应当适用海关接受纳税义务人再次填写报关单申报办理纳税及有关手续之日实施的税率:

(一)保税货物经批准不复运出境的;

(二)保税仓储货物转入国内市场销售的;

(三)减免税货物经批准转让或者移作他用的;

(四)可以暂不缴纳税款的暂时进出境货物,不复运出境或者进境的;

(五)租赁进口货物,分期缴纳税款的。

第十五条 补征或者退还进出口货物税款,应当按照本办法第十三条和第十四条的规定确定适用的税率。

第十六条 进出口货物的价格及有关费用以外币计价的,海关按照该货物适用税率之日所适用的计征汇率折合为人民币计算完税价格。完税价格采用四舍五入法计算至分。

海关每月使用的计征汇率为上一个月第三个星期三(第三个星期三为法定节假日的,顺延采用第四个星期三)中国人民银行公布的外币对人民币的基准汇率;以基准汇率币种以外的外币计价的,采用同一时间中国银行公布的现汇买入价和现汇卖出价的中间值(人民币元后采用四舍五入法保留4位小数)。如果上述汇率发生重大波动,海关总署认为必要时,可以另行规定计征汇率,并且对外公布。

第十七条 海关应当按照《关税条例》的规定,以从价、从量或者国家规定的其他方式对进出口货物征收关税。

海关应当按照有关法律、行政法规规定的适用税种、税目、税率和计算公式对进口货物计征进口环节海关代征税。

除另有规定外,关税和进口环节海关代征税按照下述计算公式计征:

从价计征关税的计算公式为:应纳税额=完税价格×关税税率

从量计征关税的计算公式为:应纳税额=货物数量×单位关税税额

计征进口环节增值税的计算公式为:应纳税额=(完税价格+实征关税税额+实征消费税税额)×增值税税率

从价计征进口环节消费税的计算公式为:应纳税额=〔(完税价格+实征关税税额)/(1-消费税税率)〕×消费税税率

从量计征进口环节消费税的计算公式为:应纳税额=货物数量×单位消费税税额

第十八条 除另有规定外,海关应当在货物实际进境,并且完成海关现场接单审核工作之后及时填发税款缴款书。需要通过对货物进行查验确定商品归类、完税价格、原产地的,应当在查验核实之后填发或者更改税款缴款书。

纳税义务人收到税款缴款书后应当办理签收手续。

第十九条 海关税款缴款书一式六联,第一联(收据)由银行收款签章后交缴款单位或者纳税义务人;第二联(付款凭证)由缴款单位开户银行作为付出凭证;第三联(收款凭证)由收款国库作为收入凭证;第四联(回执)由国库盖章后退回海关财务部门;第五联(报查)国库收款后,关税专用缴款书退回海关,海关代征税专用缴款书送当地税务机关;第六联(存根)由填发单位存查。

第二十条 纳税义务人应当自海关填发税款缴款书之日起15日内向指定银行缴纳税款。逾期缴纳税款的,由海关自缴款期限届满之日起至缴清税款之日止,按日加收滞纳税款万分之五的滞纳金。纳税义务人应当自海关填发滞纳金缴款书之日起15日内向指定银行缴纳滞纳金。滞纳金缴款书的格式与税款缴款书相同。

缴款期限届满日遇星期六、星期日等休息日或者法定节假日的,应当顺延至休息日或者法定节假日之后的第一个工作日。国务院临时调整休息日与工作日的,海关应当按照调整后的情况计算缴款期限。

第二十一条 关税、进口环节海关代征税、滞纳金等,应当按人民币计征,采用四舍五入法计算至分。

滞纳金的起征点为50元。

第二十二条 银行收讫税款日为纳税义务人缴清税款之日。纳税义务人向银行缴纳税款后,应当及时将盖有证明银行已收讫税款的业务印章的税款缴款书送交填发海关验核,海关据此办理核注手续。

海关发现银行未按照规定及时将税款足额划转国库的,应当将有关情况通知国库。

第二十三条 纳税义务人缴纳税款前不慎遗失税款缴款

书的,可以向填发海关提出补发税款缴款书的书面申请。海关应当自接到纳税义务人的申请之日起2个工作日内审核确认并且重新予以补发。海关补发的税款缴款书内容应当与原税款缴款书完全一致。

纳税义务人缴纳税款后遗失税款缴款书的,可以自缴纳税款之日起1年内向填发海关提出确认其已缴清税款的书面申请,海关经审查核实后,应当予以确认,但不再补发税款缴款书。

第二十四条 纳税义务人因不可抗力或者国家税收政策调整不能按期缴纳税款的,依法提供税款担保后,可以向海关办理延期缴纳税款手续。

第二十五条 散装进出口货物发生溢短装的,按照以下规定办理:

(一)溢装数量在合同、发票标明数量3%以内的,或者短装的,海关应当根据审定的货物单价,按照合同、发票标明数量计征税款。

(二)溢装数量超过合同、发票标明数量3%的,海关应当根据审定的货物单价,按照实际进出口数量计征税款。

第二十六条 纳税义务人、担保人自缴款期限届满之日起超过3个月仍未缴纳税款或者滞纳金的,海关可以按照《海关法》第六十条的规定采取强制措施。

纳税义务人在规定的缴纳税款期限内有明显的转移、藏匿其应税货物以及其他财产迹象的,海关可以责令纳税义务人向海关提供税款担保。纳税义务人不能提供税款担保的,海关可以按照《海关法》第六十一条的规定采取税收保全措施。

采取强制措施和税收保全措施的具体办法另行规定。

第三章 特殊进出口货物税款的征收

第一节 无代价抵偿货物

第二十七条 进口无代价抵偿货物,不征收进口关税和进口环节海关代征税;出口无代价抵偿货物,不征收出口关税。

前款所称无代价抵偿货物是指进出口货物在海关放行后,因残损、短少、品质不良或者规格不符原因,由进出口货物的发货人、承运人或者保险公司免费补偿或者更换的与原货物相同或者与合同规定相符的货物。

第二十八条 纳税义务人应当在原进出口合同规定的索赔期内且不超过原货物进出口之日起3年,向海关申报办理无代价抵偿货物的进出口手续。

第二十九条 纳税义务人申报进口无代价抵偿货物,应当提交买卖双方签订的索赔协议。

海关认为需要时,纳税义务人还应当提交具有资质的商品检验机构出具的原进口货物残损、短少、品质不良或者规格不符的检验证明书或者其他有关证明文件。

第三十条 纳税义务人申报出口无代价抵偿货物,应当提交买卖双方签订的索赔协议。

海关认为需要时,纳税义务人还应当提交具有资质的商品检验机构出具的原出口货物残损、短少、品质不良或者规格不符的检验证明书或者其他有关证明文件。

第三十一条 纳税义务人申报进出口的无代价抵偿货物,与退运出境或者退运进境的原货物不完全相同或者与合同规定不完全相符的,应当向海关说明原因。

海关经审核认为理由正当,且其税则号列未发生改变的,应当按照审定进出口货物完税价格的有关规定和原进出口货物适用的计征汇率、税率,审核确定其完税价格、计算应征税款。应征税款高于原进出口货物已征税款的,应当补征税款的差额部分。应征税款低于原进出口货物已征税款,且原进出口货物的发货人、承运人或者保险公司同时补偿货款的,海关应当退还补偿货款部分的相应税款;未补偿货款的,税款的差额部分不予退还。

纳税义务人申报进出口的免费补偿或者更换的货物,其税则号列与原货物的税则号列不一致的,不适用无代价抵偿货物的有关规定,海关应当按照一般进出口货物的有关规定征收税款。

第三十二条 纳税义务人申报进出口无代价抵偿货物,被更换的原进口货物不退运出境且不放弃交由海关处理的,或者被更换的原出口货物不退运进境的,海关应当按照接受无代价抵偿货物申报进出口之日适用的税率、计征汇率和有关规定对原进出口货物重新估价征税。

第三十三条 被更换的原进口货物退运出境时不征收出口关税。

被更换的原出口货物退运进境时不征收进口关税和进口环节海关代征税。

第二节 租赁进口货物

第三十四条 纳税义务人进口租赁货物,除另有规定外,应当向其所在地海关办理申报进口及申报纳税手续。

纳税义务人申报进口租赁货物,应当向海关提交租赁合同及其他有关文件。海关认为必要时,纳税义务人应当提供税款担保。

第三十五条 租赁进口货物自进境之日起至租赁结束办结海关手续之日止,应当接受海关监管。

一次性支付租金的,纳税义务人应当在申报租赁货物进口时办理纳税手续,缴纳税款。

分期支付租金的,纳税义务人应当在申报租赁货物进口时,按照第一期应当支付的租金办理纳税手续,缴纳相应税款;在其后分期支付租金时,纳税义务人向海关申报办理纳税手续应当不迟于每次支付租金后的第15日。纳税义务人未在规定期限内申报纳税的，海关按照纳税义务人每次支付租金后第15日该货物适用的税率、计征汇率征收相应税款，并且自本款规定的申报办理纳税手续期限届满之日起至纳税义务人申报纳税之日止按日加收应缴纳税款万分之五的滞纳金。

第三十六条 海关应当对租赁进口货物进行跟踪管理，督促纳税义务人按期向海关申报纳税，确保税款及时足额入库。

第三十七条 纳税义务人应当自租赁进口货物租期届满之日起30日内，向海关申请办结监管手续，将租赁进口货物复运出境。需留购、续租租赁进口货物的，纳税义务人向海关申报办理相关手续应当不迟于租赁进口货物租期届满后的第30日。

海关对留购的租赁进口货物，按照审定进口货物完税价格的有关规定和海关接受申报办理留购的相关手续之日该货物适用的计征汇率、税率，审核确定其完税价格、计征应缴纳的税款。

续租租赁进口货物的，纳税义务人应当向海关提交续租合同，并且按照本办法第三十四条和第三十五条的有关规定办理申报纳税手续。

第三十八条 纳税义务人未在本办法第三十七条第一款规定的期限内向海关申报办理留购租赁进口货物的相关手续的，海关除按照审定进口货物完税价格的有关规定和租期届满后第30日该货物适用的计征汇率、税率，审核确定其完税价格、计征应缴纳的税款外，还应当自租赁期限届满后30日起至纳税义务人申报纳税之日止按日加收应缴纳税款万分之五的滞纳金。

纳税义务人未在本办法第三十七条第一款规定的期限内向海关申报办理续租租赁进口货物的相关手续的，海关除按照本办法第三十五条的规定征收续租租赁进口货物应缴纳的税款外，还应当自租赁期限届满后30日起至纳税义务人申报纳税之日止按日加收应缴纳税款万分之五的滞纳金。

第三十九条 租赁进口货物租赁期未满终止租赁的，其租期届满之日为租赁终止日。

第三节 暂时进出境货物

第四十条 暂时进境或者暂时出境的货物，海关按照有关规定实施管理。

第四十一条 《关税条例》第四十二条第一款所列的暂时进出境货物，在海关规定期限内，可以暂不缴纳税款。

前款所述暂时进出境货物在规定期限届满后不再复运出境或者复运进境的，纳税义务人应当在规定期限届满前向海关申报办理进出口及纳税手续。海关按照有关规定征收税款。

第四十二条 《关税条例》第四十二条第一款所列范围以外的其他暂时进出境货物，海关按照审定进出口货物完税价格的有关规定和海关接受该货物申报进出境之日适用的计征汇率、税率，审核确定其完税价格、按月征收税款，或者在规定期限内货物复运出境或者复运进境时征收税款。

计征税款的期限为60个月。不足一个月但超过15天的，按一个月计征；不超过15天的，免予计征。计征税款的期限自货物放行之日起计算。

按月征收税款的计算公式为：

每月关税税额＝关税总额×(1/60)

每月进口环节代征税税额＝进口环节代征税总额×(1/60)

本条第一款所述暂时进出境货物在规定期限届满后不再复运出境或者复运进境的，纳税义务人应当在规定期限届满前向海关申报办理进出口及纳税手续，缴纳剩余税款。

第四十三条 暂时进出境货物未在规定期限内复运出境或者复运进境，且纳税义务人未在规定期限届满前向海关申报办理进出口及纳税手续的，海关除按照规定征收应缴纳的税款外，还应当自规定期限届满之日起至纳税义务人申报纳税之日止按日加收应缴纳税款万分之五的滞纳金。

第四十四条 本办法第四十一条至第四十三条中所称“规定期限”均包括暂时进出境货物延长复运出境或者复运进境的期限。

第四节 进出境修理货物和出境加工货物

第四十五条 纳税义务人在办理进境修理货物的进口申报手续时，应当向海关提交该货物的维修合同(或者含有保修条款的原出口合同)，并且向海关提供进口税款担保或者由海关按照保税货物实施管理。进境修理货物应当在海关规定的期限内复运出境。

进境修理货物需要进口原材料、零部件的，纳税义务人在办理原材料、零部件进口申报手续时，应当向海关提供进口税款担保或者由海关按照保税货物实施管理。进口原材料、零部件只限用于进境修理货物的修理，修理剩余的原材料、零部件应当随进境修理货物一同复运出境。

第四十六条 进境修理货物及剩余进境原材料、零部件复运出境的，海关应当办理修理货物及原材料、零部件进境时纳税义务人提供的税款担保的退还手续；海关按照保税货物实施管理的，按照有关保税货物的管理规定办理。

因正当理由不能在海关规定期限内将进境修理货物复运出境的，纳税义务人应当在规定期限届满前向海关说明情况，申请延期复运出境。

第四十七条 进境修理货物未在海关允许期限(包括延长期，下同)内复运出境的，海关对其按照一般进出口货物的征税管理规定实施管理，将该货物进境时纳税义务人提供的税款担保转为税款。

第四十八条　纳税义务人在办理出境修理货物的出口申报手续时，应当向海关提交该货物的维修合同（或者含有保修条款的原进口合同）。出境修理货物应当在海关规定的期限内复运进境。

第四十九条　纳税义务人在办理出境修理货物复运进境的进口申报手续时，应当向海关提交该货物的维修发票等相关单证。

海关按照审定进口货物完税价格的有关规定和海关接受该货物申报复运进境之日适用的计征汇率、税率，审核确定其完税价格、计征进口税款。

因正当理由不能在海关规定期限内将出境修理货物复运进境的，纳税义务人应当在规定期限届满前向海关说明情况，申请延期复运进境。

第五十条　出境修理货物超过海关允许期限复运进境的，海关对其按照一般进口货物的征税管理规定征收进口税款。

第五十一条　纳税义务人在办理出境加工货物的出口申报手续时，应当向海关提交该货物的委托加工合同；出境加工货物属于征收出口关税的商品的，纳税义务人应当向海关提供出口税款担保。出境加工货物应当在海关规定的期限内复运进境。

第五十二条　纳税义务人在办理出境加工货物复运进境的进口申报手续时，应当向海关提交该货物的加工发票等相关单证。

海关按照审定进口货物完税价格的有关规定和海关接受该货物申报复运进境之日适用的计征汇率、税率，审核确定其完税价格、计征进口税款，同时办理解除该货物出境时纳税义务人提供税款担保的相关手续。

因正当理由不能在海关规定期限内将出境加工货物复运进境的，纳税义务人应当在规定期限届满前向海关说明情况，申请延期复运进境。

第五十三条　出境加工货物未在海关允许期限内复运进境的，海关对其按照一般进出口货物的征税管理规定实施管理，将该货物出境时纳税义务人提供的税款担保转为税款；出境加工货物复运进境时，海关按照一般进口货物的征税管理规定征收进口税款。

第五十四条　本办法第四十五条至第五十三条中所称"海关规定期限"和"海关允许期限"，由海关根据进出境修理货物、出境加工货物的有关合同规定以及具体实际情况予以确定。

第五节　退运货物

第五十五条　因品质或者规格原因，出口货物自出口放行之日起1年内原状退货复运进境的，纳税义务人在办理进口申报手续时，应当按照规定提交有关单证和证明文件。经海关确认后，对复运进境的原出口货物不予征收进口关税和进口环节海关代征税。

第五十六条　因品质或者规格原因，进口货物自进口放行之日起1年内原状退货复运出境的，纳税义务人在办理出口申报手续时，应当按照规定提交有关单证和证明文件。经海关确认后，对复运出境的原进口货物不予征收出口关税。

第四章　进出口货物税款的退还与补征

第五十七条　海关发现多征税款的，应当立即通知纳税义务人办理退税手续。纳税义务人应当自收到海关通知之日起3个月内办理有关退税手续。

第五十八条　纳税义务人发现多缴纳税款的，自缴纳税款之日起1年内，可以向海关申请退还多缴的税款并且加算银行同期活期存款利息。

纳税义务人向海关申请退还税款及利息时，应当提交下列材料：

（一）《退税申请书》；

（二）可以证明应予退税的材料。

第五十九条　已缴纳税款的进口货物，因品质或者规格原因原状退货复运出境的，纳税义务人自缴纳税款之日起1年内，可以向海关申请退税。

纳税义务人向海关申请退税时，应当提交下列材料：

（一）《退税申请书》；

（二）收发货人双方关于退货的协议。

第六十条　已缴纳出口关税的出口货物，因品质或者规格原因原状退货复运进境，并且已重新缴纳因出口而退还的国内环节有关税收的，纳税义务人自缴纳税款之日起1年内，可以向海关申请退税。

纳税义务人向海关申请退税时，应当提交下列材料：

（一）《退税申请书》；

（二）收发货人双方关于退货的协议和税务机关重新征收国内环节税的证明。

第六十一条　已缴纳出口关税的货物，因故未装运出口申报退关的，纳税义务人自缴纳税款之日起1年内，可以向海关申请退税，并提交《退税申请书》。

第六十二条　散装进出口货物发生短装并且已征税放行的，如果该货物的发货人、承运人或者保险公司已对短装部分退还或者赔偿相应货款，纳税义务人自缴纳税款之日起1年内，可以向海关申请退还进口或者出口短装部分的相应税款。

纳税义务人向海关申请退税时，应当提交下列材料：

（一）《退税申请书》；

（二）具有资质的商品检验机构出具的相关检验证明书；

（三）已经退款或者赔款的证明文件。

第六十三条　进出口货物因残损、品质不良、规格不符原因，或者发生本办法第六十二条规定以外的货物短少的情形，由进出口货物的发货人、承运人或者保险公司赔偿相应货款的，纳税义务人自缴纳税款之日起1年内，可以向海关申请退还赔偿货款部分的相应税款。

纳税义务人向海关申请退税时，应当提交下列材料：

（一）《退税申请书》；

（二）已经赔偿货款的证明文件。

第六十四条 海关收到纳税义务人的退税申请后应当进行审核。纳税义务人提交的申请材料齐全且符合规定形式的，海关应当予以受理，并且以海关收到申请材料之日作为受理之日；纳税义务人提交的申请材料不全或者不符合规定形式的，海关应当在收到申请材料之日起5个工作日内一次告知纳税义务人需要补正的全部内容，并且以海关收到全部补正申请材料之日为海关受理退税申请之日。

纳税义务人按照本办法第五十九条、第六十条或者第六十四条的规定申请退税的，海关认为需要时，可以要求纳税义务人提供具有资质的商品检验机构出具的原进口或者出口货物品质不良、规格不符或者残损、短少的检验证明书或者其他有关证明文件。

海关应当自受理退税申请之日起30日内查实并且通知纳税义务人办理退税手续或者不予退税的决定。纳税义务人应当自收到海关准予退税的通知之日起3个月内办理有关退税手续。

第六十五条 海关办理退税手续时，应当填发收入退还书，并且按照以下规定办理：

（一）按照本办法第五十八条规定应当同时退还多征税款部分所产生的利息的，应退利息按照海关填发收入退还书之日中国人民银行规定的活期储蓄存款利息率计算。计算应退利息的期限自纳税义务人缴纳税款之日起至海关填发收入退还书之日止。

（二）进口环节增值税已予抵扣的，该项增值税不予退还，但国家另有规定的除外。

（三）已征收的滞纳金不予退还。

退还税款、利息涉及从国库中退库的，按照法律、行政法规有关国库管理的规定以及有关规章规定的具体实施办法执行。

第六十六条 进出口货物放行后，海关发现少征税款的，应当自缴纳税款之日起1年内，向纳税义务人补征税款；海关发现漏征税款的，应当自货物放行之日起1年内，向纳税义务人补征税款。

第六十七条 因纳税义务人违反规定造成少征税款的，海关应当自缴纳税款之日起3年内追征税款；因纳税义务人违反规定造成漏征税款的，海关应当自货物放行之日起3年内追征税款。海关除依法追征税款外，还应当自缴纳税款或者货物放行之日起至海关发现违规行为之日止按日加收少征或者漏征税款万分之五的滞纳金。

因纳税义务人违反规定造成海关监管货物少征或者漏征税款的，海关应当自纳税义务人应缴纳税款之日起3年内追征税款，并且自应缴纳税款之日起至海关发现违规行为之日止按日加收少征或者漏征税款万分之五的滞纳金。

前款所称“应缴纳税款之日”是指纳税义务人违反规定的行为发生之日；该行为发生之日不能确定的，应当以海关发现该行为之日作为应缴纳税款之日。

第六十八条 海关补征或者追征税款，应当制发《海关补征税款告知书》。纳税义务人应当自收到《海关补征税款告知书》之日起15日内到海关办理补缴税款的手续。

纳税义务人未在前款规定期限内办理补税手续的，海关应当在规定期限届满之日填发税款缴款书。

第六十九条 根据本办法第三十五条、第三十八条、第四十三条、第六十七条的有关规定，因纳税义务人违反规定需在征收税款的同时加收滞纳金的，如果纳税义务人未在规定的15天缴款期限内缴纳税款，海关依照本办法第二十条的规定另行加收自缴款期限届满之日起至缴清税款之日止滞纳税款的滞纳金。

第五章 进出口货物税款的减征与免征

第七十条 纳税义务人进出口减免税货物，应当在货物进出口前，按照规定凭有关文件向海关办理减免税审核确认手续。下列减免税进出口货物无需办理减免税审核确认手续：

（一）关税、进口环节增值税或者消费税税额在人民币50元以下的一票货物；

（二）无商业价值的广告品和货样；

（三）在海关放行前遭受损坏或者损失的货物；

（四）进出境运输工具装载的途中必需的燃料、物料和饮食用品；

（五）其他无需办理减免税审核确认手续的减征或者免征税款的货物。

第七十一条 对于本办法第七十条第（三）项所列货物，纳税义务人应当在申报时或者自海关放行货物之日起15日内书面向海关说明情况，提供相关证明材料。海关认为需要时，可以要求纳税义务人提供具有资质的商品检验机构出具的货物受损程度的检验证明书。海关根据实际受损程度予以减征或者免征税款。

第七十二条 除另有规定外，纳税义务人应当向其主管海关申请办理减免税审核确认手续。海关按照有关规定予以审核，并且签发《征免税证明》。

第七十三条 特定地区、特定企业或者有特定用途的特定减免税进口货物，应当接受海关监管。

特定减免税进口货物的监管年限为：

（一）船舶、飞机：8年；

（二）机动车辆：6年；

(三)其他货物:3 年。

监管年限自货物进口放行之日起计算。

第七十四条　在特定减免税进口货物的监管年限内,纳税义务人应当自减免税货物放行之日起每年一次向主管海关报告减免税货物的状况;除经海关批准转让给其他享受同等税收优惠待遇的项目单位外,纳税义务人在补缴税款并且办理解除监管手续后,方可转让或者进行其他处置。

特定减免税进口货物监管年限届满时,自动解除海关监管。纳税义务人需要解除监管证明的,可以自监管年限届满之日起 1 年内,凭有关单证向海关申请领取解除监管证明。海关应当自接到纳税义务人的申请之日起 20 日内核实情况,并且填发解除监管证明。

第六章　进出口货物的税款担保

第七十五条　有下列情形之一,纳税义务人要求海关先放行货物的,应当按照海关初步确定的应缴税款向海关提供足额税款担保:

(一)海关尚未确定商品归类、完税价格、原产地等征税要件的;

(二)正在海关办理减免税审核确认手续的;

(三)正在海关办理延期缴纳税款手续的;

(四)暂时进出境的;

(五)进境修理和出境加工的,按保税货物实施管理的除外;

(六)因残损、品质不良或者规格不符,纳税义务人申报进口或者出口无代价抵偿货物时,原进口货物尚未退运出境或者尚未放弃交由海关处理的,或者原出口货物尚未退运进境的;

(七)其他按照有关规定需要提供税款担保的。

第七十六条　除另有规定外,税款担保期限一般不超过 6 个月,特殊情况需要延期的,应当经主管海关核准。

税款担保一般应当为保证金、银行或者非银行金融机构的保函,但另有规定的除外。

银行或者非银行金融机构的税款保函,其保证方式应当是连带责任保证。税款保函明确规定保证期间的,保证期间应当不短于海关批准的担保期限。

第七十七条　在海关批准的担保期限内,纳税义务人履行纳税义务的,海关应当自纳税义务人履行纳税义务之日起 5 个工作日内办结解除税款担保的相关手续。

在海关批准的担保期限内,纳税义务人未履行纳税义务,对收取税款保证金的,海关应当自担保期限届满之日起 5 个工作日内完成保证金转为税款的相关手续;对银行或者非银行金融机构提供税款保函的,海关应当自担保期限届满之日起 6 个月内或者在税款保函规定的保证期间内要求担保人履行相应的纳税义务。

第七章　附　　则

第七十八条　纳税义务人、担保人对海关确定纳税义务人、确定完税价格、商品归类、确定原产地、适用税率或者计征汇率、减征或者免征税款、补税、退税、征收滞纳金、确定计征方式以及确定纳税地点有异议的,应当按照海关作出的相关行政决定依法缴纳税款,并且可以依照《中华人民共和国行政复议法》和《中华人民共和国海关实施〈行政复议法〉办法》向上一级海关申请复议。对复议决定不服的,可以依法向人民法院提起诉讼。

第七十九条　违反本办法规定,构成违反海关监管规定行为、走私行为的,按照《海关法》、《中华人民共和国海关行政处罚实施条例》和其他有关法律、行政法规的规定处罚。构成犯罪的,依法追究刑事责任。

第八十条　保税货物和进出保税区、出口加工区、保税仓库及类似的保税监管场所的货物的税收管理,按照本办法规定执行。本办法未作规定的,按照有关法律、行政法规和海关规章的规定执行。

第八十一条　通过电子数据交换方式申报纳税和缴纳税款的管理办法,另行制定。

第八十二条　本办法所规定的文书由海关总署另行制定并且发布。

第八十三条　本办法由海关总署负责解释。

第八十四条　本办法自 2005 年 3 月 1 日起施行。1986 年 9 月 30 日由中华人民共和国海关总署发布的《海关征税管理办法》同时废止。

中华人民共和国
海关税收保全和强制措施暂行办法

(2009 年 8 月 19 日海关总署令第 184 号公布　自 2009 年 9 月 1 日起施行)

第一条　为了规范海关实施税收保全和强制措施,保障国家税收,维护纳税义务人的合法权益,根据《中华人民共和国海关法》、《中华人民共和国进出口关税条例》,制定本办法。

第二条　海关实施税收保全和强制措施,适用本办法。

第三条　进出口货物的纳税义务人在规定的纳税期限内有明显的转移、藏匿其应税货物以及其他财产迹象的,海关应当制发《中华人民共和国海关责令提供担保通知书》,要求纳税义务人在海关规定的期限内提供海关认可的担保。

纳税义务人不能在海关规定的期限内按照海关要求提供担保的,经直属海关关长或者其授权的隶属海关关长批准,海关应当采取税收保全措施。

第四条 依照本办法第三条规定采取税收保全措施的，海关应当书面通知纳税义务人开户银行或者其他金融机构（以下统称金融机构）暂停支付纳税义务人相当于应纳税款的存款。

因无法查明纳税义务人账户、存款数额等情形不能实施暂停支付措施的，应当扣留纳税义务人价值相当于应纳税款的货物或者其他财产。

纳税义务人的货物或者其他财产本身不可分割，又没有其他财产可以扣留的，被扣留货物或者其他财产的价值可以高于应纳税款。

第五条 海关通知金融机构暂停支付纳税义务人存款的，应当向金融机构制发《中华人民共和国海关暂停支付通知书》，列明暂停支付的款项和期限。

海关确认金融机构已暂停支付相应款项的，应当向纳税义务人制发《中华人民共和国海关暂停支付告知书》。

第六条 纳税义务人在规定的纳税期限内缴纳税款的，海关应当向金融机构制发《中华人民共和国海关暂停支付解除通知书》，解除对纳税义务人相应存款实施的暂停支付措施。

本条第一款规定情形下，海关还应当向纳税义务人制发《中华人民共和国海关暂停支付解除告知书》。

第七条 纳税义务人自海关填发税款缴款书之日起15内未缴纳税款的，经直属海关关长或者其授权的隶属海关关长批准，海关应当向金融机构制发《中华人民共和国海关扣缴税款通知书》，通知其从暂停支付的款项中扣缴相应税款。

海关确认金融机构已扣缴税款的，应当向纳税义务人制发《中华人民共和国海关扣缴税款告知书》。

第八条 海关根据本办法第四条规定扣留纳税义务人价值相当于应纳税款的货物或者其他财产的，应当向纳税义务人制发《中华人民共和国海关扣留通知书》，并随附扣留清单。

扣留清单应当列明被扣留货物或者其他财产的品名、规格、数量、重量等，品名、规格、数量、重量等当场无法确定的，应当尽可能完整地描述其外在特征。扣留清单应当由纳税义务人或者其代理人、保管人确认，并签字或者盖章。

第九条 纳税义务人自海关填发税款缴款书之日起15日内缴纳税款的，海关应当解除扣留措施，并向纳税义务人制发《中华人民共和国海关解除扣留通知书》，随附发还清单，将有关货物、财产发还纳税义务人。

发还清单应当由纳税义务人或者其代理人确认，并签字或者盖章。

第十条 纳税义务人自海关填发税款缴款书之日起15内未缴纳税款的，海关应当向纳税义务人制发《中华人民共和国海关抵缴税款通知书》，依法变卖被扣留的货物或者其他财产，并以变卖所得抵缴税款。

本条第一款规定情形下，变卖所得不足以抵缴税款的，海关应当继续采取强制措施抵缴税款的差额部分；变卖所得抵缴税款及扣除相关费用后仍有余款的，应当发还纳税义务人。

第十一条 进出口货物的纳税义务人、担保人自规定的纳税期限届满之日起超过3个月未缴纳税款的，经直属海关关长或者其授权的隶属海关关长批准，海关可以依次采取下列强制措施：

（一）书面通知金融机构从其存款中扣缴税款；

（二）将应税货物依法变卖，以变卖所得抵缴税款；

（三）扣留并依法变卖其价值相当于应纳税款的货物或者其他财产，以变卖所得抵缴税款。

第十二条 有本办法第十一条规定情形，海关通知金融机构扣缴税款的，应当向金融机构制发《中华人民共和国海关扣缴税款通知书》，通知其从纳税义务人、担保人的存款中扣缴相应税款。

金融机构扣缴税款的，海关应当向纳税义务人、担保人制发《中华人民共和国海关扣缴税款告知书》。

第十三条 有本办法第十一条规定情形的，滞纳金按照自规定的纳税期限届满之日起至扣缴税款之日计征，并同时扣缴。

第十四条 有本办法第十一条规定情形，海关决定以应税货物、被扣留的价值相当于应纳税款的货物或者其他财产变卖并抵缴税款的，应当向纳税义务人、担保人制发《中华人民共和国海关抵缴税款告知书》。

本条第一款规定情形下，变卖所得不足以抵缴税款的，海关应当继续采取强制措施抵缴税款的差额部分；变卖所得抵缴税款及扣除相关费用后仍有余款的，应当发还纳税义务人、担保人。

第十五条 依照本办法第八条、第十四条扣留货物或者其他财产的，海关应当妥善保管被扣留的货物或者其他财产，不得擅自使用或者损毁。

第十六条 无法采取税收保全措施、强制措施，或者依照本办法规定采取税收保全措施、强制措施仍无法足额征收税款的，海关应当依法向人民法院申请强制执行，并按照法院要求提交相关材料。

第十七条 依照本办法第八条、第十四条扣留货物或者其他财产的，实施扣留的海关工作人员不得少于2人，并且应当出示执法证件。

第十八条 纳税义务人、担保人对海关采取税收保全措施、强制措施不服的，可以依法申请行政复议或者提起行政诉讼。

第十九条 纳税义务人在规定的纳税期限内已缴纳税款，海关未解除税收保全措施，或者采取税收保全措施、强制措施不当，致使纳税义务人、担保人的合法权益受到损失的，海关应当承担赔偿责任。

第二十条 送达本办法所列法律文书，应当由纳税义务人或者其代理人、担保人、保管人等签字或者盖章；纳税义务人或者其代理人、担保人、保管人等拒绝签字、盖章的，海关工作人员应当在有关法律文书上注明，并且由见证人签字或者盖章。

第二十一条　海关工作人员未依法采取税收保全措施、强制措施，损害国家利益或者纳税义务人、担保人合法权益，造成严重后果的，依法给予处分。构成犯罪的，依法追究刑事责任。

第二十二条　纳税义务人、担保人抗拒、阻碍海关依法采取税收保全措施、强制措施的，移交地方公安机关依法处理。构成犯罪的，依法追究刑事责任。

第二十三条　本办法所列法律文书由海关总署另行制定并公布。

第二十四条　本办法由海关总署负责解释。

第二十五条　本办法自2009年9月1日起施行。

中华人民共和国海关审定进出口货物完税价格办法

（2013年12月25日海关总署令第213号公布　自2014年2月1日起施行）

第一章　总　　则

第一条　为了正确审查确定进出口货物的完税价格，根据《中华人民共和国海关法》（以下简称《海关法》）、《中华人民共和国进出口关税条例》的规定，制定本办法。

第二条　海关审查确定进出口货物的完税价格，应当遵循客观、公平、统一的原则。

第三条　海关审查确定进出口货物的完税价格，适用本办法。

内销保税货物完税价格的确定，准许进口的进境旅客行李物品、个人邮递物品以及其他个人自用物品的完税价格的确定，涉嫌走私的进出口货物、物品的计税价格的核定，不适用本办法。

第四条　海关应当按照国家有关规定，妥善保管纳税义务人提供的涉及商业秘密的资料，除法律、行政法规另有规定外，不得对外提供。

纳税义务人可以书面向海关提出为其保守商业秘密的要求，并且具体列明需要保密的内容，但是不得以商业秘密为理由拒绝向海关提供有关资料。

第二章　进口货物的完税价格

第一节　进口货物完税价格确定方法

第五条　进口货物的完税价格，由海关以该货物的成交价格为基础审查确定，并且应当包括货物运抵中华人民共和国境内输入地点起卸前的运输及其相关费用、保险费。

第六条　进口货物的成交价格不符合本章第二节规定的，或者成交价格不能确定的，海关经了解有关情况，并且与纳税义务人进行价格磋商后，依次以下列方法审查确定该货物的完税价格：

（一）相同货物成交价格估价方法；

（二）类似货物成交价格估价方法；

（三）倒扣价格估价方法；

（四）计算价格估价方法；

（五）合理方法。

纳税义务人向海关提供有关资料后，可以提出申请，颠倒前款第三项和第四项的适用次序。

第二节　成交价格估价方法

第七条　进口货物的成交价格，是指卖方向中华人民共和国境内销售该货物时买方为进口该货物向卖方实付、应付的，并且按照本章第三节的规定调整后的价款总额，包括直接支付的价款和间接支付的价款。

第八条　进口货物的成交价格应当符合下列条件：

（一）对买方处置或者使用进口货物不予限制，但是法律、行政法规规定实施的限制、对货物销售地域的限制和对货物价格无实质性影响的限制除外；

（二）进口货物的价格不得受到使该货物成交价格无法确定的条件或者因素的影响；

（三）卖方不得直接或者间接获得因买方销售、处置或者使用进口货物而产生的任何收益，或者虽然有收益但是能够按照本办法第十一条第一款第四项的规定做出调整；

（四）买卖双方之间没有特殊关系，或者虽然有特殊关系但是按照本办法第十七条、第十八条的规定未对成交价格产生影响。

第九条　有下列情形之一的，应当视为对买方处置或者使用进口货物进行了限制：

（一）进口货物只能用于展示或者免费赠送的；

（二）进口货物只能销售给指定第三方的；

（三）进口货物加工为成品后只能销售给卖方或者指定第三方的；

（四）其他经海关审查，认定买方对进口货物的处置或者使用受到限制的。

第十条　有下列情形之一的，应当视为进口货物的价格受到了使该货物成交价格无法确定的条件或者因素的影响：

（一）进口货物的价格是以买方向卖方购买一定数量的其他货物为条件而确定的；

（二）进口货物的价格是以买方向卖方销售其他货物为条件而确定的；

（三）其他经海关审查，认定货物的价格受到使该货物成交价格无法确定的条件或者因素影响的。

第三节 成交价格的调整项目

第十一条 以成交价格为基础审查确定进口货物的完税价格时，未包括在该货物实付、应付价格中的下列费用或者价值应当计入完税价格：

（一）由买方负担的下列费用：

1. 除购货佣金以外的佣金和经纪费；

2. 与该货物视为一体的容器费用；

3. 包装材料费用和包装劳务费用。

（二）与进口货物的生产和向中华人民共和国境内销售有关的，由买方以免费或者以低于成本的方式提供，并且可以按适当比例分摊的下列货物或者服务的价值：

1. 进口货物包含的材料、部件、零件和类似货物；

2. 在生产进口货物过程中使用的工具、模具和类似货物；

3. 在生产进口货物过程中消耗的材料；

4. 在境外进行的为生产进口货物所需的工程设计、技术研发、工艺及制图等相关服务。

（三）买方需向卖方或者有关方直接或者间接支付的特许权使用费，但是符合下列情形之一的除外：

1. 特许权使用费与该货物无关；

2. 特许权使用费的支付不构成该货物向中华人民共和国境内销售的条件。

（四）卖方直接或者间接从买方对该货物进口后销售、处置或者使用所得中获得的收益。

纳税义务人应当向海关提供本条所述费用或者价值的客观量化数据资料。纳税义务人不能提供的，海关与纳税义务人进行价格磋商后，按照本办法第六条列明的方法审查确定完税价格。

第十二条 在根据本办法第十一条第一款第二项确定应当计入进口货物完税价格的货物价值时，应当按照下列方法计算有关费用：

（一）由买方从与其无特殊关系的第三方购买的，应当计入的价值为购入价格；

（二）由买方自行生产或者从有特殊关系的第三方获得的，应当计入的价值为生产成本；

（三）由买方租赁获得的，应当计入的价值为买方承担的租赁成本；

（四）生产进口货物过程中使用的工具、模具和类似货物的价值，应当包括其工程设计、技术研发、工艺及制图等费用。

如果货物在被提供给卖方前已经被买方使用过，应当计入的价值为根据国内公认的会计原则对其进行折旧后的价值。

第十三条 符合下列条件之一的特许权使用费，应当视为与进口货物有关：

（一）特许权使用费是用于支付专利权或者专有技术使用权，且进口货物属于下列情形之一的：

1. 含有专利或者专有技术的；

2. 用专利方法或者专有技术生产的；

3. 为实施专利或者专有技术而专门设计或者制造的。

（二）特许权使用费是用于支付商标权，且进口货物属于下列情形之一的：

1. 附有商标的；

2. 进口后附上商标直接可以销售的；

3. 进口时已含有商标权，经过轻度加工后附上商标即可以销售的。

（三）特许权使用费是用于支付著作权，且进口货物属于下列情形之一的：

1. 含有软件、文字、乐曲、图片、图像或者其他类似内容的进口货物，包括磁带、磁盘、光盘或者其他类似载体的形式；

2. 含有其他享有著作权内容的进口货物。

（四）特许权使用费是用于支付分销权、销售权或者其他类似权利，且进口货物属于下列情形之一的：

1. 进口后可以直接销售的；

2. 经过轻度加工即可以销售的。

第十四条 买方不支付特许权使用费则不能购得进口货物，或者买方不支付特许权使用费则该货物不能以合同议定的条件成交的，应当视为特许权使用费的支付构成进口货物向中华人民共和国境内销售的条件。

第十五条 进口货物的价款中单独列明的下列税收、费用，不计入该货物的完税价格：

（一）厂房、机械或者设备等货物进口后发生的建设、安装、装配、维修或者技术援助费用，但是保修费用除外；

（二）进口货物运抵中华人民共和国境内输入地点起卸后发生的运输及其相关费用、保险费；

（三）进口关税、进口环节海关代征税及其他国内税；

（四）为在境内复制进口货物而支付的费用；

（五）境内外技术培训及境外考察费用。

同时符合下列条件的利息费用不计入完税价格：

（一）利息费用是买方为购买进口货物而融资所产生的；

（二）有书面的融资协议的；

（三）利息费用单独列明的；

（四）纳税义务人可以证明有关利率不高于在融资当时当地此类交易通常应当具有的利率水平，且没有融资安排的相同或者类似进口货物的价格与进口货物的实付、应付价格非常接近的。

第四节 特殊关系

第十六条 有下列情形之一的，应当认为买卖双方存在特殊关系：

（一）买卖双方为同一家族成员的；

（二）买卖双方互为商业上的高级职员或者董事的；

（三）一方直接或者间接地受另一方控制的；

（四）买卖双方都直接或者间接地受第三方控制的；

（五）买卖双方共同直接或者间接地控制第三方的；

（六）一方直接或者间接地拥有、控制或者持有对方5%以上（含5%）公开发行的有表决权的股票或者股份的；

（七）一方是另一方的雇员、高级职员或者董事的；

（八）买卖双方是同一合伙的成员的。

买卖双方在经营上相互有联系，一方是另一方的独家代理、独家经销或者独家受让人，如果符合前款的规定，也应当视为存在特殊关系。

第十七条 买卖双方之间存在特殊关系，但是纳税义务人能证明其成交价格与同时或者大约同时发生的下列任何一款价格相近的，应当视为特殊关系未对进口货物的成交价格产生影响：

（一）向境内无特殊关系的买方出售的相同或者类似进口货物的成交价格；

（二）按照本办法第二十三条的规定所确定的相同或者类似进口货物的完税价格；

（三）按照本办法第二十五条的规定所确定的相同或者类似进口货物的完税价格。

海关在使用上述价格进行比较时，应当考虑商业水平和进口数量的不同，以及买卖双方有无特殊关系造成的费用差异。

第十八条 海关经对与货物销售有关的情况进行审查，认为符合一般商业惯例的，可以确定特殊关系未对进口货物的成交价格产生影响。

第五节 除成交价格估价方法以外的其他估价方法

第十九条 相同货物成交价格估价方法，是指海关以与进口货物同时或者大约同时向中华人民共和国境内销售的相同货物的成交价格为基础，审查确定进口货物的完税价格的估价方法。

第二十条 类似货物成交价格估价方法，是指海关以与进口货物同时或者大约同时向中华人民共和国境内销售的类似货物的成交价格为基础，审查确定进口货物的完税价格的估价方法。

第二十一条 按照相同或者类似货物成交价格估价方法的规定审查确定进口货物的完税价格时，应当使用与该货物具有相同商业水平且进口数量基本一致的相同或者类似货物的成交价格。使用上述价格时，应当以客观量化的数据资料，对该货物与相同或者类似货物之间由于运输距离和运输方式不同而在成本和其他费用方面产生的差异进行调整。

在没有前款所述的相同或者类似货物的成交价格的情况下，可以使用不同商业水平或者不同进口数量的相同或者类似货物的成交价格。使用上述价格时，应当以客观量化的数据资料，对因商业水平、进口数量、运输距离和运输方式不同而在价格、成本和其他费用方面产生的差异做出调整。

第二十二条 按照相同或者类似货物成交价格估价方法审查确定进口货物的完税价格时，应当首先使用同一生产商生产的相同或者类似货物的成交价格。

没有同一生产商生产的相同或者类似货物的成交价格的，可以使用同一生产国或者地区其他生产商生产的相同或者类似货物的成交价格。

如果有多个相同或者类似货物的成交价格，应当以最低的成交价格为基础审查确定进口货物的完税价格。

第二十三条 倒扣价格估价方法，是指海关以进口货物、相同或者类似进口货物在境内的销售价格为基础，扣除境内发生的有关费用后，审查确定进口货物完税价格的估价方法。该销售价格应当同时符合下列条件：

（一）是在该货物进口的同时或者大约同时，将该货物、相同或者类似进口货物在境内销售的价格；

（二）是按照货物进口时的状态销售的价格；

（三）是在境内第一销售环节销售的价格；

（四）是向境内无特殊关系方销售的价格；

（五）按照该价格销售的货物合计销售总量最大。

第二十四条 按照倒扣价格估价方法审查确定进口货物完税价格的，下列各项应当扣除：

（一）同等级或者同种类货物在境内第一销售环节销售时，通常的利润和一般费用（包括直接费用和间接费用）以及通常支付的佣金；

（二）货物运抵境内输入地点起卸后的运输及其相关费用、保险费；

（三）进口关税、进口环节海关代征税及其他国内税。

如果该货物、相同或者类似货物没有按照进口时的状态在境内销售，应纳税义务人要求，可以在符合本办法第二十三条规定的其他条件的情形下，使用经进一步加工后的货物的销售价格审查确定完税价格，但是应当同时扣除加工增值额。

前款所述的加工增值额应当依据与加工成本有关的客观量化数据资料、该行业公认的标准、计算方法及其他的行业惯例计算。

按照本条的规定确定扣除的项目时，应当使用与国内公认的会计原则相一致的原则和方法。

第二十五条 计算价格估价方法，是指海关以下列各项的总和为基础，审查确定进口货物完税价格的估价方法：

（一）生产该货物所使用的料件成本和加工费用；

（二）向境内销售同等级或者同种类货物通常的利润和一般费用（包括直接费用和间接费用）；

（三）该货物运抵境内输入地点起卸前的运输及相关费用、保险费。

按照前款的规定审查确定进口货物的完税价格时，海关在征得境外生产商同意并且提前通知有关国家或者地区政府后，可以在境外核实该企业提供的有关资料。

按照本条第一款的规定确定有关价值或者费用时，应当使用与生产国或者地区公认的会计原则相一致的原则和方法。

第二十六条 合理方法，是指当海关不能根据成交价格估价方法、相同货物成交价格估价方法、类似货物成交价格估价方法、倒扣价格估价方法和计算价格估价方法确定完税价格时，海关根据本办法第二条规定的原则，以客观量化的数据资料为基础审查确定进口货物完税价格的估价方法。

第二十七条 海关在采用合理方法确定进口货物的完税价格时，不得使用以下价格：

（一）境内生产的货物在境内的销售价格；

（二）可供选择的价格中较高的价格；

（三）货物在出口地市场的销售价格；

（四）以本办法第二十五条规定之外的价值或者费用计算的相同或者类似货物的价格；

（五）出口到第三国或者地区的货物的销售价格；

（六）最低限价或者武断、虚构的价格。

第三章 特殊进口货物的完税价格

第二十八条 运往境外修理的机械器具、运输工具或者其他货物，出境时已向海关报明，并且在海关规定的期限内复运进境的，应当以境外修理费和料件费为基础审查确定完税价格。

出境修理货物复运进境超过海关规定期限的，由海关按照本办法第二章的规定审查确定完税价格。

第二十九条 运往境外加工的货物，出境时已向海关报明，并且在海关规定期限内复运进境的，应当以境外加工费和料件费以及该货物复运进境的运输及其相关费用、保险费为基础审查确定完税价格。

出境加工货物复运进境超过海关规定期限的，由海关按照本办法第二章的规定审查确定完税价格。

第三十条 经海关批准的暂时进境货物，应当缴纳税款的，由海关按照本办法第二章的规定审查确定完税价格。经海关批准留购的暂时进境货物，以海关审查确定的留购价格作为完税价格。

第三十一条 租赁方式进口的货物，按照下列方法审查确定完税价格：

（一）以租金方式对外支付的租赁货物，在租赁期间以海关审查确定的租金作为完税价格，利息应当予以计入；

（二）留购的租赁货物以海关审查确定的留购价格作为完税价格；

（三）纳税义务人申请一次性缴纳税款的，可以选择申请按照本办法第六条列明的方法确定完税价格，或者按照海关审查确定的租金总额作为完税价格。

第三十二条 减税或者免税进口的货物应当补税时，应当以海关审查确定的该货物原进口时的价格，扣除折旧部分价值作为完税价格，其计算公式如下：

$$\text{完税价格}=\begin{matrix}\text{海关审查确定}\\\text{的该货物原进}\\\text{口时的价格}\end{matrix}\times\left(1-\frac{\text{补税时实际已进口的时间(月)}}{\text{监管年限}\times 12}\right)$$

上述计算公式中“补税时实际已进口的时间”按月计算，不足1个月但是超过15日的，按照1个月计算；不超过15日的，不予计算。

第三十三条 易货贸易、寄售、捐赠、赠送等不存在成交价格的进口货物，海关与纳税义务人进行价格磋商后，按照本办法第六条列明的方法审查确定完税价格。

第三十四条 进口载有专供数据处理设备用软件的介质，具有下列情形之一的，应当以介质本身的价值或者成本为基础审查确定完税价格：

（一）介质本身的价值或者成本与所载软件的价值分列；

（二）介质本身的价值或者成本与所载软件的价值虽未分列，但是纳税义务人能够提供介质本身的价值或者成本的证明文件，或者能提供所载软件价值的证明文件。

含有美术、摄影、声音、图像、影视、游戏、电子出版物的介质不适用前款规定。

第四章 进口货物完税价格中的运输及其相关费用、保险费的计算

第三十五条 进口货物的运输及其相关费用，应当按照由买方实际支付或者应当支付的费用计算。如果进口货物的运输及其相关费用无法确定的，海关应当按照该货物进口同期的正常运输成本审查确定。

运输工具作为进口货物，利用自身动力进境的，海关在审查确定完税价格时，不再另行计入运输及其相关费用。

第三十六条 进口货物的保险费，应当按照实际支付的费用计算。如果进口货物的保险费无法确定或者未实际发生，海关应当按照“货价加运费”两者总额的3‰计算保险费，其计算公式如下：

保险费 =（货价 + 运费）×3‰

第三十七条 邮运进口的货物，应当以邮费作为运输及其相关费用、保险费。

第五章　出口货物的完税价格

第三十八条　出口货物的完税价格由海关以该货物的成交价格为基础审查确定，并且应当包括货物运至中华人民共和国境内输出地点装载前的运输及其相关费用、保险费。

第三十九条　出口货物的成交价格，是指该货物出口销售时，卖方为出口该货物应当向买方直接收取和间接收取的价款总额。

第四十条　下列税收、费用不计入出口货物的完税价格：

（一）出口关税；

（二）在货物价款中单独列明的货物运至中华人民共和国境内输出地点装载后的运输及其相关费用、保险费。

第四十一条　出口货物的成交价格不能确定的，海关经了解有关情况，并且与纳税义务人进行价格磋商后，依次以下列价格审查确定该货物的完税价格：

（一）同时或者大约同时向同一国家或者地区出口的相同货物的成交价格；

（二）同时或者大约同时向同一国家或者地区出口的类似货物的成交价格；

（三）根据境内生产相同或者类似货物的成本、利润和一般费用（包括直接费用和间接费用）、境内发生的运输及其相关费用、保险费计算所得的价格；

（四）按照合理方法估定的价格。

第六章　完税价格的审查确定

第四十二条　纳税义务人向海关申报时，应当按照本办法的有关规定，如实向海关提供发票、合同、提单、装箱清单等单证。

根据海关要求，纳税义务人还应当如实提供与货物买卖有关的支付凭证以及证明申报价格真实、准确的其他商业单证、书面资料和电子数据。

货物买卖中发生本办法第二章第三节所列的价格调整项目的，或者发生本办法第三十五条所列的运输及其相关费用的，纳税义务人应当如实向海关申报。

前款规定的价格调整项目或者运输及其相关费用如果需要分摊计算的，纳税义务人应当根据客观量化的标准进行分摊，并且同时向海关提供分摊的依据。

第四十三条　海关为审查申报价格的真实性、准确性，可以行使下列职权进行价格核查：

（一）查阅、复制与进出口货物有关的合同、发票、账册、结付汇凭证、单据、业务函电、录音录像制品和其他反映买卖双方关系及交易活动的商业单证、书面资料和电子数据；

（二）向进出口货物的纳税义务人及与其有资金往来或者有其他业务往来的公民、法人或者其他组织调查与进出口货物价格有关的问题；

（三）对进出口货物进行查验或者提取货样进行检验或者化验；

（四）进入纳税义务人的生产经营场所、货物存放场所，检查与进出口活动有关的货物和生产经营情况；

（五）经直属海关关长或者其授权的隶属海关关长批准，凭《中华人民共和国海关账户查询通知书》（见附件1）及有关海关工作人员的工作证件，可以查询纳税义务人在银行或者其他金融机构开立的单位账户的资金往来情况，并且向银行业监督管理机构通报有关情况；

（六）向税务部门查询了解与进出口货物有关的缴纳国内税情况。

海关在行使前款规定的各项职权时，纳税义务人及有关公民、法人或者其他组织应当如实反映情况，提供有关书面资料和电子数据，不得拒绝、拖延和隐瞒。

第四十四条　海关对申报价格的真实性、准确性有疑问时，或者认为买卖双方之间的特殊关系影响成交价格时，应当制发《中华人民共和国海关价格质疑通知书》（以下简称《价格质疑通知书》，见附件2），将质疑的理由书面告知纳税义务人或者其代理人，纳税义务人或者其代理人应当自收到《价格质疑通知书》之日起5个工作日内，以书面形式提供相关资料或者其他证据，证明其申报价格真实、准确或者双方之间的特殊关系未影响成交价格。

纳税义务人或者其代理人确有正当理由无法在规定时间内提供前款资料的，可以在规定期限届满前以书面形式向海关申请延期。

除特殊情况外，延期不得超过10个工作日。

第四十五条　海关制发《价格质疑通知书》后，有下列情形之一的，海关与纳税义务人进行价格磋商后，按照本办法第六条或者第四十一条列明的方法审查确定进出口货物的完税价格：

（一）纳税义务人或者其代理人在海关规定期限内，未能提供进一步说明的；

（二）纳税义务人或者其代理人提供有关资料、证据后，海关经审核其所提供的资料、证据，仍然有理由怀疑申报价格的真实性、准确性的；

（三）纳税义务人或者其代理人提供有关资料、证据后，海关经审核其所提供的资料、证据，仍然有理由认为买卖双方之间的特殊关系影响成交价格的。

第四十六条　海关经过审查认为进口货物无成交价格的，可以不进行价格质疑，经与纳税义务人进行价格磋商后，按照本办法第六条列明的方法审查确定完税价格。

海关经过审查认为出口货物无成交价格的，可以不进行价格质疑，经与纳税义务人进行价格磋商后，按照本办法第四十一条列明的方法审查确定完税价格。

第四十七条　按照本办法规定需要价格磋商的，海关应当依法向纳税义务人制发《中华人民共和国海关价格磋商通知书》(见附件3)。纳税义务人应当自收到通知之日起5个工作日内与海关进行价格磋商。纳税义务人在海关规定期限内与海关进行价格磋商的,海关应当制作《中华人民共和国海关价格磋商纪录表》(见附件4)。

纳税义务人未在通知规定的时限内与海关进行磋商的,视为其放弃价格磋商的权利,海关可以直接使用本办法第六条或者第四十一条列明的方法审查确定进出口货物的完税价格。

第四十八条 对符合下列情形之一的,经纳税义务人书面申请,海关可以不进行价格质疑以及价格磋商,按照本办法第六条或者第四十一条列明的方法审查确定进出口货物的完税价格:

(一)同一合同项下分批进出口的货物,海关对其中一批货物已经实施估价的;

(二)进出口货物的完税价格在人民币10万元以下或者关税及进口环节海关代征税总额在人民币2万元以下的;

(三)进出口货物属于危险品、鲜活品、易腐品、易失效品、废品、旧品等的。

第四十九条 海关审查确定进出口货物的完税价格期间,纳税义务人可以在依法向海关提供担保后,先行提取货物。

第五十条 海关审查确定进出口货物的完税价格后,纳税义务人可以提出书面申请,要求海关就如何确定其进出口货物的完税价格做出书面说明。海关应当根据要求出具《中华人民共和国海关估价告知书》(见附件5)。

第七章 附 则

第五十一条 本办法中下列用语的含义:

境内,是指中华人民共和国海关关境内。

完税价格,是指海关在计征关税时使用的计税价格。

买方,是指通过履行付款义务,购入货物,并且为此承担风险,享有收益的自然人、法人或者其他组织。其中进口货物的买方是指向中华人民共和国境内购入进口货物的买方。

卖方,是指销售货物的自然人、法人或者其他组织。其中进口货物的卖方是指向中华人民共和国境内销售进口货物的卖方。

向中华人民共和国境内销售,是指将进口货物实际运入中华人民共和国境内,货物的所有权和风险由卖方转移给买方,买方为此向卖方支付价款的行为。

实付、应付价格,是指买方为购买进口货物而直接或者间接支付的价款总额,即作为卖方销售进口货物的条件,由买方向卖方或者为履行卖方义务向第三方已经支付或者将要支付的全部款项。

间接支付,是指买方根据卖方的要求,将货款全部或者部分支付给第三方,或者冲抵买卖双方之间的其他资金往来的付款方式。

购货佣金,是指买方为购买进口货物向自己的采购代理人支付的劳务费用。

经纪费,是指买方为购买进口货物向代表买卖双方利益的经纪人支付的劳务费用。

相同货物,是指与进口货物在同一国家或者地区生产的,在物理性质、质量和信誉等所有方面都相同的货物,但是表面的微小差异允许存在。

类似货物,是指与进口货物在同一国家或者地区生产的,虽然不是在所有方面都相同,但是却具有相似的特征,相似的组成材料,相同的功能,并且在商业中可以互换的货物。

大约同时,是指海关接受货物申报之日的大约同时,最长不应当超过前后45日。按照倒扣价格法审查确定进口货物的完税价格时,如果进口货物、相同或者类似货物没有在海关接受进口货物申报之日前后45日内在境内销售,可以将在境内销售的时间延长至接受货物申报之日前后90日内。

公认的会计原则,是指在有关国家或者地区会计核算工作中普遍遵循的原则性规范和会计核算业务的处理方法。包括对货物价值认定有关的权责发生制原则、配比原则、历史成本原则、划分收益性与资本性支出原则等。

特许权使用费,是指进口货物的买方为取得知识产权权利人及权利人有效授权人关于专利权、商标权、专有技术、著作权、分销权或者销售权的许可或者转让而支付的费用。

技术培训费用,是指基于卖方或者与卖方有关的第三方对买方派出的技术人员进行与进口货物有关的技术指导,进口货物的买方支付的培训师资及人员的教学、食宿、交通、医疗保险等其他费用。

软件,是指《计算机软件保护条例》规定的用于数据处理设备的程序和文档。

专有技术,是指以图纸、模型、技术资料和规范等形式体现的尚未公开的工艺流程、配方、产品设计、质量控制、检测以及营销管理等方面的知识、经验、方法和诀窍等。

轻度加工,是指稀释、混合、分类、简单装配、再包装或者其他类似加工。

同等级或者同种类货物,是指由特定产业或者产业部门生产的一组或者一系列货物中的货物,包括相同货物或者类似货物。

介质,是指磁带、磁盘、光盘。

价格核查,是指海关为确定进出口货物的完税价格,依法行使本办法第四十三条规定的职权,通过审查单证、核实数据、核对实物及相关账册等方法,对进出口货物申报成交价格的真实性、准确性以及买卖双方之间是否存在特殊关系影响成交价格进行的审查。

价格磋商,是指海关在使用除成交价格以外的估价方法时，在保守商业秘密的基础上，与纳税义务人交换彼此掌握的用于确定完税价格的数据资料的行为。

起卸前，是指货物起卸行为开始之前。

装载前，是指货物装载行为开始之前。

第五十二条　纳税义务人对海关确定完税价格有异议的，应当按照海关作出的相关行政决定依法缴纳税款，并且可以依法向上一级海关申请复议。对复议决定不服的，可以依法向人民法院提起行政诉讼。

第五十三条　违反本办法规定，构成走私行为、违反海关监管规定行为或者其他违反《海关法》行为的，由海关依照《海关法》和《中华人民共和国海关行政处罚实施条例》的有关规定予以处理；构成犯罪的，依法追究刑事责任。

第五十四条　本办法由海关总署负责解释。

第五十五条　本办法自2014年2月1日起施行。2006年3月28日海关总署令第148号发布的《中华人民共和国海关审定进出口货物完税价格办法》同时废止。

附件1：中华人民共和国____海关账户查询通知书（略）

附件2：中华人民共和国____海关价格质疑通知书（略）

附件3：中华人民共和国____海关价格磋商通知书（略）

附件4：中华人民共和国____海关价格磋商记录表（略）

附件5：中华人民共和国____海关估价告知书（样式）（略）

中华人民共和国海关进出口货物减免税管理办法

（2020年12月21日中华人民共和国海关总署令第245号公布　自2021年3月1日起施行）

第一章　总　　则

第一条　为了规范海关进出口货物减免税管理工作，保障行政相对人合法权益，优化营商环境，根据《中华人民共和国海关法》（以下简称《海关法》）、《中华人民共和国进出口关税条例》及有关法律和行政法规的规定，制定本办法。

第二条　进出口货物减征或者免征关税、进口环节税（以下简称减免税）事务，除法律、行政法规另有规定外，海关依照本办法实施管理。

第三条　进出口货物减免税申请人（以下简称减免税申请人）应当向其主管海关申请办理减免税审核确认、减免税货物税款担保、减免税货物后续管理等相关业务。

减免税申请人向主管海关申请办理减免税相关业务，应当按照规定提交齐全、有效、填报规范的申请材料，并对材料的真实性、准确性、完整性和规范性承担相应的法律责任。

第二章　减免税审核确认

第四条　减免税申请人按照有关进出口税收优惠政策的规定申请减免税进出口相关货物，应当在货物申报进出口前，取得相关政策规定的享受进出口税收优惠政策资格的证明材料，并凭以下材料向主管海关申请办理减免税审核确认手续：

（一）《进出口货物征免税申请表》；

（二）事业单位法人证书或者国家机关设立文件、社会团体法人登记证书、民办非企业单位法人登记证书、基金会法人登记证书等证明材料；

（三）进出口合同、发票以及相关货物的产品情况资料。

第五条　主管海关应当自受理减免税审核确认申请之日起10个工作日内，对减免税申请人主体资格、投资项目和进出口货物相关情况是否符合有关进出口税收优惠政策规定等情况进行审核，并出具进出口货物征税、减税或者免税的确认意见，制发《中华人民共和国海关进出口货物征免税确认通知书》（以下简称《征免税确认通知书》）。

有下列情形之一，主管海关不能在本条第一款规定期限内出具确认意见的，应当向减免税申请人说明理由：

（一）有关进出口税收优惠政策规定不明确或者涉及其他部门管理职责，需要与相关部门进一步协商、核实有关情况的；

（二）需要对货物进行化验、鉴定等，以确定其是否符合有关进出口税收优惠政策规定的。

有本条第二款规定情形的，主管海关应当自情形消除之日起10个工作日内，出具进出口货物征税、减税或者免税的确认意见，并制发《征免税确认通知书》。

第六条　减免税申请人需要变更或者撤销已出具的《征免税确认通知书》的，应当在《征免税确认通知书》有效期内向主管海关提出申请，并随附相关材料。

经审核符合规定的，主管海关应当予以变更或者撤销。予以变更的，主管海关应当重新制发《征免税确认通知书》。

第七条　《征免税确认通知书》有效期限不超过6个月，减免税申请人应当在有效期内向申报地海关办理有关进出口货物申报手续；不能在有效期内办理，需要延期的，应当在有效期内向主管海关申请办理延期手续。《征免税确认通知书》可以延期一次，延长期限不得超过6个月。

《征免税确认通知书》有效期限届满仍未使用的，其效力终止。减免税申请人需要减免税进出口该《征免税确认通知书》所列货物的，应当重新向主管海关申请办理减免税审核确认手续。

第八条　除有关进出口税收优惠政策或者其实施措施另有规定外，进出口货物征税放行后，减免税申请人申请补办减免税审核确认手续的，海关不予受理。

第三章 减免税货物税款担保

第九条 有下列情形之一的，减免税申请人可以向海关申请办理有关货物凭税款担保先予放行手续：

（一）有关进出口税收优惠政策或者其实施措施明确规定的；

（二）主管海关已经受理减免税审核确认申请，尚未办理完毕的；

（三）有关进出口税收优惠政策已经国务院批准，具体实施措施尚未明确，主管海关能够确认减免税申请人属于享受该政策范围的；

（四）其他经海关总署核准的情形。

第十条 减免税申请人需要办理有关货物凭税款担保先予放行手续的，应当在货物申报进出口前向主管海关提出申请，并随附相关材料。

主管海关应当自受理申请之日起5个工作日内出具是否准予办理担保的意见。符合本办法第九条规定情形的，主管海关应当制发《中华人民共和国海关准予办理减免税货物税款担保通知书》（以下简称《准予办理担保通知书》），并通知申报地海关；不符合有关规定情形的，制发《中华人民共和国海关不准予办理减免税货物税款担保通知书》。

第十一条 申报地海关凭主管海关制发的《准予办理担保通知书》，以及减免税申请人提供的海关依法认可的财产、权利，按照规定办理减免税货物的税款担保手续。

第十二条 《准予办理担保通知书》确定的减免税货物税款担保期限不超过6个月，主管海关可以延期1次，延长期限不得超过6个月。特殊情况仍需要延期的，应当经直属海关审核同意。

减免税货物税款担保期限届满，本办法第九条规定的有关情形仍然延续的，主管海关可以根据有关情形可能延续的时间等情况，相应延长税款担保期限，并向减免税申请人告知有关情况，同时通知申报地海关为减免税申请人办理税款担保延期手续。

第十三条 减免税申请人在减免税货物税款担保期限届满前取得《征免税确认通知书》，并已向海关办理征税、减税或者免税相关手续的，申报地海关应当解除税款担保。

第四章 减免税货物的管理

第十四条 除海关总署另有规定外，进口减免税货物的监管年限为：

（一）船舶、飞机：8年；

（二）机动车辆：6年；

（三）其他货物：3年。

监管年限自货物进口放行之日起计算。

除海关总署另有规定外，在海关监管年限内，减免税申请人应当按照海关规定保管、使用进口减免税货物，并依法接受海关监管。

第十五条 在海关监管年限内，减免税申请人应当于每年6月30日（含当日）以前向主管海关提交《减免税货物使用状况报告书》，报告减免税货物使用状况。超过规定期限未提交的，海关按照有关规定将其列入信用信息异常名录。

减免税申请人未按照前款规定报告其减免税货物使用状况，向海关申请办理减免税审核确认、减免税货物税款担保、减免税货物后续管理等相关业务的，海关不予受理。减免税申请人补报后，海关可以受理。

第十六条 在海关监管年限内，减免税货物应当在主管海关审核同意的地点使用。除有关进口税收优惠政策实施措施另有规定外，减免税货物需要变更使用地点的，减免税申请人应当向主管海关提出申请，并说明理由；经主管海关审核同意的，可以变更使用地点。

减免税货物需要移出主管海关管辖地使用的，减免税申请人应当向主管海关申请办理异地监管手续，并随附相关材料。经主管海关审核同意并通知转入地海关后，减免税申请人可以将减免税货物运至转入地海关管辖地，并接受转入地海关监管。

减免税货物在异地使用结束后，减免税申请人应当及时向转入地海关申请办结异地监管手续。经转入地海关审核同意并通知主管海关后，减免税申请人应当将减免税货物运回主管海关管辖地。

第十七条 在海关监管年限内，减免税申请人发生分立、合并、股东变更、改制等主体变更情形的，权利义务承受人应当自变更登记之日起30日内，向原减免税申请人的主管海关报告主体变更情况以及有关减免税货物的情况。

经原减免税申请人主管海关审核，需要补征税款的，权利义务承受人应当向原减免税申请人主管海关办理补税手续；可以继续享受减免税待遇的，权利义务承受人应当按照规定申请办理减免税货物结转等相关手续。

第十八条 在海关监管年限内，因破产、撤销、解散、改制或者其他情形导致减免税申请人终止，有权利义务承受人的，参照本办法第十七条的规定办理有关手续；没有权利义务承受人的，原减免税申请人或者其他依法应当承担关税及进口环节税缴纳义务的当事人，应当自资产清算之日起30日内，向原减免税申请人主管海关申请办理减免税货物的补缴税款手续。进口时免予提交许可证件的减免税货物，按照国家有关规定需要补办许可证件的，减免税申请人在办理补缴税款手续时还应当补交有关许可证件。有关减免税货物自办结上述手续之日起，解除海关监管。

第十九条 在海关监管年限内，减免税申请人要求将减免税货物退运出境或者出口的，应当经主管海关审核同意，并办理相关手续。

减免税货物自退运出境或者出口之日起，解除海关监管，海关不再对退运出境或者出口的减免税货物补征相关税款。

第二十条　减免税货物海关监管年限届满的，自动解除监管。

对海关监管年限内的减免税货物，减免税申请人要求提前解除监管的，应当向主管海关提出申请，并办理补缴税款手续。进口时免予提交许可证件的减免税货物，按照国家有关规定需要补办许可证件的，减免税申请人在办理补缴税款手续时还应当补交有关许可证件。有关减免税货物自办结上述手续之日起，解除海关监管。

减免税申请人可以自减免税货物解除监管之日起 1 年内，向主管海关申领《中华人民共和国海关进口减免税货物解除监管证明》。

第二十一条　在海关监管年限内及其后 3 年内，海关依照《海关法》《中华人民共和国海关稽查条例》等有关规定，对有关企业、单位进口和使用减免税货物情况实施稽查。

第五章　减免税货物的抵押、转让、移作他用

第二十二条　在减免税货物的海关监管年限内，经主管海关审核同意，并办理有关手续，减免税申请人可以将减免税货物抵押、转让、移作他用或者进行其他处置。

第二十三条　在海关监管年限内，进口时免予提交许可证件的减免税货物，减免税申请人向主管海关申请办理抵押、转让、移作他用或者其他处置手续时，按照国家有关规定需要补办许可证件的，应当补办相关手续。

第二十四条　在海关监管年限内，减免税申请人要求以减免税货物向银行或者非银行金融机构办理贷款抵押的，应当向主管海关提出申请，随附相关材料，并以海关依法认可的财产、权利提供税款担保。

主管海关应当对减免税申请人提交的申请材料是否齐全、有效，填报是否规范等进行审核，必要时可以实地了解减免税申请人经营状况、减免税货物使用状况等相关情况。经审核符合规定的，主管海关应当制发《中华人民共和国海关准予办理减免税货物贷款抵押通知书》；不符合规定的，应当制发《中华人民共和国海关不准予办理减免税货物贷款抵押通知书》。

减免税申请人不得以减免税货物向银行或者非银行金融机构以外的自然人、法人或者非法人组织办理贷款抵押。

第二十五条　主管海关同意以减免税货物办理贷款抵押的，减免税申请人应当自签订抵押合同、贷款合同之日起 30 日内，将抵押合同、贷款合同提交主管海关备案。

抵押合同、贷款合同的签订日期不是同一日的，按照后签订的日期计算前款规定的备案时限。

第二十六条　减免税货物贷款抵押需要延期的，减免税申请人应当在贷款抵押期限届满前，向主管海关申请办理贷款抵押的延期手续。

经审核符合规定的，主管海关应当制发《中华人民共和国海关准予办理减免税货物贷款抵押延期通知书》；不符合规定的，应当制发《中华人民共和国海关不准予办理减免税货物贷款抵押延期通知书》。

第二十七条　在海关监管年限内，减免税申请人需要将减免税货物转让给进口同一货物享受同等减免税优惠待遇的其他单位的，应当按照下列规定办理减免税货物结转手续：

（一）减免税货物的转出申请人向转出地主管海关提出申请，并随附相关材料。转出地主管海关审核同意后，通知转入地主管海关。

（二）减免税货物的转入申请人向转入地主管海关申请办理减免税审核确认手续。转入地主管海关审核同意后，制发《征免税确认通知书》。

（三）结转减免税货物的监管年限应当连续计算，转入地主管海关在剩余监管年限内对结转减免税货物继续实施后续监管。

转入地海关和转出地海关为同一海关的，参照本条第一款规定办理。

第二十八条　在海关监管年限内，减免税申请人需要将减免税货物转让给不享受进口税收优惠政策或者进口同一货物不享受同等减免税优惠待遇的其他单位的，应当事先向主管海关申请办理减免税货物补缴税款手续。进口时免予提交许可证件的减免税货物，按照国家有关规定需要补办许可证件的，减免税申请人在办理补缴税款手续时还应当补交有关许可证件。有关减免税货物自办结上述手续之日起，解除海关监管。

第二十九条　减免税货物因转让、提前解除监管以及减免税申请人发生主体变更、依法终止情形或者其他原因需要补征税款的，补税的完税价格以货物原进口时的完税价格为基础，按照减免税货物已进口时间与监管年限的比例进行折旧，其计算公式如下：

$$补税的完税价格 = 减免税货物原进口时的完税价格 \times \left[1 - \frac{减免税货物已进口时间}{监管年限 \times 12}\right]$$

减免税货物已进口时间自货物放行之日起按月计算。不足 1 个月但超过 15 日的，按 1 个月计算；不超过 15 日的，不予计算。

第三十条　按照本办法第二十九条规定计算减免税货物补税的完税价格的，应当按以下情形确定货物已进口时间的截止日期：

（一）转让减免税货物的，应当以主管海关接受减免税申请人申请办理补税手续之日作为截止之日；

（二）减免税申请人未经海关批准，擅自转让减免税货物的，应当以货物实际转让之日作为截止之日；实际转让之日不能确定的，应当以海关发现之日作为截止之日；

（三）在海关监管年限内，减免税申请人发生主体变更情形的，应当以变更登记之日作为截止之日；

（四）在海关监管年限内，减免税申请人发生破产、撤销、

解散或者其他依法终止经营情形的，应当以人民法院宣告减免税申请人破产之日或者减免税申请人被依法认定终止生产经营活动之日作为截止之日；

（五）减免税货物提前解除监管的，应当以主管海关接受减免税申请人申请办理补缴税款手续之日作为截止之日。

第三十一条 在海关监管年限内，减免税申请人需要将减免税货物移作他用的，应当事先向主管海关提出申请。经主管海关审核同意，减免税申请人可以按照海关批准的使用单位、用途、地区将减免税货物移作他用。

本条第一款所称移作他用包括以下情形：

（一）将减免税货物交给减免税申请人以外的其他单位使用；

（二）未按照原定用途使用减免税货物；

（三）未按照原定地区使用减免税货物。

除海关总署另有规定外，按照本条第一款规定将减免税货物移作他用的，减免税申请人应当事先按照移作他用的时间补缴相应税款；移作他用时间不能确定的，应当提供税款担保，税款担保金额不得超过减免税货物剩余监管年限可能需要补缴的最高税款总额。

第三十二条 减免税申请人将减免税货物移作他用，需要补缴税款的，补税的完税价格以货物原进口时的完税价格为基础，按照需要补缴税款的时间与监管年限的比例进行折旧，其计算公式如下：

$$补税的完税价格 = 减免税货物原进口时的完税价格 \times \left[\frac{需要补缴税款的时间}{监管年限 \times 365}\right]$$

上述计算公式中需要补缴税款的时间为减免税货物移作他用的实际时间，按日计算，每日实际使用不满8小时或者超过8小时的均按1日计算。

第三十三条 海关在办理减免税货物贷款抵押、结转、移作他用、异地监管、主体变更、退运出境或者出口、提前解除监管等后续管理业务时，应当自受理减免税申请人的申请之日起10个工作日内作出是否同意的决定。

因特殊情形不能在前款规定期限内作出决定的，海关应当向申请人说明理由，并自特殊情形消除之日起10个工作日内作出是否同意的决定。

第六章 附 则

第三十四条 在海关监管年限内，减免税申请人发生分立、合并、股东变更、改制等主体变更情形的，或者因破产、撤销、解散、改制或者其他情形导致其终止的，当事人未按照有关规定，向原减免税申请人的主管海关报告主体变更或者终止情形以及有关减免税货物的情况的，海关予以警告，责令其改正，可以处1万元以下罚款。

第三十五条 本办法下列用语的含义：

进出口货物减免税申请人，是指根据有关进出口税收优惠政策和相关法律、行政法规的规定，可以享受进出口税收优惠，并依照本办法向海关申请办理减免税相关业务的具有独立法人资格的企事业单位、社会团体、民办非企业单位、基金会、国家机关；具体实施投资项目，获得投资项目单位授权并经按照本条规定确定为主管海关的投资项目所在地海关同意，可以向其申请办理减免税相关业务的投资项目单位所属非法人分支机构；经海关总署确认的其他组织。

减免税申请人的主管海关，减免税申请人为企业法人的，主管海关是指其办理企业法人登记注册地的海关；减免税申请人为事业单位、社会团体、民办非企业单位、基金会、国家机关等非企业法人组织的，主管海关是指其住所地海关；减免税申请人为投资项目单位所属非法人分支机构的，主管海关是指其办理营业登记地的海关。下列特殊情况除外：

（一）投资项目所在地海关与减免税申请人办理企业法人登记注册地海关或者办理营业登记地海关不是同一海关的，投资项目所在地海关为主管海关；投资项目所在地涉及多个海关的，有关海关的共同上级海关或者共同上级海关指定的海关为主管海关；

（二）有关进出口税收优惠政策实施措施明确规定的情形；

（三）海关总署批准的其他情形。

第三十六条 本办法所列文书格式由海关总署另行制定并公告。

第三十七条 本办法由海关总署负责解释。

第三十八条 本办法自2021年3月1日起施行。2008年12月29日海关总署公布的《中华人民共和国海关进出口货物减免税管理办法》（海关总署令第179号）同时废止。

关于《中华人民共和国海关进出口货物减免税管理办法》实施有关事项的公告

（2021年2月24日海关总署公告〔2021〕16号公布 自2021年3月1日起施行）

《中华人民共和国海关进出口货物减免税管理办法》（海关总署令第245号，以下简称《办法》）于2020年12月21日发布，自2021年3月1日起施行，现将有关事项公告如下：

一、《办法》第五条中“受理减免税审核确认申请之日”是指：减免税申请人递交的申请材料符合规定，海关予以受理的，海关收到申请材料之日为受理之日；减免税申请人提交的申请材料不齐全或者不符合规定的，海关一次性告知减免税申请人需要补正的有关材料，海关收到全部补正的申请材料之日为受理之日。

减免税申请人不按规定向海关提交齐全、有效、填报规范的申请材料的，海关不予受理。

二、对于部分实行免税额度管理的税收政策，减免税申请人将该政策项下的减免税货物转让给进口同一货物享受同等减免税优惠待遇的其他单位的，转出申请人的减免税额度不予恢复，转入申请人的减免税额度按照海关审定的货物结转时的价格、数量或者应缴税款予以扣减。

减免税货物因品质或者规格原因原状退运出境，减免税申请人以无代价抵偿方式进口同一类型货物的，减免税额度不予恢复；未以无代价抵偿方式进口同一类型货物的，减免税申请人在原减免税货物退运出境之日起 3 个月内向海关提出申请，经海关审核同意，减免税额度可以恢复。

对于其他提前解除监管的情形，减免税额度不予恢复。

三、《办法》第六条、第七条规定的《中华人民共和国海关进出口货物征免税确认通知书》变更、撤销和延期，其办理时限参照《办法》第五条规定时限执行。

四、《办法》第十九条规定的将减免税货物退运出境或出口，报关单的“监管方式”栏目应按照贸易实际进行填报。

五、2021 年 3 月 1 日前海关已出具且在有效期内的《中华人民共和国海关进出口货物征免税证明》和《中华人民共和国海关准予办理减免税货物税款担保证明》，仍可以继续使用。

六、《办法》执行过程中涉及的法律文书及相关报表格式文本详见附件 1 – 23。

七、本公告自 2021 年 3 月 1 日起实施。

特此公告。

附件：法律文书及相关报表格式文本（略）

海南自由贸易港进口“零关税”原辅料海关监管办法（试行）

（2020 年 11 月 30 日海关总署公告〔2020〕121 号公布自 2020 年 12 月 1 日起施行）

第一条 为贯彻落实《海南自由贸易港建设总体方案》，规范海南自由贸易港进口“零关税”原辅料的海关监管，根据《中华人民共和国海关法》和有关法律、行政法规，制定本办法。

第二条 在全岛封关运作前，在海南自由贸易港注册登记并具有独立法人资格的企业，进口用于生产自用、以“两头在外”模式进行生产加工活动或以“两头在外”模式进行服务贸易过程中所消耗的正面清单内的原辅料（以下简称“零关税”原辅料），免征进口关税、进口环节增值税和消费税。

“零关税”原辅料正面清单，由财政部会同有关部门制发。

第三条 开展“零关税”原辅料业务的企业，应当建立符合海关监管要求的管理制度和计算机管理系统，实现对“零关税”原辅料耗用等信息的全程跟踪，并确保数据真实、准确、有效。

第四条 企业开展“零关税”原辅料业务，应当设立专用电子账册。

第五条 企业开展“零关税”原辅料业务，可以自主备案电子账册商品信息，自主核定耗用情况，并向海关如实申报，办理核销手续，自主缴纳税款。企业对自主核报数据情况负责，并承担相应法律责任。

第六条 企业进口“零关税”原辅料，应当按照规定向海关报送保税核注清单后办理报关单（备案清单）申报手续。

第七条 企业进口“零关税”原辅料，自愿缴纳进口环节增值税和消费税的，应当在报关时提出申请，并应当对自愿缴纳进口环节增值税和消费税的“零关税”原辅料与其他“零关税”原辅料分开申报。

第八条 “零关税”原辅料进出口、制成品出口、内销等时，监管方式按照“进料加工（非对口合同）”（代码 0715）及相关监管方式申报。其中，“零关税”原辅料进口时免征进口关税、进口环节增值税和消费税的，征免性质填报“零关税原辅料”（代码 591）；自愿缴纳进口环节增值税和消费税的，征免性质填报“原辅料部分征税”（代码 592）。

第九条 “零关税”原辅料仅限海南自由贸易港内企业生产使用，接受海关监管，不得在岛内转让或出岛。因企业破产等原因，确需转让或出岛的，应当依法事先补缴税款，并办结海关手续。

第十条 以“零关税”原辅料加工制造的货物，在岛内销售或销往内地的，企业应当事先补缴其对应进口“零关税”原辅料的进口关税、进口环节增值税和消费税，并办结海关手续。

第十一条 “零关税”原辅料加工制造的货物出口或“零关税”原辅料直接出口，无需补缴税款，按照现行出口货物有关税收政策执行。

第十二条 用于航空器、船舶的维修（含相关零部件维修）的零部件满足下列条件之一的，适用“零关税”原辅料政策，免征进口关税、进口环节增值税和消费税：

（一）用于维修从境外进入境内并复运出境的航空器、船舶（含相关零部件）；

（二）用于维修以海南为主营运基地的航空企业所运营的航空器（含相关零部件）；

（三）用于维修在海南注册登记具有独立法人资格的船运公司所运营的以海南省内港口为船籍港的船舶（含相关零部件）。

使用上述零部件开展维修业务的企业，应当记录零部件使用情况，并能够与所维修航空器、船舶（含相关零部件）形成对应关系。

第十三条 “零关税”原辅料涉及的税收征管其他事项，比照海关加工贸易货物内销时税收征管有关规定办理。

第十四条 海关依法对“零关税”原辅料实施海关统计。

第十五条 本办法自 2020 年 12 月 1 日起施行。

（二）所得税

1. 企业所得税

中华人民共和国企业所得税法

（2007年3月16日第十届全国人民代表大会第五次会议通过　根据2017年2月24日第十二届全国人民代表大会常务委员会第二十六次会议《关于修改〈中华人民共和国企业所得税法〉的决定》第一次修正　根据2018年12月29日第十三届全国人民代表大会常务委员会第七次会议《关于修改〈中华人民共和国电力法〉等四部法律的决定》第二次修正）

目　　录

第一章　总　　则

第一条　在中华人民共和国境内，企业和其他取得收入的组织（以下统称企业）为企业所得税的纳税人，依照本法的规定缴纳企业所得税。

个人独资企业、合伙企业不适用本法。

第二条　企业分为居民企业和非居民企业。

本法所称居民企业，是指依法在中国境内成立，或者依照外国（地区）法律成立但实际管理机构在中国境内的企业。

本法所称非居民企业，是指依照外国（地区）法律成立且实际管理机构不在中国境内，但在中国境内设立机构、场所的，或者在中国境内未设立机构、场所，但有来源于中国境内所得的企业。

第三条　居民企业应当就其来源于中国境内、境外的所得缴纳企业所得税。

非居民企业在中国境内设立机构、场所的，应当就其所设机构、场所取得的来源于中国境内的所得，以及发生在中国境外但与其所设机构、场所有实际联系的所得，缴纳企业所得税。

非居民企业在中国境内未设立机构、场所的，或者虽设立机构、场所但取得的所得与其所设机构、场所没有实际联系的，应当就其来源于中国境内的所得缴纳企业所得税。

第四条　企业所得税的税率为25%。

非居民企业取得本法第三条第三款规定的所得，适用税率为20%。

第二章　应纳税所得额

第五条　企业每一纳税年度的收入总额，减除不征税收入、免税收入、各项扣除以及允许弥补的以前年度亏损后的余额，为应纳税所得额。

第六条　企业以货币形式和非货币形式从各种来源取得的收入，为收入总额。包括：

（一）销售货物收入；

（二）提供劳务收入；

（三）转让财产收入；

（四）股息、红利等权益性投资收益；

（五）利息收入；

（六）租金收入；

（七）特许权使用费收入；

（八）接受捐赠收入；

（九）其他收入。

第七条　收入总额中的下列收入为不征税收入：

（一）财政拨款；

（二）依法收取并纳入财政管理的行政事业性收费、政府性基金；

（三）国务院规定的其他不征税收入。

第八条　企业实际发生的与取得收入有关的、合理的支出，包括成本、费用、税金、损失和其他支出，准予在计算应纳税所得额时扣除。

第九条　企业发生的公益性捐赠支出，在年度利润总额12%以内的部分，准予在计算应纳税所得额时扣除；超过年度利润总额12%的部分，准予结转以后三年内在计算应纳税所得额时扣除。

第十条　在计算应纳税所得额时，下列支出不得扣除：

（一）向投资者支付的股息、红利等权益性投资收益款项；

（二）企业所得税税款；

（三）税收滞纳金；

（四）罚金、罚款和被没收财物的损失；

（五）本法第九条规定以外的捐赠支出；

（六）赞助支出；

（七）未经核定的准备金支出；

（八）与取得收入无关的其他支出。

第十一条　在计算应纳税所得额时，企业按照规定计算的固定资产折旧，准予扣除。

下列固定资产不得计算折旧扣除：

（一）房屋、建筑物以外未投入使用的固定资产；

（二）以经营租赁方式租入的固定资产；

（三）以融资租赁方式租出的固定资产；

（四）已足额提取折旧仍继续使用的固定资产；

（五）与经营活动无关的固定资产；

（六）单独估价作为固定资产入账的土地；

（七）其他不得计算折旧扣除的固定资产。

第十二条 在计算应纳税所得额时，企业按照规定计算的无形资产摊销费用，准予扣除。

下列无形资产不得计算摊销费用扣除：

（一）自行开发的支出已在计算应纳税所得额时扣除的无形资产；

（二）自创商誉；

（三）与经营活动无关的无形资产；

（四）其他不得计算摊销费用扣除的无形资产。

第十三条 在计算应纳税所得额时，企业发生的下列支出作为长期待摊费用，按照规定摊销的，准予扣除：

（一）已足额提取折旧的固定资产的改建支出；

（二）租入固定资产的改建支出；

（三）固定资产的大修理支出；

（四）其他应当作为长期待摊费用的支出。

第十四条 企业对外投资期间，投资资产的成本在计算应纳税所得额时不得扣除。

第十五条 企业使用或者销售存货，按照规定计算的存货成本，准予在计算应纳税所得额时扣除。

第十六条 企业转让资产，该项资产的净值，准予在计算应纳税所得额时扣除。

第十七条 企业在汇总计算缴纳企业所得税时，其境外营业机构的亏损不得抵减境内营业机构的盈利。

第十八条 企业纳税年度发生的亏损，准予向以后年度结转，用以后年度的所得弥补，但结转年限最长不得超过五年。

第十九条 非居民企业取得本法第三条第三款规定的所得，按照下列方法计算其应纳税所得额：

（一）股息、红利等权益性投资收益和利息、租金、特许权使用费所得，以收入全额为应纳税所得额；

（二）转让财产所得，以收入全额减除财产净值后的余额为应纳税所得额；

（三）其他所得，参照前两项规定的方法计算应纳税所得额。

第二十条 本章规定的收入、扣除的具体范围、标准和资产的税务处理的具体办法，由国务院财政、税务主管部门规定。

第二十一条 在计算应纳税所得额时，企业财务、会计处理办法与税收法律、行政法规的规定不一致的，应当依照税收法律、行政法规的规定计算。

第三章 应纳税额

第二十二条 企业的应纳税所得额乘以适用税率，减除依照本法关于税收优惠的规定减免和抵免的税额后的余额，为应纳税额。

第二十三条 企业取得的下列所得已在境外缴纳的所得税税额，可以从其当期应纳税额中抵免，抵免限额为该项所得依照本法规定计算的应纳税额；超过抵免限额的部分，可以在以后五个年度内，用每年度抵免限额抵免当年应抵税额后的余额进行抵补：

（一）居民企业来源于中国境外的应税所得；

（二）非居民企业在中国境内设立机构、场所，取得发生在中国境外但与该机构、场所有实际联系的应税所得。

第二十四条 居民企业从其直接或者间接控制的外国企业分得的来源于中国境外的股息、红利等权益性投资收益，外国企业在境外实际缴纳的所得税税额中属于该项所得负担的部分，可以作为该居民企业的可抵免境外所得税税额，在本法第二十三条规定的抵免限额内抵免。

第四章 税收优惠

第二十五条 国家对重点扶持和鼓励发展的产业和项目，给予企业所得税优惠。

第二十六条 企业的下列收入为免税收入：

（一）国债利息收入；

（二）符合条件的居民企业之间的股息、红利等权益性投资收益；

（三）在中国境内设立机构、场所的非居民企业从居民企业取得与该机构、场所有实际联系的股息、红利等权益性投资收益；

（四）符合条件的非营利组织的收入。

第二十七条 企业的下列所得，可以免征、减征企业所得税：

（一）从事农、林、牧、渔业项目的所得；

（二）从事国家重点扶持的公共基础设施项目投资经营的所得；

（三）从事符合条件的环境保护、节能节水项目的所得；

（四）符合条件的技术转让所得；

（五）本法第三条第三款规定的所得。

第二十八条 符合条件的小型微利企业，减按20%的税率征收企业所得税。

国家需要重点扶持的高新技术企业，减按15%的税率征收企业所得税。

第二十九条 民族自治地方的自治机关对本民族自治地方的企业应缴纳的企业所得税中属于地方分享的部分，可以决定减征或者免征。自治州、自治县决定减征或者免征的，须报省、自治区、直辖市人民政府批准。

第三十条 企业的下列支出,可以在计算应纳税所得额时加计扣除:

(一)开发新技术、新产品、新工艺发生的研究开发费用;

(二)安置残疾人员及国家鼓励安置的其他就业人员所支付的工资。

第三十一条 创业投资企业从事国家需要重点扶持和鼓励的创业投资,可以按投资额的一定比例抵扣应纳税所得额。

第三十二条 企业的固定资产由于技术进步等原因,确需加速折旧的,可以缩短折旧年限或者采取加速折旧的方法。

第三十三条 企业综合利用资源,生产符合国家产业政策规定的产品所取得的收入,可以在计算应纳税所得额时减计收入。

第三十四条 企业购置用于环境保护、节能节水、安全生产等专用设备的投资额,可以按一定比例实行税额抵免。

第三十五条 本法规定的税收优惠的具体办法,由国务院规定。

第三十六条 根据国民经济和社会发展的需要,或者由于突发事件等原因对企业经营活动产生重大影响的,国务院可以制定企业所得税专项优惠政策,报全国人民代表大会常务委员会备案。

第五章 源泉扣缴

第三十七条 对非居民企业取得本法第三条第三款规定的所得应缴纳的所得税,实行源泉扣缴,以支付人为扣缴义务人。税款由扣缴义务人在每次支付或者到期应支付时,从支付或者到期应支付的款项中扣缴。

第三十八条 对非居民企业在中国境内取得工程作业和劳务所得应缴纳的所得税,税务机关可以指定工程价款或者劳务费的支付人为扣缴义务人。

第三十九条 依照本法第三十七条、第三十八条规定应当扣缴的所得税,扣缴义务人未依法扣缴或者无法履行扣缴义务的,由纳税人在所得发生地缴纳。纳税人未依法缴纳的,税务机关可以从该纳税人在中国境内其他收入项目的支付人应付的款项中,追缴该纳税人的应纳税款。

第四十条 扣缴义务人每次代扣的税款,应当自代扣之日起七日内缴入国库,并向所在地的税务机关报送扣缴企业所得税报告表。

第六章 特别纳税调整

第四十一条 企业与其关联方之间的业务往来,不符合独立交易原则而减少企业或者其关联方应纳税收入或者所得额的,税务机关有权按照合理方法调整。

企业与其关联方共同开发、受让无形资产,或者共同提供、接受劳务发生的成本,在计算应纳税所得额时应当按照独立交易原则进行分摊。

第四十二条 企业可以向税务机关提出与其关联方之间业务往来的定价原则和计算方法,税务机关与企业协商、确认后,达成预约定价安排。

第四十三条 企业向税务机关报送年度企业所得税纳税申报表时,应当就其与关联方之间的业务往来,附送年度关联业务往来报告表。

税务机关在进行关联业务调查时,企业及其关联方,以及与关联业务调查有关的其他企业,应当按照规定提供相关资料。

第四十四条 企业不提供与其关联方之间业务往来资料,或者提供虚假、不完整资料,未能真实反映其关联业务往来情况的,税务机关有权依法核定其应纳税所得额。

第四十五条 由居民企业,或者由居民企业和中国居民控制的设立在实际税负明显低于本法第四条第一款规定税率水平的国家(地区)的企业,并非由于合理的经营需要而对利润不作分配或者减少分配的,上述利润中应归属于该居民企业的部分,应当计入该居民企业的当期收入。

第四十六条 企业从其关联方接受的债权性投资与权益性投资的比例超过规定标准而发生的利息支出,不得在计算应纳税所得额时扣除。

第四十七条 企业实施其他不具有合理商业目的的安排而减少其应纳税收入或者所得额的,税务机关有权按照合理方法调整。

第四十八条 税务机关依照本章规定作出纳税调整,需要补征税款的,应当补征税款,并按照国务院规定加收利息。

第七章 征收管理

第四十九条 企业所得税的征收管理除本法规定外,依照《中华人民共和国税收征收管理法》的规定执行。

第五十条 除税收法律、行政法规另有规定外,居民企业以企业登记注册地为纳税地点;但登记注册地在境外的,以实际管理机构所在地为纳税地点。

居民企业在中国境内设立不具有法人资格的营业机构的,应当汇总计算并缴纳企业所得税。

第五十一条 非居民企业取得本法第三条第二款规定的所得,以机构、场所所在地为纳税地点。非居民企业在中国境内设立两个或者两个以上机构、场所,符合国务院税务主管部门规定条件的,可以选择由其主要机构、场所汇总缴纳企业所得税。

非居民企业取得本法第三条第三款规定的所得,以扣缴义务人所在地为纳税地点。

第五十二条 除国务院另有规定外,企业之间不得合并缴纳企业所得税。

第五十三条 企业所得税按纳税年度计算。纳税年度自公历1月1日起至12月31日止。

企业在一个纳税年度中间开业,或者终止经营活动,使该纳税年度的实际经营期不足十二个月的,应当以其实际经营期为一个纳税年度。

企业依法清算时,应当以清算期间作为一个纳税年度。

第五十四条 企业所得税分月或者分季预缴。

企业应当自月份或者季度终了之日起十五日内,向税务机关报送预缴企业所得税纳税申报表,预缴税款。

企业应当自年度终了之日起五个月内,向税务机关报送年度企业所得税纳税申报表,并汇算清缴,结清应缴应退税款。

企业在报送企业所得税纳税申报表时,应当按照规定附送财务会计报告和其他有关资料。

第五十五条 企业在年度中间终止经营活动的,应当自实际经营终止之日起六十日内,向税务机关办理当期企业所得税汇算清缴。

企业应当在办理注销登记前,就其清算所得向税务机关申报并依法缴纳企业所得税。

第五十六条 依照本法缴纳的企业所得税,以人民币计算。所得以人民币以外的货币计算的,应当折合成人民币计算并缴纳税款。

第八章 附 则

第五十七条 本法公布前已经批准设立的企业,依照当时的税收法律、行政法规规定,享受低税率优惠的,按照国务院规定,可以在本法施行后五年内,逐步过渡到本法规定的税率;享受定期减免税优惠的,按照国务院规定,可以在本法施行后继续享受到期满为止,但因未获利而尚未享受优惠的,优惠期限从本法施行年度起计算。

法律设置的发展对外经济合作和技术交流的特定地区内,以及国务院已规定执行上述地区特殊政策的地区内新设立的国家需要重点扶持的高新技术企业,可以享受过渡性税收优惠,具体办法由国务院规定。

国家已确定的其他鼓励类企业,可以按照国务院规定享受减免税优惠。

第五十八条 中华人民共和国政府同外国政府订立的有关税收的协定与本法有不同规定的,依照协定的规定办理。

第五十九条 国务院根据本法制定实施条例。

第六十条 本法自2008年1月1日起施行。1991年4月9日第七届全国人民代表大会第四次会议通过的《中华人民共和国外商投资企业和外国企业所得税法》和1993年12月13日国务院发布的《中华人民共和国企业所得税暂行条例》同时废止。

中华人民共和国企业所得税法实施条例

(2007年12月6日中华人民共和国国务院令第512号公布 根据2019年4月23日《国务院关于修改部分行政法规的决定》修订)

第一章 总 则

第一条 根据《中华人民共和国企业所得税法》(以下简称企业所得税法)的规定,制定本条例。

第二条 企业所得税法第一条所称个人独资企业、合伙企业,是指依照中国法律、行政法规成立的个人独资企业、合伙企业。

第三条 企业所得税法第二条所称依法在中国境内成立的企业,包括依照中国法律、行政法规在中国境内成立的企业、事业单位、社会团体以及其他取得收入的组织。

企业所得税法第二条所称依照外国(地区)法律成立的企业,包括依照外国(地区)法律成立的企业和其他取得收入的组织。

第四条 企业所得税法第二条所称实际管理机构,是指对企业的生产经营、人员、账务、财产等实施实质性全面管理和控制的机构。

第五条 企业所得税法第二条第三款所称机构、场所,是指在中国境内从事生产经营活动的机构、场所,包括:

(一)管理机构、营业机构、办事机构;

(二)工厂、农场、开采自然资源的场所;

(三)提供劳务的场所;

(四)从事建筑、安装、装配、修理、勘探等工程作业的场所;

(五)其他从事生产经营活动的机构、场所。

非居民企业委托营业代理人在中国境内从事生产经营活动的,包括委托单位或者个人经常代其签订合同,或者储存、交付货物等,该营业代理人视为非居民企业在中国境内设立的机构、场所。

第六条 企业所得税法第三条所称所得,包括销售货物所得、提供劳务所得、转让财产所得、股息红利等权益性投资所得、利息所得、租金所得、特许权使用费所得、接受捐赠所得和其他所得。

第七条 企业所得税法第三条所称来源于中国境内、境外的所得,按照以下原则确定:

(一)销售货物所得,按照交易活动发生地确定;

(二)提供劳务所得,按照劳务发生地确定;

(三)转让财产所得,不动产转让所得按照不动产所在地确定,动产转让所得按照转让动产的企业或者机构、场所所在地确定,权益性投资资产转让所得按照被投资企业所在地确定;

(四)股息、红利等权益性投资所得,按照分配所得的企业所在地确定；

（五）利息所得、租金所得、特许权使用费所得，按照负担、支付所得的企业或者机构、场所所在地确定，或者按照负担、支付所得的个人的住所地确定；

（六）其他所得，由国务院财政、税务主管部门确定。

第八条 企业所得税法第三条所称实际联系，是指非居民企业在中国境内设立的机构、场所拥有据以取得所得的股权、债权，以及拥有、管理、控制据以取得所得的财产等。

第二章 应纳税所得额

第一节 一般规定

第九条 企业应纳税所得额的计算，以权责发生制为原则，属于当期的收入和费用，不论款项是否收付，均作为当期的收入和费用；不属于当期的收入和费用，即使款项已经在当期收付，均不作为当期的收入和费用。本条例和国务院财政、税务主管部门另有规定的除外。

第十条 企业所得税法第五条所称亏损，是指企业依照企业所得税法和本条例的规定将每一纳税年度的收入总额减除不征税收入、免税收入和各项扣除后小于零的数额。

第十一条 企业所得税法第五十五条所称清算所得，是指企业的全部资产可变现价值或者交易价格减除资产净值、清算费用以及相关税费等后的余额。

投资方企业从被清算企业分得的剩余资产，其中相当于从被清算企业累计未分配利润和累计盈余公积中应当分得的部分，应当确认为股息所得；剩余资产减除上述股息所得后的余额，超过或者低于投资成本的部分，应当确认为投资资产转让所得或者损失。

第二节 收　入

第十二条 企业所得税法第六条所称企业取得收入的货币形式，包括现金、存款、应收账款、应收票据、准备持有至到期的债券投资以及债务的豁免等。

企业所得税法第六条所称企业取得收入的非货币形式，包括固定资产、生物资产、无形资产、股权投资、存货、不准备持有至到期的债券投资、劳务以及有关权益等。

第十三条 企业所得税法第六条所称企业以非货币形式取得的收入，应当按照公允价值确定收入额。

前款所称公允价值，是指按照市场价格确定的价值。

第十四条 企业所得税法第六条第（一）项所称销售货物收入，是指企业销售商品、产品、原材料、包装物、低值易耗品以及其他存货取得的收入。

第十五条 企业所得税法第六条第（二）项所称提供劳务收入，是指企业从事建筑安装、修理修配、交通运输、仓储租赁、金融保险、邮电通信、咨询经纪、文化体育、科学研究、技术服务、教育培训、餐饮住宿、中介代理、卫生保健、社区服务、旅游、娱乐、加工以及其他劳务服务活动取得的收入。

第十六条 企业所得税法第六条第（三）项所称转让财产收入，是指企业转让固定资产、生物资产、无形资产、股权、债权等财产取得的收入。

第十七条 企业所得税法第六条第（四）项所称股息、红利等权益性投资收益，是指企业因权益性投资从被投资方取得的收入。

股息、红利等权益性投资收益，除国务院财政、税务主管部门另有规定外，按照被投资方作出利润分配决定的日期确认收入的实现。

第十八条 企业所得税法第六条第（五）项所称利息收入，是指企业将资金提供他人使用但不构成权益性投资，或者因他人占用本企业资金取得的收入，包括存款利息、贷款利息、债券利息、欠款利息等收入。

利息收入，按照合同约定的债务人应付利息的日期确认收入的实现。

第十九条 企业所得税法第六条第（六）项所称租金收入，是指企业提供固定资产、包装物或者其他有形资产的使用权取得的收入。

租金收入，按照合同约定的承租人应付租金的日期确认收入的实现。

第二十条 企业所得税法第六条第（七）项所称特许权使用费收入，是指企业提供专利权、非专利技术、商标权、著作权以及其他特许权的使用权取得的收入。

特许权使用费收入，按照合同约定的特许权使用人应付特许权使用费的日期确认收入的实现。

第二十一条 企业所得税法第六条第（八）项所称接受捐赠收入，是指企业接受的来自其他企业、组织或者个人无偿给予的货币性资产、非货币性资产。

接受捐赠收入，按照实际收到捐赠资产的日期确认收入的实现。

第二十二条 企业所得税法第六条第（九）项所称其他收入，是指企业取得的除企业所得税法第六条第（一）项至第（八）项规定的收入外的其他收入，包括企业资产溢余收入、逾期未退包装物押金收入、确实无法偿付的应付款项、已作坏账损失处理后又收回的应收款项、债务重组收入、补贴收入、违约金收入、汇兑收益等。

第二十三条 企业的下列生产经营业务可以分期确认收入的实现：

（一）以分期收款方式销售货物的，按照合同约定的收款日期确认收入的实现；

（二）企业受托加工制造大型机械设备、船舶、飞机，以及从事建筑、安装、装配工程业务或者提供其他劳务等，持续时间超过 12 个月的，按照纳税年度内完工进度或者完成的工作量确认收入的实现。

第二十四条　采取产品分成方式取得收入的，按照企业分得产品的日期确认收入的实现，其收入额按照产品的公允价值确定。

第二十五条　企业发生非货币性资产交换，以及将货物、财产、劳务用于捐赠、偿债、赞助、集资、广告、样品、职工福利或者利润分配等用途的，应当视同销售货物、转让财产或者提供劳务，但国务院财政、税务主管部门另有规定的除外。

第二十六条　企业所得税法第七条第(一)项所称财政拨款，是指各级人民政府对纳入预算管理的事业单位、社会团体等组织拨付的财政资金，但国务院和国务院财政、税务主管部门另有规定的除外。

企业所得税法第七条第(二)项所称行政事业性收费，是指依照法律法规等有关规定，按照国务院规定程序批准，在实施社会公共管理，以及在向公民、法人或者其他组织提供特定公共服务过程中，向特定对象收取并纳入财政管理的费用。

企业所得税法第七条第(二)项所称政府性基金，是指企业依照法律、行政法规等有关规定，代政府收取的具有专项用途的财政资金。

企业所得税法第七条第(三)项所称国务院规定的其他不征税收入，是指企业取得的，由国务院财政、税务主管部门规定专项用途并经国务院批准的财政性资金。

第三节　扣　　除

第二十七条　企业所得税法第八条所称有关的支出，是指与取得收入直接相关的支出。

企业所得税法第八条所称合理的支出，是指符合生产经营活动常规，应当计入当期损益或者有关资产成本的必要和正常的支出。

第二十八条　企业发生的支出应当区分收益性支出和资本性支出。收益性支出在发生当期直接扣除；资本性支出应当分期扣除或者计入有关资产成本，不得在发生当期直接扣除。

企业的不征税收入用于支出所形成的费用或者财产，不得扣除或者计算对应的折旧、摊销扣除。

除企业所得税法和本条例另有规定外，企业实际发生的成本、费用、税金、损失和其他支出，不得重复扣除。

第二十九条　企业所得税法第八条所称成本，是指企业在生产经营活动中发生的销售成本、销货成本、业务支出以及其他耗费。

第三十条　企业所得税法第八条所称费用，是指企业在生产经营活动中发生的销售费用、管理费用和财务费用，已经计入成本的有关费用除外。

第三十一条　企业所得税法第八条所称税金，是指企业发生的除企业所得税和允许抵扣的增值税以外的各项税金及其附加。

第三十二条　企业所得税法第八条所称损失，是指企业在生产经营活动中发生的固定资产和存货的盘亏、毁损、报废损失，转让财产损失，呆账损失，坏账损失，自然灾害等不可抗力因素造成的损失以及其他损失。

企业发生的损失，减除责任人赔偿和保险赔款后的余额，依照国务院财政、税务主管部门的规定扣除。

企业已经作为损失处理的资产，在以后纳税年度又全部收回或者部分收回时，应当计入当期收入。

第三十三条　企业所得税法第八条所称其他支出，是指除成本、费用、税金、损失外，企业在生产经营活动中发生的与生产经营活动有关的、合理的支出。

第三十四条　企业发生的合理的工资薪金支出，准予扣除。

前款所称工资薪金，是指企业每一纳税年度支付给在本企业任职或者受雇的员工的所有现金形式或者非现金形式的劳动报酬，包括基本工资、奖金、津贴、补贴、年终加薪、加班工资，以及与员工任职或者受雇有关的其他支出。

第三十五条　企业依照国务院有关主管部门或者省级人民政府规定的范围和标准为职工缴纳的基本养老保险费、基本医疗保险费、失业保险费、工伤保险费、生育保险费等基本社会保险费和住房公积金，准予扣除。

企业为投资者或者职工支付的补充养老保险费、补充医疗保险费，在国务院财政、税务主管部门规定的范围和标准内，准予扣除。

第三十六条　除企业依照国家有关规定为特殊工种职工支付的人身安全保险费和国务院财政、税务主管部门规定可以扣除的其他商业保险费外，企业为投资者或者职工支付的商业保险费，不得扣除。

第三十七条　企业在生产经营活动中发生的合理的不需要资本化的借款费用，准予扣除。

企业为购置、建造固定资产、无形资产和经过12个月以上的建造才能达到预定可销售状态的存货发生借款的，在有关资产购置、建造期间发生的合理的借款费用，应当作为资本性支出计入有关资产的成本，并依照本条例的规定扣除。

第三十八条　企业在生产经营活动中发生的下列利息支出，准予扣除：

(一)非金融企业向金融企业借款的利息支出、金融企业的各项存款利息支出和同业拆借利息支出、企业经批准发行债券的利息支出；

(二)非金融企业向非金融企业借款的利息支出，不超过按照金融企业同期同类贷款利率计算的数额的部分。

第三十九条　企业在货币交易中，以及纳税年度终了时将人民币以外的货币性资产、负债按照期末即期人民币汇率中间价折算为人民币时产生的汇兑损失，除已经计入有关资产成本以及与向所有者进行利润分配相关的部分外，准予扣除。

第四十条 企业发生的职工福利费支出，不超过工资薪金总额14%的部分，准予扣除。

第四十一条 企业拨缴的工会经费，不超过工资薪金总额2%的部分，准予扣除。

第四十二条 除国务院财政、税务主管部门另有规定外，企业发生的职工教育经费支出，不超过工资薪金总额2.5%的部分，准予扣除；超过部分，准予在以后纳税年度结转扣除。

第四十三条 企业发生的与生产经营活动有关的业务招待费支出，按照发生额的60%扣除，但最高不得超过当年销售（营业）收入的5‰。

第四十四条 企业发生的符合条件的广告费和业务宣传费支出，除国务院财政、税务主管部门另有规定外，不超过当年销售（营业）收入15%的部分，准予扣除；超过部分，准予在以后纳税年度结转扣除。

第四十五条 企业依照法律、行政法规有关规定提取的用于环境保护、生态恢复等方面的专项资金，准予扣除。上述专项资金提取后改变用途的，不得扣除。

第四十六条 企业参加财产保险，按照规定缴纳的保险费，准予扣除。

第四十七条 企业根据生产经营活动的需要租入固定资产支付的租赁费，按照以下方法扣除：

（一）以经营租赁方式租入固定资产发生的租赁费支出，按照租赁期限均匀扣除；

（二）以融资租赁方式租入固定资产发生的租赁费支出，按照规定构成融资租入固定资产价值的部分应当提取折旧费用，分期扣除。

第四十八条 企业发生的合理的劳动保护支出，准予扣除。

第四十九条 企业之间支付的管理费、企业内营业机构之间支付的租金和特许权使用费，以及非银行企业内营业机构之间支付的利息，不得扣除。

第五十条 非居民企业在中国境内设立的机构、场所，就其中国境外总机构发生的与该机构、场所生产经营有关的费用，能够提供总机构出具的费用汇集范围、定额、分配依据和方法等证明文件，并合理分摊的，准予扣除。

第五十一条 企业所得税法第九条所称公益性捐赠，是指企业通过公益性社会组织或者县级以上人民政府及其部门，用于符合法律规定的慈善活动、公益事业的捐赠。

第五十二条 本条例第五十一条所称公益性社会组织，是指同时符合下列条件的慈善组织以及其他社会组织：

（一）依法登记，具有法人资格；

（二）以发展公益事业为宗旨，且不以营利为目的；

（三）全部资产及其增值为该法人所有；

（四）收益和营运结余主要用于符合该法人设立目的的事业；

（五）终止后的剩余财产不归属任何个人或者营利组织；

（六）不经营与其设立目的无关的业务；

（七）有健全的财务会计制度；

（八）捐赠者不以任何形式参与该法人财产的分配；

（九）国务院财政、税务主管部门会同国务院民政部门等登记管理部门规定的其他条件。

第五十三条 企业当年发生以及以前年度结转的公益性捐赠支出，不超过年度利润总额12%的部分，准予扣除。

年度利润总额，是指企业依照国家统一会计制度的规定计算的年度会计利润。

第五十四条 企业所得税法第十条第（六）项所称赞助支出，是指企业发生的与生产经营活动无关的各种非广告性质支出。

第五十五条 企业所得税法第十条第（七）项所称未经核定的准备金支出，是指不符合国务院财政、税务主管部门规定的各项资产减值准备、风险准备等准备金支出。

第四节 资产的税务处理

第五十六条 企业的各项资产，包括固定资产、生物资产、无形资产、长期待摊费用、投资资产、存货等，以历史成本为计税基础。

前款所称历史成本，是指企业取得该项资产时实际发生的支出。

企业持有各项资产期间资产增值或者减值，除国务院财政、税务主管部门规定可以确认损益外，不得调整该资产的计税基础。

第五十七条 企业所得税法第十一条所称固定资产，是指企业为生产产品、提供劳务、出租或者经营管理而持有的、使用时间超过12个月的非货币性资产，包括房屋、建筑物、机器、机械、运输工具以及其他与生产经营活动有关的设备、器具、工具等。

第五十八条 固定资产按照以下方法确定计税基础：

（一）外购的固定资产，以购买价款和支付的相关税费以及直接归属于使该资产达到预定用途发生的其他支出为计税基础；

（二）自行建造的固定资产，以竣工结算前发生的支出为计税基础；

（三）融资租入的固定资产，以租赁合同约定的付款总额和承租人在签订租赁合同过程中发生的相关费用为计税基础，租赁合同未约定付款总额的，以该资产的公允价值和承租人在签订租赁合同过程中发生的相关费用为计税基础；

（四）盘盈的固定资产，以同类固定资产的重置完全价值为计税基础；

（五）通过捐赠、投资、非货币性资产交换、债务重组等方式取得的固定资产，以该资产的公允价值和支付的相关税费为计税基础；

（六）改建的固定资产，除企业所得税法第十三条第（一）项和第（二）项规定的支出外，以改建过程中发生的改建支出增加计税基础。

第五十九条 固定资产按照直线法计算的折旧，准予扣除。

企业应当自固定资产投入使用月份的次月起计算折旧；停止使用的固定资产，应当自停止使用月份的次月起停止计算折旧。

企业应当根据固定资产的性质和使用情况，合理确定固定资产的预计净残值。固定资产的预计净残值一经确定，不得变更。

第六十条 除国务院财政、税务主管部门另有规定外，固定资产计算折旧的最低年限如下：

（一）房屋、建筑物，为20年；

（二）飞机、火车、轮船、机器、机械和其他生产设备，为10年；

（三）与生产经营活动有关的器具、工具、家具等，为5年；

（四）飞机、火车、轮船以外的运输工具，为4年；

（五）电子设备，为3年。

第六十一条 从事开采石油、天然气等矿产资源的企业，在开始商业性生产前发生的费用和有关固定资产的折耗、折旧方法，由国务院财政、税务主管部门另行规定。

第六十二条 生产性生物资产按照以下方法确定计税基础：

（一）外购的生产性生物资产，以购买价款和支付的相关税费为计税基础；

（二）通过捐赠、投资、非货币性资产交换、债务重组等方式取得的生产性生物资产，以该资产的公允价值和支付的相关税费为计税基础。

前款所称生产性生物资产，是指企业为生产农产品、提供劳务或者出租等而持有的生物资产，包括经济林、薪炭林、产畜和役畜等。

第六十三条 生产性生物资产按照直线法计算的折旧，准予扣除。

企业应当自生产性生物资产投入使用月份的次月起计算折旧；停止使用的生产性生物资产，应当自停止使用月份的次月起停止计算折旧。

企业应当根据生产性生物资产的性质和使用情况，合理确定生产性生物资产的预计净残值。生产性生物资产的预计净残值一经确定，不得变更。

第六十四条 生产性生物资产计算折旧的最低年限如下：

（一）林木类生产性生物资产，为10年；

（二）畜类生产性生物资产，为3年。

第六十五条 企业所得税法第十二条所称无形资产，是指企业为生产产品、提供劳务、出租或者经营管理而持有的、没有实物形态的非货币性长期资产，包括专利权、商标权、著作权、土地使用权、非专利技术、商誉等。

第六十六条 无形资产按照以下方法确定计税基础：

（一）外购的无形资产，以购买价款和支付的相关税费以及直接归属于使该资产达到预定用途发生的其他支出为计税基础；

（二）自行开发的无形资产，以开发过程中该资产符合资本化条件后至达到预定用途前发生的支出为计税基础；

（三）通过捐赠、投资、非货币性资产交换、债务重组等方式取得的无形资产，以该资产的公允价值和支付的相关税费为计税基础。

第六十七条 无形资产按照直线法计算的摊销费用，准予扣除。

无形资产的摊销年限不得低于10年。

作为投资或者受让的无形资产，有关法律规定或者合同约定了使用年限的，可以按照规定或者约定的使用年限分期摊销。

外购商誉的支出，在企业整体转让或者清算时，准予扣除。

第六十八条 企业所得税法第十三条第（一）项和第（二）项所称固定资产的改建支出，是指改变房屋或者建筑物结构、延长使用年限等发生的支出。

企业所得税法第十三条第（一）项规定的支出，按照固定资产预计尚可使用年限分期摊销；第（二）项规定的支出，按照合同约定的剩余租赁期限分期摊销。

改建的固定资产延长使用年限的，除企业所得税法第十三条第（一）项和第（二）项规定外，应当适当延长折旧年限。

第六十九条 企业所得税法第十三条第（三）项所称固定资产的大修理支出，是指同时符合下列条件的支出：

（一）修理支出达到取得固定资产时的计税基础50%以上；

（二）修理后固定资产的使用年限延长2年以上。

企业所得税法第十三条第（三）项规定的支出，按照固定资产尚可使用年限分期摊销。

第七十条 企业所得税法第十三条第（四）项所称其他应当作为长期待摊费用的支出，自支出发生月份的次月起，分期摊销，摊销年限不得低于3年。

第七十一条 企业所得税法第十四条所称投资资产，是指企业对外进行权益性投资和债权性投资形成的资产。

企业在转让或者处置投资资产时，投资资产的成本，准予扣除。

投资资产按照以下方法确定成本：

（一）通过支付现金方式取得的投资资产，以购买价款为成本；

(二)通过支付现金以外的方式取得的投资资产,以该资产的公允价值和支付的相关税费为成本。

第七十二条 企业所得税法第十五条所称存货,是指企业持有以备出售的产品或者商品、处在生产过程中的在产品、在生产或者提供劳务过程中耗用的材料和物料等。

存货按照以下方法确定成本:

(一)通过支付现金方式取得的存货,以购买价款和支付的相关税费为成本;

(二)通过支付现金以外的方式取得的存货,以该存货的公允价值和支付的相关税费为成本;

(三)生产性生物资产收获的农产品,以产出或者采收过程中发生的材料费、人工费和分摊的间接费用等必要支出为成本。

第七十三条 企业使用或者销售的存货的成本计算方法,可以在先进先出法、加权平均法、个别计价法中选用一种。计价方法一经选用,不得随意变更。

第七十四条 企业所得税法第十六条所称资产的净值和第十九条所称财产净值,是指有关资产、财产的计税基础减除已经按照规定扣除的折旧、折耗、摊销、准备金等后的余额。

第七十五条 除国务院财政、税务主管部门另有规定外,企业在重组过程中,应当在交易发生时确认有关资产的转让所得或者损失,相关资产应当按照交易价格重新确定计税基础。

第三章 应纳税额

第七十六条 企业所得税法第二十二条规定的应纳税额的计算公式为:

应纳税额 = 应纳税所得额 × 适用税率 - 减免税额 - 抵免税额

公式中的减免税额和抵免税额,是指依照企业所得税法和国务院的税收优惠规定减征、免征和抵免的应纳税额。

第七十七条 企业所得税法第二十三条所称已在境外缴纳的所得税税额,是指企业来源于中国境外的所得依照中国境外税收法律以及相关规定应当缴纳并已经实际缴纳的企业所得税性质的税款。

第七十八条 企业所得税法第二十三条所称抵免限额,是指企业来源于中国境外的所得,依照企业所得税法和本条例的规定计算的应纳税额。除国务院财政、税务主管部门另有规定外,该抵免限额应当分国(地区)不分项计算,计算公式如下:

抵免限额 = 中国境内、境外所得依照企业所得税法和本条例的规定计算的应纳税总额 × 来源于某国(地区)的应纳税所得额 ÷ 中国境内、境外应纳税所得总额

第七十九条 企业所得税法第二十三条所称5个年度,是指从企业取得的来源于中国境外的所得,已经在中国境外缴纳的企业所得税性质的税额超过抵免限额的当年的次年起连续5个纳税年度。

第八十条 企业所得税法第二十四条所称直接控制,是指居民企业直接持有外国企业20%以上股份。

企业所得税法第二十四条所称间接控制,是指居民企业以间接持股方式持有外国企业20%以上股份,具体认定办法由国务院财政、税务主管部门另行制定。

第八十一条 企业依照企业所得税法第二十三条、第二十四条的规定抵免企业所得税税额时,应当提供中国境外税务机关出具的税款所属年度的有关纳税凭证。

第四章 税收优惠

第八十二条 企业所得税法第二十六条第(一)项所称国债利息收入,是指企业持有国务院财政部门发行的国债取得的利息收入。

第八十三条 企业所得税法第二十六条第(二)项所称符合条件的居民企业之间的股息、红利等权益性投资收益,是指居民企业直接投资于其他居民企业取得的投资收益。企业所得税法第二十六条第(二)项和第(三)项所称股息、红利等权益性投资收益,不包括连续持有居民企业公开发行并上市流通的股票不足12个月取得的投资收益。

第八十四条 企业所得税法第二十六条第(四)项所称符合条件的非营利组织,是指同时符合下列条件的组织:

(一)依法履行非营利组织登记手续;

(二)从事公益性或者非营利性活动;

(三)取得的收入除用于与该组织有关的、合理的支出外,全部用于登记核定或者章程规定的公益性或者非营利性事业;

(四)财产及其孳息不用于分配;

(五)按照登记核定或者章程规定,该组织注销后的剩余财产用于公益性或者非营利性目的,或者由登记管理机关转赠给与该组织性质、宗旨相同的组织,并向社会公告;

(六)投入人对投入该组织的财产不保留或者享有任何财产权利;

(七)工作人员工资福利开支控制在规定的比例内,不变相分配该组织的财产。

前款规定的非营利组织的认定管理办法由国务院财政、税务主管部门会同国务院有关部门制定。

第八十五条 企业所得税法第二十六条第(四)项所称符合条件的非营利组织的收入,不包括非营利组织从事营利性活动取得的收入,但国务院财政、税务主管部门另有规定的除外。

第八十六条 企业所得税法第二十七条第(一)项规定的企业从事农、林、牧、渔业项目的所得,可以免征、减征企业所得税,是指:

(一)企业从事下列项目的所得,免征企业所得税:

1. 蔬菜、谷物、薯类、油料、豆类、棉花、麻类、糖料、水果、

坚果的种植；

2. 农作物新品种的选育；

3. 中药材的种植；

4. 林木的培育和种植；

5. 牲畜、家禽的饲养；

6. 林产品的采集；

7. 灌溉、农产品初加工、兽医、农技推广、农机作业和维修等农、林、牧、渔服务业项目；

8. 远洋捕捞。

(二)企业从事下列项目的所得，减半征收企业所得税：

1. 花卉、茶以及其他饮料作物和香料作物的种植；

2. 海水养殖、内陆养殖。

企业从事国家限制和禁止发展的项目，不得享受本条规定的企业所得税优惠。

第八十七条　企业所得税法第二十七条第(二)项所称国家重点扶持的公共基础设施项目，是指《公共基础设施项目企业所得税优惠目录》规定的港口码头、机场、铁路、公路、城市公共交通、电力、水利等项目。

企业从事前款规定的国家重点扶持的公共基础设施项目的投资经营的所得，自项目取得第一笔生产经营收入所属纳税年度起，第一年至第三年免征企业所得税，第四年至第六年减半征收企业所得税。

企业承包经营、承包建设和内部自建自用本条规定的项目，不得享受本条规定的企业所得税优惠。

第八十八条　企业所得税法第二十七条第(三)项所称符合条件的环境保护、节能节水项目，包括公共污水处理、公共垃圾处理、沼气综合开发利用、节能减排技术改造、海水淡化等。项目的具体条件和范围由国务院财政、税务主管部门商国务院有关部门制订，报国务院批准后公布施行。

企业从事前款规定的符合条件的环境保护、节能节水项目的所得，自项目取得第一笔生产经营收入所属纳税年度起，第一年至第三年免征企业所得税，第四年至第六年减半征收企业所得税。

第八十九条　依照本条例第八十七条和第八十八条规定享受减免税优惠的项目，在减免税期限内转让的，受让方自受让之日起，可以在剩余期限内享受规定的减免税优惠；减免税期限届满后转让的，受让方不得就该项目重复享受减免税优惠。

第九十条　企业所得税法第二十七条第(四)项所称符合条件的技术转让所得免征、减征企业所得税，是指一个纳税年度内，居民企业技术转让所得不超过500万元的部分，免征企业所得税；超过500万元的部分，减半征收企业所得税。

第九十一条　非居民企业取得企业所得税法第二十七条第(五)项规定的所得，减按10%的税率征收企业所得税。

下列所得可以免征企业所得税：

(一)外国政府向中国政府提供贷款取得的利息所得；

(二)国际金融组织向中国政府和居民企业提供优惠贷款取得的利息所得；

(三)经国务院批准的其他所得。

第九十二条　企业所得税法第二十八条第一款所称符合条件的小型微利企业，是指从事国家非限制和禁止行业，并符合下列条件的企业：

(一)工业企业，年度应纳税所得额不超过30万元，从业人数不超过100人，资产总额不超过3000万元；

(二)其他企业，年度应纳税所得额不超过30万元，从业人数不超过80人，资产总额不超过1000万元。

第九十三条　企业所得税法第二十八条第二款所称国家需要重点扶持的高新技术企业，是指拥有核心自主知识产权，并同时符合下列条件的企业：

(一)产品(服务)属于《国家重点支持的高新技术领域》规定的范围；

(二)研究开发费用占销售收入的比例不低于规定比例；

(三)高新技术产品(服务)收入占企业总收入的比例不低于规定比例；

(四)科技人员占企业职工总数的比例不低于规定比例；

(五)高新技术企业认定管理办法规定的其他条件。

《国家重点支持的高新技术领域》和高新技术企业认定管理办法由国务院科技、财政、税务主管部门商国务院有关部门制订，报国务院批准后公布施行。

第九十四条　企业所得税法第二十九条所称民族自治地方，是指依照《中华人民共和国民族区域自治法》的规定，实行民族区域自治的自治区、自治州、自治县。

对民族自治地方内国家限制和禁止行业的企业，不得减征或者免征企业所得税。

第九十五条　企业所得税法第三十条第(一)项所称研究开发费用的加计扣除，是指企业为开发新技术、新产品、新工艺发生的研究开发费用，未形成无形资产计入当期损益的，在按照规定据实扣除的基础上，按照研究开发费用的50%加计扣除；形成无形资产的，按照无形资产成本的150%摊销。

第九十六条　企业所得税法第三十条第(二)项所称企业安置残疾人员所支付的工资的加计扣除，是指企业安置残疾人员的，在按照支付给残疾职工工资据实扣除的基础上，按照支付给残疾职工工资的100%加计扣除。残疾人员的范围适用《中华人民共和国残疾人保障法》的有关规定。

企业所得税法第三十条第(二)项所称企业安置国家鼓励安置的其他就业人员所支付的工资的加计扣除办法，由国务院另行规定。

第九十七条　企业所得税法第三十一条所称抵扣应纳税所得额，是指创业投资企业采取股权投资方式投资于未上市的中小高新技术企业2年以上的，可以按照其投资额的70%在股权持有满2年的当年抵扣该创业投资企业的应纳税所得额;当年不足抵扣的,可以在以后纳税年度结转抵扣。

第九十八条 企业所得税法第三十二条所称可以采取缩短折旧年限或者采取加速折旧的方法的固定资产,包括:

(一)由于技术进步,产品更新换代较快的固定资产;

(二)常年处于强震动、高腐蚀状态的固定资产。

采取缩短折旧年限方法的,最低折旧年限不得低于本条例第六十条规定折旧年限的60%;采取加速折旧方法的,可以采取双倍余额递减法或者年数总和法。

第九十九条 企业所得税法第三十三条所称减计收入,是指企业以《资源综合利用企业所得税优惠目录》规定的资源作为主要原材料,生产国家非限制和禁止并符合国家和行业相关标准的产品取得的收入,减按90%计入收入总额。

前款所称原材料占生产产品材料的比例不得低于《资源综合利用企业所得税优惠目录》规定的标准。

第一百条 企业所得税法第三十四条所称税额抵免,是指企业购置并实际使用《环境保护专用设备企业所得税优惠目录》、《节能节水专用设备企业所得税优惠目录》和《安全生产专用设备企业所得税优惠目录》规定的环境保护、节能节水、安全生产等专用设备的,该专用设备的投资额的10%可以从企业当年的应纳税额中抵免;当年不足抵免的,可以在以后5个纳税年度结转抵免。

享受前款规定的企业所得税优惠的企业,应当实际购置并自身实际投入使用前款规定的专用设备;企业购置上述专用设备在5年内转让、出租的,应当停止享受企业所得税优惠,并补缴已经抵免的企业所得税税款。

第一百零一条 本章第八十七条、第九十九条、第一百条规定的企业所得税优惠目录,由国务院财政、税务主管部门商国务院有关部门制订,报国务院批准后公布施行。

第一百零二条 企业同时从事适用不同企业所得税待遇的项目的,其优惠项目应当单独计算所得,并合理分摊企业的期间费用;没有单独计算的,不得享受企业所得税优惠。

第五章 源泉扣缴

第一百零三条 依照企业所得税法对非居民企业应当缴纳的企业所得税实行源泉扣缴的,应当依照企业所得税法第十九条的规定计算应纳税所得额。

企业所得税法第十九条所称收入全额,是指非居民企业向支付人收取的全部价款和价外费用。

第一百零四条 企业所得税法第三十七条所称支付人,是指依照有关法律规定或者合同约定对非居民企业直接负有支付相关款项义务的单位或者个人。

第一百零五条 企业所得税法第三十七条所称支付,包括现金支付、汇拨支付、转账支付和权益兑价支付等货币支付和非货币支付。

企业所得税法第三十七条所称到期应支付的款项,是指支付人按照权责发生制原则应当计入相关成本、费用的应付款项。

第一百零六条 企业所得税法第三十八条规定的可以指定扣缴义务人的情形,包括:

(一)预计工程作业或者提供劳务期限不足一个纳税年度,且有证据表明不履行纳税义务的;

(二)没有办理税务登记或者临时税务登记,且未委托中国境内的代理人履行纳税义务的;

(三)未按照规定期限办理企业所得税纳税申报或者预缴申报的。

前款规定的扣缴义务人,由县级以上税务机关指定,并同时告知扣缴义务人所扣税款的计算依据、计算方法、扣缴期限和扣缴方式。

第一百零七条 企业所得税法第三十九条所称所得发生地,是指依照本条例第七条规定的原则确定的所得发生地。在中国境内存在多处所得发生地的,由纳税人选择其中之一申报缴纳企业所得税。

第一百零八条 企业所得税法第三十九条所称该纳税人在中国境内其他收入,是指该纳税人在中国境内取得的其他各种来源的收入。

税务机关在追缴该纳税人应纳税款时,应当将追缴理由、追缴数额、缴纳期限和缴纳方式等告知该纳税人。

第六章 特别纳税调整

第一百零九条 企业所得税法第四十一条所称关联方,是指与企业有下列关联关系之一的企业、其他组织或者个人:

(一)在资金、经营、购销等方面存在直接或者间接的控制关系;

(二)直接或者间接地同为第三者控制;

(三)在利益上具有相关联的其他关系。

第一百一十条 企业所得税法第四十一条所称独立交易原则,是指没有关联关系的交易各方,按照公平成交价格和营业常规进行业务往来遵循的原则。

第一百一十一条 企业所得税法第四十一条所称合理方法,包括:

(一)可比非受控价格法,是指按照没有关联关系的交易各方进行相同或者类似业务往来的价格进行定价的方法;

(二)再销售价格法,是指按照从关联方购进商品再销售给没有关联关系的交易方的价格,减除相同或者类似业务的销售毛利进行定价的方法;

(三)成本加成法,是指按照成本加合理的费用和利润进行定价的方法;

(四)交易净利润法,是指按照没有关联关系的交易各方进行相同或者类似业务往来取得的净利润水平确定利润的方法；

（五）利润分割法，是指将企业与其关联方的合并利润或者亏损在各方之间采用合理标准进行分配的方法；

（六）其他符合独立交易原则的方法。

第一百一十二条 企业可以依照企业所得税法第四十一条第二款的规定，按照独立交易原则与其关联方分摊共同发生的成本，达成成本分摊协议。

企业与其关联方分摊成本时，应当按照成本与预期收益相配比的原则进行分摊，并在税务机关规定的期限内，按照税务机关的要求报送有关资料。

企业与其关联方分摊成本时违反本条第一款、第二款规定的，其自行分摊的成本不得在计算应纳税所得额时扣除。

第一百一十三条 企业所得税法第四十二条所称预约定价安排，是指企业就其未来年度关联交易的定价原则和计算方法，向税务机关提出申请，与税务机关按照独立交易原则协商、确认后达成的协议。

第一百一十四条 企业所得税法第四十三条所称相关资料，包括：

（一）与关联业务往来有关的价格、费用的制定标准、计算方法和说明等同期资料；

（二）关联业务往来所涉及的财产、财产使用权、劳务等的再销售（转让）价格或者最终销售（转让）价格的相关资料；

（三）与关联业务调查有关的其他企业应当提供的与被调查企业可比的产品价格、定价方式以及利润水平等资料；

（四）其他与关联业务往来有关的资料。

企业所得税法第四十三条所称与关联业务调查有关的其他企业，是指与被调查企业在生产经营内容和方式上相类似的企业。

企业应当在税务机关规定的期限内提供与关联业务往来有关的价格、费用的制定标准、计算方法和说明等资料。关联方以及与关联业务调查有关的其他企业应当在税务机关与其约定的期限内提供相关资料。

第一百一十五条 税务机关依照企业所得税法第四十四条的规定核定企业的应纳税所得额时，可以采用下列方法：

（一）参照同类或者类似企业的利润率水平核定；

（二）按照企业成本加合理的费用和利润的方法核定；

（三）按照关联企业集团整体利润的合理比例核定；

（四）按照其他合理方法核定。

企业对税务机关按照前款规定的方法核定的应纳税所得额有异议的，应当提供相关证据，经税务机关认定后，调整核定的应纳税所得额。

第一百一十六条 企业所得税法第四十五条所称中国居民，是指根据《中华人民共和国个人所得税法》的规定，就其从中国境内、境外取得的所得在中国缴纳个人所得税的个人。

第一百一十七条 企业所得税法第四十五条所称控制，包括：

（一）居民企业或者中国居民直接或者间接单一持有外国企业10%以上有表决权股份，且由其共同持有该外国企业50%以上股份；

（二）居民企业，或者居民企业和中国居民持股比例没有达到第（一）项规定的标准，但在股份、资金、经营、购销等方面对该外国企业构成实质控制。

第一百一十八条 企业所得税法第四十五条所称实际税负明显低于企业所得税法第四条第一款规定税率水平，是指低于企业所得税法第四条第一款规定税率的50%。

第一百一十九条 企业所得税法第四十六条所称债权性投资，是指企业直接或者间接从关联方获得的，需要偿还本金和支付利息或者需要以其他具有支付利息性质的方式予以补偿的融资。

企业间接从关联方获得的债权性投资，包括：

（一）关联方通过无关联第三方提供的债权性投资；

（二）无关联第三方提供的、由关联方担保且负有连带责任的债权性投资；

（三）其他间接从关联方获得的具有负债实质的债权性投资。

企业所得税法第四十六条所称权益性投资，是指企业接受的不需要偿还本金和支付利息，投资人对企业净资产拥有所有权的投资。

企业所得税法第四十六条所称标准，由国务院财政、税务主管部门另行规定。

第一百二十条 企业所得税法第四十七条所称不具有合理商业目的，是指以减少、免除或者推迟缴纳税款为主要目的。

第一百二十一条 税务机关根据税收法律、行政法规的规定，对企业作出特别纳税调整的，应当对补征的税款，自税款所属纳税年度的次年6月1日起至补缴税款之日止的期间，按日加收利息。

前款规定加收的利息，不得在计算应纳税所得额时扣除。

第一百二十二条 企业所得税法第四十八条所称利息，应当按照税款所属纳税年度中国人民银行公布的与补税期间同期的人民币贷款基准利率加5个百分点计算。

企业依照企业所得税法第四十三条和本条例的规定提供有关资料的，可以只按前款规定的人民币贷款基准利率计算利息。

第一百二十三条 企业与其关联方之间的业务往来，不符合独立交易原则，或者企业实施其他不具有合理商业目的的安排的，税务机关有权在该业务发生的纳税年度起10年内，进行纳税调整。

第七章 征收管理

第一百二十四条 企业所得税法第五十条所称企业登记

注册地，是指企业依照国家有关规定登记注册的住所地。

第一百二十五条 企业汇总计算并缴纳企业所得税时，应当统一核算应纳税所得额，具体办法由国务院财政、税务主管部门另行制定。

第一百二十六条 企业所得税法第五十一条所称主要机构、场所，应当同时符合下列条件：

（一）对其他各机构、场所的生产经营活动负有监督管理责任；

（二）设有完整的账簿、凭证，能够准确反映各机构、场所的收入、成本、费用和盈亏情况。

第一百二十七条 企业所得税分月或者分季预缴，由税务机关具体核定。

企业根据企业所得税法第五十四条规定分月或者分季预缴企业所得税时，应当按照月度或者季度的实际利润额预缴；按照月度或者季度的实际利润额预缴有困难的，可以按照上一纳税年度应纳税所得额的月度或者季度平均额预缴，或者按照经税务机关认可的其他方法预缴。预缴方法一经确定，该纳税年度内不得随意变更。

第一百二十八条 企业在纳税年度内无论盈利或者亏损，都应当依照企业所得税法第五十四条规定的期限，向税务机关报送预缴企业所得税纳税申报表、年度企业所得税纳税申报表、财务会计报告和税务机关规定应当报送的其他有关资料。

第一百二十九条 企业所得以人民币以外的货币计算的，预缴企业所得税时，应当按照月度或者季度最后一日的人民币汇率中间价，折合成人民币计算应纳税所得额。年度终了汇算清缴时，对已经按照月度或者季度预缴税款的，不再重新折合计算，只就该纳税年度内未缴纳企业所得税的部分，按照纳税年度最后一日的人民币汇率中间价，折合成人民币计算应纳税所得额。

经税务机关检查确认，企业少计或者多计前款规定的所得的，应当按照检查确认补税或者退税时的上一个月最后一日的人民币汇率中间价，将少计或者多计的所得折合成人民币计算应纳税所得额，再计算应补缴或者应退的税款。

第八章 附 则

第一百三十条 企业所得税法第五十七条第一款所称本法公布前已经批准设立的企业，是指企业所得税法公布前已经完成登记注册的企业。

第一百三十一条 在香港特别行政区、澳门特别行政区和台湾地区成立的企业，参照适用企业所得税法第二条第二款、第三款的有关规定。

第一百三十二条 本条例自2008年1月1日起施行。1991年6月30日国务院发布的《中华人民共和国外商投资企业和外国企业所得税法实施细则》和1994年2月4日财政部发布的《中华人民共和国企业所得税暂行条例实施细则》同时废止。

国家税务总局关于企业所得税有关问题的公告

（2016年12月9日国家税务总局公告2016年第80号公布）

根据《中华人民共和国企业所得税法》及其实施条例有关规定，现对企业所得税有关问题公告如下：

一、关于企业差旅费中人身意外保险费支出税前扣除问题

企业职工因公出差乘坐交通工具发生的人身意外保险费支出，准予企业在计算应纳税所得额时扣除。

二、企业移送资产所得税处理问题

企业发生《国家税务总局关于企业处置资产所得税处理问题的通知》（国税函〔2008〕828号）第二条规定情形的，除另有规定外，应按照被移送资产的公允价值确定销售收入。

三、施行时间

本公告适用于2016年度及以后年度企业所得税汇算清缴。

《国家税务总局关于企业处置资产所得税处理问题的通知》（国税函〔2008〕828号）第三条同时废止。

特此公告。

企业所得税汇算清缴管理办法

（2009年4月16日国税发〔2009〕79号公布 根据2018年6月15日《国家税务总局关于修改部分税收规范性文件的公告》修正）

第一条 为加强企业所得税征收管理，进一步规范企业所得税汇算清缴管理工作，根据《中华人民共和国企业所得税法》及其实施条例（以下简称企业所得税法及其实施条例）和《中华人民共和国税收征收管理法》及其实施细则（以下简称税收征管法及其实施细则）的有关规定，制定本办法。

第二条 企业所得税汇算清缴，是指纳税人自纳税年度终了之日起5个月内或实际经营终止之日起60日内，依照税收法律、法规、规章及其他有关企业所得税的规定，自行计算本纳税年度应纳税所得额和应纳所得税额，根据月度或季度预缴企业所得税的数额，确定该纳税年度应补或者应退税额，并填写企业所得税年度纳税申报表，向主管税务机关办理企业所得税年度纳税申报、提供税务机关要求提供的有关资料、结清全年企业所得税税款的行为。

第三条 凡在纳税年度内从事生产、经营（包括试生产、试经营），或在纳税年度中间终止经营活动的纳税人，无论是否在减税、免税期间，也无论盈利或亏损，均应按照企业所得税法及其实施条例和本办法的有关规定进行企业所得税汇算清缴。

实行核定定额征收企业所得税的纳税人，不进行汇算清缴。

第四条　纳税人应当自纳税年度终了之日起5个月内，进行汇算清缴，结清应缴应退企业所得税税款。

纳税人在年度中间发生解散、破产、撤销等终止生产经营情形，需进行企业所得税清算的，应在清算前报告主管税务机关，并自实际经营终止之日起60日内进行汇算清缴，结清应缴应退企业所得税款；纳税人有其他情形依法终止纳税义务的，应当自停止生产、经营之日起60日内，向主管税务机关办理当期企业所得税汇算清缴。

第五条　纳税人12月份或者第四季度的企业所得税预缴纳税申报，应在纳税年度终了后15日内完成，预缴申报后进行当年企业所得税汇算清缴。

第六条　纳税人需要报经税务机关审批、审核或备案的事项，应按有关程序、时限和要求报送材料等有关规定，在办理企业所得税年度纳税申报前及时办理。

第七条　纳税人应当按照企业所得税法及其实施条例和企业所得税的有关规定，正确计算应纳税所得额和应纳所得税额，如实、正确填写企业所得税年度纳税申报表及其附表，完整、及时报送相关资料，并对纳税申报的真实性、准确性和完整性负法律责任。

第八条　纳税人办理企业所得税年度纳税申报时，应如实填写和报送下列有关资料：

（一）企业所得税年度纳税申报表及其附表；

（二）财务报表；

（三）备案事项相关资料；

（四）总机构及分支机构基本情况、分支机构征税方式、分支机构的预缴税情况；

（五）委托中介机构代理纳税申报的，应出具双方签订的代理合同，并附送中介机构出具的包括纳税调整的项目、原因、依据、计算过程、调整金额等内容的报告；

（六）涉及关联方业务往来的，同时报送《中华人民共和国企业年度关联业务往来报告表》；

（七）主管税务机关要求报送的其他有关资料。

纳税人采用电子方式办理企业所得税年度纳税申报的，应按照有关规定保存有关资料或附报纸质纳税申报资料。

第九条　纳税人因不可抗力，不能在汇算清缴期内办理企业所得税年度纳税申报或备齐企业所得税年度纳税申报资料的，应按照税收征管法及其实施细则的规定，申请办理延期纳税申报。

第十条　纳税人在汇算清缴期内发现当年企业所得税申报有误的，可在汇算清缴期内重新办理企业所得税年度纳税申报。

第十一条　纳税人在纳税年度内预缴企业所得税税款少于应缴企业所得税税款的，应在汇算清缴期内结清应补缴的企业所得税税款；预缴税款超过应纳税款的，主管税务机关应及时按有关规定办理退税，或者经纳税人同意后抵缴其下一年度应缴企业所得税税款。

第十二条　纳税人因有特殊困难，不能在汇算清缴期内补缴企业所得税款的，应按照税收征管法及其实施细则的有关规定，办理申请延期缴纳税款手续。

第十三条　实行跨地区经营汇总缴纳企业所得税的纳税人，由统一计算应纳税所得额和应纳所得税额的总机构，按照上述规定，在汇算清缴期内向所在地主管税务机关办理企业所得税年度纳税申报，进行汇算清缴。分支机构不进行汇算清缴，但应将分支机构的营业收支等情况在报总机构统一汇算清缴前报送分支机构所在地主管税务机关。总机构应将分支机构及其所属机构的营业收支纳入总机构汇算清缴等情况报送各分支机构所在地主管税务机关。

第十四条　经批准实行合并缴纳企业所得税的企业集团，由集团母公司（以下简称汇缴企业）在汇算清缴期内，向汇缴企业所在地主管税务机关报送汇缴企业及各个成员企业合并计算填写的企业所得税年度纳税申报表，以及本办法第八条规定的有关资料及各个成员企业的企业所得税年度纳税申报表，统一办理汇缴企业及其成员企业的企业所得税汇算清缴。

汇缴企业应根据汇算清缴的期限要求，自行确定其成员企业向汇缴企业报送本办法第八条规定的有关资料的期限。成员企业向汇缴企业报送的上述资料，应经成员企业所在地的主管税务机关审核。

第十五条　纳税人未按规定期限进行汇算清缴，或者未报送本办法第八条所列资料的，按照税收征管法及其实施细则的有关规定处理。

第十六条　各级税务机关要结合当地实际，对每一纳税年度的汇算清缴工作进行统一安排和组织部署。汇算清缴管理工作由具体负责企业所得税日常管理的部门组织实施。税务机关内部各职能部门应充分协调和配合，共同做好汇算清缴的管理工作。

第十七条　各级税务机关应在汇算清缴开始之前和汇算清缴期间，主动为纳税人提供税收服务。

（一）采用多种形式进行宣传，帮助纳税人了解企业所得税政策、征管制度和办税程序；

（二）积极开展纳税辅导，帮助纳税人知晓汇算清缴范围、时间要求、报送资料及其他应注意的事项；

（三）必要时组织纳税培训，帮助纳税人进行企业所得税自核自缴。

第十八条　主管税务机关应及时向纳税人发放汇算清缴的表、证、单、书。

第十九条　主管税务机关受理纳税人企业所得税年度纳

税申报表及有关资料时,如发现企业未按规定报齐有关资料或填报项目不完整的,应及时告知企业在汇算清缴期内补齐补正。

第二十条 主管税务机关受理纳税人年度纳税申报后,应对纳税人年度纳税申报表的逻辑性和有关资料的完整性、准确性进行审核。审核重点主要包括:

(一)纳税人企业所得税年度纳税申报表及其附表与企业财务报表有关项目的数字是否相符,各项目之间的逻辑关系是否对应,计算是否正确。

(二)纳税人是否按规定弥补以前年度亏损额和结转以后年度待弥补的亏损额。

(三)纳税人是否符合税收优惠条件、税收优惠的确认和申请是否符合规定程序。

(四)纳税人税前扣除的财产损失是否真实、是否符合有关规定程序。跨地区经营汇总缴纳企业所得税的纳税人,其分支机构税前扣除的财产损失是否由分支机构所在地主管税务机关出具证明。

(五)纳税人有无预缴企业所得税的完税凭证,完税凭证上填列的预缴数额是否真实。跨地区经营汇总缴纳企业所得税的纳税人及其所属分支机构预缴的税款是否与《中华人民共和国企业所得税汇总纳税分支机构分配表》中分配的数额一致。

(六)纳税人企业所得税和其他各税种之间的数据是否相符、逻辑关系是否吻合。

第二十一条 主管税务机关应结合纳税人企业所得税预缴情况及日常征管情况,对纳税人报送的企业所得税年度纳税申报表及其附表和其他有关资料进行初步审核后,按规定程序及时办理企业所得税补、退税或抵缴其下一年度应纳所得税款等事项。

第二十二条 税务机关应做好跨地区经营汇总纳税企业和合并纳税企业汇算清缴的协同管理。

(一)总机构和汇缴企业所在地主管税务机关在对企业的汇总或合并纳税申报资料审核时,发现其分支机构或成员企业申报内容有疑点需进一步核实的,应向其分支机构或成员企业所在地主管税务机关发出有关税务事项协查函;该分支机构或成员企业所在地主管税务机关应在要求的时限内就协查事项进行调查核实,并将核查结果函复总机构或汇缴企业所在地主管税务机关。

(二)总机构和汇缴企业所在地主管税务机关收到分支机构或成员企业所在地主管税务机关反馈的核查结果后,应对总机构和汇缴企业申报的应纳税所得额及应纳所得税额作相应调整。

第二十三条 汇算清缴工作结束后,税务机关应组织开展汇算清缴数据分析、纳税评估和检查。纳税评估和检查的对象、内容、方法、程序等按照国家税务总局的有关规定执行。

第二十四条 汇算清缴工作结束后,各级税务机关应认真总结,写出书面总结报告逐级上报。各省、自治区、直辖市和计划单列市税务局应在每年7月底前将汇算清缴工作总结报告、年度企业所得税汇总报表报送国家税务总局(所得税司)。总结报告的内容应包括:

(一)汇算清缴工作的基本情况;

(二)企业所得税税源结构的分布情况;

(三)企业所得税收入增减变化及原因;

(四)企业所得税政策和征管制度贯彻落实中存在的问题和改进建议。

第二十五条 本办法适用于企业所得税居民企业纳税人。

第二十六条 各省、自治区、直辖市和计划单列市税务局可根据本办法制定具体实施办法。

第二十七条 本办法自2009年1月1日起执行。《国家税务总局关于印发〈企业所得税汇算清缴管理办法〉的通知》(国税发〔2005〕200号)、《国家税务总局关于印发新修订的〈外商投资企业和外国企业所得税汇算清缴工作规程〉的通知》(国税发〔2003〕12号)和《国家税务总局关于印发新修订的〈外商投资企业和外国企业所得税汇算清缴管理办法〉的通知》(国税发〔2003〕13号)同时废止。

2008年度企业所得税汇算清缴按本办法执行。

第二十八条 本办法由国家税务总局负责解释。

非居民企业所得税汇算清缴管理办法①

(2009年1月22日国税发〔2009〕6号公布 根据2018年6月15日《国家税务总局关于修改部分税收规范性文件的公告》修正)

为规范非居民企业所得税汇算清缴工作,根据《中华人民共和国企业所得税法》(以下简称企业所得税法)及其实施条例和《中华人民共和国税收征收管理法》(以下简称税收征管法)及其实施细则的有关规定,制定本办法。

一、汇算清缴对象

(一)依照外国(地区)法律成立且实际管理机构不在中国境内,但在中国境内设立机构、场所的非居民企业(以下称为企业),无论盈利或者亏损,均应按照企业所得税法及本办法规定参加所得税汇算清缴。

(二)企业具有下列情形之一的,可不参加当年度的所得税汇算清缴:

1. 临时来华承包工程和提供劳务不足1年,在年度中间

① 本办法第三条第六项已被《国家税务总局、财政部、中国人民银行关于非居民企业机构场所汇总缴纳企业所得税有关问题的公告》废止。

终止经营活动,且已经结清税款;

2. 汇算清缴期内已办理注销;

3. 其他经主管税务机关批准可不参加当年度所得税汇算清缴。

二、汇算清缴时限

(一)企业应当自年度终了之日起5个月内,向税务机关报送年度企业所得税纳税申报表,并汇算清缴,结清应缴应退税款。

(二)企业在年度中间终止经营活动的,应当自实际经营终止之日起60日内,向税务机关办理当期企业所得税汇算清缴。

三、申报纳税

(一)企业办理所得税年度申报时,应当如实填写和报送下列报表、资料:

1. 年度企业所得税纳税申报表及其附表;

2. 年度财务会计报告;

3. 税务机关规定应当报送的其他有关资料。

(二)企业因特殊原因,不能在规定期限内办理年度所得税申报,应当在年度终了之日起5个月内,向主管税务机关提出延期申报申请。主管税务机关批准后,可以适当延长申报期限。

(三)企业采用电子方式办理纳税申报的,应附报纸质纳税申报资料。

(四)企业委托中介机构代理年度企业所得税纳税申报的,应附送委托人签章的委托书原件。

(五)企业申报年度所得税后,经主管税务机关审核,需补缴或退还所得税的,应在收到主管税务机关送达的《非居民企业所得税汇算清缴涉税事宜通知书》(见附件1和附件2)后,按规定时限将税款补缴入库,或按照主管税务机关的要求办理退税手续。

(六)经批准采取汇总申报缴纳所得税的企业,其履行汇总纳税的机构、场所(以下简称汇缴机构),应当于每年5月31日前,向汇缴机构所在地主管税务机关索取《非居民企业汇总申报企业所得税证明》(以下称为《汇总申报纳税证明》,见附件3);企业其他机构、场所(以下简称其他机构)应当于每年6月30前将《汇总申报纳税证明》及其财务会计报告送交其所在地主管税务机关。

在上述规定期限内,其他机构未向其所在地主管税务机关提供《汇总申报纳税证明》,且又无汇缴机构延期申报批准文件的,其他机构所在地主管税务机关应负责检查核实或核定该其他机构应纳税所得额,计算征收应补缴税款并实施处罚。

(七)企业补缴税款确因特殊困难需延期缴纳的,按税收征管法及其实施细则的有关规定办理。

(八)企业在所得税汇算清缴期限内,发现当年度所得税申报有误的,应当在年度终了之日起5个月内向主管税务机关重新办理年度所得税申报。

(九)企业报送报表期限的最后一日是法定休假日的,以休假日期满的次日为期限的最后一日;在期限内有连续三日以上法定休假日的,按休假日天数顺延。

四、法律责任

(一)企业未按规定期限办理年度所得税申报,且未经主管税务机关批准延期申报,或报送资料不全、不符合要求的,应在收到主管税务机关送达的《责令限期改正通知书》后按规定时限补报。

企业未按规定期限办理年度所得税申报,且未经主管税务机关批准延期申报的,主管税务机关除责令其限期申报外,可按照税收征管法的规定处以2000元以下的罚款,逾期仍不申报的,可处以2000元以上10000元以下的罚款,同时核定其年度应纳税额,责令其限期缴纳。企业在收到主管税务机关送达的《非居民企业所得税应纳税款核定通知书》(见附件4)后,应在规定时限内缴纳税款。

(二)企业未按规定期限办理所得税汇算清缴,主管税务机关除责令其限期办理外,对发生税款滞纳的,按照税收征管法的规定,加收滞纳金。

(三)企业同税务机关在纳税上发生争议时,依照税收征管法相关规定执行。

五、本办法自2008年1月1日起执行。

附件:

1. 非居民企业所得税汇算清缴涉税事宜通知书(据实申报企业适用)(略)

2. 非居民企业所得税汇算清缴涉税事宜通知书(核定征收企业适用)(略)

3. 非居民企业汇总申报企业所得税证明(略)

4. 非居民企业所得税应纳税款核定通知书(略)

企业所得税核定征收办法(试行)

(2008年3月6日国税发〔2008〕30号公布 根据2018年6月15日《国家税务总局关于修改部分税收规范性文件的公告》修正)

第一条 为了加强企业所得税征收管理,规范核定征收企业所得税工作,保障国家税款及时足额入库,维护纳税人合法权益,根据《中华人民共和国企业所得税法》及其实施条例、《中华人民共和国税收征收管理法》及其实施细则的有关规定,制定本办法。

第二条 本办法适用于居民企业纳税人。

第三条 纳税人具有下列情形之一的,核定征收企业所得税:

(一)依照法律、行政法规的规定可以不设置账簿的;

(二)依照法律、行政法规的规定应当设置但未设置账簿的;

(三)擅自销毁账簿或者拒不提供纳税资料的;

(四)虽设置账簿,但账目混乱或者成本资料、收入凭证、费用凭证残缺不全,难以查账的;

(五)发生纳税义务,未按照规定的期限办理纳税申报,经税务机关责令限期申报,逾期仍不申报的;

(六)申报的计税依据明显偏低,又无正当理由的。

特殊行业、特殊类型的纳税人和一定规模以上的纳税人不适用本办法。上述特定纳税人由国家税务总局另行明确。

第四条　税务机关应根据纳税人具体情况,对核定征收企业所得税的纳税人,核定应税所得率或者核定应纳所得税额。

具有下列情形之一的,核定其应税所得率:

(一)能正确核算(查实)收入总额,但不能正确核算(查实)成本费用总额的;

(二)能正确核算(查实)成本费用总额,但不能正确核算(查实)收入总额的;

(三)通过合理方法,能计算和推定纳税人收入总额或成本费用总额的。

纳税人不属于以上情形的,核定其应纳所得税额。

第五条　税务机关采用下列方法核定征收企业所得税:

(一)参照当地同类行业或者类似行业中经营规模和收入水平相近的纳税人的税负水平核定;

(二)按照应税收入额或成本费用支出额定率核定;

(三)按照耗用的原材料、燃料、动力等推算或测算核定;

(四)按照其他合理方法核定。

采用前款所列一种方法不足以正确核定应纳税所得额或应纳税额的,可以同时采用两种以上的方法核定。采用两种以上方法测算的应纳税额不一致时,可按测算的应纳税额从高核定。

第六条　采用应税所得率方式核定征收企业所得税的,应纳所得税额计算公式如下:

应纳所得税额 = 应纳税所得额 × 适用税率

应纳税所得额 = 应税收入额 × 应税所得率

或:应纳税所得额 = 成本(费用)支出额/(1 - 应税所得率) × 应税所得率

第七条　实行应税所得率方式核定征收企业所得税的纳税人,经营多业的,无论其经营项目是否单独核算,均由税务机关根据其主营项目确定适用的应税所得率。

主营项目应为纳税人所有经营项目中,收入总额或者成本(费用)支出额或者耗用原材料、燃料、动力数量所占比重最大的项目。

第八条　应税所得率按下表规定的幅度标准确定:

行业	应税所得率(%)
农、林、牧、渔业	3 - 10
制造业	5 - 15
批发和零售贸易业	4 - 15
交通运输业	7 - 15
建筑业	8 - 20
饮食业	8 - 25
娱乐业	15 - 30
其他行业	10 - 30

第九条　纳税人的生产经营范围、主营业务发生重大变化,或者应纳税所得额或应纳税额增减变化达到 20% 的,应及时向税务机关申报调整已确定的应纳税额或应税所得率。

第十条　主管税务机关应及时向纳税人送达《企业所得税核定征收鉴定表》(表样附后),及时完成对其核定征收企业所得税的鉴定工作。具体程序如下:

(一)纳税人应在收到《企业所得税核定征收鉴定表》后 10 个工作日内,填好该表并报送主管税务机关。《企业所得税核定征收鉴定表》一式三联,主管税务机关和县税务机关各执一联,另一联送达纳税人执行。主管税务机关还可根据实际工作需要,适当增加联次备用。

(二)主管税务机关应在受理《企业所得税核定征收鉴定表》后 20 个工作日内,分类逐户审查核实,提出鉴定意见,并报县税务机关复核、认定。

(三)县税务机关应在收到《企业所得税核定征收鉴定表》后 30 个工作日内,完成复核、认定工作。

纳税人收到《企业所得税核定征收鉴定表》后,未在规定期限内填列、报送的,税务机关视同纳税人已经报送,按上述程序进行复核认定。

第十一条　税务机关应在每年 6 月底前对上年度实行核定征收企业所得税的纳税人进行重新鉴定。重新鉴定工作完成前,纳税人可暂按上年度的核定征收方式预缴企业所得税;重新鉴定工作完成后,按重新鉴定的结果进行调整。

第十二条　主管税务机关应当分类逐户公示核定的应纳所得税额或应税所得率。主管税务机关应当按照便于纳税人及社会各界了解、监督的原则确定公示地点、方式。

纳税人对税务机关确定的企业所得税征收方式、核定的应纳所得税额或应税所得率有异议的,应当提供合法、有效的相关证据,税务机关经核实认定后调整有异议的事项。

第十三条　纳税人实行核定应税所得率方式的,按下列规定申报纳税:

(一)主管税务机关根据纳税人应纳税额的大小确定纳

税人按月或者按季预缴,年终汇算清缴。预缴方法一经确定,一个纳税年度内不得改变。

(二)纳税人应依照确定的应税所得率计算纳税期间实际应缴纳的税额,进行预缴。按实际数额预缴有困难的,经主管税务机关同意,可按上一年度应纳税额的1/12或1/4预缴,或者按经主管税务机关认可的其他方法预缴。

(三)纳税人预缴税款或年终进行汇算清缴时,应按规定填写《中华人民共和国企业所得税月(季)度预缴纳税申报表(B类)》,在规定的纳税申报时限内报送主管税务机关。

第十四条　纳税人实行核定应纳所得税额方式的,按下列规定申报纳税:

(一)纳税人在应纳所得税额尚未确定之前,可暂按上年度应纳所得税额的1/12或1/4预缴,或者按经主管税务机关认可的其他方法,按月或按季分期预缴。

(二)在应纳所得税额确定以后,减除当年已预缴的所得税额,余额按剩余月份或季度均分,以此确定以后各月或各季的应纳税额,由纳税人按月或按季填写《中华人民共和国企业所得税月(季)度预缴纳税申报表(B类)》,在规定的纳税申报期限内进行纳税申报。

(三)纳税人年度终了后,在规定的时限内按照实际经营额或实际应纳税额向税务机关申报纳税。申报额超过核定经营额或应纳税额的,按申报额缴纳税款;申报额低于核定经营额或应纳税额的,按核定经营额或应纳税额缴纳税款。

第十五条　对违反本办法规定的行为,按照《中华人民共和国税收征收管理法》及其实施细则的有关规定处理。

第十六条　各省、自治区、直辖市和计划单列市税务局,根据本办法的规定制定具体实施办法,并报国家税务总局备案。

第十七条　本办法自2008年1月1日起执行。《国家税务总局关于印发〈核定征收企业所得税暂行办法〉的通知》(国税发〔2000〕38号)同时废止。

国家税务总局关于企业所得税核定征收若干问题的通知

(2009年7月14日国税函〔2009〕377号公布　根据2016年12月29日《国家税务总局关于修订企业所得税2个规范性文件的公告》修正)

各省、自治区、直辖市和计划单列市国家税务局、地方税务局:

《国家税务总局关于印发〈企业所得税核定征收办法〉(试行)的通知》(国税发〔2008〕30号)下发后,各地反映需要对有关问题进一步明确。为规范企业所得税核定征收工作,现对企业所得税核定征收若干问题通知如下:

一、国税发〔2008〕30号文件第三条第二款所称"特定纳税人"包括以下类型的企业:

(一)享受《中华人民共和国企业所得税法》及其实施条例和国务院规定的一项或几项企业所得税优惠政策的企业(不包括仅享受《中华人民共和国企业所得税法》第二十六条规定免税收入优惠政策的企业、第二十八条规定的符合条件的小型微利企业);

(二)汇总纳税企业;

(三)上市公司;

(四)银行、信用社、小额贷款公司、保险公司、证券公司、期货公司、信托投资公司、金融资产管理公司、融资租赁公司、担保公司、财务公司、典当公司等金融企业;

(五)会计、审计、资产评估、税务、房地产估价、土地估价、工程造价、律师、价格鉴证、公证机构、基层法律服务机构、专利代理、商标代理以及其他经济鉴证类社会中介机构;

(六)国家税务总局规定的其他企业。

对上述规定之外的企业,主管税务机关要严格按照规定的范围和标准确定企业所得税的征收方式,不得违规扩大核定征收企业所得税范围;对其中达不到查账征收条件的企业核定征收企业所得税,并促使其完善会计核算和财务管理,达到查账征收条件后要及时转为查账征收。

二、国税发〔2008〕30号文件第六条中的"应税收入额"等于收入总额减去不征税收入和免税收入后的余额。用公式表示为:

应税收入额＝收入总额－不征税收入－免税收入

其中,收入总额为企业以货币形式和非货币形式从各种来源取得的收入。

三、本通知从2009年1月1日起执行。

非居民企业所得税核定征收管理办法

(2010年2月20日国税发〔2010〕19号公布　根据2018年6月15日《国家税务总局关于修改部分税收规范性文件的公告》修正)

第一条　为了规范非居民企业所得税核定征收工作,根据《中华人民共和国企业所得税法》(以下简称企业所得税法)及其实施条例和《中华人民共和国税收征收管理法》(以下简称税收征管法)及其实施细则,制定本办法。

第二条　本办法适用于企业所得税法第三条第二款规定的非居民企业,外国企业常驻代表机构企业所得税核定办法按照有关规定办理。

第三条　非居民企业应当按照税收征管法及有关法律法规设置账簿,根据合法、有效凭证记账,进行核算,并应按照其实际履行的功能与承担的风险相匹配的原则,准确计算应纳税所得额,据实申报缴纳企业所得税。

第四条　非居民企业因会计账簿不健全,资料残缺难以查账，或者其他原因不能准确计算并据实申报其应纳税所得额的，税务机关有权采取以下方法核定其应纳税所得额。

（一）按收入总额核定应纳税所得额：适用于能够正确核算收入或通过合理方法推定收入总额，但不能正确核算成本费用的非居民企业。计算公式如下：

应纳税所得额 = 收入总额 × 经税务机关核定的利润率

（二）按成本费用核定应纳税所得额：适用于能够正确核算成本费用，但不能正确核算收入总额的非居民企业。计算公式如下：

应纳税所得额 = 成本费用总额/（1 - 经税务机关核定的利润率）× 经税务机关核定的利润率

（三）按经费支出换算收入核定应纳税所得额：适用于能够正确核算经费支出总额，但不能正确核算收入总额和成本费用的非居民企业。计算公式：

应纳税所得额 = 本期经费支出额/（1 - 核定利润率）× 核定利润率①

第五条 税务机关可按照以下标准确定非居民企业的利润率：

（一）从事承包工程作业、设计和咨询劳务的，利润率为15% - 30%；

（二）从事管理服务的，利润率为30% - 50%；

（三）从事其他劳务或劳务以外经营活动的，利润率不低于15%。

税务机关有根据认为非居民企业的实际利润率明显高于上述标准的，可以按照比上述标准更高的利润率核定其应纳税所得额。

第六条 非居民企业与中国居民企业签订机器设备或货物销售合同，同时提供设备安装、装配、技术培训、指导、监督服务等劳务，其销售货物合同中未列明提供上述劳务服务收费金额，或者计价不合理的，主管税务机关可以根据实际情况，参照相同或相近业务的计价标准核定劳务收入。无参照标准的，以不低于销售货物合同总价款的10%为原则，确定非居民企业的劳务收入。

第七条 非居民企业为中国境内客户提供劳务取得的收入，凡其提供的服务全部发生在中国境内的，应全额在中国境内申报缴纳企业所得税。凡其提供的服务同时发生在中国境内外的，应以劳务发生地为原则划分其境内外收入，并就其在中国境内取得的劳务收入申报缴纳企业所得税。税务机关对其境内外收入划分的合理性和真实性有疑义的，可以要求非居民企业提供真实有效的证明，并根据工作量、工作时间、成本费用等因素合理划分其境内外收入；如非居民企业不能提供真实有效的证明，税务机关可视同其提供的服务全部发生在中国境内，确定其劳务收入并据以征收企业所得税。

第八条 采取核定征收方式征收企业所得税的非居民企业，在中国境内从事适用不同核定利润率的经营活动，并取得应税所得的，应分别核算并适用相应的利润率计算缴纳企业所得税；凡不能分别核算的，应从高适用利润率，计算缴纳企业所得税。

第九条② 主管税务机关应及时向非居民企业送达《非居民企业所得税征收方式鉴定表》（见附件，以下简称《鉴定表》），非居民企业应在收到《鉴定表》后10个工作日内，完成《鉴定表》的填写并送达主管税务机关，主管税务机关在受理《鉴定表》后20个工作日内，完成该项征收方式的确认工作。

第十条 税务机关发现非居民企业采用核定征收方式计算申报的应纳税所得额不真实，或者明显与其承担的功能风险不相匹配的，有权予以调整。

第十一条 各省、自治区、直辖市和计划单列市税务局可按照本办法第五条规定确定适用的核定利润率幅度，并根据本办法规定制定具体操作规程，报国家税务总局（国际税务司）备案。

第十二条 本办法自发布之日起施行。

附件：非居民企业所得税征收方式鉴定表（略）

关于非居民企业所得税源泉扣缴有关问题的公告

（2017年10月17日国家税务总局公告2017年第37号公布 根据2018年6月15日《国家税务总局关于修改部分税收规范性文件的公告》修正）

按照《国家税务总局关于进一步深化税务系统“放管服”改革优化税收环境的若干意见》（税总发〔2017〕101号）的安排，根据《中华人民共和国企业所得税法》（以下称“企业所得税法”）及其实施条例、《中华人民共和国税收征收管理法》及其实施细则的有关规定，现就非居民企业所得税源泉扣缴有关问题公告如下：

一、依照企业所得税法第三十七条、第三十九条和第四十条规定办理非居民企业所得税源泉扣缴相关事项，适用本公告。与执行企业所得税法第三十八条规定相关的事项不适用本公告。

二、企业所得税法实施条例第一百零四条规定的支付人自行委托代理人或指定其他第三方代为支付相关款项，或者

① 本公式根据《国家税务总局关于修改按经费支出换算收入方式核定非居民企业应纳税所得额计算公式的公告》修改。

② 本条根据《关于修改〈非居民企业所得税核定征收管理办法〉等文件的公告》修改，同时，《鉴定表》也作了相应的修改。

因担保合同或法律规定等原因由第三方保证人或担保人支付相关款项的,仍由委托人、指定人或被保证人、被担保人承担扣缴义务。

三、企业所得税法第十九条第二项规定的转让财产所得包含转让股权等权益性投资资产(以下称"股权")所得。股权转让收入减除股权净值后的余额为股权转让所得应纳税所得额。

股权转让收入是指股权转让人转让股权所收取的对价,包括货币形式和非货币形式的各种收入。

股权净值是指取得该股权的计税基础。股权的计税基础是股权转让人投资入股时向中国居民企业实际支付的出资成本,或购买该项股权时向该股权的原转让人实际支付的股权受让成本。股权在持有期间发生减值或者增值,按照国务院财政、税务主管部门规定可以确认损益的,股权净值应进行相应调整。企业在计算股权转让所得时,不得扣除被投资企业未分配利润等股东留存收益中按该项股权所可能分配的金额。

多次投资或收购的同项股权被部分转让的,从该项股权全部成本中按照转让比例计算确定被转让股权对应的成本。

四、扣缴义务人支付或者到期应支付的款项以人民币以外的货币支付或计价的,分别按以下情形进行外币折算:

(一)扣缴义务人扣缴企业所得税的,应当按照扣缴义务发生之日人民币汇率中间价折合成人民币,计算非居民企业应纳税所得额。扣缴义务发生之日为相关款项实际支付或者到期应支付之日。

(二)取得收入的非居民企业在主管税务机关责令限期缴纳税款前自行申报缴纳应源泉扣缴税款的,应当按照填开税收缴款书之日前一日人民币汇率中间价折合成人民币,计算非居民企业应纳税所得额。

(三)主管税务机关责令取得收入的非居民企业限期缴纳应源泉扣缴税款的,应当按照主管税务机关作出限期缴税决定之日前一日人民币汇率中间价折合成人民币,计算非居民企业应纳税所得额。

五、财产转让收入或财产净值以人民币以外的货币计价的,分扣缴义务人扣缴税款、纳税人自行申报缴纳税款和主管税务机关责令限期缴纳税款三种情形,先将以非人民币计价项目金额比照本公告第四条规定折合成人民币金额;再按企业所得税法第十九条第二项及相关规定计算非居民企业财产转让所得应纳税所得额。

财产净值或财产转让收入的计价货币按照取得或转让财产时实际支付或收取的计价币种确定。原计价币种停止流通并启用新币种的,按照新旧货币市场转换比例转换为新币种后进行计算。

六、扣缴义务人与非居民企业签订与企业所得税法第三条第三款规定的所得有关的业务合同时,凡合同中约定由扣缴义务人实际承担应纳税款的,应将非居民企业取得的不含税所得换算为含税所得计算并解缴应扣税款。

七、扣缴义务人应当自扣缴义务发生之日起7日内向扣缴义务人所在地主管税务机关申报和解缴代扣税款。扣缴义务人发生到期应支付而未支付情形,应按照《国家税务总局关于非居民企业所得税管理若干问题的公告》(国家税务总局公告2011年第24号)第一条规定进行税务处理。

非居民企业取得应源泉扣缴的所得为股息、红利等权益性投资收益的,相关应纳税款扣缴义务发生之日为股息、红利等权益性投资收益实际支付之日。

非居民企业采取分期收款方式取得应源泉扣缴所得税的同一项转让财产所得的,其分期收取的款项可先视为收回以前投资财产的成本,待成本全部收回后,再计算并扣缴应扣税款。

八、扣缴义务人在申报和解缴应扣税款时,应填报《中华人民共和国扣缴企业所得税报告表》。

扣缴义务人可以在申报和解缴应扣税款前报送有关申报资料;已经报送的,在申报时不再重复报送。

九、按照企业所得税法第三十七条规定应当扣缴的所得税,扣缴义务人未依法扣缴或者无法履行扣缴义务的,取得所得的非居民企业应当按照企业所得税法第三十九条规定,向所得发生地主管税务机关申报缴纳未扣缴税款,并填报《中华人民共和国扣缴企业所得税报告表》。

非居民企业未按照企业所得税法第三十九条规定申报缴纳税款的,税务机关可以责令限期缴纳,非居民企业应当按照税务机关确定的期限申报缴纳税款;非居民企业在税务机关责令限期缴纳前自行申报缴纳税款的,视为已按期缴纳税款。

十、非居民企业取得的同一项所得在境内存在多个所得发生地,涉及多个主管税务机关的,在按照企业所得税法第三十九条规定自行申报缴纳未扣缴税款时,可以选择一地办理本公告第九条规定的申报缴税事宜。受理申报地主管税务机关应在受理申报后5个工作日内,向扣缴义务人所在地和同一项所得其他发生地主管税务机关发送《非居民企业税务事项联络函》(见附件),告知非居民企业涉税事项。

十一、主管税务机关可以要求纳税人、扣缴义务人和其他知晓情况的相关方提供与应扣缴税款有关的合同和其他相关资料。扣缴义务人应当设立代扣代缴税款账簿和合同资料档案,准确记录非居民企业所得税扣缴情况。

十二、按照企业所得税法第三十七条规定应当扣缴的税款,扣缴义务人应扣未扣的,由扣缴义务人所在地主管税务机关依照《中华人民共和国行政处罚法》第二十三条规定责令扣缴义务人补扣税款,并依法追究扣缴义务人责任;需要向纳税人追缴税款的,由所得发生地主管税务机关依法执行。扣缴义务人所在地与所得发生地不一致的,负责追缴税款的所得发生地主管税务机关应通过扣缴义务人所在地主管税务机关核实有关情况；扣缴义务人所在地主管税务机关应当自确定应纳税款未依法扣缴之日起5个工作日内，向所得发生地主管税务机关发送《非居民企业税务事项联络函》，告知非居民企业涉税事项。

十三、主管税务机关在按照本公告第十二条规定追缴非居民企业应纳税款时，可以采取以下措施：

（一）责令该非居民企业限期申报缴纳应纳税款。

（二）收集、查实该非居民企业在中国境内其他收入项目及其支付人的相关信息，并向该其他项目支付人发出《税务事项通知书》，从该非居民企业其他收入项目款项中依照法定程序追缴欠缴税款及应缴的滞纳金。

其他项目支付人所在地与未扣税所得发生地不一致的，其他项目支付人所在地主管税务机关应给予配合和协助。

十四、按照本公告规定应当源泉扣缴税款的款项已经由扣缴义务人实际支付，但未在规定的期限内解缴应扣税款，并具有以下情形之一的，应作为税款已扣但未解缴情形，按照有关法律、行政法规规定处理：

（一）扣缴义务人已明确告知收款人已代扣税款的；

（二）已在财务会计处理中单独列示应扣税款的；

（三）已在其纳税申报中单独扣除或开始单独摊销扣除应扣税款的；

（四）其他证据证明已代扣税款的。

除上款规定情形外，按本公告规定应该源泉扣缴的税款未在规定的期限内解缴入库的，均作为应扣未扣税款情形，按照有关法律、行政法规规定处理。

十五、本公告与税收协定及其相关规定不一致的，按照税收协定及其相关规定执行。

十六、扣缴义务人所在地主管税务机关为扣缴义务人所得税主管税务机关。

对企业所得税法实施条例第七条规定的不同所得，所得发生地主管税务机关按以下原则确定：

（一）不动产转让所得，为不动产所在地税务机关。

（二）权益性投资资产转让所得，为被投资企业的所得税主管税务机关。

（三）股息、红利等权益性投资所得，为分配所得企业的所得税主管税务机关。

（四）利息所得、租金所得、特许权使用费所得，为负担、支付所得的单位或个人的所得税主管税务机关。

十七、本公告自2017年12月1日起施行。本公告第七条第二款和第三款、第九条第二款可以适用于在本公告施行前已经发生但未处理的所得。下列规定自2017年12月1日起废止：

（一）《国家税务总局关于印发〈非居民企业所得税源泉扣缴管理暂行办法〉的通知》（国税发〔2009〕3号）。

（二）《国家税务总局关于进一步加强非居民税收管理工作的通知》（国税发〔2009〕32号）第二条第（三）项中的以下表述：

“各地应按照《国家税务总局关于印发〈非居民企业所得税源泉扣缴管理暂行办法〉的通知》（国税发〔2009〕3号）规定，落实扣缴登记和合同备案制度，辅导扣缴义务人及时准确扣缴应纳税款，建立管理台账和管理档案，追缴漏税”。

（三）《国家税务总局关于加强税种征管促进堵漏增收的若干意见》（国税发〔2009〕85号）第四条第（二）项第3目中以下表述：

“按照《国家税务总局关于印发〈非居民企业所得税源泉扣缴管理暂行办法〉的通知》（国税发〔2009〕3号）规定，落实扣缴登记和合同备案制度，辅导扣缴义务人及时准确扣缴应纳税款，建立管理台账和管理档案”。

（四）《国家税务总局关于加强非居民企业股权转让所得企业所得税管理的通知》（国税函〔2009〕698号）。

（五）《国家税务总局关于印发〈非居民企业税收协同管理办法（试行）〉的通知》（国税发〔2010〕119号）第九条。

（六）《国家税务总局关于发布〈企业重组业务企业所得税管理办法〉的公告》（国家税务总局公告2010年第4号）第三十六条。

（七）《国家税务总局关于非居民企业所得税管理若干问题的公告》（国家税务总局公告2011年第24号）第五条和第六条。

（八）《国家税务总局关于发布〈非居民企业从事国际运输业务税收管理暂行办法〉的公告》（国家税务总局公告2014年第37号）第二条第三款中以下表述：

“和《国家税务总局关于印发〈非居民企业所得税源泉扣缴管理暂行办法〉的通知》（国税发〔2009〕3号）”。

（九）《国家税务总局关于非居民企业间接转让财产企业所得税若干问题的公告》（国家税务总局公告2015年第7号）第八条第二款。

特此公告。

附件：非居民企业税务事项联络函（略）

国家税务总局关于为纳税人提供企业所得税税收政策风险提示服务有关问题的公告

（2017年4月18日国家税务总局公告2017年第10号公布　自公布之日起施行）

为创新纳税服务方式，持续推进税务机关“放管服”改革，税务总局决定为纳税人提供企业所得税汇算清缴税收政策风险提示服务（以下简称“税收政策风险提示服务”），现就有关事项公告如下：

一、税收政策风险提示服务是指纳税人进行企业所得税汇算清缴时，税务机关在纳税人正式申报纳税前，依据现行税收法律法规及相关管理规定，利用税务登记信息、纳税申报信息、财务会计信息、备案资料信息、第三方涉税信息等内在规律和联系，依托现代技术手段，就税款计算的逻辑性、申报数据的合理性、税收与财务指标关联性等，提供风险提示服务。目的是帮助纳税人提高税收遵从度，减少纳税风险。

二、税收政策风险提示服务对象为查账征收，且通过互联网进行纳税申报的居民企业纳税人。

三、税收政策风险提示服务流程：

（一）纳税人在互联网上填报完成《中华人民共和国企业所得税年度纳税申报表》（A类，2014年版）后，选择“风险提示服务”，系统即对纳税人提交的申报表数据和信息进行风险扫描，并在很短时间内将风险提示信息推送给纳税人；

（二）针对系统推送的风险提示信息，由纳税人自愿选择是否修正，可以自行确定是否调整、修改、补充数据或信息，也可以直接进入纳税申报程序；

（三）纳税人完成风险提示信息修正后，可以再次选择“风险提示服务”，查看是否已经处理风险提示问题，也可以直接进入纳税申报程序。

四、有关说明

（一）税收政策风险提示服务不改变纳税人依法自行计算申报缴纳税额、享受法定权益、承担法律责任的权利和义务。

（二）税收政策风险提示服务是税务机关为纳税人提供的一项纳税服务，纳税人可以根据自身经营情况，自愿选择风险提示服务，自行决定风险修正。

（三）税收政策风险提示服务是在纳税人正式申报纳税前进行的，需要纳税人提前一天将本企业的财务报表、企业所得税优惠事项备案表等信息，通过互联网报送至税务机关。纳税人之前已经完成以上信息报送的，无需重复报送。

五、本公告自发布之日起施行。本公告发布实施前，纳税人已经完成2016年度企业所得税汇算清缴申报纳税的，系统将不再提供税收政策风险提示服务。

特此公告。

一般反避税管理办法（试行）

（2014年12月2日国家税务总局令第32号公布　自2015年2月1日起施行）

第一章　总　　则

第一条　为规范一般反避税管理，根据《中华人民共和国企业所得税法》（以下简称企业所得税法）及其实施条例、《中华人民共和国税收征收管理法》（以下简称税收征管法）及其实施细则，制定本办法。

第二条　本办法适用于税务机关按照企业所得税法第四十七条、企业所得税法实施条例第一百二十条的规定，对企业实施的不具有合理商业目的而获取税收利益的避税安排，实施的特别纳税调整。

下列情况不适用本办法：

（一）与跨境交易或者支付无关的安排；

（二）涉嫌逃避缴纳税款、逃避追缴欠税、骗税、抗税以及虚开发票等税收违法行为。

第三条　税收利益是指减少、免除或者推迟缴纳企业所得税应纳税额。

第四条　避税安排具有以下特征：

（一）以获取税收利益为唯一目的或者主要目的；

（二）以形式符合税法规定、但与其经济实质不符的方式获取税收利益。

第五条　税务机关应当以具有合理商业目的和经济实质的类似安排为基准，按照实质重于形式的原则实施特别纳税调整。调整方法包括：

（一）对安排的全部或者部分交易重新定性；

（二）在税收上否定交易方的存在，或者将该交易方与其他交易方视为同一实体；

（三）对相关所得、扣除、税收优惠、境外税收抵免等重新定性或者在交易各方间重新分配；

（四）其他合理方法。

第六条　企业的安排属于转让定价、成本分摊、受控外国企业、资本弱化等其他特别纳税调整范围的，应当首先适用其他特别纳税调整相关规定。

企业的安排属于受益所有人、利益限制等税收协定执行范围的，应当首先适用税收协定执行的相关规定。

第二章　立　　案

第七条　各级税务机关应当结合工作实际，应用各种数据资源，如企业所得税汇算清缴、纳税评估、同期资料管理、对外支付税务管理、股权转让交易管理、税收协定执行等，及时发现一般反避税案源。

第八条　主管税务机关发现企业存在避税嫌疑的，层报省、自治区、直辖市和计划单列市（以下简称省）税务机关复核同意后，报税务总局申请立案。

第九条　省税务机关应当将税务总局形成的立案申请审核意见转发主管税务机关。税务总局同意立案的，主管税务机关实施一般反避税调查。

第三章　调　　查

第十条　主管税务机关实施一般反避税调查时，应当向被调查企业送达《税务检查通知书》。

第十一条　被调查企业认为其安排不属于本办法所称避税安排的，应当自收到《税务检查通知书》之日起60日内提供

下列资料:

(一)安排的背景资料;

(二)安排的商业目的等说明文件;

(三)安排的内部决策和管理资料,如董事会决议、备忘录、电子邮件等;

(四)安排涉及的详细交易资料,如合同、补充协议、收付款凭证等;

(五)与其他交易方的沟通信息;

(六)可以证明其安排不属于避税安排的其他资料;

(七)税务机关认为有必要提供的其他资料。

企业因特殊情况不能按期提供的,可以向主管税务机关提交书面延期申请,经批准可以延期提供,但是最长不得超过30日。主管税务机关应当自收到企业延期申请之日起15日内书面回复。逾期未回复的,视同税务机关同意企业的延期申请。

第十二条 企业拒绝提供资料的,主管税务机关可以按照税收征管法第三十五条的规定进行核定。

第十三条 主管税务机关实施一般反避税调查时,可以要求为企业筹划安排的单位或者个人(以下简称筹划方)提供有关资料及证明材料。

第十四条 一般反避税调查涉及向筹划方、关联方以及与关联业务调查有关的其他企业调查取证的,主管税务机关应当送达《税务事项通知书》。

第十五条 主管税务机关审核企业、筹划方、关联方以及与关联业务调查有关的其他企业提供的资料,可以采用现场调查、发函协查和查阅公开信息等方式核实。需取得境外有关资料的,可以按有关规定启动税收情报交换程序,或者通过我驻外机构调查收集有关信息。涉及境外关联方相关资料的,主管税务机关也可以要求企业提供公证机构的证明。

第四章 结 案

第十六条 主管税务机关根据调查过程中获得的相关资料,自税务总局同意立案之日起9个月内进行审核,综合判断企业是否存在避税安排,形成案件不予调整或者初步调整方案的意见和理由,层报省税务机关复核同意后,报税务总局申请结案。

第十七条 主管税务机关应当根据税务总局形成的结案申请审核意见,分别以下情况进行处理:

(一)同意不予调整的,向被调查企业下发《特别纳税调查结论通知书》;

(二)同意初步调整方案的,向被调查企业下发《特别纳税调查初步调整通知书》;

(三)税务总局有不同意见的,按照税务总局的意见修改后再次层报审核。

被调查企业在收到《特别纳税调查初步调整通知书》之日起7日内未提出异议的,主管税务机关应当下发《特别纳税调查调整通知书》。

被调查企业在收到《特别纳税调查初步调整通知书》之日起7日内提出异议,但是主管税务机关经审核后认为不应采纳的,应将被调查企业的异议及不应采纳的意见和理由层报省税务机关复核同意后,报税务总局再次申请结案。

被调查企业在收到《特别纳税调查初步调整通知书》之日起7日内提出异议,主管税务机关经审核后认为确需对调整方案进行修改的,应当将被调查企业的异议及修改后的调整方案层报省税务机关复核同意后,报税务总局再次申请结案。

第十八条 主管税务机关应当根据税务总局考虑企业异议形成的结案申请审核意见,分别以下情况进行处理:

(一)同意不应采纳企业所提异议的,向被调查企业下发《特别纳税调查调整通知书》;

(二)同意修改后调整方案的,向被调查企业下发《特别纳税调查调整通知书》;

(三)税务总局有不同意见的,按照税务总局的意见修改后再次层报审核。

第五章 争议处理

第十九条 被调查企业对主管税务机关作出的一般反避税调整决定不服的,可以按照有关法律法规的规定申请法律救济。

第二十条 主管税务机关作出的一般反避税调整方案导致国内双重征税的,由税务总局统一组织协调解决。

第二十一条 被调查企业认为我国税务机关作出的一般反避税调整,导致国际双重征税或者不符合税收协定规定征税的,可以按照税收协定及其相关规定申请启动相互协商程序。

第六章 附 则

第二十二条 本办法自2015年2月1日起施行。2015年2月1日前税务机关尚未结案处理的避税安排适用本办法。

财政部、国家税务总局关于企业境外所得税收抵免有关问题的通知[①]

（2009 年 12 月 25 日　财税〔2009〕125 号）

各省、自治区、直辖市、计划单列市财政厅（局）、国家税务局、地方税务局，新疆生产建设兵团财务局：

根据《中华人民共和国企业所得税法》（以下简称企业所得税法）及《中华人民共和国企业所得税法实施条例》（以下简称实施条例）的有关规定，现就企业取得境外所得计征企业所得税时抵免境外已纳或负担所得税额的有关问题通知如下：

一、居民企业以及非居民企业在中国境内设立的机构、场所（以下统称企业）依照企业所得税法第二十三条、第二十四条的有关规定，应在其应纳税额中抵免在境外缴纳的所得税额的，适用本通知。

二、企业应按照企业所得税法及其实施条例、税收协定以及本通知的规定，准确计算下列当期与抵免境外所得税有关的项目后，确定当期实际可抵免分国（地区）别的境外所得税税额和抵免限额：

（一）境内所得的应纳税所得额（以下称境内应纳税所得额）和分国（地区）别的境外所得的应纳税所得额（以下称境外应纳税所得额）；

（二）分国（地区）别的可抵免境外所得税税额；

（三）分国（地区）别的境外所得税的抵免限额。

企业不能准确计算上述项目实际可抵免分国（地区）别的境外所得税税额的，在相应国家（地区）缴纳的税收均不得在该企业当期应纳税额中抵免，也不得结转以后年度抵免。

三、企业应就其按照实施条例第七条规定确定的中国境外所得（境外税前所得），按以下规定计算实施条例第七十八条规定的境外应纳税所得额：

（一）居民企业在境外投资设立不具有独立纳税地位的分支机构，其来源于境外的所得，以境外收入总额扣除与取得境外收入有关的各项合理支出后的余额为应纳税所得额。各项收入、支出按企业所得税法及实施条例的有关规定确定。

居民企业在境外设立不具有独立纳税地位的分支机构取得的各项境外所得，无论是否汇回中国境内，均应计入该企业所属纳税年度的境外应纳税所得额。

（二）居民企业应就其来源于境外的股息、红利等权益性投资收益，以及利息、租金、特许权使用费、转让财产等收入，扣除按照企业所得税法及实施条例等规定计算的与取得该项收入有关的各项合理支出后的余额为应纳税所得额。来源于境外的股息、红利等权益性投资收益，应按被投资方作出利润分配决定的日期确认收入实现；来源于境外的利息、租金、特许权使用费、转让财产等收入，应按有关合同约定应付交易对价款的日期确认收入实现。

（三）非居民企业在境内设立机构、场所的，应就其发生在境外但与境内所设机构、场所有实际联系的各项应税所得，比照上述第（二）项的规定计算相应的应纳税所得额。

（四）在计算境外应纳税所得额时，企业为取得境内、外所得而在境内、境外发生的共同支出，与取得境外应税所得有关的、合理的部分，应在境内、境外（分国（地区）别，下同）应税所得之间，按照合理比例进行分摊后扣除。

（五）在汇总计算境外应纳税所得额时，企业在境外同一国家（地区）设立不具有独立纳税地位的分支机构，按照企业所得税法及实施条例的有关规定计算的亏损，不得抵减其境内或他国（地区）的应纳税所得额，但可以用同一国家（地区）其他项目或以后年度的所得按规定弥补。

四、可抵免境外所得税税额，是指企业来源于中国境外的所得依照中国境外税收法律以及相关规定应当缴纳并已实际缴纳的企业所得税性质的税款。但不包括：

（一）按照境外所得税法律及相关规定属于错缴或错征的境外所得税税款；

（二）按照税收协定规定不应征收的境外所得税税款；

（三）因少缴或迟缴境外所得税而追加的利息、滞纳金或罚款；

（四）境外所得税纳税人或者其利害关系人从境外征税主体得到实际返还或补偿的境外所得税税款；

（五）按照我国企业所得税法及其实施条例规定，已经免征我国企业所得税的境外所得负担的境外所得税税款；

（六）按照国务院财政、税务主管部门有关规定已经从企业境外应纳税所得额中扣除的境外所得税税款。

五、居民企业在按照企业所得税法第二十四条规定用境外所得间接负担的税额进行税收抵免时，其取得的境外投资收益实际间接负担的税额，是指根据直接或者间接持股方式合计持股 20% 以上（含 20%，下同）的规定层级的外国企业股份，由此应分得的股息、红利等权益性投资收益中，从最低一层外国企业起逐层计算的属于由上一层企业负担的税额，其计算公式如下：

本层企业所纳税额属于由一家上一层企业负担的税额 =（本层企业就利润和投资收益所实际缴纳的税额 + 符合本通知规定的由本层企业间接负担的税额）× 本层企业向一家上一层企业分配的股息（红利）÷ 本层企业所得税后利润额。

① 本通知第十条中"经企业申请，主管税务机关核准"的规定已被《国家税务总局关于企业境外所得适用简易征收和饶让抵免的核准事项取消后有关后续管理问题的公告》废止。

六、除国务院财政、税务主管部门另有规定外，按照实施条例第八十条规定由居民企业直接或者间接持有20%以上股份的外国企业，限于符合以下持股方式的三层外国企业：

第一层：单一居民企业直接持有20%以上股份的外国企业；

第二层：单一第一层外国企业直接持有20%以上股份，且由单一居民企业直接持有或通过一个或多个符合本条规定持股条件的外国企业间接持有总和达到20%以上股份的外国企业；

第三层：单一第二层外国企业直接持有20%以上股份，且由单一居民企业直接持有或通过一个或多个符合本条规定持股条件的外国企业间接持有总和达到20%以上股份的外国企业。

七、居民企业从与我国政府订立税收协定（或安排）的国家（地区）取得的所得，按照该国（地区）税收法律享受了免税或减税待遇，且该免税或减税的数额按照税收协定规定应视同已缴税额在中国的应纳税额中抵免的，该免税或减税数额可作为企业实际缴纳的境外所得税额用于办理税收抵免。

八、企业应按照企业所得税法及其实施条例和本通知的有关规定分国（地区）别计算境外税额的抵免限额。

某国（地区）所得税抵免限额＝中国境内、境外所得依照企业所得税法及实施条例的规定计算的应纳税总额×来源于某国（地区）的应纳税所得额÷中国境内、境外应纳税所得总额。

据以计算上述公式中“中国境内、境外所得依照企业所得税法及实施条例的规定计算的应纳税总额”的税率，除国务院财政、税务主管部门另有规定外，应为企业所得税法第四条第一款规定的税率。

企业按照企业所得税法及其实施条例和本通知的有关规定计算的当期境内、境外应纳税所得总额小于零的，应以零计算当期境内、境外应纳税所得总额，其当期境外所得税的抵免限额也为零。

九、在计算实际应抵免的境外已缴纳和间接负担的所得税税额时，企业在境外一国（地区）当年缴纳和间接负担的符合规定的所得税税额低于所计算的该国（地区）抵免限额的，应以该项税额作为境外所得税抵免额从企业应纳税总额中据实抵免；超过抵免限额的，当年应以抵免限额作为境外所得税抵免额进行抵免，超过抵免限额的余额允许从次年起在连续五个纳税年度内，用每年度抵免限额抵免当年应抵税额后的余额进行抵补。

十、属于下列情形的，经企业申请，主管税务机关核准，可以采取简易办法对境外所得已纳税额计算抵免：

（一）企业从境外取得营业利润所得以及符合境外税额间接抵免条件的股息所得，虽有所得来源国（地区）政府机关核发的具有纳税性质的凭证或证明，但因客观原因无法真实、准确地确认应当缴纳并已经实际缴纳的境外所得税税额的，除就该所得直接缴纳及间接负担的税额在所得来源国（地区）的实际有效税率低于我国企业所得税法第四条第一款规定税率50%以上的外，可按境外应纳税所得额的12.5%作为抵免限额，企业按该国（地区）税务机关或政府机关核发具有纳税性质凭证或证明的金额，其不超过抵免限额的部分，准予抵免；超过的部分不得抵免。

属于本款规定以外的股息、利息、租金、特许权使用费、转让财产等投资性所得，均应按本通知的其他规定计算境外税额抵免。

（二）企业从境外取得营业利润所得以及符合境外税额间接抵免条件的股息所得，凡就该所得缴纳及间接负担的税额在所得来源国（地区）的法定税率且其实际有效税率明显高于我国的，可直接以按本通知规定计算的境外应纳税所得额和我国企业所得税法规定的税率计算的抵免限额作为可抵免的已在境外实际缴纳的企业所得税税额。具体国家（地区）名单见附件。财政部、国家税务总局可根据实际情况适时对名单进行调整。

属于本款规定以外的股息、利息、租金、特许权使用费、转让财产等投资性所得，均应按本通知的其他规定计算境外税额抵免。

十一、企业在境外投资设立不具有独立纳税地位的分支机构，其计算生产、经营所得的纳税年度与我国规定的纳税年度不一致的，与我国纳税年度当年度相对应的境外纳税年度，应为在我国有关纳税年度中任何一日结束的境外纳税年度。

企业取得上款以外的境外所得实际缴纳或间接负担的境外所得税，应在该项境外所得实现日所在的我国对应纳税年度的应纳税额中计算抵免。

十二、企业抵免境外所得税额后实际应纳所得税额的计算公式为：

企业实际应纳所得税额＝企业境内外所得应纳税总额－企业所得税减免、抵免优惠税额－境外所得税抵免额。

十三、本通知所称不具有独立纳税地位，是指根据企业设立地法律不具有独立法人地位或者按照税收协定规定不认定为对方国家（地区）的税收居民。

十四、企业取得来源于中国香港、澳门、台湾地区的应税所得，参照本通知执行。

十五、中华人民共和国政府同外国政府订立的有关税收的协定与本通知有不同规定的，依照协定的规定办理。

十六、本通知自2008年1月1日起执行。

附件：法定税率明显高于我国的境外所得来源国（地区）名单

法定税率明显高于我国的境外所得来源国(地区)名单

美国、阿根廷、布隆迪、喀麦隆、古巴、法国、日本、摩洛哥、巴基斯坦、赞比亚、科威特、孟加拉国、叙利亚、约旦、老挝。

企业资产损失所得税税前扣除管理办法[①]

(2011年3月31日国家税务总局公告2011年第25号公布　根据2018年6月15日《国家税务总局关于修改部分税收规范性文件的公告》修正)

第一章　总　　则

第一条　根据《中华人民共和国企业所得税法》(以下简称企业所得税法)及其实施条例、《中华人民共和国税收征收管理法》(以下简称征管法)及其实施细则、《财政部国家税务总局关于企业资产损失税前扣除政策的通知》(财税〔2009〕57号)(以下简称《通知》)的规定,制定本办法。

第二条　本办法所称资产是指企业拥有或者控制的、用于经营管理活动相关的资产,包括现金、银行存款、应收及预付款项(包括应收票据、各类垫款、企业之间往来款项)等货币性资产,存货、固定资产、无形资产、在建工程、生产性生物资产等非货币性资产,以及债权性投资和股权(权益)性投资。

第三条　准予在企业所得税税前扣除的资产损失,是指企业在实际处置、转让上述资产过程中发生的合理损失(以下简称实际资产损失),以及企业虽未实际处置、转让上述资产,但符合《通知》和本办法规定条件计算确认的损失(以下简称法定资产损失)。

第四条　企业实际资产损失,应当在其实际发生且会计上已作损失处理的年度申报扣除;法定资产损失,应当在企业向主管税务机关提供证据资料证明该项资产已符合法定资产损失确认条件,且会计上已作损失处理的年度申报扣除。

第五条　企业发生的资产损失,应按规定的程序和要求向主管税务机关申报后方能在税前扣除。未经申报的损失,不得在税前扣除。

第六条　企业以前年度发生的资产损失未能在当年税前扣除的,可以按照本办法的规定,向税务机关说明并进行专项申报扣除。其中,属于实际资产损失,准予追补至该项损失发生年度扣除,其追补确认期限一般不得超过五年,但因计划经济体制转轨过程中遗留的资产损失、企业重组上市过程中因权属不清出现争议而未能及时扣除的资产损失、因承担国家政策性任务而形成的资产损失以及政策定性不明确而形成资产损失等特殊原因形成的资产损失,其追补确认期限经国家税务总局批准后可适当延长。属于法定资产损失,应在申报年度扣除。

企业因以前年度实际资产损失未在税前扣除而多缴的企业所得税税款,可在追补确认年度企业所得税应纳税款中予以抵扣,不足抵扣的,向以后年度递延抵扣。

企业实际资产损失发生年度扣除追补确认的损失后出现亏损的,应先调整资产损失发生年度的亏损额,再按弥补亏损的原则计算以后年度多缴的企业所得税税款,并按前款办法进行税务处理。

第二章　申报管理

第七条　企业在进行企业所得税年度汇算清缴申报时,可将资产损失申报材料和纳税资料作为企业所得税年度纳税申报表的附件一并向税务机关报送。

第八条　企业资产损失按其申报内容和要求的不同,分为清单申报和专项申报两种申报形式。其中,属于清单申报的资产损失,企业可按会计核算科目进行归类、汇总,然后再将汇总清单报送税务机关,有关会计核算资料和纳税资料留存备查;属于专项申报的资产损失,企业应逐项(或逐笔)报送申请报告,同时附送会计核算资料及其他相关的纳税资料。

企业在申报资产损失税前扣除过程中不符合上述要求的,税务机关应当要求其改正,企业拒绝改正的,税务机关有权不予受理。

第九条　下列资产损失,应以清单申报的方式向税务机关申报扣除:

(一)企业在正常经营管理活动中,按照公允价格销售、转让、变卖非货币资产的损失;

(二)企业各项存货发生的正常损耗;

(三)企业固定资产达到或超过使用年限而正常报废清理的损失;

(四)企业生产性生物资产达到或超过使用年限而正常死亡发生的资产损失;

(五)企业按照市场公平交易原则,通过各种交易场所、市场等买卖债券、股票、期货、基金以及金融衍生产品等发生的损失。

第十条　前条以外的资产损失,应以专项申报的方式向税务机关申报扣除。企业无法准确判别是否属于清单申报扣

① 本办法中第十二条已被《国家税务总局关于企业因国务院决定事项形成的资产损失税前扣除问题的公告》废止。第四条、第七条、第八条、第十三条有关资产损失证据资料、会计核算资料、纳税资料等相关资料报送的内容已被《国家税务总局关于企业所得税资产损失资料留存备查有关事项的公告》废止。

除的资产损失,可以采取专项申报的形式申报扣除。

第十一条 在中国境内跨地区经营的汇总纳税企业发生的资产损失,应按以下规定申报扣除:

(一)总机构及其分支机构发生的资产损失,除应按专项申报和清单申报的有关规定,各自向当地主管税务机关申报外,各分支机构同时还应上报总机构;

(二)总机构对各分支机构上报的资产损失,除税务机关另有规定外,应以清单申报的形式向当地主管税务机关进行申报;

(三)总机构将跨地区分支机构所属资产捆绑打包转让所发生的资产损失,由总机构向当地主管税务机关进行专项申报。

第十二条 企业因国务院决定事项形成的资产损失,应向国家税务总局提供有关资料。国家税务总局审核有关情况后,将损失情况通知相关税务机关。企业应按本办法的要求进行专项申报。

第十三条 属于专项申报的资产损失,企业因特殊原因不能在规定的时限内报送相关资料的,可以向主管税务机关提出申请,经主管税务机关同意后,可适当延期申报。

第十四条 企业应当建立健全资产损失内部核销管理制度,及时收集、整理、编制、审核、申报、保存资产损失税前扣除证据材料,方便税务机关检查。

第十五条 税务机关应按分项建档、分级管理的原则,建立企业资产损失税前扣除管理台账和纳税档案,及时进行评估。对资产损失金额较大或经评估后发现不符合资产损失税前扣除规定、或存有疑点、异常情况的资产损失,应及时进行核查。对有证据证明申报扣除的资产损失不真实、不合法的,应依法作出税收处理。

第三章 资产损失确认证据

第十六条 企业资产损失相关的证据包括具有法律效力的外部证据和特定事项的企业内部证据。

第十七条 具有法律效力的外部证据,是指司法机关、行政机关、专业技术鉴定部门等依法出具的与本企业资产损失相关的具有法律效力的书面文件,主要包括:

(一)司法机关的判决或者裁定;

(二)公安机关的立案结案证明、回复;

(三)工商部门出具的注销、吊销及停业证明;

(四)企业的破产清算公告或清偿文件;

(五)行政机关的公文;

(六)专业技术部门的鉴定报告;

(七)具有法定资质的中介机构的经济鉴定证明;

(八)仲裁机构的仲裁文书;

(九)保险公司对投保资产出具的出险调查单、理赔计算单等保险单据;

(十)符合法律规定的其他证据。

第十八条 特定事项的企业内部证据,是指会计核算制度健全、内部控制制度完善的企业,对各项资产发生毁损、报废、盘亏、死亡、变质等内部证明或承担责任的声明,主要包括:

(一)有关会计核算资料和原始凭证;

(二)资产盘点表;

(三)相关经济行为的业务合同;

(四)企业内部技术鉴定部门的鉴定文件或资料;

(五)企业内部核批文件及有关情况说明;

(六)对责任人由于经营管理责任造成损失的责任认定及赔偿情况说明;

(七)法定代表人、企业负责人和企业财务负责人对特定事项真实性承担法律责任的声明。

第四章 货币资产损失的确认

第十九条 企业货币资产损失包括现金损失、银行存款损失和应收及预付款项损失等。

第二十条 现金损失应依据以下证据材料确认:

(一)现金保管人确认的现金盘点表(包括倒推至基准日的记录);

(二)现金保管人对于短缺的说明及相关核准文件;

(三)对责任人由于管理责任造成损失的责任认定及赔偿情况的说明;

(四)涉及刑事犯罪的,应有司法机关出具的相关材料;

(五)金融机构出具的假币收缴证明。

第二十一条 企业因金融机构清算而发生的存款类资产损失应依据以下证据材料确认:

(一)企业存款类资产的原始凭据;

(二)金融机构破产、清算的法律文件;

(三)金融机构清算后剩余资产分配情况资料。

金融机构应清算而未清算超过三年的,企业可将该款项确认为资产损失,但应有法院或破产清算管理人出具的未完成清算证明。

第二十二条 企业应收及预付款项坏账损失应依据以下相关证据材料确认:

(一)相关事项合同、协议或说明;

(二)属于债务人破产清算的,应有人民法院的破产、清算公告;

(三)属于诉讼案件的,应出具人民法院的判决书或裁决书或仲裁机构的仲裁书,或者被法院裁定终(中)止执行的法律文书;

(四)属于债务人停止营业的,应有工商部门注销、吊销营业执照证明;

(五)属于债务人死亡、失踪的,应有公安机关等有关部门对债务人个人的死亡、失踪证明;

（六）属于债务重组的，应有债务重组协议及其债务人重组收益纳税情况说明；

（七）属于自然灾害、战争等不可抗力而无法收回的，应有债务人受灾情况说明以及放弃债权申明。

第二十三条 企业逾期三年以上的应收款项在会计上已作为损失处理的，可以作为坏账损失，但应说明情况，并出具专项报告。

第二十四条 企业逾期一年以上，单笔数额不超过五万或者不超过企业年度收入总额万分之一的应收款项，会计上已经作为损失处理的，可以作为坏账损失，但应说明情况，并出具专项报告。

第五章 非货币资产损失的确认

第二十五条 企业非货币资产损失包括存货损失、固定资产损失、无形资产损失、在建工程损失、生产性生物资产损失等。

第二十六条 存货盘亏损失，为其盘亏金额扣除责任人赔偿后的余额，应依据以下证据材料确认：

（一）存货计税成本确定依据；

（二）企业内部有关责任认定、责任人赔偿说明和内部核批文件；

（三）存货盘点表；

（四）存货保管人对于盘亏的情况说明。

第二十七条 存货报废、毁损或变质损失，为其计税成本扣除残值及责任人赔偿后的余额，应依据以下证据材料确认：

（一）存货计税成本的确定依据；

（二）企业内部关于存货报废、毁损、变质、残值情况说明及核销资料；

（三）涉及责任人赔偿的，应当有赔偿情况说明；

（四）该项损失数额较大的（指占企业该类资产计税成本10%以上，或减少当年应纳税所得、增加亏损10%以上，下同），应有专业技术鉴定意见或法定资质中介机构出具的专项报告等。

第二十八条 存货被盗损失，为其计税成本扣除保险理赔以及责任人赔偿后的余额，应依据以下证据材料确认：

（一）存货计税成本的确定依据；

（二）向公安机关的报案记录；

（三）涉及责任人和保险公司赔偿的，应有赔偿情况说明等。

第二十九条 固定资产盘亏、丢失损失，为其账面净值扣除责任人赔偿后的余额，应依据以下证据材料确认：

（一）企业内部有关责任认定和核销资料；

（二）固定资产盘点表；

（三）固定资产的计税基础相关资料；

（四）固定资产盘亏、丢失情况说明；

（五）损失金额较大的，应有专业技术鉴定报告或法定资质中介机构出具的专项报告等。

第三十条 固定资产报废、毁损损失，为其账面净值扣除残值和责任人赔偿后的余额，应依据以下证据材料确认：

（一）固定资产的计税基础相关资料；

（二）企业内部有关责任认定和核销资料；

（三）企业内部有关部门出具的鉴定材料；

（四）涉及责任赔偿的，应当有赔偿情况的说明；

（五）损失金额较大的或自然灾害等不可抗力原因造成固定资产毁损、报废的，应有专业技术鉴定意见或法定资质中介机构出具的专项报告等。

第三十一条 固定资产被盗损失，为其账面净值扣除责任人赔偿后的余额，应依据以下证据材料确认：

（一）固定资产计税基础相关资料；

（二）公安机关的报案记录，公安机关立案、破案和结案的证明材料；

（三）涉及责任赔偿的，应有赔偿责任的认定及赔偿情况的说明等。

第三十二条 在建工程停建、报废损失，为其工程项目投资账面价值扣除残值后的余额，应依据以下证据材料确认：

（一）工程项目投资账面价值确定依据；

（二）工程项目停建原因说明及相关材料；

（三）因质量原因停建、报废的工程项目和因自然灾害和意外事故停建、报废的工程项目，应出具专业技术鉴定意见和责任认定、赔偿情况的说明等。

第三十三条 工程物资发生损失，可比照本办法存货损失的规定确认。

第三十四条 生产性生物资产盘亏损失，为其账面净值扣除责任人赔偿后的余额，应依据以下证据材料确认：

（一）生产性生物资产盘点表；

（二）生产性生物资产盘亏情况说明；

（三）生产性生物资产损失金额较大的，企业应有专业技术鉴定意见和责任认定、赔偿情况的说明等。

第三十五条 因森林病虫害、疫情、死亡而产生的生产性生物资产损失，为其账面净值扣除残值、保险赔偿和责任人赔偿后的余额，应依据以下证据材料确认：

（一）损失情况说明；

（二）责任认定及其赔偿情况的说明；

（三）损失金额较大的，应有专业技术鉴定意见。

第三十六条 对被盗伐、被盗、丢失而产生的生产性生物资产损失，为其账面净值扣除保险赔偿以及责任人赔偿后的余额，应依据以下证据材料确认：

（一）生产性生物资产被盗后，向公安机关的报案记录或公安机关立案、破案和结案的证明材料；

（二）责任认定及其赔偿情况的说明。

第三十七条 企业由于未能按期赎回抵押资产，使抵押资产被拍卖或变卖，其账面净值大于变卖价值的差额，可认定为资产损失，按以下证据材料确认：

（一）抵押合同或协议书；

（二）拍卖或变卖证明、清单；

（三）会计核算资料等其他相关证据材料。

第三十八条 被其他新技术所代替或已经超过法律保护期限，已经丧失使用价值和转让价值，尚未摊销的无形资产损失，应提交以下证据备案：

（一）会计核算资料；

（二）企业内部核批文件及有关情况说明；

（三）技术鉴定意见和企业法定代表人、主要负责人和财务负责人签章证实无形资产已无使用价值或转让价值的书面申明；

（四）无形资产的法律保护期限文件。

第六章 投资损失的确认

第三十九条 企业投资损失包括债权性投资损失和股权（权益）性投资损失。

第四十条 企业债权投资损失应依据投资的原始凭证、合同或协议、会计核算资料等相关证据材料确认。下列情况债权投资损失的，还应出具相关证据材料：

（一）债务人或担保人依法被宣告破产、关闭、被解散或撤销、被吊销营业执照、失踪或者死亡等，应出具资产清偿证明或者遗产清偿证明。无法出具资产清偿证明或者遗产清偿证明，且上述事项超过三年以上的，或债权投资（包括信用卡透支和助学贷款）余额在三百万元以下的，应出具对应的债务人和担保人破产、关闭、解散证明、撤销文件、工商行政管理部门注销证明或查询证明以及追索记录等（包括司法追索、电话追索、信件追索和上门追索等原始记录）；

（二）债务人遭受重大自然灾害或意外事故，企业对其资产进行清偿和对担保人进行追偿后，未能收回的债权，应出具债务人遭受重大自然灾害或意外事故证明、保险赔偿证明、资产清偿证明等；

（三）债务人因承担法律责任，其资产不足归还所借债务，又无其他债务承担者的，应出具法院裁定证明和资产清偿证明；

（四）债务人和担保人不能偿还到期债务，企业提出诉讼或仲裁的，经人民法院对债务人和担保人强制执行，债务人和担保人均无资产可执行，人民法院裁定终结或终止（中止）执行的，应出具人民法院裁定文书；

（五）债务人和担保人不能偿还到期债务，企业提出诉讼后被驳回起诉的、人民法院不予受理或不予支持的，或经仲裁机构裁决免除（或部分免除）债务人责任，经追偿后无法收回的债权，应提交法院驳回起诉的证明，或法院不予受理或不予支持证明，或仲裁机构裁决免除债务人责任的文书；

（六）经国务院专案批准核销的债权，应提供国务院批准文件或经国务院同意后由国务院有关部门批准的文件。

第四十一条 企业股权投资损失应依据以下相关证据材料确认：

（一）股权投资计税基础证明材料；

（二）被投资企业破产公告、破产清偿文件；

（三）工商行政管理部门注销、吊销被投资单位营业执照文件；

（四）政府有关部门对被投资单位的行政处理决定文件；

（五）被投资企业终止经营、停止交易的法律或其他证明文件；

（六）被投资企业资产处置方案、成交及入账材料；

（七）企业法定代表人、主要负责人和财务负责人签章证实有关投资（权益）性损失的书面申明；

（八）会计核算资料等其他相关证据材料。

第四十二条 被投资企业依法宣告破产、关闭、解散或撤销、吊销营业执照、停止生产经营活动、失踪等，应出具资产清偿证明或者遗产清偿证明。

上述事项超过三年以上且未能完成清算的，应出具被投资企业破产、关闭、解散或撤销、吊销等的证明以及不能清算的原因说明。

第四十三条 企业委托金融机构向其他单位贷款，或委托其他经营机构进行理财，到期不能收回贷款或理财款项，按照本办法第六章有关规定进行处理。

第四十四条 企业对外提供与本企业生产经营活动有关的担保，因被担保人不能按期偿还债务而承担连带责任，经追索，被担保人无偿还能力，对无法追回的金额，比照本办法规定的应收款项损失进行处理。

与本企业生产经营活动有关的担保是指企业对外提供的与本企业应税收入、投资、融资、材料采购、产品销售等生产经营活动相关的担保。

第四十五条 企业按独立交易原则向关联企业转让资产而发生的损失，或向关联企业提供借款、担保而形成的债权损失，准予扣除，但企业应作专项说明，同时出具中介机构出具的专项报告及其相关的证明材料。

第四十六条 下列股权和债权不得作为损失在税前扣除：

（一）债务人或者担保人有经济偿还能力，未按期偿还的企业债权；

（二）违反法律、法规的规定，以各种形式、借口逃废或悬空的企业债权；

（三）行政干预逃废或悬空的企业债权；

（四）企业未向债务人和担保人追偿的债权；

（五）企业发生非经营活动的债权；

（六）其他不应当核销的企业债权和股权。

第七章 其他资产损失的确认

第四十七条 企业将不同类别的资产捆绑(打包),以拍卖、询价、竞争性谈判、招标等市场方式出售,其出售价格低于计税成本的差额,可以作为资产损失并准予在税前申报扣除,但应出具资产处置方案、各类资产作价依据、出售过程的情况说明、出售合同或协议、成交及入账证明、资产计税基础等确定依据。

第四十八条 企业正常经营业务因内部控制制度不健全而出现操作不当、不规范或因业务创新但政策不明确、不配套等原因形成的资产损失,应由企业承担的金额,可以作为资产损失并准予在税前申报扣除,但应出具损失原因证明材料或业务监管部门定性证明、损失专项说明。

第四十九条 企业因刑事案件原因形成的损失,应由企业承担的金额,或经公安机关立案侦查两年以上仍未追回的金额,可以作为资产损失并准予在税前申报扣除,但应出具公安机关、人民检察院的立案侦查情况或人民法院的判决书等损失原因证明材料。

第八章 附 则

第五十条 本办法没有涉及的资产损失事项,只要符合企业所得税法及其实施条例等法律、法规规定的,也可以向税务机关申报扣除。

第五十一条 省、自治区、直辖市和计划单列市税务局可以根据本办法制定具体实施办法。

第五十二条 本办法自2011年1月1日起施行,《国家税务总局关于印发〈企业资产损失税前扣除管理办法〉的通知》(国税发〔2009〕88号)、《国家税务总局关于企业以前年度未扣除资产损失企业所得税处理问题的通知》(国税函〔2009〕772号)、《国家税务总局关于电信企业坏账损失税前扣除问题的通知》(国税函〔2010〕196号)同时废止。本办法生效之日前尚未进行税务处理的资产损失事项,也应按本办法执行。

企业所得税税前扣除凭证管理办法

(2018年6月6日国家税务总局公告2018年第28号公布 自2018年7月1日起施行)

第一条 为规范企业所得税税前扣除凭证(以下简称"税前扣除凭证")管理,根据《中华人民共和国企业所得税法》(以下简称"企业所得税法")及其实施条例、《中华人民共和国税收征收管理法》及其实施细则、《中华人民共和国发票管理办法》及其实施细则等规定,制定本办法。

第二条 本办法所称税前扣除凭证,是指企业在计算企业所得税应纳税所得额时,证明与取得收入有关的、合理的支出实际发生,并据以税前扣除的各类凭证。

第三条 本办法所称企业是指企业所得税法及其实施条例规定的居民企业和非居民企业。

第四条 税前扣除凭证在管理中遵循真实性、合法性、关联性原则。真实性是指税前扣除凭证反映的经济业务真实,且支出已经实际发生;合法性是指税前扣除凭证的形式、来源符合国家法律、法规等相关规定;关联性是指税前扣除凭证与其反映的支出相关联且有证明力。

第五条 企业发生支出,应取得税前扣除凭证,作为计算企业所得税应纳税所得额时扣除相关支出的依据。

第六条 企业应在当年度企业所得税法规定的汇算清缴期结束前取得税前扣除凭证。

第七条 企业应将与税前扣除凭证相关的资料,包括合同协议、支出依据、付款凭证等留存备查,以证实税前扣除凭证的真实性。

第八条 税前扣除凭证按照来源分为内部凭证和外部凭证。

内部凭证是指企业自制用于成本、费用、损失和其他支出核算的会计原始凭证。内部凭证的填制和使用应当符合国家会计法律、法规等相关规定。

外部凭证是指企业发生经营活动和其他事项时,从其他单位、个人取得的用于证明其支出发生的凭证,包括但不限于发票(包括纸质发票和电子发票)、财政票据、完税凭证、收款凭证、分割单等。

第九条 企业在境内发生的支出项目属于增值税应税项目(以下简称"应税项目")的,对方为已办理税务登记的增值税纳税人,其支出以发票(包括按照规定由税务机关代开的发票)作为税前扣除凭证;对方为依法无需办理税务登记的单位或者从事小额零星经营业务的个人,其支出以税务机关代开的发票或者收款凭证及内部凭证作为税前扣除凭证,收款凭证应载明收款单位名称、个人姓名及身份证号、支出项目、收款金额等相关信息。

小额零星经营业务的判断标准是个人从事应税项目经营业务的销售额不超过增值税相关政策规定的起征点。

税务总局对应税项目开具发票另有规定的,以规定的发票或者票据作为税前扣除凭证。

第十条 企业在境内发生的支出项目不属于应税项目的,对方为单位的,以对方开具的发票以外的其他外部凭证作为税前扣除凭证;对方为个人的,以内部凭证作为税前扣除凭证。

企业在境内发生的支出项目虽不属于应税项目,但按税务总局规定可以开具发票的,可以发票作为税前扣除凭证。

第十一条 企业从境外购进货物或者劳务发生的支出,以对方开具的发票或者具有发票性质的收款凭证、相关税费缴纳凭证作为税前扣除凭证。

第十二条 企业取得私自印制、伪造、变造、作废、开票方非法取得、虚开、填写不规范等不符合规定的发票（以下简称“不合规发票”），以及取得不符合国家法律、法规等相关规定的其他外部凭证（以下简称“不合规其他外部凭证”），不得作为税前扣除凭证。

第十三条 企业应当取得而未取得发票、其他外部凭证或者取得不合规发票、不合规其他外部凭证的，若支出真实且已实际发生，应当在当年度汇算清缴期结束前，要求对方补开、换开发票、其他外部凭证。补开、换开后的发票、其他外部凭证符合规定的，可以作为税前扣除凭证。

第十四条 企业在补开、换开发票、其他外部凭证过程中，因对方注销、撤销、依法被吊销营业执照、被税务机关认定为非正常户等特殊原因无法补开、换开发票、其他外部凭证的，可凭以下资料证实支出真实性后，其支出允许税前扣除：

（一）无法补开、换开发票、其他外部凭证原因的证明资料（包括工商注销、机构撤销、列入非正常经营户、破产公告等证明资料）；

（二）相关业务活动的合同或者协议；

（三）采用非现金方式支付的付款凭证；

（四）货物运输的证明资料；

（五）货物入库、出库内部凭证；

（六）企业会计核算记录以及其他资料。

前款第一项至第三项为必备资料。

第十五条 汇算清缴期结束后，税务机关发现企业应当取得而未取得发票、其他外部凭证或者取得不合规发票、不合规其他外部凭证并且告知企业的，企业应当自被告知之日起60日内补开、换开符合规定的发票、其他外部凭证。其中，因对方特殊原因无法补开、换开发票、其他外部凭证的，企业应当按照本办法第十四条的规定，自被告知之日起60日内提供可以证实其支出真实性的相关资料。

第十六条 企业在规定的期限未能补开、换开符合规定的发票、其他外部凭证，并且未能按照本办法第十四条的规定提供相关资料证实其支出真实性的，相应支出不得在发生年度税前扣除。

第十七条 除发生本办法第十五条规定的情形外，企业以前年度应当取得而未取得发票、其他外部凭证，且相应支出在该年度没有税前扣除的，在以后年度取得符合规定的发票、其他外部凭证或者按照本办法第十四条的规定提供可以证实其支出真实性的相关资料，相应支出可以追补至该支出发生年度税前扣除，但追补年限不得超过五年。

第十八条 企业与其他企业（包括关联企业）、个人在境内共同接受应纳增值税劳务（以下简称“应税劳务”）发生的支出，采取分摊方式的，应当按照独立交易原则进行分摊，企业以发票和分割单作为税前扣除凭证，共同接受应税劳务的其他企业以企业开具的分割单作为税前扣除凭证。

企业与其他企业、个人在境内共同接受非应税劳务发生的支出，采取分摊方式的，企业以发票外的其他外部凭证和分割单作为税前扣除凭证，共同接受非应税劳务的其他企业以企业开具的分割单作为税前扣除凭证。

第十九条 企业租用（包括企业作为单一承租方租用）办公、生产用房等资产发生的水、电、燃气、冷气、暖气、通讯线路、有线电视、网络等费用，出租方作为应税项目开具发票的，企业以发票作为税前扣除凭证；出租方采取分摊方式的，企业以出租方开具的其他外部凭证作为税前扣除凭证。

第二十条 本办法自2018年7月1日起施行。

国家税务总局关于确认企业所得税收入若干问题的通知

（2008年10月30日　国税函〔2008〕875号）

各省、自治区、直辖市和计划单列市国家税务局、地方税务局：

根据《中华人民共和国企业所得税法》（以下简称企业所得税法）及《中华人民共和国企业所得税法实施条例》（以下简称实施条例）规定的原则和精神，现对确认企业所得税收入的若干问题通知如下：

一、除企业所得税法及实施条例另有规定外，企业销售收入的确认，必须遵循权责发生制原则和实质重于形式原则。

（一）企业销售商品同时满足下列条件的，应确认收入的实现：

1. 商品销售合同已经签订，企业已将商品所有权相关的主要风险和报酬转移给购货方；

2. 企业对已售出的商品既没有保留通常与所有权相联系的继续管理权，也没有实施有效控制；

3. 收入的金额能够可靠地计量；

4. 已发生或将发生的销售方的成本能够可靠地核算。

（二）符合上款收入确认条件，采取下列商品销售方式的，应按以下规定确认收入实现时间：

1. 销售商品采用托收承付方式的，在办妥托收手续时确认收入。

2. 销售商品采取预收款方式的，在发出商品时确认收入。

3. 销售商品需要安装和检验的，在购买方接受商品以及安装和检验完毕时确认收入。如果安装程序比较简单，可在发出商品时确认收入。

4. 销售商品采用支付手续费方式委托代销的，在收到代销清单时确认收入。

（三）采用售后回购方式销售商品的，销售的商品按售价确认收入，回购的商品作为购进商品处理。有证据表明不符合销售收入确认条件的，如以销售商品方式进行融资，收到的款项应确认为负债，回购价格大于原售价的，差额应在回购期间确认为利息费用。

（四）销售商品以旧换新的，销售商品应当按照销售商品收入确认条件确认收入，回收的商品作为购进商品处理。

（五）企业为促进商品销售而在商品价格上给予的价格扣除属于商业折扣，商品销售涉及商业折扣的，应当按照扣除商业折扣后的金额确定销售商品收入金额。

债权人为鼓励债务人在规定的期限内付款而向债务人提供的债务扣除属于现金折扣，销售商品涉及现金折扣的，应当按扣除现金折扣前的金额确定销售商品收入金额，现金折扣在实际发生时作为财务费用扣除。

企业因售出商品的质量不合格等原因而在售价上给的减让属于销售折让；企业因售出商品质量、品种不符合要求等原因而发生的退货属于销售退回。企业已经确认销售收入的售出商品发生销售折让和销售退回，应当在发生当期冲减当期销售商品收入。

二、企业在各个纳税期末，提供劳务交易的结果能够可靠估计的，应采用完工进度（完工百分比）法确认提供劳务收入。

（一）提供劳务交易的结果能够可靠估计，是指同时满足下列条件：

1. 收入的金额能够可靠地计量；

2. 交易的完工进度能够可靠地确定；

3. 交易中已发生和将发生的成本能够可靠地核算。

（二）企业提供劳务完工进度的确定，可选用下列方法：

1. 已完工作的测量；

2. 已提供劳务占劳务总量的比例；

3. 发生成本占总成本的比例。

（三）企业应按照从接受劳务方已收或应收的合同或协议价款确定劳务收入总额，根据纳税期末提供劳务收入总额乘以完工进度扣除以前纳税年度累计已确认提供劳务收入后的金额，确认为当期劳务收入；同时，按照提供劳务估计总成本乘以完工进度扣除以前纳税期间累计已确认劳务成本后的金额，结转为当期劳务成本。

（四）下列提供劳务满足收入确认条件的，应按规定确认收入：

1. 安装费。应根据安装完工进度确认收入。安装工作是商品销售附带条件的，安装费在确认商品销售实现时确认收入。

2. 宣传媒介的收费。应在相关的广告或商业行为出现于公众面前时确认收入。广告的制作费，应根据制作广告的完工进度确认收入。

3. 软件费。为特定客户开发软件的收费，应根据开发的完工进度确认收入。

4. 服务费。包含在商品售价内可区分的服务费，在提供服务的期间分期确认收入。

5. 艺术表演、招待宴会和其他特殊活动的收费。在相关活动发生时确认收入。收费涉及几项活动的，预收的款项应合理分配给每项活动，分别确认收入。

6. 会员费。申请入会或加入会员，只允许取得会籍，所有其他服务或商品都要另行收费的，在取得该会员费时确认收入。申请入会或加入会员后，会员在会员期内不再付费就可得到各种服务或商品，或者以低于非会员的价格销售商品或提供服务的，该会员费应在整个受益期内分期确认收入。

7. 特许权费。属于提供设备和其他有形资产的特许权费，在交付资产或转移资产所有权时确认收入；属于提供初始及后续服务的特许权费，在提供服务时确认收入。

8. 劳务费。长期为客户提供重复的劳务收取的劳务费，在相关劳务活动发生时确认收入。

三、企业以买一赠一等方式组合销售本企业商品的，不属于捐赠，应将总的销售金额按各项商品的公允价值的比例来分摊确认各项的销售收入。

国家税务总局关于母子公司间提供服务支付费用有关企业所得税处理问题的通知

（2008年8月14日　国税发〔2008〕86号）

各省、自治区、直辖市和计划单列市国家税务局、地方税务局：

根据《中华人民共和国企业所得税法》及其实施条例的有关规定，现就在中国境内，属于不同独立法人的母子公司之间提供服务支付费用有关企业所得税处理问题通知如下：

一、母公司为其子公司（以下简称子公司）提供各种服务而发生的费用，应按照独立企业之间公平交易原则确定服务的价格，作为企业正常的劳务费用进行税务处理。

母子公司未按照独立企业之间的业务往来收取价款的，税务机关有权予以调整。

二、母公司向其子公司提供各项服务，双方应签订服务合同或协议，明确规定提供服务的内容、收费标准及金额等，凡按上述合同或协议规定所发生的服务费，母公司应作为营业收入申报纳税；子公司作为成本费用在税前扣除。

三、母公司向其多个子公司提供同类项服务，其收取的服务费可以采取分项签订合同或协议收取；也可以采取服务分摊协议的方式，即，由母公司与各子公司签订服务费用分摊合同或协议，以母公司为其子公司提供服务所发生的实际费用并附加一定比例利润作为向子公司收取的总服务费，在各服务受益子公司（包括盈利企业、亏损企业和享受减免税企业）之间按《中华人民共和国企业所得税法》第四十一条第二款规定合理分摊。

四、母公司以管理费形式向子公司提取费用，子公司因此支付给母公司的管理费，不得在税前扣除。

五、子公司申报税前扣除向母公司支付的服务费用，应向主管税务机关提供与母公司签订的服务合同或者协议等与税前扣除该项费用相关的材料。不能提供相关材料的，支付的服务费用不得税前扣除。

跨省市总分机构企业所得税分配及预算管理办法

（2012年6月12日　财预〔2012〕40号）

为了保证《中华人民共和国企业所得税法》的顺利实施，妥善处理地区间利益分配关系，做好跨省市总分机构企业所得税收入的征缴和分配管理工作，制定本办法。

一、主要内容

（一）基本方法。属于中央与地方共享范围的跨省市总分机构企业缴纳的企业所得税，按照统一规范、兼顾总机构和分支机构所在地利益的原则，实行“统一计算、分级管理、就地预缴、汇总清算、财政调库”的处理办法，总分机构统一计算的当期应纳税额的地方分享部分中，25%由总机构所在地分享，50%由各分支机构所在地分享，25%按一定比例在各地间进行分配。

统一计算，是指居民企业应统一计算包括各个不具有法人资格营业机构在内的企业全部应纳税所得额、应纳税额。总机构和分支机构适用税率不一致的，应分别按适用税率计算应纳所得税额。

分级管理，是指居民企业总机构、分支机构，分别由所在地主管税务机关属地进行监督和管理。

就地预缴，是指居民企业总机构、分支机构，应按本办法规定的比例分别就地按月或者按季向所在地主管税务机关申报、预缴企业所得税。

汇总清算，是指在年度终了后，总分机构企业根据统一计算的年度应纳税所得额、应纳所得税额，抵减总机构、分支机构当年已就地分期预缴的企业所得税款后，多退少补。

财政调库，是指财政部定期将缴入中央总金库的跨省市总分机构企业所得税待分配收入，按照核定的系数调整至地方国库。

（二）适用范围。跨省市总分机构企业是指跨省（自治区、直辖市和计划单列市，下同）设立不具有法人资格分支机构的居民企业。

总机构和具有主体生产经营职能的二级分支机构就地预缴企业所得税。三级及三级以下分支机构，其营业收入、职工薪酬和资产总额等统一并入二级分支机构计算。

按照现行财政体制的规定，国有邮政企业（包括中国邮政集团公司及其控股公司和直属单位）、中国工商银行股份有限公司、中国农业银行股份有限公司、中国银行股份有限公司、国家开发银行股份有限公司、中国农业发展银行、中国进出口银行、中国投资有限责任公司、中国建设银行股份有限公司、中国建银投资有限责任公司、中国信达资产管理股份有限公司、中国石油天然气股份有限公司、中国石油化工股份有限公司、海洋石油天然气企业（包括中国海洋石油总公司、中海石油（中国）有限公司、中海油田服务股份有限公司、海洋石油工程股份有限公司）、中国长江电力股份有限公司等企业总分机构缴纳的企业所得税（包括滞纳金、罚款收入）为中央收入，全额上缴中央国库，不实行本办法。

不具有主体生产经营职能且在当地不缴纳营业税、增值税的产品售后服务、内部研发、仓储等企业内部辅助性的二级分支机构以及上年度符合条件的小型微利企业及其分支机构，不实行本办法。

居民企业在中国境外设立不具有法人资格分支机构的，按本办法计算有关分期预缴企业所得税时，其应纳税所得额、应纳所得税额及分摊因素数额，均不包括其境外分支机构。

二、预算科目

从2013年起，在《政府收支分类科目》中增设1010449项“分支机构汇算清缴所得税”科目，其下设01目“国有企业分支机构汇算清缴所得税”、02目“股份制企业分支机构汇算清缴所得税”、03目“港澳台和外商投资企业分支机构汇算清缴所得税”、99目“其他企业分支机构汇算清缴所得税”，有关科目说明及其他修订情况见《2013年政府收支分类科目》。

三、税款预缴

由总机构统一计算企业应纳税所得额和应纳所得税额，并分别由总机构、分支机构按月或按季就地预缴。

（一）分支机构分摊预缴税款。总机构在每月或每季终了之日起十日内，按照上年度各省市分支机构的营业收入、职工薪酬和资产总额三个因素，将统一计算的企业当期应纳税额的50%在各分支机构之间进行分摊（总机构所在省市同时设有分支机构的，同样按三个因素分摊），各分支机构根据分摊税款就地办理缴库，所缴纳税款收入由中央与分支机构所在地按60∶40分享。分摊时三个因素权重依次为0.35、0.35和0.3。当年新设立的分支机构第二年起参与分摊；当年撤销的分支机构自办理注销税务登记之日起不参与分摊。

本办法所称的分支机构营业收入，是指分支机构销售商品、提供劳务、让渡资产使用权等日常经营活动实现的全部收入。其中，生产经营企业分支机构营业收入是指生产经营企业分支机构销售商品、提供劳务、让渡资产使用权等取得的全部收入；金融企业分支机构营业收入是指金融企业分支机构取得的利息、手续费、佣金等全部收入；保险企业分支机构营业收入是指保险企业分支机构取得的保费等全部收入。

本办法所称的分支机构职工薪酬，是指分支机构为获得职工提供的服务而给予职工的各种形式的报酬。

本办法所称的分支机构资产总额，是指分支机构在12月

31 日拥有或者控制的资产合计额。

各分支机构分摊预缴额按下列公式计算：

各分支机构分摊预缴额 = 所有分支机构应分摊的预缴总额 × 该分支机构分摊比例

其中：

所有分支机构应分摊的预缴总额 = 统一计算的企业当期应纳所得税额 ×50%

该分支机构分摊比例 =（该分支机构营业收入/各分支机构营业收入之和）×0.35 +（该分支机构职工薪酬/各分支机构职工薪酬之和）×0.35 +（该分支机构资产总额/各分支机构资产总额之和）×0.30

以上公式中，分支机构仅指需要参与就地预缴的分支机构。

（二）总机构就地预缴税款。总机构应将统一计算的企业当期应纳税额的 25%，就地办理缴库，所缴纳税款收入由中央与总机构所在地按 60: 40 分享。

（三）总机构预缴中央国库税款。总机构应将统一计算的企业当期应纳税额的剩余 25%，就地全额缴入中央国库，所缴纳税款收入 60% 为中央收入，40% 由财政部按照 2004 年至 2006 年各省市三年实际分享企业所得税占地方分享总额的比例定期向各省市分配。

四、汇总清算

企业总机构汇总计算企业年度应纳所得税额，扣除总机构和各境内分支机构已预缴的税款，计算出应补应退税款，分别由总机构和各分支机构（不包括当年已办理注销税务登记的分支机构）就地办理税款缴库或退库。

（一）补缴的税款按照预缴的分配比例，50% 由各分支机构就地办理缴库，所缴纳税款收入由中央与分支机构所在地按60: 40分享；25% 由总机构就地办理缴库，所缴纳税款收入由中央与总机构所在地按60: 40分享；其余 25% 部分就地全额缴入中央国库，所缴纳税款收入中 60% 为中央收入，40% 由财政部按照 2004 年至 2006 年各省市三年实际分享企业所得税占地方分享总额的比例定期向各省市分配。

（二）多缴的税款按照预缴的分配比例，50% 由各分支机构就地办理退库，所退税款由中央与分支机构所在地按60: 40分担；25% 由总机构就地办理退库，所退税款由中央与总机构所在地按60: 40分担；其余 25% 部分就地从中央国库退库，其中 60% 从中央级 1010442 项“总机构汇算清缴所得税”下有关科目退付，40% 从中央级 1010443 项“企业所得税待分配收入”下有关科目退付。

五、税款缴库程序

（一）分支机构分摊的预缴税款、汇算补缴税款、查补税款（包括滞纳金和罚款）由分支机构办理就地缴库。分支机构所在地税务机关开具税收缴款书，预算科目栏按企业所有制性质对应填写 1010440 项“分支机构预缴所得税”、1010449 项“分支机构汇算清缴所得税”和 1010450 项“企业所得税查补税款、滞纳金、罚款收入”下的有关目级科目名称及代码，“级次”栏填写“中央 60%、地方 40%”。

（二）总机构就地预缴、汇算补缴、查补税款（包括滞纳金和罚款）由总机构合并办理就地缴库。中央与地方分配方式为中央 60%，企业所得税待分配收入（暂列中央收入）20%，总机构所在地 20%。总机构所在地税务机关开具税收缴款书，预算科目栏按企业所有制性质对应填写 1010441 项“总机构预缴所得税”、1010442 项“总机构汇算清缴所得税”和 1010450 项“企业所得税查补税款、滞纳金、罚款收入”下的有关目级科目名称及代码，“级次”栏按上述分配比例填写“中央 60%、中央 20%（待分配）、地方 20%”。

国库部门收到税款（包括滞纳金和罚款）后，将其中 60% 列入中央级 1010441 项“总机构预缴所得税”、1010442 项“总机构汇算清缴所得税”和 1010450 项“企业所得税查补税款、滞纳金、罚款收入”下有关目级科目，20% 列入中央级 1010443 项“企业所得税待分配收入”下有关目级科目，20% 列入地方级 1010441 项“总机构预缴所得税”、1010442 项“总机构汇算清缴所得税”和 1010450 项“企业所得税查补税款、滞纳金、罚款收入”下有关目级科目。

（三）多缴的税款由分支机构和总机构所在地税务机关开具收入退还书并按规定办理退库。收入退还书预算科目按企业所有制性质对应填写，预算级次按原缴款时的级次填写。

六、财政调库

财政部根据 2004 年至 2006 年各省市三年实际分享企业所得税占地方分享总额的比例，定期向中央总金库按目级科目开具分地区调库划款指令，将“企业所得税待分配收入”全额划转至地方国库。地方国库收款后，全额列入地方级 1010441 项“总机构预缴所得税”下的目级科目办理入库，并通知同级财政部门。

七、其他

（一）跨省市总分机构企业缴纳的所得税查补税款、滞纳金、罚款收入，按中央与地方60: 40分成比例就地缴库。需要退还的所得税查补税款、滞纳金和罚款收入仍按现行管理办法办理审批退库手续。

（二）财政部于每年 1 月初按中央总金库截至上年 12 月 31 日的跨省市总分机构企业所得税待分配收入进行分配，并在库款报解整理期（1 月 1 日至 1 月 10 日）内划转至地方国库；地方国库收到下划资金后，金额纳入上年度地方预算收入。地方财政列入上年度收入决算。各省市分库在 12 月 31 日向中央总金库报解最后一份中央预算收入日报表后，整理期内再收纳的跨省市分机构企业缴纳的所得税，统一作为新年度的缴库收入处理。

（三）税务机关与国库部门在办理总机构缴纳的所得税对账时，需要将 1010441 项“总机构预缴所得税”、42 项“总机构汇算清缴所得税”、43 项“企业所得税待分配收入”下设的目级科目按级次核对一致。

（四）本办法自 2013 年 1 月 1 日起执行。《财政部、国家税务总局中国人民银行关于印发〈跨省市总分机构企业所得税分配及预算管理暂行办法〉的通知》（财预〔2008〕10 号）同时废止。

（五）分配给地方的跨省市总分机构企业所得税收入，以及省区域内跨市县经营企业缴纳的企业所得税收入，可参照本办法制定省以下分配与预算管理办法。

财政部、国家税务总局、中国人民银行关于《跨省市总分机构企业所得税分配及预算管理办法》的补充通知

（2012 年 12 月 25 日　财预〔2012〕453 号）

各省、自治区、直辖市、计划单列市财政厅（局）、国家税务局、地方税务局，财政部驻各省、自治区、直辖市、计划单列市财政监察专员办事处，中国人民银行上海总部，各分行、营业管理部，省会（首府）城市中心支行，深圳、大连、青岛、厦门、宁波市中心支行：

为更好落实《财政部、国家税务总局、中国人民银行关于印发〈跨省市总分机构企业所得税分配及预算管理办法〉的通知》（财预〔2012〕40 号），现对有关事项补充通知如下：

一、关于分支机构查补收入的归属。二级分支机构所在地主管税务机关自行对二级分支机构实施税务检查，二级分支机构应将查补所得税款、滞纳金、罚款地方分享部分的 50% 归属该二级分支机构所在地，就地办理缴库；其余 50% 分摊给总机构办理缴库，其中，25% 归属总机构所在地，25% 就地全额缴入中央国库，由中央财政按照一定比例在各地区间分配。

二、关于税款滞纳金、罚款收入的归属。除查补税款滞纳金、罚款收入实行跨地区分享外，跨省市总分机构企业缴纳的其他企业所得税滞纳金、罚款收入不实行跨地区分享，按照规定的缴库程序就地缴库。

三、关于预算科目的调整。将财预〔2012〕40 号文件和 2013 年《政府收支分类科目》中 1010450 项名称修改为“企业所得税税款滞纳金、罚款、加收利息收入”。1010450 项下 01 目名称修改为“内资企业所得税税款滞纳金、罚款、加收利息收入”；02 目名称修改为“港澳台和外商投资企业所得税税款滞纳金、罚款、加收利息收入”；03 目名称修改为“中央企业所得税税款滞纳金、罚款、加收利息收入”。科目具体修改情况见附件。

四、关于缴库程序。分支机构分摊的查补税款入库的预算科目为 1010449 项“分支机构汇算清缴所得税”下的有关目级科目，级次为“中央 60%、地方 40%”；滞纳金、罚款入库的预算科目为 1010450 项“企业所得税税款滞纳金、罚款、加收利息收入”下的有关目级科目，级次为“中央 60%、地方 40%”。

总机构分摊的查补税款入库的预算科目为 1010442 项“总机构汇算清缴所得税”下的有关目级科目，级次为“中央 60%、中央 20%（待分配）、地方 20%”；滞纳金、罚款入库的预算科目为 1010450 项“企业所得税税款滞纳金、罚款、加收利息收入”下的有关目级科目，级次为“中央 60%、中央 20%（待分配）、地方 20%”。国库部门收到总机构企业查补税款和滞纳金、罚款后，将其中 60% 列入中央级 1010442 项“总机构汇算清缴所得税”下的有关目级科目和 1010450 项“企业所得税税款滞纳金、罚款、加收利息收入”下的有关目级科目，20% 列入中央级 1010443“企业所得税待分配收入”下的有关目级科目，20% 列入地方级 1010442 项“总机构汇算清缴所得税”下的有关目级科目和 1010450 项“企业所得税税款滞纳金、罚款、加收利息收入”下的有关目级科目。

五、其他。本办法实施后，缴纳和退还 2012 年及以前年度的企业所得税，仍按原办法执行。

财预〔2012〕40 号文件规定与本文规定不一致的，按本文规定执行。

附件：2013 年政府收支分类科目修订前后对照表（略）

跨地区经营汇总纳税企业所得税征收管理办法

（2012 年 12 月 27 日国家税务总局令第 57 号公告公布　根据 2018 年 6 月 15 日《国家税务总局关于修改部分税收规范性文件的公告》修正）

第一章　总　　则

第一条　为加强跨地区经营汇总纳税企业所得税的征收管理，根据《中华人民共和国企业所得税法》及其实施条例（以下简称《企业所得税法》）、《中华人民共和国税收征收管理法》及其实施细则（以下简称《征收管理法》）和《财政部、国家税务总局、中国人民银行关于印发〈跨省市总分机构企业所得税分配及预算管理办法〉的通知》（财预〔2012〕40 号）等的有关规定，制定本办法。

第二条　居民企业在中国境内跨地区（指跨省、自治区、直辖市和计划单列市，下同）设立不具有法人资格分支机构的，该居民企业为跨地区经营汇总纳税企业（以下简称汇总纳税企业），除另有规定外，其企业所得税征收管理适用本办法。

国有邮政企业（包括中国邮政集团公司及其控股公司和直属单位）、中国工商银行股份有限公司、中国农业银行股份有限公司、中国银行股份有限公司、国家开发银行股份有限公司、中国农业发展银行、中国进出口银行、中国投资有限责任公司、中国建设银行股份有限公司、中国建银投资有限责任公

司、中国信达资产管理股份有限公司、中国石油天然气股份有限公司、中国石油化工股份有限公司、海洋石油天然气企业（包括中国海洋石油总公司、中海石油（中国）有限公司、中海油田服务股份有限公司、海洋石油工程股份有限公司）、中国长江电力股份有限公司等企业缴纳的企业所得税（包括滞纳金、罚款）为中央收入，全额上缴中央国库，其企业所得税征收管理不适用本办法。

铁路运输企业所得税征收管理不适用本办法。

第三条 汇总纳税企业实行"统一计算、分级管理、就地预缴、汇总清算、财政调库"的企业所得税征收管理办法：

（一）统一计算，是指总机构统一计算包括汇总纳税企业所属各个不具有法人资格分支机构在内的全部应纳税所得额、应纳税额。

（二）分级管理，是指总机构、分支机构所在地的主管税务机关都有对当地机构进行企业所得税管理的责任，总机构和分支机构应分别接受机构所在地主管税务机关的管理。

（三）就地预缴，是指总机构、分支机构应按本办法的规定，分月或分季分别向所在地主管税务机关申报预缴企业所得税。

（四）汇总清算，是指在年度终了后，总机构统一计算汇总纳税企业的年度应纳税所得额、应纳所得税额，抵减总机构、分支机构当年已就地分期预缴的企业所得税款后，多退少补。

（五）财政调库，是指财政部定期将缴入中央国库的汇总纳税企业所得税待分配收入，按照核定的系数调整至地方国库。

第四条 总机构和具有主体生产经营职能的二级分支机构，就地分摊缴纳企业所得税。

二级分支机构，是指汇总纳税企业依法设立并领取非法人营业执照（登记证书），且总机构对其财务、业务、人员等直接进行统一核算和管理的分支机构。

第五条 以下二级分支机构不就地分摊缴纳企业所得税：

（一）不具有主体生产经营职能，且在当地不缴纳增值税、营业税的产品售后服务、内部研发、仓储等汇总纳税企业内部辅助性的二级分支机构，不就地分摊缴纳企业所得税。

（二）上年度认定为小型微利企业的，其二级分支机构不就地分摊缴纳企业所得税。

（三）新设立的二级分支机构，设立当年不就地分摊缴纳企业所得税。

（四）当年撤销的二级分支机构，自办理注销税务登记之日所属企业所得税预缴期间起，不就地分摊缴纳企业所得税。

（五）汇总纳税企业在中国境外设立的不具有法人资格的二级分支机构，不就地分摊缴纳企业所得税。

第二章 税款预缴和汇算清缴

第六条 汇总纳税企业按照《企业所得税法》规定汇总计算的企业所得税，包括预缴税款和汇算清缴应缴应退税款，50%在各分支机构间分摊，各分支机构根据分摊税款就地办理缴库或退库；50%由总机构分摊缴纳，其中25%就地办理缴库或退库，25%就地全额缴入中央国库或退库。具体的税款缴库或退库程序按照财预〔2012〕40号文件第五条等相关规定执行。

第七条 企业所得税分月或者分季预缴，由总机构所在地主管税务机关具体核定。

汇总纳税企业应根据当期实际利润额，按照本办法规定的预缴分摊方法计算总机构和分支机构的企业所得税预缴额，分别由总机构和分支机构就地预缴；在规定期限内按实际利润额预缴有困难的，也可以按照上一年度应纳税所得额的1/12或1/4，按照本办法规定的预缴分摊方法计算总机构和分支机构的企业所得税预缴额，分别由总机构和分支机构就地预缴。预缴方法一经确定，当年度不得变更。

第八条 总机构应将本期企业应纳所得税额的50%部分，在每月或季度终了后15日内就地申报预缴。总机构应将本期企业应纳所得税额的另外50%部分，按照各分支机构应分摊的比例，在各分支机构之间进行分摊，并及时通知到各分支机构；各分支机构应在每月或季度终了之日起15日内，就其分摊的所得税额就地申报预缴。

分支机构未按税款分配数额预缴所得税造成少缴税款的，主管税务机关应按照《征收管理法》的有关规定对其处罚，并将处罚结果通知总机构所在地主管税务机关。

第九条 汇总纳税企业预缴申报时，总机构除报送企业所得税预缴申报表和企业当期财务报表外，还应报送汇总纳税企业分支机构所得税分配表和各分支机构上一年度的年度财务报表（或年度财务状况和营业收支情况）；分支机构除报送企业所得税预缴申报表（只填列部分项目）外，还应报送经总机构所在地主管税务机关受理的汇总纳税企业分支机构所得税分配表。

在一个纳税年度内，各分支机构上一年度的年度财务报表（或年度财务状况和营业收支情况）原则上只需要报送一次。

第十条 汇总纳税企业应当自年度终了之日起5个月内，由总机构汇总计算企业年度应纳所得税额，扣除总机构和各分支机构已预缴的税款，计算出应缴应退税款，按照本办法规定的税款分摊方法计算总机构和分支机构的企业所得税应缴应退税款，分别由总机构和分支机构就地办理税款缴库或退库。

汇总纳税企业在纳税年度内预缴企业所得税税款少于全年应缴企业所得税税款的，应在汇算清缴期内由总、分机构分别结清应缴的企业所得税税款；预缴税款超过应缴税款的，主管税务机关应及时按有关规定分别办理退税，或者经总、分机构同意后分别抵缴其下一年度应缴企业所得税税款。

第十一条 汇总纳税企业汇算清缴时，总机构除报送企业所得税年度纳税申报表和年度财务报表外，还应报送汇总纳税企业分支机构所得税分配表、各分支机构的年度财务报表和各分支机构参与企业年度纳税调整情况的说明；分支机构除报送企业所得税年度纳税申报表（只填列部分项目）外，还应报送经总机构所在地主管税务机关受理的汇总纳税企业分支机构所得税分配表、分支机构的年度财务报表（或年度财务状况和营业收支情况）和分支机构参与企业年度纳税调整情况的说明。

分支机构参与企业年度纳税调整情况的说明，可参照企业所得税年度纳税申报表附表“纳税调整项目明细表”中列明的项目进行说明，涉及需由总机构统一计算调整的项目不进行说明。

第十二条 分支机构未按规定报送经总机构所在地主管税务机关受理的汇总纳税企业分支机构所得税分配表，分支机构所在地主管税务机关应责成该分支机构在申报期内报送，同时提请总机构所在地主管税务机关督促总机构按照规定提供上述分配表；分支机构在申报期内不提供的，由分支机构所在地主管税务机关对分支机构按照《征收管理法》的有关规定予以处罚；属于总机构未向分支机构提供分配表的，分支机构所在地主管税务机关还应提请总机构所在地主管税务机关对总机构按照《征收管理法》的有关规定予以处罚。

第三章 总分机构分摊税款的计算

第十三条 总机构按以下公式计算分摊税款：

总机构分摊税款 = 汇总纳税企业当期应纳所得税额 × 50%

第十四条 分支机构按以下公式计算分摊税款：

所有分支机构分摊税款总额 = 汇总纳税企业当期应纳所得税额 ×50%

某分支机构分摊税款 = 所有分支机构分摊税款总额 × 该分支机构分摊比例

第十五条 总机构应按照上年度分支机构的营业收入、职工薪酬和资产总额三个因素计算各分支机构分摊所得税款的比例；三级及以下分支机构，其营业收入、职工薪酬和资产总额统一计入二级分支机构；三因素的权重依次为0.35、0.35、0.30。

计算公式如下：

某分支机构分摊比例 =（该分支机构营业收入/各分支机构营业收入之和）×0.35 +（该分支机构职工薪酬/各分支机构职工薪酬之和）×0.35 +（该分支机构资产总额/各分支机构资产总额之和）×0.30

分支机构分摊比例按上述方法一经确定后，除出现本办法第五条第（四）项和第十六条第二、三款情形外，当年不作调整。

第十六条 总机构设立具有主体生产经营职能的部门（非本办法第四条规定的二级分支机构），且该部门的营业收入、职工薪酬和资产总额与管理职能部门分开核算的，可将该部门视同一个二级分支机构，按本办法规定计算分摊并就地缴纳企业所得税；该部门与管理职能部门的营业收入、职工薪酬和资产总额不能分开核算的，该部门不得视同一个二级分支机构，不得按本办法规定计算分摊并就地缴纳企业所得税。

汇总纳税企业当年由于重组等原因从其他企业取得重组当年之前已存在的二级分支机构，并作为本企业二级分支机构管理的，该二级分支机构不视同当年新设立的二级分支机构，按本办法规定计算分摊并就地缴纳企业所得税。

汇总纳税企业内就地分摊缴纳企业所得税的总机构、二级分支机构之间，发生合并、分立、管理层级变更等形成的新设或存续的二级分支机构，不视同当年新设立的二级分支机构，按本办法规定计算分摊并就地缴纳企业所得税。

第十七条 本办法所称分支机构营业收入，是指分支机构销售商品、提供劳务、让渡资产使用权等日常经营活动实现的全部收入。其中，生产经营企业分支机构营业收入是指生产经营企业分支机构销售商品、提供劳务、让渡资产使用权等取得的全部收入。金融企业分支机构营业收入是指金融企业分支机构取得的利息、手续费、佣金等全部收入。保险企业分支机构营业收入是指保险企业分支机构取得的保费等全部收入。

本办法所称分支机构职工薪酬，是指分支机构为获得职工提供的服务而给予各种形式的报酬以及其他相关支出。

本办法所称分支机构资产总额，是指分支机构在经营活动中实际使用的应归属于该分支机构的资产合计额。

本办法所称上年度分支机构的营业收入、职工薪酬和资产总额，是指分支机构上年度全年的营业收入、职工薪酬数据和上年度12月31日的资产总额数据，是依照国家统一会计制度的规定核算的数据。

一个纳税年度内，总机构首次计算分摊税款时采用的分支机构营业收入、职工薪酬和资产总额数据，与此后经过中国注册会计师审计确认的数据不一致的，不作调整。

第十八条 对于按照税收法律、法规和其他规定，总机构和分支机构处于不同税率地区的，先由总机构统一计算全部应纳税所得额，然后按本办法第六条规定的比例和按第十五条计算的分摊比例，计算划分不同税率地区机构的应纳税所得额，再分别按各自的适用税率计算应纳税额后加总计算出汇总纳税企业的应纳所得税总额，最后按本办法第六条规定的比例和按第十五条计算的分摊比例，向总机构和分支机构分摊就地缴纳的企业所得税款。

第十九条 分支机构所在地主管税务机关应根据经总机构所在地主管税务机关受理的汇总纳税企业分支机构所得税分配表、分支机构的年度财务报表（或年度财务状况和营业收支情况)等,对其主管分支机构计算分摊税款比例的三个因素、计算的分摊税款比例和应分摊缴纳的所得税税款进行查验核对;对查验项目有异议的,应于收到汇总纳税企业分支机构所得税分配表后30日内向企业总机构所在地主管税务机关提出书面复核建议,并附送相关数据资料。

总机构所在地主管税务机关必须于收到复核建议后30日内,对分摊税款的比例进行复核,作出调整或维持原比例的决定,并将复核结果函复分支机构所在地主管税务机关。分支机构所在地主管税务机关应执行总机构所在地主管税务机关的复核决定。

总机构所在地主管税务机关未在规定时间内复核并函复复核结果的,上级税务机关应对总机构所在地主管税务机关按照有关规定进行处理。

复核期间,分支机构应先按总机构确定的分摊比例申报缴纳税款。

第二十条 汇总纳税企业未按照规定准确计算分摊税款,造成总机构与分支机构之间同时存在一方(或几方)多缴另一方(或几方)少缴税款的,其总机构或分支机构分摊缴纳的企业所得税低于按本办法规定计算分摊的数额的,应在下一税款缴纳期内,由总机构将按本办法规定计算分摊的税款差额分摊到总机构或分支机构补缴;其总机构或分支机构就地缴纳的企业所得税高于按本办法规定计算分摊的数额的,应在下一税款缴纳期内,由总机构将按本办法规定计算分摊的税款差额从总机构或分支机构的分摊税款中扣减。

第四章 日常管理

第二十一条 汇总纳税企业总机构和分支机构应依法办理税务登记,接受所在地主管税务机关的监督和管理。

第二十二条 总机构应将其所有二级及以下分支机构(包括本办法第五条规定的分支机构)信息报其所在地主管税务机关备案,内容包括分支机构名称、层级、地址、邮编、纳税人识别号及企业所得税主管税务机关名称、地址和邮编。

分支机构(包括本办法第五条规定的分支机构)应将其总机构、上级分支机构和下属分支机构信息报其所在地主管税务机关备案,内容包括总机构、上级机构和下属分支机构名称、层级、地址、邮编、纳税人识别号及企业所得税主管税务机关名称、地址和邮编。

上述备案信息发生变化的,除另有规定外,应在内容变化后30日内报总机构和分支机构所在地主管税务机关备案,并办理变更税务登记。

分支机构注销税务登记后15日内,总机构应将分支机构注销情况报所在地主管税务机关备案,并办理变更税务登记。

第二十三条 以总机构名义进行生产经营的非法人分支机构,无法提供汇总纳税企业分支机构所得税分配表,应在预缴申报期内向其所在地主管税务机关报送非法人营业执照(或登记证书)的复印件、由总机构出具的二级及以下分支机构的有效证明和支持有效证明的相关材料(包括总机构拨款证明、总分机构协议或合同、公司章程、管理制度等),证明其二级及以下分支机构身份。

二级及以下分支机构所在地主管税务机关应对二级及以下分支机构进行审核鉴定,对应按本办法规定就地分摊缴纳企业所得税的二级分支机构,应督促其及时就地缴纳企业所得税。

第二十四条 以总机构名义进行生产经营的非法人分支机构,无法提供汇总纳税企业分支机构所得税分配表,也无法提供本办法第二十三条规定相关证据证明其二级及以下分支机构身份的,应视同独立纳税人计算并就地缴纳企业所得税,不执行本办法的相关规定。

按上款规定视同独立纳税人的分支机构,其独立纳税人身份一个年度内不得变更。

汇总纳税企业以后年度改变组织结构的,该分支机构应按本办法第二十三条规定报送相关证据,分支机构所在地主管税务机关重新进行审核鉴定。

第二十五条 汇总纳税企业发生的资产损失,应按以下规定申报扣除:

(一)总机构及二级分支机构发生的资产损失,除应按专项申报和清单申报的有关规定各自向所在地主管税务机关申报外,二级分支机构还应同时上报总机构;三级及以下分支机构发生的资产损失不需向所在地主管税务机关申报,应并入二级分支机构,由二级分支机构统一申报。

(二)总机构对各分支机构上报的资产损失,除税务机关另有规定外,应以清单申报的形式向所在地主管税务机关申报。

(三)总机构将分支机构所属资产捆绑打包转让所发生的资产损失,由总机构向所在地主管税务机关专项申报。

二级分支机构所在地主管税务机关应对二级分支机构申报扣除的资产损失强化后续管理。

第二十六条 对于按照税收法律、法规和其他规定,由分支机构所在地主管税务机关管理的企业所得税优惠事项,分支机构所在地主管税务机关应加强审批(核)、备案管理,并通过评估、检查和台账管理等手段,加强后续管理。

第二十七条 总机构所在地主管税务机关应加强对汇总纳税企业申报缴纳企业所得税的管理,可以对企业自行实施税务检查,也可以与二级分支机构所在地主管税务机关联合实施税务检查。

总机构所在地主管税务机关应对查实项目按照《企业所得税法》的规定统一计算查增的应纳税所得额和应纳税额。

总机构应将查补所得税款(包括滞纳金、罚款,下同)的50%按照本办法第十五条规定计算的分摊比例,分摊给各分支机构(不包括本办法第五条规定的分支机构)缴纳,各分支机构根据分摊查补税款就地办理缴库;50% 分摊给总机构缴纳,其中 25% 就地办理缴库,25% 就地全额缴入中央国库。具体的税款缴库程序按照财预〔2012〕40 号文件第五条等相关规定执行。

汇总纳税企业缴纳查补所得税款时,总机构应向其所在地主管税务机关报送汇总纳税企业分支机构所得税分配表和总机构所在地主管税务机关出具的税务检查结论,各分支机构也应向其所在地主管税务机关报送经总机构所在地主管税务机关受理的汇总纳税企业分支机构所得税分配表和税务检查结论。

第二十八条 二级分支机构所在地主管税务机关应配合总机构所在地主管税务机关对其主管二级分支机构实施税务检查,也可以自行对该二级分支机构实施税务检查。

二级分支机构所在地主管税务机关自行对其主管二级分支机构实施税务检查,可对查实项目按照《企业所得税法》的规定自行计算查增的应纳税所得额和应纳税额。

计算查增的应纳税所得额时,应减除允许弥补的汇总纳税企业以前年度亏损;对于需由总机构统一计算的税前扣除项目,不得由分支机构自行计算调整。

二级分支机构应将查补所得税款的 50% 分摊给总机构缴纳,其中 25% 就地办理缴库,25% 就地全额缴入中央国库;50% 分摊给该二级分支机构就地办理缴库。具体的税款缴库程序按照财预〔2012〕40 号文件第五条等相关规定执行。

汇总纳税企业缴纳查补所得税款时,总机构应向其所在地主管税务机关报送经二级分支机构所在地主管税务机关受理的汇总纳税企业分支机构所得税分配表和二级分支机构所在地主管税务机关出具的税务检查结论,二级分支机构也应向其所在地主管税务机关报送汇总纳税企业分支机构所得税分配表和税务检查结论。

第二十九条 税务机关应将汇总纳税企业总机构、分支机构的税务登记信息、备案信息、总机构出具的分支机构有效证明情况及分支机构审核鉴定情况、企业所得税月(季)度预缴纳税申报表和年度纳税申报表、汇总纳税企业分支机构所得税分配表、财务报表(或年度财务状况和营业收支情况)、企业所得税款入库情况、资产损失情况、税收优惠情况、各分支机构参与企业年度纳税调整情况的说明、税务检查及查补税款分摊和入库情况等信息,定期分省汇总上传至国家税务总局跨地区经营汇总纳税企业管理信息交换平台。

第三十条 2008 年底之前已成立的汇总纳税企业,2009 年起新设立的分支机构,其企业所得税的征管部门应与总机构企业所得税征管部门一致;2009 年起新增汇总纳税企业,其分支机构企业所得税的管理部门也应与总机构企业所得税管理部门一致。

第三十一条 汇总纳税企业不得核定征收企业所得税。

第五章 附 则

第三十二条 居民企业在中国境内没有跨地区设立不具有法人资格分支机构,仅在同一省、自治区、直辖市和计划单列市(以下称同一地区)内设立不具有法人资格分支机构的,其企业所得税征收管理办法,由各省、自治区、直辖市和计划单列市税务局参照本办法制定。

居民企业在中国境内既跨地区设立不具有法人资格分支机构,又在同一地区内设立不具有法人资格分支机构的,其企业所得税征收管理实行本办法。

第三十三条 本办法自 2013 年 1 月 1 日起施行。

《国家税务总局关于印发〈跨地区经营汇总纳税企业所得税征收管理暂行办法〉的通知》(国税发〔2008〕28 号)、《国家税务总局关于跨地区经营汇总纳税企业所得税征收管理有关问题的通知》(国税函〔2008〕747 号)、《国家税务总局关于跨地区经营外商独资银行汇总纳税问题的通知》(国税函〔2008〕958 号)、《国家税务总局关于华能国际电力股份有限公司汇总计算缴纳企业所得税问题的通知》(国税函〔2009〕33 号)、《国家税务总局关于跨地区经营汇总纳税企业所得税征收管理若干问题的通知》(国税函〔2009〕221 号)和《国家税务总局关于华能国际电力股份有限公司所属分支机构 2008 年度预缴企业所得税款问题的通知》(国税函〔2009〕674 号)同时废止。

《国家税务总局关于发布〈中华人民共和国企业所得税月(季)度预缴纳税申报表〉等报表的公告》(税务总局公告 2011 年第 64 号)和《国家税务总局关于发布〈中华人民共和国企业所得税月(季)度预缴纳税申报表〉等报表的补充公告》(税务总局公告 2011 年第 76 号)规定与本办法不一致的,按本办法执行。

房地产开发经营业务企业所得税处理办法[①]

(2009 年 3 月 6 日国税发〔2009〕31 号公布 根据 2018 年 6 月 15 日《国家税务总局关于修改部分税收规范性文件的公告》修正)

第一章 总 则

第一条 根据《中华人民共和国企业所得税法》及其实施条例、《中华人民共和国税收征收管理法》及其实施细则等

① 本办法第二十六条第二款已被《国家税务总局关于房地产开发企业成本对象管理问题的公告》废止。

有关税收法律、行政法规的规定，制定本办法。

第二条 本办法适用于中国境内从事房地产开发经营业务的企业（以下简称企业）。

第三条 企业房地产开发经营业务包括土地的开发，建造、销售住宅、商业用房以及其他建筑物、附着物、配套设施等开发产品。除土地开发之外，其他开发产品符合下列条件之一的，应视为已经完工：

（一）开发产品竣工证明材料已报房地产管理部门备案。

（二）开发产品已开始投入使用。

（三）开发产品已取得了初始产权证明。

第四条 企业出现《中华人民共和国税收征收管理法》第三十五条规定的情形，税务机关可对其以往应缴的企业所得税按核定征收方式进行征收管理，并逐步规范，同时按《中华人民共和国税收征收管理法》等税收法律、行政法规的规定进行处理，但不得事先确定企业的所得税按核定征收方式进行征收、管理。

第二章 收入的税务处理

第五条 开发产品销售收入的范围为销售开发产品过程中取得的全部价款，包括现金、现金等价物及其他经济利益。企业代有关部门、单位和企业收取的各种基金、费用和附加等，凡纳入开发产品价内或由企业开具发票的，应按规定全部确认为销售收入；未纳入开发产品价内并由企业之外的其他收取部门、单位开具发票的，可作为代收代缴款项进行管理。

第六条 企业通过正式签订《房地产销售合同》或《房地产预售合同》所取得的收入，应确认为销售收入的实现，具体按以下规定确认：

（一）采取一次性全额收款方式销售开发产品的，应于实际收讫价款或取得索取价款凭据（权利）之日，确认收入的实现。

（二）采取分期收款方式销售开发产品的，应按销售合同或协议约定的价款和付款日确认收入的实现。付款方提前付款的，在实际付款日确认收入的实现。

（三）采取银行按揭方式销售开发产品的，应按销售合同或协议约定的价款确定收入额，其首付款应于实际收到日确认收入的实现，余款在银行按揭贷款办理转账之日确认收入的实现。

（四）采取委托方式销售开发产品的，应按以下原则确认收入的实现：

1. 采取支付手续费方式委托销售开发产品的，应按销售合同或协议中约定的价款于收到受托方已销开发产品清单之日确认收入的实现。

2. 采取视同买断方式委托销售开发产品的，属于企业与购买方签订销售合同或协议，或企业、受托方、购买方三方共同签订销售合同或协议的，如果销售合同或协议中约定的价格高于买断价格，则应按销售合同或协议中约定的价格计算的价款于收到受托方已销开发产品清单之日确认收入的实现；如果属于前两种情况中销售合同或协议中约定的价格低于买断价格，以及属于受托方与购买方签订销售合同或协议的，则应按买断价格计算的价款于收到受托方已销开发产品清单之日确认收入的实现。

3. 采取基价（保底价）并实行超基价双方分成方式委托销售开发产品的，属于由企业与购买方签订销售合同或协议，或企业、受托方、购买方三方共同签订销售合同或协议的，如果销售合同或协议中约定的价格高于基价，则应按销售合同或协议中约定的价格计算的价款于收到受托方已销开发产品清单之日确认收入的实现，企业按规定支付受托方的分成额，不得直接从销售收入中减除；如果销售合同或协议约定的价格低于基价的，则应按基价计算的价款于收到受托方已销开发产品清单之日确认收入的实现。属于由受托方与购买方直接签订销售合同的，则应按基价加上按规定取得的分成额于收到受托方已销开发产品清单之日确认收入的实现。

4. 采取包销方式委托销售开发产品的，包销期内可根据包销合同的有关约定，参照上述1至3项规定确认收入的实现；包销期满后尚未出售的开发产品，企业应根据包销合同或协议约定的价款和付款方式确认收入的实现。

第七条 企业将开发产品用于捐赠、赞助、职工福利、奖励、对外投资、分配给股东或投资人、抵偿债务、换取其他企事业单位和个人的非货币性资产等行为，应视同销售，于开发产品所有权或使用权转移，或于实际取得利益权利时确认收入（或利润）的实现。确认收入（或利润）的方法和顺序为：

（一）按本企业近期或本年度最近月份同类开发产品市场销售价格确定；

（二）由主管税务机关参照当地同类开发产品市场公允价值确定；

（三）按开发产品的成本利润率确定。开发产品的成本利润率不得低于15%，具体比例由主管税务机关确定。

第八条 企业销售未完工开发产品的计税毛利率由各省、自治区、直辖市税务局按下列规定进行确定：

（一）开发项目位于省、自治区、直辖市和计划单列市人民政府所在地城市城区和郊区的，不得低于15%。

（二）开发项目位于地及地级市城区及郊区的，不得低于10%。

（三）开发项目位于其他地区的，不得低于5%。

（四）属于经济适用房、限价房和危改房的，不得低于3%。

第九条 企业销售未完工开发产品取得的收入，应先按预计计税毛利率分季（或月）计算出预计毛利额，计入当期应纳税所得额。开发产品完工后，企业应及时结算其计税成本并计算此前销售收入的实际毛利额，同时将其实际毛利额与其对应的预计毛利额之间的差额，计入当年度企业本项目与其他项目合并计算的应纳税所得额。

在年度纳税申报时，企业须出具对该项开发产品实际毛利额与预计毛利额之间差异调整情况的报告以及税务机关需要的其他相关资料。

第十条 企业新建的开发产品在尚未完工或办理房地产初始登记、取得产权证前，与承租人签订租赁预约协议的，自开发产品交付承租人使用之日起，出租方取得的预租价款按租金确认收入的实现。

第三章 成本、费用扣除的税务处理

第十一条 企业在进行成本、费用的核算与扣除时，必须按规定区分期间费用和开发产品计税成本、已销开发产品计税成本与未销开发产品计税成本。

第十二条 企业发生的期间费用、已销开发产品计税成本、营业税金及附加、土地增值税准予当期按规定扣除。

第十三条 开发产品计税成本的核算应按第四章的规定进行处理。

第十四条 已销开发产品的计税成本，按当期已实现销售的可售面积和可售面积单位工程成本确认。可售面积单位工程成本和已销开发产品的计税成本按下列公式计算确定：

可售面积单位工程成本 = 成本对象总成本 ÷ 成本对象总可售面积

已销开发产品的计税成本 = 已实现销售的可售面积 × 可售面积单位工程成本

第十五条 企业对尚未出售的已完工开发产品和按照有关法律、法规或合同规定对已售开发产品（包括共用部位、共用设施设备）进行日常维护、保养、修理等实际发生的维修费用，准予在当期据实扣除。

第十六条 企业将已计入销售收入的共用部位、共用设施设备维修基金按规定移交给有关部门、单位的，应于移交时扣除。

第十七条 企业在开发区内建造的会所、物业管理场所、电站、热力站、水厂、文体场馆、幼儿园等配套设施，按以下规定进行处理：

（一）属于非营利性且产权属于全体业主的，或无偿赠与地方政府、公用事业单位的，可将其视为公共配套设施，其建造费用按公共配套设施费的有关规定进行处理。

（二）属于营利性的，或产权归企业所有的，或未明确产权归属的，或无偿赠与地方政府、公用事业单位以外其他单位的，应当单独核算其成本。除企业自用应按建造固定资产进行处理外，其他一律按建造开发产品进行处理。

第十八条 企业在开发区内建造的邮电通讯、学校、医疗设施应单独核算成本，其中，由企业与国家有关业务管理部门、单位合资建设，完工后有偿移交的，国家有关业务管理部门、单位给予的经济补偿可直接抵扣该项目的建造成本，抵扣后的差额应调整当期应纳税所得额。

第十九条 企业采取银行按揭方式销售开发产品的，凡约定企业为购买方的按揭贷款提供担保的，其销售开发产品时向银行提供的保证金（担保金）不得从销售收入中减除，也不得作为费用在当期税前扣除，但实际发生损失时可据实扣除。

第二十条 企业委托境外机构销售开发产品的，其支付境外机构的销售费用（含佣金或手续费）不超过委托销售收入10%的部分，准予据实扣除。

第二十一条 企业的利息支出按以下规定进行处理：

（一）企业为建造开发产品借入资金而发生的符合税收规定的借款费用，可按企业会计准则的规定进行归集和分配，其中属于财务费用性质的借款费用，可直接在税前扣除。

（二）企业集团或其成员企业统一向金融机构借款分摊集团内部其他成员企业使用的，借入方凡能出具从金融机构取得借款的证明文件，可以在使用借款的企业间合理的分摊利息费用，使用借款的企业分摊的合理利息准予在税前扣除。

第二十二条 企业因国家无偿收回土地使用权而形成的损失，可作为财产损失按有关规定在税前扣除。

第二十三条 企业开发产品（以成本对象为计量单位）整体报废或毁损，其净损失按有关规定审核确认后准予在税前扣除。

第二十四条 企业开发产品转为自用的，其实际使用时间累计未超过12个月又销售的，不得在税前扣除折旧费用。

第四章 计税成本的核算

第二十五条 计税成本是指企业在开发、建造开发产品（包括固定资产，下同）过程中所发生的按照税收规定进行核算与计量的应归入某项成本对象的各项费用。

第二十六条 成本对象是指为归集和分配开发产品开发、建造过程中的各项耗费而确定的费用承担项目。计税成本对象的确定原则如下：

（一）可否销售原则。开发产品能够对外经营销售的，应作为独立的计税成本对象进行成本核算；不能对外经营销售的，可先作为过渡性成本对象进行归集，然后再将其相关成本摊入能够对外经营销售的成本对象。

（二）分类归集原则。对同一开发地点、竣工时间相近、产品结构类型没有明显差异的群体开发的项目，可作为一个成本对象进行核算。

（三）功能区分原则。开发项目某组成部分相对独立，且具有不同使用功能时，可以作为独立的成本对象进行核算。

（四）定价差异原则。开发产品因其产品类型或功能不同等而导致其预期售价存在较大差异的，应分别作为成本对象进行核算。

（五）成本差异原则。开发产品因建筑上存在明显差异可能导致其建造成本出现较大差异的，要分别作为成本对象进行核算。

（六）权益区分原则。开发项目属于受托代建的或多方合作开发的，应结合上述原则分别划分成本对象进行核算。

成本对象由企业在开工之前合理确定，并报主管税务机关备案。成本对象一经确定，不能随意更改或相互混淆，如确需改变成本对象的，应征得主管税务机关同意。

第二十七条 开发产品计税成本支出的内容如下：

（一）土地征用费及拆迁补偿费。指为取得土地开发使用权（或开发权）而发生的各项费用，主要包括土地买价或出让金、大市政配套费、契税、耕地占用税、土地使用费、土地闲置费、土地变更用途和超面积补交的地价及相关税费、拆迁补偿支出、安置及动迁支出、回迁房建造支出、农作物补偿费、危房补偿费等。

（二）前期工程费。指项目开发前期发生的水文地质勘察、测绘、规划、设计、可行性研究、筹建、场地通平等前期费用。

（三）建筑安装工程费。指开发项目开发过程中发生的各项建筑安装费用。主要包括开发项目建筑工程费和开发项目安装工程费等。

（四）基础设施建设费。指开发项目在开发过程中所发生的各项基础设施支出，主要包括开发项目内道路、供水、供电、供气、排污、排洪、通讯、照明等社区管网工程费和环境卫生、园林绿化等园林环境工程费。

（五）公共配套设施费：指开发项目内发生的、独立的、非营利性的，且产权属于全体业主的，或无偿赠与地方政府、政府公用事业单位的公共配套设施支出。

（六）开发间接费。指企业为直接组织和管理开发项目所发生的，且不能将其归属于特定成本对象的成本费用性支出。主要包括管理人员工资、职工福利费、折旧费、修理费、办公费、水电费、劳动保护费、工程管理费、周转房摊销以及项目营销设施建造费等。

第二十八条 企业计税成本核算的一般程序如下：

（一）对当期实际发生的各项支出，按其性质、经济用途及发生的地点、时间区进行整理、归类，并将其区分为应计入成本对象的成本和应在当期税前扣除的期间费用。同时还应按规定对在有关预提费用和待摊费用进行计量与确认。

（二）对应计入成本对象中的各项实际支出、预提费用、待摊费用等合理的划分为直接成本、间接成本和共同成本，并按规定将其合理的归集、分配至已完工成本对象、在建成本对象和未建成本对象。

（三）对期前已完工成本对象应负担的成本费用按已销开发产品、未销开发产品和固定资产进行分配，其中应由已销开发产品负担的部分，在当期纳税申报时进行扣除，未销开发产品应负担的成本费用待其实际销售时再予扣除。

（四）对本期已完工成本对象分类为开发产品和固定资产并对其计税成本进行结算。其中属于开发产品的，应按可售面积计算其单位工程成本，据此再计算已销开发产品计税成本和未销开发产品计税成本。对本期已销开发产品的计税成本，准予在当期扣除，未销开发产品计税成本待其实际销售时再予扣除。

（五）对本期未完工和尚未建造的成本对象应当负担的成本费用，应按分别建立明细台账，待开发产品完工后再予结算。

第二十九条 企业开发、建造的开发产品应按制造成本法进行计量与核算。其中，应计入开发产品成本中的费用属于直接成本和能够分清成本对象的间接成本，直接计入成本对象，共同成本和不能分清负担对象的间接成本，应按受益的原则和配比的原则分配至各成本对象，具体分配方法可按以下规定选择其一：

（一）占地面积法。指按已动工开发成本对象占地面积占开发用地总面积的比例进行分配。

1. 一次性开发的，按某一成本对象占地面积占全部成本对象占地总面积的比例进行分配。

2. 分期开发的，首先按本期全部成本对象占地面积占开发用地总面积的比例进行分配，然后再按某一成本对象占地面积占期内全部成本对象占地总面积的比例进行分配。

期内全部成本对象应负担的占地面积为期内开发用地占地面积减除应由各期成本对象共同负担的占地面积。

（二）建筑面积法。指按已动工开发成本对象建筑面积占开发用地总建筑面积的比例进行分配。

1. 一次性开发的，按某一成本对象建筑面积占全部成本对象建筑面积的比例进行分配。

2. 分期开发的，首先按期内成本对象建筑面积占开发用地计划建筑面积的比例进行分配，然后再按某一成本对象建筑面积占期内成本对象总建筑面积的比例进行分配。

（三）直接成本法。指按期内某一成本对象的直接开发成本占期内全部成本对象直接开发成本的比例进行分配。

（四）预算造价法。指按期内某一成本对象预算造价占期内全部成本对象预算造价的比例进行分配。

第三十条 企业下列成本应按以下方法进行分配：

（一）土地成本，一般按占地面积法进行分配。如果确需结合其他方法进行分配的，应商税务机关同意。

土地开发同时连结房地产开发的，属于一次性取得土地分期开发房地产的情况，其土地开发成本经商税务机关同意后可先按土地整体预算成本进行分配，待土地整体开发完毕再行调整。

（二）单独作为过渡性成本对象核算的公共配套设施开发成本，应按建筑面积法进行分配。

（三）借款费用属于不同成本对象共同负担的，按直接成本法或按预算造价法进行分配。

（四）其他成本项目的分配法由企业自行确定。

第三十一条 企业以非货币交易方式取得土地使用权的，应按下列规定确定其成本：

（一）企业、单位以换取开发产品为目的，将土地使用权投资企业的，按下列规定进行处理：

1. 换取的开发产品如为该项土地开发、建造的，接受投资的企业在接受土地使用权时暂不确认其成本，待首次分出开发产品时，再按应分出开发产品（包括首次分出的和以后应分出的）的市场公允价值和土地使用权转移过程中应支付的相关税费计算确认该项土地使用权的成本。如涉及补价，土地使用权的取得成本还应加上应支付的补价款或减除应收到的补价款。

2. 换取的开发产品如为其他土地开发、建造的，接受投资的企业在投资交易发生时，按应付出开发产品市场公允价值和土地使用权转移过程中应支付的相关税费计算确认该项土地使用权的成本。如涉及补价，土地使用权的取得成本还应加上应支付的补价款或减除应收到的补价款。

（二）企业、单位以股权的形式，将土地使用权投资企业的，接受投资的企业应在投资交易发生时，按该项土地使用权的市场公允价值和土地使用权转移过程中应支付的相关税费计算确认该项土地使用权的取得成本。如涉及补价，土地使用权的取得成本还应加上应支付的补价款或减除应收到的补价款。

第三十二条 除以下几项预提（应付）费用外，计税成本均应为实际发生的成本。

（一）出包工程未最终办理结算而未取得全额发票的，在证明资料充分的前提下，其发票不足金额可以预提，但最高不得超过合同总金额的10%。

（二）公共配套设施尚未建造或尚未完工的，可按预算造价合理预提建造费用。此类公共配套设施必须符合已在售房合同、协议或广告、模型中明确承诺建造且不可撤销，或按照法律法规规定必须配套建造的条件。

（三）应向政府上交但尚未上交的报批报建费用、物业完善费用可以按规定预提。物业完善费用是指按规定应由企业承担的物业管理基金、公建维修基金或其他专项基金。

第三十三条 企业单独建造的停车场所，应作为成本对象单独核算。利用地下基础设施形成的停车场所，作为公共配套设施进行处理。

第三十四条 企业在结算计税成本时其实际发生的支出应当取得但未取得合法凭据的，不得计入计税成本，待实际取得合法凭据时，再按规定计入计税成本。

第三十五条 开发产品完工以后，企业可在完工年度企业所得税汇算清缴前选择确定计税成本核算的终止日，不得滞后。凡已完工开发产品在完工年度未按规定结算计税成本，主管税务机关有权确定或核定其计税成本，据此进行纳税调整，并按《中华人民共和国税收征收管理法》的有关规定对其进行处理。

第五章 特定事项的税务处理

第三十六条 企业以本企业为主体联合其他企业、单位、个人合作或合资开发房地产项目，且该项目未成立独立法人公司的，按下列规定进行处理：

（一）凡开发合同或协议中约定向投资各方（即合作、合资方，下同）分配开发产品的，企业在首次分配开发产品时，如该项目已经结算计税成本，其应分配给投资方开发产品的计税成本与其投资额之间的差额计入当期应纳税所得额；如未结算计税成本，则将投资方的投资额视同销售收入进行相关的税务处理。

（二）凡开发合同或协议中约定分配项目利润的，应按以下规定进行处理：

1. 企业应将该项目形成的营业利润额并入当期应纳税所得额统一申报缴纳企业所得税，不得在税前分配该项目的利润。同时不能因接受投资方投资额而在成本中摊销或在税前扣除相关的利息支出。

2. 投资方取得该项目的营业利润应视同股息、红利进行相关的税务处理。

第三十七条 企业以换取开发产品为目的，将土地使用权投资其他企业房地产开发项目的，按以下规定进行处理：

企业应在首次取得开发产品时，将其分解为转让土地使用权和购入开发产品两项经济业务进行所得税处理，并按应从该项目取得的开发产品（包括首次取得的和以后应取得的）的市场公允价值计算确认土地使用权转让所得或损失。

第六章 附　　则

第三十八条 从事房地产开发经营业务的外商投资企业在2007年12月31日前存有销售未完工开发产品取得的收入，至该项开发产品完工后，一律按本办法第九条规定的办法进行税务处理。

第三十九条 本通知自2008年1月1日起执行。

财政部、国家税务总局关于补充养老保险费、补充医疗保险费有关企业所得税政策问题的通知

（2009年6月2日　财税〔2009〕27号）

各省、自治区、直辖市、计划单列市财政厅（局）、国家税务局、地方税务局，新疆生产建设兵团财务局：

根据《中华人民共和国企业所得税法》及其实施条例的

有关规定，现就补充养老保险费、补充医疗保险费有关企业所得税政策问题通知如下：

自2008年1月1日起，企业根据国家有关政策规定，为在本企业任职或者受雇的全体员工支付的补充养老保险费、补充医疗保险费，分别在不超过职工工资总额5%标准内的部分，在计算应纳税所得额时准予扣除；超过的部分，不予扣除。

企业重组业务企业所得税管理办法①

（2010年7月26日国家税务总局公告2010年第4号公布　自2010年1月1日起施行）

第一章　总则及定义

第一条　为规范和加强对企业重组业务的企业所得税管理，根据《中华人民共和国企业所得税法》（以下简称《税法》）及其实施条例（以下简称《实施条例》）、《中华人民共和国税收征收管理法》及其实施细则（以下简称《征管法》）、《财政部、国家税务总局关于企业重组业务企业所得税处理若干问题的通知》（财税〔2009〕59号）（以下简称《通知》）等有关规定，制定本办法。

第二条　本办法所称企业重组业务，是指《通知》第一条所规定的企业法律形式改变、债务重组、股权收购、资产收购、合并、分立等各类重组。

第三条　企业发生各类亘组业务，其当事各方，按重组类型，分别指以下企业：

（一）债务重组中当事各方，指债务人及债权人。

（二）股权收购中当事各方，指收购方、转让方及被收购企业。

（三）资产收购中当事各方，指转让方、受让方。

（四）合并中当事各方，指合并企业、被合并企业及各方股东。

（五）分立中当事各方，指分立企业、被分立企业及各方股东。

第四条　同一重组业务的当事各方应采取一致税务处理原则，即统一按一般性或特殊性税务处理。

第五条　《通知》第一条第（四）项所称实质经营性资产，是指企业用于从事生产经营活动、与产生经营收入直接相关的资产，包括经营所用各类资产、企业拥有的商业信息和技术、经营活动产生的应收款项、投资资产等。

第六条　《通知》第二条所称控股企业，是指由本企业直接持有股份的企业。

第七条　《通知》中规定的企业重组，其重组日的确定，按以下规定处理：

（一）债务重组，以债务重组合同或协议生效日为重组日。

（二）股权收购，以转让协议生效且完成股权变更手续日为重组日。

（三）资产收购，以转让协议生效且完成资产实际交割日为重组日。

（四）企业合并，以合并企业取得被合并企业资产所有权并完成工商登记变更日期为重组日。

（五）企业分立，以分立企业取得被分立企业资产所有权并完成工商登记变更日期为重组日。

第八条　重组业务完成年度的确定，可以按各当事方适用的会计准则确定，具体参照各当事方经审计的年度财务报告。由于当事方适用的会计准则不同导致重组业务完成年度的判定有差异时，各当事方应协商一致，确定同一个纳税年度作为重组业务完成年度。

第九条　本办法所称评估机构，是指具有合法资质的中国资产评估机构。

第二章　企业重组一般性税务处理管理

第十条　企业发生《通知》第四条第（一）项规定的由法人转变为个人独资企业、合伙企业等非法人组织，或将登记注册地转移至中华人民共和国境外（包括港澳台地区），应按照《财政部、国家税务总局关于企业清算业务企业所得税处理若干问题的通知》（财税〔2009〕60号）规定进行清算。

企业在报送《企业清算所得纳税申报表》时，应附送以下资料：

（一）企业改变法律形式的工商部门或其他政府部门的批准文件；

（二）企业全部资产的计税基础以及评估机构出具的资产评估报告；

（三）企业债权、债务处理或归属情况说明；

（四）主管税务机关要求提供的其他资料证明。

第十一条　企业发生《通知》第四条第（二）项规定的债务重组，应准备以下相关资料，以备税务机关检查。

（一）以非货币资产清偿债务的，应保留当事各方签订的清偿债务的协议或合同，以及非货币资产公允价格确认的合法证据等；

（二）债权转股权的，应保留当事各方签订的债权转股权协议或合同。

第十二条　企业发生《通知》第四条第（三）项规定的股权收购、资产收购重组业务，应准备以下相关资料，以备税务

① 本办法中第三条、第七条、第八条、第十六条、第十七条、第十八条、第二十二条、第二十三条、第二十四条、第二十五条、第二十七条、第三十二条被《国家税务总局关于企业重组业务企业所得税征收管理若干问题的公告》废止。第三十六条已被《国家税务总局关于非居民企业所得税源泉扣缴有关问题的公告》废止。

机关检查。

（一）当事各方所签订的股权收购、资产收购业务合同或协议；

（二）相关股权、资产公允价值的合法证据。

第十三条 企业发生《通知》第四条第（四）项规定的合并，应按照财税〔2009〕60 号文件规定进行清算。

被合并企业在报送《企业清算所得纳税申报表》时，应附送以下资料：

（一）企业合并的工商部门或其他政府部门的批准文件；

（二）企业全部资产和负债的计税基础以及评估机构出具的资产评估报告；

（三）企业债务处理或归属情况说明；

（四）主管税务机关要求提供的其他资料证明。

第十四条 企业发生《通知》第四条第（五）项规定的分立，被分立企业不再继续存在，应按照财税〔2009〕60 号文件规定进行清算。

被分立企业在报送《企业清算所得纳税申报表》时，应附送以下资料：

（一）企业分立的工商部门或其他政府部门的批准文件；

（二）被分立企业全部资产的计税基础以及评估机构出具的资产评估报告；

（三）企业债务处理或归属情况说明；

（四）主管税务机关要求提供的其他资料证明。

第十五条 企业合并或分立，合并各方企业或分立企业涉及享受《税法》第五十七条规定中就企业整体（即全部生产经营所得）享受的税收优惠过渡政策尚未期满的，仅就存续企业未享受完的税收优惠，按照《通知》第九条的规定执行；注销的被合并或被分立企业未享受完的税收优惠，不再由存续企业承继；合并或分立而新设的企业不得再承继或重新享受上述优惠。合并或分立各方企业按照《税法》的税收优惠规定和税收优惠过渡政策中就企业有关生产经营项目的所得享受的税收优惠承继问题，按照《实施条例》第八十九条规定执行。

第三章 企业重组特殊性税务处理管理

第十六条 企业重组业务，符合《通知》规定条件并选择特殊性税务处理的，应按照《通知》第十一条规定进行备案；如企业重组各方需要税务机关确认，可以选择由重组主导方向主管税务机关提出申请，层报省税务机关给予确认。

采取申请确认的，主导方和其他当事方不在同一省（自治区、市）的，主导方省税务机关应将确认文件抄送其他当事方所在地省税务机关。

省税务机关在收到确认申请时，原则上应在当年度企业所得税汇算清缴前完成确认。特殊情况，需要延长的，应将延长理由告知主导方。

第十七条 企业重组主导方，按以下原则确定：

（一）债务重组为债务人；

（二）股权收购为股权转让方；

（三）资产收购为资产转让方；

（四）吸收合并为合并后拟存续的企业，新设合并为合并前资产较大的企业；

（五）分立为被分立的企业或存续企业。

第十八条 企业发生重组业务，按照《通知》第五条第（一）项要求，企业在备案或提交确认申请时，应从以下方面说明企业重组具有合理的商业目的：

（一）重组活动的交易方式。即重组活动采取的具体形式、交易背景、交易时间、在交易之前和之后的运作方式和有关的商业常规；

（二）该项交易的形式及实质。即形式上交易所产生的法律权利和责任，也是该项交易的法律后果。另外，交易实际上或商业上产生的最终结果；

（三）重组活动给交易各方税务状况带来的可能变化；

（四）重组各方从交易中获得的财务状况变化；

（五）重组活动是否给交易各方带来了在市场原则下不会产生的异常经济利益或潜在义务；

（六）非居民企业参与重组活动的情况。

第十九条 《通知》第五条第（三）和第（五）项所称“企业重组后的连续 12 个月内”，是指自重组日起计算的连续 12 个月内。

第二十条 《通知》第五条第（五）项规定的原主要股东，是指原持有转让企业或被收购企业 20% 以上股权的股东。

第二十一条 《通知》第六条第（四）项规定的同一控制，是指参与合并的企业在合并前后均受同一方或相同的多方最终控制，且该控制并非暂时性的。能够对参与合并的企业在合并前后均实施最终控制权的相同多方，是指根据合同或协议的约定，对参与合并企业的财务和经营政策拥有决定控制权的投资者群体。在企业合并前，参与合并各方受最终控制方的控制在 12 个月以上，企业合并后所形成的主体在最终控制方的控制时间也应达到连续 12 个月。

第二十二条 企业发生《通知》第六条第（一）项规定的债务重组，根据不同情形，应准备以下资料：

（一）发生债务重组所产生的应纳税所得额占该企业当年应纳税所得额 50% 以上的，债务重组所得要求在 5 个纳税年度的期间内，均匀计入各年度应纳税所得额的，应准备以下资料：

1. 当事方的债务重组的总体情况说明（如果采取申请确认的，应为企业的申请，下同），情况说明中应包括债务重组的商业目的；

2. 当事各方所签订的债务重组合同或协议；

3. 债务重组所产生的应纳税所得额、企业当年应纳税所得额情况说明；

4. 税务机关要求提供的其他资料证明。

(二)发生债权转股权业务，债务人对债务清偿业务暂不确认所得或损失，债权人对股权投资的计税基础以原债权的计税基础确定，应准备以下资料：

1. 当事方的债务重组的总体情况说明。情况说明中应包括债务重组的商业目的；

2. 双方所签订的债转股合同或协议；

3. 企业所转换的股权公允价格证明；

4. 工商部门及有关部门核准相关企业股权变更事项证明材料；

5. 税务机关要求提供的其他资料证明。

第二十三条 企业发生《通知》第六条第(二)项规定的股权收购业务，应准备以下资料：

(一)当事方的股权收购业务总体情况说明，情况说明中应包括股权收购的商业目的；

(二)双方或多方所签订的股权收购业务合同或协议；

(三)由评估机构出具的所转让及支付的股权公允价值；

(四)证明重组符合特殊性税务处理条件的资料，包括股权比例，支付对价情况，以及 12 个月内不改变资产原来的实质性经营活动和原主要股东不转让所取得股权的承诺书等；

(五)工商等相关部门核准相关企业股权变更事项证明材料；

(六)税务机关要求的其他材料。

第二十四条 企业发生《通知》第六条第(三)项规定的资产收购业务，应准备以下资料：

(一)当事方的资产收购业务总体情况说明，情况说明中应包括资产收购的商业目的；

(二)当事各方所签订的资产收购业务合同或协议；

(三)评估机构出具的资产收购所体现的资产评估报告；

(四)受让企业股权的计税基础的有效凭证；

(五)证明重组符合特殊性税务处理条件的资料，包括资产收购比例，支付对价情况，以及 12 个月内不改变资产原来的实质性经营活动、原主要股东不转让所取得股权的承诺书等；

(六)工商部门核准相关企业股权变更事项证明材料；

(七)税务机关要求提供的其他材料证明。

第二十五条 企业发生《通知》第六条第(四)项规定的合并，应准备以下资料：

(一)当事方企业合并的总体情况说明。情况说明中应包括企业合并的商业目的；

(二)企业合并的政府主管部门的批准文件；

(三)企业合并各方当事人的股权关系说明；

(四)被合并企业的净资产、各单项资产和负债及其账面价值和计税基础等相关资料；

(五)证明重组符合特殊性税务处理条件的资料，包括合并前企业各股东取得股权支付比例情况、以及 12 个月内不改变资产原来的实质性经营活动、原主要股东不转让所取得股权的承诺书等；

(六)工商部门核准相关企业股权变更事项证明材料；

(七)主管税务机关要求提供的其他资料证明。

第二十六条 《通知》第六条第(四)项所规定的可由合并企业弥补的被合并企业亏损的限额，是指按《税法》规定的剩余结转年限内，每年可由合并企业弥补的被合并企业亏损的限额。

第二十七条 企业发生《通知》第六条第(五)项规定的分立，应准备以下资料：

(一)当事方企业分立的总体情况说明。情况说明中应包括企业分立的商业目的；

(二)企业分立的政府主管部门的批准文件；

(三)被分立企业的净资产、各单项资产和负债账面价值和计税基础等相关资料；

(四)证明重组符合特殊性税务处理条件的资料，包括分立后企业各股东取得股权支付比例情况、以及 12 个月内不改变资产原来的实质性经营活动、原主要股东不转让所取得股权的承诺书等；

(五)工商部门认定的分立和被分立企业股东股权比例证明材料；分立后，分立和被分立企业工商营业执照复印件；分立和被分立企业分立业务账务处理复印件；

(六)税务机关要求提供的其他资料证明。

第二十八条 根据《通知》第六条第(四)项第 2 目规定，被合并企业合并前的相关所得税事项由合并企业承继，以及根据《通知》第六条第(五)项第 2 目规定，企业分立，已分立资产相应的所得税事项由分立企业承继，这些事项包括尚未确认的资产损失、分期确认收入的处理以及尚未享受期满的税收优惠政策承继处理问题等。其中，对税收优惠政策承继处理问题，凡属于依照《税法》第五十七条规定中就企业整体(即全部生产经营所得)享受税收优惠过渡政策的，合并或分立后的企业性质及适用税收优惠条件未发生改变的，可以继续享受合并前各企业或分立前被分立企业剩余期限的税收优惠。合并前各企业剩余的税收优惠年限不一致的，合并后企业每年度的应纳税所得额，应统一按合并日各合并前企业资产占合并后企业总资产的比例进行划分，再分别按相应的剩余优惠计算应纳税额。合并前各企业或分立前被分立企业按照《税法》的税收优惠规定以及税收优惠过渡政策中就有关生产经营项目所得享受的税收优惠承继处理问题，按照《实施条例》第八十九条规定执行。

第二十九条 适用《通知》第五条第(三)项和第(五)项的当事各方应在完成重组业务后的下一年度的企业所得税年度申报时，向主管税务机关提交书面情况说明，以证明企业在重组后的连续12个月内,有关符合特殊性税务处理的条件未发生改变。

第三十条 当事方的其中一方在规定时间内发生生产经营业务、公司性质、资产或股权结构等情况变化,致使重组业务不再符合特殊性税务处理条件的,发生变化的当事方应在情况发生变化的30天内书面通知其他所有当事方。主导方在接到通知后30日内将有关变化通知其主管税务机关。

上款所述情况发生变化后60日内,应按照《通知》第四条的规定调整重组业务的税务处理。原交易各方应各自按原交易完成时资产和负债的公允价值计算重组业务的收益或损失,调整交易完成纳税年度的应纳税所得额及相应的资产和负债的计税基础,并向各自主管税务机关申请调整交易完成纳税年度的企业所得税年度申报表。逾期不调整申报的,按照《征管法》的相关规定处理。

第三十一条 各当事方的主管税务机关应当对企业申报或确认适用特殊性税务处理的重组业务进行跟踪监管,了解重组企业的动态变化情况。发现问题,应及时与其他当事方主管税务机关沟通联系,并按照规定给予调整。

第三十二条 根据《通知》第十条规定,若同一项重组业务涉及在连续12个月内分步交易,且跨两个纳税年度,当事各方在第一步交易完成时预计整个交易可以符合特殊性税务处理条件,可以协商一致选择特殊性税务处理的,可在第一步交易完成后,适用特殊性税务处理。主管税务机关在审核有关资料后,符合条件的,可以暂认可适用特殊性税务处理。第二年进行下一步交易后,应按本办法要求,准备相关资料确认适用特殊性税务处理。

第三十三条 上述跨年度分步交易,若当事方在首个纳税年度不能预计整个交易是否符合特殊性税务处理条件,应适用一般性税务处理。在下一纳税年度全部交易完成后,适用特殊性税务处理的,可以调整上一纳税年度的企业所得税年度申报表,涉及多缴税款的,各主管税务机关应退税,或抵缴当年应纳税款。

第三十四条 企业重组的当事各方应该取得并保管与该重组有关的凭证、资料,保管期限按照《征管法》的有关规定执行。

第四章 跨境重组税收管理

第三十五条 发生《通知》第七条规定的重组,凡适用特殊性税务处理规定的,应按照本办法第三章相关规定执行。

第三十六条 发生《通知》第七条第(一)、(二)项规定的重组,适用特殊税务处理的,应按照《国家税务总局关于印发〈非居民企业所得税源泉扣缴管理暂行办法〉的通知》(国税发〔2009〕3号)和《国家税务总局关于加强非居民企业股权转让所得企业所得税管理的通知》(国税函〔2009〕698号)要求,准备资料。

第三十七条 发生《通知》第七条第(三)项规定的重组,居民企业应向其所在地主管税务机关报送以下资料:

1. 当事方的重组情况说明,申请文件中应说明股权转让的商业目的;
2. 双方所签订的股权转让协议;
3. 双方控股情况说明;
4. 由评估机构出具的资产或股权评估报告。报告中应分别列示涉及的各单项被转让资产和负债的公允价值;
5. 证明重组符合特殊性税务处理条件的资料,包括股权或资产转让比例,支付对价情况,以及12个月内不改变资产原来的实质性经营活动、不转让所取得股权的承诺书等;
6. 税务机关要求的其他材料。

国家税务总局关于企业重组业务企业所得税征收管理若干问题的公告

(2015年6月24日国家税务总局公告2015年第48号公布 根据2018年6月15日《国家税务总局关于修改部分税收规范性文件的公告》修正)

根据《中华人民共和国企业所得税法》及其实施条例、《中华人民共和国税收征收管理法》及其实施细则、《国务院关于取消非行政许可审批事项的决定》(国发〔2015〕27号)、《财政部、国家税务总局关于企业重组业务企业所得税处理若干问题的通知》(财税〔2009〕59号)和《财政部、国家税务总局关于促进企业重组有关企业所得税处理问题的通知》(财税〔2014〕109号)等有关规定,现对企业重组业务企业所得税征收管理若干问题公告如下:

一、按照重组类型,企业重组的当事各方是指:

(一)债务重组中当事各方,指债务人、债权人。

(二)股权收购中当事各方,指收购方、转让方及被收购企业。

(三)资产收购中当事各方,指收购方、转让方。

(四)合并中当事各方,指合并企业、被合并企业及被合并企业股东。

(五)分立中当事各方,指分立企业、被分立企业及被分立企业股东。

上述重组交易中,股权收购中转让方、合并中被合并企业股东和分立中被分立企业股东,可以是自然人。

当事各方中的自然人应按个人所得税的相关规定进行税务处理。

二、重组当事各方企业适用特殊性税务处理的(指重组业务符合财税〔2009〕59号文件和财税〔2014〕109号文件第一条、第二条规定条件并选择特殊性税务处理的,下同),应按如下规定确定重组主导方：

（一）债务重组，主导方为债务人。

（二）股权收购，主导方为股权转让方，涉及两个或两个以上股权转让方，由转让被收购企业股权比例最大的一方作为主导方（转让股权比例相同的可协商确定主导方）。

（三）资产收购，主导方为资产转让方。

（四）合并，主导方为被合并企业，涉及同一控制下多家被合并企业的，以净资产最大的一方为主导方。

（五）分立，主导方为被分立企业。

三、财税〔2009〕59 号文件第十一条所称重组业务完成当年，是指重组日所属的企业所得税纳税年度。

企业重组日的确定，按以下规定处理：

1. 债务重组，以债务重组合同（协议）或法院裁定书生效日为重组日。

2. 股权收购，以转让合同（协议）生效且完成股权变更手续日为重组日。关联企业之间发生股权收购，转让合同（协议）生效后 12 个月内尚未完成股权变更手续的，应以转让合同（协议）生效日为重组日。

3. 资产收购，以转让合同（协议）生效且当事各方已进行会计处理的日期为重组日。

4. 合并，以合并合同（协议）生效、当事各方已进行会计处理且完成工商新设登记或变更登记日为重组日。按规定不需要办理工商新设或变更登记的合并，以合并合同（协议）生效且当事各方已进行会计处理的日期为重组日。

5. 分立，以分立合同（协议）生效、当事各方已进行会计处理且完成工商新设登记或变更登记日为重组日。

四、企业重组业务适用特殊性税务处理的，除财税〔2009〕59 号文件第四条第（一）项所称企业发生其他法律形式简单改变情形外，重组各方应在该重组业务完成当年，办理企业所得税年度申报时，分别向各自主管税务机关报送《企业重组所得税特殊性税务处理报告表及附表》（详见附件 1）和申报资料（详见附件 2）。合并、分立中重组一方涉及注销的，应在尚未办理注销税务登记手续前进行申报。

重组主导方申报后，其他当事方向其主管税务机关办理纳税申报。申报时还应附送重组主导方经主管税务机关受理的《企业重组所得税特殊性税务处理报告表及附表》（复印件）。

五、企业重组业务适用特殊性税务处理的，申报时，应从以下方面逐条说明企业重组具有合理的商业目的：

（一）重组交易的方式；

（二）重组交易的实质结果；

（三）重组各方涉及的税务状况变化；

（四）重组各方涉及的财务状况变化；

（五）非居民企业参与重组活动的情况。

六、企业重组业务适用特殊性税务处理的，申报时，当事各方还应向主管税务机关提交重组前连续 12 个月内有无与该重组相关的其他股权、资产交易情况的说明，并说明这些交易与该重组是否构成分步交易，是否作为一项企业重组业务进行处理。

七、根据财税〔2009〕59 号文件第十条规定，若同一项重组业务涉及在连续 12 个月内分步交易，且跨两个纳税年度，当事各方在首个纳税年度交易完成时预计整个交易符合特殊性税务处理条件，经协商一致选择特殊性税务处理的，可以暂时适用特殊性税务处理，并在当年企业所得税年度申报时提交书面申报资料。

在下一纳税年度全部交易完成后，企业应判断是否适用特殊性税务处理。如适用特殊性税务处理的，当事各方应按本公告要求申报相关资料；如适用一般性税务处理的，应调整相应纳税年度的企业所得税年度申报表，计算缴纳企业所得税。

八、企业发生财税〔2009〕59 号文件第六条第（一）项规定的债务重组，应准确记录应予确认的债务重组所得，并在相应年度的企业所得税汇算清缴时对当年确认额及分年结转额的情况做出说明。

主管税务机关应建立台账，对企业每年申报的债务重组所得与台账进行比对分析，加强后续管理。

九、企业发生财税〔2009〕59 号文件第七条第（三）项规定的重组，居民企业应准确记录应予确认的资产或股权转让收益总额，并在相应年度的企业所得税汇算清缴时对当年确认额及分年结转额的情况做出说明。

主管税务机关应建立台账，对居民企业取得股权的计税基础和每年确认的资产或股权转让收益进行比对分析，加强后续管理。

十、适用特殊性税务处理的企业，在以后年度转让或处置重组资产（股权）时，应在年度纳税申报时对资产（股权）转让所得或损失情况进行专项说明，包括特殊性税务处理时确定的重组资产（股权）计税基础与转让或处置时的计税基础的比对情况，以及递延所得税负债的处理情况等。

适用特殊性税务处理的企业，在以后年度转让或处置重组资产（股权）时，主管税务机关应加强评估和检查，将企业特殊性税务处理时确定的重组资产（股权）计税基础与转让或处置时的计税基础及相关的年度纳税申报表比对，发现问题的，应依法进行调整。

十一、税务机关应对适用特殊性税务处理的企业重组做好统计和相关资料的归档工作。各省、自治区、直辖市和计划单列市税务局应于每年 8 月底前将《企业重组所得税特殊性税务处理统计表》（详见附件 3）上报税务总局（所得税司）。

十二、本公告适用于 2015 年度及以后年度企业所得税汇算清缴。《国家税务总局关于发布〈企业重组业务企业所得税管理办法〉的公告》（国家税务总局公告 2010 年第 4 号）第三条、第七条、第八条、第十六条、第十七条、第十八条、第二十二条、第二十三条、第二十四条、第二十五条、第二十七条、第三十二条同时废止。

本公告施行时企业已经签订重组协议，但尚未完成重组的，按本公告执行。

特此公告。

附件：1. 企业重组所得税特殊性税务处理报告表及附表（略）

2. 企业重组所得税特殊性税务处理申报资料一览表（略）

3. 企业重组所得税特殊性税务处理统计表（略）

企业政策性搬迁所得税管理办法[①]

（2012 年 8 月 10 日国家税务总局令 2012 年第 40 号公告公布　自 2012 年 10 月 1 日起施行）

第一章　总　　则

第一条　为规范企业政策性搬迁的所得税征收管理，根据《中华人民共和国企业所得税法》（以下简称《企业所得税法》）及其实施条例的有关规定，制定本办法。

第二条　本办法执行范围仅限于企业政策性搬迁过程中涉及的所得税征收管理事项，不包括企业自行搬迁或商业性搬迁等非政策性搬迁的税务处理事项。

第三条　企业政策性搬迁，是指由于社会公共利益的需要，在政府主导下企业进行整体搬迁或部分搬迁。企业由于下列需要之一，提供相关文件证明资料的，属于政策性搬迁：

（一）国防和外交的需要；

（二）由政府组织实施的能源、交通、水利等基础设施的需要；

（三）由政府组织实施的科技、教育、文化、卫生、体育、环境和资源保护、防灾减灾、文物保护、社会福利、市政公用等公共事业的需要；

（四）由政府组织实施的保障性安居工程建设的需要；

（五）由政府依照《中华人民共和国城乡规划法》有关规定组织实施的对危房集中、基础设施落后等地段进行旧城区改建的需要；

（六）法律、行政法规规定的其他公共利益的需要。

第四条　企业应按本办法的要求，就政策性搬迁过程中涉及的搬迁收入、搬迁支出、搬迁资产税务处理、搬迁所得等所得税征收管理事项，单独进行税务管理和核算。不能单独进行税务管理和核算的，应视为企业自行搬迁或商业性搬迁等非政策性搬迁进行所得税处理，不得执行本办法规定。

第二章　搬 迁 收 入

第五条　企业的搬迁收入，包括搬迁过程中从本企业以外（包括政府或其他单位）取得的搬迁补偿收入，以及本企业搬迁资产处置收入等。

第六条　企业取得的搬迁补偿收入，是指企业由于搬迁取得的货币性和非货币性补偿收入。具体包括：

（一）对被征用资产价值的补偿；

（二）因搬迁、安置而给予的补偿；

（三）对停产停业形成的损失而给予的补偿；

（四）资产搬迁过程中遭到毁损而取得的保险赔款；

（五）其他补偿收入。

第七条　企业搬迁资产处置收入，是指企业由于搬迁而处置企业各类资产所取得的收入。

企业由于搬迁处置存货而取得的收入，应按正常经营活动取得的收入进行所得税处理，不作为企业搬迁收入。

第三章　搬 迁 支 出

第八条　企业的搬迁支出，包括搬迁费用支出以及由于搬迁所发生的企业资产处置支出。

第九条　搬迁费用支出，是指企业搬迁期间所发生的各项费用，包括安置职工实际发生的费用、停工期间支付给职工的工资及福利费、临时存放搬迁资产而发生的费用、各类资产搬迁安装费用以及其他与搬迁相关的费用。

第十条　资产处置支出，是指企业由于搬迁而处置各类资产所发生的支出，包括变卖及处置各类资产的净值、处置过程中所发生的税费等支出。

企业由于搬迁而报废的资产，如无转让价值，其净值作为企业的资产处置支出。

第四章　搬迁资产税务处理

第十一条　企业搬迁的资产，简单安装或不需要安装即可继续使用的，在该项资产重新投入使用后，就其净值按《企业所得税法》及其实施条例规定的该资产尚未折旧或摊销的年限，继续计提折旧或摊销。

第十二条　企业搬迁的资产，需要进行大修理后才能重新使用的，应就该资产的净值，加上大修理过程所发生的支出，为该资产的计税成本。在该项资产重新投入使用后，按该资产尚可使用的年限，计提折旧或摊销。

第十三条　企业搬迁中被征用的土地，采取土地置换的，

① 本办法第二十六条已被《国家税务总局关于企业政策性搬迁所得税有关问题的公告》废止。

换入土地的计税成本按被征用土地的净值，以及该换入土地投入使用前所发生的各项费用支出，为该换入土地的计税成本，在该换入土地投入使用后，按《企业所得税法》及其实施条例规定年限摊销。

第十四条 企业搬迁期间新购置的各类资产，应按《企业所得税法》及其实施条例等有关规定，计算确定资产的计税成本及折旧或摊销年限。企业发生的购置资产支出，不得从搬迁收入中扣除。

第五章 应税所得

第十五条 企业在搬迁期间发生的搬迁收入和搬迁支出，可以暂不计入当期应纳税所得额，而在完成搬迁的年度，对搬迁收入和支出进行汇总清算。

第十六条 企业的搬迁收入，扣除搬迁支出后的余额，为企业的搬迁所得。

企业应在搬迁完成年度，将搬迁所得计入当年度企业应纳税所得额计算纳税。

第十七条 下列情形之一的，为搬迁完成年度，企业应进行搬迁清算，计算搬迁所得：

（一）从搬迁开始，5年内（包括搬迁当年度）任何一年完成搬迁的。

（二）从搬迁开始，搬迁时间满5年（包括搬迁当年度）的年度。

第十八条 企业搬迁收入扣除搬迁支出后为负数的，应为搬迁损失。搬迁损失可在下列方法中选择其一进行税务处理：

（一）在搬迁完成年度，一次性作为损失进行扣除。

（二）自搬迁完成年度起分3个年度，均匀在税前扣除。

上述方法由企业自行选择，但一经选定，不得改变。

第十九条 企业同时符合下列条件的，视为已经完成搬迁：

（一）搬迁规划已基本完成；

（二）当年生产经营收入占规划搬迁前年度生产经营收入50%以上。

第二十条 企业边搬迁、边生产的，搬迁年度应从实际开始搬迁的年度计算。

第二十一条 企业以前年度发生尚未弥补的亏损的，凡企业由于搬迁停止生产经营无所得的，从搬迁年度次年起，至搬迁完成年度前一年度止，可作为停止生产经营活动年度，从法定亏损结转弥补年限中减除；企业边搬迁、边生产的，其亏损结转年度应连续计算。

第六章 征收管理

第二十二条 企业应当自搬迁开始年度，至次年5月31日前，向主管税务机关（包括迁出地和迁入地）报送政策性搬迁依据、搬迁规划等相关材料。逾期未报的，除特殊原因并经主管税务机关认可外，按非政策性搬迁处理，不得执行本办法的规定。

第二十三条 企业应向主管税务机关报送的政策性搬迁依据、搬迁规划等相关材料，包括：

（一）政府搬迁文件或公告；

（二）搬迁重置总体规划；

（三）拆迁补偿协议；

（四）资产处置计划；

（五）其他与搬迁相关的事项。

第二十四条 企业迁出地和迁入地主管税务机关发生变化的，由迁入地主管税务机关负责企业搬迁清算。

第二十五条 企业搬迁完成当年，其向主管税务机关报送企业所得税年度纳税申报表时，应同时报送《企业政策性搬迁清算损益表》（表样附后）及相关材料。

第二十六条 企业在本办法生效前尚未完成搬迁的，符合本办法规定的搬迁事项，一律按本办法执行。本办法生效年度以前已经完成搬迁且已按原规定进行税务处理的，不再调整。

第二十七条 本办法未规定的企业搬迁税务事项，按照《企业所得税法》及其实施条例等相关规定进行税务处理。

第二十八条 本办法施行后，《国家税务总局关于企业政策性搬迁或处置收入有关企业所得税处理问题的通知》（国税函〔2009〕118号）同时废止。

附件：中华人民共和国企业政策性搬迁清算损益表（略）

财政部、国家税务总局关于居民企业技术转让有关企业所得税政策问题的通知

（2010年12月31日 财税〔2010〕111号）

各省、自治区、直辖市、计划单列市财政厅（局）、国家税务局、地方税务局，新疆生产建设兵团财务局：

根据《中华人民共和国企业所得税法》（以下简称企业所得税法）及《中华人民共和国企业所得税法实施条例》（国务院令第512号，以下简称实施条例）的有关规定，现就符合条件的技术转让所得减免企业所得税有关问题通知如下：

一、技术转让的范围，包括居民企业转让专利技术、计算机软件著作权、集成电路布图设计权、植物新品种、生物医药新品种，以及财政部和国家税务总局确定的其他技术。

其中：专利技术，是指法律授予独占权的发明、实用新型和非简单改变产品图案的外观设计。

二、本通知所称技术转让，是指居民企业转让其拥有符合本通知第一条规定技术的所有权或5年以上（含5年）全球独

占许可使用权的行为。

三、技术转让应签订技术转让合同。其中,境内的技术转让须经省级以上(含省级)科技部门认定登记,跨境的技术转让须经省级以上(含省级)商务部门认定登记,涉及财政经费支持产生技术的转让,需省级以上(含省级)科技部门审批。

居民企业技术出口应由有关部门按照商务部、科技部发布的《中国禁止出口限制出口技术目录》(商务部、科技部令2008年第12号)进行审查。居民企业取得禁止出口和限制出口技术转让所得,不享受技术转让减免企业所得税优惠政策。

四、居民企业从直接或间接持有股权之和达到100%的关联方取得的技术转让所得,不享受技术转让减免企业所得税优惠政策。

五、本通知自2008年1月1日起执行。

外国企业常驻代表机构税收管理暂行办法

(2010年2月20日国税发〔2010〕18号公布　根据2018年6月15日《国家税务总局关于修改部分税收规范性文件的公告》修正)

第一条　为规范外国企业常驻代表机构税收管理,根据《中华人民共和国税收征收管理法》(以下简称税收征管法)及其实施细则、《中华人民共和国企业所得税法》及其实施条例、《中华人民共和国营业税暂行条例》及其实施细则、《中华人民共和国增值税暂行条例》及其实施细则,以及相关税收法律法规,制定本办法。

第二条　本办法所称外国企业常驻代表机构,是指按照国务院有关规定,在工商行政管理部门登记或经有关部门批准,设立在中国境内的外国企业(包括港澳台企业)及其他组织的常驻代表机构(以下简称代表机构)。

第三条　代表机构应当就其归属所得依法申报缴纳企业所得税,就其应税收入依法申报缴纳营业税和增值税。

第四条　代表机构应当自领取工商登记证件(或有关部门批准)之日起30日内,持以下资料,向其所在地主管税务机关申报办理税务登记:

(一)工商营业执照副本或主管部门批准文件的原件及复印件;

(二)组织机构代码证书副本原件及复印件;

(三)注册地址及经营地址证明(产权证、租赁协议)原件及其复印件;如为自有房产,应提供产权证或买卖契约等合法的产权证明原件及其复印件;如为租赁的场所,应提供租赁协议原件及其复印件,出租人为自然人的还应提供产权证明的原件及复印件;

(四)首席代表(负责人)护照或其他合法身份证件的原件及复印件;

(五)外国企业设立代表机构的相关决议文件及在中国境内设立的其他代表机构名单(包括名称、地址、联系方式、首席代表姓名等);

(六)税务机关要求提供的其他资料。

第五条　代表机构税务登记内容发生变化或者驻在期届满、提前终止业务活动的,应当按照税收征管法及相关规定,向主管税务机关申报办理变更登记或者注销登记;代表机构应当在办理注销登记前,就其清算所得向主管税务机关申报并依法缴纳企业所得税。

第六条　代表机构应当按照有关法律、行政法规和国务院财政、税务主管部门的规定设置账簿,根据合法、有效凭证记账,进行核算,并应按照实际履行的功能和承担的风险相配比的原则,准确计算其应税收入和应纳税所得额,在季度终了之日起15日内向主管税务机关据实申报缴纳企业所得税、营业税,并按照《中华人民共和国增值税暂行条例》及其实施细则规定的纳税期限,向主管税务机关据实申报缴纳增值税。

第七条　对账簿不健全,不能准确核算收入或成本费用,以及无法按照本办法第六条规定据实申报的代表机构,税务机关有权采取以下两种方式核定其应纳税所得额:

(一)按经费支出换算收入:适用于能够准确反映经费支出但不能准确反映收入或成本费用的代表机构。

1. 计算公式:

应纳税所得额 = 本期经费支出额/(1 - 核定利润率) × 核定利润率。①

2. 代表机构的经费支出额包括:在中国境内、外支付给工作人员的工资薪金、奖金、津贴、福利费、物品采购费(包括汽车、办公设备等固定资产)、通讯费、差旅费、房租、设备租赁费、交通费、交际费、其他费用等。

(1)购置固定资产所发生的支出,以及代表机构设立时或者搬迁等原因所发生的装修费支出,应在发生时一次性作为经费支出额换算收入计税。

(2)利息收入不得冲抵经费支出额;发生的交际应酬费,以实际发生数额计入经费支出额。

(3)以货币形式用于我国境内的公益、救济性质的捐赠、滞纳金、罚款,以及为其总机构垫付的不属于其自身业务活动所发生的费用,不应作为代表机构的经费支出额;

① 本计算公式根据《国家税务总局关于修改按经费支出换算收入方式核定非居民企业应纳税所得额计算公式的公告》修改。

(4)其他费用包括:为总机构从中国境内购买样品所支付的样品费和运输费用;国外样品运往中国发生的中国境内的仓储费用、报关费用;总机构人员来华访问聘用翻译的费用;总机构为中国某个项目投标由代表机构支付的购买标书的费用,等等。

(二)按收入总额核定应纳税所得额:适用于可以准确反映收入但不能准确反映成本费用的代表机构。计算公式:

应纳企业所得税额 = 收入总额 × 核定利润率 × 企业所得税税率。

第八条　代表机构的核定利润率不应低于15%。采取核定征收方式的代表机构,如能建立健全会计账簿,准确计算其应税收入和应纳税所得额,报主管税务机关备案,可调整为据实申报方式。

第九条　代表机构发生增值税、营业税应税行为,应按照增值税和营业税的相关法规计算缴纳应纳税款。

第十条　代表机构需要享受税收协定待遇,应依照税收协定以及《国家税务总局关于印发〈非居民享受税收协定待遇管理办法(试行)〉的通知》(国税发〔2009〕124号)的有关规定办理,并应按照本办法第六条规定的时限办理纳税申报事宜。

第十一条　本办法自2010年1月1日起施行。原有规定与本办法相抵触的,以本办法为准。《国家税务总局关于加强外国企业常驻代表机构税收征管有关问题的通知》(国税发〔1996〕165号)、《国家税务总局关于外国企业常驻代表机构有关税收管理问题的通知》(国税发〔2003〕28号)以及《国家税务总局关于外国政府等在我国设立代表机构免税审批程序有关问题的通知》(国税函〔2008〕945号)废止,各地不再受理审批代表机构企业所得税免税申请,并按照本办法规定对已核准免税的代表机构进行清理。

第十二条　各省、自治区、直辖市和计划单列市税务局可按本办法规定制定具体操作规程,并报国家税务总局(国际税务司)备案。

境外注册中资控股居民企业所得税管理办法(试行)①

(2011年7月27日国家税务总局令2011年第45号公布　根据2015年4月17日《关于修改〈非居民企业所得税核定征收管理办法〉等文件的公告》第一次修正　根据2018年6月15日《国家税务总局关于修改部分税收规范性文件的公告》第二次修正)

第一章　总　　则

第一条　为规范和加强境外注册中资控股居民企业的所得税税收管理,根据《中华人民共和国企业所得税法》(以下简称企业所得税法)及其实施条例、《中华人民共和国税收征收管理法》(以下简称税收征管法)及其实施细则、中国政府对外签署的避免双重征税协定(含与香港、澳门特别行政区签署的税收安排,以下简称税收协定)、《国家税务总局关于境外注册中资控股企业依据实际管理机构标准认定为居民企业有关问题的通知》(国税发〔2009〕82号,以下简称《通知》)和其他有关规定,制定本办法。

第二条　本办法所称境外注册中资控股企业(以下简称境外中资企业)是指由中国内地企业或者企业集团作为主要控股投资者,在中国内地以外国家或地区(含香港、澳门、台湾)注册成立的企业。

第三条　本办法所称境外注册中资控股居民企业(以下简称非境内注册居民企业)是指因实际管理机构在中国境内而被认定为中国居民企业的境外注册中资控股企业。

第四条　非境内注册居民企业应当按照企业所得税法及其实施条例和相关管理规定的要求,履行居民企业所得税纳税义务,并在向非居民企业支付企业所得税法第三条第三款规定的款项时,依法代扣代缴企业所得税。

第五条　本办法所称主管税务机关是指境外注册中资控股居民企业中国境内主要投资者登记注册地主管税务机关。

第二章　居民身份认定管理

第六条　境外中资企业居民身份的认定,采用企业自行判定提请税务机关认定和税务机关调查发现予以认定两种形式。

第七条　境外中资企业应当根据生产经营和管理的实际情况,自行判定实际管理机构是否设立在中国境内。如其判定符合《通知》第二条规定的居民企业条件,应当向其主管税务机关书面提出居民身份认定申请,同时提供以下资料:

(一)企业法律身份证明文件;

(二)企业集团组织结构说明及生产经营概况;

(三)企业上一个纳税年度的公证会计师审计报告;

(四)负责企业生产经营等事项的高层管理机构履行职责场所的地址证明;

(五)企业上一年度及当年度董事及高层管理人员在中国境内居住的记录;

(六)企业上一年度及当年度重大事项的董事会决议及会议记录;

(七)主管税务机关要求提供的其他资料。

第八条　主管税务机关发现境外中资企业符合《通知》第二条规定但未申请成为中国居民企业的,可以对该境外中资企业的实际管理机构所在地情况进行调查,并要求境外中

① 本办法中第二十八条已被《国家税务总局关于开具〈中国税收居民身份证明〉有关事项的公告》废止。

资企业提供本办法第七条规定的资料。调查过程中,主管税务机关有权要求该企业的境内投资者提供相关资料。

第九条　主管税务机关依法对企业提供的相关资料进行审核,提出初步认定意见,将据以做出初步认定的相关事实(资料)、认定理由和结果层报税务总局确认。

税务总局认定境外中资企业居民身份的,应当将相关认定结果同时书面告知境内投资者、境内被投资者的主管税务机关。

第十条　非境内注册居民企业的主管税务机关收到税务总局关于境外中资企业居民身份的认定结果后,应当在10日内向该企业下达《境外注册中资控股企业居民身份认定书》(见附件1),通知其从企业居民身份确认年度开始按照我国居民企业所得税管理规定及本办法规定办理有关税收事项。

第十一条　非境内注册居民企业发生下列重大变化情形之一的,应当自变化之日起15日内报告主管税务机关,主管税务机关应当按照本办法规定层报税务总局确定是否取消其居民身份。

(一)企业实际管理机构所在地变更为中国境外的;

(二)中方控股投资者转让企业股权,导致中资控股地位发生变化的。

第十二条　税务总局认定终止非境内注册居民企业居民身份的,应当将相关认定结果同时书面告知境内投资者、境内被投资者的主管税务机关。企业应当自主管税务机关书面告知之日起停止履行中国居民企业的所得税纳税义务与扣缴义务,同时停止享受中国居民企业税收待遇。上述主管税务机关应当依法做好减免税款追缴等后续管理工作。

第三章　税务登记管理

第十三条　非境内注册居民企业应当自收到居民身份认定书之日起30日内向主管税务机关提供以下资料申报办理税务登记,主管税务机关核发临时税务登记证及副本:

(一)居民身份认定书;

(二)境外注册登记证件;

(三)税务机关要求提供的其他资料。

第十四条　非境内注册居民企业经税务总局确认终止居民身份的,应当自收到主管税务机关书面通知之日起15日内向主管税务机关申报办理注销税务登记。

第十五条　发生本办法第四条扣缴义务的非境内注册居民企业应当自扣缴义务发生之日起30日内,向主管税务机关申报办理扣缴税款登记。

第四章　账簿凭证管理

第十六条　非境内注册居民企业应当按照中国有关法律、法规和国务院财政、税务主管部门的规定,编制财务、会计报表,并在领取税务登记证件之日起15日内将企业的财务、会计制度或者财务会计、处理办法及有关资料报送主管税务机关备案。

第十七条　非境内注册居民企业存放在中国境内的会计账簿和境内税务机关要求提供的报表等资料,应当使用中文。

第十八条　发生扣缴义务的非境内注册居民企业应当设立代扣代缴税款账簿和合同资料档案,准确记录扣缴企业所得税情况。

第十九条　非境内注册居民企业与境内单位或者个人发生交易的,应当按照发票管理办法规定使用发票,发票存根应当保存在中国境内,以备税务机关查验。

第五章　申报征收管理

第二十条　非境内注册居民企业按照分季预缴、年度汇算清缴方法申报缴纳所得税。

第二十一条　非境内注册居民企业发生终止生产经营或者居民身份变化情形的,应当自停止生产经营之日或者税务总局取消其居民企业之日起60日内,向其主管税务机关办理当期企业所得税汇算清缴。

非境内注册居民企业需要申报办理注销税务登记的,应在注销税务登记前,就其清算所得向主管税务机关申报缴纳企业所得税。

第二十二条　非境内注册居民企业应当以人民币计算缴纳企业所得税;所得以人民币以外的货币计算的,应当按照企业所得税法及其实施条例有关规定折合成人民币计算并缴纳企业所得税。

第二十三条　对非境内注册居民企业未依法履行居民企业所得税纳税义务的,主管税务机关应依据税收征管法及其实施细则的有关规定追缴税款、加收滞纳金,并处罚款。

主管税务机关应当在非境内注册居民企业年度申报和汇算清缴结束后两个月内,判定其构成居民身份的条件是否发生实质性变化。对实际管理机构转移至境外或者企业中资控股地位发生变化的,主管税务机关应层报税务总局终止其居民身份。

对于境外中资企业频繁转换企业身份,又无正当理由的,主管税务机关应层报国家税务总局核准后追回其已按居民企业享受的股息免税待遇。

第二十四条　主管税务机关应按季度核查非境内注册居民企业向非居民企业支付股息、利息、租金、特许权使用费、转让财产收入及其他收入依法扣缴企业所得税的情况,发现该企业未依法履行相关扣缴义务的,应按照税收征管法及其实施细则和企业所得税法及其实施条例等有关规定对其进行处罚,并向非居民企业追缴税款。

第六章　特定事项管理

第二十五条　非境内注册居民企业取得来源于中国境内

的股息、红利等权益性投资收益和利息、租金、特许权使用费所得、转让财产所得以及其他所得，应当向相关支付方出具本企业的《境外注册中资控股企业居民身份认定书》复印件。

相关支付方凭上述复印件不予履行该所得的税款扣缴义务，并在对外支付上述外汇资金时凭该复印件向主管税务机关申请开具相关税务证明。其中涉及个人所得税、营业税等其他税种纳税事项的，仍按对外支付税务证明开具的有关规定办理。

第二十六条　非居民企业转让非境内注册居民企业股权所得，属于来源于中国境内所得，被转让的非境内注册居民企业应当自股权转让协议签订之日起30日内，向其主管税务机关报告并提供股权转让合同及相关资料。

第二十七条　非境内注册居民企业应当按照企业所得税法及其实施条例以及《特别纳税调整实施办法（试行）》（国税发〔2009〕2号）的相关规定，履行关联申报及同期资料准备等义务。

第二十八条　非境内注册居民企业同时被我国与其注册所在国家（地区）税务当局确认为税收居民的，应当按照双方签订的税收协定的有关规定确定其居民身份；如经确认为我国税收居民，可适用我国与其他国家（地区）签订的税收协定，并按照有关规定办理享受税收协定优惠待遇手续；需要证明其中国税收居民身份的，可向其主管税务机关申请开具《中国税收居民身份证明》，主管税务机关应在受理申请之日起10个工作日内办结。

第二十九条　境外税务当局拒绝给予非境内注册居民企业税收协定待遇，或者将其认定为所在国家（地区）税收居民的，该企业可按有关规定书面申请启动税务相互协商程序。

主管税务机关受理企业提请协商的申请后，应当及时将申请及有关资料层报税务总局，由税务总局与有关国家（地区）税务当局进行协商。

第七章　附　　则

第三十条　主管税务机关应当做好非境内注册居民企业所得税管理情况汇总统计工作，于每年8月15日前向税务总局层报《境外注册中资控股居民企业所得税管理情况汇总表》（见附件2）。税务总局不定期对各地相关管理工作进行检查，并将检查情况通报各地。

第三十一条　本办法由税务总局负责解释。各省、自治区、直辖市和计划单列市税务局可根据本办法制定具体操作规程。

第三十二条　本办法自2011年9月1日起施行。此前根据《通知》规定已经被认定为非境内注册居民企业的，适用本办法相关规定处理。

附件1：境外注册中资控股企业居民身份认定书（略）

附件2：境外注册中资控股居民企业所得税管理情况汇总表（略）

2. 个人所得税

中华人民共和国个人所得税法

（1980年9月10日第五届全国人民代表大会第三次会议通过　根据1993年10月31日第八届全国人民代表大会常务委员会第四次会议《关于修改〈中华人民共和国个人所得税法〉的决定》第一次修正　根据1999年8月30日第九届全国人民代表大会常务委员会第十一次会议《关于修改〈中华人民共和国个人所得税法〉的决定》第二次修正　根据2005年10月27日第十届全国人民代表大会常务委员会第十八次会议《关于修改〈中华人民共和国个人所得税法〉的决定》第三次修正　根据2007年6月29日第十届全国人民代表大会常务委员会第二十八次会议《关于修改〈中华人民共和国个人所得税法〉的决定》第四次修正　根据2007年12月29日第十届全国人民代表大会常务委员会第三十一次会议《关于修改〈中华人民共和国个人所得税法〉的决定》第五次修正　根据2011年6月30日第十一届全国人民代表大会常务委员会第二十一次会议《关于修改〈中华人民共和国个人所得税法〉的决定》第六次修正　根据2018年8月31日第十三届全国人民代表大会常务委员会第五次会议《关于修改〈中华人民共和国个人所得税法〉的决定》第七次修正）

第一条　在中国境内有住所，或者无住所而一个纳税年度内在中国境内居住累计满一百八十三天的个人，为居民个人。居民个人从中国境内和境外取得的所得，依照本法规定缴纳个人所得税。

在中国境内无住所又不居住，或者无住所而一个纳税年度内在中国境内居住累计不满一百八十三天的个人，为非居民个人。非居民个人从中国境内取得的所得，依照本法规定缴纳个人所得税。

纳税年度，自公历一月一日起至十二月三十一日止。

第二条　下列各项个人所得，应当缴纳个人所得税：

（一）工资、薪金所得；

（二）劳务报酬所得；

（三）稿酬所得；

（四）特许权使用费所得；

（五）经营所得；

（六）利息、股息、红利所得；

（七）财产租赁所得；

（八）财产转让所得；

（九）偶然所得。

居民个人取得前款第一项至第四项所得（以下称综合所得），按纳税年度合并计算个人所得税；非居民个人取得前款第一项至第四项所得，按月或者按次分项计算个人所得税。纳税人取得前款第五项至第九项所得，依照本法规定分别计算个人所得税。

第三条 个人所得税的税率：

（一）综合所得，适用百分之三至百分之四十五的超额累进税率（税率表附后）；

（二）经营所得，适用百分之五至百分之三十五的超额累进税率（税率表附后）；

（三）利息、股息、红利所得，财产租赁所得，财产转让所得和偶然所得，适用比例税率，税率为百分之二十。

第四条 下列各项个人所得，免征个人所得税：

（一）省级人民政府、国务院部委和中国人民解放军军以上单位，以及外国组织、国际组织颁发的科学、教育、技术、文化、卫生、体育、环境保护等方面的奖金；

（二）国债和国家发行的金融债券利息；

（三）按照国家统一规定发给的补贴、津贴；

（四）福利费、抚恤金、救济金；

（五）保险赔款；

（六）军人的转业费、复员费、退役金；

（七）按照国家统一规定发给干部、职工的安家费、退职费、基本养老金或者退休费、离休费、离休生活补助费；

（八）依照有关法律规定应予免税的各国驻华使馆、领事馆的外交代表、领事官员和其他人员的所得；

（九）中国政府参加的国际公约、签订的协议中规定免税的所得；

（十）国务院规定的其他免税所得。

前款第十项免税规定，由国务院报全国人民代表大会常务委员会备案。

第五条 有下列情形之一的，可以减征个人所得税，具体幅度和期限，由省、自治区、直辖市人民政府规定，并报同级人民代表大会常务委员会备案：

（一）残疾、孤老人员和烈属的所得；

（二）因自然灾害遭受重大损失的。

国务院可以规定其他减税情形，报全国人民代表大会常务委员会备案。

第六条 应纳税所得额的计算：

（一）居民个人的综合所得，以每一纳税年度的收入额减除费用六万元以及专项扣除、专项附加扣除和依法确定的其他扣除后的余额，为应纳税所得额。

（二）非居民个人的工资、薪金所得，以每月收入额减除费用五千元后的余额为应纳税所得额；劳务报酬所得、稿酬所得、特许权使用费所得，以每次收入额为应纳税所得额。

（三）经营所得，以每一纳税年度的收入总额减除成本、费用以及损失后的余额，为应纳税所得额。

（四）财产租赁所得，每次收入不超过四千元的，减除费用八百元；四千元以上的，减除百分之二十的费用，其余额为应纳税所得额。

（五）财产转让所得，以转让财产的收入额减除财产原值和合理费用后的余额，为应纳税所得额。

（六）利息、股息、红利所得和偶然所得，以每次收入额为应纳税所得额。

劳务报酬所得、稿酬所得、特许权使用费所得以收入减除百分之二十的费用后的余额为收入额。稿酬所得的收入额减按百分之七十计算。

个人将其所得对教育、扶贫、济困等公益慈善事业进行捐赠，捐赠额未超过纳税人申报的应纳税所得额百分之三十的部分，可以从其应纳税所得额中扣除；国务院规定对公益慈善事业捐赠实行全额税前扣除的，从其规定。

本条第一款第一项规定的专项扣除，包括居民个人按照国家规定的范围和标准缴纳的基本养老保险、基本医疗保险、失业保险等社会保险费和住房公积金等；专项附加扣除，包括子女教育、继续教育、大病医疗、住房贷款利息或者住房租金、赡养老人等支出，具体范围、标准和实施步骤由国务院确定，并报全国人民代表大会常务委员会备案。

第七条 居民个人从中国境外取得的所得，可以从其应纳税额中抵免已在境外缴纳的个人所得税税额，但抵免额不得超过该纳税人境外所得依照本法规定计算的应纳税额。

第八条 有下列情形之一的，税务机关有权按照合理方法进行纳税调整：

（一）个人与其关联方之间的业务往来不符合独立交易原则而减少本人或者其关联方应纳税额，且无正当理由；

（二）居民个人控制的，或者居民个人和居民企业共同控制的设立在实际税负明显偏低的国家（地区）的企业，无合理经营需要，对应当归属于居民个人的利润不作分配或者减少分配；

（三）个人实施其他不具有合理商业目的的安排而获取不当税收利益。

税务机关依照前款规定作出纳税调整，需要补征税款的，应当补征税款，并依法加收利息。

第九条 个人所得税以所得人为纳税人，以支付所得的单位或者个人为扣缴义务人。

纳税人有中国公民身份号码的，以中国公民身份号码为纳税人识别号；纳税人没有中国公民身份号码的，由税务机关赋予其纳税人识别号。扣缴义务人扣缴税款时，纳税人应当向扣缴义务人提供纳税人识别号。

第十条 有下列情形之一的，纳税人应当依法办理纳税申报：

（一）取得综合所得需要办理汇算清缴；

（二）取得应税所得没有扣缴义务人；

（三）取得应税所得，扣缴义务人未扣缴税款；

（四）取得境外所得；

（五）因移居境外注销中国户籍；

（六）非居民个人在中国境内从两处以上取得工资、薪金所得；

（七）国务院规定的其他情形。

扣缴义务人应当按照国家规定办理全员全额扣缴申报，并向纳税人提供其个人所得和已扣缴税款等信息。

第十一条　居民个人取得综合所得，按年计算个人所得税；有扣缴义务人的，由扣缴义务人按月或者按次预扣预缴税款；需要办理汇算清缴的，应当在取得所得的次年三月一日至六月三十日内办理汇算清缴。预扣预缴办法由国务院税务主管部门制定。

居民个人向扣缴义务人提供专项附加扣除信息的，扣缴义务人按月预扣预缴税款时应当按照规定予以扣除，不得拒绝。

非居民个人取得工资、薪金所得，劳务报酬所得，稿酬所得和特许权使用费所得，有扣缴义务人的，由扣缴义务人按月或者按次代扣代缴税款，不办理汇算清缴。

第十二条　纳税人取得经营所得，按年计算个人所得税，由纳税人在月度或者季度终了后十五日内向税务机关报送纳税申报表，并预缴税款；在取得所得的次年三月三十一日前办理汇算清缴。

纳税人取得利息、股息、红利所得，财产租赁所得，财产转让所得和偶然所得，按月或者按次计算个人所得税，有扣缴义务人的，由扣缴义务人按月或者按次代扣代缴税款。

第十三条　纳税人取得应税所得没有扣缴义务人的，应当在取得所得的次月十五日内向税务机关报送纳税申报表，并缴纳税款。

纳税人取得应税所得，扣缴义务人未扣缴税款的，纳税人应当在取得所得的次年六月三十日前，缴纳税款；税务机关通知限期缴纳的，纳税人应当按照期限缴纳税款。

居民个人从中国境外取得所得的，应当在取得所得的次年三月一日至六月三十日内申报纳税。

非居民个人在中国境内从两处以上取得工资、薪金所得的，应当在取得所得的次月十五日内申报纳税。

纳税人因移居境外注销中国户籍的，应当在注销中国户籍前办理税款清算。

第十四条　扣缴义务人每月或者每次预扣、代扣的税款，应当在次月十五日内缴入国库，并向税务机关报送扣缴个人所得税申报表。

纳税人办理汇算清缴退税或者扣缴义务人为纳税人办理汇算清缴退税的，税务机关审核后，按照国库管理的有关规定办理退税。

第十五条　公安、人民银行、金融监督管理等相关部门应当协助税务机关确认纳税人的身份、金融账户信息。教育、卫生、医疗保障、民政、人力资源社会保障、住房城乡建设、公安、人民银行、金融监督管理等相关部门应当向税务机关提供纳税人子女教育、继续教育、大病医疗、住房贷款利息、住房租金、赡养老人等专项附加扣除信息。

个人转让不动产的，税务机关应当根据不动产登记等相关信息核验应缴的个人所得税，登记机构办理转移登记时，应当查验与该不动产转让相关的个人所得税的完税凭证。个人转让股权办理变更登记的，市场主体登记机关应当查验与该股权交易相关的个人所得税的完税凭证。

有关部门依法将纳税人、扣缴义务人遵守本法的情况纳入信用信息系统，并实施联合激励或者惩戒。

第十六条　各项所得的计算，以人民币为单位。所得为人民币以外的货币的，按照人民币汇率中间价折合成人民币缴纳税款。

第十七条　对扣缴义务人按照所扣缴的税款，付给百分之二的手续费。

第十八条　对储蓄存款利息所得开征、减征、停征个人所得税及其具体办法，由国务院规定，并报全国人民代表大会常务委员会备案。

第十九条　纳税人、扣缴义务人和税务机关及其工作人员违反本法规定的，依照《中华人民共和国税收征收管理法》和有关法律法规的规定追究法律责任。

第二十条　个人所得税的征收管理，依照本法和《中华人民共和国税收征收管理法》的规定执行。

第二十一条　国务院根据本法制定实施条例。

第二十二条　本法自公布之日起施行。

个人所得税税率表一（综合所得适用）

级数	全年应纳税所得额	税率（%）
1	不超过36000元的	3
2	超过36000元至144000元的部分	10
3	超过144000元至300000元的部分	20
4	超过300000元至420000元的部分	25
5	超过420000元至660000元的部分	30
6	超过660000元至960000元的部分	35
7	超过960000元的部分	45

（注1：本表所称全年应纳税所得额是指依照本法第六条的规定，居民个人取得综合所得以每一纳税年度收入额减除费用六万元以及专项扣除、专项附加扣除和依法确定的其他扣除后的余额。

注2：非居民个人取得工资、薪金所得，劳务报酬所得，稿酬所得和特许权使用费所得，依照本表按月换算后计算应纳税额。）

个人所得税税率表二（经营所得适用）

级数	全年应纳税所得额	税率（%）
1	不超过30000元的	5
2	超过30000元至90000元的部分	10
3	超过90000元至300000元的部分	20
4	超过300000元至500000元的部分	30
5	超过500000元的部分	35

（注：本表所称全年应纳税所得额是指依照本法第六条的规定，以每一纳税年度的收入总额减除成本、费用以及损失后的余额。）

中华人民共和国
个人所得税法实施条例

（1994年1月28日中华人民共和国国务院令第142号发布　根据2005年12月19日《国务院关于修改〈中华人民共和国个人所得税法实施条例〉的决定》第一次修订　根据2008年2月18日《国务院关于修改〈中华人民共和国个人所得税法实施条例〉的决定》第二次修订　根据2011年7月19日《国务院关于修改〈中华人民共和国个人所得税法实施条例〉的决定》第三次修订　2018年12月18日中华人民共和国国务院令第707号修订公布　自2019年1月1日起施行）

第一条　根据《中华人民共和国个人所得税法》（以下简称个人所得税法），制定本条例。

第二条　个人所得税法所称在中国境内有住所，是指因户籍、家庭、经济利益关系而在中国境内习惯性居住；所称从中国境内和境外取得的所得，分别是指来源于中国境内的所得和来源于中国境外的所得。

第三条　除国务院财政、税务主管部门另有规定外，下列所得，不论支付地点是否在中国境内，均为来源于中国境内的所得：

（一）因任职、受雇、履约等在中国境内提供劳务取得的所得；

（二）将财产出租给承租人在中国境内使用而取得的所得；

（三）许可各种特许权在中国境内使用而取得的所得；

（四）转让中国境内的不动产等财产或者在中国境内转让其他财产取得的所得；

（五）从中国境内企业、事业单位、其他组织以及居民个人取得的利息、股息、红利所得。

第四条　在中国境内无住所的个人，在中国境内居住累计满183天的年度连续不满六年的，经向主管税务机关备案，其来源于中国境外且由境外单位或者个人支付的所得，免予缴纳个人所得税；在中国境内居住累计满183天的任一年度中有一次离境超过30天的，其在中国境内居住累计满183天的年度的连续年限重新起算。

第五条　在中国境内无住所的个人，在一个纳税年度内在中国境内居住累计不超过90天的，其来源于中国境内的所得，由境外雇主支付并且不由该雇主在中国境内的机构、场所负担的部分，免予缴纳个人所得税。

第六条　个人所得税法规定的各项个人所得的范围：

（一）工资、薪金所得，是指个人因任职或者受雇取得的工资、薪金、奖金、年终加薪、劳动分红、津贴、补贴以及与任职或者受雇有关的其他所得。

（二）劳务报酬所得，是指个人从事劳务取得的所得，包括从事设计、装潢、安装、制图、化验、测试、医疗、法律、会计、咨询、讲学、翻译、审稿、书画、雕刻、影视、录音、录像、演出、表演、广告、展览、技术服务、介绍服务、经纪服务、代办服务以及其他劳务取得的所得。

（三）稿酬所得，是指个人因其作品以图书、报刊等形式出版、发表而取得的所得。

（四）特许权使用费所得，是指个人提供专利权、商标权、著作权、非专利技术以及其他特许权的使用权取得的所得；提供著作权的使用权取得的所得，不包括稿酬所得。

（五）经营所得，是指：

1. 个体工商户从事生产、经营活动取得的所得，个人独资企业投资人、合伙企业的个人合伙人来源于境内注册的个人独资企业、合伙企业生产、经营的所得；

2. 个人依法从事办学、医疗、咨询以及其他有偿服务活动取得的所得；

3. 个人对企业、事业单位承包经营、承租经营以及转包、转租取得的所得；

4. 个人从事其他生产、经营活动取得的所得。

（六）利息、股息、红利所得，是指个人拥有债权、股权等而取得的利息、股息、红利所得。

（七）财产租赁所得，是指个人出租不动产、机器设备、车船以及其他财产取得的所得。

（八）财产转让所得，是指个人转让有价证券、股权、合伙企业中的财产份额、不动产、机器设备、车船以及其他财产取得的所得。

（九）偶然所得，是指个人得奖、中奖、中彩以及其他偶然性质的所得。

个人取得的所得，难以界定应纳税所得项目的，由国务院税务主管部门确定。

第七条　对股票转让所得征收个人所得税的办法，由国务院另行规定，并报全国人民代表大会常务委员会备案。

第八条　个人所得的形式，包括现金、实物、有价证券和其他形式的经济利益；所得为实物的，应当按照取得的凭证上所注明的价格计算应纳税所得额，无凭证的实物或者凭证上所注明的价格明显偏低的，参照市场价格核定应纳税所得额；所得为有价证券的，根据票面价格和市场价格核定应纳税所得额；所得为其他形式的经济利益的，参照市场价格核定应纳税所得额。

第九条 个人所得税法第四条第一款第二项所称国债利息，是指个人持有中华人民共和国财政部发行的债券而取得的利息；所称国家发行的金融债券利息，是指个人持有经国务院批准发行的金融债券而取得的利息。

第十条 个人所得税法第四条第一款第三项所称按照国家统一规定发给的补贴、津贴，是指按照国务院规定发给的政府特殊津贴、院士津贴，以及国务院规定免予缴纳个人所得税的其他补贴、津贴。

第十一条 个人所得税法第四条第一款第四项所称福利费，是指根据国家有关规定，从企业、事业单位、国家机关、社会组织提留的福利费或者工会经费中支付给个人的生活补助费；所称救济金，是指各级人民政府民政部门支付给个人的生活困难补助费。

第十二条 个人所得税法第四条第一款第八项所称依照有关法律规定应予免税的各国驻华使馆、领事馆的外交代表、领事官员和其他人员的所得，是指依照《中华人民共和国外交特权与豁免条例》和《中华人民共和国领事特权与豁免条例》规定免税的所得。

第十三条 个人所得税法第六条第一款第一项所称依法确定的其他扣除，包括个人缴付符合国家规定的企业年金、职业年金，个人购买符合国家规定的商业健康保险、税收递延型商业养老保险的支出，以及国务院规定可以扣除的其他项目。

专项扣除、专项附加扣除和依法确定的其他扣除，以居民个人一个纳税年度的应纳税所得额为限额；一个纳税年度扣除不完的，不结转以后年度扣除。

第十四条 个人所得税法第六条第一款第二项、第四项、第六项所称每次，分别按照下列方法确定：

（一）劳务报酬所得、稿酬所得、特许权使用费所得，属于一次性收入的，以取得该项收入为一次；属于同一项目连续性收入的，以一个月内取得的收入为一次。

（二）财产租赁所得，以一个月内取得的收入为一次。

（三）利息、股息、红利所得，以支付利息、股息、红利时取得的收入为一次。

（四）偶然所得，以每次取得该项收入为一次。

第十五条 个人所得税法第六条第一款第三项所称成本、费用，是指生产、经营活动中发生的各项直接支出和分配计入成本的间接费用以及销售费用、管理费用、财务费用；所称损失，是指生产、经营活动中发生的固定资产和存货的盘亏、毁损、报废损失，转让财产损失，坏账损失，自然灾害等不可抗力因素造成的损失以及其他损失。

取得经营所得的个人，没有综合所得的，计算其每一纳税年度的应纳税所得额时，应当减除费用6万元、专项扣除、专项附加扣除以及依法确定的其他扣除。专项附加扣除在办理汇算清缴时减除。

从事生产、经营活动，未提供完整、准确的纳税资料，不能正确计算应纳税所得额的，由主管税务机关核定应纳税所得额或者应纳税额。

第十六条 个人所得税法第六条第一款第五项规定的财产原值，按照下列方法确定：

（一）有价证券，为买入价以及买入时按照规定交纳的有关费用；

（二）建筑物，为建造费或者购进价格以及其他有关费用；

（三）土地使用权，为取得土地使用权所支付的金额、开发土地的费用以及其他有关费用；

（四）机器设备、车船，为购进价格、运输费、安装费以及其他有关费用。

其他财产，参照前款规定的方法确定财产原值。

纳税人未提供完整、准确的财产原值凭证，不能按照本条第一款规定的方法确定财产原值的，由主管税务机关核定财产原值。

个人所得税法第六条第一款第五项所称合理费用，是指卖出财产时按照规定支付的有关税费。

第十七条 财产转让所得，按照一次转让财产的收入额减除财产原值和合理费用后的余额计算纳税。

第十八条 两个以上的个人共同取得同一项目收入的，应当对每个人取得的收入分别按照个人所得税法的规定计算纳税。

第十九条 个人所得税法第六条第三款所称个人将其所得对教育、扶贫、济困等公益慈善事业进行捐赠，是指个人将其所得通过中国境内的公益性社会组织、国家机关向教育、扶贫、济困等公益慈善事业的捐赠；所称应纳税所得额，是指计算扣除捐赠额之前的应纳税所得额。

第二十条 居民个人从中国境内和境外取得的综合所得、经营所得，应当分别合并计算应纳税额；从中国境内和境外取得的其他所得，应当分别单独计算应纳税额。

第二十一条 个人所得税法第七条所称已在境外缴纳的个人所得税税额，是指居民个人来源于中国境外的所得，依照该所得来源国家（地区）的法律应当缴纳并且实际已经缴纳的所得税税额。

个人所得税法第七条所称纳税人境外所得依照本法规定计算的应纳税额，是居民个人抵免已在境外缴纳的综合所得、经营所得以及其他所得的所得税税额的限额（以下简称抵免限额）。除国务院财政、税务主管部门另有规定外，来源于中国境外一个国家（地区）的综合所得抵免限额、经营所得抵免限额以及其他所得抵免限额之和，为来源于该国家（地区）所得的抵免限额。

居民个人在中国境外一个国家(地区)实际已经缴纳的个人所得税税额,低于依照前款规定计算出的来源于该国家(地区)所得的抵免限额的,应当在中国缴纳差额部分的税款;超过来源于该国家(地区)所得的抵免限额的,其超过部分不得在本纳税年度的应纳税额中抵免,但是可以在以后纳税年度来源于该国家(地区)所得的抵免限额的余额中补扣。补扣期限最长不得超过五年。

第二十二条 居民个人申请抵免已在境外缴纳的个人所得税税额,应当提供境外税务机关出具的税款所属年度的有关纳税凭证。

第二十三条 个人所得税法第八条第二款规定的利息,应当按照税款所属纳税申报期最后一日中国人民银行公布的与补税期间同期的人民币贷款基准利率计算,自税款纳税申报期满次日起至补缴税款期限届满之日止按日加收。纳税人在补缴税款期限届满前补缴税款的,利息加收至补缴税款之日。

第二十四条 扣缴义务人向个人支付应税款项时,应当依照个人所得税法规定预扣或者代扣税款,按时缴库,并专项记载备查。

前款所称支付,包括现金支付、汇拨支付、转账支付和以有价证券、实物以及其他形式的支付。

第二十五条 取得综合所得需要办理汇算清缴的情形包括:

(一)从两处以上取得综合所得,且综合所得年收入额减除专项扣除的余额超过6万元;

(二)取得劳务报酬所得、稿酬所得、特许权使用费所得中一项或者多项所得,且综合所得年收入额减除专项扣除的余额超过6万元;

(三)纳税年度内预缴税额低于应纳税额;

(四)纳税人申请退税。

纳税人申请退税,应当提供其在中国境内开设的银行账户,并在汇算清缴地就地办理税款退库。

汇算清缴的具体办法由国务院税务主管部门制定。

第二十六条 个人所得税法第十条第二款所称全员全额扣缴申报,是指扣缴义务人在代扣税款的次月十五日内,向主管税务机关报送其支付所得的所有个人的有关信息、支付所得数额、扣除事项和数额、扣缴税款的具体数额和总额以及其他相关涉税信息资料。

第二十七条 纳税人办理纳税申报的地点以及其他有关事项的具体办法,由国务院税务主管部门制定。

第二十八条 居民个人取得工资、薪金所得时,可以向扣缴义务人提供专项附加扣除有关信息,由扣缴义务人扣缴税款时减除专项附加扣除。纳税人同时从两处以上取得工资、薪金所得,并由扣缴义务人减除专项附加扣除的,对同一专项附加扣除项目,在一个纳税年度内只能选择从一处取得的所得中减除。

居民个人取得劳务报酬所得、稿酬所得、特许权使用费所得,应当在汇算清缴时向税务机关提供有关信息,减除专项附加扣除。

第二十九条 纳税人可以委托扣缴义务人或者其他单位和个人办理汇算清缴。

第三十条 扣缴义务人应当按照纳税人提供的信息计算办理扣缴申报,不得擅自更改纳税人提供的信息。

纳税人发现扣缴义务人提供或者扣缴申报的个人信息、所得、扣缴税款等与实际情况不符的,有权要求扣缴义务人修改。扣缴义务人拒绝修改的,纳税人应当报告税务机关,税务机关应当及时处理。

纳税人、扣缴义务人应当按照规定保存与专项附加扣除相关的资料。税务机关可以对纳税人提供的专项附加扣除信息进行抽查,具体办法由国务院税务主管部门另行规定。税务机关发现纳税人提供虚假信息的,应当责令改正并通知扣缴义务人;情节严重的,有关部门应当依法予以处理,纳入信用信息系统并实施联合惩戒。

第三十一条 纳税人申请退税时提供的汇算清缴信息有错误的,税务机关应当告知其更正;纳税人更正的,税务机关应当及时办理退税。

扣缴义务人未将扣缴的税款解缴入库的,不影响纳税人按照规定申请退税,税务机关应当凭纳税人提供的有关资料办理退税。

第三十二条 所得为人民币以外货币的,按照办理纳税申报或者扣缴申报的上一月最后一日人民币汇率中间价,折合成人民币计算应纳税所得额。年度终了后办理汇算清缴的,对已经按月、按季或者按次预缴税款的人民币以外货币所得,不再重新折算;对应当补缴税款的所得部分,按照上一纳税年度最后一日人民币汇率中间价,折合成人民币计算应纳税所得额。

第三十三条 税务机关按照个人所得税法第十七条的规定付给扣缴义务人手续费,应当填开退还书;扣缴义务人凭退还书,按照国库管理有关规定办理退库手续。

第三十四条 个人所得税纳税申报表、扣缴个人所得税报告表和个人所得税完税凭证式样,由国务院税务主管部门统一制定。

第三十五条 军队人员个人所得税征收事宜,按照有关规定执行。

第三十六条 本条例自2019年1月1日起施行。

个人所得税专项附加扣除暂行办法

（2018 年 12 月 13 日 国发〔2018〕41 号）

第一章 总 则

第一条 根据《中华人民共和国个人所得税法》（以下简称个人所得税法）规定，制定本办法。

第二条 本办法所称个人所得税专项附加扣除，是指个人所得税法规定的子女教育、继续教育、大病医疗、住房贷款利息或者住房租金、赡养老人等 6 项专项附加扣除。

第三条 个人所得税专项附加扣除遵循公平合理、利于民生、简便易行的原则。

第四条 根据教育、医疗、住房、养老等民生支出变化情况，适时调整专项附加扣除范围和标准。

第二章 子女教育

第五条 纳税人的子女接受全日制学历教育的相关支出，按照每个子女每月 1000 元的标准定额扣除。

学历教育包括义务教育（小学、初中教育）、高中阶段教育（普通高中、中等职业、技工教育）、高等教育（大学专科、大学本科、硕士研究生、博士研究生教育）。

年满 3 岁至小学入学前处于学前教育阶段的子女，按本条第一款规定执行。

第六条 父母可以选择由其中一方按扣除标准的 100% 扣除，也可以选择由双方分别按扣除标准的 50% 扣除，具体扣除方式在一个纳税年度内不能变更。

第七条 纳税人子女在中国境外接受教育的，纳税人应当留存境外学校录取通知书、留学签证等相关教育的证明资料备查。

第三章 继续教育

第八条 纳税人在中国境内接受学历（学位）继续教育的支出，在学历（学位）教育期间按照每月 400 元定额扣除。同一学历（学位）继续教育的扣除期限不能超过 48 个月。纳税人接受技能人员职业资格继续教育、专业技术人员职业资格继续教育的支出，在取得相关证书的当年，按照 3600 元定额扣除。

第九条 个人接受本科及以下学历（学位）继续教育，符合本办法规定扣除条件的，可以选择由其父母扣除，也可以选择由本人扣除。

第十条 纳税人接受技能人员职业资格继续教育、专业技术人员职业资格继续教育的，应当留存相关证书等资料备查。

第四章 大病医疗

第十一条 在一个纳税年度内，纳税人发生的与基本医保相关的医药费用支出，扣除医保报销后个人负担（指医保目录范围内的自付部分）累计超过 15000 元的部分，由纳税人在办理年度汇算清缴时，在 80000 元限额内据实扣除。

第十二条 纳税人发生的医药费用支出可以选择由本人或者其配偶扣除；未成年子女发生的医药费用支出可以选择由其父母一方扣除。

纳税人及其配偶、未成年子女发生的医药费用支出，按本办法第十一条规定分别计算扣除额。

第十三条 纳税人应当留存医药服务收费及医保报销相关票据原件（或者复印件）等资料备查。医疗保障部门应当向患者提供在医疗保障信息系统记录的本人年度医药费用信息查询服务。

第五章 住房贷款利息

第十四条 纳税人本人或者配偶单独或者共同使用商业银行或者住房公积金个人住房贷款为本人或者其配偶购买中国境内住房，发生的首套住房贷款利息支出，在实际发生贷款利息的年度，按照每月 1000 元的标准定额扣除，扣除期限最长不超过 240 个月。纳税人只能享受一次首套住房贷款的利息扣除。

本办法所称首套住房贷款是指购买住房享受首套住房贷款利率的住房贷款。

第十五条 经夫妻双方约定，可以选择由其中一方扣除，具体扣除方式在一个纳税年度内不能变更。

夫妻双方婚前分别购买住房发生的首套住房贷款，其贷款利息支出，婚后可以选择其中一套购买的住房，由购买方按扣除标准的 100% 扣除，也可以由夫妻双方对各自购买的住房分别按扣除标准的 50% 扣除，具体扣除方式在一个纳税年度内不能变更。

第十六条 纳税人应当留存住房贷款合同、贷款还款支出凭证备查。

第六章 住房租金

第十七条 纳税人在主要工作城市没有自有住房而发生的住房租金支出，可以按照以下标准定额扣除：

（一）直辖市、省会（首府）城市、计划单列市以及国务院确定的其他城市，扣除标准为每月 1500 元；

（二）除第一项所列城市以外，市辖区户籍人口超过 100 万的城市，扣除标准为每月 1100 元；市辖区户籍人口不超过 100 万的城市，扣除标准为每月 800 元。

纳税人的配偶在纳税人的主要工作城市有自有住房的，视同纳税人在主要工作城市有自有住房。

市辖区户籍人口，以国家统计局公布的数据为准。

第十八条 本办法所称主要工作城市是指纳税人任职受雇的直辖市、计划单列市、副省级城市、地级市（地区、州、盟）全部行政区域范围；纳税人无任职受雇单位的，为受理其综合所得汇算清缴的税务机关所在城市。

夫妻双方主要工作城市相同的，只能由一方扣除住房租金支出。

第十九条 住房租金支出由签订租赁住房合同的承租人扣除。

第二十条 纳税人及其配偶在一个纳税年度内不能同时分别享受住房贷款利息和住房租金专项附加扣除。

第二十一条 纳税人应当留存住房租赁合同、协议等有关资料备查。

第七章 赡养老人

第二十二条 纳税人赡养一位及以上被赡养人的赡养支出，统一按照以下标准定额扣除：

（一）纳税人为独生子女的，按照每月2000元的标准定额扣除；

（二）纳税人为非独生子女的，由其与兄弟姐妹分摊每月2000元的扣除额度，每人分摊的额度不能超过每月1000元。可以由赡养人均摊或者约定分摊，也可以由被赡养人指定分摊。约定或者指定分摊的须签订书面分摊协议，指定分摊优先于约定分摊。具体分摊方式和额度在一个纳税年度内不能变更。

第二十三条 本办法所称被赡养人是指年满60岁的父母，以及子女均已去世的年满60岁的祖父母、外祖父母。

第八章 保障措施

第二十四条 纳税人向收款单位索取发票、财政票据、支出凭证，收款单位不能拒绝提供。

第二十五条 纳税人首次享受专项附加扣除，应当将专项附加扣除相关信息提交扣缴义务人或者税务机关，扣缴义务人应当及时将相关信息报送税务机关，纳税人对所提交信息的真实性、准确性、完整性负责。专项附加扣除信息发生变化的，纳税人应当及时向扣缴义务人或者税务机关提供相关信息。

前款所称专项附加扣除相关信息，包括纳税人本人、配偶、子女、被赡养人等个人身份信息，以及国务院税务主管部门规定的其他与专项附加扣除相关的信息。

本办法规定纳税人需要留存备查的相关资料应当留存五年。

第二十六条 有关部门和单位有责任和义务向税务部门提供或者协助核实以下与专项附加扣除有关的信息：

（一）公安部门有关户籍人口基本信息、户成员关系信息、出入境证件信息、相关出国人员信息、户籍人口死亡标识等信息；

（二）卫生健康部门有关出生医学证明信息、独生子女信息；

（三）民政部门、外交部门、法院有关婚姻状况信息；

（四）教育部门有关学生学籍信息（包括学历继续教育学生学籍、考籍信息）、在相关部门备案的境外教育机构资质信息；

（五）人力资源社会保障等部门有关技工院校学生学籍信息、技能人员职业资格继续教育信息、专业技术人员职业资格继续教育信息；

（六）住房城乡建设部门有关房屋（含公租房）租赁信息、住房公积金管理机构有关住房公积金贷款还款支出信息；

（七）自然资源部门有关不动产登记信息；

（八）人民银行、金融监督管理部门有关住房商业贷款还款支出信息；

（九）医疗保障部门有关在医疗保障信息系统记录的个人负担的医药费用信息；

（十）国务院税务主管部门确定需要提供的其他涉税信息。

上述数据信息的格式、标准、共享方式，由国务院税务主管部门及各省、自治区、直辖市和计划单列市税务局商有关部门确定。

有关部门和单位拥有专项附加扣除涉税信息，但未按规定要求向税务部门提供的，拥有涉税信息的部门或者单位的主要负责人及相关人员承担相应责任。

第二十七条 扣缴义务人发现纳税人提供的信息与实际情况不符的，可以要求纳税人修改。纳税人拒绝修改的，扣缴义务人应当报告税务机关，税务机关应当及时处理。

第二十八条 税务机关核查专项附加扣除情况时，纳税人任职受雇单位所在地、经常居住地、户籍所在地的公安派出所、居民委员会或者村民委员会等有关单位和个人应当协助核查。

第九章 附 则

第二十九条 本办法所称父母，是指生父母、继父母、养父母。本办法所称子女，是指婚生子女、非婚生子女、继子女、养子女。父母之外的其他人担任未成年人的监护人的，比照本办法规定执行。

第三十条 个人所得税专项附加扣除额一个纳税年度扣除不完的，不能结转以后年度扣除。

第三十一条 个人所得税专项附加扣除具体操作办法，由国务院税务主管部门另行制定。

第三十二条 本办法自2019年1月1日起施行。

国务院关于个人独资企业和合伙企业征收所得税问题的通知

（2000 年 6 月 20 日　国发〔2000〕16 号）

为公平税负，支持和鼓励个人投资兴办企业，促进国民经济持续、快速、健康发展，国务院决定，自 2000 年 1 月 1 日起，对个人独资企业和合伙企业停止征收企业所得税，其投资者的生产经营所得，比照个体工商户的生产、经营所得征收个人所得税。具体税收政策和征税办法由国家财税主管部门另行制定。

财政部、税务总局关于个人所得税法修改后有关优惠政策衔接问题的通知

（2018 年 12 月 27 日　财税〔2018〕164 号）

各省、自治区、直辖市、计划单列市财政厅（局），国家税务总局各省、自治区、直辖市、计划单列市税务局，新疆生产建设兵团财政局：

为贯彻落实修改后的《中华人民共和国个人所得税法》，现将个人所得税优惠政策衔接有关事项通知如下：

一、关于全年一次性奖金、中央企业负责人年度绩效薪金延期兑现收入和任期奖励的政策

（一）居民个人取得全年一次性奖金，符合《国家税务总局关于调整个人取得全年一次性奖金等计算征收个人所得税方法问题的通知》（国税发〔2005〕9 号）规定的，在 2021 年 12 月 31 日前，不并入当年综合所得，以全年一次性奖金收入除以 12 个月得到的数额，按照本通知所附按月换算后的综合所得税率表（以下简称月度税率表），确定适用税率和速算扣除数，单独计算纳税。计算公式为：

应纳税额＝全年一次性奖金收入×适用税率－速算扣除数

居民个人取得全年一次性奖金，也可以选择并入当年综合所得计算纳税。

自 2022 年 1 月 1 日起，居民个人取得全年一次性奖金，应并入当年综合所得计算缴纳个人所得税。

（二）中央企业负责人取得年度绩效薪金延期兑现收入和任期奖励，符合《国家税务总局关于中央企业负责人年度绩效薪金延期兑现收入和任期奖励征收个人所得税问题的通知》（国税发〔2007〕118 号）规定的，在 2021 年 12 月 31 日前，参照本通知第一条第（一）项执行；2022 年 1 月 1 日之后的政策另行明确。

二、关于上市公司股权激励的政策

（一）居民个人取得股票期权、股票增值权、限制性股票、股权奖励等股权激励（以下简称股权激励），符合《财政部 国家税务总局关于个人股票期权所得征收个人所得税问题的通知》（财税〔2005〕35 号）、《财政部国家税务总局关于股票增值权所得和限制性股票所得征收个人所得税有关问题的通知》（财税〔2009〕5 号）、《财政部 国家税务总局关于将国家自主创新示范区有关税收试点政策推广到全国范围实施的通知》（财税〔2015〕116 号）第四条、《财政部国家税务总局关于完善股权激励和技术入股有关所得税政策的通知》（财税〔2016〕101 号）第四条第（一）项规定的相关条件的，在 2021 年 12 月 31 日前，不并入当年综合所得，全额单独适用综合所得税率表，计算纳税。计算公式为：

应纳税额＝股权激励收入×适用税率－速算扣除数

（二）居民个人一个纳税年度内取得两次以上（含两次）股权激励的，应合并按本通知第二条第（一）项规定计算纳税。

（三）2022 年 1 月 1 日之后的股权激励政策另行明确。

三、关于保险营销员、证券经纪人佣金收入的政策

保险营销员、证券经纪人取得的佣金收入，属于劳务报酬所得，以不含增值税的收入减除 20% 的费用后的余额为收入额，收入额减去展业成本以及附加税费后，并入当年综合所得，计算缴纳个人所得税。保险营销员、证券经纪人展业成本按照收入额的 25% 计算。

扣缴义务人向保险营销员、证券经纪人支付佣金收入时，应按照《个人所得税扣缴申报管理办法（试行）》（国家税务总局公告 2018 年第 61 号）规定的累计预扣法计算预扣税款。

四、关于个人领取企业年金、职业年金的政策

个人达到国家规定的退休年龄，领取的企业年金、职业年金，符合《财政部 人力资源社会保障部 国家税务总局关于企业年金 职业年金个人所得税有关问题的通知》（财税〔2013〕103 号）规定的，不并入综合所得，全额单独计算应纳税款。其中按月领取的，适用月度税率表计算纳税；按季领取的，平均分摊计入各月，按每月领取额适用月度税率表计算纳税；按年领取的，适用综合所得税率表计算纳税。

个人因出境定居而一次性领取的年金个人账户资金，或个人死亡后，其指定的受益人或法定继承人一次性领取的年金个人账户余额，适用综合所得税率表计算纳税。对个人除上述特殊原因外一次性领取年金个人账户资金或余额的，适用月度税率表计算纳税。

五、关于解除劳动关系、提前退休、内部退养的一次性补偿收入的政策

（一）个人与用人单位解除劳动关系取得一次性补偿收入（包括用人单位发放的经济补偿金、生活补助费和其他补助费），在当地上年职工平均工资 3 倍数额以内的部分，免征个人所得税；超过 3 倍数额的部分，不并入当年综合所得，单独适用综合所得税率表，计算纳税。

（二）个人办理提前退休手续而取得的一次性补贴收入，

应按照办理提前退休手续至法定离退休年龄之间实际年度数平均分摊，确定适用税率和速算扣除数，单独适用综合所得税率表，计算纳税。计算公式：

应纳税额 = ｛〔（一次性补贴收入 ÷ 办理提前退休手续至法定退休年龄的实际年度数）－ 费用扣除标准〕× 适用税率 － 速算扣除数｝× 办理提前退休手续至法定退休年龄的实际年度数

（三）个人办理内部退养手续而取得的一次性补贴收入，按照《国家税务总局关于个人所得税有关政策问题的通知》（国税发〔1999〕58 号）规定计算纳税。

六、关于单位低价向职工售房的政策

单位按低于购置或建造成本价格出售住房给职工，职工因此而少支出的差价部分，符合《财政部 国家税务总局关于单位低价向职工售房有关个人所得税问题的通知》（财税〔2007〕13 号）第二条规定的，不并入当年综合所得，以差价收入除以 12 个月得到的数额，按照月度税率表确定适用税率和速算扣除数，单独计算纳税。计算公式为：

应纳税额 = 职工实际支付的购房价款低于该房屋的购置或建造成本价格的差额 × 适用税率 － 速算扣除数

七、关于外籍个人有关津补贴的政策

（一）2019 年 1 月 1 日至 2021 年 12 月 31 日期间，外籍个人符合居民个人条件的，可以选择享受个人所得税专项附加扣除，也可以选择按照《财政部 国家税务总局关于个人所得税若干政策问题的通知》（财税〔1994〕20 号）、《国家税务总局关于外籍个人取得有关补贴征免个人所得税执行问题的通知》（国税发〔1997〕54 号）和《财政部 国家税务总局关于外籍个人取得港澳地区住房等补贴征免个人所得税的通知》（财税〔2004〕29 号）规定，享受住房补贴、语言训练费、子女教育费等津补贴免税优惠政策，但不得同时享受。外籍个人一经选择，在一个纳税年度内不得变更。

（二）自 2022 年 1 月 1 日起，外籍个人不再享受住房补贴、语言训练费、子女教育费津补贴免税优惠政策，应按规定享受专项附加扣除。

八、除上述衔接事项外，其他个人所得税优惠政策继续按照原文件规定执行。

九、本通知自 2019 年 1 月 1 日起执行。下列文件或文件条款同时废止：

（一）《财政部 国家税务总局关于个人与用人单位解除劳动关系取得的一次性补偿收入征免个人所得税问题的通知》（财税〔2001〕157 号）第一条；

（二）《财政部 国家税务总局关于个人股票期权所得征收个人所得税问题的通知》（财税〔2005〕35 号）第四条第（一）项；

（三）《财政部 国家税务总局关于单位低价向职工售房有关个人所得税问题的通知》（财税〔2007〕13 号）第三条；

（四）《财政部 人力资源社会保障部 国家税务总局关于企业年金职业年金个人所得税有关问题的通知》（财税〔2013〕103 号）第三条第 1 项和第 3 项；

（五）《国家税务总局关于个人认购股票等有价证券而从雇主取得折扣或补贴收入有关征收个人所得税问题的通知》（国税发〔1998〕9 号）；

（六）《国家税务总局关于保险企业营销员（非雇员）取得的收入计征个人所得税问题的通知》（国税发〔1998〕13 号）；

（七）《国家税务总局关于个人因解除劳动合同取得经济补偿金征收个人所得税问题的通知》（国税发〔1999〕178 号）；

（八）《国家税务总局关于国有企业职工因解除劳动合同取得一次性补偿收入征免个人所得税问题的通知》（国税发〔2000〕77 号）；

（九）《国家税务总局关于调整个人取得全年一次性奖金等计算征收个人所得税方法问题的通知》（国税发〔2005〕9 号）第二条；

（十）《国家税务总局关于保险营销员取得佣金收入征免个人所得税问题的通知》（国税函〔2006〕454 号）；

（十一）《国家税务总局关于个人股票期权所得缴纳个人所得税有关问题的补充通知》（国税函〔2006〕902 号）第七条、第八条；

（十二）《国家税务总局关于中央企业负责人年度绩效薪金延期兑现收入和任期奖励征收个人所得税问题的通知》（国税发〔2007〕118 号）第一条；

（十三）《国家税务总局关于个人提前退休取得补贴收入个人所得税问题的公告》（国家税务总局公告 2011 年第 6 号）第二条；

（十四）《国家税务总局关于证券经纪人佣金收入征收个人所得税问题的公告》（国家税务总局公告 2012 年第 45 号）。

附件：按月换算后的综合所得税率表

按月换算后的综合所得税率表

级数	全月应纳税所得额	税率（%）	速算扣除数
1	不超过 3000 元的	3	0
2	超过 3000 元至 12000 元的部分	10	210
3	超过 12000 元至 25000 元的部分	20	1410
4	超过 25000 元至 35000 元的部分	25	2660
5	超过 35000 元至 55000 元的部分	30	4410
6	超过 55000 元至 80000 元的部分	35	7160
7	超过 80000 元的部分	45	15160

国家税务总局关于全面实施新个人所得税法若干征管衔接问题的公告[①]

（2018 年 12 月 19 日国家税务总局公告 2018 年第 56 号公布　自 2019 年 1 月 1 日起施行）

为贯彻落实新修改的《中华人民共和国个人所得税法》（以下简称“新个人所得税法”），现就全面实施新个人所得税法后扣缴义务人对居民个人工资、薪金所得，劳务报酬所得，稿酬所得，特许权使用费所得预扣预缴个人所得税的计算方法，对非居民个人上述四项所得扣缴个人所得税的计算方法，公告如下：

一、居民个人预扣预缴方法

扣缴义务人向居民个人支付工资、薪金所得，劳务报酬所得，稿酬所得，特许权使用费所得时，按以下方法预扣预缴个人所得税，并向主管税务机关报送《个人所得税扣缴申报表》（见附件 1）。年度预扣预缴税额与年度应纳税额不一致的，由居民个人于次年 3 月 1 日至 6 月 30 日向主管税务机关办理综合所得年度汇算清缴，税款多退少补。

（一）扣缴义务人向居民个人支付工资、薪金所得时，应当按照累计预扣法计算预扣税款，并按月办理全员全额扣缴申报。具体计算公式如下：

本期应预扣预缴税额 =（累计预扣预缴应纳税所得额 × 预扣率 - 速算扣除数）- 累计减免税额 - 累计已预扣预缴税额

累计预扣预缴应纳税所得额 = 累计收入 - 累计免税收入 - 累计减除费用 - 累计专项扣除 - 累计专项附加扣除 - 累计依法确定的其他扣除

其中：累计减除费用，按照 5000 元/月乘以纳税人当年截至本月在本单位的任职受雇月份数计算。

上述公式中，计算居民个人工资、薪金所得预扣预缴税额的预扣率、速算扣除数，按《个人所得税预扣率表一》（见附件 2）执行。

（二）扣缴义务人向居民个人支付劳务报酬所得、稿酬所得、特许权使用费所得，按次或者按月预扣预缴个人所得税。具体预扣预缴方法如下：

劳务报酬所得、稿酬所得、特许权使用费所得以收入减除费用后的余额为收入额。其中，稿酬所得的收入额减按百分之七十计算。

减除费用：劳务报酬所得、稿酬所得、特许权使用费所得每次收入不超过四千元的，减除费用按八百元计算；每次收入四千元以上的，减除费用按百分之二十计算。

应纳税所得额：劳务报酬所得、稿酬所得、特许权使用费所得，以每次收入额为预扣预缴应纳税所得额。劳务报酬所得适用百分之二十至百分之四十的超额累进预扣率（见附件 2《个人所得税预扣率表二》），稿酬所得、特许权使用费所得适用百分之二十的比例预扣率。

劳务报酬所得应预扣预缴税额 = 预扣预缴应纳税所得额 × 预扣率 - 速算扣除数

稿酬所得、特许权使用费所得应预扣预缴税额 = 预扣预缴应纳税所得额 × 20%

二、非居民个人扣缴方法

扣缴义务人向非居民个人支付工资、薪金所得，劳务报酬所得，稿酬所得和特许权使用费所得时，应当按以下方法按月或者按次代扣代缴个人所得税：

非居民个人的工资、薪金所得，以每月收入额减除费用五千元后的余额为应纳税所得额；劳务报酬所得、稿酬所得、特许权使用费所得，以每次收入额为应纳税所得额，适用按月换算后的非居民个人月度税率表（见附件 2《个人所得税税率表三》）计算应纳税额。其中，劳务报酬所得、稿酬所得、特许权使用费所得以收入减除百分之二十的费用后的余额为收入额。稿酬所得的收入额减按百分之七十计算。

非居民个人工资、薪金所得，劳务报酬所得，稿酬所得，特许权使用费所得应纳税额 = 应纳税所得额 × 税率 - 速算扣除数

本公告自 2019 年 1 月 1 日起施行。

特此公告。

附件：

1.《个人所得税扣缴申报表》及填表说明（略）

2. 个人所得税税率表及预扣率表（略）

个人所得税专项附加扣除操作办法（试行）

（2018 年 12 月 21 日国家税务总局公告 2018 年第 60 号公布　自 2019 年 1 月 1 日起施行）

第一章　总　　则

第一条　为了规范个人所得税专项附加扣除行为，切实维护纳税人合法权益，根据新修改的《中华人民共和国个人所得税法》及其实施条例、《中华人民共和国税收征收管理法》及其实施细则、《国务院关于印发个人所得税专项附加扣除暂行办法的通知》（国发〔2018〕41 号）的规定，制定本办法。

第二条　纳税人享受子女教育、继续教育、大病医疗、住房贷款利息或者住房租金、赡养老人专项附加扣除的，依照本办法规定办理。

① 本公告“附件 1”已被《国家税务总局关于修订个人所得税申报表的公告》废止。

第二章 享受扣除及办理时间

第三条 纳税人享受符合规定的专项附加扣除的计算时间分别为:

(一)子女教育。学前教育阶段,为子女年满3周岁当月至小学入学前一月。学历教育,为子女接受全日制学历教育入学的当月至全日制学历教育结束的当月。

(二)继续教育。学历(学位)继续教育,为在中国境内接受学历(学位)继续教育入学的当月至学历(学位)继续教育结束的当月,同一学历(学位)继续教育的扣除期限最长不得超过48个月。技能人员职业资格继续教育、专业技术人员职业资格继续教育,为取得相关证书的当年。

(三)大病医疗。为医疗保障信息系统记录的医药费用实际支出的当年。

(四)住房贷款利息。为贷款合同约定开始还款的当月至贷款全部归还或贷款合同终止的当月,扣除期限最长不得超过240个月。

(五)住房租金。为租赁合同(协议)约定的房屋租赁期开始的当月至租赁期结束的当月。提前终止合同(协议)的,以实际租赁期限为准。

(六)赡养老人。为被赡养人年满60周岁的当月至赡养义务终止的年末。

前款第一项、第二项规定的学历教育和学历(学位)继续教育的期间,包含因病或其他非主观原因休学但学籍继续保留的休学期间,以及施教机构按规定组织实施的寒暑假等假期。

第四条 享受子女教育、继续教育、住房贷款利息或者住房租金、赡养老人专项附加扣除的纳税人,自符合条件开始,可以向支付工资、薪金所得的扣缴义务人提供上述专项附加扣除有关信息,由扣缴义务人在预扣预缴税款时,按其在本单位本年可享受的累计扣除额办理扣除;也可以在次年3月1日至6月30日内,向汇缴地主管税务机关办理汇算清缴申报时扣除。

纳税人同时从两处以上取得工资、薪金所得,并由扣缴义务人办理上述专项附加扣除的,对同一专项附加扣除项目,一个纳税年度内,纳税人只能选择从其中一处扣除。

享受大病医疗专项附加扣除的纳税人,由其在次年3月1日至6月30日内,自行向汇缴地主管税务机关办理汇算清缴申报时扣除。

第五条 扣缴义务人办理工资、薪金所得预扣预缴税款时,应当根据纳税人报送的《个人所得税专项附加扣除信息表》(以下简称《扣除信息表》,见附件)为纳税人办理专项附加扣除。

纳税人年度中间更换工作单位的,在原单位任职、受雇期间已享受的专项附加扣除金额,不得在新任职、受雇单位扣除。原扣缴义务人应当自纳税人离职不再发放工资薪金所得的当月起,停止为其办理专项附加扣除。

第六条 纳税人未取得工资、薪金所得,仅取得劳务报酬所得、稿酬所得、特许权使用费所得需要享受专项附加扣除的,应当在次年3月1日至6月30日内,自行向汇缴地主管税务机关报送《扣除信息表》,并在办理汇算清缴申报时扣除。

第七条 一个纳税年度内,纳税人在扣缴义务人预扣预缴税款环节未享受或未足额享受专项附加扣除的,可以在当年内向支付工资、薪金的扣缴义务人申请在剩余月份发放工资、薪金时补充扣除,也可以在次年3月1日至6月30日内,向汇缴地主管税务机关办理汇算清缴时申报扣除。

第三章 报送信息及留存备查资料

第八条 纳税人选择在扣缴义务人发放工资、薪金所得时享受专项附加扣除的,首次享受时应当填写并向扣缴义务人报送《扣除信息表》;纳税年度中间相关信息发生变化的,纳税人应当更新《扣除信息表》相应栏次,并及时报送给扣缴义务人。

更换工作单位的纳税人,需要由新任职、受雇扣缴义务人办理专项附加扣除的,应当在入职的当月,填写并向扣缴义务人报送《扣除信息表》。

第九条 纳税人次年需要由扣缴义务人继续办理专项附加扣除的,应当于每年12月份对次年享受专项附加扣除的内容进行确认,并报送至扣缴义务人。纳税人未及时确认的,扣缴义务人于次年1月起暂停扣除,待纳税人确认后再行办理专项附加扣除。

扣缴义务人应当将纳税人报送的专项附加扣除信息,在次月办理扣缴申报时一并报送至主管税务机关。

第十条 纳税人选择在汇算清缴申报时享受专项附加扣除的,应当填写并向汇缴地主管税务机关报送《扣除信息表》。

第十一条 纳税人将需要享受的专项附加扣除项目信息填报至《扣除信息表》相应栏次。填报要素完整的,扣缴义务人或者主管税务机关应当受理;填报要素不完整的,扣缴义务人或者主管税务机关应当及时告知纳税人补正或重新填报。纳税人未补正或重新填报的,暂不办理相关专项附加扣除,待纳税人补正或重新填报后再行办理。

第十二条 纳税人享受子女教育专项附加扣除,应当填报配偶及子女的姓名、身份证件类型及号码、子女当前受教育阶段及起止时间、子女就读学校以及本人与配偶之间扣除分配比例等信息。

纳税人需要留存备查资料包括:子女在境外接受教育的,应当留存境外学校录取通知书、留学签证等境外教育佐证资料。

第十三条 纳税人享受继续教育专项附加扣除,接受学历(学位)继续教育的,应当填报教育起止时间、教育阶段等信息;接受技能人员或者专业技术人员职业资格继续教育的,应当填报证书名称、证书编号、发证机关、发证(批准)时间等信息。

纳税人需要留存备查资料包括：纳税人接受技能人员职业资格继续教育、专业技术人员职业资格继续教育的，应当留存职业资格相关证书等资料。

第十四条　纳税人享受住房贷款利息专项附加扣除，应当填报住房权属信息、住房坐落地址、贷款方式、贷款银行、贷款合同编号、贷款期限、首次还款日期等信息；纳税人有配偶的，填写配偶姓名、身份证件类型及号码。

纳税人需要留存备查资料包括：住房贷款合同、贷款还款支出凭证等资料。

第十五条　纳税人享受住房租金专项附加扣除，应当填报主要工作城市、租赁住房坐落地址、出租人姓名及身份证件类型和号码或者出租方单位名称及纳税人识别号（社会统一信用代码）、租赁起止时间等信息；纳税人有配偶的，填写配偶姓名、身份证件类型及号码。

纳税人需要留存备查资料包括：住房租赁合同或协议等资料。

第十六条　纳税人享受赡养老人专项附加扣除，应当填报纳税人是否为独生子女、月扣除金额、被赡养人姓名及身份证件类型和号码、与纳税人关系；有共同赡养人的，需填报分摊方式、共同赡养人姓名及身份证件类型和号码等信息。

纳税人需要留存备查资料包括：约定或指定分摊的书面分摊协议等资料。

第十七条　纳税人享受大病医疗专项附加扣除，应当填报患者姓名、身份证件类型及号码、与纳税人关系、与基本医保相关的医药费用总金额、医保目录范围内个人负担的自付金额等信息。

纳税人需要留存备查资料包括：大病患者医药服务收费及医保报销相关票据原件或复印件，或者医疗保障部门出具的纳税年度医药费用清单等资料。

第十八条　纳税人应当对报送的专项附加扣除信息的真实性、准确性、完整性负责。

第四章　信息报送方式

第十九条　纳税人可以通过远程办税端、电子或者纸质报表等方式，向扣缴义务人或者主管税务机关报送个人专项附加扣除信息。

第二十条　纳税人选择纳税年度内由扣缴义务人办理专项附加扣除的，按下列规定办理：

（一）纳税人通过远程办税端选择扣缴义务人并报送专项附加扣除信息的，扣缴义务人根据接收的扣除信息办理扣除。

（二）纳税人通过填写电子或者纸质《扣除信息表》直接报送扣缴义务人的，扣缴义务人将相关信息导入或者录入扣缴端软件，并在次月办理扣缴申报时提交给主管税务机关。《扣除信息表》应当一式两份，纳税人和扣缴义务人签字（章）后分别留存备查。

第二十一条　纳税人选择年度终了后办理汇算清缴申报时享受专项附加扣除的，既可以通过远程办税端报送专项附加扣除信息，也可以将电子或者纸质《扣除信息表》（一式两份）报送给汇缴地主管税务机关。

报送电子《扣除信息表》的，主管税务机关受理打印，交由纳税人签字后，一份由纳税人留存备查，一份由税务机关留存；报送纸质《扣除信息表》的，纳税人签字确认、主管税务机关受理签章后，一份退还纳税人留存备查，一份由税务机关留存。

第二十二条　扣缴义务人和税务机关应当告知纳税人办理专项附加扣除的方式和渠道，鼓励并引导纳税人采用远程办税端报送信息。

第五章　后续管理

第二十三条　纳税人应当将《扣除信息表》及相关留存备查资料，自法定汇算清缴期结束后保存五年。

纳税人报送给扣缴义务人的《扣除信息表》，扣缴义务人应当自预扣预缴年度的次年起留存五年。

第二十四条　纳税人向扣缴义务人提供专项附加扣除信息的，扣缴义务人应当按照规定予以扣除，不得拒绝。扣缴义务人应当为纳税人报送的专项附加扣除信息保密。

第二十五条　扣缴义务人应当及时按照纳税人提供的信息计算办理扣缴申报，不得擅自更改纳税人提供的相关信息。

扣缴义务人发现纳税人提供的信息与实际情况不符，可以要求纳税人修改。纳税人拒绝修改的，扣缴义务人应当向主管税务机关报告，税务机关应当及时处理。

除纳税人另有要求外，扣缴义务人应当于年度终了后两个月内，向纳税人提供已办理的专项附加扣除项目及金额等信息。

第二十六条　税务机关定期对纳税人提供的专项附加扣除信息开展抽查。

第二十七条　税务机关核查时，纳税人无法提供留存备查资料，或者留存备查资料不能支持相关情况的，税务机关可以要求纳税人提供其他佐证；不能提供其他佐证材料，或者佐证材料仍不足以支持的，不得享受相关专项附加扣除。

第二十八条　税务机关核查专项附加扣除情况时，可以提请有关单位和个人协助核查，相关单位和个人应当协助。

第二十九条　纳税人有下列情形之一的，主管税务机关应当责令其改正；情形严重的，应当纳入有关信用信息系统，并按照国家有关规定实施联合惩戒；涉及违反税收征管法等法律法规的，税务机关依法进行处理：

（一）报送虚假专项附加扣除信息；

（二）重复享受专项附加扣除；

(三)超范围或标准享受专项附加扣除;

(四)拒不提供留存备查资料;

(五)税务总局规定的其他情形。

纳税人在任职、受雇单位报送虚假扣除信息的,税务机关责令改正的同时,通知扣缴义务人。

第三十条　本办法自2019年1月1日起施行。

个人所得税扣缴申报管理办法(试行)

(2018年12月21日国家税务总局公告2018年第61号公布　自2019年1月1日起施行)

第一条　为规范个人所得税扣缴申报行为,维护纳税人和扣缴义务人合法权益,根据《中华人民共和国个人所得税法》及其实施条例、《中华人民共和国税收征收管理法》及其实施细则等法律法规的规定,制定本办法。

第二条　扣缴义务人,是指向个人支付所得的单位或者个人。扣缴义务人应当依法办理全员全额扣缴申报。

全员全额扣缴申报,是指扣缴义务人应当在代扣税款的次月十五日内,向主管税务机关报送其支付所得的所有个人的有关信息、支付所得数额、扣除事项和数额、扣缴税款的具体数额和总额以及其他相关涉税信息资料。

第三条　扣缴义务人每月或者每次预扣、代扣的税款,应当在次月十五日内缴入国库,并向税务机关报送《个人所得税扣缴申报表》。

第四条　实行个人所得税全员全额扣缴申报的应税所得包括:

(一)工资、薪金所得;

(二)劳务报酬所得;

(三)稿酬所得;

(四)特许权使用费所得;

(五)利息、股息、红利所得;

(六)财产租赁所得;

(七)财产转让所得;

(八)偶然所得。

第五条　扣缴义务人首次向纳税人支付所得时,应当按照纳税人提供的纳税人识别号等基础信息,填写《个人所得税基础信息表(A表)》,并于次月扣缴申报时向税务机关报送。

扣缴义务人对纳税人向其报告的相关基础信息变化情况,应当于次月扣缴申报时向税务机关报送。

第六条　扣缴义务人向居民个人支付工资、薪金所得时,应当按照累计预扣法计算预扣税款,并按月办理扣缴申报。

累计预扣法,是指扣缴义务人在一个纳税年度内预扣预缴税款时,以纳税人在本单位截至当前月份工资、薪金所得累计收入减除累计免税收入、累计减除费用、累计专项扣除、累计专项附加扣除和累计依法确定的其他扣除后的余额为累计预扣预缴应纳税所得额,适用个人所得税预扣率表一(见附件),计算累计应预扣预缴税额,再减除累计减免税额和累计已预扣预缴税额,其余额为本期应预扣预缴税额。余额为负值时,暂不退税。纳税年度终了后余额仍为负值时,由纳税人通过办理综合所得年度汇算清缴,税款多退少补。

具体计算公式如下:

本期应预扣预缴税额=(累计预扣预缴应纳税所得额×预扣率-速算扣除数)-累计减免税额-累计已预扣预缴税额

累计预扣预缴应纳税所得额=累计收入-累计免税收入-累计减除费用-累计专项扣除-累计专项附加扣除-累计依法确定的其他扣除

其中:累计减除费用,按照5000元/月乘以纳税人当年截至本月在本单位的任职受雇月份数计算。

第七条　居民个人向扣缴义务人提供有关信息并依法要求办理专项附加扣除的,扣缴义务人应当按照规定在工资、薪金所得按月预扣预缴税款时予以扣除,不得拒绝。

第八条　扣缴义务人向居民个人支付劳务报酬所得、稿酬所得、特许权使用费所得时,应当按照以下方法按次或者按月预扣预缴税款:

劳务报酬所得、稿酬所得、特许权使用费所得以收入减除费用后的余额为收入额;其中,稿酬所得的收入额减按百分之七十计算。

减除费用:预扣预缴税款时,劳务报酬所得、稿酬所得、特许权使用费所得每次收入不超过四千元的,减除费用按八百元计算;每次收入四千元以上的,减除费用按收入的百分之二十计算。

应纳税所得额:劳务报酬所得、稿酬所得、特许权使用费所得,以每次收入额为预扣预缴应纳税所得额,计算应预扣预缴税额。劳务报酬所得适用个人所得税预扣率表二(见附件),稿酬所得、特许权使用费所得适用百分之二十的比例预扣率。

居民个人办理年度综合所得汇算清缴时,应当依法计算劳务报酬所得、稿酬所得、特许权使用费所得的收入额,并入年度综合所得计算应纳税款,税款多退少补。

第九条　扣缴义务人向非居民个人支付工资、薪金所得,劳务报酬所得,稿酬所得和特许权使用费所得时,应当按照以下方法按月或者按次代扣代缴税款:

非居民个人的工资、薪金所得,以每月收入额减除费用五千元后的余额为应纳税所得额;劳务报酬所得、稿酬所得、特许权使用费所得,以每次收入额为应纳税所得额,适用个人所得税税率表三(见附件)计算应纳税额。劳务报酬所得、稿酬所得、特许权使用费所得以收入减除百分之二十的费用后的余额为收入额;其中,稿酬所得的收入额减按百分之七十计算。

非居民个人在一个纳税年度内税款扣缴方法保持不变,

达到居民个人条件时，应当告知扣缴义务人基础信息变化情况，年度终了后按照居民个人有关规定办理汇算清缴。

第十条 扣缴义务人支付利息、股息、红利所得，财产租赁所得，财产转让所得或者偶然所得时，应当依法按次或者按月代扣代缴税款。

第十一条 劳务报酬所得、稿酬所得、特许权使用费所得，属于一次性收入的，以取得该项收入为一次；属于同一项目连续性收入的，以一个月内取得的收入为一次。

财产租赁所得，以一个月为取得的收入为一次。

利息、股息、红利所得，以支付利息、股息、红利时取得的收入为一次。

偶然所得，以每次取得该项收入为一次。

第十二条 纳税人需要享受税收协定待遇的，应当在取得应税所得时主动向扣缴义务人提出，并提交相关信息、资料，扣缴义务人代扣代缴税款时按照享受税收协定待遇有关办法办理。

第十三条 支付工资、薪金所得的扣缴义务人应当于年度终了后两个月内，向纳税人提供其个人所得和已扣缴税款等信息。纳税人年度中间需要提供上述信息的，扣缴义务人应当提供。

纳税人取得除工资、薪金所得以外的其他所得，扣缴义务人应当在扣缴税款后，及时向纳税人提供其个人所得和已扣缴税款等信息。

第十四条 扣缴义务人应当按照纳税人提供的信息计算税款、办理扣缴申报，不得擅自更改纳税人提供的信息。

扣缴义务人发现纳税人提供的信息与实际情况不符的，可以要求纳税人修改。纳税人拒绝修改的，扣缴义务人应当报告税务机关，税务机关应当及时处理。

纳税人发现扣缴义务人提供或者扣缴申报的个人信息、支付所得、扣缴税款等信息与实际情况不符的，有权要求扣缴义务人修改。扣缴义务人拒绝修改的，纳税人应当报告税务机关，税务机关应当及时处理。

第十五条 扣缴义务人对纳税人提供的《个人所得税专项附加扣除信息表》，应当按照规定妥善保存备查。

第十六条 扣缴义务人应当依法对纳税人报送的专项附加扣除等相关涉税信息和资料保密。

第十七条 对扣缴义务人按照规定扣缴的税款，按年付给百分之二的手续费。不包括税务机关、司法机关等查补或者责令补扣的税款。

扣缴义务人领取的扣缴手续费可用于提升办税能力、奖励办税人员。

第十八条 扣缴义务人依法履行代扣代缴义务，纳税人不得拒绝。纳税人拒绝的，扣缴义务人应当及时报告税务机关。

第十九条 扣缴义务人有未按照规定向税务机关报送资料和信息、未按照纳税人提供信息虚报虚扣专项附加扣除、应扣未扣税款、不缴或少缴已扣税款、借用或冒用他人身份等行为的，依照《中华人民共和国税收征收管理法》等相关法律、行政法规处理。

第二十条 本办法相关表证单书式样，由国家税务总局另行制定发布。

第二十一条 本办法自2019年1月1日起施行。《国家税务总局关于印发〈个人所得税全员全额扣缴申报管理暂行办法〉的通知》（国税发〔2005〕205号）同时废止。

附件：个人所得税税率表及预扣率表（略）

国家税务总局关于完善调整部分纳税人个人所得税预扣预缴方法的公告

（2020年7月28日国家税务总局公告2020年第13号公布 自2020年7月1日起施行）

为进一步支持稳就业、保就业，减轻当年新入职人员个人所得税预扣预缴阶段的税收负担，现就完善调整年度中间首次取得工资、薪金所得等人员有关个人所得税预扣预缴方法事项公告如下：

一、对一个纳税年度内首次取得工资、薪金所得的居民个人，扣缴义务人在预扣预缴个人所得税时，可按照5000元/月乘以纳税人当年截至本月月份数计算累计减除费用。

二、正在接受全日制学历教育的学生因实习取得劳务报酬所得的，扣缴义务人预扣预缴个人所得税时，可按照《国家税务总局关于发布〈个人所得税扣缴申报管理办法（试行）〉的公告》（2018年第61号）规定的累计预扣法计算并预扣预缴税款。

三、符合本公告规定并可按上述条款预扣预缴个人所得税的纳税人，应当及时向扣缴义务人申明并如实提供相关佐证资料或承诺书，并对相关资料及承诺书的真实性、准确性、完整性负责。相关资料或承诺书，纳税人及扣缴义务人需留存备查。

四、本公告所称首次取得工资、薪金所得的居民个人，是指自纳税年度首月起至新入职时，未取得工资、薪金所得或者未按照累计预扣法预扣预缴过连续性劳务报酬所得个人所得税的居民个人。

本公告自2020年7月1日起施行。

国家税务总局关于进一步简便优化部分纳税人个人所得税预扣预缴方法的公告

(2020年12月4日国家税务总局公告2020年第19号公布 自2021年1月1日起施行)

为进一步支持稳就业、保就业、促消费,助力构建新发展格局,按照《中华人民共和国个人所得税法》及其实施条例有关规定,现就进一步简便优化部分纳税人个人所得税预扣预缴方法有关事项公告如下:

一、对上一完整纳税年度内每月均在同一单位预扣预缴工资、薪金所得个人所得税且全年工资、薪金收入不超过6万元的居民个人,扣缴义务人在预扣预缴本年度工资、薪金所得个人所得税时,累计减除费用自1月份起直接按照全年6万元计算扣除。即,在纳税人累计收入不超过6万元的月份,暂不预扣预缴个人所得税;在其累计收入超过6万元的当月及年内后续月份,再预扣预缴个人所得税。

扣缴义务人应当按规定办理全员全额扣缴申报,并在《个人所得税扣缴申报表》相应纳税人的备注栏注明"上年各月均有申报且全年收入不超过6万元"字样。

二、对按照累计预扣法预扣预缴劳务报酬所得个人所得税的居民个人,扣缴义务人比照上述规定执行。

本公告自2021年1月1日起施行。

特此公告。

国家税务总局关于自然人纳税人识别号有关事项的公告

(2018年12月17日国家税务总局公告2018年第59号公布 自2019年1月1日起施行)

根据新修改的《中华人民共和国个人所得税法》,为便利纳税人办理涉税业务,现就自然人纳税人识别号有关事项公告如下:

一、自然人纳税人识别号,是自然人纳税人办理各类涉税事项的唯一代码标识。

二、有中国公民身份号码的,以其中国公民身份号码作为纳税人识别号;没有中国公民身份号码的,由税务机关赋予其纳税人识别号。

三、纳税人首次办理涉税事项时,应当向税务机关或者扣缴义务人出示有效身份证件,并报送相关基础信息。

四、税务机关应当在赋予自然人纳税人识别号后告知或者通过扣缴义务人告知纳税人其纳税人识别号,并为自然人纳税人查询本人纳税人识别号提供便利。

五、自然人纳税人办理纳税申报、税款缴纳、申请退税、开具完税凭证、纳税查询等涉税事项时应当向税务机关或扣缴义务人提供纳税人识别号。

六、本公告所称"有效身份证件",是指:

(一)纳税人为中国公民且持有有效《中华人民共和国居民身份证》(以下简称"居民身份证")的,为居民身份证。

(二)纳税人为华侨且没有居民身份证的,为有效的《中华人民共和国护照》和华侨身份证明。

(三)纳税人为港澳居民的,为有效的《港澳居民来往内地通行证》或《中华人民共和国港澳居民居住证》。

(四)纳税人为台湾居民的,为有效的《台湾居民来往大陆通行证》或《中华人民共和国台湾居民居住证》。

(五)纳税人为持有有效《中华人民共和国外国人永久居留身份证》(以下简称永久居留证)的外籍个人的,为永久居留证和外国护照;未持有永久居留证但持有有效《中华人民共和国外国人工作许可证》(以下简称工作许可证)的,为工作许可证和外国护照;其他外籍个人,为有效的外国护照。

本公告自2019年1月1日起施行。

特此公告。

国家税务总局关于个人所得税自行纳税申报有关问题的公告

(2018年12月21日国家税务总局公告2018年第62号公布 自2019年1月1日起施行)

根据新修改的《中华人民共和国个人所得税法》及其实施条例,现就个人所得税自行纳税申报有关问题公告如下:

一、取得综合所得需要办理汇算清缴的纳税申报

取得综合所得且符合下列情形之一的纳税人,应当依法办理汇算清缴:

(一)从两处以上取得综合所得,且综合所得年收入额减除专项扣除后的余额超过6万元;

(二)取得劳务报酬所得、稿酬所得、特许权使用费所得中一项或者多项所得,且综合所得年收入额减除专项扣除的余额超过6万元;

(三)纳税年度内预缴税额低于应纳税额;

(四)纳税人申请退税。

需要办理汇算清缴的纳税人,应当在取得所得的次年3月1日至6月30日内,向任职、受雇单位所在地主管税务机关办理纳税申报,并报送《个人所得税年度自行纳税申报表》。纳税人有两处以上任职、受雇单位的,选择向其中一处任职、受雇单位所在地主管税务机关办理纳税申报;纳税人没有任职、受雇单位的,向户籍所在地或经常居住地主管税务机关办理纳税申报。

纳税人办理综合所得汇算清缴，应当准备与收入、专项扣除、专项附加扣除、依法确定的其他扣除、捐赠、享受税收优惠等相关的资料，并按规定留存备查或报送。

纳税人取得综合所得办理汇算清缴的具体办法，另行公告。

二、取得经营所得的纳税申报

个体工商户业主、个人独资企业投资者、合伙企业个人合伙人、承包承租经营者个人以及其他从事生产、经营活动的个人取得经营所得，包括以下情形：

（一）个体工商户从事生产、经营活动取得的所得，个人独资企业投资人、合伙企业的个人合伙人来源于境内注册的个人独资企业、合伙企业生产、经营的所得；

（二）个人依法从事办学、医疗、咨询以及其他有偿服务活动取得的所得；

（三）个人对企业、事业单位承包经营、承租经营以及转包、转租取得的所得；

（四）个人从事其他生产、经营活动取得的所得。

纳税人取得经营所得，按年计算个人所得税，由纳税人在月度或季度终了后15日内，向经营管理所在地主管税务机关办理预缴纳税申报，并报送《个人所得税经营所得纳税申报表（A表）》。在取得所得的次年3月31日前，向经营管理所在地主管税务机关办理汇算清缴，并报送《个人所得税经营所得纳税申报表（B表）》；从两处以上取得经营所得的，选择向其中一处经营管理所在地主管税务机关办理年度汇总申报，并报送《个人所得税经营所得纳税申报表（C表）》。

三、取得应税所得，扣缴义务人未扣缴税款的纳税申报

纳税人取得应税所得，扣缴义务人未扣缴税款的，应当区别以下情形办理纳税申报：

（一）居民个人取得综合所得的，按照本公告第一条办理。

（二）非居民个人取得工资、薪金所得，劳务报酬所得，稿酬所得，特许权使用费所得的，应当在取得所得的次年6月30日前，向扣缴义务人所在地主管税务机关办理纳税申报，并报送《个人所得税自行纳税申报表（A表）》。有两个以上扣缴义务人均未扣缴税款的，选择向其中一处扣缴义务人所在地主管税务机关办理纳税申报。

非居民个人在次年6月30日前离境（临时离境除外）的，应当在离境前办理纳税申报。

（三）纳税人取得利息、股息、红利所得，财产租赁所得，财产转让所得和偶然所得的，应当在取得所得的次年6月30日前，按相关规定向主管税务机关办理纳税申报，并报送《个人所得税自行纳税申报表（A表）》。

税务机关通知限期缴纳的，纳税人应当按照期限缴纳税款。

四、取得境外所得的纳税申报

居民个人从中国境外取得所得的，应当在取得所得的次年3月1日至6月30日内，向中国境内任职、受雇单位所在地主管税务机关办理纳税申报；在中国境内没有任职、受雇单位的，向户籍所在地或中国境内经常居住地主管税务机关办理纳税申报；户籍所在地与中国境内经常居住地不一致的，选择其中一地主管税务机关办理纳税申报；在中国境内没有户籍的，向中国境内经常居住地主管税务机关办理纳税申报。

纳税人取得境外所得办理纳税申报的具体规定，另行公告。

五、因移居境外注销中国户籍的纳税申报

纳税人因移居境外注销中国户籍的，应当在申请注销中国户籍前，向户籍所在地主管税务机关办理纳税申报，进行税款清算。

（一）纳税人在注销户籍年度取得综合所得的，应当在注销户籍前，办理当年综合所得的汇算清缴，并报送《个人所得税年度自行纳税申报表》。尚未办理上一年度综合所得汇算清缴的，应当在办理注销户籍纳税申报时一并办理。

（二）纳税人在注销户籍年度取得经营所得的，应当在注销户籍前，办理当年经营所得的汇算清缴，并报送《个人所得税经营所得纳税申报表（B表）》。从两处以上取得经营所得的，还应当一并报送《个人所得税经营所得纳税申报表（C表）》。尚未办理上一年度经营所得汇算清缴的，应当在办理注销户籍纳税申报时一并办理。

（三）纳税人在注销户籍当年取得利息、股息、红利所得，财产租赁所得，财产转让所得和偶然所得的，应当在注销户籍前，申报当年上述所得的完税情况，并报送《个人所得税自行纳税申报表（A表）》。

（四）纳税人有未缴或者少缴税款的，应当在注销户籍前，结清欠缴或未缴的税款。纳税人存在分期缴税且未缴纳完毕的，应当在注销户籍前，结清尚未缴纳的税款。

（五）纳税人办理注销户籍纳税申报时，需要办理专项附加扣除、依法确定的其他扣除的，应当向税务机关报送《个人所得税专项附加扣除信息表》《商业健康保险税前扣除情况明细表》《个人税收递延型商业养老保险税前扣除情况明细表》等。

六、非居民个人在中国境内从两处以上取得工资、薪金所得的纳税申报

非居民个人在中国境内从两处以上取得工资、薪金所得的，应当在取得所得的次月15日内，向其中一处任职、受雇单位所在地主管税务机关办理纳税申报，并报送《个人所得税自行纳税申报表（A表）》。

七、纳税申报方式

纳税人可以采用远程办税端、邮寄等方式申报，也可以直接到主管税务机关申报。

八、其他有关问题

（一）纳税人办理自行纳税申报时，应当一并报送税务机关要求报送的其他有关资料。首次申报或者个人基础信息发生变化的，还应报送《个人所得税基础信息表（B表）》。

本公告涉及的有关表证单书，由国家税务总局统一制定式样，另行公告。

（二）纳税人在办理纳税申报时需要享受税收协定待遇的，按照享受税收协定待遇有关办法办理。

九、施行时间

本公告自2019年1月1日起施行。

特此公告。

个人所得税管理办法

（2005年7月6日国税发〔2005〕120号公布　根据2018年6月15日《国家税务总局关于修改部分税收规范性文件的公告》修正）

第一章　总　　则

第一条　为了进一步加强和规范税务机关对个人所得税的征收管理，促进个人所得税征管的科学化、精细化，不断提高征管效率和质量，根据《中华人民共和国个人所得税法》（以下简称税法）、《中华人民共和国税收征收管理法》（以下简称征管法）及有关税收法律法规规定，制定本办法。

第二条　加强和规范个人所得税征管，要着力健全管理制度，完善征管手段，突出管理重点。即要建立个人收入档案管理制度、代扣代缴明细账制度、纳税人与扣缴义务人向税务机关双向申报制度、与社会各部门配合的协税制度；尽快研发应用统一的个人所得税管理信息系统，充分利用信息技术手段加强个人所得税管理；切实加强高收入者的重点管理、税源的源泉管理、全员全额管理。

第二章　个人收入档案管理制度

第三条　个人收入档案管理制度是指，税务机关按照要求对每个纳税人的个人基本信息、收入和纳税信息以及相关信息建立档案，并对其实施动态管理的一项制度。

第四条　省以下（含省级）各级税务机关的管理部门应当按照规定逐步对每个纳税人建立收入和纳税档案，实施"一户式"的动态管理。

第五条　省以下（含省级）各级税务机关的管理部门应区别不同类型纳税人，并按以下内容建立相应的基础信息档案：

（一）雇员纳税人（不含股东、投资者、外籍人员）的档案内容包括：姓名、身份证照类型、身份证照号码、学历、职业、职务、电子邮箱地址、有效联系电话、有效通信地址、邮政编码、户籍所在地、扣缴义务人编码、是否重点纳税人。

（二）非雇员纳税人（不含股东、投资者）的档案内容包括：姓名、身份证照类型、身份证照号码、电子邮箱地址、有效联系电话、有效通信地址（工作单位或家庭地址）、邮政编码、工作单位名称、扣缴义务人编码、是否重点纳税人。

（三）股东、投资者（不含个人独资、合伙企业投资者）的档案内容包括：姓名、国籍、身份证照类型、身份证照号码、有效通讯地址、邮政编码、户籍所在地、有效联系电话、电子邮箱地址、公司股本（投资）总额、个人股本（投资）额、扣缴义务人编码、是否重点纳税人。

（四）个人独资、合伙企业投资者、个体工商户、对企事业单位的承包承租经营人的档案内容包括：姓名、身份证照类型、身份证照号码、个体工商户（或个人独资企业、合伙企业、承包承租企事业单位）名称，经济类型、行业、经营地址、邮政编码、有效联系电话、税务登记证号码、电子邮箱地址、所得税征收方式（核定、查账）、主管税务机关、是否重点纳税人。

（五）外籍人员（含雇员和非雇员）的档案内容包括：纳税人编码、姓名（中、英文）、性别、出生地（中、英文）、出生年月、境外地址（中、英文）、国籍或地区、身份证照类型、身份证照号码、居留许可号码（或台胞证号码、回乡证号码）、劳动就业证号码、职业、境内职务、境外职务、入境时间、任职期限、预计在华时间、预计离境时间、境内任职单位名称及税务登记证号码、境内任职单位地址、邮政编码、联系电话、其他任职单位（也应包括地址、电话、联系方式）名称及税务登记证号码、境内受聘或签约单位名称及税务登记证号码、地址、邮政编码、联系电话、境外派遣单位名称（中、英文）、境外派遣单位地址（中、英文）、支付地（包括境内支付还是境外支付）、是否重点纳税人。

第六条　纳税人档案的内容来源于：

（一）纳税人税务登记情况。

（二）《扣缴个人所得税报告表》和《支付个人收入明细表》。

（三）代扣代收税款凭证。

（四）个人所得税纳税申报表。

（五）社会公共部门提供的有关信息。

（六）税务机关的纳税检查情况和处罚记录。

（七）税务机关掌握的其他资料及纳税人提供的其他信息资料。

第七条　税务机关应对档案内容适时进行更新和调整；并根据本地信息化水平和征管能力提高的实际，以及个人收入的变化等情况，不断扩大档案管理的范围，直至实现全员全额管理。

第八条　税务机关应充分利用纳税人档案资料，加强个人所得税管理。定期对重点纳税人、重点行业和企业的个人档案资料进行比对分析和纳税评估，查找税源变动情况和原因，及时发现异常情况，采取措施堵塞征管漏洞。

第三章　代扣代缴明细账制度

第九条　代扣代缴明细账制度是指，税务机关依据个人所得税法和有关规定，要求扣缴义务人按规定报送其支付收入的个人所有的基本信息、支付个人收入和扣缴税款明细信息以及其他相关涉税信息,并对每个扣缴义务人建立档案,为后续实施动态管理打下基础的一项制度。

第十条 税务机关应按照税法及相关法律、法规的有关规定,督促扣缴义务人按规定设立代扣代缴税款账簿,正确反映个人所得税的扣缴情况。

第十一条 扣缴义务人申报的纳税资料,税务机关应严格审查核实。对《扣缴个人所得税报告表》和《支付个人收入明细表》没有按每一个人逐栏逐项填写的,或者填写内容不全的,主管税务机关应要求扣缴义务人重新填报。已实行信息化管理的,可以将《支付个人收入明细表》并入《扣缴个人所得税报告表》。

《扣缴个人所得税报告表》填写实际缴纳了个人所得税的纳税人的情况;《支付个人收入明细表》填写支付了应税收入,但未达到纳税标准的纳税人的情况。

第十二条 税务机关应将扣缴义务人报送的支付个人收入情况与其同期财务报表交叉比对,发现不符的,应要求其说明情况,并依法查实处理。

第十三条 税务机关应对每个扣缴义务人建立档案,其内容包括:扣缴义务人编码、扣缴义务人名称、税务(注册)登记证号码、电话号码、电子邮件地址、行业、经济类型、单位地址、邮政编码、法定代表人(单位负责人)和财务主管人员姓名及联系电话、税务登记机关、登记证照类型、发照日期、主管税务机关、应纳税所得额(按所得项目归类汇总)、免税收入、应纳税额(按所得项目归类汇总)、纳税人数、已纳税额、应补(退)税额、减免税额、滞纳金、罚款、完税凭证号等。

第十四条 扣缴义务人档案的内容来源于:

(一)扣缴义务人扣缴税款登记情况。

(二)《扣缴个人所得税报告表》和《支付个人收入明细表》。

(三)代扣代收税款凭证。

(四)社会公共部门提供的有关信息。

(五)税务机关的纳税检查情况和处罚记录。

(六)税务机关掌握的其他资料。

第四章 纳税人与扣缴义务人向税务机关双向申报制度

第十五条 纳税人与扣缴义务人向税务机关双向申报制度是指,纳税人与扣缴义务人按照法律、行政法规规定和税务机关依法律、行政法规所提出的要求,分别向主管税务机关办理纳税申报,税务机关对纳税人和扣缴义务人提供的收入、纳税信息进行交叉比对、核查的一项制度。

第十六条 对税法及其实施条例,以及相关法律、法规规定纳税人必须自行申报的,税务机关应要求其自行向主管税务机关进行纳税申报。

第十七条 税务机关接受纳税人、扣缴义务人的纳税申报时,应对申报的时限、应税项目、适用税率、税款计算及相关资料的完整性和准确性进行初步审核,发现有误的,应及时要求纳税人、扣缴义务人修正申报。

第十八条 税务机关应对双向申报的内容进行交叉比对和评估分析,从中发现问题并及时依法处理。

第五章 与社会各部门配合的协税制度

第十九条 与社会各部门配合的协税制度是指,税务机关应建立与个人收入和个人所得税征管有关的各部门的协调与配合的制度,及时掌握税源和与纳税有关的信息,共同制定和实施协税、护税措施,形成社会协税、护税网络。

第二十条 税务机关应重点加强与以下部门的协调配合:公安、检察、法院、工商、银行、文化体育、财政、劳动、房管、交通、审计、外汇管理等部门。

第二十一条 税务机关通过加强与有关部门的协调配合,着重掌握纳税人的相关收入信息。

(一)与公安部门联系,了解中国境内无住所个人出入境情况及在中国境内的居留暂住情况,实施阻止欠税人出境制度,掌握个人购车等情况。

(二)与工商部门联系,了解纳税人登记注册的变化情况和股份制企业股东及股本变化等情况。

(三)与文化体育部门联系,掌握各种演出、比赛获奖等信息,落实演出承办单位和体育单位的代扣代缴义务等情况。

(四)与房管部门联系,了解房屋买卖、出租等情况。

(五)与交通部门联系,了解出租车、货运车以及运营等情况。

(六)与劳动部门联系,了解中国境内无住所个人的劳动就业情况。

第二十二条 税务机关应积极创造条件,逐步实现与有关部门的相关信息共享或定期交换。

第二十三条 各级税务机关应当把大力宣传和普及个人所得税法知识、不断提高公民的依法纳税意识作为一项长期的基础性工作予以高度重视,列入重要议事日程,并结合征管工作的要求、社会关注的热点和本地征管的重点,加强与上述部门的密切配合。制定周密的宣传工作计划,充分利用各种宣传媒体和途径、采取灵活多样的方式进行个人所得税宣传。

第六章 加快信息化建设

第二十四条 各级税务机关应在金税工程三期的总体框架下,按照“一体化”要求和“统筹规划、统一标准,突出重点、分布实施,整合资源、讲究实效,加强管理、保证安全”的原则,进一步加快个人所得税征管信息化建设,以此提高个人所得税征管质量和效率。

第二十五条 按照一体化建设的要求,个人所得税与其他税种具有共性的部分,由核心业务系统统一开发软件,个人所得税个性的部分单独开发软件。根据个人所得税特点,总局先行开发个人所得税代扣代缴(扣缴义务人端)和基础信息管理(税务端)两个子系统。

第二十六条 代扣代缴(扣缴义务人端)系统的要求是:

(一)为扣缴义务人提供方便快捷的报税工具。

(二)可以从扣缴义务人现有的财务等软件中导入相关信息。

(三)自动计算税款,自动生成各种报表。

(四)支持多元化的申报方式。

(五)方便扣缴义务人统计、查询、打印。

(六)提供《代扣代收税款凭证》打印功能。

(七)便于税务机关接受扣缴义务人的明细扣缴申报,准确全面掌握有关基础数据资料。

第二十七条 基础信息管理系统(税务端)的要求是:

(一)建立个人收入纳税一户式档案,用于汇集扣缴义务人、纳税人的基础信息、收入及纳税信息资料。

(二)传递个人两处以上取得的收入及纳税信息给征管环节。

(三)从一户式档案中筛选高收入个人、高收入行业、重点纳税人、重点扣缴义务人,并实施重点管理。

(四)通过对纳税人收入、纳税相关信息进行汇总比对,判定纳税人申报情况的真实性。

(五)通过设定各类统计指标、口径和运用统计结果,为加强个人所得税管理和完善政策提供决策支持。

(六)建立与各部门的数据应用接口,为其他税费征收提供信息。

(七)按规定打印《中华人民共和国个人所得税完税证明》,为纳税人提供完税依据。

第二十八条 省级税务机关应做好现有个人所得税征管软件的整合工作。省级及以下各级税务机关原则上不应再自行开发个人所得税征管软件。

第七章 加强高收入者的重点管理

第二十九条 税务机关应将下列人员纳入重点纳税人范围:金融、保险、证券、电力、电信、石油、石化、烟草、民航、铁道、房地产、学校、医院、城市供水供气、出版社、公路管理、外商投资企业和外国企业、高新技术企业、中介机构、体育俱乐部等高收入行业人员;民营经济投资者、影视明星、歌星、体育明星、模特等高收入个人;临时来华演出人员。

第三十条 各级税务机关应从下列人员中,选择一定数量的个人作为重点纳税人,实施重点管理:

(一)收入较高者。

(二)知名度较高者。

(三)收入来源渠道较多者。

(四)收入项目较多者。

(五)无固定单位的自由职业者。

(六)对税收征管影响较大者。

第三十一条 各级税务机关对重点纳税人应实行滚动动态管理办法,每年都应根据本地实际情况,适时增补重点纳税人,不断扩大重点纳税人管理范围,直至实现全员全额管理。

第三十二条 税务机关应对重点纳税人按人建立专门档案,实行重点管理,随时跟踪其收入和纳税变化情况。

第三十三条 各级税务机关应充分利用建档管理掌握的重点纳税人信息,定期对重点纳税人的收入、纳税情况进行比对、评估分析,从中发现异常问题,及时采取措施堵塞管理漏洞。

第三十四条 省级(含计划单列市)税务机关应于每年7月底以前和次年1月底以前,分别将所确定的重点纳税人的半年和全年的基本情况及收入、纳税等情况,用Excel表格的形式填写《个人所得税重点纳税人收入和纳税情况汇总表》报送国家税务总局(所得税管理司)。

第三十五条 各级税务机关应强化对个体工商户、个人独资企业和合伙企业投资者以及独立从事劳务活动的个人的个人所得税征管。

(一)积极推行个体工商户、个人独资企业和合伙企业建账工作,规范财务管理,健全财务制度;有条件的地区应使用税控装置加强对纳税人的管理和监控。

(二)健全和完善核定征收工作,对账证不全、无法实行查账征收的纳税人,按规定实行核定征收,并根据纳税人经营情况及时进行定额调整。

(三)加强税务系统的协作配合,实现信息共享,建立健全个人所得税情报交流和异地协查制度,互通信息,解决同一个投资者在两处或两处以上投资和取得收入合并缴纳个人所得税的监控难题。

(四)加强个人投资者从其投资企业借款的管理,对期限超过一年又未用于企业生产经营的借款,严格按照有关规定征税。

(五)要严格对个人投资的企业和个体工商户税前扣除的管理,定期进行检查。对个人投资者以企业资金为本人、家庭成员及其相关人员支付的与生产经营无关的消费性、财产性支出,严格按照规定征税。

(六)加强对从事演出、广告、讲课、医疗等人员的劳务报酬所得的征收管理,全面推行预扣预缴办法,从源泉上加强征管。

第三十六条 税务机关要加强对重点纳税人、独立纳税人的专项检查,严厉打击涉税违法犯罪行为。各地每年应当通过有关媒体公开曝光2至3起个人所得税违法犯罪案件。

第三十七条 税务机关要重视和加强重点纳税人、独立纳税人的个人所得税日常检查,及时发现征管漏洞和薄弱环节,制定和完善征管制度、办法。日常检查由省级以下税务机关的征管和税政部门共同组织实施。

实施日常检查应当制定计划,并按规定程序进行,防止多次、重复检查，防止影响纳税人的生产经营。

第八章　加强税源的源泉管理

第三十八条　税务机关应严格税务登记管理制度，认真开展漏征漏管户的清理工作，摸清底数。

第三十九条　税务机关应按照有关要求建立和健全纳税人、扣缴义务人的档案，切实加强个人所得税税源管理。

第四十条　税务机关应继续做好代扣代缴工作，提高扣缴质量和水平：

（一）要继续贯彻落实已有的个人所得税代扣代缴工作制度和办法，并在实践中不断完善提高。

（二）要对本地区所有行政、企事业单位、社会团体等扣缴义务人进行清理和摸底，在此基础上按照纳税档案管理的指标建立扣缴义务人台账或基本账户，对其实行跟踪管理。

（三）配合全员全额管理，推行扣缴义务人支付个人收入明细申报制度。

（四）对下列行业应实行重点税源管理：金融、保险、证券、电力、电信、石油、石化、烟草、民航、铁道、房地产、学校、医院、城市供水供气、出版社、公路管理、外商投资企业、高新技术企业、中介机构、体育俱乐部等高收入行业；连续3年（含3年）为零申报的代扣代缴单位（以下简称长期零申报单位）。

（五）对重点税源管理的行业、单位和长期零申报单位，应将其列为每年开展专项检查的重点对象，或对其纳税申报材料进行重点审核。

第四十一条　各级税务机关应充分利用与各部门配合的协作制度，从公安、工商、银行、文化、体育、房管、劳动、外汇管理等社会公共部门获取税源信息。

第四十二条　各级税务机关应利用从有关部门获取的信息，加强税源管理、进行纳税评估。税务机关应定期分析税源变化情况，对变动较大等异常情况，应及时分析原因，采取相应管理措施。

第四十三条　各级税务机关在加强查账征收工作的基础上，对符合征管法第三十五条规定情形的，采取定期定额征收和核定应税所得率征收，以及其他合理的办法核定征收个人所得税。

第四十四条　主管税务机关在确定对纳税人的核定征收方式后，要选择有代表性的典型户进行调查，在此基础上确定应纳税额。典型调查面不得低于核定征收纳税人的3%。

第九章　加强全员全额管理

第四十五条　全员全额管理是指，凡取得应税收入的个人，无论收入额是否达到个人所得税的纳税标准，均应就其取得的全部收入，通过代扣代缴和个人申报，全部纳入税务机关管理。

第四十六条　各级税务机关应本着先扣缴义务人后纳税人，先重点行业、企业和纳税人后一般行业、企业和纳税人，先进“笼子”后规范的原则，积极稳妥地推进全员全额管理工作。

第四十七条　各级税务机关要按照规定和要求，尽快建立个人收入档案管理制度、代扣代缴明细账制度、纳税人与扣缴义务人向税务机关双向申报制度、与社会各部门配合的协税制度，为实施全员全额管理打下基础。

第四十八条　各级税务机关应积极创造条件，并根据金税工程三期的总体规划和有关要求，依托信息化手段，逐步实现全员全额申报管理，并在此基础上，为每个纳税人开具完税凭证（证明）。

第四十九条　税务机关应充分利用全员全额管理掌握的纳税人信息、扣缴义务人信息、税源监控信息、有关部门、媒体提供的信息、税收管理人员实地采集的信息等，依据国家有关法律和政策法规的规定，对自行申报纳税人纳税申报情况和扣缴义务人扣缴税情况的真实性、准确性进行分析、判断，开展个人所得税纳税评估，提高全员全额管理的质量。

第五十条　税务机关应加强个人独资和合伙企业投资者、个体工商户、独立劳务者等无扣缴义务人的独立纳税人的基础信息和税源管理工作。

第五十一条　个人所得税纳税评估应按“人机结合”的方式进行，其基本原理和流程是：根据当地居民收入水平及其变动、行业收入水平及其变动等影响个人所得税的相关因素，建立纳税评估分析系统；根据税收收入增减额、增减率或行业平均指标模型确定出纳税评估的重点对象；对纳税评估对象进行具体评估分析，查找锁定引起该扣缴义务人或者纳税人个人所得税变化的具体因素；据此与评估对象进行约谈，要求其说明情况并纠正错误，或者交由稽查部门实施稽查，并进行后续的重点管理。

第五十二条　税务机关应按以下范围和来源采集纳税评估的信息：

（一）信息采集的范围

1. 当地职工年平均工资、月均工资水平。
2. 当地分行业职工年平均工资、月均工资水平。
3. 当地分行业资金利润率。
4. 企业财务报表相关数据。
5. 股份制企业分配股息、红利情况。
6. 其他有关数据。

（二）信息采集的来源

1. 税务登记的有关信息。
2. 纳税申报的有关信息。
3. 会计报表有关信息。
4. 税控收款装置的有关信息。
5. 中介机构出具的审计报告、评估报告的信息。
6. 相关部门、媒体提供的信息。
7. 税收管理人员到纳税户了解采集的信息。

8. 其他途径采集的纳税人和扣缴义务人与个人所得税征管有关的信息。

第五十三条　税务机关应设置纳税评估分析指标、财务分析指标、业户不良记录评析指标,通过分析确定某一期间个人所得税的总体税源发生增减变化的主要行业、主要企业、主要群体,确定纳税评估重点对象。个人所得税纳税评估的程序、指标、方法等按照总局《纳税评估管理办法》(试行)及相关规定执行。

第五十四条　个人所得税纳税评估主要从以下项目进行:

(一)工资、薪金所得,应重点分析工资总额增减率与该项目税款增减率对比情况,人均工资增减率与人均该项目税款增减率对比情况,税款增减率与企业利润增减率对比分析,同行业、同职务人员的收入和纳税情况对比分析。

(二)利息、股息、红利所得,应重点分析当年该项目税款与上年同期对比情况,该项目税款增减率与企业利润增减率对比情况,企业转增个人股本情况,企业税后利润分配情况。

(三)个体工商户的生产、经营所得(含个人独资企业和合伙企业),应重点分析当年与上年该项目税款对比情况,该项目税款增减率与企业利润增减率对比情况;税前扣除项目是否符合现行政策规定;是否连续多个月零申报;同地区、同行业个体工商户生产、经营所得的税负对比情况。

(四)对企事业单位的承包经营、承租经营所得,应重点分析当年与上年该项目税款对比情况,该项目税款增减率与企业利润增减率对比情况,其行业利润率、上缴税款占利润总额的比重等情况;是否连续多个月零申报;同地区、同行业对企事业单位的承包经营、承租经营所得的税负对比情况。

(五)劳务报酬所得,应重点分析纳税人取得的所得与过去对比情况,支付劳务费的合同、协议、项目情况,单位白条列支劳务报酬情况。

(六)其他各项所得,应结合个人所得税征管实际,选择有针对性的评估指标进行评估分析。

第十章　附　　则

第五十五条　储蓄存款利息所得的个人所得税管理办法,另行制定。

第五十六条　此前规定与本办法不一致的,按本办法执行。

第五十七条　本办法未尽事宜按照税收法律、法规以及相关规定办理。

第五十八条　本办法由国家税务总局负责解释,各省、自治区、直辖市和计划单列市税务局可根据本办法制定具体实施意见。

第五十九条　本办法自2005年10月1日起执行。

个人所得税自行纳税申报办法(试行)[①]

(2006年11月6日国税发〔2006〕162号公布　根据2018年6月15日《国家税务总局关于修改部分税收规范性文件的公告》修正)

第一章　总　　则

第一条　为进一步加强个人所得税征收管理,保障国家税收收入,维护纳税人的合法权益,方便纳税人自行纳税申报,规范自行纳税申报行为,根据《中华人民共和国个人所得税法》(以下简称个人所得税法)及其实施条例、《中华人民共和国税收征收管理法》(以下简称税收征管法)及其实施细则和其他法律、法规的有关规定,制定本办法。

第二条　凡依据个人所得税法负有纳税义务的纳税人,有下列情形之一的,应当按照本办法的规定办理纳税申报:

(一)年所得12万元以上的;

(二)从中国境内两处或者两处以上取得工资、薪金所得的;

(三)从中国境外取得所得的;

(四)取得应税所得,没有扣缴义务人的;

(五)国务院规定的其他情形。

第三条　本办法第二条第一项年所得12万元以上的纳税人,无论取得的各项所得是否已足额缴纳了个人所得税,均应当按照本办法的规定,于纳税年度终了后向主管税务机关办理纳税申报。

本办法第二条第二项至第四项情形的纳税人,均应当按照本办法的规定,于取得所得后向主管税务机关办理纳税申报。

本办法第二条第五项情形的纳税人,其纳税申报办法根据具体情形另行规定。

第四条　本办法第二条第一项所称年所得12万元以上的纳税人,不包括在中国境内无住所,且在一个纳税年度中在中国境内居住不满1年的个人。

本办法第二条第三项所称从中国境外取得所得的纳税人,是指在中国境内有住所,或者无住所而在一个纳税年度中在中国境内居住满1年的个人。

第二章　申报内容

第五条　年所得12万元以上的纳税人,在纳税年度终了后,应当填写《个人所得税纳税申报表(适用于年所得12万元

---

① 本办法中附件1《个人所得税纳税申报表(适用于年所得12万元以上纳税人申报)》已被国家税务总局公告2011年第2号——《全文失效废止、部分条款失效废止的税收规范性文件目录》宣布失效,附件2至附件9已被《国家税务总局关于发布个人所得税申报表的公告》废止。

以上的纳税人申报)》(见附表1),并在办理纳税申报时报送主管税务机关,同时报送个人有效身份证件复印件,以及主管税务机关要求报送的其他有关资料。

有效身份证件,包括纳税人的身份证、护照、回乡证、军人身份证件等。

第六条 本办法所称年所得12万元以上,是指纳税人在一个纳税年度取得以下各项所得的合计数额达到12万元:

(一)工资、薪金所得;

(二)个体工商户的生产、经营所得;

(三)对企事业单位的承包经营、承租经营所得;

(四)劳务报酬所得;

(五)稿酬所得;

(六)特许权使用费所得;

(七)利息、股息、红利所得;

(八)财产租赁所得;

(九)财产转让所得;

(十)偶然所得;

(十一)经国务院财政部门确定征税的其他所得。

第七条 本办法第六条规定的所得不含以下所得:

(一)个人所得税法第四条第一项至第九项规定的免税所得,即:

1. 省级人民政府、国务院部委、中国人民解放军军以上单位,以及外国组织、国际组织颁发的科学、教育、技术、文化、卫生、体育、环境保护等方面的奖金;

2. 国债和国家发行的金融债券利息;

3. 按照国家统一规定发给的补贴、津贴,即个人所得税法实施条例第十三条规定的按照国务院规定发放的政府特殊津贴、院士津贴、资深院士津贴以及国务院规定免纳个人所得税的其他补贴、津贴;

4. 福利费、抚恤金、救济金;

5. 保险赔款;

6. 军人的转业费、复员费;

7. 按照国家统一规定发给干部、职工的安家费、退职费、退休工资、离休工资、离休生活补助费;

8. 依照我国有关法律规定应予免税的各国驻华使馆、领事馆的外交代表、领事官员和其他人员的所得;

9. 中国政府参加的国际公约、签订的协议中规定免税的所得。

(二)个人所得税法实施条例第六条规定可以免税的来源于中国境外的所得。

(三)个人所得税法实施条例第二十五条规定的按照国家规定单位为个人缴付和个人缴付的基本养老保险费、基本医疗保险费、失业保险费、住房公积金。

第八条 本办法第六条所指各项所得的年所得按照下列方法计算:

(一)工资、薪金所得,按照未减除费用(每月1600元)及附加减除费用(每月3200元)的收入额计算。

(二)个体工商户的生产、经营所得,按照应纳税所得额计算。实行查账征收的,按照每一纳税年度的收入总额减除成本、费用以及损失后的余额计算;实行定期定额征收的,按照纳税人自行申报的年度应纳税所得额计算,或者按照其自行申报的年度应纳税经营额乘以应税所得率计算。

(三)对企事业单位的承包经营、承租经营所得,按照每一纳税年度的收入总额计算,即按照承包经营、承租经营者实际取得的经营利润,加上从承包、承租的企事业单位中取得的工资、薪金性质的所得计算。

(四)劳务报酬所得,稿酬所得,特许权使用费所得,按照未减除费用(每次800元或者每次收入的20%)的收入额计算。

(五)财产租赁所得,按照未减除费用(每次800元或者每次收入的20%)和修缮费用的收入额计算。

(六)财产转让所得,按照应纳税所得额计算,即按照以转让财产的收入额减除财产原值和转让财产过程中缴纳的税金及有关合理费用后的余额计算。

(七)利息、股息、红利所得,偶然所得和其他所得,按照收入额全额计算。

第九条 纳税人取得本办法第二条第二项至第四项所得,应当按规定填写并向主管税务机关报送相应的纳税申报表(见附表2-附表9),同时报送主管税务机关要求报送的其他有关资料。

第三章 申报地点

第十条 年所得12万元以上的纳税人,纳税申报地点分别为:

(一)在中国境内有任职、受雇单位的,向任职、受雇单位所在地主管税务机关申报。

(二)在中国境内有两处或者两处以上任职、受雇单位的,选择并固定向其中一处单位所在地主管税务机关申报。

(三)在中国境内无任职、受雇单位,年所得项目中有个体工商户的生产、经营所得或者对企事业单位的承包经营、承租经营所得(以下统称生产、经营所得)的,向其中一处实际经营所在地主管税务机关申报。

(四)在中国境内无任职、受雇单位,年所得项目中无生产、经营所得的,向户籍所在地主管税务机关申报。在中国境内有户籍,但户籍所在地与中国境内经常居住地不一致的,选择并固定向其中一地主管税务机关申报。在中国境内没有户籍的,向中国境内经常居住地主管税务机关申报。

第十一条 取得本办法第二条第二项至第四项所得的纳税人,纳税申报地点分别为:

(一)从两处或者两处以上取得工资、薪金所得的,选择并固定向其中一处单位所在地主管税务机关申报。

(二)从中国境外取得所得的,向中国境内户籍所在地主管税务机关申报。在中国境内有户籍,但户籍所在地与中国境内经常居住地不一致的,选择并固定向其中一地主管税务机关申报。在中国境内没有户籍的,向中国境内经常居住地主管税务机关申报。

(三)个体工商户向实际经营所在地主管税务机关申报。

(四)个人独资、合伙企业投资者兴办两个或两个以上企业的,区分不同情形确定纳税申报地点:

1. 兴办的企业全部是个人独资性质的,分别向各企业的实际经营管理所在地主管税务机关申报。

2. 兴办的企业中含有合伙性质的,向经常居住地主管税务机关申报。

3. 兴办的企业中含有合伙性质,个人投资者经常居住地与其兴办企业的经营管理所在地不一致的,选择并固定向其参与兴办的某一合伙企业的经营管理所在地主管税务机关申报。

(五)除以上情形外,纳税人应当向取得所得所在地主管税务机关申报。

第十二条　纳税人不得随意变更纳税申报地点,因特殊情况变更纳税申报地点的,须报原主管税务机关备案。

第十三条　本办法第十一条第四项第三目规定的纳税申报地点,除特殊情况外,5 年以内不得变更。

第十四条　本办法所称经常居住地,是指纳税人离开户籍所在地最后连续居住一年以上的地方。

第四章　申报期限

第十五条　年所得 12 万元以上的纳税人,在纳税年度终了后 3 个月内向主管税务机关办理纳税申报。

第十六条　个体工商户和个人独资、合伙企业投资者取得的生产、经营所得应纳的税款,分月预缴的,纳税人在每月终了后 7 日内办理纳税申报;分季预缴的,纳税人在每个季度终了后 7 日内办理纳税申报。纳税年度终了后,纳税人在 3 个月内进行汇算清缴。

第十七条　纳税人年终一次性取得对企事业单位的承包经营、承租经营所得的,自取得所得之日起 30 日内办理纳税申报;在 1 个纳税年度内分次取得承包经营、承租经营所得的,在每次取得所得后的次月 7 日内申报预缴,纳税年度终了后 3 个月内汇算清缴。

第十八条　从中国境外取得所得的纳税人,在纳税年度终了后 30 日内向中国境内主管税务机关办理纳税申报。

第十九条　除本办法第十五条至第十八条规定的情形外,纳税人取得其他各项所得须申报纳税的,在取得所得的次月 7 日内向主管税务机关办理纳税申报。

第二十条　纳税人不能按照规定的期限办理纳税申报,需要延期的,按照税收征管法第二十七条和税收征管法实施细则第三十七条的规定办理。

第五章　申报方式

第二十一条　纳税人可以采取数据电文、邮寄等方式申报,也可以直接到主管税务机关申报,或者采取符合主管税务机关规定的其他方式申报。

第二十二条　纳税人采取数据电文方式申报的,应当按照税务机关规定的期限和要求保存有关纸质资料。

第二十三条　纳税人采取邮寄方式申报的,以邮政部门挂号信函收据作为申报凭据,以寄出的邮戳日期为实际申报日期。

第二十四条　纳税人可以委托有税务代理资质的中介机构或者他人代为办理纳税申报。

第六章　申报管理

第二十五条　主管税务机关应当将各类申报表,登载到税务机关的网站上,或者摆放到税务机关受理纳税申报的办税服务厅,免费供纳税人随时下载或取用。

第二十六条　主管税务机关应当在每年法定申报期间,通过适当方式,提醒年所得 12 万元以上的纳税人办理自行纳税申报。

第二十七条　受理纳税申报的主管税务机关根据纳税人的申报情况,按照规定办理税款的征、补、退、抵手续。

第二十八条　主管税务机关按照规定为已经办理纳税申报并缴纳税款的纳税人开具完税凭证。

第二十九条　税务机关依法为纳税人的纳税申报信息保密。

第三十条　纳税人变更纳税申报地点,并报原主管税务机关备案的,原主管税务机关应当及时将纳税人变更纳税申报地点的信息传递给新的主管税务机关。

第三十一条　主管税务机关对已办理纳税申报的纳税人建立纳税档案,实施动态管理。

第七章　法律责任

第三十二条　纳税人未按照规定的期限办理纳税申报和报送纳税资料的,依照税收征管法第六十二条的规定处理。

第三十三条　纳税人采取伪造、变造、隐匿、擅自销毁账簿、记账凭证,或者在账簿上多列支出或者不列、少列收入,或者经税务机关通知申报而拒不申报或者进行虚假的纳税申报,不缴或者少缴应纳税款的,依照税收征管法第六十三条的规定处理。

第三十四条　纳税人编造虚假计税依据的,依照税收征管法第六十四条第一款的规定处理。

第三十五条　纳税人有扣缴义务人支付的应税所得,扣缴义务人应扣未扣、应收未收税款的，依照税收征管法第六十九条的规定处理。

第三十六条　税务人员徇私舞弊或者玩忽职守，不征或者少征应征税款的，依照税收征管法第八十二条第一款的规定处理。

第三十七条　税务人员滥用职权，故意刁难纳税人的，依照税收征管法第八十二条第二款的规定处理。

第三十八条　税务机关和税务人员未依法为纳税人保密的，依照税收征管法第八十七条的规定处理。

第三十九条　税务代理人违反税收法律、行政法规，造成纳税人未缴或者少缴税款的，依照税收征管法实施细则第九十八条的规定处理。

第四十条　其他税收违法行为，依照税收法律、法规的有关规定处理。

第八章　附　　则

第四十一条　纳税申报表由各省、自治区、直辖市和计划单列市税务局按照国家税务总局规定的式样统一印制。

第四十二条　纳税申报的其他事项，依照税收征管法、个人所得税法及其他有关法律、法规的规定执行。

第四十三条　本办法第二条第一项年所得 12 万元以上情形的纳税申报，按照第十届全国人民代表大会常务委员会第十八次会议通过的《关于修改〈中华人民共和国个人所得税法〉的决定》规定的施行时间，自 2006 年 1 月 1 日起执行。

第四十四条　本办法有关第二条第二项至第四项情形的纳税申报规定，自 2007 年 1 月 1 日起执行，《国家税务总局关于印发〈个人所得税自行申报纳税暂行办法〉的通知》（国税发〔1995〕077 号）同时废止。

附件：个人所得税的税申报表式样（略）

财政部、税务总局关于个人取得有关收入适用个人所得税应税所得项目的公告

（2019 年 6 月 13 日财政部、税务总局公告 2019 年第 74 号公布　自 2019 年 1 月 1 日起施行）

为贯彻落实修改后的《中华人民共和国个人所得税法》，做好政策衔接工作，现将个人取得的有关收入适用个人所得税应税所得项目的事项公告如下：

一、个人为单位或他人提供担保获得收入，按照“偶然所得”项目计算缴纳个人所得税。

二、房屋产权所有人将房屋产权无偿赠与他人的，受赠人因无偿受赠房屋取得的受赠收入，按照“偶然所得”项目计算缴纳个人所得税。按照《财政部 国家税务总局关于个人无偿受赠房屋有关个人所得税问题的通知》（财税〔2009〕78 号）第一条规定，符合以下情形的，对当事双方不征收个人所得税：

（一）房屋产权所有人将房屋产权无偿赠与配偶、父母、子女、祖父母、外祖父母、孙子女、外孙子女、兄弟姐妹；

（二）房屋产权所有人将房屋产权无偿赠与对其承担直接抚养或者赡养义务的抚养人或者赡养人；

（三）房屋产权所有人死亡，依法取得房屋产权的法定继承人、遗嘱继承人或者受遗赠人。

前款所称受赠收入的应纳税所得额按照《财政部 国家税务总局关于个人无偿受赠房屋有关个人所得税问题的通知》（财税〔2009〕78 号）第四条规定计算。

三、企业在业务宣传、广告等活动中，随机向本单位以外的个人赠送礼品（包括网络红包，下同），以及企业在年会、座谈会、庆典以及其他活动中向本单位以外的个人赠送礼品，个人取得的礼品收入，按照“偶然所得”项目计算缴纳个人所得税，但企业赠送的具有价格折扣或折让性质的消费券、代金券、抵用券、优惠券等礼品除外。

前款所称礼品收入的应纳税所得额按照《财政部 国家税务总局关于企业促销展业赠送礼品有关个人所得税问题的通知》（财税〔2011〕50 号）第三条规定计算。

四、个人按照《财政部 税务总局 人力资源社会保障部 中国银行保险监督管理委员会 证监会关于开展个人税收递延型商业养老保险试点的通知》（财税〔2018〕22 号）的规定，领取的税收递延型商业养老保险的养老金收入，其中 25% 部分予以免税，其余 75% 部分按照 10% 的比例税率计算缴纳个人所得税，税款计入“工资、薪金所得”项目，由保险机构代扣代缴后，在个人购买税延养老保险的机构所在地办理全员全额扣缴申报。

五、本公告自 2019 年 1 月 1 日起执行。下列文件或文件条款同时废止：

（一）《财政部 国家税务总局关于银行部门以超过国家利率支付给储户的揽储奖金征收个人所得税问题的批复》（财税字〔1995〕64 号）；

（二）《国家税务总局对中国科学院院士荣誉奖金征收个人所得税问题的复函》（国税函〔1995〕351 号）；

（三）《国家税务总局关于未分配的投资者收益和个人人寿保险收入征收个人所得税问题的批复》（国税函〔1998〕546 号）第二条；

（四）《国家税务总局关于个人所得税有关政策问题的通知》（国税发〔1999〕58 号）第三条；

（五）《国家税务总局关于股民从证券公司取得的回扣收入征收个人所得税问题的批复》（国税函〔1999〕627 号）；

（六）《财政部 国家税务总局关于个人所得税有关问题的批复》（财税〔2005〕94 号）第二条；

（七）《国家税务总局关于个人取得解除商品房买卖合同违约金征收个人所得税问题的批复》（国税函〔2006〕865 号）；

（八）《财政部 国家税务总局关于个人无偿受赠房屋有关个人所得税问题的通知》（财税〔2009〕78 号）第三条；

（九）《财政部 国家税务总局关于企业促销展业赠送礼品有关个人所得税问题的通知》（财税〔2011〕50 号）第二条第 1 项、第 2 项；

（十）《财政部 税务总局 人力资源社会保障部 中国银行保险监督管理委员会 证监会关于开展个人税收递延型商业养老保险试点的通知》（财税〔2018〕22 号）第一条第（二）项第 3 点第二段；

（十一）《国家税务总局关于开展个人税收递延型商业养老保险试点有关征管问题的公告》（国家税务总局公告 2018 年第 21 号）第二条。

特此公告。

财政部、税务总局关于非居民个人和无住所居民个人有关个人所得税政策的公告

（2019 年 3 月 14 日财政部、税务总局公告 2019 年第 35 号公布　自 2019 年 1 月 1 日起施行）

为贯彻落实修改后的《中华人民共和国个人所得税法》（以下称税法）和《中华人民共和国个人所得税法实施条例》（以下称实施条例），现将非居民个人和无住所居民个人（以下统称无住所个人）有关个人所得税政策公告如下：

一、关于所得来源地

（一）关于工资薪金所得来源地的规定。

个人取得归属于中国境内（以下称境内）工作期间的工资薪金所得为来源于境内的工资薪金所得。境内工作期间按照个人在境内工作天数计算，包括其在境内的实际工作日以及境内工作期间在境内、境外享受的公休假、个人休假、接受培训的天数。在境内、境外单位同时担任职务或者仅在境外单位任职的个人，在境内停留的当天不足 24 小时的，按照半天计算境内工作天数。

无住所个人在境内、境外单位同时担任职务或者仅在境外单位任职，且当期同时在境内、境外工作的，按照工资薪金所属境内、境外工作天数占当期公历天数的比例计算确定来源于境内、境外工资薪金所得的收入额。境外工作天数按照当期公历天数减去当期境内工作天数计算。

（二）关于数月奖金以及股权激励所得来源地的规定。

无住所个人取得的数月奖金或者股权激励所得按照本条第（一）项规定确定所得来源地的，无住所个人在境内履职或者执行职务时收到的数月奖金或者股权激励所得，归属于境外工作期间的部分，为来源于境外的工资薪金所得；无住所个人停止在境内履约或者执行职务离境后收到的数月奖金或者股权激励所得，对属于境内工作期间的部分，为来源于境内的工资薪金所得。具体计算方法为：数月奖金或者股权激励乘以数月奖金或者股权激励所属工作期间境内工作天数与所属工作期间公历天数之比。

无住所个人一个月内取得的境内外数月奖金或者股权激励包含归属于不同期间的多笔所得的，应当先分别按照本公告规定计算不同归属期间来源于境内的所得，然后再加总计算当月来源于境内的数月奖金或者股权激励收入额。

本公告所称数月奖金是指一次取得归属于数月的奖金、年终加薪、分红等工资薪金所得，不包括每月固定发放的奖金及一次性发放的数月工资。本公告所称股权激励包括股票期权、股权期权、限制性股票、股票增值权、股权奖励以及其他因认购股票等有价证券而从雇主取得的折扣或者补贴。

（三）关于董事、监事及高层管理人员取得报酬所得来源地的规定。

对于担任境内居民企业的董事、监事及高层管理职务的个人（以下统称高管人员），无论是否在境内履行职务，取得由境内居民企业支付或者负担的董事费、监事费、工资薪金或者其他类似报酬（以下统称高管人员报酬，包含数月奖金和股权激励），属于来源于境内的所得。

本公告所称高层管理职务包括企业正、副（总）经理、各职能总师、总监及其他类似公司管理层的职务。

（四）关于稿酬所得来源地的规定。

由境内企业、事业单位、其他组织支付或者负担的稿酬所得，为来源于境内的所得。

二、关于无住所个人工资薪金所得收入额计算

无住所个人取得工资薪金所得，按以下规定计算在境内应纳税的工资薪金所得的收入额（以下称工资薪金收入额）：

（一）无住所个人为非居民个人的情形。

非居民个人取得工资薪金所得，除本条第（三）项规定以外，当月工资薪金收入额分别按照以下两种情形计算：

1. 非居民个人境内居住时间累计不超过 90 天的情形。

在一个纳税年度内，在境内累计居住不超过 90 天的非居民个人，仅就归属于境内工作期间并由境内雇主支付或者负担的工资薪金所得计算缴纳个人所得税。当月工资薪金收入额的计算公式如下（公式一）：

$$当月工资薪金收入额=当月境内外工资薪金总额\times\frac{当月境内支付工资薪金总额}{当月境内外工资薪金总额}\times\frac{当月工资薪金所属工作期间境内工作天数}{当月工资薪金所属工作期间公历天数}$$

本公告所称境内雇主包括雇佣员工的境内单位和个人以及境外单位或者个人在境内的机构、场所。凡境内雇主采取核定征收所得税或者无营业收入未征收所得税的，无住所个人为其工作取得工资薪金所得，不论是否在该境内雇主会计账簿中记载，均视为由该境内雇主支付或者负担。本公告所称工资薪金所属工作期间的公历天数，是指无住所个人取得工资薪金所属工作期间按公历计算的天数。

本公告所列公式中当月境内外工资薪金包含归属于不同期间的多笔工资薪金的，应当先分别按照本公告规定计算不同归属期间工资薪金收入额，然后再加总计算当月工资薪金收入额。

2. 非居民个人境内居住时间累计超过 90 天不满 183 天的情形。

在一个纳税年度内，在境内累计居住超过 90 天但不满 183 天的非居民个人，取得归属于境内工作期间的工资薪金所得，均应当计算缴纳个人所得税；其取得归属于境外工作期间的工资薪金所得，不征收个人所得税。当月工资薪金收入额的计算公式如下（公式二）：

$$当月工资薪金收入额=当月境内外工资薪金总额\times\frac{当月工资薪金所属工作期间境内工作天数}{当月工资薪金所属工作期间公历天数}$$

（二）无住所个人为居民个人的情形。

在一个纳税年度内，在境内累计居住满 183 天的无住所居民个人取得工资薪金所得，当月工资薪金收入额按照以下规定计算：

1. 无住所居民个人在境内居住累计满 183 天的年度连续不满六年的情形。

在境内居住累计满 183 天的年度连续不满六年的无住所居民个人，符合实施条例第四条优惠条件的，其取得的全部工资薪金所得，除归属于境外工作期间且由境外单位或者个人支付的工资薪金所得部分外，均应计算缴纳个人所得税。工资薪金所得收入额的计算公式如下（公式三）：

$$当月工资薪金收入额=当月境内外工资薪金总额\times\left[1-\frac{当月境外支付工资薪金总额}{当月境内外工资薪金总额}\times\frac{当月工资薪金所属工作期间境外工作天数}{当月工资薪金所属工作期间公历天数}\right]$$

2. 无住所居民个人在境内居住累计满 183 天的年度连续满六年的情形。

在境内居住累计满 183 天的年度连续满六年后，不符合实施条例第四条优惠条件的无住所居民个人，其从境内、境外取得的全部工资薪金所得均应计算缴纳个人所得税。

（三）无住所个人为高管人员的情形。

无住所居民个人为高管人员的，工资薪金收入额按照本条第（二）项规定计算纳税。非居民个人为高管人员的，按照以下规定处理：

1. 高管人员在境内居住时间累计不超过 90 天的情形。

在一个纳税年度内，在境内累计居住不超过 90 天的高管人员，其取得由境内雇主支付或者负担的工资薪金所得应当计算缴纳个人所得税；不是由境内雇主支付或者负担的工资薪金所得，不缴纳个人所得税。当月工资薪金收入额为当月境内支付或者负担的工资薪金收入额。

2. 高管人员在境内居住时间累计超过 90 天不满 183 天的情形。

在一个纳税年度内，在境内居住累计超过 90 天但不满 183 天的高管人员，其取得的工资薪金所得，除归属于境外工作期间且不是由境内雇主支付或者负担的部分外，应当计算缴纳个人所得税。当月工资薪金收入额计算适用本公告公式三。

三、关于无住所个人税款计算

（一）关于无住所居民个人税款计算的规定。

无住所居民个人取得综合所得，年度终了后，应按年计算个人所得税；有扣缴义务人的，由扣缴义务人按月或者按次预扣预缴税款；需要办理汇算清缴的，按照规定办理汇算清缴，年度综合所得应纳税额计算公式如下（公式四）：

年度综合所得应纳税额 =（年度工资薪金收入额 + 年度劳务报酬收入额 + 年度稿酬收入额 + 年度特许权使用费收入额 − 减除费用 − 专项扣除 − 专项附加扣除 − 依法确定的其他扣除）× 适用税率 − 速算扣除数

无住所居民个人为外籍个人的，2022 年 1 月 1 日前计算工资薪金收入额时，已经按规定减除住房补贴、子女教育费、语言训练费等八项津补贴的，不能同时享受专项附加扣除。

年度工资薪金、劳务报酬、稿酬、特许权使用费收入额分别按年度内每月工资薪金以及每次劳务报酬、稿酬、特许权使用费收入额合计数额计算。

（二）关于非居民个人税款计算的规定。

1. 非居民个人当月取得工资薪金所得，以按照本公告第二条规定计算的当月收入额，减去税法规定的减除费用后的余额，为应纳税所得额，适用本公告所附按月换算后的综合所得税率表（以下称月度税率表）计算应纳税额。

2. 非居民个人一个月内取得数月奖金，单独按照本公告第二条规定计算当月收入额，不与当月其他工资薪金合并，按6个月分摊计税，不减除费用，适用月度税率表计算应纳税额，在一个公历年度内，对每一个非居民个人，该计税办法只允许适用一次。计算公式如下（公式五）：

当月数月奖金应纳税额＝［（数月奖金收入额÷6）×适用税率－速算扣除数］×6

3. 非居民个人一个月内取得股权激励所得，单独按照本公告第二条规定计算当月收入额，不与当月其他工资薪金合并，按6个月分摊计税（一个公历年度内的股权激励所得应合并计算），不减除费用，适用月度税率表计算应纳税额，计算公式如下（公式六）：

当月股权激励所得应纳税额＝［（本公历年度内股权激励所得合计额÷6）×适用税率－速算扣除数］×6－本公历年度内股权激励所得已纳税额

4. 非居民个人取得来源于境内的劳务报酬所得、稿酬所得、特许权使用费所得，以税法规定的每次收入额为应纳税所得额，适用月度税率表计算应纳税额。

四、关于无住所个人适用税收协定

按照我国政府签订的避免双重征税协定、内地与香港、澳门签订的避免双重征税安排（以下称税收协定）居民条款规定为缔约对方税收居民的个人（以下称对方税收居民个人），可以按照税收协定及财政部、税务总局有关规定享受税收协定待遇，也可以选择不享受税收协定待遇计算纳税。除税收协定及财政部、税务总局另有规定外，无住所个人适用税收协定的，按照以下规定执行：

（一）关于无住所个人适用受雇所得条款的规定。

1. 无住所个人享受境外受雇所得协定待遇。

本公告所称境外受雇所得协定待遇，是指按照税收协定受雇所得条款规定，对方税收居民个人在境外从事受雇活动取得的受雇所得，可不缴纳个人所得税。

无住所个人为对方税收居民个人，其取得的工资薪金所得可享受境外受雇所得协定待遇的，可不缴纳个人所得税。工资薪金收入额计算适用本公告公式二。

无住所居民个人为对方税收居民个人的，可在预扣预缴和汇算清缴时按前款规定享受协定待遇；非居民个人为对方税收居民个人的，可在取得所得时按前款规定享受协定待遇。

2. 无住所个人享受境内受雇所得协定待遇。

本公告所称境内受雇所得协定待遇，是指按照税收协定受雇所得条款规定，在税收协定规定的期间内境内停留天数不超过183天的对方税收居民个人，在境内从事受雇活动取得受雇所得，不是由境内居民雇主支付或者代其支付的，也不是由雇主在境内常设机构负担的，可不缴纳个人所得税。

无住所个人为对方税收居民个人，其取得的工资薪金所得可享受境内受雇所得协定待遇的，可不缴纳个人所得税。工资薪金收入额计算适用本公告公式一。

无住所居民个人为对方税收居民个人的，可在预扣预缴和汇算清缴时按前款规定享受协定待遇；非居民个人为对方税收居民个人的，可在取得所得时按前款规定享受协定待遇。

（二）关于无住所个人适用独立个人劳务或者营业利润条款的规定。

本公告所称独立个人劳务或者营业利润协定待遇，是指按照税收协定独立个人劳务或者营业利润条款规定，对方税收居民个人取得的独立个人劳务所得或者营业利润符合税收协定规定条件的，可不缴纳个人所得税。

无住所居民个人为对方税收居民个人，其取得的劳务报酬所得、稿酬所得可享受独立个人劳务或者营业利润协定待遇的，在预扣预缴和汇算清缴时，可不缴纳个人所得税。

非居民个人为对方税收居民个人，其取得的劳务报酬所得、稿酬所得可享受独立个人劳务或者营业利润协定待遇的，在取得所得时可不缴纳个人所得税。

（三）关于无住所个人适用董事费条款的规定。

对方税收居民个人为高管人员，该个人适用的税收协定未纳入董事费条款，或者虽然纳入董事费条款但该个人不适用董事费条款，且该个人取得的高管人员报酬可享受税收协定受雇所得、独立个人劳务或者营业利润条款规定待遇的，该个人取得的高管人员报酬可不适用本公告第二条第（三）项规定，分别按照本条第（一）项、第（二）项规定执行。

对方税收居民个人为高管人员，该个人取得的高管人员报酬按照税收协定董事费条款规定可以在境内征收个人所得税的，应按照有关工资薪金所得或者劳务报酬所得规定缴纳个人所得税。

（四）关于无住所个人适用特许权使用费或者技术服务费条款的规定。

本公告所称特许权使用费或者技术服务费协定待遇，是指按照税收协定特许权使用费或者技术服务费条款规定，对方税收居民个人取得符合规定的特许权使用费或者技术服务费，可按照税收协定规定的计税所得额和征税比例计算纳税。

无住所居民个人为对方税收居民个人，其取得的特许权使用费所得、稿酬所得或者劳务报酬所得可享受特许权使用费或者技术服务费协定待遇的，可不纳入综合所得，在取得当月按照税收协定规定的计税所得额和征税比例计算应纳税额，并预扣预缴税款。年度汇算清缴时，该个人取得的已享受特许权使用费或者技术服务费协定待遇的所得不纳入年度综合所得，单独按照税收协定规定的计税所得额和征税比例计算年度应纳税额及补退税额。

非居民个人为对方税收居民个人，其取得的特许权使用费所得、稿酬所得或者劳务报酬所得可享受特许权使用费或者技术服务费协定待遇的，可按照税收协定规定的计税所得额和征税比例计算应纳税额。

五、关于无住所个人相关征管规定

（一）关于无住所个人预计境内居住时间的规定。

无住所个人在一个纳税年度内首次申报时，应当根据合同约定等情况预计一个纳税年度内境内居住天数以及在税收协定规定的期间内境内停留天数，按照预计情况计算缴纳税款。实际情况与预计情况不符的，分别按照以下规定处理：

1. 无住所个人预先判定为非居民个人，因延长居住天数达到居民个人条件的，一个纳税年度内税款扣缴方法保持不变，年度终了后按照居民个人有关规定办理汇算清缴，但该个人在当年离境且预计年度内不再入境的，可以选择在离境之前办理汇算清缴。

2. 无住所个人预先判定为居民个人，因缩短居住天数不能达到居民个人条件的，在不能达到居民个人条件之日起至年度终了15天内，应当向主管税务机关报告，按照非居民个人重新计算应纳税额，申报补缴税款，不加收税收滞纳金。需要退税的，按照规定办理。

3. 无住所个人预计一个纳税年度境内居住天数累计不超过90天，但实际累计居住天数超过90天的，或者对方税收居民个人预计在税收协定规定的期间内境内停留天数不超过183天，但实际停留天数超过183天的，待达到90天或者183天的月度终了后15天内，应当向主管税务机关报告，就以前月份工资薪金所得重新计算应纳税款，并补缴税款，不加收税收滞纳金。

（二）关于无住所个人境内雇主报告境外关联方支付工资薪金所得的规定。

无住所个人在境内任职、受雇取得来源于境内的工资薪金所得，凡境内雇主与境外单位或者个人存在关联关系，将本应由境内雇主支付的工资薪金所得，部分或者全部由境外关联方支付的，无住所个人可以自行申报缴纳税款，也可以委托境内雇主代为缴纳税款。无住所个人未委托境内雇主代为缴纳税款的，境内雇主应当在相关所得支付当月终了后15天内向主管税务机关报告相关信息，包括境内雇主与境外关联方对无住所个人的工作安排、境外支付情况以及无住所个人的联系方式等信息。

六、本公告自2019年1月1日起施行，非居民个人2019年1月1日后取得所得，按原有规定多缴纳税款的，可以依法申请办理退税。下列文件或者文件条款于2019年1月1日废止：

（一）《财政部税务总局关于对临时来华人员按实际居住日期计算征免个人所得税若干问题的通知》（(88)财税外字第059号）；

（二）《国家税务总局关于在境内无住所的个人取得工资薪金所得纳税义务问题的通知》（国税发〔1994〕148号）；

（三）《财政部 国家税务总局关于在华无住所的个人如何计算在华居住满五年问题的通知》（财税字〔1995〕98号）；

（四）《国家税务总局关于在中国境内无住所的个人计算缴纳个人所得税若干具体问题的通知》（国税函发〔1995〕125号）第一条、第二条、第三条、第四条；

（五）《国家税务总局关于在中国境内无住所的个人缴纳所得税涉及税收协定若干问题的通知》（国税发〔1995〕155号）；

（六）《国家税务总局关于在中国境内无住所的个人取得奖金征税问题的通知》（国税发〔1996〕183号）；

（七）《国家税务总局关于三井物产（株）大连事务所外籍雇员取得数月奖金确定纳税义务问题的批复》（国税函〔1997〕546号）；

（八）《国家税务总局关于外商投资企业和外国企业对境外企业支付其雇员的工资薪金代扣代缴个人所得税问题的通知》（国税发〔1999〕241号）；

（九）《国家税务总局关于在中国境内无住所个人取得不在华履行职务的月份奖金确定纳税义务问题的通知》（国税函〔1999〕245号）；

（十）《国家税务总局关于在中国境内无住所个人以有价证券形式取得工资薪金所得确定纳税义务有关问题的通知》（国税函〔2000〕190号）；

（十一）《国家税务总局关于在境内无住所的个人执行税收协定和个人所得税法若干问题的通知》（国税发〔2004〕97号）；

（十二）《国家税务总局关于调整个人取得全年一次性奖金等计算征收个人所得税方法问题的通知》（国税发〔2005〕9号）第六条；

（十三）《国家税务总局关于在境内无住所个人计算工资薪金所得缴纳个人所得税有关问题的批复》（国税函〔2005〕1041号）；

（十四）《国家税务总局关于在中国境内担任董事或高层管理职务无住所个人计算个人所得税适用公式的批复》（国税函〔2007〕946号）。

特此公告。

附件：按月换算后的综合所得税率表（略）

财政部、税务总局、发展改革委、证监会关于创业投资企业个人合伙人所得税政策问题的通知

（2019 年 1 月 10 日 财税〔2019〕8 号）

各省、自治区、直辖市、计划单列市财政厅（局）、发展改革委、证券监督管理机构，国家税务总局各省、自治区、直辖市、计划单列市税务局，新疆生产建设兵团财政局、发展改革委：

为进一步支持创业投资企业（含创投基金，以下统称创投企业）发展，现将有关个人所得税政策问题通知如下：

一、创投企业可以选择按单一投资基金核算或者按创投企业年度所得整体核算两种方式之一，对其个人合伙人来源于创投企业的所得计算个人所得税应纳税额。

本通知所称创投企业，是指符合《创业投资企业管理暂行办法》（发展改革委等 10 部门令第 39 号）或者《私募投资基金监督管理暂行办法》（证监会令第 105 号）关于创业投资企业（基金）的有关规定，并按照上述规定完成备案且规范运作的合伙制创业投资企业（基金）。

二、创投企业选择按单一投资基金核算的，其个人合伙人从该基金应分得的股权转让所得和股息红利所得，按照 20% 税率计算缴纳个人所得税。

创投企业选择按年度所得整体核算的，其个人合伙人应从创投企业取得的所得，按照“经营所得”项目、5% –35% 的超额累进税率计算缴纳个人所得税。

三、单一投资基金核算，是指单一投资基金（包括不以基金名义设立的创投企业）在一个纳税年度内从不同创业投资项目取得的股权转让所得和股息红利所得按下述方法分别核算纳税：

（一）股权转让所得。单个投资项目的股权转让所得，按年度股权转让收入扣除对应股权原值和转让环节合理费用后的余额计算，股权原值和转让环节合理费用的确定方法，参照股权转让所得个人所得税有关政策规定执行；单一投资基金的股权转让所得，按一个纳税年度内不同投资项目的所得和损失相互抵减后的余额计算，余额大于或等于零的，即确认为该基金的年度股权转让所得；余额小于零的，该基金年度股权转让所得按零计算且不能跨年结转。

个人合伙人按照其应从基金年度股权转让所得中分得的份额计算其应纳税额，并由创投企业在次年 3 月 31 日前代扣代缴个人所得税。如符合《财政部 税务总局关于创业投资企业和天使投资个人有关税收政策的通知》（财税〔2018〕55 号）规定条件的，创投企业个人合伙人可以按照被转让项目对应投资额的 70% 抵扣其应从基金年度股权转让所得中分得的份额后再计算其应纳税额，当期不足抵扣的，不得向以后年度结转。

（二）股息红利所得。单一投资基金的股息红利所得，以其来源于所投资项目分配的股息、红利收入以及其他固定收益类证券等收入的全额计算。

个人合伙人按照其应从基金股息红利所得中分得的份额计算其应纳税额，并由创投企业按次代扣代缴个人所得税。

（三）除前述可以扣除的成本、费用之外，单一投资基金发生的包括投资基金管理人的管理费和业绩报酬在内的其他支出，不得在核算时扣除。

本条规定的单一投资基金核算方法仅适用于计算创投企业个人合伙人的应纳税额。

四、创投企业年度所得整体核算，是指将创投企业以每一纳税年度的收入总额减除成本、费用以及损失后，计算应分配给个人合伙人的所得。如符合《财政部 税务总局关于创业投资企业和天使投资个人有关税收政策的通知》（财税〔2018〕55 号）规定条件的，创投企业个人合伙人可以按照被转让项目对应投资额的 70% 抵扣其可以从创投企业应分得的经营所得后再计算其应纳税额。年度核算亏损的，准予按有关规定向以后年度结转。

按照“经营所得”项目计税的个人合伙人，没有综合所得的，可依法减除基本减除费用、专项扣除、专项附加扣除以及国务院确定的其他扣除。从多处取得经营所得的，应汇总计算个人所得税，只减除一次上述费用和扣除。

五、创投企业选择按单一投资基金核算或按创投企业年度所得整体核算后，3 年内不能变更。

六、创投企业选择按单一投资基金核算的，应当在按照本通知第一条规定完成备案的 30 日内，向主管税务机关进行核算方式备案；未按规定备案的，视同选择按创投企业年度所得整体核算。2019 年 1 月 1 日前已经完成备案的创投企业，选择按单一投资基金核算的，应当在 2019 年 3 月 1 日前向主管税务机关进行核算方式备案。创投企业选择一种核算方式满 3 年需要调整的，应当在满 3 年的次年 1 月 31 日前，重新向主管税务机关备案。

七、税务部门依法开展税收征管和后续管理工作，可转请发展改革部门、证券监督管理部门对创投企业及其所投项目是否符合有关规定进行核查，发展改革部门、证券监督管理部门应当予以配合。

八、本通知执行期限为 2019 年 1 月 1 日起至 2023 年 12 月 31 日止。

国家税务总局关于进一步加强高收入者个人所得税征收管理的通知

（2010 年 5 月 31 日　国税发〔2010〕54 号）

各省、自治区、直辖市和计划单列市地方税务局，西藏、宁夏、青海省（自治区）国家税务局：

近年来，随着我国经济的快速发展，城乡居民收入水平不断提高，个人收入差距扩大的矛盾也日益突出。为强化税收征管，充分发挥税收在收入分配中的调节作用，现就进一步加强高收入者个人所得税征收管理有关问题通知如下：

一、认真做好高收入者应税收入的管理和监控

各地税务机关要继续深入贯彻落实国家税务总局关于加强个人所得税管理的工作思路，夯实高收入者个人所得税征管基础。

（一）摸清本地区高收入者的税源分布状况

各地要认真开展个人所得税税源摸底工作，结合本地区经济总体水平、产业发展趋势和居民收入来源特点，重点监控高收入者相对集中的行业和高收入者相对集中的人群，摸清高收入行业的收入分配规律，掌握高收入人群的主要所得来源，建立高收入者所得来源信息库，完善税收征管机制，有针对性地加强个人所得税征收管理工作。

（二）全面推进全员全额扣缴明细申报管理

1. 要认真贯彻落实税务总局关于推进全员全额扣缴明细申报的部署和要求，并将全员全额扣缴明细申报管理纳入税务机关工作考核体系。税务总局将不定期进行抽查、考评和通报相关情况。

2. 要督促扣缴义务人按照《个人所得税法》第八条、《个人所得税法实施条例》第三十七条和《国家税务总局关于印发〈个人所得税全员全额扣缴申报管理暂行办法〉的通知》（国税发〔2005〕205 号）的规定，实行全员全额扣缴申报。

扣缴义务人已经实行全员全额扣缴明细申报的，主管税务机关要促使其提高申报质量，特别是要求其如实申报支付工薪所得以外的其他所得（如劳务报酬所得等）、非本单位员工的支付信息和未达到费用扣除标准的支付信息。

扣缴义务人未依法实行全员全额扣缴明细申报的，主管税务机关应按照税收征管法有关规定对其进行处罚。

（三）加强年所得 12 万元以上纳税人自行纳税申报管理

年所得 12 万元以上纳税人自行纳税申报是纳税人的法定义务，是加强高收入者征管的重要措施。各地税务机关要健全自行纳税申报制度，优化申报流程，将自行纳税申报作为日常征管工作，实行常态化管理。通过对高收入者税源分布状况的掌握、扣缴义务人明细申报信息的审核比对，以及加强与工商、房管、人力资源和社会保障、证券机构等部门的协作和信息共享，进一步促进年所得 12 万元以上纳税人自行纳税申报。要注重提高自行纳税申报数据质量。采取切实措施，促使纳税人申报其不同形式的所有来源所得，不断提高申报数据的真实性和完整性。对未扣缴税款或扣缴不足的，要督促纳税人补缴税款；纳税人应申报未申报、申报不实少缴税款的，要按照税收征管法相关规定进行处理。

（四）积极推广应用个人所得税信息管理系统

没有推广应用个人所得税信息管理系统和推广面较小的地区，省级税务机关要加大工作力度，按照税务总局工作部署和要求，确保个人所得税管理系统推广到所有实行明细申报的扣缴义务人。已经全面推广应用个人所得税信息管理系统的地区，要按照要求，尽快将个人所得税明细数据向税务总局集中。

二、切实加强高收入者主要所得项目的征收管理

（一）加强财产转让所得征收管理。

1. 加强限售股转让所得征收管理。要加强与证券机构的联系，主动掌握本地区上市公司和即将上市公司的股东构成情况，做好限售股转让所得个人所得税征收工作。

2. 加强非上市公司股权转让所得征收管理。要继续加强与工商行政管理部门的合作，探索建立自然人股权变更登记的税收前置措施或以其他方式及时获取股权转让信息。对平价或低价转让的，要按照《国家税务总局关于加强股权转让所得征收个人所得税管理的通知》（国税函〔2009〕285 号）的规定，依法核定计税依据。

3. 加强房屋转让所得征收管理。要切实按照《国家税务总局关于个人住房转让所得征收个人所得税有关问题的通知》（国税发〔2006〕108 号）、《国家税务总局关于个人转让房屋有关税收征管问题的通知》（国税发〔2007〕33 号）等相关文件规定，继续做好房屋转让所得征收个人所得税管理工作。

4. 加强拍卖所得征收管理。主管税务机关应及时了解拍卖相关信息，严格执行《国家税务总局关于加强和规范个人取得拍卖收入征收个人所得税有关问题的通知》（国税发〔2007〕38 号）的规定，督促拍卖单位依法扣缴个人所得税。

（二）加强利息、股息、红利所得征收管理

1. 加强股息、红利所得征收管理。重点加强股份有限公司分配股息、红利时的扣缴税款管理，对在境外上市公司分配股息红利，要严格执行现行有关征免个人所得税的规定。加强企业转增注册资本和股本管理，对以未分配利润、盈余公积和除股票溢价发行外的其他资本公积转增注册资本和股本的，要按照“利息、股息、红利所得”项目，依据现行政策规定计征个人所得税。

2. 加强利息所得征收管理。要通过查阅财务报表相关科目、资产盘查等方式，调查自然人、企业及其他组织向自然人借款及支付利息情况，对其利息所得依法计征个人所得税。

3. 加强个人从法人企业列支消费性支出和从投资企业

借款的管理。对投资者本人、家庭成员及相关人员的相应所得，要根据《财政部、国家税务总局关于规范个人投资者个人所得税征收管理的通知》（财税〔2003〕158号）规定，依照“利息、股息、红利所得”项目计征个人所得税。

（三）加强规模较大的个人独资企业、合伙企业和个体工商户的生产、经营所得征收管理

1. 加强建账管理。主管税务机关应督促纳税人依照法律、行政法规的规定设置账簿。对不能设置账簿的，应按照税收征管法及其实施细则和《财政部、国家税务总局关于印发〈关于个人独资企业和合伙企业投资者征收个人所得税的规定〉的通知》（财税〔2000〕91号）等有关规定，核定其应税所得率。税务师、会计师、律师、资产评估和房地产估价等鉴证类中介机构不得实行核定征收个人所得税。

2. 加强非法人企业注销登记管理。企业投资者在注销工商登记之前，应向主管税务机关结清有关税务事宜，未纳税所得应依法征收个人所得税。

3. 加强个人消费支出与非法人企业生产经营支出管理。对企业资金用于投资者本人、家庭成员及其相关人员消费性和财产性支出的部分，应按照《财政部、国家税务总局关于规范个人投资者个人所得税征收管理的通知》（财税〔2003〕158号）等有关规定，依照“个体工商户的生产、经营所得”项目计征个人所得税。

（四）加强劳务报酬所得征收管理和工资、薪金所得比对管理

各地税务机关要与有关部门密切合作，及时获取相关劳务报酬支付信息，切实加强对各类劳务报酬，特别是一些报酬支付较高项目（如演艺、演讲、咨询、理财、专兼职培训等）的个人所得税管理，督促扣缴义务人依法履行扣缴义务。

对高收入行业的企业，要汇总全员全额明细申报数据中工资、薪金所得总额，与企业所得税申报表中工资费用支出总额比对，规范企业如实申报和扣缴个人所得税。

（五）加强外籍个人取得所得的征收管理

要积极与公安出入境管理部门协调配合，掌握外籍人员出入境时间及相关信息，为实施税收管理和离境清税等提供依据；积极与银行及外汇管理部门协调配合，加强对外支付税务证明管理，把住资金转移关口。各级国税局、地税局要密切配合，建立外籍个人管理档案，掌握不同国家外派人员的薪酬标准，重点加强来源于中国境内、由境外机构支付所得的管理。

三、扎实开展高收入者个人所得税纳税评估和专项检查

各地税务机关要将高收入者个人所得税纳税评估作为日常税收管理的重要内容，充分利用全员全额扣缴明细申报数据、自行纳税申报数据和从外部门获取的信息，科学设定评估指标，创新评估方法，建立高收入者纳税评估体系。对纳税评估发现的疑点，要进行跟踪核实、约谈和调查，督促纳税人自行补正申报、补缴税款。发现纳税人有税收违法行为嫌疑的，要及时移交税务稽查部门立案检查。

稽查部门要将高收入者个人所得税检查列入税收专项检查范围，认真部署落实。在检查中，要特别关注高收入者的非劳动所得是否缴纳税款和符合条件的高收入者是否办理自行纳税申报。对逃避纳税、应申报未申报、申报不实等情形，要严格按照税收征管法相关规定进行处理。对典型案例，要通过媒体予以曝光。

四、不断改进纳税服务，引导高收入者依法诚信纳税

各地税务机关在加强高收入者个人所得税征收管理的同时，要切实做好纳税服务工作。要有针对性地对高收入者开展个人所得税法宣传和政策辅导，引导高收入者主动申报、依法纳税，形成诚信纳税的良好氛围；要推进“网上税务局”建设，建立多元化的申报方式，为纳税人包括高收入者提供多渠道、便捷化的申报纳税服务；要积极了解纳税人的涉税诉求，拓展咨询渠道，提高咨询回复质量和效率；要做好为纳税人开具完税证明和纳税人的收入、纳税信息保密管理工作，切实维护纳税人合法权益。

对储蓄存款利息所得征收个人所得税的实施办法

（1999年9月30日中华人民共和国国务院令第272号公布　根据2007年7月20日《国务院关于修改〈对储蓄存款利息所得征收个人所得税的实施办法〉的决定》修订）

第一条　根据《中华人民共和国个人所得税法》第十二条的规定，制定本办法。

第二条　从中华人民共和国境内的储蓄机构取得人民币、外币储蓄存款利息所得的个人，应当依照本办法缴纳个人所得税。

第三条　对储蓄存款利息所得征收个人所得税的计税依据为纳税人取得的人民币、外币储蓄存款利息所得。

第四条　对储蓄存款利息所得征收个人所得税，减按5%的比例税率执行。减征幅度的调整由国务院决定。

第五条　对个人取得的教育储蓄存款利息所得以及国务院财政部门确定的其他专项储蓄存款或者储蓄性专项基金存款的利息所得，免征个人所得税。

前款所称教育储蓄是指个人按照国家有关规定在指定银行开户、存入规定数额资金、用于教育目的的专项储蓄。

第六条　对储蓄存款利息所得，按照每次取得的利息所得额计征个人所得税。

第七条　对储蓄存款利息所得征收个人所得税，以结付利息的储蓄机构为扣缴义务人，实行代扣代缴。

第八条　扣缴义务人在向储户结付利息时，依法代扣代缴税款。

前款所称结付利息，包括储户取款时结付利息、活期存款结息日结付利息和办理储蓄存款自动转存业务时结付利息等。

扣缴义务人代扣税款，应当在给储户的利息结付单上注明。

第九条　扣缴义务人每月代扣的税款，应当在次月7日内缴入中央国库，并向当地主管税务机关报送代扣代缴税款报告表；代扣的税款为外币的，应当折合成人民币缴入中央国库。

第十条　对扣缴义务人按照所扣缴的税款，付给2%的手续费。

第十一条　税务机关应当加强对扣缴义务人代扣代缴税款情况的监督和检查，扣缴义务人应当积极予以配合，如实反映情况，提供有关资料，不得拒绝、隐瞒。

第十二条　对储蓄存款利息所得征收的个人所得税，由国家税务局依照《中华人民共和国税收征收管理法》、《中华人民共和国个人所得税法》及本办法的规定负责征收管理。

第十三条　本办法所称储蓄机构，是指经国务院银行业监督管理机构批准的商业银行、城市信用合作社和农村信用合作社等吸收公众存款的金融机构。

第十四条　储蓄存款在1999年10月31日前孳生的利息所得，不征收个人所得税；储蓄存款在1999年11月1日至2007年8月14日孳生的利息所得，按照20%的比例税率征收个人所得税；储蓄存款在2007年8月15日后孳生的利息所得，按照5%的比例税率征收个人所得税。

第十五条　本办法自1999年11月1日起施行。

储蓄存款利息所得个人所得税征收管理办法

（1999年10月8日　国税发〔1999〕179号）

第一条　根据《中华人民共和国个人所得税法》、《中华人民共和国税收征收管理法》和国务院关于《对个人储蓄存款利息所得征收个人所得税的实施办法》（以下简称《实施办法》）的有关规定，特制定本办法。

第二条　储蓄存款利息所得个人所得税以取得储蓄存款利息所得的个人为纳税义务人，以办理结付个人储蓄存款利息的储蓄机构为扣缴义务人。扣缴义务人区分不同情况具体规定如下：

一、内资商业银行以支行或相当于支行的储蓄机构为扣缴义务人。经各省、自治区、直辖市和计划单列市国家税务局批准，扣缴义务人所扣税款可由其上一级机构汇总向其所在地主管税务机关申报缴纳。

二、城市信用社和农村信用社以独立核算的单位为扣缴义务人。

三、外资银行以设在中国境内的分行为扣缴义务人。

四、邮政储蓄机构以县级邮政局为扣缴义务人。

根据上述规定难以认定扣缴义务人的，由省、自治区、直辖市和计划单列市国家税务局依据便于扣缴义务人操作和税务机关征收管理、有利于明确扣缴义务人法律责任的原则进行认定。

第三条　凡办理个人储蓄业务的储蓄机构，在向个人结付储蓄存款利息时，应依法代扣代缴其应缴纳的个人所得税税款。

前款所称结付储蓄存款利息，是指向个人储户支付利息、结息日和办理存款自动转存业务时结息。

第四条　扣缴义务人应指定财务会计部门或其他有关部门的专门人员，具体负责扣缴税款的纳税申报及有关事宜。人员发生变动时，应将名单及时报告主管税务机关。

第五条　扣缴义务人在代扣税款时，应当在给储户的利息清单上注明已扣税款的数额。注明已扣税款的利息清单视同完税证明，除另有规定者外，不再开具代扣代收税款凭证。

第六条　扣缴义务人应扣未扣税款的，由扣缴义务人缴纳应扣未扣税款以及相应的滞纳金。其应纳税款按下列公式计算：

应纳税所得额＝结付的利息额÷（1－税率）

应纳税额＝应纳税所得额×适用税率

第七条　扣缴义务人每月所扣的税款，应当在次月7日内缴入中央金库，并向主管税务机关报送《储蓄存款利息所得扣缴个人所得税报告表》和主管税务机关要求报送的其他有关资料；所扣税款为外币的，应当按照缴款上一月最后一日中国人民银行公布的人民币基准汇价折算成人民币，以人民币缴入国库。

第八条　现有储蓄机构，符合本办法第二条规定的，应于《实施办法》公布后至11月1日前到当地主管税务机关办理扣缴税款登记；11月1日后成立的储蓄机构，凡符合本办法第二条规定的，应自中国人民银行批准开业之日起30日内，到当地主管税务机关办理扣缴税款登记。

第九条　税务机关应依法对扣缴义务人的代扣代缴税款情况进行检查，扣缴义务人必须如实反映有关情况，提供有关资料，不得拒绝或隐瞒。

税务机关在依法检查中了解的情况，应依照《中华人民共和国商业银行法》的有关规定，为储户保密。

第十条　主管税务机关应对扣缴义务人登记建档，建立收入统计台账，及时对征收情况进行总结、分析和预测。

第十一条　其他征管事项，依照《中华人民共和国个人所得税法》及其实施条例、《中华人民共和国税收征收管理法》及其实施细则和《个人所得税代扣代缴暂行办法》的有关规定执行。

第十二条 各省、自治区、直辖市国家税务局可以根据本办法规定的原则,结合本地实际,制定具体实施办法,并报国家税务总局备案。

第十三条 本办法由国家税务总局负责解释。

第十四条 本办法自发布之日起执行。

附件:储蓄存款利息所得扣缴个人所得税报告表(略)

征收个人所得税若干问题的规定[①]

(1994年3月31日 国税发〔1994〕089号)

为了更好地贯彻执行《中华人民共和国个人所得税法》(以下简称税法)及其实施条例(以下简称条例),认真做好个人所得税的征收管理,根据税法及条例的规定精神,现将一些具体问题明确如下:

一、关于如何掌握"习惯性居住"的问题

条例第二条规定,在中国境内有住所的个人,是指因户籍、家庭、经济利益关系而在中国境内习惯性居住的个人。所谓习惯性居住,是判定纳税义务人是居民或非居民的一个法律意义上的标准,不是指实际居住或在某一个特定时期内的居住地。如因学习、工作、探亲、旅游等而在中国境外居住的,在其原因消除之后,必须回到中国境内居住的个人,则中国即为该纳税人习惯性居住地。

二、关于工资、薪金所得的征税问题

条例第八条第一款第一项对工资、薪金所得的具体内容和征税范围作了明确规定,应严格按照规定进行征税。对于补贴、津贴等一些具体收入项目应否计入工资、薪金所得的征税范围问题,按下述情况掌握执行:

(一)条例第十三条规定,对按照国务院规定发给的政府特殊津贴和国务院规定免纳个人所得税的补贴、津贴,免予征收个人所得税。其他各种补贴、津贴均应计入工资、薪金所得项目征税。

(二)下列不属于工资、薪金性质的补贴、津贴或者不属于纳税人本人工资、薪金所得项目的收入,不征税:

1. 独生子女补贴;
2. 执行公务员工资制度未纳入基本工资总额的补贴、津贴差额和家属成员的副食品补贴;
3. 托儿补助费;
4. 差旅费津贴、误餐补助。

三、关于在外商投资企业、外国企业和外国驻华机构工作的中方人员取得的工资、薪金所得的征税的问题

(一)在外商投资企业、外国企业和外国驻华机构工作的中方人员取得的工资、薪金收入,凡是由雇佣单位和派遣单位分别支付的,支付单位应依照税法第八条的规定代扣代缴个人所得税。按照税法第六条第一款第一项的规定,纳税义务人应以每月全部工资、薪金收入减除规定费用后的余额为应纳税所得额。为了有利于征管,对雇佣单位和派遣单位分别支付工资、薪金的,采取由支付者中的一方减除费用的方法,即只由雇佣单位在支付工资、薪金时,按税法规定减除费用,计算扣缴个人所得税;派遣单位支付的工资、薪金不再减除费用,以支付全额直接确定适用税率,计算扣缴个人所得税。

上述纳税义务人,应持两处支付单位提供的原始明细工资、薪金单(书)和完税凭证原件,选择并固定到一地税务机关申报每月工资、薪金收入,汇算清缴其工资、薪金收入的个人所得税,多退少补。具体申报期限,由各省、自治区、直辖市税务局确定。

(二)对外商投资企业、外国企业和外国驻华机构发放给中方工作人员的工资、薪金所得,应全额征税。但对可以提供有效合同或有关凭证,能够证明其工资、薪金所得的一部分按照有关规定上交派遣(介绍)单位的,可扣除其实际上交的部分,按其余额计征个人所得税。

四、关于稿酬所得的征税问题

(一)个人每次以图书、报刊方式出版、发表同一作品(文字作品、书画作品、摄影作品以及其他作品),不论出版单位是预付还是分笔支付稿酬,或者加印该作品后再付稿酬,均应合并其稿酬所得按一次计征个人所得税。在两处或两处以上出版、发表或再版同一作品而取得稿酬所得,则可分别各处取得的所得或再版所得按分次所得计征个人所得税。

(二)个人的同一作品在报刊上连载,应合并其因连载而取得的所有稿酬所得为一次,按税法规定计征个人所得税。在其连载之后又出书取得稿酬所得,或先出书后连载取得稿酬所得,应视同再版稿酬分次计征个人所得税。

(三)作者去世后,对取得其遗作稿酬的个人,按稿酬所得征收个人所得税。

五、关于拍卖文稿所得的征税问题

作者将自己的文字作品手稿原件或复印件公开拍卖(竞价)取得的所得,应按特许权使用费所得项目征收个人所得税。

六、关于财产租赁所得的征税问题

(一)纳税义务人在出租财产过程中缴纳的税金和国家能源交通重点建设基金、国家预算调节基金、教育费附加,可持完税(缴款)凭证,从其财产租赁收入中扣除。

(二)纳税义务人出租财产取得财产租赁收入,在计算征税时,除可依法减除规定费用和有关税、费外,还准予扣除能

① 本规定所附"税率表一"和"税率表二"已被《国家税务总局关于贯彻执行修改后的个人所得税法有关问题的公告》废止;第十二条所附税率表一、税率表二,第十三条,第十五条已被《国家税务总局关于公布全文废止和部分条款废止的税务部门规章目录的决定》废止。

够提供有效、准确凭证，证明由纳税义务人负担的该出租财产实际开支的修缮费用。允许扣除的修缮费用，以每次 800 元为限，一次扣除不完的，准予在下一次继续扣除，直至扣完为止。

（三）确认财产租赁所得的纳税义务人，应以产权凭证为依据。无产权凭证的，由主管税务机关根据实际情况确定纳税义务人。

（四）产权所有人死亡，在未办理产权继承手续期间，该财产出租而有租金收入的，以领取租金的个人为纳税义务人。

七、关于如何确定转让债权财产原值的问题

转让债权，采用“加权平均法”确定其应予减除的财产原值和合理费用。即以纳税人购进的同一种类债券买入价和买进过程中交纳的税费总和，除以纳税人购进的该种类债券数量之和，乘以纳税人卖出的该种类债券数量，再加上卖出的该种类债券过程中交纳的税费。用公式表示为：

$$\text{一次卖出某一种类债券允许扣除的买入价和费用} = \frac{\text{纳税人购进的该种类债券买入价和买进过程中交纳的税费总和}}{\text{纳税人购进的该种类债券总数量}} \times \text{一次卖出的该种类债券的数量} + \text{卖出该种类债券过程中交纳的税费}$$

八、关于董事费的征税问题

个人由于担任董事职务所取得的董事费收入，属于劳务报酬所得性质，按照劳务报酬所得项目征收个人所得税。

九、关于个人取得不同项目劳务报酬所得的征税问题

条例第二十一条第一款第一项中所述的“同一项目”，是指劳务报酬所得列举具体劳务项目中的某一单项，个人兼有不同的劳务报酬所得，应当分别减除费用，计算缴纳个人所得税。

十、关于外籍纳税人在中国几地工作如何确定纳税地点的问题

（一）在几地工作或提供劳务的临时来华人员，应以税法所规定的申报纳税的日期为准，在某一地达到申报纳税的日期，即在该地申报纳税。但准予其提出申请，经批准后，也可固定在一地申报纳税。

（二）凡由在华企业或办事机构发放工资、薪金的外籍纳税人，由在华企业或办事机构集中向当地税务机关申报纳税。

十一、关于派发红股的征税问题

股份制企业在分配股息、红利时，以股票形式向股东个人支付应得的股息、红利（即派发红股），应以派发红股的股票票面金额为收入额，按利息、股息、红利项目计征个人所得税。

十二、关于运用速算扣除数法计算应纳税额的问题

为简便计算应纳个人所得税额，可对适用超额累进税率的工资、薪金所得，个体工商户的生产、经营所得，对企事业单位的承包经营、承租经营所得，以及适用加成征收税率的劳务报酬所得，运用速算扣除数法计算其应纳税额。应纳税额的计算公式为：

应纳税额 = 应纳税所得额 × 适用税率 － 速算扣除数

适用超额累进税率的应税所得计算应纳税额的速算扣除数，详见附表一、二、三。

十三、关于纳税人一次取得属于数月的奖金或年终加薪、劳动分红的征税问题

纳税人一次取得属于数月的奖金或年终加薪、劳动分红，一般应将全部奖金或年终加薪、劳动分红同当月份的工资、薪金合并计征个人所得税。但对于合并计算后提高适用税率的，可采取以月份所属奖金或年终加薪、劳动分红加当月份工资、薪金，减去当月份费用扣除标准后的余额为基数确定适用税率，然后，将当月份工资、薪金加上全部奖金或年终加薪、劳动分红，减去当月份费用扣除标准后的余额，按适用税率计算征收个人所得税。对按上述方法计算无应纳税所得额的，免予征税。

十四、关于单位或个人为纳税义务人负担税款的计征办法问题

单位或个人为纳税义务人负担个人所得税税款，应将纳税义务人取得的不含税收入换算为应纳税所得额，计算征收个人所得税。计算公式如下：

1. 应纳税所得额 =（不含税收入额 － 费用扣除标准 － 速算扣除数）÷（1 － 税率）

2. 应纳税额 = 应纳税所得额 × 适用税率 － 速算扣除数

公式 1 中的税率，是指不含税所得按不含税级距（详见所附税率表一、二、三）对应的税率；公式 2 中的税率，是指应纳税所得额按含税级距对应的税率。

十五、关于纳税人所得为外国货币如何办理退税和补税的问题

（一）纳税人所得为外国货币并已按照中国人民银行公布的外汇牌价以外国货币兑换成人民币缴纳税款后，如发生多缴税款需要办理退税，凡属于 1993 年 12 月 31 日以前取得应税所得的，可以将应退的人民币税款，按照缴纳税款时的外汇牌价（买入价，以下同）折合成外国货币，再将该外国货币数额按照填开退税凭证当日的外汇牌价折合成人民币退还税款；凡属于 1994 年 1 月 1 日以后取得应税所得的，应直接退还多缴的人民币税款。

（二）纳税人所得为外国货币的，发生少缴税款需要办理补税时，除依照税法规定汇算清缴以外的，应当按照填开补税凭证前一月最后一日的外汇牌价折合成人民币计算应纳税所得额补缴税款。

十六、关于在境内、境外分别取得工资、薪金所得，如何计征税款的问题

纳税义务人在境内、境外同时取得工资、薪金所得的，应根据条例第五条规定的原则，判断其境内、境外取得的所得是否来源于一国的所得。纳税义务人能够提供在境内、境外同时任职或者受雇及其工资、薪金标准的有效证明文件，可判定其所得是来源于境内和境外所得，应按税法和条例的规定分别减除费用并计算纳税；不能提供上述证明文件的，应视为来源于一国的所得，如其任职或者受雇单位在中国境内，应为来源于中国境内的所得，如其任职或受雇单位在中国境外，应为来源于中国境外的所得。

十七、关于承包、承租期不足一年如何计征税款的问题

实行承包、承租经营的纳税义务人，应以每一纳税年度取得的承包、承租经营所得计算纳税，在一个纳税年度内，承包、承租经营不足十二个月的，以其实际承包、承租经营的月份数为一个纳税年度计算纳税。计算公式为：

应纳税所得额 = 该年度承包、承租经营收入额 -（800 × 该年度实际承包、承租经营月份数）

应纳税额 = 应纳税所得额 × 适用税率 - 速算扣除数

十八、关于利息、股息、红利的扣缴义务人问题

利息、股息、红利所得实行源泉扣缴的征收方式，其扣缴义务人应是直接向纳税义务人支付利息、股息、红利的单位。

十九、关于工资、薪金所得与劳务报酬所得的区分问题

工资、薪金所得是属于非独立个人劳务活动，即在机关、团体、学校、部队、企事业单位及其他组织中任职、受雇而得到的报酬；劳务报酬所得则是个人独立从事各种技艺、提供各项劳务取得的报酬。两者的主要区别在于，前者存在雇佣与被雇佣关系，后者则不存在这种关系。

二十、以前规定与本规定抵触的，按本规定执行。

税率表（略）

境外所得个人所得税征收管理暂行办法

（1998年8月12日国税发〔1998〕126号文件印发　根据2016年5月29日《国家税务总局关于公布全文废止和部分条款废止的税务部门规章目录的决定》第一次修正　根据2018年6月15日《国家税务总局关于修改部分税务部门规章的决定》第二次修正）

第一条　为维护国家税收权益，加强对来源于中国境外所得的个人所得税征收管理，根据《中华人民共和国个人所得税法》（以下简称税法）及其实施条例、《中华人民共和国税收征收管理法》（以下简称征管法）及其实施细则以及有关行政法规的规定制定本办法。

第二条　本办法适用于中国境内有住所，并有来源于中国境外所得的个人纳税人（以下简称纳税人）。

第三条　纳税人来源于中国境外的各项应纳税所得（以下简称境外所得），应依照税法和本办法的规定缴纳个人所得税。

第四条　下列所得，不论支付地点是否在中国境外，均为来源于中国境外的所得：

（一）因任职、受雇、履约等而在中国境外提供劳务取得的所得；

（二）将财产出租给承租人在中国境外使用而取得的所得；

（三）转让中国境外的建筑物、土地使用权等财产或者在中国境外转让其他财产取得的所得；

（四）许可各种特许权在中国境外使用而取得的所得；

（五）从中国境外的公司、企业以及其他经济组织或者个人取得的利息、股息、红利所得。

第五条　纳税人的境外所得，应按税法及其实施条例的规定确定应税项目，并分别计算其应纳税额。

第六条　纳税人的境外所得按照有关规定交付给派出单位的部分，凡能提供有效合同或有关凭证的，经主管税务机关审核后，允许从其境外所得中扣除。

第七条　纳税人受雇于中国境内的公司、企业和其他经济组织以及政府部门并派往境外工作，其所得由境内派出单位支付或负担的，境内派出单位为个人所得税扣缴义务人，税款由境内派出单位负责代扣代缴。其所得由境外任职、受雇的中方机构支付、负担的，可委托其境内派出（投资）机构代征税款。

上述境外任职、受雇的中方机构是指中国境内的公司、企业和其他经济组织以及政府部门所属的境外分支机构、使（领）馆、子公司、代表处等。

第八条　纳税人有下列情形的，应自行申报纳税：

（一）境外所得来源于两处以上的；

（二）取得境外所得没有扣缴义务人、代征人的（包括扣缴义务人、代征人未按规定扣缴或征缴税款的）。

第九条　中国境内的公司、企业和其他经济组织以及政府部门，凡有外派人员的，应在每一公历年度（以下简称年度）终了后30日内向主管税务机关报送外派人员情况。内容主要包括：外派人员的姓名、身份证或护照号码、职务、派往国家和地区、境外工作单位名称和地址、合同期限、境内外收入状况、境内住所及缴纳税收情况等。

第十条　依本办法第八条规定须自行申报纳税的纳税人，应在年度终了后30日内，向中国主管税务机关申报缴纳个人所得税。如所得来源国与中国的纳税年度不一致，年度终了后30日内申报纳税有困难的，可报经中国主管税务机关批准，在所得来源国的纳税年度终了、结清税款后30日内申报纳税。

纳税人如在税法规定的纳税年度期间结束境外工作任务回国，应当在回国后的次月7日内，向主管税务机关申报缴纳个人所得税。

第十一条　纳税人兼有来源于中国境内、境外所得的，应按税法规定分别减除费用并计算纳税。

第十二条 纳税人在境外已缴纳的个人所得税税额，能提供境外税务机关填发的完税凭证原件的，准予按照税法及其实施条例的规定从应纳税额中抵扣。

第十三条 纳税人和扣缴义务人未按本办法规定申报缴纳、扣缴个人所得税以及未按本办法第九条规定报送资料的，主管税务机关应按征管法及有关法律、行政法规和部分规章的规定予以处罚，涉嫌犯罪的依法移送公安机关处理。

第十四条 本办法所称主管税务机关是指派出单位所在地的税务机关。无派出单位的，是指纳税人离境前户籍所在地的税务机关；户籍所在地与经常居住地不一致的，是指经常居住地税务机关。

第十五条 本办法未尽事宜，按照有关税收法律、行政法规的规定执行。

第十六条 各省、自治区、直辖市税务局可根据本办法规定的原则，结合本地实际制定具体实施办法，并报国家税务总局备案。

第十七条 本办法由国家税务总局负责解释。

第十八条 本办法从1998年7月1日起执行。此前规定与本办法有抵触的，按本办法执行。

财政部、税务总局关于境外所得有关个人所得税政策的公告

（2020年1月17日财政部、税务总局公告2020年第3号公布）

为贯彻落实《中华人民共和国个人所得税法》和《中华人民共和国个人所得税法实施条例》（以下称个人所得税法及其实施条例），现将境外所得有关个人所得税政策公告如下：

一、下列所得，为来源于中国境外的所得：

（一）因任职、受雇、履约等在中国境外提供劳务取得的所得；

（二）中国境外企业以及其他组织支付且负担的稿酬所得；

（三）许可各种特许权在中国境外使用而取得的所得；

（四）在中国境外从事生产、经营活动而取得的与生产、经营活动相关的所得；

（五）从中国境外企业、其他组织以及非居民个人取得的利息、股息、红利所得；

（六）将财产出租给承租人在中国境外使用而取得的所得；

（七）转让中国境外的不动产、转让对中国境外企业以及其他组织投资形成的股票、股权以及其他权益性资产（以下称权益性资产）或者在中国境外转让其他财产取得的所得。但转让对中国境外企业以及其他组织投资形成的权益性资产，该权益性资产被转让前三年（连续36个公历月份）内的任一时间，被投资企业或其他组织的资产公允价值50%以上直接或间接来自位于中国境内的不动产的，取得的所得为来源于中国境内的所得；

（八）中国境外企业、其他组织以及非居民个人支付且负担的偶然所得；

（九）财政部、税务总局另有规定的，按照相关规定执行。

二、居民个人应当依照个人所得税法及其实施条例规定，按照以下方法计算当期境内和境外所得应纳税额：

（一）居民个人来源于中国境外的综合所得，应当与境内综合所得合并计算应纳税额；

（二）居民个人来源于中国境外的经营所得，应当与境内经营所得合并计算应纳税额。居民个人来源于境外的经营所得，按照个人所得税法及其实施条例的有关规定计算的亏损，不得抵减其境内或他国（地区）的应纳税所得额，但可以用来源于同一国家（地区）以后年度的经营所得按中国税法规定弥补；

（三）居民个人来源于中国境外的利息、股息、红利所得，财产租赁所得，财产转让所得和偶然所得（以下称其他分类所得），不与境内所得合并，应当分别单独计算应纳税额。

三、居民个人在一个纳税年度内来源于中国境外的所得，依照所得来源国家（地区）税收法律规定在中国境外已缴纳的所得税税额允许在抵免限额内从其该纳税年度应纳税额中抵免。

居民个人来源于一国（地区）的综合所得、经营所得以及其他分类所得项目的应纳税额为其抵免限额，按照下列公式计算：

（一）来源于一国（地区）综合所得的抵免限额＝中国境内和境外综合所得依照本公告第二条规定计算的综合所得应纳税额×来源于该国（地区）的综合所得收入额÷中国境内和境外综合所得收入额合计

（二）来源于一国（地区）经营所得的抵免限额＝中国境内和境外经营所得依照本公告第二条规定计算的经营所得应纳税额×来源于该国（地区）的经营所得应纳税所得额÷中国境内和境外经营所得应纳税所得额合计

（三）来源于一国（地区）其他分类所得的抵免限额＝该国（地区）的其他分类所得依照本公告第二条规定计算的应纳税额

（四）来源于一国（地区）所得的抵免限额＝来源于该国（地区）综合所得抵免限额＋来源于该国（地区）经营所得抵免限额＋来源于该国（地区）其他分类所得抵免限额

四、可抵免的境外所得税税额，是指居民个人取得境外所得，依照该所得来源国（地区）税收法律应当缴纳且实际已经缴纳的所得税性质的税额。可抵免的境外所得税额不包括以下情形：

（一）按照境外所得税法律属于错缴或错征的境外所得税税额；

（二）按照我国政府签订的避免双重征税协定以及内地与香港、澳门签订的避免双重征税安排（以下统称税收协定）规定不应征收的境外所得税税额；

（三）因少缴或迟缴境外所得税而追加的利息、滞纳金或罚款；

（四）境外所得税纳税人或者其利害关系人从境外征税主体得到实际返还或补偿的境外所得税税款；

（五）按照我国个人所得税法及其实施条例规定，已经免税的境外所得负担的境外所得税税款。

五、居民个人从与我国签订税收协定的国家（地区）取得的所得，按照该国（地区）税收法律享受免税或减税待遇，且该免税或减税的数额按照税收协定饶让条款规定应视同已缴税额在中国的应纳税额中抵免的，该免税或减税数额可作为居民个人实际缴纳的境外所得税税额按规定申报税收抵免。

六、居民个人一个纳税年度内来源于一国（地区）的所得实际已经缴纳的所得税税额，低于依照本公告第三条规定计算出的来源于该国（地区）该纳税年度所得的抵免限额的，应以实际缴纳税额作为抵免额进行抵免；超过来源于该国（地区）该纳税年度所得的抵免限额的，应在限额内进行抵免，超过部分可以在以后五个纳税年度内结转抵免。

七、居民个人从中国境外取得所得的，应当在取得所得的次年3月1日至6月30日内申报纳税。

八、居民个人取得境外所得，应当向中国境内任职、受雇单位所在地主管税务机关办理纳税申报；在中国境内没有任职、受雇单位的，向户籍所在地或中国境内经常居住地主管税务机关办理纳税申报；户籍所在地与中国境内经常居住地不一致的，选择其中一地主管税务机关办理纳税申报；在中国境内没有户籍的，向中国境内经常居住地主管税务机关办理纳税申报。

九、居民个人取得境外所得的境外纳税年度与公历年度不一致的，取得境外所得的境外纳税年度最后一日所在的公历年度，为境外所得对应的我国纳税年度。

十、居民个人申报境外所得税收抵免时，除另有规定外，应当提供境外征税主体出具的税款所属年度的完税证明、税收缴款书或者纳税记录等纳税凭证，未提供符合要求的纳税凭证，不予抵免。

居民个人已申报境外所得、未进行税收抵免，在以后纳税年度取得纳税凭证并申报境外所得税收抵免的，可以追溯至该境外所得所属纳税年度进行抵免，但追溯年度不得超过五年。自取得该项境外所得的五个年度内，境外征税主体出具的税款所属纳税年度纳税凭证载明的实际缴纳税额发生变化的，按实际缴纳税额重新计算并办理补退税，不加收税收滞纳金，不退还利息。

纳税人确实无法提供纳税凭证的，可同时凭境外所得纳税申报表（或者境外征税主体确认的缴税通知书）以及对应的银行缴款凭证办理境外所得抵免事宜。

十一、居民个人被境内企业、单位、其他组织（以下称派出单位）派往境外工作，取得的工资薪金所得或者劳务报酬所得，由派出单位或者其他境内单位支付或负担的，派出单位或者其他境内单位应按照个人所得税法及其实施条例规定预扣预缴税款。

居民个人被派出单位派往境外工作，取得的工资薪金所得或者劳务报酬所得，由境外单位支付或负担的，如果境外单位为境外任职、受雇的中方机构（以下称中方机构）的，可以由境外任职、受雇的中方机构预扣税款，并委托派出单位向主管税务机关申报纳税。中方机构未预扣税款的或者境外单位不是中方机构的，派出单位应当于次年2月28日前向其主管税务机关报送外派人员情况，包括：外派人员的姓名、身份证件类型及身份证件号码、职务、派往国家和地区、境外工作单位名称和地址、派遣期限、境内外收入及缴税情况等。

中方机构包括中国境内企业、事业单位、其他经济组织以及国家机关所属的境外分支机构、子公司、使（领）馆、代表处等。

十二、居民个人取得来源于境外的所得或者实际已经在境外缴纳的所得税税额为人民币以外货币，应当按照《中华人民共和国个人所得税法实施条例》第三十二条折合计算。

十三、纳税人和扣缴义务人未按本公告规定申报缴纳、扣缴境外所得个人所得税以及报送资料的，按照《中华人民共和国税收征收管理法》和个人所得税法及其实施条例等有关规定处理，并按规定纳入个人纳税信用管理。

十四、本公告适用于2019年度及以后年度税收处理事宜。以前年度尚未抵免完毕的税额，可按本公告第六条规定处理。下列文件或文件条款同时废止：

1.《财政部、国家税务总局关于个人股票期权所得征收个人所得税问题的通知》（财税〔2005〕35号）第三条

2.《国家税务总局关于境外所得征收个人所得税若干问题的通知》（国税发〔1994〕44号）

3.《国家税务总局关于企业和个人的外币收入如何折合成人民币计算缴纳税款问题的通知》（国税发〔1995〕173号）

特此公告。

国家税务总局关于调整个人取得全年一次性奖金等计算征收个人所得税方法问题的通知[①]

（2005 年 1 月 21 日 国税发〔2005〕9 号）

各省、自治区、直辖市和计划单列市地方税务局，局内各单位：

为了合理解决个人取得全年一次性奖金征税问题，经研究，现就调整征收个人所得税的有关办法通知如下：

一、全年一次性奖金是指行政机关、企事业单位等扣缴义务人根据其全年经济效益和对雇员全年工作业绩的综合考核情况，向雇员发放的一次性奖金。

上述一次性奖金也包括年终加薪、实行年薪制和绩效工资办法的单位根据考核情况兑现的年薪和绩效工资。

二、纳税人取得全年一次性奖金，单独作为一个月工资、薪金所得计算纳税，并按以下计税办法，由扣缴义务人发放时代扣代缴：

（一）先将雇员当月内取得的全年一次性奖金，除以 12 个月，按其商数确定适用税率和速算扣除数。

如果在发放年终一次性奖金的当月，雇员当月工资薪金所得低于税法规定的费用扣除额，应将全年一次性奖金减除“雇员当月工资薪金所得与费用扣除额的差额”后的余额，按上述办法确定全年一次性奖金的适用税率和速算扣除数。

（二）将雇员个人当月内取得的全年一次性奖金，按本条第（一）项确定的适用税率和速算扣除数计算征税，计算公式如下：

1. 如果雇员当月工资薪金所得高于（或等于）税法规定的费用扣除额的，适用公式为：

应纳税额 = 雇员当月取得全年一次性奖金 × 适用税率 - 速算扣除数

2. 如果雇员当月工资薪金所得低于税法规定的费用扣除额的，适用公式为：

应纳税额 =（雇员当月取得全年一次性奖金 - 雇员当月工资薪金所得与费用扣除额的差额）× 适用税率 - 速算扣除数

三、在一个纳税年度内，对每一个纳税人，该计税办法只允许采用一次。

四、实行年薪制和绩效工资的单位，个人取得年终兑现的年薪和绩效工资按本通知第二条、第三条执行。

五、雇员取得除全年一次性奖金以外的其他各种名目奖金，如半年奖、季度奖、加班奖、先进奖、考勤奖等，一律与当月工资、薪金收入合并，按税法规定缴纳个人所得税。

六、对无住所个人取得本通知第五条所述的各种名目奖金，如果该个人当月在我国境内没有纳税义务，或者该个人由于出入境原因导致当月在我国工作时间不满一个月的，仍按照《国家税务总局关于在我国境内无住所的个人取得奖金征税问题的通知》（国税发〔1996〕183 号）计算纳税。

七、本通知自 2005 年 1 月 1 日起实施，以前规定与本通知不一致的，按本通知规定执行。《国家税务总局关于在中国境内有住所的个人取得奖金征税问题的通知》（国税发〔1996〕206 号）和《国家税务总局关于企业经营者试行年薪制后如何计征个人所得税的通知》（国税发〔1996〕107 号）同时废止。

财政部、人力资源社会保障部、国家税务总局关于企业年金、职业年金个人所得税有关问题的通知[②]

（2013 年 12 月 6 日 财税〔2013〕103 号）

各省、自治区、直辖市、计划单列市财政厅（局）、人力资源社会保障厅（局）、地方税务局，新疆生产建设兵团财务局、人力资源社会保障局：

为促进我国多层次养老保险体系的发展，根据个人所得税法相关规定，现就企业年金和职业年金个人所得税有关问题通知如下：

一、企业年金和职业年金缴费的个人所得税处理

1. 企业和事业单位（以下统称单位）根据国家有关政策规定的办法和标准，为在本单位任职或者受雇的全体职工缴付的企业年金或职业年金（以下统称年金）单位缴费部分，在计入个人账户时，个人暂不缴纳个人所得税。

2. 个人根据国家有关政策规定缴付的年金个人缴费部分，在不超过本人缴费工资计税基数的 4% 标准内的部分，暂从个人当期的应纳税所得额中扣除。

3. 超过本通知第一条第 1 项和第 2 项规定的标准缴付的年金单位缴费和个人缴费部分，应并入个人当期的工资、薪金所得，依法计征个人所得税。税款由建立年金的单位代扣代缴，并向主管税务机关申报解缴。

4. 企业年金个人缴费工资计税基数为本人上一年度月平均工资。月平均工资按国家统计局规定列入工资总额统计的项目计算。月平均工资超过职工工作地所在设区城市上一

---

① 本通知第二条已被《财政部、税务总局关于个人所得税法修改后有关优惠政策衔接问题的通知》废止。第六条已被《财政部、税务总局关于非居民个人和无住所居民个人有关个人所得税政策的公告》废止。

② 本通知第三条第一项和第三项已被《财政部、税务总局关于个人所得税法修改后有关优惠政策衔接问题的通知》废止。

年度职工月平均工资300%以上的部分,不计入个人缴费工资计税基数。

职业年金个人缴费工资计税基数为职工岗位工资和薪级工资之和。职工岗位工资和薪级工资之和超过职工工作地所在设区城市上一年度职工月平均工资300%以上的部分,不计入个人缴费工资计税基数。

二、年金基金投资运营收益的个人所得税处理

年金基金投资运营收益分配计入个人账户时,个人暂不缴纳个人所得税。

三、领取年金的个人所得税处理

1. 个人达到国家规定的退休年龄,在本通知实施之后按月领取的年金,全额按照"工资、薪金所得"项目适用的税率,计征个人所得税;在本通知实施之后按年或按季领取的年金,平均分摊计入各月,每月领取额全额按照"工资、薪金所得"项目适用的税率,计征个人所得税。

2. 对单位和个人在本通知实施之前开始缴付年金缴费,个人在本通知实施之后领取年金的,允许其从领取的年金中减除在本通知实施之前缴付的年金单位缴费和个人缴费且已经缴纳个人所得税的部分,就其余额按照本通知第三条第1项的规定征税。在个人分期领取年金的情况下,可按本通知实施之前缴付的年金缴费金额占全部缴费金额的百分比减计当期的应纳税所得额,减计后的余额,按照本通知第三条第1项的规定,计算缴纳个人所得税。

3. 对个人因出境定居而一次性领取的年金个人账户资金,或个人死亡后,其指定的受益人或法定继承人一次性领取的年金个人账户余额,允许领取人将一次性领取的年金个人账户资金或余额按12个月分摊到各月,就其每月分摊额,按照本通知第三条第1项和第2项的规定计算缴纳个人所得税。对个人除上述特殊原因外一次性领取年金个人账户资金或余额的,则不允许采取分摊的方法,而是就其一次性领取的总额,单独作为一个月的工资薪金所得,按照本通知第三条第1项和第2项的规定,计算缴纳个人所得税。

4. 个人领取年金时,其应纳税款由受托人代表委托人委托托管人代扣代缴。年金账户管理人应及时向托管人提供个人年金缴费及对应的个人所得税纳税明细。托管人根据受托人指令及账户管理人提供的资料,按照规定计算扣缴个人当期领取年金待遇的应纳税款,并向托管人所在地主管税务机关申报解缴。

5. 建立年金计划的单位、年金托管人,应按照个人所得税法和税收征收管理法的有关规定,实行全员全额扣缴明细申报。受托人有责任协调相关管理人依法向税务机关办理扣缴申报、提供相关资料。

四、建立年金计划的单位应于建立年金计划的次月15日内,向其所在地主管税务机关报送年金方案、人力资源社会保障部门出具的方案备案函、计划确认函以及主管税务机关要求报送的其他相关资料。年金方案、受托人、托管人发生变化的,应于发生变化的次月15日内重新向其主管税务机关报送上述资料。

五、财政、税务、人力资源社会保障等相关部门以及年金机构之间要加强协调,通力合作,共同做好政策实施各项工作。

六、本通知所称企业年金,是指根据《企业年金试行办法》(原劳动和社会保障部令第20号)的规定,企业及其职工在依法参加基本养老保险的基础上,自愿建立的补充养老保险制度。所称职业年金是指根据《事业单位职业年金试行办法》(国办发〔2011〕37号)的规定,事业单位及其工作人员在依法参加基本养老保险的基础上,建立的补充养老保险制度。

七、本通知自2014年1月1日起执行。《国家税务总局关于企业年金个人所得税征收管理有关问题的通知》(国税函〔2009〕694号)、《国家税务总局关于企业年金个人所得税有关问题补充规定的公告》(国家税务总局公告2011年第9号)同时废止。

国家税务总局关于个人住房转让所得征收个人所得税有关问题的通知

(2006年7月18日国税发〔2006〕108号公布　根据2018年6月15日《国家税务总局关于修改部分税收规范性文件的公告》修正)

各省、自治区、直辖市和计划单列市地方税务局,河北、黑龙江、江苏、浙江、山东、安徽、福建、江西、河南、湖南、广东、广西、重庆、贵州、青海、宁夏、新疆、甘肃省(自治区、直辖市)财政厅(局),青岛、宁波、厦门市财政局:

《中华人民共和国个人所得税法》及其实施条例规定,个人转让住房,以其转让收入额减除财产原值和合理费用后的余额为应纳税所得额,按照"财产转让所得"项目缴纳个人所得税。之后,根据我国经济形势发展需要,《财政部、国家税务总局、建设部关于个人出售住房所得征收个人所得税有关问题的通知》(财税字〔1999〕278号)对个人转让住房的个人所得税应纳税所得额计算和换购住房的个人所得税有关问题做了具体规定。目前,在征收个人转让住房的个人所得税中,各地又反映出一些需要进一步明确的问题。为完善制度,加强征管,根据个人所得税法和税收征收管理法的有关规定精神,现就有关问题通知如下:

一、对住房转让所得征收个人所得税时,以实际成交价格为转让收入。纳税人申报的住房成交价格明显低于市场价格且无正当理由的,征收机关依法有权根据有关信息核定其转让收入,但必须保证各税种计税价格一致。

二、对转让住房收入计算个人所得税应纳税所得额时,纳

税人可凭原购房合同、发票等有效凭证，经税务机关审核后，允许从其转让收入中减除房屋原值、转让住房过程中缴纳的税金及有关合理费用。

（一）房屋原值具体为：

1. 商品房：购置该房屋时实际支付的房价款及交纳的相关税费。

2. 自建住房：实际发生的建造费用及建造和取得产权时实际交纳的相关税费。

3. 经济适用房（含集资合作建房、安居工程住房）：原购房人实际支付的房价款及相关税费，以及按规定交纳的土地出让金。

4. 已购公有住房：原购公有住房标准面积按当地经济适用房价格计算的房价款，加上原购公有住房超标准面积实际支付的房价款以及按规定向财政部门（或原产权单位）交纳的所得收益及相关税费。

已购公有住房是指城镇职工根据国家和县级（含县级）以上人民政府有关城镇住房制度改革政策规定，按照成本价（或标准价）购买的公有住房。

经济适用房价格按县级（含县级）以上地方人民政府规定的标准确定。

5. 城镇拆迁安置住房：根据《城市房屋拆迁管理条例》（国务院令第305号）和《建设部关于印发〈城市房屋拆迁估价指导意见〉的通知》（建住房〔2003〕234号）等有关规定，其原值分别为：

（1）房屋拆迁取得货币补偿后购置房屋的，为购置该房屋实际支付的房价款及交纳的相关税费；

（2）房屋拆迁采取产权调换方式的，所调换房屋原值为《房屋拆迁补偿安置协议》注明的价款及交纳的相关税费；

（3）房屋拆迁采取产权调换方式，被拆迁人除取得所调换房屋，又取得部分货币补偿的，所调换房屋原值为《房屋拆迁补偿安置协议》注明的价款和交纳的相关税费，减去货币补偿后的余额；

（4）房屋拆迁采取产权调换方式，被拆迁人取得所调换房屋，又支付部分货币的，所调换房屋原值为《房屋拆迁补偿安置协议》注明的价款，加上所支付的货币及交纳的相关税费。

（二）转让住房过程中缴纳的税金是指：纳税人在转让住房时实际缴纳的营业税、城市维护建设税、教育费附加、土地增值税、印花税等税金。

（三）合理费用是指：纳税人按照规定实际支付的住房装修费用、住房贷款利息、手续费、公证费等费用。

1. 支付的住房装修费用。纳税人能提供实际支付装修费用的税务统一发票，并且发票上所列付款人姓名与转让房屋产权人一致的，经税务机关审核，其转让的住房在转让前实际发生的装修费用，可在以下规定比例内扣除：

（1）已购公有住房、经济适用房：最高扣除限额为房屋原值的15%；

（2）商品房及其他住房：最高扣除限额为房屋原值的10%。

纳税人原购房为装修房，即合同注明房价款中含有装修费（铺装了地板，装配了洁具、厨具等）的，不得再重复扣除装修费用。

2. 支付的住房贷款利息。纳税人出售以按揭贷款方式购置的住房的，其向贷款银行实际支付的住房贷款利息，凭贷款银行出具的有效证明据实扣除。

3. 纳税人按照有关规定实际支付的手续费、公证费等，凭有关部门出具的有效证明据实扣除。

本条规定自2006年8月1日起执行。

三、纳税人未提供完整、准确的房屋原值凭证，不能正确计算房屋原值和应纳税额的，税务机关可根据《中华人民共和国税收征收管理法》第三十五条的规定，对其实行核定征税，即按纳税人住房转让收入的一定比例核定应纳个人所得税额。具体比例由省税务局或者省税务局授权的市税务局根据纳税人出售住房的所处区域、地理位置、建造时间、房屋类型、住房平均价格水平等因素，在住房转让收入1%－3%的幅度内确定。

四、各级税务机关要严格执行《国家税务总局关于进一步加强房地产税收管理的通知》（国税发〔2005〕82号）和《国家税务总局关于实施房地产税收一体化管理若干具体问题的通知》（国税发〔2005〕156号）的规定。为方便出售住房的个人依法履行纳税义务，加强税收征管，主管税务机关要在房地产交易场所设置税收征收窗口，个人转让住房应缴纳的个人所得税，应与转让环节应缴纳的营业税、契税、土地增值税等税收一并办理；税务机关暂没有条件在房地产交易场所设置税收征收窗口的，应委托契税征收部门一并征收个人所得税等税收。

五、各级税务机关要认真落实有关住房转让个人所得税优惠政策。按照《财政部、国家税务总局、建设部关于个人出售住房所得征收个人所得税有关问题的通知》（财税字〔1999〕278号）的规定，对出售自有住房并拟在现住房出售1年内按市场价重新购房的纳税人，其出售现住房所缴纳的个人所得税，先以纳税保证金形式缴纳，再视其重新购房的金额与原住房销售额的关系，全部或部分退还纳税保证金；对个人转让自用5年以上，并且是家庭唯一生活用房取得的所得，免征个人所得税。要不折不扣地执行上述优惠政策，确保维护纳税人的合法权益。

六、各级税务机关要做好住房转让的个人所得税纳税保证金收取、退还和有关管理工作。要按照《财政部、国家税务总局、建设部关于个人出售住房所得征收个人所得税有关问题的通知》（财税字〔1999〕278号）和《国家税务总局、财政部、

中国人民银行关于印发〈税务代保管资金账户管理办法〉的通知》(国税发〔2005〕181号)要求,按规定建立个人所得税纳税保证金专户,为缴纳纳税保证金的纳税人建立档案,加强对纳税保证金信息的采集、比对、审核;向纳税人宣传解释纳税保证金的征收、退还政策及程序;认真做好纳税保证金退还事宜,符合条件的确保及时办理。

七、各级税务机关要认真宣传和落实有关税收政策,维护纳税人的各项合法权益。一是要持续、广泛地宣传个人所得税法及有关税收政策,加强对纳税人和征收人员如何缴纳住房交易所得个人所得税的纳税辅导;二是要加强与房地产管理部门、中介机构的协调、沟通,充分发挥中介机构协税护税作用,促使其协助纳税人准确计算税款;三是严格执行住房交易所得的减免税条件和审批程序,明确纳税人应报送的有关资料,做好涉税资料审查鉴定工作;四是对于符合减免税政策的个人住房交易所得,要及时办理减免税审批手续。

国家税务总局关于加强和规范个人取得拍卖收入征收个人所得税有关问题的通知

(2007年4月4日　国税发〔2007〕38号)

各省、自治区、直辖市和计划单列市地方税务局,宁夏、西藏自治区国家税务局:

据部分地区反映,对于个人通过拍卖市场拍卖各种财产(包括字画、瓷器、玉器、珠宝、邮品、钱币、古籍、古董等物品)的所得征收个人所得税有关规定不够细化,为增强可操作性,需进一步完善规范。为此,根据《中华人民共和国个人所得税法》及其实施条例和《中华人民共和国税收征收管理法》及其实施细则规定,现通知如下:

一、个人通过拍卖市场拍卖个人财产,对其取得所得按以下规定征税:

(一)根据《国家税务总局关于印发〈征收个人所得税若干问题的规定〉的通知》(国税发〔1994〕089号),作者将自己的文字作品手稿原件或复印件拍卖取得的所得,应以其转让收入额减除800元(转让收入额4000元以下)或者20%(转让收入额4000元以上)后的余额为应纳税所得额,按照"特许权使用费"所得项目适用20%税率缴纳个人所得税。

(二)个人拍卖除文字作品原稿及复印件外的其他财产,应以其转让收入额减除财产原值和合理费用后的余额为应纳税所得额,按照"财产转让所得"项目适用20%税率缴纳个人所得税。

二、对个人财产拍卖所得征收个人所得税时,以该项财产最终拍卖成交价格为其转让收入额。

三、个人财产拍卖所得适用"财产转让所得"项目计算应纳税所得额时,纳税人凭合法有效凭证(税务机关监制的正式发票、相关境外交易单据或海关报关单据、完税证明等),从其转让收入额中减除相应的财产原值、拍卖财产过程中缴纳的税金及有关合理费用。

(一)财产原值,是指售出方个人取得该拍卖品的价格(以合法有效凭证为准)。具体为:

1. 通过商店、画廊等途径购买的,为购买该拍卖品时实际支付的价款;

2. 通过拍卖行拍得的,为拍得该拍卖品实际支付的价款及交纳的相关税费;

3. 通过祖传收藏的,为其收藏该拍卖品而发生的费用;

4. 通过赠送取得的,为其受赠该拍卖品时发生的相关税费;

5. 通过其他形式取得的,参照以上原则确定财产原值。

(二)拍卖财产过程中缴纳的税金,是指在拍卖财产时纳税人实际缴纳的相关税金及附加。

(三)有关合理费用,是指拍卖财产时纳税人按照规定实际支付的拍卖费(佣金)、鉴定费、评估费、图录费、证书费等费用。

四、纳税人如不能提供合法、完整、准确的财产原值凭证,不能正确计算财产原值的,按转让收入额的3%征收率计算缴纳个人所得税;拍卖品为经文物部门认定是海外回流文物的,按转让收入额的2%征收率计算缴纳个人所得税。

五、纳税人的财产原值凭证内容填写不规范,或者一份财产原值凭证包括多件拍卖品且无法确认每件拍卖品一一对应的原值的,不得将其作为扣除财产原值的计算依据,应视为不能提供合法、完整、准确的财产原值凭证,并按上述规定的征收率计算缴纳个人所得税。

六、纳税人能够提供合法、完整、准确的财产原值凭证,但不能提供有关税费凭证的,不得按征收率计算纳税,应当就财产原值凭证上注明的金额据实扣除,并按照税法规定计算缴纳个人所得税。

七、个人财产拍卖所得应纳的个人所得税税款,由拍卖单位负责代扣代缴,并按规定向拍卖单位所在地主管税务机关办理纳税申报。

八、拍卖单位代扣代缴个人财产拍卖所得应纳的个人所得税税款时,应给纳税人填开完税凭证,并详细标明每件拍卖品的名称、拍卖成交价格、扣缴税款额。

九、主管税务机关应加强对个人财产拍卖所得的税收征管工作,在拍卖单位举行拍卖活动期间派工作人员进入拍卖现场,了解拍卖的有关情况,宣传辅导有关税收政策,审核鉴定原值凭证和费用凭证,督促拍卖单位依法代扣代缴个人所得税。

十、本通知自5月1日起执行。《国家税务总局关于书画作品、古玩等拍卖收入征收个人所得税有关问题的通知》(国税发〔1997〕154 号)同时废止。

财政部、国家税务总局关于个人无偿受赠房屋有关个人所得税问题的通知①

(2009 年 5 月 25 日　财税〔2009〕78 号)

各省、自治区、直辖市、计划单列市财政厅(局)、地方税务局,宁夏、西藏、青海省(自治区)国家税务局,新疆生产建设兵团财务局:

为了加强个人所得税征管,堵塞税收漏洞,根据《中华人民共和国个人所得税法》有关规定,现就个人无偿受赠房屋有关个人所得税问题通知如下:

一、以下情形的房屋产权无偿赠与,对当事双方不征收个人所得税:

(一)房屋产权所有人将房屋产权无偿赠与配偶、父母、子女、祖父母、外祖父母、孙子女、外孙子女、兄弟姐妹;

(二)房屋产权所有人将房屋产权无偿赠与对其承担直接抚养或者赡养义务的抚养人或者赡养人;

(三)房屋产权所有人死亡,依法取得房屋产权的法定继承人、遗嘱继承人或者受遗赠人。

二、赠与双方办理免税手续时,应向税务机关提交以下资料:

(一)《国家税务总局关于加强房地产交易个人无偿赠与不动产税收管理有关问题的通知》(国税发〔2006〕144 号)第一条规定的相关证明材料;

(二)赠与双方当事人的有效身份证件;

(三)属于本通知第一条第(一)项规定情形的,还须提供公证机构出具的赠与人和受赠人亲属关系的公证书(原件)。

(四)属于本通知第一条第(二)项规定情形的,还须提供公证机构出具的抚养关系或者赡养关系公证书(原件),或者乡镇政府或街道办事处出具的抚养关系或者赡养关系证明。

税务机关应当认真审核赠与双方提供的上述资料,资料齐全并且填写正确的,在提交的《个人无偿赠与不动产登记表》上签字盖章后复印留存,原件退还提交人,同时办理个人所得税不征税手续。

三、除本通知第一条规定情形以外,房屋产权所有人将房屋产权无偿赠与他人的,受赠人因无偿受赠房屋取得的受赠所得,按照"经国务院财政部门确定征税的其他所得"项目缴纳个人所得税,税率为 20%。

四、对受赠人无偿受赠房屋计征个人所得税时,其应纳税所得额为房地产赠与合同上标明的赠与房屋价值减除赠与过程中受赠人支付的相关税费后的余额。赠与合同标明的房屋价值明显低于市场价格或房地产赠与合同未标明赠与房屋价值的,税务机关可依据受赠房屋的市场评估价格或采取其他合理方式确定受赠人的应纳税所得额。

五、受赠人转让受赠房屋的,以其转让受赠房屋的收入减除原捐赠人取得该房屋的实际购置成本以及赠与和转让过程中受赠人支付的相关税费后的余额,为受赠人的应纳税所得额,依法计征个人所得税。受赠人转让受赠房屋价格明显偏低且无正当理由的,税务机关可以依据该房屋的市场评估价格或其他合理方式确定的价格核定其转让收入。

六、本通知自发布之日起执行。

股权转让所得个人所得税管理办法(试行)

(2014 年 12 月 7 日国家税务总局公告 2014 年第 67 号公布　根据 2018 年 6 月 15 日《国家税务总局关于修改部分税收规范性文件的公告》修正)

第一章　总　　则

第一条　为加强股权转让所得个人所得税征收管理,规范税务机关、纳税人和扣缴义务人征纳行为,维护纳税人合法权益,根据《中华人民共和国个人所得税法》及其实施条例、《中华人民共和国税收征收管理法》及其实施细则,制定本办法。

第二条　本办法所称股权是指自然人股东(以下简称个人)投资于在中国境内成立的企业或组织(以下统称被投资企业,不包括个人独资企业和合伙企业)的股权或股份。

第三条　本办法所称股权转让是指个人将股权转让给其他个人或法人的行为,包括以下情形:

(一)出售股权;

(二)公司回购股权;

(三)发行人首次公开发行新股时,被投资企业股东将其持有的股份以公开发行方式一并向投资者发售;

(四)股权被司法或行政机关强制过户;

(五)以股权对外投资或进行其他非货币性交易;

(六)以股权抵偿债务;

(七)其他股权转移行为。

第四条　个人转让股权,以股权转让收入减除股权原值和合理费用后的余额为应纳税所得额,按"财产转让所得"缴纳个人所得税。

合理费用是指股权转让时按照规定支付的有关税费。

① 本通知第三条已被《财政部、税务总局关于个人取得有关收入适用个人所得税应税所得项目的公告》废止。

第五条 个人股权转让所得个人所得税,以股权转让方为纳税人,以受让方为扣缴义务人。

第六条 扣缴义务人应于股权转让相关协议签订后5个工作日内,将股权转让的有关情况报告主管税务机关。

被投资企业应当详细记录股东持有本企业股权的相关成本,如实向税务机关提供与股权转让有关的信息,协助税务机关依法执行公务。

第二章 股权转让收入的确认

第七条 股权转让收入是指转让方因股权转让而获得的现金、实物、有价证券和其他形式的经济利益。

第八条 转让方取得与股权转让相关的各种款项,包括违约金、补偿金以及其他名目的款项、资产、权益等,均应当并入股权转让收入。

第九条 纳税人按照合同约定,在满足约定条件后取得的后续收入,应当作为股权转让收入。

第十条 股权转让收入应当按照公平交易原则确定。

第十一条 符合下列情形之一的,主管税务机关可以核定股权转让收入:

(一)申报的股权转让收入明显偏低且无正当理由的;

(二)未按照规定期限办理纳税申报,经税务机关责令限期申报,逾期仍不申报的;

(三)转让方无法提供或拒不提供股权转让收入的有关资料;

(四)其他应核定股权转让收入的情形。

第十二条 符合下列情形之一,视为股权转让收入明显偏低:

(一)申报的股权转让收入低于股权对应的净资产份额的。其中,被投资企业拥有土地使用权、房屋、房地产企业未销售房产、知识产权、探矿权、采矿权、股权等资产的,申报的股权转让收入低于股权对应的净资产公允价值份额的;

(二)申报的股权转让收入低于初始投资成本或低于取得该股权所支付的价款及相关税费的;

(三)申报的股权转让收入低于相同或类似条件下同一企业同一股东或其他股东股权转让收入的;

(四)申报的股权转让收入低于相同或类似条件下同类行业的企业股权转让收入的;

(五)不具合理性的无偿让渡股权或股份;

(六)主管税务机关认定的其他情形。

第十三条 符合下列条件之一的股权转让收入明显偏低,视为有正当理由:

(一)能出具有效文件,证明被投资企业因国家政策调整,生产经营受到重大影响,导致低价转让股权;

(二)继承或将股权转让给其能提供具有法律效力身份关系证明的配偶、父母、子女、祖父母、外祖父母、孙子女、外孙子女、兄弟姐妹以及对转让人承担直接抚养或者赡养义务的抚养人或者赡养人;

(三)相关法律、政府文件或企业章程规定,并有相关资料充分证明转让价格合理且真实的本企业员工持有的不能对外转让股权的内部转让;

(四)股权转让双方能够提供有效证据证明其合理性的其他合理情形。

第十四条 主管税务机关应依次按照下列方法核定股权转让收入:

(一)净资产核定法

股权转让收入按照每股净资产或股权对应的净资产份额核定。

被投资企业的土地使用权、房屋、房地产企业未销售房产、知识产权、探矿权、采矿权、股权等资产占企业总资产比例超过20%的,主管税务机关可参照纳税人提供的具有法定资质的中介机构出具的资产评估报告核定股权转让收入。

6个月内再次发生股权转让且被投资企业净资产未发生重大变化的,主管税务机关可参照上一次股权转让时被投资企业的资产评估报告核定此次股权转让收入。

(二)类比法

1. 参照相同或类似条件下同一企业同一股东或其他股东股权转让收入核定;

2. 参照相同或类似条件下同类行业企业股权转让收入核定。

(三)其他合理方法

主管税务机关采用以上方法核定股权转让收入存在困难的,可以采取其他合理方法核定。

第三章 股权原值的确认

第十五条 个人转让股权的原值依照以下方法确认:

(一)以现金出资方式取得的股权,按照实际支付的价款与取得股权直接相关的合理税费之和确认股权原值;

(二)以非货币性资产出资方式取得的股权,按照税务机关认可或核定的投资入股时非货币性资产价格与取得股权直接相关的合理税费之和确认股权原值;

(三)通过无偿让渡方式取得股权,具备本办法第十三条第二项所列情形的,按取得股权发生的合理税费与原持有人的股权原值之和确认股权原值;

(四)被投资企业以资本公积、盈余公积、未分配利润转增股本,个人股东已依法缴纳个人所得税的,以转增额和相关税费之和确认其新转增股本的股权原值;

(五)除以上情形外,由主管税务机关按照避免重复征收个人所得税的原则合理确认股权原值。

第十六条 股权转让人已被主管税务机关核定股权转让收入并依法征收个人所得税的,该股权受让人的股权原值以取得股权时发生的合理税费与股权转让人被主管税务机关核定的股权转让收入之和确认。

第十七条 个人转让股权未提供完整、准确的股权原值凭证,不能正确计算股权原值的,由主管税务机关核定其股权原值。

第十八条 对个人多次取得同一被投资企业股权的,转让部分股权时,采用"加权平均法"确定其股权原值。

第四章 纳税申报

第十九条 个人股权转让所得个人所得税以被投资企业所在地税务机关为主管税务机关。

第二十条 具有下列情形之一的,扣缴义务人、纳税人应当依法在次月15日内向主管税务机关申报纳税:

(一)受让方已支付或部分支付股权转让价款的;

(二)股权转让协议已签订生效的;

(三)受让方已经实际履行股东职责或者享受股东权益的;

(四)国家有关部门判决、登记或公告生效的;

(五)本办法第三条第四至第七项行为已完成的;

(六)税务机关认定的其他有证据表明股权已发生转移的情形。

第二十一条 纳税人、扣缴义务人向主管税务机关办理股权转让纳税(扣缴)申报时,还应当报送以下资料:

(一)股权转让合同(协议);

(二)股权转让双方身份证明;

(三)按规定需要进行资产评估的,需提供具有法定资质的中介机构出具的净资产或土地房产等资产价值评估报告;

(四)计税依据明显偏低但有正当理由的证明材料;

(五)主管税务机关要求报送的其他材料。

第二十二条 被投资企业应当在董事会或股东会结束后5个工作日内,向主管税务机关报送与股权变动事项相关的董事会或股东会决议、会议纪要等资料。

被投资企业发生个人股东变动或者个人股东所持股权变动的,应当在次月15日内向主管税务机关报送含有股东变动信息的《个人所得税基础信息表(A表)》及股东变更情况说明。

主管税务机关应当及时向被投资企业核实其股权变动情况,并确认相关转让所得,及时督促扣缴义务人和纳税人履行法定义务。

第二十三条 转让的股权以人民币以外的货币结算的,按照结算当日人民币汇率中间价,折算成人民币计算应纳税所得额。

第五章 征收管理

第二十四条 税务机关应加强与工商部门合作,落实和完善股权信息交换制度,积极开展股权转让信息共享工作。

第二十五条 税务机关应当建立股权转让个人所得税电子台账,将个人股东的相关信息录入征管信息系统,强化对每次股权转让间股权转让收入和股权原值的逻辑审核,对股权转让实施链条式动态管理。

第二十六条 税务机关应当加强对股权转让所得个人所得税的日常管理和税务检查,积极推进股权转让各税种协同管理。

第二十七条 纳税人、扣缴义务人及被投资企业未按照规定期限办理纳税(扣缴)申报和报送相关资料的,依照《中华人民共和国税收征收管理法》及其实施细则有关规定处理。

第二十八条 各地可通过政府购买服务的方式,引入中介机构参与股权转让过程中相关资产的评估工作。

第六章 附 则

第二十九条 个人在上海证券交易所、深圳证券交易所转让从上市公司公开发行和转让市场取得的上市公司股票,转让限售股,以及其他有特别规定的股权转让,不适用本办法。

第三十条 各省、自治区、直辖市和计划单列市税务局可以根据本办法,结合本地实际,制定具体实施办法。

第三十一条 本办法自2015年1月1日起施行。《国家税务总局关于加强股权转让所得征收个人所得税管理的通知》(国税函〔2009〕285号)、《国家税务总局关于股权转让个人所得税计税依据核定问题的公告》(国家税务总局公告2010年第27号)同时废止。

财政部、国家税务总局、证监会关于上市公司股息红利差别化个人所得税政策有关问题的通知①

(2015年9月7日 财税〔2015〕101号)

各省、自治区、直辖市、计划单列市财政厅(局)、国家税务局、地方税务局,新疆生产建设兵团财务局,上海、深圳证券交易所,全国中小企业股份转让系统有限责任公司,中国证券登记结算公司:

经国务院批准,现就上市公司股息红利差别化个人所得税政策等有关问题通知如下:

一、个人从公开发行和转让市场取得的上市公司股票,持股期限超过1年的,股息红利所得暂免征收个人所得税。

① 本通知第四条已被《财政部、税务总局、证监会关于继续实施全国中小企业股份转让系统挂牌公司股息红利差别化个人所得税政策的公告》废止。

个人从公开发行和转让市场取得的上市公司股票，持股期限在1个月以内(含1个月)的，其股息红利所得全额计入应纳税所得额；持股期限在1个月以上至1年(含1年)的，暂减按50%计入应纳税所得额；上述所得统一适用20%的税率计征个人所得税。

二、上市公司派发股息红利时，对个人持股1年以内(含1年)的，上市公司暂不扣缴个人所得税；待个人转让股票时，证券登记结算公司根据其持股期限计算应纳税额，由证券公司等股份托管机构从个人资金账户中扣收并划付证券登记结算公司，证券登记结算公司应于次月5个工作日内划付上市公司，上市公司在收到税款当月的法定申报期内向主管税务机关申报缴纳。

三、上市公司股息红利差别化个人所得税政策其他有关操作事项，按照《财政部、国家税务总局、证监会关于实施上市公司股息红利差别化个人所得税政策有关问题的通知》(财税〔2012〕85号)的相关规定执行。

四、全国中小企业股份转让系统挂牌公司股息红利差别化个人所得税政策，按照本通知规定执行。其他有关操作事项，按照《财政部国家税务总局 证监会关于实施全国中小企业股份转让系统挂牌公司股息红利差别化个人所得税政策有关问题的通知》(财税〔2014〕48号)的相关规定执行。

五、本通知自2015年9月8日起施行。

上市公司派发股息红利，股权登记日在2015年9月8日之后的，股息红利所得按照本通知的规定执行。本通知实施之日个人投资者证券账户已持有的上市公司股票，其持股时间自取得之日起计算。

个体工商户个人所得税计税办法

(2014年12月27日国家税务总局令第35号公布 根据2018年6月15日《国家税务总局关于修改部分税务部门规章的决定》修正)

第一章 总 则

第一条 为了规范和加强个体工商户个人所得税征收管理，根据个人所得税法等有关税收法律、法规和政策规定，制定本办法。

第二条 实行查账征收的个体工商户应当按照本办法的规定，计算并申报缴纳个人所得税。

第三条 本办法所称个体工商户包括：

(一)依法取得个体工商户营业执照，从事生产经营的个体工商户；

(二)经政府有关部门批准，从事办学、医疗、咨询等有偿服务活动的个人；

(三)其他从事个体生产、经营的个人。

第四条 个体工商户以业主为个人所得税纳税义务人。

第五条 个体工商户应纳税所得额的计算，以权责发生制为原则，属于当期的收入和费用，不论款项是否收付，均作为当期的收入和费用；不属于当期的收入和费用，即使款项已经在当期收付，均不作为当期收入和费用。本办法和财政部、国家税务总局另有规定的除外。

第六条 在计算应纳税所得额时，个体工商户会计处理办法与本办法和财政部、国家税务总局相关规定不一致的，应当依照本办法和财政部、国家税务总局的相关规定计算。

第二章 计税基本规定

第七条 个体工商户的生产、经营所得，以每一纳税年度的收入总额，减除成本、费用、税金、损失、其他支出以及允许弥补的以前年度亏损后的余额，为应纳税所得额。

第八条 个体工商户从事生产经营以及与生产经营有关的活动(以下简称生产经营)取得的货币形式和非货币形式的各项收入，为收入总额。包括：销售货物收入、提供劳务收入、转让财产收入、利息收入、租金收入、接受捐赠收入、其他收入。

前款所称其他收入包括个体工商户资产溢余收入、逾期一年以上的未退包装物押金收入、确实无法偿付的应付款项、已作坏账损失处理后又收回的应收款项、债务重组收入、补贴收入、违约金收入、汇兑收益等。

第九条 成本是指个体工商户在生产经营活动中发生的销售成本、销货成本、业务支出以及其他耗费。

第十条 费用是指个体工商户在生产经营活动中发生的销售费用、管理费用和财务费用，已经计入成本的有关费用除外。

第十一条 税金是指个体工商户在生产经营活动中发生的除个人所得税和允许抵扣的增值税以外的各项税金及其附加。

第十二条 损失是指个体工商户在生产经营活动中发生的固定资产和存货的盘亏、毁损、报废损失，转让财产损失，坏账损失，自然灾害等不可抗力因素造成的损失以及其他损失。

个体工商户发生的损失，减除责任人赔偿和保险赔款后的余额，参照财政部、国家税务总局有关企业资产损失税前扣除的规定扣除。

个体工商户已经作为损失处理的资产，在以后纳税年度又全部收回或者部分收回时，应当计入收回当期的收入。

第十三条 其他支出是指除成本、费用、税金、损失外，个体工商户在生产经营活动中发生的与生产经营活动有关的、合理的支出。

第十四条 个体工商户发生的支出应当区分收益性支出和资本性支出。收益性支出在发生当期直接扣除；资本性支出应当分期扣除或者计入有关资产成本，不得在发生当期直接扣除。

前款所称支出，是指与取得收入直接相关的支出。

除税收法律法规另有规定外，个体工商户实际发生的成本、费用、税金、损失和其他支出，不得重复扣除。

第十五条 个体工商户下列支出不得扣除：

（一）个人所得税税款；

（二）税收滞纳金；

（三）罚金、罚款和被没收财物的损失；

（四）不符合扣除规定的捐赠支出；

（五）赞助支出；

（六）用于个人和家庭的支出；

（七）与取得生产经营收入无关的其他支出；

（八）国家税务总局规定不准扣除的支出。

第十六条 个体工商户生产经营活动中，应当分别核算生产经营费用和个人、家庭费用。对于生产经营与个人、家庭生活混用难以分清的费用，其40%视为与生产经营有关费用，准予扣除。

第十七条 个体工商户纳税年度发生的亏损，准予向以后年度结转，用以后年度的生产经营所得弥补，但结转年限最长不得超过五年。

第十八条 个体工商户使用或者销售存货，按照规定计算的存货成本，准予在计算应纳税所得额时扣除。

第十九条 个体工商户转让资产，该项资产的净值，准予在计算应纳税所得额时扣除。

第二十条 本办法所称亏损，是指个体工商户依照本办法规定计算的应纳税所得额小于零的数额。

第三章 扣除项目及标准

第二十一条 个体工商户实际支付给从业人员的、合理的工资薪金支出，准予扣除。

个体工商户业主的费用扣除标准，依照相关法律、法规和政策规定执行。

个体工商户业主的工资薪金支出不得税前扣除。

第二十二条 个体工商户按照国务院有关主管部门或者省级人民政府规定的范围和标准为其业主和从业人员缴纳的基本养老保险费、基本医疗保险费、失业保险费、生育保险费、工伤保险费和住房公积金，准予扣除。

个体工商户为从业人员缴纳的补充养老保险费、补充医疗保险费，分别在不超过从业人员工资总额5%标准内的部分据实扣除；超过部分，不得扣除。

个体工商户业主本人缴纳的补充养老保险费、补充医疗保险费，以当地（地级市）上年度社会平均工资的3倍为计算基数，分别在不超过该计算基数5%标准内的部分据实扣除；超过部分，不得扣除。

第二十三条 除个体工商户依照国家有关规定为特殊工种从业人员支付的人身安全保险费和财政部、国家税务总局规定可以扣除的其他商业保险费外，个体工商户业主本人或者为从业人员支付的商业保险费，不得扣除。

第二十四条 个体工商户在生产经营活动中发生的合理的不需要资本化的借款费用，准予扣除。

个体工商户为购置、建造固定资产、无形资产和经过12个月以上的建造才能达到预定可销售状态的存货发生借款的，在有关资产购置、建造期间发生的合理的借款费用，应当作为资本性支出计入有关资产的成本，并依照本办法的规定扣除。

第二十五条 个体工商户在生产经营活动中发生的下列利息支出，准予扣除：

（一）向金融企业借款的利息支出；

（二）向非金融企业和个人借款的利息支出，不超过按照金融企业同期同类贷款利率计算的数额的部分。

第二十六条 个体工商户在货币交易中，以及纳税年度终了时将人民币以外的货币性资产、负债按照期末即期人民币汇率中间价折算为人民币时产生的汇兑损失，除已经计入有关资产成本部分外，准予扣除。

第二十七条 个体工商户向当地工会组织拨缴的工会经费、实际发生的职工福利费支出、职工教育经费支出分别在工资薪金总额的2%、14%、2.5%的标准内据实扣除。

工资薪金总额是指允许在当期税前扣除的工资薪金支出数额。

职工教育经费的实际发生数额超出规定比例当期不能扣除的数额，准予在以后纳税年度结转扣除。

个体工商户业主本人向当地工会组织缴纳的工会经费、实际发生的职工福利费支出、职工教育经费支出，以当地（地级市）上年度社会平均工资的3倍为计算基数，在本条第一款规定比例内据实扣除。

第二十八条 个体工商户发生的与生产经营活动有关的业务招待费，按照实际发生额的60%扣除，但最高不得超过当年销售（营业）收入的5‰。

业主自申请营业执照之日起至开始生产经营之日止所发生的业务招待费，按照实际发生额的60%计入个体工商户的开办费。

第二十九条 个体工商户每一纳税年度发生的与其生产经营活动直接相关的广告费和业务宣传费不超过当年销售（营业）收入15%的部分，可以据实扣除；超过部分，准予在以后纳税年度结转扣除。

第三十条 个体工商户代其从业人员或者他人负担的税款，不得税前扣除。

第三十一条 个体工商户按照规定缴纳的摊位费、行政性收费、协会会费等，按实际发生数额扣除。

第三十二条 个体工商户根据生产经营活动的需要租入固定资产支付的租赁费，按照以下方法扣除：

（一）以经营租赁方式租入固定资产发生的租赁费支出，

按照租赁期限均匀扣除；

（二）以融资租赁方式租入固定资产发生的租赁费支出，按照规定构成融资租入固定资产价值的部分应当提取折旧费用，分期扣除。

第三十三条 个体工商户参加财产保险，按照规定缴纳的保险费，准予扣除。

第三十四条 个体工商户发生的合理的劳动保护支出，准予扣除。

第三十五条 个体工商户自申请营业执照之日起至开始生产经营之日止所发生符合本办法规定的费用，除为取得固定资产、无形资产的支出，以及应计入资产价值的汇兑损益、利息支出外，作为开办费，个体工商户可以选择在开始生产经营的当年一次性扣除，也可自生产经营月份起在不短于3年期限内摊销扣除，但一经选定，不得改变。

开始生产经营之日为个体工商户取得第一笔销售（营业）收入的日期。

第三十六条 个体工商户通过公益性社会团体或者县级以上人民政府及其部门，用于《中华人民共和国公益事业捐赠法》规定的公益事业的捐赠，捐赠额不超过其应纳税所得额30%的部分可以据实扣除。

财政部、国家税务总局规定可以全额在税前扣除的捐赠支出项目，按有关规定执行。

个体工商户直接对受益人的捐赠不得扣除。

公益性社会团体的认定，按照财政部、国家税务总局、民政部有关规定执行。

第三十七条 本办法所称赞助支出，是指个体工商户发生的与生产经营活动无关的各种非广告性质支出。

第三十八条 个体工商户研究开发新产品、新技术、新工艺所发生的开发费用，以及研究开发新产品、新技术而购置单台价值在10万元以下的测试仪器和试验性装置的购置费准予直接扣除；单台价值在10万元以上（含10万元）的测试仪器和试验性装置，按固定资产管理，不得在当期直接扣除。

第四章 附 则

第三十九条 个体工商户资产的税务处理，参照企业所得税相关法律、法规和政策规定执行。

第四十条 个体工商户有两处或两处以上经营机构的，选择并固定向其中一处经营机构所在地主管税务机关申报缴纳个人所得税。

第四十一条 个体工商户终止生产经营的，应当在注销工商登记或者向政府有关部门办理注销前向主管税务机关结清有关纳税事宜。

第四十二条 各省、自治区、直辖市和计划单列市税务局可以结合本地实际，制定具体实施办法。

第四十三条 本办法自2015年1月1日起施行。国家税务总局1997年3月26日发布的《国家税务总局关于印发〈个体工商户个人所得税计税办法（试行）〉的通知》（国税发〔1997〕43号）同时废止。

（三）财产税和行为税

1. 城镇土地使用税

中华人民共和国城镇土地使用税暂行条例

（1988年9月27日中华人民共和国国务院令第17号发布　根据2006年12月31日《国务院关于修改〈中华人民共和国城镇土地使用税暂行条例〉的决定》第一次修订　根据2011年1月8日《国务院关于废止和修改部分行政法规的决定》第二次修订　根据2013年12月7日《国务院关于修改部分行政法规的决定》第三次修订　根据2019年3月2日《国务院关于修改部分行政法规的决定》第四次修订）

第一条 为了合理利用城镇土地，调节土地级差收入，提高土地使用效益，加强土地管理，制定本条例。

第二条 在城市、县城、建制镇、工矿区范围内使用土地的单位和个人，为城镇土地使用税（以下简称土地使用税）的纳税人，应当依照本条例的规定缴纳土地使用税。

前款所称单位，包括国有企业、集体企业、私营企业、股份制企业、外商投资企业、外国企业以及其他企业和事业单位、社会团体、国家机关、军队以及其他单位；所称个人，包括个体工商户以及其他个人。

第三条 土地使用税以纳税人实际占用的土地面积为计税依据，依照规定税额计算征收。

前款土地占用面积的组织测量工作，由省、自治区、直辖市人民政府根据实际情况确定。

第四条 土地使用税每平方米年税额如下：

（一）大城市1.5元至30元；

（二）中等城市1.2元至24元；

（三）小城市0.9元至18元；

（四）县城、建制镇、工矿区0.6元至12元。

第五条 省、自治区、直辖市人民政府，应当在本条例第四条规定的税额幅度内，根据市政建设状况、经济繁荣程度等条件，确定所辖地区的适用税额幅度。

市、县人民政府应当根据实际情况，将本地区土地划分为若干等级，在省、自治区、直辖市人民政府确定的税额幅度内，制定相应的适用税额标准，报省、自治区、直辖市人民政府批准执行。

经省、自治区、直辖市人民政府批准,经济落后地区土地使用税的适用税额标准可以适当降低,但降低额不得超过本条例第四条规定最低税额的30%。经济发达地区土地使用税的适用税额标准可以适当提高,但须报经财政部批准。

第六条 下列土地免缴土地使用税:

(一)国家机关、人民团体、军队自用的土地;

(二)由国家财政部门拨付事业经费的单位自用的土地;

(三)宗教寺庙、公园、名胜古迹自用的土地;

(四)市政街道、广场、绿化地带等公共用地;

(五)直接用于农、林、牧、渔业的生产用地;

(六)经批准开山填海整治的土地和改造的废弃土地,从使用的月份起免缴土地使用税5年至10年;

(七)由财政部另行规定免税的能源、交通、水利设施用地和其他用地。

第七条 除本条例第六条规定外,纳税人缴纳土地使用税确有困难需要定期减免的,由县以上税务机关批准。

第八条 土地使用税按年计算、分期缴纳。缴纳期限由省、自治区、直辖市人民政府确定。

第九条 新征收的土地,依照下列规定缴纳土地使用税:

(一)征收的耕地,自批准征收之日起满1年时开始缴纳土地使用税;

(二)征收的非耕地,自批准征收次月起缴纳土地使用税。

第十条 土地使用税由土地所在地的税务机关征收。土地管理机关应当向土地所在地的税务机关提供土地使用权属资料。

第十一条 土地使用税的征收管理,依照《中华人民共和国税收征收管理法》及本条例的规定执行。

第十二条 土地使用税收入纳入财政预算管理。

第十三条 本条例的实施办法由省、自治区、直辖市人民政府制定。

第十四条 本条例自1988年11月1日起施行,各地制定的土地使用费办法同时停止执行。

财政部、国家税务总局关于房产税城镇土地使用税有关问题的通知

(2009年11月22日 财税〔2009〕128号)

各省、自治区、直辖市、计划单列市财政厅(局)、地方税务局,西藏、宁夏、青海省(自治区)国家税务局,新疆生产建设兵团财务局:

为完善房产税、城镇土地使用税政策,堵塞税收征管漏洞,现将房产税、城镇土地使用税有关问题明确如下:

一、关于无租使用其他单位房产的房产税问题

无租使用其他单位房产的应税单位和个人,依照房产余值代缴纳房产税。

二、关于出典房产的房产税问题

产权出典的房产,由承典人依照房产余值缴纳房产税。

三、关于融资租赁房产的房产税问题

融资租赁的房产,由承租人自融资租赁合同约定开始日的次月起依照房产余值缴纳房产税。合同未约定开始日的,由承租人自合同签订的次月起依照房产余值缴纳房产税。

四、关于地下建筑用地的城镇土地使用税问题

对在城镇土地使用税征税范围内单独建造的地下建筑用地,按规定征收城镇土地使用税。其中,已取得地下土地使用权证的,按土地使用权证确认的土地面积计算应征税款;未取得地下土地使用权证或地下土地使用权证上未标明土地面积的,按地下建筑垂直投影面积计算应征税款。

对上述地下建筑用地暂按应征税款的50%征收城镇土地使用税。

五、本通知自2009年12月1日起执行。《财政部税务总局关于房产税若干具体问题的解释和暂行规定》((86)财税地字第008号)第七条、《国家税务总局关于安徽省若干房产税业务问题的批复》(国税函发〔1993〕368号)第二条同时废止。

财政部、国家税务总局关于集体土地城镇土地使用税有关政策的通知

(2006年4月30日 财税〔2006〕56号)

各省、自治区、直辖市、计划单列市财政厅(局)、地方税务局,新疆生产建设兵团财务局:

根据当前集体土地使用中出现的新情况、新问题,经研究,现将集体土地城镇土地使用税有关政策通知如下:

在城镇土地使用税征税范围内实际使用应税集体所有建设用地、但未办理土地使用权流转手续的,由实际使用集体土地的单位和个人按规定缴纳城镇土地使用税。

本通知自2006年5月1日起执行,此前凡与本通知不一致的政策规定一律以本通知为准。

国家税务总局关于通过招拍挂方式取得土地缴纳城镇土地使用税问题的公告

（2014年12月31日国家税务总局公告2014年第74号发布　自发布之日起施行）

对以招标、拍卖、挂牌方式取得土地的城镇土地使用税问题公告如下：

通过招标、拍卖、挂牌方式取得的建设用地，不属于新征用的耕地，纳税人应按照《财政部、国家税务总局关于房产税、城镇土地使用税有关政策的通知》（财税〔2006〕186号）第二条规定，从合同约定交付土地时间的次月起缴纳城镇土地使用税；合同未约定交付土地时间的，从合同签订的次月起缴纳城镇土地使用税。

本公告自发布之日起施行。

特此公告。

财政部、国家税务总局关于承租集体土地城镇土地使用税有关政策的通知

（2017年3月31日　财税〔2017〕29号）

各省、自治区、直辖市、计划单列市财政厅（局）、地方税务局，西藏、宁夏自治区国家税务局，新疆生产建设兵团财务局：

经研究，现将承租集体土地城镇土地使用税有关政策通知如下：

在城镇土地使用税征税范围内，承租集体所有建设用地的，由直接从集体经济组织承租土地的单位和个人，缴纳城镇土地使用税。

2. 房产税

中华人民共和国房产税暂行条例

（1986年9月15日国务院发布　根据2011年1月8日《国务院关于废止和修改部分行政法规的决定》修订）

第一条　房产税在城市、县城、建制镇和工矿区征收。

第二条　房产税由产权所有人缴纳。产权属于全民所有的，由经营管理的单位缴纳。产权出典的，由承典人缴纳。产权所有人、承典人不在房产所在地的，或者产权未确定及租典纠纷未解决的，由房产代管人或者使用人缴纳。

前款列举的产权所有人、经营管理单位、承典人、房产代管人或者使用人，统称为纳税义务人（以下简称纳税人）。

第三条　房产税依照房产原值一次减除10%至30%后的余值计算缴纳。具体减除幅度，由省、自治区、直辖市人民政府规定。

没有房产原值作为依据的，由房产所在地税务机关参考同类房产核定。

房产出租的，以房产租金收入为房产税的计税依据。

第四条　房产税的税率，依照房产余值计算缴纳的，税率为1.2%；依照房产租金收入计算缴纳的，税率为12%。

第五条　下列房产免纳房产税：

一、国家机关、人民团体、军队自用的房产；

二、由国家财政部门拨付事业经费的单位自用的房产；

三、宗教寺庙、公园、名胜古迹自用的房产；

四、个人所有非营业用的房产；

五、经财政部批准免税的其他房产。

第六条　除本条例第五条规定者外，纳税人纳税确有困难的，可由省、自治区、直辖市人民政府确定，定期减征或者免征房产税。

第七条　房产税按年征收、分期缴纳。纳税期限由省、自治区、直辖市人民政府规定。

第八条　房产税的征收管理，依照《中华人民共和国税收征收管理法》的规定办理。

第九条　房产税由房产所在地的税务机关征收。

第十条　本条例由财政部负责解释；施行细则由省、自治区、直辖市人民政府制定，抄送财政部备案。

第十一条　本条例自1986年10月1日起施行。

财政部、国家税务总局关于房产税若干具体问题的解释和暂行规定[①]

（1986年9月25日　财税地字〔1986〕8号）

一、关于城市、县城、建制镇、工矿区的解释

城市是指经国务院批准设立的市。

县城是指未设立建制镇的县人民政府所在地。

建制镇是指经省、自治区、直辖市人民政府批准设立的建制镇。

工矿区是指工商业比较发达，人口比较集中，符合国务院

① 本规定第七条、第十一条、第十五条已被废止，第五条、第七条、第十一条、第十五条、第十八条、第二十条、第二十四条关于“税务机关审核”的内容已被废止。

规定的建制镇标准,但尚未设立镇建制的大中型工矿企业所在地。开征房产税的工矿区须经省、自治区、直辖市人民政府批准。

二、关于城市、建制镇征税范围的解释

城市的征税范围为市区、郊区和市辖县县城。不包括农村。

建制镇的征税范围为镇人民政府所在地。不包括所辖的行政村。

三、关于"人民团体"的解释

"人民团体"是指经国务院授权的政府部门批准设立或登记备案并由国家拨付行政事业费的各种社会团体。

四、关于"由国家财政部门拨付事业经费的单位",是否包括由国家财政部门拨付事业经费,实行差额预算管理的事业单位?

实行差额预算管理的事业单位,虽然有一定的收入,但收入不够本身经费开支的部分,还要由国家财政部门拨付经费补助。因此,对实行差额预算管理的事业单位,也属于是由国家财政部门拨付事业经费的单位,对其本身自用的房产免征房产税。

五、关于由国家财政部门拨付事业经费的单位,其经费来源实行自收自支后,有无减免税优待?

由国家财政部门拨付事业经费的单位,其经费来源实行自收自支后,应征收房产税,但为了鼓励事业单位经济自立,由国家财政部门拨付事业经费的单位,其经费来源实行自收自支后,从事业单位经费实行自收自支的年度起,免征房产税三年。

六、关于免税单位自用房产的解释

国家机关、人民团体、军队自用的房产,是指这些单位本身的办公用房和公务用房。

事业单位自用的房产,是指这些单位本身的业务用房。

宗教寺庙自用的房产,是指举行宗教仪式等的房屋和宗教人员使用的生活用房屋。

公园、名胜古迹自用的房产,是指供公共参观游览的房屋及其管理单位的办公用房屋。

上述免税单位出租的房产以及非本身业务用的生产、营业用房产不属于免税范围,应征收房产税。

七、关于纳税单位和个人无租使用其他单位的房产,如何征收房产税?

纳税单位和个人无租使用房产管理部门、免税单位及纳税单位的房产,应由使用人代缴纳房产税。

八、关于房产不在一地的纳税人,如何确定纳税地点?

房产税暂行条例第九条规定,"房产税由房产所在地的税务机关征收。"房产不在一地的纳税人,应按房产的坐落地点,分别向房产所在地的税务机关缴纳房产税。

九、关于在开征地区范围之外的工厂、仓库,可否征收房产税?

根据房产税暂行条例的规定,不在开征地区范围之内的工厂、仓库,不应征收房产税。

十、关于企业办的各类学校、医院、托儿所、幼儿园自用的房产,可否免征房产税?

企业办的各类学校、医院、托儿所、幼儿园自用的房产,可以比照由国家财政部门拨付事业经费的单位自用的房产,免征房产税。

十一、关于作营业用的地下人防设施,应否征收房产税?

为鼓励利用地下人防设施,暂不征收房产税。

十二、关于个人所有的房产用于出租的,应否征收房产税?

个人出租的房产,不分用途,均应征收房产税。

十三、关于个人所有的居住房屋,可否由当地核定面积标准,就超过面积标准的部分征收房产税?

根据房产税暂行条例规定,个人所有的非营业用的房产免征房产税。因此,对个人所有的居住用房,不分面积多少,均免征房产税。

十四、关于个人所有的出租房屋,是按房产余值计算缴纳房产税还是按房产租金收入计算缴纳房产税?

根据房产税暂行条例规定,房产出租的,以房产租金收入为房产税的计税依据。因此,个人出租房屋,应按房屋租金收入征税。

十五、关于房产原值如何确定?

房产原值是指纳税人按照会计制度规定,在账簿"固定资产"科目中记载的房屋原价。对纳税人未按会计制度规定记载的,在计征房产税时,应按规定调整房产原值,对房产原值明显不合理的,应重新予以评估。

十六、关于毁损不堪居住的房屋和危险房屋,可否免征房产税?

经有关部门鉴定,对毁损不堪居住的房屋和危险房屋,在停止使用后,可免征房产税。

十七、关于依照房产原值一次减除百分之十至百分之三十后的余值计算缴纳房产税,其减除幅度,可否按照房屋的新旧程序分别确定?对有些房屋的减除幅度,可否超过这个规定?

根据房产税暂行条例规定,具体减降幅度以及是否区别房屋新旧程序分别确定减除幅度,由省、自治区、直辖市人民政府规定。减除幅度只能在10%至30%以内。

十八、关于对微利企业和亏损企业的房产,可否免征房产税?

房产税属于财产税性质的税,对微利企业和亏损企业的房产,依照规定应征收房产税,以促进企业改善经营管理,提高经济效益。但为了照顾企业的实际负担能力,可由地方根据实际情况在一定期限内暂免征收房产税。

十九、关于新建的房屋如何征税？

纳税人自建的房屋，自建成之次月起征收房产税。

纳税人委托施工企业建设的房屋，从办理验收手续之次月起征收房产税。

纳税人在办理验收手续前已使用或出租、出借的新建房屋，应按规定征收房产税。

二十、关于企业停产、撤销后应否停征房产税？

企业停产、撤销后，对他们原有的房产闲置不用的，经省、自治区、直辖市税务局批准可暂不征收房产税；如果这些房产转给其他征税单位使用或者企业恢复生产的时候，应依照规定征收房产税。

二十一、关于基建工地的临时性房屋，应否征收房产税？

凡是在基建工地为基建工地服务的各种工棚、材料棚、休息棚和办公室、食堂、茶炉房、汽车房等临时性房屋，不论是施工企业自行建造还是由基建单位出资建造交施工企业使用的，在施工期间，一律免征房产税。但是，如果在基建工程结束以后，施工企业将这种临时性房屋交还或者估价转让给基建单位的，应当从基建单位接收的次月起，依照规定征收房产税。

二十二、关于公园、名胜古迹中附设的营业单位使用或出租的房产，应否征收房产税？

公园、名胜古迹中附设的营业单位，如影剧院、饮食部、茶社、照像馆等所使用的房产及出租的房产，应征收房产税。

二十三、关于房产出租，由承租人修理，不支付房租，应否征收房产税？

承租人使用房产，以支付修理费抵交房产租金，仍应由房产的产权所有人依照规定交纳房产税。

二十四、关于房屋大修停用期间，可否免征房产税？

房屋大修停用在半年以上的，经纳税人申请，税务机关审核，在大修期间可免征房产税。

二十五、关于纳税单位与免税单位共同使用的房屋，如何征收房产税？

纳税单位与免税单位共同使用的房屋，按各自使用的部分划分，分别征收或免征房产税。

国家税务总局、财政部、建设部关于加强房地产税收管理的通知

（2005年5月27日国税发〔2005〕89号公布　根据2018年6月15日《国家税务总局关于修改部分税收规范性文件的公告》修正）

各省、自治区、直辖市财政厅（局）、地方税务局、建设厅（建委、房地局），计划单列市财政局、地方税务局、建委（建设局、房地局），扬州税务进修学院，新疆生产建设兵团建设局：

为贯彻落实《国务院办公厅转发建设部等部门关于做好稳定住房价格工作意见的通知》（国办发〔2005〕26号），进一步加强房地产税收征管，促进房地产市场的健康发展，现将有关事项及要求通知如下：

一、各级税务、财政部门和房地产管理部门，要认真贯彻执行房地产税收有关法律、法规和政策规定，建立和完善信息共享、情况通报制度，加强部门间的协作配合。各级税务、财政部门要切实加强房地产税收征管，并主动与当地的房地产管理部门取得联系；房地产管理部门要积极配合。

二、2005年5月31日以前，各地要根据国办发〔2005〕26号文件规定，公布本地区享受优惠政策的普通住房标准（以下简称普通住房）。其中，住房平均交易价格，是指报告期内同级别土地上住房交易的平均价格，经加权平均后形成的住房综合平均价格。由市、县房地产管理部门会同有关部门测算，报当地人民政府确定，每半年公布一次。各级别土地上住房平均交易价格的测算，依据房地产市场信息系统生成数据；没有建立房地产市场信息系统的，依据房地产交易登记管理系统生成数据。

对单位或个人将购买住房对外销售的，市、县房地产管理部门应在办理房屋权属登记的当月，向同级税务、财政部门提供权属登记房屋的坐落、产权人、房屋面积、成交价格等信息。

市、县规划管理部门要将已批准的容积率在1.0以下的住宅项目清单，一次性提供给同级税务、财政部门。新批住宅项目中容积率在1.0以下的，按月提供。

税务、财政部门要将当月房地产税收征管的有关信息向市、县房地产管理部门提供。

各级税务、财政部门从房地产管理部门获得的房地产交易登记资料，只能用于征税之目的，并有责任予以保密。违反规定的，要追究责任。

三、各级税务、财政部门要严格执行调整后的个人住房营业税税收政策。

（一）2005年6月1日后，个人将购买不足2年的住房对外销售的，应全额征收营业税。

（二）2005年6月1日后，个人将购买超过2年（含2年）的符合当地公布的普通住房标准的住房对外销售，应持该住房的坐落、容积率、房屋面积、成交价格等证明材料及税务部门要求的其他材料，向税务部门申请办理免征营业税手续。税务部门应根据当地公布的普通住房标准，利用房地产管理部门和规划管理部门提供的相关信息，对纳税人申请免税的有关材料进行审核，凡符合规定条件的，给予免征营业税。

（三）2005年6月1日后，个人将购买超过2年（含2年）的住房对外销售不能提供属于普通住房的证明材料或经审核不符合规定条件的，一律按非普通住房的有关营业税政策征收营业税。

（四）个人购买住房以取得的房屋产权证或契税完税证明上注明的时间作为其购买房屋的时间。

（五）个人对外销售住房，应持依法取得的房屋权属证书，

并到税务部门申请开具发票。

（六）对个人购买的非普通住房超过2年（含2年）对外销售的，在向税务部门申请按其售房收入减去购买房屋价款后的差额缴纳营业税时，需提供购买房屋时取得的税务部门监制的发票作为差额征税的扣除凭证。

（七）各级税务、财政部门要严格执行税收政策，对不符合规定条件的个人对外销售住房，不得减免营业税，确保调整后的营业税政策落实到位；对个人承受不享受优惠政策的住房，不得减免契税。对擅自变通政策、违反规定，不符合规定条件的个人住房给予税收优惠，影响调整后的税收政策落实的，要追究当事人的责任。对政策执行中出现的问题和有关情况，应及时上报国家税务总局。

四、各级税务、财政部门要充分利用房地产交易与权属登记信息，加强房地产税收管理。要建立、健全房地产税收税源登记档案和税源数据库，并根据变化情况及时更新税源登记档案和税源数据库的信息；要定期将从房地产管理部门取得的权属登记资料等信息，与房地产税收征管信息进行比对，查找漏征税款，建立催缴制度，及时查补税款。

各级税务、财政部门在房地产税收征管工作中，如发现纳税人未进行权属登记的，应及时将有关信息告知当地房地产管理部门，以便房地产管理部门加强房地产权属管理。

五、各级税务、财政部门和房地产管理部门要积极协商，创造条件，在房地产交易和权属登记等场所，设立房地产税收征收窗口，方便纳税人。

六、市、县房地产管理部门在办理房地产权属登记时，应严格按照《中华人民共和国契税暂行条例》、《中华人民共和国土地增值税暂行条例》的规定，要求出具完税（或减免）凭证；对于未出具完税（或减免）凭证的，房地产管理部门不得办理权属登记。

七、各级税务、财政部门应努力改进征缴税款的办法，减少现金收取，逐步实现税银联网、划卡缴税。由于种种原因，仍需收取现金税款的，应规范解缴程序，加强安全管理。

八、对于房地产管理部门配合税收管理增加的支出，地方财税部门应给予必要的经费支持。

九、各省税务部门要积极参与本地区房地产市场分析监测工作，密切关注营业税税收政策调整后的政策执行效果，及时做出营业税政策调整对本地区的房地产市场产生影响的评估报告，并将分析评估报告按季上报国家税务总局。

十、各地税务、财政部门和房地产管理部门，可结合本地情况，共同协商研究制定贯彻落实本通知的具体办法。

国家税务总局关于房地产税收政策执行中几个具体问题的通知

（2005年10月20日国税发〔2005〕172号公布　根据2018年6月15日《国家税务总局关于修改部分税收规范性文件的公告》修正）

各省、自治区、直辖市和计划单列市财政厅（局）、地方税务局，扬州税务进修学院，局内各单位：

根据《国家税务总局财政部建设部关于加强房地产税收管理的通知》（国税发〔2005〕89号）（以下简称《通知》）的精神，经商财政部建设部，现就各地在贯彻落实《通知》中的几个具体问题明确如下：

一、《通知》第三条第二款中规定的“成交价格”是指住房持有人对外销售房屋的成交价格。

二、《通知》第三条第四款中规定的“契税完税证明上注明的时间”是指契税完税证明上注明的填发日期。

三、纳税人申报时，同时出具房屋产权证和契税完税证明且二者所注明的时间不一致的，按照“孰先”的原则确定购买房屋的时间。即房屋产权证上注明的时间早于契税完税证明上注明的时间，以房屋产权证注明的时间为购买房屋的时间；契税完税证明上注明的时间早于房屋产权证上注明的时间的，以契税完税证明上注明的时间为购买房屋的时间。

四、个人将通过受赠、继承、离婚财产分割等非购买形式取得的住房对外销售的行为，也适用《通知》的有关规定。其购房时间按发生受赠、继承、离婚财产分割行为前的购房时间确定，其购房价格按发生受赠、继承、离婚财产分割行为前的购房原价确定。个人需持其通过受赠、继承、离婚财产分割等非购买形式取得住房的合法、有效法律证明文书，到税务部门办理相关手续。

五、根据国家房改政策购买的公有住房，以购买合同的生效时间、房款收据的开具日期或房屋产权证上注明的时间，按照“孰先”的原则确定购买房屋的时间。

六、享受税收优惠政策普通住房的面积标准是指地方政府按国办发〔2005〕26号文件规定确定并公布的普通住房建筑面积标准。对于以套内面积进行计量的，应换算成建筑面积，判断该房屋是否符合普通住房标准。

国家税务总局关于进一步明确房屋附属设备和配套设施计征房产税有关问题的通知[①]

(2005 年 10 月 21 日　国税发〔2005〕173 号)

各省、自治区、直辖市和计划单列市地方税务局,扬州税务进修学院:

关于房屋附属设备和配套设施计征房产税问题,《财政部税务总局关于房产税和车船使用税几个业务问题的解释与规定》(〔87〕财税地字第 003 号)第二条已作了明确。随着社会经济的发展和房屋功能的完善,又出现了一些新的设备和设施,亟需明确。经研究,现将有关问题通知如下:

一、为了维持和增加房屋的使用功能或使房屋满足设计要求,凡以房屋为载体,不可随意移动的附属设备和配套设施,如给排水、采暖、消防、中央空调、电气及智能化楼宇设备等,无论在会计核算中是否单独记账与核算,都应计入房产原值,计征房产税。

二、对于更换房屋附属设备和配套设施的,在将其价值计入房产原值时,可扣减原来相应设备和设施的价值;对附属设备和配套设施中易损坏、需要经常更换的零配件,更新后不再计入房产原值。

三、城市房地产税比照上述规定执行。

四、本通知自 2006 年 1 月 1 日起执行。《财政部税务总局关于对房屋中央空调是否计入房产原值等问题的批复》(〔87〕财税地字第 028 号)同时废止。

财政部、国家税务总局关于对外资企业及外籍个人征收房产税有关问题的通知

(2009 年 1 月 12 日　财税〔2009〕3 号)

各省、自治区、直辖市、计划单列市财政厅(局)、地方税务局,新疆生产建设兵团财务局:

根据 2008 年 12 月 31 日国务院发布的第 546 号令,自 2009 年 1 月 1 日起,废止《中华人民共和国城市房地产税暂行条例》,外商投资企业、外国企业和组织以及外籍个人(包括港澳台资企业和组织以及华侨、港澳台同胞,以下统称外资企业及外籍个人)依照《中华人民共和国房产税暂行条例》(国发〔1986〕90 号)缴纳房产税。为做好外资企业及外籍个人房产税征收工作,现将有关事项通知如下:

一、自 2009 年 1 月 1 日起,对外资企业及外籍个人的房产征收房产税,在征税范围、计税依据、税率、税收优惠、征收管理等方面按照《中华人民共和国房产税暂行条例》(国发〔1986〕90 号)及有关规定执行。各地要及时了解外资企业及外籍个人房产税的征收情况,对遇到的问题及时反映,确保相关政策落实到位。

二、以人民币以外的货币为记账本位币的外资企业及外籍个人在缴纳房产税时,均应将其根据记账本位币计算的税款按照缴款上月最后一日的人民币汇率中间价折合成人民币。

三、房产税由房产所在地的地方税务机关征收,其征收管理按《中华人民共和国税收征收管理法》及相关规定执行。

3. 车船税

中华人民共和国车船税法

(2011 年 2 月 25 日第十一届全国人民代表大会常务委员会第十九次会议通过　根据 2019 年 4 月 23 日第十三届全国人民代表大会常务委员会第十次会议《关于修改〈中华人民共和国建筑法〉等八部法律的决定》修正)

第一条　在中华人民共和国境内属于本法所附《车船税税目税额表》规定的车辆、船舶(以下简称车船)的所有人或者管理人,为车船税的纳税人,应当依照本法缴纳车船税。

第二条　车船的适用税额依照本法所附《车船税税目税额表》执行。

车辆的具体适用税额由省、自治区、直辖市人民政府依照本法所附《车船税税目税额表》规定的税额幅度和国务院的规定确定。

船舶的具体适用税额由国务院在本法所附《车船税税目税额表》规定的税额幅度内确定。

第三条　下列车船免征车船税:

(一)捕捞、养殖渔船;

(二)军队、武装警察部队专用的车船;

(三)警用车船;

(四)悬挂应急救援专用号牌的国家综合性消防救援车辆和国家综合性消防救援专用船舶;

(五)依照法律规定应当予以免税的外国驻华使领馆、国际组织驻华代表机构及其有关人员的车船。

第四条　对节约能源、使用新能源的车船可以减征或者免征车船税;对受严重自然灾害影响纳税困难以及有其他特

① 本篇法规中的第三条已被《国家税务总局关于公布全文失效废止、部分条款失效废止的税收规范性文件目录的公告》废止。

殊原因确需减税、免税的，可以减征或者免征车船税。具体办法由国务院规定，并报全国人民代表大会常务委员会备案。

第五条　省、自治区、直辖市人民政府根据当地实际情况，可以对公共交通车船，农村居民拥有并主要在农村地区使用的摩托车、三轮汽车和低速载货汽车定期减征或者免征车船税。

第六条　从事机动车第三者责任强制保险业务的保险机构为机动车车船税的扣缴义务人，应当在收取保险费时依法代收车船税，并出具代收税款凭证。

第七条　车船税的纳税地点为车船的登记地或者车船税扣缴义务人所在地。依法不需要办理登记的车船，车船税的纳税地点为车船的所有人或者管理人所在地。

第八条　车船税纳税义务发生时间为取得车船所有权或者管理权的当月。

第九条　车船税按年申报缴纳。具体申报纳税期限由省、自治区、直辖市人民政府规定。

第十条　公安、交通运输、农业、渔业等车船登记管理部门、船舶检验机构和车船税扣缴义务人的行业主管部门应当在提供车船有关信息等方面，协助税务机关加强车船税的征收管理。

车辆所有人或者管理人在申请办理车辆相关登记、定期检验手续时，应当向公安机关交通管理部门提交依法纳税或者免税证明。公安机关交通管理部门核查后办理相关手续。

第十一条　车船税的征收管理，依照本法和《中华人民共和国税收征收管理法》的规定执行。

第十二条　国务院根据本法制定实施条例。

第十三条　本法自2012年1月1日起施行。2006年12月29日国务院公布的《中华人民共和国车船税暂行条例》同时废止。

附：

车船税税目税额表

税目		计税单位	年基准税额	备注
乘用车〔按发动机汽缸容量（排气量）分档〕	1.0升（含）以下的	每辆	60元至360元	核定载客人数9人（含）以下
	1.0升以上至1.6升（含）的		300元至540元	
	1.6升以上至2.0升（含）的		360元至660元	
	2.0升以上至2.5升（含）的		660元至1200元	
	2.5升以上至3.0升（含）的		1200元至2400元	
	3.0升以上至4.0升（含）的		2400元至3600元	
	4.0升以上的		3600元至5400元	
商用车	客车	每辆	480元至1440元	核定载客人数9人以上，包括电车
	货车	整备质量每吨	16元至120元	包括半挂牵引车、三轮汽车和低速载货汽车等
挂车		整备质量每吨	按照货车税额的50%计算	
其他车辆	专用作业车	整备质量每吨	16元至120元	不包括拖拉机
	轮式专用机械车		16元至120元	
摩托车		每辆	36元至180元	
船舶	机动船舶	净吨位每吨	3元至6元	拖船、非机动驳船分别按照机动船舶税额的50%计算
	游艇	艇身长度每米	600元至2000元	

中华人民共和国车船税法实施条例

（2011 年 12 月 5 日中华人民共和国国务院令第 611 号公布 根据 2019 年 3 月 2 日《国务院关于修改部分行政法规的决定》修订）

第一条 根据《中华人民共和国车船税法》（以下简称车船税法）的规定，制定本条例。

第二条 车船税法第一条所称车辆、船舶，是指：

（一）依法应当在车船登记管理部门登记的机动车辆和船舶；

（二）依法不需要在车船登记管理部门登记的在单位内部场所行驶或者作业的机动车辆和船舶。

第三条 省、自治区、直辖市人民政府根据车船税法所附《车船税税目税额表》确定车辆具体适用税额，应当遵循以下原则：

（一）乘用车依排气量从小到大递增税额；

（二）客车按照核定载客人数 20 人以下和 20 人（含）以上两档划分，递增税额。

省、自治区、直辖市人民政府确定的车辆具体适用税额，应当报国务院备案。

第四条 机动船舶具体适用税额为：

（一）净吨位不超过 200 吨的，每吨 3 元；

（二）净吨位超过 200 吨但不超过 2000 吨的，每吨 4 元；

（三）净吨位超过 2000 吨但不超过 10000 吨的，每吨 5 元；

（四）净吨位超过 10000 吨的，每吨 6 元。

拖船按照发动机功率每 1 千瓦折合净吨位 0.67 吨计算征收车船税。

第五条 游艇具体适用税额为：

（一）艇身长度不超过 10 米的，每米 600 元；

（二）艇身长度超过 10 米但不超过 18 米的，每米 900 元；

（三）艇身长度超过 18 米但不超过 30 米的，每米 1300 元；

（四）艇身长度超过 30 米的，每米 2000 元；

（五）辅助动力帆艇，每米 600 元。

第六条 车船税法和本条例所涉及的排气量、整备质量、核定载客人数、净吨位、千瓦、艇身长度，以车船登记管理部门核发的车船登记证书或者行驶证所载数据为准。

依法不需要办理登记的车船和依法应当登记而未办理登记或者不能提供车船登记证书、行驶证的车船，以车船出厂合格证明或者进口凭证标注的技术参数、数据为准；不能提供车船出厂合格证明或者进口凭证的，由主管税务机关参照国家相关标准核定，没有国家相关标准的参照同类车船核定。

第七条 车船税法第三条第一项所称的捕捞、养殖渔船，是指在渔业船舶登记管理部门登记为捕捞船或者养殖船的船舶。

第八条 车船税法第三条第二项所称的军队、武装警察部队专用的车船，是指按照规定在军队、武装警察部队车船登记管理部门登记，并领取军队、武警牌照的车船。

第九条 车船税法第三条第三项所称的警用车船，是指公安机关、国家安全机关、监狱、劳动教养管理机关和人民法院、人民检察院领取警用牌照的车辆和执行警务的专用船舶。

第十条 节约能源、使用新能源的车船可以免征或者减半征收车船税。免征或者减半征收车船税的车船的范围，由国务院财政、税务主管部门商国务院有关部门制订，报国务院批准。

对受地震、洪涝等严重自然灾害影响纳税困难以及其他特殊原因确需减免税的车船，可以在一定期限内减征或者免征车船税。具体减免期限和数额由省、自治区、直辖市人民政府确定，报国务院备案。

第十一条 车船税由税务机关负责征收。

第十二条 机动车车船税扣缴义务人在代收车船税时，应当在机动车交通事故责任强制保险的保险单以及保费发票上注明已收税款的信息，作为代收税款凭证。

第十三条 已完税或者依法减免税的车辆，纳税人应当向扣缴义务人提供登记地的主管税务机关出具的完税凭证或者减免税证明。

第十四条 纳税人没有按照规定期限缴纳车船税的，扣缴义务人在代收代缴税款时，可以一并代收代缴欠缴税款的滞纳金。

第十五条 扣缴义务人已代收代缴车船税的，纳税人不再向车辆登记地的主管税务机关申报缴纳车船税。

没有扣缴义务人的，纳税人应当向主管税务机关自行申报缴纳车船税。

第十六条 纳税人缴纳车船税时，应当提供反映排气量、整备质量、核定载客人数、净吨位、千瓦、艇身长度等与纳税相关信息的相应凭证以及税务机关根据实际需要要求提供的其他资料。

纳税人以前年度已经提供前款所列资料信息的，可以不再提供。

第十七条 车辆车船税的纳税人按照纳税地点所在的省、自治区、直辖市人民政府确定的具体适用税额缴纳车船税。

第十八条 扣缴义务人应当及时解缴代收代缴的税款和滞纳金，并向主管税务机关申报。扣缴义务人向税务机关解缴税款和滞纳金时，应当同时报送明细的税款和滞纳金扣缴报告。扣缴义务人解缴税款和滞纳金的具体期限，由省、自治区、直辖市税务机关依照法律、行政法规的规定确定。

第十九条 购置的新车船，购置当年的应纳税额自纳税义务发生的当月起按月计算。应纳税额为年应纳税额除以12再乘以应纳税月份数。

在一个纳税年度内，已完税的车船被盗抢、报废、灭失的，纳税人可以凭有关管理机关出具的证明和完税凭证，向纳税所在地的主管税务机关申请退还自被盗抢、报废、灭失月份起至该纳税年度终了期间的税款。

已办理退税的被盗抢车船失而复得的，纳税人应当从公安机关出具相关证明的当月起计算缴纳车船税。

第二十条 已缴纳车船税的车船在同一纳税年度内办理转让过户的，不另纳税，也不退税。

第二十一条 车船税法第八条所称取得车船所有权或者管理权的当月，应当以购买车船的发票或者其他证明文件所载日期的当月为准。

第二十二条 税务机关可以在车船登记管理部门、车船检验机构的办公场所集中办理车船税征收事宜。

公安机关交通管理部门在办理车辆相关登记和定期检验手续时，经核查，对没有提供依法纳税或者免税证明的，不予办理相关手续。

第二十三条 车船税按年申报，分月计算，一次性缴纳。纳税年度为公历1月1日至12月31日。

第二十四条 临时入境的外国车船和香港特别行政区、澳门特别行政区、台湾地区的车船，不征收车船税。

第二十五条 按照规定缴纳船舶吨税的机动船舶，自车船税法实施之日起5年内免征车船税。

依法不需要在车船登记管理部门登记的机场、港口、铁路站场内部行驶或者作业的车船，自车船税法实施之日起5年内免征车船税。

第二十六条 车船税法所附《车船税税目税额表》中车辆、船舶的含义如下：

乘用车，是指在设计和技术特性上主要用于载运乘客及随身行李，核定载客人数包括驾驶员在内不超过9人的汽车。

商用车，是指除乘用车外，在设计和技术特性上用于载运乘客、货物的汽车，划分为客车和货车。

半挂牵引车，是指装备有特殊装置用于牵引半挂车的商用车。

三轮汽车，是指最高设计车速不超过每小时50公里，具有三个车轮的货车。

低速载货汽车，是指以柴油机为动力，最高设计车速不超过每小时70公里，具有四个车轮的货车。

挂车，是指就其设计和技术特性需由汽车或者拖拉机牵引，才能正常使用的一种无动力的道路车辆。

专用作业车，是指在其设计和技术特性上用于特殊工作的车辆。

轮式专用机械车，是指有特殊结构和专门功能，装有橡胶车轮可以自行行驶，最高设计车速大于每小时20公里的轮式工程机械车。

摩托车，是指无论采用何种驱动方式，最高设计车速大于每小时50公里，或者使用内燃机，其排量大于50毫升的两轮或者三轮车辆。

船舶，是指各类机动、非机动船舶以及其他水上移动装置，但是船舶上装备的救生艇筏和长度小于5米的艇筏除外。其中，机动船舶是指用机器推进的船舶；拖船是指专门用于拖（推）动运输船舶的专业作业船舶；非机动驳船，是指在船舶登记管理部门登记为驳船的非机动船舶；游艇是指具备内置机械推进动力装置，长度在90米以下，主要用于游览观光、休闲娱乐、水上体育运动等活动，并应当具有船舶检验证书和适航证书的船舶。

第二十七条 本条例自2012年1月1日起施行。

船舶车船税委托代征管理办法

（2013年1月5日国家税务总局、交通运输部公告2013年第1号公布 自2013年2月1日起施行）

第一条 为加强船舶车船税征收管理，做好船舶车船税委托代征工作，方便纳税人履行纳税义务，根据《中华人民共和国税收征收管理法》及其实施细则、《中华人民共和国车船税法》及其实施条例、《国家税务总局、交通运输部关于进一步做好船舶车船税征收管理工作的通知》（国税发〔2012〕8号）、《财政部、国家税务总局、中国人民银行关于进一步加强代扣代收代征税款手续费管理的通知》（财行〔2005〕365号）等有关规定，制定本办法。

第二条 本办法所称船舶车船税委托代征，是指税务机关根据有利于税收管理和方便纳税的原则，委托交通运输部门海事管理机构代为征收船舶车船税税款的行为。

第三条 本办法适用于船舶车船税的委托征收、解缴和监督。

第四条 在交通运输部直属海事管理机构（以下简称海事管理机构）登记的应税船舶，其车船税由船籍港所在地的税务机关委托当地海事管理机构代征。

第五条 税务机关与海事管理机构应签订委托代征协议书，明确代征税种、代征范围、完税凭证领用要求、代征税款的解缴要求、代征手续费比例和支付方式、纳税人拒绝纳税时的处理措施等事项，并向海事管理机构发放委托代征证书。

第六条 海事管理机构受税务机关委托，在办理船舶登记手续或受理年度船舶登记信息报告时代征船舶车船税。

第七条 海事管理机构应根据车船税法律、行政法规和相关政策规定代征车船税，不得违反规定多征或少征。

第八条 海事管理机构代征船舶车船税的计算方法：

（一）船舶按一个年度计算车船税。计算公式为：

年应纳税额 = 计税单位 × 年基准税额

其中：机动船舶、非机动驳船、拖船的计税单位为净吨位每吨；游艇的计税单位为艇身长度每米；年基准税额按照车船税法及其实施条例的相关规定执行。

（二）购置的新船舶，购置当年的应纳税额自纳税义务发生时间起至该年度终了按月计算。计算公式为：

应纳税额 = 年应纳税额 × 应纳税月份数/12

应纳税月份数 = 12 - 纳税义务发生时间（取月份）+ 1

其中，纳税义务发生时间为纳税人取得船舶所有权或管理权的当月，以购买船舶的发票或者其他证明文件所载日期的当月为准。

第九条 海事管理机构在计算船舶应纳税额时，船舶的相关技术信息以船舶登记证书所载相应数据为准。

第十条 税务机关出具减免税证明和完税凭证的船舶，海事管理机构对免税和完税船舶不代征车船税，对减税船舶根据减免税证明规定的实际年应纳税额代征车船税。海事管理机构应记录上述凭证的凭证号和出具该凭证的单位名称，并将上述凭证的复印件存档备查。

第十一条 对于以前年度未依照车船税法及其实施条例的规定缴纳船舶车船税的，海事管理机构应代征欠缴税款，并按规定代加收滞纳金。

第十二条 海事管理机构在代征税款时，应向纳税人开具税务机关提供的完税凭证。完税凭证的管理应当遵守税务机关的相关规定。

第十三条 海事管理机构依法履行委托代征税款职责时，纳税人不得拒绝。纳税人拒绝的，海事管理机构应当及时报告税务机关。

第十四条 海事管理机构应将代征的车船税单独核算、管理。

第十五条 海事管理机构应根据委托代征协议约定的方式、期限及时将代征税款解缴入库，并向税务机关提供代征船舶名称、代征金额及税款所属期等情况，不得占压、挪用、截留船舶车船税。

第十六条 已经缴纳船舶车船税的船舶在同一纳税年度内办理转让过户的，在原登记地不予退税，在新登记地凭完税凭证不再纳税，新登记地海事管理机构应记录上述船舶的完税凭证号和出具该凭证的税务机关或海事管理机构名称，并将完税凭证的复印件存档备查。

第十七条 完税船舶被盗抢、报废、灭失而申请车船税退税的，由税务机关按照有关规定办理。

第十八条 税务机关查询统计船舶登记的有关信息，海事管理机构应予以配合。

第十九条 税务机关应按委托代征协议的规定及时、足额向海事管理机构支付代征税款手续费。海事管理机构取得的手续费收入纳入预算管理，专项用于委托代征船舶车船税的管理支出，也可以适当奖励相关工作人员。

第二十条 各级税务机关应主动与海事管理机构协调配合，协助海事管理部门做好船舶车船税委托代征工作。税务机关要及时向海事管理机构通报车船税政策变化情况，传递直接征收车船税和批准减免车船税的船舶信息。

第二十一条 税务机关和海事管理机构应对对方提供的涉税信息予以保密，除办理涉税事项外，不得用于其他目的。

第二十二条 地方海事管理机构开展船舶车船税代征工作的，适用本办法。

第二十三条 本办法由国家税务总局、交通运输部负责解释。

第二十四条 本办法自2013年2月1日起施行。

国家税务总局关于车船税征管若干问题的公告

（2013年7月26日国家税务总局公告2013年第42号公布　自2013年9月1日起施行）

为规范车船税征管，维护纳税人合法权益，根据《中华人民共和国车船税法》（以下简称车船税法）及其实施条例，现将车船税有关征管问题明确如下：

一、关于专用作业车的认定

对于在设计和技术特性上用于特殊工作，并装置有专用设备或器具的汽车，应认定为专用作业车，如汽车起重机、消防车、混凝土泵车、清障车、高空作业车、洒水车、扫路车等。以载运人员或货物为主要目的的专用汽车，如救护车，不属于专用作业车。

二、关于税务机关核定客货两用车的征税问题

客货两用车，又称多用途货车，是指在设计和结构上主要用于载运货物，但在驾驶员座椅后带有固定或折叠式座椅，可运载3人以上乘客的货车。客货两用车依照货车的计税单位和年基准税额计征车船税。

三、关于车船税应纳税额的计算

车船税法及其实施条例涉及的整备质量、净吨位、艇身长度等计税单位，有尾数的一律按照含尾数的计税单位据实计算车船税应纳税额。计算得出的应纳税额小数点后超过两位的可四舍五入保留两位小数。

乘用车以车辆登记管理部门核发的机动车登记证书或者行驶证书所载的排气量毫升数确定税额区间。

四、关于车船因质量问题发生退货时的退税

已经缴纳车船税的车船，因质量原因，车船被退回生产企业或者经销商的，纳税人可以向纳税所在地的主管税务机关申请退还自退货月份起至该纳税年度终了期间的税款。退货月份以退货发票所载日期的当月为准。

五、关于扣缴义务人代收代缴后车辆登记地主管税务机关不再征收车船税

纳税人在购买“交强险”时,由扣缴义务人代收代缴车船税的,凭注明已收税款信息的“交强险”保险单,车辆登记地的主管税务机关不再征收该纳税年度的车船税。再次征收的,车辆登记地主管税务机关应予退还。

六、关于扣缴义务人代收代缴欠缴税款滞纳金的起算时间

车船税扣缴义务人代收代缴欠缴税款的滞纳金,从各省、自治区、直辖市人民政府规定的申报纳税期限截止日期的次日起计算。

七、关于境内外租赁船舶征收车船税的问题

境内单位和个人租入外国籍船舶的,不征收车船税。境内单位和个人将船舶出租到境外的,应依法征收车船税。

本公告自2013年9月1日起施行。《国家税务总局关于车船税征管若干问题的通知》(国税发〔2008〕48号)同时废止。

特此公告。

4. 车辆购置税

中华人民共和国车辆购置税法

(2018年12月29日第十三届全国人民代表大会常务委员会第七次会议通过　2018年12月29日中华人民共和国主席令第19号公布　自2019年7月1日起施行)

第一条　在中华人民共和国境内购置汽车、有轨电车、汽车挂车、排气量超过一百五十毫升的摩托车(以下统称应税车辆)的单位和个人,为车辆购置税的纳税人,应当依照本法规定缴纳车辆购置税。

第二条　本法所称购置,是指以购买、进口、自产、受赠、获奖或者其他方式取得并自用应税车辆的行为。

第三条　车辆购置税实行一次性征收。购置已征车辆购置税的车辆,不再征收车辆购置税。

第四条　车辆购置税的税率为百分之十。

第五条　车辆购置税的应纳税额按照应税车辆的计税价格乘以税率计算。

第六条　应税车辆的计税价格,按照下列规定确定:

(一)纳税人购买自用应税车辆的计税价格,为纳税人实际支付给销售者的全部价款,不包括增值税税款;

(二)纳税人进口自用应税车辆的计税价格,为关税完税价格加上关税和消费税;

(三)纳税人自产自用应税车辆的计税价格,按照纳税人生产的同类应税车辆的销售价格确定,不包括增值税税款;

(四)纳税人以受赠、获奖或者其他方式取得自用应税车辆的计税价格,按照购置应税车辆时相关凭证载明的价格确定,不包括增值税税款。

第七条　纳税人申报的应税车辆计税价格明显偏低,又无正当理由的,由税务机关依照《中华人民共和国税收征收管理法》的规定核定其应纳税额。

第八条　纳税人以外汇结算应税车辆价款的,按照申报纳税之日的人民币汇率中间价折合成人民币计算缴纳税款。

第九条　下列车辆免征车辆购置税:

(一)依照法律规定应当予以免税的外国驻华使馆、领事馆和国际组织驻华机构及其有关人员自用的车辆;

(二)中国人民解放军和中国人民武装警察部队列入装备订货计划的车辆;

(三)悬挂应急救援专用号牌的国家综合性消防救援车辆;

(四)设有固定装置的非运输专用作业车辆;

(五)城市公交企业购置的公共汽电车辆。

根据国民经济和社会发展的需要,国务院可以规定减征或者其他免征车辆购置税的情形,报全国人民代表大会常务委员会备案。

第十条　车辆购置税由税务机关负责征收。

第十一条　纳税人购置应税车辆,应当向车辆登记地的主管税务机关申报缴纳车辆购置税;购置不需要办理车辆登记的应税车辆的,应当向纳税人所在地的主管税务机关申报缴纳车辆购置税。

第十二条　车辆购置税的纳税义务发生时间为纳税人购置应税车辆的当日。纳税人应当自纳税义务发生之日起六十日内申报缴纳车辆购置税。

第十三条　纳税人应当在向公安机关交通管理部门办理车辆注册登记前,缴纳车辆购置税。

公安机关交通管理部门办理车辆注册登记,应当根据税务机关提供的应税车辆完税或者免税电子信息对纳税人申请登记的车辆信息进行核对,核对无误后依法办理车辆注册登记。

第十四条　免税、减税车辆因转让、改变用途等原因不再属于免税、减税范围的,纳税人应当在办理车辆转移登记或者变更登记前缴纳车辆购置税。计税价格以免税、减税车辆初次办理纳税申报时确定的计税价格为基准,每满一年扣减百分之十。

第十五条　纳税人将已征车辆购置税的车辆退回车辆生产企业或者销售企业的,可以向主管税务机关申请退还车辆购置税。退税额以已缴税款为基准,自缴纳税款之日至申请退税之日,每满一年扣减百分之十。

第十六条　税务机关和公安、商务、海关、工业和信息化等部门应当建立应税车辆信息共享和工作配合机制，及时交换应税车辆和纳税信息资料。

第十七条 车辆购置税的征收管理，依照本法和《中华人民共和国税收征收管理法》的规定执行。

第十八条 纳税人、税务机关及其工作人员违反本法规定的，依照《中华人民共和国税收征收管理法》和有关法律法规的规定追究法律责任。

第十九条 本法自2019年7月1日起施行。2000年10月22日国务院公布的《中华人民共和国车辆购置税暂行条例》同时废止。

财政部、税务总局、工业和信息化部关于新能源汽车免征车辆购置税有关政策的公告

（2020年4月16日财政部公告2020年第21号公布）

为支持新能源汽车产业发展，促进汽车消费，现就新能源汽车免征车辆购置税有关政策公告如下：

一、自2021年1月1日至2022年12月31日，对购置的新能源汽车免征车辆购置税。免征车辆购置税的新能源汽车是指纯电动汽车、插电式混合动力（含增程式）汽车、燃料电池汽车。

二、免征车辆购置税的新能源汽车，通过工业和信息化部、税务总局发布《免征车辆购置税的新能源汽车车型目录》（以下简称《目录》）实施管理。自《目录》发布之日起，购置列入《目录》的新能源汽车免征车辆购置税；购置时间为机动车销售统一发票（或有效凭证）上注明的日期。

三、对已列入《目录》的新能源汽车，新能源汽车生产企业或进口新能源汽车经销商（以下简称汽车企业）在上传《机动车整车出厂合格证》或进口机动车《车辆电子信息单》（以下简称车辆电子信息）时，在“是否符合免征车辆购置税条件”字段标注“是”（即免税标识）。工业和信息化部对汽车企业上传的车辆电子信息中的免税标识进行审核，并将通过审核的信息传送至税务总局。税务机关依据工业和信息化部审核后的免税标识和机动车统一销售发票（或有效凭证），办理车辆购置税免税手续。

四、汽车企业应当保证车辆电子信息与车辆产品相一致，对因提供虚假信息或资料造成车辆购置税税款流失的，依照《中华人民共和国税收征收管理法》及其实施细则予以处理。

五、从事《目录》管理、免税标识审核和办理免税手续的工作人员履行职责时，存在滥用职权、玩忽职守、徇私舞弊等违法违纪行为的，按照《中华人民共和国公务员法》《中华人民共和国监察法》等国家有关规定追究相应责任；涉嫌犯罪的，移送司法机关处理。

六、本公告自2021年1月1日起施行。2020年12月31日前已列入《目录》的新能源汽车免征车辆购置税政策继续有效。

5. 土地增值税

中华人民共和国土地增值税暂行条例

（1993年12月13日中华人民共和国国务院令第138号发布 根据2011年1月8日《国务院关于废止和修改部分行政法规的决定》修订）

第一条 为了规范土地、房地产市场交易秩序，合理调节土地增值收益，维护国家权益，制定本条例。

第二条 转让国有土地使用权、地上的建筑物及其附着物（以下简称转让房地产）并取得收入的单位和个人，为土地增值税的纳税义务人（以下简称纳税人），应当依照本条例缴纳土地增值税。

第三条 土地增值税按照纳税人转让房地产所取得的增值额和本条例第七条规定的税率计算征收。

第四条 纳税人转让房地产所取得的收入减除本条例第六条规定扣除项目金额后的余额，为增值额。

第五条 纳税人转让房地产所取得的收入，包括货币收入、实物收入和其他收入。

第六条 计算增值额的扣除项目：

（一）取得土地使用权所支付的金额；

（二）开发土地的成本、费用；

（三）新建房及配套设施的成本、费用，或者旧房及建筑物的评估价格；

（四）与转让房地产有关的税金；

（五）财政部规定的其他扣除项目。

第七条 土地增值税实行四级超率累进税率：

增值额未超过扣除项目金额50%的部分，税率为30%。

增值额超过扣除项目金额50%、未超过扣除项目金额100%的部分，税率为40%。

增值额超过扣除项目金额100%、未超过扣除项目金额200%的部分，税率为50%。

增值额超过扣除项目金额200%的部分，税率为60%。

第八条 有下列情形之一的，免征土地增值税：

（一）纳税人建造普通标准住宅出售，增值额未超过扣除项目金额20%的；

（二）因国家建设需要依法征收、收回的房地产。

第九条 纳税人有下列情形之一的，按照房地产评估价格计算征收：

（一）隐瞒、虚报房地产成交价格的；

（二）提供扣除项目金额不实的；

（三）转让房地产的成交价格低于房地产评估价格，又无正当理由的。

第十条 纳税人应当自转让房地产合同签订之日起7日内向房地产所在地主管税务机关办理纳税申报，并在税务机关核定的期限内缴纳土地增值税。

第十一条 土地增值税由税务机关征收。土地管理部门、房产管理部门应当向税务机关提供有关资料，并协助税务机关依法征收土地增值税。

第十二条 纳税人未按照本条例缴纳土地增值税的，土地管理部门、房产管理部门不得办理有关的权属变更手续。

第十三条 土地增值税的征收管理，依据《中华人民共和国税收征收管理法》及本条例有关规定执行。

第十四条 本条例由财政部负责解释，实施细则由财政部制定。

第十五条 本条例自1994年1月1日起施行。各地区的土地增值费征收办法，与本条例相抵触的，同时停止执行。

中华人民共和国土地增值税暂行条例实施细则

（1995年1月27日 财法字〔1995〕6号）

第一条 根据《中华人民共和国土地增值税暂行条例》（以下简称条例）第十四条规定，制定本细则。

第二条 条例第二条所称的转让国有土地使用权、地上的建筑物及其附着物并取得收入，是指以出售或者其他方式有偿转让房地产的行为。不包括以继承、赠与方式无偿转让房地产的行为。

第三条 条例第二条所称的国有土地，是指按国家法律规定属于国家所有的土地。

第四条 条例第二条所称的地上的建筑物，是指建于土地上的一切建筑物，包括地上地下的各种附属设施。

条例第二条所称的附着物，是指附着于土地上的不能移动，一经移动即遭损坏的物品。

第五条 条例第二条所称的收入，包括转让房地产的全部价款及有关的经济收益。

第六条 条例第二条所称的单位，是指各类企业单位、事业单位、国家机关和社会团体及其他组织。

条例第二条所称个人，包括个体经营者。

第七条 条例第六条所列的计算增值额的扣除项目，具体为：

（一）取得土地使用权所支付的金额，是指纳税人为取得土地使用权所支付的地价款和按国家统一规定交纳的有关费用。

（二）开发土地和新建房及配套设施（以下简称房地产开发）的成本，是指纳税人房地产开发项目实际发生的成本（以下简称房地产开发成本），包括土地征用及拆迁补偿费、前期工程费、建筑安装工程费、基础设施费、公共配套设施费、开发间接费用。

土地征用及拆迁补偿费，包括土地征用费、耕地占用税、劳动力安置费及有关地上、地下附着物拆迁补偿的净支出、安置动迁用房支出等。

前期工程费，包括规划、设计、项目可行性研究和水文、地质、勘察、测绘、"三通一平"等支出。

建筑安装工程费，是指以出包方式支付给承包单位的建筑安装工程费，以自营方式发生的建筑安装工程费。

基础设施费，包括开发小区内道路、供水、供电、供气、排污、排洪、通讯、照明、环卫、绿化等工程发生的支出。

公共配套设施费，包括不能有偿转让的开发小区内公共配套设施发生的支出。

开发间接费用，是指直接组织、管理开发项目发生的费用，包括工资、职工福利费、折旧费、修理费、办公费、水电费、劳动保护费、周转房摊销等。

（三）开发土地和新建房及配套设施的费用（以下简称房地产开发费用），是指与房地产开发项目有关的销售费用、管理费用、财务费用。

财务费用中的利息支出，凡能够按转让房地产项目计算分摊并提供金融机构证明的，允许据实扣除，但最高不能超过按商业银行同类同期贷款利率计算的金额。其他房地产开发费用，按本条（一）、（二）项规定计算的金额之和的5%以内计算扣除。

凡不能按转让房地产项目计算分摊利息支出或不能提供金融机构证明的，房地产开发费用按本条（一）、（二）项规定计算的金额之和的10%以内计算扣除。

上述计算扣除的具体比例，由各省、自治区、直辖市人民政府规定。

（四）旧房及建筑物的评估价格，是指在转让已使用的房屋及建筑物时，由政府批准设立的房地产评估机构评定的重置成本价乘以成新度折扣率后的价格。评估价格须经当地税务机关确认。

（五）与转让房地产有关的税金，是指在转让房地产时缴纳的营业税、城市维护建设税、印花税。因转让房地产交纳的教育费附加，也可视同税金予以扣除。

（六）根据条例第六条（五）项规定，对从事房地产开发的纳税人可按本条（一）、（二）项规定计算的金额之和，加计20%的扣除。

第八条 土地增值税以纳税人房地产成本核算的最基本的核算项目或核算对象为单位计算。

第九条 纳税人成片受让土地使用权后，分期分批开发、转让房地产的，其扣除项目金额的确定，可按转让土地使用权的面积占总面积的比例计算分摊，或按建筑面积计算分摊，也可按税务机关确认的其他方式计算分摊。

第十条 条例第七条所列四级超率累进税率，每级“增值额未超过扣除项目金额”的比例，均包括本比例数。

计算土地增值税税额，可按增值额乘以适用的税率减去扣除项目金额乘以速算扣除系数的简便方法计算，具体公式如下：

（一）增值额未超过扣除项目金额50%

土地增值税税额=增值额×30%

（二）增值额超过扣除项目金额50%，未超过100%的

土地增值税税额=增值额×40%－扣除项目金额×5%

（三）增值额超过扣除项目金额100%，未超过200%

土地增值税税额=增值额×50%－扣除项目金额×15%

（四）增值额超过扣除项目金额200%

土地增值税税额=增值额×60%－扣除项目金额×35%

公式中的5%、15%、35%为速算扣除系数。

第十一条 条例第八条（一）项所称的普通标准住宅，是指按所在地一般民用住宅标准建造的居住用住宅。高级公寓、别墅、度假村等不属于普通标准住宅。普通标准住宅与其他住宅的具体划分界限由各省、自治区、直辖市人民政府规定。

纳税人建造普通标准住宅出售，增值额未超过本细则第七条（一）、（二）、（三）、（五）、（六）项扣除项目金额之和20%的，免征土地增值税；增值额超过扣除项目金额之和20%的，应就其全部增值额按规定计税。

条例第八条（二）项所称的因国家建设需要依法征用、收回的房地产，是指因城市实施规划、国家建设的需要而被政府批准征用的房产或收回的土地使用权。

因城市实施规划、国家建设的需要而搬迁，由纳税人自行转让原房地产的，比照本规定免征土地增值税。

符合上述免税规定的单位和个人，须向房地产所在地税务机关提出免税申请，经税务机关审核后，免予征收土地增值税。

第十二条 个人因工作调动或改善居住条件而转让原自用住房，经向税务机关申报核准，凡居住满5年或5年以上的，免予征收土地增值税；居住满3年未满5年的，减半征收土地增值税。居住未满3年的，按规定计征土地增值税。

第十三条 条例第九条所称的房地产评估价格，是指由政府批准设立的房地产评估机构根据相同地段、同类房地产进行综合评定的价格。评估价格须经当地税务机关确认。

第十四条 条例第九条（一）项所称的隐瞒、虚报房地产成交价格，是指纳税人不报或有意低报转让土地使用权、地上建筑物及其附着物价款的行为。

条例第九条（二）项所称的提供扣除项目金额不实的，是指纳税人在纳税申报时不据实提供扣除项目金额的行为。

条例第九条（三）项所称的转让房地产的成交价格低于房地产评估价格，又无正当理由的，是指纳税人申报的转让房地产的实际成交价低于房地产评估机构评定的交易价，纳税人又不能提供凭据或无正当理由的行为。

隐瞒、虚报房地产成交价格，应由评估机构参照同类房地产的市场交易价格进行评估。税务机关根据评估价格确定转让房地产的收入。

提供扣除项目金额不实的，应由评估机构按照房屋重置成本价乘以成新度折扣率计算的房屋成本价和取得土地使用权时的基准地价进行评估。税务机关根据评估价格确定扣除项目金额。

转让房地产的成交价格低于房地产评估价格，又无正当理由的，由税务机关参照房地产评估价格确定转让房地产的收入。

第十五条 根据条例第十条的规定，纳税人应按照下列程序办理纳税手续：

（一）纳税人应在转让房地产合同签订后的7日内，到房地产所在地主管税务机关办理纳税申报，并向税务机关提交房屋及建筑物产权、土地使用权证书，土地转让、房产买卖合同，房地产评估报告及其他与转让房地产有关的资料。

纳税人因经常发生房地产转让而难以在每次转让后申报的，经税务机关审核同意后，可以定期进行纳税申报，具体期限由税务机关根据情况确定。

（二）纳税人按照税务机关核定的税额及规定的期限缴纳土地增值税。

第十六条 纳税人在项目全部竣工结算前转让房地产取得的收入，由于涉及成本确定或其他原因，而无法据以计算土地增值税的，可以预征土地增值税，待该项目全部竣工、办理结算后再进行清算，多退少补。具体办法由各省、自治区、直辖市地方税务局根据当地情况制定。

第十七条 条例第十条所称的房地产所在地，是指房地产的座落地。纳税人转让房地产座落在两个或两个以上地区的，应按房地产所在地分别申报纳税。

第十八条 条例第十一条所称的土地管理部门、房产管理部门应当向税务机关提供有关资料，是指向房地产所在地主管税务机关提供有关房屋及建筑物产权、土地使用权、土地出让金数额、土地基准地价、房地产市场交易价格及权属变更等方面的资料。

第十九条 纳税人未按规定提供房屋及建筑物产权、土地使用权证书，土地转让、房产买卖合同，房地产评估报告及其他与转让房地产有关资料的，按照《中华人民共和国税收征收管理法》（以下简称《征管法》）第三十九条的规定进行处理。

纳税人不如实申报房地产交易额及规定扣除项目金额造

成少缴或未缴税款的，按照《征管法》第四十条的规定进行处理。

第二十条　土地增值税以人民币为计算单位。转让房地产所取得的收入为外国货币的，以取得收入当天或当月1日国家公布的市场汇价折合成人民币，据以计算应纳土地增值税税额。

第二十一条　条例第十五条所称的各地区的土地增值费征收办法是指与本条例规定的计征对象相同的土地增值费、土地收益金等征收办法。

第二十二条　本细则由财政部解释，或者由国家税务总局解释。

第二十三条　本细则自发布之日起施行。

第二十四条　1994年1月1日至本细则发布之日期间的土地增值税参照本细则的规定计算征收。

财政部、国家税务总局关于土地增值税若干问题的通知①

（2006年3月2日　财税〔2006〕21号）

各省、自治区、直辖市、计划单列市财政厅（局）、地方税务局，新疆生产建设兵团财务局：

根据《中华人民共和国土地增值税暂行条例》（以下简称《条例》）及其实施细则和有关规定精神，现将土地增值税有关问题明确如下：

一、关于纳税人建造普通标准住宅出售和居民个人转让普通住宅的征免税问题

《条例》第八条中“普通标准住宅”和《财政部、国家税务总局关于调整房地产市场若干税收政策的通知》（财税字〔1999〕210号）第三条中“普通住宅”的认定，一律按各省、自治区、直辖市人民政府根据《国务院办公厅转发建设部等部门关于做好稳定住房价格工作意见的通知》（国办发〔2005〕26号）制定并对社会公布的“中小套型、中低价位普通住房”的标准执行。纳税人既建造普通住宅，又建造其他商品房的，应分别核算土地增值额。

在本文件发布之日前已向房地产所在地地方税务机关提出免税申请，并经税务机关按各省、自治区、直辖市人民政府原来确定的普通标准住宅的标准审核确定，免征土地增值税的普通标准住宅，不做追溯调整。

二、关于转让旧房准予扣除项目的计算问题

纳税人转让旧房及建筑物，凡不能取得评估价格，但能提供购房发票的，经当地税务部门确认，《条例》第六条第（一）、（三）项规定的扣除项目的金额，可按发票所载金额并从购买年度起至转让年度止每年加计5%计算。对纳税人购房时缴纳的契税，凡能提供契税完税凭证的，准予作为“与转让房地产有关的税金”予以扣除，但不作为加计5%的基数。

对于转让旧房及建筑物，既没有评估价格，又不能提供购房发票的，地方税务机关可以根据《中华人民共和国税收征收管理法》（以下简称《税收征管法》）第35条的规定，实行核定征收。

三、关于土地增值税的预征和清算问题

各地要进一步完善土地增值税预征办法，根据本地区房地产业增值水平和市场发展情况，区别普通住房、非普通住房和商用房等不同类型，科学合理地确定预征率，并适时调整。工程项目竣工结算后，应及时进行清算，多退少补。

对未按预征规定期限预缴税款的，应根据《税收征管法》及其实施细则的有关规定，从限定的缴纳税款期限届满的次日起，加收滞纳金。

对已竣工验收的房地产项目，凡转让的房地产的建筑面积占整个项目可售建筑面积的比例在85%以上的，税务机关可以要求纳税人按照转让房地产的收入与扣除项目金额配比的原则，对已转让的房地产进行土地增值税的清算。具体清算办法由各省、自治区、直辖市和计划单列市地方税务局规定。

四、关于因城市实施规划、国家建设需要而搬迁，纳税人自行转让房地产的征免税问题

《中华人民共和国土地增值税暂行条例实施细则》第十一条第四款所称：因“城市实施规划”而搬迁，是指因旧城改造或因企业污染、扰民（指产生过量废气、废水、废渣和噪音，使城市居民生活受到一定危害），而由政府或政府有关主管部门根据已审批通过的城市规划确定进行搬迁的情况；因“国家建设的需要”而搬迁，是指因实施国务院、省级人民政府、国务院有关部委批准的建设项目而进行搬迁的情况。

五、关于以房地产进行投资或联营的征免税问题

对于以土地（房地产）作价入股进行投资或联营的，凡所投资、联营的企业从事房地产开发的，或者房地产开发企业以其建造的商品房进行投资和联营的，均不适用《财政部、国家税务总局关于土地增值税一些具体问题规定的通知》（财税字〔1995〕048号）第一条暂免征收土地增值税的规定。

六、本文自2006年3月2日起执行。

土地增值税清算管理规程

（2009年5月12日　国税发〔2009〕91号）

第一章　总　　则

第一条　为了加强土地增值税征收管理，规范土地增值

① 本法通知第五条已被《财政部、国家税务总局关于企业改制重组有关土地增值税政策的通知》废止。

税清算工作,根据《中华人民共和国税收征收管理法》及其实施细则、《中华人民共和国土地增值税暂行条例》及其实施细则等规定,制定本规程(以下简称《规程》)。

第二条 《规程》适用于房地产开发项目土地增值税清算工作。

第三条 《规程》所称土地增值税清算,是指纳税人在符合土地增值税清算条件后,依照税收法律、法规及土地增值税有关政策规定,计算房地产开发项目应缴纳的土地增值税税额,并填写《土地增值税清算申报表》,向主管税务机关提供有关资料,办理土地增值税清算手续,结清该房地产项目应缴纳土地增值税税款的行为。

第四条 纳税人应当如实申报应缴纳的土地增值税税额,保证清算申报的真实性、准确性和完整性。

第五条 税务机关应当为纳税人提供优质纳税服务,加强土地增值税政策宣传辅导。

主管税务机关应及时对纳税人清算申报的收入、扣除项目金额、增值额、增值率以及税款计算等情况进行审核,依法征收土地增值税。

第二章 前期管理

第六条 主管税务机关应加强房地产开发项目的日常税收管理,实施项目管理。主管税务机关应从纳税人取得土地使用权开始,按项目分别建立档案、设置台账,对纳税人项目立项、规划设计、施工、预售、竣工验收、工程结算、项目清盘等房地产开发全过程情况实行跟踪监控,做到税务管理与纳税人项目开发同步。

第七条 主管税务机关对纳税人项目开发期间的会计核算工作应当积极关注,对纳税人分期开发项目或者同时开发多个项目的,应督促纳税人根据清算要求按不同期间和不同项目合理归集有关收入、成本、费用。

第八条 对纳税人分期开发项目或者同时开发多个项目的,有条件的地区,主管税务机关可结合发票管理规定,对纳税人实施项目专用票据管理措施。

第三章 清算受理

第九条 纳税人符合下列条件之一的,应进行土地增值税的清算。

(一)房地产开发项目全部竣工、完成销售的;

(二)整体转让未竣工决算房地产开发项目的;

(三)直接转让土地使用权的。

第十条 对符合以下条件之一的,主管税务机关可要求纳税人进行土地增值税清算。

(一)已竣工验收的房地产开发项目,已转让的房地产建筑面积占整个项目可售建筑面积的比例在85%以上,或该比例虽未超过85%,但剩余的可售建筑面积已经出租或自用的;

(二)取得销售(预售)许可证满三年仍未销售完毕的;

(三)纳税人申请注销税务登记但未办理土地增值税清算手续的;

(四)省(自治区、直辖市、计划单列市)税务机关规定的其他情况。

对前款所列第(三)项情形,应在办理注销登记前进行土地增值税清算。

第十一条 对于符合本规程第九条规定,应进行土地增值税清算的项目,纳税人应当在满足条件之日起90日内到主管税务机关办理清算手续。对于符合本规程第十条规定税务机关可要求纳税人进行土地增值税清算的项目,由主管税务机关确定是否进行清算;对于确定需要进行清算的项目,由主管税务机关下达清算通知,纳税人应当在收到清算通知之日起90日内办理清算手续。

应进行土地增值税清算的纳税人或经主管税务机关确定需要进行清算的纳税人,在上述规定的期限内拒不清算或不提供清算资料的,主管税务机关可依据《中华人民共和国税收征收管理法》有关规定处理。

第十二条 纳税人清算土地增值税时应提供的清算资料

(一)土地增值税清算表及其附表(参考表样见附件,各地可根据本地实际情况制定)。

(二)房地产开发项目清算说明,主要内容应包括房地产开发项目立项、用地、开发、销售、关联方交易、融资、税款缴纳等基本情况及主管税务机关需要了解的其他情况。

(三)项目竣工决算报表、取得土地使用权所支付的地价款凭证、国有土地使用权出让合同、银行贷款利息结算通知单、项目工程合同结算单、商品房购销合同统计表、销售明细表、预售许可证等与转让房地产的收入、成本和费用有关的证明资料。主管税务机关需要相应项目记账凭证的,纳税人还应提供记账凭证复印件。

(四)纳税人委托税务中介机构审核鉴证的清算项目,还应报送中介机构出具的《土地增值税清算税款鉴证报告》。

第十三条 主管税务机关收到纳税人清算资料后,对符合清算条件的项目,且报送的清算资料完备的,予以受理;对纳税人符合清算条件、但报送的清算资料不全的,应要求纳税人在规定限期内补报,纳税人在规定的期限内补齐清算资料后,予以受理;对不符合清算条件的项目,不予受理。上述具体期限由各省、自治区、直辖市、计划单列市税务机关确定。主管税务机关已受理的清算申请,纳税人无正当理由不得撤销。

第十四条 主管税务机关按照本规程第六条进行项目管理时,对符合税务机关可要求纳税人进行清算情形的,应当作出评估,并经分管领导批准,确定何时要求纳税人进行清算的时间。对确定暂不通知清算的,应继续做好项目管理,每年作出评估,及时确定清算时间并通知纳税人办理清算。

第十五条 主管税务机关受理纳税人清算资料后,应在一定期限内及时组织清算审核。具体期限由各省、自治区、直辖市、计划单列市税务机关确定。

第四章 清算审核

第十六条 清算审核包括案头审核、实地审核。

案头审核是指对纳税人报送的清算资料进行数据、逻辑审核,重点审核项目归集的一致性、数据计算准确性等。

实地审核是指在案头审核的基础上,通过对房地产开发项目实地查验等方式,对纳税人申报情况的客观性、真实性、合理性进行审核。

第十七条 清算审核时,应审核房地产开发项目是否以国家有关部门审批、备案的项目为单位进行清算;对于分期开发的项目,是否以分期项目为单位清算;对不同类型房地产是否分别计算增值额、增值率,缴纳土地增值税。

第十八条 审核收入情况时,应结合销售发票、销售合同(含房管部门网上备案登记资料)、商品房销售(预售)许可证、房产销售分户明细表及其他有关资料,重点审核销售明细表、房地产销售面积与项目可售面积的数据关联性,以核实计税收入;对销售合同所载商品房面积与有关部门实际测量面积不一致,而发生补、退房款的收入调整情况进行审核;对销售价格进行评估,审核有无价格明显偏低情况。

必要时,主管税务机关可通过实地查验,确认有无少计、漏计事项,确认有无将开发产品用于职工福利、奖励、对外投资、分配给股东或投资人、抵偿债务、换取其他单位和个人的非货币性资产等情况。

第十九条 非直接销售和自用房地产的收入确定

(一)房地产开发企业将开发产品用于职工福利、奖励、对外投资、分配给股东或投资人、抵偿债务、换取其他单位和个人的非货币性资产等,发生所有权转移时应视同销售房地产,其收入按下列方法和顺序确认:

1. 按本企业在同一地区、同一年度销售的同类房地产的平均价格确定;

2. 由主管税务机关参照当地当年、同类房地产的市场价格或评估价值确定。

(二)房地产开发企业将开发的部分房地产转为企业自用或用于出租等商业用途时,如果产权未发生转移,不征收土地增值税,在税款清算时不列收入,不扣除相应的成本和费用。

第二十条 土地增值税扣除项目审核的内容包括:

(一)取得土地使用权所支付的金额。

(二)房地产开发成本,包括:土地征用及拆迁补偿费、前期工程费、建筑安装工程费、基础设施费、公共配套设施费、开发间接费用。

(三)房地产开发费用。

(四)与转让房地产有关的税金。

(五)国家规定的其他扣除项目。

第二十一条 审核扣除项目是否符合下列要求:

(一)在土地增值税清算中,计算扣除项目金额时,其实际发生的支出应当取得但未取得合法凭据的不得扣除。

(二)扣除项目金额中所归集的各项成本和费用,必须是实际发生的。

(三)扣除项目金额应当准确地在各扣除项目中分别归集,不得混淆。

(四)扣除项目金额中所归集的各项成本和费用必须是在清算项目开发中直接发生的或应当分摊的。

(五)纳税人分期开发项目或者同时开发多个项目的,或者同一项目中建造不同类型房地产的,应按照受益对象,采用合理的分配方法,分摊共同的成本费用。

(六)对同一类事项,应当采取相同的会计政策或处理方法。会计核算与税务处理规定不一致的,以税务处理规定为准。

第二十二条 审核取得土地使用权支付金额和土地征用及拆迁补偿费时应当重点关注:

(一)同一宗土地有多个开发项目,是否予以分摊,分摊办法是否合理、合规,具体金额的计算是否正确。

(二)是否存在将房地产开发费用记入取得土地使用权支付金额以及土地征用及拆迁补偿费的情形。

(三)拆迁补偿费是否实际发生,尤其是支付给个人的拆迁补偿款、拆迁(回迁)合同和签收花名册或签收凭证是否一一对应。

第二十三条 审核前期工程费、基础设施费时应当重点关注:

(一)前期工程费、基础设施费是否真实发生,是否存在虚列情形。

(二)是否将房地产开发费用记入前期工程费、基础设施费。

(三)多个(或分期)项目共同发生的前期工程费、基础设施费,是否按项目合理分摊。

第二十四条 审核公共配套设施费时应当重点关注:

(一)公共配套设施的界定是否准确,公共配套设施费是否真实发生,有无预提的公共配套设施费情况。

(二)是否将房地产开发费用记入公共配套设施费。

(三)多个(或分期)项目共同发生的公共配套设施费,是否按项目合理分摊。

第二十五条 审核建筑安装工程费时应当重点关注:

(一)发生的费用是否与决算报告、审计报告、工程结算报告、工程施工合同记载的内容相符。

(二)房地产开发企业自购建筑材料时,自购建材费用是否重复计算扣除项目。

(三)参照当地当期同类开发项目单位平均建安成本或当地建设部门公布的单位定额成本,验证建筑安装工程费支出是否存在异常。

（四）房地产开发企业采用自营方式自行施工建设的，还应当关注有无虚列、多列施工人工费、材料费、机械使用费等情况。

（五）建筑安装发票是否在项目所在地税务机关开具。

第二十六条 审核开发间接费用时应当重点关注：

（一）是否存在将企业行政管理部门（总部）为组织和管理生产经营活动而发生的管理费用记入开发间接费用的情形。

（二）开发间接费用是否真实发生，有无预提开发间接费用的情况，取得的凭证是否合法有效。

第二十七条 审核利息支出时应当重点关注：

（一）是否将利息支出从房地产开发成本中调整至开发费用。

（二）分期开发项目或者同时开发多个项目的，其取得的一般性贷款的利息支出，是否按照项目合理分摊。

（三）利用闲置专项借款对外投资取得收益，其收益是否冲减利息支出。

第二十八条 代收费用的审核。

对于县级以上人民政府要求房地产开发企业在售房时代收的各项费用，审核其代收费用是否计入房价并向购买方一并收取；当代收费用计入房价时，审核有无将代收费用计入加计扣除以及房地产开发费用计算基数的情形。

第二十九条 关联方交易行为的审核。

在审核收入和扣除项目时，应重点关注关联企业交易是否按照公允价值和营业常规进行业务往来。

应当关注企业大额应付款余额，审核交易行为是否真实。

第三十条 纳税人委托中介机构审核鉴证的清算项目，主管税务机关应当采取适当方法对有关鉴证报告的合法性、真实性进行审核。

第三十一条 对纳税人委托中介机构审核鉴证的清算项目，主管税务机关未采信或部分未采信鉴证报告的，应当告知其理由。

第三十二条 土地增值税清算审核结束，主管税务机关应当将审核结果书面通知纳税人，并确定办理补、退税期限。

第五章 核定征收

第三十三条 在土地增值税清算过程中，发现纳税人符合核定征收条件的，应按核定征收方式对房地产项目进行清算。

第三十四条 在土地增值税清算中符合以下条件之一的，可实行核定征收。

（一）依照法律、行政法规的规定应当设置但未设置账簿的；

（二）擅自销毁账簿或者拒不提供纳税资料的；

（三）虽设置账簿，但账目混乱或者成本资料、收入凭证、费用凭证残缺不全，难以确定转让收入或扣除项目金额的；

（四）符合土地增值税清算条件，企业未按照规定的期限办理清算手续，经税务机关责令限期清算，逾期仍不清算的；

（五）申报的计税依据明显偏低，又无正当理由的。

第三十五条 符合上述核定征收条件的，由主管税务机关发出核定征收的税务事项告知书后，税务人员对房地产项目开展土地增值税核定征收核查，经主管税务机关审核合议，通知纳税人申报缴纳应补缴税款或办理退税。

第三十六条 对于分期开发的房地产项目，各期清算的方式应保持一致。

第六章 其 他

第三十七条 土地增值税清算资料应按照档案化管理的要求，妥善保存。

第三十八条 本规程自 2009 年 6 月 1 日起施行，各省（自治区、直辖市、计划单列市）税务机关可结合本地实际，对本规程进行进一步细化。

附件：

1. 土地增值税纳税申报表（从事房地产开发的纳税人适用）（略）

2. 各类附表（略）

国家税务总局关于土地增值税清算有关问题的通知

（2010 年 5 月 19 日 国税函〔2010〕220 号）

各省、自治区、直辖市地方税务局，宁夏、西藏、青海省（自治区）国家税务局：

为了进一步做好土地增值税清算工作，根据《中华人民共和国土地增值税暂行条例》及实施细则的规定，现将土地增值税清算工作中有关问题通知如下：

一、关于土地增值税清算时收入确认的问题

土地增值税清算时，已全额开具商品房销售发票的，按照发票所载金额确认收入；未开具发票或未全额开具发票的，以交易双方签订的销售合同所载的售房金额及其他收益确认收入。销售合同所载商品房面积与有关部门实际测量面积不一致，在清算前已发生补、退房款的，应在计算土地增值税时予以调整。

二、房地产开发企业未支付的质量保证金，其扣除项目金额的确定问题

房地产开发企业在工程竣工验收后，根据合同约定，扣留建筑安装施工企业一定比例的工程款，作为开发项目的质量保证金，在计算土地增值税时，建筑安装施工企业就质量保证金对房地产开发企业开具发票的,按发票所载金额予以扣除;未开具发票的,扣留的质保金不得计算扣除。

三、房地产开发费用的扣除问题

(一)财务费用中的利息支出,凡能够按转让房地产项目计算分摊并提供金融机构证明的,允许据实扣除,但最高不能超过按商业银行同类同期贷款利率计算的金额。其他房地产开发费用,在按照"取得土地使用权所支付的金额"与"房地产开发成本"金额之和的5%以内计算扣除。

(二)凡不能按转让房地产项目计算分摊利息支出或不能提供金融机构证明的,房地产开发费用在按"取得土地使用权所支付的金额"与"房地产开发成本"金额之和的10%以内计算扣除。

全部使用自有资金,没有利息支出的,按照以上方法扣除。

上述具体适用的比例按省级人民政府此前规定的比例执行。

(三)房地产开发企业既向金融机构借款,又有其他借款的,其房地产开发费用计算扣除时不能同时适用本条(一)、(二)项所述两种办法。

(四)土地增值税清算时,已经计入房地产开发成本的利息支出,应调整至财务费用中计算扣除。

四、房地产企业逾期开发缴纳的土地闲置费的扣除问题

房地产开发企业逾期开发缴纳的土地闲置费不得扣除。

五、房地产开发企业取得土地使用权时支付的契税的扣除问题

房地产开发企业为取得土地使用权所支付的契税,应视同"按国家统一规定交纳的有关费用",计入"取得土地使用权所支付的金额"中扣除。

六、关于拆迁安置土地增值税计算问题

(一)房地产企业用建造的本项目房地产安置回迁户的,安置用房视同销售处理,按《国家税务总局关于房地产开发企业土地增值税清算管理有关问题的通知》(国税发〔2006〕187号)第三条第(一)款规定确认收入,同时将此确认为房地产开发项目的拆迁补偿费。房地产开发企业支付给回迁户的补差价款,计入拆迁补偿费;回迁户支付给房地产开发企业的补差价款,应抵减本项目拆迁补偿费。

(二)开发企业采取异地安置,异地安置的房屋属于自行开发建造的,房屋价值按国税发〔2006〕187号第三条第(一)款的规定计算,计入本项目的拆迁补偿费;异地安置的房屋属于购入的,以实际支付的购房支出计入拆迁补偿费。

(三)货币安置拆迁的,房地产开发企业凭合法有效凭据计入拆迁补偿费。

七、关于转让旧房准予扣除项目的加计问题

《财政部 国家税务总局关于土地增值税若干问题的通知》(财税〔2006〕21号)第二条第一款规定"纳税人转让旧房及建筑物,凡不能取得评估价格,但能提供购房发票的,经当地税务部门确认,《条例》第六条第(一)、(三)项规定的扣除项目的金额,可按发票所载金额并从购买年度起至转让年度止每年加计5%计算"。计算扣除项目时"每年"按购房发票所载日期起至售房发票开具之日止,每满12个月计一年;超过一年,未满12个月但超过6个月的,可以视同为一年。

八、土地增值税清算后应补缴的土地增值税加收滞纳金问题

纳税人按规定预缴土地增值税后,清算补缴的土地增值税,在主管税务机关规定的期限内补缴的,不加收滞纳金。

国家税务总局关于房地产开发企业土地增值税清算管理有关问题的通知

(2006年12月28日国税发〔2006〕187号公布　根据2018年6月15日《国家税务总局关于修改部分税收规范性文件的公告》修正)

各省、自治区、直辖市和计划单列市地方税务局,西藏、宁夏自治区国家税务局:

为进一步加强房地产开发企业土地增值税清算管理工作,根据《中华人民共和国税收征收管理法》、《中华人民共和国土地增值税暂行条例》及有关规定,现就有关问题通知如下:

一、土地增值税的清算单位

土地增值税以国家有关部门审批的房地产开发项目为单位进行清算,对于分期开发的项目,以分期项目为单位清算。

开发项目中同时包含普通住宅和非普通住宅的,应分别计算增值额。

二、土地增值税的清算条件

(一)符合下列情形之一的,纳税人应进行土地增值税的清算:

1. 房地产开发项目全部竣工、完成销售的;

2. 整体转让未竣工决算房地产开发项目的;

3. 直接转让土地使用权的。

(二)符合下列情形之一的,主管税务机关可要求纳税人进行土地增值税清算:

1. 已竣工验收的房地产开发项目,已转让的房地产建筑面积占整个项目可售建筑面积的比例在85%以上,或该比例虽未超过85%,但剩余的可售建筑面积已经出租或自用的;

2. 取得销售(预售)许可证满三年仍未销售完毕的;

3. 纳税人申请注销税务登记但未办理土地增值税清算手续的;

4. 省税务机关规定的其他情况。

三、非直接销售和自用房地产的收入确定

(一)房地产开发企业将开发产品用于职工福利、奖励、对外投资、分配给股东或投资人、抵偿债务、换取其他单位和个人的非货币性资产等,发生所有权转移时应视同销售房地产,其收入按下列方法和顺序确认:

1. 按本企业在同一地区、同一年度销售的同类房地产的平均价格确定;

2. 由主管税务机关参照当地当年、同类房地产的市场价格或评估价值确定。

(二)房地产开发企业将开发的部分房地产转为企业自用或用于出租等商业用途时,如果产权未发生转移,不征收土地增值税,在税款清算时不列收入,不扣除相应的成本和费用。

四、土地增值税的扣除项目

(一)房地产开发企业办理土地增值税清算时计算与清算项目有关的扣除项目金额,应根据土地增值税暂行条例第六条及其实施细则第七条的规定执行。除另有规定外,扣除取得土地使用权所支付的金额、房地产开发成本、费用及与转让房地产有关税金,须提供合法有效凭证;不能提供合法有效凭证的,不予扣除。

(二)房地产开发企业办理土地增值税清算所附送的前期工程费、建筑安装工程费、基础设施费、开发间接费用的凭证或资料不符合清算要求或不实的,税务机关可参照当地建设工程造价管理部门公布的建安造价定额资料,结合房屋结构、用途、区位等因素,核定上述四项开发成本的单位面积金额标准,并据以计算扣除。具体核定方法由省税务机关确定。

(三)房地产开发企业开发建造的与清算项目配套的居委会和派出所用房、会所、停车场(库)、物业管理场所、变电站、热力站、水厂、文体场馆、学校、幼儿园、托儿所、医院、邮电通讯等公共设施,按以下原则处理:

1. 建成后产权属于全体业主所有的,其成本、费用可以扣除;

2. 建成后无偿移交给政府、公用事业单位用于非营利性社会公共事业的,其成本、费用可以扣除;

3. 建成后有偿转让的,应计算收入,并准予扣除成本、费用。

(四)房地产开发企业销售已装修的房屋,其装修费用可以计入房地产开发成本。

房地产开发企业的预提费用,除另有规定外,不得扣除。

(五)属于多个房地产项目共同的成本费用,应按清算项目可售建筑面积占多个项目可售总建筑面积的比例或其他合理的方法,计算确定清算项目的扣除金额。

五、土地增值税清算应报送的资料

符合本通知第二条第(一)项规定的纳税人,须在满足清算条件之日起90日内到主管税务机关办理清算手续;符合本通知第二条第(二)项规定的纳税人,须在主管税务机关限定的期限内办理清算手续。

纳税人办理土地增值税清算应报送以下资料:

(一)房地产开发企业清算土地增值税书面申请、土地增值税纳税申报表;

(二)项目竣工决算报表、取得土地使用权所支付的地价款凭证、国有土地使用权出让合同、银行贷款利息结算通知单、项目工程合同结算单、商品房购销合同统计表等与转让房地产的收入、成本和费用有关的证明资料;

(三)主管税务机关要求报送的其他与土地增值税清算有关的证明资料等。

纳税人委托税务中介机构审核鉴证的清算项目,还应报送中介机构出具的《土地增值税清算税款鉴证报告》。

六、土地增值税清算项目的审核鉴证

税务中介机构受托对清算项目审核鉴证时,应按税务机关规定的格式对审核鉴证情况出具鉴证报告。对符合要求的鉴证报告,税务机关可以采信。

税务机关要对从事土地增值税清算鉴证工作的税务中介机构在准入条件、工作程序、鉴证内容、法律责任等方面提出明确要求,并做好必要的指导和管理工作。

七、土地增值税的核定征收

房地产开发企业有下列情形之一的,税务机关可以参照与其开发规模和收入水平相近的当地企业的土地增值税税负情况,按不低于预征率的征收率核定征收土地增值税:

(一)依照法律、行政法规的规定应当设置但未设置账簿的;

(二)擅自销毁账簿或者拒不提供纳税资料的;

(三)虽设置账簿,但账目混乱或者成本资料、收入凭证、费用凭证残缺不全,难以确定转让收入或扣除项目金额的;

(四)符合土地增值税清算条件,未按照规定的期限办理清算手续,经税务机关责令限期清算,逾期仍不清算的;

(五)申报的计税依据明显偏低,又无正当理由的。

八、清算后再转让房地产的处理

在土地增值税清算时未转让的房地产,清算后销售或有偿转让的,纳税人应按规定进行土地增值税的纳税申报,扣除项目金额按清算时的单位建筑面积成本费用乘以销售或转让面积计算。

单位建筑面积成本费用 = 清算时的扣除项目总金额 ÷ 清算的总建筑面积

本通知自2007年2月1日起执行。各省税务机关可依据本通知的规定并结合当地实际情况制定具体清算管理办法。

国家税务总局关于房地产开发企业土地增值税清算涉及企业所得税退税有关问题的公告

（2016年12月9日国家税务总局公告2016年第81号公布 自公布之日起施行）

根据《中华人民共和国企业所得税法》及其实施条例、《中华人民共和国税收征收管理法》及其实施细则的相关规定，现就房地产开发企业（以下简称“企业”）由于土地增值税清算，导致多缴企业所得税的退税问题公告如下：

一、企业按规定对开发项目进行土地增值税清算后，当年企业所得税汇算清缴出现亏损且有其他后续开发项目的，该亏损应按照税法规定向以后年度结转，用以后年度所得弥补。后续开发项目，是指正在开发以及中标的项目。

二、企业按规定对开发项目进行土地增值税清算后，当年企业所得税汇算清缴出现亏损，且没有后续开发项目的，可以按照以下方法，计算出该项目由于土地增值税原因导致的项目开发各年度多缴企业所得税税款，并申请退税：

（一）该项目缴纳的土地增值税总额，应按照该项目开发各年度实现的项目销售收入占整个项目销售收入总额的比例，在项目开发各年度进行分摊，具体按以下公式计算：

各年度应分摊的土地增值税 = 土地增值税总额 ×（项目年度销售收入 ÷ 整个项目销售收入总额）

本公告所称销售收入包括视同销售房地产的收入，但不包括企业销售的增值额未超过扣除项目金额20%的普通标准住宅的销售收入。

（二）该项目开发各年度应分摊的土地增值税减去该年度已经在企业所得税税前扣除的土地增值税后，余额属于当年应补充扣除的土地增值税；企业应调整当年度的应纳税所得额，并按规定计算当年度应退的企业所得税税款；当年度已缴纳的企业所得税税款不足退税的，应作为亏损向以后年度结转，并调整以后年度的应纳税所得额。

（三）按照上述方法进行土地增值税分摊调整后，导致相应年度应纳税所得额出现正数的，应按规定计算缴纳企业所得税。

（四）企业按上述方法计算的累计退税额，不得超过其在该项目开发各年度累计实际缴纳的企业所得税；超过部分作为项目清算年度产生的亏损，向以后年度结转。

三、企业在申请退税时，应向主管税务机关提供书面材料说明应退企业所得税款的计算过程，包括该项目缴纳的土地增值税总额、项目销售收入总额、项目年度销售收入额、各年度应分摊的土地增值税和已经税前扣除的土地增值税、各年度的适用税率，以及是否存在后续开发项目等情况。

四、本公告自发布之日起施行。本公告发布之日前，企业凡已经对土地增值税进行清算且没有后续开发项目的，在本公告发布后仍存在尚未弥补的因土地增值税清算导致的亏损，按照本公告第二条规定的方法计算多缴企业所得税税款，并申请退税。

《国家税务总局关于房地产开发企业注销前有关企业所得税处理问题的公告》（国家税务总局公告2010年第29号）同时废止。

特此公告。

国家税务总局关于营改增后土地增值税若干征管规定的公告

（2016年11月10日国家税务总局公告2016年第70号公布 自公布之日起施行）

为进一步做好营改增后土地增值税征收管理工作，根据《中华人民共和国土地增值税暂行条例》及其实施细则、《财政部、国家税务总局关于营改增后契税、房产税、土地增值税、个人所得税计税依据问题的通知》（财税〔2016〕43号）等规定，现就土地增值税若干征管问题明确如下：

一、关于营改增后土地增值税应税收入确认问题

营改增后，纳税人转让房地产的土地增值税应税收入不含增值税。适用增值税一般计税方法的纳税人，其转让房地产的土地增值税应税收入不含增值税销项税额；适用简易计税方法的纳税人，其转让房地产的土地增值税应税收入不含增值税应纳税额。

为方便纳税人，简化土地增值税预征税款计算，房地产开发企业采取预收款方式销售自行开发的房地产项目的，可按照以下方法计算土地增值税预征计征依据：

土地增值税预征的计征依据 = 预收款 - 应预缴增值税税款

二、关于营改增后视同销售房地产的土地增值税应税收入确认问题

纳税人将开发产品用于职工福利、奖励、对外投资、分配给股东或投资人、抵偿债务、换取其他单位和个人的非货币性资产等，发生所有权转移时应视同销售房地产，其收入应按照《国家税务总局关于房地产开发企业土地增值税清算管理有关问题的通知》（国税发〔2006〕187号）第三条规定执行。纳税人安置回迁户，其拆迁安置用房应税收入和扣除项目的确认，应按照《国家税务总局关于土地增值税清算有关问题的通知》（国税函〔2010〕220号）第六条规定执行。

三、关于与转让房地产有关的税金扣除问题

（一）营改增后，计算土地增值税增值额的扣除项目中“与转让房地产有关的税金”不包括增值税。

（二）营改增后，房地产开发企业实际缴纳的城市维护建设税（以下简称“城建税”）、教育费附加，凡能够按清算项目准确计算的，允许据实扣除。凡不能按清算项目准确计算的，则按该清算项目预缴增值税时实际缴纳的城建税、教育费附加扣除。

其他转让房地产行为的城建税、教育费附加扣除比照上述规定执行。

四、关于营改增前后土地增值税清算的计算问题

房地产开发企业在营改增后进行房地产开发项目土地增值税清算时，按以下方法确定相关金额：

（一）土地增值税应税收入 = 营改增前转让房地产取得的收入 + 营改增后转让房地产取得的不含增值税收入

（二）与转让房地产有关的税金 = 营改增前实际缴纳的营业税、城建税、教育费附加 + 营改增后允许扣除的城建税、教育费附加

五、关于营改增后建筑安装工程费支出的发票确认问题

营改增后，土地增值税纳税人接受建筑安装服务取得的增值税发票，应按照《国家税务总局关于全面推开营业税改征增值税试点有关税收征收管理事项的公告》（国家税务总局公告 2016 年第 23 号）规定，在发票的备注栏注明建筑服务发生地县（市、区）名称及项目名称，否则不得计入土地增值税扣除项目金额。

六、关于旧房转让时的扣除计算问题

营改增后，纳税人转让旧房及建筑物，凡不能取得评估价格，但能提供购房发票的，《中华人民共和国土地增值税暂行条例》第六条第一、三项规定的扣除项目的金额按照下列方法计算：

（一）提供的购房凭据为营改增前取得的营业税发票的，按照发票所载金额（不扣减营业税）并从购买年度起至转让年度止每年加计 5% 计算。

（二）提供的购房凭据为营改增后取得的增值税普通发票的，按照发票所载价税合计金额从购买年度起至转让年度止每年加计 5% 计算。

（三）提供的购房发票为营改增后取得的增值税专用发票的，按照发票所载不含增值税金额加上不允许抵扣的增值税进项税额之和，并从购买年度起至转让年度止每年加计 5% 计算。

本公告自公布之日起施行。

特此公告。

6. 耕地占用税

中华人民共和国耕地占用税法

（2018 年 12 月 29 日第十三届全国人民代表大会常务委员会第七次会议通过　2018 年 12 月 29 日中华人民共和国主席令第 18 号公布　自 2019 年 9 月 1 日起施行）

第一条　为了合理利用土地资源，加强土地管理，保护耕地，制定本法。

第二条　在中华人民共和国境内占用耕地建设建筑物、构筑物或者从事非农业建设的单位和个人，为耕地占用税的纳税人，应当依照本法规定缴纳耕地占用税。

占用耕地建设农田水利设施的，不缴纳耕地占用税。

本法所称耕地，是指用于种植农作物的土地。

第三条　耕地占用税以纳税人实际占用的耕地面积为计税依据，按照规定的适用税额一次性征收，应纳税额为纳税人实际占用的耕地面积（平方米）乘以适用税额。

第四条　耕地占用税的税额如下：

（一）人均耕地不超过一亩的地区（以县、自治县、不设区的市、市辖区为单位，下同），每平方米为十元至五十元；

（二）人均耕地超过一亩但不超过二亩的地区，每平方米为八元至四十元；

（三）人均耕地超过二亩但不超过三亩的地区，每平方米为六元至三十元；

（四）人均耕地超过三亩的地区，每平方米为五元至二十五元。

各地区耕地占用税的适用税额，由省、自治区、直辖市人民政府根据人均耕地面积和经济发展等情况，在前款规定的税额幅度内提出，报同级人民代表大会常务委员会决定，并报全国人民代表大会常务委员会和国务院备案。各省、自治区、直辖市耕地占用税适用税额的平均水平，不得低于本法所附《各省、自治区、直辖市耕地占用税平均税额表》规定的平均税额。

第五条　在人均耕地低于零点五亩的地区，省、自治区、直辖市可以根据当地经济发展情况，适当提高耕地占用税的适用税额，但提高的部分不得超过本法第四条第二款确定的适用税额的百分之五十。具体适用税额按照本法第四条第二款规定的程序确定。

第六条　占用基本农田的，应当按照本法第四条第二款或者第五条确定的当地适用税额，加按百分之一百五十征收。

第七条　军事设施、学校、幼儿园、社会福利机构、医疗机构占用耕地，免征耕地占用税。

铁路线路、公路线路、飞机场跑道、停机坪、港口、航道、水利工程占用耕地，减按每平方米二元的税额征收耕地占用税。

农村居民在规定用地标准以内占用耕地新建自用住宅，按照当地适用税额减半征收耕地占用税；其中农村居民经批准搬迁，新建自用住宅占用耕地不超过原宅基地面积的部分，免征耕地占用税。

农村烈士遗属、因公牺牲军人遗属、残疾军人以及符合农村最低生活保障条件的农村居民，在规定用地标准以内新建自用住宅，免征耕地占用税。

根据国民经济和社会发展的需要，国务院可以规定免征或者减征耕地占用税的其他情形，报全国人民代表大会常务委员会备案。

第八条　依照本法第七条第一款、第二款规定免征或者减征耕地占用税后，纳税人改变原占地用途，不再属于免征或者减征耕地占用税情形的，应当按照当地适用税额补缴耕地占用税。

第九条　耕地占用税由税务机关负责征收。

第十条　耕地占用税的纳税义务发生时间为纳税人收到自然资源主管部门办理占用耕地手续的书面通知的当日。纳税人应当自纳税义务发生之日起三十日内申报缴纳耕地占用税。

自然资源主管部门凭耕地占用税完税凭证或者免税凭证和其他有关文件发放建设用地批准书。

第十一条　纳税人因建设项目施工或者地质勘查临时占用耕地，应当依照本法的规定缴纳耕地占用税。纳税人在批准临时占用耕地期满之日起一年内依法复垦，恢复种植条件的，全额退还已经缴纳的耕地占用税。

第十二条　占用园地、林地、草地、农田水利用地、养殖水面、渔业水域滩涂以及其他农用地建设建筑物、构筑物或者从事非农业建设的，依照本法的规定缴纳耕地占用税。

占用前款规定的农用地的，适用税额可以适当低于本地区按照本法第四条第二款确定的适用税额，但降低的部分不得超过百分之五十。具体适用税额由省、自治区、直辖市人民政府提出，报同级人民代表大会常务委员会决定，并报全国人民代表大会常务委员会和国务院备案。

占用本条第一款规定的农用地建设直接为农业生产服务的生产设施的，不缴纳耕地占用税。

第十三条　税务机关应当与相关部门建立耕地占用税涉税信息共享机制和工作配合机制。县级以上地方人民政府自然资源、农业农村、水利等相关部门应当定期向税务机关提供农用地转用、临时占地等信息，协助税务机关加强耕地占用税征收管理。

税务机关发现纳税人的纳税申报数据资料异常或者纳税人未按照规定期限申报纳税的，可以提请相关部门进行复核，相关部门应当自收到税务机关复核申请之日起三十日内向税务机关出具复核意见。

第十四条　耕地占用税的征收管理，依照本法和《中华人民共和国税收征收管理法》的规定执行。

第十五条　纳税人、税务机关及其工作人员违反本法规定的，依照《中华人民共和国税收征收管理法》和有关法律法规的规定追究法律责任。

第十六条　本法自2019年9月1日起施行。2007年12月1日国务院公布的《中华人民共和国耕地占用税暂行条例》同时废止。

附：

各省、自治区、直辖市耕地占用税平均税额表

省、自治区、直辖市	平均税额（元/平方米）
上海	45
北京	40
天津	35
江苏、浙江、福建、广东	30
辽宁、湖北、湖南	25
河北、安徽、江西、山东、河南、重庆、四川	22.5
广西、海南、贵州、云南、陕西	20
山西、吉林、黑龙江	17.5
内蒙古、西藏、甘肃、青海、宁夏、新疆	12.5

中华人民共和国耕地占用税法实施办法

（2019年8月29日财政部、税务总局、自然资源部、农业农村部、生态环境部公告2019年第81号公布　自2019年9月1日起施行）

第一条　为了贯彻实施《中华人民共和国耕地占用税法》（以下简称税法），制定本办法。

第二条　经批准占用耕地的，纳税人为农用地转用审批文件中标明的建设用地人；农用地转用审批文件中未标明建设用地人的，纳税人为用地申请人，其中用地申请人为各级人民政府的，由同级土地储备中心、自然资源主管部门或政府委托的其他部门、单位履行耕地占用税申报纳税义务。

未经批准占用耕地的，纳税人为实际用地人。

第三条 实际占用的耕地面积，包括经批准占用的耕地面积和未经批准占用的耕地面积。

第四条 基本农田，是指依据《基本农田保护条例》划定的基本农田保护区范围内的耕地。

第五条 免税的军事设施，具体范围为《中华人民共和国军事设施保护法》规定的军事设施。

第六条 免税的学校，具体范围包括县级以上人民政府教育行政部门批准成立的大学、中学、小学，学历性职业教育学校和特殊教育学校，以及经省级人民政府或其人力资源社会保障行政部门批准成立的技工院校。

学校内经营性场所和教职工住房占用耕地的，按照当地适用税额缴纳耕地占用税。

第七条 免税的幼儿园，具体范围限于县级以上人民政府教育行政部门批准成立的幼儿园内专门用于幼儿保育、教育的场所。

第八条 免税的社会福利机构，具体范围限于依法登记的养老服务机构、残疾人服务机构、儿童福利机构、救助管理机构、未成年人救助保护机构内，专门为老年人、残疾人、未成年人、生活无着的流浪乞讨人员提供养护、康复、托管等服务的场所。

第九条 免税的医疗机构，具体范围限于县级以上人民政府卫生健康行政部门批准设立的医疗机构内专门从事疾病诊断、治疗活动的场所及其配套设施。

医疗机构内职工住房占用耕地的，按照当地适用税额缴纳耕地占用税。

第十条 减税的铁路线路，具体范围限于铁路路基、桥梁、涵洞、隧道及其按照规定两侧留地、防火隔离带。

专用铁路和铁路专用线占用耕地的，按照当地适用税额缴纳耕地占用税。

第十一条 减税的公路线路，具体范围限于经批准建设的国道、省道、县道、乡道和属于农村公路的村道的主体工程以及两侧边沟或者截水沟。

专用公路和城区内机动车道占用耕地的，按照当地适用税额缴纳耕地占用税。

第十二条 减税的飞机场跑道、停机坪，具体范围限于经批准建设的民用机场专门用于民用航空器起降、滑行、停放的场所。

第十三条 减税的港口，具体范围限于经批准建设的港口内供船舶进出、停靠以及旅客上下、货物装卸的场所。

第十四条 减税的航道，具体范围限于在江、河、湖泊、港湾等水域内供船舶安全航行的通道。

第十五条 减税的水利工程，具体范围限于经县级以上人民政府水行政主管部门批准建设的防洪、排涝、灌溉、引（供）水、滩涂治理、水土保持、水资源保护等各类工程及其配套和附属工程的建筑物、构筑物占压地和经批准的管理范围用地。

第十六条 纳税人符合税法第七条规定情形，享受免征或者减征耕地占用税的，应当留存相关证明资料备查。

第十七条 根据税法第八条的规定，纳税人改变原占地用途，不再属于免征或减征情形的，应自改变用途之日起30日内申报补缴税款，补缴税款按改变用途的实际占用耕地面积和改变用途时当地适用税额计算。

第十八条 临时占用耕地，是指经自然资源主管部门批准，在一般不超过2年内临时使用耕地并且没有修建永久性建筑物的行为。

依法复垦应由自然资源主管部门会同有关行业管理部门认定并出具验收合格确认书。

第十九条 因挖损、采矿塌陷、压占、污染等损毁耕地属于税法所称的非农业建设，应依照税法规定缴纳耕地占用税；自自然资源、农业农村等相关部门认定损毁耕地之日起3年内依法复垦或修复，恢复种植条件的，比照税法第十一条规定办理退税。

第二十条 园地，包括果园、茶园、橡胶园、其他园地。

前款的其他园地包括种植桑树、可可、咖啡、油棕、胡椒、药材等其他多年生作物的园地。

第二十一条 林地，包括乔木林地、竹林地、红树林地、森林沼泽、灌木林地、灌丛沼泽、其他林地，不包括城镇村庄范围内的绿化林木用地，铁路、公路征地范围内的林木用地，以及河流、沟渠的护堤林用地。

前款的其他林地包括疏林地、未成林地、迹地、苗圃等林地。

第二十二条 草地，包括天然牧草地、沼泽草地、人工牧草地，以及用于农业生产并已由相关行政主管部门发放使用权证的草地。

第二十三条 农田水利用地，包括农田排灌沟渠及相应附属设施用地。

第二十四条 养殖水面，包括人工开挖或者天然形成的用于水产养殖的河流水面、湖泊水面、水库水面、坑塘水面及相应附属设施用地。

第二十五条 渔业水域滩涂，包括专门用于种植或者养殖水生动植物的海水潮浸地带和滩地，以及用于种植芦苇并定期进行人工养护管理的苇田。

第二十六条 直接为农业生产服务的生产设施，是指直接为农业生产服务而建设的建筑物和构筑物。具体包括：储存农用机具和种子、苗木、木材等农业产品的仓储设施；培育、生产种子、种苗的设施；畜禽养殖设施；木材集材道、运材道；农业科研、试验、示范基地；野生动植物保护、护林、森林病虫害防治、森林防火、木材检疫的设施；专为农业生产服务的灌溉排水、供水、供电、供热、供气、通讯基础设施；农业生产者从事农业生产必需的食宿和管理设施；其他直接为农业生产服务的生产设施。

第二十七条 未经批准占用耕地的，耕地占用税纳税义务发生时间为自然资源主管部门认定的纳税人实际占用耕地的当日。

因挖损、采矿塌陷、压占、污染等损毁耕地的纳税义务发生时间为自然资源、农业农村等相关部门认定损毁耕地的当日。

第二十八条 纳税人占用耕地，应当在耕地所在地申报纳税。

第二十九条 在农用地转用环节，用地申请人能证明建设用地人符合税法第七条第一款规定的免税情形的，免征用地申请人的耕地占用税；在供地环节，建设用地人使用耕地用途符合税法第七条第一款规定的免税情形的，由用地申请人和建设用地人共同申请，按退税管理的规定退还用地申请人已经缴纳的耕地占用税。

第三十条 县级以上地方人民政府自然资源、农业农村、水利、生态环境等相关部门向税务机关提供的农用地转用、临时占地等信息，包括农用地转用信息、城市和村庄集镇按批次建设用地转而未供信息、经批准临时占地信息、改变原占地用途信息、未批先占农用地查处信息、土地损毁信息、土壤污染信息、土地复垦信息、草场使用和渔业养殖权证发放信息等。

各省、自治区、直辖市人民政府应当建立健全本地区跨部门耕地占用税部门协作和信息交换工作机制。

第三十一条 纳税人占地类型、占地面积和占地时间等纳税申报数据材料以自然资源等相关部门提供的相关材料为准；未提供相关材料或者材料信息不完整的，经主管税务机关提出申请，由自然资源等相关部门自收到申请之日起30日内出具认定意见。

第三十二条 纳税人的纳税申报数据资料异常或者纳税人未按照规定期限申报纳税的，包括下列情形：

（一）纳税人改变原占地用途，不再属于免征或者减征耕地占用税情形，未按照规定进行申报的；

（二）纳税人已申请用地但尚未获得批准先行占地开工，未按照规定进行申报的；

（三）纳税人实际占用耕地面积大于批准占用耕地面积，未按照规定进行申报的；

（四）纳税人未履行报批程序擅自占用耕地，未按照规定进行申报的；

（五）其他应提请相关部门复核的情形。

第三十三条 本办法自2019年9月1日起施行。

国家税务总局关于耕地占用税征收管理有关事项的公告

（2019年8月30日国家税务总局公告2019年第30号公布 自2019年9月1日起施行）

为落实《中华人民共和国耕地占用税法》（以下简称《耕地占用税法》）及《中华人民共和国耕地占用税法实施办法》（以下简称《实施办法》），规范耕地占用税征收管理，现就有关事项公告如下：

一、耕地占用税以纳税人实际占用的属于耕地占用税征税范围的土地（以下简称“应税土地”）面积为计税依据，按应税土地当地适用税额计税，实行一次性征收。

耕地占用税计算公式为：应纳税额＝应税土地面积×适用税额。

应税土地面积包括经批准占用面积和未经批准占用面积，以平方米为单位。

当地适用税额是指省、自治区、直辖市人民代表大会常务委员会决定的应税土地所在地县级行政区的现行适用税额。

二、按照《耕地占用税法》第六条规定，加按百分之一百五十征收耕地占用税的计算公式为：应纳税额＝应税土地面积×适用税额×百分之一百五十。

三、按照《耕地占用税法》及《实施办法》的规定，免征、减征耕地占用税的部分项目按以下口径执行：

（一）免税的军事设施，是指《中华人民共和国军事设施保护法》第二条所列建筑物、场地和设备。具体包括：指挥机关，地面和地下的指挥工程、作战工程；军用机场、港口、码头；营区、训练场、试验场；军用洞库、仓库；军用通信、侦察、导航、观测台站，测量、导航、助航标志；军用公路、铁路专用线，军用通信、输电线路，军用输油、输水管道；边防、海防管控设施；国务院和中央军事委员会规定的其他军事设施。

（二）免税的社会福利机构，是指依法登记的养老服务机构、残疾人服务机构、儿童福利机构及救助管理机构、未成年人救助保护机构内专门为老年人、残疾人、未成年人及生活无着的流浪乞讨人员提供养护、康复、托管等服务的场所。

养老服务机构，是指为老年人提供养护、康复、托管等服务的老年人社会福利机构。具体包括老年社会福利院、养老院（或老人院）、老年公寓、护老院、护养院、敬老院、托老所、老年人服务中心等。

残疾人服务机构，是指为残疾人提供养护、康复、托管等服务的社会福利机构。具体包括为肢体、智力、视力、听力、语言、精神方面有残疾的人员提供康复和功能补偿的辅助器具，进行康复治疗、康复训练，承担教育、养护和托管服务的社会福利机构。

儿童福利机构，是指为孤、弃、残儿童提供养护、康复、医疗、教育、托管等服务的儿童社会福利服务机构。具体包括儿童福利院、社会福利院、SOS 儿童村、孤儿学校、残疾儿童康复中心、社区特教班等。

社会救助机构，是指为生活无着的流浪乞讨人员提供寻亲、医疗、未成年人教育、离站等服务的救助管理机构。具体包括县级以上人民政府设立的救助管理站、未成年人救助保护中心等专门机构。

（三）免税的医疗机构，是指县级以上人民政府卫生健康行政部门批准设立的医疗机构内专门从事疾病诊断、治疗活动的场所及其配套设施。

（四）减税的公路线路，是指经批准建设的国道、省道、县道、乡道和属于农村公路的村道的主体工程以及两侧边沟或者截水沟。具体包括高速公路、一级公路、二级公路、三级公路、四级公路和等外公路的主体工程及两侧边沟或者截水沟。

四、根据《耕地占用税法》第八条的规定，纳税人改变原占地用途，需要补缴耕地占用税的，其纳税义务发生时间为改变用途当日，具体为：经批准改变用途的，纳税义务发生时间为纳税人收到批准文件的当日；未经批准改变用途的，纳税义务发生时间为自然资源主管部门认定纳税人改变原占地用途的当日。

五、未经批准占用应税土地的纳税人，其纳税义务发生时间为自然资源主管部门认定其实际占地的当日。

六、耕地占用税实行全国统一的纳税申报表（见附件）。

七、耕地占用税纳税人依法纳税申报时，应填报《耕地占用税纳税申报表》，同时依占用应税土地的不同情形分别提交下列材料：

（一）农用地转用审批文件复印件；

（二）临时占用耕地批准文件复印件；

（三）未经批准占用应税土地的，应提供实际占地的相关证明材料复印件。

其中第（一）项和第（二）项，纳税人提交的批准文书信息能够通过政府信息共享获取的，纳税人只需要提供上述材料的名称、文号、编码等信息供查询验证，不再提交材料复印件。

八、主管税务机关接收纳税人申报资料后，应审核资料是否齐全、是否符合法定形式、填写内容是否完整、项目间逻辑关系是否相符。审核无误的即时受理；审核发现问题的当场一次性告知应补正资料或不予受理原因。

九、耕地占用税减免优惠实行“自行判别、申报享受、有关资料留存备查”办理方式。纳税人根据政策规定自行判断是否符合优惠条件，符合条件的，纳税人申报享受税收优惠，并将有关资料留存备查。纳税人对留存材料的真实性和合法性承担法律责任。

符合耕地占用税减免条件的纳税人，应留存下列材料：

（一）军事设施占用应税土地的证明材料；

（二）学校、幼儿园、社会福利机构、医疗机构占用应税土地的证明材料；

（三）铁路线路、公路线路、飞机场跑道、停机坪、港口、航道、水利工程占用应税土地的证明材料；

（四）农村居民建房占用土地及其他相关证明材料；

（五）其他减免耕地占用税情形的证明材料。

十、纳税人符合《耕地占用税法》第十一条、《实施办法》第十九条的规定申请退税的，纳税人应提供身份证明查验，并提交以下材料复印件：

（一）税收缴款书、税收完税证明；

（二）复垦验收合格确认书。

十一、纳税人、建设用地人符合《实施办法》第二十九条规定共同申请退税的，纳税人、建设用地人应提供身份证明查验，并提交以下材料复印件：

（一）纳税人应提交税收缴款书、税收完税证明；

（二）建设用地人应提交使用耕地用途符合免税规定的证明材料。

十二、本公告自 2019 年 9 月 1 日起施行。《国家税务总局关于农业税、牧业税、耕地占用税、契税征收管理暂参照〈中华人民共和国税收征收管理法〉执行的通知》（国税发〔2001〕110 号）、《国家税务总局关于耕地占用税征收管理有关问题的通知》（国税发〔2007〕129 号）、《国家税务总局关于发布〈耕地占用税管理规程（试行）〉的公告》（国家税务总局公告 2016 年第 2 号发布，国家税务总局公告 2018 年第 31 号修改）同时废止。

特此公告。

附件：耕地占用税纳税申报表（略）

7. 印花税

中华人民共和国印花税暂行条例

（1988 年 8 月 6 日中华人民共和国国务院令第 11 号发布 根据 2011 年 1 月 8 日《国务院关于废止和修改部分行政法规的决定》修订）

第一条 在中华人民共和国境内书立、领受本条例所列举凭证的单位和个人，都是印花税的纳税义务人（以下简称纳税人），应当按照本条例规定缴纳印花税。

第二条 下列凭证为应纳税凭证：

（一）购销、加工承揽、建设工程承包、财产租赁、货物运输、仓储保管、借款、财产保险、技术合同或者具有合同性质的凭证；

（二）产权转移书据；

（三）营业账簿；

（四）权利、许可证照；

（五）经财政部确定征税的其他凭证。

第三条 纳税人根据应纳税凭证的性质，分别按比例税率或者按件定额计算应纳税额。具体税率、税额的确定，依照本条例所附《印花税税目税率表》执行。

应纳税额不足 1 角的，免纳印花税。

应纳税额在 1 角以上的，其税额尾数不满 5 分的不计，满 5 分的按 1 角计算缴纳。

第四条 下列凭证免纳印花税：

（一）已缴纳印花税的凭证的副本或者抄本；

（二）财产所有人将财产赠给政府、社会福利单位、学校所立的书据；

（三）经财政部批准免税的其他凭证。

第五条 印花税实行由纳税人根据规定自行计算应纳税额，购买并一次贴足印花税票（以下简称贴花）的缴纳办法。

为简化贴花手续，应纳税额较大或者贴花次数频繁的，纳税人可向税务机关提出申请，采取以缴款书代替贴花或者按期汇总缴纳的办法。

第六条 印花税票应当粘贴在应纳税凭证上，并由纳税人在每枚税票的骑缝处盖戳注销或者画销。

已贴用的印花税票不得重用。

第七条 应纳税凭证应当于书立或者领受时贴花。

第八条 同一凭证，由两方或者两方以上当事人签订并各执一份的，应当由各方就所执的一份各自全额贴花。

第九条 已贴花的凭证，修改后所载金额增加的，其增加部分应当补贴印花税票。

第十条 印花税由税务机关负责征收管理。

第十一条 印花税票由国家税务局监制。票面金额以人民币为单位。

第十二条 发放或者办理应纳税凭证的单位，负有监督纳税人依法纳税的义务。

第十三条 纳税人有下列行为之一的，由税务机关根据情节轻重，予以处罚：

（一）在应纳税凭证上未贴或者少贴印花税票的，税务机关除责令其补贴印花税票外，可处以应补贴印花税票金额 20 倍以下的罚款；

（二）违反本条例第六条第一款规定的，税务机关可处以未注销或者画销印花税票金额 10 倍以下的罚款；

（三）违反本条例第六条第二款规定的，税务机关可处以重用印花税票金额 30 倍以下的罚款。

伪造印花税票的，由税务机关提请司法机关依法追究刑事责任。

第十四条 印花税的征收管理，除本条例规定者外，依照《中华人民共和国税收征收管理法》的有关规定执行。

第十五条 本条例由财政部负责解释；施行细则由财政部制定。

第十六条 本条例自 1988 年 10 月 1 日起施行。

附件：

印花税税目税率表

税　目	范　围	税　率	纳税义务人	说　明
1. 购销合同	包括供应、预购、采购、购销结合及协作、调剂、补偿、易货等合同	按购销金额万分之三贴花	立合同人	
2. 加工承揽合同	包括加工、定作、修缮、修理、印刷、广告、测绘、测试等合同	按加工或承揽收入万分之五贴花	立合同人	
3. 建设工程勘察设计合同	包括勘察、设计合同	按收取费用万分之五贴花	立合同人	
4. 建筑安装工程承包合同	包括建筑、安装工程承包合同	按承包金额万分之三贴花	立合同人	
5. 财产租赁合同	包括租赁房屋、船舶、飞机、机动车辆、机械、器具、设备等合同	按租赁金额千分之一贴花。税额不足 1 元的按 1 元贴花	立合同人	
6. 货物运输合同	包括民用航空、铁路运输、海上运输、内河运输、公路运输和联运合同	按运输费用万分之五贴花	立合同人	单据作为合同使用的，按合同贴花
7. 仓储保管合同	包括仓储、保管合同	按仓储保管费用千分之一贴花	立合同人	仓单或栈单作为合同使用的，按合同贴花
8. 借款合同	银行及其他金融组织和借款人（不包括银行同业拆借）所签订的借款合同	按借款金额万分之零点五贴花	立合同人	单据作为合同使用的，按合同贴花
9. 财产保险合同	包括财产、责任、保证、信用等保险合同	按投保金额万分之零点三贴花	立合同人	单据作为合同使用的，按合同贴花
10. 技术合同	包括技术开发、转让、咨询、服务等合同	按所载金额万分之三贴花	立合同人	
11. 产权转移书据	包括财产所有权和版权、商标专用权、专利权、专有技术使用权等转移书据	按所载金额万分之五贴花	立据人	
12. 营业账簿	生产经营用账册	记载资金的账簿，按固定资产原值与自有流动资金总额万分之五贴花。其他账簿按件贴花 5 元	立账簿人	
13. 权利、许可证照	包括政府部门发给的房屋产权证、工商营业执照、商标注册证、专利证、土地使用证	按件贴花 5 元	领受人	

中华人民共和国印花税暂行条例施行细则

（1988年9月29日　财税〔1988〕255号）

第一条　本施行细则依据《中华人民共和国印花税暂行条例》（以下简称条例）第十五条的规定制定。

第二条　条例第一条所说的在中华人民共和国境内书立、领受本条例所列举凭证，是指在中国境内具有法律效力，受中国法律保护的凭证。

上述凭证无论在中国境内或者境外书立，均应依照条例规定贴花。

条例第一条所说的单位和个人，是指国内各类企业、事业、机关、团体、部队以及中外合资企业、合作企业、外资企业、外国公司企业和其他经济组织及其在华机构等单位和个人。

凡是缴纳工商统一税的中外合资企业、合作企业、外资企业、外国公司企业和其他经济组织，其缴纳的印花税，可以从所缴纳的工商统一税中如数抵扣。

第三条　条例第二条所说的建设工程承包合同，是指建设工程勘察设计合同和建筑安装工程承包合同。

建设工程承包合同包括总包合同、分包合同和转包合同。

第四条　条例第二条所说的合同，是指根据《中华人民共和国经济合同法》、《中华人民共和国涉外经济合同法》和其他有关合同法规订立的合同。

具有合同性质的凭证，是指具有合同效力的协议、契约、合约、单据、确认书及其他各种名称的凭证。

第五条　条例第二条所说的产权转移书据，是指单位和个人产权的买卖、继承、赠与、交换、分割等所立的书据。

第六条　条例第二条所说的营业账簿，是指单位或者个人记载生产经营活动的财务会计核算账簿。

第七条　税目税率表中的记载资金的账簿，是指载有固定资产原值和自有流动资金的总分类账簿，或者专门设置的记载固定资产原值和自有流动资金的账簿。

其他账簿，是指除上述账簿以外的账簿，包括日记账簿和各明细分类账簿。

第八条　记载资金的账簿按固定资产原值和自有流动资金总额贴花后，以后年度资金总额比已贴花资金总额增加的，增加部分应按规定贴花。

第九条　税目税率表中自有流动资金的确定，按有关财务会计制度的规定执行。

第十条　印花税只对税目税率表中列举的凭证和经财政部确定征税的其他凭证征税。

第十一条　条例第四条所说的已缴纳印花税的凭证的副本或者抄本免纳印花税，是指凭证的正式签署本已按规定缴纳了印花税，其副本或者抄本对外不发生权利义务关系，仅备存查的免贴印花。

以副本或者抄本视同正本使用的，应另贴印花。

第十二条　条例第四条所说的社会福利单位，是指抚养孤老伤残的社会福利单位。

第十三条　根据条例第四条第（3）款规定，对下列凭证免纳印花税：

1. 国家指定的收购部门与村民委员会、农民个人书立的农副产品收购合同；

2. 无息、贴息贷款合同；

3. 外国政府或者国际金融组织向我国政府及国家金融机构提供优惠贷款所书立的合同。

第十四条　条例第七条所说的书立或者领受时贴花，是指在合同的签订时、书据的立据时、账簿的启用时和证照的领受时贴花。

如果合同在国外签订的，应在国内使用时贴花。

第十五条　条例第八条所说的当事人，是指对凭证有直接权利义务关系的单位和个人，不包括保人、证人、鉴定人。

税目税率表中的立合同人，是指合同的当事人。

当事人的代理人有代理纳税的义务。

第十六条　产权转移书据由立据人贴花，如未贴或者少贴印花，书据的持有人应负责补贴印花。所立书据以合同方式签订的，应由持有书据的各方分别按全额贴花。

第十七条　同一凭证，因载有两个或者两个以上经济事项而适用不同税目税率，如分别记载金额的，应分别计算应纳税额，相加后按合计税额贴花；如未分别记载金额的，按税率高的计税贴花。

第十八条　按金额比例贴花的应税凭证，未标明金额的，应按照凭证所载数量及国家牌价计算金额；没有国家牌价的，按市场价格计算金额，然后按规定税率计算应纳税额。

第十九条　应纳税凭证所载金额为外国货币的，纳税人应按照凭证书立当日的中华人民共和国国家外汇管理局公布的外汇牌价折合人民币，计算应纳税额。

第二十条　应纳税凭证粘贴印花税票后应即注销。纳税人有印章的，加盖印章注销；纳税人没有印章的，可用钢笔（圆珠笔）画几条横线注销。注销标记应与骑缝处相交。骑缝处是指粘贴的印花税票与凭证及印花税票之间的交接处。

第二十一条　一份凭证应纳税额超过五百元的，应向当地税务机关申请填写缴款书或者完税证，将其中一联粘贴在凭证上或者由税务机关在凭证上加注完税标记代替贴花。

第二十二条　同一种类应纳税凭证，需频繁贴花的，应当向地税务机关申请按期汇总缴纳印花税。

税务机关对核准汇总缴纳印花税的单位，应发给汇缴许可证。汇总缴纳的限期限额由当地税务机关确定，但最长期限不得超过一个月。

第二十三条 凡汇总缴纳印花税的凭证，应加注税务机关指定的汇缴戳记、编号并装订成册后，将已贴印花或者缴款书的一联粘附册后，盖章注销，保存备查。

第二十四条 凡多贴印花税票者，不得申请退税或者抵用。

第二十五条 纳税人对纳税凭证应妥善保存。凭证的保存期限，凡国家已有明确规定的，按规定办；其余凭证均应在履行完毕后保存一年。

第二十六条 纳税人对凭证不能确定是否应当纳税的，应及时携带凭证，到当地税务机关鉴别。

纳税人同税务机关对凭证的性质发生争议的，应检附该凭证报请上一级税务机关核定。

第二十七条 条例第十二条所说的发放或者办理应纳税凭证的单位，是指发放权利、许可证照的单位和办理凭证的鉴证、公证及其他有关事项的单位。

第二十八条 条例第十二条所说的负有监督纳税人依法纳税的义务，是指发放或者办理应纳税凭证的单位应对以下纳税事项监督：

1. 应纳税凭证是否已粘贴印花；
2. 粘贴的印花是否足额；
3. 粘贴的印花是否按规定注销。

对未完成以上纳税手续的，应督促纳税人当场贴花。

第二十九条 印花税票的票面金额以人民币为单位，分为壹角、贰角、伍角、壹元、贰元、伍元、拾元、伍拾元、壹佰元九种。

第三十条 印花税票为有价证券，各地税务机关应按照国家税务局制定的管理办法严格管理，具体管理办法另定。

第三十一条 印花税票可以委托单位或者个人代售，并由税务机关付给代售金额5%的手续费。支付来源从实征印花税款中提取。

第三十二条 凡代售印花税票者，应先向当地税务机关提出代售申请，必要时须提供保证人。税务机关调查核准后，应与代售户签订代售合同，发给代售许可证。

第三十三条 代售户所售印花税票取得的税款，须专户存储，并按照规定的期限，向当地税务机关结报，或者填开专用缴款书直接向银行缴纳。不得逾期不缴或者挪作他用。

第三十四条 代售户领存的印花税票及所售印花税票的税款，如有损失，应负责赔偿。

第三十五条 代售户所领印花税票，除合同另有规定者外，不得转托他人代售或者转至其他地区销售。

第三十六条 对代售户代售印花税票的工作，税务机关应经常进行指导、检查和监督。代售户须详细提供领售印花税票的情况，不得拒绝。

第三十七条 印花税的检查，由税务机关执行。税务人员进行检查时，应当出示税务检查证。纳税人不得以任何借口加以拒绝。

第三十八条 税务人员查获违反条例规定的凭证，应按有关规定处理。如需将凭证带回的，应出具收据，交被检查人收执。

第三十九条 纳税人违反本细则第二十二条规定，超过税务机关核定的纳税期限，未缴或者少缴印花税款的，税务机关除令其限期补缴税款外，并从滞纳之日起，按日加收5‰的滞纳金。

第四十条 纳税人违反本细则第二十三条规定的，酌情处以5000元以下罚款；情节严重的，撤销其汇缴许可证。

第四十一条 纳税人违反本细则第二十五条规定的，酌情处以5000元以下罚款。

第四十二条 代售户违反本细则第三十三条、第三十五条、第三十六条规定的，视其情节轻重，给予警告处分或者取消其代售资格。

第四十三条 纳税人不按规定贴花，逃避纳税的，任何单位和个人都有权检举揭发，经税务机关查实处理后，可按规定奖励检举揭发人，并为其保密。

第四十四条 本细则由国家税务局负责解释。

第四十五条 本细则与条例同时施行。

财政部、国家税务总局关于企业改制过程中有关印花税政策的通知

（2003年12月8日 财税〔2003〕183号）

各省、自治区、直辖市、计划单列市财政厅（局）、地方税务局，新疆生产建设兵团财务局：

为贯彻落实国务院关于支持企业改制的指示精神，规范企业改制过程中有关税收政策，现就经县级以上人民政府及企业主管部门批准改制的企业，在改制过程中涉及的印花税政策通知如下：

一、关于资金账簿的印花税

（一）实行公司制改造的企业在改制过程中成立的新企业（重新办理法人登记的），其新启用的资金账簿记载的资金或因企业建立资本纽带关系而增加的资金，凡原已贴花的部分可不再贴花，未贴花的部分和以后新增加的资金按规定贴花。

公司制改造包括国有企业依《公司法》整体改造成国有独资有限责任公司；企业通过增资扩股或者转让部分产权，实现他人对企业的参股，将企业改造成有限责任公司或股份有限公司；企业以其部分财产和相应债务与他人组建新公

司;企业将债务留在原企业,而以其优质财产与他人组建的新公司。

(二)以合并或分立方式成立的新企业,其新启用的资金账簿记载的资金,凡原已贴花的部分可不再贴花,未贴花的部分和以后新增加的资金按规定贴花。

合并包括吸收合并和新设合并。分立包括存续分立和新设分立。

(三)企业债权转股权新增加的资金按规定贴花。

(四)企业改制中经评估增加的资金按规定贴花。

(五)企业其他会计科目记载的资金转为实收资本或资本公积的资金按规定贴花。

二、关于各类应税合同的印花税

企业改制前签订但尚未履行完的各类应税合同,改制后需要变更执行主体的,对仅改变执行主体、其余条款未作变动且改制前已贴花的,不再贴花。

三、关于产权转移书据的印花税

企业因改制签订的产权转移书据免予贴花。

财政部、国家税务总局关于印花税若干政策的通知

(2006 年 11 月 27 日 财税〔2006〕162 号)

各省、自治区、直辖市、计划单列市财政厅(局)、地方税务局,新疆生产建设兵团财务局:

为适应经济形势发展变化的需要,完善税制,现将印花税有关政策明确如下:

一、对纳税人以电子形式签订的各类应税凭证按规定征收印花税。

二、对发电厂与电网之间、电网与电网之间(国家电网公司系统、南方电网公司系统内部各级电网互供电量除外)签订的购售电合同按购销合同征收印花税。电网与用户之间签订的供用电合同不属于印花税列举征税的凭证,不征收印花税。

三、对土地使用权出让合同、土地使用权转让合同按产权转移书据征收印花税。

四、对商品房销售合同按照产权转移书据征收印花税。

财政部、国家税务总局关于融资租赁合同有关印花税政策的通知

(2015 年 12 月 24 日 财税〔2015〕144 号)

各省、自治区、直辖市、计划单列市财政厅(局)、地方税务局,西藏、宁夏回族自治区国家税务局,新疆生产建设兵团财务局:

根据《国务院办公厅关于加快融资租赁业发展的指导意见》(国办发〔2015〕68 号)有关规定,为促进融资租赁业健康发展,公平税负,现就融资租赁合同有关印花税政策通知如下:

一、对开展融资租赁业务签订的融资租赁合同(含融资性售后回租),统一按照其所载明的租金总额依照“借款合同”税目,按万分之零点五的税率计税贴花。

二、在融资性售后回租业务中,对承租人、出租人因出售租赁资产及购回租赁资产所签订的合同,不征收印花税。

三、本通知自印发之日起执行。此前未处理的事项,按照本通知规定执行。

请遵照执行。

文书范本

印花税纳税申报(报告)表

税款所属期限:自　　年　月　日至　　年　月　日　填表日期:　　年　月　日　　　　金额单位:元至角分

纳税人识别号	

纳税人信息				
纳税人信息	名称		□单位　□个人	
	登记注册类型		所属行业	
	身份证件类型		身份证件号码	
	联系方式			

应税凭证	计税金额或件数	核定征收		适用税率	本期应纳税额	本期已缴税额	本期减免税额		本期应补(退)税额
		核定依据	核定比例				减免性质代码	减免额	
	1	2	3	4	5=1×4+2×3×4	6	7	8	9=5-6-8
购销合同				0.3‰					
加工承揽合同				0.5‰					
建设工程勘察设计合同				0.5‰					
建筑安装工程承包合同				0.3‰					
财产租赁合同				1‰					
货物运输合同				0.5‰					
仓储保管合同				1‰					
借款合同				0.05‰					
财产保险合同				1‰					
技术合同				0.3‰					
产权转移书据				0.5‰					
营业账簿(记载资金的账簿)		—		0.5‰					
营业账簿(其他账簿)		—		5					
权利、许可证照		—		5					
合　计	—	—		—					

以下由纳税人填写:					
纳税人声明	此纳税申报表是根据《中华人民共和国印花税暂行条例》和国家有关税收规定填报的,是真实的、可靠的、完整的。				
纳税人签章		代理人签章		代理人身份证号	
以下由税务机关填写:					
受理人		受理日期	年　月　日	受理税务机关签章	

本表一式两份,一份纳税人留存,一份税务机关留存。

减免性质代码:减免性质代码按照税务机关最新制发的减免税政策代码表中的最细项减免性质代码填报。

8. 契税

中华人民共和国契税法

(2020年8月11日第十三届全国人民代表大会常务委员会第二十一次会议通过 2020年8月11日中华人民共和国主席令第52号公布 自2021年9月1日起施行)

第一条 在中华人民共和国境内转移土地、房屋权属,承受的单位和个人为契税的纳税人,应当依照本法规定缴纳契税。

第二条 本法所称转移土地、房屋权属,是指下列行为:

(一)土地使用权出让;

(二)土地使用权转让,包括出售、赠与、互换;

(三)房屋买卖、赠与、互换。

前款第二项土地使用权转让,不包括土地承包经营权和土地经营权的转移。

以作价投资(入股)、偿还债务、划转、奖励等方式转移土地、房屋权属的,应当依照本法规定征收契税。

第三条 契税税率为百分之三至百分之五。

契税的具体适用税率,由省、自治区、直辖市人民政府在前款规定的税率幅度内提出,报同级人民代表大会常务委员会决定,并报全国人民代表大会常务委员会和国务院备案。

省、自治区、直辖市可以依照前款规定的程序对不同主体、不同地区、不同类型的住房的权属转移确定差别税率。

第四条 契税的计税依据:

(一)土地使用权出让、出售,房屋买卖,为土地、房屋权属转移合同确定的成交价格,包括应交付的货币以及实物、其他经济利益对应的价款;

(二)土地使用权互换、房屋互换,为所互换的土地使用权、房屋价格的差额;

(三)土地使用权赠与、房屋赠与以及其他没有价格的转移土地、房屋权属行为,为税务机关参照土地使用权出售、房屋买卖的市场价格依法核定的价格。

纳税人申报的成交价格、互换价格差额明显偏低且无正当理由的,由税务机关依照《中华人民共和国税收征收管理法》的规定核定。

第五条 契税的应纳税额按照计税依据乘以具体适用税率计算。

第六条 有下列情形之一的,免征契税:

(一)国家机关、事业单位、社会团体、军事单位承受土地、房屋权属用于办公、教学、医疗、科研、军事设施;

(二)非营利性的学校、医疗机构、社会福利机构承受土地、房屋权属用于办公、教学、医疗、科研、养老、救助;

(三)承受荒山、荒地、荒滩土地使用权用于农、林、牧、渔业生产;

(四)婚姻关系存续期间夫妻之间变更土地、房屋权属;

(五)法定继承人通过继承承受土地、房屋权属;

(六)依照法律规定应当予以免税的外国驻华使馆、领事馆和国际组织驻华代表机构承受土地、房屋权属。

根据国民经济和社会发展的需要,国务院对居民住房需求保障、企业改制重组、灾后重建等情形可以规定免征或者减征契税,报全国人民代表大会常务委员会备案。

第七条 省、自治区、直辖市可以决定对下列情形免征或者减征契税:

(一)因土地、房屋被县级以上人民政府征收、征用,重新承受土地、房屋权属;

(二)因不可抗力灭失住房,重新承受住房权属。

前款规定的免征或者减征契税的具体办法,由省、自治区、直辖市人民政府提出,报同级人民代表大会常务委员会决定,并报全国人民代表大会常务委员会和国务院备案。

第八条 纳税人改变有关土地、房屋的用途,或者有其他不再属于本法第六条规定的免征、减征契税情形的,应当缴纳已经免征、减征的税款。

第九条 契税的纳税义务发生时间,为纳税人签订土地、房屋权属转移合同的当日,或者纳税人取得其他具有土地、房屋权属转移合同性质凭证的当日。

第十条 纳税人应当在依法办理土地、房屋权属登记手续前申报缴纳契税。

第十一条 纳税人办理纳税事宜后,税务机关应当开具契税完税凭证。纳税人办理土地、房屋权属登记,不动产登记机构应当查验契税完税、减免税凭证或者有关信息。未按照规定缴纳契税的,不动产登记机构不予办理土地、房屋权属登记。

第十二条 在依法办理土地、房屋权属登记前,权属转移合同、权属转移合同性质凭证不生效、无效、被撤销或者被解除的,纳税人可以向税务机关申请退还已缴纳的税款,税务机关应当依法办理。

第十三条 税务机关应当与相关部门建立契税涉税信息共享和工作配合机制。自然资源、住房城乡建设、民政、公安等相关部门应当及时向税务机关提供与转移土地、房屋权属有关的信息,协助税务机关加强契税征收管理。

税务机关及其工作人员对税收征收管理过程中知悉的纳税人的个人信息,应当依法予以保密,不得泄露或者非法向他人提供。

第十四条 契税由土地、房屋所在地的税务机关依照本法和《中华人民共和国税收征收管理法》的规定征收管理。

第十五条 纳税人、税务机关及其工作人员违反本法规定的,依照《中华人民共和国税收征收管理法》和有关法律法规的规定追究法律责任。

第十六条 本法自2021年9月1日起施行。1997年7月7日国务院发布的《中华人民共和国契税暂行条例》同时废止。

国家税务总局关于契税纳税申报有关问题的公告

（2015年9月25日国家税务总局公告2015年第67号公布 自公布之日起施行）

根据房地产权属转移契税征管中遇到的实际情况，现将下列情形契税纳税申报有关问题公告如下：

一、根据人民法院、仲裁委员会的生效法律文书发生土地、房屋权属转移，纳税人不能取得销售不动产发票的，可持人民法院执行裁定书原件及相关材料办理契税纳税申报，税务机关应予受理。

二、购买新建商品房的纳税人在办理契税纳税申报时，由于销售新建商品房的房地产开发企业已办理注销税务登记或者被税务机关列为非正常户等原因，致使纳税人不能取得销售不动产发票的，税务机关在核实有关情况后应予受理。

三、本公告自公布之日起施行。

特此公告。

财政部、国家税务总局关于购房人办理退房有关契税问题的通知

（2011年4月26日 财税〔2011〕32号）

各省、自治区、直辖市、计划单列市财政厅（局）、地方税务局，新疆生产建设兵团财务局：

根据《中华人民共和国契税暂行条例》（国务院令第224号）及其细则的规定，现对购房单位和个人办理退房有关契税问题明确如下：

对已缴纳契税的购房单位和个人，在未办理房屋权属变更登记前退房的，退还已纳契税；在办理房屋权属变更登记后退房的，不予退还已纳契税。

请遵照执行。

财政部、国家税务总局关于夫妻之间房屋土地权属变更有关契税政策的通知

（2013年12月31日 财税〔2014〕4号）

各省、自治区、直辖市、计划单列市财政厅（局）、地方税务局，西藏、宁夏、青海省（自治区）国家税务局，新疆生产建设兵团财务局：

经研究，现将夫妻之间房屋、土地权属变更有关契税政策通知如下：

在婚姻关系存续期间，房屋、土地权属原归夫妻一方所有，变更为夫妻双方共有或另一方所有的，或者房屋、土地权属原归夫妻双方共有，变更为其中一方所有的，或者房屋、土地权属原归夫妻双方共有，双方约定、变更共有份额的，免征契税。

本通知自发布之日起施行。《财政部、国家税务总局关于房屋土地权属由夫妻一方所有变更为夫妻双方共有契税政策的通知》（财税〔2011〕82号）同时废止。

9. 资源税

中华人民共和国资源税法

（2019年8月26日第十三届全国人民代表大会常务委员会第十二次会议通过 2019年8月26日中华人民共和国主席令第33号公布 自2020年9月1日起施行）

第一条 在中华人民共和国领域和中华人民共和国管辖的其他海域开发应税资源的单位和个人，为资源税的纳税人，应当依照本法规定缴纳资源税。

应税资源的具体范围，由本法所附《资源税税目税率表》（以下称《税目税率表》）确定。

第二条 资源税的税目、税率，依照《税目税率表》执行。

《税目税率表》中规定实行幅度税率的，其具体适用税率由省、自治区、直辖市人民政府统筹考虑该应税资源的品位、开采条件以及对生态环境的影响等情况，在《税目税率表》规定的税率幅度内提出，报同级人民代表大会常务委员会决定，并报全国人民代表大会常务委员会和国务院备案。《税目税率表》中规定征税对象为原矿或者选矿的，应当分别确定具体适用税率。

第三条 资源税按照《税目税率表》实行从价计征或者从量计征。

《税目税率表》中规定可以选择实行从价计征或者从量计征的，具体计征方式由省、自治区、直辖市人民政府提出，报同级人民代表大会常务委员会决定，并报全国人民代表大会

常务委员会和国务院备案。

实行从价计征的，应纳税额按照应税资源产品（以下称应税产品）的销售额乘以具体适用税率计算。实行从量计征的，应纳税额按照应税产品的销售数量乘以具体适用税率计算。

应税产品为矿产品的，包括原矿和选矿产品。

第四条　纳税人开采或者生产不同税目应税产品的，应当分别核算不同税目应税产品的销售额或者销售数量；未分别核算或者不能准确提供不同税目应税产品的销售额或者销售数量的，从高适用税率。

第五条　纳税人开采或者生产应税产品自用的，应当依照本法规定缴纳资源税；但是，自用于连续生产应税产品的，不缴纳资源税。

第六条　有下列情形之一的，免征资源税：

（一）开采原油以及在油田范围内运输原油过程中用于加热的原油、天然气；

（二）煤炭开采企业因安全生产需要抽采的煤成（层）气。

有下列情形之一的，减征资源税：

（一）从低丰度油气田开采的原油、天然气，减征百分之二十资源税；

（二）高含硫天然气、三次采油和从深水油气田开采的原油、天然气，减征百分之三十资源税；

（三）稠油、高凝油减征百分之四十资源税；

（四）从衰竭期矿山开采的矿产品，减征百分之三十资源税。

根据国民经济和社会发展需要，国务院对有利于促进资源节约集约利用、保护环境等情形可以规定免征或者减征资源税，报全国人民代表大会常务委员会备案。

第七条　有下列情形之一的，省、自治区、直辖市可以决定免征或者减征资源税：

（一）纳税人开采或者生产应税产品过程中，因意外事故或者自然灾害等原因遭受重大损失；

（二）纳税人开采共伴生矿、低品位矿、尾矿。

前款规定的免征或者减征资源税的具体办法，由省、自治区、直辖市人民政府提出，报同级人民代表大会常务委员会决定，并报全国人民代表大会常务委员会和国务院备案。

第八条　纳税人的免税、减税项目，应当单独核算销售额或者销售数量；未单独核算或者不能准确提供销售额或者销售数量的，不予免税或者减税。

第九条　资源税由税务机关依照本法和《中华人民共和国税收征收管理法》的规定征收管理。

税务机关与自然资源等相关部门应当建立工作配合机制，加强资源税征收管理。

第十条　纳税人销售应税产品，纳税义务发生时间为收讫销售款或者取得索取销售款凭据的当日；自用应税产品的，纳税义务发生时间为移送应税产品的当日。

第十一条　纳税人应当向应税产品开采地或者生产地的税务机关申报缴纳资源税。

第十二条　资源税按月或者按季申报缴纳；不能按固定期限计算缴纳的，可以按次申报缴纳。

纳税人按月或者按季申报缴纳的，应当自月度或者季度终了之日起十五日内，向税务机关办理纳税申报并缴纳税款；按次申报缴纳的，应当自纳税义务发生之日起十五日内，向税务机关办理纳税申报并缴纳税款。

第十三条　纳税人、税务机关及其工作人员违反本法规定的，依照《中华人民共和国税收征收管理法》和有关法律法规的规定追究法律责任。

第十四条　国务院根据国民经济和社会发展需要，依照本法的原则，对取用地表水或者地下水的单位和个人试点征收水资源税。征收水资源税的，停止征收水资源费。

水资源税根据当地水资源状况、取用水类型和经济发展等情况实行差别税率。

水资源税试点实施办法由国务院规定，报全国人民代表大会常务委员会备案。

国务院自本法施行之日起五年内，就征收水资源税试点情况向全国人民代表大会常务委员会报告，并及时提出修改法律的建议。

第十五条　中外合作开采陆上、海上石油资源的企业依法缴纳资源税。

2011年11月1日前已依法订立中外合作开采陆上、海上石油资源合同的，在该合同有效期内，继续依照国家有关规定缴纳矿区使用费，不缴纳资源税；合同期满后，依法缴纳资源税。

第十六条　本法下列用语的含义是：

（一）低丰度油气田，包括陆上低丰度油田、陆上低丰度气田、海上低丰度油田、海上低丰度气田。陆上低丰度油田是指每平方公里原油可开采储量丰度低于二十五万立方米的油田；陆上低丰度气田是指每平方公里天然气可开采储量丰度低于二亿五千万立方米的气田；海上低丰度油田是指每平方公里原油可开采储量丰度低于六十万立方米的油田；海上低丰度气田是指每平方公里天然气可开采储量丰度低于六亿立方米的气田。

（二）高含硫天然气，是指硫化氢含量在每立方米三十克以上的天然气。

（三）三次采油，是指二次采油后继续以聚合物驱、复合驱、泡沫驱、气水交替驱、二氧化碳驱、微生物驱等方式进行采油。

（四）深水油气田，是指水深超过三百米的油气田。

（五）稠油，是指地层原油粘度大于或等于每秒五十毫帕或原油密度大于或等于每立方厘米零点九二克的原油。

（六）高凝油，是指凝固点高于四十摄氏度的原油。

（七）衰竭期矿山，是指设计开采年限超过十五年，且剩余可开采储量下降到原设计可开采储量的百分之二十以下或者剩余开采年限不超过五年的矿山。衰竭期矿山以开采企业下属的单个矿山为单位确定。

第十七条 本法自2020年9月1日起施行。1993年12月25日国务院发布的《中华人民共和国资源税暂行条例》同时废止。

附：

资源税税目税率表

税目			征税对象	税率
能源矿产	原油		原矿	6%
	天然气、页岩气、天然气水合物		原矿	6%
	煤		原矿或者选矿	2%—10%
	煤成(层)气		原矿	1%—2%
	铀、钍		原矿	4%
	油页岩、油砂、天然沥青、石煤		原矿或者选矿	1%—4%
	地热		原矿	1%—20% 或者每立方米1—30元
金属矿产	黑色金属	铁、锰、铬、钒、钛	原矿或者选矿	1%—9%
	有色金属	铜、铅、锌、锡、镍、锑、镁、钴、铋、汞	原矿或者选矿	2%—10%
		铝土矿	原矿或者选矿	2%—9%
		钨	选矿	6.5%
		钼	选矿	8%
		金、银	原矿或者选矿	2%—6%
		铂、钯、钌、锇、铱、铑	原矿或者选矿	5%—10%
		轻稀土	选矿	7%—12%
		中重稀土	选矿	20%
		铍、锂、锆、锶、铷、铯、铌、钽、锗、镓、铟、铊、铪、铼、镉、硒、碲	原矿或者选矿	2%—10%
非金属矿产	矿物类	高岭土	原矿或者选矿	1%—6%
		石灰岩	原矿或者选矿	1%—6% 或者每吨(或者每立方米)1—10元
		磷	原矿或者选矿	3%—8%
		石墨	原矿或者选矿	3%—12%
		萤石、硫铁矿、自然硫	原矿或者选矿	1%—8%
		天然石英砂、脉石英、粉石英、水晶、工业用金刚石、冰洲石、蓝晶石、硅线石(矽线石)、长石、滑石、刚玉、菱镁矿、颜料矿物、天然碱、芒硝、钠硝石、明矾石、砷、硼、碘、溴、膨润土、硅藻土、陶瓷土、耐火粘土、铁矾土、凹凸棒石粘土、海泡石粘土、伊利石粘土、累托石粘土	原矿或者选矿	1%—12%
		叶蜡石、硅灰石、透辉石、珍珠岩、云母、沸石、重晶石、毒重石、方解石、蛭石、透闪石、工业用电气石、白垩、石棉、蓝石棉、红柱石、石榴子石、石膏	原矿或者选矿	2%—12%

续表

<table>
<tr><th colspan="3">税　目</th><th>征税对象</th><th>税　率</th></tr>
<tr><td rowspan="5">非金属矿产</td><td>矿物类</td><td>其他粘土（铸型用粘土、砖瓦用粘土、陶粒用粘土、水泥配料用粘土、水泥配料用红土、水泥配料用黄土、水泥配料用泥岩、保温材料用粘土）</td><td>原矿或者选矿</td><td>1%—5%或者每吨（或者每立方米）0.1—5元</td></tr>
<tr><td rowspan="2">岩石类</td><td>大理岩、花岗岩、白云岩、石英岩、砂岩、辉绿岩、安山岩、闪长岩、板岩、玄武岩、片麻岩、角闪岩、页岩、浮石、凝灰岩、黑曜岩、霞石正长岩、蛇纹岩、麦饭石、泥灰岩、含钾岩石、含钾砂页岩、天然油石、橄榄岩、松脂岩、粗面岩、辉长岩、辉石岩、正长岩、火山灰、火山渣、泥炭</td><td>原矿或者选矿</td><td>1%—10%</td></tr>
<tr><td>砂石</td><td>原矿或者选矿</td><td>1%—5%或者每吨（或者每立方米）0.1—5元</td></tr>
<tr><td>宝玉石类</td><td>宝石、玉石、宝石级金刚石、玛瑙、黄玉、碧玺</td><td>原矿或者选矿</td><td>4%—20%</td></tr>
<tr></tr>
<tr><td rowspan="2">水气矿产</td><td colspan="2">二氧化碳气、硫化氢气、氦气、氡气</td><td>原矿</td><td>2%—5%</td></tr>
<tr><td colspan="2">矿泉水</td><td>原矿</td><td>1%—20%或者每立方米1—30元</td></tr>
<tr><td rowspan="3">盐</td><td colspan="2">钠盐、钾盐、镁盐、锂盐</td><td>选矿</td><td>3%—15%</td></tr>
<tr><td colspan="2">天然卤水</td><td>原矿</td><td>3%—15%或者每吨（或者每立方米）1—10元</td></tr>
<tr><td colspan="2">海盐</td><td></td><td>2%—5%</td></tr>
</table>

中华人民共和国资源税代扣代缴管理办法

（1998年4月15日国税发〔1998〕49号公布　根据2018年6月15日《国家税务总局关于修改部分税务部门规章的决定》修正）

第一条　为了进一步加强对资源税的征收管理，根据《中华人民共和国税收征收管理法》（以下简称《税收征管法》）和《中华人民共和国资源税暂行条例》（以下简称《资源税条例》）等有关规定，制定本办法。

第二条　收购资源税未税矿产品的独立矿山、联合企业以及其他单位为资源税代扣代缴义务人（以下简称扣缴义务人）。

扣缴义务人应当主动向主管税务机关申请办理代扣代缴义务人的有关手续。主管税务机关经审核批准后，发给扣缴义务人代扣代缴税款凭证及报告表。

第三条　扣缴义务人必须依照本办法的规定履行代扣代缴资源税义务。扣缴义务人在履行其法定义务时，有关单位和个人应予支持、协助，不得干预、阻挠。

第四条　扣缴义务人履行代扣代缴的适用范围是：收购的除原油、天然气、煤炭以外的资源税未税矿产品。

第五条　本办法第四条所称“未税矿产品”是指资源税纳税人在销售其矿产品时不能向扣缴义务人提供“资源税管理证明”的矿产品。

第六条　“资源税管理证明”是证明销售的矿产品已缴纳资源税或已向当地税务机关办理纳税申报的有效凭证。“资源税管理证明”分为甲、乙两种证明（式样附后），由当地主管税务机关开具。

资源税管理甲种证明适用生产规模较大、财务制度比较健全、有比较固定的购销关系、能够依法申报缴纳资源税的纳税人，是一次开具在一定期限内多次使用有效的证明。

资源税管理乙种证明适用个体、小型采矿销售企业等零散资源税纳税人，是根据销售数量多次开具一次使用有效的证明。

“资源税管理证明”由国家税务总局统一制定，各省、自治区、直辖市税务局印制。

“资源税管理证明”可以跨省、区、市使用。为防止伪造，“资源税管理证明”须与纳税人的税务登记证副本一同使用。

第七条 凡开采销售本办法规定范围内的应税矿产品的单位和个人，在销售其矿产品时，应当向当地主管税务机关申请开具“资源税管理证明”，作为销售矿产品已申报纳税免予扣缴税款的依据。购货方（扣缴义务人）在收购矿产品时，应主动向销售方（纳税人）索要“资源税管理证明”，扣缴义务人据此不代扣资源税。凡销售方不能提供“资源税管理甲种证明”的或超出“资源税管理乙种证明”注明的销售数量部分，一律视同未税矿产品，由扣缴义务人依法代扣代缴资源税，并向纳税人开具代扣代缴税款凭证。

扣缴义务人应按主管税务机关的要求妥善整理和保管收取的“资源税管理证明”，以备税务机关核查。纳税人领取的“资源税管理证明”，不得转借他人使用，遗失不补。

第八条 扣缴义务人代扣代缴资源税适用的单位税额按如下规定执行：

（一）独立矿山、联合企业收购与本单位矿种相同的未税矿产品，按照本单位相同矿种应税产品的单位税额，依据收购数量代扣代缴资源税。

（二）独立矿山、联合企业收购与本单位矿种不同的未税矿产品，以及其他收购单位收购的未税矿产品，按照收购地相应矿种规定的单位税额，依据收购数量代扣代缴资源税。

（三）收购地没有相同品种矿产品的，按收购地主管税务机关核定的单位税额，依据收购数量代扣代缴资源税。

第九条 扣缴义务人代扣代缴资源税的计算公式为：

代扣代缴的资源税额 = 收购未税矿产品数量 × 适用单位税额。

第十条 扣缴义务人代扣代缴资源税义务发生时间为扣缴义务人支付货款的当天。

第十一条 扣缴义务人代扣代缴资源税的地点为应税未税矿产品的收购地。

第十二条 扣缴义务人代扣资源税税款的解缴期限为 1 日、3 日、5 日、10 日、15 日或者 1 个月。具体解缴期限由主管税务机关根据实际情况核定。

扣缴义务人应在主管税务机关规定的时间内解缴其代扣的资源税款，并报送代扣代缴等有关报表。

第十三条 主管税务机关按照规定提取并向扣缴义务人支付手续费。

第十四条 扣缴义务人代扣代缴资源税时，要建立代扣代缴税款账簿，序时登记资源税代扣、代缴税款报告表。

第十五条 扣缴义务人依法履行代扣税款义务时，纳税人不得拒绝。纳税人拒绝的，扣缴义务人应当及时报告主管税务机关处理。否则，纳税人应缴纳的税款由扣缴义务人负担。

第十六条 扣缴义务人必须依法接受税务机关检查，如实反映情况，提供有关资料，不得拒绝或隐瞒。

第十七条 扣缴义务人发生下列行为之一者，按《税收征管法》及其实施细则处理：

（一）应代扣而未代扣或少代扣资源税款；

（二）不缴或少缴已扣税款；

（三）未按规定期限解缴税款；

（四）未按规定设置、保管有关资源税代扣代缴账簿、凭证、报表及有关资料；

（五）转借、涂改、损毁、造假、不按照规定使用“资源税管理证明”的行为；

（六）其他违反税收规定的行为。

第十八条 本办法未尽事宜，依照有关税收法律、法规执行。

第十九条 各省、自治区、直辖市税务局可根据本办法和当地实际情况制定具体实施办法。

第二十条 本办法由国家税务总局负责解释。

第二十一条 本办法自 1998 年 7 月 1 日起执行。

国家税务总局关于资源税征收管理若干问题的公告

（2020 年 8 月 28 日国家税务总局公告 2020 年第 14 号公布）

为规范资源税征收管理，根据《中华人民共和国资源税法》《中华人民共和国税收征收管理法》及其实施细则、《财政部 税务总局关于资源税有关问题执行口径的公告》（2020 年第 34 号）等相关规定，现就有关事项公告如下：

一、纳税人以外购原矿与自采原矿混合为原矿销售，或者以外购选矿产品与自产选矿产品混合为选矿产品销售的，在计算应税产品销售额或者销售数量时，直接扣减外购原矿或者外购选矿产品的购进金额或者购进数量。

纳税人以外购原矿与自采原矿混合洗选加工为选矿产品销售的，在计算应税产品销售额或者销售数量时，按照下列方法进行扣减：

准予扣减的外购应税产品购进金额（数量）= 外购原矿购进金额（数量）×（本地区原矿适用税率 ÷ 本地区选矿产品

适用税率）

不能按照上述方法计算扣减的，按照主管税务机关确定的其他合理方法进行扣减。

二、纳税人申报资源税时，应当填报《资源税纳税申报表》（见附件）。

三、纳税人享受资源税优惠政策，实行"自行判别、申报享受、有关资料留存备查"的办理方式，另有规定的除外。纳税人对资源税优惠事项留存材料的真实性和合法性承担法律责任。

四、本公告自2020年9月1日起施行。《国家税务总局关于发布修订后的〈资源税若干问题的规定〉的公告》（2011年第63号），《国家税务总局关于发布〈中外合作及海上自营油气田资源税纳税申报表〉的公告》（2012年第3号），《国家税务总局 国家能源局关于落实煤炭资源税优惠政策若干事项的公告》（2015年第21号，国家税务总局公告2018年第31号修改），《国家税务总局关于发布修订后的〈资源税纳税申报表〉的公告》（2016年第38号）附件2、附件3、附件4，《国家税务总局 自然资源部关于落实资源税改革优惠政策若干事项的公告》（2017年第2号，国家税务总局公告2018年第31号修改），《国家税务总局关于发布〈资源税征收管理规程〉的公告》（2018年第13号），《国家税务总局关于增值税小规模纳税人地方税种和相关附加减征政策有关征管问题的公告》（2019年第5号）发布的资源税纳税申报表同时废止。

特此公告。

附件：资源税纳税申报表

附件

资源税纳税申报表

纳税人识别号（统一社会信用代码）：□□□□□□□□□□□□□□□□□□□

纳税人名称：

金额单位：人民币元（列至角分）

税款所属期限：自　　年　　月　　日至　　年　　月　　日

<table>
<tr><td colspan="6">本期是否适用增值税小规模纳税人减征政策（减免性质代码：06049901）</td><td colspan="2">是□　否□</td><td colspan="2">减征比例（%）</td><td></td></tr>
<tr><td>税目</td><td>子目</td><td>计量单位</td><td>计税销售数量</td><td>计税销售额</td><td>适用税率</td><td>本期应纳税额</td><td>本期减免税额</td><td>本期增值税小规模纳税人减征额</td><td>本期已缴税额</td><td>本期应补（退）税额</td></tr>
<tr><td>1</td><td>2</td><td>3</td><td>4</td><td>5</td><td>6</td><td>7①＝4×6
7②＝5×6</td><td>8</td><td>9＝（7-8）×减征比例</td><td>10</td><td>11＝7-8-9-10</td></tr>
<tr><td></td><td></td><td></td><td></td><td></td><td></td><td></td><td></td><td></td><td></td><td></td></tr>
<tr><td></td><td></td><td></td><td></td><td></td><td></td><td></td><td></td><td></td><td></td><td></td></tr>
<tr><td></td><td></td><td></td><td></td><td></td><td></td><td></td><td></td><td></td><td></td><td></td></tr>
<tr><td></td><td></td><td></td><td></td><td></td><td></td><td></td><td></td><td></td><td></td><td></td></tr>
<tr><td></td><td></td><td></td><td></td><td></td><td></td><td></td><td></td><td></td><td></td><td></td></tr>
<tr><td colspan="2">合　计</td><td>——</td><td></td><td></td><td>——</td><td></td><td></td><td></td><td></td><td></td></tr>
<tr><td colspan="11">谨声明：本纳税申报表是根据国家税收法律法规及相关规定填报的，是真实的、可靠的、完整的。
纳税人（签章）：　　年　　月　　日</td></tr>
<tr><td colspan="7">经办人：</td><td colspan="4">受理人：</td></tr>
<tr><td colspan="7">经办人身份证号：</td><td colspan="4">受理税务机关（章）：</td></tr>
<tr><td colspan="7">代理机构签章：</td><td colspan="4">受理日期：　　年　　月　　日</td></tr>
<tr><td colspan="7">代理机构统一社会信用代码：</td><td colspan="4"></td></tr>
</table>

填表说明：

1. 本表为资源税纳税申报表主表，适用于缴纳资源税的纳税人填报。

2. "纳税人识别号(统一社会信用代码)"：填报税务机关核发的纳税人识别号或有关部门核发的统一社会信用代码。"纳税人名称"：

填报营业执照、税务登记证等证件载明的纳税人名称。"税款所属期限"是指纳税人申报的资源税应纳税额的所属期限，应填写具体的起止年、月、日。

3. "本期是否适用增值税小规模纳税人减征政策(减免性质代码:06049901)"：纳税人自增值税一般纳税人按规定转登记为小规模纳税人的，自成为小规模纳税人的当月起适用减征优惠。增值税小规模纳税人按规定登记为一般纳税人的，自一般纳税人生效之日起不再适用减征优惠；增值税年应税销售额超过小规模纳税人标准应当登记为一般纳税人而未登记，经税务机关通知，逾期仍不办理登记的，自逾期次月起不再适用减征优惠。纳税人本期适用增值税小规模纳税人减征政策的，勾选"是"；否则，勾选"否"。

4. "减征比例(%)"：填写当地省级政府根据《财政部税务总局关于实施小微企业普惠性税收减免政策的通知》(财税〔2019〕13号)确定的减征比例，系统自动带出。

5. 第1栏"税目"：填写《中华人民共和国资源税法》后附《资源税税目税率表》规定的税目。申报多个税目的，可增加行次。

6. 第2栏"子目"：填写同一税目下不同的征税对象或明细项目，如"原矿"、"选矿"等。

7. 第3栏"计量单位"：填写资源税计税销售数量的计量单位，如"吨"、"立方米"等。

8. 第4栏"计税销售数量"：填写通过附表"申报计算明细"第6栏计算得出的计征资源税的应税产品销售数量，包括实际销售和自用两部分。

9. 第5栏"计税销售额"：填写通过附表"申报计算明细"第10栏计算得出的计征资源税的应税产品销售额，包括实际销售和自用两部分。

10. 第6栏"适用税率"：填写《中华人民共和国资源税法》所附《资源税税目税率表》规定的应税产品具体适用税率或各省、自治区、直辖市公布的应税产品具体适用税率。从价计征税目的适用税率为比例税率，如原油为6%，即填6%；从量计征税目的适用税率为定额税率，如某税目每立方米3元，即填3。

11. 第7栏"本期应纳税额"：填写本期按适用税率计算缴纳的应纳税额。从量计征税目应纳税额计算公式为7① =4 ×6；从价计征税目应纳税额计算公式为7② =5 ×6。

12. 第8栏"本期减免税额"：填写通过附表计算得出的本期减免的资源税税额。如不涉及减免税事项，纳税人不需填写附表中"减免税计算明细"，系统会将其"本期减免税额"默认为0。

13. 第9栏"本期增值税小规模纳税人减征额"：填写符合条件的小规模纳税人减征的资源税税额，计算公式为9 =(7 -8) ×减征比例。

14. 第10栏"本期已缴税额"：填写本期应纳税额中已经缴纳的部分。

15. 第11栏"本期应补(退)税额"：本期应补(退)税额 = 本期应纳税额 - 本期减免税额 - 增值税小规模纳税人减征额 - 本期已缴税额。

16. 本表一式两份，一份纳税人留存，一份税务机关留存。

资源税纳税申报表附表

(申报和减免税计算明细)

纳税人识别号(统一社会信用代码):□□□□□□□□□□□□□□□□□□

纳税人名称: 金额单位:人民币元(列至角分)

申报计算明细										
序号	税目	子目	计量单位	销售数量	准予扣减的外购应税产品购进数量	计税销售数量	销售额	准予扣除的运杂费	准予扣减的外购应税产品购进金额	计税销售额
	1	2	3	4	5	6 =4-5	7	8	9	10 =7-8-9
1										
2										
合计	——	——	——							

减免税计算明细									
序号	税目	子目	减免项目名称	计量单位	减免税销售数量	减免税销售额	适用税率	减免性质代码	减征比例	本期减免税额
	1	2	3	4	5	6	7	8	9	10① =5×7×9 10② =6×7×9
合计	——	——	——	——			——	——	——	

填表说明：

此表反映资源税申报计算明细和减免税计算明细，计算结果自动导入主表。

一、申报计算明细

1. 申报从量计征税目的资源税纳税人需填写1－6栏。申报从价计征税目的资源税纳税人需填写1－4、7－10栏。无发生数额的，应填写0。不涉及外购应税产品购进数量扣减的，第5栏填0；不涉及运杂费扣除的，第8栏填写0；不涉及外购应税产品购进金额扣减的，第9栏填写0。

2. 第1栏“税目”：按照《中华人民共和国资源税法》后附《资源税税目税率表》规定的税目填写。申报多个税目的，可增加行次。

3. 第2栏“子目”：填写同一税目下不同的征税对象或明细项目，如“原矿”、“选矿”等。

4. 第3栏“计量单位”：填写资源税计税销售数量的计量单位，如“吨”、“立方米”等。

5. 第4栏“销售数量”：填写纳税人当期应税产品的销售数量，包括实际销售和自用两部分。实际销售的应税产品销售数量按其增值税发票等票据注明的数量填写或计算填写；票据上未注明数量的，填写与应税产品销售额对应的销售数量。自用的应税产品销售数量据实填写。

6. 第5栏“准予扣减的外购应税产品购进数量”：填写按规定准予扣减的外购应税产品购进数量。扣减限额以第6栏“计税销售数量”减至0为限，当期不足扣减或未扣减的，可结转下期扣减。

7. 第7栏“销售额”：填写纳税人当期应税产品的销售额，包括实际销售和自用两部分。实际销售的应税产品销售额按其增值税发票等票据注明的金额填写或计算填写。自用的应税产品销售额按规定计算填写。

8. 第8栏“准予扣除的运杂费”：填写按规定准予扣除的运杂费用。

9. 第9栏“准予扣减的外购应税产品购进金额”：填写按规定准予扣减的外购应税产品购进金额。当期不足扣减或未扣减的，可结转下期扣减。

10. 第8栏“准予扣除的运杂费”、第9栏“准予扣减的外购应税产品购进金额”扣减限额之和以第10栏“计税销售额”减至0为限。

11. 通过本表计算得出的第6栏“计税销售数量”、第10栏“计税销售额”，即为主表相应栏次的计税销售数量、计税销售额。

二、减免税计算明细

1. 适用于有减免资源税项目（增值税小规模纳税人减征政策除外）的纳税人填写。如不涉及减免税事项，纳税人不需填写，系统会将“本期减免税额”默认为0。

2. 第1栏“税目”：按照《中华人民共和国资源税法》后附《资源税税目税率表》规定的税目填写。申报多个税目的，可增加行次。

3. 第2栏“子目”：同一税目适用的减免性质代码、税率不同的，视为不同的子目，按相应的减免税销售额和销售数量分行填写。

4. 第3栏“减免项目名称”：填写现行资源税规定的减免项目名称，如衰竭期矿山减征资源税等。

5. 第4栏“计量单位”：填写计税销售数量的计量单位，如“吨”、“立方米”等。

6. 第5栏“减免税销售数量”：填写减免资源税项目对应的应税产品销售数量，申报从量计征税目和从价计征税目的纳税人均应填写。

7. 第6栏“减免税销售额”：填写减免资源税项目对应的应税产品销售收入，由申报从价计征税目的纳税人填写。

8. 第7栏“适用税率”：填写《中华人民共和国资源税法》后附《资源税税目税率表》规定的应税产品具体适用税率或各省、自治区、直辖市公布的应税产品具体适用税率。从价计征税目的适用税率为比例税率，如原油为6%，即填6%；从量计征税目的适用税率为定额税率，如某税目每立方米3元，即填3。

9. 第8栏“减免性质代码”：填写规定的减免性质代码。

10. 第9栏“减征比例”：填写减免税额占应纳税额的比例，免税项目的减征比例按100%填写。

11. 第10栏“本期减免税额”：填写本期应纳税额中按规定应予减免的部分。申报从量计征税目的纳税人适用的计算公式为：10①＝5×7×9。申报从价计征税目的纳税人适用的计算公式为：10②＝6×7×9。本期减免税额由系统自动导入资源税纳税申报表。

财政部、税务总局关于资源税有关问题执行口径的公告

（2020年6月28日财政部、税务总局公告2020年第34号公布　自2020年9月1日起施行）

为贯彻落实《中华人民共和国资源税法》，现将资源税有关问题执行口径公告如下：

一、资源税应税产品（以下简称应税产品）的销售额，按照纳税人销售应税产品向购买方收取的全部价款确定，不包括增值税税款。

计入销售额中的相关运杂费用，凡取得增值税发票或者其他合法有效凭据的，准予从销售额中扣除。相关运杂费用是指应税产品从坑口或者洗选（加工）地到车站、码头或者购买方指定地点的运输费用、建设基金以及随运销产生的装卸、仓储、港杂费用。

二、纳税人自用应税产品应当缴纳资源税的情形，包括纳税人以应税产品用于非货币性资产交换、捐赠、偿债、赞助、集资、投资、广告、样品、职工福利、利润分配或者连续生产非应税产品等。

三、纳税人申报的应税产品销售额明显偏低且无正当理由的，或者有自用应税产品行为而无销售额的，主管税务机关可以按下列方法和顺序确定其应税产品销售额：

（一）按纳税人最近时期同类产品的平均销售价格确定。

（二）按其他纳税人最近时期同类产品的平均销售价格确定。

（三）按后续加工非应税产品销售价格，减去后续加工环节的成本利润后确定。

（四）按应税产品组成计税价格确定。

组成计税价格＝成本×（1＋成本利润率）÷（1－资源税税率）

上述公式中的成本利润率由省、自治区、直辖市税务机关确定。

（五）按其他合理方法确定。

四、应税产品的销售数量，包括纳税人开采或者生产应税产品的实际销售数量和自用于应当缴纳资源税情形的应税产品数量。

五、纳税人外购应税产品与自采应税产品混合销售或者混合加工为应税产品销售的，在计算应税产品销售额或者销售数量时，准予扣减外购应税产品的购进金额或者购进数量；当期不足扣减的，可结转下期扣减。纳税人应当准确核算外购应税产品的购进金额或者购进数量，未准确核算的，一并计算缴纳资源税。

纳税人核算并扣减当期外购应税产品购进金额、购进数量，应当依据外购应税产品的增值税发票、海关进口增值税专用缴款书或者其他合法有效凭据。

六、纳税人开采或者生产同一税目下适用不同税率应税产品的，应当分别核算不同税率应税产品的销售额或者销售数量；未分别核算或者不能准确提供不同税率应税产品的销售额或者销售数量的，从高适用税率。

七、纳税人以自采原矿（经过采矿过程采出后未进行选矿或者加工的矿石）直接销售，或者自用于应当缴纳资源税情形的，按照原矿计征资源税。

纳税人以自采原矿洗选加工为选矿产品（通过破碎、切割、洗选、筛分、磨矿、分级、提纯、脱水、干燥等过程形成的产品，包括富集的精矿和研磨成粉、粒级成型、切割成型的原矿加工品）销售，或者将选矿产品自用于应当缴纳资源税情形的，按照选矿产品计征资源税，在原矿移送环节不缴纳资源税。对于无法区分原生岩石矿种的粒级成型砂石颗粒，按照砂石税目征收资源税。

八、纳税人开采或者生产同一应税产品，其中既有享受减免税政策的，又有不享受减免税政策的，按照免税、减税项目的产量占比等方法分别核算确定免税、减税项目的销售额或者销售数量。

九、纳税人开采或者生产同一应税产品同时符合两项或者两项以上减征资源税优惠政策的，除另有规定外，只能选择其中一项执行。

十、纳税人应当在矿产品的开采地或者海盐的生产地缴纳资源税。

十一、海上开采的原油和天然气资源税由海洋石油税务管理机构征收管理。

十二、本公告自2020年9月1日起施行。《财政部、国家税务总局关于实施煤炭资源税改革的通知》（财税〔2014〕72号）、《财政部、国家税务总局关于调整原油天然气资源税有关政策的通知》（财税〔2014〕73号）、《财政部、国家税务总局关于实施稀土钨钼资源税从价计征改革的通知》（财税〔2015〕52号）、《财政部、国家税务总局关于全面推进资源税改革的通知》（财税〔2016〕53号）、《财政部、国家税务总局关于资源税改革具体政策问题的通知》（财税〔2016〕54号）同时废止。

10. 其他

中华人民共和国环境保护税法

（2016年12月25日第十二届全国人民代表大会常务委员会第二十五次会议通过　根据2018年10月26日第十三届全国人民代表大会常务委员会第六次会议《关于修改〈中华人民共和国野生动物保护法〉等十五部法律的决定》修正）

目　　录

第一章　总　　则

第一条　为了保护和改善环境，减少污染物排放，推进生态文明建设，制定本法。

第二条　在中华人民共和国领域和中华人民共和国管辖的其他海域，直接向环境排放应税污染物的企业事业单位和其他生产经营者为环境保护税的纳税人，应当依照本法规定缴纳环境保护税。

第三条　本法所称应税污染物，是指本法所附《环境保护税税目税额表》、《应税污染物和当量值表》规定的大气污染物、水污染物、固体废物和噪声。

第四条　有下列情形之一的，不属于直接向环境排放污染物，不缴纳相应污染物的环境保护税：

（一）企业事业单位和其他生产经营者向依法设立的污水集中处理、生活垃圾集中处理场所排放应税污染物的；

（二）企业事业单位和其他生产经营者在符合国家和地方环境保护标准的设施、场所贮存或者处置固体废物的。

第五条　依法设立的城乡污水集中处理、生活垃圾集中处理场所超过国家和地方规定的排放标准向环境排放应税污染物的，应当缴纳环境保护税。

企业事业单位和其他生产经营者贮存或者处置固体废物不符合国家和地方环境保护标准的，应当缴纳环境保护税。

第六条　环境保护税的税目、税额，依照本法所附《环境保护税税目税额表》执行。

应税大气污染物和水污染物的具体适用税额的确定和调整，由省、自治区、直辖市人民政府统筹考虑本地区环境承载能力、污染物排放现状和经济社会生态发展目标要求，在本法所附《环境保护税税目税额表》规定的税额幅度内提出，报同级人民代表大会常务委员会决定，并报全国人民代表大会常务委员会和国务院备案。

第二章　计税依据和应纳税额

第七条　应税污染物的计税依据，按照下列方法确定：

（一）应税大气污染物按照污染物排放量折合的污染当量数确定；

（二）应税水污染物按照污染物排放量折合的污染当量数确定；

（三）应税固体废物按照固体废物的排放量确定；

（四）应税噪声按照超过国家规定标准的分贝数确定。

第八条　应税大气污染物、水污染物的污染当量数，以该污染物的排放量除以该污染物的污染当量值计算。每种应税大气污染物、水污染物的具体污染当量值，依照本法所附《应税污染物和当量值表》执行。

第九条　每一排放口或者没有排放口的应税大气污染物，按照污染当量数从大到小排序，对前三项污染物征收环境保护税。

每一排放口的应税水污染物，按照本法所附《应税污染物和当量值表》，区分第一类水污染物和其他类水污染物，按照污染当量数从大到小排序，对第一类水污染物按照前五项征收环境保护税，对其他类水污染物按照前三项征收环境保护税。

省、自治区、直辖市人民政府根据本地区污染物减排的特殊需要，可以增加同一排放口征收环境保护税的应税污染物项目数，报同级人民代表大会常务委员会决定，并报全国人民代表大会常务委员会和国务院备案。

第十条　应税大气污染物、水污染物、固体废物的排放量和噪声的分贝数，按照下列方法和顺序计算：

（一）纳税人安装使用符合国家规定和监测规范的污染物自动监测设备的，按照污染物自动监测数据计算；

（二）纳税人未安装使用污染物自动监测设备的，按照监测机构出具的符合国家有关规定和监测规范的监测数据计算；

（三）因排放污染物种类多等原因不具备监测条件的，按照国务院生态环境主管部门规定的排污系数、物料衡算方法计算；

（四）不能按照本条第一项至第三项规定的方法计算的，按照省、自治区、直辖市人民政府生态环境主管部门规定的抽样测算的方法核定计算。

第十一条　环境保护税应纳税额按照下列方法计算：

（一）应税大气污染物的应纳税额为污染当量数乘以具体适用税额；

（二）应税水污染物的应纳税额为污染当量数乘以具体适用税额；

（三）应税固体废物的应纳税额为固体废物排放量乘以

具体适用税额；

(四)应税噪声的应纳税额为超过国家规定标准的分贝数对应的具体适用税额。

第三章 税收减免

第十二条 下列情形，暂予免征环境保护税：

(一)农业生产(不包括规模化养殖)排放应税污染物的；

(二)机动车、铁路机车、非道路移动机械、船舶和航空器等流动污染源排放应税污染物的；

(三)依法设立的城乡污水集中处理、生活垃圾集中处理场所排放相应应税污染物，不超过国家和地方规定的排放标准的；

(四)纳税人综合利用的固体废物，符合国家和地方环境保护标准的；

(五)国务院批准免税的其他情形。

前款第五项免税规定，由国务院报全国人民代表大会常务委员会备案。

第十三条 纳税人排放应税大气污染物或者水污染物的浓度值低于国家和地方规定的污染物排放标准百分之三十的，减按百分之七十五征收环境保护税。纳税人排放应税大气污染物或者水污染物的浓度值低于国家和地方规定的污染物排放标准百分之五十的，减按百分之五十征收环境保护税。

第四章 征收管理

第十四条 环境保护税由税务机关依照《中华人民共和国税收征收管理法》和本法的有关规定征收管理。

生态环境主管部门依照本法和有关环境保护法律法规的规定负责对污染物的监测管理。

县级以上地方人民政府应当建立税务机关、生态环境主管部门和其他相关单位分工协作工作机制，加强环境保护税征收管理，保障税款及时足额入库。

第十五条 生态环境主管部门和税务机关应当建立涉税信息共享平台和工作配合机制。

生态环境主管部门应当将排污单位的排污许可、污染物排放数据、环境违法和受行政处罚情况等环境保护相关信息，定期交送税务机关。

税务机关应当将纳税人的纳税申报、税款入库、减免税额、欠缴税款以及风险疑点等环境保护税涉税信息，定期交送生态环境主管部门。

第十六条 纳税义务发生时间为纳税人排放应税污染物的当日。

第十七条 纳税人应当向应税污染物排放地的税务机关申报缴纳环境保护税。

第十八条 环境保护税按月计算，按季申报缴纳。不能按固定期限计算缴纳的，可以按次申报缴纳。

纳税人申报缴纳时，应当向税务机关报送所排放应税污染物的种类、数量，大气污染物、水污染物的浓度值，以及税务机关根据实际需要要求纳税人报送的其他纳税资料。

第十九条 纳税人按季申报缴纳的，应当自季度终了之日起十五日内，向税务机关办理纳税申报并缴纳税款。纳税人按次申报缴纳的，应当自纳税义务发生之日起十五日内，向税务机关办理纳税申报并缴纳税款。

纳税人应当依法如实办理纳税申报，对申报的真实性和完整性承担责任。

第二十条 税务机关应当将纳税人的纳税申报数据资料与生态环境主管部门交送的相关数据资料进行比对。

税务机关发现纳税人的纳税申报数据资料异常或者纳税人未按照规定期限办理纳税申报的，可以提请生态环境主管部门进行复核，生态环境主管部门应当自收到税务机关的数据资料之日起十五日内向税务机关出具复核意见。税务机关应当按照生态环境主管部门复核的数据资料调整纳税人的应纳税额。

第二十一条 依照本法第十条第四项的规定核定计算污染物排放量的，由税务机关会同生态环境主管部门核定污染物排放种类、数量和应纳税额。

第二十二条 纳税人从事海洋工程向中华人民共和国管辖海域排放应税大气污染物、水污染物或者固体废物，申报缴纳环境保护税的具体办法，由国务院税务主管部门会同国务院生态环境主管部门规定。

第二十三条 纳税人和税务机关、生态环境主管部门及其工作人员违反本法规定的，依照《中华人民共和国税收征收管理法》、《中华人民共和国环境保护法》和有关法律法规的规定追究法律责任。

第二十四条 各级人民政府应当鼓励纳税人加大环境保护建设投入，对纳税人用于污染物自动监测设备的投资予以资金和政策支持。

第五章 附 则

第二十五条 本法下列用语的含义：

(一)污染当量，是指根据污染物或者污染排放活动对环境的有害程度以及处理的技术经济性，衡量不同污染物对环境污染的综合性指标或者计量单位。同一介质相同污染当量的不同污染物，其污染程度基本相当。

(二)排污系数，是指在正常技术经济和管理条件下，生产单位产品所应排放的污染物量的统计平均值。

(三)物料衡算，是指根据物质质量守恒原理对生产过程中使用的原料、生产的产品和产生的废物等进行测算的一种方法。

第二十六条 直接向环境排放应税污染物的企业事业单位和其他生产经营者，除依照本法规定缴纳环境保护税外，应当对所造成的损害依法承担责任。

第二十七条 自本法施行之日起,依照本法规定征收环境保护税,不再征收排污费。

第二十八条 本法自2018年1月1日起施行。

附表一:

环境保护税税目税额表

<table>
<tr><th colspan="2">税 目</th><th>计税单位</th><th>税 额</th><th>备 注</th></tr>
<tr><td colspan="2">大气污染物</td><td>每污染当量</td><td>1.2元至12元</td><td></td></tr>
<tr><td colspan="2">水污染物</td><td>每污染当量</td><td>1.4元至14元</td><td></td></tr>
<tr><td rowspan="4">固体废物</td><td>煤矸石</td><td>每吨</td><td>5元</td><td rowspan="4"></td></tr>
<tr><td>尾矿</td><td>每吨</td><td>15元</td></tr>
<tr><td>危险废物</td><td>每吨</td><td>1000元</td></tr>
<tr><td>冶炼渣、粉煤灰、炉渣、其他固体废物(含半固态、液态废物)</td><td>每吨</td><td>25元</td></tr>
<tr><td rowspan="6">噪声</td><td rowspan="6">工业噪声</td><td>超标1—3分贝</td><td>每月350元</td><td rowspan="6">1. 一个单位边界上有多处噪声超标,根据最高一处超标声级计算应纳税额;当沿边界长度超过100米有两处以上噪声超标,按照两个单位计算应纳税额。
2. 一个单位有不同地点作业场所的,应当分别计算应纳税额,合并计征。
3. 昼、夜均超标的环境噪声,昼、夜分别计算应纳税额,累计计征。
4. 声源一个月内超标不足15天的,减半计算应纳税额。
5. 夜间频繁突发和夜间偶然突发厂界超标噪声,按等效声级和峰值噪声两种指标中超标分贝值高的一项计算应纳税额。</td></tr>
<tr><td>超标4—6分贝</td><td>每月700元</td></tr>
<tr><td>超标7—9分贝</td><td>每月1400元</td></tr>
<tr><td>超标10—12分贝</td><td>每月2800元</td></tr>
<tr><td>超标13—15分贝</td><td>每月5600元</td></tr>
<tr><td>超标16分贝以上</td><td>每月11200元</td></tr>
</table>

附表二：

应税污染物和当量值表

一、第一类水污染物污染当量值

污染物	污染当量值(千克)
1. 总汞	0.0005
2. 总镉	0.005
3. 总铬	0.04
4. 六价铬	0.02
5. 总砷	0.02
6. 总铅	0.025
7. 总镍	0.025
8. 苯并(a)芘	0.0000003
9. 总铍	0.01
10. 总银	0.02

二、第二类水污染物污染当量值

污染物	污染当量值(千克)	备注
11. 悬浮物(SS)	4	
12. 生化需氧量(BOD_5)	0.5	同一排放口中的化学需氧量、生化需氧量和总有机碳,只征收一项。
13. 化学需氧量(CODcr)	1	
14. 总有机碳(TOC)	0.49	
15. 石油类	0.1	
16. 动植物油	0.16	
17. 挥发酚	0.08	
18. 总氰化物	0.05	
19. 硫化物	0.125	
20. 氨氮	0.8	
21. 氟化物	0.5	
22. 甲醛	0.125	
23. 苯胺类	0.2	
24. 硝基苯类	0.2	
25. 阴离子表面活性剂(LAS)	0.2	
26. 总铜	0.1	

续表

污染物	污染当量值(千克)	备注
27. 总锌	0. 2	
28. 总锰	0. 2	
29. 彩色显影剂(CD－2)	0. 2	
30. 总磷	0. 25	
31. 单质磷(以 P 计)	0. 05	
32. 有机磷农药(以 P 计)	0. 05	
33. 乐果	0. 05	
34. 甲基对硫磷	0. 05	
35. 马拉硫磷	0. 05	
36. 对硫磷	0. 05	
37. 五氯酚及五氯酚钠(以五氯酚计)	0. 25	
38. 三氯甲烷	0. 04	
39. 可吸附有机卤化物(AOX)(以 Cl 计)	0. 25	
40. 四氯化碳	0. 04	
41. 三氯乙烯	0. 04	
42. 四氯乙烯	0. 04	
43. 苯	0. 02	
44. 甲苯	0. 02	
45. 乙苯	0. 02	
46. 邻－二甲苯	0. 02	
47. 对－二甲苯	0. 02	
48. 间－二甲苯	0. 02	
49. 氯苯	0. 02	
50. 邻二氯苯	0. 02	
51. 对二氯苯	0. 02	
52. 对硝基氯苯	0. 02	
53. 2,4－二硝基氯苯	0. 02	
54. 苯酚	0. 02	
55. 间－甲酚	0. 02	
56. 2,4－二氯酚	0. 02	
57. 2,4,6－三氯酚	0. 02	
58. 邻苯二甲酸二丁酯	0. 02	

续表

污染物	污染当量值(千克)	备注
59. 邻苯二甲酸二辛酯	0. 02	
60. 丙烯腈	0. 125	
61. 总硒	0. 02	

三、pH 值、色度、大肠菌群数、余氯量水污染物污染当量值

污染物		污染当量值	备注
1. pH 值	1. 0 –1,13 –14 2. 1 –2,12 –13 3. 2 –3,11 –12 4. 3 –4,10 –11 5. 4 –5,9 –10 6. 5 –6	0. 06 吨污水 0. 125 吨污水 0. 25 吨污水 0. 5 吨污水 1 吨污水 5 吨污水	pH 值 5 –6 指大于等于 5,小于 6;pH 值9 –10指大于 9,小于等于 10,其余类推。
2. 色度		5 吨水·倍	
3. 大肠菌群数(超标)		3. 3 吨污水	大肠菌群数和余氯量只征收一项。
4. 余氯量(用氯消毒的医院废水)		3. 3 吨污水	

四、禽畜养殖业、小型企业和第三产业水污染物污染当量值

(本表仅适用于计算无法进行实际监测或者物料衡算的禽畜养殖业、小型企业和第三产业等小型排污者的水污染物污染当量数)

类型		污染当量值	备注
禽畜养殖场	1. 牛	0. 1 头	仅对存栏规模大于 50 头牛、500 头猪、5000 羽鸡鸭等的禽畜养殖场征收。
	2. 猪	1 头	
	3. 鸡、鸭等家禽	30 羽	
4. 小型企业		1. 8 吨污水	
5. 饮食娱乐服务业		0. 5 吨污水	
6. 医院	消毒	0. 14 床	医院病床数大于 20 张的按照本表计算污染当量数。
		2. 8 吨污水	
	不消毒	0. 07 床	
		1. 4 吨污水	

五、大气污染物污染当量值

污染物	污染当量值(千克)
1. 二氧化硫	0. 95
2. 氮氧化物	0. 95

续表

污染物	污染当量值(千克)
3. 一氧化碳	16.7
4. 氯气	0.34
5. 氯化氢	10.75
6. 氟化物	0.87
7. 氰化氢	0.005
8. 硫酸雾	0.6
9. 铬酸雾	0.0007
10. 汞及其化合物	0.0001
11. 一般性粉尘	4
12. 石棉尘	0.53
13. 玻璃棉尘	2.13
14. 碳黑尘	0.59
15. 铅及其化合物	0.02
16. 镉及其化合物	0.03
17. 铍及其化合物	0.0004
18. 镍及其化合物	0.13
19. 锡及其化合物	0.27
20. 烟尘	2.18
21. 苯	0.05
22. 甲苯	0.18
23. 二甲苯	0.27
24. 苯并(a)芘	0.000002
25. 甲醛	0.09
26. 乙醛	0.45
27. 丙烯醛	0.06
28. 甲醇	0.67
29. 酚类	0.35
30. 沥青烟	0.19
31. 苯胺类	0.21
32. 氯苯类	0.72
33. 硝基苯	0.17

续表

污染物	污染当量值(千克)
34. 丙烯腈	0.22
35. 氯乙烯	0.55
36. 光气	0.04
37. 硫化氢	0.29
38. 氨	9.09
39. 三甲胺	0.32
40. 甲硫醇	0.04
41. 甲硫醚	0.28
42. 二甲二硫	0.28
43. 苯乙烯	25
44. 二硫化碳	20

中华人民共和国
环境保护税法实施条例

(2017年12月25日中华人民共和国国务院令第693号公布　自2018年1月1日起施行)

第一章　总　　则

第一条　根据《中华人民共和国环境保护税法》(以下简称环境保护税法),制定本条例。

第二条　环境保护税法所附《环境保护税税目税额表》所称其他固体废物的具体范围,依照环境保护税法第六条第二款规定的程序确定。

第三条　环境保护税法第五条第一款、第十二条第一款第三项规定的城乡污水集中处理场所,是指为社会公众提供生活污水处理服务的场所,不包括为工业园区、开发区等工业聚集区域内的企业事业单位和其他生产经营者提供污水处理服务的场所,以及企业事业单位和其他生产经营者自建自用的污水处理场所。

第四条　达到省级人民政府确定的规模标准并且有污染物排放口的畜禽养殖场,应当依法缴纳环境保护税;依法对畜禽养殖废弃物进行综合利用和无害化处理的,不属于直接向环境排放污染物,不缴纳环境保护税。

第二章　计税依据

第五条　应税固体废物的计税依据,按照固体废物的排放量确定。固体废物的排放量为当期应税固体废物的产生量减去当期应税固体废物的贮存量、处置量、综合利用量的余额。

前款规定的固体废物的贮存量、处置量,是指在符合国家和地方环境保护标准的设施、场所贮存或者处置的固体废物数量;固体废物的综合利用量,是指按照国务院发展改革、工业和信息化主管部门关于资源综合利用要求以及国家和地方环境保护标准进行综合利用的固体废物数量。

第六条　纳税人有下列情形之一的,以其当期应税固体废物的产生量作为固体废物的排放量:

(一)非法倾倒应税固体废物;

(二)进行虚假纳税申报。

第七条　应税大气污染物、水污染物的计税依据,按照污染物排放量折合的污染当量数确定。

纳税人有下列情形之一的,以其当期应税大气污染物、水污染物的产生量作为污染物的排放量:

(一)未依法安装使用污染物自动监测设备或者未将污染物自动监测设备与环境保护主管部门的监控设备联网;

(二)损毁或者擅自移动、改变污染物自动监测设备;

(三)篡改、伪造污染物监测数据;

(四)通过暗管、渗井、渗坑、灌注或者稀释排放以及不正常运行防治污染设施等方式违法排放应税污染物;

(五)进行虚假纳税申报。

第八条　从两个以上排放口排放应税污染物的,对每一排放口排放的应税污染物分别计算征收环境保护税;纳税人持有排污许可证的,其污染物排放口按照排污许可证载明的污染物排放口确定。

第九条 属于环境保护税法第十条第二项规定情形的纳税人，自行对污染物进行监测所获取的监测数据，符合国家有关规定和监测规范的，视同环境保护税法第十条第二项规定的监测机构出具的监测数据。

第三章 税收减免

第十条 环境保护税法第十三条所称应税大气污染物或者水污染物的浓度值，是指纳税人安装使用的污染物自动监测设备当月自动监测的应税大气污染物浓度值的小时平均值再平均所得数值或者应税水污染物浓度值的日平均值再平均所得数值，或者监测机构当月监测的应税大气污染物、水污染物浓度值的平均值。

依照环境保护税法第十三条的规定减征环境保护税的，前款规定的应税大气污染物浓度值的小时平均值或者应税水污染物浓度值的日平均值，以及监测机构当月每次监测的应税大气污染物、水污染物的浓度值，均不得超过国家和地方规定的污染物排放标准。

第十一条 依照环境保护税法第十三条的规定减征环境保护税的，应当对每一排放口排放的不同应税污染物分别计算。

第四章 征收管理

第十二条 税务机关依法履行环境保护税纳税申报受理、涉税信息比对、组织税款入库等职责。

环境保护主管部门依法负责应税污染物监测管理，制定和完善污染物监测规范。

第十三条 县级以上地方人民政府应当加强对环境保护税征收管理工作的领导，及时协调、解决环境保护税征收管理工作中的重大问题。

第十四条 国务院税务、环境保护主管部门制定涉税信息共享平台技术标准以及数据采集、存储、传输、查询和使用规范。

第十五条 环境保护主管部门应当通过涉税信息共享平台向税务机关交送在环境保护监督管理中获取的下列信息：

（一）排污单位的名称、统一社会信用代码以及污染物排放口、排放污染物种类等基本信息；

（二）排污单位的污染物排放数据（包括污染物排放量以及大气污染物、水污染物的浓度值等数据）；

（三）排污单位环境违法和受行政处罚情况；

（四）对税务机关提请复核的纳税人的纳税申报数据资料异常或者纳税人未按照规定期限办理纳税申报的复核意见；

（五）与税务机关商定交送的其他信息。

第十六条 税务机关应当通过涉税信息共享平台向环境保护主管部门交送下列环境保护税涉税信息：

（一）纳税人基本信息；

（二）纳税申报信息；

（三）税款入库、减免税额、欠缴税款以及风险疑点等信息；

（四）纳税人涉税违法和受行政处罚情况；

（五）纳税人的纳税申报数据资料异常或者纳税人未按照规定期限办理纳税申报的信息；

（六）与环境保护主管部门商定交送的其他信息。

第十七条 环境保护税法第十七条所称应税污染物排放地是指：

（一）应税大气污染物、水污染物排放口所在地；

（二）应税固体废物产生地；

（三）应税噪声产生地。

第十八条 纳税人跨区域排放应税污染物，税务机关对税收征收管辖有争议的，由争议各方按照有利于征收管理的原则协商解决；不能协商一致的，报请共同的上级税务机关决定。

第十九条 税务机关应当依据环境保护主管部门交送的排污单位信息进行纳税人识别。

在环境保护主管部门交送的排污单位信息中没有对应信息的纳税人，由税务机关在纳税人首次办理环境保护税纳税申报时进行纳税人识别，并将相关信息交送环境保护主管部门。

第二十条 环境保护主管部门发现纳税人申报的应税污染物排放信息或者适用的排污系数、物料衡算方法有误的，应当通知税务机关处理。

第二十一条 纳税人申报的污染物排放数据与环境保护主管部门交送的相关数据不一致的，按照环境保护主管部门交送的数据确定应税污染物的计税依据。

第二十二条 环境保护税法第二十条第二款所称纳税人的纳税申报数据资料异常，包括但不限于下列情形：

（一）纳税人当期申报的应税污染物排放量与上一年同期相比明显偏低，且无正当理由；

（二）纳税人单位产品污染物排放量与同类型纳税人相比明显偏低，且无正当理由。

第二十三条 税务机关、环境保护主管部门应当无偿为纳税人提供与缴纳环境保护税有关的辅导、培训和咨询服务。

第二十四条 税务机关依法实施环境保护税的税务检查，环境保护主管部门予以配合。

第二十五条 纳税人应当按照税收征收管理的有关规定，妥善保管应税污染物监测和管理的有关资料。

第五章 附 则

第二十六条 本条例自2018年1月1日起施行。2003年1月2日国务院公布的《排污费征收使用管理条例》同时废止。

中华人民共和国城市维护建设税法

（2020年8月11日第十三届全国人民代表大会常务委员会第二十一次会议通过　2020年8月11日中华人民共和国主席令第51号公布　自2021年9月1日起施行）

第一条　在中华人民共和国境内缴纳增值税、消费税的单位和个人，为城市维护建设税的纳税人，应当依照本法规定缴纳城市维护建设税。

第二条　城市维护建设税以纳税人依法实际缴纳的增值税、消费税税额为计税依据。

城市维护建设税的计税依据应当按照规定扣除期末留抵退税退还的增值税税额。

城市维护建设税计税依据的具体确定办法，由国务院依据本法和有关税收法律、行政法规规定，报全国人民代表大会常务委员会备案。

第三条　对进口货物或者境外单位和个人向境内销售劳务、服务、无形资产缴纳的增值税、消费税税额，不征收城市维护建设税。

第四条　城市维护建设税税率如下：

（一）纳税人所在地在市区的，税率为百分之七；

（二）纳税人所在地在县城、镇的，税率为百分之五；

（三）纳税人所在地不在市区、县城或者镇的，税率为百分之一。

前款所称纳税人所在地，是指纳税人住所地或者与纳税人生产经营活动相关的其他地点，具体地点由省、自治区、直辖市确定。

第五条　城市维护建设税的应纳税额按照计税依据乘以具体适用税率计算。

第六条　根据国民经济和社会发展的需要，国务院对重大公共基础设施建设、特殊产业和群体以及重大突发事件应对等情形可以规定减征或者免征城市维护建设税，报全国人民代表大会常务委员会备案。

第七条　城市维护建设税的纳税义务发生时间与增值税、消费税的纳税义务发生时间一致，分别与增值税、消费税同时缴纳。

第八条　城市维护建设税的扣缴义务人为负有增值税、消费税扣缴义务的单位和个人，在扣缴增值税、消费税的同时扣缴城市维护建设税。

第九条　城市维护建设税由税务机关依照本法和《中华人民共和国税收征收管理法》的规定征收管理。

第十条　纳税人、税务机关及其工作人员违反本法规定的，依照《中华人民共和国税收征收管理法》和有关法律法规的规定追究法律责任。

第十一条　本法自2021年9月1日起施行。1985年2月8日国务院发布的《中华人民共和国城市维护建设税暂行条例》同时废止。

征收教育费附加的暂行规定

（1986年4月28日国务院发布　根据1990年6月7日《国务院关于修改〈征收教育费附加的暂行规定〉的决定》第一次修订　根据2005年8月20日《国务院关于修改〈征收教育费附加的暂行规定〉的决定》第二次修订　根据2011年1月8日《国务院关于废止和修改部分行政法规的决定》第三次修订）

第一条　为贯彻落实《中共中央关于教育体制改革的决定》，加快发展地方教育事业，扩大地方教育经费的资金来源，特制定本规定。

第二条　凡缴纳消费税、增值税、营业税的单位和个人，除按照《国务院关于筹措农村学校办学经费的通知》（国发〔1984〕174号文）的规定，缴纳农村教育事业费附加的单位外，都应当依照本规定缴纳教育费附加。

第三条　教育费附加，以各单位和个人实际缴纳的增值税、营业税、消费税的税额为计征依据，教育费附加率为3%，分别与增值税、营业税、消费税同时缴纳。

除国务院另有规定者外，任何地区、部门不得擅自提高或者降低教育费附加率。

第四条　依照现行有关规定，除铁道系统、中国人民银行总行、各专业银行总行、保险总公司的教育附加随同营业税上缴中央财政外，其余单位和个人的教育费附加，均就地上缴地方财政。

第五条　教育费附加由税务机关负责征收。

教育费附加纳入预算管理，作为教育专项资金，根据“先收后支、列收列支、收支平衡”的原则使用和管理。地方各级人民政府应当依照国家有关规定，使预算内教育事业费逐步增长，不得因教育费附加纳入预算专项资金管理而抵顶教育事业费拨款。

第六条　教育费附加的征收管理，按照消费税、增值税、营业税的有关规定办理。

第七条　企业缴纳的教育费附加，一律在销售收入（或营业收入）中支付。

第八条　地方征收的教育费附加，按专项资金管理，由教育部门统筹安排，提出分配方案，商同级财政部门同意后，用于改善中小学教学设施和办学条件，不得用于职工福利和发放奖金。

铁道系统、中国人民银行总行、各专业银行总行、保险总公司随同营业税上缴的教育费附加，由国家教育委员会按年度提出分配方案,商财政部同意后,用于基础教育的薄弱环节。

地方征收的教育费附加,主要留归当地安排使用。省、自治区、直辖市可根据各地征收教育费附加的实际情况,适当提取一部分数额,用于地区之间的调剂、平衡。

第九条 地方各级教育部门每年应定期向当地人民政府、上级主管部门和财政部门,报告教育费附加的收支情况。

第十条 凡办有职工子弟学校的单位,应当先按本规定缴纳教育费附加;教育部门可根据它们办学的情况酌情返还给办学单位,作为对所办学校经费的补贴。办学单位不得借口缴纳教育费附加而撤并学校,或者缩小办学规模。

第十一条 征收教育费附加以后,地方各级教育部门和学校,不准以任何名目向学生家长和单位集资,或者变相集资,不准以任何借口不让学生入学。

对违反前款规定者,其上级教育部门要予以制止,直接责任人员要给予行政处分。单位和个人有权拒缴。

第十二条 本规定由财政部负责解释。各省、自治区、直辖市人民政府可结合当地实际情况制定实施办法。

第十三条 本规定从 1986 年 7 月 1 日起施行。

四、税收征管

（一）征收管理

中华人民共和国税收征收管理法

（1992年9月4日第七届全国人民代表大会常务委员会第二十七次会议通过　根据1995年2月28日第八届全国人民代表大会常务委员会第一二次会议《关于修改〈中华人民共和国税收征收管理法〉的决定》第一次修正　2001年4月28日第九届全国人民代表大会常务委员会第二十一次会议修订　根据2013年6月29日第十二届全国人民代表大会常务委员会第三次会议《关于修改〈中华人民共和国文物保护法〉等十二部法律的决定》第二次修正　根据2015年4月24日第十二届全国人民代表大会常务委员会第十四次会议《关于修改〈中华人民共和国港口法〉等七部法律的决定》第三次修正）

目　　录

第一章　总　　则

第一条　为了加强税收征收管理，规范税收征收和缴纳行为，保障国家税收收入，保护纳税人的合法权益，促进经济和社会发展，制定本法。

第二条　凡依法由税务机关征收的各种税收的征收管理，均适用本法。

第三条　税收的开征、停征以及减税、免税、退税、补税，依照法律的规定执行；法律授权国务院规定的，依照国务院制定的行政法规的规定执行。

任何机关、单位和个人不得违反法律、行政法规的规定，擅自作出税收开征、停征以及减税、免税、退税、补税和其他同税收法律、行政法规相抵触的决定。

第四条　法律、行政法规规定负有纳税义务的单位和个人为纳税人。

法律、行政法规规定负有代扣代缴、代收代缴税款义务的单位和个人为扣缴义务人。

纳税人、扣缴义务人必须依照法律、行政法规的规定缴纳税款、代扣代缴、代收代缴税款。

第五条　国务院税务主管部门主管全国税收征收管理工作。各地国家税务局和地方税务局应当按照国务院规定的税收征收管理范围分别进行征收管理。

地方各级人民政府应当依法加强对本行政区域内税收征收管理工作的领导或者协调，支持税务机关依法执行职务，依照法定税率计算税额，依法征收税款。

各有关部门和单位应当支持、协助税务机关依法执行职务。

税务机关依法执行职务，任何单位和个人不得阻挠。

第六条　国家有计划地用现代信息技术装备各级税务机关，加强税收征收管理信息系统的现代化建设，建立、健全税务机关与政府其他管理机关的信息共享制度。

纳税人、扣缴义务人和其他有关单位应当按照国家有关规定如实向税务机关提供与纳税和代扣代缴、代收代缴税款有关的信息。

第七条　税务机关应当广泛宣传税收法律、行政法规，普及纳税知识，无偿地为纳税人提供纳税咨询服务。

第八条　纳税人、扣缴义务人有权向税务机关了解国家税收法律、行政法规的规定以及与纳税程序有关的情况。

纳税人、扣缴义务人有权要求税务机关为纳税人、扣缴义务人的情况保密。税务机关应当依法为纳税人、扣缴义务人的情况保密。

纳税人依法享有申请减税、免税、退税的权利。

纳税人、扣缴义务人对税务机关所作出的决定，享有陈述权、申辩权；依法享有申请行政复议、提起行政诉讼、请求国家赔偿等权利。

纳税人、扣缴义务人有权控告和检举税务机关、税务人员的违法违纪行为。

第九条　税务机关应当加强队伍建设，提高税务人员的政治业务素质。

税务机关、税务人员必须秉公执法，忠于职守，清正廉洁，礼貌待人，文明服务，尊重和保护纳税人、扣缴义务人的权利，依法接受监督。

税务人员不得索贿受贿、徇私舞弊、玩忽职守、不征或者少征应征税款；不得滥用职权多征税款或者故意刁难纳税人和扣缴义务人。

第十条 各级税务机关应当建立、健全内部制约和监督管理制度。

上级税务机关应当对下级税务机关的执法活动依法进行监督。

各级税务机关应当对其工作人员执行法律、行政法规和廉洁自律准则的情况进行监督检查。

第十一条 税务机关负责征收、管理、稽查、行政复议的人员的职责应当明确，并相互分离、相互制约。

第十二条 税务人员征收税款和查处税收违法案件，与纳税人、扣缴义务人或者税收违法案件有利害关系的，应当回避。

第十三条 任何单位和个人都有权检举违反税收法律、行政法规的行为。收到检举的机关和负责查处的机关应当为检举人保密。税务机关应当按照规定对检举人给予奖励。

第十四条 本法所称税务机关是指各级税务局、税务分局、税务所和按照国务院规定设立的并向社会公告的税务机构。

第二章 税务管理

第一节 税务登记

第十五条 企业，企业在外地设立的分支机构和从事生产、经营的场所，个体工商户和从事生产、经营的事业单位（以下统称从事生产、经营的纳税人）自领取营业执照之日起三十日内，持有关证件，向税务机关申报办理税务登记。税务机关应当于收到申报的当日办理登记并发给税务登记证件。

工商行政管理机关应当将办理登记注册、核发营业执照的情况，定期向税务机关通报。

本条第一款规定以外的纳税人办理税务登记和扣缴义务人办理扣缴税款登记的范围和办法，由国务院规定。

第十六条 从事生产、经营的纳税人，税务登记内容发生变化的，自工商行政管理机关办理变更登记之日起三十日内或者在向工商行政管理机关申请办理注销登记之前，持有关证件向税务机关申报办理变更或者注销税务登记。

第十七条 从事生产、经营的纳税人应当按照国家有关规定，持税务登记证件，在银行或者其他金融机构开立基本存款账户和其他存款账户，并将其全部账号向税务机关报告。

银行和其他金融机构应当在从事生产、经营的纳税人的账户中登录税务登记证件号码，并在税务登记证件中登录从事生产、经营的纳税人的账户账号。

税务机关依法查询从事生产、经营的纳税人开立账户的情况时，有关银行和其他金融机构应当予以协助。

第十八条 纳税人按照国务院税务主管部门的规定使用税务登记证件。税务登记证件不得转借、涂改、损毁、买卖或者伪造。

第二节 账簿、凭证管理

第十九条 纳税人、扣缴义务人按照有关法律、行政法规和国务院财政、税务主管部门的规定设置账簿，根据合法、有效凭证记账，进行核算。

第二十条 从事生产、经营的纳税人的财务、会计制度或者财务、会计处理办法和会计核算软件，应当报送税务机关备案。

纳税人、扣缴义务人的财务、会计制度或者财务、会计处理办法与国务院或者国务院财政、税务主管部门有关税收的规定抵触的，依照国务院或者国务院财政、税务主管部门有关税收的规定计算应纳税款、代扣代缴和代收代缴税款。

第二十一条 税务机关是发票的主管机关，负责发票印制、领购、开具、取得、保管、缴销的管理和监督。

单位、个人在购销商品、提供或者接受经营服务以及从事其他经营活动中，应当按照规定开具、使用、取得发票。

发票的管理办法由国务院规定。

第二十二条 增值税专用发票由国务院税务主管部门指定的企业印制；其他发票，按照国务院税务主管部门的规定，分别由省、自治区、直辖市国家税务局、地方税务局指定企业印制。

未经前款规定的税务机关指定，不得印制发票。

第二十三条 国家根据税收征收管理的需要，积极推广使用税控装置。纳税人应当按照规定安装、使用税控装置，不得损毁或者擅自改动税控装置。

第二十四条 从事生产、经营的纳税人、扣缴义务人必须按照国务院财政、税务主管部门规定的保管期限保管账簿、记账凭证、完税凭证及其他有关资料。

账簿、记账凭证、完税凭证及其他有关资料不得伪造、变造或者擅自损毁。

第三节 纳税申报

第二十五条 纳税人必须依照法律、行政法规规定或者税务机关依照法律、行政法规的规定确定的申报期限、申报内容如实办理纳税申报，报送纳税申报表、财务会计报表以及税务机关根据实际需要要求纳税人报送的其他纳税资料。

扣缴义务人必须依照法律、行政法规规定或者税务机关依照法律、行政法规的规定确定的申报期限、申报内容如实报送代扣代缴、代收代缴税款报告表以及税务机关根据实际需要要求扣缴义务人报送的其他有关资料。

第二十六条 纳税人、扣缴义务人可以直接到税务机关办理纳税申报或者报送代扣代缴、代收代缴税款报告表，也可以按照规定采取邮寄、数据电文或者其他方式办理上述申报、报送事项。

第二十七条 纳税人、扣缴义务人不能按期办理纳税申报或者报送代扣代缴、代收代缴税款报告表的，经税务机关核准，可以延期申报。

经核准延期办理前款规定的申报、报送事项的，应当在纳税期内按照上期实际缴纳的税额或者税务机关核定的税额预缴税款，并在核准的延期内办理税款结算。

第三章 税款征收

第二十八条 税务机关依照法律、行政法规的规定征收税款，不得违反法律、行政法规的规定开征、停征、多征、少征、提前征收、延缓征收或者摊派税款。

农业税应纳税额按照法律、行政法规的规定核定。

第二十九条 除税务机关、税务人员以及经税务机关依照法律、行政法规委托的单位和人员外，任何单位和个人不得进行税款征收活动。

第三十条 扣缴义务人依照法律、行政法规的规定履行代扣、代收税款的义务。对法律、行政法规没有规定负有代扣、代收税款义务的单位和个人，税务机关不得要求其履行代扣、代收税款义务。

扣缴义务人依法履行代扣、代收税款义务时，纳税人不得拒绝。纳税人拒绝的，扣缴义务人应当及时报告税务机关处理。

税务机关按照规定付给扣缴义务人代扣、代收手续费。

第三十一条 纳税人、扣缴义务人按照法律、行政法规规定或者税务机关依照法律、行政法规的规定确定的期限，缴纳或者解缴税款。

纳税人因有特殊困难，不能按期缴纳税款的，经省、自治区、直辖市国家税务局、地方税务局批准，可以延期缴纳税款，但是最长不得超过三个月。

第三十二条 纳税人未按照规定期限缴纳税款的，扣缴义务人未按照规定期限解缴税款的，税务机关除责令限期缴纳外，从滞纳税款之日起，按日加收滞纳税款万分之五的滞纳金。

第三十三条 纳税人依照法律、行政法规的规定办理减税、免税。

地方各级人民政府、各级人民政府主管部门、单位和个人违反法律、行政法规规定，擅自作出的减税、免税决定无效，税务机关不得执行，并向上级税务机关报告。

第三十四条 税务机关征收税款时，必须给纳税人开具完税凭证。扣缴义务人代扣、代收税款时，纳税人要求扣缴义务人开具代扣、代收税款凭证的，扣缴义务人应当开具。

第三十五条 纳税人有下列情形之一的，税务机关有权核定其应纳税额：

（一）依照法律、行政法规的规定可以不设置账簿的；

（二）依照法律、行政法规的规定应当设置账簿但未设置的；

（三）擅自销毁账簿或者拒不提供纳税资料的；

（四）虽设置账簿，但账目混乱或者成本资料、收入凭证、费用凭证残缺不全，难以查账的；

（五）发生纳税义务，未按照规定的期限办理纳税申报，经税务机关责令限期申报，逾期仍不申报的；

（六）纳税人申报的计税依据明显偏低，又无正当理由的。

税务机关核定应纳税额的具体程序和方法由国务院税务主管部门规定。

第三十六条 企业或者外国企业在中国境内设立的从事生产、经营的机构、场所与其关联企业之间的业务往来，应当按照独立企业之间的业务往来收取或者支付价款、费用；不按照独立企业之间的业务往来收取或者支付价款、费用，而减少其应纳税的收入或者所得额的，税务机关有权进行合理调整。

第三十七条 对未按照规定办理税务登记的从事生产、经营的纳税人以及临时从事经营的纳税人，由税务机关核定其应纳税额，责令缴纳；不缴纳的，税务机关可以扣押其价值相当于应纳税款的商品、货物。扣押后缴纳应纳税款的，税务机关必须立即解除扣押，并归还所扣押的商品、货物；扣押后仍不缴纳应纳税款的，经县以上税务局（分局）局长批准，依法拍卖或者变卖所扣押的商品、货物，以拍卖或者变卖所得抵缴税款。

第三十八条 税务机关有根据认为从事生产、经营的纳税人有逃避纳税义务行为的，可以在规定的纳税期之前，责令限期缴纳应纳税款；在限期内发现纳税人有明显的转移、隐匿其应纳税的商品、货物以及其他财产或者应纳税的收入的迹象的，税务机关可以责成纳税人提供纳税担保。如果纳税人不能提供纳税担保，经县以上税务局（分局）局长批准，税务机关可以采取下列税收保全措施：

（一）书面通知纳税人开户银行或者其他金融机构冻结纳税人的金额相当于应纳税款的存款；

（二）扣押、查封纳税人的价值相当于应纳税款的商品、货物或者其他财产。

纳税人在前款规定的限期内缴纳税款的，税务机关必须立即解除税收保全措施；限期期满仍未缴纳税款的，经县以上税务局（分局）局长批准，税务机关可以书面通知纳税人开户银行或者其他金融机构从其冻结的存款中扣缴税款，或者依法拍卖或者变卖所扣押、查封的商品、货物或者其他财产，以拍卖或者变卖所得抵缴税款。

个人及其所扶养家属维持生活必需的住房和用品，不在税收保全措施的范围之内。

第三十九条 纳税人在限期内已缴纳税款，税务机关未立即解除税收保全措施，使纳税人的合法利益遭受损失的，税务机关应当承担赔偿责任。

第四十条 从事生产、经营的纳税人、扣缴义务人未按照规定的期限缴纳或者解缴税款，纳税担保人未按照规定的期限缴纳所担保的税款，由税务机关责令限期缴纳，逾期仍未缴纳的，经县以上税务局（分局）局长批准，税务机关可以采取下列强制执行措施：

（一）书面通知其开户银行或者其他金融机构从其存款中扣缴税款；

（二）扣押、查封、依法拍卖或者变卖其价值相当于应纳税款的商品、货物或者其他财产，以拍卖或者变卖所得抵缴税款。

税务机关采取强制执行措施时，对前款所列纳税人、扣缴义务人、纳税担保人未缴纳的滞纳金同时强制执行。

个人及其所扶养家属维持生活必需的住房和用品，不在强制执行措施的范围之内。

第四十一条 本法第三十七条、第三十八条、第四十条规定的采取税收保全措施、强制执行措施的权力，不得由法定的税务机关以外的单位和个人行使。

第四十二条 税务机关采取税收保全措施和强制执行措施必须依照法定权限和法定程序，不得查封、扣押纳税人个人及其所扶养家属维持生活必需的住房和用品。

第四十三条 税务机关滥用职权违法采取税收保全措施、强制执行措施，或者采取税收保全措施、强制执行措施不当，使纳税人、扣缴义务人或者纳税担保人的合法权益遭受损失的，应当依法承担赔偿责任。

第四十四条 欠缴税款的纳税人或者他的法定代表人需要出境的，应当在出境前向税务机关结清应纳税款、滞纳金或者提供担保。未结清税款、滞纳金，又不提供担保的，税务机关可以通知出境管理机关阻止其出境。

第四十五条 税务机关征收税款，税收优先于无担保债权，法律另有规定的除外；纳税人欠缴的税款发生在纳税人以其财产设定抵押、质押或者纳税人的财产被留置之前的，税收应当先于抵押权、质权、留置权执行。

纳税人欠缴税款，同时又被行政机关决定处以罚款、没收违法所得的，税收优先于罚款、没收违法所得。

税务机关应当对纳税人欠缴税款的情况定期予以公告。

第四十六条 纳税人有欠税情形而以其财产设定抵押、质押的，应当向抵押权人、质权人说明其欠税情况。抵押权人、质权人可以请求税务机关提供有关的欠税情况。

第四十七条 税务机关扣押商品、货物或者其他财产时，必须开付收据；查封商品、货物或者其他财产时，必须开付清单。

第四十八条 纳税人有合并、分立情形的，应当向税务机关报告，并依法缴清税款。纳税人合并时未缴清税款的，应当由合并后的纳税人继续履行未履行的纳税义务；纳税人分立时未缴清税款的，分立后的纳税人对未履行的纳税义务应当承担连带责任。

第四十九条 欠缴税款数额较大的纳税人在处分其不动产或者大额资产之前，应当向税务机关报告。

第五十条 欠缴税款的纳税人因怠于行使到期债权，或者放弃到期债权，或者无偿转让财产，或者以明显不合理的低价转让财产而受让人知道该情形，对国家税收造成损害的，税务机关可以依照合同法第七十三条、第七十四条的规定行使代位权、撤销权。

税务机关依照前款规定行使代位权、撤销权的，不免除欠缴税款的纳税人尚未履行的纳税义务和应承担的法律责任。

第五十一条 纳税人超过应纳税额缴纳的税款，税务机关发现后应当立即退还；纳税人自结算缴纳税款之日起三年内发现的，可以向税务机关要求退还多缴的税款并加算银行同期存款利息，税务机关及时查实后应当立即退还；涉及从国库中退库的，依照法律、行政法规有关国库管理的规定退还。

第五十二条 因税务机关的责任，致使纳税人、扣缴义务人未缴或者少缴税款的，税务机关在三年内可以要求纳税人、扣缴义务人补缴税款，但是不得加收滞纳金。

因纳税人、扣缴义务人计算错误等失误，未缴或者少缴税款的，税务机关在三年内可以追征税款、滞纳金；有特殊情况的，追征期可以延长到五年。

对偷税、抗税、骗税的，税务机关追征其未缴或者少缴的税款、滞纳金或者所骗取的税款，不受前款规定期限的限制。

第五十三条 国家税务局和地方税务局应当按照国家规定的税收征收管理范围和税款入库预算级次，将征收的税款缴入国库。

对审计机关、财政机关依法查出的税收违法行为，税务机关应当根据有关机关的决定、意见书，依法将应收的税款、滞纳金按照税款入库预算级次缴入国库，并将结果及时回复有关机关。

第四章 税务检查

第五十四条 税务机关有权进行下列税务检查：

（一）检查纳税人的账簿、记账凭证、报表和有关资料，检查扣缴义务人代扣代缴、代收代缴税款账簿、记账凭证和有关资料；

（二）到纳税人的生产、经营场所和货物存放地检查纳税人应纳税的商品、货物或者其他财产，检查扣缴义务人与代扣代缴、代收代缴税款有关的经营情况；

（三）责成纳税人、扣缴义务人提供与纳税或者代扣代缴、代收代缴税款有关的文件、证明材料和有关资料；

（四）询问纳税人、扣缴义务人与纳税或者代扣代缴、代收代缴税款有关的问题和情况；

（五）到车站、码头、机场、邮政企业及其分支机构检查纳税人托运、邮寄应纳税商品、货物或者其他财产的有关单据、凭证和有关资料；

（六）经县以上税务局（分局）局长批准，凭全国统一格式的检查存款账户许可证明，查询从事生产、经营的纳税人、扣缴义务人在银行或者其他金融机构的存款账户。税务机关在调查税收违法案件时，经设区的市、自治州以上税务局（分局）局长批准，可以查询案件涉嫌人员的储蓄存款。税务机关查询所获得的资料，不得用于税收以外的用途。

第五十五条　税务机关对从事生产、经营的纳税人以前纳税期的纳税情况依法进行税务检查时，发现纳税人有逃避纳税义务行为，并有明显的转移、隐匿其应纳税的商品、货物以及其他财产或者应纳税的收入的迹象的，可以按照本法规定的批准权限采取税收保全措施或者强制执行措施。

第五十六条　纳税人、扣缴义务人必须接受税务机关依法进行的税务检查，如实反映情况，提供有关资料，不得拒绝、隐瞒。

第五十七条　税务机关依法进行税务检查时，有权向有关单位和个人调查纳税人、扣缴义务人和其他当事人与纳税或者代扣代缴、代收代缴税款有关的情况，有关单位和个人有义务向税务机关如实提供有关资料及证明材料。

第五十八条　税务机关调查税务违法案件时，对与案件有关的情况和资料，可以记录、录音、录像、照相和复制。

第五十九条　税务机关派出的人员进行税务检查时，应当出示税务检查证和税务检查通知书，并有责任为被检查人保守秘密；未出示税务检查证和税务检查通知书的，被检查人有权拒绝检查。

第五章　法律责任

第六十条　纳税人有下列行为之一的，由税务机关责令限期改正，可以处二千元以下的罚款；情节严重的，处二千元以上一万元以下的罚款：

（一）未按照规定的期限申报办理税务登记、变更或者注销登记的；

（二）未按照规定设置、保管账簿或者保管记账凭证和有关资料的；

（三）未按照规定将财务、会计制度或者财务、会计处理办法和会计核算软件报送税务机关备查的；

（四）未按照规定将其全部银行账号向税务机关报告的；

（五）未按照规定安装、使用税控装置，或者损毁或者擅自改动税控装置的。

纳税人不办理税务登记的，由税务机关责令限期改正；逾期不改正的，经税务机关提请，由工商行政管理机关吊销其营业执照。

纳税人未按照规定使用税务登记证件，或者转借、涂改、损毁、买卖、伪造税务登记证件的，处二千元以上一万元以下的罚款；情节严重的，处一万元以上五万元以下的罚款。

第六十一条　扣缴义务人未按照规定设置、保管代扣代缴、代收代缴税款账簿或者保管代扣代缴、代收代缴税款记账凭证及有关资料的，由税务机关责令限期改正，可以处二千元以下的罚款；情节严重的，处二千元以上五千元以下的罚款。

第六十二条　纳税人未按照规定的期限办理纳税申报和报送纳税资料的，或者扣缴义务人未按照规定的期限向税务机关报送代扣代缴、代收代缴税款报告表和有关资料的，由税务机关责令限期改正，可以处二千元以下的罚款；情节严重的，可以处二千元以上一万元以下的罚款。

第六十三条　纳税人伪造、变造、隐匿、擅自销毁账簿、记账凭证，或者在账簿上多列支出或者不列、少列收入，或者经税务机关通知申报而拒不申报或者进行虚假的纳税申报，不缴或者少缴应纳税款的，是偷税。对纳税人偷税的，由税务机关追缴其不缴或者少缴的税款、滞纳金，并处不缴或者少缴的税款百分之五十以上五倍以下的罚款；构成犯罪的，依法追究刑事责任。

扣缴义务人采取前款所列手段，不缴或者少缴已扣、已收税款，由税务机关追缴其不缴或者少缴的税款、滞纳金，并处不缴或者少缴的税款百分之五十以上五倍以下的罚款；构成犯罪的，依法追究刑事责任。

第六十四条　纳税人、扣缴义务人编造虚假计税依据的，由税务机关责令限期改正，并处五万元以下的罚款。

纳税人不进行纳税申报，不缴或者少缴应纳税款的，由税务机关追缴其不缴或者少缴的税款、滞纳金，并处不缴或者少缴的税款百分之五十以上五倍以下的罚款。

第六十五条　纳税人欠缴应纳税款，采取转移或者隐匿财产的手段，妨碍税务机关追缴欠缴的税款的，由税务机关追缴欠缴的税款、滞纳金，并处欠缴税款百分之五十以上五倍以下的罚款；构成犯罪的，依法追究刑事责任。

第六十六条　以假报出口或者其他欺骗手段，骗取国家出口退税款的，由税务机关追缴其骗取的退税款，并处骗取税款一倍以上五倍以下的罚款；构成犯罪的，依法追究刑事责任。

对骗取国家出口退税款的，税务机关可以在规定期间内停止为其办理出口退税。

第六十七条　以暴力、威胁方法拒不缴纳税款的，是抗税，除由税务机关追缴其拒缴的税款、滞纳金外，依法追究刑事责任。情节轻微，未构成犯罪的，由税务机关追缴其拒缴的税款、滞纳金，并处拒缴税款一倍以上五倍以下的罚款。

第六十八条　纳税人、扣缴义务人在规定期限内不缴或者少缴应纳或者应解缴的税款，经税务机关责令限期缴纳，逾期仍未缴纳的，税务机关除依照本法第四十条的规定采取强制执行措施追缴其不缴或者少缴的税款外，可以处不缴或者少缴的税款百分之五十以上五倍以下的罚款。

第六十九条 扣缴义务人应扣未扣、应收而不收税款的，由税务机关向纳税人追缴税款，对扣缴义务人处应扣未扣、应收未收税款百分之五十以上三倍以下的罚款。

第七十条 纳税人、扣缴义务人逃避、拒绝或者以其他方式阻挠税务机关检查的，由税务机关责令改正，可以处一万元以下的罚款；情节严重的，处一万元以上五万元以下的罚款。

第七十一条 违反本法第二十二条规定，非法印制发票的，由税务机关销毁非法印制的发票，没收违法所得和作案工具，并处一万元以上五万元以下的罚款；构成犯罪的，依法追究刑事责任。

第七十二条 从事生产、经营的纳税人、扣缴义务人有本法规定的税收违法行为，拒不接受税务机关处理的，税务机关可以收缴其发票或者停止向其发售发票。

第七十三条 纳税人、扣缴义务人的开户银行或者其他金融机构拒绝接受税务机关依法检查纳税人、扣缴义务人存款账户，或者拒绝执行税务机关作出的冻结存款或者扣缴税款的决定，或者在接到税务机关的书面通知后帮助纳税人、扣缴义务人转移存款，造成税款流失的，由税务机关处十万元以上五十万元以下的罚款，对直接负责的主管人员和其他直接责任人员处一千元以上一万元以下的罚款。

第七十四条 本法规定的行政处罚，罚款额在二千元以下的，可以由税务所决定。

第七十五条 税务机关和司法机关的涉税罚没收入，应当按照税款入库预算级次上缴国库。

第七十六条 税务机关违反规定擅自改变税收征收管理范围和税款入库预算级次的，责令限期改正，对直接负责的主管人员和其他直接责任人员依法给予降级或者撤职的行政处分。

第七十七条 纳税人、扣缴义务人有本法第六十三条、第六十五条、第六十六条、第六十七条、第七十一条规定的行为涉嫌犯罪的，税务机关应当依法移交司法机关追究刑事责任。

税务人员徇私舞弊，对依法应当移交司法机关追究刑事责任的不移交，情节严重的，依法追究刑事责任。

第七十八条 未经税务机关依法委托征收税款的，责令退还收取的财物，依法给予行政处分或者行政处罚；致使他人合法权益受到损失的，依法承担赔偿责任；构成犯罪的，依法追究刑事责任。

第七十九条 税务机关、税务人员查封、扣押纳税人个人及其所扶养家属维持生活必需的住房和用品的，责令退还，依法给予行政处分；构成犯罪的，依法追究刑事责任。

第八十条 税务人员与纳税人、扣缴义务人勾结，唆使或者协助纳税人、扣缴义务人有本法第六十三条、第六十五条、第六十六条规定的行为，构成犯罪的，依法追究刑事责任；尚不构成犯罪的，依法给予行政处分。

第八十一条 税务人员利用职务上的便利，收受或者索取纳税人、扣缴义务人财物或者谋取其他不正当利益，构成犯罪的，依法追究刑事责任；尚不构成犯罪的，依法给予行政处分。

第八十二条 税务人员徇私舞弊或者玩忽职守，不征或者少征应征税款，致使国家税收遭受重大损失，构成犯罪的，依法追究刑事责任；尚不构成犯罪的，依法给予行政处分。

税务人员滥用职权，故意刁难纳税人、扣缴义务人的，调离税收工作岗位，并依法给予行政处分。

税务人员对控告、检举税收违法违纪行为的纳税人、扣缴义务人以及其他检举人进行打击报复的，依法给予行政处分；构成犯罪的，依法追究刑事责任。

税务人员违反法律、行政法规的规定，故意高估或者低估农业税计税产量，致使多征或者少征税款，侵犯农民合法权益或者损害国家利益，构成犯罪的，依法追究刑事责任；尚不构成犯罪的，依法给予行政处分。

第八十三条 违反法律、行政法规的规定提前征收、延缓征收或者摊派税款的，由其上级机关或者行政监察机关责令改正，对直接负责的主管人员和其他直接责任人员依法给予行政处分。

第八十四条 违反法律、行政法规的规定，擅自作出税收的开征、停征或者减税、免税、退税、补税以及其他同税收法律、行政法规相抵触的决定的，除依照本法规定撤销其擅自作出的决定外，补征应征未征税款，退还不应征收而征收的税款，并由上级机关追究直接负责的主管人员和其他直接责任人员的行政责任；构成犯罪的，依法追究刑事责任。

第八十五条 税务人员在征收税款或者查处税收违法案件时，未按照本法规定进行回避的，对直接负责的主管人员和其他直接责任人员，依法给予行政处分。

第八十六条 违反税收法律、行政法规应当给予行政处罚的行为，在五年内未被发现的，不再给予行政处罚。

第八十七条 未按照本法规定为纳税人、扣缴义务人、检举人保密的，对直接负责的主管人员和其他直接责任人员，由所在单位或者有关单位依法给予行政处分。

第八十八条 纳税人、扣缴义务人、纳税担保人同税务机关在纳税上发生争议时，必须先依照税务机关的纳税决定缴纳或者解缴税款及滞纳金或者提供相应的担保，然后可以依法申请行政复议；对行政复议决定不服的，可以依法向人民法院起诉。

当事人对税务机关的处罚决定、强制执行措施或者税收保全措施不服的，可以依法申请行政复议，也可以依法向人民法院起诉。

当事人对税务机关的处罚决定逾期不申请行政复议也不

向人民法院起诉、又不履行的，作出处罚决定的税务机关可以采取本法第四十条规定的强制执行措施，或者申请人民法院强制执行。

第六章　附　　则

第八十九条　纳税人、扣缴义务人可以委托税务代理人代为办理税务事宜。

第九十条　耕地占用税、契税、农业税、牧业税征收管理的具体办法，由国务院另行制定。

关税及海关代征税收的征收管理，依照法律、行政法规的有关规定执行。

第九十一条　中华人民共和国同外国缔结的有关税收的条约、协定同本法有不同规定的，依照条约、协定的规定办理。

第九十二条　本法施行前颁布的税收法律与本法有不同规定的，适用本法规定。

第九十三条　国务院根据本法制定实施细则。

第九十四条　本法自2001年5月1日起施行。

中华人民共和国税收征收管理法实施细则

（2002年9月7日中华人民共和国国务院令第362号公布　根据2012年11月9日《国务院关于修改和废止部分行政法规的决定》第一次修订　根据2013年7月18日《国务院关于废止和修改部分行政法规的决定》第二次修订　根据2016年2月6日《国务院关于修改部分行政法规的决定》第三次修订）

第一章　总　　则

第一条　根据《中华人民共和国税收征收管理法》（以下简称税收征管法）的规定，制定本细则。

第二条　凡依法由税务机关征收的各种税收的征收管理，均适用税收征管法及本细则；税收征管法及本细则没有规定的，依照其他有关税收法律、行政法规的规定执行。

第三条　任何部门、单位和个人作出的与税收法律、行政法规相抵触的决定一律无效，税务机关不得执行，并应当向上级税务机关报告。

纳税人应当依照税收法律、行政法规的规定履行纳税义务；其签订的合同、协议等与税收法律、行政法规相抵触的，一律无效。

第四条　国家税务总局负责制定全国税务系统信息化建设的总体规划、技术标准、技术方案与实施办法；各级税务机关应当按照国家税务总局的总体规划、技术标准、技术方案与实施办法，做好本地区税务系统信息化建设的具体工作。

地方各级人民政府应当积极支持税务系统信息化建设，并组织有关部门实现相关信息的共享。

第五条　税收征管法第八条所称为纳税人、扣缴义务人保密的情况，是指纳税人、扣缴义务人的商业秘密及个人隐私。纳税人、扣缴义务人的税收违法行为不属于保密范围。

第六条　国家税务总局应当制定税务人员行为准则和服务规范。

上级税务机关发现下级税务机关的税收违法行为，应当及时予以纠正；下级税务机关应当按照上级税务机关的决定及时改正。

下级税务机关发现上级税务机关的税收违法行为，应当向上级税务机关或者有关部门报告。

第七条　税务机关根据检举人的贡献大小给予相应的奖励，奖励所需资金列入税务部门年度预算，单项核定。奖励资金具体使用办法以及奖励标准，由国家税务总局会同财政部制定。

第八条　税务人员在核定应纳税额、调整税收定额、进行税务检查、实施税务行政处罚、办理税务行政复议时，与纳税人、扣缴义务人或者其法定代表人、直接责任人有下列关系之一的，应当回避：

（一）夫妻关系；

（二）直系血亲关系；

（三）三代以内旁系血亲关系；

（四）近姻亲关系；

（五）可能影响公正执法的其他利害关系。

第九条　税收征管法第十四条所称按照国务院规定设立的并向社会公告的税务机构，是指省以下税务局的稽查局。稽查局专司偷税、逃避追缴欠税、骗税、抗税案件的查处。

国家税务总局应当明确划分税务局和稽查局的职责，避免职责交叉。

第二章　税务登记

第十条　国家税务局、地方税务局对同一纳税人的税务登记应当采用同一代码，信息共享。

税务登记的具体办法由国家税务总局制定。

第十一条　各级工商行政管理机关应当向同级国家税务局和地方税务局定期通报办理开业、变更、注销登记以及吊销营业执照的情况。

通报的具体办法由国家税务总局和国家工商行政管理总局联合制定。

第十二条　从事生产、经营的纳税人应当自领取营业执照之日起30日内，向生产、经营地或者纳税义务发生地的主管税务机关申报办理税务登记，如实填写税务登记表，并按照税务机关的要求提供有关证件、资料。

前款规定以外的纳税人，除国家机关和个人外，应当自纳税义务发生之日起30日内，持有关证件向所在地的主管税务机关申报办理税务登记。

个人所得税的纳税人办理税务登记的办法由国务院另行规定。

税务登记证件的式样,由国家税务总局制定。

第十三条 扣缴义务人应当自扣缴义务发生之日起 30 日内,向所在地的主管税务机关申报办理扣缴税款登记,领取扣缴税款登记证件;税务机关对已办理税务登记的扣缴义务人,可以只在其税务登记证件上登记扣缴税款事项,不再发给扣缴税款登记证件。

第十四条 纳税人税务登记内容发生变化的,应当自工商行政管理机关或者其他机关办理变更登记之日起 30 日内,持有关证件向原税务登记机关申报办理变更税务登记。

纳税人税务登记内容发生变化,不需要到工商行政管理机关或者其他机关办理变更登记的,应当自发生变化之日起 30 日内,持有关证件向原税务登记机关申报办理变更税务登记。

第十五条 纳税人发生解散、破产、撤销以及其他情形,依法终止纳税义务的,应当在向工商行政管理机关或者其他机关办理注销登记前,持有关证件向原税务登记机关申报办理注销税务登记;按照规定不需要在工商行政管理机关或者其他机关办理注册登记的,应当自有关机关批准或者宣告终止之日起 15 日内,持有关证件向原税务登记机关申报办理注销税务登记。

纳税人因住所、经营地点变动,涉及改变税务登记机关的,应当在向工商行政管理机关或者其他机关申请办理变更或者注销登记前或者住所、经营地点变动前,向原税务登记机关申报办理注销税务登记,并在 30 日内向迁达地税务机关申报办理税务登记。

纳税人被工商行政管理机关吊销营业执照或者被其他机关予以撤销登记的,应当自营业执照被吊销或者被撤销登记之日起 15 日内,向原税务登记机关申报办理注销税务登记。

第十六条 纳税人在办理注销税务登记前,应当向税务机关结清应纳税款、滞纳金、罚款,缴销发票、税务登记证件和其他税务证件。

第十七条 从事生产、经营的纳税人应当自开立基本存款账户或者其他存款账户之日起 15 日内,向主管税务机关书面报告其全部账号;发生变化的,应当自变化之日起 15 日内,向主管税务机关书面报告。

第十八条 除按照规定不需要发给税务登记证件的外,纳税人办理下列事项时,必须持税务登记证件:

(一)开立银行账户;

(二)申请减税、免税、退税;

(三)申请办理延期申报、延期缴纳税款;

(四)领购发票;

(五)申请开具外出经营活动税收管理证明;

(六)办理停业、歇业;

(七)其他有关税务事项。

第十九条 税务机关对税务登记证件实行定期验证和换证制度。纳税人应当在规定的期限内持有关证件到主管税务机关办理验证或者换证手续。

第二十条 纳税人应当将税务登记证件正本在其生产、经营场所或者办公场所公开悬挂,接受税务机关检查。

纳税人遗失税务登记证件的,应当在 15 日内书面报告主管税务机关,并登报声明作废。

第二十一条 从事生产、经营的纳税人到外县(市)临时从事生产、经营活动的,应当持税务登记证副本和所在地税务机关填开的外出经营活动税收管理证明,向营业地税务机关报验登记,接受税务管理。

从事生产、经营的纳税人外出经营,在同一地累计超过 180 天的,应当在营业地办理税务登记手续。

第三章 账簿、凭证管理

第二十二条 从事生产、经营的纳税人应当自领取营业执照或者发生纳税义务之日起 15 日内,按照国家有关规定设置账簿。

前款所称账簿,是指总账、明细账、日记账以及其他辅助性账簿。总账、日记账应当采用订本式。

第二十三条 生产、经营规模小又确无建账能力的纳税人,可以聘请经批准从事会计代理记账业务的专业机构或者财会人员代为建账和办理账务。

第二十四条 从事生产、经营的纳税人应当自领取税务登记证件之日起 15 日内,将其财务、会计制度或者财务、会计处理办法报送主管税务机关备案。

纳税人使用计算机记账的,应当在使用前将会计电算化系统的会计核算软件、使用说明书及有关资料报送主管税务机关备案。

纳税人建立的会计电算化系统应当符合国家有关规定,并能正确、完整核算其收入或者所得。

第二十五条 扣缴义务人应当自税收法律、行政法规规定的扣缴义务发生之日起 10 日内,按照所代扣、代收的税种,分别设置代扣代缴、代收代缴税款账簿。

第二十六条 纳税人、扣缴义务人会计制度健全,能够通过计算机正确、完整计算其收入和所得或者代扣代缴、代收代缴税款情况的,其计算机输出的完整的书面会计记录,可视同会计账簿。

纳税人、扣缴义务人会计制度不健全,不能通过计算机正确、完整计算其收入和所得或者代扣代缴、代收代缴税款情况的,应当建立总账及与纳税或者代扣代缴、代收代缴税款有关的其他账簿。

第二十七条 账簿、会计凭证和报表,应当使用中文。民族自治地方可以同时使用当地通用的一种民族文字。外商投资企业和外国企业可以同时使用一种外国文字。

第二十八条 纳税人应当按照税务机关的要求安装、使用税控装置，并按照税务机关的规定报送有关数据和资料。

税控装置推广应用的管理办法由国家税务总局另行制定，报国务院批准后实施。

第二十九条 账簿、记账凭证、报表、完税凭证、发票、出口凭证以及其他有关涉税资料应当合法、真实、完整。

账簿、记账凭证、报表、完税凭证、发票、出口凭证以及其他有关涉税资料应当保存10年；但是，法律、行政法规另有规定的除外。

第四章 纳税申报

第三十条 税务机关应当建立、健全纳税人自行申报纳税制度。纳税人、扣缴义务人可以采取邮寄、数据电文方式办理纳税申报或者报送代扣代缴、代收代缴税款报告表。

数据电文方式，是指税务机关确定的电话语音、电子数据交换和网络传输等电子方式。

第三十一条 纳税人采取邮寄方式办理纳税申报的，应当使用统一的纳税申报专用信封，并以邮政部门收据作为申报凭据。邮寄申报以寄出的邮戳日期为实际申报日期。

纳税人采取电子方式办理纳税申报的，应当按照税务机关规定的期限和要求保存有关资料，并定期书面报送主管税务机关。

第三十二条 纳税人在纳税期内没有应纳税款的，也应当按照规定办理纳税申报。

纳税人享受减税、免税待遇的，在减税、免税期间应当按照规定办理纳税申报。

第三十三条 纳税人、扣缴义务人的纳税申报或者代扣代缴、代收代缴税款报告表的主要内容包括：税种、税目，应纳税项目或者应代扣代缴、代收代缴税款项目，计税依据，扣除项目及标准，适用税率或者单位税额，应退税项目及税额、应减免税项目及税额，应纳税额或者应代扣代缴、代收代缴税额，税款所属期限、延期缴纳税款、欠税、滞纳金等。

第三十四条 纳税人办理纳税申报时，应当如实填写纳税申报表，并根据不同的情况相应报送下列有关证件、资料：

（一）财务会计报表及其说明材料；

（二）与纳税有关的合同、协议书及凭证；

（三）税控装置的电子报税资料；

（四）外出经营活动税收管理证明和异地完税凭证；

（五）境内或者境外公证机构出具的有关证明文件；

（六）税务机关规定应当报送的其他有关证件、资料。

第三十五条 扣缴义务人办理代扣代缴、代收代缴税款报告时，应当如实填写代扣代缴、代收代缴税款报告表，并报送代扣代缴、代收代缴税款的合法凭证以及税务机关规定的其他有关证件、资料。

第三十六条 实行定期定额缴纳税款的纳税人，可以实行简易申报、简并征期等申报纳税方式。

第三十七条 纳税人、扣缴义务人按照规定的期限办理纳税申报或者报送代扣代缴、代收代缴税款报告表确有困难，需要延期的，应当在规定的期限内向税务机关提出书面延期申请，经税务机关核准，在核准的期限内办理。

纳税人、扣缴义务人因不可抗力，不能按期办理纳税申报或者报送代扣代缴、代收代缴税款报告表的，可以延期办理；但是，应当在不可抗力情形消除后立即向税务机关报告。税务机关应当查明事实，予以核准。

第五章 税款征收

第三十八条 税务机关应当加强对税款征收的管理，建立、健全责任制度。

税务机关根据保证国家税款及时足额入库、方便纳税人、降低税收成本的原则，确定税款征收的方式。

税务机关应当加强对纳税人出口退税的管理，具体管理办法由国家税务总局会同国务院有关部门制定。

第三十九条 税务机关应当将各种税收的税款、滞纳金、罚款，按照国家规定的预算科目和预算级次及时缴入国库，税务机关不得占压、挪用、截留，不得缴入国库以外或者国家规定的税款账户以外的任何账户。

已缴入国库的税款、滞纳金、罚款，任何单位和个人不得擅自变更预算科目和预算级次。

第四十条 税务机关应当根据方便、快捷、安全的原则，积极推广使用支票、银行卡、电子结算方式缴纳税款。

第四十一条 纳税人有下列情形之一的，属于税收征管法第三十一条所称特殊困难：

（一）因不可抗力，导致纳税人发生较大损失，正常生产经营活动受到较大影响的；

（二）当期货币资金在扣除应付职工工资、社会保险费后，不足以缴纳税款的。

计划单列市国家税务局、地方税务局可以参照税收征管法第三十一条第二款的批准权限，审批纳税人延期缴纳税款。

第四十二条 纳税人需要延期缴纳税款的，应当在缴纳税款期限届满前提出申请，并报送下列材料：申请延期缴纳税款报告，当期货币资金余额情况及所有银行存款账户的对账单，资产负债表，应付职工工资和社会保险费等税务机关要求提供的支出预算。

税务机关应当自收到申请延期缴纳税款报告之日起20日内作出批准或者不予批准的决定；不予批准的，从缴纳税款期限届满之日起加收滞纳金。

第四十三条 享受减税、免税优惠的纳税人，减税、免税期满，应当自期满次日起恢复纳税；减税、免税条件发生变化的，应当在纳税申报时向税务机关报告；不再符合减税、免税条件的，应当依法履行纳税义务；未依法纳税的，税务机关应当予以追缴。

第四十四条 税务机关根据有利于税收控管和方便纳税的原则，可以按照国家有关规定委托有关单位和人员代征零星分散和异地缴纳的税收，并发给委托代征证书。受托单位和人员按照代征证书的要求，以税务机关的名义依法征收税款，纳税人不得拒绝；纳税人拒绝的，受托代征单位和人员应当及时报告税务机关。

第四十五条 税收征管法第三十四条所称完税凭证，是指各种完税证、缴款书、印花税票、扣（收）税凭证以及其他完税证明。

未经税务机关指定，任何单位、个人不得印制完税凭证。完税凭证不得转借、倒卖、变造或者伪造。

完税凭证的式样及管理办法由国家税务总局制定。

第四十六条 税务机关收到税款后，应当向纳税人开具完税凭证。纳税人通过银行缴纳税款的，税务机关可以委托银行开具完税凭证。

第四十七条 纳税人有税收征管法第三十五条或者第三十七条所列情形之一的，税务机关有权采用下列任何一种方法核定其应纳税额：

（一）参照当地同类行业或者类似行业中经营规模和收入水平相近的纳税人的税负水平核定；

（二）按照营业收入或者成本加合理的费用和利润的方法核定；

（三）按照耗用的原材料、燃料、动力等推算或者测算核定；

（四）按照其他合理方法核定。

采用前款所列一种方法不足以正确核定应纳税额时，可以同时采用两种以上的方法核定。

纳税人对税务机关采取本条规定的方法核定的应纳税额有异议的，应当提供相关证据，经税务机关认定后，调整应纳税额。

第四十八条 税务机关负责纳税人纳税信誉等级评定工作。纳税人纳税信誉等级的评定办法由国家税务总局制定。

第四十九条 承包人或者承租人有独立的生产经营权，在财务上独立核算，并定期向发包人或者出租人上缴承包费或者租金的，承包人或者承租人应当就其生产、经营收入和所得纳税，并接受税务管理；但是，法律、行政法规另有规定的除外。

发包人或者出租人应当自发包或者出租之日起 30 日内将承包人或者承租人的有关情况向主管税务机关报告。发包人或者出租人不报告的，发包人或者出租人与承包人或者承租人承担纳税连带责任。

第五十条 纳税人有解散、撤销、破产情形的，在清算前应当向其主管税务机关报告；未结清税款的，由其主管税务机关参加清算。

第五十一条 税收征管法第三十六条所称关联企业，是指有下列关系之一的公司、企业和其他经济组织：

（一）在资金、经营、购销等方面，存在直接或者间接的拥有或者控制关系；

（二）直接或者间接地同为第三者所拥有或者控制；

（三）在利益上具有相关联的其他关系。

纳税人有义务就其与关联企业之间的业务往来，向当地税务机关提供有关的价格、费用标准等资料。具体办法由国家税务总局制定。

第五十二条 税收征管法第三十六条所称独立企业之间的业务往来，是指没有关联关系的企业之间按照公平成交价格和营业常规所进行的业务往来。

第五十三条 纳税人可以向主管税务机关提出与其关联企业之间业务往来的定价原则和计算方法，主管税务机关审核、批准后，与纳税人预先约定有关定价事项，监督纳税人执行。

第五十四条 纳税人与其关联企业之间的业务往来有下列情形之一的，税务机关可以调整其应纳税额：

（一）购销业务未按照独立企业之间的业务往来作价；

（二）融通资金所支付或者收取的利息超过或者低于没有关联关系的企业之间所能同意的数额，或者利率超过或者低于同类业务的正常利率；

（三）提供劳务，未按照独立企业之间业务往来收取或者支付劳务费用；

（四）转让财产、提供财产使用权等业务往来，未按照独立企业之间业务往来作价或者收取、支付费用；

（五）未按照独立企业之间业务往来作价的其他情形。

第五十五条 纳税人有本细则第五十四条所列情形之一的，税务机关可以按照下列方法调整计税收入额或者所得额：

（一）按照独立企业之间进行的相同或者类似业务活动的价格；

（二）按照再销售给无关联关系的第三者的价格所应取得的收入和利润水平；

（三）按照成本加合理的费用和利润；

（四）按照其他合理的方法。

第五十六条 纳税人与其关联企业未按照独立企业之间的业务往来支付价款、费用的，税务机关自该业务往来发生的纳税年度起 3 年内进行调整；有特殊情况的，可以自该业务往来发生的纳税年度起 10 年内进行调整。

第五十七条 税收征管法第三十七条所称未按照规定办理税务登记从事生产、经营的纳税人，包括到外县（市）从事生产、经营而未向营业地税务机关报验登记的纳税人。

第五十八条 税务机关依照税收征管法第三十七条的规

定，扣押纳税人商品、货物的，纳税人应当自扣押之日起15日内缴纳税款。

对扣押的鲜活、易腐烂变质或者易失效的商品、货物，税务机关根据被扣押物品的保质期，可以缩短前款规定的扣押期限。

第五十九条　税收征管法第三十八条、第四十条所称其他财产，包括纳税人的房地产、现金、有价证券等不动产和动产。

机动车辆、金银饰品、古玩字画、豪华住宅或者一处以外的住房不属于税收征管法第三十八条、第四十条、第四十二条所称个人及其所扶养家属维持生活必需的住房和用品。

税务机关对单价5000元以下的其他生活用品，不采取税收保全措施和强制执行措施。

第六十条　税收征管法第三十八条、第四十条、第四十二条所称个人所扶养家属，是指与纳税人共同居住生活的配偶、直系亲属以及无生活来源并由纳税人扶养的其他亲属。

第六十一条　税收征管法第三十八条、第八十八条所称担保，包括经税务机关认可的纳税保证人为纳税人提供的纳税保证，以及纳税人或者第三人以其未设置或者未全部设置担保物权的财产提供的担保。

纳税保证人，是指在中国境内具有纳税担保能力的自然人、法人或者其他经济组织。

法律、行政法规规定的没有担保资格的单位和个人，不得作为纳税担保人。

第六十二条　纳税担保人同意为纳税人提供纳税担保的，应当填写纳税担保书，写明担保对象、担保范围、担保期限和担保责任以及其他有关事项。担保书须经纳税人、纳税担保人签字盖章并经税务机关同意，方为有效。

纳税人或者第三人以其财产提供纳税担保的，应当填写财产清单，并写明财产价值以及其他有关事项。纳税担保财产清单须经纳税人、第三人签字盖章并经税务机关确认，方为有效。

第六十三条　税务机关执行扣押、查封商品、货物或者其他财产时，应当由两名以上税务人员执行，并通知被执行人。被执行人是自然人的，应当通知被执行人本人或者其成年家属到场；被执行人是法人或者其他组织的，应当通知其法定代表人或者主要负责人到场；拒不到场的，不影响执行。

第六十四条　税务机关执行税收征管法第三十七条、第三十八条、第四十条的规定，扣押、查封价值相当于应纳税款的商品、货物或者其他财产时，参照同类商品的市场价、出厂价或者评估价估算。

税务机关按照前款方法确定应扣押、查封的商品、货物或者其他财产的价值时，还应当包括滞纳金和拍卖、变卖所发生的费用。

第六十五条　对价值超过应纳税额且不可分割的商品、货物或者其他财产，税务机关在纳税人、扣缴义务人或者纳税担保人无其他可供强制执行的财产的情况下，可以整体扣押、查封、拍卖。

第六十六条　税务机关执行税收征管法第三十七条、第三十八条、第四十条的规定，实施扣押、查封时，对有产权证件的动产或者不动产，税务机关可以责令当事人将产权证件交税务机关保管，同时可以向有关机关发出协助执行通知书，有关机关在扣押、查封期间不再办理该动产或者不动产的过户手续。

第六十七条　对查封的商品、货物或者其他财产，税务机关可以指令被执行人负责保管，保管责任由被执行人承担。

继续使用被查封的财产不会减少其价值的，税务机关可以允许被执行人继续使用；因被执行人保管或者使用的过错造成的损失，由被执行人承担。

第六十八条　纳税人在税务机关采取税收保全措施后，按照税务机关规定的期限缴纳税款的，税务机关应当自收到税款或者银行转回的完税凭证之日起1日内解除税收保全。

第六十九条　税务机关将扣押、查封的商品、货物或者其他财产变价抵缴税款时，应当交由依法成立的拍卖机构拍卖；无法委托拍卖或者不适于拍卖的，可以交由当地商业企业代为销售，也可以责令纳税人限期处理；无法委托商业企业销售，纳税人也无法处理的，可以由税务机关变价处理，具体办法由国家税务总局规定。国家禁止自由买卖的商品，应当交由有关单位按照国家规定的价格收购。

拍卖或者变卖所得抵缴税款、滞纳金、罚款以及拍卖、变卖等费用后，剩余部分应当在3日内退还被执行人。

第七十条　税收征管法第三十九条、第四十三条所称损失，是指因税务机关的责任，使纳税人、扣缴义务人或者纳税担保人的合法利益遭受的直接损失。

第七十一条　税收征管法所称其他金融机构，是指信托投资公司、信用合作社、邮政储蓄机构以及经中国人民银行、中国证券监督管理委员会等批准设立的其他金融机构。

第七十二条　税收征管法所称存款，包括独资企业投资人、合伙企业合伙人、个体工商户的储蓄存款以及股东资金账户中的资金等。

第七十三条　从事生产、经营的纳税人、扣缴义务人未按照规定的期限缴纳或者解缴税款的，纳税担保人未按照规定的期限缴纳所担保的税款的，由税务机关发出限期缴纳税款通知书，责令缴纳或者解缴税款的最长期限不得超过15日。

第七十四条　欠缴税款的纳税人或者其法定代表人在出境前未按照规定结清应纳税款、滞纳金或者提供纳税担保的，税务机关可以通知出入境管理机关阻止其出境。阻止出境的具体办法，由国家税务总局会同公安部制定。

第七十五条　税收征管法第三十二条规定的加收滞纳金的起止时间，为法律、行政法规规定或者税务机关依照法律、行政法规的规定确定的税款缴纳期限届满次日起至纳税人、扣缴义务人实际缴纳或者解缴税款之日止。

第七十六条 县级以上各级税务机关应当将纳税人的欠税情况,在办税场所或者广播、电视、报纸、期刊、网络等新闻媒体上定期公告。

对纳税人欠缴税款的情况实行定期公告的办法,由国家税务总局制定。

第七十七条 税收征管法第四十九条所称欠缴税款数额较大,是指欠缴税款5万元以上。

第七十八条 税务机关发现纳税人多缴税款的,应当自发现之日起10日内办理退还手续;纳税人发现多缴税款,要求退还的,税务机关应当自接到纳税人退还申请之日起30日内查实并办理退还手续。

税收征管法第五十一条规定的加算银行同期存款利息的多缴税款退税,不包括依法预缴税款形成的结算退税、出口退税和各种减免退税。

退税利息按照税务机关办理退税手续当天中国人民银行规定的活期存款利率计算。

第七十九条 当纳税人既有应退税款又有欠缴税款的,税务机关可以将应退税款和利息先抵扣欠缴税款;抵扣后有余额的,退还纳税人。

第八十条 税收征管法第五十二条所称税务机关的责任,是指税务机关适用税收法律、行政法规不当或者执法行为违法。

第八十一条 税收征管法第五十二条所称纳税人、扣缴义务人计算错误等失误,是指非主观故意的计算公式运用错误以及明显的笔误。

第八十二条 税收征管法第五十二条所称特殊情况,是指纳税人或者扣缴义务人因计算错误等失误,未缴或者少缴、未扣或者少扣、未收或者少收税款,累计数额在10万元以上的。

第八十三条 税收征管法第五十二条规定的补缴和追征税款、滞纳金的期限,自纳税人、扣缴义务人应缴未缴或者少缴税款之日起计算。

第八十四条 审计机关、财政机关依法进行审计、检查时,对税务机关的税收违法行为作出的决定,税务机关应当执行;发现被审计、检查单位有税收违法行为的,向被审计、检查单位下达决定、意见书,责成被审计、检查单位向税务机关缴纳应当缴纳的税款、滞纳金。税务机关应当根据有关机关的决定、意见书,依照税收法律、行政法规的规定,将应收的税款、滞纳金按照国家规定的税收征收管理范围和税款入库预算级次缴入国库。

税务机关应当自收到审计机关、财政机关的决定、意见书之日起30日内将执行情况书面回复审计机关、财政机关。

有关机关不得将其履行职责过程中发现的税款、滞纳金自行征收入库或者以其他款项的名义自行处理、占压。

第六章 税务检查

第八十五条 税务机关应当建立科学的检查制度,统筹安排检查工作,严格控制对纳税人、扣缴义务人的检查次数。

税务机关应当制定合理的税务稽查工作规程,负责选案、检查、审理、执行的人员的职责应当明确,并相互分离、相互制约,规范选案程序和检查行为。

税务检查工作的具体办法,由国家税务总局制定。

第八十六条 税务机关行使税收征管法第五十四条第(一)项职权时,可以在纳税人、扣缴义务人的业务场所进行;必要时,经县以上税务局(分局)局长批准,可以将纳税人、扣缴义务人以前会计年度的账簿、记账凭证、报表和其他有关资料调回税务机关检查,但是税务机关必须向纳税人、扣缴义务人开付清单,并在3个月内完整退还;有特殊情况的,经设区的市、自治州以上税务局局长批准,税务机关可以将纳税人、扣缴义务人当年的账簿、记账凭证、报表和其他有关资料调回检查,但是税务机关必须在30日内退还。

第八十七条 税务机关行使税收征管法第五十四条第(六)项职权时,应当指定专人负责,凭全国统一格式的检查存款账户许可证明进行,并有责任为被检查人保守秘密。

检查存款账户许可证明,由国家税务总局制定。

税务机关查询的内容,包括纳税人存款账户余额和资金往来情况。

第八十八条 依照税收征管法第五十五条规定,税务机关采取税收保全措施的期限一般不得超过6个月;重大案件需要延长的,应当报国家税务总局批准。

第八十九条 税务机关和税务人员应当依照税收征管法及本细则的规定行使税务检查职权。

税务人员进行税务检查时,应当出示税务检查证和税务检查通知书;无税务检查证和税务检查通知书的,纳税人、扣缴义务人及其他当事人有权拒绝检查。税务机关对集贸市场及集中经营业户进行检查时,可以使用统一的税务检查通知书。

税务检查证和税务检查通知书的式样、使用和管理的具体办法,由国家税务总局制定。

第七章 法律责任

第九十条 纳税人未按照规定办理税务登记证件验证或者换证手续的,由税务机关责令限期改正,可以处2000元以下的罚款;情节严重的,处2000元以上1万元以下的罚款。

第九十一条 非法印制、转借、倒卖、变造或者伪造完税凭证的,由税务机关责令改正,处2000元以上1万元以下的罚款;情节严重的,处1万元以上5万元以下的罚款;构成犯罪的,依法追究刑事责任。

第九十二条 银行和其他金融机构未依照税收征管法的规定在从事生产、经营的纳税人的账户中登录税务登记证件号码，或者未按规定在税务登记证件中登录从事生产、经营的纳税人的账户账号的，由税务机关责令其限期改正，处2000元以上2万元以下的罚款；情节严重的，处2万元以上5万元以下的罚款。

第九十三条　为纳税人、扣缴义务人非法提供银行账户、发票、证明或者其他方便，导致未缴、少缴税款或者骗取国家出口退税款的，税务机关除没收其违法所得外，可以处未缴、少缴或者骗取的税款1倍以下的罚款。

第九十四条　纳税人拒绝代扣、代收税款的，扣缴义务人应当向税务机关报告，由税务机关直接向纳税人追缴税款、滞纳金；纳税人拒不缴纳的，依照税收征管法第六十八条的规定执行。

第九十五条　税务机关依照税收征管法第五十四条第（五）项的规定，到车站、码头、机场、邮政企业及其分支机构检查纳税人有关情况时，有关单位拒绝的，由税务机关责令改正，可以处1万元以下的罚款；情节严重的，处1万元以上5万元以下的罚款。

第九十六条　纳税人、扣缴义务人有下列情形之一的，依照税收征管法第七十条的规定处罚：

（一）提供虚假资料，不如实反映情况，或者拒绝提供有关资料的；

（二）拒绝或者阻止税务机关记录、录音、录像、照相和复制与案件有关的情况和资料的；

（三）在检查期间，纳税人、扣缴义务人转移、隐匿、销毁有关资料的；

（四）有不依法接受税务检查的其他情形的。

第九十七条　税务人员私分扣押、查封的商品、货物或者其他财产，情节严重，构成犯罪的，依法追究刑事责任；尚不构成犯罪的，依法给予行政处分。

第九十八条　税务代理人违反税收法律、行政法规，造成纳税人未缴或者少缴税款的，除由纳税人缴纳或者补缴应纳税款、滞纳金外，对税务代理人处纳税人未缴或者少缴税款50%以上3倍以下的罚款。

第九十九条　税务机关对纳税人、扣缴义务人及其他当事人处以罚款或者没收违法所得时，应当开付罚没凭证；未开付罚没凭证的，纳税人、扣缴义务人以及其他当事人有权拒绝给付。

第一百条　税收征管法第八十八条规定的纳税争议，是指纳税人、扣缴义务人、纳税担保人对税务机关确定纳税主体、征税对象、征税范围、减税、免税及退税、适用税率、计税依据、纳税环节、纳税期限、纳税地点以及税款征收方式等具体行政行为有异议而发生的争议。

第八章　文书送达

第一百零一条　税务机关送达税务文书，应当直接送交受送达人。

受送达人是公民的，应当由本人直接签收；本人不在的，交其同住成年家属签收。

受送达人是法人或者其他组织的，应当由法人的法定代表人、其他组织的主要负责人或者该法人、组织的财务负责人、负责收件的人签收。受送达人有代理人的，可以送交其代理人签收。

第一百零二条　送达税务文书应当有送达回证，并由受送达人或者本细则规定的其他签收人在送达回证上记明收到日期，签名或者盖章，即为送达。

第一百零三条　受送达人或者本细则规定的其他签收人拒绝签收税务文书的，送达人应当在送达回证上记明拒收理由和日期，并由送达人和见证人签名或者盖章，将税务文书留在受送达人处，即视为送达。

第一百零四条　直接送达税务文书有困难的，可以委托其他有关机关或者其他单位代为送达，或者邮寄送达。

第一百零五条　直接或者委托送达税务文书的，以签收人或者见证人在送达回证上的签收或者注明的收件日期为送达日期；邮寄送达的，以挂号函件回执上注明的收件日期为送达日期，并视为已送达。

第一百零六条　有下列情形之一的，税务机关可以公告送达税务文书，自公告之日起满30日，即视为送达：

（一）同一送达事项的受送达人众多；

（二）采用本章规定的其他送达方式无法送达。

第一百零七条　税务文书的格式由国家税务总局制定。本细则所称税务文书，包括：

（一）税务事项通知书；

（二）责令限期改正通知书；

（三）税收保全措施决定书；

（四）税收强制执行决定书；

（五）税务检查通知书；

（六）税务处理决定书；

（七）税务行政处罚决定书；

（八）行政复议决定书；

（九）其他税务文书。

第九章　附　　则

第一百零八条　税收征管法及本细则所称"以上"、"以下"、"日内"、"届满"均含本数。

第一百零九条　税收征管法及本细则所规定期限的最后一日是法定休假日的，以休假日期满的次日为期限的最后一日；在期限内有连续3日以上法定休假日的，按休假日天数顺延。

第一百一十条　税收征管法第三十条第三款规定的代扣、代收手续费，纳入预算管理，由税务机关依照法律、行政法规的规定付给扣缴义务人。

第一百一十一条 纳税人、扣缴义务人委托税务代理人代为办理税务事宜的办法，由国家税务总局规定。

第一百一十二条 耕地占用税、契税、农业税、牧业税的征收管理，按照国务院的有关规定执行。

第一百一十三条 本细则自2002年10月15日起施行。1993年8月4日国务院发布的《中华人民共和国税收征收管理法实施细则》同时废止。

国家税务总局关于贯彻《中华人民共和国税收征收管理法》及其实施细则若干具体问题的通知[①]

（2003年4月23日　国税发〔2003〕47号）

各省、自治区、直辖市和计划单列市国家税务局、地方税务局：

为了保证《中华人民共和国税收征收管理法》（以下简称征管法）及《中华人民共和国税收征收管理法实施细则》（以下简称实施细则）的贯彻实施，进一步增强征管法及其实施细则的可操作性，现将有关问题规定如下：

一、关于税务登记代码问题

实施细则第十条所称"同一代码"是指国家税务局、地方税务局在发放税务登记证件时，对同一个纳税人赋予同一个税务登记代码。为确保税务登记代码的同一性和唯一性，单位纳税人（含个体加油站）的税务登记代码由十五位数组成，其中前六位为区域码，由省、自治区、直辖市国家税务局、地方税务局共同编排联合下发（开发区、新技术园区等未赋予行政区域码的可重新赋码，其他的按行政区域码编排），后九位为国家质量监督检验检疫总局赋予的组织机构统一代码。市（州）以下国家税务局、地方税务局根据省、自治区、直辖市国家税务局、地方税务局制订的编码编制税务登记代码。

二、关于扣缴义务人扣缴税款问题

负有代扣代缴义务的单位和个人，在支付款项时应按照征管法及其实施细则的规定，将取得款项的纳税人应缴纳的税款代为扣缴，对纳税人拒绝扣缴税款的，扣缴义务人应暂停支付相当于纳税人应纳税款的款项，并在一日之内报告主管税务机关。

负有代收代缴义务的单位和个人，在收取款项时应按照征管法及其实施细则的规定，将支付款项的纳税人应缴纳的税款代为收缴，对纳税人拒绝给付的，扣缴义务人应在一日之内报告主管税务机关。

扣缴义务人违反征管法及其实施细则规定应扣未扣、应收未收税款的，税务机关除按征管法及其实施细则的有关规定对其给予处罚外，应当责成扣缴义务人限期将应扣未扣、应收未收的税款补扣或补收。

三、关于纳税人外出经营活动管理问题

纳税人离开其办理税务登记所在地到外县（市）从事经营活动、提供应税劳务的，应该在发生外出经营活动以前向其登记所在地的主管税务机关申请办理《外出经营活动税收管理证明》，并向经营地或提供劳务地税务机关报验登记。

实施细则第二十一条所称"从事生产、经营的纳税人外出经营，在同一地累计超过180天的"，应当是以纳税人在同一县（市）实际经营或提供劳务之日起，在连续的12个月内累计超过180天。

四、关于纳税申报的管理问题

经税务机关批准，纳税人、扣缴义务人采取数据电文方式办理纳税申报的，其申报日期以税务机关计算机网络系统收到该数据电文的时间为准。采取数据电文方式办理纳税申报的纳税人、扣缴义务人，其与数据电文相对应的纸质申报资料的报送期限由主管税务机关确定。

五、关于滞纳金的计算期限问题

对纳税人未按照法律、行政法规规定的期限或者未按照税务机关依照法律、行政法规的规定确定的期限向税务机关缴纳的税款，滞纳金的计算从纳税人应缴纳税款的期限届满之次日起至实际缴纳税款之日止。

六、关于滞纳金的强制执行问题

根据征管法第四十条规定"税务机关在采取强制执行措施时，对纳税人未缴纳的滞纳金同时强制执行"的立法精神，对纳税人已缴纳税款，但拒不缴纳滞纳金的，税务机关可以单独对纳税人应缴未缴的滞纳金采取强制执行措施。

七、关于税款优先的时间确定问题

征管法第四十五条规定"纳税人欠缴的税款发生在纳税人以其财产设定抵押、质押或者纳税人的财产被留置之前的，税收应当先于抵押权、质权、留置权执行"，欠缴的税款是纳税人发生纳税义务，但未按照法律、行政法规规定的期限或者未按照税务机关依照法律、行政法规的规定确定的期限向税务机关申报缴纳的税款或者少缴的税款，纳税人应缴纳税款的期限届满之次日即是纳税人欠缴税款的发生时间。

八、关于减免税管理问题

除法律、行政法规规定不需要经税务机关审批的减免税外，纳税人享受减税、免税的应当向主管税务机关提出书面申请，并按照主管税务机关的要求附送有关资料，经税务机关审核，按照减免税的审批程序经由法律、行政法规授权的机关批

① 本通知第一条已被《国家税务总局关于公布全文失效废止和部分条款失效废止的税收规范性文件目录的公告》废止。

准后,方可享受减税、免税。

九、关于税务登记证件遗失问题

遗失税务登记证件的纳税人应当自遗失税务登记证件之日起15日内,将纳税人的名称、遗失税务登记证件名称、税务登记号码、发证机关名称、发证有效期在税务机关认可的报刊上作遗失声明,凭报刊上刊登的遗失声明向主管税务机关申请补办税务登记证件。

十、关于税收违法案件举报奖励问题

在国家税务总局和财政部联合制定的举报奖励办法未出台前,对税收违法案件举报奖励的对象、标准暂按《国家税务总局关于印发〈税务违法案件举报奖励办法〉的通知》(国税发〔1998〕211号)的有关规定执行。

十一、关于账簿凭证的检查问题

征管法第五十四条第六款规定:"税务机关在调查税收违法案件时,经设区的市、自治州以上税务局(分局)局长批准,可以查询案件涉嫌人员的储蓄存款";实施细则第八十六条规定:"有特殊情况的,经设区的市、自治州以上税务局局长批准,税务机关可以将纳税人、扣缴义务人当年的账簿、记账凭证、报表和其他有关资料调回检查"。这里所称的"经设区的市、自治州以上税务局局长"包括地(市)一级(含直辖市下设区)的税务局局长。这里所称的"特殊情况"是指纳税人有下列情形之一:(一)涉及增值税专用发票检查的;(二)纳税人涉嫌税收违法行为情节严重的;(三)纳税人及其他当事人可能毁灭、藏匿、转移账簿等证据资料的;(四)税务机关认为其他需要调回检查的情况。

十二、关于关联企业间业务往来的追溯调整期限问题

实施细则第五十六条规定:"有特殊情况的,可以自该业务往来发生的纳税年度起10年内进行调整"。该条所称"特殊情况"是指纳税人有下列情形之一:(一)纳税人在以前年度与其关联企业间的业务往来累计达到或超过10万元人民币的;(二)经税务机关案头审计分析,纳税人在以前年度与其关联企业间的业务往来,预计需调增其应纳税收入或所得额达到或超过50万元人民币的;(三)纳税人在以前年度与设在避税地的关联企业有业务往来的;(四)纳税人在以前年度未按规定进行关联企业间业务往来年度申报,或者经税务机关审查核实,关联企业间业务往来年度申报内容不实,以及不履行提供有关价格、费用标准等资料义务的。

十三、简易申报、简并征期问题

实施细则第三十六条规定:"实行定期定额缴纳税款的纳税人,可以实行简易申报、简并征期等申报纳税方式",这里所称"简易申报"是指实行定期定额缴纳税款的纳税人在法律、行政法规规定的期限或者在税务机关依照法律、行政法规的规定确定的期限内缴纳税款的,税务机关可以视同申报;"简并征期"是指实行定期定额缴纳税款的纳税人,经税务机关批准,可以采取将纳税期限合并为按季、半年、年的方式缴纳税款,具体期限由省级税务机关根据具体情况确定。

十四、关于税款核定征收条款的适用对象问题

征管法第三十五条、实施细则第四十七条关于核定应纳税款的规定,适用于单位纳税人和个人纳税人。对个人纳税人的核定征收办法,国家税务总局将另行制定。

十五、关于外商投资企业、外国企业的会计记录文字问题

会计法第二十二条规定:"会计记录的文字应当使用中文。"对于外商投资企业、外国企业的会计记录不使用中文的,按照征管法第六十条第二款"未按照规定设置、保管账簿或者保管记账凭证和有关资料"的规定处理。

十六、关于对采用电算化会计系统的纳税人实施电算化税务检查的问题

对采用电算化会计系统的纳税人,税务机关有权对其会计电算化系统进行查验;对纳税人会计电算化系统处理、储存的会计记录以及其他有关的纳税资料,税务机关有权进入其电算化系统进行检查,并可复制与纳税有关的电子数据作为证据。

税务机关进入纳税人电算化系统进行检查时,有责任保证纳税人会计电算化系统的安全性,并保守纳税人的商业秘密。

国家税务总局关于税收征管若干事项的公告

(2019年12月12日国家税务总局公告2019年第48号公布 自2020年3月1日起施行)

为深入贯彻党的十九届四中全会和中央经济工作会议精神,进一步优化税务执法方式,改善税收营商环境,支持企业发展壮大,现就税收征管若干事项公告如下:

一、关于欠税滞纳金加收问题

(一)对纳税人、扣缴义务人、纳税担保人应缴纳的欠税及滞纳金不再要求同时缴纳,可以先行缴纳欠税,再依法缴纳滞纳金。

(二)本条所称欠税,是指依照《欠税公告办法(试行)》(国家税务总局令第9号公布,第44号修改)第三条、第十三条规定认定的,纳税人、扣缴义务人、纳税担保人超过税收法律、行政法规规定的期限或者超过税务机关依照税收法律、行政法规规定确定的纳税期限未缴纳的税款。

二、关于临时税务登记问题

从事生产、经营的个人应办而未办营业执照,但发生纳税义务的,可以按规定申请办理临时税务登记。

三、关于非正常户的认定与解除

(一)已办理税务登记的纳税人未按照规定的期限进行纳税申报,税务机关依法责令其限期改正。纳税人逾期不改正的,税务机关可以按照《中华人民共和国税收征收管理法》

(以下简称税收征管法)第七十二条规定处理。

纳税人负有纳税申报义务,但连续三个月所有税种均未进行纳税申报的,税收征管系统自动将其认定为非正常户,并停止其发票领用簿和发票的使用。

(二)对欠税的非正常户,税务机关依照税收征管法及其实施细则的规定追征税款及滞纳金。

(三)已认定为非正常户的纳税人,就其逾期未申报行为接受处罚、缴纳罚款,并补办纳税申报的,税收征管系统自动解除非正常状态,无需纳税人专门申请解除。

四、关于企业破产清算程序中的税收征管问题

(一)税务机关在人民法院公告的债权申报期限内,向管理人申报企业所欠税款(含教育费附加、地方教育附加,下同)、滞纳金及罚款。因特别纳税调整产生的利息,也应一并申报。

企业所欠税款、滞纳金、罚款,以及因特别纳税调整产生的利息,以人民法院裁定受理破产申请之日为截止日计算确定。

(二)在人民法院裁定受理破产申请之日至企业注销之日期间,企业应当接受税务机关的税务管理,履行税法规定的相关义务。破产程序中如发生应税情形,应按规定申报纳税。

从人民法院指定管理人之日起,管理人可以按照《中华人民共和国企业破产法》(以下简称企业破产法)第二十五条规定,以企业名义办理纳税申报等涉税事宜。

企业因继续履行合同、生产经营或处置财产需要开具发票的,管理人可以以企业名义按规定申领开具发票或者代开发票。

(三)企业所欠税款、滞纳金、因特别纳税调整产生的利息,税务机关按照企业破产法相关规定进行申报,其中,企业所欠的滞纳金、因特别纳税调整产生的利息按照普通破产债权申报。

五、本公告自2020年3月1日起施行。《欠缴税金核算管理暂行办法》(国税发〔2000〕193号印发)第十六条、《国家税务总局关于进一步加强欠税管理工作的通知》(国税发〔2004〕66号)第三条第(三)项、《国家税务总局关于进一步完善税务登记管理有关问题的公告》(国家税务总局公告2011年第21号)第二条第一款同时废止。

特此公告。

国家税务总局关于税务机构改革有关事项的公告

(2018年6月15日国家税务总局公告2018年第32号)

根据国税地税征管体制改革工作部署,省、市、县三级新税务机构将逐步分级挂牌。为确保税务机构改革后各项税收工作平稳有序运行,现就各级新税务机构挂牌后有关事项公告如下:

一、新税务机构挂牌后启用新的行政、业务印章,以新机构名称开展工作,原国税、地税机关的行政、业务印章停止使用。相关证书、文书、表单等启用新的名称、局轨、字轨和编号。

二、新税务机构挂牌后,原国税、地税机关税费征管的职责和工作由继续行使其职权的新机构承继,尚未办结的事项由继续行使其职权的新机构办理,已作出的行政决定、出具的执法文书、签订的各类协议继续有效。纳税人、扣缴义务人以及其他行政相对人已取得的相关证件、资格、证明效力不变。

三、原国税、地税机关承担的税费征收、行政许可、减免退税、税务检查、行政处罚、投诉举报、争议处理、信息公开等事项,在新的规定发布施行前,暂按原规定办理。行政相对人等对新税务机构的具体行政行为不服申请行政复议的,依法向其上一级税务机关提出行政复议申请。

四、纳税人在综合性办税服务厅、网上办税系统可统一办理原国税、地税业务,实行"一厅通办""一网通办""主税附加税一次办"。12366纳税服务热线不再区分国税、地税业务,实现涉税业务"一键咨询"。

五、纳税人、扣缴义务人按规定需要向原国税、地税机关分别报送资料的,相同资料只需提供一套;按规定需要在原国税、地税机关分别办理的事项,同一事项只需申请一次。

六、新税务机构挂牌后,启用新的税收票证式样和发票监制章。挂牌前已由各省税务机关统一印制的税收票证和原各省国税机关已监制的发票在2018年12月31日前可以继续使用,由国家税务总局统一印制的税收票证在2018年12月31日后继续使用。纳税人在用税控设备可以延续使用。

七、新税务机构挂牌后,启用新的税务检查证件。原各省国税、地税机关制发的有效期内的税务检查证件在2018年12月31日前可以继续使用。

特此公告。

委托代征管理办法

(2013年5月10日国家税务总局公告2013年第24号公布 自2013年7月1日起施行)

第一章 总 则

第一条 为加强税收委托代征管理,规范委托代征行为,降低征纳成本,根据《中华人民共和国税收征收管理法》《中华人民共和国税收征收管理法实施细则》《合同法》及《中华人民共和国发票管理办法》的有关规定,制定本办法。

第二条 本办法所称委托代征,是指税务机关根据《中华人民共和国税收征收管理法实施细则》有利于税收控管和方

便纳税的要求，按照双方自愿、简便征收、强化管理、依法委托的原则和国家有关规定，委托有关单位和人员代征零星、分散和异地缴纳的税收的行为。

第三条　本办法所称税务机关，是指县以上（含本级）税务局。

本办法所称代征人，是指依法接受税务机关委托、行使代征税款权利并承担《委托代征协议书》规定义务的单位或人员。

第二章　委托代征的范围和条件

第四条　委托代征范围由税务机关根据《中华人民共和国税收征收管理法实施细则》关于加强税收控管、方便纳税的规定，结合当地税源管理的实际情况确定。税务机关不得将法律、行政法规已确定的代扣代缴、代收代缴税收，委托他人代征。

第五条　税务机关确定的代征人，应当与纳税人有下列关系之一：

（一）与纳税人有管理关系；

（二）与纳税人有经济业务往来；

（三）与纳税人有地缘关系；

（四）有利于税收控管和方便纳税人的其他关系。

第六条　代征人为行政、事业、企业单位及其他社会组织的，应当同时具备下列条件：

（一）有固定的工作场所；

（二）内部管理制度规范，财务制度健全；

（三）有熟悉相关税收法律、法规的工作人员，能依法履行税收代征工作；

（四）税务机关根据委托代征事项和税收管理要求确定的其他条件。

第七条　代征税款人员，应当同时具备下列条件：

（一）具备中国国籍，遵纪守法，无严重违法行为及犯罪记录，具有完全民事行为能力；

（二）具备与完成代征税款工作要求相适应的税收业务知识和操作技能；

（三）税务机关根据委托代征管理要求确定的其他条件。

第八条　税务机关可以与代征人签订代开发票书面协议并委托代征人代开普通发票。代开发票书面协议的主要内容应当包括代开的普通发票种类、对象、内容和相关责任。

代开发票书面协议由各省、自治区、直辖市和计划单列市自行制定。

第九条　代征人不得将其受托代征税款事项再行委托其他单位、组织或人员办理。

第三章　委托代征协议的生效和终止

第十条　税务机关应当与代征人签订《委托代征协议书》，明确委托代征相关事宜。《委托代征协议书》包括以下内容：

（一）税务机关和代征人的名称、联系电话，代征人为行政、事业、企业单位及其他社会组织的，应包括法定代表人或负责人姓名、居民身份证号码和地址；代征人为自然人的，应包括姓名、居民身份证号码和户口所在地、现居住地址；

（二）委托代征范围和期限；

（三）委托代征的税种及附加、计税依据及税率；

（四）票、款结报缴销期限和额度；

（五）税务机关和代征人双方的权利、义务和责任；

（六）代征手续费标准；

（七）违约责任；

（八）其他有关事项。

代征人为行政、事业、企业单位及其他社会组织的，《委托代征协议书》自双方的法定代表人或法定代理人签字并加盖公章后生效；代征人为自然人的，《委托代征协议书》自代征人及税务机关的法定代表人签字并加盖税务机关公章后生效。

第十一条　《委托代征协议书》签订后，税务机关应当向代征人发放《委托代征证书》，并在广播、电视、报纸、期刊、网络等新闻媒体或者代征范围内纳税人相对集中的场所，公告代征人的委托代征资格和《委托代征协议书》中的以下内容：

（一）税务机关和代征人的名称、联系电话，代征人为行政、事业、企业单位及其他社会组织的，应包括法定代表人或负责人姓名和地址；代征人为自然人的，应包括姓名、户口所在地、现居住地址；

（二）委托代征的范围和期限；

（三）委托代征的税种及附加、计税依据及税率；

（四）税务机关确定的其他需要公告的事项。

第十二条　《委托代征协议书》有效期最长不得超过3年。有效期满需要继续委托代征的，应当重新签订《委托代征协议书》。

《委托代征协议书》签订后，税务机关应当向代征人提供受托代征税款所需的税收票证、报表。

第十三条　有下列情形之一的，税务机关可以向代征人发出《终止委托代征协议通知书》，提前终止委托代征协议：

（一）因国家税收法律、行政法规、规章等规定发生重大变化，需要终止协议的；

（二）税务机关被撤销主体资格的；

（三）因代征人发生合并、分立、解散、破产、撤销或者因不可抗力发生等情形，需要终止协议的；

（四）代征人有弄虚作假、故意不履行义务、严重违反税收法律法规的行为，或者有其他严重违反协议的行为；

（五）税务机关认为需要终止协议的其他情形。

第十四条　终止委托代征协议的，代征人应自委托代征协议终止之日起5个工作日内，向税务机关结清代征税款，缴销代征业务所需的税收票证和发票；税务机关应当收回《委托代征证书》，结清代征手续费。

第十五条 代征人在委托代征协议期限届满之前提出终止协议的，应当提前20个工作日向税务机关申请，经税务机关确认后按照本办法第十四条的规定办理相关手续。

第十六条 税务机关应当自委托代征协议终止之日起10个工作日内，在广播、电视、报纸、期刊、网络等新闻媒体或者代征范围内纳税人相对集中的场所，公告代征人委托代征资格终止和本办法第十一条规定需要公告的《委托代征协议书》主要内容。

第四章 委托代征管理职责

第十七条 税收委托代征工作中，税务机关应当监督、管理、检查委托代征业务，履行以下职责：

（一）审查代征人资格，确定、登记代征人的相关信息；

（二）填制、发放、收回、缴销《委托代征证书》；

（三）确定委托代征的具体范围、税种及附加、计税依据、税率等；

（四）核定和调整代征人代征的个体工商户定额，并通知纳税人和代征人执行；

（五）定期核查代征人的管户信息，了解代征户籍变化情况；

（六）采集委托代征的征收信息、纳税人欠税信息、税收票证管理情况等信息；

（七）辅导和培训代征人；

（八）在有关规定确定的代征手续费比率范围内，按照手续费与代征人征收成本相匹配的原则，确定具体支付标准，办理手续费支付手续；

（九）督促代征人按时解缴代征税款，并对代征情况进行定期检查；

（十）其他管理职责。

第十八条 税收委托代征工作中，代征人应当履行以下职责：

（一）根据税务机关确定的代征范围、核定税额或计税依据、税率代征税款，并按规定及时解缴入库；

（二）按照税务机关有关规定领取、保管、开具、结报缴销税收票证、发票，确保税收票证和发票安全；

（三）代征税款时，向纳税人开具税收票证；

（四）建立代征税款账簿，逐户登记代征税种税目、税款金额及税款所属期等内容；

（五）在税款解缴期内向税务机关报送《代征代扣税款结报单》，以及受托代征税款的纳税人当期已纳税、逾期未纳税、管户变化等相关情况；

（六）对拒绝代征人依法代征税款的纳税人，自其拒绝之时起24小时内报告税务机关；

（七）在代征税款工作中获知纳税人商业秘密和个人隐私的，应当依法为纳税人保密。

第十九条 代征人不得对纳税人实施税款核定、税收保全和税收强制执行措施，不得对纳税人进行行政处罚。

第二十条 代征人应根据《委托代征协议书》的规定向税务机关申请代征税款手续费，不得从代征税款中直接扣取代征税款手续费。

第五章 法律责任

第二十一条 代征人在《委托代征协议书》授权范围内的代征税款行为引起纳税人的争议或法律纠纷的，由税务机关解决并承担相应法律责任；税务机关拥有事后向代征人追究法律责任的权利。

第二十二条 因代征人责任未征或少征税款的，税务机关应向纳税人追缴税款，并可按《委托代征协议书》的约定向代征人按日加收未征少征税款万分之五的违约金，但代征人将纳税人拒绝缴纳等情况自纳税人拒绝之时起24小时内报告税务机关的除外。代征人违规多征税款的，由税务机关承担相应的法律责任，并责令代征人立即退还，税款已入库的，由税务机关按规定办理退库手续；代征人违规多征税款致使纳税人合法权益受到损失的，由税务机关赔偿，税务机关拥有事后向代征人追偿的权利。

代征人违规多征税款而多取得代征手续费的，应当及时退回。

第二十三条 代征人造成印有固定金额的税收票证损失的，应当按照票面金额赔偿，未按规定领取、保管、开具、结报缴销税收票证的，税务机关应当根据情节轻重，适当扣减代征手续费。

第二十四条 代征人未按规定期限解缴税款的，由税务机关责令限期解缴，并可从税款滞纳之日起按日加收未解缴税款万分之五的违约金。

第二十五条 税务机关工作人员玩忽职守，不按照规定对代征人履行管理职责，给委托代征工作造成损害的，按规定追究相关人员的责任。

第二十六条 违反《委托代征协议书》其他有关规定的，按照协议约定处理。

第二十七条 纳税人对委托代征行为不服，可依法申请税务行政复议。

第六章 附则

第二十八条 各省、自治区、直辖市和计划单列市税务机关根据本地实际情况制定具体实施办法。

第二十九条 税务机关可以比照本办法的规定，对代售印花税票者进行管理。

第三十条 本办法自2013年7月1日起施行。

附件：1. 委托代征协议书（略）

2. 委托代征协议书使用说明(略)
3. 终止委托代征协议通知书(略)
4. 委托代征证书(略)

税收票证管理办法

(2013 年 2 月 25 日国家税务总局令第 28 号公布　根据 2019 年 7 月 24 日《国家税务总局关于公布取消一批税务证明事项以及废止和修改部分规章规范性文件的决定》修正)

第一章　总　　则

第一条　为了规范税收票证管理工作,保证国家税收收入的安全完整,维护纳税人合法权益,适应税收信息化发展需要,根据《中华人民共和国税收征收管理法》及其实施细则等法律法规,制定本办法。

第二条　税务机关、税务人员、纳税人、扣缴义务人、代征代售人和税收票证印制企业在中华人民共和国境内印制、使用、管理税收票证,适用本办法。

第三条　本办法所称税收票证,是指税务机关、扣缴义务人依照法律法规,代征代售人按照委托协议,征收税款、基金、费、滞纳金、罚没款等各项收入(以下统称税款)的过程中,开具的收款、退款和缴库凭证。税收票证是纳税人实际缴纳税款或者收取退还税款的法定证明。

税收票证包括纸质形式和数据电文形式。数据电文税收票证是指通过横向联网电子缴税系统办理税款的征收缴库、退库时,向银行、国库发送的电子缴款、退款信息。

第四条　国家积极推广以横向联网电子缴税系统为依托的数据电文税收票证的使用工作。

第五条　税务机关、代征代售人征收税款时应当开具税收票证。通过横向联网电子缴税系统完成税款的缴纳或者退还后,纳税人需要纸质税收票证的,税务机关应当开具。

扣缴义务人代扣代收税款时,纳税人要求扣缴义务人开具税收票证的,扣缴义务人应当开具。

第六条　税收票证的基本要素包括:税收票证号码、征收单位名称、开具日期、纳税人名称、纳税人识别号、税种(费、基金、罚没款)、金额、所属时期等。

第七条　纸质税收票证的基本联次包括收据联、存根联、报查联。收据联交纳税人作完税凭证;存根联由税务机关、扣缴义务人、代征代售人留存;报查联由税务机关做会计凭证或备查。

省、自治区、直辖市和计划单列市(以下简称省)税务机关可以根据税收票证管理情况,确定除收据联以外的税收票证启用联次。

第八条　国家税务总局统一负责全国的税收票证管理工作。其职责包括:

(一)设计和确定税收票证的种类、适用范围、联次、内容、式样及规格;

(二)设计和确定税收票证专用章戳的种类、适用范围、式样及规格;

(三)印制、保管、发运需要全国统一印制的税收票证,刻制需要全国统一制发的税收票证专用章戳;

(四)确定税收票证管理的机构、岗位和职责;

(五)组织、指导和推广税收票证信息化工作;

(六)组织全国税收票证检查工作;

(七)其他全国性的税收票证管理工作。

第九条　省以下税务机关应当依照本办法做好本行政区域内的税收票证管理工作。其职责包括:

(一)负责本级权限范围内的税收票证印制、领发、保管、开具、作废、结报缴销、停用、交回、损失核销、移交、核算、归档、审核、检查、销毁等工作;

(二)指导和监督下级税务机关、扣缴义务人、代征代售人、自行填开税收票证的纳税人税收票证管理工作;

(三)组织、指导、具体实施税收票证信息化工作;

(四)组织税收票证检查工作;

(五)其他税收票证管理工作。

第十条　扣缴义务人和代征代售人在代扣代缴、代收代缴、代征税款以及代售印花税票过程中应当做好税收票证的管理工作。其职责包括:

(一)妥善保管从税务机关领取的税收票证,并按照税务机关要求建立、报送和保管税收票证账簿及有关资料;

(二)为纳税人开具并交付税收票证;

(三)按时解缴税款、结报缴销税收票证;

(四)其他税收票证管理工作。

第十一条　各级税务机关的收入规划核算部门主管税收票证管理工作。

国家税务总局收入规划核算司设立主管税收票证管理工作的机构;省、市(不含县级市,下同)、县税务机关收入规划核算部门应当设置税收票证管理岗位并配备专职税收票证管理人员;直接向税务机关税收票证开具人员、扣缴义务人、代征代售人、自行填开税收票证的纳税人发放税收票证并办理结报缴销等工作的征收分局、税务所、办税服务厅等机构(以下简称基层税务机关)应当设置税收票证管理岗位,由税收会计负责税收票证管理工作。税收票证管理岗位和税收票证开具(含印花税票销售)岗位应当分设,不得一人多岗。

扣缴义务人、代征代售人、自行填开税收票证的纳税人应当由专人负责税收票证管理工作。

第二章　种类和适用范围

第十二条　税收票证包括税收缴款书、税收收入退还书、税收完税证明、出口货物劳务专用税收票证、印花税专用税收票证以及国家税务总局规定的其他税收票证。

第十三条 税收缴款书是纳税人据以缴纳税款，税务机关、扣缴义务人以及代征代售人据以征收、汇总税款的税收票证。具体包括：

（一）《税收缴款书（银行经收专用）》。由纳税人、税务机关、扣缴义务人、代征代售人向银行传递，通过银行划缴税款（出口货物劳务增值税、消费税除外）到国库时使用的纸质税收票证。其适用范围是：

1. 纳税人自行填开或税务机关开具，纳税人据以在银行柜面办理缴税（转账或现金），由银行将税款缴入国库；

2. 税务机关收取现金税款、扣缴义务人扣缴税款、代征代售人代征税款后开具，据以在银行柜面办理税款汇总缴入国库；

3. 税务机关开具，据以办理"待缴库税款"账户款项缴入国库。

（二）《税收缴款书（税务收现专用）》。纳税人以现金、刷卡（未通过横向联网电子缴税系统）方式向税务机关缴纳税款时，由税务机关开具并交付纳税人的纸质税收票证。代征人代征税款时，也应开具本缴款书并交付纳税人。为方便流动性零散税收的征收管理，本缴款书可以在票面印有固定金额，具体面额种类由各省税务机关确定，但是，单种面额不得超过一百元。

（三）《税收缴款书（代扣代收专用）》。扣缴义务人依法履行税款代扣代缴、代收代缴义务时开具并交付纳税人的纸质税收票证。扣缴义务人代扣代收税款后，已经向纳税人开具了税法规定或国家税务总局认可的记载完税情况的其他凭证的，可不再开具本缴款书。

（四）《税收电子缴款书》。税务机关将纳税人、扣缴义务人、代征代售人的电子缴款信息通过横向联网电子缴税系统发送给银行，银行据以划缴税款到国库时，由税收征管系统生成的数据电文形式的税收票证。

第十四条 税收收入退还书是税务机关依法为纳税人从国库办理退税时使用的税收票证。具体包括：

（一）《税收收入退还书》。税务机关向国库传递，依法为纳税人从国库办理退税时使用的纸质税收票证。

（二）《税收收入电子退还书》。税务机关通过横向联网电子缴税系统依法为纳税人从国库办理退税时，由税收征管系统生成的数据电文形式的税收票证。

税收收入退还书应当由县以上税务机关税收会计开具并向国库传递或发送。

第十五条 出口货物劳务专用税收票证是由税务机关开具，专门用于纳税人缴纳出口货物劳务增值税、消费税或者证明该纳税人再销售给其他出口企业的货物已缴纳增值税、消费税的纸质税收票证。具体包括：

（一）《税收缴款书（出口货物劳务专用）》。由税务机关开具，专门用于纳税人缴纳出口货物劳务增值税、消费税时使用的纸质税收票证。纳税人以银行经收方式，税务收现方式，或者通过横向联网电子缴税系统缴纳出口货物劳务增值税、消费税时，均使用本缴款书。纳税人缴纳随出口货物劳务增值税、消费税附征的其他税款时，税务机关应当根据缴款方式，使用其他种类的缴款书，不得使用本缴款书。

（二）《出口货物完税分割单》。已经缴纳出口货物增值税、消费税的纳税人将购进货物再销售给其他出口企业时，为证明所售货物完税情况，便于其他出口企业办理出口退税，到税务机关换开的纸质税收票证。

第十六条 印花税专用税收票证是税务机关或印花税票代售人在征收印花税时向纳税人交付、开具的纸质税收票证。具体包括：

（一）印花税票。印有固定金额，专门用于征收印花税的有价证券。纳税人缴纳印花税，可以购买印花税票贴花缴纳，也可以开具税收缴款书缴纳。采用开具税收缴款书缴纳的，应当将纸质税收缴款书或税收完税证明粘贴在应税凭证上，或者由税务机关在应税凭证上加盖印花税收讫专用章。

（二）《印花税票销售凭证》。税务机关和印花税票代售人销售印花税票时一并开具的专供购买方报销的纸质凭证。

第十七条 税收完税证明是税务机关为证明纳税人已经缴纳税款或者已经退还纳税人税款而开具的纸质税收票证。其适用范围是：

（一）纳税人、扣缴义务人、代征代售人通过横向联网电子缴税系统划缴税款到国库（经收处）后或收到从国库退还的税款后，当场或事后需要取得税收票证的；

（二）扣缴义务人代扣代收税款后，已经向纳税人开具税法规定或国家税务总局认可的记载完税情况的其他凭证，纳税人需要换开正式完税凭证的；

（三）纳税人遗失已完税的各种税收票证（《出口货物完税分割单》、印花税票和《印花税票销售凭证》除外），需要重新开具的；

（四）对纳税人特定期间完税情况出具证明的；

（五）国家税务总局规定的其他需要为纳税人开具完税凭证情形。

税务机关在确保纳税人缴、退税信息全面、准确、完整的条件下，可以开展前款第四项规定的税收完税证明开具工作，具体开具办法由各省税务机关确定。

第十八条 税收票证专用章戳是指税务机关印制税收票证和征、退税款时使用的各种专用章戳，具体包括：

（一）税收票证监制章。套印在税收票证上，用以表明税收票证制定单位和税收票证印制合法性的一种章戳。

（二）征税专用章。税务机关办理税款征收业务，开具税收缴款书、税收完税证明、《印花税销售凭证》等征收凭证时使用的征收业务专用公章。

（三）退库专用章。税务机关办理税款退库业务，开具《税收收入退还书》等退库凭证时使用的，在国库预留印鉴的退库业务专用公章。

（四）印花税收讫专用章。以开具税收缴款书代替贴花缴纳印花税时，加盖在应税凭证上，用以证明应税凭证已完税的专用章戳。

（五）国家税务总局规定的其他税收票证专用章戳。

第十九条　《税收缴款书（税务收现专用）》、《税收缴款书（代扣代收专用）》、《税收缴款书（出口货物劳务专用）》、《出口货物完税分割单》、印花税票和税收完税证明应当视同现金进行严格管理。

第二十条　税收票证应当按规定的适用范围填开，不得混用。

第二十一条　国家税务总局增设或简并税收票证及税收票证专用章戳种类，应当及时向社会公告。

第三章　设计和印制

第二十二条　税收票证及税收票证专用章戳按照税收征收管理和国家预算管理的基本要求设计，具体式样另行制发。

第二十三条　税收票证实行分级印制管理。

《税收缴款书（出口货物劳务专用）》、《出口货物完税分割单》、印花税票以及其他需要全国统一印制的税收票证由国家税务总局确定的企业印制；其他税收票证，按照国家税务总局规定的式样和要求，由各省税务机关确定的企业集中统一印制。

禁止私自印制、倒卖、变造、伪造税收票证。

第二十四条　印制税收票证的企业应当具备下列条件：

（一）取得印刷经营许可证和营业执照；

（二）设备、技术水平能够满足印制税收票证的需要；

（三）有健全的财务制度和严格的质量监督、安全管理、保密制度；

（四）有安全、良好的保管场地和设施。

印制税收票证的企业应当按照税务机关提供的式样、数量等要求印制税收票证，建立税收票证印制管理制度。

税收票证印制合同终止后，税收票证的印制企业应当将有关资料交还委托印制的税务机关，不得保留或提供给其他单位及个人。

第二十五条　税收票证应当套印税收票证监制章。

税收票证监制章由国家税务总局统一制发各省税务机关。

第二十六条　除税收票证监制章外，其他税收票证专用章戳的具体刻制权限由各省税务机关确定。刻制的税收票证专用章戳应当在市以上税务机关留底归档。

第二十七条　税收票证应当使用中文印制。民族自治地方的税收票证，可以加印当地一种通用的民族文字。

第二十八条　负责税收票证印制的税务机关应当对印制完成的税收票证质量、数量进行查验。查验无误的，办理税收票证的印制入库手续；查验不合格的，对不合格税收票证监督销毁。

第四章　使　　用

第二十九条　上、下级税务机关之间，税务机关税收票证开具人员、扣缴义务人、代征代售人、自行填开税收票证的纳税人与税收票证管理人员之间，应当建立税收票证及税收票证专用章戳的领发登记制度，办理领发手续，共同清点、确认领发种类、数量和号码。

税收票证的运输应当确保安全、保密。

数据电文税收票证由税收征管系统自动生成税收票证号码，分配给税收票证开具人员，视同发放。数据电文税收票证不得重复发放、重复开具。

第三十条　税收票证管理人员向税务机关税收票证开具人员、扣缴义务人和代征代售人发放视同现金管理的税收票证时，应当拆包发放，并且一般不得超过一个月的用量。

视同现金管理的税收票证未按照本办法第三十九条规定办理结报的，不得继续发放同一种类的税收票证。

其他种类的税收票证，应当根据领用人的具体使用情况，适度发放。

第三十一条　税务机关、扣缴义务人、代征代售人、自行填开税收票证的纳税人应当妥善保管纸质税收票证及税收票证专用章戳。县以上税务机关应当设置具备安全条件的税收票证专用库房；基层税务机关、扣缴义务人、代征代售人和自行填开税收票证的纳税人应当配备税收票证保险专用箱柜。确有必要外出征收税款的，税收票证及税收票证专用章戳应当随身携带，严防丢失。

第三十二条　税务机关对结存的税收票证应当定期进行盘点，发现结存税收票证实物与账簿记录数量不符的，应当及时查明原因并报告上级或所属税务机关。

第三十三条　税收收入退还书开具人员不得同时从事退库专用章保管或《税收收入电子退还书》复核授权工作。印花税票销售人员不得同时从事印花税收讫专用章保管工作。外出征收税款的，税收票证开具人员不得同时从事现金收款工作。

第三十四条　税收票证应当分纳税人开具；同一份税收票证上，税种（费、基金、罚没款）、税目、预算科目、预算级次、所属时期不同的，应当分行填列。

第三十五条　税收票证栏目内容应当填写齐全、清晰、真实、规范，不得漏填、简写、省略、涂改、挖补、编造；多联式税收票证应当一次全份开具。

第三十六条　因开具错误作废的纸质税收票证，应当在各联注明"作废"字样、作废原因和重新开具的税收票证字轨及号码。《税收缴款书(税务收现专用)》、《税收缴款书(代扣代收专用)》、税收完税证明应当全份保存;其他税收票证的纳税人所持联次或银行流转联次无法收回的,应当注明原因,并将纳税人出具的情况说明或银行文书代替相关联次一并保存。开具作废的税收票证应当按期与已填用的税收票证一起办理结报缴销手续,不得自行销毁。

税务机关开具税收票证后,纳税人向银行办理缴税前丢失的,税务机关参照前款规定处理。

数据电文税收票证作废的,应当在税收征管系统中予以标识;已经作废的数据电文税收票证号码不得再次使用。

第三十七条 纸质税收票证各联次各种章戳应当加盖齐全。

章戳不得套印,国家税务总局另有规定的除外。

第三十八条 税务机关税收票证开具人员、扣缴义务人、代征代售人、自行填开税收票证的纳税人与税收票证管理人员之间,基层税务机关与上级或所属税务机关之间,应当办理税收票款结报缴销手续。

税务机关税收票证开具人员、扣缴义务人、代征代售人向税收票证管理人员结报缴销视同现金管理的税收票证时,应当将已开具税收票证的存根联、报查联等联次,连同作废税收票证、需交回的税收票证及未开具的税收票证(含未销售印花税票)一并办理结报缴销手续;已开具税收票证只设一联的,税收票证管理人员应当查验其开具情况的电子记录。

其他各种税收票证结报缴销手续的具体要求,由各省税务机关确定。

第三十九条 税收票款应当按照规定的时限办理结报缴销。税务机关税收票证开具人员、代征代售人开具税收票证(含销售印花税票)收取现金税款时,办理结报缴销手续的时限要求是:

(一)当地设有国库经收处的,应于收取税款的当日或次日办理税收票款的结报缴销;

(二)当地未设国库经收处和代征代售人收取现金税款的,由各省税务机关确定办理税收票款结报缴销的期限和额度,并以期限或额度条件先满足之日为准。

扣缴义务人代扣代收税款的,应按税法规定的税款解缴期限一并办理结报缴销。

其他各种税收票证的结报缴销时限、基层税务机关向上级或所属税务机关缴销税收票证的时限,由各省税务机关确定。

第四十条 领发、开具税收票证时,发现多出、短少、污损、残破、错号、印刷字迹不清及联数不全等印制质量不合格情况的,应当查明字轨、号码、数量,清点登记,妥善保管。

全包、全本印制质量不合格的,按照本办法第五十一条规定销毁;全份印制质量不合格的,按开具作废处理。

第四十一条 由于税收政策变动或式样改变等原因,国家税务总局规定停用的税收票证及税收票证专用章戳,应由县以上税务机关集中清理,核对字轨、号码和数量,造册登记,按照本办法第五十一条规定销毁。

第四十二条 未开具税收票证(含未销售印花税票)发生毁损或丢失、被盗、被抢等损失的,受损单位应当及时组织清点核查,并由各级税务机关按照权限进行损失核销审批。《税收缴款书(出口货物劳务专用)》、《出口货物完税分割单》、印花税票发生损失的,由省税务机关审批核销;《税收缴款书(税务收现专用)》、《税收缴款书(代扣代收专用)》、税收完税证明发生损失的,由市税务机关审批核销;其他各种税收票证发生损失的,由县税务机关审批核销。

毁损残票和追回的税收票证按照本办法第五十一条规定销毁。

第四十三条 视同现金管理的未开具税收票证(含未销售印花税票)丢失、被盗、被抢的,受损税务机关应当查明损失税收票证的字轨、号码和数量,立即向当地公安机关报案并报告上级或所属税务机关;经查不能追回的税收票证,除印花税票外,应当及时在办税场所和广播、电视、报纸、期刊、网络等新闻媒体上公告作废。

受损单位为扣缴义务人、代征代售人或税收票证印制企业的,扣缴义务人、代征代售人或税收票证印制企业应当立即报告基层税务机关或委托印制的税务机关,由税务机关按前款规定办理。

对丢失印花税票和印有固定金额的《税收缴款书(税务收现专用)》负有责任的相关人员,税务机关应当要求其按照面额赔偿;对丢失其他视同现金管理的税收票证负有责任的相关人员,税务机关应当要求其适当赔偿。

第四十四条 税收票证专用章戳丢失、被盗、被抢的,受损税务机关应当立即向当地公安机关报案并逐级报告刻制税收票证专用章戳的税务机关;退库专用章丢失、被盗、被抢的,应当同时通知国库部门。重新刻制的税收票证专用章戳应当及时办理留底归档或预留印鉴手续。

毁损和损失追回的税收票证专用章戳按照本办法第五十一条规定销毁。

第四十五条 由于印制质量不合格、停用、毁损、损失追回、领发错误,或者扣缴义务人和代征代售人终止税款征收业务、纳税人停止自行填开税收票证等原因,税收票证及税收票证专用章戳需要交回的,税收票证管理人员应当清点、核对字轨、号码和数量,及时上交至发放或有权销毁税收票证及税收票证专用章戳的税务机关。

第四十六条 纳税人遗失已完税税收票证需要税务机关另行提供的,如税款经核实确已缴纳入库或从国库退还,税务机关应当开具税收完税证明或提供原完税税收票证复印件。

第五章 监督管理

第四十七条 税务机关税收票证开具人员、税收票证管理人员工作变动离岗前,应当办理税收票证、税收票证专用章戳、账簿以及其他税收票证资料的移交。移交时应当有专人监交,监交人、移交人、接管人三方共同签章,票清离岗。

第四十八条 税务机关应当按税收票证种类、领用单位设置税收票证账簿,对各种税收票证的印制、领发、用存、作废、结报缴销、停用、损失、销毁的数量、号码进行及时登记和核算,定期结账。

第四十九条 基层税务机关的税收票证管理人员应当按日对已结报缴销税收票证的完整性、准确性和税收票证管理的规范性进行审核;基层税务机关的上级或所属税务机关税收票证管理人员对基层税务机关缴销的税收票证,应当定期进行复审。

第五十条 税务机关应当及时对已经开具、作废的税收票证、账簿以及其他税收票证资料进行归档保存。

纸质税收票证、账簿以及其他税收票证资料,应当整理装订成册,保存期限五年;作为会计凭证的纸质税收票证保存期限十五年。

数据电文税收票证、账簿以及其他税收票证资料,应当通过光盘等介质进行存储,确保数据电文税收票证信息的安全、完整,保存时间和具体办法另行制定。

第五十一条 未填用的《税收缴款书(出口货物劳务专用)》、《出口货物完税分割单》、印花税票需要销毁的,应当由两人以上共同清点,编制销毁清册,逐级上缴省税务机关销毁;未填用的《税收缴款书(税务收现专用)》、《税收缴款书(代扣代收专用)》、税收完税证明需要销毁的,应当由两人以上共同清点,编制销毁清册,报经市税务机关批准,指派专人到县税务机关复核并监督销毁;其他各种税收票证、账簿和税收票证资料需要销毁的,由税收票证主管人员清点并编制销毁清册,报经县或市税务机关批准,由两人以上监督销毁;税收票证专用章戳需要销毁的,由刻制税收票证专用章戳的税务机关销毁。

第五十二条 税务机关应当定期对本级及下级税务机关、税收票证印制企业、扣缴义务人、代征代售人、自行填开税收票证的纳税人税收票证及税收票证专用章戳管理工作进行检查。

第五十三条 税务机关工作人员违反本办法的,应当根据情节轻重,给予批评教育、责令做出检查、诫勉谈话或调整工作岗位处理;构成违纪的,依照《中华人民共和国公务员法》、《行政机关公务员处分条例》等法律法规给予处分;涉嫌犯罪的,移送司法机关。

第五十四条 扣缴义务人未按照本办法及有关规定保管、报送代扣代缴、代收代缴税收票证及有关资料的,按照《中华人民共和国税收征收管理法》及相关规定进行处理。

扣缴义务人未按照本办法开具税收票证的,可以根据情节轻重,处以一千元以下的罚款。

第五十五条 税务机关与代征代售人、税收票证印制企业签订代征代售合同、税收票证印制合同时,应当就违反本办法及相关规定的责任进行约定,并按约定及其他有关规定追究责任;涉嫌犯罪的,移送司法机关。

第五十六条 自行填开税收票证的纳税人违反本办法及相关规定的,税务机关应当停止其税收票证的领用和自行填开,并限期缴销全部税收票证;情节严重的,可以处以一千元以下的罚款。

第五十七条 非法印制、转借、倒卖、变造或者伪造税收票证的,依照《中华人民共和国税收征收管理法实施细则》的规定进行处理;伪造、变造、买卖、盗窃、抢夺、毁灭税收票证专用章戳的,移送司法机关。

第六章 附 则

第五十八条 各级政府部门委托税务机关征收的各种基金、费可以使用税收票证。

第五十九条 本办法第六条、第七条、第二十五条、第三十六条、第三十七条、第四十六条所称税收票证,不包括印花税票。

第六十条 本办法所称银行,是指经收预算收入的银行、信用社。

第六十一条 各省税务机关应当根据本办法制定具体规定,并报国家税务总局备案。

第六十二条 本办法自2014年1月1日起施行。1998年3月10日国家税务总局发布的《税收票证管理办法》(国税发〔1998〕32号)同时废止。

税务登记管理办法

(2003年12月17日国家税务总局令第7号公布 根据2014年12月27日《国家税务总局关于修改〈税务登记管理办法〉的决定》第一次修正 根据2018年6月15日《国家税务总局关于修改部分税务部门规章的决定》第二次修正 根据2019年7月24日《国家税务总局关于公布取消一批税务证明事项以及废止和修改部分规章规范性文件的决定》第三次修正)

第一章 总 则

第一条 为了规范税务登记管理,加强税源监控,根据《中华人民共和国税收征收管理法》(以下简称《税收征管法》)以及《中华人民共和国税收征收管理法实施细则》(以下简称《实施细则》)的规定,制定本办法。

第二条 企业,企业在外地设立的分支机构和从事生产、经营的场所,个体工商户和从事生产、经营的事业单位,均应当按照《税收征管法》及《实施细则》和本办法的规定办理税务登记。

前款规定以外的纳税人，除国家机关、个人和无固定生产、经营场所的流动性农村小商贩外，也应当按照《税收征管法》及《实施细则》和本办法的规定办理税务登记。

根据税收法律、行政法规的规定负有扣缴税款义务的扣缴义务人（国家机关除外），应当按照《税收征管法》及《实施细则》和本办法的规定办理扣缴税款登记。

第三条 县以上（含本级，下同）税务局（分局）是税务登记的主管税务机关，负责税务登记的设立登记、变更登记、注销登记和税务登记证验证、换证以及非正常户处理、报验登记等有关事项。

第四条 税务登记证件包括税务登记证及其副本、临时税务登记证及其副本。

扣缴税款登记证件包括扣缴税款登记证及其副本。

第五条 县以上税务局（分局）按照国务院规定的税收征收管理范围，实施属地管理。有条件的城市，可以按照“各区分散受理、全市集中处理”的原则办理税务登记。

第六条 税务局（分局）执行统一纳税人识别号。纳税人识别号由省、自治区、直辖市和计划单列市税务局按照纳税人识别号代码行业标准联合编制，统一下发各地执行。

已领取组织机构代码的纳税人，其纳税人识别号共15位，由纳税人登记所在地6位行政区划码+9位组织机构代码组成。以业主身份证件为有效身份证明的组织，即未取得组织机构代码证书的个体工商户以及持回乡证、通行证、护照办理税务登记的纳税人，其纳税人识别号由身份证件号码+2位顺序码组成。

纳税人识别号具有唯一性。

第七条 纳税人办理下列事项时，必须提供税务登记证件：

（一）开立银行账户；

（二）领购发票。

纳税人办理其他税务事项时，应当出示税务登记证件，经税务机关核准相关信息后办理手续。

第二章 设立登记

第八条 企业，企业在外地设立的分支机构和从事生产、经营的场所，个体工商户和从事生产、经营的事业单位（以下统称从事生产、经营的纳税人），向生产、经营所在地税务机关申报办理税务登记：

（一）从事生产、经营的纳税人领取工商营业执照的，应当自领取工商营业执照之日起30日内申报办理税务登记，税务机关发放税务登记证及副本；

（二）从事生产、经营的纳税人未办理工商营业执照但经有关部门批准设立的，应当自有关部门批准设立之日起30日内申报办理税务登记，税务机关发放税务登记证及副本；

（三）从事生产、经营的纳税人未办理工商营业执照也未经有关部门批准设立的，应当自纳税义务发生之日起30日内申报办理税务登记，税务机关发放临时税务登记证及副本；

（四）有独立的生产经营权、在财务上独立核算并定期向发包人或者出租人上交承包费或租金的承包承租人，应当自承包承租合同签订之日起30日内，向其承包承租业务发生地税务机关申报办理税务登记，税务机关发放临时税务登记证及副本；

（五）境外企业在中国境内承包建筑、安装、装配、勘探工程和提供劳务的，应当自项目合同或协议签订之日起30日内，向项目所在地税务机关申报办理税务登记，税务机关发放临时税务登记证及副本。

第九条 本办法第八条规定以外的其他纳税人，除国家机关、个人和无固定生产、经营场所的流动性农村小商贩外，均应当自纳税义务发生之日起30日内，向纳税义务发生地税务机关申报办理税务登记，税务机关发放税务登记证及副本。

第十条 税务机关对纳税人税务登记地点发生争议的，由其共同的上级税务机关指定管辖。

第十一条 纳税人在申报办理税务登记时，应当根据不同情况向税务机关如实提供以下证件和资料：

（一）工商营业执照或其他核准执业证件；

（二）有关合同、章程、协议书；

（三）组织机构统一代码证书；

（四）法定代表人或负责人或业主的居民身份证、护照或者其他合法证件。

其他需要提供的有关证件、资料，由省、自治区、直辖市税务机关确定。

第十二条 纳税人在申报办理税务登记时，应当如实填写税务登记表。

税务登记表的主要内容包括：

（一）单位名称、法定代表人或者业主姓名及其居民身份证、护照或者其他合法证件的号码；

（二）住所、经营地点；

（三）登记类型；

（四）核算方式；

（五）生产经营方式；

（六）生产经营范围；

（七）注册资金（资本）、投资总额；

（八）生产经营期限；

（九）财务负责人、联系电话；

（十）国家税务总局确定的其他有关事项。

第十三条 纳税人提交的证件和资料齐全且税务登记表的填写内容符合规定的，税务机关应当日办理并发放税务登记证件。纳税人提交的证件和资料不齐全或税务登记表的填写内容不符合规定的，税务机关应当场通知其补正或重新填报。

第十四条 税务登记证件的主要内容包括：纳税人名称、税务登记代码、法定代表人或负责人、生产经营地址、登记类型、核算方式、生产经营范围(主营、兼营)、发证日期、证件有效期等。

第十五条 已办理税务登记的扣缴义务人应当自扣缴义务发生之日起30日内,向税务登记地税务机关申报办理扣缴税款登记。税务机关在其税务登记证件上登记扣缴税款事项,税务机关不再发放扣缴税款登记证件。

根据税收法律、行政法规的规定可不办理税务登记的扣缴义务人,应当自扣缴义务发生之日起30日内,向机构所在地税务机关申报办理扣缴税款登记。税务机关发放扣缴税款登记证件。

第三章 变更登记

第十六条 纳税人税务登记内容发生变化的,应当向原税务登记机关申报办理变更税务登记。

第十七条 纳税人已在工商行政管理机关办理变更登记的,应当自工商行政管理机关变更登记之日起30日内,向原税务登记机关如实提供下列证件、资料,申报办理变更税务登记:

(一)工商登记变更表;

(二)纳税人变更登记内容的有关证明文件;

(三)税务机关发放的原税务登记证件(登记证正、副本和登记表等);

(四)其他有关资料。

第十八条 纳税人按照规定不需要在工商行政管理机关办理变更登记,或者其变更登记的内容与工商登记内容无关的,应当自税务登记内容实际发生变化之日起30日内,或者自有关机关批准或者宣布变更之日起30日内,持下列证件到原税务登记机关申报办理变更税务登记:

(一)纳税人变更登记内容的有关证明文件;

(二)税务机关发放的原税务登记证件(登记证正、副本和税务登记表等);

(三)其他有关资料。

第十九条 纳税人提交的有关变更登记的证件、资料齐全的,应如实填写税务登记变更表,符合规定的,税务机关应当日办理;不符合规定的,税务机关应通知其补正。

第二十条 税务机关应当于受理当日办理变更税务登记。纳税人税务登记表和税务登记证中的内容都发生变更的,税务机关按变更后的内容重新发放税务登记证件;纳税人税务登记表的内容发生变更而税务登记证中的内容未发生变更的,税务机关不重新发放税务登记证件。

第四章 停业、复业登记

第二十一条 实行定期定额征收方式的个体工商户需要停业的,应当在停业前向税务机关申报办理停业登记。纳税人的停业期限不得超过一年。

第二十二条 纳税人在申报办理停业登记时,应如实填写停业复业报告书,说明停业理由、停业期限、停业前的纳税情况和发票的领、用、存情况,并结清应纳税款、滞纳金、罚款。税务机关应收存其税务登记证件及副本、发票领购簿、未使用完的发票和其他税务证件。

第二十三条 纳税人在停业期间发生纳税义务的,应当按照税收法律、行政法规的规定申报缴纳税款。

第二十四条 纳税人应当于恢复生产经营之前,向税务机关申报办理复业登记,如实填写《停业复业报告书》,领回并启用税务登记证件、发票领购簿及其停业前领购的发票。

第二十五条 纳税人停业期满不能及时恢复生产经营的,应当在停业期满前到税务机关办理延长停业登记,并如实填写《停业复业报告书》。

第五章 注销登记

第二十六条 纳税人发生解散、破产、撤销以及其他情形,依法终止纳税义务的,应当在向工商行政管理机关或者其他机关办理注销登记前,持有关证件和资料向原税务登记机关申报办理注销税务登记;按规定不需要在工商行政管理机关或者其他机关办理注册登记的,应当自有关机关批准或者宣告终止之日起15日内,持有关证件和资料向原税务登记机关申报办理注销税务登记。

纳税人被工商行政管理机关吊销营业执照或者被其他机关予以撤销登记的,应当自营业执照被吊销或者被撤销登记之日起15日内,向原税务登记机关申报办理注销税务登记。

第二十七条 纳税人因住所、经营地点变动,涉及改变税务登记机关的,应当在向工商行政管理机关或者其他机关申请办理变更、注销登记前,或者住所、经营地点变动前,持有关证件和资料,向原税务登记机关申报办理注销税务登记,并自注销税务登记之日起30日内向迁达地税务机关申报办理税务登记。

第二十八条 境外企业在中国境内承包建筑、安装、装配、勘探工程和提供劳务的,应当在项目完工、离开中国前15日内,持有关证件和资料,向原税务登记机关申报办理注销税务登记。

第二十九条 纳税人办理注销税务登记前,应当向税务机关提交相关证明文件和资料,结清应纳税款、多退(免)税款、滞纳金和罚款,缴销发票、税务登记证件和其他税务证件,经税务机关核准后,办理注销税务登记手续。

第六章 外出经营报验登记

第三十条 纳税人到外县(市)临时从事生产经营活动的,应当在外出生产经营以前,持税务登记证到主管税务机关开具《外出经营活动税收管理证明》(以下简称《外管证》)。

第三十一条 税务机关按照一地一证的原则,发放《外管证》,《外管证》的有效期限一般为30日,最长不得超过180

天。

第三十二条 纳税人应当在《外管证》注明地进行生产经营前向当地税务机关报验登记，并提交下列证件、资料：

（一）税务登记证件副本；

（二）《外管证》。

纳税人在《外管证》注明地销售货物的，除提交以上证件、资料外，应如实填写《外出经营货物报验单》，申报查验货物。

第三十三条 纳税人外出经营活动结束，应当向经营地税务机关填报《外出经营活动情况申报表》，并结清税款、缴销发票。

第三十四条 纳税人应当在《外管证》有效期届满后10日内，持《外管证》回原税务登记地税务机关办理《外管证》缴销手续。

第七章 证照管理

第三十五条 税务机关应当加强税务登记证件的管理，采取实地调查、上门验证等方法进行税务登记证件的管理。

第三十六条 税务登记证式样改变，需统一换发税务登记证的，由国家税务总局确定。

第三十七条 纳税人、扣缴义务人遗失税务登记证件的，应当自遗失税务登记证件之日起15日内，书面报告主管税务机关，如实填写《税务登记证件遗失报告表》，并将纳税人的名称、税务登记证件名称、税务登记证件号码、税务登记证件有效期、发证机关名称在税务机关认可的报刊上作遗失声明，凭报刊上刊登的遗失声明到主管税务机关补办税务登记证件。

第八章 非正常户处理

第三十八条 已办理税务登记的纳税人未按照规定的期限申报纳税，在税务机关责令其限期改正后，逾期不改正的，税务机关应当派员实地检查，查无下落并且无法强制其履行纳税义务的，由检查人员制作非正常户认定书，存入纳税人档案，税务机关暂停其税务登记证件、发票领购簿和发票的使用。

第三十九条 纳税人被列入非正常户超过三个月的，税务机关可以宣布其税务登记证件失效，其应纳税款的追征仍按《税收征管法》及其《实施细则》的规定执行。

第九章 法律责任

第四十条 纳税人不办理税务登记的，税务机关应当自发现之日起3日内责令其限期改正；逾期不改正的，依照《税收征管法》第六十条第一款的规定处罚。

第四十一条 纳税人通过提供虚假的证明资料等手段，骗取税务登记证的，处2000元以下的罚款；情节严重的，处2000元以上10000元以下的罚款。纳税人涉嫌其他违法行为的，按有关法律、行政法规的规定处理。

第四十二条 扣缴义务人未按照规定办理扣缴税款登记的，税务机关应当自发现之日起3日内责令其限期改正，并可处以1000元以下的罚款。

第四十三条 纳税人、扣缴义务人违反本办法规定，拒不接受税务机关处理的，税务机关可以收缴其发票或者停止向其发售发票。

第四十四条 税务人员徇私舞弊或者玩忽职守，违反本办法规定为纳税人办理税务登记相关手续，或者滥用职权，故意刁难纳税人、扣缴义务人的，调离工作岗位，并依法给予行政处分。

第十章 附 则

第四十五条 本办法涉及的标识、戳记和文书式样，由国家税务总局确定。

第四十六条 本办法由国家税务总局负责解释。各省、自治区、直辖市和计划单列市税务局可根据本办法制定具体的实施办法。

第四十七条 本办法自2004年2月1日起施行。

纳税担保试行办法

（2005年5月24日国家税务总局令第11号公布 自2005年7月1日起施行）

第一章 总 则

第一条 为规范纳税担保行为，保障国家税收收入，保护纳税人和其他当事人的合法权益，根据《中华人民共和国税收征收管理法》（以下简称《税收征管法》）及其实施细则和其他法律、法规的规定，制定本办法。

第二条 本办法所称纳税担保，是指经税务机关同意或确认，纳税人或其他自然人、法人、经济组织以保证、抵押、质押的方式，为纳税人应当缴纳的税款及滞纳金提供担保的行为。

纳税担保人包括以保证方式为纳税人提供纳税担保的纳税保证人和其他以未设置或者未全部设置担保物权的财产为纳税人提供纳税担保的第三人。

第三条 纳税人有下列情况之一的，适用纳税担保：

（一）税务机关有根据认为从事生产、经营的纳税人有逃避纳税义务行为，在规定的纳税期之前经责令其限期缴纳应纳税款，在限期内发现纳税人有明显的转移、隐匿其应纳税的商品、货物以及其他财产或者应纳税收入的迹象，责成纳税人提供纳税担保的；

（二）欠缴税款、滞纳金的纳税人或者其法定代表人需要出境的；

（三）纳税人同税务机关在纳税上发生争议而未缴清税

款,需要申请行政复议的;

(四)税收法律、行政法规规定可以提供纳税担保的其他情形。

第四条　扣缴义务人按照《税收征管法》第八十八条规定需要提供纳税担保的,适用本办法的规定。

纳税担保人按照《税收征管法》第八十八条规定需要提供纳税担保的,应当按照本办法规定的抵押、质押方式,以其财产提供纳税担保;纳税担保人已经以其财产为纳税人向税务机关提供担保的,不再需要提供新的担保。

第五条　纳税担保范围包括税款、滞纳金和实现税款、滞纳金的费用。费用包括抵押、质押登记费用,质押保管费用,以及保管、拍卖、变卖担保财产等相关费用支出。

用于纳税担保的财产、权利的价值不得低于应当缴纳的税款、滞纳金,并考虑相关的费用。纳税担保的财产价值不足以抵缴税款、滞纳金的,税务机关应当向提供担保的纳税人或纳税担保人继续追缴。

第六条　用于纳税担保的财产、权利的价格估算,除法律、行政法规另有规定外,由税务机关按照税收征管法实施细则第六十四条规定的方式,参照同类商品的市场价、出厂价、或者评估价估算。

第二章　纳税保证

第七条　纳税保证,是指纳税保证人向税务机关保证,当纳税人未按照税收法律、行政法规规定或者税务机关确定的期限缴清税款、滞纳金时,由纳税保证人按照约定履行缴纳税款及滞纳金的行为。税务机关认可的,保证成立;税务机关不认可的,保证不成立。

本办法所称纳税保证为连带责任保证,纳税人和纳税保证人对所担保的税款及滞纳金承担连带责任。当纳税人在税收法律、行政法规或税务机关确定的期限届满未缴清税款及滞纳金的,税务机关即可要求纳税保证人在其担保范围内承担保证责任,缴纳担保的税款及滞纳金。

第八条　纳税保证人,是指在中国境内具有纳税担保能力的自然人、法人或者其他经济组织。法人或其他经济组织财务报表资产净值超过需要担保的税额及滞纳金 2 倍以上的,自然人、法人或其他经济组织所拥有或者依法可以处分的未设置担保的财产的价值超过需要担保的税额及滞纳金的,为具有纳税担保能力。

第九条　国家机关,学校、幼儿园、医院等事业单位、社会团体不得作为纳税保证人。

企业法人的职能部门不得为纳税保证人。企业法人的分支机构有法人书面授权的,可以在授权范围内提供纳税担保。

有以下情形之一的,不得作为纳税保证人:

(一)有偷税、抗税、骗税、逃避追缴欠税行为被税务机关、司法机关追究过法律责任未满 2 年的;

(二)因有税收违法行为正在被税务机关立案处理或涉嫌刑事犯罪被司法机关立案侦查的;

(三)纳税信誉等级被评为 C 级以下的;

(四)在主管税务机关所在地的市(地、州)没有住所的自然人或税务登记不在本市(地、州)的企业;

(五)无民事行为能力或限制民事行为能力的自然人;

(六)与纳税人存在担保关联关系的;

(七)有欠税行为的。

第十条　纳税保证人同意为纳税人提供纳税担保的,应当填写纳税担保书。纳税担保书应当包括以下内容:

(一)纳税人应缴纳的税款及滞纳金数额、所属期间、税种、税目名称;

(二)纳税人应当履行缴纳税款及滞纳金的期限;

(三)保证担保范围及担保责任;

(四)保证期间和履行保证责任的期限;

(五)保证人的存款账号或者开户银行及其账号;

(六)税务机关认为需要说明的其他事项。

第十一条　纳税担保书须经纳税人、纳税保证人签字盖章并经税务机关签字盖章同意方为有效。

纳税担保从税务机关在纳税担保书签字盖章之日起生效。

第十二条　保证期间为纳税人应缴纳税款期限届满之日起 60 日,即税务机关自纳税人应缴纳税款的期限届满之日起 60 日内有权要求纳税保证人承担保证责任,缴纳税款、滞纳金。

履行保证责任的期限为 15 日,即纳税保证人应当自收到税务机关的纳税通知书之日起 15 日内履行保证责任,缴纳税款及滞纳金。

纳税保证期间内税务机关未通知纳税保证人缴纳税款及滞纳金以承担担保责任的,纳税保证人免除担保责任。

第十三条　纳税人在规定的期限届满未缴清税款及滞纳金,税务机关在保证期限内书面通知纳税保证人的,纳税保证人应按照纳税担保书约定的范围,自收到纳税通知书之日起 15 日内缴纳税款及滞纳金,履行担保责任。

纳税保证人未按照规定的履行保证责任的期限缴纳税款及滞纳金的,由税务机关发出责令限期缴纳通知书,责令纳税保证人在限期 15 日内缴纳;逾期仍未缴纳的,经县以上税务局(分局)局长批准,对纳税保证人采取强制执行措施,通知其开户银行或其他金融机构从其存款中扣缴所担保的纳税人应缴纳的税款、滞纳金,或扣押、查封、拍卖、变卖其价值相当于所担保的纳税人应缴纳的税款、滞纳金的商品、货物或者其他财产,以拍卖、变卖所得抵缴担保的税款、滞纳金。

第三章　纳税抵押

第十四条　纳税抵押,是指纳税人或纳税担保人不转移对本办法第十五条所列财产的占有，将该财产作为税款及滞纳金的担保。纳税人逾期未缴清税款及滞纳金的，税务机关有权依法处置该财产以抵缴税款及滞纳金。

前款规定的纳税人或者纳税担保人为抵押人，税务机关为抵押权人，提供担保的财产为抵押物。

第十五条 下列财产可以抵押：

（一）抵押人所有的房屋和其他地上定着物；

（二）抵押人所有的机器、交通运输工具和其他财产；

（三）抵押人依法有权处分的国有的房屋和其他地上定着物；

（四）抵押人依法有权处分的国有的机器、交通运输工具和其他财产；

（五）经设区的市、自治州以上税务机关确认的其他可以抵押的合法财产。

第十六条 以依法取得的国有土地上的房屋抵押的，该房屋占用范围内的国有土地使用权同时抵押。

以乡（镇）、村企业的厂房等建筑物抵押的，其占用范围内的土地使用权同时抵押。

第十七条 下列财产不得抵押：

（一）土地所有权；

（二）土地使用权，但本办法第十六条规定的除外；

（三）学校、幼儿园、医院等以公益为目的的事业单位、社会团体、民办非企业单位的教育设施、医疗卫生设施和其他社会公益设施；

（四）所有权、使用权不明或者有争议的财产；

（五）依法被查封、扣押、监管的财产；

（六）依法定程序确认为违法、违章的建筑物；

（七）法律、行政法规规定禁止流通的财产或者不可转让的财产；

（八）经设区的市、自治州以上税务机关确认的其他不予抵押的财产。

第十八条 学校、幼儿园、医院等以公益为目的的事业单位、社会团体，可以其教育设施、医疗卫生设施和其他社会公益设施以外的财产为其应缴纳的税款及滞纳金提供抵押。

第十九条 纳税人提供抵押担保的，应当填写纳税担保书和纳税担保财产清单。纳税担保书应当包括以下内容：

（一）担保的纳税人应缴纳的税款及滞纳金数额、所属期间、税种名称、税目；

（二）纳税人履行应缴纳税款及滞纳金的期限；

（三）抵押物的名称、数量、质量、状况、所在地、所有权权属或者使用权权属；

（四）抵押担保的范围及担保责任；

（五）税务机关认为需要说明的其他事项。

纳税担保财产清单应当写明财产价值以及相关事项。纳税担保书和纳税担保财产清单须经纳税人签字盖章并经税务机关确认。

第二十条 纳税抵押财产应当办理抵押物登记。纳税抵押自抵押物登记之日起生效。纳税人应向税务机关提供由以下部门出具的抵押登记的证明及其复印件（以下简称证明材料）：

（一）以城市房地产或者乡（镇）、村企业的厂房等建筑物抵押的，提供县级以上地方人民政府规定部门出具的证明材料；

（二）以船舶、车辆抵押的，提供运输工具的登记部门出具的证明材料；

（三）以企业的设备和其他动产抵押的，提供财产所在地的工商行政管理部门出具的证明材料或者纳税人所在地的公证部门出具的证明材料。

第二十一条 抵押期间，经税务机关同意，纳税人可以转让已办理登记的抵押物，并告知受让人转让物已经抵押的情况。

纳税人转让抵押物所得的价款，应当向税务机关提前缴纳所担保的税款、滞纳金。超过部分，归纳税人所有，不足部分由纳税人缴纳或提供相应的担保。

第二十二条 在抵押物灭失、毁损或者被征用的情况下，税务机关应该就该抵押物的保险金、赔偿金或者补偿金要求优先受偿，抵缴税款、滞纳金。

抵押物灭失、毁损或者被征用的情况下，抵押权所担保的纳税义务履行期未满的，税务机关可以要求将保险金、赔偿金或补偿金等作为担保财产。

第二十三条 纳税人在规定的期限内未缴清税款、滞纳金的，税务机关应当依法拍卖、变卖抵押物，变价抵缴税款、滞纳金。

第二十四条 纳税担保人以其财产为纳税人提供纳税抵押担保的，按照纳税人提供抵押担保的规定执行；纳税担保书和纳税担保财产清单须经纳税人、纳税担保人签字盖章并经税务机关确认。

纳税人在规定的期限届满未缴清税款、滞纳金的，税务机关应当在期限届满之日起15日内书面通知纳税担保人自收到纳税通知书之日起15日内缴纳担保的税款、滞纳金。

纳税担保人未按照前款规定的期限缴纳所担保的税款、滞纳金的，由税务机关责令限期在15日内缴纳；逾期仍未缴纳的，经县以上税务局（分局）局长批准，税务机关依法拍卖、变卖抵押物，抵缴税款、滞纳金。

第四章 纳税质押

第二十五条 纳税质押，是指经税务机关同意，纳税人或纳税担保人将其动产或权利凭证移交税务机关占有，将该动产或权利凭证作为税款及滞纳金的担保。纳税人逾期未缴清税款及滞纳金的，税务机关有权依法处置该动产或权利凭证以抵缴税款及滞纳金。纳税质押分为动产质押和权利质押。

动产质押包括现金以及其他除不动产以外的财产提供的质押。

汇票、支票、本票、债券、存款单等权利凭证可以质押。

对于实际价值波动很大的动产或权利凭证，经设区的市、自治州以上税务机关确认，税务机关可以不接受其作为纳税质押。

第二十六条　纳税人提供质押担保的，应当填写纳税担保书和纳税担保财产清单并签字盖章。纳税担保书应当包括以下内容：

（一）担保的税款及滞纳金数额、所属期间、税种名称、税目；

（二）纳税人履行应缴纳税款、滞纳金的期限；

（三）质物的名称、数量、质量、价值、状况、移交前所在地、所有权权属或者使用权权属；

（四）质押担保的范围及担保责任；

（五）纳税担保财产价值；

（六）税务机关认为需要说明的其他事项。

纳税担保财产清单应当写明财产价值及相关事项。

纳税质押自纳税担保书和纳税担保财产清单经税务机关确认和质物移交之日起生效。

第二十七条　以汇票、支票、本票、公司债券出质的，税务机关应当与纳税人背书清单记载“质押”字样。以存款单出质的，应由签发的金融机构核押。

第二十八条　以载明兑现或者提货日期的汇票、支票、本票、债券、存款单出质的，汇票、支票、本票、债券、存款单兑现日期先于纳税义务履行期或者担保期的，税务机关与纳税人约定将兑现的价款用于缴纳或者抵缴所担保的税款及滞纳金。

第二十九条　纳税人在规定的期限内缴清税款及滞纳金的，税务机关应当自纳税人缴清税款及滞纳金之日起3个工作日内返还质物，解除质押关系。

纳税人在规定的期限内未缴清税款、滞纳金的，税务机关应当依法拍卖、变卖质物，抵缴税款、滞纳金。

第三十条　纳税担保人以其动产或财产权利为纳税人提供纳税质押担保的，按照纳税人提供质押担保的规定执行；纳税担保书和纳税担保财产清单须经纳税人、纳税担保人签字盖章并经税务机关确认。

纳税人在规定的期限内缴清税款、滞纳金的，税务机关应当在3个工作日内将质物返还给纳税担保人，解除质押关系。

纳税人在规定的期限内未缴清税款、滞纳金的，税务机关应当在期限届满之日起15日内书面通知纳税担保人自收到纳税通知书之日起15日内缴纳担保的税款、滞纳金。

纳税担保人未按照前款规定的期限缴纳所担保的税款、滞纳金，由税务机关责令限期在15日内缴纳；缴清税款、滞纳金的，税务机关自纳税担保人缴清税款及滞纳金之日起3个工作日内返还质物、解除质押关系；逾期仍未缴纳的，经县以上税务局（分局）局长批准，税务机关依法拍卖、变卖质物，抵缴税款、滞纳金。

第五章　法律责任

第三十一条　纳税人、纳税担保人采取欺骗、隐瞒等手段提供担保的，由税务机关处以1000元以下的罚款；属于经营行为的，处以10000元以下的罚款。

非法为纳税人、纳税担保人实施虚假纳税担保提供方便的，由税务机关处以1000元以下的罚款。

第三十二条　纳税人采取欺骗、隐瞒等手段提供担保，造成应缴税款损失的，由税务机关按照《税收征管法》第六十八条规定处以未缴、少缴税款50%以上5倍以下的罚款。

第三十三条　税务机关负有妥善保管质物的义务。因保管不善致使质物灭失或者毁损，或未经纳税人同意擅自使用、出租、处分质物而给纳税人造成损失的，税务机关应当对直接损失承担赔偿责任。

纳税义务期限届满或担保期间，纳税人或者纳税担保人请求税务机关及时行使权利，而税务机关怠于行使权利致使质物价格下跌造成损失的，税务机关应当对直接损失承担赔偿责任。

第三十四条　税务机关工作人员有下列情形之一的，根据情节轻重给予行政处分：

（一）违反本办法规定，对符合担保条件的纳税担保，不予同意或故意刁难的；

（二）违反本办法规定，对不符合担保条件的纳税担保，予以批准，致使国家税款及滞纳金遭受损失的；

（三）私分、挪用、占用、擅自处分担保财物的；

（四）其他违法情形。

第六章　附　　则

第三十五条　纳税担保文书由国家税务总局统一制定。

第三十六条　本办法自2005年7月1日起施行。

附件：（略）

特别纳税调整实施办法(试行)[①]

(2009年1月8日 国税发〔2009〕2号)

第一章 总 则

第一条 为了规范特别纳税调整管理,根据《中华人民共和国企业所得税法》(以下简称所得税法)、《中华人民共和国企业所得税法实施条例》(以下简称所得税法实施条例)、《中华人民共和国税收征收管理法》(以下简称征管法)、《中华人民共和国税收征收管理法实施细则》(以下简称征管法实施细则)以及我国政府与有关国家(地区)政府签署的避免双重征税协定(安排)(以下简称税收协定)的有关规定,制定本办法。

第二条 本办法适用于税务机关对企业的转让定价、预约定价安排、成本分摊协议、受控外国企业、资本弱化以及一般反避税等特别纳税调整事项的管理。

第三条 转让定价管理是指税务机关按照所得税法第六章和征管法第三十六条的有关规定,对企业与其关联方之间的业务往来(以下简称关联交易)是否符合独立交易原则进行审核评估和调查调整等工作的总称。

第四条 预约定价安排管理是指税务机关按照所得税法第四十二条和征管法实施细则第五十三条的规定,对企业提出的未来年度关联交易的定价原则和计算方法进行审核评估,并与企业协商达成预约定价安排等工作的总称。

第五条 成本分摊协议管理是指税务机关按照所得税法第四十一条第二款的规定,对企业与其关联方签署的成本分摊协议是否符合独立交易原则进行审核评估和调查调整等工作的总称。

第六条 受控外国企业管理是指税务机关按照所得税法第四十五条的规定,对受控外国企业不作利润分配或减少分配进行审核评估和调查,并对归属于中国居民企业所得进行调整等工作的总称。

第七条 资本弱化管理是指税务机关按照所得税法第四十六条的规定,对企业接受关联方债权性投资与企业接受的权益性投资的比例是否符合规定比例或独立交易原则进行审核评估和调查调整等工作的总称。

第八条 一般反避税管理是指税务机关按照所得税法第四十七条的规定,对企业实施其他不具有合理商业目的的安排而减少其应纳税收入或所得额进行审核评估和调查调整等工作的总称。

第二章 关 联 申 报

第九条 所得税法实施条例第一百零九条及征管法实施细则第五十一条所称关联关系,主要是指企业与其他企业、组织或个人具有下列之一关系:

(一)一方直接或间接持有另一方的股份总和达到25%以上,或者双方直接或间接同为第三方所持有的股份达到25%以上。若一方通过中间方对另一方间接持有股份,只要一方对中间方持股比例达到25%以上,则一方对另一方的持股比例按照中间方对另一方的持股比例计算。

(二)一方与另一方(独立金融机构除外)之间借贷资金占一方实收资本50%以上,或者一方借贷资金总额的10%以上是由另一方(独立金融机构除外)担保。

(三)一方半数以上的高级管理人员(包括董事会成员和经理)或至少一名可以控制董事会的董事会高级成员是由另一方委派,或者双方半数以上的高级管理人员(包括董事会成员和经理)或至少一名可以控制董事会的董事会高级成员同为第三方委派。

(四)一方半数以上的高级管理人员(包括董事会成员和经理)同时担任另一方的高级管理人员(包括董事会成员和经理),或者一方至少一名可以控制董事会的董事会高级成员同时担任另一方的董事会高级成员。

(五)一方的生产经营活动必须由另一方提供的工业产权、专有技术等特许权才能正常进行。

(六)一方的购买或销售活动主要由另一方控制。

(七)一方接受或提供劳务主要由另一方控制。

(八)一方对另一方的生产经营、交易具有实质控制,或者双方在利益上具有相关联的其他关系,包括虽未达到本条第(一)项持股比例,但一方与另一方的主要持股方享受基本相同的经济利益,以及家族、亲属关系等。

第十条 关联交易主要包括以下类型:

(一)有形资产的购销、转让和使用,包括房屋建筑物、交通工具、机器设备、工具、商品、产品等有形资产的购销、转让和租赁业务;

(二)无形资产的转让和使用,包括土地使用权、版权(著作权)、专利、商标、客户名单、营销渠道、牌号、商业秘密和专有技术等特许权,以及工业品外观设计或实用新型等工业产权的所有权转让和使用权的提供业务;

(三)融通资金,包括各类长短期资金拆借和担保以及各

---

① 本办法第六十九条已被《国家税务总局关于规范成本分摊协议管理的公告》废止,第二章、第三章、第七十四条和第八十九条已被《国家税务总局关于完善关联申报和同期资料管理有关事项的公告》废止,第六章已被《国家税务总局关于完善预约定价安排管理有关事项的公告》废止,第四章、第五章、第十一章和第十二章已被《特别纳税调查调整及相互协商程序管理办法》废止。第一百一十一条已被《国家税务总局关于公布全文失效废止和部分条款失效废止的税收规范性文件目录的公告》废止。

类计息预付款和延期付款等业务；

（四）提供劳务，包括市场调查、行销、管理、行政事务、技术服务、维修、设计、咨询、代理、科研、法律、会计事务等服务的提供。

第十一条 实行查账征收的居民企业和在中国境内设立机构、场所并据实申报缴纳企业所得税的非居民企业向税务机关报送年度企业所得税纳税申报表时，应附送《中华人民共和国企业年度关联业务往来报告表》，包括《关联关系表》、《关联交易汇总表》、《购销表》、《劳务表》、《无形资产表》、《固定资产表》、《融通资金表》、《对外投资情况表》和《对外支付款项情况表》。

第十二条 企业按规定期限报送本办法第十一条规定的报告表确有困难，需要延期的，应按征管法及其实施细则的有关规定办理。

第三章 同期资料管理

第十三条 企业应根据所得税法实施条例第一百一十四条的规定，按纳税年度准备、保存、并按税务机关要求提供其关联交易的同期资料。

第十四条 同期资料主要包括以下内容：

（一）组织结构

1. 企业所属的企业集团相关组织结构及股权结构；

2. 企业关联关系的年度变化情况；

3. 与企业发生交易的关联方信息，包括关联企业的名称、法定代表人、董事和经理等高级管理人员构成情况、注册地址及实际经营地址，以及关联个人的名称、国籍、居住地、家庭成员构成等情况，并注明对企业关联交易定价具有直接影响的关联方；

4. 各关联方适用的具有所得税性质的税种、税率及相应可享受的税收优惠。

（二）生产经营情况

1. 企业的业务概况，包括企业发展变化概况、所处的行业及发展概况、经营策略、产业政策、行业限制等影响企业和行业的主要经济和法律问题，集团产业链以及企业所处地位；

2. 企业的主营业务构成，主营业务收入及其占收入总额的比重，主营业务利润及其占利润总额的比重；

3. 企业所处的行业地位及相关市场竞争环境的分析；

4. 企业内部组织结构，企业及其关联方在关联交易中执行的功能、承担的风险以及使用的资产等相关信息，并参照填写《企业功能风险分析表》；

5. 企业集团合并财务报表，可视企业集团会计年度情况延期准备，但最迟不得超过关联交易发生年度的次年12月31日。

（三）关联交易情况

1. 关联交易类型、参与方、时间、金额、结算货币、交易条件等；

2. 关联交易所采用的贸易方式、年度变化情况及其理由；

3. 关联交易的业务流程，包括各个环节的信息流、物流和资金流，与非关联交易业务流程的异同；

4. 关联交易所涉及的无形资产及其对定价的影响；

5. 与关联交易相关的合同或协议副本及其履行情况的说明；

6. 对影响关联交易定价的主要经济和法律因素的分析；

7. 关联交易和非关联交易的收入、成本、费用和利润的划分情况，不能直接划分的，按照合理比例划分，说明确定该划分比例的理由，并参照填写《企业年度关联交易财务状况分析表》。

（四）可比性分析

1. 可比性分析所考虑的因素，包括交易资产或劳务特性、交易各方功能和风险、合同条款、经济环境、经营策略等；

2. 可比企业执行的功能、承担的风险以及使用的资产等相关信息；

3. 可比交易的说明，如：有形资产的物理特性、质量及其效用；融资业务的正常利率水平、金额、币种、期限、担保、融资人的资信、还款方式、计息方法等；劳务的性质与程度；无形资产的类型及交易形式，通过交易获得的使用无形资产的权利，使用无形资产获得的收益；

4. 可比信息来源、选择条件及理由；

5. 可比数据的差异调整及理由。

（五）转让定价方法的选择和使用

1. 转让定价方法的选用及理由，企业选择利润法时，须说明对企业集团整体利润或剩余利润水平所做的贡献；

2. 可比信息如何支持所选用的转让定价方法；

3. 确定可比非关联交易价格或利润的过程中所做的假设和判断；

4. 运用合理的转让定价方法和可比性分析结果，确定可比非关联交易价格或利润，以及遵循独立交易原则的说明；

5. 其他支持所选用转让定价方法的资料。

第十五条 属于下列情形之一的企业，可免于准备同期资料：

（一）年度发生的关联购销金额（来料加工业务按年度进出口报关价格计算）在2亿元人民币以下且其他关联交易金额（关联融通资金按利息收付金额计算）在4000万元人民币以下，上述金额不包括企业在年度内执行成本分摊协议或预约定价安排所涉及的关联交易金额；

（二）关联交易属于执行预约定价安排所涉及的范围；

（三）外资股份低于50%且仅与境内关联方发生关联交易。

第十六条 除本办法第七章另有规定外，企业应在关联交易发生年度的次年5月31日之前准备完毕该年度同期资料，并自税务机关要求之日起20日内提供。

企业因不可抗力无法按期提供同期资料的,应在不可抗力消除后20日内提供同期资料。

第十七条 企业按照税务机关要求提供的同期资料,须加盖公章,并由法定代表人或法定代表人授权的代表签字或盖章。同期资料涉及引用的信息资料,应标明出处来源。

第十八条 企业因合并、分立等原因变更或注销税务登记的,应由合并、分立后的企业保存同期资料。

第十九条 同期资料应使用中文。如原始资料为外文的,应附送中文副本。

第二十条 同期资料应自企业关联交易发生年度的次年6月1日起保存10年。

第四章 转让定价方法

第二十一条 企业发生关联交易以及税务机关审核、评估关联交易均应遵循独立交易原则,选用合理的转让定价方法。

根据所得税法实施条例第一百一十一条的规定,转让定价方法包括可比非受控价格法、再销售价格法、成本加成法、交易净利润法、利润分割法和其他符合独立交易原则的方法。

第二十二条 选用合理的转让定价方法应进行可比性分析。可比性分析因素主要包括以下五个方面:

(一)交易资产或劳务特性,主要包括:有形资产的物理特性、质量、数量等,劳务的性质和范围,无形资产的类型、交易形式、期限、范围、预期收益等;

(二)交易各方功能和风险,功能主要包括:研发、设计,采购,加工、装配、制造,存货管理、分销、售后服务、广告,运输、仓储,融资,财务、会计、法律及人力资源管理等,在比较功能时,应关注企业为发挥功能所使用资产的相似程度;风险主要包括:研发风险,采购风险,生产风险,分销风险,市场推广风险,管理及财务风险等;

(三)合同条款,主要包括:交易标的,交易数量、价格,收付款方式和条件,交货条件,售后服务范围和条件,提供附加劳务的约定,变更、修改合同内容的权利,合同有效期,终止或续签合同的权利;

(四)经济环境,主要包括:行业概况,地理区域,市场规模,市场层级,市场占有率,市场竞争程度,消费者购买力,商品或劳务可替代性,生产要素价格,运输成本,政府管制等;

(五)经营策略,主要包括:创新和开发策略,多元化经营策略,风险规避策略,市场占有策略等。

第二十三条 可比非受控价格法以非关联方之间进行的与关联交易相同或类似业务活动所收取的价格作为关联交易的公平成交价格。

可比性分析应特别考察关联交易与非关联交易在交易资产或劳务的特性、合同条款及经济环境上的差异,按照不同交易类型具体包括如下内容:

(一)有形资产的购销或转让

1. 购销或转让过程,包括交易的时间与地点、交货条件、交货手续、支付条件、交易数量、售后服务的时间和地点等;

2. 购销或转让环节,包括出厂环节、批发环节、零售环节、出口环节等;

3. 购销或转让货物,包括品名、品牌、规格、型号、性能、结构、外型、包装等;

4. 购销或转让环境,包括民族风俗、消费者偏好、政局稳定程度以及财政、税收、外汇政策等。

(二)有形资产的使用

1. 资产的性能、规格、型号、结构、类型、折旧方法;

2. 提供使用权的时间、期限、地点;

3. 资产所有者对资产的投资支出、维修费用等。

(三)无形资产的转让和使用

1. 无形资产类别、用途、适用行业、预期收益;

2. 无形资产的开发投资、转让条件、独占程度、受有关国家法律保护的程度及期限、受让成本和费用、功能风险情况、可替代性等。

(四)融通资金:融资的金额、币种、期限、担保、融资人的资信、还款方式、计息方法等。

(五)提供劳务:业务性质、技术要求、专业水准、承担责任、付款条件和方式、直接和间接成本等。

关联交易与非关联交易之间在以上方面存在重大差异的,应就该差异对价格的影响进行合理调整,无法合理调整的,应根据本章规定选择其他合理的转让定价方法。

可比非受控价格法可以适用于所有类型的关联交易。

第二十四条 再销售价格法以关联方购进商品再销售给非关联方的价格减去可比非关联交易毛利后的金额作为关联方购进商品的公平成交价格。其计算公式如下:

公平成交价格 = 再销售给非关联方的价格 × (1 - 可比非关联交易毛利率)

可比非关联交易毛利率 = 可比非关联交易毛利/可比非关联交易收入净额 × 100%

可比性分析应特别考察关联交易与非关联交易在功能风险及合同条款上的差异以及影响毛利率的其他因素,具体包括销售、广告及服务功能,存货风险,机器、设备的价值及使用年限,无形资产的使用及价值,批发或零售环节,商业经验,会计处理及管理效率等。

关联交易与非关联交易之间在以上方面存在重大差异的,应就该差异对毛利率的影响进行合理调整,无法合理调整的,应根据本章规定选择其他合理的转让定价方法。

再销售价格法通常适用于再销售者未对商品进行改变外型、性能、结构或更换商标等实质性增值加工的简单加工或单纯购销业务。

第二十五条 成本加成法以关联交易发生的合理成本加上可比非关联交易毛利作为关联交易的公平成交价格。其计算公式如下：

公平成交价格 = 关联交易的合理成本 ×(1 + 可比非关联交易成本加成率)

可比非关联交易成本加成率 = 可比非关联交易毛利/可比非关联交易成本 ×100%

可比性分析应特别考察关联交易与非关联交易在功能风险及合同条款上的差异以及影响成本加成率的其他因素，具体包括制造、加工、安装及测试功能，市场及汇兑风险，机器、设备的价值及使用年限，无形资产的使用及价值，商业经验，会计处理及管理效率等。

关联交易与非关联交易之间在以上方面存在重大差异的，应就该差异对成本加成率的影响进行合理调整，无法合理调整的，应根据本章规定选择其他合理的转让定价方法。

成本加成法通常适用于有形资产的购销、转让和使用，劳务提供或资金融通的关联交易。

第二十六条 交易净利润法以可比非关联交易的利润率指标确定关联交易的净利润。利润率指标包括资产收益率、销售利润率、完全成本加成率、贝里比率等。

可比性分析应特别考察关联交易与非关联交易之间在功能风险及经济环境上的差异以及影响营业利润的其他因素，具体包括执行功能、承担风险和使用资产，行业和市场情况，经营规模，经济周期和产品生命周期，成本、费用、所得和资产在各交易间的分摊，会计处理及经营管理效率等。

关联交易与非关联交易之间在以上方面存在重大差异的，应就该差异对营业利润的影响进行合理调整，无法合理调整的，应根据本章规定选择其他合理的转让定价方法。

交易净利润法通常适用于有形资产的购销、转让和使用，无形资产的转让和使用以及劳务提供等关联交易。

第二十七条 利润分割法根据企业与其关联方对关联交易合并利润的贡献计算各自应该分配的利润额。利润分割法分为一般利润分割法和剩余利润分割法。

一般利润分割法根据关联交易各参与方所执行的功能、承担的风险以及使用的资产，确定各自应取得的利润。

剩余利润分割法将关联交易各参与方的合并利润减去分配给各方的常规利润的余额作为剩余利润，再根据各方对剩余利润的贡献程度进行分配。

可比性分析应特别考察交易各方执行的功能、承担的风险和使用的资产，成本、费用、所得和资产在各交易方之间的分摊，会计处理，确定交易各方对剩余利润贡献所使用信息和假设条件的可靠性等。

利润分割法通常适用于各参与方关联交易高度整合且难以单独评估各方交易结果的情况。

第五章 转让定价调查及调整

第二十八条 税务机关有权依据税收征管法及其实施细则有关税务检查的规定，确定调查企业，进行转让定价调查、调整。被调查企业必须据实报告其关联交易情况，并提供相关资料，不得拒绝或隐瞒。

第二十九条 转让定价调查应重点选择以下企业：

（一）关联交易数额较大或类型较多的企业；

（二）长期亏损、微利或跳跃性盈利的企业；

（三）低于同行业利润水平的企业；

（四）利润水平与其所承担的功能风险明显不相匹配的企业；

（五）与避税港关联方发生业务往来的企业；

（六）未按规定进行关联申报或准备同期资料的企业；

（七）其他明显违背独立交易原则的企业。

第三十条 实际税负相同的境内关联方之间的交易，只要该交易没有直接或间接导致国家总体税收收入的减少，原则上不做转让定价调查、调整。

第三十一条 税务机关应结合日常征管工作，开展案头审核，确定调查企业。案头审核应主要根据被调查企业历年报送的年度所得税申报资料及关联业务往来报告表等纳税资料，对企业的生产经营状况、关联交易等情况进行综合评估分析。

企业可以在案头审核阶段向税务机关提供同期资料。

第三十二条 税务机关对已确定的调查对象，应根据所得税法第六章、所得税法实施条例第六章、征管法第四章及征管法实施细则第六章的规定，实施现场调查。

（一）现场调查人员须 2 名以上。

（二）现场调查时调查人员应出示《税务检查证》，并送达《税务检查通知书》。

（三）现场调查可根据需要依照法定程序采取询问、调取账簿资料和实地核查等方式。

（四）询问当事人应有专人记录《询问（调查）笔录》，并告知当事人不如实提供情况应当承担的法律责任。《询问（调查）笔录》应交当事人核对确认。

（五）需调取账簿及有关资料的，应按照征管法实施细则第八十六条的规定，填制《调取账簿资料通知书》、《调取账簿资料清单》，办理有关法定手续，调取的账簿、记账凭证等资料，应妥善保管，并按法定时限如数退还。

（六）实地核查过程中发现的问题和情况，由调查人员填写《询问（调查）笔录》。《询问（调查）笔录》应由 2 名以上调查人员签字，并根据需要由被调查企业核对确认，若被调查企业拒绝，可由 2 名以上调查人员签认备案。

（七）可以以记录、录音、录像、照相和复制的方式索取与案件有关的资料，但必须注明原件的保存方及出处，由原件保存或提供方核对签注“与原件核对无误”字样，并盖章或押印。

（八）需要证人作证的，应事先告知证人不如实提供情况应当承担的法律责任。证人的证言材料应由本人签字或押印。

第三十三条　根据所得税法第四十三条第二款及所得税法实施条例第一百一十四条的规定,税务机关在实施转让定价调查时,有权要求企业及其关联方,以及与关联业务调查有关的其他企业(以下简称可比企业)提供相关资料,并送达《税务事项通知书》。

(一)企业应在《税务事项通知书》规定的期限内提供相关资料,因特殊情况不能按期提供的,应向税务机关提交书面延期申请,经批准,可以延期提供,但最长不得超过30日。税务机关应自收到企业延期申请之日起15日内函复,逾期未函复的,视同税务机关已同意企业的延期申请。

(二)企业的关联方以及可比企业应在与税务机关约定的期限内提供相关资料,约定期限一般不应超过60日。

企业、关联方及可比企业应按税务机关要求提供真实、完整的相关资料。

第三十四条　税务机关应按本办法第二章的有关规定,核实企业申报信息,并要求企业填制《企业可比性因素分析表》。

税务机关在企业关联申报和提供资料的基础上,填制《企业关联关系认定表》、《企业关联交易认定表》和《企业可比性因素分析认定表》,并由被调查企业核对确认。

第三十五条　转让定价调查涉及向关联方和可比企业调查取证的,税务机关向企业送达《税务检查通知书》,进行调查取证。

第三十六条　税务机关审核企业、关联方及可比企业提供的相关资料,可采用现场调查、发函协查和查阅公开信息等方式核实。需取得境外有关资料的,可按有关规定启动税收协定的情报交换程序,或通过我驻外机构调查收集有关信息。涉及境外关联方的相关资料,税务机关也可要求企业提供公证机构的证明。

第三十七条　税务机关应选用本办法第四章规定的转让定价方法分析、评估企业关联交易是否符合独立交易原则,分析评估时可以使用公开信息资料,也可以使用非公开信息资料。

第三十八条　税务机关分析、评估企业关联交易时,因企业与可比企业营运资本占用不同而对营业利润产生的差异原则上不做调整。确需调整的,须层报国家税务总局批准。

第三十九条　按照关联方订单从事加工制造,不承担经营决策、产品研发、销售等功能的企业,不应承担由于决策失误、开工不足、产品滞销等原因带来的风险和损失,通常应保持一定的利润率水平。对出现亏损的企业,税务机关应在经济分析的基础上,选择适当的可比价格或可比企业,确定企业的利润水平。

第四十条　企业与关联方之间收取价款与支付价款的交易相互抵消的,税务机关在可比性分析和纳税调整时,原则上应还原抵消交易。

第四十一条　税务机关采用四分位法分析、评估企业利润水平时,企业利润水平低于可比企业利润率区间中位值的,原则上应按照不低于中位值进行调整。

第四十二条　经调查,企业关联交易符合独立交易原则的,税务机关应做出转让定价调查结论,并向企业送达《特别纳税调查结论通知书》。

第四十三条　经调查,企业关联交易不符合独立交易原则而减少其应纳税收入或者所得额的,税务机关应按以下程序实施转让定价纳税调整:

(一)在测算、论证和可比性分析的基础上,拟定特别纳税调查初步调整方案;

(二)根据初步调整方案与企业协商谈判,税企双方均应指定主谈人,调查人员应做好《协商内容记录》,并由双方主谈人签字确认,若企业拒签,可由2名以上调查人员签认备案;

(三)企业对初步调整方案有异议的,应在税务机关规定的期限内进一步提供相关资料,税务机关收到资料后,应认真审核,并及时做出审议决定;

(四)根据审议决定,向企业送达《特别纳税调查初步调整通知书》,企业对初步调整意见有异议的,应自收到通知书之日起7日内书面提出,税务机关收到企业意见后,应再次协商审议;企业逾期未提出异议的,视为同意初步调整意见;

(五)确定最终调整方案,向企业送达《特别纳税调查调整通知书》。

第四十四条　企业收到《特别纳税调查调整通知书》后,应按规定期限缴纳税款及利息。

第四十五条　税务机关对企业实施转让定价纳税调整后,应自企业被调整的最后年度的下一年度起5年内实施跟踪管理。在跟踪管理期内,企业应在跟踪年度的次年6月20日之前向税务机关提供跟踪年度的同期资料,税务机关根据同期资料和纳税申报资料重点分析、评估以下内容:

(一)企业投资、经营状况及其变化情况;

(二)企业纳税申报额变化情况;

(三)企业经营成果变化情况;

(四)关联交易变化情况等。

税务机关在跟踪管理期内发现企业转让定价异常等情况,应及时与企业沟通,要求企业自行调整,或按照本章有关规定开展转让定价调查调整。

第六章　预约定价安排管理

第四十六条　企业可以依据所得税法第四十二条、所得税法实施条例第一百一十三条及征管法实施细则第五十三条的规定,与税务机关就企业未来年度关联交易的定价原则和计算方法达成预约定价安排。预约定价安排的谈签与执行通常经过预备会谈、正式申请、审核评估、磋商、签订安排和监控执行6个阶段。预约定价安排包括单边、双边和多边3种类型。

第四十七条 预约定价安排应由设区的市、自治州以上的税务机关受理。

第四十八条 预约定价安排一般适用于同时满足以下条件的企业：

（一）年度发生的关联交易金额在4000万元人民币以上；

（二）依法履行关联申报义务；

（三）按规定准备、保存和提供同期资料。

第四十九条 预约定价安排适用于自企业提交正式书面申请年度的次年起3至5个连续年度的关联交易。

预约定价安排的谈签不影响税务机关对企业提交预约定价安排正式书面申请当年或以前年度关联交易的转让定价调查调整。

如果企业申请当年或以前年度的关联交易与预约定价安排适用年度相同或类似，经企业申请，税务机关批准，可将预约定价安排确定的定价原则和计算方法适用于申请当年或以前年度关联交易的评估和调整。

第五十条 企业正式申请谈签预约定价安排前，应向税务机关书面提出谈签意向，税务机关可以根据企业的书面要求，与企业就预约定价安排的相关内容及达成预约定价安排的可行性开展预备会谈，并填制《预约定价安排会谈记录》。预备会谈可以采用匿名的方式。

（一）企业申请单边预约定价安排的，应向税务机关书面提出谈签意向。在预备会谈期间，企业应就以下内容提供资料，并与税务机关进行讨论：

1. 安排的适用年度；

2. 安排涉及的关联方及关联交易；

3. 企业以前年度生产经营情况；

4. 安排涉及各关联方功能和风险的说明；

5. 是否应用安排确定的方法解决以前年度的转让定价问题；

6. 其他需要说明的情况。

（二）企业申请双边或多边预约定价安排的，应同时向国家税务总局和主管税务机关书面提出谈签意向，国家税务总局组织与企业开展预备会谈，预备会谈的内容除本条第（一）项外，还应特别包括：

1. 向税收协定缔约对方税务主管当局提出预备会谈申请的情况；

2. 安排涉及的关联方以前年度生产经营情况及关联交易情况；

3. 向税收协定缔约对方税务主管当局提出的预约定价安排拟采用的定价原则和计算方法。

（三）预备会谈达成一致意见的，税务机关应自达成一致意见之日起15日内书面通知企业，可以就预约定价安排相关事宜进行正式谈判，并向企业送达《预约定价安排正式会谈通知书》；预备会谈不能达成一致意见的，税务机关应自最后一次预备会谈结束之日起15日内书面通知企业，向企业送达《拒绝企业申请预约定价安排通知书》，拒绝企业申请预约定价安排，并说明理由。

第五十一条 企业应在接到税务机关正式会谈通知之日起3个月内，向税务机关提出预约定价安排书面申请报告，并报送《预约定价安排正式申请书》。企业申请双边或多边预约定价安排的，应将《预约定价安排正式申请书》和《启动相互协商程序申请书》同时报送国家税务总局和主管税务机关。

（一）预约定价安排书面申请报告应包括如下内容：

1. 相关的集团组织架构、公司内部结构、关联关系、关联交易情况；

2. 企业近三年财务、会计报表资料，产品功能和资产（包括无形资产和有形资产）的资料；

3. 安排所涉及的关联交易类别和纳税年度；

4. 关联方之间功能和风险划分，包括划分所依据的机构、人员、费用、资产等；

5. 安排适用的转让定价原则和计算方法，以及支持这一原则和方法的功能风险分析、可比性分析和假设条件等；

6. 市场情况的说明，包括行业发展趋势和竞争环境；

7. 安排预约期间的年度经营规模、经营效益预测以及经营规划等；

8. 与安排有关的关联交易、经营安排及利润水平等财务方面的信息；

9. 是否涉及双重征税等问题；

10. 涉及境内、外有关法律、税收协定等相关问题。

（二）企业因下列特殊原因无法按期提交书面申请报告的，可向税务机关提出书面延期申请，并报送《预约定价安排正式申请延期报送申请书》：

1. 需要特别准备某些方面的资料；

2. 需要对资料做技术上的处理，如文字翻译等；

3. 其他非主观原因。

税务机关应自收到企业书面延期申请后15日内，对其延期事项做出书面答复，并向企业送达《预约定价安排正式申请延期报送答复书》。逾期未做出答复的，视同税务机关已同意企业的延期申请。

（三）上述申请内容所涉及的文件资料和情况说明，包括能够支持拟选用的定价原则、计算方法和能证实符合预约定价安排条件的所有文件资料，企业和税务机关均应妥善保存。

第五十二条 税务机关应自收到企业提交的预约定价安排正式书面申请及所需文件、资料之日起5个月内，进行审核和评估。根据审核和评估的具体情况可要求企业补充提供有关资料，形成审核评估结论。

因特殊情况，需要延长审核评估时间的，税务机关应及时书面通知企业，并向企业送达《预约定价安排审核评估延期通知书》,延长期限不得超过3个月。

税务机关应主要审核和评估以下内容:

(一)历史经营状况,分析、评估企业的经营规划、发展趋势、经营范围等文件资料,重点审核可行性研究报告、投资预(决)算、董事会决议等,综合分析反映经营业绩的有关信息和资料,如财务、会计报表、审计报告等。

(二)功能和风险状况,分析、评估企业与其关联方之间在供货、生产、运输、销售等各环节以及在研究、开发无形资产等方面各自所拥有的份额,执行的功能以及在存货、信贷、外汇、市场等方面所承担的风险。

(三)可比信息,分析、评估企业提供的境内、外可比价格信息,说明可比企业和申请企业之间的实质性差异,并进行调整。若不能确认可比交易或经营活动的合理性,应明确企业须进一步提供的有关文件、资料,以证明其所选用的转让定价原则和计算方法公平地反映了被审核的关联交易和经营现状,并得到相关财务、经营等资料的证实。

(四)假设条件,分析、评估对行业盈利能力和对企业生产经营的影响因素及其影响程度,合理确定预约定价安排适用的假设条件。

(五)转让定价原则和计算方法,分析、评估企业在预约定价安排中选用的转让定价原则和计算方法是否以及如何真实地运用于以前、现在和未来年度的关联交易以及相关财务、经营资料之中,是否符合法律、法规的规定。

(六)预期的公平交易价格或利润区间,通过对确定的可比价格、利润率、可比企业交易等情况的进一步审核和评估,测算出税务机关和企业均可接受的价格或利润区间。

第五十三条　税务机关应自单边预约定价安排形成审核评估结论之日起30日内,与企业进行预约定价安排磋商,磋商达成一致的,应将预约定价安排草案和审核评估报告一并层报国家税务总局审定。

国家税务总局与税收协定缔约对方税务主管当局开展双边或多边预约定价安排的磋商,磋商达成一致的,根据磋商备忘录拟定预约定价安排草案。

预约定价安排草案应包括如下内容:

(一)关联方名称、地址等基本信息;

(二)安排涉及的关联交易及适用年度;

(三)安排选定的可比价格或交易、转让定价原则和计算方法、预期经营结果等;

(四)与转让定价方法运用和计算基础相关的术语定义;

(五)假设条件;

(六)企业年度报告、记录保存、假设条件变动通知等义务;

(七)安排的法律效力,文件资料等信息的保密性;

(八)相互责任条款;

(九)安排的修订;

(十)解决争议的方法和途径;

(十一)生效日期;

(十二)附则。

第五十四条　税务机关与企业就单边预约定价安排草案内容达成一致后,双方的法定代表人或法定代表人授权的代表正式签订单边预约定价安排。国家税务总局与税收协定缔约对方税务主管当局就双边或多边预约定价安排草案内容达成一致后,双方或多方税务主管当局授权的代表正式签订双边或多边预约定价安排。主管税务机关根据双边或多边预约定价安排与企业签订《双边(多边)预约定价安排执行协议书》。

第五十五条　在预约定价安排正式谈判后和预约定价安排签订前,税务机关和企业均可暂停、终止谈判。涉及双边或多边预约定价安排的,经缔约各方税务主管当局协商,可暂停、终止谈判。终止谈判的,双方应将谈判中相互提供的全部资料退还给对方。

第五十六条　税务机关应建立监控管理制度,监控预约定价安排的执行情况。

(一)在预约定价安排执行期内,企业应完整保存与安排有关的文件和资料(包括账簿和有关记录等),不得丢失、销毁和转移;并在纳税年度终了后5个月内,向税务机关报送执行预约定价安排情况的年度报告。

年度报告应说明报告期内经营情况以及企业遵守预约定价安排的情况,包括预约定价安排要求的所有事项,以及是否有修订或实质上终止该预约定价安排的要求。如有未决问题或将要发生的问题,企业应在年度报告中予以说明,以便与税务机关协商是否修订或终止安排。

(二)在预约定价安排执行期内,税务机关应定期(一般为半年)检查企业履行安排的情况。检查内容主要包括:企业是否遵守了安排条款及要求;为谈签安排而提供的资料和年度报告是否反映了企业的实际经营情况;转让定价方法所依据的资料和计算方法是否正确;安排所描述的假设条件是否仍然有效;企业对转让定价方法的运用是否与假设条件相一致等。

税务机关如发现企业有违反安排的一般情况,可视情况进行处理,直至终止安排;如发现企业存在隐瞒或拒不执行安排的情况,税务机关应认定预约定价安排自始无效。

(三)在预约定价安排执行期内,如果企业发生实际经营结果不在安排所预期的价格或利润区间之内的情况,税务机关应在报经上一级税务机关核准后,将实际经营结果调整到安排所确定的价格或利润区间内。涉及双边或多边预约定价安排的,应当层报国家税务总局核准。

(四)在预约定价安排执行期内,企业发生影响预约定价安排的实质性变化,应在发生变化后30日内向税务机关书面报告,详细说明该变化对预约定价安排执行的影响,并附相关资料。由于非主观原因而无法按期报告的,可以延期报告,但延长期不得超过30日。

税务机关应在收到企业书面报告之日起60日内,予以审核和处理,包括审查企业变化情况、与企业协商修订预约定价安排条款和相关条件,或根据实质性变化对预约定价安排的影响程度采取修订或终止安排等措施。原预约定价安排终止执行后,税务机关可以和企业按照本章规定的程序和要求,重新谈签新的预约定价安排。

(五)国家税务局和地方税务局与企业共同签订的预约定价安排,在执行期内,企业应分别向国家税务局和地方税务局报送执行预约定价安排情况的年度报告和实质性变化报告。国家税务局和地方税务局应对企业执行安排的情况,实行联合检查和审核。

第五十七条 预约定价安排期满后自动失效。如企业需要续签的,应在预约定价安排执行期满前90日内向税务机关提出续签申请,报送《预约定价安排续签申请书》,并提供可靠的证明材料,说明现行预约定价安排所述事实和相关环境没有发生实质性变化,并且一直遵守该预约定价安排中的各项条款和约定。税务机关应自收到企业续签申请之日起15日内做出是否受理的书面答复,向企业送达《预约定价安排申请续签答复书》。税务机关应审核、评估企业的续签申请资料,与企业协商拟定预约定价安排草案,并按双方商定的续签时间、地点等相关事宜,与企业完成续签工作。

第五十八条 预约定价安排的谈签或执行同时涉及两个以上省、自治区、直辖市和计划单列市税务机关,或者同时涉及国家税务局和地方税务局的,由国家税务总局统一组织协调。企业可以直接向国家税务总局书面提出谈签意向。

第五十九条 税务机关与企业达成的预约定价安排,只要企业遵守了安排的全部条款及其要求,各地国家税务局、地方税务局均应执行。

第六十条 税务机关与企业在预约定价安排预备会谈、正式谈签、审核、分析等全过程中所获取或得到的所有信息资料,双方均负有保密义务。税务机关和企业每次会谈,均应对会谈内容进行书面记录,同时载明每次会谈时相互提供资料的份数和内容,并由双方主谈人员签字或盖章。

第六十一条 税务机关与企业不能达成预约定价安排的,税务机关在会谈、协商过程中所获取的有关企业的提议、推理、观念和判断等非事实性信息,不得用于以后对该预约定价安排涉及交易行为的税务调查。

第六十二条 在预约定价安排执行期间,如果税务机关与企业发生分歧,双方应进行协商。协商不能解决的,可报上一级税务机关协调;涉及双边或多边预约定价安排的,须层报国家税务总局协调。对上一级税务机关或国家税务总局的协调结果或决定,下一级税务机关应当予以执行。但企业仍不能接受的,应当终止安排的执行。

第六十三条 税务机关应在与企业正式签订单边预约定价安排或双边或多边预约定价安排执行协议书后10日内,以及预约定价安排执行中发生修订、终止等情况后20日内,将单边预约定价安排正式文本、双边或多边预约定价安排执行协议书以及安排变动情况的说明层报国家税务总局备案。

第七章 成本分摊协议管理

第六十四条 根据所得税法第四十一条第二款及所得税法实施条例第一百一十二条的规定,企业与其关联方签署成本分摊协议,共同开发、受让无形资产,或者共同提供、接受劳务,应符合本章规定。

第六十五条 成本分摊协议的参与方对开发、受让的无形资产或参与的劳务活动享有受益权,并承担相应的活动成本。关联方承担的成本应与非关联方在可比条件下为获得上述受益权而支付的成本相一致。

参与方使用成本分摊协议所开发或受让的无形资产不需另支付特许权使用费。

第六十六条 企业对成本分摊协议所涉及无形资产或劳务的受益权应有合理的、可计量的预期收益,且以合理商业假设和营业常规为基础。

第六十七条 涉及劳务的成本分摊协议一般适用于集团采购和集团营销策划。

第六十八条 成本分摊协议主要包括以下内容:

(一)参与方的名称、所在国家(地区)、关联关系、在协议中的权利和义务;

(二)成本分摊协议所涉及的无形资产或劳务的内容、范围,协议涉及研发或劳务活动的具体承担者及其职责、任务;

(三)协议期限;

(四)参与方预期收益的计算方法和假设;

(五)参与方初始投入和后续成本支付的金额、形式、价值确认的方法以及符合独立交易原则的说明;

(六)参与方会计方法的运用及变更说明;

(七)参与方加入或退出协议的程序及处理规定;

(八)参与方之间补偿支付的条件及处理规定;

(九)协议变更或终止的条件及处理规定;

(十)非参与方使用协议成果的规定。

第六十九条 企业应自成本分摊协议达成之日起30日内,层报国家税务总局备案。税务机关判定成本分摊协议是否符合独立交易原则须层报国家税务总局审核。

第七十条 已经执行并形成一定资产的成本分摊协议,参与方发生变更或协议终止执行,应根据独立交易原则做如下处理:

(一)加入支付,即新参与方为获得已有协议成果的受益权应做出合理的支付;

(二)退出补偿,即原参与方退出协议安排,将已有协议成果的受益权转让给其他参与方应获得合理的补偿;

(三)参与方变更后,应对各方受益和成本分摊情况做出相应调整;

(四)协议终止时,各参与方应对已有协议成果做出合理分配。

企业不按独立交易原则对上述情况做出处理而减少其应纳税所得额的,税务机关有权做出调整。

第七十一条 成本分摊协议执行期间,参与方实际分享的收益与分摊的成本不相配比的,应根据实际情况做出补偿调整。

第七十二条 对于符合独立交易原则的成本分摊协议,有关税务处理如下:

(一)企业按照协议分摊的成本,应在协议规定的各年度税前扣除;

(二)涉及补偿调整的,应在补偿调整的年度计入应纳税所得额;

(三)涉及无形资产的成本分摊协议,加入支付、退出补偿或终止协议时对协议成果分配的,应按资产购置或处置的有关规定处理。

第七十三条 企业可根据本办法第六章的规定采取预约定价安排的方式达成成本分摊协议。

第七十四条 企业执行成本分摊协议期间,除遵照本办法第三章规定外,还应准备和保存以下成本分摊协议的同期资料:

(一)成本分摊协议副本;

(二)成本分摊协议各参与方之间达成的为实施该协议的其他协议;

(三)非参与方使用协议成果的情况、支付的金额及形式;

(四)本年度成本分摊协议的参与方加入或退出的情况,包括加入或退出的参与方名称、所在国家(地区)、关联关系,加入支付或退出补偿的金额及形式;

(五)成本分摊协议的变更或终止情况,包括变更或终止的原因、对已形成协议成果的处理或分配;

(六)本年度按照成本分摊协议发生的成本总额及构成情况;

(七)本年度各参与方成本分摊的情况,包括成本支付的金额、形式、对象,做出或接受补偿支付的金额、形式、对象;

(八)本年度协议预期收益与实际结果的比较及由此做出的调整。

企业执行成本分摊协议期间,无论成本分摊协议是否采取预约定价安排的方式,均应在本年度的次年6月20日之前向税务机关提供成本分摊协议的同期资料。

第七十五条 企业与其关联方签署成本分摊协议,有下列情形之一的,其自行分摊的成本不得税前扣除:

(一)不具有合理商业目的和经济实质;

(二)不符合独立交易原则;

(三)没有遵循成本与收益配比原则;

(四)未按本办法有关规定备案或准备、保存和提供有关成本分摊协议的同期资料;

(五)自签署成本分摊协议之日起经营期限少于20年。

第八章 受控外国企业管理

第七十六条 受控外国企业是指根据所得税法第四十五条的规定,由居民企业,或者由居民企业和居民个人(以下统称中国居民股东,包括中国居民企业股东和中国居民个人股东)控制的设立在实际税负低于所得税法第四条第一款规定税率水平50%的国家(地区),并非出于合理经营需要对利润不作分配或减少分配的外国企业。

第七十七条 本办法第七十六条所称控制,是指在股份、资金、经营、购销等方面构成实质控制。其中,股份控制是指由中国居民股东在纳税年度任何一天单层直接或多层间接单一持有外国企业10%以上有表决权股份,且共同持有该外国企业50%以上股份。

中国居民股东多层间接持有股份按各层持股比例相乘计算,中间层持有股份超过50%的,按100%计算。

第七十八条 中国居民企业股东应在年度企业所得税纳税申报时提供对外投资信息,附送《对外投资情况表》。

第七十九条 税务机关应汇总、审核中国居民企业股东申报的对外投资信息,向受控外国企业的中国居民企业股东送达《受控外国企业中国居民股东确认通知书》。中国居民企业股东符合所得税法第四十五条征税条件的,按照有关规定征税。

第八十条 计入中国居民企业股东当期的视同受控外国企业股息分配的所得,应按以下公式计算:

中国居民企业股东当期所得 = 视同股息分配额 × 实际持股天数 ÷ 受控外国企业纳税年度天数 × 股东持股比例

中国居民股东多层间接持有股份的,股东持股比例按各层持股比例相乘计算。

第八十一条 受控外国企业与中国居民企业股东纳税年度存在差异的,应将视同股息分配所得计入受控外国企业纳税年度终止日所属的中国居民企业股东的纳税年度。

第八十二条 计入中国居民企业股东当期所得已在境外缴纳的企业所得税税款,可按照所得税法或税收协定的有关规定抵免。

第八十三条 受控外国企业实际分配的利润已根据所得税法第四十五条规定征税的,不再计入中国居民企业股东的当期所得。

第八十四条 中国居民企业股东能够提供资料证明其控制的外国企业满足以下条件之一的,可免于将外国企业不作分配或减少分配的利润视同股息分配额,计入中国居民企业股东的当期所得:

（一）设立在国家税务总局指定的非低税率国家（地区）；

（二）主要取得积极经营活动所得；

（三）年度利润总额低于500万元人民币。

第九章　资本弱化管理

第八十五条　所得税法第四十六条所称不得在计算应纳税所得额时扣除的利息支出应按以下公式计算：

不得扣除利息支出＝年度实际支付的全部关联方利息×（1－标准比例/关联债资比例）

其中：

标准比例是指《财政部、国家税务总局关于企业关联方利息支出税前扣除标准有关税收政策问题的通知》（财税〔2008〕121号）规定的比例。

关联债资比例是指根据所得税法第四十六条及所得税法实施条例第一百一十九的规定，企业从其全部关联方接受的债权性投资（以下简称关联债权投资）占企业接受的权益性投资（以下简称权益投资）的比例，关联债权投资包括关联方以各种形式提供担保的债权性投资。

第八十六条　关联债资比例的具体计算方法如下：

关联债资比例＝年度各月平均关联债权投资之和/年度各月平均权益投资之和

其中：

各月平均关联债权投资＝（关联债权投资月初账面余额＋月末账面余额）/2

各月平均权益投资＝（权益投资月初账面余额＋月末账面余额）/2

权益投资为企业资产负债表所列示的所有者权益金额。如果所有者权益小于实收资本（股本）与资本公积之和，则权益投资为实收资本（股本）与资本公积之和；如果实收资本（股本）与资本公积之和小于实收资本（股本）金额，则权益投资为实收资本（股本）金额。

第八十七条　所得税法第四十六条所称的利息支出包括直接或间接关联债权投资实际支付的利息、担保费、抵押费和其他具有利息性质的费用。

第八十八条　所得税法第四十六条规定不得在计算应纳税所得额时扣除的利息支出，不得结转到以后纳税年度；应按照实际支付给各关联方利息占关联方利息总额的比例，在各关联方之间进行分配，其中，分配给实际税负高于企业的境内关联方的利息准予扣除；直接或间接实际支付给境外关联方的利息应视同分配的股息，按照股息和利息分别适用的所得税税率差补征企业所得税，如已扣缴的所得税税款多于按股息计算应征所得税税款，多出的部分不予退税。

第八十九条　企业关联债资比例超过标准比例的利息支出，如要在计算应纳税所得额时扣除，除遵照本办法第三章规定外，还应准备、保存、并按税务机关要求提供以下同期资料，证明关联债权投资金额、利率、期限、融资条件以及债资比例等均符合独立交易原则：

（一）企业偿债能力和举债能力分析；

（二）企业集团举债能力及融资结构情况分析；

（三）企业注册资本等权益投资的变动情况说明；

（四）关联债权投资的性质、目的及取得时的市场状况；

（五）关联债权投资的货币种类、金额、利率、期限及融资条件；

（六）企业提供的抵押品情况及条件；

（七）担保人状况及担保条件；

（八）同类同期贷款的利率情况及融资条件；

（九）可转换公司债券的转换条件；

（十）其他能够证明符合独立交易原则的资料。

第九十条　企业未按规定准备、保存和提供同期资料证明关联债权投资金额、利率、期限、融资条件以及债资比例等符合独立交易原则的，其超过标准比例的关联方利息支出，不得在计算应纳税所得额时扣除。

第九十一条　本章所称"实际支付利息"是指企业按照权责发生制原则计入相关成本、费用的利息。

企业实际支付关联方利息存在转让定价问题的，税务机关应首先按照本办法第五章的有关规定实施转让定价调查调整。

第十章　一般反避税管理

第九十二条　税务机关可依据所得税法第四十七条及所得税法实施条例第一百二十条的规定对存在以下避税安排的企业，启动一般反避税调查：

（一）滥用税收优惠；

（二）滥用税收协定；

（三）滥用公司组织形式；

（四）利用避税港避税；

（五）其他不具有合理商业目的的安排。

第九十三条　税务机关应按照实质重于形式的原则审核企业是否存在避税安排，并综合考虑安排的以下内容：

（一）安排的形式和实质；

（二）安排订立的时间和执行期间；

（三）安排实现的方式；

（四）安排各个步骤或组成部分之间的联系；

（五）安排涉及各方财务状况的变化；

（六）安排的税收结果。

第九十四条　税务机关应按照经济实质对企业的避税安排重新定性，取消企业从避税安排获得的税收利益。对于没有经济实质的企业，特别是设在避税港并导致其关联方或非关联方避税的企业，可在税收上否定该企业的存在。

第九十五条　税务机关启动一般反避税调查时，应按照征管法及其实施细则的有关规定向企业送达《税务检查通知书》。企业应自收到通知书之日起60日内提供资料证明其安排具有合理的商业目的。企业未在规定期限内提供资料,或提供资料不能证明安排具有合理商业目的的,税务机关可根据已掌握的信息实施纳税调整,并向企业送达《特别纳税调查调整通知书》。

第九十六条 税务机关实施一般反避税调查,可按照征管法第五十七条的规定要求避税安排的筹划方如实提供有关资料及证明材料。

第九十七条 一般反避税调查及调整须层报国家税务总局批准。

第十一章 相应调整及国际磋商

第九十八条 关联交易一方被实施转让定价调查调整的,应允许另一方做相应调整,以消除双重征税。相应调整涉及税收协定国家(地区)关联方的,经企业申请,国家税务总局与税收协定缔约对方税务主管当局根据税收协定有关相互协商程序的规定开展磋商谈判。

第九十九条 涉及税收协定国家(地区)关联方的转让定价相应调整,企业应同时向国家税务总局和主管税务机关提出书面申请,报送《启动相互协商程序申请书》,并提供企业或其关联方被转让定价调整的通知书复印件等有关资料。

第一百条 企业应自企业或其关联方收到转让定价调整通知书之日起三年内提出相应调整的申请,超过三年的,税务机关不予受理。

第一百零一条 税务机关对企业实施转让定价调整,涉及企业向境外关联方支付利息、租金、特许权使用费等已扣缴的税款,不再做相应调整。

第一百零二条 国家税务总局按照本办法第六章规定接受企业谈签双边或多边预约定价安排申请的,应与税收协定缔约对方税务主管当局根据税收协定相互协商程序的有关规定开展磋商谈判。

第一百零三条 相应调整或相互磋商的结果,由国家税务总局以书面形式经主管税务机关送达企业。

第一百零四条 本办法第九章所称不得在计算应纳税所得额时扣除的利息支出以及视同股息分配的利息支出,不适用本章相应调整的规定。

第十二章 法律责任

第一百零五条 企业未按照本办法的规定向税务机关报送企业年度关联业务往来报告表,或者未保存同期资料或其他相关资料的,依照征管法第六十条和第六十二条的规定处理。

第一百零六条 企业拒绝提供同期资料等关联交易的相关资料,或者提供虚假、不完整资料,未能真实反映其关联业务往来情况的,依照征管法第七十条、征管法实施细则第九十六条、所得税法第四十四条及所得税法实施条例第一百一十五条的规定处理。

第一百零七条 税务机关根据所得税法及其实施条例的规定,对企业做出特别纳税调整的,应对2008年1月1日以后发生交易补征的企业所得税税款,按日加收利息。

(一)计息期间自税款所属纳税年度的次年6月1日起至补缴(预缴)税款入库之日止。

(二)利息率按照税款所属纳税年度12月31日实行的与补税期间同期的中国人民银行人民币贷款基准利率(以下简称"基准利率")加5个百分点计算,并按一年365天折算日利息率。

(三)企业按照本办法规定提供同期资料和其他相关资料的,或者企业符合本办法第十五条的规定免于准备同期资料但根据税务机关要求提供其他相关资料的,可以只按基准利率计算加收利息。

企业按照本办法第十五条第(一)项的规定免于准备同期资料,但经税务机关调查,其实际关联交易额达到必须准备同期资料的标准的,税务机关对补征税款加收利息,适用本条第(二)项规定。

(四)按照本条规定加收的利息,不得在计算应纳税所得额时扣除。

第一百零八条 企业在税务机关做出特别纳税调整决定前预缴税款的,收到调整补税通知书后补缴税款时,按照应补缴税款所属年度的先后顺序确定已预缴税款的所属年度,以预缴入库日为截止日,分别计算应加收的利息额。

第一百零九条 企业对特别纳税调整应补征的税款及利息,应在税务机关调整通知书规定的期限内缴纳入库。企业有特殊困难,不能按期缴纳税款的,应依照征管法第三十一条及征管法实施细则第四十一条和第四十二条的有关规定办理延期缴纳税款。逾期不申请延期又不缴纳税款的,税务机关应按照征管法第三十二条及其他有关规定处理。

第十三章 附 则

第一百一十条 税务机关对转让定价管理和预约定价安排管理以外的其他特别纳税调整事项实施的调查调整程序可参照适用本办法第五章的有关规定。

第一百一十一条 各级国家税务局和地方税务局对企业实施特别纳税调查调整要加强联系,可根据需要组成联合调查组进行调查。

第一百一十二条 税务机关及其工作人员应依据《国家税务总局关于纳税人涉税保密信息管理暂行办法》(国税发〔2008〕93号)等有关保密的规定保管、使用企业提供的信息资料。

第一百一十三条 本办法所规定期限的最后一日是法定休假日的,以休假日期满的次日为期限的最后一日;在期限内有连续3日以上法定休假日的,按休假日天数顺延。

第一百一十四条 本办法所涉及的"以上"、"以下"、"日内"、"之日"、"之前"、"少于"、"低于"、"超过"等均包含本数。

第一百一十五条 被调查企业在税务机关实施特别纳税调查调整期间申请变更经营地址或注销税务登记的,税务机关在调查结案前原则上不予办理税务变更、注销手续。

第一百一十六条 企业按本办法第三章的规定准备2008纳税年度发生关联交易的同期资料,可延期至2009年12月31日。

第一百一十七条 本办法由国家税务总局负责解释和修订。

第一百一十八条 本办法自2008年1月1日起施行。《国家税务总局关于关联企业间业务往来税务管理规程(试行)》(国税发〔1998〕59号)、《国家税务总局关于修订〈关联企业间业务往来税务管理规程〉(试行)的通知》(国税发〔2004〕143号)和《国家税务总局关于关联企业间业务往来预约定价实施规则》(国税发〔2004〕118号)同时废止。在本办法发布前实施的有关规定与本办法不一致的,以本办法为准。

附件:(略)

特别纳税调查调整及相互协商程序管理办法[①]

(2017年3月17日国家税务总局公告2017年第6号公布 自公布之日起施行)

第一条 根据《中华人民共和国企业所得税法》(以下简称企业所得税法)及其实施条例、《中华人民共和国税收征收管理法》(以下简称税收征管法)及其实施细则以及我国对外签署的避免双重征税协定、协议或者安排(以下简称税收协定)的有关规定,制定本办法。

第二条 税务机关以风险管理为导向,构建和完善关联交易利润水平监控管理指标体系,加强对企业利润水平的监控,通过特别纳税调整监控管理和特别纳税调查调整,促进企业税法遵从。

第三条 税务机关通过关联申报审核、同期资料管理和利润水平监控等手段,对企业实施特别纳税调整监控管理,发现企业存在特别纳税调整风险的,可以向企业送达《税务事项通知书》,提示其存在的税收风险。

企业收到特别纳税调整风险提示或者发现自身存在特别纳税调整风险的,可以自行调整补税。企业自行调整补税的,应当填报《特别纳税调整自行缴纳税款表》。

企业自行调整补税的,税务机关仍可按照有关规定实施特别纳税调查调整。

企业要求税务机关确认关联交易定价原则和方法等特别纳税调整事项的,税务机关应当启动特别纳税调查程序。

第四条 税务机关实施特别纳税调查,应当重点关注具有以下风险特征的企业:

(一)关联交易金额较大或者类型较多;

(二)存在长期亏损、微利或者跳跃性盈利;

(三)低于同行业利润水平;

(四)利润水平与其所承担的功能风险不相匹配,或者分享的收益与分摊的成本不相配比;

(五)与低税国家(地区)关联方发生关联交易;

(六)未按照规定进行关联申报或者准备同期资料;

(七)从其关联方接受的债权性投资与权益性投资的比例超过规定标准;

(八)由居民企业,或者由居民企业和中国居民控制的设立在实际税负低于12.5%的国家(地区)的企业,并非由于合理的经营需要而对利润不作分配或者减少分配;

(九)实施其他不具有合理商业目的的税收筹划或者安排。

第五条 税务机关应当向已确定立案调查的企业送达《税务检查通知书(一)》。被立案调查企业为非居民企业的,税务机关可以委托境内关联方或者与调查有关的境内企业送达《税务检查通知书(一)》。

经预备会谈与税务机关达成一致意见,已向税务机关提交《预约定价安排谈签意向书》,并申请预约定价安排追溯适用以前年度的企业,或者已向税务机关提交《预约定价安排续签申请书》的企业,可以暂不作为特别纳税调整的调查对象。预约定价安排未涉及的年度和关联交易除外。

第六条 税务机关实施特别纳税调查时,可以要求被调查企业及其关联方,或者与调查有关的其他企业提供相关资料:

(一)要求被调查企业及其关联方,或者与调查有关的其他企业提供相关资料的,应当向该企业送达《税务事项通知书》,该企业在境外的,税务机关可以委托境内关联方或者与调查有关的境内企业向该企业送达《税务事项通知书》;

(二)需要到被调查企业的关联方或者与调查有关的其他企业调查取证的,应当向该企业送达《税务检查通知书(二)》。

第七条 被调查企业及其关联方以及与调查有关的其他企业应当按照税务机关要求提供真实、完整的相关资料:

(一)提供由自身保管的书证原件。原本、正本和副本均属于书证的原件。提供原件确有困难的,可以提供与原件核

① 本办法第四十一条第二款已被《国家税务总局关于公布全文失效废止和部分条款失效废止的税收规范性文件目录的公告》废止。

对无误的复印件、照片、节录本等复制件。提供方应当在复制件上注明“与原件核对无误,原件存于我处”,并由提供方签章;

(二)提供由有关方保管的书证原件复制件、影印件或者抄录件的,提供方应当在复制件、影印件或者抄录件上注明“与原件核对无误”,并注明出处,由该有关方及提供方签章;

(三)提供外文书证或者外文视听资料的,应当附送中文译本。提供方应当对中文译本的准确性和完整性负责;

(四)提供境外相关资料的,应当说明来源。税务机关对境外资料真实性和完整性有疑义的,可以要求企业提供公证机构的证明。

第八条 税务机关实施特别纳税调查时,应当按照法定权限和程序进行,可以采用实地调查、检查纸质或者电子数据资料、调取账簿、询问、查询存款账户或者储蓄存款、发函协查、国际税收信息交换、异地协查等方式,收集能够证明案件事实的证据材料。收集证据材料过程中,可以记录、录音、录像、照相和复制,录音、录像、照相前应当告知被取证方。记录内容应当由两名以上调查人员签字,并经被取证方核实签章确认。被取证方拒绝签章的,税务机关调查人员(两名以上)应当注明。

第九条 以电子数据证明案件事实的,税务机关可以采取以下方式进行取证:

(一)要求提供方将电子数据打印成纸质资料,在纸质资料上注明数据出处、打印场所,并注明“与电子数据核对无误”,由提供方签章;

(二)采用有形载体形式固定电子数据,由调查人员与提供方指定人员一起将电子数据复制到只读存储介质上并封存。在封存包装物上注明电子数据名称、数据来源、制作方法、制作时间、制作人、文件格式及大小等,并注明“与原始载体记载的电子数据核对无误”,由提供方签章。

第十条 税务机关需要将以前年度的账簿、会计凭证、财务会计报告和其他有关资料调回检查的,应当按照税收征管法及其实施细则有关规定,向被调查企业送达《调取账簿资料通知书》,填写《调取账簿资料清单》交其核对后签章确认。调回资料应当妥善保管,并在法定时限内完整退还。

第十一条 税务机关需要采用询问方式收集证据材料的,应当由两名以上调查人员实施询问,并制作《询问(调查)笔录》。

第十二条 需要被调查当事人、证人陈述或者提供证言的,应当事先告知其不如实陈述或者提供虚假证言应当承担的法律责任。被调查当事人、证人可以采取书面或者口头方式陈述或者提供证言,以口头方式陈述或者提供证言的,调查人员可以笔录、录音、录像。笔录应当使用能够长期保持字迹的书写工具书写,也可使用计算机记录并打印,陈述或者证言应当由被调查当事人、证人逐页签章。

陈述或者证言中应当写明被调查当事人、证人的姓名、工作单位、联系方式等基本信息,注明出具日期,并附居民身份证复印件等身份证明材料。

被调查当事人、证人口头提出变更陈述或者证言的,调查人员应当就变更部分重新制作笔录,注明原因,由被调查当事人、证人逐页签章。被调查当事人、证人变更书面陈述或者证言的,不退回原件。

第十三条 税务机关应当结合被调查企业年度关联业务往来报告表和相关资料,对其与关联方的关联关系以及关联交易金额进行确认,填制《关联关系认定表》和《关联交易认定表》,并由被调查企业确认签章。被调查企业拒绝确认的,税务机关调查人员(两名以上)应当注明。

第十四条 被调查企业不提供特别纳税调查相关资料,或者提供虚假、不完整资料的,由税务机关责令限期改正,逾期仍未改正的,税务机关按照税收征管法及其实施细则有关规定进行处理,并依法核定其应纳税所得额。

第十五条 税务机关实施转让定价调查时,应当进行可比性分析,可比性分析一般包括以下五个方面。税务机关可以根据案件情况选择具体分析内容:

(一)交易资产或者劳务特性,包括有形资产的物理特性、质量、数量等;无形资产的类型、交易形式、保护程度、期限、预期收益等;劳务的性质和内容;金融资产的特性、内容、风险管理等;

(二)交易各方执行的功能、承担的风险和使用的资产。功能包括研发、设计、采购、加工、装配、制造、维修、分销、营销、广告、存货管理、物流、仓储、融资、管理、财务、会计、法律及人力资源管理等;风险包括投资风险、研发风险、采购风险、生产风险、市场风险、管理风险及财务风险等;资产包括有形资产、无形资产、金融资产等;

(三)合同条款,包括交易标的、交易数量、交易价格、收付款方式和条件、交货条件、售后服务范围和条件、提供附加劳务的约定、变更或者修改合同内容的权利、合同有效期、终止或者续签合同的权利等。合同条款分析应当关注企业执行合同的能力与行为,以及关联方之间签署合同条款的可信度等;

(四)经济环境,包括行业概况、地理区域、市场规模、市场层级、市场占有率、市场竞争程度、消费者购买力、商品或者劳务可替代性、生产要素价格、运输成本、政府管制,以及成本节约、市场溢价等地域特殊因素;

(五)经营策略,包括创新和开发、多元化经营、协同效应、风险规避及市场占有策略等。

第十六条 税务机关应当在可比性分析的基础上,选择合理的转让定价方法,对企业关联交易进行分析评估。转让定价方法包括可比非受控价格法、再销售价格法、成本加成法、交易净利润法、利润分割法及其他符合独立交易原则的方法。

第十七条 可比非受控价格法以非关联方之间进行的与关联交易相同或者类似业务活动所收取的价格作为关联交易的公平成交价格。可比非受控价格法可以适用于所有类型的关联交易。

可比非受控价格法的可比性分析,应当按照不同交易类型,特别考察关联交易与非关联交易中交易资产或者劳务的特性、合同条款、经济环境和经营策略上的差异:

(一)有形资产使用权或者所有权的转让,包括:

1. 转让过程,包括交易时间与地点、交货条件、交货手续、支付条件、交易数量、售后服务等;

2. 转让环节,包括出厂环节、批发环节、零售环节、出口环节等;

3. 转让环境,包括民族风俗、消费者偏好、政局稳定程度以及财政、税收、外汇政策等;

4. 有形资产的性能、规格、型号、结构、类型、折旧方法等;

5. 提供使用权的时间、期限、地点、费用收取标准等;

6. 资产所有者对资产的投资支出、维修费用等。

(二)金融资产的转让,包括金融资产的实际持有期限、流动性、安全性、收益性。其中,股权转让交易的分析内容包括公司性质、业务结构、资产构成、所属行业、行业周期、经营模式、企业规模、资产配置和使用情况、企业所处经营阶段、成长性、经营风险、财务风险、交易时间、地理区域、股权关系、历史与未来经营情况、商誉、税收利益、流动性、经济趋势、宏观政策、企业收入和成本结构及其他因素;

(三)无形资产使用权或者所有权的转让,包括:

1. 无形资产的类别、用途、适用行业、预期收益;

2. 无形资产的开发投资、转让条件、独占程度、可替代性、受有关国家法律保护的程度及期限、地理位置、使用年限、研发阶段、维护改良及更新的权利、受让成本和费用、功能风险情况、摊销方法以及其他影响其价值发生实质变动的特殊因素等。

(四)资金融通,包括融资的金额、币种、期限、担保、融资人的资信、还款方式、计息方法等;

(五)劳务交易,包括劳务性质、技术要求、专业水准、承担责任、付款条件和方式、直接和间接成本等。

关联交易与非关联交易在以上方面存在重大差异的,应当就该差异对价格的影响进行合理调整,无法合理调整的,应当选择其他合理的转让定价方法。

第十八条 再销售价格法以关联方购进商品再销售给非关联方的价格减去可比非关联交易毛利后的金额作为关联方购进商品的公平成交价格。其计算公式如下:

公平成交价格 = 再销售给非关联方的价格 × (1 - 可比非关联交易毛利率)

可比非关联交易毛利率 = 可比非关联交易毛利/可比非关联交易收入净额 × 100%

再销售价格法一般适用于再销售者未对商品进行改变外形、性能、结构或者更换商标等实质性增值加工的简单加工或者单纯购销业务。

再销售价格法的可比性分析,应当特别考察关联交易与非关联交易中企业执行的功能、承担的风险、使用的资产和合同条款上的差异,以及影响毛利率的其他因素,具体包括营销、分销、产品保障及服务功能,存货风险,机器、设备的价值及使用年限,无形资产的使用及价值,有价值的营销型无形资产,批发或者零售环节,商业经验,会计处理及管理效率等。

关联交易与非关联交易在以上方面存在重大差异的,应当就该差异对毛利率的影响进行合理调整,无法合理调整的,应当选择其他合理的转让定价方法。

第十九条 成本加成法以关联交易发生的合理成本加上可比非关联交易毛利后的金额作为关联交易的公平成交价格。其计算公式如下:

公平成交价格 = 关联交易发生的合理成本 × (1 + 可比非关联交易成本加成率)

可比非关联交易成本加成率 = 可比非关联交易毛利/可比非关联交易成本 × 100%

成本加成法一般适用于有形资产使用权或者所有权的转让、资金融通、劳务交易等关联交易。

成本加成法的可比性分析,应当特别考察关联交易与非关联交易中企业执行的功能、承担的风险、使用的资产和合同条款上的差异,以及影响成本加成率的其他因素,具体包括制造、加工、安装及测试功能,市场及汇兑风险,机器、设备的价值及使用年限,无形资产的使用及价值,商业经验,会计处理,生产及管理效率等。

关联交易与非关联交易在以上方面存在重大差异的,应当就该差异对成本加成率的影响进行合理调整,无法合理调整的,应当选择其他合理的转让定价方法。

第二十条 交易净利润法以可比非关联交易的利润指标确定关联交易的利润。利润指标包括息税前利润率、完全成本加成率、资产收益率、贝里比率等。具体计算公式如下:

(一)息税前利润率 = 息税前利润/营业收入 × 100%

(二)完全成本加成率 = 息税前利润/完全成本 × 100%

(三)资产收益率 = 息税前利润/[(年初资产总额 + 年末资产总额)/2] × 100%

(四)贝里比率 = 毛利/(营业费用 + 管理费用) × 100%

利润指标的选取应当反映交易各方执行的功能、承担的风险和使用的资产。利润指标的计算以企业会计处理为基础,必要时可以对指标口径进行合理调整。

交易净利润法一般适用于不拥有重大价值无形资产企业的有形资产使用权或者所有权的转让和受让、无形资产使用权受让以及劳务交易等关联交易。

交易净利润法的可比性分析，应当特别考察关联交易与非关联交易中企业执行的功能、承担的风险和使用的资产，经济环境上的差异，以及影响利润的其他因素，具体包括行业和市场情况，经营规模，经济周期和产品生命周期，收入、成本、费用和资产在各交易间的分配，会计处理及经营管理效率等。

关联交易与非关联交易在以上方面存在重大差异的，应当就该差异对利润的影响进行合理调整，无法合理调整的，应当选择其他合理的转让定价方法。

第二十一条 利润分割法根据企业与其关联方对关联交易合并利润（实际或者预计）的贡献计算各自应当分配的利润额。利润分割法主要包括一般利润分割法和剩余利润分割法。

一般利润分割法通常根据关联交易各方所执行的功能、承担的风险和使用的资产，采用符合独立交易原则的利润分割方式，确定各方应当取得的合理利润；当难以获取可比交易信息但能合理确定合并利润时，可以结合实际情况考虑与价值贡献相关的收入、成本、费用、资产、雇员人数等因素，分析关联交易各方对价值做出的贡献，将利润在各方之间进行分配。

剩余利润分割法将关联交易各方的合并利润减去分配给各方的常规利润后的余额作为剩余利润，再根据各方对剩余利润的贡献程度进行分配。

利润分割法一般适用于企业及其关联方均对利润创造具有独特贡献，业务高度整合且难以单独评估各方交易结果的关联交易。利润分割法的适用应当体现利润应在经济活动发生地和价值创造地征税的基本原则。

利润分割法的可比性分析，应当特别考察关联交易各方执行的功能、承担的风险和使用的资产，收入、成本、费用和资产在各方之间的分配，成本节约、市场溢价等地域特殊因素，以及其他价值贡献因素，确定各方对剩余利润贡献所使用的信息和假设条件的可靠性等。

第二十二条 其他符合独立交易原则的方法包括成本法、市场法和收益法等资产评估方法，以及其他能够反映利润与经济活动发生地和价值创造地相匹配原则的方法。

成本法是以替代或者重置原则为基础，通过在当前市场价格下创造一项相似资产所发生的支出确定评估标的价值的评估方法。成本法适用于能够被替代的资产价值评估。

市场法是利用市场上相同或者相似资产的近期交易价格，经过直接比较或者类比分析以确定评估标的价值的评估方法。市场法适用于在市场上能找到与评估标的相同或者相似的非关联可比交易信息时的资产价值评估。

收益法是通过评估标的未来预期收益现值来确定其价值的评估方法。收益法适用于企业整体资产和可预期未来收益的单项资产评估。

第二十三条 税务机关分析评估被调查企业关联交易时，应当在分析评估交易各方功能风险的基础上，选择功能相对简单的一方作为被测试对象。

第二十四条 税务机关在进行可比性分析时，优先使用公开信息，也可以使用非公开信息。

第二十五条 税务机关分析评估被调查企业关联交易是否符合独立交易原则时，可以根据实际情况选择算术平均法、加权平均法或者四分位法等统计方法，逐年分别或者多年度平均计算可比企业利润或者价格的平均值或者四分位区间。

税务机关应当按照可比利润水平或者可比价格对被调查企业各年度关联交易进行逐年测试调整。

税务机关采用四分位法分析评估企业利润水平时，企业实际利润水平低于可比企业利润率区间中位值的，原则上应当按照不低于中位值进行调整。

第二十六条 税务机关分析评估被调查企业为其关联方提供的来料加工业务，在可比企业不是相同业务模式，且业务模式的差异会对利润水平产生影响的情况下，应当对业务模式的差异进行调整，还原其不作价的来料和设备价值。企业提供真实完整的来料加工产品整体价值链相关资料，能够反映各关联方总体利润水平的，税务机关可以就被调查企业与可比企业因料件还原产生的资金占用差异进行可比性调整，利润水平调整幅度超过10%的，应当重新选择可比企业。

除本条第一款外，对因营运资本占用不同产生的利润差异不作调整。

第二十七条 税务机关分析评估被调查企业关联交易是否符合独立交易原则时，选取的可比企业与被调查企业处于不同经济环境的，应当分析成本节约、市场溢价等地域特殊因素，并选择合理的转让定价方法确定地域特殊因素对利润的贡献。

第二十八条 企业为境外关联方从事来料加工或者进料加工等单一生产业务，或者从事分销、合约研发业务，原则上应当保持合理的利润水平。

上述企业如出现亏损，无论是否达到《国家税务总局关于完善关联申报和同期资料管理有关事项的公告》（国家税务总局公告2016年第42号）中的同期资料准备标准，均应当就亏损年度准备同期资料本地文档。税务机关应当重点审核上述企业的本地文档，加强监控管理。

上述企业承担由于决策失误、开工不足、产品滞销、研发失败等原因造成的应当由关联方承担的风险和损失的，税务机关可以实施特别纳税调整。

第二十九条 税务机关对关联交易进行调查分析时，应当确定企业所获得的收益与其执行的功能或者承担的风险是否匹配。

企业与其关联方之间隐匿关联交易直接或者间接导致国家总体税收收入减少的，税务机关可以通过还原隐匿交易实施特别纳税调整。

企业与其关联方之间抵消关联交易直接或者间接导致国家总体税收收入减少的，税务机关可以通过还原抵消交易实施特别纳税调整。

第三十条 判定企业及其关联方对无形资产价值的贡献程度及相应的收益分配时，应当全面分析企业所属企业集团的全球营运流程，充分考虑各方在无形资产开发、价值提升、维护、保护、应用和推广中的价值贡献，无形资产价值的实现方式，无形资产与集团内其他业务的功能、风险和资产的相互作用。

企业仅拥有无形资产所有权而未对无形资产价值做出贡献的，不应当参与无形资产收益分配。无形资产形成和使用过程中，仅提供资金而未实际执行相关功能和承担相应风险的，应当仅获得合理的资金成本回报。

第三十一条 企业与其关联方转让或者受让无形资产使用权而收取或者支付的特许权使用费，应当根据下列情形适时调整，未适时调整的，税务机关可以实施特别纳税调整：

(一)无形资产价值发生根本性变化；

(二)按照营业常规，非关联方之间的可比交易应当存在特许权使用费调整机制；

(三)无形资产使用过程中，企业及其关联方执行的功能、承担的风险或者使用的资产发生变化；

(四)企业及其关联方对无形资产进行后续开发、价值提升、维护、保护、应用和推广做出贡献而未得到合理补偿。

第三十二条 企业与其关联方转让或者受让无形资产使用权而收取或者支付的特许权使用费，应当与无形资产为企业或者其关联方带来的经济利益相匹配。与经济利益不匹配而减少企业或者其关联方应纳税收入或者所得额的，税务机关可以实施特别纳税调整。未带来经济利益，且不符合独立交易原则的，税务机关可以按照已税前扣除的金额全额实施特别纳税调整。

企业向仅拥有无形资产所有权而未对其价值创造做出贡献的关联方支付特许权使用费，不符合独立交易原则的，税务机关可以按照已税前扣除的金额全额实施特别纳税调整。

第三十三条 企业以融资上市为主要目的在境外成立控股公司或者融资公司，仅因融资上市活动所产生的附带利益向境外关联方支付特许权使用费，不符合独立交易原则的，税务机关可以按照已税前扣除的金额全额实施特别纳税调整。

第三十四条 企业与其关联方发生劳务交易支付或者收取价款不符合独立交易原则而减少企业或者其关联方应纳税收入或者所得额的，税务机关可以实施特别纳税调整。

符合独立交易原则的关联劳务交易应当是受益性劳务交易，并且按照非关联方在相同或者类似情形下的营业常规和公平成交价格进行定价。受益性劳务是指能够为劳务接受方带来直接或者间接经济利益，且非关联方在相同或者类似情形下，愿意购买或者愿意自行实施的劳务活动。

第三十五条 企业向其关联方支付非受益性劳务的价款，税务机关可以按照已税前扣除的金额全额实施特别纳税调整。非受益性劳务主要包括以下情形：

(一)劳务接受方从其关联方接受的，已经购买或者自行实施的劳务活动；

(二)劳务接受方从其关联方接受的，为保障劳务接受方的直接或者间接投资方的投资利益而实施的控制、管理和监督等劳务活动。该劳务活动主要包括：

1. 董事会活动、股东会活动、监事会活动和发行股票等服务于股东的活动；

2. 与劳务接受方的直接或者间接投资方、集团总部和区域总部的经营报告或者财务报告编制及分析有关的活动；

3. 与劳务接受方的直接或者间接投资方、集团总部和区域总部的经营及资本运作有关的筹资活动；

4. 为集团决策、监管、控制、遵从需要所实施的财务、税务、人事、法务等活动；

5. 其他类似情形。

(三)劳务接受方从其关联方接受的，并非针对其具体实施的，只是因附属于企业集团而获得额外收益的劳务活动。该劳务活动主要包括：

1. 为劳务接受方带来资源整合效应和规模效应的法律形式改变、债务重组、股权收购、资产收购、合并、分立等集团重组活动；

2. 由于企业集团信用评级提高，为劳务接受方带来融资成本下降等利益的相关活动；

3. 其他类似情形。

(四)劳务接受方从其关联方接受的，已经在其他关联交易中给予补偿的劳务活动。该劳务活动主要包括：

1. 从特许权使用费支付中给予补偿的与专利权或者非专利技术相关的服务；

2. 从贷款利息支付中给予补偿的与贷款相关的服务；

3. 其他类似情形。

(五)与劳务接受方执行的功能和承担的风险无关，或者不符合劳务接受方经营需要的关联劳务活动；

(六)其他不能为劳务接受方带来直接或者间接经济利益，或者非关联方不愿意购买或者不愿意自行实施的关联劳务活动。

第三十六条 企业接受或者提供的受益性劳务应当充分考虑劳务的具体内容和特性，劳务提供方的功能、风险、成本和费用，劳务接受方的受益情况、市场环境，交易双方的财务状况，以及可比交易的定价情况等因素，按照本办法的有关规定选择合理的转让定价方法，并遵循以下原则：

(一)关联劳务能够分别按照各劳务接受方、劳务项目为核算单位归集相关劳务成本费用的，应当以劳务接受方、劳务项目合理的成本费用为基础，确定交易价格；

（二）关联劳务不能分别按照各劳务接受方、劳务项目为核算单位归集相关劳务成本费用的，应当采用合理标准和比例向各劳务接受方分配，并以分配的成本费用为基础，确定交易价格。分配标准应当根据劳务性质合理确定，可以根据实际情况采用营业收入、营运资产、人员数量、人员工资、设备使用量、数据流量、工作时间以及其他合理指标，分配结果应当与劳务接受方的受益程度相匹配。非受益性劳务的相关成本费用支出不得计入分配基数。

第三十七条 企业向未执行功能、承担风险，无实质性经营活动的境外关联方支付费用，不符合独立交易原则的，税务机关可以按照已税前扣除的金额全额实施特别纳税调整。

第三十八条 实际税负相同的境内关联方之间的交易，只要该交易没有直接或者间接导致国家总体税收收入的减少，原则上不作特别纳税调整。

第三十九条 经调查，税务机关未发现企业存在特别纳税调整问题的，应当作出特别纳税调查结论，并向企业送达《特别纳税调查结论通知书》。

第四十条 经调查，税务机关发现企业存在特别纳税调整问题的，应当按照以下程序实施调整：

（一）在测算、论证、可比性分析的基础上，拟定特别纳税调查调整方案；

（二）根据拟定调整方案与企业协商谈判，双方均应当指定主谈人，调查人员应当做好《协商内容记录》，并由双方主谈人签字确认。企业拒签的，税务机关调查人员（两名以上）应当注明。企业拒绝协商谈判的，税务机关向企业送达《特别纳税调查初步调整通知书》；

（三）协商谈判过程中，企业对拟定调整方案有异议的，应当在税务机关规定的期限内进一步提供相关资料。税务机关收到资料后，应当认真审议，并作出审议结论。根据审议结论，需要进行特别纳税调整的，税务机关应当形成初步调整方案，向企业送达《特别纳税调查初步调整通知书》；

（四）企业收到《特别纳税调查初步调整通知书》后有异议的，应当自收到通知书之日起 7 日内书面提出。税务机关收到企业意见后，应当再次协商、审议。根据审议结论，需要进行特别纳税调整，并形成最终调整方案的，税务机关应当向企业送达《特别纳税调查调整通知书》；

（五）企业收到《特别纳税调查初步调整通知书》后，在规定期限内未提出异议的，或者提出异议后又拒绝协商的，或者虽提出异议但经税务机关审议后不予采纳的，税务机关应当以初步调整方案作为最终调整方案，向企业送达《特别纳税调查调整通知书》。

第四十一条 企业收到《特别纳税调查调整通知书》后有异议的，可以在依照《特别纳税调查调整通知书》缴纳或者解缴税款、利息、滞纳金或者提供相应的担保后，依法申请行政复议。

企业收到国家税务局送达的《特别纳税调查调整通知书》后有异议的，向其上一级国家税务局申请行政复议；企业收到地方税务局送达的《特别纳税调查调整通知书》后有异议的，可以选择向其上一级地方税务局或者本级人民政府申请行政复议。

对行政复议决定不服的，可以依法向人民法院提起行政诉讼。

第四十二条 税务机关对企业实施特别纳税调整，涉及企业向境外关联方支付利息、租金、特许权使用费的，除另有规定外，不调整已扣缴的税款。

第四十三条 企业可以在《特别纳税调查调整通知书》送达前自行缴纳税款。企业自行缴纳税款的，应当填报《特别纳税调整自行缴纳税款表》。

第四十四条 税务机关对企业实施特别纳税调整的，应当根据企业所得税法及其实施条例的有关规定对 2008 年 1 月 1 日以后发生交易补征的企业所得税按日加收利息。

特别纳税调查调整补缴的税款，应当按照应补缴税款所属年度的先后顺序确定补缴税款的所属年度，以入库日为截止日，分别计算应加收的利息额：

（一）企业在《特别纳税调查调整通知书》送达前缴纳或者送达后补缴税款的，应当自税款所属纳税年度的次年 6 月 1 日起至缴纳或者补缴税款之日止计算加收利息。企业超过《特别纳税调查调整通知书》补缴税款期限仍未缴纳税款的，应当自补缴税款期限届满次日起按照税收征管法及其实施细则的有关规定加收滞纳金，在加收滞纳金期间不再加收利息；

（二）利息率按照税款所属纳税年度 12 月 31 日公布的与补税期间同期的中国人民银行人民币贷款基准利率（以下简称基准利率）加 5 个百分点计算，并按照一年 365 天折算日利息率；

（三）企业按照有关规定提供同期资料及有关资料的，或者按照有关规定不需要准备同期资料但根据税务机关要求提供其他相关资料的，可以只按照基准利率加收利息。

经税务机关调查，企业实际关联交易额达到准备同期资料标准，但未按照规定向税务机关提供同期资料的，税务机关补征税款加收利息，适用本条第二款第二项规定。

第四十五条 企业自行调整补税且主动提供同期资料等有关资料，或者按照有关规定不需要准备同期资料但根据税务机关要求提供其他相关资料的，其 2008 年 1 月 1 日以后发生交易的自行调整补税按照基准利率加收利息。

第四十六条 被调查企业在税务机关实施特别纳税调查调整期间申请变更经营地址或者注销税务登记的，税务机关在调查结案前原则上不予办理税务变更、注销手续。

第四十七条 根据我国对外签署的税收协定的有关规

定，国家税务总局可以依据企业申请或者税收协定缔约对方税务主管当局请求启动相互协商程序，与税收协定缔约对方税务主管当局开展协商谈判，避免或者消除由特别纳税调整事项引起的国际重复征税。

相互协商内容包括：

（一）双边或者多边预约定价安排的谈签；

（二）税收协定缔约一方实施特别纳税调查调整引起另一方相应调整的协商谈判。

第四十八条 企业申请启动相互协商程序的，应当在税收协定规定期限内，向国家税务总局书面提交《启动特别纳税调整相互协商程序申请表》和特别纳税调整事项的有关说明。企业当面报送上述资料的，以报送日期为申请日期；邮寄报送的，以国家税务总局收到上述资料的日期为申请日期。

国家税务总局收到企业提交的上述资料后，认为符合税收协定有关规定的，可以启动相互协商程序；认为资料不全的，可以要求企业补充提供资料。

第四十九条 税收协定缔约对方税务主管当局请求启动相互协商程序的，国家税务总局收到正式来函后，认为符合税收协定有关规定的，可以启动相互协商程序。

国家税务总局认为税收协定缔约对方税务主管当局提供的资料不完整、事实不清晰的，可以要求对方补充提供资料，或者通过主管税务机关要求涉及的境内企业协助核实。

第五十条 国家税务总局决定启动相互协商程序的，应当书面通知省税务机关，并告知税收协定缔约对方税务主管当局。负责特别纳税调整事项的主管税务机关应当在收到书面通知后 15 个工作日内，向企业送达启动相互协商程序的《税务事项通知书》。

第五十一条 在相互协商过程中，税务机关可以要求企业进一步补充提供资料，企业应当在规定的时限内提交。

第五十二条 有下列情形之一的，国家税务总局可以拒绝企业申请或者税收协定缔约对方税务主管当局启动相互协商程序的请求：

（一）企业或者其关联方不属于税收协定任一缔约方的税收居民；

（二）申请或者请求不属于特别纳税调整事项；

（三）申请或者请求明显缺乏事实或者法律依据；

（四）申请不符合税收协定有关规定；

（五）特别纳税调整案件尚未结案或者虽然已经结案但是企业尚未缴纳应纳税款。

第五十三条 有下列情形之一的，国家税务总局可以暂停相互协商程序：

（一）企业申请暂停相互协商程序；

（二）税收协定缔约对方税务主管当局请求暂停相互协商程序；

（三）申请必须以另一被调查企业的调查调整结果为依据，而另一被调查企业尚未结束调查调整程序；

（四）其他导致相互协商程序暂停的情形。

第五十四条 有下列情形之一的，国家税务总局可以终止相互协商程序：

（一）企业或者其关联方不提供与案件有关的必要资料，或者提供虚假、不完整资料，或者存在其他不配合的情形；

（二）企业申请撤回或者终止相互协商程序；

（三）税收协定缔约对方税务主管当局撤回或者终止相互协商程序；

（四）其他导致相互协商程序终止的情形。

第五十五条 国家税务总局决定暂停或者终止相互协商程序的，应当书面通知省税务机关。负责特别纳税调整事项的主管税务机关应当在收到书面通知后 15 个工作日内，向企业送达暂停或者终止相互协商程序的《税务事项通知书》。

第五十六条 国家税务总局与税收协定缔约对方税务主管当局签署相互协商协议后，应当书面通知省税务机关，附送相互协商协议。负责特别纳税调整事项的主管税务机关应当在收到书面通知后 15 个工作日内，向企业送达《税务事项通知书》，附送相互协商协议。需要补（退）税的，应当附送《特别纳税调整相互协商协议补（退）税款通知书》或者《预约定价安排补（退）税款通知书》，并监控执行补（退）税款情况。

应纳税收入或者所得额以外币计算的，应当按照相互协商协议送达企业之日上月最后一日人民币汇率中间价折合成人民币，计算应补缴或者应退还的税款。

补缴税款应当加收利息的，按照《中华人民共和国企业所得税法实施条例》第一百二十二条规定的人民币贷款基准利率执行。

第五十七条 各级税务机关应当对税收协定缔约对方税务主管当局、企业或者其扣缴义务人、代理人等在相互协商中提供的有关资料保密。

第五十八条 企业或者其扣缴义务人、代理人等在相互协商中弄虚作假，或者有其他违法行为的，税务机关应当按照税收征管法及其实施细则的有关规定处理。

第五十九条 企业按照本办法规定向国家税务总局提起相互协商申请的，提交的资料应当同时采用中文和英文文本，企业向税收协定缔约双方税务主管当局提交资料内容应当保持一致。

第六十条 涉及税收协定条款解释或者执行的相互协商程序，按照《国家税务总局关于发布〈税收协定相互协商程序实施办法〉的公告》（国家税务总局公告 2013 年第56 号）的有关规定执行。

第六十一条 本办法施行前已受理但尚未达成一致的相互协商案件，适用本办法的规定。

第六十二条 本办法自 2017 年 5 月 1 日起施行。《特别纳税调整实施办法（试行）》（国税发〔2009〕2 号文件印发）第四章、第五章、第十一章和第十二章、《国家税务总局关于加强转让定价跟踪管理有关问题的通知》(国税函〔2009〕188号)、《国家税务总局关于强化跨境关联交易监控和调查的通知》(国税函〔2009〕363号)、《国家税务总局关于特别纳税调整监控管理有关问题的公告》(国家税务总局公告2014年第54号)、《国家税务总局关于企业向境外关联方支付费用有关企业所得税问题的公告》(国家税务总局公告2015年第16号)同时废止。

国家税务总局关于营改增试点若干征管问题的公告[①]

(2016年8月18日国家税务总局公告2016年第53号公布　根据2018年6月15日《国家税务总局关于修改部分税收规范性文件的公告》修正)

根据《财政部、国家税务总局关于全面推开营业税改征增值税试点的通知》(财税〔2016〕36号),现将营改增试点有关征管问题公告如下:

一、境外单位或者个人发生的下列行为不属于在境内销售服务或者无形资产:

(一)为出境的函件、包裹在境外提供的邮政服务、收派服务;

(二)向境内单位或者个人提供的工程施工地点在境外的建筑服务、工程监理服务;

(三)向境内单位或者个人提供的工程、矿产资源在境外的工程勘察勘探服务;

(四)向境内单位或者个人提供的会议展览地点在境外的会议展览服务。

二、其他个人采取一次性收取租金的形式出租不动产,取得的租金收入可在租金对应的租赁期内平均分摊,分摊后的月租金收入不超过3万元的,可享受小微企业免征增值税优惠政策。

三、单用途商业预付卡(以下简称"单用途卡")业务按照以下规定执行:

(一)单用途卡发卡企业或者售卡企业(以下统称"售卡方")销售单用途卡,或者接受单用途卡持卡人充值取得的预收资金,不缴纳增值税。售卡方可按照本公告第九条的规定,向购卡人、充值人开具增值税普通发票,不得开具增值税专用发票。

单用途卡,是指发卡企业按照国家有关规定发行的,仅限于在本企业、本企业所属集团或者同一品牌特许经营体系内兑付货物或者服务的预付凭证。

发卡企业,是指按照国家有关规定发行单用途卡的企业。售卡企业,是指集团发卡企业或者品牌发卡企业指定的,承担单用途卡销售、充值、挂失、换卡、退卡等相关业务的本集团或同一品牌特许经营体系内的企业。

(二)售卡方因发行或者销售单用途卡并办理相关资金收付结算业务取得的手续费、结算费、服务费、管理费等收入,应按照现行规定缴纳增值税。

(三)持卡人使用单用途卡购买货物或服务时,货物或者服务的销售方应按照现行规定缴纳增值税,且不得向持卡人开具增值税发票。

(四)销售方与售卡方不是同一个纳税人的,销售方在收到售卡方结算的销售款时,应向售卡方开具增值税普通发票,并在备注栏注明"收到预付卡结算款",不得开具增值税专用发票。

售卡方从销售方取得的增值税普通发票,作为其销售单用途卡或接受单用途卡充值取得预收资金不缴纳增值税的凭证,留存备查。

四、支付机构预付卡(以下称"多用途卡")业务按照以下规定执行:

(一)支付机构销售多用途卡取得的等值人民币资金,或者接受多用途卡持卡人充值取得的充值资金,不缴纳增值税。支付机构可按照本公告第九条的规定,向购卡人、充值人开具增值税普通发票,不得开具增值税专用发票。

支付机构,是指取得中国人民银行核发的《支付业务许可证》,获准办理"预付卡发行与受理"业务的发卡机构和获准办理"预付卡受理"业务的受理机构。

多用途卡,是指发卡机构以特定载体和形式发行的,可在发卡机构之外购买货物或服务的预付价值。

(二)支付机构因发行或者受理多用途卡并办理相关资金收付结算业务取得的手续费、结算费、服务费、管理费等收入,应按照现行规定缴纳增值税。

(三)持卡人使用多用途卡,向与支付机构签署合作协议的特约商户购买货物或服务,特约商户应按照现行规定缴纳增值税,且不得向持卡人开具增值税发票。

(四)特约商户收到支付机构结算的销售款时,应向支付机构开具增值税普通发票,并在备注栏注明"收到预付卡结算款",不得开具增值税专用发票。

支付机构从特约商户取得的增值税普通发票,作为其销售多用途卡或接受多用途卡充值取得预收资金不缴纳增值税的凭证,留存备查。

五、单位将其持有的限售股在解禁流通后对外转让的,按照以下规定确定买入价:

(一)上市公司实施股权分置改革时,在股票复牌之前形

① 本公告第二条已被《国家税务总局关于小规模纳税人免征增值税政策有关征管问题的公告》废止。

成的原非流通股股份，以及股票复牌首日至解禁日期间由上述股份孳生的送、转股，以该上市公司完成股权分置改革后股票复牌首日的开盘价为买入价。

（二）公司首次公开发行股票并上市形成的限售股，以及上市首日至解禁日期间由上述股份孳生的送、转股，以该上市公司股票首次公开发行（IPO）的发行价为买入价。

（三）因上市公司实施重大资产重组形成的限售股，以及股票复牌首日至解禁日期间由上述股份孳生的送、转股，以该上市公司因重大资产重组股票停牌前一交易日的收盘价为买入价。

六、银行提供贷款服务按期计收利息的，结息日当日计收的全部利息收入，均应计入结息日所属期的销售额，按照现行规定计算缴纳增值税。

七、按照《中华人民共和国增值税暂行条例》《营业税改征增值税试点实施办法》《中华人民共和国消费税暂行条例》及相关文件规定，以1个季度为纳税期限的增值税纳税人，其取得的全部增值税应税收入、消费税应税收入，均可以1个季度为纳税期限。

八、《纳税人跨县（市、区）提供建筑服务增值税征收管理暂行办法》（国家税务总局公告2016年第17号发布）第七条规定调整为：

纳税人跨县（市、区）提供建筑服务，在向建筑服务发生地主管税务机关预缴税款时，需填报《增值税预缴税款表》，并出示以下资料：

（一）与发包方签订的建筑合同复印件（加盖纳税人公章）；

（二）与分包方签订的分包合同复印件（加盖纳税人公章）；

（三）从分包方取得的发票复印件（加盖纳税人公章）。

九、《国家税务总局关于全面推开营业税改征增值税试点有关税收征收管理事项的公告》（国家税务总局公告2016年第23号）附件《商品和服务税收分类与编码（试行）》中的分类编码调整以下内容，纳税人应将增值税税控开票软件升级到最新版本（V2.0.11）：

（一）3010203“水路运输期租业务”下分设301020301“水路旅客运输期租业务”和301020302“水路货物运输期租业务”；3010204“水路运输程租业务”下设301020401“水路旅客运输程租业务”和301C20402“水路货物运输程租业务”；301030103“航空运输湿租业务”下设30103010301“航空旅客运输湿租业务”和30103010302“航空货物运输湿租业务”。

（二）30105“无运输工具承运业务”下新增3010502“无运输工具承运陆路运输业务”、3010503“无运输工具承运水路运输服务”、3010504“无运输工具承运航空运输服务”、3010505“无运输工具承运管道运输服务”和3010506“无运输工具承运联运运输服务”。

停用编码3010501“无船承运”。

（三）301“交通运输服务”下新增30106“联运服务”，用于利用多种运输工具载运旅客、货物的业务活动。

30106“联运服务”下新增3010601“旅客联运服务”和3010602“货物联运服务”。

（四）30199“其他运输服务”下新增3019901“其他旅客运输服务”和3019902“其他货物运输服务”。

（五）30401“研发和技术服务”下新增3040105“专业技术服务”。

停止使用编码304010403“专业技术服务”。

（六）304050202“不动产经营租赁”下新增30405020204“商业营业用房经营租赁服务”。

（七）3040801“企业管理服务”下新增304080101“物业管理服务”和304080199“其他企业管理服务”。

（八）3040802“经纪代理服务”下新增304080204“人力资源外包服务”。

（九）3040803“人力资源服务”下新增304080301“劳务派遣服务”和304080399“其他人力资源服务”。

（十）30601“贷款服务”下新增3060110“客户贷款”，用于向企业、个人等客户发放贷款以及票据贴现的情况；3060110“客户贷款”下新增306011001“企业贷款”、306011002“个人贷款”、306011003“票据贴现”。

（十一）增加6“未发生销售行为的不征税项目”，用于纳税人收取款项但未发生销售货物、应税劳务、服务、无形资产或不动产的情形。

“未发生销售行为的不征税项目”下设601“预付卡销售和充值”、602“销售自行开发的房地产项目预收款”、603“已申报缴纳营业税未开票补开票”。

使用“未发生销售行为的不征税项目”编码，发票税率栏应填写“不征税”，不得开具增值税专用发票。

十、本公告自2016年9月1日起施行，此前已发生未处理的事项，按照本公告规定执行。2016年5月1日前，纳税人发生本公告第二、五、六条规定的应税行为，此前未处理的，比照本公告规定缴纳营业税。

特此公告。

国家税务总局关于进一步明确营改增有关征管问题的公告[①]

（2017 年 4 月 20 日国家税务总局公告 2017 年第 11 号公布　根据 2018 年 6 月 15 日《国家税务总局关于修改部分税收规范性文件的公告》修正）

为进一步明确营改增试点运行中反映的有关征管问题，现将有关事项公告如下：

一、纳税人销售活动板房、机器设备、钢结构件等自产货物的同时提供建筑、安装服务，不属于《营业税改征增值税试点实施办法》（财税〔2016〕36 号文件印发）第四十条规定的混合销售，应分别核算货物和建筑服务的销售额，分别适用不同的税率或者征收率。

二、建筑企业与发包方签订建筑合同后，以内部授权或者三方协议等方式，授权集团内其他纳税人（以下称“第三方”）为发包方提供建筑服务，并由第三方直接与发包方结算工程款的，由第三方缴纳增值税并向发包方开具增值税发票，与发包方签订建筑合同的建筑企业不缴纳增值税。发包方可凭实际提供建筑服务的纳税人开具的增值税专用发票抵扣进项税额。

三、纳税人在同一地级行政区范围内跨县（市、区）提供建筑服务，不适用《纳税人跨县（市、区）提供建筑服务增值税征收管理暂行办法》（国家税务总局公告 2016 年第 17 号印发）。

四、一般纳税人销售电梯的同时提供安装服务，其安装服务可以按照甲供工程选择适用简易计税方法计税。

纳税人对安装运行后的电梯提供的维护保养服务，按照“其他现代服务”缴纳增值税。

五、纳税人提供植物养护服务，按照“其他生活服务”缴纳增值税。

六、发卡机构、清算机构和收单机构提供银行卡跨机构资金清算服务，按照以下规定执行：

（一）发卡机构以其向收单机构收取的发卡行服务费为销售额，并按照此销售额向清算机构开具增值税发票。

（二）清算机构以其向发卡机构、收单机构收取的网络服务费为销售额，并按照发卡机构支付的网络服务费向发卡机构开具增值税发票，按照收单机构支付的网络服务费向收单机构开具增值税发票。

清算机构从发卡机构取得的增值税发票上记载的发卡行服务费，一并计入清算机构的销售额，并由清算机构按照此销售额向收单机构开具增值税发票。

（三）收单机构以其向商户收取的收单服务费为销售额，并按照此销售额向商户开具增值税发票。

七、纳税人 2016 年 5 月 1 日前发生的营业税涉税业务，需要补开发票的，可于 2017 年 12 月 31 日前开具增值税普通发票（税务总局另有规定的除外）。

八、实行实名办税的地区，已由税务机关现场采集法定代表人（业主、负责人）实名信息的纳税人，申请增值税专用发票最高开票限额不超过十万元的，主管税务机关应自受理申请之日起 2 个工作日内办结，有条件的主管税务机关即时办结。即时办结的，直接出具和送达《准予税务行政许可决定书》，不再出具《税务行政许可受理通知书》。

九、自 2017 年 6 月 1 日起，将建筑业纳入增值税小规模纳税人自行开具增值税专用发票试点范围。月销售额超过 3 万元（或季销售额超过 9 万元）的建筑业增值税小规模纳税人（以下称“自开发票试点纳税人”）提供建筑服务、销售货物或发生其他增值税应税行为，需要开具增值税专用发票的，通过增值税发票管理新系统自行开具。

自开发票试点纳税人销售其取得的不动产，需要开具增值税专用发票的，仍须向税务机关申请代开。

自开发票试点纳税人所开具的增值税专用发票应缴纳的税款，应在规定的纳税申报期内，向主管税务机关申报纳税。在填写增值税纳税申报表时，应将当期开具增值税专用发票的销售额，按照 3% 和 5% 的征收率，分别填写在《增值税纳税申报表》（小规模纳税人适用）第 2 栏和第 5 栏“税务机关代开的增值税专用发票不含税销售额”的“本期数”相应栏次中。

十、自 2017 年 7 月 1 日起，增值税一般纳税人取得的 2017 年 7 月 1 日及以后开具的增值税专用发票和机动车销售统一发票，应自开具之日起 360 日内认证或登录增值税发票选择确认平台进行确认，并在规定的纳税申报期内，向主管税务机关申报抵扣进项税额。

增值税一般纳税人取得的 2017 年 7 月 1 日及以后开具的海关进口增值税专用缴款书，应自开具之日起 360 日内向主管税务机关报送《海关完税凭证抵扣清单》，申请稽核比对。

纳税人取得的 2017 年 6 月 30 日前开具的增值税扣税凭证，仍按《国家税务总局关于调整增值税扣税凭证抵扣期限有关问题的通知》（国税函〔2009〕617 号）执行。

除本公告第九条和第十条以外，其他条款自 2017 年 5 月 1 日起施行。此前已发生未处理的事项，按照本公告规定执行。

特此公告。

---

① 本公告第四条已被《国家税务总局关于明确中外合作办学等若干增值税征管问题的公告》废止。第九条已被《国家税务总局关于扩大小规模纳税人自行开具增值税专用发票试点范围等事项的公告》废止。第十条已被《国家税务总局关于取消增值税扣税凭证认证确认期限等增值税征管问题的公告》废止。

财政部、国家税务总局关于营改增后契税、房产税、土地增值税、个人所得税计税依据问题的通知

（2016年4月25日　财税〔2016〕43号）

各省、自治区、直辖市、计划单列市财政厅（局）、地方税务局，西藏、宁夏、青海省（自治区）国家税务局，新疆生产建设兵团财务局：

经研究，现将营业税改征增值税后契税、房产税、土地增值税、个人所得税计税依据有关问题明确如下：

一、计征契税的成交价格不含增值税。

二、房产出租的，计征房产税的租金收入不含增值税。

三、土地增值税纳税人转让房地产取得的收入为不含增值税收入。

《中华人民共和国土地增值税暂行条例》等规定的土地增值税扣除项目涉及的增值税进项税额，允许在销项税额中计算抵扣的，不计入扣除项目，不允许在销项税额中计算抵扣的，可以计入扣除项目。

四、个人转让房屋的个人所得税应税收入不含增值税，其取得房屋时所支付价款中包含的增值税计入财产原值，计算转让所得时可扣除的税费不包括本次转让缴纳的增值税。

个人出租房屋的个人所得税应税收入不含增值税，计算房屋出租所得可扣除的税费不包括本次出租缴纳的增值税。个人转租房屋的，其向房屋出租方支付的租金及增值税额，在计算转租所得时予以扣除。

五、免征增值税的，确定计税依据时，成交价格、租金收入、转让房地产取得的收入不扣减增值税额。

六、在计征上述税种时，税务机关核定的计税价格或收入不含增值税。

本通知自2016年5月1日起执行。

（二）税务管理

纳税评估管理办法（试行）

（2005年3月11日国税发〔2005〕43号公布　根据2018年6月15日《国家税务总局关于修改部分税收规范性文件的公告》修正）

第一章　总　　则

第一条　为进一步强化税源管理，降低税收风险，减少税款流失，不断提高税收征管的质量和效率，根据国家有关税收法律、法规，结合税收征管工作实际，制定本办法。

第二条　纳税评估是指税务机关运用数据信息对比分析的方法，对纳税人和扣缴义务人（以下简称纳税人）纳税申报（包括减免缓抵退税申请，下同）情况的真实性和准确性作出定性和定量的判断，并采取进一步征管措施的管理行为。纳税评估工作遵循强化管理、优化服务；分类实施、因地制宜；人机结合、简便易行的原则。

第三条　纳税评估工作主要由基层税务机关的税源管理部门及其税收管理员负责，重点税源和重大事项的纳税评估也可由上级税务机关负责。

前款所称基层税务机关是指直接面向纳税人负责税收征收管理的税务机关；税源管理部门是指基层税务机关所属的税务分局、税务所或内设的税源管理科（股）。

对汇总合并缴纳企业所得税企业的纳税评估，由其汇总合并纳税企业申报所在地税务机关实施，对汇总合并纳税成员企业的纳税评估，由其监管的当地税务机关实施；对合并申报缴纳外商投资和外国企业所得税企业分支机构的纳税评估，由总机构所在地的主管税务机关实施。

第四条　开展纳税评估工作原则上在纳税申报到期之后进行，评估的期限以纳税申报的税款所属当期为主，特殊情况可以延伸到往期或以往年度。

第五条　税评估主要工作内容包括：根据宏观税收分析和行业税负监控结果以及相关数据设立评估指标及其预警值；综合运用各类对比分析方法筛选评估对象；对所筛选出的异常情况进行深入分析并作出定性和定量的判断；对评估分析中发现的问题分别采取税务约谈、调查核实、处理处罚、提出管理建议、移交稽查部门查处等方法进行处理；维护更新税源管理数据，为税收宏观分析和行业税负监控提供基础信息等。

第二章　纳税评估指标

第六条　税评估指标是税务机关筛选评估对象、进行重点分析时所选用的主要指标，分为通用分析指标和特定分析指标两大类，使用时可结合评估工作实际不断细化和完善。

第七条　纳税评估指标的功能、计算公式及其分析使用方法参照《纳税评估通用分析指标及其使用方法》（附件1）、《纳税评估分税种特定分析指标及其使用方法》（附件2）。

第八条　纳税评估分析时，要综合运用各类指标，并参照评估指标预警值进行配比分析。评估指标预警值是税务机关根据宏观税收分析、行业税负监控、纳税人生产经营和财务会计核算情况以及内外部相关信息，运用数学方法测算出的算术、加权平均值及其合理变动范围。测算预警值，应综合考虑地区、规模、类型、生产经营季节、税种等因素，考虑同行业、同规模、同类型纳税人各类相关指标的若干年度的平均水平，以使预警值更加真实、准确和具有可比性。纳税评估指标预警值由各地税务机关根据实际情况自行确定。

第三章 纳税评估对象

第九条 纳税评估的对象为主管税务机关负责管理的所有纳税人及其应纳所有税种。

第十条 纳税评估对象可采用计算机自动筛选、人工分析筛选和重点抽样筛选等方法。

第十一条 筛选纳税评估对象,要依据税收宏观分析、行业税负监控结果等数据,结合各项评估指标及其预警值和税收管理员掌握的纳税人实际情况,参照纳税人所属行业、经济类型、经营规模、信用等级等因素进行全面、综合的审核对比分析。

第十二条 综合审核对比分析中发现有问题或疑点的纳税人要作为重点评估分析对象;重点税源户、特殊行业的重点企业、税负异常变化、长时间零税负和负税负申报、纳税信用等级低下、日常管理和税务检查中发现较多问题的纳税人要列为纳税评估的重点分析对象。

第四章 纳税评估方法

第十三条 纳税评估工作根据国家税收法律、行政法规、部门规章和其他相关经济法规的规定,按照属地管理原则和管户责任开展;对同一纳税人申报缴纳的各个税种的纳税评估要相互结合、统一进行,避免多头重复评估。

第十四条 纳税评估的主要依据及数据来源包括:“一户式”存储的纳税人各类纳税信息资料,主要包括:纳税人税务登记的基本情况,各项核定、认定、减免缓抵退税审批事项的结果,纳税人申报纳税资料,财务会计报表以及税务机关要求纳税人提供的其他相关资料,增值税交叉稽核系统各类票证比对结果等;税收管理员通过日常管理所掌握的纳税人生产经营实际情况,主要包括:生产经营规模、产销量、工艺流程、成本、费用、能耗、物耗情况等各类与税收相关的数据信息;上级税务机关发布的宏观税收分析数据,行业税负的监控数据,各类评估指标的预警值;本地区的主要经济指标、产业和行业的相关指标数据,外部交换信息,以及与纳税人申报纳税相关的其他信息。

第十五条 纳税评估可根据所辖税源和纳税人的不同情况采取灵活多样的评估分析方法,主要有:对纳税人申报纳税资料进行案头的初步审核比对,以确定进一步评估分析的方向和重点;通过各项指标与相关数据的测算,设置相应的预警值,将纳税人的申报数据与预警值相比较;将纳税人申报数据与财务会计报表数据进行比较、与同行业相关数据或类似行业同期相关数据进行横向比较;将纳税人申报数据与历史同期相关数据进行纵向比较;根据不同税种之间的关联性和钩稽关系,参照相关预警值进行税种之间的关联性分析,分析纳税人应纳相关税种的异常变化;应用税收管理员日常管理中所掌握的情况和积累的经验,将纳税人申报情况与其生产经营实际情况相对照,分析其合理性,以确定纳税人申报纳税中存在的问题及其原因;通过对纳税人生产经营结构,主要产品能耗、物耗等生产经营要素的当期数据、历史平均数据、同行业平均数据以及其他相关经济指标进行比较,推测纳税人实际纳税能力。

第十六条 对纳税人申报纳税资料进行审核分析时,要包括以下重点内容:纳税人是否按照税法规定的程序、手续和时限履行申报纳税义务,各项纳税申报附送的各类抵扣、列支凭证是否合法、真实、完整;纳税申报主表、附表及项目、数字之间的逻辑关系是否正确,适用的税目、税率及各项数字计算是否准确,申报数据与税务机关所掌握的相关数据是否相符;收入、费用、利润及其他有关项目的调整是否符合税法规定,申请减免缓抵退税,亏损结转、获利年度的确定是否符合税法规定并正确履行相关手续;与上期和同期申报纳税情况有无较大差异;税务机关和税收管理员认为应进行审核分析的其他内容。

第十七条 对实行定期定额(定率)征收税款的纳税人以及未达起征点的个体工商户,可参照其生产经营情况,利用相关评估指标定期进行分析,以判断定额(定率)的合理性和是否已经达到起征点并恢复征税。

第五章 评估结果处理

第十八条 对纳税评估中发现的计算和填写错误、政策和程序理解偏差等一般性问题,或存在的疑点问题经约谈、举证、调查核实等程序认定事实清楚,不具有偷税等违法嫌疑,无需立案查处的,可提请纳税人自行改正。需要纳税人自行补充的纳税资料,以及需要纳税人自行补正申报、补缴税款、调整账目的,税务机关应督促纳税人按照税法规定逐项落实。

第十九条 对纳税评估中发现的需要提请纳税人进行陈述说明、补充提供举证资料等问题,应由主管税务机关约谈纳税人。

税务约谈要经所在税源管理部门批准并事先发出《税务约谈通知书》,提前通知纳税人。

税务约谈的对象主要是企业财务会计人员。因评估工作需要,必须约谈企业其他相关人员的,应经税源管理部门批准并通过企业财务部门进行安排。

纳税人因特殊困难不能按时接受税务约谈的,可向税务机关说明情况,经批准后延期进行。

纳税人可以委托具有执业资格的税务代理人进行税务约谈。税务代理人代表纳税人进行税务约谈时,应向税务机关提交纳税人委托代理合法证明。

第二十条 对评估分析和税务约谈中发现的必须到生产经营现场了解情况、审核账目凭证的,应经所在税源管理部门批准,由税收管理员进行实地调查核实。对调查核实的情况,要作认真记录。需要处理处罚的,要严格按照规定的权限和程序执行。

第二十一条 发现纳税人有偷税、逃避追缴欠税、骗取出口退税、抗税或其他需要立案查处的税收违法行为嫌疑的,要移交税务稽查部门处理。

对税源管理部门移交稽查部门处理的案件，税务稽查部门要将处理结果定期向税源管理部门反馈。

发现外商投资和外国企业与其关联企业之间的业务往来不按照独立企业业务往来收取或支付价款、费用，需要调查、核实的，应移交上级税务机关国际税收管理部门（或有关部门）处理。

第二十二条　对纳税评估工作中发现的问题要作出评估分析报告，提出进一步加强征管工作的建议，并将评估工作内容、过程、证据、依据和结论等记入纳税评估工作底稿。纳税评估分析报告和纳税评估工作底稿是税务机关内部资料，不发纳税人，不作为行政复议和诉讼依据。

第六章　评估工作管理

第二十三条　基层税务机关及其税源管理部门要根据所辖税源的规模、管户的数量等工作实际情况，结合自身纳税评估的工作能力，制定评估工作计划，合理确定纳税评估工作量，对重点税源户，要保证每年至少重点评估分析一次。

第二十四条　基层税务机关及其税源管理部门要充分利用现代化信息手段，广泛收集和积累纳税人各类涉税信息，不断提高评估工作水平；要经常对评估结果进行分析研究，提出加强征管工作的建议；要作好评估资料整理工作，本着"简便、实用"的原则，建立纳税评估档案，妥善保管纳税人报送的各类资料，并注重保护纳税人的商业秘密和个人隐私；要建立健全纳税评估工作岗位责任制、岗位轮换制、评估复查制和责任追究制等各项制度，加强对纳税评估工作的日常检查与考核；要加强对从事纳税评估工作人员的培训，不断提高纳税评估工作人员的综合素质和评估能力。

第二十五条　各级税务机关的征管部门负责纳税评估工作的组织协调工作，制定纳税评估工作业务规程，建立健全纳税评估规章制度和反馈机制，指导基层税务机关开展纳税评估工作，明确纳税评估工作职责分工并定期对评估工作开展情况进行总结和交流；各级税务机关的计划统计部门负责对税收完成情况、税收与经济的对应规律、总体税源和税负的增减变化等情况进行定期的宏观分析，为基层税务机关开展纳税评估提供依据和指导；各级税务机关的专业管理部门（包括各税种、国际税收、出口退税管理部门以及县级税务机关的综合业务部门）负责进行行业税负监控、建立各税种的纳税评估指标体系、测算指标预警值、制定分税种的具体评估方法，为基层税务机关开展纳税评估工作提供依据和指导。

第二十六条　从事纳税评估的工作人员，在纳税评估工作中徇私舞弊或者滥用职权，或为有涉嫌税收违法行为的纳税人通风报信致使其逃避查处的，或瞒报评估真实结果、应移交案件不移交的，或致使纳税评估结果失真、给纳税人造成损失的，不构成犯罪的，由税务机关按照有关规定给予行政处分；构成犯罪的，要依法追究刑事责任。

第二十七条　各级税务局要加强纳税评估工作的协作，提高相关数据信息的共享程度，简化评估工作程序，提高评估工作实效，最大限度地方便纳税人。

附件：（略）

纳税信用管理办法（试行）①

（2014年7月4日国家税务总局公告2014年第40号公布　自2014年10月1日起施行）

第一章　总　　则

第一条　为规范纳税信用管理，促进纳税人诚信自律，提高税法遵从度，推进社会信用体系建设，根据《中华人民共和国税收征收管理法》及其实施细则、《国务院关于促进市场公平竞争维护市场正常秩序的若干意见》（国发〔2014〕20号）和《国务院关于印发社会信用体系建设规划纲要（2014－2020年）的通知》（国发〔2014〕21号），制定本办法。

第二条　本办法所称纳税信用管理，是指税务机关对纳税人的纳税信用信息开展的采集、评价、确定、发布和应用等活动。

第三条　本办法适用于已办理税务登记，从事生产、经营并适用查账征收的企业纳税人（以下简称纳税人）。

扣缴义务人、自然人纳税信用管理办法由国家税务总局另行规定。

个体工商户和其他类型纳税人的纳税信用管理办法由省税务机关制定。

第四条　国家税务总局主管全国纳税信用管理工作。省以下税务机关负责所辖地区纳税信用管理工作的组织和实施。

第五条　纳税信用管理遵循客观公正、标准统一、分级分类、动态调整的原则。

第六条　国家税务总局推行纳税信用管理工作的信息化，规范统一纳税信用管理。

第七条　国家税务局、地方税务局应联合开展纳税信用评价工作。

第八条　税务机关积极参与社会信用体系建设，与相关部门建立信用信息共建共享机制，推动纳税信用与其他社会信用联动管理。

第二章　纳税信用信息采集

第九条　纳税信用信息采集是指税务机关对纳税人纳税

① 本办法第十七条第二项已被《国家税务总局关于纳税信用评价有关事项的公告》废止，第七条已被《国家税务总局关于公布全文失效废止和部分条款失效废止的税收规范性文件目录的公告》废止，第十五条第二款、第三十二条第七项已被《国家税务总局关于纳税信用管理有关事项的公告》废止。

信用信息的记录和收集。

第十条　纳税信用信息包括纳税人信用历史信息、税务内部信息、外部信息。

纳税人信用历史信息包括基本信息和评价年度之前的纳税信用记录,以及相关部门评定的优良信用记录和不良信用记录。

税务内部信息包括经常性指标信息和非经常性指标信息。经常性指标信息是指涉税申报信息、税(费)款缴纳信息、发票与税控器具信息、登记与账簿信息等纳税人在评价年度内经常产生的指标信息;非经常性指标信息是指税务检查信息等纳税人在评价年度内不经常产生的指标信息。

外部信息包括外部参考信息和外部评价信息。外部参考信息包括评价年度相关部门评定的优良信用记录和不良信用记录;外部评价信息是指从相关部门取得的影响纳税人纳税信用评价的指标信息。

第十一条　纳税信用信息采集工作由国家税务总局和省税务机关组织实施,按月采集。

第十二条　本办法第十条第二款纳税人信用历史信息中的基本信息由税务机关从税务管理系统中采集,税务管理系统中暂缺的信息由税务机关通过纳税人申报采集;评价年度之前的纳税信用记录,以及相关部门评定的优良信用记录和不良信用记录,从税收管理记录、国家统一信用信息平台等渠道中采集。

第十三条　本办法第十条第三款税务内部信息从税务管理系统中采集。

第十四条　本办法第十条第四款外部信息主要通过税务管理系统、国家统一信用信息平台、相关部门官方网站、新闻媒体或者媒介等渠道采集。通过新闻媒体或者媒介采集的信息应核实后使用。

第三章　纳税信用评价

第十五条　纳税信用评价采取年度评价指标得分和直接判级方式。评价指标包括税务内部信息和外部评价信息。

年度评价指标得分采取扣分方式。纳税人评价年度内经常性指标和非经常性指标信息齐全的,从100分起评;非经常性指标缺失的,从90分起评。

直接判级适用于有严重失信行为的纳税人。

纳税信用评价指标由国家税务总局另行规定。

第十六条　外部参考信息在年度纳税信用评价结果中记录,与纳税信用评价信息形成联动机制。

第十七条　纳税信用评价周期为一个纳税年度,有下列情形之一的纳税人,不参加本期的评价:

(一)纳入纳税信用管理时间不满一个评价年度的;

(二)本评价年度内无生产经营业务收入的;

(三)因涉嫌税收违法被立案查处尚未结案的;

(四)被审计、财政部门依法查出税收违法行为,税务机关正在依法处理,尚未办结的;

(五)已申请税务行政复议、提起行政诉讼尚未结案的;

(六)其他不应参加本期评价的情形。

第十八条　纳税信用级别设A、B、C、D四级。A级纳税信用为年度评价指标得分90分以上的;B级纳税信用为年度评价指标得分70分以上不满90分的;C级纳税信用为年度评价指标得分40分以上不满70分的;D级纳税信用为年度评价指标得分不满40分或者直接判级确定的。

第十九条　有下列情形之一的纳税人,本评价年度不能评为A级:

(一)实际生产经营期不满3年的;

(二)上一评价年度纳税信用评价结果为D级的;

(三)非正常原因一个评价年度内增值税或营业税连续3个月或者累计6个月零申报、负申报的;

(四)不能按照国家统一的会计制度规定设置账簿,并根据合法、有效凭证核算,向税务机关提供准确税务资料的。

第二十条　有下列情形之一的纳税人,本评价年度直接判为D级:

(一)存在逃避缴纳税款、逃避追缴欠税、骗取出口退税、虚开增值税专用发票等行为,经判决构成涉税犯罪的;

(二)存在前项所列行为,未构成犯罪,但偷税(逃避缴纳税款)金额10万元以上且占各税种应纳税总额10%以上,或者存在逃避追缴欠税、骗取出口退税、虚开增值税专用发票等税收违法行为,已缴纳税款、滞纳金、罚款的;

(三)在规定期限内未按税务机关处理结论缴纳或者足额缴纳税款、滞纳金和罚款的;

(四)以暴力、威胁方法拒不缴纳税款或者拒绝、阻挠税务机关依法实施税务稽查执法行为的;

(五)存在违反增值税发票管理规定或者违反其他发票管理规定的行为,导致其他单位或者个人未缴、少缴或者骗取税款的;

(六)提供虚假申报材料享受税收优惠政策的;

(七)骗取国家出口退税款,被停止出口退(免)税资格未到期的;

(八)有非正常户记录或者由非正常户直接责任人员注册登记或者负责经营的;

(九)由D级纳税人的直接责任人员注册登记或者负责经营的;

(十)存在税务机关依法认定的其他严重失信情形的。

第二十一条　纳税人有下列情形的,不影响其纳税信用评价:

(一)由于税务机关原因或者不可抗力,造成纳税人未能及时履行纳税义务的;

(二)非主观故意的计算公式运用错误以及明显的笔误造成未缴或者少缴税款的;

（三）国家税务总局认定的其他不影响纳税信用评价的情形。

第四章　纳税信用评价结果的确定和发布

第二十二条　纳税信用评价结果的确定和发布遵循谁评价、谁确定、谁发布的原则。

第二十三条　税务机关每年4月确定上一年度纳税信用评价结果，并为纳税人提供自我查询服务。

第二十四条　纳税人对纳税信用评价结果有异议的，可以书面向作出评价的税务机关申请复评。作出评价的税务机关应按本办法第三章规定进行复核。

第二十五条　税务机关对纳税人的纳税信用级别实行动态调整。

因税务检查等发现纳税人以前评价年度需扣减信用评价指标得分或者直接判级的，税务机关应按本办法第三章规定调整其以前年度纳税信用评价结果和记录。

纳税人因第十七条第三、四、五项所列情形解除而向税务机关申请补充纳税信用评价的，税务机关应按本办法第三章规定处理。

第二十六条　纳税人信用评价状态变化时，税务机关可采取适当方式通知、提醒纳税人。

第二十七条　税务机关对纳税信用评价结果，按分级分类原则，依法有序开放：

（一）主动公开A级纳税人名单及相关信息；

（二）根据社会信用体系建设需要，以及与相关部门信用信息共建共享合作备忘录、协议等规定，逐步开放B、C、D级纳税人名单及相关信息；

（三）定期或者不定期公布重大税收违法案件信息。具体办法由国家税务总局另行规定。

第五章　纳税信用评价结果的应用

第二十八条　税务机关按照守信激励，失信惩戒的原则，对不同信用级别的纳税人实施分类服务和管理。

第二十九条　对纳税信用评价为A级的纳税人，税务机关予以下列激励措施：

（一）主动向社会公告年度A级纳税人名单；

（二）一般纳税人可单次领取3个月的增值税发票用量，需要调整增值税发票用量时即时办理；

（三）普通发票按需领用；

（四）连续3年被评为A级信用级别（简称3连A）的纳税人，除享受以上措施外，还可以由税务机关提供绿色通道或专门人员帮助办理涉税事项；

（五）税务机关与相关部门实施的联合激励措施，以及结合当地实际情况采取的其他激励措施。

第三十条　对纳税信用评价为B级的纳税人，税务机关实施正常管理，适时进行税收政策和管理规定的辅导，并视信用评价状态变化趋势选择性地提供本办法第二十九条的激励措施。

第三十一条　对纳税信用评价为C级的纳税人，税务机关应依法从严管理，并视信用评价状态变化趋势选择性地采取本办法第三十二条的管理措施。

第三十二条　对纳税信用评价为D级的纳税人，税务机关应采取以下措施：

（一）按照本办法第二十七条的规定，公开D级纳税人及其直接责任人员名单，对直接责任人员注册登记或者负责经营的其他纳税人纳税信用直接判为D级；

（二）增值税专用发票领用按辅导期一般纳税人政策办理，普通发票的领用实行交（验）旧供新、严格限量供应；

（三）加强出口退税审核；

（四）加强纳税评估，严格审核其报送的各种资料；

（五）列入重点监控对象，提高监督检查频次，发现税收违法违规行为的，不得适用规定处罚幅度内的最低标准；

（六）将纳税信用评价结果通报相关部门，建议在经营、投融资、取得政府供应土地、进出口、出入境、注册新公司、工程招投标、政府采购、获得荣誉、安全许可、生产许可、从业任职资格、资质审核等方面予以限制或禁止；

（七）D级评价保留2年，第三年纳税信用不得评价为A级；

（八）税务机关与相关部门实施的联合惩戒措施，以及结合实际情况依法采取的其他严格管理措施。

第六章　附　　则

第三十三条　省税务机关可以根据本办法制定具体实施办法。

第三十四条　本办法自2014年10月1日起施行。2003年7月17日国家税务总局发布的《纳税信用等级评定管理试行办法》（国税发〔2003〕92号）同时废止。

国家税务总局关于纳税信用管理有关事项的公告

（2020年9月13日国家税务总局公告2020年第15号公布　自2020年11月1日起施行）

为深入贯彻落实国务院"放管服"改革精神，优化税收营商环境，完善纳税信用体系，根据《中华人民共和国税收征收管理法实施细则》和《国务院关于印发社会信用体系建设规划纲要（2014－2020年）的通知》（国发〔2014〕21号），现就纳税信用管理有关事项公告如下：

一、非独立核算分支机构可自愿参与纳税信用评价。本公告所称非独立核算分支机构是指由企业纳税人设立，已在税务机关完成登记信息确认且核算方式为非独立核算的分支机构。

非独立核算分支机构参评后,2019 年度之前的纳税信用级别不再评价,在机构存续期间适用国家税务总局纳税信用管理相关规定。

二、自开展 2020 年度评价时起,调整纳税信用评价计分方法中的起评分规则。近三个评价年度内存在非经常性指标信息的,从 100 分起评;近三个评价年度内没有非经常性指标信息的,从 90 分起评。

三、自开展 2019 年度评价时起,调整税务机关对 D 级纳税人采取的信用管理措施。对于因评价指标得分评为 D 级的纳税人,次年由直接保留 D 级评价调整为评价时加扣 11 分;税务机关应按照本条前述规定在 2020 年 11 月 30 日前调整其 2019 年度纳税信用级别,2019 年度以前的纳税信用级别不作追溯调整。对于因直接判级评为 D 级的纳税人,维持 D 级评价保留 2 年、第三年纳税信用不得评价为 A 级。

四、纳税人对指标评价情况有异议的,可在评价年度次年 3 月份填写《纳税信用复评(核)申请表》,向主管税务机关提出复核,主管税务机关在开展年度评价时审核调整,并随评价结果向纳税人提供复核情况的自我查询服务。

五、本公告自 2020 年 11 月 1 日起施行。《纳税信用管理办法(试行)》(国家税务总局公告 2014 年第 40 号发布)第十五条第二款、第三十二条第七项,《国家税务总局关于明确纳税信用管理若干业务口径的公告》(2015 年第 85 号,2018 年第 31 号修改)第三条第一款、第七条第一项,《国家税务总局关于明确纳税信用补评和复评事项的公告》(2015 年第 46 号,2018 年第 31 号修改)所附《纳税信用复评申请表》同时废止。

特此公告。

附件:纳税信用复评(核)申请表

附件

纳税信用复评(核)申请表

<table>
<tr><td>纳税人识别号</td><td colspan="3"></td></tr>
<tr><td>纳税人名称</td><td colspan="3"></td></tr>
<tr><td>主管税务机关</td><td colspan="3"></td></tr>
<tr><td>经办人</td><td></td><td>经办人联系电话</td><td></td></tr>
<tr><td>申请复评(核)年度</td><td></td><td>年度评价结果</td><td>(申请复核的不填)</td></tr>
<tr><td colspan="4">申请原因</td></tr>
<tr><td colspan="4">□1. 对纳税信用评价得分计算有疑问
□2. 对直接判为 D 级有疑问
□3. 对涉税申报信息评价指标扣分有疑问
□4. 对税(费)缴纳信息评价指标扣分有疑问
□5. 对发票与税控器具信息评价指标扣分有疑问
□6. 对登记与账簿信息评价指标扣分有疑问
□7. 对纳税评估、税务审计、反避税调查信息评价指标扣分有疑问
□8. 对税务稽查信息评价指标扣分有疑问
□9. 对外部评价信息指标扣分有疑问
□10. 其他:____________________</td></tr>
<tr><td colspan="2">经办人签章:
年 月 日</td><td colspan="2">纳税人公章:
年 月 日</td></tr>
<tr><td colspan="4">以下由税务机关填写</td></tr>
<tr><td colspan="4">受理人:
受理日期: 年 月 日 主管税务机关(章)</td></tr>
</table>

备注:1. 税务机关在受理复评申请后 15 个工作日内完成纳税信用复评,并向纳税人提供复评情况的自我查询服务。

2. 税务机关在 3 月份集中受理复核申请,在开展年度评价时审核调整,并随评价结果向纳税人提供复核情况的自我查询服务。

3. 本表一式两份,主管税务机关留存一份,返纳税人一份。

4. 主管税务机关(章)指办税服务厅业务专用章。

税款缴库退库工作规程

（2014 年 3 月 25 日国家税务总局令第 31 号公布　自 2014 年 9 月 1 日起施行）

第一章　总　　则

第一条　为规范税款缴库及退库管理，保障国家税收收入的安全完整，维护纳税人合法权益，适应税收信息化发展需要，根据《中华人民共和国税收征收管理法》《中华人民共和国预算法》《中华人民共和国国家金库条例》等法律法规，制定本规程。

第二条　税务机关、纳税人、扣缴义务人、代征代售人办理税款缴库和退库业务，适用本规程。

第三条　本规程所称税款缴库是指税务机关、扣缴义务人、代征代售人依照法律法规或者委托代征税款协议，开具法定税收票证，将征收的税款、滞纳金、罚没款等各项收入（以下统称税款）缴入国家金库（以下简称国库），以及纳税人直接通过银行将应缴纳的税款缴入国库；税款退库是指税务机关对经财政部门授权办理的税收收入退库业务，依照法律法规，开具法定税收票证，通过国库向纳税人退还应退税款。

税务机关按照国家政策规定和预算管理要求，对税款预算科目、预算级次、收款国库等事项，通过国库进行调整的税款调库业务，适用本规程。

第四条　税款缴库、退库应当遵循依法、规范、安全、效率、简便的原则。

第五条　税款缴库、退库按照办理凭证的不同分为手工缴库、退库和电子缴库、退库。

第六条　国家积极推广以横向联网电子缴税系统为依托的税款电子缴库、退库工作。

税务机关应当加强与国库、银行等部门间的协作，保持税收征管系统与横向联网电子缴税系统稳定，确保电子缴库、退库信息安全、完整和不可篡改，保证电子缴库、退库税款准确。

第七条　税务机关应当按照国家规定的税收征收管理范围和税款预算科目、预算级次办理税款缴库、退库。

第八条　税务机关应当将征收的税款按照国家规定直接缴入国库，不得缴入在国库以外或者国家规定的税款账户以外的任何账户。

任何税务机关不得占压、挪用和截留税款。

第九条　税务机关应当加强税款缴库、退库管理，建立部门、岗位配合和制约机制。

第十条　各级税务机关收入规划核算部门根据本级职责范围，负责制定税款缴库、退库管理制度，办理税款缴库、退库相关业务，反映税款缴库、退库结果，监督税款缴库、退库的规范性、准确性和及时性。

第二章　税 款 缴 库

第十一条　《税收缴款书（银行经收专用）》、《税收缴款书（出口货物劳务专用）》和《税收电子缴款书》是税款缴库的法定凭证。

第十二条　税务机关、扣缴义务人、代征代售人、自行填开税收票证的纳税人开具税款缴库凭证，应当对开具内容与开具依据进行核对。

核对内容包括登记注册类型、缴款单位（人）识别号、缴款单位（人）名称、开户银行、账号、税务机关、收款国库、预算科目编码、预算科目名称、预算级次、品目名称、税款限缴日期、实缴金额等。

开具依据包括纳税申报表、代扣代收税款报告表、延期缴纳税款申请审批表、税务事项通知书、税务处理决定书、税务行政处罚决定书、税务行政复议决定书、生效的法院判决书以及其他记载税款缴库凭证内容的纸质资料或电子信息。

第十三条　税务机关、纳税人、扣缴义务人、代征代售人等向银行传递《税收缴款书（银行经收专用）》《税收缴款书（出口货物劳务专用）》，由银行据以收纳报解税款后缴入国库的缴库方式为手工缴库。

税务机关将记录纳税人、扣缴义务人、代征代售人应缴税款信息的《税收电子缴款书》通过横向联网电子缴税系统发送给国库，国库转发给银行，银行据以收纳报解税款后缴入国库的缴库方式为电子缴库。

第十四条　手工缴库包括直接缴库和汇总缴库两种形式。

直接缴库的，由纳税人持《税收缴款书（银行经收专用）》或《税收缴款书（出口货物劳务专用）》，直接到银行缴纳税款，银行据以收纳报解税款后缴入国库。

汇总缴库分为税务机关汇总缴库和扣缴义务人、代征代售人汇总缴库：

（一）税务机关汇总缴库的，由纳税人、扣缴义务人、代征代售人向税务机关缴纳或者解缴税款，税务机关根据所收税款，汇总开具《税收缴款书（银行经收专用）》，向银行解缴，银行据以收纳报解税款后缴入国库，应予缴库的税务代保管资金和待缴库税款，按纳税人分别开具《税收缴款书（银行经收专用）》；

（二）扣缴义务人、代征代售人汇总缴库的，由纳税人向扣缴义务人、代征代售人缴纳税款，扣缴义务人、代征代售人根据所扣、所收税款，汇总开具《税收缴款书（银行经收专用）》，向银行解缴，银行据以收纳报解税款后缴入国库。

第十五条　直接缴库时，纳税人应当在税款缴库凭证载明的税款限缴日期内，到银行办理税款的缴纳；超过税款限缴日期的，由税务机关计算纳税人应缴滞纳金，开具税款缴库凭证，纳税人到银行办理税款和滞纳金的缴纳。

税务机关汇总缴库时，应当于收取税款的当日或次日向银行办理税款解缴;地区偏远无法及时办理的,应当按照限期限额的规定向银行办理税款解缴。扣缴义务人、代征代售人汇总缴库时,应当在到税务机关办理税收票款结报缴销前向银行办理税款解缴;解缴迟延的,参照上款规定,办理滞纳金、违约金的缴纳。

第十六条 电子缴库包括划缴入库和自缴入库两种形式。

划缴入库的,由税务机关将纳税人、扣缴义务人、代征代售人应缴库税款的信息,通过横向联网电子缴税系统发送给国库,国库转发给纳税人、扣缴义务人、代征代售人签订授权(委托)划缴协议的开户银行,开户银行从签约指定账户将款项划至国库。

自缴入库的,由纳税人、扣缴义务人、代征代售人通过银行或 POS 机布设机构,经横向联网电子缴税系统向税务机关查询其应缴税款信息并予以确认,银行或 POS 机布设机构办理税款实时入库。

条件具备时,税务机关可以通过电子缴库方式,办理税务代保管资金和待缴库税款的缴库。

第十七条 采用划缴入库形式缴库时,税务机关可以将应缴税款信息分户发送至横向联网电子缴税系统办理税款实时划缴入库,也可以将多户应缴税款信息批量发送横向联网电子缴税系统办理税款定时划缴入库。

第十八条 授权(委托)划缴协议是纳税人、扣缴义务人、代征代售人等缴款人准予其指定账户的开户银行根据税务机关发送的应缴税信息,从该指定账户中扣划税款缴库的书面约定。协议的基本要素应当包括协议编号、签约各方名称、签约方地址、缴款人税务登记号、划缴税款账户名称及账号、缴款人开户银行行号、清算行行号及名称、签约日期,签约各方的权利和义务等。

第十九条 由于横向联网电子缴税系统故障等非纳税人、扣缴义务人原因造成税款缴库不成功的,对纳税人、扣缴义务人不加征滞纳金。

第二十条 纳税人从异地或第三方账户缴纳的不能直接缴库的非现金税款,由直接负责税款征收的县以上税务机关通过国库“待缴库税款”专户收缴,并在收到国库发送的收账回单的当日或次日,核对收账回单、纳税申报表、税务处理决定书等凭证,分纳税人填开缴库凭证,将税款解缴入库。

“待缴库税款”专户收缴税款时,应当区分以下情况办理:

(一)通过国内汇款方式缴纳税款的,税务机关应当通知纳税人或其他汇款人将税款直接汇入国库“待缴库税款”专户;

(二)通过国外汇款方式缴纳税款的,税务机关应当通知纳税人或其他汇款人将税款汇入国库商税务、财政部门选定的具备结汇资格的银行,指定银行按照当日外汇买入价办理结汇并将税款划转“待缴库税款”专户。

第三章 税款退库

第二十一条 《税收收入退还书》《税收收入电子退还书》是税款退库的法定凭证。

税务机关向国库传递《税收收入退还书》,由国库据以办理税款退还的方式为手工退库。

税务机关通过横向联网电子缴税系统将记录应退税款信息的《税收收入电子退还书》发送给国库,国库据以办理税款退还的方式为电子退库。

第二十二条 税务机关办理税款退库应当直接退还纳税人。

纳税人经由扣缴义务人代扣代收的税款发生多缴的,经纳税人同意,税务机关可以将税款退还扣缴义务人,由扣缴义务人转退纳税人。

国家政策明确规定税款退给非原纳税人的,税务机关应当向非原纳税人退还,退库办理程序参照本章规定执行。

第二十三条 税务机关直接向纳税人退还税款的,应当由纳税人填写退税申请。税务机关通过扣缴义务人向纳税人退还税款的,可以由扣缴义务人填写退税申请。

第二十四条 税务机关应当在法定期限内办理税款退库。

税务机关发现纳税人多缴税款的,应当立即核实应退税额、账户等相关情况,通知纳税人或扣缴义务人提交退税申请,自接到纳税人或扣缴义务人退税申请之日起 10 日内办理退库手续。

纳税人发现多缴税款要求退还的,税务机关应当自接到纳税人或扣缴义务人退税申请之日起 30 日内查实并办理退库手续。

第二十五条 除出口退税以外,纳税人既有应退税款又有欠缴税款的,税务机关可以将纳税人的应退税款和利息先抵扣欠缴的税款;抵扣后有余额的,办理应退余额的退库。

第二十六条 县以上税务机关收入规划核算部门具体办理税款退库工作,根据退税申请相关资料和纳税人欠税情况,复核退税依据、原完税情况、退税金额、退税收款账户等退库凭证项目内容,复核无误的,正确适用预算科目、预算级次,开具税款退库凭证。退税申请相关资料不齐全、相关项目内容不准确的,不得开具退库凭证办理退库;应予抵扣欠税的,办理税款抵扣手续。

退税申请相关资料包括:签有退税核实部门意见的退税申请书、原完税凭证、出口退(免)税汇总申报表、减免税审批文书、纳税申报表、税务稽查结论、税务处理决定书、纳税评估文书、税务行政复议决定书、生效的法院判决书、税务机关认可的其他记载应退税款内容的资料或电子信息。

税收征管系统中可以查询到纳税申报表、税款缴库等电子信息的,可以不再通过书面资料复核。

第二十七条 手工退库的,《税收收入退还书》应当经税务机关主要负责人签发并加盖在国库预留的退税专用印鉴,连同退税申请书,由税务机关送国库办理退库手续;电子退库的,

《税收收入电子退还书》应当经税务机关复核人员复核授权，连同相关电子文件，由税务机关向国库发送办理退库手续。

第二十八条　税务机关直接向纳税人退还税款时，应当将税款退至纳税人原缴款账户。税务机关通过扣缴义务人向纳税人退还税款的，应当将税款退至扣缴义务人原缴款账户。

由于特殊情况不能退至纳税人、扣缴义务人原缴款账户的，纳税人、扣缴义务人在申请退税时应当书面说明理由，提交相关证明资料，并指定接受退税的其他账户及接受退税单位（人）名称。

第二十九条　税务机关对未开设银行账户的纳税人确需以现金方式退税的，应当在《税收收入退还书》备注栏注明“退付现金”和原完税凭证号码、纳税人身份证号码，送当地国库办理退库手续，同时通知纳税人到指定银行领取退还税款。

第三十条　境外纳税人以外币兑换人民币缴纳的税款需要退库的，税务机关应当在《税收收入退还书》上加盖“可退付外币”戳记，并根据纳税人缴纳的外汇税款币种注明退付的外币币种，送交国库通过指定银行退至境外纳税人账户。

第三十一条　根据《中华人民共和国税收征收管理法》及其实施细则规定应当向纳税人退付利息的，按照税务机关办理退税手续当天中国人民银行规定的活期存款利率计算利息。

办理退税手续当天是指开具《税收收入退还书》或《税收收入电子退还书》、办理应退税款抵扣欠缴税款的当天。

第三十二条　退付给纳税人的利息，采用冲减应退税款原入库预算科目的办法，从入库收入中退付。

第三十三条　退库税款预算科目和预算级次应当与原入库税款一致，但是，退库税款有专用退库预算科目，原预算科目、预算级次已修订或国家另有规定的除外。

第三十四条　除出口退税以外，应退税款超过一定额度标准的，应当事先向市（不含县级市，下同）或省（自治区、直辖市和计划单列市，以下简称省）税务机关报告，具体标准和报告程序由各省税务机关确定。

第四章　税款调库

第三十五条　税务机关办理税款调库时，应当开具《更正（调库）通知书》等凭证，送国库进行业务处理。

税款调库可以采用传递纸质调库凭证的手工调库方式办理，也可以采用通过横向联网电子缴税系统发送电子调库凭证的电子调库方式办理。

第三十六条　税款调库包括出口免抵调、应退税款跨预算科目抵扣欠税、税款更正等业务。

第三十七条　退库办理部门根据免抵调政策办理税款调库时，应当根据免抵税数额和免抵调库指标，开具《更正（调库）通知书》，并于开具当日或次日连同开具依据一起送当地国库办理税款调库手续。

第三十八条　税务机关办理应退税款抵扣欠缴税款业务，并且应退税款与欠缴税款属于不同预算科目的，退库办理部门应当根据《应退税款抵扣欠缴税款通知书》填开《更正（调库）通知书》，送国库办理调库手续。

第三十九条　税款缴库、退库业务办理完成后，税务机关或国库发现双方入库或退库税款预算科目、预算级次、收款国库等要素不一致需要调整的，应当根据“谁差错、谁更正”的原则，按以下程序办理税款更正调库手续：

（一）国库数据发生差错、税务机关数据正确的，税务机关应当及时将差错数据情况告知国库，由国库填写《更正（调库）通知书》办理更正调库；

（二）国库和税务机关数据同时发生差错的，由税务机关进行数据红字更正处理，同时填写《更正（调库）通知书》，送国库办理更正调库。

第四十条　由于政策性原因需要对入库税款预算科目和预算级次等进行调整的，税务机关应当填写《更正（调库）通知书》，送国库办理更正调库。

第五章　国库对账

第四十一条　银行和国库返回缴库、退库和调库凭证后，税务机关应当与留存凭证的相关项目核对，进行凭证销号和税款对账，确认税款缴库、退库和调库业务的完成，并且完成相关业务税收会计核算原始凭证的收集。

根据税款缴库、退库和调库业务的处理方式，销号和对账可以由税务机关根据国库返回的纸质凭证或电子凭证信息，手工进行销号、对账或者由税收征管系统自动进行电子销号、对账。

第四十二条　手工缴库、退库、调库的，税务机关应当在收到银行、国库返回的纸质缴库、退库、调库凭证相关联次的当日或次日，根据银行收讫章日期、国库收讫章日期、国库退库转讫章日期、国库调库业务章日期进行税款上解、入库、退库和调库销号。

电子缴库、退库、调库的，税务机关应当在横向联网电子缴税系统返回电子缴库、退库、调库凭证信息的当日，根据电子缴库凭证的扣款成功日期、电子缴库凭证的入库日期、电子退库凭证的退还日期、电子调库更正凭证的办理日期进行税款上解、入库、退库和调库销号。

电子信息未能及时、准确返回的，应当在与国库确认业务办理成功后，手工进行销号。

第四十三条　每日、每月、每年业务终了后，县税务机关应当将税款缴库、退库、调库数据与国库预算收入日报表（月报表、年报表）数据进行对账，对账项目包括预算科目、预算级次和税款金额。

省、市税务机关与国库对账周期由各省税务机关商当地国库自行确定，但每年业务终了后，必须与同级国库进行对账。

第四十四条　对账不一致时，税务机关数据发生差错而国库数据正确的，税务机关应当通过数据红字更正方式或补充更正方式处理。

国库和税务机关数据同时发生差错，或者国库数据发生差错而税务机关数据正确的，通过税款更正调库办理。

第四十五条 年终对账无误后，税务机关应当在加盖国家金库章的国库预算收入年报表上加盖单位公章，按规定及时反馈国库。

第六章 监督管理

第四十六条 税务机关应当强化内部制约机制，严格按照各项法律法规和财经纪律办理税款缴库、退库、调库及销号对账等手续，确保国家税款的安全、完整、准确。

第四十七条 税务机关应当定期对下级税务机关、扣缴义务人、代征代售人的税款缴库、退库的及时性、准确性等情况进行检查。

第四十八条 税务机关应当及时对税款缴库、退库、调库凭证及相关资料进行归档，保存期限按国家有关规定执行。

第四十九条 税务机关工作人员违反本规程的，应当根据情节轻重，给予批评教育、责令做出检查、诫勉谈话或调整工作岗位处理；构成违纪的，按照《中华人民共和国税收征收管理法》《中华人民共和国公务员法》《行政机关公务员处分条例》《财政违法行为处罚处分条例》《税收违法违纪行为处分规定》及有关规定给予处分；涉嫌犯罪的，移送司法机关。

第五十条 纳税人、扣缴义务人违反本规程的，按照《中华人民共和国税收征收管理法》及相关规定进行处理；涉嫌犯罪的，移送司法机关。

第五十一条 税务机关与代征代售人签订代征代售合同时，应当就违反本规程及相关规定的责任进行约定，并按约定及其他有关规定追究责任；涉嫌犯罪的，移送司法机关。

第七章 附 则

第五十二条 税务机关依照法律法规征收的各种基金、费办理缴库、退库，参照本规程执行。

各级政府部门委托税务机关征收的各种基金、费办理缴库、退库，可以参照本规程执行。

第五十三条 本规程所称银行，是指经收预算收入的银行、信用社等银行业金融机构。

第五十四条 本规程所称应予缴库的税务代保管资金是指按照《税务代保管资金账户管理办法》规定缴入税务代保管资金账户的款项中经确认属于税款的资金；待缴库税款是指按照《待缴库税款收缴管理办法》规定缴入“待缴库税款”专户的税款。

第五十五条 各省税务机关应当根据本规程制定本地区的具体实施办法。

第五十六条 本规程自2014年9月1日起施行。

纳税人涉税保密信息管理暂行办法

（2008年10月9日国税发〔2008〕93号公布 根据2018年6月15日《国家税务总局关于修改部分税收规范性文件的公告》修正）

第一章 总 则

第一条 为维护纳税人的合法权益，规范对纳税人涉税保密信息管理工作，根据《中华人民共和国税收征收管理法》和《中华人民共和国税收征收管理法实施细则》及相关法律、法规的规定，制定本办法。

第二条 本办法所称纳税人涉税保密信息，是指税务机关在税收征收管理工作中依法制作或者采集的，以一定形式记录、保存的涉及到纳税人商业秘密和个人隐私的信息。主要包括纳税人的技术信息、经营信息和纳税人、主要投资人以及经营者不愿公开的个人事项。

纳税人的税收违法行为信息不属于保密信息范围。

第三条 对于纳税人的涉税保密信息，税务机关和税务人员应依法为其保密。除下列情形外，不得向外部门、社会公众或个人提供：

（一）按照法律、法规的规定应予公布的信息；

（二）法定第三方依法查询的信息；

（三）纳税人自身查询的信息；

（四）经纳税人同意公开的信息。

第四条 根据法律、法规的要求和履行职责的需要，税务机关可以披露纳税人的有关涉税信息，主要包括：根据纳税人信息汇总的行业性、区域性等综合涉税信息、税收核算分析数据、纳税信用等级以及定期定额户的定额等信息。

第五条 各级税务机关应指定专门部门负责纳税人涉税非保密信息的对外披露、纳税人涉税保密信息查询的受理和纳税人涉税保密信息的对外提供工作。要制定严格的信息披露、提供和查询程序，明确工作职责。

第二章 涉税保密信息的内部管理

第六条 在税收征收管理工作中，税务机关、税务人员应根据有关法律、法规规定和征管工作需要，向纳税人采集涉税信息资料。

第七条 税务机关、税务人员在税收征收管理工作各环节采集、接触到纳税人涉税保密信息的，应当为纳税人保密。

第八条 税务机关内部各业务部门、各岗位人员必须在职责范围内接收、使用和传递纳税人涉税保密信息。

对涉税保密信息纸质资料，税务机关应明确责任人员，严格按照程序受理、审核、登记、建档、保管和使用。

对涉税保密信息电子数据，应由专门人员负责采集、传输和储存、分级授权查询,避免无关人员接触纳税人的涉税保密信息。

第九条 对存储纳税人涉税保密信息的纸质资料或者电子存储介质按规定销毁时,要指定专人负责监督,确保纸质资料全部销毁,电子存储介质所含数据不可恢复。

第十条 税务机关在税收征收管理信息系统或者办公用计算机系统的开发建设、安装调试、维护维修过程中,要与协作单位签订保密协议,采取保密措施,防止纳税人涉税保密信息外泄。

第十一条 税务机关对纳税人涉税保密资料的存放场所要确保安全,配备必要的防盗设施。

第三章 涉税保密信息的外部查询管理

第十二条 税务机关对下列单位和个人依照法律、法规规定,申请对纳税人涉税保密信息进行的查询应在职责范围内予以支持。具体包括:

(一)人民法院、人民检察院和公安机关根据法律规定进行的办案查询;

(二)纳税人对自身涉税信息的查询;

(三)抵押权人、质权人请求税务机关提供纳税人欠税有关情况的查询。

第十三条 人民法院、人民检察院和公安机关依法查询纳税人涉税保密信息的,应当向被查询纳税人所在地的县级或县级以上税务机关提出查询申请。

第十四条 人民法院、人民检察院和公安机关向税务机关提出查询申请时,应当由两名以上工作人员到主管税务机关办理,并提交以下资料:

1.《纳税人、扣缴义务人涉税保密信息查询申请表》(式样见附件);

2.单位介绍信;

3.有效身份证件原件。

第十五条 纳税人通过税务机关网站提供的查询功能查询自身涉税信息的,必须经过身份认证和识别。

直接到税务机关查询自身涉税保密信息的纳税人,应当向主管税务机关提交下列资料:

1.《纳税人、扣缴义务人涉税保密信息查询申请表》;

2.查询人本人有效身份证件原件。

第十六条 纳税人授权其他人员代为查询的,除提交第十五条规定资料外,还需提交纳税人本人(法定代表人或财务负责人)签字的委托授权书和代理人的有效身份证件原件。

第十七条 抵押权人、质权人申请查询纳税人的欠税有关情况时,除提交本办法第十五条、第十六条规定的资料外,还需提交合法有效的抵押合同或者质押合同的原件。

第十八条 税务机关应在本单位职责权限内,向查询申请单位或个人(以下简称"申请人")提供有关纳税人的涉税保密信息。

第十九条 税务机关负责受理查询申请的部门,应对申请人提供的申请资料进行形式审查。对于资料齐全的,依次交由部门负责人和单位负责人分别进行复核和批准;对申请资料不全的,一次性告知申请人补全相关申请资料。

负责核准的人员应对申请查询的事项进行复核,对符合查询条件的,批准交由有关部门按照申请内容提供相关信息;对不符合查询条件的,签署不予批准的意见,退回受理部门,由受理部门告知申请人。

负责提供信息的部门,应根据已批准的查询申请内容,及时检索、整理和制作有关信息,并按规定程序交由查询受理部门。受理部门应在履行相关手续后将有关信息交给申请人。

第二十条 税务机关应根据申请人查询信息的内容,本着方便申请人的原则,确定查询信息提供的时间和具体方式。

第二十一条 税务机关对申请人申请查询涉税信息的申请资料应专门归档管理,保存期限为3年。

第四章 责任追究

第二十二条 各级税务机关应强化保密教育,努力增强税务人员的保密意识,采取有效措施,防止泄密、失密。

第二十三条 对有下列行为之一的税务人员,按照《中华人民共和国税收征收管理法》第八十七条的规定处理:

(一)在受理、录入、归档、保存纳税人涉税资料过程中,对外泄露纳税人涉税保密信息的;

(二)在日常税收管理、数据统计、报表管理、税源分析、纳税评估过程中,对外泄露纳税人涉税保密信息的;

(三)违规设置查询权限或者违规进行技术操作,使不应知晓纳税人涉税保密信息的税务人员可以查询或者知晓的;

(四)违反规定程序向他人提供纳税人涉税保密信息的。

第二十四条 有关查询单位和个人发生泄露纳税人涉税保密信息的,按照有关法律、法规的规定处理。

第二十五条 各级税务机关要严格执行泄密汇报制度,及时掌握泄密情况。对延误报告时间或者故意隐瞒、影响及时采取补救措施的,根据造成后果的严重程度,分别追究经办人和有关负责人的责任。

第五章 附 则

第二十六条 本办法由国家税务总局负责解释。各省、自治区、直辖市和计划单列市税务局可根据本办法,制定具体实施办法。

第二十七条 扣缴义务人涉税保密信息的管理适用本办法。

第二十八条 按照《国务院办公厅关于社会信用体系建设的若干意见》(国办发〔2007〕17号)的要求,税务总局与国务院相关部门建立的信息共享制度中涉及的保密规定,另行制定。

第二十九条 我国政府与其他国家(地区)政府缔结的

税收协定或情报交换协议中涉及纳税人涉税信息保密的，按协定或协议的规定办理。

第三十条 本办法自2009年1月1日起施行。

国家税务总局关于税务行政许可若干问题的公告

（2016年2月28日国家税务总局公告2016年第11号公布 自2016年4月1日起施行）

为规范税务行政许可行为，保护税务行政相对人合法权益，推进简政放权、放管结合、优化服务，根据《中华人民共和国行政许可法》《中华人民共和国税收征收管理法》及其实施细则等法律法规规定，以及国务院深化行政审批制度改革要求，现将税务行政许可若干问题公告如下：

一、税务行政许可事项

（一）企业印制发票审批；

（二）对纳税人延期缴纳税款的核准；

（三）对纳税人延期申报的核准；

（四）对纳税人变更纳税定额的核准；

（五）增值税专用发票（增值税税控系统）最高开票限额审批；

（六）对采取实际利润额预缴以外的其他企业所得税预缴方式的核定；

（七）非居民企业选择由其主要机构场所汇总缴纳企业所得税的审批。

二、税务行政许可实施机关

（一）税务行政许可由具有行政许可权的税务机关在法定权限内实施。各级税务机关下属的事业单位一律不得实施行政许可。税务机关是否具有行政许可权，由设定税务行政许可的法律、法规确定。

（二）除法律、法规、规章另有规定外，税务机关不得委托其他行政机关实施税务行政许可。

（三）税务机关应当按照“窗口受理、内部流转、限时办结、窗口出件”的要求，由办税服务厅或者在政府服务大厅设立的窗口集中受理行政许可申请、送达行政许可决定。

没有设立办税服务厅的税务机关指定一个内设机构作为窗口，集中受理直接向本级税务机关提出的行政许可申请、送达行政许可决定。

国家税务总局指定纳税服务司办税服务处作为窗口，集中受理直接向国家税务总局提出的行政许可申请、送达行政许可决定。

三、税务行政许可实施程序

税务行政许可的实施按照法律、法规、规章和本公告的规定执行。法律、法规、规章和本公告没有规定的，省税务机关可以在本机关管理权限内作出补充规定。但是，不得再向下级税务机关下放规定权。

（一）公示。税务机关应当将税务行政许可的事项、依据、条件、数量、程序、期限以及需要提交的全部材料的目录、申请书示范文本和服务指南等在办税服务厅或者其他办公场所以及税务机关门户网站予以公示。

（二）申请。公民、法人或者其他组织依法需要取得税务行政许可的，应当在法律、法规、规章或者税务机关按照法律、法规、规章确定的期限内，直接向具有行政许可权的税务机关提出申请，提交《税务行政许可申请表》（见附件1）和本公告规定的申请材料。

税务机关收到申请后，在《税务行政许可申请表》中的收件人处签名并注明收件日期。

申请人可以委托代理人提出申请，税务机关不得拒绝受理。代理人办理受托事项时，应当出具有效身份证件和委托证明。

具备条件的地方，申请人可以通过信函、电报、电传、传真、电子数据交换、电子邮件和网上办理平台等方式提出申请。

（三）受理。对申请人提出的申请，税务机关应当根据不同情形分别作出以下处理：

1. 不受理。申请事项属于税务机关管辖范围，但不需要取得税务行政许可的，应当即时告知申请人不受理，同时告知其解决的途径。

2. 不予受理。申请事项依法不属于本税务机关职权范围的，应当即时作出不予受理的决定，制作并送达《税务行政许可不予受理通知书》（见附件1），并告知申请人向有关行政机关申请。

3. 告知补正材料。申请人申请材料存在可以当场更正的错误的，应当告知并允许申请人当场更正。申请材料不齐全或者不符合法定形式的，应当当场或者在5日内一次告知申请人需要补正的全部内容，制作并送达《补正税务行政许可材料告知书》（见附件1）；逾期不告知的，自收到申请材料之日起即为受理。

4. 受理。申请事项属于本税务机关职权范围，申请材料齐全、符合法定形式，或者申请人按照本税务机关的要求提交全部补正申请材料的，应当受理税务行政许可申请，制作并送达《税务行政许可受理通知书》（见附件1）。《税务行政许可受理通知书》应当明确注明不长于法律法规规定的办结时限，并对依法不纳入办理时限的工作步骤和工作事项作出具体说明。

税务机关制作《税务行政许可不予受理通知书》《税务行政许可受理通知书》《补正税务行政许可材料告知书》，应当加盖本税务机关印章（或者许可专用章）并注明日期。

（四）审查。税务机关审查税务行政许可申请，应当以书面审查为原则；根据法定条件和程序，需要对申请材料的实质内容进行实地核实的，应当指派两名以上税务人员进行核查。

除法律、法规另有规定外，税务行政许可应当由具有行政许可权的税务机关直接受理、审查并作出决定。

税务机关审查税务行政许可申请过程中发现行政许可事项直接关系他人重大利益的，应当告知利害关系人相关权利。申请人、利害关系人有权进行陈述和申辩，税务机关应当认真听取申请人、利害关系人的意见。

（五）决定。税务机关对申请人材料进行审查后，应当当场或者在法定期限内以书面形式作出税务行政许可决定。

申请人提交的申请材料齐全、符合法定形式，税务机关能够当场作出决定的，应当当场作出书面的税务行政许可决定。

对不能当场作出决定的，应当自受理税务行政许可申请之日起20日内作出税务行政许可决定；20日内不能作出决定的，经本税务机关负责人批准，可以延长10日，并应当将延长期限的理由告知申请人。但是，法律、法规另有规定的，依照其规定。存在争议的或者重大的税务行政许可事项，应当进行合法性审查，并经集体讨论决定。

作出准予税务行政许可的决定，应当制作并送达加盖本税务机关印章（或者许可专用章）的《准予税务行政许可决定书》（见附件1），并在作出准予税务行政许可决定之日起7日内，在办税服务厅或者其他办公场所以及税务机关门户网站上公开税务行政许可决定。需要颁发税务行政许可证件的，应当自作出决定之日起10日内向申请人颁发加盖本税务机关印章的税务行政许可证件。

作出不予税务行政许可的决定，应当制作并送达加盖本税务机关印章（或者许可专用章）的《不予税务行政许可决定书》（见附件1），并应当说明理由，告知申请人享有申请行政复议或者提起行政诉讼的权利。

准予税务行政许可决定只在作出决定的税务机关管辖范围内有效。

（六）听证。对于下列事项，税务机关应当举行听证：

1. 法律、法规规定实施税务行政许可应当听证的事项；

2. 税务机关认为需要听证的其他涉及公共利益的税务行政许可事项；

3. 税务行政许可直接涉及申请人与他人之间重大利益关系，申请人、利害关系人在被告知听证权利之日起5日内提出听证申请的事项。

听证由税务机关负责法制工作的机构主持，按照下列程序进行：

1. 税务机关应当于举行听证的7日前将举行听证的时间、地点通知申请人、利害关系人，必要时予以公告；

2. 听证应当公开举行；

3. 税务机关应当指定审查该税务行政许可申请的税务人员以外的人员为听证主持人，申请人、利害关系人认为主持人与该税务行政许可事项有直接利害关系的，有权申请回避；

4. 举行听证时，审查该税务行政许可申请的税务人员应当提供审查意见的证据、理由，申请人、利害关系人可以提出证据，并进行申辩和质证；

5. 听证应当制作笔录，听证笔录应当交听证参加人确认无误后签字或者盖章。税务机关应当根据听证笔录，作出税务行政许可决定。

（七）变更与延续。被许可人要求变更税务行政许可事项的，税务机关应当自收到申请之日起20日内作出是否准予变更的书面决定。

被许可人需要延续依法取得的税务行政许可的有效期的，应当在该税务行政许可有效期届满30日前向作出税务行政许可决定的税务机关提出申请。但是，法律、法规另有规定的，依照其规定。税务机关应当根据被许可人的申请，在该税务行政许可有效期届满前作出是否准予延续的书面决定。逾期未作决定的，视为准予延续。

（八）特别规定。国家税务总局确定印制增值税专用发票的企业。各省（自治区、直辖市）税务机关应当按照政府采购规定的要求，通过招标方式作出准予或者不予企业印制发票的税务行政许可决定。国家税务总局和省（自治区、直辖市）税务机关应当向被许可人颁发加盖本税务机关印章的发票准印证。招标的具体程序，依照有关法律、法规等规定实施。

税务行政许可所依据的法律、法规、规章修改或者废止，或者准予税务行政许可所依据的客观情况发生重大变化的，为了公共利益的需要，税务机关可以依法变更或者撤回已经生效的税务行政许可。

除涉及国家秘密、商业秘密或者个人隐私的，税务机关应当在办税服务厅或者其他办公场所以及税务机关门户网站，及时公布本机关税务行政许可事项受理、办理进展和结果。

实施税务行政许可的期限以工作日计算，不含法定节假日。

四、监督检查

税务机关应当充分运用大数据先进理念、技术和资源，利用国家统一的信用信息共享交换平台，建立健全失信联合惩戒机制，推动将申请人良好的信用状况作为税务行政许可的必备条件，加强对被许可人的服务和监管。

税务机关应当依法对被许可人从事税务行政许可事项的活动进行监督检查，可以依法查阅或者要求被许可人报送有关材料，被许可人应当如实提供有关情况和材料。发现被许可人不再具备法定条件时，应当责令限期改正；发现其有《中华人民共和国行政许可法》第六十九条规定情形及其他违法行为的，依法进行处理处罚。

被许可人有《中华人民共和国行政许可法》第七十条规定情形的，税务机关应当依法办理税务行政许可注销手续，并收回税务行政许可证件。

本公告自2016年4月1日起施行。《国家税务总局关于实施税务行政许可若干问题的通知》（国税发〔2004〕73号）同时废止。

特此公告。

附件:1. 税务行政许可文书样式(略)

2. 税务行政许可项目分项表(略)

涉税专业服务监管办法(试行)

(2017年5月5日国家税务总局公告2017年第13号发布　根据2019年12月27日《国家税务总局关于进一步完善涉税专业服务监管制度有关事项的公告》修正)

第一条　为贯彻落实国务院简政放权、放管结合、优化服务工作要求,维护国家税收利益,保护纳税人合法权益,规范涉税专业服务,依据《中华人民共和国税收征收管理法》及其实施细则和国务院有关决定,制定本办法。

第二条　税务机关对涉税专业服务机构在中华人民共和国境内从事涉税专业服务进行监管。

第三条　涉税专业服务是指涉税专业服务机构接受委托,利用专业知识和技能,就涉税事项向委托人提供的税务代理等服务。

第四条　涉税专业服务机构是指税务师事务所和从事涉税专业服务的会计师事务所、律师事务所、代理记账机构、税务代理公司、财税类咨询公司等机构。

第五条　涉税专业服务机构可以从事下列涉税业务:

(一)纳税申报代理。对纳税人、扣缴义务人提供的资料进行归集和专业判断,代理纳税人、扣缴义务人进行纳税申报准备和签署纳税申报表、扣缴税款报告表以及相关文件。

(二)一般税务咨询。对纳税人、扣缴义务人的日常办税事项提供税务咨询服务。

(三)专业税务顾问。对纳税人、扣缴义务人的涉税事项提供长期的专业税务顾问服务。

(四)税收策划。对纳税人、扣缴义务人的经营和投资活动提供符合税收法律法规及相关规定的纳税计划、纳税方案。

(五)涉税鉴证。按照法律、法规以及依据法律、法规制定的相关规定要求,对涉税事项真实性和合法性出具鉴定和证明。

(六)纳税情况审查。接受行政机关、司法机关委托,依法对企业纳税情况进行审查,作出专业结论。

(七)其他税务事项代理。接受纳税人、扣缴义务人的委托,代理建账记账、发票领用、减免退税申请等税务事项。

(八)其他涉税服务。

前款第三项至第六项涉税业务,应当由具有税务师事务所、会计师事务所、律师事务所资质的涉税专业服务机构从事,相关文书应由税务师、注册会计师、律师签字,并承担相应的责任。

第六条　涉税专业服务机构从事涉税业务,应当遵守税收法律、法规及相关税收规定,遵循涉税专业服务业务规范。

涉税专业服务机构为委托人出具的各类涉税报告和文书,由双方留存备查,其中,税收法律、法规及国家税务总局规定报送的,应当向税务机关报送。

第七条　税务机关应当对税务师事务所实施行政登记管理。未经行政登记不得使用“税务师事务所”名称,不能享有税务师事务所的合法权益。

税务师事务所合伙人或者股东由税务师、注册会计师、律师担任,税务师占比应高于百分之五十,国家税务总局另有规定的除外。

税务师事务所办理商事登记后,应当向省税务机关办理行政登记。省税务机关准予行政登记的,颁发《税务师事务所行政登记证书》,并将相关资料报送国家税务总局,抄送省税务师行业协会。不予行政登记的,书面通知申请人,说明不予行政登记的理由。

税务师事务所行政登记流程(规范)另行制定。

从事涉税专业服务的会计师事务所和律师事务所,依法取得会计师事务所执业证书或律师事务所执业许可证,视同行政登记。

第八条　税务机关对涉税专业服务机构及其从事涉税服务人员进行实名制管理。

税务机关依托金税三期应用系统,建立涉税专业服务管理信息库。综合运用从金税三期核心征管系统采集的涉税专业服务机构的基本信息、涉税专业服务机构报送的人员信息和经纳税人(扣缴义务人)确认的实名办税(自有办税人员和涉税专业服务机构代理办税人员)信息,建立对涉税专业服务机构及其从事涉税服务人员的分类管理,确立涉税专业服务机构及其从事涉税服务人员与纳税人(扣缴义务人)的代理关系,区分纳税人自有办税人员和涉税专业服务机构代理办税人员,实现对涉税专业服务机构及其从事涉税服务人员和纳税人(扣缴义务人)的全面动态实名信息管理。

涉税专业服务机构应当向税务机关提供机构和从事涉税服务人员的姓名、身份证号、专业资格证书编号、业务委托协议等实名信息。

第九条　税务机关应当建立业务信息采集制度,利用现有的信息化平台分类采集业务信息,加强内部信息共享,提高分析利用水平。

涉税专业服务机构应当以年度报告形式,向税务机关报送从事涉税专业服务的总体情况。

税务师事务所、会计师事务所、律师事务所从事专业税务顾问、税收策划、涉税鉴证、纳税情况审查业务,应当向税务机关单独报送相关业务信息。

第十条　税务机关对涉税专业服务机构从事涉税专业服务的执业情况进行检查,根据举报、投诉情况进行调查。

第十一条　税务机关应当建立信用评价管理制度,对涉税专业服务机构从事涉税专业服务情况进行信用评价，对其从事涉税服务人员进行信用记录。

税务机关应以涉税专业服务机构的纳税信用为基础，结合委托人纳税信用、纳税人评价、税务机关评价、实名办税、业务规模、服务质量、执业质量检查、业务信息质量等情况，建立科学合理的信用评价指标体系，进行信用等级评价或信用记录，具体办法另行制定。

第十二条 税务机关应当加强对税务师行业协会的监督指导，与其他相关行业协会建立工作联系制度。

税务机关可以委托行业协会对涉税专业服务机构从事涉税专业服务的执业质量进行评价。

全国税务师行业协会负责拟制涉税专业服务业务规范（准则、规则），报国家税务总局批准后施行。

第十三条 税务机关应当在门户网站、电子税务局和办税服务场所公告纳入监管的涉税专业服务机构名单及其信用情况，同时公告未经行政登记的税务师事务所名单。

第十四条 涉税专业服务机构及其涉税服务人员有下列情形之一的，由税务机关责令限期改正或予以约谈；逾期不改正的，由税务机关降低信用等级或纳入信用记录，暂停受理所代理的涉税业务（暂停时间不超过六个月）；情节严重的，由税务机关纳入涉税服务失信名录，予以公告并向社会信用平台推送，其所代理的涉税业务，税务机关不予受理：

（一）使用税务师事务所名称未办理行政登记的；

（二）未按照办税实名制要求提供涉税专业服务机构和从事涉税服务人员实名信息的；

（三）未按照业务信息采集要求报送从事涉税专业服务有关情况的；

（四）报送信息与实际不符的；

（五）拒不配合税务机关检查、调查的；

（六）其他违反税务机关监管规定的行为。

税务师事务所有前款第一项情形且逾期不改正的，省税务机关应当提请市场监管部门吊销其营业执照。

第十五条 涉税专业服务机构及其涉税服务人员有下列情形之一的，由税务机关列为重点监管对象，降低信用等级或纳入信用记录，暂停受理所代理的涉税业务（暂停时间不超过六个月）；情节较重的，由税务机关纳入涉税服务失信名录，予以公告并向社会信用平台推送，其所代理的涉税业务，税务机关不予受理；情节严重的，其中，税务师事务所由省税务机关宣布《税务师事务所行政登记证书》无效，提请市场监管部门吊销其营业执照，提请全国税务师行业协会取消税务师职业资格证书登记、收回其职业资格证书并向社会公告，其他涉税服务机构及其从事涉税服务人员由税务机关提请其他行业主管部门及行业协会予以相应处理：

（一）违反税收法律、行政法规，造成委托人未缴或者少缴税款，按照《中华人民共和国税收征收管理法》及其实施细则相关规定被处罚的；

（二）未按涉税专业服务相关业务规范执业，出具虚假意见的；

（三）采取隐瞒、欺诈、贿赂、串通、回扣等不正当竞争手段承揽业务，损害委托人或他人利益的；

（四）利用服务之便，谋取不正当利益的；

（五）以税务机关和税务人员的名义敲诈纳税人、扣缴义务人的；

（六）向税务机关工作人员行贿或者指使、诱导委托人行贿的；

（七）其他违反税收法律法规的行为。

第十六条 税务机关应当为涉税专业服务机构提供便捷的服务，依托信息化平台为信用等级高的涉税专业服务机构开展批量纳税申报、信息报送等业务提供便利化服务。

第十七条 税务机关所需的涉税专业服务，应当通过政府采购方式购买。

税务机关和税务人员不得参与或违规干预涉税专业服务机构经营活动。

第十八条 税务师行业协会应当加强税务师行业自律管理，提高服务能力、强化培训服务，促进转型升级和行业健康发展。

税务师事务所自愿加入税务师行业协会。从事涉税专业服务的会计师事务所、律师事务所、代理记账机构除加入各自行业协会接受行业自律管理外，可自愿加入税务师行业协会税务代理人分会；鼓励其他没有加入任何行业协会的涉税专业服务机构自愿加入税务师行业协会税务代理人分会。

第十九条 各省税务机关依据本办法，结合本地实际，制定涉税专业服务机构从事涉税专业服务的具体实施办法。

第二十条 本办法自2017年9月1日起施行。

涉税专业服务信用评价管理办法（试行）

（2017年12月26日国家税务总局公告2017年第48号发布 根据2019年12月27日《国家税务总局关于进一步完善涉税专业服务监管制度有关事项的公告》修正）

第一章 总 则

第一条 为加强涉税专业服务信用管理，促进涉税专业服务机构及其从事涉税服务人员依法诚信执业，提高税法遵从度，依据《涉税专业服务监管办法（试行）》（国家税务总局公告2017年第13号发布，2019年第43号修改），制定本办法。

第二条 涉税专业服务信用管理，是指税务机关对涉税专业服务机构从事涉税专业服务情况进行信用评价，对从事涉税服务人员的执业行为进行信用记录。

涉税专业服务机构信用评价实行信用积分和信用等级相结合方式。从事涉税服务人员信用记录实行信用积分和执业负面记录相结合方式。

第三条　国家税务总局主管全国涉税专业服务信用管理工作。省以下税务机关负责所辖地区涉税专业服务信用管理工作的组织和实施。

第四条　税务机关根据社会信用体系建设需要,建立与财政、司法等行业主管部门和注册会计师协会、律师协会、代理记账协会等行业协会的工作联系制度和信息交换制度,完善涉税专业服务的信用评价机制,推送相关信用信息,推进部门信息共享、部门联合守信激励和失信惩戒。

第二章　信用积分

第五条　税务机关依托涉税专业服务管理信息库采集信用指标信息,由全国涉税专业服务信用信息平台按照《涉税专业服务机构信用积分指标体系及积分规则》(见附件)和《从事涉税服务人员个人信用积分指标体系及积分记录规则》对采集的信用信息进行计算处理,自动生成涉税专业服务机构信用积分和从事涉税服务人员信用积分。

全国涉税专业服务信用信息平台由国家税务总局建设和部署。

《从事涉税服务人员个人信用积分指标体系及积分记录规则》另行发布。

第六条　涉税专业服务信用信息分为涉税专业服务机构信用信息和从事涉税服务人员信用信息。

涉税专业服务机构信用信息包括:纳税信用、委托人纳税信用、纳税人评价、税务机关评价、实名办税、业务规模、服务质量、业务信息质量、行业自律、人员信用等。

从事涉税服务人员信用信息包括:基本信息、执业记录、不良记录、纳税记录等。

第七条　涉税专业服务管理信息库依托金税三期应用系统,从以下渠道采集信用信息:

(一)涉税专业服务机构和从事涉税服务人员报送的信息;

(二)税务机关税收征管过程中产生的信息和涉税专业服务监管过程中产生的信息;

(三)其他行业主管部门和行业协会公开的信息。

涉税专业服务机构跨区域从事涉税专业服务的相关信用信息,归集到机构所在地。

第八条　涉税专业服务机构信用积分为评价周期内的累计积分,按月公告,下一个评价周期重新积分。评价周期为每年1月1日至12月31日。

第一个评价周期信用积分的基础分为涉税专业服务机构当前纳税信用得分,以后每个评价周期的基础分为该机构上一评价周期信用积分的百分制得分。涉税专业服务机构未参加纳税信用级别评价的,第一个评价周期信用积分的基础分按照70分计算。

第三章　信用等级

第九条　省、自治区、直辖市和计划单列市税务机关(以下简称"省税务机关")根据信用积分和信用等级标准对管辖的涉税专业服务机构进行信用等级评价。在一个评价周期内新设立的涉税专业服务机构,不纳入信用等级评价范围。每年4月30日前完成上一个评价周期信用等级评价工作。信用等级评价结果自产生之日起,有效期为一年。

第十条　涉税专业服务机构信用(英文名称为Tax Service Credit,缩写为TSC)按照从高到低顺序分为五级,分别是TSC5级、TSC4级、TSC3级、TSC2级和TSC1级。涉税专业服务机构信用积分满分为500分,涉税专业服务机构信用等级标准如下:

(一)TSC5级为信用积分400分以上的;

(二)TSC4级为信用积分300分以上不满400分的;

(三)TSC3级为信用积分200分以上不满300分的;

(四)TSC2级为信用积分100分以上不满200分的;

(五)TSC1级为信用积分不满100分的。

第十一条　税务机关对涉税专业服务机构违反《涉税专业服务监管办法(试行)》第十四条、第十五条规定进行处理的,根据处理结果和《涉税专业服务机构信用积分指标体系及积分规则》,进行积分扣减和降低信用等级。

对从事涉税服务人员违反《涉税专业服务监管办法(试行)》第十四条、第十五条规定进行处理的,根据处理结果和《从事涉税服务人员个人信用积分指标体系及积分记录规则》,进行积分扣减和执业负面记录。

第十二条　税务机关对涉税专业服务机构和从事涉税服务人员违反《涉税专业服务监管办法(试行)》第十四条、第十五条规定的情形进行分类处理。属于严重违法违规情形的,纳入涉税服务失信名录,期限为2年,到期自动解除。

税务机关在将涉税专业服务机构和从事涉税服务人员列入涉税服务失信名录前,应当依法对其行为是否确属严重违法违规的情形进行核实,确认无误后向当事人送达告知书,告知当事人将其列入涉税服务失信名录的事实、理由和依据。当事人无异议的,列入涉税服务失信名录;当事人有异议且提出申辩理由、证据的,税务机关应当进行复核后予以确定。

第四章　信用信息公告查询

第十三条　税务机关应当在门户网站、电子税务局和办税服务场所公告下列信息:

(一)涉税专业服务机构信用积分;

(二)涉税服务失信名录。

第十四条　税务机关应当通过门户网站、电子税务局等渠道提供涉税专业服务信用信息查询服务。

纳税人可以查询涉税专业服务机构的涉税专业服务信用等级和从事涉税服务人员的信用积分；涉税专业服务机构可以查询本机构的涉税专业服务信用等级及积分明细和所属从事涉税服务人员的信用积分；从事涉税服务人员可以查询本人的信用积分明细。

第十五条　省税务机关应当建立涉税专业服务信用积分、信用等级和执业负面记录的复核工作制度，明确工作程序，保障申请人正当权益。

第五章　结果运用

第十六条　税务机关建立涉税专业服务信用管理与纳税服务、税收风险管理联动机制，根据涉税专业服务机构和从事涉税服务人员信用状况，实施分类服务和监管。

涉税专业服务机构的涉税专业服务信用影响其自身的纳税信用。

第十七条　对达到 TSC5 级的涉税专业服务机构，税务机关采取下列激励措施：

（一）开通纳税服务绿色通道，对其所代理的纳税人发票可以按照更高的纳税信用级别管理；

（二）依托信息化平台为涉税专业服务机构开展批量纳税申报、信息报送等业务提供便利化服务；

（三）在税务机关购买涉税专业服务时，同等条件下优先考虑。

第十八条　对达到 TSC4 级、TSC3 级的涉税专业服务机构，税务机关实施正常管理，适时进行税收政策辅导，并视信用积分变化，选择性地提供激励措施。

第十九条　对涉税专业服务信用等级为 TSC2 级、TSC1 级的涉税专业服务机构，税务机关采取以下措施：

（一）实行分类管理，对其代理的纳税人税务事项予以重点关注；

（二）列为重点监管对象；

（三）向其委托方纳税人主管税务机关推送风险提示；

（四）涉税专业服务协议信息采集，必须由委托人、受托人双方到税务机关现场办理。

第二十条　对纳入涉税服务失信名录的涉税专业服务机构和从事涉税服务人员，税务机关采取以下措施：

（一）予以公告并向社会信用平台推送；

（二）向其委托方纳税人、委托方纳税人主管税务机关进行风险提示；

（三）不予受理其所代理的涉税业务。

第六章　附　　则

第二十一条　各省税务机关可以依据本办法制定具体实施办法。

第二十二条　本办法自 2018 年 1 月 1 日起施行。

附件：涉税专业服务机构信用积分指标体系及积分规则①

国家税务总局关于修订《涉税专业服务机构信用积分指标体系及积分规则》的公告

（2020 年 10 月 30 日国家税务总局公告 2020 年第 17 号发布　自 2021 年 1 月 1 日起施行）

为深入贯彻落实国务院“放管服”改革要求，优化税收营商环境，促进涉税专业服务行业规范健康发展，国家税务总局修订了《涉税专业服务机构信用积分指标体系及积分规则》，现予以发布，自 2021 年 1 月 1 日起施行。《涉税专业服务信用评价管理办法（试行）》（国家税务总局公告 2017 年第 48 号发布，2019 年第 43 号修改）的附件《涉税专业服务机构信用积分指标体系及积分规则》同时废止。

特此公告。

① 已被废止。

附件

涉税专业服务机构信用积分指标体系及积分规则

<table>
<tr><th colspan="2">一级</th><th colspan="2">二级</th><th colspan="2">三级</th><th rowspan="2">积分类别</th><th rowspan="2">积分/扣分标准</th><th rowspan="2">积分/扣分规则说明</th></tr>
<tr><th>指标编码</th><th>指标名称</th><th>指标编码</th><th>指标名称</th><th>指标编码</th><th>指标名称</th></tr>
<tr><td>01</td><td>上一评价周期信用情况（100分）</td><td></td><td></td><td></td><td></td><td>直接得分</td><td>纳税信用得分或上一评价周期信用积分</td><td>1. 第一个评价周期该指标得分为纳税信用得分;未参加纳税信用级别评定的,该指标得分为70分;纳税信用直接判D以及纳税信用得分小于0的,该指标得分为0分;纳税信用保留D级的,该指标得分为20分;机构纳税信用结果发生变动的,按照最新结果重新计算得分。
2. 以后每个评价周期,该指标得分 = 上一评价周期期末信用积分×20%</td></tr>
<tr><td>02</td><td>委托人纳税信用（20分）</td><td>0201</td><td>委托人纳税信用情况（20分）</td><td></td><td></td><td>直接得分</td><td>平均分</td><td>1. 该指标分值 = 截至积分时点全部委托人纳税信用得分之和/截至积分时点委托人累计总数×20%
2. 积分时点无纳税信用评价结果的委托人,其纳税信用得分按70分计。
3. 委托人纳税信用结果发生变动的,按照最新结果重新计算。
4. 评价周期内,双方解除委托关系的,则以解除时点委托人纳税信用得分为该委托人最后得分;同时,该委托人应纳入委托人累计总数。
5. 评价周期内,双方解除委托关系后又重新建立的,按照委托人最新纳税信用得分重新计算。
6. 委托人纳税信用直接判D以及纳税信用得分小于0的,其纳税信用得分按0分计。
7. 委托人纳税信用保留D级的,其纳税信用得分按20分计。</td></tr>
</table>

续表

<table>
<tr><th colspan="2">一级</th><th colspan="2">二级</th><th colspan="2">三级</th><th rowspan="2">积分类别</th><th rowspan="2">积分/扣分标准</th><th rowspan="2">积分/扣分规则说明</th></tr>
<tr><th>指标编码</th><th>指标名称</th><th>指标编码</th><th>指标名称</th><th>指标编码</th><th>指标名称</th></tr>
<tr><td rowspan="3">03</td><td rowspan="3">纳税人和税务机关评价(50 分)</td><td>0301</td><td>纳税人评价(20 分)</td><td></td><td></td><td>直接得分</td><td>平均分</td><td>1. 该指标分值 = 委托人评价得分合计数/发起评价次数
2. 委托人评价分为“非常满意”“满意”“基本满意”“不满意”“非常不满意”五个等级,对应分值分别为 20 分、15 分、10 分、5 分、0 分。
3. 每个评价周期末,税务机关网上向每个委托人发起一次评价。
4. 超过评价期限,委托人未作出评价的,按照“基本满意”计分。
5. 双方在评价周期内结束委托关系的,在结束的当天发起一次评价,期末不再评价。
6. 评价周期内,双方解除委托关系后又重新建立的,以评价周期内最后一次评价为准。</td></tr>
<tr><td rowspan="2">0302</td><td rowspan="2">税务机关评价(30 分)</td><td>030201</td><td>遵守办税秩序的情况(15 分)</td><td>基准分</td><td>-5 分/-10 分</td><td>扰乱办税秩序的,第一次扣 5 分,第二次扣 10 分,扣完为止。</td></tr>
<tr><td>030202</td><td>配合税务机关检查、调查情况(15 分)</td><td>基准分</td><td>-5 分/次;-100 分;-200 分</td><td>1. 拒不配合税务机关检查、调查的,每次扣 5 分。
2. 经税务机关责令限期改正或予以约谈,逾期不改正的,扣 100 分,降低信用等级一级;情节严重的,扣 200 分,降低信用等级两级,纳入涉税服务失信名录。
3. 该指标扣分不封顶。</td></tr>
<tr><td rowspan="2">04</td><td rowspan="2">实名办税(90 分)</td><td>0401</td><td>报送涉税专业服务机构实名信息(30 分)</td><td></td><td></td><td>基准分</td><td>-5 分/次;-100 分;-200 分</td><td>1. 报送信息与实际不符的,每次扣 5 分。
2. 经税务机关责令限期改正或予以约谈,逾期不改正的,扣 100 分,降低信用等级一级;情节严重的,扣 200 分,降低信用等级两级,纳入涉税服务失信名录。
3. 该指标扣分不封顶。</td></tr>
<tr><td>0402</td><td>报送从事涉税服务人员实名信息(30 分)</td><td></td><td></td><td>基准分</td><td>按从事涉税服务人员数量占比计算得分
-5 分/次;-100 分;-200 分</td><td>1. 该指标分值 = 30 分 × 积分时点从事涉税服务人员数量/(积分时点职工总人数 × 30%)
2. 该指标最高分为 30 分。
3. 报送信息与实际不符的,每次扣 5 分。
4. 经税务机关责令限期改正或予以约谈,逾期不改正的,扣 100 分,降低信用等级一级;情节严重的,扣 200 分,降低信用等级两级,纳入涉税服务失信名录。
5. 该指标扣分不封顶。</td></tr>
</table>

续表

一级		二级		三级		积分类别	积分/扣分标准	积分/扣分规则说明
指标编码	指标名称	指标编码	指标名称	指标编码	指标名称			
04	实名办税（90 分）	0403	报送涉税专业服务协议信息（30 分）			直接得分	按涉税专业服务协议数量与从事涉税服务人员总数比值计算得分	1. 该指标分值 =30 分 × 评价周期期初至积分时点报送涉税专业服务协议数量/评价周期期初至积分时点从事涉税服务人员总数 2. 评价周期期初至积分时点从事涉税服务人员总数包括在此期间内从该机构退出的人员(下同)。 3. 该指标最高分为 30 分。
		0404	使用税务师事务所名称未办理行政登记的			直接扣分	-100 分；-200 分	1. 经税务机关责令限期改正或予以约谈,逾期不改正的,扣 100 分,降低信用等级一级;情节严重的,扣 200 分,降低信用等级两级,纳入涉税服务失信名录。 2. 该指标扣分不封顶。
05	业务规模（20 分）	0501	业务结构（10 分）			直接得分	按分类业务占比计算得分	1. 该指标分值 =(纳税申报代理收入 + 一般税务咨询收入 + 专业税务顾问收入 + 税收策划收入 + 涉税鉴证收入 + 纳税情况审查收入 + 其他税务事项代理收入 ×50% + 其他涉税服务收入 ×50%)/涉税专业服务总收入 ×10 分 2. "收入"是指评价周期期初至积分时点的累计收入(下同)。
		0502	人均涉税专业服务收入（10 分）			直接得分	人均涉税专业服务收入/全省人均涉税专业服务收入	1. 该指标分值 = 人均涉税专业服务收入/全省人均涉税专业服务收入 ×10 分 2. 该指标最高分为 10 分,如果人均涉税专业服务收入/全省人均涉税专业服务收入≥1,该指标得分为 10 分。 3. 人均涉税专业服务收入 = 涉税专业服务总收入/评价周期期初至积分时点从事涉税服务人员总数 4. 全省人均涉税专业服务收入 = 本省参与统计的所有涉税专业服务机构的涉税专业服务总收入/本省参与统计的从事涉税服务人员总数 5. 同 1 人在 2 个或 2 个以上涉税专业服务机构同时从业的,按 1 人算。 6. "全省""本省"中的"省",是指省、自治区、直辖市和计划单列市(下同)。

续表

<table>
<tr><th colspan="2">一级</th><th colspan="2">二级</th><th colspan="2">三级</th><th rowspan="2">积分类别</th><th rowspan="2">积分/扣分标准</th><th rowspan="2">积分/扣分规则说明</th></tr>
<tr><th>指标编码</th><th>指标名称</th><th>指标编码</th><th>指标名称</th><th>指标编码</th><th>指标名称</th></tr>
<tr><td rowspan="9">06</td><td rowspan="9">服务质量（120 分）</td><td>0601</td><td>涉税报告和文书留存备查情况（20 分）</td><td></td><td></td><td>基准分</td><td>-1 分/份</td><td>未按规定将涉税报告和文书留存备查的，每份扣 1 分，扣完为止。</td></tr>
<tr><td rowspan="8">0602</td><td rowspan="8">遵守执业规范情况（100 分）</td><td>060201</td><td>按期代理纳税申报情况</td><td>基准分</td><td>以 100%起，每低一个百分点扣 2 分</td><td>按期代理纳税申报率 = 实际按期代理纳税申报（含财务会计报表）累计户次/应代理纳税申报（含财务会计报表）累计户次 ×100%</td></tr>
<tr><td>060202</td><td>违反税收法律、行政法规，造成委托人未缴或者少缴税款，按照《中华人民共和国税收征收管理法》及其实施细则相关规定被处罚的</td><td>基准分</td><td>-100 分；-200 分；-300 分</td><td rowspan="7">1. 发生该情形的，扣 100 分，降低信用等级一级；情节较重的，扣 200 分，降低信用等级两级，纳入涉税服务失信名录；情节严重的，扣 300 分，降低信用等级三级，纳入涉税服务失信名录。
2. 该指标扣分不封顶。</td></tr>
<tr><td>060203</td><td>未按涉税专业服务相关业务规范执业，出具虚假意见的</td><td>基准分</td><td>-100 分；-200 分；-300 分</td></tr>
<tr><td>060204</td><td>采取隐瞒、欺诈、贿赂、串通、回扣等不正当竞争手段承揽业务，损害委托人或他人利益的</td><td>基准分</td><td>-100 分；-200 分；-300 分</td></tr>
<tr><td>060205</td><td>利用服务之便，谋取不正当利益的</td><td>基准分</td><td>-100 分；-200 分；-300 分</td></tr>
<tr><td>060206</td><td>以税务机关和税务人员的名义敲诈纳税人、扣缴义务人的</td><td>基准分</td><td>-100 分；-200 分；-300 分</td></tr>
<tr><td>060207</td><td>向税务机关工作人员行贿或者指使、诱导委托人行贿的</td><td>基准分</td><td>-100 分；-200 分；-300 分</td></tr>
<tr><td>060208</td><td>其他违反税收法律法规的行为</td><td>基准分</td><td>-100 分；-200 分；-300 分</td></tr>
</table>

续表

一级		二级		三级		积分类别	积分/扣分标准	积分/扣分规则说明
指标编码	指标名称	指标编码	指标名称	指标编码	指标名称			
07	业务信息质量（50分）	0701	按规定向税务机关报送涉税专业服务机构年度报告信息（30分）	070101	未按时报送年度报告信息	基准分	-10分/-30分；-100分；-200分	1.逾期报送，扣10分。 2.未报送，扣30分。 3.经税务机关责令限期改正或予以约谈，逾期不改正的，扣100分，降低信用等级一级；情节严重的，扣200分，降低信用等级两级，纳入涉税服务失信名录。 4.该指标扣分不封顶。
				070102	报送信息与实际不符的	基准分	-2分/处；-100分；-200分	1.报送信息与实际不符的，每处扣2分。 2.经税务机关责令限期改正或予以约谈，逾期不改正的，扣100分，降低信用等级一级；情节严重的，扣200分，降低信用等级两级，纳入涉税服务失信名录。 3.该指标扣分不封顶。
		0702	单独报送一般税务咨询、其他涉税服务业务信息（20分）			直接加分	0.5分/份	1.每报送一份加0.5分。 2.该指标封顶分为20分。
		0703	单独报送专业税务顾问、税收策划、涉税鉴证、纳税情况审查业务信息	070301	未按时报送四项业务信息	直接扣分	-10分/-20分；-25分/-50分；-100分；-200分	1.存在逾期报送情形且逾期报送比例不超过50%的，扣10分；逾期报送比例超过50%的，扣20分。 2.存在未报送情形且未报送比例不超过50%的，扣25分；未报送比例超过50%的，扣50分。 3.业务完成时间以签署相关报告、意见或其他结论性文件时间为准。 4.经税务机关责令限期改正或予以约谈，逾期不改正的，扣100分，降低信用等级一级；情节严重的，扣200分，降低信用等级两级，纳入涉税服务失信名录。 5.该指标扣分不封顶。
				070302	报送信息与实际不符的	直接扣分	-4分/次；-100分；-200分	1.报送信息与实际不符的，每次扣4分，最多扣40分。 2.经税务机关责令限期改正或予以约谈，逾期不改正的，扣100分，降低信用等级一级；情节严重的，扣200分，降低信用等级两级，纳入涉税服务失信名录。 3.该指标扣分不封顶。

续表

一级		二级		三级		积分类别	积分/扣分标准	积分/扣分规则说明
指标编码	指标名称	指标编码	指标名称	指标编码	指标名称			
08	行业自律（30分）	0801	接受行业自律管理（25分）			直接得分	25分	税务师行业协会（代理人分会）或其他行业协会会员得25分。
		0802	受到行业惩戒情况	080201	训诫	直接扣分	-5分/次	1. 同一个行为同时受到两种以上惩戒的，按照最严重的一档扣分。 2. 在评价周期内，扣分上限为25分。
				080202	通报批评	直接扣分	-10分/次	
				080203	公开谴责	直接扣分	-15分/次	
		0803	设立党组织情况（5分）			直接加分	5分	机构设立党组织的，加5分。
09	人员信用（20分）	0901	从事涉税服务人员人均信用积分变动情况（20分）			直接得分	±0.01分	1. 该指标分值=20分×从事涉税服务人员人均信用积分变动值/全省从事涉税服务人员人均信用积分变动值 2. 从事涉税服务人员人均信用积分变动值=（积分时点从事涉税服务人员信用积分之和-评价周期期初从事涉税服务人员信用积分之和）/评价周期期初至积分时点从事涉税服务人员总数 3. 评价周期内加入人员期初信用积分按加入时点信用积分计，评价周期内退出人员积分时点信用积分按退出时点信用积分计。 4. 全省从事涉税服务人员人均信用积分变动值=本省参与统计的所有涉税专业服务机构的从事涉税服务人员人均信用积分变动值之和/本省参与统计的所有涉税专业服务机构数量 5. 该指标最高分为20分，最低分为0分。

国家税务总局关于进一步完善涉税专业服务监管制度有关事项的公告

（2019年12月27日国家税务总局公告2019年第43号公布）

为深入贯彻落实国务院“放管服”改革要求，优化税收营商环境，现就进一步完善涉税专业服务监管制度有关事项公告如下：

一、简化涉税专业服务信息采集

（一）减少涉税专业服务信息采集项目。不再要求涉税专业服务机构报送“协议金额”“服务协议摘要”“涉及委托人税款金额”“业务报告摘要”信息。

（二）延长专项业务报告信息采集时限。将税务师事务所、会计师事务所、律师事务所报送专项业务报告信息的时限，由完成业务的次月底前，调整为次年3月31日前。

（三）放宽从事涉税服务人员信息报送要求。涉税专业服务机构可以根据自身业务特点，确定本机构报送“从事涉税服务人员基本信息”的具体人员范围。

（四）优化业务分类填报口径。涉税专业服务机构难以区分“一般税务咨询”“专业税务顾问”和“税收策划”三类涉税业务的，可按“一般税务咨询”填报；对于实际提供纳税申报服务而不签署纳税申报表的，可按“一般税务咨询”填报。

（五）增加总分机构涉税专业服务信息报送选择。涉税专业服务机构跨地区设立不具有法人资格分支机构（包括分所和分公司）的，可选择由总机构向所在地主管税务机关汇总报送分支机构涉税专业服务信息，也可选择由分支机构自行向所在地主管税务机关报送涉税专业服务信息。

二、完善涉税专业服务信用复核机制

（一）涉税专业服务机构和从事涉税服务人员，对信用积分、信用等级和执业负面记录有异议的，可在信用记录产生或结果确定后12个月内，向税务机关申请复核。

税务机关应当按照包容审慎原则，于30个工作日内完成复核工作，作出复核结论，并提供查询服务。

（二）涉税专业服务机构和从事涉税服务人员对税务机关拟将其列入涉税服务失信名录有异议的，应当自收到《税务事项通知书》之日起10个工作日内提出申辩理由，向税务机关申请复核。

税务机关应当按照包容审慎原则，于10个工作日内完成复核工作，作出复核结论，并提供查询服务。

（三）税务机关应当为涉税专业服务机构和从事涉税服务人员申请复核提供电子税务局等便利化途径。

三、规范涉税专业服务约谈

涉税专业服务机构及其从事涉税服务人员存在《涉税专业服务监管办法（试行）》（国家税务总局公告2017年第13号发布，2019年第43号修改）第十四条所列情形，税务机关需要采取约谈方式的，应当事先向当事人送达《税务事项通知书》，通知当事人约谈的时间、地点和事由。当事人到达约谈场所后，应当由两名以上税务人员同时在场进行约谈。约谈人员应当对约谈过程做好记录，可视情况进行音像记录。

四、有关要求

涉税专业服务机构和从事涉税服务人员应当严格遵守税收法律法规及《涉税专业服务监管办法（试行）》的规定，不得借税收改革巧立名目乱收费，不得利用所掌握的涉税信息谋取不当经济利益，不得在办税服务厅招揽业务影响办税秩序，不得以税务机关的名义招揽生意，损害纳税人合法权益。

税务机关应当严格落实涉税专业服务监管责任，及时调查处理关于涉税专业服务的投诉举报。对扰乱个人所得税汇算等税收改革秩序经核实的，采取降低信用等级或纳入信用记录，暂停受理所代理的涉税业务等措施，进行严肃处理。

五、实施时间

本公告第一条第（一）项至第（四）项、第四条自2020年1月1日起施行，相应修改《涉税专业服务监管办法（试行）》（国家税务总局公告2017年第13号发布）第九条第三款，《国家税务总局关于采集涉税专业服务基本信息和业务信息有关事项的公告》（国家税务总局公告2017年第49号）第二条第二款及附件2《涉税专业服务协议要素信息采集表》的填表说明、附件3《年度涉税专业服务总体情况表》的填表说明和附件4《专项业务报告要素信息采集表》的填表说明，以及《涉税专业服务信用评价管理办法（试行）》（国家税务总局公告2017年第48号发布）附件《涉税专业服务机构信用积分指标体系及积分规则》中070301、070302指标的积分/扣分标准和积分/扣分规则说明。本公告第一条第（五）项、第二条、第三条自2020年4月1日起施行。《涉税专业服务信用评价管理办法（试行）》（国家税务总局公告2017年第48号发布）第十五条第一款、第二款同时废止。

修改后的上述规范性文件根据本公告重新发布（附件1、2、3）。

特此公告。

附件：1. 涉税专业服务监管办法（试行）（略）

2. 国家税务总局关于采集涉税专业服务基本信息和业务信息有关事项的公告（略）

3. 涉税专业服务信用评价管理办法（试行）（略）

税务机关政府信息公开申请办理规范

（2020年7月28日　税总办发〔2020〕35号）

为规范省及省以下税务机关政府信息公开申请办理答复工作，充分保障公民、法人和其他组织知情权，根据《中华人民共和国政府信息公开条例》（以下简称《条例》），制定本规范。

一、政府信息公开申请的提出

公民、法人或者其他组织可以采取当面申请、邮寄申请、互联网在线平台申请等方式提出政府信息公开申请，并在政府信息公开申请表中准确详实填写申请人信息、所需政府信息事项内容、信息获取方式等。税务机关应在政府信息公开指南中列明申请渠道和有关要求。

（一）当面申请。申请人可以携带有效身份证明或者证明文件，直接到税务机关政府信息公开工作机构（以下简称信息公开机构）当面提出申请。申请人采用书面形式确有困难的，可以口头提出，由信息公开机构代为填写政府信息公开申请表，并由申请人签字确认。

（二）邮寄申请。申请人自行下载并填写政府信息公开申请表，连同有效身份证明或者证明文件复印件，邮寄到信息公开机构。在信封上应注明“政府信息公开申请”字样。

（三）互联网在线申请。申请人可以登录税务网站，在线填写提交政府信息公开申请表。信息公开机构应当安排工作人员工作日及时查看并处置在线申请。

二、政府信息公开申请的登记

税务机关信息公开机构应当建立台账，对收到的政府信息公开申请及办理情况逐一记载。应登记的内容主要包括：

（一）收到申请的时间。主要包括以下四种情形：

1. 申请人当面提交政府信息公开申请的，信息公开机构应向申请人出具登记回执，以申请人提交之日为收到申请之日；

2. 申请人以特快专递、挂号信等需要签收的邮寄方式提交政府信息公开申请的，以税务机关签收之日为收到申请之日；

3. 申请人以平常信函等无需签收的邮寄方式提交政府信息公开申请的，信息公开机构应当于收到申请的当日与申请人进行确认，以确认之日为收到申请之日；

4. 申请人通过互联网在线提交政府信息公开申请的，信息公开机构应当于收到申请的当日与申请人进行确认，以确认之日为收到申请之日。

上述所称"确认"，是指信息公开机构通过电话或者申请人提供的其他联系方式，向申请人告知税务机关已收到其政府信息公开申请。

（二）申请情况。申请情况主要包括申请人信息、申请渠道、申请公开的内容、信息获取的方式等，其中申请人情况分以下两种情况进行登记：

1. 申请人是公民的，应登记申请人姓名、身份证号码、联系电话、通信地址、邮政编码等。

2. 申请人是法人或者其他组织的，应登记申请人名称、性质（按工商企业、科研机构、社会公益组织、法律服务机构、其他等划分）、统一社会信用代码、通信地址、邮政编码、联系电话、联系人姓名。

（三）办理情况。主要登记办理的过程及进展等情况，包括补正、征求意见、答复、送达等情况。

（四）复议诉讼情况。主要包括申请人提出行政复议、行政诉讼及相关进展、结果等情况。

三、政府信息公开申请的审核

收到政府信息公开申请后，信息公开机构应当对申请内容进行审核。申请内容不符合规定要求的，应及时告知申请人进行补正。

（一）应当补正的情形

1. 未提供申请人的姓名或者名称、身份证明、联系方式的；

2. 申请公开的政府信息的名称、文号或者其他特征性描述不明确或有歧义的；

3. 申请公开的政府信息的形式要求不明确的，包括未明确获取信息的方式、途径等。

（二）补正告知的方式。需要申请人补正的，信息公开机构应当在收到申请之日起 7 个工作日内一次性告知申请人补正事项、合理补正期限、逾期不补正的后果。

1. 申请人要求邮寄送达但未提供联系方式、邮寄地址的，税务机关应告知申请人提供。因申请人未提供联系方式或者邮寄地址而无法告知其补正的，对其申请予以登记备查，自恢复与申请人的联系之日起，启动政府信息公开申请处理程序。

2. 申请人未提供身份证明的，税务机关应告知申请人提供。如果申请人的身份影响到对相关政府信息公开的判断，或者可能存在冒用身份等情况，信息公开机构可以对申请人的身份证明进行核实。身份证明存在问题的，可以与申请人进一步沟通，或者启动补正程序请申请人提供正确的身份证明。

3. 申请人申请的政府信息特征性描述无法指向特定信息、理解有歧义，或者涉及咨询事项的，税务机关应当告知申请人作出更改、补充，并对需要补正的理由和内容作出辅导与释明。

4. 申请人未明确政府信息获取方式和途径的，税务机关可要求申请人予以明确。

（三）补正结果

1. 补正原则上不超过一次。申请人补正后仍无法明确申请内容的，税务机关应当通过与申请人当面或者电话沟通等方式明确其所需获取的政府信息；经沟通，税务机关认为申请内容仍不明确的，可以根据客观事实作出无法提供的决定。

2. 补正期限一般不超过 15 个工作日。申请人无正当理由，逾期不补正的，视为放弃申请，税务机关不再处理该政府信息公开申请。

3. 答复期限自税务机关收到申请人补正材料之日起计算。

（四）撤回申请。申请人自愿撤回政府信息公开申请的，税务机关自收到撤回申请之日起不再处理其政府信息公开申请，信息公开机构作结案登记，并留存申请人撤回申请等相关材料。

四、政府信息公开申请的办理

（一）信息公开机构直接办理。对于政府信息公开申请内容明确，信息公开机构能够直接办理的，可自行起草政府信息公开申请答复文书。

（二）交承办部门办理。信息公开机构认为需要交本机关相关部门办理的，根据申请内容确定具体承办部门，填写《政府信息公开申请办理审批表》及交办单，经信息公开机构负责人签批后，将政府信息公开申请交承办部门办理。

承办部门应当在信息公开机构明确的期限内提出予以公开、不予公开、部分公开、无法提供、不予处理等办理意见并说明理由，经部门主要负责人签批后反馈信息公开机构；涉及多个部门的，由牵头承办部门协调办理。需要补正或者征求第三方及其他行政机关意见的，按以下规定办理：

1. 承办部门收到信息公开机构转办的政府信息公开申请后，认为申请内容不明确，需要补正的，应当在收到申请的当日提出补正建议，并将政府信息公开申请退回信息公开机构。

2. 申请公开的政府信息涉及商业秘密、个人隐私，公开后可能损害第三方利益的，承办部门应提请信息公开机构书面征求第三方意见。第三方应当自收到征求意见书之日起15个工作日内提出意见。第三方逾期未提出意见的，由承办部门依照《条例》决定是否公开，决定公开的，应将公开的政府信息内容和理由书面告知该第三方。

3. 申请公开的政府信息由本税务机关牵头、其他行政机关参与制作的，承办部门应提请信息公开机构书面征求其他行政机关意见。

4. 承办部门认为在本机关收到申请之日起20个工作日内不能作出答复，需要延长答复期限的，应当报经信息公开机构负责人同意后告知申请人，延长的期限不得超过20个工作日。征求第三方和其他行政机关意见所需时间不计算在前述期限内。

五、政府信息公开申请的答复

各级税务机关应对政府信息公开申请作出最终处理决定、制作相应法律文书并送达申请人。答复文书分为答复书和告知书，应当具备以下要素：标题、文号、申请人姓名（名称）、申请事实、法律依据、处理决定、申请人复议诉讼的权利和期限、答复主体、答复日期及印章。

（一）起草答复文书。信息公开机构应当自行或者按照承办部门意见起草政府信息公开答复文书。答复书主要分为予以公开、不予公开、部分公开、无法提供、不予处理等五种类型，具体如下：

1. 予以公开类

（1）申请人所申请的政府信息已经主动公开的，税务机关告知其获取方式和途径；

（2）申请人所申请公开信息可以公开的，税务机关向其提供该政府信息；

（3）申请人所申请的政府信息尚未公开，但是税务机关能够确定主动公开时间的，可以告知申请人获取该政府信息的方式、途径和时间。

2. 不予公开类

（1）依法确定为国家秘密的政府信息；

（2）法律、行政法规禁止公开的政府信息；

（3）公开后可能危及国家安全、公共安全、经济安全、社会稳定的政府信息。对可能涉及国家安全、公共安全、经济安全和社会稳定的申请，应加强相关部门间的协商会商，依据有关法律法规，对信息是否应该公开、公开后可能带来的影响等进行综合分析，研究提出处理意见，并留存相关审核材料等证据；

（4）涉及商业秘密、个人隐私等公开会对第三方合法权益造成损害的政府信息，但第三方同意公开或者税务机关认为不公开会对公共利益造成重大影响的除外；

（5）税务机关的内部事务信息，包括人事管理、后勤管理、内部工作流程等方面的信息，可以不予公开；

（6）税务机关在履行行政管理职能过程中形成的讨论记录、过程稿、磋商信函、请示报告等过程性信息，可以不予公开，但法律、法规、规章规定应当公开的除外；

（7）税务机关在行政征收、行政处罚、行政许可、行政检查、行政强制、行政奖励、行政确认以及行政复议等工作中形成的行政执法案卷信息，可以不予公开，但法律、法规、规章规定应当公开的除外。

3. 部分公开类

申请公开的信息中含有不应当公开或者不属于政府信息的内容，但是能够作区分处理的，税务机关应当向申请人提供可以公开的政府信息内容，并对不予公开的内容说明理由。

4. 无法提供类

（1）对申请人所申请获取的政府信息，税务机关应当认真查找、检索，确认申请信息是否存在。经检索查找，税务机关未制作、获取相关信息或者已制作或获取相关信息，但由于超过保管期限、依法销毁、资料灭失等原因，税务机关客观上无法提供的，可以告知申请人该政府信息不存在；

（2）申请公开的信息属于其他行政机关职责范围、本机关不掌握的，可告知申请人并说明理由；能够确定负责公开该政府信息的行政机关的，告知申请人该行政机关的名称、联系方式；

（3）税务机关没有现成信息，需要对现有政府信息进行加工、分析的，税务机关可以不予提供；

（4）申请人补正后申请内容仍不明确的，税务机关可以告知申请人无法提供。

5. 不予处理类

（1）申请人以政府信息公开申请的形式进行信访、投诉、举报等活动的，税务机关应当告知申请人不作为政府信息公开申请处理，并告知进行信访、投诉、举报等活动的渠道；

（2）税务机关已就申请人提出的政府信息公开申请作出答复、申请人重复申请公开相同政府信息的，告知申请人不予重复处理；

（3）申请人提出的申请内容为要求税务机关提供政府公报、报刊、书籍等公开出版物的，税务机关可以告知其获取的途径；

（4）申请人申请公开政府信息的数量、频次明显超过合理范围，税务机关可以要求申请人说明理由。税务机关认为申请理由不合理的，告知申请人不予处理；

（5）申请人要求对已获取的政府信息进行确认或者重新出具的，税务机关可以不予处理。申请人要求税务机关更正与其自身相关的不准确政府信息记录，有权更正的税务机关审核属实的，应当予以更正并告知申请人；不属于本税务机关职能范围的，税务机关告知申请人向有权更正的行政机关提出，或者转送有权更正的行政机关处理并告知申请人；

(6)所申请公开信息属于工商、不动产登记资料等信息，有关法律、行政法规对信息的获取有特别规定的，告知申请人依照有关法律、行政法规的规定办理；

(7)申请人申请的信息属于党务信息的，税务机关可以不予处理，并告知申请人按照《中国共产党党务公开条例（试行）》有关规定办理。

（二）法规部门审核。法规部门对信息公开机构起草的答复文书进行审核，并及时反馈审核意见。

（三）报批。信息公开机构根据法规部门审核意见修改答复文书，并报本机关分管领导批准后，作出答复决定；涉及关键信息、敏感信息的，应报本机关主要领导批准。

符合下列情形之一的，应召开本机关政务公开工作领导小组会议作出处理决定：申请人申请的数量、频次明显超过合理范围，税务机关要求申请人说明理由且认为申请理由不合理的；第三方不同意公开，税务机关决定予以公开的；认为公开政府信息可能危及国家安全、公共安全、经济安全和社会稳定的，税务机关决定不予公开的。

（四）送达

1. 送达方式。税务机关依申请公开政府信息，应当根据申请人的要求及税务机关保存政府信息的实际情况，确定提供政府信息的具体形式，主要有当面提供、邮政寄送或者通过互联网在线申请平台发送三种形式。按照申请人要求的形式提供政府信息，可能危及政府信息载体安全或者公开成本过高的，可以通过电子文档以及其他适当形式提供，或者安排申请人查阅、抄录相关政府信息；

2. 送达时间。邮寄送达的，应通过邮政快递或者挂号方式，以邮政企业收寄并加盖邮戳日期为答复时间；通过互联网在线申请平台送达的，应将答复文书扫描上传并将相关政府信息作为附件一并发送，网络系统发出文书的日期为答复时间；当面送达的，申请人签收的日期为答复时间。

六、政府信息公开申请资料的整理保管

（一）应当整理保管的资料。办理政府信息公开申请工作中产生的下列资料，应当由信息公开机构按件整理保管：政府信息公开申请表原件，申请人身份证明或者证明文件复印件，办理过程中形成的运转单、审批表，对申请人作出的告知书、答复书，向其他行政机关及第三方发出的征求意见函，其他行政机关及第三方意见，邮寄单据和相关签收单据以及应当保管的其他材料。

（二）保管期限。办理政府信息公开申请过程中产生的档案材料保管5年后，经分析研判无保存价值的，由信息公开机构负责人批准，可予销毁。因政府信息公开发生行政复议、行政诉讼以及具有查考利用价值的重要材料，按年度向机关档案管理部门移交归档。

七、附注

本规范所称税务机关，是指省和省以下税务局及经省税务局确定负责与所履行行政管理职能有关的政府信息公开工作的派出机构、内设机构。

税务文书电子送达规定（试行）

（2019年12月3日国家税务总局公告2019年第39号公布　自2020年4月1日起施行）

第一条　为进一步便利纳税人办税，保护纳税人合法权益，提高税收征管效率，减轻征纳双方负担，根据《中华人民共和国税收征收管理法》及其实施细则、国家电子政务等有关制度规定，结合税务文书送达工作实际，制定本规定。

第二条　本规定所称电子送达，是指税务机关通过电子税务局等特定系统（以下简称“特定系统”）向纳税人、扣缴义务人（以下简称“受送达人”）送达电子版式税务文书。

第三条　经受送达人同意，税务机关可以采用电子送达方式送达税务文书。

电子送达与其他送达方式具有同等法律效力。受送达人可以据此办理涉税事宜，行使权利、履行义务。

第四条　受送达人同意采用电子送达的，签订《税务文书电子送达确认书》。《税务文书电子送达确认书》包括电子送达的文书范围、效力、渠道和其他需要明确的事项。

受送达人可以登录特定系统直接签订电子版《税务文书电子送达确认书》，也可以到税务机关办税服务厅签订纸质版《税务文书电子送达确认书》，由税务机关及时录入相关系统。

第五条　税务机关采用电子送达方式送达税务文书的，以电子版式税务文书到达特定系统受送达人端的日期为送达日期，特定系统自动记录送达情况。

第六条　税务机关向受送达人送达电子版式税务文书后，通过电话、短信等方式发送提醒信息。提醒服务不影响电子文书送达的效力。

受送达人及时登录特定系统查阅电子版式税务文书。

第七条　受送达人需要纸质税务文书的，可以通过特定系统自行打印，也可以到税务机关办税服务厅打印。

第八条　税务处理决定书、税务行政处罚决定书（不含简易程序处罚）、税收保全措施决定书、税收强制执行决定书、阻止出境决定书以及税务稽查、税务行政复议过程中使用的税务文书等暂不适用本规定。

第九条　本规定自2020年4月1日起施行。

(三)税收违法行为及处理

中华人民共和国刑法(节录)①

(1979年7月1日第五届全国人民代表大会第二次会议通过 1997年3月14日第八届全国人民代表大会第五次会议修订 1997年3月14日中华人民共和国主席令第83号公布 自1997年10月1日起施行)

……

第二百零一条 【逃税罪】纳税人采取欺骗、隐瞒手段进行虚假纳税申报或者不申报,逃避缴纳税款数额较大并且占应纳税额百分之十以上的,处三年以下有期徒刑或者拘役,并处罚金;数额巨大并且占应纳税额百分之三十以上的,处三年以上七年以下有期徒刑,并处罚金。

扣缴义务人采取前款所列手段,不缴或者少缴已扣、已收税款,数额较大的,依照前款的规定处罚。

对多次实施前两款行为,未经处理的,按照累计数额计算。

有第一款行为,经税务机关依法下达追缴通知后,补缴应纳税款,缴纳滞纳金,已受行政处罚的,不予追究刑事责任;但是,五年内因逃避缴纳税款受过刑事处罚或者被税务机关给予二次以上行政处罚的除外。

第二百零二条 【抗税罪】以暴力、威胁方法拒不缴纳税款的,处三年以下有期徒刑或者拘役,并处拒缴税款一倍以上五倍以下罚金;情节严重的,处三年以上七年以下有期徒刑,并处拒缴税款一倍以上五倍以下罚金。

第二百零三条 【逃避追缴欠税罪】纳税人欠缴应纳税款,采取转移或者隐匿财产的手段,致使税务机关无法追缴欠缴的税款,数额在一万元以上不满十万元的,处三年以下有期徒刑或者拘役,并处或者单处欠缴税款一倍以上五倍以下罚金;数额在十万元以上的,处三年以上七年以下有期徒刑,并处欠缴税款一倍以上五倍以下罚金。

第二百零四条 【骗取出口退税罪】以假报出口或者其他欺骗手段,骗取国家出口退税款,数额较大的,处五年以下有期徒刑或者拘役,并处骗取税款一倍以上五倍以下罚金;数额巨大或者有其他严重情节的,处五年以上十年以下有期徒刑,并处骗取税款一倍以上五倍以下罚金;数额特别巨大或者有其他特别严重情节的,处十年以上有期徒刑或者无期徒刑,并处骗取税款一倍以上五倍以下罚金或者没收财产。

纳税人缴纳税款后,采取前款规定的欺骗方法,骗取所缴纳的税款的,依照本法第二百零一条的规定定罪处罚;骗取税款超过所缴纳的税款部分,依照前款的规定处罚。

第二百零五条 【虚开增值税专用发票、用于骗取出口退税、抵扣税款发票罪】虚开增值税专用发票或者虚开用于骗取出口退税、抵扣税款的其他发票的,处三年以下有期徒刑或者拘役,并处二万元以上二十万元以下罚金;虚开的税款数额较大或者有其他严重情节的,处三年以上十年以下有期徒刑,并处五万元以上五十万元以下罚金;虚开的税款数额巨大或者有其他特别严重情节的,处十年以上有期徒刑或者无期徒刑,并处五万元以上五十万元以下罚金或者没收财产。

单位犯本条规定之罪的,对单位判处罚金,并对其直接负责的主管人员和其他直接责任人员,处三年以下有期徒刑或者拘役;虚开的税款数额较大或者有其他严重情节的,处三年以上十年以下有期徒刑;虚开的税款数额巨大或者有其他特别严重情节的,处十年以上有期徒刑或者无期徒刑。

虚开增值税专用发票或者虚开用于骗取出口退税、抵扣税款的其他发票,是指有为他人虚开、为自己虚开、让他人为自己虚开、介绍他人虚开行为之一的。

第二百零五条之一 【虚开发票罪】虚开本法第二百零五条规定以外的其他发票,情节严重的,处二年以下有期徒刑、拘役或者管制,并处罚金;情节特别严重的,处二年以上七年以下有期徒刑,并处罚金。

单位犯前款罪的,对单位判处罚金,并对其直接负责的主管人员和其他直接责任人员,依照前款的规定处罚。

第二百零六条 【伪造、出售伪造的增值税专用发票罪】伪造或者出售伪造的增值税专用发票的,处三年以下有期徒

① 根据1998年12月29日第九届全国人民代表大会常务委员会第六次会议通过的《全国人民代表大会常务委员会关于惩治骗购外汇、逃汇和非法买卖外汇犯罪的决定》、1999年12月25日第九届全国人民代表大会常务委员会第十三次会议通过的《中华人民共和国刑法修正案》、2001年8月31日第九届全国人民代表大会常务委员会第二十三次会议通过的《中华人民共和国刑法修正案(二)》、2001年12月29日第九届全国人民代表大会常务委员会第二十五次会议通过的《中华人民共和国刑法修正案(三)》、2002年12月28日第九届全国人民代表大会常务委员会第三十一次会议通过的《中华人民共和国刑法修正案(四)》、2005年2月28日第十届全国人民代表大会常务委员会第十四次会议通过的《中华人民共和国刑法修正案(五)》、2006年6月29日第十届全国人民代表大会常务委员会第二十二次会议通过的《中华人民共和国刑法修正案(六)》、2009年2月28日第十一届全国人民代表大会常务委员会第七次会议通过的《中华人民共和国刑法修正案(七)》、2009年8月27日第十一届全国人民代表大会常务委员会第十次会议通过的《关于修改部分法律的决定》、2011年2月25日第十一届全国人民代表大会常务委员会第十九次会议通过的《中华人民共和国刑法修正案(八)》、2015年8月29日第十二届全国人民代表大会常务委员会第十六次会议通过的《中华人民共和国刑法修正案(九)》、2017年11月4日第十二届全国人民代表大会常务委员会第三十次会议通过的《中华人民共和国刑法修正案(十)》、2020年12月26日第十三届全国人民代表大会常务委员会第二十四次会议通过的《中华人民共和国刑法修正案(十一)》修正。

刑、拘役或者管制，并处二万元以上二十万元以下罚金；数量较大或者有其他严重情节的，处三年以上十年以下有期徒刑，并处五万元以上五十万元以下罚金；数量巨大或者有其他特别严重情节的，处十年以上有期徒刑或者无期徒刑，并处五万元以上五十万元以下罚金或者没收财产。

单位犯本条规定之罪的，对单位判处罚金，并对其直接负责的主管人员和其他直接责任人员，处三年以下有期徒刑、拘役或者管制；数量较大或者有其他严重情节的，处三年以上十年以下有期徒刑；数量巨大或者有其他特别严重情节的，处十年以上有期徒刑或者无期徒刑。

第二百零七条　【非法出售增值税专用发票罪】非法出售增值税专用发票的，处三年以下有期徒刑、拘役或者管制，并处二万元以上二十万元以下罚金；数量较大的，处三年以上十年以下有期徒刑，并处五万元以上五十万元以下罚金；数量巨大的，处十年以上有期徒刑或者无期徒刑，并处五万元以上五十万元以下罚金或者没收财产。

第二百零八条　【非法购买增值税专用发票、购买伪造的增值税专用发票罪】非法购买增值税专用发票或者购买伪造的增值税专用发票的，处五年以下有期徒刑或者拘役，并处或者单处二万元以上二十万元以下罚金。

非法购买增值税专用发票或者购买伪造的增值税专用发票又虚开或者出售的，分别依照本法第二百零五条、第二百零六条、第二百零七条的规定定罪处罚。

第二百零九条　【非法制造、出售非法制造的用于骗取出口退税、抵扣税款发票罪】伪造、擅自制造或者出售伪造、擅自制造的可以用于骗取出口退税、抵扣税款的其他发票的，处三年以下有期徒刑、拘役或者管制，并处二万元以上二十万元以下罚金；数量巨大的，处三年以上七年以下有期徒刑，并处五万元以上五十万元以下罚金；数量特别巨大的，处七年以上有期徒刑，并处五万元以上五十万元以下罚金或者没收财产。

【非法制造、出售非法制造的发票罪】伪造、擅自制造或者出售伪造、擅自制造的前款规定以外的其他发票的，处二年以下有期徒刑、拘役或者管制，并处或者单处一万元以上五万元以下罚金；情节严重的，处二年以上七年以下有期徒刑，并处五万元以上五十万元以下罚金。

【非法出售用于骗取出口退税、抵扣税款发票罪】非法出售可以用于骗取出口退税、抵扣税款的其他发票的，依照第一款的规定处罚。

【非法出售发票罪】非法出售第三款规定以外的其他发票的，依照第二款的规定处罚。

第二百一十条　【盗窃罪】盗窃增值税专用发票或者可以用于骗取出口退税、抵扣税款的其他发票的，依照本法第二百六十四条的规定定罪处罚。

【诈骗罪】使用欺骗手段骗取增值税专用发票或者可以用于骗取出口退税、抵扣税款的其他发票的，依照本法第二百六十六条的规定定罪处罚。

第二百一十条之一　【持有伪造的发票罪】明知是伪造的发票而持有，数量较大的，处二年以下有期徒刑、拘役或者管制，并处罚金；数量巨大的，处二年以上七年以下有期徒刑，并处罚金。

单位犯前款罪的，对单位判处罚金，并对其直接负责的主管人员和其他直接责任人员，依照前款的规定处罚。

第二百一十一条　【单位犯危害税收征管罪的处罚规定】单位犯本节第二百零一条、第二百零三条、第二百零四条、第二百零七条、第二百零八条、第二百零九条规定之罪的，对单位判处罚金，并对其直接负责的主管人员和其他直接责任人员，依照各该条的规定处罚。

第二百一十二条　【税收征缴优先原则】犯本节第二百零一条至第二百零五条规定之罪，被判处罚金、没收财产的，在执行前，应当先由税务机关追缴税款和所骗取的出口退税款。

……

全国人民代表大会常务委员会关于《中华人民共和国刑法》有关出口退税、抵扣税款的其他发票规定的解释

（2005年12月29日第十届全国人民代表大会常务委员会第十九次会议通过）

全国人民代表大会常务委员会根据司法实践中遇到的情况，讨论了刑法规定的“出口退税、抵扣税款的其他发票”的含义问题，解释如下：

刑法规定的“出口退税、抵扣税款的其他发票”，是指除增值税专用发票以外的，具有出口退税、抵扣税款功能的收付款凭证或者完税凭证。

现予公告。

欠税公告办法（试行）

（2004年10月10日国家税务总局令第9号公布　根据2018年6月15日《国家税务总局关于修改部分税务部门规章的决定》修正）

第一条　为了规范税务机关的欠税公告行为，督促纳税人自觉缴纳欠税，防止新的欠税的发生，保证国家税款的及时足额入库，根据《中华人民共和国税收征收管理法》（以下简称《税收征管法》）及其实施细则的规定，制定本办法。

第二条　本办法所称公告机关为县以上（含县）税务局。

第三条 本办法所称欠税是指纳税人超过税收法律、行政法规规定的期限或者纳税人超过税务机关依照税收法律、行政法规规定确定的纳税期限（以下简称税款缴纳期限）未缴纳的税款，包括：

（一）办理纳税申报后，纳税人未在税款缴纳期限内缴纳的税款；

（二）经批准延期缴纳的税款期限已满，纳税人未在税款缴纳期限内缴纳的税款；

（三）税务检查已查定纳税人的应补税额，纳税人未在税款缴纳期限内缴纳的税款；

（四）税务机关根据《税收征管法》第二十七条、第三十五条核定纳税人的应纳税额，纳税人未在税款缴纳期限内缴纳的税款；

（五）纳税人的其他未在税款缴纳期限内缴纳的税款。

税务机关对前款规定的欠税数额应当及时核实。

本办法公告的欠税不包括滞纳金和罚款。

第四条 公告机关应当按期在办税场所或者广播、电视、报纸、期刊、网络等新闻媒体上公告纳税人的欠缴税款情况。

（一）企业或单位欠税的，每季公告一次。

（二）个体工商户和其他个人欠税的，每半年公告一次。

（三）走逃、失踪的纳税户以及其他经税务机关查无下落的非正常户欠税的，随时公告。

第五条 欠税公告内容如下：

（一）企业或单位欠税的，公告企业或单位的名称、纳税人识别号、法定代表人或负责人姓名、居民身份证或其他有效身份证件号码、经营地点、欠税税种、欠税余额和当期新发生的欠税金额；

（二）个体工商户欠税的，公告业户名称、业主姓名、纳税人识别号、居民身份证或其他有效身份证件号码、经营地点、欠税税种、欠税余额和当期新发生的欠税金额；

（三）个人（不含个体工商户）欠税的，公告其姓名、居民身份证或其他有效身份证件号码、欠税税种、欠税余额和当期新发生的欠税金额。

第六条 企业、单位纳税人欠缴税款200万元以下（不含200万元），个体工商户和其他个人欠缴税款10万元以下（不含10万元）的由县级税务局（分局）在办税服务厅公告。

企业、单位纳税人欠缴税款200万元以上（含200万元），个体工商户和其他个人欠缴税款10万元以上（含10万元）的，由地（市）级税务局（分局）公告。

对走逃、失踪的纳税户以及其他经税务机关查无下落的纳税人欠税的，由各省、自治区、直辖市和计划单列市税务局公告。

第七条 对按本办法规定需要由上级公告机关公告的纳税人欠税信息，下级公告机关应及时上报。具体的时间和要求由各省、自治区、直辖市和计划单列市税务局确定。

第八条 公告机关在欠税公告前，应当深入细致地对纳税人欠税情况进行确认，重点要就欠税统计清单数据与纳税人分户台账记载数据、账簿记载书面数据与信息系统记录电子数据逐一进行核对，确保公告数据的真实、准确。

第九条 欠税一经确定，公告机关应当以正式文书的形式签发公告决定，向社会公告。

欠税公告的数额实行欠税余额和新增欠税相结合的办法，对纳税人的以下欠税，税务机关可不公告：

一、已宣告破产，经法定清算后，依法注销其法人资格的企业欠税；

二、被责令撤销、关闭，经法定清算后，被依法注销或吊销其法人资格的企业欠税；

三、已经连续停止生产经营一年（按日历日期计算）以上的企业欠税；

四、失踪两年以上的纳税人的欠税。

公告决定应当列为税收征管资料档案，妥善保存。

第十条 公告机关公告纳税人欠税情况不得超出本办法规定的范围，并应依照《税收征管法》及其实施细则的规定对纳税人的有关情况进行保密。

第十一条 欠税发生后，除依照本办法公告外，税务机关应当依法催缴并严格按日计算加收滞纳金，直至采取税收保全、税收强制执行措施清缴欠税。任何单位和个人不得以欠税公告代替税收保全、税收强制执行等法定措施的实施，干扰清缴欠税。各级公告机关应指定部门负责欠税公告工作，并明确其他有关职能部门的相关责任，加强欠税管理。

第十二条 公告机关应公告不公告或者应上报不上报，给国家税款造成损失的，上级税务机关除责令其改正外，应按《中华人民共和国公务员法》规定，对直接责任人员予以处理。

第十三条 扣缴义务人、纳税担保人的欠税公告参照本办法的规定执行。

第十四条 各省、自治区、直辖市和计划单列市税务局可以根据本办法制定具体实施细则。

第十五条 本办法由国家税务总局负责解释。

第十六条 本办法自2005年1月1日起施行。

欠缴税金核算管理暂行办法[①]

（2000年11月28日 国税发〔2000〕193号）

第一章 总 则

第一条 为了如实核算反映欠缴税金情况，严密监控和

① 本办法第十六条已被《国家税务总局关于税收征管若干事项的公告》废止。

有效清缴欠缴税金,加强组织收入工作和税收征管工作,特制定本办法。

第二条 本办法所称的欠缴税金是指税务机关负责征收的应缴未缴的各项收入,包括呆账税金、往年陈欠、本年新欠、未到限缴日期的未缴税款、缓征税款和应缴未缴滞纳金。

第三条 各级税务机关必须严格按《税收会计制度》和本办法的规定,对欠缴税金及时、如实地进行分类确认、核算和反映,不得弄虚作假、不得隐瞒。

第四条 对于已发生的呆账税金、往年陈欠和本年新欠,各征收单位必须严格按《税收征管法》的规定计收滞纳金,严密监控管理,并根据纳税人的生产经营变化情况及时进行追缴。

第五条 欠缴税金的分类确认工作由各税务机关的税政主管部门或征管部门负责,监控和追缴工作由征管和稽查部门负责,核算反映工作由计会部门负责。各部门必须密切配合,切实加强欠缴税金的管理。

第二章 欠缴税金的核算

第六条 各会计核算单位都必须在"待清理呆账税金"总账科目下,增设"关停企业呆账税金"、"空壳企业呆账税金"、"政府政策性呆账税金"、"其他呆账税金"四类明细科目,详细核算反映所有的关停企业、空壳企业和政府政策原因造成的欠缴税金及所有三年以上的欠缴税金情况。各类呆账税金的具体核算范围如下:

(一)"关停企业呆账税金",指因国家产业调整、企业改制等政策要求被依法破产关闭,因违反国家法律、法规规定被依法责令关闭,以及因自行解散而关闭,已正式公告破产、撤销、解散,但尚未依法终止其法人资格的企业(包括企业、事业单位和社会团体,以下同),经追缴仍未清回的欠缴税金;已连续停止生产经营一年(按日历日期计算)以上,但未公告破产、撤销、解散的资不抵债的企业,以及按税收征管制度规定转入"非正常户"管理的失踪纳税人,经追缴仍未清回的欠缴税金。

(二)"空壳企业呆账税金",指原企业仍然存在,而其主要资产在兼并、重组、出售等改组时已归属新设企业或其他企业,但改组时按企业资产和债务分配情况,依法仍须由原企业承担的欠缴税金。改组时已分配给新设或其他企业的欠缴税金,应转入承担欠缴税金的企业核算,不再列为原企业的欠缴税金。

(三)"政府政策性呆账税金",指1994年税制改革前后,县以上政府对部分国有企业实行投入产出总承包,承包企业完成政府规定的应缴财政收入后,拖欠未缴的超基数税款,以及在"以税还贷"政策实行期间,经政府有关部门批准可以用税收归还的贷款,因后来停止执行"以税还贷"政策而造成企业还贷困难,从而拖欠原来用以还贷的税款,经追缴仍未清回的欠缴税金。

(四)"其他呆账税金",指除上述关停、空壳、政府政策性呆账税金外,其他超过三年(按日历日期计算)仍未清回的欠缴税金。

第七条 除入库单位外,其他各会计核算单位都必须在"待征"类总账科目下,增设"未到期应缴税款"、"缓征税款"、"往年陈欠"、"本年新欠"四类明细科目,详细核算反映待征税金构成情况。各类待征税金的具体核算范围如下:

(一)"未到期应缴税款",指纳税人已申报或税务机关已作出补税处罚决定,但未到税款限缴日期的应缴未缴税款及罚款。

(二)"缓征税款",指按规定经批准延期缴纳的税款。

(三)"往年陈欠",指除呆账税金、未到期应缴税款、缓征税款和本年新欠外,不足三年的欠缴税金。

(四)"本年新欠",指除呆账税金、未到期应缴税款、缓征税款外,本年发生的欠缴税金。

第八条 各会计核算单位都必须在"损失税金核销"总账科目下,增设"核销死欠"明细科目,核算反映纳税人发生破产、撤销情形,经过法定清算,被国家主管机关依法注销或吊销其法人资格,纳税人已消亡,税务机关依照法律法规规定,根据法院判决书或法定清算报告核销的欠缴税金及滞纳金。

第九条 为统一规范应缴未缴滞纳金的核算管理,所有未缴的呆账税金、往年陈欠和本年新欠的应缴未缴滞纳金都必须实行"账外核算",进行专项反映,不再纳入应征数核算反映(已征收的滞纳金和核销死欠的滞纳金必须列入应征数核算)。具体核算方法如下:

除入库单位外,其他各会计核算单位都必须在会计账目之外,单独设置"应缴未缴滞纳金登记簿",分户登记每笔未缴呆账税金、往年陈欠和本年新欠的发生、变化情况,并根据每笔带纳税款的滞纳时间及滞纳金额定期计算反映其应缴未缴的滞纳金。

第三章 呆账税金和核销死欠的确认

第十条 对申请转为呆账税金的欠缴税金,必须按每个纳税人分别报地市级税务机关进行确认;对申请核销的死欠税款,必须按每个纳税人分别报省级税务机关进行确认。

已确认过关停、空壳两类呆账税金的企业,确认以后又发生的符合此两类呆账税金范围的欠缴税金,如果其成因与该企业前次确认的呆账税金成因相同,可直接报县级税务机关确认;如果成因与前次确认的呆账税金成因不同,仍必须报地市级税务机关确认。

第十一条 所有转为呆账税金的欠缴税金和核销的死欠税款,都必须按以下程序办理确认手续。

(一)申请确认呆账税金和核销死欠必须由基层主管税务机关填报"呆账税金确认申请表"(格式见附件一)或"核销死欠确认申请表"(格式见附件二),并按以下要求附报有关申请材料(申请材料必须一式两份:一份逐级报确认机关,并

由确认机关负责确认工作的主管部门留存;一份报县级税务机关,待确认机关核准后再退回基层主管税务机关):

1. 关停企业呆账税金应附报政府有关部门通知或责令企业关闭的文件,企业自行解散的公告文件,企业停业开始月份和满一年时当月的资产负债表及企业填报的停业情况说明,基层主管税务机关对失踪纳税人的核查材料,以及欠缴税金所属期的纳税申报表(或查补税款处理决定书)等材料原件或复印件。

2. 空壳企业呆账税金应附报企业兼并、重组、出售协议、企业改组时编制的资产负债表或资产债务评估报告、以及欠缴税金所属期的纳税申报表(或查补税款处理决定书)等材料原件或复印件。

3. 政府政策性呆账税金应附报政府与企业签订的承包协议,企业贷款合同和以税还贷批准文件及欠缴税金发生当月的资产负债表,以及欠缴税金所属期的纳税申报表等材料原件或复印件。

4. 其他呆账税金应附报欠缴税金发生当月的资产负债表、以及欠缴税金所属期的纳税申报表(或查补税款处理决定书)复印件。

5. 核销死欠应附报法院判决书或法定清算报告复印件。

2001 年 1 月 1 日前发生的呆账税金,确认时要求附报的有关证明文件、企业财务报表和纳税申报表等原始材料确实无法取得的,可由基层主管税务机关填报详细的呆账税金核查材料(详细说明呆账税金的发生事由、时间和金额)代替,但 2001 年 1 月 1 日以后发生的呆账税金,确认时必须严格按上述规定附报原始材料,一律不得再用核查材料代替。

(二)县级税务机关对基层主管税务机关上报的呆账税金和核销死欠确认申请,都必须进行实地调查核实,核实后按规定的权限上报核准。

(三)负责确认的税务机关对核准的呆账税金和核销死欠,要及时向申请的税务机关下达书面的“呆账税金确认通知书”或“核销死欠确认通知书”(格式各地自定,一式四份,确认机关负责确认工作的主管部门、县级税务机关税收会计、基层主管税务机关税收会计和征管部门各留一份)。

第四章　欠缴税金的管理及清缴

第十二条　对于已确认的呆账税金和核销死欠,确认机关负责确认工作的主管部门必须建立备案底册(格式见附件三),并根据确认通知书序时、逐笔登记反映。

第十三条　县及县级以下税务机关对于已确认的呆账税金和核销死欠,必须按以下要求装订和保管有关原始材料:

县级税务机关和基层主管税务机关必须将“呆账税金确认申请表”或“核销死欠确认申请表”与相应的“呆账税金确认通知书”或“核销死欠确认通知书”装订一起,分别作为县级和基层主管税务机关的税收会计核算凭证,并按会计档案要求保存备查。

基层主管税务机关必须将“呆账税金确认通知书”或“核销死欠确认通知书”与相应的“呆账税金确认申请表”或“核销死欠确认申请表”及全部申请确认材料装订一起,作为户籍征管档案资料保存备查。

第十四条　对于已发生关停、空壳呆账税金的企业,各基层主管税务机关应及时清缴其结存的各种发票,并停止供应发票。企业需要填开发票的,应先将开票收入应纳的税款缴纳后再由税务机关代开发票,以防发生新的欠缴税金。

第十五条　对于已发生欠缴税金的企业,各级税务机关要随时监控反映其变化情况,并全力清缴其欠缴税金。

(一)对于已发生呆账税金的关停和空壳企业,后因实行合资、合作、合并、租赁、承包等各种原因又恢复生产经营,原资产和债务未被分割的,如该企业的呆账税金已超过三年,应按“其他呆账税金”重新进行确认;如未超过三年,应及时将其转为“往年陈欠”。并且主管税务机关应根据其税源变化情况,及时制定清缴计划和落实清缴责任。

(二)对于实施兼并、重组、出售等改组的企业,主管税务机关应依法清算并追缴其欠缴的税金及滞纳金。改组时发生债随资走的,应及时根据企业资产和债务分配情况,落实清缴责任,将未清缴的欠缴税金及滞纳金转入应承担清缴义务的企业进行核算和管理。改组后企业承担的欠缴税金符合呆账税金范围的,应按本办法规定的要求报请确认。

(三)对于宣告破产、撤销、解散而准备进行资产、债务清算的企业,主管税务机关应及时向负责清算的机构提出欠缴税金及滞纳金的清偿要求,并按法律法规规定的清偿顺序依法追缴。对于破产、撤销企业经过法定清算后,已被国家主管机关依法注销或吊销其法人资格,纳税人已消亡的,其无法追缴的欠缴税金及滞纳金,应及时依照法律法规规定,根据法院的判决书或法定清算报告报省级税务机关确认核销。

(四)除上述情况外,企业发生其他变化情况而造成已确认的呆账税金成因发生变化的,也必须按规定的呆账税金确认程序重新上报确认机关核准。

第十六条　各基层税务机关清缴呆账税金、往年陈欠和本年新欠时,应同时加收其滞纳金。不能单收欠缴税款,而不收其相应的滞纳金;也不能单收滞纳金,而不收其相应的欠缴税款。

第五章　欠缴税金的考核

第十七条　各级税务机关每年都应根据本地区“往年陈欠”、“本年新欠”和“其他呆账税金”的实际情况,分类制定清欠目标,将其列入组织收入工作和税收征管工作考核的一项主要指标。对于已完成清欠目标,但因税源缺乏没有完成收入任务的,可根据实际情况予以调减收入任务;对于既无不可抗力等特殊因素影响,又没有完成清欠目标的单位,要相应调增其下年收入任务和清欠目标。

第十八条　对于未列入清欠目标的其他各类呆账税金和缓征税款,应列入各有关税务机关的岗位责任制内容进行考核,以加强确认、核算、监控和追缴等各项工作的责任。

第六章　违规处理

第十九条　凡是未如实核算和上报欠缴税金的,不论查出部门、发生原因、所属时期如何,均属于"隐瞒欠缴税金"行为,一律按隐瞒数追加该单位的当年或下年收入任务。

第二十条　凡未按规定的权限和确认程序报经确认而擅自将欠缴税金转入呆账税金和死欠核算的,或将不符合各类呆账税金和核销死欠范围的欠缴税金确认为呆账税金和死欠核销的,填报虚假材料以及确认材料不全、手续不齐和未按规定要求装订保存申请确认材料的,均按第十九条规定视同为"隐瞒欠缴税金"行为,按违规确认的呆账税金和死欠数额追加该单位的收入任务。

第二十一条　凡为了调节收入进度或减少欠缴税金而违规办理退税、减免税和缓征税款的,均按第十九条规定视同为"隐瞒欠缴税金"行为,按违规数额追加该单位的收入任务。

第二十二条　发生第十九条、第二十条和第二十一条违规行为的,除追加该单位的收入任务外,要严格按有关规定追究单位领导和有关责任人的责任。

第七章　附　　则

第二十三条　各省、自治区、直辖市和计划单列市国家税务局和地方税务局应根据本办法制定本地区的具体实施办法。

第二十四条　本办法由国家税务总局解释。

第二十五条　本办法从2001年1月1日起施行,此前有关规定与本办法不符的,均按本办法执行。

附件1:呆账税金确认审批表(略)

附件2:核销死欠确认申请表(略)

附件3:呆账税金和核销死欠备案底册(略)

税收违法案件发票协查管理办法(试行)

(2013年6月19日　税总发〔2013〕66号)

第一章　总　　则

第一条　为了规范税收违法案件发票协查工作,提高协查管理工作效率,根据《中华人民共和国税收征收管理法》、《中华人民共和国发票管理办法》及相关法律法规,制订本办法。

第二条　税收违法案件发票协查是指查办税收违法案件的税务局稽查局(以下简称委托方)将需异地调查取证的发票委托有管辖权的税务局稽查局(以下简称受托方),开展调查取证的相关活动。

第三条　协查工作遵循合法、真实、相关和效率的原则。

第四条　税务局稽查局负责实施税收违法案件发票的协查。

第五条　国家税务总局应当逐步推进税收违法案件发票协查信息化,将税收违法案件发票协查全面纳入协查信息管理系统进行管理。

第二章　委托协查

第六条　委托方对税收违法案件中需调查取证的发票采取发函或者派人参与的方式进行协查。

发函是指委托方向受托方发出《税收违法案件协查函》,包括寄送纸质协查函和通过协查信息管理系统发出协查函。纸质协查函原则上采取同级发函的方式进行。

派人参与是指重大案件或者有特殊要求的案件,委托方可派人参与受托方的调查取证,提出取证要求。

第七条　委托方根据案件查办情况,确定协查对象,需要发起委托协查的,向受托方发出《税收违法案件协查函》。

《税收违法案件协查函》内容包括:委托方案件名称、基本案情、涉案发票记载的信息、已掌握的疑点或者线索、作案手法、提出有针对性的取证要求、回复期限、组卷及寄送要求、联系人和联系方式等。

第八条　国家税务总局督办案件的发票协查应当按照《重大税收违法案件督办管理暂行办法》有关规定执行,并在协查函中予以说明,注明督办函号。

第九条　已确定虚开发票案件的协查,委托方应当按照受托方一户一函的形式出具《已证实虚开通知单》及相关证据资料,并在所附发票清单上逐页加盖公章,随同《税收违法案件协查函》寄送受托方。

通过协查信息管理系统发起已确定虚开发票案件协查函的,委托方应当在发送委托协查信息后5个工作日内寄送《已证实虚开通知单》以及相关证据资料。

第十条　委托方收到协查回函后,根据协查回函信息依法对被查对象进行查处。

第十一条　委托方派人协查方式进行协查的,应当向受托方通报情况、沟通案情,派出人员需携带加盖本单位公章的《介绍信》和《税收违法案件协查函》、《税务检查证》以及相关身份证明,参与受托方的调查取证,提出取证要求。

第十二条　委托方应当及时登记《委托协查台账》,跟踪协查函的发出、回复和处理情况。

《委托协查台账》包括以下内容:

(一)函件发出日期,派人协查日期;

(二)函件名称、编号或者文号、是否督办;

(三)涉及企业名称、资料种类、数量;

(四)是否立案;
(五)负责检查的人员;
(六)协查回函情况、回函日期;
(七)案卷号和归档地;
(八)其他。

第三章　受托协查

第十三条　受托方收到《税收违法案件协查函》后,应当根据协查请求,依照法定权限和程序调查,并按照要求及期限回函。

第十四条　《税收违法案件协查函》涉及的协查对象不属于受托方管辖范围的,受托方应当在收函之日起5个工作日内,出具本辖区县(区)级主管税务机关证明材料,并将《税收违法案件协查函》退回委托方。

第十五条　有下列情形之一的,受托方应当按照《税务稽查工作规程》有关规定立案检查:

(一)委托方已开具《已证实虚开通知单》的;
(二)委托方提供的证据资料证明协查对象有税收违法嫌疑的;
(三)受托方检查发现协查对象有税收违法嫌疑的;
(四)上级税务局稽查局要求立案检查的。

第十六条　国家税务总局督办的案件,受托方在回函期限前不能完成检查工作的,可以逐级上报国家税务总局申请延期,在得到国家税务总局同意后,在延期期限内给予回复。

申请延期应当说明延期理由、延期期限以及与委托方沟通的情况。

第十七条　受托方需要取得协查对象的税务登记、变更、注销、失控或者查无企业、发票领用、发票鉴定、纳税申报、抵扣税款、免税、出口退税等征管资料和证明材料的,应当向其县(区)级主管税务机关提出要求。县(区)级主管税务机关应当在5个工作日内提供相关资料并出具相应的证明材料。

第十八条　受托方应当依据调查取证所掌握的情况及所获取的证据材料,向委托方出具《税收违法案件协查回复函》。

《税收违法案件协查回复函》的内容包括:

(一)协查来源;
(二)涉案企业的基本情况及协查发票记载的信息;
(三)协查取证要求的说明;
(四)协查结论或者协查结果;
(五)税务处理和税务行政处罚事项;
(六)其他应予说明的事项。

第十九条　受托方应当对取得的证据材料,连同相关文书一并作为协查案卷立卷存档;同时根据委托方协查函委托的事项,将相关证据材料及文书复制,注明"与原件核对无误",注明原件存放处,并加盖本单位印章后一并寄送委托方。

受托方通过协查信息管理系统收到的协查函,应当通过协查信息管理系统进行函复。经检查有问题的以及委托方要求寄送取证材料的,应当在回复协查结果后5个工作日内将相关证据材料及文书复制,注明"与原件核对无误",注明原件存放处,并加盖本单位印章后一并寄送委托方。

第二十条　受托方应当在收到协查函后60日内回函。

通过协查信息管理系统发出的协查函,受托方应当在收到协查函后30日内回函。

国家税务总局对协查回函期限有特殊要求的,应当按照相关要求办理。

第二十一条　受托方应当登记《受托协查台账》,及时掌握协查工作安排、回复、处理情况。

《受托协查台账》包括以下内容:

(一)函件收到日期,来人协查日期;
(二)函件名称、编号或者文号、是否督办;
(三)涉及企业名称、资料种类、数量;
(四)是否立案;
(五)负责检查的人员;
(六)协查复函情况、复函日期;
(七)案卷号和归档地;
(八)其他。

第四章　协查管理

第二十二条　地市级以上税务局稽查局应当定期对本辖区协查台账进行统计汇总,全面掌握本辖区协查情况,督促指导下级协查工作。

第二十三条　上级税务局稽查局对下级税务局稽查局的协查质量和效率进行考核,包括受托方按期回复情况、委托方选票针对性、协查函和回复函的信息完整性等。

第二十四条　稽查机构设置发生撤销、合并、增设的,应当及时向上一级税务局稽查局提出与本稽查机构对应的协查信息管理系统节点的变更申请,并逐级上报国家税务总局备案。

第二十五条　税务违法案件发票协查资料按照《税务稽查工作规程》的规定归档。

第五章　附　　则

第二十六条　本办法适用于各级税务机关。

第二十七条　各级税务局可以依据本办法对辖区内税务违法案件发票协查工作制定考核制度和奖惩实施办法。

第二十八条　本办法所称以上、日内,包括本数(级)。

第二十九条　本办法自发布之日起施行。2008年5月14日印发的《国家税务总局关于印发〈增值税抵扣凭证协查管理办法〉的通知》(国税发〔2008〕51号)同时废止。

附件:(略)

税务稽查工作规程

(2009年12月24日国税发〔2009〕157号公布　根据2018年6月15日《国家税务总局关于修改部分税收规范性文件的公告》修正)

第一章　总　　则

第一条　为了保障税收法律、行政法规的贯彻实施,规范税务稽查工作,强化监督制约机制,根据《中华人民共和国税收征收管理法》(以下简称《税收征管法》)、《中华人民共和国税收征收管理法实施细则》(以下简称《税收征管法细则》)等有关规定,制定本规程。

第二条　税务稽查的基本任务,是依法查处税收违法行为,保障税收收入,维护税收秩序,促进依法纳税。

税务稽查由税务局稽查局依法实施。稽查局主要职责,是依法对纳税人、扣缴义务人和其他涉税当事人履行纳税义务、扣缴义务情况及涉税事项进行检查处理,以及围绕检查处理开展的其他相关工作。稽查局具体职责由国家税务总局依照《税收征管法》、《税收征管法细则》有关规定确定。

第三条　税务稽查应当以事实为根据,以法律为准绳,坚持公平、公开、公正、效率的原则。

税务稽查应当依靠人民群众,加强与有关部门、单位的联系和配合。

第四条　稽查局在所属税务局领导下开展税务稽查工作。

上级稽查局对下级稽查局的稽查业务进行管理、指导、考核和监督,对执法办案进行指挥和协调。

第五条　稽查局查处税收违法案件时,实行选案、检查、审理、执行分工制约原则。

稽查局设立选案、检查、审理、执行部门,分别实施选案、检查、审理、执行工作。

第六条　税务稽查人员应当依法为纳税人、扣缴义务人的商业秘密、个人隐私保密。

纳税人、扣缴义务人的税收违法行为不属于保密范围。

第七条　税务稽查人员有《税收征管法细则》规定回避情形的,应当回避。

被查对象要求税务稽查人员回避的,或者税务稽查人员自己提出回避的,由稽查局局长依法决定是否回避。稽查局局长发现税务稽查人员有规定回避情形的,应当要求其回避。稽查局局长的回避,由所属税务局领导依法审查决定。

第八条　税务稽查人员应当遵守工作纪律,恪守职业道德,不得有下列行为:

(一)违反法定程序、超越权限行使职权;

(二)利用职权为自己或者他人谋取利益;

(三)玩忽职守,不履行法定义务;

(四)泄露国家秘密、工作秘密,向被查对象通风报信、泄露案情;

(五)弄虚作假,故意夸大或者隐瞒案情;

(六)接受被查对象的请客送礼;

(七)未经批准私自会见被查对象;

(八)其他违法乱纪行为。

税务稽查人员在执法办案中滥用职权、玩忽职守、徇私舞弊的,依照有关规定严肃处理;涉嫌犯罪的,依法移送司法机关处理。

第九条　税务机关必须不断提高稽查信息化应用水平,充分利用现代信息技术采集涉税信息,强化稽查管理和执法监督。

第二章　管　　辖

第十条　稽查局应当在所属税务局的征收管理范围内实施税务稽查。

前款规定以外的税收违法行为,由违法行为发生地或者发现地的稽查局查处。

税收法律、行政法规和国家税务总局对税务稽查管辖另有规定的,从其规定。

第十一条　税务稽查管辖有争议的,由争议各方本着有利于案件查处的原则逐级协商解决;不能协商一致的,报请共同的上级税务机关协调或者决定。

第十二条　省、自治区、直辖市和计划单列市税务局稽查局可以充分利用税源管理和税收违法情况分析成果,结合本地实际,按照以下标准在管辖区域范围内实施分级分类稽查:

(一)纳税人生产经营规模、纳税规模;

(二)分地区、分行业、分税种的税负水平;

(三)税收违法行为发生频度及轻重程度;

(四)税收违法案件复杂程度;

(五)纳税人产权状况、组织体系构成;

(六)其他合理的分类标准。

分级分类稽查应当结合税收违法案件查处、税收专项检查、税收专项整治等相关工作统筹确定。

第十三条　上级稽查局可以根据税收违法案件性质、复杂程度、查处难度以及社会影响等情况,组织查处或者直接查处管辖区域内发生的税收违法案件。

下级稽查局查处有困难的重大税收违法案件,可以报请上级稽查局查处。

第三章　选　　案

第十四条　稽查局应当通过多种渠道获取案源信息,集体研究,合理、准确地选择和确定稽查对象。

选案部门负责稽查对象的选取,并对税收违法案件查处情况进行跟踪管理。

第十五条 稽查局必须有计划地实施稽查,严格控制对纳税人、扣缴义务人的税务检查次数。

稽查局应当在年度终了前制订下一年度的稽查工作计划,经所属税务局领导批准后实施,并报上一级稽查局备案。

年度稽查工作计划中的税收专项检查内容,应当根据上级税务机关税收专项检查安排,结合工作实际确定。

经所属税务局领导批准,年度稽查工作计划可以适当调整。

第十六条 选案部门应当建立案源信息档案,对所获取的案源信息实行分类管理。案源信息主要包括:

(一)财务指标、税收征管资料、稽查资料、情报交换和协查线索;

(二)上级税务机关交办的税收违法案件;

(三)上级税务机关安排的税收专项检查;

(四)税务局相关部门移交的税收违法信息;

(五)检举的涉税违法信息;

(六)其他部门和单位转来的涉税违法信息;

(七)社会公共信息;

(八)其他相关信息。

第十七条 国家税务总局和各级税务局在稽查局设立税收违法案件举报中心,负责受理单位和个人对税收违法行为的检举。

对单位和个人实名检举税收违法行为并经查实,为国家挽回税收损失的,根据其贡献大小,依照国家税务总局有关规定给予相应奖励。

第十八条 税收违法案件举报中心应当对检举信息进行分析筛选,区分不同情形,经稽查局局长批准后分别处理:

(一)线索清楚,涉嫌偷税、逃避追缴欠税、骗税、虚开发票、制售假发票或者其他严重税收违法行为的,由选案部门列入案源信息;

(二)检举内容不详,无明确线索或者内容重复的,暂存待办;

(三)属于税务局其他部门工作职责范围的,转交相关部门处理;

(四)不属于自己受理范围的检举,将检举材料转送有处理权的单位。

第十九条 选案部门对案源信息采取计算机分析、人工分析、人机结合分析等方法进行筛选,发现有税收违法嫌疑的,应当确定为待查对象。

待查对象确定后,选案部门填制《税务稽查立案审批表》,附有关资料,经稽查局局长批准后立案检查。

税务局相关部门移交的税收违法信息,稽查局经筛选未立案检查的,应当及时告知移交信息的部门;移交信息的部门仍然认为需要立案检查的,经所属税务局领导批准后,由稽查局立案检查。

对上级税务机关指定和税收专项检查安排的检查对象,应当立案检查。

第二十条 经批准立案检查的,由选案部门制作《税务稽查任务通知书》,连同有关资料一并移交检查部门。

选案部门应当建立案件管理台账,跟踪案件查处进展情况,并及时报告稽查局局长。

第四章 检　　查

第二十一条 检查部门接到《税务稽查任务通知书》后,应当及时安排人员实施检查。

检查人员实施检查前,应当查阅被查对象纳税档案,了解被查对象的生产经营情况、所属行业特点、财务会计制度、财务会计处理办法和会计核算软件,熟悉相关税收政策,确定相应的检查方法。

第二十二条 检查前,应当告知被查对象检查时间、需要准备的资料等,但预先通知有碍检查的除外。

检查应当由两名以上检查人员共同实施,并向被查对象出示税务检查证和《税务检查通知书》。

检查应当自实施检查之日起60日内完成;确需延长检查时间的,应当经稽查局局长批准。

第二十三条 实施检查时,依照法定权限和程序,可以采取实地检查、调取账簿资料、询问、查询存款账户或者储蓄存款、异地协查等方法。

对采用电子信息系统进行管理和核算的被查对象,可以要求其打开该电子信息系统,或者提供与原始电子数据、电子信息系统技术资料一致的复制件。被查对象拒不打开或者拒不提供的,经稽查局局长批准,可以采用适当的技术手段对该电子信息系统进行直接检查,或者提取、复制电子数据进行检查,但所采用的技术手段不得破坏该电子信息系统原始电子数据,或者影响该电子信息系统正常运行。

第二十四条 实施检查时,应当依照法定权限和程序,收集能够证明案件事实的证据材料。收集的证据材料应当真实,并与所证明的事项相关联。

调查取证时,不得违反法定程序收集证据材料;不得以偷拍、偷录、窃听等手段获取侵害他人合法权益的证据材料;不得以利诱、欺诈、胁迫、暴力等不正当手段获取证据材料。

第二十五条 调取账簿、记账凭证、报表和其他有关资料时,应当向被查对象出具《调取账簿资料通知书》,并填写《调取账簿资料清单》交其核对后签章确认。

调取纳税人、扣缴义务人以前会计年度的账簿、记账凭证、报表和其他有关资料的,应当经所属税务局局长批准,并在3个月内完整退还;调取纳税人、扣缴义务人当年的账簿、记账凭证、报表和其他有关资料的,应当经所属设区的市、自治州以上税务局局长批准,并在30日内退还。

第二十六条　需要提取证据材料原件的，应当向当事人出具《提取证据专用收据》，由当事人核对后签章确认。对需要归还的证据材料原件，检查结束后应当及时归还，并履行相关签收手续。需要将已开具的发票调出查验时，应当向被查验的单位或者个人开具《发票换票证》；需要将空白发票调出查验时，应当向被查验的单位或者个人开具《调验空白发票收据》，经查无问题的，应当及时退还。

提取证据材料复制件的，应当由原件保存单位或者个人在复制件上注明"与原件核对无误，原件存于我处"，并由提供人签章。

第二十七条　询问应当由两名以上检查人员实施。除在被查对象生产、经营场所询问外，应当向被询问人送达《询问通知书》。

询问时应当告知被询问人如实回答问题。询问笔录应当交被询问人核对或者向其宣读；询问笔录有修改的，应当由被询问人在改动处捺指印；核对无误后，由被询问人在尾页结束处写明"以上笔录我看过（或者向我宣读过），与我说的相符"，并逐页签章、捺指印。被询问人拒绝在询问笔录上签章、捺指印的，检查人员应当在笔录上注明。

第二十八条　当事人、证人可以采取书面或者口头方式陈述或者提供证言。当事人、证人口头陈述或者提供证言的，检查人员可以笔录、录音、录像。笔录应当使用能够长期保持字迹的书写工具书写，也可使用计算机记录并打印，陈述或者证言应当由陈述人或者证人逐页签章、捺指印。

当事人、证人口头提出变更陈述或者证言的，检查人员应当就变更部分重新制作笔录，注明原因，由当事人、证人逐页签章、捺指印。当事人、证人变更书面陈述或者证言的，不退回原件。

第二十九条　制作录音、录像等视听资料的，应当注明制作方法、制作时间、制作人和证明对象等内容。

调取视听资料时，应当调取有关资料的原始载体；难以调取原始载体的，可以调取复制件，但应当说明复制方法、人员、时间和原件存放处等事项。

对声音资料，应当附有该声音内容的文字记录；对图像资料，应当附有必要的文字说明。

第三十条　以电子数据的内容证明案件事实的，应当要求当事人将电子数据打印成纸质资料，在纸质资料上注明数据出处、打印场所，注明"与电子数据核对无误"，并由当事人签章。

需要以有形载体形式固定电子数据的，应当与提供电子数据的个人、单位的法定代表人或者财务负责人一起将电子数据复制到存储介质上并封存，同时在封存包装物上注明制作方法、制作时间、制作人、文件格式及长度等，注明"与原始载体记载的电子数据核对无误"，并由电子数据提供人签章。

第三十一条　检查人员实地调查取证时，可以制作现场笔录、勘验笔录，对实地检查情况予以记录或者说明。

制作现场笔录、勘验笔录，应当载明时间、地点和事件等内容，并由检查人员签名和当事人签章。

当事人拒绝在现场笔录、勘验笔录上签章的，检查人员应当在笔录上注明原因；如有其他人员在场，可以由其签章证明。

第三十二条　需要异地调查取证的，可以发函委托相关稽查局调查取证；必要时可以派人参与受托地稽查局的调查取证。

受托地稽查局应当根据协查请求，依照法定权限和程序调查；对取得的证据材料，应当连同相关文书一并作为协查案卷立卷存档；同时根据委托地稽查局协查函委托的事项，将相关证据材料及文书复制，注明"与原件核对无误"，注明原件存放处，并加盖本单位印章后一并移交委托地稽查局。

需要取得境外资料的，稽查局可以提请国际税收管理部门依照税收协定情报交换程序获取，或者通过我国驻外机构收集有关信息。

第三十三条　查询从事生产、经营的纳税人、扣缴义务人存款账户的，应当经所属税务局局长批准，凭《检查存款账户许可证明》向相关银行或者其他金融机构查询。

查询案件涉嫌人员储蓄存款的，应当经所属设区的市、自治州以上税务局局长批准，凭《检查存款账户许可证明》向相关银行或者其他金融机构查询。

第三十四条　检查从事生产、经营的纳税人以前纳税期的纳税情况时，发现纳税人有逃避纳税义务行为，并有明显的转移、隐匿其应纳税的商品、货物以及其他财产或者应纳税收入迹象的，经所属税务局局长批准，可以依法采取税收保全措施。

第三十五条　稽查局采取税收保全措施时，应当向纳税人送达《税收保全措施决定书》，告知其采取税收保全措施的内容、理由及依据，并依法告知其申请行政复议和提起行政诉讼的权利。

采取冻结纳税人在开户银行或者其他金融机构的存款措施时，应当向纳税人开户银行或者其他金融机构送达《冻结存款通知书》，冻结其相当于应纳税款的存款。

采取查封商品、货物或者其他财产措施时，应当填写《查封商品、货物或者其他财产清单》，由纳税人核对后签章；采取扣押纳税人商品、货物或者其他财产措施时，应当出具《扣押商品、货物或者其他财产专用收据》，由纳税人核对后签章。

采取查封、扣押有产权证件的动产或者不动产措施时，应当依法向有关单位送达《税务协助执行通知书》，通知其在查封、扣押期间不再办理该动产或者不动产的过户手续。

第三十六条　有下列情形之一的，稽查局应当依法及时解除税收保全措施：

（一）纳税人已按履行期限缴纳税款的；

（二）税收保全措施被复议机关决定撤销的；

（三）税收保全措施被人民法院裁决撤销的；

（四）其他法定应当解除税收保全措施的。

第三十七条 解除税收保全措施时，应当向纳税人送达《解除税收保全措施通知书》，告知其解除税收保全措施的时间、内容和依据，并通知其在限定时间内办理解除税收保全措施的有关事宜：

（一）采取冻结存款措施的，应当向冻结存款的纳税人开户银行或者其他金融机构送达《解除冻结存款通知书》，解除冻结。

（二）采取查封商品、货物或者其他财产措施的，应当解除查封并收回《查封商品、货物或者其他财产清单》。

（三）采取扣押商品、货物或者其他财产的，应当予以返还并收回《扣押商品、货物或者其他财产专用收据》。

税收保全措施涉及协助执行单位的，应当向协助执行单位送达《税务协助执行通知书》，通知解除税收保全措施相关事项。

第三十八条 采取税收保全措施的期限一般不得超过6个月；查处重大税收违法案件中，有下列情形之一，需要延长税收保全期限的，应当逐级报请国家税务总局批准：

（一）案情复杂，在税收保全期限内确实难以查明案件事实的；

（二）被查对象转移、隐匿、销毁账簿、记账凭证或者其他证据材料的；

（三）被查对象拒不提供相关情况或者以其他方式拒绝、阻挠检查的；

（四）解除税收保全措施可能使纳税人转移、隐匿、损毁或者违法处置财产，从而导致税款无法追缴的。

第三十九条 被查对象有下列情形之一的，依照《税收征管法》和《税收征管法细则》有关逃避、拒绝或者以其他方式阻挠税务检查的规定处理：

（一）提供虚假资料，不如实反映情况，或者拒绝提供有关资料的；

（二）拒绝或者阻止检查人员记录、录音、录像、照相、复制与税收违法案件有关资料的；

（三）在检查期间转移、隐匿、损毁、丢弃有关资料的；

（四）其他不依法接受税务检查行为的。

第四十条 检查过程中，检查人员应当制作《税务稽查工作底稿》，记录案件事实，归集相关证据材料，并签字、注明日期。

第四十一条 检查结束前，检查人员可以将发现的税收违法事实和依据告知被查对象；必要时，可以向被查对象发出《税务事项通知书》，要求其在限期内书面说明，并提供有关资料；被查对象口头说明的，检查人员应当制作笔录，由当事人签章。

第四十二条 检查结束时，应当根据《税务稽查工作底稿》及有关资料，制作《税务稽查报告》，由检查部门负责人审核。

经检查发现有税收违法事实的，《税务稽查报告》应当包括以下主要内容：

（一）案件来源；

（二）被查对象基本情况；

（三）检查时间和检查所属期间；

（四）检查方式、方法以及检查过程中采取的措施；

（五）查明的税收违法事实及性质、手段；

（六）被查对象是否有拒绝、阻挠检查的情形；

（七）被查对象对调查事实的意见；

（八）税务处理、处罚建议及依据；

（九）其他应当说明的事项；

（十）检查人员签名和报告时间。

经检查没有发现税收违法事实的，应当在《税务稽查报告》中说明检查内容、过程、事实情况。

第四十三条 检查完毕，检查部门应当将《税务稽查报告》、《税务稽查工作底稿》及相关证据材料，在5个工作日内移交审理部门审理，并办理交接手续。

第四十四条 有下列情形之一，致使检查暂时无法进行的，检查部门可以填制《税收违法案件中止检查审批表》，附相关证据材料，经稽查局局长批准后，中止检查：

（一）当事人被有关机关依法限制人身自由的；

（二）账簿、记账凭证及有关资料被其他国家机关依法调取且尚未归还的；

（三）法律、行政法规或者国家税务总局规定的其他可以中止检查的。

中止检查的情形消失后，应当及时填制《税收违法案件解除中止检查审批表》，经稽查局局长批准后，恢复检查。

第四十五条 有下列情形之一，致使检查确实无法进行的，检查部门可以填制《税收违法案件终结检查审批表》，附相关证据材料，移交审理部门审核，经稽查局局长批准后，终结检查：

（一）被查对象死亡或者被依法宣告死亡或者依法注销，且无财产可抵缴税款或者无法定税收义务承担主体的；

（二）被查对象税收违法行为均已超过法定追究期限的；

（三）法律、行政法规或者国家税务总局规定的其他可以终结检查的。

第五章 审　理

第四十六条 审理部门接到检查部门移交的《税务稽查报告》及有关资料后，应当及时安排人员进行审理。

审理人员应当依据法律、行政法规、规章及其他规范性文件，对检查部门移交的《税务稽查报告》及相关材料进行逐项审核，提出书面审理意见，由审理部门负责人审核。

案情复杂的，稽查局应当集体审理；案情重大的，稽查局应当依照国家税务总局有关规定报请所属税务局集体审理。

第四十七条　对《税务稽查报告》及有关资料，审理人员应当着重审核以下内容：

（一）被查对象是否准确；

（二）税收违法事实是否清楚、证据是否充分、数据是否准确、资料是否齐全；

（三）适用法律、行政法规、规章及其他规范性文件是否适当，定性是否正确；

（四）是否符合法定程序；

（五）是否超越或者滥用职权；

（六）税务处理、处罚建议是否适当；

（七）其他应当审核确认的事项或者问题。

第四十八条　有下列情形之一的，审理部门可以将《税务稽查报告》及有关资料退回检查部门补正或者补充调查：

（一）被查对象认定错误的；

（二）税收违法事实不清、证据不足的；

（三）不符合法定程序的；

（四）税务文书不规范、不完整的；

（五）其他需要退回补正或者补充调查的。

第四十九条　《税务稽查报告》认定的税收违法事实清楚、证据充分，但适用法律、行政法规、规章及其他规范性文件错误，或者提出的税务处理、处罚建议错误或者不当的，审理部门应当另行提出税务处理、处罚意见。

第五十条　审理部门接到检查部门移交的《税务稽查报告》及有关资料后，应当在 15 日内提出审理意见。但下列时间不计算在内：

（一）检查人员补充调查的时间；

（二）向上级机关请示或者向相关部门征询政策问题的时间。

案情复杂确需延长审理时限的，经稽查局局长批准，可以适当延长。

第五十一条　拟对被查对象或者其他涉税当事人作出税务行政处罚的，向其送达《税务行政处罚事项告知书》，告知其依法享有陈述、申辩及要求听证的权利。《税务行政处罚事项告知书》应当包括以下内容：

（一）认定的税收违法事实和性质；

（二）适用的法律、行政法规、规章及其他规范性文件；

（三）拟作出的税务行政处罚；

（四）当事人依法享有的权利；

（五）告知书的文号、制作日期、税务机关名称及印章；

（六）其他相关事项。

第五十二条　对被查对象或者其他涉税当事人的陈述、申辩意见，审理人员应当认真对待，提出判断意见。

对当事人口头陈述、申辩意见，审理人员应当制作《陈述申辩笔录》，如实记录，由陈述人、申辩人签章。

第五十三条　被查对象或者其他涉税当事人要求听证的，应当依法组织听证。听证主持人由审理人员担任。

听证依照国家税务总局有关规定执行。

第五十四条　审理完毕，审理人员应当制作《税务稽查审理报告》，由审理部门负责人审核。《税务稽查审理报告》应当包括以下主要内容：

（一）审理基本情况；

（二）检查人员查明的事实及相关证据；

（三）被查对象或者其他涉税当事人的陈述、申辩情况；

（四）经审理认定的事实及相关证据；

（五）税务处理、处罚意见及依据；

（六）审理人员、审理日期。

第五十五条　审理部门区分下列情形分别作出处理：

（一）认为有税收违法行为，应当进行税务处理的，拟制《税务处理决定书》；

（二）认为有税收违法行为，应当进行税务行政处罚的，拟制《税务行政处罚决定书》；

（三）认为税收违法行为轻微，依法可以不予税务行政处罚的，拟制《不予税务行政处罚决定书》；

（四）认为没有税收违法行为的，拟制《税务稽查结论》。

《税务处理决定书》、《税务行政处罚决定书》、《不予税务行政处罚决定书》、《税务稽查结论》引用的法律、行政法规、规章及其他规范性文件，应当注明文件全称、文号和有关条款。

《税务处理决定书》、《税务行政处罚决定书》、《不予税务行政处罚决定书》、《税务稽查结论》经稽查局局长或者所属税务局领导批准后由执行部门送达执行。

第五十六条　《税务处理决定书》应当包括以下主要内容：

（一）被查对象姓名或者名称及地址；

（二）检查范围和内容；

（三）税收违法事实及所属期间；

（四）处理决定及依据；

（五）税款金额、缴纳期限及地点；

（六）税款滞纳时间、滞纳金计算方法、缴纳期限及地点；

（七）告知被查对象不按期履行处理决定应当承担的责任；

（八）申请行政复议或者提起行政诉讼的途径和期限；

（九）处理决定的文号、制作日期、税务机关名称及印章。

第五十七条　《税务行政处罚决定书》应当包括以下主要内容：

（一）被查对象或者其他涉税当事人姓名或者名称及地址；

（二）检查范围和内容；

（三）税收违法事实及所属期间；

（四）行政处罚种类和依据；

（五）行政处罚履行方式、期限和地点；

（六）告知当事人不按期履行行政处罚决定应当承担的责任；

（七）申请行政复议或者提起行政诉讼的途径和期限；

（八）行政处罚决定的文号、制作日期、税务机关名称及印章。

第五十八条 《不予税务行政处罚决定书》应当包括以下主要内容：

（一）被查对象或者其他涉税当事人姓名或者名称及地址；

（二）检查范围和内容；

（三）税收违法事实及所属期间；

（四）不予税务行政处罚的理由及依据；

（五）申请行政复议或者提起行政诉讼的途径和期限；

（六）不予行政处罚决定的文号、制作日期、税务机关名称及印章。

第五十九条 《税务稽查结论》应当包括以下主要内容：

（一）被查对象姓名或者名称及地址；

（二）检查范围和内容；

（三）检查时间和检查所属期间；

（四）检查结论；

（五）结论的文号、制作日期、税务机关名称及印章。

第六十条 税收违法行为涉嫌犯罪的，填制《涉嫌犯罪案件移送书》，经所属税务局局长批准后，依法移送公安机关，并附送以下资料：

（一）《涉嫌犯罪案件情况的调查报告》；

（二）《税务处理决定书》、《税务行政处罚决定书》的复制件；

（三）涉嫌犯罪的主要证据材料复制件；

（四）补缴应纳税款、缴纳滞纳金、已受行政处罚情况明细表及凭据复制件。

第六章 执 行

第六十一条 执行部门接到《税务处理决定书》、《税务行政处罚决定书》、《不予税务行政处罚决定书》、《税务稽查结论》等税务文书后，应当依法及时将税务文书送达被执行人。

执行部门在送达相关税务文书时，应当及时通过税收征管信息系统将税收违法案件查处情况通报税源管理部门。

第六十二条 被执行人未按照《税务处理决定书》确定的期限缴纳或者解缴税款的，稽查局经所属税务局局长批准，可以依法采取强制执行措施，或者依法申请人民法院强制执行。

第六十三条 经稽查局确认的纳税担保人未按照确定的期限缴纳所担保的税款、滞纳金的，责令其限期缴纳；逾期仍未缴纳的，经所属税务局局长批准，可以依法采取强制执行措施。

第六十四条 被执行人对《税务行政处罚决定书》确定的行政处罚事项，逾期不申请行政复议也不向人民法院起诉、又不履行的，稽查局经所属税务局局长批准，可以依法采取强制执行措施，或者依法申请人民法院强制执行。

第六十五条 稽查局对被执行人采取强制执行措施时，应当向被执行人送达《税收强制执行决定书》，告知其采取强制执行措施的内容、理由及依据，并告知其依法申请行政复议或者提出行政诉讼的权利。

第六十六条 稽查局采取从被执行人开户银行或者其他金融机构的存款中扣缴税款、滞纳金、罚款措施时，应当向被执行人开户银行或者其他金融机构送达《扣缴税收款项通知书》，依法扣缴税款、滞纳金、罚款，并及时将有关完税凭证送交被执行人。

第六十七条 拍卖、变卖被执行人商品、货物或者其他财产，以拍卖、变卖所得抵缴税款、滞纳金、罚款的，在拍卖、变卖前应当依法进行查封、扣押。

稽查局拍卖、变卖被执行人商品、货物或者其他财产前，应当拟制《拍卖/变卖抵税财物决定书》，经所属税务局局长批准后送达被执行人，予以拍卖或者变卖。

拍卖或者变卖实现后，应当在结算并收取价款后 3 个工作日内，办理税款、滞纳金、罚款的入库手续，并拟制《拍卖/变卖结果通知书》，附《拍卖/变卖扣押、查封的商品、货物或者其他财产清单》，经稽查局局长审核后，送达被执行人。

以拍卖或者变卖所得抵缴税款、滞纳金、罚款和拍卖、变卖费用后，尚有剩余的财产或者无法进行拍卖、变卖的财产的，应当拟制《返还商品、货物或者其他财产通知书》，附《返还商品、货物或者其他财产清单》，送达被执行人，并自办理税款、滞纳金、罚款入库手续之日起 3 个工作日内退还被执行人。

第六十八条 被执行人在限期内缴清税款、滞纳金、罚款或者稽查局依法采取强制执行措施追缴税款、滞纳金、罚款后，执行部门应当制作《税务稽查执行报告》，记明执行过程、结果、采取的执行措施以及使用的税务文书等内容，由执行人员签名并注明日期，连同执行环节的其他税务文书、资料一并移交审理部门整理归档。

第六十九条 执行过程中发现涉嫌犯罪的，执行部门应当及时将执行情况通知审理部门，并提出向公安机关移送的建议。

对执行部门的移送建议，审理部门依照本规程第六十条处理。

第七十条 执行过程中发现有下列情形之一的，由执行

部门填制《税收违法案件中止执行审批表》,附有关证据材料,经稽查局局长批准后,中止执行:

(一)被执行人死亡或者被依法宣告死亡,尚未确定可执行财产的;

(二)被执行人进入破产清算程序尚未终结的;

(三)可执行财产被司法机关或者其他国家机关依法查封、扣押、冻结,致使执行暂时无法进行的;

(四)法律、行政法规和国家税务总局规定其他可以中止执行的。

中止执行情形消失后,应当及时填制《税收违法案件解除中止执行审批表》,经稽查局局长批准后,恢复执行。

第七十一条　被执行人确实没有财产抵缴税款或者依照破产清算程序确实无法清缴税款,或者有其他法定终结执行情形的,稽查局可以填制《税收违法案件终结执行审批表》,依照国家税务总局规定权限和程序,经税务局相关部门审核并报所属税务局局长批准后,终结执行。

第七章　案卷管理

第七十二条　《税务处理决定书》、《税务行政处罚决定书》、《不予行政处罚决定书》、《税务稽查结论》执行完毕,或者依照本规程第四十五条进行终结检查或者依照第七十一条终结执行的,审理部门应当在60日内收集稽查各环节与案件有关的全部资料,整理成税务稽查案卷,归档保管。

第七十三条　税务稽查案卷应当按照被查对象分别立卷,统一编号,做到一案一卷、目录清晰、资料齐全、分类规范、装订整齐。

税务稽查案卷分别立为正卷和副卷。正卷主要列入各类证据材料、税务文书等可以对外公开的稽查材料;副卷主要列入检举及奖励材料、案件讨论记录、法定秘密材料等不宜对外公开的稽查材料。如无不宜公开的内容,可以不立副卷。副卷作为密卷管理。

第七十四条　税务稽查案卷材料应当按照以下规则组合排列:

(一)案卷内材料原则上按照实际稽查程序依次排列;

(二)证据材料可以按照材料所反映的问题等特征分类,每类证据主要证据材料排列在前,旁证材料排列在后;

(三)其他材料按照材料形成的时间顺序,并结合材料的重要程度进行排列。

税务稽查案卷内每份或者每组材料的排列规则是:正件在前,附件在后;重要材料在前,其他材料在后;汇总性材料在前,基础性材料在后。

第七十五条　税务稽查案卷按照以下情况确定保管期限:

(一)偷税、逃避追缴欠税、骗税、抗税案件,以及涉嫌犯罪案件,案卷保管期限为永久;

(二)一般行政处罚的税收违法案件,案卷保管期限为30年;

(三)前两项规定以外的其他税收违法案件,案卷保管期限为10年。

第七十六条　查阅或者借阅税务稽查案卷,应当按照档案管理规定办理手续。

税务机关人员需要查阅或者借阅税务稽查案卷的,应当经稽查局局长批准;税务机关以外人员需要查阅的,应当经稽查局所属税务局领导批准。

查阅税务稽查案卷应当在档案室进行。借阅税务稽查案卷,应当按照规定的时限完整归还。

未经稽查局局长或者所属税务局领导批准,查阅或者借阅税务稽查案卷的单位和个人,不得摘抄、复制案卷内容和材料。

第七十七条　税务稽查案卷应当在立卷次年6月30日前移交所属税务局档案管理部门保管;稽查局与所属税务局异址办公的,可以适当延迟移交,但延迟时间最多不超过2年。

第八章　附　　则

第七十八条　本规程相关税务文书的式样,由国家税务总局规定。

第七十九条　本规程所称签章,区分以下情况确定:

(一)属于法人或者其他组织的,由相关人员签名,加盖单位印章并注明日期;

(二)属于个人的,由个人签名并注明日期。

本规程所称以上、日内,包括本数。

第八十条　本规程自2010年1月1日起执行。国家税务总局1995年12月1日印发的《税务稽查工作规程》同时废止。

重大税务案件审理办法

(2014年12月2日国家税务总局令第34号公布　自2015年2月1日起施行)

第一章　总　　则

第一条　为推进税务机关科学民主决策,强化内部权力制约,保护纳税人合法权益,根据《中华人民共和国行政处罚法》《中华人民共和国税收征收管理法》,制定本办法。

第二条　省以下各级税务局开展重大税务案件审理工作适用本办法。

第三条　重大税务案件审理应当以事实为根据、以法律为准绳,遵循合法、合理、公平、公正、效率的原则,注重法律效果和社会效果相统一。

第四条 参与重大税务案件审理的人员应当严格遵守国家保密规定和工作纪律，依法为纳税人、扣缴义务人的商业秘密和个人隐私保密。

第二章 审理机构和职责

第五条 省以下各级税务局设立重大税务案件审理委员会（以下简称审理委员会）。

审理委员会由主任、副主任和成员单位组成，实行主任负责制。

审理委员会主任由税务局局长担任，副主任由税务局其他领导担任。审理委员会成员单位包括政策法规、税政业务、纳税服务、征管科技、大企业税收管理、税务稽查、督察内审部门。各级税务局可以根据实际需要，增加其他与案件审理有关的部门作为成员单位。

第六条 审理委员会履行下列职责：

（一）拟定本机关审理委员会工作规程、议事规则等制度；

（二）审理重大税务案件；

（三）指导监督下级税务局重大税务案件审理工作。

第七条 审理委员会下设办公室，办公室设在政策法规部门，办公室主任由政策法规部门负责人兼任。

第八条 审理委员会办公室履行下列职责：

（一）组织实施重大税务案件审理工作；

（二）提出初审意见；

（三）制作审理会议纪要和审理意见书；

（四）办理重大税务案件审理工作的统计、报告、案卷归档；

（五）承担审理委员会交办的其他工作。

第九条 审理委员会成员单位根据部门职责参加案件审理，提出审理意见。

稽查局负责提交重大税务案件证据材料、拟作税务处理处罚意见、举行听证。

稽查局对其提交的案件材料的真实性、合法性、准确性负责。

第十条 参与重大税务案件审理的人员有法律法规规定的回避情形的，应当回避。

重大税务案件审理参与人员的回避，由其所在部门的负责人决定；审理委员会成员单位负责人的回避，由审理委员会主任或其授权的副主任决定。

第三章 审 理 范 围

第十一条 本办法所称重大税务案件包括：

（一）重大税务行政处罚案件，具体标准由各省、自治区、直辖市和计划单列市税务局根据本地情况自行制定，报国家税务总局备案；

（二）根据重大税收违法案件督办管理暂行办法督办的案件；

（三）应司法、监察机关要求出具认定意见的案件；

（四）拟移送公安机关处理的案件；

（五）审理委员会成员单位认为案情重大、复杂，需要审理的案件；

（六）其他需要审理委员会审理的案件。

第十二条 本办法第十一条第三项规定的案件经审理委员会审理后，应当将拟处理意见报上一级税务局审理委员会备案。备案 5 日后可以作出决定。

第十三条 稽查局应当在每季度终了后 5 日内将稽查案件审理情况备案表送审理委员会办公室备案。

第四章 提请和受理

第十四条 稽查局应当在内部审理程序终结后 5 日内，将重大税务案件提请审理委员会审理。

当事人要求听证的，由稽查局组织听证。

第十五条 稽查局提请审理委员会审理案件，应当提交以下案件材料：

（一）重大税务案件审理案卷交接单；

（二）重大税务案件审理提请书；

（三）税务稽查报告；

（四）税务稽查审理报告；

（五）听证材料；

（六）相关证据材料。

重大税务案件审理提请书应当写明拟处理意见，所认定的案件事实应当标明证据指向。

证据材料应当制作证据目录。

稽查局应当完整移交证据目录所列全部证据材料，不能当场移交的应当注明存放地点。

第十六条 审理委员会办公室收到稽查局提请审理的案件材料后，应当在重大税务案件审理案卷交接单上注明接收部门和收到日期，并由接收人签名。

对于证据目录中列举的不能当场移交的证据材料，必要时，接收人在签收前可以到证据存放地点现场查验。

第十七条 审理委员会办公室收到稽查局提请审理的案件材料后，应当在 5 日内进行审核。

根据审核结果，审理委员会办公室提出处理意见，报审理委员会主任或其授权的副主任批准：

（一）提请审理的案件属于本办法规定的审理范围，提交了本办法第十五条规定的材料的，建议受理；

（二）提请审理的案件属于本办法规定的审理范围，但未按照本办法第十五条的规定提交相关材料的，建议补正材料；

（三）提请审理的案件不属于本办法规定的审理范围的，建议不予受理。

第五章 审理程序

第一节 一般规定

第十八条 重大税务案件应当自批准受理之日起30日内作出审理决定,不能在规定期限内作出审理决定的,经审理委员会主任或其授权的副主任批准,可以适当延长,但延长期限最多不超过15日。

补充调查、请示上级机关或征求有权机关意见的时间不计入审理期限。

第十九条 审理委员会审理重大税务案件,应当重点审查:

(一)案件事实是否清楚;

(二)证据是否充分、确凿;

(三)执法程序是否合法;

(四)适用法律是否正确;

(五)案件定性是否准确;

(六)拟处理意见是否合法适当。

第二十条 审理委员会成员单位应当认真履行职责,根据本办法第十九条的规定提出审理意见,所出具的审理意见应当详细阐述理由、列明法律依据。

审理委员会成员单位审理案件,可以到审理委员会办公室或证据存放地查阅案卷材料,向稽查局了解案件有关情况。

第二十一条 重大税务案件审理采取书面审理和会议审理相结合的方式。

第二节 书面审理

第二十二条 审理委员会办公室自批准受理重大税务案件之日起5日内,将重大税务案件审理提请书及必要的案件材料分送审理委员会成员单位。

第二十三条 审理委员会成员单位自收到审理委员会办公室分送的案件材料之日起10日内,提出书面审理意见送审理委员会办公室。

第二十四条 审理委员会成员单位认为案件事实不清、证据不足,需要补充调查的,应当在书面审理意见中列明需要补充调查的问题并说明理由。

审理委员会办公室应当召集提请补充调查的成员单位和稽查局进行协调,确需补充调查的,由审理委员会办公室报审理委员会主任或其授权的副主任批准,将案件材料退回稽查局补充调查。

第二十五条 稽查局补充调查不应超过30日,有特殊情况的,经稽查局局长批准可以适当延长,但延长期限最多不超过30日。

稽查局完成补充调查后,应当按照本办法第十五条、第十六条的规定重新提交案件材料、办理交接手续。

稽查局不能在规定期限内完成补充调查的,或者补充调查后仍然事实不清、证据不足的,由审理委员会办公室报请审理委员会主任或其授权的副主任批准,终止审理。

第二十六条 审理委员会成员单位认为案件事实清楚、证据确凿,但法律依据不明确或者需要处理的相关事项超出本机关权限的,按规定程序请示上级税务机关或者征求有权机关意见。

第二十七条 审理委员会成员单位书面审理意见一致,或者经审理委员会办公室协调后达成一致意见的,由审理委员会办公室起草审理意见书,报审理委员会主任批准。

第三节 会议审理

第二十八条 审理委员会成员单位书面审理意见存在较大分歧,经审理委员会办公室协调仍不能达成一致意见的,由审理委员会办公室向审理委员会主任或其授权的副主任报告,提请审理委员会会议审理。

第二十九条 审理委员会办公室提请会议审理的报告,应当说明成员单位意见分歧、审理委员会办公室协调情况和初审意见。

审理委员会办公室应当将会议审理时间和地点提前通知审理委员会主任、副主任和成员单位,并分送案件材料。

第三十条 成员单位应当派员参加会议,三分之二以上成员单位到会方可开会。审理委员会办公室以及其他与案件相关的成员单位应当出席会议。

案件调查人员、审理委员会办公室承办人员应当列席会议。必要时,审理委员会可要求调查对象所在地主管税务机关参加会议。

第三十一条 审理委员会会议由审理委员会主任或其授权的副主任主持。首先由稽查局汇报案情及拟处理意见。审理委员会办公室汇报初审意见后,各成员单位发表意见并陈述理由。

审理委员会办公室应当做好会议记录。

第三十二条 经审理委员会会议审理,根据不同情况,作出以下处理:

(一)案件事实清楚、证据确凿、程序合法、法律依据明确的,依法确定审理意见;

(二)案件事实不清、证据不足的,由稽查局对案件重新调查;

(三)案件执法程序违法的,由稽查局对案件重新处理;

(四)案件适用法律依据不明确,或者需要处理的有关事项超出本机关权限的,按规定程序请示上级机关或征求有权机关的意见。

第三十三条 审理委员会办公室根据会议审理情况制作审理纪要和审理意见书。

审理纪要由审理委员会主任或其授权的副主任签发。会议参加人员有保留意见或者特殊声明的,应当在审理纪要中载明。

审理意见书由审理委员会主任签发。

第六章 执行和监督

第三十四条 稽查局应当按照重大税务案件审理意见书制作税务处理处罚决定等相关文书,加盖稽查局印章后送达执行。

文书送达后5日内,由稽查局送审理委员会办公室备案。

第三十五条 重大税务案件审理程序终结后,审理委员会办公室应当将相关证据材料退回稽查局。

第三十六条 各级税务局督察内审部门应当加强对重大税务案件审理工作的监督。

第三十七条 审理委员会办公室应当加强重大税务案件审理案卷的归档管理,按照受理案件的顺序统一编号,做到一案一卷、资料齐全、卷面整洁、装订整齐。

需要归档的重大税务案件审理案卷包括税务稽查报告、税务稽查审理报告以及本办法附列的有关文书。

第三十八条 各省、自治区、直辖市和计划单列市税务局应当于每年1月31日之前,将本辖区上年度重大税务案件审理工作开展情况和重大税务案件审理统计表报送国家税务总局。

第七章 附 则

第三十九条 各级税务局办理的其他案件,需要移送审理委员会审理的,参照本办法执行。特别纳税调整案件按照有关规定执行。

第四十条 各级税务局在重大税务案件审理工作中可以使用重大税务案件审理专用章。

第四十一条 本办法有关"5日"的规定指工作日,不包括法定节假日。

第四十二条 各级税务局应当按照国家税务总局的规划和要求,积极推动重大税务案件审理信息化建设。

第四十三条 各级税务局应当加大对重大税务案件审理工作的基础投入,保障审理人员和经费,配备办案所需的录音录像、文字处理、通讯等设备,推进重大税务案件审理规范化建设。

第四十四条 各省、自治区、直辖市和计划单列市税务局可以依照本办法制定具体实施办法。

第四十五条 本办法自2015年2月1日起施行。《国家税务总局关于印发〈重大税务案件审理办法(试行)〉的通知》(国税发〔2001〕21号)同时废止。

附件:重大税务案件审理文书范本(共十六种)

重大税务案件审理文书范本之一

税务稽查案件审理情况备案表

××税稽审备字〔××××〕××号

序号	案件编号	案件名称	制作审理报告时间	拟查补税款、滞纳金、罚款金额

填制部门(章):　　　　　　　　接收部门(章):

填表人(签名):　　　　　　　　接收人(签名):

____年____月____日　　　　　　____年____月____日

说明:

1. 本表由稽查局统计后,按季度送审理委员会办公室备案。

2. "案件编号"为稽查局立案审批表所制编号;"案件名称"应包括被查对象名称、违法行为性质等关键信息;"制作审理报告时间"为案件经稽查局集体审理后,稽查局审理部门制作审理报告的时间。

3. 本文书为A4横排,一式两份,稽查局、审理委员会办公室签字或盖章后各留一份。

重大税务案件审理文书范本之二

重大税务案件审理案卷交接单

××税重审交字〔××××〕××号

案件名称:　　　　　　　　　　共　　页第　　页

序号	案件材料	页　数

移交部门(章):　　　　　　　　　　　　　　　　接收部门(章):
移交人(签名):　　　　　　　　　　　　　　　　接收人(签名):

______年______月______日　　　　　　　　　　　______年______月______日

说明:

1. 本交接单在提请单位提请审理,以及审理委员会办公室将案件材料退回提请单位补正材料或补充调查等情况下使用。
2. “案件材料”包括:重大税务案件审理提请书、税务稽查报告、税务稽查审理报告、证据目录。
3. 本文书一式两份,提请单位、审理委员会办公室签字或盖章后各留一份。

重大税务案件审理文书范本之三

重大税务案件审理登记表

(________年度)

编号	受理日期	提请单位	案件名称	原始案件编号	案件处理情况

说明:

1. 本文书为 A4 横排,由审理委员会办公室按年度填写,一年一表。
2. “编号”按照受理日期先后顺序按 10 位数编制,如 2014 年受理的第一起案件编号为 2014000001。“案件名称”应包括被查对象名称、违法行为性质等关键信息。“原始案件编号”为提请单位立案时所制编号。“案件处理情况”根据不同情况填写:退回补正材料/补充调查/重新调查/重新处理/请示上级/征求意见/终止审理/审理终结等。
3. 案件审结后,审理委员会办公室应按照本文书的编号顺序将案件材料立卷归档。

重大税务案件审理文书范本之四

重大税务案件审理提请书

××税稽重审提字〔××××〕××号

<table>
<tr><td>提请单位名称</td><td colspan="3"></td></tr>
<tr><td>案件名称</td><td></td><td>案件编号</td><td></td></tr>
<tr><td colspan="4">（导语：阐述提请审理的理由等）
介绍被查对象基本情况。
一、认定的案件事实及证据指向
……
二、被查对象主张及其提供的证据
……
三、定性依据及拟处理意见
……

（提请单位签章）
年　月　日</td></tr>
</table>

说明：

1. 本提请书由提请单位提请审理委员会审理案件时填写。文书由案件提请单位编号，"××税稽重审提字〔××××〕××号"分别填写单位规范简称、审理年度、和提请书序号，如：云地税稽重审提字〔2014〕1 号，下同。

2. "案件编号"为提请单位立案时所制编号。

"案件名称"应包括被查对象名称、违法行为性质等关键信息。

"提请审理的理由"根据以下情况填写：属于本办法第十一条第一至四项规定范围的，填写对应项目；成员单位认为案情重大、需要审理的，说明具体情况；提请审理的其他理由。

"证据指向"应说明认定的案件事实由所附的哪些证据材料证明。

"定性依据及拟处理意见"：定性依据应标明税收法律、法规、规章和文件的名称、文号及具体条款；"拟处理意见"应当具体明确。

3. 本文书一式两份，一份交审理委员会办公室，一份由案件提请单位存档。

重大税务案件审理文书范本之五

证 据 目 录

<table>
<tr><td>案件名称</td><td colspan="6"></td></tr>
<tr><td>案件编号</td><td colspan="3"></td><td>移交日期</td><td colspan="2">年 月 日</td></tr>
<tr><td>序号</td><td>证据内容</td><td>证据来源</td><td>证明对象</td><td>是否原件</td><td>存放处</td><td>页(件)数</td></tr>
<tr><td>1</td><td></td><td></td><td></td><td></td><td></td><td></td></tr>
<tr><td>2</td><td></td><td></td><td></td><td></td><td></td><td></td></tr>
<tr><td>3</td><td></td><td></td><td></td><td></td><td></td><td></td></tr>
<tr><td>4</td><td></td><td></td><td></td><td></td><td></td><td></td></tr>
<tr><td>5</td><td></td><td></td><td></td><td></td><td></td><td></td></tr>
<tr><td>6</td><td></td><td></td><td></td><td></td><td></td><td></td></tr>
<tr><td>7</td><td></td><td></td><td></td><td></td><td></td><td></td></tr>
<tr><td>8</td><td></td><td></td><td></td><td></td><td></td><td></td></tr>
<tr><td>9</td><td></td><td></td><td></td><td></td><td></td><td></td></tr>
<tr><td>其他需要说明的问题</td><td colspan="6"></td></tr>
</table>

说明：

1. 本文书为A4横排，由案件提请单位提交证据材料时填制。

2. “案件名称”与重大税务案件审理提请书相同，“案件编号”为案件审理提请书的编号。

3. “证据内容”填写：账簿凭证、检查文书、法律依据、被查对象陈述申辩材料、听证笔录等。“证据来源”填写证据系从何处取得、由谁制作。“证明对象”填写证据证明的案件事实。“是否原件”，一般应提交原件，提交原件原物确有困难的可以提交复制件或照片等。“存放处”填写无法当场移交的证据及其他资料的存放地点。对于无法现场移交、但列入证据目录的证据，接收人可以到存放现场查验后再签字确认。

重大税务案件审理文书范本之六

受理通知书

××税重审受字〔××××〕××号

________________：

你局(处、科、股)提请审理的__________(案件名称)______________(案件编号：______________________)一案，经审核属于《重大税务案件审理办法》第十一条规定的审理范围，决定予以受理。

××税务局重大税务案件审理委员会(审理专用章)

年　　月　　日

说明：

1. 本文书在审理委员会决定受理提请单位提请审理的案件时使用。
2. “案件名称”“案件编号”与重大税务案件审理提请书相同。
3. 受理日期为审理委员会主任或副主任批准之日。
4. 本通知书一式两份，一份交案件提请单位，一份由审理委员会办公室存档。

重大税务案件审理文书范本之七

补正材料(补充调查)通知书

××税重审补字〔××××〕××号

________________：

你局(处、科、股)提请审理的__________(案件名称)______________(案件编号：______________________)一案，经审核(审理)，认为：

一、

二、

现将此案退回请补正材料(补充调查)，请于_______年_______月_______日前将补正(补充调查)材料移送重大税务案件审理委员会办公室。

××税务局重大税务案件审理委员会(审理专用章)

年　　月　　日

说明：

1. 本文书在审理委员会将案件材料退回提请单位补正材料或补充调查时使用。
2. “案件名称”“案件编号”与重大税务案件审理提请书相同。
3. 签署的日期为审理委员会主任或副主任批准之日。
4. 本通知书一式两份，一份交案件提请单位，一份由审理委员会办公室存档。

重大税务案件审理文书范本之八

不予受理通知书

××税重审不受字〔××××〕××号

________________：

经对你局(处、科、股)提请审理的____________(案件名称)______________(案件编号：______________________)进行审核,认为该案件不属于《重大税务案件审理办法》第十一条规定的审理范围,决定不予受理。

××税务局重大税务案件审理委员会(审理专用章)

年 月 日

说明：

1. 本文书在审理委员会办公室决定不予受理提请单位提请审理的案件时使用。
2. "案件名称""案件编号"与重大税务案件审理提请书相同。
3. 签署的日期为审理委员会主任或副主任批准不予受理之日。
4. 本通知书一式两份,一份交案件提请单位,一份由审理委员会办公室存档。

重大税务案件审理文书范本之九

重大税务案件书面审理通知书

________________(审理委员会成员单位)：

根据《重大税务案件审理办法》第二十二条的规定,现将______________提请审理的__________________(案件名称)______的《重大税务案件审理提请书》等相关材料发送你处(科、股)。请于_________年_________月_________日前提出书面审理意见送重大税务案件审理委员会办公室。在案件审理期间你单位可到审理委员会办公室查阅案卷材料,向稽查局了解案件有关情况。

附件:1. 重大税务案件审理提请书
2. 税务稽查报告
3. 税务稽查审理报告
4. ……

××税务局重大税务案件审理委员会(审理专用章)

年 月 日

说明：

1. 本文书在重大税务案件审理委员会办公室分送材料征求成员单位书面审理意见时使用。
2. "案件名称"与重大税务案件审理提请书相同。

重大税务案件审理文书范本之十

重大税务案件书面审理意见表

案件名称	
案件编号	

续表

审理意见	（审理委员会成员单位签章） 年 月 日

说明：

1. 本文书在审理委员会成员单位提交书面审理意见时使用。
2. 本文书一式两份，一份交审理委员会办公室，一份由成员单位存档。
3. “案件名称”“案件编号”与重大税务案件审理提请书相同。
4. 所出具的审理意见应当详细阐述理由、列明法律依据。

重大税务案件审理文书范本之十一

延长重大税务案件审理时限审批表

案件名称			
案件编号		案件受理日期	年 月 日
延长审理时限理由	因________，本案在30日内无法作出决定，根据《重大税务案件审理办法》第十八条的规定，需延长审理期限，时间从______至______，请批示。 审理人员（签名）： 年 月 日		
审理委员会办公室意见	办公室负责人（签名）： 年 月 日		
审理委员会（副）主任意见	（签名） 年 月 日		

说明：

1. 本文书由审理委员会办公室提请延长审理期限时使用。
2. “案件名称”“案件编号”与重大税务案件审理提请书相同。

重大税务案件审理文书范本之十二

重大税务案件终止审理审批表

××税重审终字〔××××〕××号

<table>
<tr><td colspan="2">案件名称</td><td colspan="3"></td></tr>
<tr><td colspan="2">案件编号</td><td></td><td>案件受理日期</td><td>年 月 日</td></tr>
<tr><td>终止审理的理由</td><td colspan="4">审理人员(签名)： 年 月 日</td></tr>
<tr><td>审理委员会办公室意见</td><td colspan="4">办公室负责人(签名)： 年 月 日</td></tr>
<tr><td>审理委员会(副)主任意见</td><td colspan="4">(签名) 年 月 日</td></tr>
</table>

说明：

1. 本文书由审理委员会办公室提请终止审理案件时使用。

2. 终止审理的情形包括：稽查局不能在规定期限内完成补充调查，或者补充调查后仍然事实不清、证据不足，案件短时期内难以查清的，由审理委员会办公室报请审理委员会主任或其授权的副主任批准，终止案件审理。

3. "案件名称""案件编号"与重大税务案件审理提请书相同。

4. 本文书一式两份，一份交案件提请单位，一份由审理委员会办公室存档。

重大税务案件审理文书范本之十三

(案件名称) 初审意见

××税重审初字〔××××〕××号

______年______月______日 (提请单位) 向我局重大税务案件审理委员会提请审理 (案件名称、编号) 。经书面审理，将审理情况和初审意见报告如下：

一、案件基本情况

(概要介绍案情)

……

二、成员单位意见

(成员单位意见较多的，可以分类概括；成员单位意见较少的，也可以按部门顺序分别说明)

……

三、上级单位批示(或有权机关的意见)

……

四、初审意见

(根据上述情况,提出拟处理意见)

……

以上,特此报告。妥否,请批示。

××税务局重大税务案件审理委员会办公室

年 月 日

说明:

1. 本文书由重大税务案件审理委员会办公室向审理委员会报告初审意见时填写。

2. “案件名称、编号”同重大税务案件审理提请书。

重大税务案件审理文书范本之十四

××××××税务局
重大税务案件审理委员会会议纪要

(××号)

××××年×月×日 签发:

(案件名称) 审理纪要

________年________月________日,________主持召开了重大税务案件审理委员会会议,对 (提请单位) 提交的 (案件名称) 进行了审理。会议听取了案件调查情况的报告和初审意见,审理委员会成员单位分别发表了意见。经过充分讨论,会议作出了决定。纪要如下:

一、案件简况

……

二、议定意见

(一)

1.

2.

……

(二)

……

三、(审理委员会领导、成员单位的)保留意见或者特别声明

……

主持:

出席:

缺席:

列席:

记录:

发送:×××××××,×××××××××,×××××××××××,×××××××。

说明：

1. 本文书由审理委员会办公室根据审理记录制作，会签成员单位并报审理委员会副主任阅批后，报审理委员会主任或其授权的副主任签发。

2. 审理纪要分年度，按审理委员会会议召开的顺序编号。

3. "案件名称"同重大税务案件审理提请书。

重大税务案件审理文书范本之十五

××××××税务局
重大税务案件审理委员会审理意见书

××税重审决字〔××××〕××号

________________：

经审理，对你单位提交的________________（案件名称）一案提出如下审理意见：

一、案件基本情况

（扼要介绍调查单位认定的被查对象违法事实、主要证据、法律依据和拟处理意见）

二、被查对象的意见和主张

（扼要介绍当事人的陈述申辩、证据材料、听证主张等情况）

三、审理委员会意见

（阐述审理委员会认定的事实、法律依据和最终确定的审理意见）

……

请你单位根据上述意见，制作相应的法律文书并送达执行。

××税务局重大税务案件审理委员会（审理专用章）

××年××月××日

说明：

1. 本文书由审理委员会办公室根据审理委员会会议决定制作，报审理委员会主任签发后送提请单位。

2. 本文书按照案件审结的先后顺序编号。

3. "案件名称"同重大税务案件审理提请书。

4. 提请单位是否需要制作法律文书，以及制作何种法律文书，根据法律法规的规定和具体情形确定。

5. 本文书一式两份，一份交案件提请单位，一份由审理委员会办公室存档。

重大税务案件审理文书范本之十六

重大税务案件审理统计表

（ 年度）

填表单位（章）：

项目	审理机构		案件审理数量				案件类型					审理方式		审理结论					
	税务局数量	直接从事重案审理人员数	上年度未审结案件数	本年度受理案件数	本年度审理结案数	结转下年度案件数	重大行政处罚案件数	督办案件数	司法、监察机关移交案件数	移送公安机关案件数	其他案件数	书面审理定案数	会议审理定案数	维持调查单位拟处理意见数	改变调查单位拟处理意见数	退回重新处理数	退回重新调查数	征求上级单位或有权机关意见数	终止案件审理数
序号	1	2	3	4	5	6	7	8	9	10	11	12	13	14	15	16	17	18	19
数量																			

填表人： 联系电话： 填表日期： 年 月 日

说明：

1. 本文书制作时应当采用Excel表格格式。
2. 本文书由各省税务局按年度填报，计划单列市单独上报数字，所在省上报数字不包括计划单列市数字。
3. “直接从事重案审理人员数”指各级税务机关法规处（科）内负责重案审理工作的人员，不含处、科领导。

“案件类型”“审理方式”“审理结论”只统计本年度审理结案数。

“审理结论”为经过书面审理或会议审理后，经审委会主任批准后作出决定的类型。书面审理过程中，成员单位协商后中止审理的情形（稽查局对案件进行补充调查，或征求有权机关意见、请示上级机关）不属于审理结论。

重大税收违法失信案件信息公布办法

（2018 年 11 月 7 日国家税务总局公告 2018 年第 54 号公布 自 2019 年 1 月 1 日起施行）

第一章 总 则

第一条 为维护正常的税收征收管理秩序，惩戒严重涉税违法失信行为，推进社会信用体系建设，根据《中华人民共和国税收征收管理法》、《国务院关于印发社会信用体系建设规划纲要（2014－2020 年）的通知》（国发〔2014〕21 号）和《国务院关于建立完善守信联合激励和失信联合惩戒制度加快推进社会诚信建设的指导意见》（国发〔2016〕33 号），制定本办法。

第二条 税务机关依照本办法的规定，向社会公布重大税收违法失信案件信息，并将信息通报相关部门，共同实施严格监管和联合惩戒。

第三条 公布重大税收违法失信案件信息和对当事人实施惩戒，应当遵循依法行政、公平公正、统一规范的原则。

第四条 按照谁检查、谁负责的原则，对公布的案件实施检查的税务机关对公布案件信息的合法性、真实性和准确性负责。

第二章 案件标准

第五条 本办法所称“重大税收违法失信案件”是指符合下列标准的案件：

（一）纳税人伪造、变造、隐匿、擅自销毁账簿、记账凭证，或者在账簿上多列支出或者不列、少列收入，或者经税务机关通知申报而拒不申报或者进行虚假的纳税申报，不缴或者少缴应纳税款 100 万元以上，且任一年度不缴或者少缴应纳税款占当年各税种应纳税总额 10% 以上的；

（二）纳税人欠缴应纳税款，采取转移或者隐匿财产的手段，妨碍税务机关追缴欠缴的税款，欠缴税款金额 10 万元以上的；

（三）骗取国家出口退税款的；

（四）以暴力、威胁方法拒不缴纳税款的；

（五）虚开增值税专用发票或者虚开用于骗取出口退税、抵扣税款的其他发票的；

（六）虚开普通发票 100 份或者金额 40 万元以上的；

（七）私自印制、伪造、变造发票，非法制造发票防伪专用品，伪造发票监制章的；

（八）具有偷税、逃避追缴欠税、骗取出口退税、抗税、虚开发票等行为，经税务机关检查确认走逃（失联）的；

（九）其他违法情节严重、有较大社会影响的。

前款第八项所称“经税务机关检查确认走逃（失联）的”，是指检查对象在税务局稽查局案件执行完毕前，不履行税收义务并脱离税务机关监管的。

第六条 符合本办法第五条规定的重大税收违法失信案件，税务局稽查局依法作出《税务处理决定书》或者《税务行政处罚决定书》的，当事人在法定期间内没有申请行政复议或者提起行政诉讼，或者经行政复议或者法院裁判对此案件最终确定效力后，按本办法处理；未作出《税务处理决定书》《税务行政处罚决定书》的走逃（失联）案件，经税务机关查证处理，进行公告 30 日后，按本办法处理。

第三章 信息公布

第七条 公布重大税收违法失信案件信息，应当主要包括以下内容：

（一）对法人或者其他组织，公布其名称，统一社会信用代码或者纳税人识别号，注册地址，法定代表人、负责人或者经法院裁判确定的实际责任人的姓名、性别及身份证号码（隐去出生年、月、日号码段，下同），经法院裁判确定的负有直接责任的财务人员、团伙成员的姓名、性别及身份证号码；

（二）对自然人，公布其姓名、性别、身份证号码；

（三）主要违法事实；

（四）走逃（失联）情况；

（五）适用的相关法律依据；

（六）税务处理、税务行政处罚等情况；

（七）实施检查的单位；

（八）对公布的重大税收违法失信案件负有直接责任的涉税专业服务机构及从业人员，税务机关可以依法一并公布其名称、统一社会信用代码或者纳税人识别号、注册地址，以及直接责任人的姓名、性别、身份证号码、职业资格证书编号等。

前款第一项中法人或者其他组织的法定代表人、负责人与违法事实发生时的法定代表人、负责人不一致的，应一并公布，并对违法事实发生时的法定代表人、负责人进行标注。

经法院裁判确定的实际责任人，与法定代表人或者负责人不一致的，除有证据证明法定代表人或者负责人有涉案行为外，只公布实际责任人信息。

第八条 省以下税务机关应及时将符合公布标准的案件信息录入相关税务信息管理系统，通过省税务机关门户网站向社会公布，同时可以根据本地区实际情况，通过本级税务机关公告栏、报纸、广播、电视、网络媒体等途径以及新闻发布会等形式向社会公布。

国家税务总局门户网站设立专栏链接省税务机关门户网站的公布内容。

第九条 符合本办法第五条第一款第一项、第二项规定的重大税收违法失信案件当事人，在公布前能按照《税务处理决定书》《税务行政处罚决定书》缴清税款、滞纳金和罚款的，经实施检查的税务机关确认,只将案件信息录入相关税务信息管理系统,不向社会公布该案件信息。

符合本办法第五条第一款第一项、第二项规定的重大税收违法失信案件当事人,在公布后能按照《税务处理决定书》《税务行政处罚决定书》缴清税款、滞纳金和罚款的,经实施检查的税务机关确认,停止公布并从公告栏中撤出,并将缴清税款、滞纳金和罚款的情况通知实施联合惩戒和管理的部门。

符合本办法第五条第一款第八项、第九项规定的重大税收违法失信案件当事人,具有偷税、逃避追缴欠税行为的,按照本条第一款、第二款规定处理。

第十条 重大税收违法失信案件信息发生变化的,应及时变更。

重大税收违法失信案件信息变化后不再符合本办法第五条规定的,经实施检查的税务机关确认,停止公布并从公告栏中撤出。

第十一条 重大税收违法失信案件信息自公布之日起满3年的,停止公布并从公告栏中撤出。

第十二条 案件信息一经录入相关税务信息管理系统,作为当事人的税收信用记录永久保存。

第四章 惩戒措施

第十三条 对按本办法向社会公布的当事人,依法采取以下措施:

(一)纳税信用级别直接判为D级,适用相应的D级纳税人管理措施;

(二)对欠缴查补税款的纳税人或者其法定代表人在出境前未按照规定结清应纳税款、滞纳金或者提供纳税担保的,税务机关可以依据《中华人民共和国税收征收管理法》相关规定,通知出入境管理机关阻止其出境;

(三)税务机关将当事人信息提供给参与实施联合惩戒的相关部门,由相关部门依法对当事人采取联合惩戒和管理措施;

(四)税务机关依法采取的其他严格管理措施。

第十四条 对按本办法第九条规定不向社会公布的当事人,纳税信用级别直接判为D级,适用相应的D级纳税人管理措施。

第十五条 国家税务总局和省税务机关通过约定方式,向同级参与联合惩戒的部门提供税务机关对外公布的本辖区内重大税收违法失信案件信息。

市以下税务机关是否向同级参与联合惩戒的部门提供对外公布的本辖区内重大税收违法失信案件信息,由市以下税务机关根据实际情况,与相关部门协商决定。

第十六条 重大税收违法失信案件信息实行动态管理,案件信息撤出或者发生变化的,税务机关应当及时向同级参与联合惩戒和管理的部门提供更新信息。

第五章 附 则

第十七条 被公布的当事人对公布内容提出异议的,由实施检查的税务机关负责受理、复核和处理。

第十八条 本办法所称"以上"包含本数,"以下"包含本级。

第十九条 本办法自2019年1月1日起施行。《国家税务总局关于修订〈重大税收违法案件信息公布办法(试行)〉的公告》(国家税务总局公告2016年第24号,国家税务总局公告2018年第31号修改)同时废止。

税务行政复议规则

(2010年2月10日国家税务总局令第21号公布 根据2015年12月28日《国家税务总局关于修改〈税务行政复议规则〉的决定》第一次修正 根据2018年6月15日《国家税务总局关于修改部分税务部门规章的决定》第二次修正)

第一章 总 则

第一条 为了进一步发挥行政复议解决税务行政争议的作用,保护公民、法人和其他组织的合法权益,监督和保障税务机关依法行使职权,根据《中华人民共和国行政复议法》(以下简称行政复议法)、《中华人民共和国税收征收管理法》和《中华人民共和国行政复议法实施条例》(以下简称行政复议法实施条例),结合税收工作实际,制定本规则。

第二条 公民、法人和其他组织(以下简称申请人)认为税务机关的具体行政行为侵犯其合法权益,向税务行政复议机关申请行政复议,税务行政复议机关办理行政复议事项,适用本规则。

第三条 本规则所称税务行政复议机关(以下简称行政复议机关),指依法受理行政复议申请、对具体行政行为进行审查并作出行政复议决定的税务机关。

第四条 行政复议应当遵循合法、公正、公开、及时和便民的原则。

行政复议机关应当树立依法行政观念,强化责任意识和服务意识,认真履行行政复议职责,坚持有错必纠,确保法律正确实施。

第五条 行政复议机关在申请人的行政复议请求范围内,不得作出对申请人更为不利的行政复议决定。

第六条 申请人对行政复议决定不服的,可以依法向人民法院提起行政诉讼。

第七条 行政复议机关受理行政复议申请,不得向申请人收取任何费用。

第八条 各级税务机关行政首长是行政复议工作第一责任人,应当切实履行职责,加强对行政复议工作的组织领导。

第九条 行政复议机关应当为申请人、第三人查阅案卷资料、接受询问、调解、听证等提供专门场所和其他必要条件。

第十条 各级税务机关应当加大对行政复议工作的基础投入,推进行政复议工作信息化建设,配备调查取证所需的照相、录音、录像和办案所需的电脑、扫描、投影、传真、复印等设备,保障办案交通工具和相应经费。

第二章 税务行政复议机构和人员

第十一条 各级行政复议机关负责法制工作的机构(以下简称行政复议机构)依法办理行政复议事项,履行下列职责:

(一)受理行政复议申请。

(二)向有关组织和人员调查取证,查阅文件和资料。

(三)审查申请行政复议的具体行政行为是否合法和适当,起草行政复议决定。

(四)处理或者转送对本规则第十五条所列有关规定的审查申请。

(五)对被申请人违反行政复议法及其实施条例和本规则规定的行为,依照规定的权限和程序向相关部门提出处理建议。

(六)研究行政复议工作中发现的问题,及时向有关机关或者部门提出改进建议,重大问题及时向行政复议机关报告。

(七)指导和监督下级税务机关的行政复议工作。

(八)办理或者组织办理行政诉讼案件应诉事项。

(九)办理行政复议案件的赔偿事项。

(十)办理行政复议、诉讼、赔偿等案件的统计、报告、归档工作和重大行政复议决定备案事项。

(十一)其他与行政复议工作有关的事项。

第十二条 各级行政复议机关可以成立行政复议委员会,研究重大、疑难案件,提出处理建议。

行政复议委员会可以邀请本机关以外的具有相关专业知识的人员参加。

第十三条 行政复议工作人员应当具备与履行行政复议职责相适应的品行、专业知识和业务能力。

税务机关中初次从事行政复议的人员,应当通过国家统一法律职业资格考试取得法律职业资格。

第三章 税务行政复议范围

第十四条 行政复议机关受理申请人对税务机关下列具体行政行为不服提出的行政复议申请:

(一)征税行为,包括确认纳税主体、征税对象、征税范围、减税、免税、退税、抵扣税款、适用税率、计税依据、纳税环节、纳税期限、纳税地点和税款征收方式等具体行政行为,征收税款、加收滞纳金,扣缴义务人、受税务机关委托的单位和个人作出的代扣代缴、代收代缴、代征行为等。

(二)行政许可、行政审批行为。

(三)发票管理行为,包括发售、收缴、代开发票等。

(四)税收保全措施、强制执行措施。

(五)行政处罚行为:

1. 罚款;

2. 没收财物和违法所得;

3. 停止出口退税权。

(六)不依法履行下列职责的行为:

1. 颁发税务登记;

2. 开具、出具完税凭证、外出经营活动税收管理证明;

3. 行政赔偿;

4. 行政奖励;

5. 其他不依法履行职责的行为。

(七)资格认定行为。

(八)不依法确认纳税担保行为。

(九)政府信息公开工作中的具体行政行为。

(十)纳税信用等级评定行为。

(十一)通知出入境管理机关阻止出境行为。

(十二)其他具体行政行为。

第十五条 申请人认为税务机关的具体行政行为所依据的下列规定不合法,对具体行政行为申请行政复议时,可以一并向行政复议机关提出对有关规定的审查申请;申请人对具体行政行为提出行政复议申请时不知道该具体行政行为所依据的规定的,可以在行政复议机关作出行政复议决定以前提出对该规定的审查申请:

(一)国家税务总局和国务院其他部门的规定。

(二)其他各级税务机关的规定。

(三)地方各级人民政府的规定。

(四)地方人民政府工作部门的规定。

前款中的规定不包括规章。

第四章 税务行政复议管辖

第十六条 对各级税务局的具体行政行为不服的,向其上一级税务局申请行政复议。

对计划单列市税务局的具体行政行为不服的,向国家税务总局申请行政复议。

第十七条 对税务所(分局)、各级税务局的稽查局的具体行政行为不服的,向其所属税务局申请行政复议。

第十八条 对国家税务总局的具体行政行为不服的,向国家税务总局申请行政复议。对行政复议决定不服,申请人可以向人民法院提起行政诉讼,也可以向国务院申请裁决。国务院的裁决为最终裁决。

第十九条 对下列税务机关的具体行政行为不服的,按照下列规定申请行政复议:

(一)对两个以上税务机关以共同的名义作出的具体行

政行为不服的，向共同上一级税务机关申请行政复议；对税务机关与其他行政机关以共同的名义作出的具体行政行为不服的，向其共同上一级行政机关申请行政复议。

（二）对被撤销的税务机关在撤销以前所作出的具体行政行为不服的，向继续行使其职权的税务机关的上一级税务机关申请行政复议。

（三）对税务机关作出逾期不缴纳罚款加处罚款的决定不服的，向作出行政处罚决定的税务机关申请行政复议。但是对已处罚款和加处罚款都不服的，一并向作出行政处罚决定的税务机关的上一级税务机关申请行政复议。

申请人向具体行政行为发生地的县级地方人民政府提交行政复议申请的，由接受申请的县级地方人民政府依照行政复议法第十五条、第十八条的规定予以转送。

第五章 税务行政复议申请人和被申请人

第二十条 合伙企业申请行政复议的，应当以核准登记的企业为申请人，由执行合伙事务的合伙人代表该企业参加行政复议；其他合伙组织申请行政复议的，由合伙人共同申请行政复议。

前款规定以外的不具备法人资格的其他组织申请行政复议的，由该组织的主要负责人代表该组织参加行政复议；没有主要负责人的，由共同推选的其他成员代表该组织参加行政复议。

第二十一条 股份制企业的股东大会、股东代表大会、董事会认为税务具体行政行为侵犯企业合法权益的，可以以企业的名义申请行政复议。

第二十二条 有权申请行政复议的公民死亡的，其近亲属可以申请行政复议；有权申请行政复议的公民为无行为能力人或者限制行为能力人，其法定代理人可以代理申请行政复议。

有权申请行政复议的法人或者其他组织发生合并、分立或终止的，承受其权利义务的法人或者其他组织可以申请行政复议。

第二十三条 行政复议期间，行政复议机关认为申请人以外的公民、法人或者其他组织与被审查的具体行政行为有利害关系的，可以通知其作为第三人参加行政复议。

行政复议期间，申请人以外的公民、法人或者其他组织与被审查的税务具体行政行为有利害关系的，可以向行政复议机关申请作为第三人参加行政复议。

第三人不参加行政复议，不影响行政复议案件的审理。

第二十四条 非具体行政行为的行政管理相对人，但其权利直接被该具体行政行为所剥夺、限制或者被赋予义务的公民、法人或其他组织，在行政管理相对人没有申请行政复议时，可以单独申请行政复议。

第二十五条 同一行政复议案件申请人超过5人的，应当推选1至5名代表参加行政复议。

第二十六条 申请人对具体行政行为不服申请行政复议的，作出该具体行政行为的税务机关为被申请人。

第二十七条 申请人对扣缴义务人的扣缴税款行为不服的，主管该扣缴义务人的税务机关为被申请人；对税务机关委托的单位和个人的代征行为不服的，委托税务机关为被申请人。

第二十八条 税务机关与法律、法规授权的组织以共同的名义作出具体行政行为的，税务机关和法律、法规授权的组织为共同被申请人。

税务机关与其他组织以共同名义作出具体行政行为的，税务机关为被申请人。

第二十九条 税务机关依照法律、法规和规章规定，经上级税务机关批准作出具体行政行为的，批准机关为被申请人。

申请人对经重大税务案件审理程序作出的决定不服的，审理委员会所在税务机关为被申请人。

第三十条 税务机关设立的派出机构、内设机构或者其他组织，未经法律、法规授权，以自己名义对外作出具体行政行为的，税务机关为被申请人。

第三十一条 申请人、第三人可以委托1至2名代理人参加行政复议。申请人、第三人委托代理人的，应当向行政复议机构提交授权委托书。授权委托书应当载明委托事项、权限和期限。公民在特殊情况下无法书面委托的，可以口头委托。口头委托的，行政复议机构应当核实并记录在卷。申请人、第三人解除或者变更委托的，应当书面告知行政复议机构。

被申请人不得委托本机关以外人员参加行政复议。

第六章 税务行政复议申请

第三十二条 申请人可以在知道税务机关作出具体行政行为之日起60日内提出行政复议申请。

因不可抗力或者被申请人设置障碍等原因耽误法定申请期限的，申请期限的计算应当扣除被耽误时间。

第三十三条 申请人对本规则第十四条第（一）项规定的行为不服的，应当先向行政复议机关申请行政复议；对行政复议决定不服的，可以向人民法院提起行政诉讼。

申请人按照前款规定申请行政复议的，必须依照税务机关根据法律、法规确定的税额、期限，先行缴纳或者解缴税款和滞纳金，或者提供相应的担保，才可以在缴清税款和滞纳金以后或者所提供的担保得到作出具体行政行为的税务机关确认之日起60日内提出行政复议申请。

申请人提供担保的方式包括保证、抵押和质押。作出具体行政行为的税务机关应当对保证人的资格、资信进行审查，对不具备法律规定资格或者没有能力保证的，有权拒绝。作出具体行政行为的税务机关应当对抵押人、出质人提供的抵押担保、质押担保进行审查,对不符合法律规定的抵押担保、质押担保,不予确认。

第三十四条 申请人对本规则第十四条第(一)项规定以外的其他具体行政行为不服,可以申请行政复议,也可以直接向人民法院提起行政诉讼。

申请人对税务机关作出逾期不缴纳罚款加处罚款的决定不服的,应当先缴纳罚款和加处罚款,再申请行政复议。

第三十五条 本规则第三十二条第一款规定的行政复议申请期限的计算,依照下列规定办理:

(一)当场作出具体行政行为的,自具体行政行为作出之日起计算。

(二)载明具体行政行为的法律文书直接送达的,自受送达人签收之日起计算。

(三)载明具体行政行为的法律文书邮寄送达的,自受送达人在邮件签收单上签收之日起计算;没有邮件签收单的,自受送达人在送达回执上签名之日起计算。

(四)具体行政行为依法通过公告形式告知受送达人的,自公告规定的期限届满之日起计算。

(五)税务机关作出具体行政行为时未告知申请人,事后补充告知的,自该申请人收到税务机关补充告知的通知之日起计算。

(六)被申请人能够证明申请人知道具体行政行为的,自证据材料证明其知道具体行政行为之日起计算。

税务机关作出具体行政行为,依法应当向申请人送达法律文书而未送达的,视为该申请人不知道该具体行政行为。

第三十六条 申请人依照行政复议法第六条第(八)项、第(九)项、第(十)项的规定申请税务机关履行法定职责,税务机关未履行的,行政复议申请期限依照下列规定计算:

(一)有履行期限规定的,自履行期限届满之日起计算。

(二)没有履行期限规定的,自税务机关收到申请满60日起计算。

第三十七条 税务机关作出的具体行政行为对申请人的权利、义务可能产生不利影响的,应当告知其申请行政复议的权利、行政复议机关和行政复议申请期限。

第三十八条 申请人书面申请行政复议的,可以采取当面递交、邮寄或者传真等方式提出行政复议申请。

有条件的行政复议机关可以接受以电子邮件形式提出的行政复议申请。

对以传真、电子邮件形式提出行政复议申请的,行政复议机关应当审核确认申请人的身份、复议事项。

第三十九条 申请人书面申请行政复议的,应当在行政复议申请书中载明下列事项:

(一)申请人的基本情况,包括公民的姓名、性别、出生年月、身份证件号码、工作单位、住所、邮政编码、联系电话;法人或者其他组织的名称、住所、邮政编码、联系电话和法定代表人或者主要负责人的姓名、职务。

(二)被申请人的名称。

(三)行政复议请求、申请行政复议的主要事实和理由。

(四)申请人的签名或者盖章。

(五)申请行政复议的日期。

第四十条 申请人口头申请行政复议的,行政复议机构应当依照本规则第三十九条规定的事项,当场制作行政复议申请笔录,交申请人核对或者向申请人宣读,并由申请人确认。

第四十一条 有下列情形之一的,申请人应当提供证明材料:

(一)认为被申请人不履行法定职责的,提供要求被申请人履行法定职责而被申请人未履行的证明材料。

(二)申请行政复议时一并提出行政赔偿请求的,提供受具体行政行为侵害而造成损害的证明材料。

(三)法律、法规规定需要申请人提供证据材料的其他情形。

第四十二条 申请人提出行政复议申请时错列被申请人的,行政复议机关应当告知申请人变更被申请人。申请人不变更被申请人的,行政复议机关不予受理,或者驳回行政复议申请。

第四十三条 申请人向行政复议机关申请行政复议,行政复议机关已经受理的,在法定行政复议期限内申请人不得向人民法院提起行政诉讼;申请人向人民法院提起行政诉讼,人民法院已经依法受理的,不得申请行政复议。

第七章 税务行政复议受理

第四十四条 行政复议申请符合下列规定的,行政复议机关应当受理:

(一)属于本规则规定的行政复议范围。

(二)在法定申请期限内提出。

(三)有明确的申请人和符合规定的被申请人。

(四)申请人与具体行政行为有利害关系。

(五)有具体的行政复议请求和理由。

(六)符合本规则第三十三条和第三十四条规定的条件。

(七)属于收到行政复议申请的行政复议机关的职责范围。

(八)其他行政复议机关尚未受理同一行政复议申请,人民法院尚未受理同一主体就同一事实提起的行政诉讼。

第四十五条 行政复议机关收到行政复议申请以后,应当在5日内审查,决定是否受理。对不符合本规则规定的行政复议申请,决定不予受理,并书面告知申请人。

对不属于本机关受理的行政复议申请,应当告知申请人向有关行政复议机关提出。

行政复议机关收到行政复议申请以后未按照前款规定期

限审查并作出不予受理决定的,视为受理。

第四十六条　对符合规定的行政复议申请,自行政复议机构收到之日起即为受理;受理行政复议申请,应当书面告知申请人。

第四十七条　行政复议申请材料不齐全、表述不清楚的,行政复议机构可以自收到该行政复议申请之日起5日内书面通知申请人补正。补正通知应当载明需要补正的事项和合理的补正期限。无正当理由逾期不补正的,视为申请人放弃行政复议申请。

补正申请材料所用时间不计入行政复议审理期限。

第四十八条　上级税务机关认为行政复议机关不予受理行政复议申请的理由不成立的,可以督促其受理;经督促仍然不受理的,责令其限期受理。

上级税务机关认为行政复议申请不符合法定受理条件的,应当告知申请人。

第四十九条　上级税务机关认为有必要的,可以直接受理或者提审由下级税务机关管辖的行政复议案件。

第五十条　对应当先向行政复议机关申请行政复议,对行政复议决定不服再向人民法院提起行政诉讼的具体行政行为,行政复议机关决定不予受理或者受理以后超过行政复议期限不作答复的,申请人可以自收到不予受理决定书之日起或者行政复议期满之日起15日内,依法向人民法院提起行政诉讼。

依照本规则第八十三条规定延长行政复议期限的,以延长以后的时间为行政复议期满时间。

第五十一条　行政复议期间具体行政行为不停止执行;但是有下列情形之一的,可以停止执行:

(一)被申请人认为需要停止执行的。

(二)行政复议机关认为需要停止执行的。

(三)申请人申请停止执行,行政复议机关认为其要求合理,决定停止执行的。

(四)法律规定停止执行的。

第八章　税务行政复议证据

第五十二条　行政复议证据包括以下类别:

(一)书证;

(二)物证;

(三)视听资料;

(四)电子数据;

(五)证人证言;

(六)当事人的陈述;

(七)鉴定意见;

(八)勘验笔录、现场笔录。

第五十三条　在行政复议中,被申请人对其作出的具体行政行为负有举证责任。

第五十四条　行政复议机关应当依法全面审查相关证据。行政复议机关审查行政复议案件,应当以证据证明的案件事实为依据。定案证据应当具有合法性、真实性和关联性。

第五十五条　行政复议机关应当根据案件的具体情况,从以下方面审查证据的合法性:

(一)证据是否符合法定形式。

(二)证据的取得是否符合法律、法规、规章和司法解释的规定。

(三)是否有影响证据效力的其他违法情形。

第五十六条　行政复议机关应当根据案件的具体情况,从以下方面审查证据的真实性:

(一)证据形成的原因。

(二)发现证据时的环境。

(三)证据是否为原件、原物,复制件、复制品与原件、原物是否相符。

(四)提供证据的人或者证人与行政复议参加人是否具有利害关系。

(五)影响证据真实性的其他因素。

第五十七条　行政复议机关应当根据案件的具体情况,从以下方面审查证据的关联性:

(一)证据与待证事实是否具有证明关系。

(二)证据与待证事实的关联程度。

(三)影响证据关联性的其他因素。

第五十八条　下列证据材料不得作为定案依据:

(一)违反法定程序收集的证据材料。

(二)以偷拍、偷录和窃听等手段获取侵害他人合法权益的证据材料。

(三)以利诱、欺诈、胁迫和暴力等不正当手段获取的证据材料。

(四)无正当事由超出举证期限提供的证据材料。

(五)无正当理由拒不提供原件、原物,又无其他证据印证,且对方不予认可的证据的复制件、复制品。

(六)无法辨明真伪的证据材料。

(七)不能正确表达意志的证人提供的证言。

(八)不具备合法性、真实性的其他证据材料。

行政复议机构依据本规则第十一条第(二)项规定的职责所取得的有关材料,不得作为支持被申请人具体行政行为的证据。

第五十九条　在行政复议过程中,被申请人不得自行向申请人和其他有关组织或者个人收集证据。

第六十条　行政复议机构认为必要时,可以调查取证。

行政复议工作人员向有关组织和人员调查取证时,可以查阅、复制和调取有关文件和资料,向有关人员询问。调查取证时,行政复议工作人员不得少于2人,并应当向当事人和有关人员出示证件。被调查单位和人员应当配合行政复议工作人员的工作，不得拒绝、阻挠。

需要现场勘验的，现场勘验所用时间不计入行政复议审理期限。

第六十一条 申请人和第三人可以查阅被申请人提出的书面答复、作出具体行政行为的证据、依据和其他有关材料，除涉及国家秘密、商业秘密或者个人隐私外，行政复议机关不得拒绝。

第九章 税务行政复议审查和决定

第六十二条 行政复议机构应当自受理行政复议申请之日起7日内，将行政复议申请书副本或者行政复议申请笔录复印件发送被申请人。被申请人应当自收到申请书副本或者申请笔录复印件之日起10日内提出书面答复，并提交当初作出具体行政行为的证据、依据和其他有关材料。

对国家税务总局的具体行政行为不服申请行政复议的案件，由原承办具体行政行为的相关机构向行政复议机构提出书面答复，并提交当初作出具体行政行为的证据、依据和其他有关材料。

第六十三条 行政复议机构审理行政复议案件，应当由2名以上行政复议工作人员参加。

第六十四条 行政复议原则上采用书面审查的办法，但是申请人提出要求或者行政复议机构认为有必要时，应当听取申请人、被申请人和第三人的意见，并可以向有关组织和人员调查了解情况。

第六十五条 对重大、复杂的案件，申请人提出要求或者行政复议机构认为必要时，可以采取听证的方式审理。

第六十六条 行政复议机构决定举行听证的，应当将举行听证的时间、地点和具体要求等事项通知申请人、被申请人和第三人。

第三人不参加听证的，不影响听证的举行。

第六十七条 听证应当公开举行，但是涉及国家秘密、商业秘密或者个人隐私的除外。

第六十八条 行政复议听证人员不得少于2人，听证主持人由行政复议机构指定。

第六十九条 听证应当制作笔录。申请人、被申请人和第三人应当确认听证笔录内容。

行政复议听证笔录应当附卷，作为行政复议机构审理案件的依据之一。

第七十条 行政复议机关应当全面审查被申请人的具体行政行为所依据的事实证据、法律程序、法律依据和设定的权利义务内容的合法性、适当性。

第七十一条 申请人在行政复议决定作出以前撤回行政复议申请的，经行政复议机构同意，可以撤回。

申请人撤回行政复议申请的，不得再以同一事实和理由提出行政复议申请。但是，申请人能够证明撤回行政复议申请违背其真实意思表示的除外。

第七十二条 行政复议期间被申请人改变原具体行政行为的，不影响行政复议案件的审理。但是，申请人依法撤回行政复议申请的除外。

第七十三条 申请人在申请行政复议时，依据本规则第十五条规定一并提出对有关规定的审查申请的，行政复议机关对该规定有权处理的，应当在30日内依法处理；无权处理的，应当在7日内按照法定程序逐级转送有权处理的行政机关依法处理，有权处理的行政机关应当在60日内依法处理。处理期间，中止对具体行政行为的审查。

第七十四条 行政复议机关审查被申请人的具体行政行为时，认为其依据不合法，本机关有权处理的，应当在30日内依法处理；无权处理的，应当在7日内按照法定程序逐级转送有权处理的国家机关依法处理。处理期间，中止对具体行政行为的审查。

第七十五条 行政复议机构应当对被申请人的具体行政行为提出审查意见，经行政复议机关负责人批准，按照下列规定作出行政复议决定：

（一）具体行政行为认定事实清楚，证据确凿，适用依据正确，程序合法，内容适当的，决定维持。

（二）被申请人不履行法定职责的，决定其在一定期限内履行。

（三）具体行政行为有下列情形之一的，决定撤销、变更或者确认该具体行政行为违法；决定撤销或者确认该具体行政行为违法的，可以责令被申请人在一定期限内重新作出具体行政行为：

1. 主要事实不清、证据不足的；
2. 适用依据错误的；
3. 违反法定程序的；
4. 超越职权或者滥用职权的；
5. 具体行政行为明显不当的。

（四）被申请人不按照本规则第六十二条的规定提出书面答复，提交当初作出具体行政行为的证据、依据和其他有关材料的，视为该具体行政行为没有证据、依据，决定撤销该具体行政行为。

第七十六条 行政复议机关责令被申请人重新作出具体行政行为的，被申请人不得以同一事实和理由作出与原具体行政行为相同或者基本相同的具体行政行为；但是行政复议机关以原具体行政行为违反法定程序决定撤销的，被申请人重新作出具体行政行为的除外。

行政复议机关责令被申请人重新作出具体行政行为的，被申请人不得作出对申请人更为不利的决定；但是行政复议机关以原具体行政行为主要事实不清、证据不足或适用依据错误决定撤销的，被申请人重新作出具体行政行为的除外。

第七十七条 有下列情形之一的，行政复议机关可以决定变更：

（一）认定事实清楚，证据确凿，程序合法，但是明显不当或者适用依据错误的。

（二）认定事实不清，证据不足，但是经行政复议机关审理查明事实清楚，证据确凿的。

第七十八条　有下列情形之一的，行政复议机关应当决定驳回行政复议申请：

（一）申请人认为税务机关不履行法定职责申请行政复议，行政复议机关受理以后发现该税务机关没有相应法定职责或者在受理以前已经履行法定职责的。

（二）受理行政复议申请后，发现该行政复议申请不符合行政复议法及其实施条例和本规则规定的受理条件的。

上级税务机关认为行政复议机关驳回行政复议申请的理由不成立的，应当责令限期恢复受理。行政复议机关审理行政复议申请期限的计算应当扣除因驳回耽误的时间。

第七十九条　行政复议期间，有下列情形之一的，行政复议中止：

（一）作为申请人的公民死亡，其近亲属尚未确定是否参加行政复议的。

（二）作为申请人的公民丧失参加行政复议的能力，尚未确定法定代理人参加行政复议的。

（三）作为申请人的法人或者其他组织终止，尚未确定权利义务承受人的。

（四）作为申请人的公民下落不明或者被宣告失踪的。

（五）申请人、被申请人因不可抗力，不能参加行政复议的。

（六）行政复议机关因不可抗力原因暂时不能履行工作职责的。

（七）案件涉及法律适用问题，需要有权机关作出解释或者确认的。

（八）案件审理需要以其他案件的审理结果为依据，而其他案件尚未审结的。

（九）其他需要中止行政复议的情形。

行政复议中止的原因消除以后，应当及时恢复行政复议案件的审理。

行政复议机构中止、恢复行政复议案件的审理，应当告知申请人、被申请人、第三人。

第八十条　行政复议期间，有下列情形之一的，行政复议终止：

（一）申请人要求撤回行政复议申请，行政复议机构准予撤回的。

（二）作为申请人的公民死亡，没有近亲属，或者其近亲属放弃行政复议权利的。

（三）作为申请人的法人或者其他组织终止，其权利义务的承受人放弃行政复议权利的。

（四）申请人与被申请人依照本规则第八十七条的规定，经行政复议机构准许达成和解的。

（五）行政复议申请受理以后，发现其他行政复议机关已经先于本机关受理，或者人民法院已经受理的。

依照本规则第七十九条第一款第（一）项、第（二）项、第（三）项规定中止行政复议，满60日行政复议中止的原因未消除的，行政复议终止。

第八十一条　行政复议机关责令被申请人重新作出具体行政行为的，被申请人应当在60日内重新作出具体行政行为；情况复杂，不能在规定期限内重新作出具体行政行为的，经行政复议机关批准，可以适当延期，但是延期不得超过30日。

公民、法人或者其他组织对被申请人重新作出的具体行政行为不服，可以依法申请行政复议，或者提起行政诉讼。

第八十二条　申请人在申请行政复议时可以一并提出行政赔偿请求，行政复议机关对符合国家赔偿法的规定应当赔偿的，在决定撤销、变更具体行政行为或者确认具体行政行为违法时，应当同时决定被申请人依法赔偿。

申请人在申请行政复议时没有提出行政赔偿请求的，行政复议机关在依法决定撤销、变更原具体行政行为确定的税款、滞纳金、罚款和对财产的扣押、查封等强制措施时，应当同时责令被申请人退还税款、滞纳金和罚款，解除对财产的扣押、查封等强制措施，或者赔偿相应的价款。

第八十三条　行政复议机关应当自受理申请之日起60日内作出行政复议决定。情况复杂，不能在规定期限内作出行政复议决定的，经行政复议机关负责人批准，可以适当延期，并告知申请人和被申请人；但是延期不得超过30日。

行政复议机关作出行政复议决定，应当制作行政复议决定书，并加盖行政复议机关印章。

行政复议决定书一经送达，即发生法律效力。

第八十四条　被申请人应当履行行政复议决定。

被申请人不履行、无正当理由拖延履行行政复议决定的，行政复议机关或者有关上级税务机关应当责令其限期履行。

第八十五条　申请人、第三人逾期不起诉又不履行行政复议决定的，或者不履行最终裁决的行政复议决定的，按照下列规定分别处理：

（一）维持具体行政行为的行政复议决定，由作出具体行政行为的税务机关依法强制执行，或者申请人民法院强制执行。

（二）变更具体行政行为的行政复议决定，由行政复议机关依法强制执行，或者申请人民法院强制执行。

第十章　税务行政复议和解与调解

第八十六条　对下列行政复议事项，按照自愿、合法的原则，申请人和被申请人在行政复议机关作出行政复议决定以

前可以达成和解,行政复议机关也可以调解:

(一)行使自由裁量权作出的具体行政行为,如行政处罚、核定税额、确定应税所得率等。

(二)行政赔偿。

(三)行政奖励。

(四)存在其他合理性问题的具体行政行为。

行政复议审理期限在和解、调解期间中止计算。

第八十七条 申请人和被申请人达成和解的,应当向行政复议机构提交书面和解协议。和解内容不损害社会公共利益和他人合法权益的,行政复议机构应当准许。

第八十八条 经行政复议机构准许和解终止行政复议的,申请人不得以同一事实和理由再次申请行政复议。

第八十九条 调解应当符合下列要求:

(一)尊重申请人和被申请人的意愿。

(二)在查明案件事实的基础上进行。

(三)遵循客观、公正和合理原则。

(四)不得损害社会公共利益和他人合法权益。

第九十条 行政复议机关按照下列程序调解:

(一)征得申请人和被申请人同意。

(二)听取申请人和被申请人的意见。

(三)提出调解方案。

(四)达成调解协议。

(五)制作行政复议调解书。

第九十一条 行政复议调解书应当载明行政复议请求、事实、理由和调解结果,并加盖行政复议机关印章。行政复议调解书经双方当事人签字,即具有法律效力。

调解未达成协议,或者行政复议调解书不生效的,行政复议机关应当及时作出行政复议决定。

第九十二条 申请人不履行行政复议调解书的,由被申请人依法强制执行,或者申请人民法院强制执行。

第十一章 税务行政复议指导和监督

第九十三条 各级税务复议机关应当加强对履行行政复议职责的监督。行政复议机构负责对行政复议工作进行系统督促、指导。

第九十四条 各级税务机关应当建立健全行政复议工作责任制,将行政复议工作纳入本单位目标责任制。

第九十五条 各级税务机关应当按照职责权限,通过定期组织检查、抽查等方式,检查下级税务机关的行政复议工作,并及时向有关方面反馈检查结果。

第九十六条 行政复议期间行政复议机关发现被申请人和其他下级税务机关的相关行政行为违法或者需要做好善后工作的,可以制作行政复议意见书。有关机关应当自收到行政复议意见书之日起60日内将纠正相关行政违法行为或者做好善后工作的情况报告行政复议机关。

行政复议期间行政复议机构发现法律、法规和规章实施中带有普遍性的问题,可以制作行政复议建议书,向有关机关提出完善制度和改进行政执法的建议。

第九十七条 省以下各级税务机关应当定期向上一级税务机关提交行政复议、应诉、赔偿统计表和分析报告,及时将重大行政复议决定报上一级行政复议机关备案。

第九十八条 行政复议机构应当按照规定将行政复议案件资料立卷归档。

行政复议案卷应当按照行政复议申请分别装订立卷,一案一卷,统一编号,做到目录清晰、资料齐全、分类规范、装订整齐。

第九十九条 行政复议机构应当定期组织行政复议工作人员业务培训和工作交流,提高行政复议工作人员的专业素质。

第一百条 行政复议机关应当定期总结行政复议工作。对行政复议工作中做出显著成绩的单位和个人,依照有关规定表彰和奖励。

第十二章 附 则

第一百零一条 行政复议机关、行政复议机关工作人员和被申请人在税务行政复议活动中,违反行政复议法及其实施条例和本规则规定的,应当依法处理。

第一百零二条 外国人、无国籍人、外国组织在中华人民共和国境内向税务机关申请行政复议,适用本规则。

第一百零三条 行政复议机关在行政复议工作中可以使用行政复议专用章。行政复议专用章与行政复议机关印章在行政复议中具有同等效力。

第一百零四条 行政复议期间的计算和行政复议文书的送达,依照民事诉讼法关于期间、送达的规定执行。

本规则关于行政复议期间有关"5日"、"7日"的规定指工作日,不包括法定节假日。

第一百零五条 本规则自2010年4月1日起施行,2004年2月24日国家税务总局公布的《税务行政复议规则(暂行)》(国家税务总局令第8号)同时废止。

检举纳税人税收违法行为奖励暂行办法

(2007年1月13日国家税务总局、财政部令第18号公布自2007年3月1日起施行)

第一条 为了鼓励检举税收违法行为,根据《中华人民共和国税收征收管理法》及其实施细则有关规定,制定本办法。

第二条 本办法所称税收违法行为,是指纳税人、扣缴义务人的税收违法行为以及本办法列举的其他税收违法行为。

检举税收违法行为是单位和个人的自愿行为。

第三条 对单位和个人实名向税务机关检举税收违法行为并经查实的,税务机关根据其贡献大小依照本办法给予奖励。但有下列情形之一的,不予奖励:

(一)匿名检举税收违法行为,或者检举人无法证实其真实身份的;

(二)检举人不能提供税收违法行为线索,或者采取盗窃、欺诈或者法律、行政法规禁止的其他手段获取税收违法行为证据的;

(三)检举内容含糊不清、缺乏事实根据的;

(四)检举人提供的线索与税务机关查处的税收违法行为无关的;

(五)检举的税收违法行为税务机关已经发现或者正在查处的;

(六)有税收违法行为的单位和个人在被检举前已经向税务机关报告其税收违法行为的;

(七)国家机关工作人员利用工作便利获取信息用以检举税收违法行为的;

(八)检举人从国家机关或者国家机关工作人员处获取税收违法行为信息检举的;

(九)国家税务总局规定不予奖励的其他情形。

第四条 国家税务局系统检举奖励资金从财政部向国家税务总局拨付的税务稽查办案专项经费中据实列支,地方税务局系统检举奖励资金从省、自治区、直辖市和计划单列市财政厅(局)向同级地方税务局拨付的税务稽查办案专项经费中据实列支。

检举奖励资金的拨付,按照财政国库管理制度的有关规定执行。

第五条 检举奖励资金由稽查局、主管税务局财务部门共同负责管理,稽查局使用,三管税务局财务部门负责支付和监督。

省、自治区、直辖市和计划单列市国家税务局、地方税务局应当对检举奖励资金使用情况编写年度报告,于次年3月底前报告国家税务总局。地方税务局检举奖励资金使用情况同时通报同级财政厅(局)。

第六条 检举的税收违法行为经税务机关立案查实处理并依法将税款收缴入库后,根据本案检举时效、检举材料中提供的线索和证据详实程度、检举内容与查实内容相符程度以及收缴入库的税款数额,按照以下标准对本案检举人计发奖金:

(一)收缴入库税款数额在1亿元以上的,给予10万元以下的奖金;

(二)收缴入库税款数额在5000万元以上不足1亿元的,给予6万元以下的奖金;

(三)收缴入库税款数额在1000万元以上不足5000万元的,给予4万元以下的奖金;

(四)收缴入库税款数额在500万元以上不足1000万元的,给予2万元以下的奖金;

(五)收缴入库税款数额在100万元以上不足500万元的,给予1万元以下的奖金;

(六)收缴入库税款数额在100万元以下的,给予5000元以下的奖金。

第七条 被检举人以增值税留抵税额或者多缴、应退的其他税款抵缴被查处的应纳税款,视同税款已经收缴入库。

检举的税收违法行为经查实处理后没有应纳税款的,按照收缴入库罚款数额依照本办法第六条规定的标准计发奖金。

因被检举人破产或者存有符合法律、行政法规规定终止执行的条件,致使无法将税款或者罚款全额收缴入库的,按已经收缴入库税款或者罚款数额依照本办法规定的标准计发奖金。

第八条 检举虚开增值税专用发票以及其他可用于骗取出口退税、抵扣税款发票行为的,根据立案查实虚开发票填开的税额按照本办法第六条规定的标准计发奖金。

第九条 检举伪造、变造、倒卖、盗窃、骗取增值税专用发票以及可用于骗取出口退税、抵扣税款的其他发票行为的,按照以下标准对检举人计发奖金:

(一)查获伪造、变造、倒卖、盗窃、骗取上述发票10000份以上的,给予10万元以下的奖金;

(二)查获伪造、变造、倒卖、盗窃、骗取上述发票6000份以上不足10000份的,给予6万元以下的奖金;

(三)查获伪造、变造、倒卖、盗窃、骗取上述发票3000份以上不足6000份的,给予4万元以下的奖金;

(四)查获伪造、变造、倒卖、盗窃、骗取上述发票1000份以上不足3000份的,给予2万元以下的奖金;

(五)查获伪造、变造、倒卖、盗窃、骗取上述发票100份以上不足1000份的,给予1万元以下的奖金;

(六)查获伪造、变造、倒卖、盗窃、骗取上述发票不足100份的,给予5000元以下的奖金;

查获伪造、变造、倒卖、盗窃、骗取前款所述以外其他发票的,最高给予5万元以下的奖金;检举奖金具体数额标准及批准权限,由各省、自治区、直辖市和计划单列市税务局根据本办法规定并结合本地实际情况确定。

第十条 检举非法印制、转借、倒卖、变造或者伪造完税凭证行为的,按照以下标准对检举人计发奖金:

(一)查获非法印制、转借、倒卖、变造或者伪造完税凭证100份以上或者票面填开税款金额50万元以上的,给予1万元以下的奖金;

(二)查获非法印制、转借、倒卖、变造或者伪造完税凭证50份以上不足100份或者票面填开税款金额20万元以上不足50万元的，给予5000元以下的奖金；

（三）查获非法印制、转借、倒卖、变造或者伪造完税凭证不足50份或者票面填开税款金额20万元以下的，给予2000元以下的奖金。

第十一条 被检举人的税收违法行为被国家税务局、地方税务局查处的，合计国家税务局、地方税务局收缴入库的税款数额，按照本办法第六条规定的标准计算检举奖金总额，由国家税务局、地方税务局根据各自收缴入库的税款数额比例分担奖金数额，分别兑付；国家税务局、地方税务局计发的检举奖金合计数额不得超过10万元。

第十二条 同一案件具有适用本办法第六条、第七条、第八条、第九条、第十条规定的两种或者两种以上奖励标准情形的，分别计算检举奖金数额，但检举奖金合计数额不得超过10万元。

第十三条 同一税收违法行为被两个或者两个以上检举人分别检举的，奖励符合本办法规定的最先检举人。检举次序以负责查处的税务机关受理检举的登记时间为准。

最先检举人以外的其他检举人提供的证据对查明税收违法行为有直接作用的，可以酌情给予奖励。

对前两款规定的检举人计发的奖金合计数额不得超过10万元。

第十四条 检举税收违法行为的检举人，可以向税务机关申请检举奖金。

检举奖金由负责查处税收违法行为的税务机关支付。

第十五条 税务机关对检举的税收违法行为经立案查实处理并依法将税款或者罚款收缴入库后，由税收违法案件举报中心根据检举人书面申请及其贡献大小，制作《检举纳税人税收违法行为奖励审批表》，提出奖励对象和奖励金额建议，按照规定权限和程序审批后，向检举人发出《检举纳税人税收违法行为领奖通知书》，通知检举人到指定地点办理领奖手续。《检举纳税人税收违法行为奖励审批表》由税收违法案件举报中心作为密件存档。

税收违法案件举报中心填写《检举纳税人税收违法行为奖金领款财务凭证》，向财务机构领取检举奖金。财务凭证只注明案件编号、案件名称、被检举人名称、检举奖金数额及审批人、领款人的签名，不填写检举内容和检举人身份、名称。

第十六条 检举人应当在接到领奖通知书之日起90日内，持本人身份证或者其他有效证件，到指定地点领取奖金。检举人逾期不领取奖金，视同放弃奖金。

联名检举同一税收违法行为的，奖金由第一署名人领取，并与其他署名人协商分配。

第十七条 检举人或者联名检举的第一署名人不能亲自到税务机关指定的地点领取奖金的，可以委托他人代行领取；代领人应当持委托人的授权委托书、身份证或者其他有效证件以及代领人的身份证或者其他有效证件，办理领取奖金手续。

检举人是单位的，可以委托本单位工作人员代行领取奖金，代领人应当持委托人的授权委托书和代领人的身份证、工作证到税务机关指定的地点办理领取奖金手续。

第十八条 检举人或者代领人领取奖金时，应当在《检举纳税人税收违法行为奖金付款专用凭证》上签名，并注明身份证或者其他有效证件的号码及填发单位。

《检举纳税人税收违法行为奖金付款专用凭证》和委托人的授权委托书由税收违法案件举报中心作为密件存档。

第十九条 税收违法案件举报中心发放检举奖金时，可应检举人的要求，简要告知其所检举的税收违法行为的查处情况，但不得告知其检举线索以外的税收违法行为查处情况，不得提供税务处理（处罚）决定书及有关案情材料。

检举的税收违法行为查结前，税务机关不得将具体查处情况告知检举人。

第二十条 税务机关支付检举奖金时应当严格审核。对玩忽职守、徇私舞弊致使奖金被骗取的，除追缴奖金外，依法追究有关人员责任。

第二十一条 对有特别突出贡献的检举人，税务机关除给予物质奖励外，可以给予相应的精神奖励，但公开表彰宣传应当事先征得检举人的书面同意。

第二十二条 各省、自治区、直辖市和计划单列市国家税务局根据本办法制定具体规定。

各省、自治区、直辖市和计划单列市地方税务局会同同级财政厅（局）根据本办法制定具体规定。

第二十三条 《检举纳税人税收违法行为奖励审批表》、《检举纳税人税收违法行为领奖通知书》、《检举纳税人税收违法行为奖金领款财务凭证》、《检举纳税人税收违法行为奖金付款专用凭证》的格式，由国家税务总局制定。

第二十四条 本办法所称"以上"、"以下"均含本数。

第二十五条 本办法由国家税务总局和财政部负责解释。

第二十六条 本办法自2007年3月1日起施行。国家税务总局1998年12月15日印发的《税务违法案件举报奖励办法》同时废止。

税收违法行为检举管理办法

（2019年11月26日国家税务总局令第49号公布　自2020年1月1日起施行）

第一章　总　　则

第一条 为了保障单位、个人依法检举纳税人、扣缴义务人违反税收法律、行政法规行为的权利，规范检举秩序，根据《中华人民共和国税收征收管理法》及其实施细则的有关规定，制定本办法。

第二条　本办法所称检举，是指单位、个人采用书信、电话、传真、网络、来访等形式，向税务机关提供纳税人、扣缴义务人税收违法行为线索的行为。

采用前款所述的形式，检举税收违法行为的单位、个人称检举人；被检举的纳税人、扣缴义务人称被检举人。

检举人可以实名检举，也可以匿名检举。

第三条　本办法所称税收违法行为，是指涉嫌偷税（逃避缴纳税款），逃避追缴欠税，骗税，虚开、伪造、变造发票，以及其他与逃避缴纳税款相关的税收违法行为。

第四条　检举管理工作坚持依法依规、分级分类、属地管理、严格保密的原则。

第五条　市（地、州、盟）以上税务局稽查局设立税收违法案件举报中心。国家税务总局稽查局税收违法案件举报中心负责接收税收违法行为检举，督促、指导、协调处理重要检举事项；省、自治区、直辖市、计划单列市和市（地、州、盟）税务局稽查局税收违法案件举报中心负责税收违法行为检举的接收、受理、处理和管理；各级跨区域稽查局和县税务局应当指定行使税收违法案件举报中心职能的部门，负责税收违法行为检举的接收，并按规定职责处理。

本办法所称举报中心是指前款所称的税收违法案件举报中心和指定行使税收违法案件举报中心职能的部门。举报中心应当对外挂标识牌。

第六条　税务机关应当向社会公布举报中心的电话（传真）号码、通讯地址、邮政编码、网络检举途径，设立检举接待场所和检举箱。

税务机关同时通过12366纳税服务热线接收税收违法行为检举。

第七条　税务机关应当与公安、司法、纪检监察和信访等单位加强联系和合作，做好检举管理工作。

第八条　检举税收违法行为是检举人的自愿行为，检举人因检举而产生的支出应当由其自行承担。

第九条　检举人在检举过程中应当遵守法律、行政法规等规定；应当对其所提供检举材料的真实性负责，不得捏造、歪曲事实，不得诬告、陷害他人；不得损害国家、社会、集体的利益和其他公民的合法权益。

第二章　检举事项的接收与受理

第十条　检举人检举税收违法行为应当提供被检举人的名称（姓名）、地址（住所）和税收违法行为线索；尽可能提供被检举人统一社会信用代码（身份证件号码），法定代表人、实际控制人信息和其他相关证明资料。

鼓励检举人提供书面检举材料。

第十一条　举报中心接收实名检举，应当准确登记实名检举人信息。

检举人以个人名义实名检举应当由其本人提出；以单位名义实名检举应当委托本单位工作人员提出。

多人联名进行实名检举的，应当确定第一联系人；未确定的，以检举材料的第一署名人为第一联系人。

第十二条　12366纳税服务热线接收电话检举后，应当按照以下分类转交相关部门：

（一）符合本办法第三条规定的检举事项，应当及时转交举报中心；

（二）对应开具而未开具发票、未申报办理税务登记及其他轻微税收违法行为的检举事项，按照有关规定直接转交被检举人主管税务机关相关业务部门处理；

（三）其他检举事项转交有处理权的单位或者部门。

税务机关的其他单位或者部门接到符合本办法第三条规定的检举材料后，应当及时转交举报中心。

第十三条　以来访形式实名检举的，检举人应当提供营业执照、居民身份证等有效身份证件的原件和复印件。

以来信、网络、传真形式实名检举的，检举人应当提供营业执照、居民身份证等有效身份证件的复印件。

以电话形式要求实名检举的，税务机关应当告知检举人采取本条第一款、第二款的形式进行检举。

检举人未采取本条第一款、第二款的形式进行检举的，视同匿名检举。

举报中心可以应来访的实名检举人要求出具接收回执；对多人联名进行实名来访检举的，向其确定的第一联系人或者第一署名人出具接收回执。

第十四条　来访检举应当到税务机关设立的检举接待场所；多人来访提出相同检举事项的，应当推选代表，代表人数应当在3人以内。

第十五条　接收来访口头检举，应当准确记录检举事项，交检举人阅读或者向检举人宣读确认。实名检举的，由检举人签名或者盖章；匿名检举的，应当记录在案。

接收电话检举，应当细心接听、询问清楚、准确记录。

接收电话、来访检举，经告知检举人后可以录音、录像。

接收书信、传真等书面形式检举，应当保持检举材料的完整，及时登记处理。

第十六条　税务机关应当合理设置检举接待场所。检举接待场所应当与办公区域适当分开，配备使用必要的录音、录像等监控设施，保证监控设施对接待场所全覆盖并正常运行。

第十七条　举报中心对接收的检举事项，应当及时审查，有下列情形之一的，不予受理：

（一）无法确定被检举对象，或者不能提供税收违法行为线索的；

（二）检举事项已经或者依法应当通过诉讼、仲裁、行政复议以及其他法定途径解决的；

（三）对已经查结的同一检举事项再次检举，没有提供新的有效线索的。

除前款规定外，举报中心自接收检举事项之日起即为受理。

举报中心可以应实名检举人要求，视情况采取口头或者书面方式解释不予受理原因。

国家税务总局稽查局举报中心对本级收到的检举事项应当进行甄别。对本办法第三条规定以外的检举事项，转送有处理权的单位或者部门；对本办法第三条规定范围内的检举事项，按属地管理原则转送相关举报中心，由该举报中心审查并决定是否受理。国家税务总局稽查局举报中心应当定期向相关举报中心了解所转送检举事项的受理情况，对应受理未受理的应予以督办。

第十八条 未设立稽查局的县税务局受理的检举事项，符合本办法第三条规定的，提交上一级税务局稽查局举报中心统一处理。

各级跨区域稽查局受理的检举事项，符合本办法第三条规定的，提交同级税务局稽查局备案后处理。

第十九条 检举事项管辖有争议的，由争议各方本着有利于案件查处的原则协商解决；不能协商一致的，报请共同的上一级税务机关协调或者决定。

第三章 检举事项的处理

第二十条 检举事项受理后，应当分级分类，按照以下方式处理：

（一）检举内容详细、税收违法行为线索清楚、证明资料充分的，由稽查局立案检查。

（二）检举内容与线索较明确但缺少必要证明资料，有可能存在税收违法行为的，由稽查局调查核实。发现存在税收违法行为的，立案检查；未发现的，作查结处理。

（三）检举对象明确，但其他检举事项不完整或者内容不清、线索不明的，可以暂存待查，待检举人将情况补充完整以后，再进行处理。

（四）已经受理尚未查结的检举事项，再次检举的，可以合并处理。

（五）本办法第三条规定以外的检举事项，转交有处理权的单位或者部门。

第二十一条 举报中心可以税务机关或者以自己的名义向下级税务机关督办、交办检举事项。

第二十二条 举报中心应当在检举事项受理之日起十五个工作日内完成分级分类处理，特殊情况除外。

查处部门应当在收到举报中心转来的检举材料之日起三个月内办理完毕；案情复杂无法在期限内办理完毕的，可以延期。

第二十三条 税务局稽查局对督办案件的处理结果应当认真审查。对于事实不清、处理不当的，应当通知承办机关补充调查或者重新调查，依法处理。

第四章 检举事项的管理

第二十四条 举报中心应当严格管理检举材料，逐件登记已受理检举事项的主要内容、办理情况和检举人、被检举人的基本情况。

第二十五条 已接收的检举材料原则上不予退还。不予受理的检举材料，登记检举事项的基本信息和不予受理原因后，经本级稽查局负责人批准可以销毁。

第二十六条 暂存待查的检举材料，若在受理之日起两年内未收到有价值的补充材料，可以销毁。

第二十七条 督办案件的检举材料应当专门管理，并按照规定办理督办案件材料的转送、报告等具体事项。

第二十八条 检举材料的保管和整理，应当按照档案管理的有关规定办理。

第二十九条 举报中心每年度对检举案件和有关事项的数量、类别及办理情况等进行汇总分析，形成年度分析报告，并按规定报送。

第五章 检举人的答复和奖励

第三十条 实名检举人可以要求答复检举事项的处理情况与查处结果。

实名检举人要求答复处理情况时，应当配合核对身份；要求答复查处结果时，应当出示检举时所提供的有效身份证件。

举报中心可以视具体情况采取口头或者书面方式答复实名检举人。

第三十一条 实名检举事项的处理情况，由作出处理行为的税务机关的举报中心答复。

将检举事项督办、交办、提交或者转交的，应当告知去向；暂存待查的，应当建议检举人补充资料。

第三十二条 实名检举事项的查处结果，由负责查处的税务机关的举报中心答复。

实名检举人要求答复检举事项查处结果的，检举事项查结以后，举报中心可以将与检举线索有关的查处结果简要告知检举人，但不得告知其检举线索以外的税收违法行为的查处情况，不得提供执法文书及有关案情资料。

第三十三条 12366纳税服务热线接收检举事项并转交举报中心或者相关业务部门后，可以应检举人要求将举报中心或者相关业务部门反馈的受理情况告知检举人。

第三十四条 检举事项经查证属实，为国家挽回或者减少损失的，按照财政部和国家税务总局的有关规定对实名检举人给予相应奖励。

第六章 权利保护

第三十五条 检举人不愿提供个人信息或者不愿公开检举行为的，税务机关应当予以尊重和保密。

第三十六条 税务机关应当在职责范围内依法保护检举人、被检举人的合法权益。

第三十七条 税务机关工作人员与检举事项或者检举人、被检举人有直接利害关系的，应当回避。

检举人有正当理由并且有证据证明税务机关工作人员应当回避的，经本级税务机关负责人或者稽查局负责人批准以后，予以回避。

第三十八条 税务机关工作人员必须严格遵守以下保密规定：

（一）检举事项的受理、登记、处理及查处，应当依照国家有关法律、行政法规等规定严格保密，并建立健全工作责任制，不得私自摘抄、复制、扣压、销毁检举材料；

（二）严禁泄露检举人的姓名、身份、单位、地址、联系方式等情况，严禁将检举情况透露给被检举人及与案件查处无关的人员；

（三）调查核实情况和立案检查时不得出示检举信原件或者复印件，不得暴露检举人的有关信息，对匿名的检举书信及材料，除特殊情况以外，不得鉴定笔迹；

（四）宣传报道和奖励检举有功人员，未经检举人书面同意，不得公开检举人的姓名、身份、单位、地址、联系方式等情况。

第七章 法律责任

第三十九条 税务机关工作人员违反本办法规定，将检举人的检举材料或者有关情况提供给被检举人或者与案件查处无关人员的，依法给予行政处分。

第四十条 税务机关工作人员打击报复检举人的，视情节和后果，依法给予行政处分；涉嫌犯罪的，移送司法机关依法处理。

第四十一条 税务机关工作人员不履行职责、玩忽职守、徇私舞弊，给检举工作造成损失的，应当给予批评教育；情节严重的，依法给予行政处分并调离工作岗位；涉嫌犯罪的，移送司法机关依法处理。

第四十二条 税收违法检举案件中涉及税务机关或者税务人员违纪违法问题的，应当按照规定移送有关部门依纪依法处理。

第四十三条 检举人违反本办法第九条规定的，税务机关工作人员应当对检举人进行劝阻、批评和教育；经劝阻、批评和教育无效的，可以联系有关部门依法处理。

第八章 附 则

第四十四条 本办法所称的检举事项查结，是指检举案件的结论性文书生效，或者检举事项经调查核实后未发现税收违法行为。

第四十五条 国家税务总局各省、自治区、直辖市和计划单列市税务局可以根据本办法制定具体的实施办法。

第四十六条 本办法自2020年1月1日起施行。《税收违法行为检举管理办法》（国家税务总局令第24号公布）同时废止。

纳税服务投诉管理办法

（2019年6月26日国家税务总局公告2019年第27号发布 自2019年8月1日起施行）

第一章 总 则

第一条 为保护纳税人（含缴费人、扣缴义务人和其他当事人，下同）的合法权益，规范纳税服务（含社会保险费和非税收入征缴服务，下同）投诉管理工作，构建和谐的税收征纳关系，根据《中华人民共和国税收征收管理法》及相关税收法律法规，制定本办法。

第二条 纳税人认为税务机关及其工作人员在履行纳税服务职责过程中未提供规范、文明的纳税服务或者有其他侵犯其合法权益的情形，向税务机关进行投诉，税务机关办理纳税人投诉事项，适用本办法。

第三条 对依法应当通过税务行政复议、诉讼、举报等途径解决的事项，依照有关法律、法规、规章及规范性文件的规定办理。

第四条 纳税服务投诉管理工作遵循依法公正、规范高效、属地管理、分级负责的原则。

第五条 纳税人进行纳税服务投诉需遵从税收法律、法规、规章、规范性文件，并客观、真实地反映相关情况，不得隐瞒、捏造、歪曲事实，不得侵害他人合法权益。

第六条 税务机关及其工作人员在办理纳税服务投诉事项时，不得徇私、偏袒，不得打击、报复，并应当对投诉人信息保密。

第七条 各级税务机关的纳税服务部门是纳税服务投诉的主管部门，负责纳税服务投诉的接收、受理、调查、处理、反馈等事项。需要其他部门配合的，由纳税服务部门进行统筹协调。

第八条 各级税务机关应当配备专职人员从事纳税服务投诉管理工作，保障纳税服务投诉工作的顺利开展。

第二章 纳税服务投诉范围

第九条 本办法所称纳税服务投诉包括：

（一）纳税人对税务机关工作人员服务言行进行的投诉；

（二）纳税人对税务机关及其工作人员服务质效进行的投诉；

（三）纳税人对税务机关及其工作人员在履行纳税服务职责过程中侵害其合法权益的行为进行的其他投诉。

第十条 对服务言行的投诉，是指纳税人认为税务机关工作人员在履行纳税服务职责过程中服务言行不符合文明服务规范要求而进行的投诉。具体包括：

（一）税务机关工作人员服务用语不符合文明服务规范要求的；

（二）税务机关工作人员行为举止不符合文明服务规范要求的。

第十一条 对服务质效的投诉，是指纳税人认为税务机关及其工作人员在履行纳税服务职责过程中未能提供优质便捷的服务而进行的投诉。具体包括：

（一）税务机关及其工作人员未准确掌握税收法律法规等相关规定，导致纳税人应享受未享受税收优惠政策的；

（二）税务机关及其工作人员未按规定落实首问责任、一次性告知、限时办结、办税公开等纳税服务制度的；

（三）税务机关及其工作人员未按办税事项“最多跑一次”服务承诺办理涉税业务的；

（四）税务机关未能向纳税人提供便利化办税渠道的；

（五）税务机关及其工作人员擅自要求纳税人提供规定以外资料的；

（六）税务机关及其工作人员违反规定强制要求纳税人出具涉税鉴证报告，违背纳税人意愿强制代理、指定代理的。

第十二条 侵害纳税人合法权益的其他投诉，是指纳税人认为税务机关及其工作人员在履行纳税服务职责过程中未依法执行税收法律法规等相关规定，侵害纳税人的合法权益而进行的其他投诉。

第十三条 投诉内容存在以下情形的，不属于本办法所称纳税服务投诉的范围：

（一）违反法律、法规、规章有关规定的；

（二）针对法律、法规、规章和规范性文件规定进行投诉的；

（三）超出税务机关法定职责和权限的；

（四）不属于本办法投诉范围的其他情形。

第三章 提交与受理

第十四条 纳税人可以通过网络、电话、信函或者当面等方式提出投诉。

第十五条 纳税人对纳税服务的投诉，可以向本级税务机关提交，也可以向其上级税务机关提交。

第十六条 纳税人进行纳税服务投诉原则上以实名提出。

第十七条 纳税人进行实名投诉，应当列明下列事项：

（一）投诉人的姓名（名称）、有效联系方式；

（二）被投诉单位名称或者被投诉个人的相关信息及其所属单位；

（三）投诉请求、主要事实、理由。

纳税人通过电话或者当面方式提出投诉的，税务机关在告知纳税人的情况下可以对投诉内容进行录音或者录像。

第十八条 已就具体行政行为申请税务行政复议或者提起税务行政诉讼，但具体行政行为存在不符合文明规范言行问题的，可就该问题单独向税务机关进行投诉。

第十九条 纳税服务投诉符合本办法规定的投诉范围且属于下列情形的，税务机关应当受理：

（一）纳税人进行实名投诉，且投诉材料符合本办法第十七条要求；

（二）纳税人虽进行匿名投诉，但投诉的事实清楚、理由充分，有明确的被投诉人，投诉内容具有典型性。

第二十条 属于下列情形的，税务机关不予受理：

（一）对税务机关已经处理完毕且经上级税务机关复核的相同投诉事项再次投诉的；

（二）对税务机关依法、依规受理，且正在办理的服务投诉再次投诉的；

（三）不属于本办法投诉范围的其他情形。

第二十一条 税务机关收到投诉后应于1个工作日内决定是否受理，并按照“谁主管、谁负责”的原则办理或转办。

第二十二条 对于不予受理的实名投诉，税务机关应当以适当形式告知投诉人，并说明理由。逾期未告知的，视同自收到投诉后1个工作日内受理。

第二十三条 上级税务机关认为下级税务机关应当受理投诉而不受理或者不予受理的理由不成立的，可以责令其受理。

上级税务机关认为有必要的，可以直接受理应由下级税务机关受理的纳税服务投诉。

第二十四条 纳税人的同一投诉事项涉及两个以上税务机关的，应当由首诉税务机关牵头协调处理。首诉税务机关协调不成功的，应当向上级税务机关申请协调处理。

第二十五条 纳税人就同一事项通过不同渠道分别投诉的，税务机关接收后可合并办理。

第二十六条 税务机关应当建立纳税服务投诉事项登记制度，记录投诉时间、投诉人、被投诉人、联系方式、投诉内容、受理情况以及办理结果等有关内容。

第二十七条 各级税务机关应当向纳税人公开负责纳税服务投诉机构的通讯地址、投诉电话、税务网站和其他便利投诉的事项。

第四章 调查与处理

第二十八条 税务机关调查处理投诉事项，应依法依规、实事求是、注重调解，化解征纳争议。

第二十九条 税务机关调查人员与投诉事项或者投诉人、被投诉人有利害关系的，应当回避。

第三十条 调查纳税服务投诉事项，应当由两名以上工作人员参加。一般流程为：

（一）核实情况。查阅文件资料，调取证据，听取双方陈述事实和理由，必要时可向其他组织和人员调查或实地核查；

（二）沟通调解。与投诉人、被投诉人确认基本事实，强化沟通，化解矛盾，促进双方就处理意见形成共识；

（三）提出意见。依照有关法律、法规、规章及其他有关规定提出处理意见。

第三十一条　税务机关对各类服务投诉应限期办结。对服务言行类投诉，自受理之日起5个工作日内办结；服务质效类、其他侵害纳税人合法权益类投诉，自受理之日起10个工作日内办结。

第三十二条　属于下列情形的，税务机关应快速处理，自受理之日起3个工作日内办结。

（一）本办法第十一条第一项所规定的情形；

（二）自然人纳税人提出的个人所得税服务投诉；

（三）自然人缴费人提出的社会保险费和非税收入征缴服务投诉；

（四）涉及其他重大政策落实的服务投诉。

第三十三条　服务投诉因情况复杂不能按期办结的，经受理税务机关纳税服务部门负责人批准，可适当延长办理期限，最长不得超过10个工作日，同时向转办部门进行说明并向投诉人做好解释。

第三十四条　属于下列情形的，税务机关可即时处理：

（一）纳税人当场提出投诉，事实简单、清楚，不需要进行调查的；

（二）一定时期内集中发生的同一投诉事项且已有明确处理意见的。

第三十五条　纳税人当场投诉事实成立的，被投诉人应当立即停止或者改正被投诉的行为，并向纳税人赔礼道歉，税务机关应当视情节轻重给予被投诉人相应处理；投诉事实不成立的，处理投诉事项的税务机关工作人员应当向纳税人说明理由。

第三十六条　调查过程中发生下列情形之一的，应当终结调查，并向纳税人说明理由：

（一）投诉事实经查不属于纳税服务投诉事项的；

（二）投诉内容不具体，无法联系投诉人或者投诉人拒不配合调查，导致无法调查核实的；

（三）投诉人自行撤销投诉，经核实确实不需要进一步调查的；

（四）已经处理反馈的投诉事项，投诉人就同一事项再次投诉，没有提供新证据的；

（五）调查过程中发现不属于税务机关职责范围的。

第三十七条　税务机关根据调查核实的情况，对纳税人投诉的事项分别作出如下处理：

（一）投诉情况属实的，责令被投诉人限期改正，并视情节轻重分别给予被投诉人相应的处理；

（二）投诉情况不属实的，向投诉人说明理由。

第三十八条　税务机关应在规定时限内将处理结果以适当形式向投诉人反馈。

反馈时应告知投诉人投诉是否属实，对投诉人权益造成损害的行为是否终止或改正；不属实的投诉应说明理由。

第三十九条　投诉人对税务机关反馈的处理情况有异议的，税务机关应当决定是否开展补充调查以及是否重新作出处理结果。

第四十条　投诉人认为处理结果显失公正的，可向上级税务机关提出复核申请。上级税务机关自受理之日起，10个工作日内作出复核意见。

第四十一条　税务机关及其工作人员阻拦、限制投诉人投诉或者打击报复投诉人的，由其上级机关依法依规追究责任。

第四十二条　投诉人捏造事实、恶意投诉，或者干扰和影响正常工作秩序，对税务机关、税务人员造成负面影响的，投诉人应依法承担相应责任。

第五章　指导与监督

第四十三条　上级税务机关应当加强对下级税务机关纳税服务投诉工作的指导与监督，督促及时、规范处理。

第四十四条　各级税务机关对于办理纳税服务投诉过程中发现的有关税收制度或者行政执法中存在的普遍性问题，应当向有关部门提出合理化建议。

第四十五条　各级税务机关应当积极依托信息化手段，规范流程、强化监督，不断提高纳税服务投诉处理质效。

第六章　附　　则

第四十六条　国家税务总局各省、自治区、直辖市和计划单列市税务局可以根据本办法制定具体的实施办法。

第四十七条　本办法自2019年8月1日起施行。《国家税务总局关于修订〈纳税服务投诉管理办法〉的公告》（国家税务总局公告2015年第49号，国家税务总局公告2018年第31号修改）同时废止。

国家税务总局关于印发《税收违法案件一案双查办法（试行）》的通知

（2008年12月19日　国税发〔2008〕125号）

各省、自治区、直辖市和计划单列市国家税务局、地方税务局：

为了加强对税务机关和税务人员征收管理和执法行为的监督检查，密切税务稽查和行政监察部门的协调配合，依法依纪查处征收管理和执法中的违法违纪行为，总局制定了《税收违法案件一案双查办法(试行)》,现印发给你们,请各地结合工作实际,认真贯彻执行。执行当中的问题请及时反馈总局有关部门。

附件:《税务机关(人员)违法违纪线索转交单》(略)

税收违法案件一案双查办法(试行)

第一条 为加强对税务机关和税务人员征收管理和执法行为的监督检查,依法依纪查处征收管理和执法中的违法违纪行为,制定本办法。

第二条 本办法所称一案双查,是指在查处纳税人、扣缴义务人(以下简称纳税人)税收违法案件中,对涉案税务机关或税务人员违法违纪行为进行调查,并依照有关规定追究税务机关或税务人员的责任。

一案双查由稽查部门和监察部门按照职责分工实施。稽查部门负责检查纳税人税收违法行为,监察部门负责调查税务机关和税务人员违法违纪问题。

第三条 税务机关在下列情况下,实行一案双查:

(一)稽查部门在检查中发现税务机关或税务人员失职渎职、滥用职权、贪污受贿或者利用职权侵犯公民权利等,涉嫌违法违纪的;

(二)举报纳税人税收违法行为,同时举报税务机关或税务人员违法违纪并且问题严重,线索具体的;

(三)重大税收违法案件,税务机关认为需要实行一案双查的。

第四条 稽查部门发现税务机关或税务人员涉嫌以下违法违纪行为的事实或线索,应将有关证据和材料转交有管辖权的监察部门:

(一)与不法分子相勾结,虚开、买卖发票,骗取国家税款的;

(二)为涉案纳税人通风报信、作伪证、说情、影响案件查处的;

(三)索取、收受贿赂,利用职务之便为自己或者他人谋取利益的;

(四)经商办企业或在企业入股分红的;

(五)不履行或者不认真履行职责造成税款损失的;

(六)违法违纪和失职渎职的其他行为。

第五条 稽查人员发现税务机关或者税务人员涉嫌存在本办法第四条所列违法违纪行为的事实或线索的,应在24小时内报告本稽查局局长或者主持工作的负责人;稽查局局长或者主持工作的负责人应在三个工作日内提出同意转交或者不同意转交监察部门的意见,并将意见报告分管稽查工作的税务局领导;分管稽查工作的税务局领导应当在三个工作日内作出批准转交或者不批准转交的决定。决定批准的,应当在24小时内将有关证据和材料转交监察部门;决定不批准的,应当将不予批准的理由记录在案。

稽查人员发现税务机关或者税务人员涉嫌违法违纪行为的事实或线索涉及本部门负责人或者分管稽查工作的税务局领导的,可以直接报告上级税务机关或者监察部门。

第六条 稽查部门向监察部门转交违法违纪线索,应制作《税务机关(人员)违法违纪线索转交单》,办理交接手续。

第七条 举报纳税人税收违法行为同时举报税务机关或税务人员违法违纪问题的,一般先由稽查部门实施税务检查,检查结束后,稽查部门应当将检查结论通报监察部门。

举报纳税人税收违法行为同时举报税务机关或税务人员违法违纪问题严重,线索具体的,经分管稽查和监察工作的税务局领导批准同意,稽查部门和监察部门可组成联合检查组,同时进行调查。

第八条 监察部门在接到稽查部门转交的违法违纪问题线索后,应当及时决定是否受理,并将受理情况反馈给稽查部门。对于不属于本部门管辖范围的,应当及时转送有管辖权的部门,并告知转交线索的稽查部门。

第九条 稽查部门在实施税收检查中,发现税务机关或税务人员涉嫌违法违纪行为的事实或线索,应当妥善保存与违法违纪行为有关的证据材料。

第十条 监察部门对稽查部门转交的税务机关或税务人员违法违纪行为线索,可征求有关税收业务部门的意见,作为是否受理和调查的参考,并可提请有关部门协助收集、审查、判断或者认定证据。

第十一条 稽查部门和监察部门实施检查、调查,应按有关法律、法规和制度、规定执行。

第十二条 稽查部门、监察部门对所发现的税务机关或税务人员违法违纪的证据、线索,以及涉案纳税人的有关情况,应当遵守保密工作纪律,不得泄露、传播。

第十三条 稽查部门、监察部门违反本办法,或者有下列行为情节严重的,应当追究有关人员的责任:

(一)稽查部门发现税务机关或者税务人员涉嫌违法违纪或失职渎职行为的事实或证据,隐瞒不报,或者隐匿、销毁有关线索、证据的;

(二)监察部门接到稽查部门转交的证据、线索,无正当理由不受理的。

第十四条 税务机关其他部门在履行职责过程中,发现税务机关或税务人员有涉嫌违法违纪行为的事实或线索的,比照本办法执行。

第十五条 本办法由监察部驻国家税务总局监察局、国家税务总局稽查局负责解释。

第十六条 各省、自治区、直辖市国家税务局、地方税务局根据本办法制定具体实施办法。

第十七条 本办法自印发之日起施行。

国家税务总局关于印发《税收违法案件一案双查工作补充规定》的通知

（2015年2月4日 税总发〔2015〕20号）

各省、自治区、直辖市和计划单列市国家税务局、地方税务局，局内各单位：

现将《税收违法案件一案双查工作补充规定》印发给你们，请认真贯彻执行。各单位在开展一案双查工作中遇到的问题请及时报国家税务总局（驻总局监察局、总局稽查局）。

税收违法案件一案双查工作补充规定

《税收违法案件一案双查办法（试行）》自2008年施行以来，对及时发现并查处税务人员的违纪违法问题，规范税收征管和税收执法行为发挥了重要作用。但是，在执行中我们也发现《税收违法案件一案双查办法（试行）》存在刚性不足，操作性不强的问题。为进一步落实中央纪委关于"转职能、转方式、转作风"的工作部署，加大税收违法案件一案双查力度，现对一案双查工作补充规定（以下简称《规定》）如下：

一、本《规定》所称一案双查，是指在查处纳税人、扣缴义务人和其他涉税当事人（以下简称涉税当事人）税收违法案件中，对税务机关或者税务人员的执法行为规范性和履职行为廉洁性进行检查，对违纪违法行为依照有关规定进行调查和追究责任的活动。

一案双查由稽查部门、纪检监察部门按照职责分工实施。稽查部门负责查处涉税当事人税收违法行为，纪检监察部门负责查处税务机关和税务人员违纪违法行为。稽查部门、纪检监察部门实施检查、调查应当使用各自文书，并按照有关法律、行政法规和规章制度执行。

二、有下列情形之一的，实行一案双查：

（一）稽查部门在检查中发现税务机关或者税务人员涉嫌失职渎职、索贿受贿或者侵犯公民、法人和其他组织合法权益等行为的；

（二）重大税收违法案件存在税务机关或者税务人员涉嫌违法违纪行为的；

（三）检举涉税当事人税收违法行为，同时检举税务机关或者税务人员违纪违法行为，线索具体的；

（四）纪检监察部门认为需要实行一案双查的其他税收违法案件。

三、本《规定》所称重大税收违法案件包括：

（一）虚开增值税专用发票及其他增值税抵扣凭证、偷税、逃税、骗税、抗税达到规定数额标准的案件；

（二）上级税务机关督办的重大案件；

（三）造成重大社会影响的案件。

具体数额及金额标准由各省、自治区、直辖市和计划单列市国家税务局、地方税务局分别规定，并报监察部驻国家税务总局监察局、国家税务总局稽查局备案。

四、对重大税收违法案件，稽查部门应当在作出税务处理处罚决定后5个工作日内制作《重大税收违法案件一案双查转交单》（见附件1），连同《税务处理决定书》、《税务行政处罚决定书》（或者《税务稽查结论》）以及《税务稽查报告》、《税务稽查审理报告》，经稽查部门主要负责人批准后，通过税收管理信息系统或者其他有效途径，转交所属税务局纪检监察部门。

对稽查部门转交的重大税收违法案件，纪检监察部门应当对随案转交的相关材料进行案头分析，需要时可调阅税务稽查案卷等有关资料，认为存在税务机关或者税务人员涉嫌违纪违法行为的，应当填写《税收违法案件一案双查审批表》（见附件3），报经分管纪检监察工作的税务局领导批准后开展调查。

五、稽查部门在检查中发现税务机关或者税务人员涉嫌下列行为之一的，应当妥善保存有关证据和材料，并按规定转交所在税务局纪检监察部门：

（一）与不法分子相勾结，虚开、非法买卖发票，偷税、逃税、骗税、抗税的；

（二）为涉案当事人通风报信、提供伪证、说情，影响案件查处的；

（三）隐匿、转移、毁灭证据的；

（四）索取、收受贿赂，利用职务之便为自己或者他人谋取利益的；

（五）侵犯公民、法人和其他组织合法权益等行为的；

（六）经商办企业或者在企业入股分红，以及其他违反规定从事营利性活动的；

（七）违反税收法律、行政法规以及税收征管制度、规定、流程的；

（八）有其他违纪违法行为的。

稽查部门发现税务机关以外的国家机关或者工作人员涉嫌违反税收法律、行政法规或者其他违纪违法行为的，应当将相关证据或者线索转交纪检监察部门，由纪检监察部门依照有关规定移送有权机关处理。

六、对税务机关发函委托的协查事项，受托方税务机关或者税务人员不按照规定进行协查、反馈协查情况，或者提供虚假情况的，委托方税务机关应当将相关情况或者线索逐级上报至与受托方税务机关共同的上级税务机关，请求上级税务机关调查核实或者责令受托方上级税务机关调查核实，追究相关税务机关或者税务人员责任。

七、稽查人员在检查中发现税务机关或者税务人员涉嫌本《规定》第五条所列违纪违法行为的情况或者线索的，应当在2个工作日内逐级上报至稽查部门主要负责人；稽查部门应当在3个工作日内填写《税务机关（人员）涉嫌违纪违法问题线索转交单》（见附件2），由主要负责人签报分管稽查工作的税务局领导；分管稽查工作的税务局领导应当在3个工作日内作出是否批准转交的决定，决定批准的，应当在2个工作日内批转纪检监察部门；不批准转交的，应当签署不批准转交的理由。

八、纪检监察部门在接到稽查部门转交的问题线索后，应当在5个工作日内决定是否受理，并将受理情况反馈给稽查部门。对于不属于本部门管辖范围的，应当及时转交有管辖权的部门，并告知稽查部门。

九、纪检监察部门对稽查部门转交的问题线索，可征求有关税收业务部门的意见，作为是否调查的参考，并可提请有关部门协助收集、审查、判断或者认定证据。

十、检举涉税当事人税收违法行为同时检举税务机关或者税务人员违纪违法问题的，一般先由稽查部门实施税务检查，检查结束后，稽查部门应当将检查结果通报纪检监察部门。

检举涉税当事人税收违法行为同时检举税务机关或者税务人员违纪违法线索具体的，稽查部门和纪检监察部门可组成联合检查组，同时进行检查、调查。

十一、稽查部门在税收违法案件检查中，可以提请纪检监察部门提前介入。

纪检监察部门可以提前介入稽查部门正在查处的税收违法案件，对税务机关或者税务人员涉嫌违纪违法行为开展调查。

有证据或者线索证明税务机关或者税务人员涉嫌重大违纪违法行为的，纪检监察部门应当提前介入查处。

十二、上级纪检监察部门可以根据具体工作情况要求下级纪检监察部门开展一案双查，也可以直接或者联合同级稽查部门对下级税务机关查处的税收违法案件开展一案双查。

十三、稽查、纪检监察部门应当遵守保密工作纪律，对所发现的税务机关或者税务人员违纪违法的证据、线索，以及提供线索的稽查人员有关情况，不得泄露、传播。

税务机关应当对提供线索的稽查人员给予鼓励和保护。

十四、稽查、纪检监察部门应当建立一案双查工作沟通联系机制，互相协助、密切配合。

十五、违反《规定》，或者有下列行为之一的，应当追究有关人员的责任：

（一）稽查部门发现税务机关或者税务人员涉嫌失职渎职以及其他违纪违法行为的事实或者线索，隐瞒不报或者销毁有关证据的；

（二）纪检监察部门接到稽查部门转交的证据、线索，无正当理由不调查的；

（三）对提供线索的稽查人员打击报复的。

十六、税务机关其他部门在履行职责过程中，发现税务机关或者税务人员涉嫌违纪违法行为的情况或者线索的，比照本《规定》执行。

十七、各级税务机关应当将一案双查情况纳入工作考核的重要内容。

附件：1. 重大税收违法案件一案双查转交单（略）

2. 税务机关（人员）涉嫌违纪违法问题线索转交单（略）

3. 税收违法案件一案双查审批表（略）

税收执法过错责任追究办法

（2005年3月22日　国税发〔2005〕42号）

第一章　总　　则

第一条　为规范税收执法行为，提高税收执法水平，促进税务执法人员依法行政，维护纳税人的合法权益，根据国家相关法律、行政法规、规章制定本办法。

第二条　全国税务执法人员的执法过错责任追究，适用本办法。

第三条　本办法所称税收执法过错责任是指税务执法人员在执行职务过程中，因故意或者过失，导致税收执法行为违法应当承担的责任。

本办法所称税收执法过错责任追究是指给予税收执法过错责任人的行政处理和经济惩戒。

第四条　过错责任人员应当给予行政处分或者应当追究刑事责任的，依照其他法律、行政法规及规章的规定执行。

第五条　执法过错责任追究应当坚持公平公正公开、有错必究、过罚相当、教育与惩处相结合的原则。

第六条　执法过错责任追究应当建立统一领导、分工负责、简捷高效的工作机制。

第二章　追 究 形 式

第七条　执法过错责任的追究形式分为行政处理和经济惩戒。

行政处理包括批评教育、责令作出书面检查、通报批评、责令待岗、取消执法资格。

经济惩戒是指扣发奖金、岗位津贴。

第八条　批评教育适用于执法过错行为性质较轻，后果轻微的责任人。该处理形式应当书面记载并附卷。

第九条　责令作出书面检查适用于执法过错行为性质一般，后果较轻但是发生频率较高的责任人。

第十条　通报批评适用于执法过错行为性质一般，但可能导致较重后果或者一定社会负面影响的责任人。

第十一条　责令待岗适用于执法过错行为性质较重，可能导致严重后果或者较大社会负面影响的责任人。待岗期限为一至六个月，待岗人员需接受适当形式的培训后方可重新上岗。

第十二条　取消执法资格适用于执法过错行为性质、后果严重的责任人。取消期限为一年。被取消执法资格人员需接受适当形式的培训后方可重新取得执法资格。

第十三条　对责任人员的追究决定，由其所在的县级以上税务机关局长办公会议集体作出。批评教育和责令作出书面检查可以由本单位负责人作出。

责任人的过错行为造成的后果能够纠正的，应当责令限期纠正。能消除影响的，就及时消除影响。

第三章　追究范围和适用

第十四条　税务执法人员有下列行为之一的，应当对其进行批评教育：

(一)未对逾期办理开业税务登记行为按违法违章进行处理的；

(二)未按规定制作非正常户认定书的；

(三)未按规定审批延期申报的；

(四)未对欠税进行公告的；

(五)未对欠税进行准确核算的；

(六)未按规定办理政策性退税的；

(七)对达到立案标准的案件未按规定立案的；

(八)未按规定查办举报案件的；

(九)未按规定的时限审结案件的；

(十)未按《行政许可法》的有关规定进行公开、公告的；

(十一)其他行为性质、后果较轻的执法过错行为。

第十五条　税务执法人员有下列行为之一的，应当责令作出书面检查：

(一)延期申报未按规定核定预缴税款的；

(二)未按规定发售发票的；

(三)未按规定代开发票的；

(四)未按规定对重号发票进行重复认证的；

(五)未按规定办理注销税务登记的；

(六)未按规定受理和审批减免税申请的；

(七)未按规定受理和审批税前扣除申请的；

(八)未按规定受理和审批纳税人享受税收优惠政策资格的；

(九)未按规定回复案件协查情况的；

(十)未按规定调取、退还纳税人账簿、资料的；

(十一)案件审理确认的事实不清楚，证据不确凿，定性不准确的；

(十二)未按规定程序组织行政处罚听证的；

(十三)未按规定执行处理(罚)决定的。

第十六条　税务执法人员有下列行为之一的，应当通报批评：

(一)未按规定在防伪税控系统内设置或者修改金税卡时钟的；

(二)金税工程各系统纳税人信息的录入和变动未及时、准确的；

(三)未按规定审批延期缴纳税款的；

(四)未按规定停供发票的；

(五)未按规定缴销发票的；

(六)未按规定将销售额超过小规模标准的纳税人按增值税一般纳税人管理的；

(七)税务行政处罚未按规定履行告知程序的；

(八)未按规定实施税收保全、强制执行措施的；

(九)未按规定受理税务行政处罚听证的申请；

(十)未按规定处理(罚)涉税违法行为的；

(十一)未在规定时限内办理税务行政复议事项的；

(十二)其他性质一般，但可能导致较重后果或者一定社会负面影响的执法过错行为。

第十七条　税务执法人员有下列行为之一的，应当责令待岗：

(一)未按规定认定、取消增值税一般纳税人资格的；

(二)未按规定对金税工程各系统进行数据备份的；

(三)认证不符或者密文有误发票未及时扣留、传递的；

(四)防伪税控的企业发行不符合规定的；

(五)未按规定移送涉嫌涉税犯罪案件的；

(六)未按规定受理税务行政复议申请的；

(七)其他性质较重，可能导致严重后果或者较大社会负面影响的执法过错行为。

第十八条　税务执法人员有下列行为之一的，应当取消执法资格：

(一)混淆税款入库级次的；

(二)违规提前征收和延缓征收税款的；

(三)违规多征、少征税款的；

(四)税务行政复议的决定不合法的；

(五)其他性质、后果严重的执法过错行为。

第十九条　对按照本办法第十四条、第十五条、第十六条、第十七条、第十八条进行责任追究的税务执法人员，税务机关可以根据责任人执法过错的原因、性质和后果，同时并处经济惩戒。具体数额由各省、自治区、直辖市和计划单列市国家税务局、地方税务局规定。

第二十条　执法过错行为按照下列方法明确责任：

(一)因承办人的个人原因造成执法过错的，承担全部过错责任；承办人为两人或者两人以上的，根据过错责任大小分别承担主要责任、次要责任；

(二)承办人的过错行为经过批准的，由承办人和批准人共同承担责任，批准人承担主要责任，承办人承担次要责任。

承办人的过错行为经过审核后报经批准的，由批准人、审核人和承办人共同承担责任，审核人承担主要责任，批准人、承办人承担次要责任；

（三）因承办人弄虚作假导致批准错误的，由承办人承担全部过错责任；

（四）经复议维持的过错行为，由承办人和复议人员共同承担责任，其中复议人员承担主要责任，承办人承担次要责任；经复议撤销或者变更导致的过错行为，由复议人员承担全部责任；

（五）执法过错行为由集体研究决定的，由主要领导承担主要责任，其他责任人承担次要责任。

第二十一条 有下列情形之一的，不予追究税务执法人员的责任：

（一）因执行上级机关的答复、决定、命令、文件，导致执法过错的；

（二）有其他不予追究的情节或者行为的。

第二十二条 有下列情况之一的，行为人不承担责任：

（一）因所适用的法律、行政法规、规章的规定不明确，导致执法过错的；

（二）在集体研究中申明保留不同意见的；

（三）因不可抗力导致执法过错的；

（四）其他不承担责任的情节或行为的。

第二十三条 执法过错责任人有下列情形之一的，可以从轻或者减轻责任：

（一）主动承认过错并及时纠正错误、有效阻止危害结果发生、挽回影响的；

（二）经领导批准同意后实施，导致执法过错的；

（三）有其他从轻或者减轻的情节或者行为的。

过错行为情节显著轻微，没有造成危害后果的，可以对责任人免予追究。

第二十四条 执法过错责任人有下列情形之一的，应当从重或者加重责任，不受本办法第十四条、第十五条、第十六条、第十七条、第十八条规定的所应承担责任的限制，直至取消执法资格：

（一）同时具有本办法规定的两种以上过错行为的；

（二）同一年度内发生多起相同根据本办法应当追究执法过错行为的；

（三）转移、销毁有关证据，弄虚作假或者以其他方法阻碍、干扰执法过错责任调查、追究的；

（四）被责令限期改正而无正当理由逾期不改正的；

（五）导致国家税款流失数额较大的；

（六）导致较大社会负面影响的；

（七）导致税务行政诉讼案件终审败诉的；

（八）导致税务机关承担国家赔偿责任的。

第二十五条 各省、自治区、直辖市和计划单列市国家税务局、地方税务局可以规定对其他执法过错行为进行责任追究。

第二十六条 执法过错责任在五年内未被发现的，不再进行追究。法律、行政法规、规章另有规定的除外。

第四章 追究程序和实施

第二十七条 对执法过错行为的调查和对过错责任的初步定性由法制部门组织实施，相关部门共同参与。

对责任人员的追究决定由人事、财务、法制等职能部门分别组织实施。

第二十八条 各级税务机关的有关部门，应当将工作中通过评议考核渠道发现的执法过错行为及时提供给法制部门进行追究。

第二十九条 各级税务机关的有关部门发现的执法过错线索，应当以书面形式列明责任人及责任人所属单位、执法过错行为的基本情况，并自发现之日起三个工作日内提交本机关法制部门。

法制部门还可以通过财政、审计、新闻媒体以及其他社会各界等各种渠道发现执法过错线索。

第三十条 法制部门应当根据掌握的执法过错线索，结合具体情况初步排查；对认为需要调查的，组织有关人员进行专案执法检查。

第三十一条 法制部门根据执法检查结果，发现存在执法过错，应当追究责任的提出拟处理意见报主管负责人或者局长办公会议审议。

第三十二条 法制部门根据主管负责人或者局长办公会议的决定，应当作出以下处理：

（一）对无过错或者不予追究或者免于追究的，制作相应决定；

（二）对应当承担执法过错责任的，制作追究决定，由人事、财务、法制等部门分别实施；责令待岗和取消执法资格的，自执法过错责任人收到追究决定之日起开始执行；

（三）执法过错行为能够予以纠正的，同时责令撤销、变更或者限期改正，或者提请有权机关予以撤销、变更或者重新作出；

（四）对依法应当给予行政处分或者涉嫌刑事责任的，移交相关部门处理。

处理决定应当以书面形式送达有关单位、部门和个人。

第三十三条 被调查人不服处理决定的，可以自收到处理决定之日起10日内以书面形式向作出决定的税务机关申辩，也可以自收到处理决定之日起10日内以书面形式直接向作出处理决定的税务机关的上一级税务机关申辩。

接受申辩的税务机关应当自接到申辩材料次日起30日内作出书面答复。

申辩期间处理决定不停止执行。

第三十四条　处理决定执行后，法制部门应当将全部资料立卷、归档。

第三十五条　对发现执法过错追究线索隐瞒不报的，隐瞒事实真相、出具伪证或者毁灭证据的，拒绝提供有关资料的，拒绝就调查人员所提问题作出解释和说明的，拒不执行处理决定的，按其情节和性质比照本办法处理。

第五章　附　　则

第三十六条　各省、自治区、直辖市和计划单列市国家税务局、地方税务局可以依照本办法制定具体的实施细则，并报国家税务总局备案。

第三十七条　各省、自治区、直辖市和计划单列市国家税务局、地方税务局应当在每年二月底之前将上年度执法过错责任追究情况报国家税务总局。

第三十八条　本办法由国家税务总局负责解释。

第三十九条　本办法自下发之日起实施。2001 年 11 月 22 日下发的《税收执法过错责任追究办法（试行）》同时废止。

税收执法督察规则

（2013 年 2 月 25 日国家税务总局令第 29 号公布　根据 2018 年 6 月 15 日《国家税务总局关于修改部分税务部门规章的决定》修正）

第一章　总　　则

第一条　为了规范税收执法督察工作，促进税务机关依法行政，保证税收法律、行政法规和税收政策的贯彻实施，保护纳税人的合法权益，防范和化解税收执法风险，根据《中华人民共和国税收征收管理法》及其实施细则的有关规定，制定本规则。

第二条　各级税务机关开展税收执法督察工作，适用本规则。

第三条　本规则所称税收执法督察（以下简称执法督察），是指县以上（含县）各级税务机关对本级税务机关内设机构、直属机构、派出机构或者下级税务机关的税收执法行为实施检查和处理的行政监督。

第四条　执法督察应当服从和服务于税收中心工作，坚持依法督察，客观公正，实事求是。

第五条　被督察单位及其工作人员应当自觉接受和配合执法督察。

第二章　执法督察的组织管理

第六条　各级税务机关督察内审部门或者承担税收执法监督检查职责的部门（以下简称督察内审部门），代表本级税务机关组织开展执法督察工作，履行以下职责：

（一）依据上级税务机关执法督察工作制度和计划，制定本级税务机关执法督察工作制度和计划；

（二）组织实施执法督察，向本级税务机关提交税收执法督察报告，并制作《税收执法督察处理决定书》、《税收执法督察处理意见书》或者《税收执法督察结论书》；

（三）组织实施税务系统税收执法责任制工作，牵头推行税收执法责任制考核信息系统，实施执法疑点信息分析监控；

（四）督办执法督察所发现问题的整改和责任追究；

（五）配合外部监督部门对税务机关开展监督检查工作；

（六）向本级和上级税务机关报告执法督察工作情况；

（七）通报执法督察工作情况和执法督察结果；

（八）指导、监督和考核下级税务机关执法督察工作；

（九）其他相关工作。

第七条　执法督察实行统筹规划，归口管理。督察内审部门负责执法督察工作的具体组织、协调和落实。税务机关内部相关部门应当树立全局观念，积极参与、支持和配合执法督察工作。

各级税务机关根据工作需要，可以将执法督察与其他具有监督性质的工作协同开展。

第八条　各级税务机关应当统一安排专门的执法督察工作经费，根据年度执法督察工作计划和具体执法督察工作的开展情况，做好经费预算，并保障经费的正确合理使用。

第九条　上级税务机关对执法督察事项可以直接进行督察，也可以授权或者指定下级税务机关进行督察。

第十条　上级税务机关认为下级税务机关作出的执法督察结论不适当的，可以责成下级税务机关予以变更或者撤销，必要时也可以直接作出变更或者撤销的决定。

第十一条　各级税务机关可以采取复查、抽查等方式，对执法督察人员在执法督察工作中履行职责、遵守纪律、廉洁自律等情况进行监督检查。

第十二条　各级税务机关应当建立税收执法督察人才库，为执法督察储备人才。根据执法督察工作需要，确定执法督察人才库人员基数，实行动态管理，定期组织业务培训。下级税务机关应当向上级税务机关执法督察人才库输送人才。

第十三条　执法督察可以由督察内审部门人员独立完成，也可以抽调本级和下级税务机关税务人员实施，优先抽调执法督察人才库成员参加。相关单位和部门应当予以配合。

第三章　执法督察的内容和形式

第十四条　执法督察的内容包括：

（一）税收法律、行政法规、规章和规范性文件的执行情况；

（二）国务院和上级税务机关有关税收工作重要决策、部署的贯彻落实情况；

（三）税务机关制定或者与其他部门联合制定的涉税文

件,以及税务机关以外的单位制定的涉税文件的合法性;

(四)外部监督部门依法查处或者督查、督办的税收执法事项;

(五)上级机关交办、有关部门转办的税收执法事项;

(六)执法督察所发现问题的整改和责任追究情况;

(七)其他需要实施执法督察的税收执法事项。

第十五条 执法督察可以通过全面执法督察、重点执法督察、专项执法督察和专案执法督察等形式开展。

第十六条 全面执法督察是指税务机关对本级和下级税务机关的税收执法行为进行的广泛、系统的监督检查。

第十七条 重点执法督察是指税务机关对本级和下级税务机关某些重点方面、重点环节、重点行业的税收执法行为所进行的监督检查。

第十八条 专项执法督察是指税务机关对本级和下级税务机关某项特定内容涉及到的税收执法行为进行的监督检查。

第十九条 专案执法督察是指税务机关对上级机关交办、有关部门转办的特定税收执法事项,以及通过信访、举报、媒体等途径反映的重大税收执法问题所涉及到的本级和下级税务机关的税收执法行为进行的监督检查。

第二十条 各级税务机关应当积极运用信息化手段,对与税收执法活动有关的各类信息系统执法数据进行分析、筛选、监控和提示,为各种形式的执法督察提供线索。

第四章 执法督察实施程序

第二十一条 执法督察工作要有计划、有组织、有步骤地开展,主要包括准备、实施、处理、整改、总结等阶段,根据工作需要可以进行复查。

第二十二条 督察内审部门应当科学、合理制定年度执法督察工作计划,报本级税务机关批准后统一部署实施。

未纳入年度执法督察工作计划的专案执法督察和其他特殊情况下需要启动的执法督察,应当在实施前报本级税务机关批准。

第二十三条 实施执法督察前,督察内审部门应当根据执法督察的对象和内容,制定包括组织领导、工作要求和执法督察的时限、重点、方法、步骤等内容的执法督察方案。

第二十四条 实施执法督察的税务机关应当成立执法督察组,负责具体实施执法督察。执法督察组人员不得少于2人,并实行组长负责制。

执法督察组组长应当对执法督察的总体质量负责。当执法督察组组长对被督察单位有关税收执法事项的意见与其他组员的意见不一致时,应当在税收执法督察报告中进行说明。

第二十五条 实施执法督察的税务机关应当根据执法督察的对象和内容对执法督察组人员进行查前培训,保证执法督察效率和质量。

第二十六条 实施执法督察,应当提前3个工作日向被督察单位下发税收执法督察通知,告知执法督察的时间、内容、方式,需要准备的资料,配合工作的要求等。被督察单位应当将税收执法督察通知在本单位范围内予以公布。

专案执法督察和其他特殊情况下,可以不予提前通知和公布。

第二十七条 执法督察可以采取下列工作方式:

(一)听取被督察单位税收执法情况汇报;

(二)调阅被督察单位收发文簿、会议纪要、涉税文件、税收执法卷宗和文书,以及其他相关资料;

(三)查阅、调取与税收执法活动有关的各类信息系统电子文档和数据;

(四)与被督察单位有关人员谈话,了解有关情况;

(五)特殊情况下需要到相关纳税人和有关单位了解情况或者取证时,应当按照法律规定的权限进行,并商请主管税务机关予以配合;

(六)其他方式。

第二十八条 执法督察中,被督察单位应当及时提供相关资料,以及与税收执法活动有关的各类信息系统所有数据查询权限。被督察单位主要负责人对本单位所提供的税收执法资料的真实性和完整性负责。

第二十九条 实施执法督察应当制作《税收执法督察工作底稿》。

发现税收执法行为存在违法、违规问题的,应当收集相关证据材料,在工作底稿上写明行为的内容、时间、情节、证据的名称和出处,以及违法、违规的文件依据等,由被督察单位盖章或者由有关人员签字。拒不盖章或者拒不签字的,应当说明理由,记录在案。

收集证据材料时无法取得原件的,应当通过复印、照相、摄像、扫描、录音等手段提取或者复制有关资料,由原件保存单位或者个人在复制件上注明"与原件核对无误,原件存于我处",并由有关人员签字。原件由单位保存的,还应当由该单位盖章。

第三十条 执法督察组实施执法督察后,应当及时将发现的问题汇总,并向被督察单位反馈情况。

被督察单位或者个人可以对反馈的情况进行陈述和申辩,并提供陈述申辩的书面材料。

第三十一条 执法督察组实施执法督察后,应当起草税收执法督察报告,内容包括:

(一)执法督察的时间、内容、方法、步骤;

(二)被督察单位税收执法的基本情况;

(三)执法督察发现的具体问题,认定被督察单位存在违法、违规问题的基本事实和法律依据;

(四)对发现问题的拟处理意见;

(五)加强税收执法监督管理的建议;

（六）执法督察组认为应当报告的其他事项。

第三十二条 执法督察组实施执法督察后，应当将税收执法督察报告、工作底稿、证据材料、陈述申辩资料以及与执法督察情况有关的其他资料进行整理，提交督察内审部门。

第三十三条 督察内审部门收到税收执法督察报告和其他证据材料后，应当对以下内容进行审理：

（一）执法督察程序是否符合规定；

（二）事实是否清楚，证据是否确实充分，资料是否齐全；

（三）适用的法律、行政法规、规章、规范性文件和有关政策等是否正确；

（四）对被督察单位的评价是否准确，拟定的意见、建议等是否适当。

第三十四条 督察内审部门在审理中发现事实不清、证据不足、资料不全的，应当通知执法督察组对证据予以补正，也可以重新组织人员进行核实、检查。

第三十五条 督察内审部门在审理中对适用税收法律、行政法规和税收政策有疑义的问题，以及涉嫌违规的涉税文件，应当书面征求本级税务机关法规部门和业务主管部门意见，也可以提交本级税务机关集体研究，并做好会议记录；本级税务机关无法或者无权确定的，应当请示上级税务机关或者请有权机关解释或者确定。

第三十六条 督察内审部门根据审理结果修订税收执法督察报告，送被督察单位征求意见。被督察单位应当在15个工作日内提出书面反馈意见。在限期内未提出书面意见的，视同无异议。

督察内审部门应当对被督察单位提出的意见进行研究，对税收执法督察报告作必要修订，连同被督察单位的书面反馈意见一并报送本级税务机关审定。

第三十七条 督察内审部门根据本级税务机关审定的税收执法督察报告制作《税收执法督察处理决定书》、《税收执法督察处理意见书》或者《税收执法督察结论书》，经本级税务机关审批后下达被督察单位。

《税收执法督察处理决定书》适用于对被督察单位违反税收法律、行政法规和税收政策的行为进行处理。

《税收执法督察处理意见书》适用于对被督察单位提出自行纠正的事项和改进工作的建议。

《税收执法督察结论书》适用于对未发现违法、违规问题的被督察单位作出评价。

受本级税务机关委托，执法督察组组长可以就执法督察结果与被督察单位主要负责人或者有关人员进行谈话。

第三十八条 对违反税收法律、行政法规、规章和上级税收规范性文件的涉税文件，按下列原则作出执法督察决定：

（一）对下级税务机关制定，或者下级税务机关与其他部门联合制定的，责令停止执行，并予以纠正；

（二）对本级税务机关制定的，应当停止执行并提出修改建议；

（三）对地方政府和其他部门制定的，同级税务机关应当停止执行，向发文单位提出修改建议，并报告上级税务机关。

第三十九条 除第三十八条规定外，对其他不符合税收法律、行政法规、规章和上级税收规范性文件的税收执法行为，按下列原则作出执法督察处理决定：

（一）执法主体资格不合法的，依法予以撤销；

（二）未履行法定职责的，责令限期履行法定职责；

（三）事实不清、证据不足的，依法予以撤销，并可以责令重新作出执法行为；

（四）未正确适用法律依据的，依法予以变更或者撤销，并可以责令重新作出执法行为；

（五）严重违反法定程序的，依法予以变更或者撤销，并可以责令重新作出执法行为；

（六）超越职权或者滥用职权的，依法予以撤销；

（七）其他不符合税收法律、行政法规、规章和上级税收规范性文件的，依法予以变更或者撤销，并可以责令重新作出执法行为。

第四十条 被督察单位收到《税收执法督察处理决定书》和《税收执法督察处理意见书》后，应当在规定的期限内执行，并以书面形式向实施执法督察的税务机关报告下列执行结果：

（一）对违法、违规涉税文件的清理情况和清理结果；

（二）对违法、违规的税收执法行为予以变更、撤销和重新作出执法行为的情况；

（三）对有关责任人的责任追究情况；

（四）要求报送的其他文件和资料。

第四十一条 被督察单位对执法督察处理决定有异议的，可以在规定的期限内向实施执法督察的税务机关提出复核申请。实施执法督察的税务机关应当进行复核，并作出答复。

第四十二条 实施执法督察的税务机关应当在本单位范围内对执法督察结果和执法督察工作情况予以通报。

执法督察事项应当保密的，可以不予通报。

第四十三条 各级税务机关应当建立执法督察结果报告制度。

督察内审部门应当对执法督察所发现的问题进行归纳和分析，提出完善制度、加强管理等工作建议，向本级税务机关专题报告，并作为有关业务部门的工作参考。

发现税收政策或者税收征管制度存在问题的，各级税务机关应当及时向上级税务机关报告。

第四十四条 各级税务机关每年应当在规定时间内，向上级税务机关报送年度执法督察工作总结和报表等相关材料。

第四十五条 督察内审部门应当按照有关规定做好执法

督察工作资料的立卷和归档工作。

执法督察档案应当做到资料齐全、分类清楚，便于质证和查阅。

第五章 责任追究及奖惩

第四十六条 执法督察中发现税收执法行为存在违法、违规问题的，应当按照有关规定和管理权限，对有关负责人和直接责任人予以责任追究。

第四十七条 执法督察中发现纳税人的税收违法行为，实施执法督察的税务机关应当责令主管税务机关调查处理；情节严重的，移交稽查部门处理。

第四十八条 执法督察中，被督察单位不如实提供相关资料和查询权限，或者无正当理由拒绝、拖延、阻挠执法督察的，由实施执法督察的税务机关责令限期改正；拒不改正的，对有关负责人和直接责任人予以责任追究。

第四十九条 被督察单位未按照《税收执法督察处理决定书》和《税收执法督察处理意见书》的要求执行，由实施执法督察的税务机关责令限期改正，并对其主要负责人和有关责任人予以责任追究。

第五十条 执法督察结果及其整改落实情况应当作为各级税务机关考核的重要内容。

各级税务机关应当对执法规范、成绩突出的单位和个人给予表彰和奖励，并予以通报，同时将其先进经验进行推广。存在重大执法问题的单位、部门及其主要负责人和有关责任人，不得参加先进评选。

第五十一条 对执法督察人员在执法督察中滥用职权、徇私舞弊、玩忽职守或者违反廉政建设有关规定的，应当按照有关规定追究其责任。

第五十二条 对在执法督察工作中业绩突出的执法督察人员，各级税务机关应当给予表扬和奖励，并将其业绩作为在优秀公务员等先进评选活动中的重要依据。

第六章 附 则

第五十三条 本规则相关文书式样，由国家税务总局另行规定。

第五十四条 各省、自治区、直辖市和计划单列市税务局可以依据本规则，结合本地区的具体情况制定具体实施办法。

第五十五条 本规则自2013年4月1日起施行，《国家税务总局关于印发〈税收执法检查规则〉的通知》（国税发〔2004〕126号）同时废止。

国家税务总局关于印发《系统督查管理办法》的通知

（2016年4月5日 税总发〔2016〕47号）

各省、自治区、直辖市和计划单列市国家税务局、地方税务局，局内各单位：

为进一步做好系统督查工作，更好地推动重点工作落实，国家税务总局对2015年2月制定的《系统督查管理办法（试行）》进行了修订。现将修订后的《系统督查管理办法》印发给你们，自发布之日起施行。《国家税务总局关于印发〈系统督查管理办法（试行）〉的通知》（税总发〔2015〕19号）同时废止。

系统督查管理办法

第一章 总 则

第一条 为了规范系统督查工作，科学推进工作落实，根据中共中央办公厅、国务院办公厅有关加强督查工作的规定，结合税收工作实际，制定本办法。

第二条 本办法适用于国家税务总局组织的系统督查。

第三条 系统督查是指为保证党中央和国务院重大决策部署、税务总局重要工作安排的落实及热点难点问题的解决，采取适当方式，对下级税务机关进行督促检查。

第四条 系统督查应当坚持围绕中心、服务大局，组织安排、领导授权，实事求是、客观公正的原则。

第五条 系统督查由办公厅负责组织协调。办公厅应当在税务总局监督检查工作联席会议的统筹下，加强与督察内审、巡视、干部监督部门以及相关司局的协调，形成工作合力，避免重复交叉，减轻基层负担。

第二章 方式和流程

第六条 系统督查流程一般包括：督查立项、实施准备、实地督查、反馈意见、总结汇报、督促整改等环节。

第七条 督查立项。每年年初，各司局根据年度税收工作重点任务，向办公厅报送督查工作建议，说明需要督查的事项、对象、时间等。办公厅进行汇总，经税务总局监督检查工作联席会议统筹协调，报局领导审定后形成年度督查计划。

开展督查前，根据年度督查计划和工作推进情况，办公厅拟定督查事项、对象、时间等，报局领导批准立项。

第八条 实施准备。办公厅应当组织做好以下准备工作：

（一）拟定方案。会同相关司局制定督查方案，一般包括督查事项、依据、标准、方式、对象和时间安排等。

（二）组建督查组。会商相关司局和省税务机关，抽调人员组成若干督查组，并确定督查组组长、联络员。要充分发挥督查专员库、税务领军人才、专业人才库人员作用。

（三）开展培训。编印督查工作手册，分发全体督查人员；组织开展业务培训，讲解业务政策、督查重点、方式方法、注意事项等。

（四）下发督查通知。一般提前3个工作日向被督查单位下发督查通知（模板见附件1），告知督查事项、工作安排、督查组成员及有关要求。

（五）发布督查公告。按照督查工作要求，被督查单位应在办公楼、内外网站、办税服务厅等显著位置发布税务总局督查组公告（模板见附件2），一般包括：督查事项、对象、时间和联系方式等。

第九条　实地督查。督查中一般由2位以上督查组成员参加。督查人员要认真做好记录，填写督查工作底稿（模板见附件3），主要采取以下方式进行：

（一）听取被督查单位关于督查事项的工作汇报。

（二）召开税务干部和纳税人座谈会，围绕督查事项听取意见建议。

（三）查阅相关文件、会议纪要、税收执法卷宗和文书等资料。

（四）查询税收信息系统有关数据、文档。

（五）选择部分市、县税务机关，深入了解基层工作落实情况。

（六）走访纳税人，征求意见建议。

（七）对纳税人通过电话、邮件等途径反映的相关问题进行调查、核实。

（八）督查工作中发现被督查单位存在问题的，必要时可以约谈相关人员，进一步了解情况。

第十条　反馈意见。督查组与被督查单位交换意见，对总体情况作出评价，指出存在问题，提出对策建议，推动有关问题的解决。

第十一条　总结汇报。各督查组组长负责组织起草，形成内容详实、观点鲜明、建议明确的督查分报告（模板见附件4），办公厅根据各督查组报告汇总形成总报告。

第十二条　督促整改。针对督查发现的问题，办公厅向被督查单位分别制发整改通知（模板见附件1），明确需要整改的问题、时限及有关要求。对于普遍性问题，通知全国税务机关进行自查整改。

被督查单位按照整改通知要求，制定整改方案，并以正式公文（××税函）报税务总局办公厅；认真整改到位，并将整改报告以正式公文（××税发）报税务总局。建立整改台账（模板见附件5），坚持对账销号。

办公厅审核汇总被督查单位的整改方案、整改报告，跟踪整改情况，督促整改到位，将整改结果及时汇总报局领导。

第十三条　对部分事项，可以采取文件、电话等方式开展案头督查。

（一）立项通知。经局领导或者办公厅领导批准，下发督查通知，布置督查任务。

（二）跟踪催办。对需要落实和整改的事项，进行跟踪催办，督促被督查单位落实整改到位。

（三）情况反馈。被督查单位按要求认真整改到位，并将整改报告以正式公文（××税发）报税务总局。

（四）总结报告。对整改落实情况进行审核分析，报局领导。

第十四条　根据工作需要，采取暗访的形式开展督查。对税务机关的暗访，可以通过拍照、录音、录像等留存记录，填写督查工作底稿；必要时暗访人员可以公开身份，进一步核实有关问题。

第十五条　开展系统督查过程中，可以邀请第三方机构，对有关政策措施落实情况开展评估，或通过互联网络对落实效果进行评价。

第十六条　税务总局适时组织省税务机关开展交叉督查。承担督查任务的省税务机关按照税务总局督查方案，组建督查组对被督查单位实施督查，提交督查报告。

督查组联络员由税务总局指定。

第十七条　为确保督查发现的问题整改落实到位，对部分单位组织开展“二次督查”。督查主要内容：

（一）整改通知中指出问题的整改落实情况。

（二）整改落实长效机制建设情况。

（三）尚未整改落实的问题及原因。

（四）需要了解的其他情况。

第三章　组织管理

第十八条　督查组向税务总局负责，发现重大问题和重大线索要及时报告。督查组实行组长负责制。联络员应当做好与被督查单位、办公厅的沟通联系。

第十九条　建立督查专员库。税务总局从省税务机关甄选人员，建立综合素质高、专业能力强、结构合理、数量适度的督查专员库，并根据工作需要不定期进行人员调整。

第二十条　开展系统督查过程中，可以邀请税务新闻媒体或其他社会新闻媒体，报道督查工作开展情况，对落实情况好的单位进行宣传，对落实不力的典型情况予以曝光。

第二十一条　基层税务机关和纳税人对税务总局提出的意见建议，由办公厅转交相关司局及时研究提出处理意见，报局领导审定后予以答复。

第二十二条　督查工作结束后，督查组应及时将被督查单位的汇报材料、电话记录、电子邮件、座谈会记录、工作底稿等资料整理后报办公厅。办公厅按档案管理规定进行整理归档，不需要归档的资料保存2年。

第二十三条　办公厅编发《系统督查专报》（模板见附件6），反映税务总局督查工作开展情况和各地督查工作经验、整改落实情况。

第二十四条　办公厅采取培训交流、跟班学习、交叉督查、督查调研、绩效考评等方式,推动各地税务机关加强督查工作。

第四章　结果运用

第二十五条　对督查中发现的先进典型单位和人员、好的经验做法进行通报表扬。

第二十六条　对绩效考评排名前三位或督查发现问题少的单位,报局领导批准后在次年实行“免督查”。

第二十七条　办公厅将督查结果提交人事司,人事司将督查结果作为评先评优、干部考核和提拔任用的参考。

第二十八条　对督查发现的问题,在绩效考评中对被督查单位相应给予减分;办公厅将督查报告转交给相关司局,作为司局考评省税务机关的重要依据。

第二十九条　对督查发现的问题,由办公厅转交相关司局研究提出处理意见。涉及问责的,按照干部管理权限和程序,由相应问责主体进行问责处理。

对需要税务总局进行问责的,由驻税务总局纪检组会同相关司局进一步核实情况,提出具体问责意见,报局领导审批后实施问责;对需要省以下税务机关问责的,由省税务机关组织提出问责意见,办公厅汇总提请驻税务总局纪检组审核同意后,按程序实施问责。

第五章　工作纪律

第三十条　督查人员应当认真履行职责,客观反映督查情况,如实记录问题,公正评价被督查单位,不得放宽督查标准或者隐瞒督查发现的问题。

第三十一条　督查人员应当严格遵守中央八项规定精神,认真落实公务接待管理办法,不得违反各项廉政规定。

第三十二条　督查人员应当严格遵守保密工作纪律,不得向被督查单位泄露与督查工作有关的保密信息;对被督查单位提供的有关信息负保密责任;对反映问题的人员或单位信息保密。

第三十三条　对认真履行职责、忠于职守、坚持原则、取得显著成绩的督查组和督查人员,应给予表彰奖励。

第三十四条　督查人员对被督查单位人员或纳税人反映强烈的问题,应核实未核实、应报告未报告的,追究相关责任人的纪律责任。

对滥用职权、徇私舞弊、玩忽职守、泄漏秘密的督查人员,依照规定程序处理。

第三十五条　对拒绝督查、不配合督查、拒不提供资料或者提供虚假资料、整改落实不力或者瞒报、虚报整改情况以及报复刁难反映问题人员的,按照有关规定处理。

第六章　附　　则

第三十六条　各省、自治区、直辖市和计划单列市国家税务局、地方税务局可参照本办法,结合实际,制定本单位系统督查管理办法。

第三十七条　本办法由税务总局办公厅负责解释。

第三十八条　本办法自印发之日起施行。

附件:1. 关于×××的督查(整改)通知(模板)(略)

2. 国家税务总局督查组公告(模板)(略)

3. 督查工作底稿(模板)(略)

4. 督查报告(模板)(略)

5. 督查发现问题整改台账(模板)(略)

6. 系统督查专报(模板)(略)

偷税案件行政处罚标准(试行)

(2000 年 2 月 22 日　国税稽函〔2000〕10 号)

第一条　为了规范偷税案件行政处罚的实施,维护纳税秩序和国家利益,保护纳税人、扣缴义务人的合法权益,根据《中华人民共和国税收征收管理法》(以下简称《税收征收管理法》)及有关规定,制定本标准。

第二条　本标准规定的行政处罚,适用于调查终结并依照《税收征收管理法》及其他法律、行政法规确定为偷税的案件。

第三条　对偷税案件的行政处罚,应当根据违法的事实、性质、情节以及危害程度,依照法律、行政法规和本标准的有关规定作出决定,并坚持处罚与教育相结合的原则。

第四条　纳税人采取擅自销毁或者隐匿账簿、会计凭证的手段进行偷税的,处以偷税数额 2 倍以上 5 倍以下的罚款。

第五条　纳税人偷税有下列情形之一的,处以偷税数额 1 倍以上 3 倍以下的罚款:

(一)伪造、变造账簿、会计凭证的;

(二)不按照规定取得、开具发票的;

(三)账外经营或者利用虚假合同、协议隐瞒应税收入、项目的。

第六条　纳税人偷税有下列情形之一的,处以偷税数额 0.5 倍以上 2.5 倍以下的罚款:

(一)虚列成本费用减少应纳税所得额的;

(二)骗取减免税款或者先征后退税款等税收优惠的。

第七条　纳税人偷税有下列情形之一的,处以偷税数额 0.5 倍以上 1.5 倍以下的罚款:

(一)实现应税收入、项目不按照规定正确入账且不如实进行纳税申报的;

(二)销售收入或者视同销售的收入不按照规定计提销

项税金的；

（三）将规定不得抵扣的进项税额申报抵扣或者不按照规定从进项税额中转出的；

（四）超标准列支或者不能税前列支的项目不按照规定申报调增应纳税所得额的；

（五）境内外投资收益不按照规定申报补税的；

（六）应税收入、项目擅自从低适用税率的；

（七）减免、返还的流转税款不按照规定并入应纳税所得额的。

第八条 纳税人偷税有本标准未列举的其他情形的，处以偷税数额0.5倍以下的罚款。法律、行政法规和国家税务总局另有规定的，从其规定。

第九条 纳税人实施二种以上偷税行为的，应当根据各偷税数额依照本标准规定的相应档次分别确定处罚数额。

纳税人同一偷税行为涉及本标准规定二种以上情形的，依照较高档次确定处罚。

第十条 扣缴义务人采取偷税手段，不缴或者少缴已扣、已收税款的，依照本标准有关规定处罚。

扣缴义务人采取偷税手段，不缴或者少缴已经承诺代行支付的税款的，依照本标准有关规定处罚。

第十一条 纳税人、扣缴义务人初次实施偷税行为，但能够积极配合税务机关调查并及时补缴所偷税款及滞纳金的，应当根据其偷税手段依照本标准规定的相应档次最低限处罚。

第十二条 纳税人、扣缴义务人偷税有下列情形之一的，应当在本标准规定的相应档次以内从重处罚：

（一）因偷税被处罚又采取同样的手段进行偷税的；

（二）妨碍追查，干扰检查，拒绝提供情况，或者故意提供虚假情况，或者阻挠他人提供情况的；

（三）为逃避追缴税款、滞纳金而转移、隐匿资金、货物及其他财产的。

偷税手段特别恶劣，情节特别严重，给国家利益造成特别重大损失的，经省以上税务局稽查局批准，可以在本标准规定的相应档次以上加重处罚，但不得超过《税收征收管理法》及其他法律、行政法规规定的最高处罚限度。

第十三条 本标准自印发之日起施行。本标准印发之前尚未处理的偷税案件，适用本标准。

国家税务总局关于纳税信用修复有关事项的公告

（2019年11月7日国家税务总局公告2019年第37号公布 自2020年1月1日起施行）

为鼓励和引导纳税人增强依法诚信纳税意识，主动纠正纳税失信行为，根据《国务院办公厅关于加快推进社会信用体系建设构建以信用为基础的新型监管机制的指导意见》（国办发〔2019〕35号），现就纳税信用修复有关事项公告如下：

一、纳入纳税信用管理的企业纳税人，符合下列条件之一的，可在规定期限内向主管税务机关申请纳税信用修复。

（一）纳税人发生未按法定期限办理纳税申报、税款缴纳、资料备案等事项且已补办的。

（二）未按税务机关处理结论缴纳或者足额缴纳税款、滞纳金和罚款，未构成犯罪，纳税信用级别被直接判为D级的纳税人，在税务机关处理结论明确的期限期满后60日内足额缴纳、补缴的。

（三）纳税人履行相应法律义务并由税务机关依法解除非正常户状态的。

《纳税信用修复范围及标准》见附件1。

二、符合本公告第一条第（一）项所列条件且失信行为已纳入纳税信用评价的，纳税人可在失信行为被税务机关列入失信记录的次年年底前向主管税务机关提出信用修复申请，税务机关按照《纳税信用修复范围及标准》调整该项纳税信用评价指标分值，重新评价纳税人的纳税信用级别；符合本公告第一条第（一）项所列条件但失信行为尚未纳入纳税信用评价的，纳税人无需提出申请，税务机关按照《纳税信用修复范围及标准》调整纳税人该项纳税信用评价指标分值并进行纳税信用评价。

符合本公告第一条第（二）项、第（三）项所列条件的，纳税人可在纳税信用被直接判为D级的次年年底前向主管税务机关提出申请，税务机关根据纳税人失信行为纠正情况调整该项纳税信用评价指标的状态，重新评价纳税人的纳税信用级别，但不得评价为A级。

非正常户失信行为纳税信用修复一个纳税年度内只能申请一次。纳税年度自公历1月1日起至12月31日止。

纳税信用修复后纳税信用级别不再为D级的纳税人，其直接责任人注册登记或者负责经营的其他纳税人之前被关联为D级的，可向主管税务机关申请解除纳税信用D级关联。

三、需向主管税务机关提出纳税信用修复申请的纳税人应填报《纳税信用修复申请表》（附件2），并对纠正失信行为的真实性作出承诺。

税务机关发现纳税人虚假承诺的，撤销相应的纳税信用修复，并按照《纳税信用评价指标和评价方式（试行）调整表》（附件3）予以扣分。

四、主管税务机关自受理纳税信用修复申请之日起15个工作日内完成审核，并向纳税人反馈信用修复结果。

五、纳税信用修复完成后，纳税人按照修复后的纳税信用级别适用相应的税收政策和管理服务措施，之前已适用的税收政策和管理服务措施不作追溯调整。

六、本公告自2020年1月1日起施行。

特此公告。

附件:1. 纳税信用修复范围及标准(略)
2. 纳税信用修复申请表(略)
3. 纳税信用评价指标和评价方式(试行)调整表(略)

最高人民法院关于审理偷税抗税刑事案件具体应用法律若干问题的解释

(2002年11月4日最高人民法院审判委员会第1254次会议通过　2002年11月5日最高人民法院公告公布　自2002年11月7日起施行　法释〔2002〕33号)

为依法惩处偷税、抗税犯罪活动,根据刑法的有关规定,现就审理偷税、抗税刑事案件具体应用法律的若干问题解释如下:

第一条　纳税人实施下列行为之一,不缴或者少缴应纳税款,偷税数额占应纳税额的百分之十以上且偷税数额在一万元以上的,依照刑法第二百零一条第一款的规定定罪处罚:

(一)伪造、变造、隐匿、擅自销毁账簿、记账凭证;

(二)在账簿上多列支出或者不列、少列收入;

(三)经税务机关通知申报而拒不申报纳税;

(四)进行虚假纳税申报;

(五)缴纳税款后,以假报出口或者其他欺骗手段,骗取所缴纳的税款。

扣缴义务人实施前款行为之一,不缴或者少缴已扣、已收税款,数额在一万元以上且占应缴税额百分之十以上的,依照刑法第二百零一条第一款的规定定罪处罚。扣缴义务人书面承诺代纳税人支付税款的,应当认定扣缴义务人"已扣、已收税款"。

实施本条第一款、第二款规定的行为,偷税数额在五万元以下,纳税人或者扣缴义务人在公安机关立案侦查以前已经足额补缴应纳税款和滞纳金,犯罪情节轻微,不需要判处刑罚的,可以免予刑事处罚。

第二条　纳税人伪造、变造、隐匿、擅自销毁用于记账的发票等原始凭证的行为,应当认定为刑法第二百零一条第一款规定的伪造、变造、隐匿、擅自销毁记账凭证的行为。

具有下列情形之一的,应当认定为刑法第二百零一条第一款规定的"经税务机关通知申报":

(一)纳税人、扣缴义务人已经依法办理税务登记或者扣缴税款登记的;

(二)依法不需要办理税务登记的纳税人,经税务机关依法书面通知其申报的;

(三)尚未依法办理税务登记、扣缴税款登记的纳税人、扣缴义务人,经税务机关依法书面通知其申报的。

刑法第二百零一条第一款规定的"虚假的纳税申报",是指纳税人或者扣缴义务人向税务机关报送虚假的纳税申报表、财务报表、代扣代缴、代收代缴税款报告表或者其他纳税申报资料,如提供虚假申请,编造减税、免税、抵税、先征收后退还税款等虚假资料等。

刑法第二百零一条第三款规定的"未经处理",是指纳税人或者扣缴义务人在五年内多次实施偷税行为,但每次偷税数额均未达到刑法第二百零一条规定的构成犯罪的数额标准,且未受行政处罚的情形。

纳税人、扣缴义务人因同一偷税犯罪行为受到行政处罚,又被移送起诉的,人民法院应当依法受理。依法定罪并判处罚金的,行政罚款折抵罚金。

第三条　偷税数额,是指在确定的纳税期间,不缴或者少缴各税种税款的总额。

偷税数额占应纳税额的百分比,是指一个纳税年度中的各税种偷税总额与该纳税年度应纳税总额的比例。不按纳税年度确定纳税期的其他纳税人,偷税数额占应纳税额的百分比,按照行为人最后一次偷税行为发生之日前一年中各税种偷税总额与该年纳税总额的比例确定。纳税义务存续期间不足一个纳税年度的,偷税数额占应纳税额的百分比,按照各税种偷税总额与实际发生纳税义务期间应当缴纳税款总额的比例确定。

偷税行为跨越若干个纳税年度,只要其中一个纳税年度的偷税数额及百分比达到刑法第二百零一条第一款规定的标准,即构成偷税罪。各纳税年度的偷税数额应当累计计算,偷税百分比应当按照最高的百分比确定。

第四条　两年内因偷税受过二次行政处罚,又偷税且数额在一万元以上的,应当以偷税罪定罪处罚。

第五条　实施抗税行为具有下列情形之一的,属于刑法第二百零二条规定的"情节严重":

(一)聚众抗税的首要分子;

(二)抗税数额在十万元以上的;

(三)多次抗税的;

(四)故意伤害致人轻伤的;

(五)具有其他严重情节。

第六条　实施抗税行为致人重伤、死亡,构成故意伤害罪、故意杀人罪的,分别依照刑法第二百三十四条第二款、第二百三十二条的规定定罪处罚。

与纳税人或者扣缴义务人共同实施抗税行为的,以抗税罪的共犯依法处罚。

最高人民法院关于审理骗取出口退税刑事案件具体应用法律若干问题的解释

（2002年9月17日最高人民法院审判委员会第1241次会议通过 2002年9月17日最高人民法院公告公布 自2002年9月23日起施行 法释〔2002〕30号）

为依法惩治骗取出口退税犯罪活动，根据《中华人民共和国刑法》的有关规定，现就审理骗取出口退税刑事案件具体应用法律的若干问题解释如下：

第一条 刑法第二百零四条规定的“假报出口”，是指以虚构已税货物出口事实为目的，具有下列情形之一的行为：

（一）伪造或者签订虚假的买卖合同；

（二）以伪造、变造或者其他非法手段取得出口货物报关单、出口收汇核销单、出口货物专用缴款书等有关出口退税单据、凭证；

（三）虚开、伪造、非法购买增值税专用发票或者其他可以用于出口退税的发票；

（四）其他虚构已税货物出口事实的行为。

第二条 具有下列情形之一的，应当认定为刑法第二百零四条规定的“其他欺骗手段”：

（一）骗取出口货物退税资格的；

（二）将未纳税或者免税货物作为已税货物出口的；

（三）虽有货物出口，但虚构该出口货物的品名、数量、单价等要素，骗取未实际纳税部分出口退税款的；

（四）以其他手段骗取出口退税款的。

第三条 骗取国家出口退税款5万元以上的，为刑法第二百零四条规定的“数额较大”；骗取国家出口退税款50万元以上的，为刑法第二百零四条规定的“数额巨大”；骗取国家出口退税款250万元以上的，为刑法第二百零四条规定的“数额特别巨大”。

第四条 具有下列情形之一的，属于刑法第二百零四条规定的“其他严重情节”：

（一）造成国家税款损失30万元以上并且在第一审判决宣告前无法追回的；

（二）因骗取国家出口退税行为受过行政处罚，两年内又骗取国家出口退税款数额在30万元以上的；

（三）情节严重的其他情形。

第五条 具有下列情形之一的，属于刑法第二百零四条规定的“其他特别严重情节”：

（一）造成国家税款损失150万元以上并且在第一审判决宣告前无法追回的；

（二）因骗取国家出口退税行为受过行政处罚，两年内又骗取国家出口退税款数额在150万元以上的；

（三）情节特别严重的其他情形。

第六条 有进出口经营权的公司、企业，明知他人意欲骗取国家出口退税款，仍违反国家有关进出口经营的规定，允许他人自带客户、自带货源、自带汇票并自行报关，骗取国家出口退税款的，依照刑法第二百零四条第一款、第二百一十一条的规定定罪处罚。

第七条 实施骗取国家出口退税行为，没有实际取得出口退税款的，可以比照既遂犯从轻或者减轻处罚。

第八条 国家工作人员参与实施骗取出口退税犯罪活动的，依照刑法第二百零四条第一款的规定从重处罚。

第九条 实施骗取出口退税犯罪，同时构成虚开增值税专用发票罪等其他犯罪的，依照刑法处罚较重的规定定罪处罚。

文书范本

1. ________税务局(稽查局)
强制执行申请书

____税强申〔 〕 号

________________:

申请执行人:____________________ 地址:____________________

法定代表人:____________________ 职务:____________________

联系电话:____________________ 邮政编码:____________________

被申请执行人:____________________ 地址:____________________

法定代表人:____________________ 职务:____________________

联系电话:____________________ 邮政编码:____________________

____

____

____

____

根据____________________规定,特申请贵院强制执行。

附件:____________________

申请执行机关(签章)

年 月 日

应用指引

使用说明

1. 本申请书依据《中华人民共和国税收征收管理法》第八十八条,《中华人民共和国行政诉讼法》第六十五条第一款、第二款及《中华人民共和国行政复议法》第三十三条设置。

2. 适用范围:税务机关申请人民法院强制执行税款、滞纳金、罚款、没收违法所得时使用。

3. 本申请书抬头填写税务机关申请强制执行的人民法院的具体名称。

4. 正文第一段填写申请理由,申请理由一般包含如下内容:

(1)对税务行政处罚决定未按规定申请行政复议或者向人民法院提起行政诉讼,又不履行;

(2)已对________(《税务处理决定书》名称、字号和《税务行政处罚决定书》名称、字号)申请行政复议,但对(复议机关)______年____月____日作出的《税务行政复议决定书》(____税复〔____〕____号)逾期不起诉又不履行;

(3)已对________(《税务处理决定书》名称、字号、《税务行政处罚决定书》名称、字号、《税务行政复议决定书》名称、字号)提起行政诉讼,但不履行________人民法院________(判决书或裁定书名称、字号)的判决(裁定)。

5. "根据________规定"横线处依照不同情况填写以下内容:

(1)《中华人民共和国行政诉讼法》第六十五条第一款、第二款或者第六十六条;

(2)《中华人民共和国税收征收管理法》第八十八条;

(3)《中华人民共和国行政复议法》第三十三条。

6. "附件"根据具体情况填写《税务处理决定书》、《税务行政处罚决定书》、《税务行政复议决定书》或者人民法院判决书、裁定书的文书名称、字号。

7. 文书字轨设为"强申",稽查局使用设为"稽强申"。

8. 本申请书为A4竖式,一式二份,一份送人民法院,一份装入卷宗。

2. ________税务局(稽查局)
税务行政处罚决定书(简易)

____税简罚〔 〕 号

<table>
<tr><td>被处罚人名称</td><td colspan="3"></td></tr>
<tr><td>被处罚人证件名称</td><td></td><td>证件号码</td><td></td></tr>
<tr><td>处罚地点</td><td></td><td>处罚时间</td><td></td></tr>
<tr><td>违法事实及
处罚依据</td><td colspan="3"></td></tr>
<tr><td>缴纳方式</td><td colspan="3">□1. 当场缴纳;
□2. 限 15 日内到______________缴纳。</td></tr>
<tr><td>罚款金额</td><td colspan="3">(大写)__________ ¥ __________</td></tr>
<tr><td>告知事项</td><td colspan="3">1. 当事人应终止违法行为并予以纠正;
2. 如对本决定不服,可以自收到本决定书之日起 60 日内依法向__________申请行政复议,或者自收到本决定书之日起 6 个月内依法向人民法院起诉;
3. 到期不缴纳罚款的,税务机关可自缴款期限届满次日起每日按罚款数额的 3% 加处罚款,加处罚款的数额不超过罚款本数;
4. 对处罚决定逾期不申请行政复议也不向人民法院起诉、又不履行的,税务机关将依法采取强制执行措施或者申请人民法院强制执行。</td></tr>
<tr><td colspan="4">执法人员已告知我享有陈述、申辩权利,我陈述、申辩如下:
经办人:
年 月 日</td></tr>
<tr><td colspan="2">执法人员:
税务机关(盖章):
年 月 日</td><td colspan="2">签收情况:
经办人:
年 月 日</td></tr>
</table>

使用说明

1. 本决定书依据《中华人民共和国税收征收管理法》《中华人民共和国行政处罚法》第三十三条设置。

2. 适用范围:在对公民处以 50 元(含 50 元)以下、对法人或者其他组织处以 1000 元(含 1000 元)以下罚款,当场作出税务行政处罚时使用。

3. 填写说明:

(1)稽查局使用此文书时,应在字规中增加"稽"字,即使用"________税稽简罚〔 〕 号",以区别于本级税务局。

(2)被处罚人名称:单位被处罚的,填写单位全称;个人被处罚的,填写个人姓名。

(3)被处罚人证件名称:单位填写税务登记证件(含加载统一社会信用代码的营业执照),未办理税务登记的,填写其他合法有效证件;个人被处罚的,填写个人有效身份证件名称。

(4)证件号码:单位填写纳税人识别号(含统一社会信用代码),未办理税务登记的,填写其他合法有效证件号码;个人填写有效身份证件号码。

(5)缴纳方式:如果是当场缴纳,在"□1" 内打"√";如是指定缴纳在"□2" 处打"√",在"__________"填写缴纳地点。

(6)经办人:填写具体经办被处罚事项,能代表被处罚人陈述申辩及签收文书的人员,被处罚人是单位的,要同时加盖单位公章。

4. 本表为 A4 型竖式,一式三份,当事人一份,作出处罚决定的税务机关一份,征收部门一份。

3. 税务行政复议决定书

税复决字(　)第　号

申请人:姓名__性别__年龄__住址(法人或其他组织名称__住址__法定代表人或者主要负责人姓名____)
委托代理人:姓名____________住址____________________
被申请人:名称______________地址____________________
第三人:姓名________________住址____________________
委托代理人:姓名____________住址____________________

申请人不服______(被申请人)____年____月____日作出的______(税务具体行政行为),依法向本机关申请行政复议,我局已于____年____月____日依法已予受理。

申请人请求:______________________________。

申请人称:______________________________。

被申请人称:______________________________。

经查:____。

本机关认为:____(具体行政行为认定事实是否清楚,证据是否确凿,适用法律依据是否正确,程序是否合法,内容是否适当)。

根据《中华人民共和国行政复议法》第二十八条和____________________的规定,本机关现作出以下决定:______________________________________

申请人对本行政复议决定不服,可以在收到本复议决定书之日起十五日内向人民法院提起行政诉讼。

行政复议专用章或者行政复议机关印章
年　　月　　日

(四)税收协定

非居民纳税人享受协定待遇管理办法

(2019年10月14日国家税务总局公告2019年第35号公布　自2020年1月1日起施行)

第一章　总则

第一条　为执行中华人民共和国政府签署的避免双重征税协定(以下简称"税收协定")和国际运输协定税收条款,规范非居民纳税人享受协定待遇管理,根据《中华人民共和国企业所得税法》(以下简称"企业所得税法")及其实施条例、《中华人民共和国个人所得税法》及其实施条例、《中华人民共和国税收征收管理法》(以下简称"税收征管法")及其实施细则(以下统称"国内税收法律规定")的有关规定,制定本办法。

第二条　在中国境内发生纳税义务的非居民纳税人需要享受协定待遇的,适用本办法。

第三条　非居民纳税人享受协定待遇,采取"自行判断、申报享受、相关资料留存备查"的方式办理。非居民纳税人自行判断符合享受协定待遇条件的,可在纳税申报时,或通过扣缴义务人在扣缴申报时,自行享受协定待遇,同时按照本办法的规定归集和留存相关资料备查,并接受税务机关后续管理。

第四条　本办法所称非居民纳税人,是指按照税收协定居民条款规定应为缔约对方税收居民的纳税人。

本办法所称协定包括税收协定和国际运输协定。国际运输协定包括中华人民共和国政府签署的航空协定、海运协定、道路运输协定、汽车运输协定、互免国际运输收入税收协议或换函以及其他关于国际运输的协定。

本办法所称协定待遇,是指按照协定可以减轻或者免除按照国内税收法律规定应当履行的企业所得税、个人所得税纳税义务。

本办法所称扣缴义务人,是指按国内税收法律规定,对非居民纳税人来源于中国境内的所得负有扣缴税款义务的单位或个人,包括法定扣缴义务人和企业所得税法规定的指定扣缴义务人。

本办法所称主管税务机关,是指按国内税收法律规定,对非居民纳税人在中国的纳税义务负有征管职责的税务机关。

第二章　协定适用和纳税申报

第五条　非居民纳税人自行申报的,自行判断符合享受协定待遇条件且需要享受协定待遇,应在申报时报送《非居民纳税人享受协定待遇信息报告表》(见附件),并按照本办法

第七条的规定归集和留存相关资料备查。

第六条 在源泉扣缴和指定扣缴情况下，非居民纳税人自行判断符合享受协定待遇条件且需要享受协定待遇的，应当如实填写《非居民纳税人享受协定待遇信息报告表》，主动提交给扣缴义务人，并按照本办法第七条的规定归集和留存相关资料备查。

扣缴义务人收到《非居民纳税人享受协定待遇信息报告表》后，确认非居民纳税人填报信息完整的，依国内税收法律规定和协定规定扣缴，并如实将《非居民纳税人享受协定待遇信息报告表》作为扣缴申报的附表报送主管税务机关。

非居民纳税人未主动提交《非居民纳税人享受协定待遇信息报告表》给扣缴义务人或填报信息不完整的，扣缴义务人依国内税收法律规定扣缴。

第七条 本办法所称留存备查资料包括：

（一）由协定缔约对方税务主管当局开具的证明非居民纳税人取得所得的当年度或上一年度税收居民身份的税收居民身份证明；享受税收协定国际运输条款或国际运输协定待遇的，可用能够证明符合协定规定身份的证明代替税收居民身份证明；

（二）与取得相关所得有关的合同、协议、董事会或股东会决议、支付凭证等权属证明资料；

（三）享受股息、利息、特许权使用费条款协定待遇的，应留存证明"受益所有人"身份的相关资料；

（四）非居民纳税人认为能够证明其符合享受协定待遇条件的其他资料。

第八条 非居民纳税人对《非居民纳税人享受协定待遇信息报告表》填报信息和留存备查资料的真实性、准确性、合法性承担法律责任。

第九条 非居民纳税人发现不应享受而享受了协定待遇，并少缴或未缴税款的，应当主动向主管税务机关申报补税。

第十条 非居民纳税人可享受但未享受协定待遇而多缴税款的，可在税收征管法规定期限内自行或通过扣缴义务人向主管税务机关要求退还多缴税款，同时提交本办法第七条规定的资料。

主管税务机关应当自接到非居民纳税人或扣缴义务人退还多缴税款申请之日起30日内查实，对符合享受协定待遇条件的多缴税款办理退还手续。

第十一条 非居民纳税人享受协定待遇留存备查资料应按照税收征管法及其实施细则规定的期限保存。

第三章 税务机关后续管理

第十二条 各级税务机关应当对非居民纳税人享受协定待遇开展后续管理，准确执行协定，防范协定滥用和逃避税风险。

第十三条 主管税务机关在后续管理时，可要求非居民纳税人限期提供留存备查资料。

主管税务机关在后续管理或税款退还查实工作过程中，发现依据本办法第七条规定的资料不足以证明非居民纳税人符合享受协定待遇条件，或非居民纳税人存在逃避税嫌疑的，可要求非居民纳税人或扣缴义务人限期提供相关资料并配合调查。

第十四条 本办法规定的资料原件为外文文本的，按照主管税务机关要求提供时，应当附送中文译本，并对中文译本的准确性和完整性负责。

非居民纳税人、扣缴义务人可以向主管税务机关提供资料复印件，但是应当在复印件上标注原件存放处，加盖报告责任人印章或签章。主管税务机关要求报验原件的，应报验原件。

第十五条 非居民纳税人、扣缴义务人应配合主管税务机关进行非居民纳税人享受协定待遇的后续管理与调查。非居民纳税人、扣缴义务人均未按照税务机关要求提供相关资料，或逃避、拒绝、阻挠税务机关进行后续调查，主管税务机关无法查实其是否符合享受协定待遇条件的，应视为不符合享受协定待遇条件。

第十六条 非居民纳税人不符合享受协定待遇条件而享受了协定待遇且未缴或少缴税款的，除因扣缴义务人未按本办法第六条规定扣缴申报外，视为非居民纳税人未按照规定申报缴纳税款，主管税务机关依法追缴税款并追究非居民纳税人延迟纳税责任。在扣缴情况下，税款延迟缴纳期限自扣缴申报享受协定待遇之日起计算。

第十七条 扣缴义务人未按本办法第六条规定扣缴申报，或者未按本办法第十三条规定提供相关资料，发生不符合享受协定待遇条件的非居民纳税人享受协定待遇且未缴或少缴税款情形的，主管税务机关依据有关规定追究扣缴义务人责任，并责令非居民纳税人限期缴纳税款。

第十八条 依据企业所得税法第三十九条规定，非居民纳税人未依法缴纳税款的，主管税务机关可以从该非居民纳税人在中国境内其他收入项目的支付人应付的款项中，追缴该非居民纳税人的应纳税款。

第十九条 主管税务机关在后续管理或税款退还查实工作过程中，发现不能准确判定非居民纳税人是否可以享受协定待遇的，应当向上级税务机关报告；需要启动相互协商或情报交换程序的，按有关规定启动相应程序。

第二十条 本办法第十条所述查实时间不包括非居民纳税人或扣缴义务人补充提供资料、个案请示、相互协商、情报交换的时间。税务机关因上述原因延长查实时间的，应书面通知退税申请人相关决定及理由。

第二十一条 主管税务机关在后续管理过程中，发现需要适用税收协定主要目的测试条款或国内税收法律规定中的一般反避税规则的，适用一般反避税相关规定。

第二十二条　主管税务机关应当对非居民纳税人不当享受协定待遇情况建立信用档案，并采取相应后续管理措施。

第四章　附　　则

第二十三条　协定与本办法规定不同的，按协定执行。

第二十四条　非居民纳税人需要享受内地与香港、澳门特别行政区签署的避免双重征税安排待遇的，按照本公告执行。

第二十五条　本办法自2020年1月1日起施行。《非居民纳税人享受税收协定待遇管理办法》（国家税务总局公告2015年第60号发布，国家税务总局公告2018年第31号修改）同时废止。

附件（略）

（五）其　他

抵税财物拍卖、变卖试行办法

（2005年5月24日国家税务总局令第12号公布　自2005年7月1日起施行）

第一章　总　　则

第一条　为规范税收强制执行中抵税财物的拍卖、变卖行为，保障国家税收收入，保护纳税人合法权益，根据《中华人民共和国税收征收管理法》及其实施细则和有关法律法规规定，制定本办法。

第二条　税务机关拍卖、变卖抵税财物，以拍卖、变卖所得抵缴税款、滞纳金的行为，适用本办法。

拍卖是指税务机关将抵税财物依法委托拍卖机构，以公开竞价的形式，将特定财物转让给最高应价者的买卖方式。

变卖是指税务机关将抵税财物委托商业企业代为销售、责令纳税人限期处理或由税务机关变价处理的买卖方式。

抵税财物，是指被税务机关依法实施税收强制执行而扣押、查封或者按照规定应强制执行的已设置纳税担保物权的商品、货物、其他财产或者财产权利。

被执行人是指从事生产经营的纳税人、扣缴义务人或者纳税担保人等税务行政相对人。

第三条　拍卖或者变卖抵税财物应依法进行，并遵循公开、公正、公平、效率的原则。

第四条　有下列情形之一的，税务机关依法进行拍卖、变卖：

（一）采取税收保全措施后，限期期满仍未缴纳税款的；

（二）设置纳税担保后，限期期满仍未缴纳所担保的税款的；

（三）逾期不按规定履行税务处理决定的；

（四）逾期不按规定履行复议决定的；

（五）逾期不按规定履行税务行政处罚决定的；

（六）其他经责令限期缴纳，逾期仍未缴纳税款的；

对前款（三）至（六）项情形进行强制执行时，在拍卖、变卖之前（或同时）进行扣押、查封，办理扣押、查封手续。

第五条　税务机关按照拍卖优先的原则确定抵税财物拍卖、变卖的顺序：

（一）委托依法成立的拍卖机构拍卖；

（二）无法委托拍卖或者不适于拍卖的，可以委托当地商业企业代为销售，或者责令被执行人限期处理；

（三）无法委托商业企业销售，被执行人也无法处理的，由税务机关变价处理。

国家禁止自由买卖的商品、货物、其他财产，应当交由有关单位按照国家规定的价格收购。

第六条　税务机关拍卖变卖抵税财物时按下列程序进行：

（一）制作拍卖（变卖）抵税财物决定书，经县以上税务局（分局）局长批准后，对被执行人下达拍卖（变卖）抵税财物决定书。

依照法律法规规定需要经过审批才能转让的物品或财产权利，在拍卖、变卖前，应当依法办理审批手续。

（二）查实需要拍卖或者变卖的商品、货物或者其他财产。在拍卖或者变卖前，应当审查所扣押商品、货物、财产专用收据和所查封商品、货物、财产清单，查实被执行人与抵税财物的权利关系，核对盘点需要拍卖或者变卖的商品、货物或者其他财产是否与收据或清单一致。

（三）按照本办法规定的顺序和程序，委托拍卖、变卖，填写拍卖（变卖）财产清单，与拍卖机构签订委托拍卖合同，与受委托的商业企业签订委托变卖合同，对被执行人下达税务事项通知书，并按规定结算价款。

（四）以拍卖、变卖所得支付应由被执行人依法承担的扣押、查封、保管以及拍卖、变卖过程中的费用。

（五）拍卖、变卖所得支付有关费用后抵缴未缴的税款、滞纳金，并按规定抵缴罚款。

（六）拍卖、变卖所得支付扣押、查封、保管、拍卖、变卖等费用并抵缴税款、滞纳金后，剩余部分应当在3个工作日内退还被执行人。

（七）税务机关应当通知被执行人将拍卖、变卖全部收入计入当期销售收入额并在当期申报缴纳各种应纳税款。

拍卖、变卖所得不足抵缴税款、滞纳金的，税务机关应当继续追缴。

第七条　拍卖、变卖抵税财物，由县以上税务局（分局）组织进行。变卖鲜活、易腐烂变质或者易失效的商品、货物时，经县以上税务局（分局）局长批准，可由县以下税务机关进行。

第八条　拍卖、变卖抵税财物进行时，应当通知被执行人到场；被执行人未到场的，不影响执行。

第九条　税务机关及其工作人员不得参与被拍卖或者变

卖商品、货物或者其他财产的竞买或收购，也不得委托他人为其竞买或收购。

第二章 拍 卖

第十条 拍卖由财产所在地的省、自治区、直辖市的人民政府和设区的市的人民政府指定的拍卖机构进行拍卖。

第十一条 抵税财物除有市场价或其价格依照通常方法可以确定的外，应当委托依法设立并具有相应资质的评估鉴定机构进行质量鉴定和价格评估，并将鉴定、评估结果通知被执行人。

拍卖抵税财物应当确定保留价，由税务机关与被执行人协商确定，协商不成的，由税务机关参照市场价、出厂价或者评估价确定。

第十二条 委托拍卖的文物，在拍卖前，应当经文物行政管理部门依法鉴定、许可。

第十三条 被执行人应当向税务机关说明商品、货物或其他财产的瑕疵，税务机关应当向拍卖机构说明拍卖标的的来源和了解到的瑕疵。

第十四条 拍卖机构接受委托后，未经委托拍卖的税务机关同意，不得委托其他拍卖机构拍卖。

第十五条 税务机关应当在作出拍卖决定后10日内委托拍卖。

第十六条 税务机关应当向拍卖机构提供下列材料：

（一）税务机关单位证明及委托拍卖的授权委托书；

（二）拍卖（变卖）抵税财物决定书；

（三）拍卖（变卖）财产清单；

（四）抵税财物质量鉴定与价格评估结果；

（五）与拍卖活动有关的其他资料。

第十七条 税务机关应当与拍卖机构签订书面委托拍卖合同。委托拍卖合同应载明以下内容：

（一）税务机关及拍卖机构的名称、住所、法定代表人姓名；

（二）拍卖标的的名称、规格、数量、质量、存放地或者坐落地、新旧程度或者使用年限等；

（三）拍卖的时间、地点，拍卖标的交付或转移的时间、方式，拍卖公告的方式及其费用的承担；

（四）拍卖价款结算方式及价款给付期限；

（五）佣金标准及其支付的方式、期限；

（六）违约责任；

（七）双方约定的其他事项。

第十八条 拍卖一次流拍后，税务机关经与被执行人协商同意，可以将抵税财物进行变卖；被执行人不同意变卖的，应当进行第二次拍卖。不动产和文物应当进行第二次拍卖。

第二次拍卖仍然流拍的，税务机关应当将抵税财物进行变卖，以抵缴税款、滞纳金或罚款。

经过流拍再次拍卖的，保留价应当不低于前次拍卖保留价的2/3。

第十九条 税务机关可以自行办理委托拍卖手续，也可以由其上级税务机关代为办理拍卖手续。

第三章 变 卖

第二十条 下列抵税财物为无法委托拍卖或者不适于拍卖，可以交由当地商业企业代为销售或责令被执行人限期处理，进行变卖：

（一）鲜活、易腐烂变质或者易失效的商品、货物；

（二）经拍卖程序一次或二次流拍的抵税财物；

（三）拍卖机构不接受拍卖的抵税财物。

第二十一条 变卖抵税财物的价格，应当参照同类商品的市场价、出厂价遵循公平、合理、合法的原则确定。税务机关应当与被执行人协商是否需要请评估机构进行价格评估，被执行人认为需要的，税务机关应当委托评估机构进行评估，按照评估价确定变卖价格。

对有政府定价的商品、货物或者其他财产，由政府价格主管部门，按照定价权限和范围确定价格。对实行政府指导价的商品、货物或者其他财产，按照定价权限和范围规定的基准价及其浮动幅度确定。

经拍卖流拍的抵税财物，其变卖价格应当不低于最后一次拍卖保留价的2/3。

第二十二条 委托商业企业变卖的，受委托的商业企业要经县以上税务机关确认，并与商业企业签订委托变卖合同，按本办法第二十一条规定的核价方式约定变卖价格。委托变卖合同应载明下列内容：

（一）税务机关及商业企业的名称、地址、法定代表人姓名；

（二）变卖商品、货物或其他财产的名称、规格、数量、质量、存放地或坐落地、新旧程度或使用年限等；

（三）变卖商品、货物或其他财产的时间、地点及其费用的承担；

（四）变卖价款结算方式及价款给付期限；

（五）违约责任；

（六）双方约定的其他事项。

第二十三条 抵税财物委托商业企业代为销售15日后，无法实现销售的，税务机关应当第二次核定价格，由商业企业继续销售，第二次核定的价格应当不低于首次核定价格的2/3。

第二十四条 无法委托商业企业销售，被执行人也无法处理的，税务机关应当进行变价处理。

有下列情形之一的，属于无法委托商业企业代为销售：

（一）税务机关与两家（含两家）以上商业企业联系协商，不能达成委托销售的；

（二）经税务机关在新闻媒体上征求代售单位，自征求公告发出之日起10日内无应征单位或个人，或应征之后未达成代售协议的；

（三）已达成代售协议的商业企业在经第二次核定价格15日内仍无法售出税务机关委托代售的商品、货物或其他财产的。

被执行人无法处理，包括拒绝处理、逾期不处理等情形。

第二十五条 税务机关变价处理时，按照本办法第二十一条规定的原则以不低于前两种变卖方式定价的2/3确定价格。

税务机关实施变卖前，应当在办税服务厅、税务机关网站或当地新闻媒体上公告，说明变卖财物的名称、规格、数量、质量、新旧程度或使用年限、变卖价格、变卖时间等事项；登出公告10日后实施变卖。

税务机关实施变卖10日后仍没有实现变卖的，税务机关可以重新核定价格，再次发布变卖公告，组织变卖。再次核定的价格不得低于首次定价的2/3。

经过二次定价变卖仍未实现变卖的，以市场可接受的价格进行变卖。

第四章 税款的实现和费用的支付

第二十六条 以拍卖、变卖收入抵缴未缴的税款、滞纳金和支付相关费用时按照下列顺序进行：

（一）拍卖、变卖费用。由被执行人承担拍卖变卖所发生的费用，包括扣押、查封活动中和拍卖或者变卖活动中发生的依法应由被执行人承担的费用，具体为：保管费、仓储费、运杂费、评估费、鉴定费、拍卖公告费、支付给变卖企业的手续费以及其他依法应由被执行人承担的费用。

拍卖物品的买受人未按照约定领受拍卖物品的，由买受人支付自应领受拍卖财物之日起的保管费用。

（二）未缴的税款、滞纳金。

（三）罚款。下列情况可以用拍卖、变卖收入抵缴罚款：

1. 被执行人主动用拍卖、变卖收入抵缴罚款的；

2. 对价值超过应纳税额且不可分割的商品、货物或者其他财产进行整体扣押、查封、拍卖，以拍卖收入抵缴未缴的税款、滞纳金时，连同罚款一并抵缴；

3. 从事生产经营的被执行人对税务机关的处罚决定逾期不申请行政复议也不向人民法院起诉、又不履行的，作出处罚决定的税务机关可以强制执行，抵缴罚款。

第二十七条 拍卖或者变卖实现后，税务机关在结算并收取价款后3个工作日内，办理税款、滞纳金或者罚款的入库手续。

第二十八条 拍卖或者变卖收入抵缴税款、滞纳金、罚款后有余额的，税务机关应当自办理入库手续之日起3个工作日内退还被执行人，并通知被执行人将拍卖、变卖全部收入记入当期销售收入额并在当期申报缴纳各种税款。

第二十九条 拍卖变卖结束后，税务机关制作拍卖、变卖结果通知书、拍卖、变卖扣押、查封的商品、货物、财产清单一式两份，一份税务机关留存，一份交被执行人。

第三十条 被执行人在拍卖、变卖成交前缴清了税款、滞纳金的，税务机关应当终止拍卖或者变卖活动，税务机关将商品、货物或其他财产退还被执行人，扣押、查封、保管以及拍卖或者变卖已经产生的费用由被执行人承担。

被执行人拒不承担上述相关费用的，继续进行拍卖或者变卖，以拍卖、变卖收入扣除被执行人应承担的扣押、查封、保管、拍卖或者变卖费用后，剩余部分税务机关在3个工作日内返还被执行人。

第三十一条 对抵税财物经鉴定、评估为不能或不适于进行拍卖、变卖的，税务机关应当终止拍卖、变卖，并将抵税财物返还被执行人。

对抵税财物经拍卖、变卖程序而无法完成拍卖、变卖实现变价抵税的，税务机关应当将抵税财物返还被执行人。

抵税财物无法或不能返还被执行人的，税务机关应当经专门鉴定机构或公证部门鉴定或公证，报废抵税财物。

被执行人应缴纳的税款、滞纳金和应支付的费用，由税务机关采取其他措施继续追缴。

第五章 法律责任

第三十二条 拍卖、变卖过程中，严禁向被执行人摊派、索取任何不合法费用。税务人员在拍卖、变卖过程中，向被执行人摊派、索取不合法费用的，依法给予行政处分；税务机关及其工作人员参与被拍卖或者变卖商品、货物或者其他财产的竞买或收购，或者委托他人竞买或收购，依法给予行政处分。

第三十三条 税务人员有不依法对抵税财物进行拍卖或者变卖，或者擅自将应该拍卖的改为变卖的，在变卖过程中擅自将应该委托商业企业变卖、责令被执行人自行处理的由税务机关直接变价处理的行为，依法给予行政处分；给被执行人造成损失的，由批准拍卖或者变卖的税务机关赔偿其直接损失。

税务机关可向直接责任人追偿部分或全部直接损失。对有故意或重大过失的责任人员依法给予行政处分。

第三十四条 因税务机关违法对扣押、查封的商品、货物、或者其他财产造成损失的，由造成损失的税务机关负责赔偿直接损失，并可向直接责任人追偿部分或全部直接损失。

第三十五条 受税务机关委托的拍卖机构或商业企业违反拍卖合同或变卖合同的约定进行拍卖或变卖的，依照合同的约定承担违约责任；合同无约定的，依照法律的规定承担违约责任；其行为构成违法的，依法承担法律责任。

第三十六条 抵税财物在被查封、扣押前，已经设置担保物权而被执行人隐瞒的，或者疵、质量问题而被执行人隐瞒的，由被执行人承担扣押、查封、拍卖、变卖活动产生的费用，并依法承担法律责任。

第六章　附　　则

第三十七条　税务机关追缴从事生产经营的纳税人骗取国家出口退税的，适用本办法规定。

第三十八条　税收强制执行拍卖、变卖文书由国家税务总局统一制定。

第三十九条　本办法自2005年7月1日起施行。

附件：1. 拍卖/变卖抵税财物决定书

2. 拍卖/变卖结果通知书

3. 拍卖/变卖商品、货物或者其他财产清单

4. 返还商品、货物或者其他财产通知书

5. 返还商品、货物或者其他财产清单

附件1：

__________税务局（稽查局）

拍卖/变卖抵税财物决定书

税拍（变）〔　　〕号

__________：

根据《中华人民共和国税收征收管理法》__________规定，经__________税务局（分局）局长批准，决定将《税收强制执行决定书》（税强〔　　〕号）所采取税收强制执行的财产依法予以拍卖（变卖），以拍卖（变卖）所得抵缴__________。

如对本决定不服，可自本决定送达之日起六十日内依法向申请行政复议或者自本决定送达之日起三个月内依法向人民法院起诉。

税务机关（章）

年　　月　　日

附件2：

__________税务局（稽查局）

拍卖/变卖结果通知书

税拍通〔　　〕号

__________：

根据《中华人民共和国税收征收管理法》__________规定，我局按《税收强制执行决定书（拍卖/变卖适用）》（__________税强拍〔　　〕号）已将《查封/扣押商品、货物或者其他财产清单/专用收据》所列的查封（扣押）商品、货物或者其他财产予以拍卖（变卖），拍卖（变卖）款项处理情况如下：

相关费用：　　　　元

抵缴税款：　　　　元

抵缴滞纳金：　　　元

抵缴罚款：　　　　元

抵缴没收违法所得：　元

以上合计：　　　　元

经上述处理，你（单位）仍欠税款、滞纳金、罚款、没收违法所得（应退拍卖款）共计__________元。请你（单位）携带本通知书前来我局领取已完税凭证。

限你（单位）于　　年　　月　　日前补缴欠缴的税款、滞纳金、罚款；逾期不缴，将依照《中华人民共和国税收征收管理法》第四十条规定强制执行。

（请你（单位）前来办理应退拍卖款事宜。）

附件：1. 拍卖（变卖）、收购合同；

2. 拍卖（变卖）商品、货物或者其他财产清单；

3. 相关费用凭证复印件。

税务机关（章）

年　　月　　日

使用说明

1. 本通知书依据《中华人民共和国税收征收管理法》第三十七条、第三十八条、第四十条、第五十五条、第八十八条和《中华人民共和国拍卖法》第九条设置。

2. 适用范围:税务机关已拍卖(变卖)查封、扣押的纳税人的商品、货物或者其他财产,将结果通知纳税人时使用。

3. 本通知书中"相关费用"是指《中华人民共和国税收征收管理法实施细则》第六十四条规定所称的扣押、查封、保管、拍卖、变卖等费用。

4. 本通知书附件中"《拍卖(变卖)商品、货物或者其他财产清单》"是指拍卖(变卖)单位出具的拍卖(变卖)商品、货物或者其他财产清单或者复印件。

5. 本通知书与《税务文书送达回证》一并使用。

6. 文书字轨设为"拍通",稽查局使用设为"稽拍通"。

7. 本通知书为 A4 竖式,一式二份,一份送纳税人,一份装入卷宗。

附件 3:

拍卖/变卖商品、货物或者其他财产清单

商品,货物或者其他财产品名称	单价	数量	单价	金额	备注
合计					
人民币(大写)					

税务机关(章): 拍卖(变卖)、收购单位:(章)

拍卖(变卖)、收购单位经手人:

年 月 日

使用说明

1. 本清单依据《中华人民共和国税收征管法》设置。
2. 适用范围:税务机关拍卖(变卖)商品、货物或者其他财产时使用。
3. 本清单作为《拍卖(变卖)商品、货物或者其他财产结果通知书》的附件。
4. 拍卖(变卖)人、收购单位、买受人、收购人不止一个时,应根据不同的对象分别填写清单。
5. 本清单为 A4 竖式,一式三份,一份送被执行人,一份送拍卖(变卖)、收购单位,一份装入卷宗。

附件4：

____税务局(稽查局)
返还商品、货物或者其他财产通知书

税返字〔　　〕号

__________：

鉴于____________________________现决定返还你单位被扣押、查封的商品、货物、其他财产，请于　　年　　月　　日前，携下列有关材料，到__________税务局(稽查局)办理返还手续。

附应携带的材料：

税务机关(章)

年　　月　　日

使用说明

1. 本通知书依据《中华人民共和国税收征收管理法》及《中华人民共和国税收征收管理法实施细则》设置。
2. 适用范围：用于向纳税人、纳税担保人返还被税务机关扣押、查封的商品、货物、其他财产时使用。
3. “鉴于　　　　”栏按照以下情况分别填写：

(1)在税收保全措施期间，已经依法缴纳了税款、滞纳金；

(2)在拍卖、变卖被扣押、查封的商品、货物、其他财产前，已经依法缴纳了税款、滞纳金；

(3)用于提供纳税担保的财产所担保的税款、滞纳金已经依法缴纳。

(4)在拍卖变卖结束后，有剩余的财产或无法进行拍卖变卖的财产，依法返还。

附件5：

返还商品、货物或者其他财产清单

商品，货物或者其他财产品名称	单价	数量	单价	金额	备注
合计					
人民币(大写)					

税务机关(章)：　　　　　　被返还财物单位：(章)

经办人：

负责人：　　　　　　　　　被返还财物单位经手人：

年　　月　　日

个体工商户建账管理暂行办法

（2006 年 12 月 15 日国家税务总局令第 17 号发布　根据 2018 年 6 月 15 日《国家税务总局关于修改部分税务部门规章的决定》修正）

第一条　为了规范和加强个体工商户税收征收管理，促进个体工商户加强经济核算，根据《中华人民共和国税收征收管理法》（以下简称税收征管法）及其实施细则和《国务院关于批转国家税务总局加强个体私营经济税收征管强化查账征收工作意见的通知》，制定本办法。

第二条　凡从事生产、经营并有固定生产、经营场所的个体工商户，都应当按照法律、行政法规和本办法的规定设置、使用和保管账簿及凭证，并根据合法、有效凭证记账核算。

税务机关应同时采取有效措施，巩固已有建账成果，积极引导个体工商户建立健全账簿，正确进行核算，如实申报纳税。

第三条　符合下列情形之一的个体工商户，应当设置复式账：

（一）注册资金在 20 万元以上的。

（二）销售增值税应税劳务的纳税人或营业税纳税人月销售（营业）额在 40000 元以上；从事货物生产的增值税纳税人月销售额在 60000 元以上；从事货物批发或零售的增值税纳税人月销售额在 80000 元以上的。

（三）省税务机关确定应设置复式账的其他情形。

第四条　符合下列情形之一的个体工商户，应当设置简易账，并积极创造条件设置复式账：

（一）注册资金在 10 万元以上 20 万元以下的。

（二）销售增值税应税劳务的纳税人或营业税纳税人月销售（营业）额在 15000 元至 40000 元；从事货物生产的增值税纳税人月销售额在 30000 元至 60000 元；从事货物批发或零售的增值税纳税人月销售额在 40000 元至 80000 元的。

（三）省税务机关确定应当设置简易账的其他情形。

第五条　上述所称纳税人月销售额或月营业额，是指个体工商户上一个纳税年度月平均销售额或营业额；新办的个体工商户为业户预估的当年度经营期月平均销售额或营业额。

第六条　达不到上述建账标准的个体工商户，经县以上税务机关批准，可按照税收征管法的规定，建立收支凭证粘贴簿、进货销货登记簿或者使用税控装置。

第七条　达到建账标准的个体工商户，应当根据自身生产、经营情况和本办法规定的设置账簿条件，对照选择设置复式账或简易账，并报主管税务机关备案。账簿方式一经确定，在一个纳税年度内不得进行变更。

第八条　达到建账标准的个体工商户，应当自领取营业执照或者发生纳税义务之日起 15 日内，按照法律、行政法规和本办法的有关规定设置账簿并办理账务，不得伪造、变造或者擅自损毁账簿、记账凭证、完税凭证和其他有关资料。

第九条　设置复式账的个体工商户应按《个体工商户会计制度（试行）》的规定设置总分类账、明细分类账、日记账等，进行财务会计核算，如实记载财务收支情况。成本、费用列支和其他财务核算规定按照《个体工商户个人所得税计税办法（试行）》执行。

设置简易账的个体工商户应当设置经营收入账、经营费用账、商品（材料）购进账、库存商品（材料）盘点表和利润表，以收支方式记录、反映生产、经营情况并进行简易会计核算。

第十条　复式账簿中现金日记账，银行存款日记账和总分类账必须使用订本式，其他账簿可以根据业务的实际发生情况选用活页账簿。简易账簿均应采用订本式。

账簿和凭证应当按照发生的时间顺序填写，装订或者粘贴。

建账户对各种账簿、记账凭证、报表、完税凭证和其他有关涉税资料应当保存 10 年。

第十一条　设置复式账的个体工商户在办理纳税申报时，应当按照规定向当地主管税务机关报送财务会计报表和有关纳税资料。月度会计报表应当于月份终了后 10 日内报出，年度会计报表应当在年度终了后 30 日内报出。

第十二条　个体工商户可以聘请经批准从事会计代理记账业务的专业机构或者具备资质的财会人员代为建账和办理账务。

第十三条　按照税务机关规定的要求使用税控收款机的个体工商户，其税控收款机输出的完整的书面记录，可以视同经营收入账。

第十四条　税务机关对建账户采用查账征收方式征收税款。建账初期，也可以采用查账征收与定期定额征收相结合的方式征收税款。

第十五条　依照本办法规定应当设置账簿的个体工商户，具有税收征管法第三十五条第一款第二项至第六项情形之一的，税务机关有权根据税收征管法实施细则第四十七条规定的方法核定其应纳税额。

第十六条　依照本办法规定应当设置账簿的个体工商户违反有关法律、行政法规和本办法关于账簿设置、使用和保管规定的，由税务机关按照税收征管法的有关规定进行处理。

第十七条　个体工商户建账工作中所涉及的有关账簿、凭证、表格，按照有关规定办理。

第十八条　本办法所称“以上”均含本数。

第十九条　各省、自治区、直辖市和计划单列市税务局可根据本办法制定具体实施办法，并报国家税务总局备案。

第二十条　本办法自 2007 年 1 月 1 日起施行。1997 年 6 月 19 日国家税务总局发布的《个体工商户建账管理暂行办法》同时废止。

个体工商户税收定期定额征收管理办法

（2006 年 8 月 30 日国家税务总局令第 16 号公布　根据 2018 年 6 月 15 日《国家税务总局关于修改部分税务部门规章的决定》修正）

第一条　为规范和加强个体工商户税收定期定额征收（以下简称定期定额征收）管理，公平税负，保护个体工商户合法权益，促进个体经济的健康发展，根据《中华人民共和国税收征收管理法》及其实施细则，制定本办法。

第二条　本办法所称个体工商户税收定期定额征收，是指税务机关依照法律、行政法规及本办法的规定，对个体工商户在一定经营地点、一定经营时期、一定经营范围内的应纳税经营额（包括经营数量）或所得额（以下简称定额）进行核定，并以此为计税依据，确定其应纳税额的一种征收方式。

第三条　本办法适用于经主管税务机关认定和县以上税务机关（含县级，下同）批准的生产、经营规模小，达不到《个体工商户建账管理暂行办法》规定设置账簿标准的个体工商户（以下简称定期定额户）的税收征收管理。

第四条　主管税务机关应当将定期定额户进行分类，在年度内按行业、区域选择一定数量并具有代表性的定期定额户，对其经营、所得情况进行典型调查，做出调查分析，填制有关表格。

典型调查户数应当占该行业、区域总户数的 5% 以上。具体比例由省税务机关确定。

第五条　定额执行期的具体期限由省税务机关确定，但最长不得超过一年。

定额执行期是指税务机关核定后执行的第一个纳税期至最后一个纳税期。

第六条　税务机关应当根据定期定额户的经营规模、经营区域、经营内容、行业特点、管理水平等因素核定定额，可以采用下列一种或两种以上的方法核定：

（一）按照耗用的原材料、燃料、动力等推算或者测算核定；

（二）按照成本加合理的费用和利润的方法核定；

（三）按照盘点库存情况推算或者测算核定；

（四）按照发票和相关凭据核定；

（五）按照银行经营账户资金往来情况测算核定；

（六）参照同类行业或类似行业中同规模、同区域纳税人的生产、经营情况核定；

（七）按照其他合理方法核定。

税务机关应当运用现代信息技术手段核定定额，增强核定工作的规范性和合理性。

第七条　税务机关核定定额程序：

（一）自行申报。定期定额户要按照税务机关规定的申报期限、申报内容向主管税务机关申报，填写有关申报文书。申报内容应包括经营行业、营业面积、雇佣人数和每月经营额、所得额以及税务机关需要的其他申报项目。

本项所称经营额、所得额为预估数。

（二）核定定额。主管税务机关根据定期定额户自行申报情况，参考典型调查结果，采取本办法第六条规定的核定方法核定定额，并计算应纳税额。

（三）定额公示。主管税务机关应当将核定定额的初步结果进行公示，公示期限为五个工作日。

公示地点、范围、形式应当按照便于定期定额户及社会各界了解、监督的原则，由主管税务机关确定。

（四）上级核准。主管税务机关根据公示意见结果修改定额，并将核定情况报经县以上税务机关审核批准后，填制《核定定额通知书》。

（五）下达定额。将《核定定额通知书》送达定期定额户执行。

（六）公布定额。主管税务机关将最终确定的定额和应纳税额情况在原公示范围内进行公布。

第八条　定期定额户应当建立收支凭证粘贴簿、进销货登记簿，完整保存有关纳税资料，并接受税务机关的检查。

第九条　依照法律、行政法规的规定，定期定额户负有纳税申报义务。

实行简易申报的定期定额户，应当在税务机关规定的期限内按照法律、行政法规规定缴清应纳税款，当期（指纳税期，下同）可以不办理申报手续。

第十条　采用数据电文申报、邮寄申报、简易申报等方式的，经税务机关认可后方可执行。经确定的纳税申报方式在定额执行期内不予更改。

第十一条　定期定额户可以委托经税务机关认定的银行或其他金融机构办理税款划缴。

凡委托银行或其他金融机构办理税款划缴的定期定额户，应当向税务机关书面报告开户银行及账号。其账户内存款应当足以按期缴纳当期税款。其存款余额低于当期应纳税款，致使当期税款不能按期入库的，税务机关按逾期缴纳税款处理；对实行简易申报的，按逾期办理纳税申报和逾期缴纳税款处理。

第十二条　定期定额户发生下列情形，应当向税务机关办理相关纳税事宜：

（一）定额与发票开具金额或税控收款机记录数据比对后，超过定额的经营额、所得额所应缴纳的税款；

（二）在税务机关核定定额的经营地点以外从事经营活动所应缴纳的税款。

第十三条　税务机关可以根据保证国家税款及时足额入

库、方便纳税人、降低税收成本的原则，采用简化的税款征收方式，具体方式由省税务机关确定。

第十四条 县以上税务机关可以根据当地实际情况，依法委托有关单位代征税款。税务机关与代征单位必须签订委托代征协议，明确双方的权利、义务和应当承担的责任，并向代征单位颁发委托代征证书。

第十五条 定期定额户经营地点偏远、缴纳税款数额较小，或者税务机关征收税款有困难的，税务机关可以按照法律、行政法规的规定简并征期。但简并征期最长不得超过一个定额执行期。

简并征期的税款征收时间为最后一个纳税期。

第十六条 通过银行或其他金融机构划缴税款的，其完税凭证可以到税务机关领取，或到税务机关委托的银行或其他金融机构领取；税务机关也可以根据当地实际情况采取邮寄送达，或委托有关单位送达。

第十七条 定期定额户在定额执行期结束后，应当以该期每月实际发生的经营额、所得额向税务机关申报，申报额超过定额的，按申报额缴纳税款；申报额低于定额的，按定额缴纳税款。具体申报期限由省税务机关确定。

定期定额户当期发生的经营额、所得额超过定额一定幅度的，应当在法律、行政法规规定的申报期限内向税务机关进行申报并缴清税款。具体幅度由省税务机关确定。

第十八条 定期定额户的经营额、所得额连续纳税期超过或低于税务机关核定的定额，应当提请税务机关重新核定定额，税务机关应当根据本办法规定的核定方法和程序重新核定定额。具体期限由省税务机关确定。

第十九条 经税务机关检查发现定期定额户在以前定额执行期发生的经营额、所得额超过定额，或者当期发生的经营额、所得额超过定额一定幅度而未向税务机关进行纳税申报及结清应纳税款的，税务机关应当追缴税款、加收滞纳金，并按照法律、行政法规规定予以处理。其经营额、所得额连续纳税期超过定额，税务机关应当按照本办法第十八条的规定重新核定其定额。

第二十条 定期定额户发生停业的，应当在停业前向税务机关书面提出停业报告；提前恢复经营的，应当在恢复经营前向税务机关书面提出复业报告；需延长停业时间的，应当在停业期满前向税务机关提出书面的延长停业报告。

第二十一条 税务机关停止定期定额户实行定期定额征收方式，应当书面通知定期定额户。

第二十二条 定期定额户对税务机关核定的定额有争议的，可以在接到《核定定额通知书》之日起30日内向主管税务机关提出重新核定定额申请，并提供足以说明其生产、经营真实情况的证据，主管税务机关应当自接到申请之日起30日内书面答复。

定期定额户也可以按照法律、行政法规的规定直接向上一级税务机关申请行政复议；对行政复议决定不服的，可以依法向人民法院提起行政诉讼。

定期定额户在未接到重新核定定额通知、行政复议决定书或人民法院判决书前，仍按原定额缴纳税款。

第二十三条 税务机关应当严格执行核定定额程序，遵守回避制度。税务人员个人不得擅自确定或更改定额。

税务人员徇私舞弊或者玩忽职守，致使国家税收遭受重大损失，构成犯罪的，依法追究刑事责任；尚不构成犯罪的，依法给予行政处分。

第二十四条 对违反本办法规定的行为，按照《中华人民共和国税收征收管理法》及其实施细则有关规定处理。

第二十五条 个人独资企业的税款征收管理比照本办法执行。

第二十六条 各省、自治区、直辖市税务局根据本办法制定具体实施办法，并报国家税务总局备案。

第二十七条 本办法自2007年1月1日起施行。1997年6月19日国家税务总局发布的《个体工商户定期定额管理暂行办法》同时废止。

五、税收优惠

财政部、国家税务总局关于非营利组织免税资格认定管理有关问题的通知

（2018年2月7日　财税〔2018〕13号）

各省、自治区、直辖市、计划单列市财政厅（局）、国家税务局、地方税务局，新疆生产建设兵团财政局：

根据《中华人民共和国企业所得税法》第二十六条及《中华人民共和国企业所得税法实施条例》第八十四条的规定，现对非营利组织免税资格认定管理有关问题明确如下：

一、依据本通知认定的符合条件的非营利组织，必须同时满足以下条件：

（一）依照国家有关法律法规设立或登记的事业单位、社会团体、基金会、社会服务机构、宗教活动场所、宗教院校以及财政部、税务总局认定的其他非营利组织；

（二）从事公益性或者非营利性活动；

（三）取得的收入除用于与该组织有关的、合理的支出外，全部用于登记核定或者章程规定的公益性或者非营利性事业；

（四）财产及其孳息不用于分配，但不包括合理的工资薪金支出；

（五）按照登记核定或者章程规定，该组织注销后的剩余财产用于公益性或者非营利性目的，或者由登记管理机关采取转赠给与该组织性质、宗旨相同的组织等处置方式，并向社会公告；

（六）投入人对投入该组织的财产不保留或者享有任何财产权利，本款所称投入人是指除各级人民政府及其部门外的法人、自然人和其他组织；

（七）工作人员工资福利开支控制在规定的比例内，不变相分配该组织的财产，其中：工作人员平均工资薪金水平不得超过税务登记所在地的地市级（含地市级）以上地区的同行业同类组织平均工资水平的两倍，工作人员福利按照国家有关规定执行；

（八）对取得的应纳税收入及其有关的成本、费用、损失应与免税收入及其有关的成本、费用、损失分别核算。

二、经省级（含省级）以上登记管理机关批准设立或登记的非营利组织，凡符合规定条件的，应向其所在地省级税务主管机关提出免税资格申请，并提供本通知规定的相关材料；经地市级或县级登记管理机关批准设立或登记的非营利组织，凡符合规定条件的，分别向其所在地的地市级或县级税务主管机关提出免税资格申请，并提供本通知规定的相关材料。

财政、税务部门按照上述管理权限，对非营利组织享受免税的资格联合进行审核确认，并定期予以公布。

三、申请享受免税资格的非营利组织，需报送以下材料：

（一）申请报告；

（二）事业单位、社会团体、基金会、社会服务机构的组织章程或宗教活动场所、宗教院校的管理制度；

（三）非营利组织注册登记证件的复印件；

（四）上一年度的资金来源及使用情况、公益活动和非营利活动的明细情况；

（五）上一年度的工资薪金情况专项报告，包括薪酬制度、工作人员整体平均工资薪金水平、工资福利占总支出比例、重要人员工资薪金信息（至少包括工资薪金水平排名前10的人员）；

（六）具有资质的中介机构鉴证的上一年度财务报表和审计报告；

（七）登记管理机关出具的事业单位、社会团体、基金会、社会服务机构、宗教活动场所、宗教院校上一年度符合相关法律法规和国家政策的事业发展情况或非营利活动的材料；

（八）财政、税务部门要求提供的其他材料。

当年新设立或登记的非营利组织需提供本条第（一）项至第（三）项规定的材料及本条第（四）项、第（五）项规定的申请当年的材料，不需提供本条第（六）项、第（七）项规定的材料。

四、非营利组织免税优惠资格的有效期为五年。非营利组织应在免税优惠资格期满后六个月内提出复审申请，不提出复审申请或复审不合格的，其享受免税优惠的资格到期自动失效。

非营利组织免税资格复审，按照初次申请免税优惠资格的规定办理。

五、非营利组织必须按照《中华人民共和国税收征收管理法》及《中华人民共和国税收征收管理法实施细则》等有关规定，办理税务登记，按期进行纳税申报。取得免税资格的非营利组织应按照规定向主管税务机关办理免税手续，免税条件

发生变化的,应当自发生变化之日起十五日内向主管税务机关报告;不再符合免税条件的,应当依法履行纳税义务;未依法纳税的,主管税务机关应当予以追缴。取得免税资格的非营利组织注销时,剩余财产处置违反本通知第一条第五项规定的,主管税务机关应追缴其应纳企业所得税款。

有关部门在日常管理过程中,发现非营利组织享受优惠年度不符合本通知规定的免税条件的,应提请核准该非营利组织免税资格的财政、税务部门,由其进行复核。

核准非营利组织免税资格的财政、税务部门根据本通知规定的管理权限,对非营利组织的免税优惠资格进行复核,复核不合格的,相应年度不得享受税收优惠政策。

六、已认定的享受免税优惠政策的非营利组织有下述情形之一的,应自该情形发生年度起取消其资格:

(一)登记管理机关在后续管理中发现非营利组织不符合相关法律法规和国家政策的;

(二)在申请认定过程中提供虚假信息的;

(三)纳税信用等级为税务部门评定的C级或D级的;

(四)通过关联交易或非关联交易和服务活动,变相转移、隐匿、分配该组织财产的;

(五)被登记管理机关列入严重违法失信名单的;

(六)从事非法政治活动的。

因上述第(一)项至第(五)项规定的情形被取消免税优惠资格的非营利组织,财政、税务部门自其被取消资格的次年起一年内不再受理该组织的认定申请;因上述第(六)项规定的情形被取消免税优惠资格的非营利组织,财政、税务部门将不再受理该组织的认定申请。

被取消免税优惠资格的非营利组织,应当依法履行纳税义务;未依法纳税的,主管税务机关应当自其存在取消免税优惠资格情形的当年起予以追缴。

七、各级财政、税务部门及其工作人员在认定非营利组织免税资格工作中,存在违法违纪行为的,按照《公务员法》《行政监察法》等国家有关规定追究相应责任;涉嫌犯罪的,移送司法机关处理。

八、本通知自2018年1月1日起执行。《财政部 国家税务总局关于非营利组织免税资格认定管理有关问题的通知》(财税〔2014〕13号)同时废止。

出口货物退(免)税管理办法(试行)

(2005年3月16日国税发〔2005〕51号公布 根据2018年6月15日《国家税务总局关于修改部分税收规范性文件的公告》修正)

第一章 总 则

第一条 为规范出口货物退(免)税管理,根据《中华人民共和国税收征收管理法》、《中华人民共和国税收征收管理法实施细则》、《中华人民共和国增值税暂行条例》、《中华人民共和国消费税暂行条例》以及国家其他有关出口货物退(免)税规定,制定本管理办法。

第二条 出口商自营或委托出口的货物,除另有规定者外,可在货物报关出口并在财务上做销售核算后,凭有关凭证报送所在地税务局(以下简称税务机关)批准退还或免征其增值税、消费税。

本办法所述出口商包括对外贸易经营者、没有出口经营资格委托出口的生产企业、特定退(免)税的企业和人员。

上述对外贸易经营者是指依法办理工商登记或者其他执业手续,经商务部及其授权单位赋予出口经营资格的从事对外贸易经营活动的法人、其他组织或者个人。其中,个人(包括外国人)是指注册登记为个体工商户、个人独资企业或合伙企业。

上述特定退(免)税的企业和人员是指按国家有关规定可以申请出口货物退(免)税的企业和人员。

第三条 出口货物的退(免)税范围、退税率和退(免)税方法,按国家有关规定执行。

第四条 税务机关应当按照办理出口货物退(免)税的程序,根据工作需要,设置出口货物退(免)税认定管理、申报受理、初审、复审、调查、审批、退库和调库等相应工作岗位,建立岗位责任制。因人员少需要一人多岗的,人员设置必须遵循岗位监督制约机制。

第二章 出口货物退(免)税认定管理

第五条 对外贸易经营者按《中华人民共和国对外贸易法》和商务部《对外贸易经营者备案登记办法》的规定办理备案登记后,没有出口经营资格的生产企业委托出口自产货物(含视同自产产品,下同),应分别在备案登记、代理出口协议签定之日起30日内持有关资料,填写《出口货物退(免)税认定表》,到所在地税务机关办理出口货物退(免)税认定手续。

特定退(免)税的企业和人员办理出口货物退(免)税认定手续按国家有关规定执行。

第六条 已办理出口货物退(免)税认定的出口商,其认定内容发生变化的,须自有关管理机关批准变更之日起30日内,持相关证件向税务机关申请办理出口货物退(免)税认定变更手续。

第七条 出口商发生解散、破产、撤销以及其他依法应终止出口货物退(免)税事项的,应持相关证件、资料向税务机关办理出口货物退(免)税注销认定。

对申请注销认定的出口商,税务机关应先结清其出口货物退(免)税款,再按规定办理注销手续。

第三章 出口货物退(免)税申报及受理

第八条 出口商应在规定期限内,收齐出口货物退(免)

税所需的有关单证，使用国家税务总局认可的出口货物退（免）税电子申报系统生成电子申报数据，如实填写出口货物退（免）税申报表，向税务机关申报办理出口货物退（免）税手续。逾期申报的，除另有规定者外，税务机关不再受理该笔出口货物的退（免）税申报，该补税的应按有关规定补征税款。

第九条 出口商申报出口货物退（免）税时，税务机关应及时予以接受并进行初审。经初步审核，出口商报送的申报资料、电子申报数据及纸质凭证齐全的，税务机关受理该笔出口货物退（免）税申报。出口商报送的申报资料或纸质凭证不齐全的，除另有规定者外，税务机关不予受理该笔出口货物的退（免）税申报，并要当即向出口商提出改正、补充资料、凭证的要求。

税务机关受理出口商的出口货物退（免）税申报后，应为出口商出具回执，并对出口货物退（免）税申报情况进行登记。

第十条 出口商报送的出口货物退（免）税申报资料及纸质凭证齐全的，除另有规定者外，在规定申报期限结束前，税务机关不得以无相关电子信息或电子信息核对不符等原因，拒不受理出口商的出口货物退（免）税申报。

第四章 出口货物退（免）税审核、审批

第十一条 税务机关应当使用国家税务总局认可的出口货物退（免）税电子化管理系统以及总局下发的出口退税率文库，按照有关规定进行出口货物退（免）税审核、审批，不得随意更改出口货物退（免）税电子化管理系统的审核配置、出口退税率文库以及接收的有关电子信息。

第十二条 税务机关受理出口商出口货物退（免）税申报后，应在规定的时间内，对申报凭证、资料的合法性、准确性进行审查，并核实申报数据之间的逻辑对应关系。根据出口商申报的出口货物退（免）税凭证、资料的不同情况，税务机关应当重点审核以下内容：

（一）申报出口货物退（免）税的报表种类、内容及印章是否齐全、准确；

（二）申报出口货物退（免）税提供的电子数据和出口货物退（免）税申报表是否一致。

（三）申报出口货物退（免）税的凭证是否有效，与出口货物退（免）税申报表明细内容是否一致等。重点审核的凭证有：

1. 出口货物报关单（出口退税专用）。出口货物报关单必须是盖有海关验讫章，注明“出口退税专用”字样的原件（另有规定者除外），出口报关单的海关编号、出口商海关代码、出口日期、商品编号、出口数量及离岸价等主要内容应与申报退（免）税的报表一致。

2. 代理出口证明。代理出口货物证明上的受托方企业名称、出口商品代码、出口数量、离岸价等应与出口货物报关单（出口退税专用）上内容相匹配并与申报退（免）税的报表一致。

3. 增值税专用发票（抵扣联）。增值税专用发票（抵扣联）必须印章齐全，没有涂改。增值税专用发票（抵扣联）的开票日期、数量、金额、税率等主要内容应与申报退（免）税的报表匹配。

4. 出口收汇核销单（或出口收汇核销清单，下同）。出口收汇核销单的编号、核销金额、出口商名称应当与对应的出口货物报关单上注明的批准文号、离岸价、出口商名称匹配。

5. 消费税税收（出口货物专用）缴款书。消费税税收（出口货物专用）缴款书各栏目的填写内容应与对应的发票一致；征税机关、国库（银行）印章必须齐全并符合要求。

第十三条 在对申报的出口货物退（免）税凭证、资料进行人工审核后，税务机关应当使用出口货物退（免）税电子化管理系统进行计算机审核，将出口商申报出口货物退（免）税提供的电子数据、凭证、资料与国家税务总局及有关部门传递的出口货物报关单、出口收汇核销单、代理出口证明、增值税专用发票、消费税税收（出口货物专用）缴款书等电子信息进行核对。审核、核对重点是：

（一）出口报关单电子信息。出口报关单的海关编号、出口日期、商品代码、出口数量及离岸价等项目是否与电子信息核对相符；

（二）代理出口证明电子信息。代理出口证明的编号、商品代码、出口日期、出口离岸价等项目是否与电子信息核对相符；

（三）出口收汇核销单电子信息。出口收汇核销单号码等项目是否与电子信息核对相符；

（四）出口退税率文库。出口商申报出口退（免）税的货物是否属于可退税货物，申报的退税率与出口退税率文库中的退税率是否一致；

（五）增值税专用发票电子信息。增值税专用发票的开票日期、金额、税额、购货方及销售方的纳税人识别号、发票代码、发票号码是否与增值税专用发票电子信息核对相符。

在核对增值税专用发票时应使用增值税专用发票稽核、协查信息。暂未收到增值税专用发票稽核、协查信息的，税务机关可先使用增值税专用发票认证信息，但必须及时用相关稽核、协查信息进行复核；对复核有误的，要及时追回已退（免）税款。

（六）消费税税收（出口货物专用）缴款书电子信息。消费税税收（出口货物专用）缴款书的号码、购货企业海关代码、计税金额、实缴税额、税率（额）等项目是否与电子信息核对相符。

第十四条 税务机关在审核中，发现的不符合规定的申报凭证、资料，税务机关应通知出口商进行调整或重新申报；对在计算机审核中发现的疑点，应当严格按照有关规定处理；对出口商申报的出口货物退（免）税凭证、资料有疑问的，应分

别以下情况处理:

(一)凡对出口商申报的出口货物退(免)税凭证、资料无电子信息或核对不符的,应及时按照规定进行核查。

(二)凡对出口货物报关单(出口退税专用)、出口收汇核销单等纸质凭证有疑问的,应向相关部门发函核实。

(三)凡对防伪税控系统开具的增值税专用发票(抵扣联)有疑问的,应向同级税务稽查部门提出申请,通过税务系统增值税专用发票协查系统进行核查。

(四)对出口商申报出口货物的货源、纳税、供货企业经营状况等情况有疑问的,税务机关应按国家税务总局有关规定进行发函调查,或向同级税务稽查部门提出申请,由税务稽查部门按有关规定进行调查,并依据回函或调查情况进行处理。

第十五条 出口商提出办理相关出口货物退(免)税证明的申请,税务机关经审核符合有关规定的,应及时出具相关证明。

第十六条 出口货物退(免)税应当由设区的市、自治州以上(含本级)税务机关根据审核结果按照有关规定进行审批。

税务机关在审批后应当按照有关规定办理退库或调库手续。

第五章 出口货物退(免)税日常管理

第十七条 税务机关对出口货物退(免)税有关政策、规定应及时予以公告,并加强对出口商的宣传辅导和培训工作。

第十八条 税务机关应做好出口货物退(免)税计划及其执行情况的分析、上报工作。税务机关必须在国家税务总局下达的出口退(免)税计划内办理退库和调库。

第十九条 税务机关遇到下述情况,应及时结清出口商出口货物的退(免)税款:

(一)出口商发生解散、破产、撤销以及其他依法应终止出口退(免)税事项的,或者注销出口货物退(免)税认定的。

(二)出口商违反国家有关政策法规,被停止一定期限出口退税权的。

第二十条 税务机关应建立出口货物退(免)税评估机制和监控机制,强化出口货物退(免)税管理,防止骗税案件的发生。

第二十一条 税务机关应按照规定,做好出口货物退(免)税电子数据的接收、使用和管理工作,保证出口货物退(免)税电子化管理系统的安全,定期做好电子数据备份及设备维护工作。

第二十二条 税务机关应建立出口货物退(免)税凭证、资料的档案管理制度。出口货物退(免)税凭证、资料应当保存10年。但是,法律、行政法规另有规定的除外。具体管理办法由各省税务局制定。

第六章 违章处理

第二十三条 出口商有下列行为之一的,税务机关应按照《中华人民共和国税收征收管理法》第六十条规定予以处罚:

(一)未按规定办理出口货物退(免)税认定、变更或注销认定手续的;

(二)未按规定设置、使用和保管有关出口货物退(免)税账簿、凭证、资料的。

第二十四条 出口商拒绝税务机关检查或拒绝提供有关出口货物退(免)税账簿、凭证、资料的,税务机关应按照《中华人民共和国税收征收管理法》第七十条规定予以处罚。

第二十五条 出口商以假报出口或其他欺骗手段骗取国家出口退税款的,税务机关应当按照《中华人民共和国税收征收管理法》第六十六条规定处理。

对骗取国家出口退税款的出口商,经省以上(含本级)税务局批准,可以停止其六个月以上的出口退税权。在出口退税权停止期间自营、委托和代理出口的货物,一律不予办理退(免)税。

第二十六条 出口商违反规定需采取税收保全措施和税收强制执行措施的,税务机关应按照《中华人民共和国税收征收管理法》及《中华人民共和国税收征收管理法实施细则》的有关规定执行。

第七章 附 则

第二十七条 本办法未列明的其他管理事项,按《中华人民共和国税收征收管理法》、《中华人民共和国税收征收管理法实施细则》等法律、行政法规的有关规定办理。

第二十八条 本办法由国家税务总局负责解释。

第二十九条 本办法自2005年5月1日起施行。此前规定与本办法不一致的,以本办法为准。

出口退(免)税企业分类管理办法①

(2016年7月13日国家税务总局公告2016年第46号公布 根据2018年6月15日《国家税务总局关于修改部分税收规范性文件的公告》修正)

第一章 总 则

第一条 为进一步优化出口退(免)税管理,提高纳税人税法遵从度,推进社会信用体系建设,充分发挥出口退税支持外贸发展的职能作用,根据《中华人民共和国税收征收管理

① 本办法第五条第一项第3目、第六条第三项、第九条中"出口企业管理类别评定工作每年进行1次,应于企业纳税信用级别评价结果确定后1个月内完成"的规定已被《国家税务总局关于加快出口退税进度有关事项的公告》废止。

法》及其实施细则、相关出口税收规定,制定本办法。

第二条 税务机关应按照风险可控、放管服结合、利于遵从、便于办税的原则,对出口退(免)税企业(以下简称出口企业)进行分类管理。

第三条 出口企业管理类别分为一类、二类、三类、四类。

第四条 各省、自治区、直辖市、计划单列市税务局(以下简称省税务局)负责组织实施本地区出口企业的分类管理工作。

具有出口退(免)税审批权限的税务局负责评定所辖出口企业的管理类别。

第二章 出口企业管理类别的评定标准

第五条 一类出口企业的评定标准。

(一)生产企业应同时符合下列条件:

1. 企业的生产能力与上一年度申报出口退(免)税规模相匹配。

2. 近3年(含评定当年,下同)未发生过虚开增值税专用发票或者其他增值税扣税凭证、骗取出口退税行为。

3. 上一年度的年末净资产大于上一年度该企业已办理的出口退税额(不含免抵税额)。

4. 评定时纳税信用级别为A级或B级。

5. 企业内部建立了较为完善的出口退(免)税风险控制体系。

(二)外贸企业应同时符合下列条件:

1. 近3年未发生过虚开增值税专用发票或者其他增值税扣税凭证、骗取出口退税行为。

2. 上一年度的年末净资产大于上一年度该企业已办理出口退税额的60%。

3. 持续经营5年以上(因合并、分立、改制重组等原因新设立企业的情况除外)。

4. 评定时纳税信用级别为A级或B级。

5. 评定时海关企业信月管理类别为高级认证企业或一般认证企业。

6. 评定时外汇管理的分类管理等级为A级。

7. 企业内部建立了较为完善的出口退(免)税风险控制体系。

(三)外贸综合服务企业应同时符合下列条件:

1. 近3年未发生过虚开增值税专用发票或者其他增值税扣税凭证、骗取出口退税行为。

2. 上一年度的年末净资产大于上一年度该企业已办理出口退税额的30%。

3. 上一年度申报从事外贸综合服务业务的出口退税额,大于该企业全部出口退税额的80%。

4. 评定时纳税信用级别为A级或B级。

5. 评定时海关企业信用管理类别为高级认证企业或一般认证企业。

6. 评定时外汇管理的分类管理等级为A级。

7. 企业内部建立了较为完善的出口退(免)税风险控制体系。

第六条 具有下列情形之一的出口企业,其出口企业管理类别应评定为三类:

(一)自首笔申报出口退(免)税之日起至评定时未满12个月。

(二)评定时纳税信用级别为C级,或尚未评价纳税信用级别。

(三)上一年度累计6个月以上未申报出口退(免)税(从事对外援助、对外承包、境外投资业务的,以及出口季节性商品或出口生产周期较长的大型设备的出口企业除外)。

(四)上一年度发生过违反出口退(免)税有关规定的情形,但尚未达到税务机关行政处罚标准或司法机关处理标准的。

(五)存在省税务局规定的其他失信或风险情形。

第七条 具有下列情形之一的出口企业,其出口企业管理类别应评定为四类:

(一)评定时纳税信用级别为D级。

(二)上一年度发生过拒绝向税务机关提供有关出口退(免)税账簿、原始凭证、申报资料、备案单证等情形。

(三)上一年度因违反出口退(免)税有关规定,被税务机关行政处罚或被司法机关处理过的。

(四)评定时企业因骗取出口退税被停止出口退税权,或者停止出口退税权届满后未满2年。

(五)四类出口企业的法定代表人新成立的出口企业。

(六)列入国家联合惩戒对象的失信企业。

(七)海关企业信用管理类别认定为失信企业。

(八)外汇管理的分类管理等级为C级。

(九)存在省税务局规定的其他严重失信或风险情形。

第八条 一类、三类、四类出口企业以外的出口企业,其出口企业管理类别应评定为二类。

第三章 出口企业管理类别评定及调整

第九条 出口企业管理类别评定工作每年进行1次,应于企业纳税信用级别评价结果确定后1个月内完成。评定工作完成的次月起,税务机关对出口企业实施对应的分类管理措施。

第十条 申请出口企业管理类别评定为一类的出口企业,应于企业纳税信用级别评价结果确定的当月向主管税务机关报送《生产型出口企业生产能力情况报告》(仅生产企业填报,样式见附件1)、《出口退(免)税企业内部风险控制体系建设情况报告》(样式见附件2)。

第十一条 县(区)税务局负责评定出口企业管理类别

的,应于评定工作完成后10个工作日内将评定结果报地(市)税务局备案;地(市)税务局负责评定的,县(区)税务局须进行初评并填报《出口退(免)税企业管理类别评定表》(附件3),报地(市)税务局审定。

第十二条 负责评定出口企业管理类别的税务机关,应在评定工作完成后的15个工作日内将评定结果告知出口企业,并主动公开一类、四类的出口企业名单。

第十三条 主管税务机关发现出口企业存在下列情形的,应自发现之日起20个工作日内,调整其出口企业管理类别:

(一)一类、二类、三类出口企业的纳税信用级别发生降级的,可相应调整出口企业管理类别。

(二)一类、二类、三类出口企业发生以下情形之一的,出口企业管理类别应调整为四类:

1. 拒绝提供有关出口退(免)税账簿、原始凭证、申报资料、备案单证的。

2. 因违反出口退(免)税有关规定,被税务机关行政处罚或被司法机关处理。

3. 被列为国家联合惩戒对象的失信企业。

(三)一类、二类出口企业不配合税务机关实施出口退(免)税管理,以及未按规定收集、装订、存放出口退(免)税凭证及备案单证的,出口企业管理类别应调整为三类。

(四)一类、二类出口企业因涉嫌骗取出口退税被立案查处尚未结案的,暂按三类出口企业管理,待案件查结后,依据查处情况相应调整出口企业管理类别;三类、四类出口企业因涉嫌骗取出口退税被立案查处尚未结案的,暂按原类别管理,待案件查结后,依据查处情况调整出口企业管理类别。

(五)在税务机关完成年度管理类别评定后新增办理出口退(免)税备案的出口企业,其出口企业管理类别应确定为三类。

第十四条 负责评定出口企业管理类别的税务机关在评定出口企业的管理类别时,应根据出口企业上一年度的管理类别,按照四类、三类、二类、一类的顺序逐级晋级,原则上不得越级评定。

四类出口企业自评定之日起,12个月内不得评定为其他管理类别。

第十五条 税务机关应提高税源管理部门、纳税服务部门、稽查部门、进出口税收管理部门之间信息共享的质量和效率,建立相应的信息通报制度,及时传递出口企业的纳税信用级别评定结果、纳税评估情况、税务稽查立案及处理情况等信息。

第四章 分类管理及服务措施

第十六条 主管税务机关可为一类出口企业提供绿色办税通道(特约服务区),优先办理出口退税,并建立重点联系制度,及时解决企业有关出口退(免)税问题。

对一类出口企业中纳税信用级别为A级的纳税人,按照《关于对纳税信用A级纳税人实施联合激励措施的合作备忘录》的规定,实施联合激励措施。

第十七条 对一类出口企业申报的出口退(免)税,税务机关经审核,同时符合下列条件的,应自受理企业申报之日起,5个工作日内办结出口退(免)税手续:

(一)申报的电子数据与海关出口货物报关单结关信息、增值税专用发票信息比对无误。

(二)出口退(免)税额计算准确无误。

(三)不涉及税务总局和省税务局确定的预警风险信息。

(四)属于外贸企业的,出口的货物是从纳税信用级别为A级或B级的供货企业购进。

(五)属于外贸综合服务企业的,接受其提供服务的中小生产企业的纳税信用级别为A级或B级。

第十八条 对二类出口企业申报的出口退(免)税,税务机关经审核,同时符合下列条件的,应自受理企业申报之日起,10个工作日内办结出口退(免)税手续:

(一)符合出口退(免)税相关规定。

(二)申报的电子数据与海关出口货物报关单结关信息、增值税专用发票信息比对无误。

(三)未发现审核疑点或者审核疑点已排除完毕。

第十九条 对三类出口企业申报的出口退(免)税,税务机关经审核,同时符合下列条件的,应自受理企业申报之日起,15个工作日内办结出口退(免)税手续:

(一)符合出口退(免)税相关规定。

(二)申报的电子数据与海关出口货物报关单结关信息、增值税专用发票信息比对无误。

(三)未发现审核疑点或者审核疑点已排除完毕。

第二十条 对四类出口企业申报的出口退(免)税,税务机关应按下列规定进行审核:

(一)申报的纸质凭证、资料应与电子数据相互匹配且逻辑相符。

(二)申报的电子数据应与海关出口货物报关单结关信息、增值税专用发票信息比对无误。

(三)对该类企业申报出口退(免)税的外购出口货物或视同自产产品,税务机关应对每户供货企业的发票,都要抽取一定的比例发函调查。

(四)属于生产企业的,对其申报出口退(免)税的自产产品,税务机关应对其生产能力、纳税情况进行评估。

税务机关按上述要求完成审核,并排除所有审核疑点后,应自受理企业申报之日起,20个工作日内办结出口退(免)税手续。

第二十一条 出口企业申报的出口退(免)税,税务机关发现存在下列情形之一的,应按规定予以核实,排除相关疑点

后,方可办理出口退(免)税,不受本办法有关办结出口退(免)税手续时限的限制:

(一)不符合本办法第十七条、第十八条、第十九条、第二十条规定的。

(二)涉及海关、外汇管理局等出口监管部门提供的风险信息。

第二十二条　各省税务局应定期组织对已办理的出口退(免)税情况开展风险分析工作,发现出口企业申报的退(免)税存在骗取出口退税疑点的,应按规定进行评估、核查,发现问题的,应按规定予以处理。

第五章　附　　则

第二十三条　本办法用语的含义:

"出口退(免)税企业",指适用出口退(免)税政策的企业和其他单位,以及适用增值税零税率政策的应税服务提供者。按照出口企业适用的出口退(免)税办法和经营业态,分为生产企业、外贸企业、外贸综合服务企业。

"生产企业",指适用免抵退税办法的出口企业。

"外贸企业",指适用免退税办法的出口企业。

"一类出口企业""二类出口企业""三类出口企业""四类出口企业",指出口退(免)税企业分类管理类别分别为一类、二类、三类、四类的出口企业。

"上一年度",指评定出口退(免)税企业管理类别的上一个自然年度。

"外贸综合服务业务",应同时符合以下条件:

(一)出口货物为国内生产企业自产的货物。

(二)国内生产企业已将出口货物销售给外贸综合服务企业。

(三)国内生产企业与境外单位或个人已经签订出口合同,并约定货物由外贸综合服务企业出口至境外单位或个人,货款由境外单位或个人支付给外贸综合服务企业。

(四)外贸综合服务企业以自营方式出口。

(五)外贸综合服务企业申报出口退(免)税时,在《外贸企业出口退税进货明细申报表》第15栏(业务类型)、《外贸企业出口退税出口明细申报表》第19栏〔退(免)税业务类型〕填写"WMZHFW"。

"办结出口退(免)税手续",指税务机关对出口企业申报的符合规定的退(免)税,开具税收收入退还书并传递至国库。

第二十四条　各省税务局可以根据本办法制定和细化具体实施办法。

第二十五条　本办法自2016年9月1日起施行,以出口企业申报退(免)税时间为准。

境外旅客购物离境退税管理办法(试行)

(2015年6月2日国家税务总局公告2015年第41号发布　根据2018年6月15日《国家税务总局关于修改部分税收规范性文件的公告》修正)

第一章　总　　则

第一条　为贯彻落实国务院关于实施境外旅客购物离境退税政策的决定,根据《财政部关于实施境外旅客购物离境退税政策的公告》(财政部公告2015年第3号),制定本办法。

第二条　本办法所称:

境外旅客,是指在我国境内连续居住不超过183天的外国人和港澳台同胞。

有效身份证件,是指标注或能够采集境外旅客最后入境日期的护照、港澳居民来往内地通行证、台湾居民来往大陆通行证等。

退税物品,是指由境外旅客本人在退税商店购买且符合退税条件的个人物品,但不包括下列物品:

(一)《中华人民共和国禁止、限制进出境物品表》所列的禁止、限制出境物品;

(二)退税商店销售的适用增值税免税政策的物品;

(三)财政部、海关总署、国家税务总局规定的其他物品。

退税商店,是指报省、自治区、直辖市和计划单列市税务局(以下简称省税务局)备案、境外旅客从其购买退税物品离境可申请退税的企业。

离境退税管理系统,是指符合《财政部关于实施境外旅客离境退税政策的公告》(财政部公告2015年第3号)有关条件的用于离境退税管理的计算机管理系统。

退税代理机构,是指省税务局会同财政、海关等相关部门按照公平、公开、公正的原则选择的离境退税代理机构。

第二章　退税商店的备案、变更与终止

第三条　符合以下条件的企业,经省税务局备案后即可成为退税商店。

(一)具有增值税一般纳税人资格;

(二)纳税信用等级在B级以上;

(三)同意安装、使用离境退税管理系统,并保证系统应当具备的运行条件,能够及时、准确地向主管税务机关报送相关信息;

(四)已经安装并使用增值税发票系统升级版;

(五)同意单独设置退税物品销售明细账,并准确核算。

第四条　符合条件且有意向备案的企业,填写《境外旅客购物离境退税商店备案表》(附件1)并附以下资料直接或委托退税代理机构向主管税务机关报送:

(一)主管税务机关出具的符合第三条第(一)、(二)和

(四)款的书面证明;

(二)同意做到第三条第(三)、(五)款的书面同意书。

主管税务机关受理后应当在5个工作日内逐级报送至省税务局备案。省税务局应在收到备案资料15个工作日内审核备案条件,并对不符合备案条件的企业通知主管税务机关告知申请备案的企业。

第五条　省税务局向退税商店颁发统一的退税商店标识(退税商店标识规范见附件2)。退税商店应当在其经营场所显著位置悬挂退税商店标识,便于境外旅客识别。

第六条　退税商店备案资料所载内容发生变化的,应自有关变更之日起10日内,持相关证件及资料向主管税务机关办理变更手续。主管税务机关办理变更手续后,应在5个工作日内将变更情况逐级报省税务局。

退税商店发生解散、破产、撤销以及其他情形,应持相关证件及资料向主管税务机关申请办理税务登记注销手续,由省税务局终止其退税商店备案,并收回退税商店标识,注销其境外旅客购物离境退税管理系统用户。

第七条　退税商店存在以下情形之一的,由主管税务机关提出意见逐级报省税务局终止其退税商店备案,并收回退税商店标识,注销其境外旅客购物离境退税管理系统用户。

(一)不符合本办法第三条规定条件的情形;

(二)未按规定开具《境外旅客购物离境退税申请单》(附件3,以下简称《离境退税申请单》);

(三)开具《离境退税申请单》后,未按规定将对应发票抄报税;

(四)备案后发生因偷税、骗取出口退税等税收违法行为受到行政、刑事处理的。

第三章　离境退税申请单管理

第八条　境外旅客在退税商店购买退税物品,需要离境退税的,应当在离境前凭本人的有效身份证件及购买退税物品的增值税普通发票(由增值税发票系统升级版开具),向退税商店索取《离境退税申请单》。

第九条　《离境退税申请单》由退税商店通过离境退税管理系统开具,加盖发票专用章,交境外旅客。

退税商店开具《离境退税申请单》时,要核对境外旅客有效身份证件,同时将以下信息采集到离境退税管理系统:

(一)境外旅客有效身份证件信息以及其上标注或能够采集的最后入境日期;

(二)境外旅客购买的退税物品信息以及对应的增值税普通发票号码。

第十条　具有以下情形之一的,退税商店不得开具《离境退税申请单》:

(一)境外旅客不能出示本人有效身份证件;

(二)凭有效身份证件不能确定境外旅客最后入境日期的;

(三)购买日距境外旅客最后入境日超过183天;

(四)退税物品销售发票开具日期早于境外旅客最后入境日;

(五)销售给境外旅客的货物不属于退税物品范围;

(六)境外旅客不能出示购买退税物品的增值税普通发票(由增值税发票系统升级版开具);

(七)同一境外旅客同一日在同一退税商店内购买退税物品的金额未达到500元人民币。

第十一条　退税商店在向境外旅客开具《离境退税申请单》后,如发生境外旅客退货等需作废销售发票或红字冲销等情形的,在作废销售发票的同时,需将作废或冲销发票对应的《离境退税申请单》同时作废。

第十二条　已办理离境退税的销售发票,退税商店不得作废或对该发票开具红字发票冲销。

第四章　退税代理机构的选择、变更与终止

第十三条　具备以下条件的银行,可以申请成为退税代理机构:

(一)能够在离境口岸隔离区内具备办理退税业务的场所和相关设施;

(二)具备离境退税管理系统运行的条件,能够及时、准确地向主管税务机关报送相关信息;

(三)遵守税收法律法规规定,三年内未因发生税收违法行为受到行政、刑事处理的;

(四)愿意先行垫付退税资金。

第十四条　退税代理机构由省税务局会同财政、海关等部门,按照公平、公开、公正的原则选择,并由省税务局公告。

第十五条　完成选定手续后,省税务局应与选定的退税代理机构签订服务协议,服务期限为两年。

第十六条　主管税务机关应加强对退税代理机构的管理,发现退税代理机构存在以下情形之一的,应逐级上报省税务局,省税务局会商同级财政、海关等部门后终止其退税代理服务,注销其离境退税管理系统用户:

(一)不符合本办法第十三条规定条件的情形;

(二)未按规定申报境外旅客离境退税结算;

(三)境外旅客离境退税结算申报资料未按规定留存备查;

(四)将境外旅客不符合规定的离境退税申请办理了退税,并申报境外旅客离境退税结算;

(五)在服务期间发生税收违法行为受到行政、刑事处理的;

(六)未履行与省税务局签订的服务协议。

第十七条　退税代理机构应当在离境口岸隔离区内设置专用场所,并在显著位置用中英文做出明显标识(退税代理机构标识规范见附件4)。退税代理机构设置标识应符合海关监管要求。

第五章 离境退税的办理流程

第十八条 境外旅客离境时,应向海关办理退税物品验核确认手续。

第十九条 境外旅客向退税代理机构申请办理离境退税时,须提交以下资料:

(一)本人有效身份证件;

(二)经海关验核签章的《离境退税申请单》。

第二十条 退税代理机构接到境外旅客离境退税申请的,应首先采集申请离境退税的境外旅客本人有效身份证件信息,并在核对以下内容无误后,按海关确认意见办理退税:

(一)提供的离境退税资料齐全;

(二)《离境退税申请单》上所载境外旅客信息与采集申请离境退税的境外旅客本人有效身份证件信息一致;

(三)《离境退税申请单》经海关验核签章;

(四)境外旅客离境日距最后入境日未超过183天;

(五)退税物品购买日距离境日未超过90天;

(六)《离境退税申请单》与离境退税管理系统比对一致。

第二十一条 退税款的计算。以离境的退税物品的增值税普通发票金额(含增值税)为依据,退税率为11%,计算应退增值税额。计算公式为:

应退增值税额=离境的退税物品销售发票金额(含增值税)×退税率

实退增值税额=应退增值税额-退税代理机构办理退税手续费

第二十二条 退税币种为人民币。退税金额超过10000元人民币的,退税代理机构应以银行转账方式退税。退税金额未超过10000元人民币的,根据境外旅客选择,退税代理机构采用现金退税或银行转账方式退税。

境外旅客领取或者办理领取退税款时,应当签字确认《境外旅客购物离境退税收款回执单》(附件5)。

第二十三条 若离境退税管理系统因故不能及时提供相关信息比对时,退税代理机构可先按照本办法第二十一条规定计算应退增值税额,在系统可提供相关信息并比对无误后在系统中确认,并采取银行转账方式办理退税。

第二十四条 退税代理机构办理退税应于每月15日前,通过离境退税管理系统将上月为境外旅客办理离境退税金额生成《境外旅客购物离境退税结算申报表》(附件6),报送主管税务机关,作为申报境外旅客离境退税结算的依据。同时将以下资料装订成册,留存备查:

(一)《境外旅客购物离境退税结算申报表》;

(二)经海关验核签章的《离境退税申请单》;

(三)经境外旅客签字确认的《境外旅客购物离境退税收款回执单》。

第二十五条 退税代理机构首次向主管税务机关申报境外旅客离境退税结算时,应首先提交与省税务局签订的服务协议、《出口退(免)税备案表》进行备案。

第二十六条 主管税务机关对退税代理机构提交的境外旅客购物离境退税结算申报数据审核、比对无误后,按照规定开具《税收收入退还书》,向退税代理机构办理退付。省税务局应按月将离境退税情况通报同级财政机关。

第六章 信息传递与交换

第二十七条 主管税务机关、海关、退税代理机构和退税商店应传递与交换相关信息。

第二十八条 退税商店通过离境退税管理系统开具境外旅客购物离境退税申请单,并实时向主管税务机关传送相关信息。

第二十九条 退税代理机构通过离境退税管理系统为境外旅客办理离境退税,并实时向主管税务机关传送相关信息。

第七章 附 则

第三十条 本办法自发布之日起执行。

附件:(略)

“大众创业 万众创新”税收优惠政策指引

(2019年6月)

推进大众创业、万众创新,是发展的动力之源,也是富民之道、公平之计、强国之策,截至2019年6月,我国针对创业就业主要环节和关键领域陆续推出了89项税收优惠措施,尤其是2013年以来,新出台了78项税收优惠,覆盖企业整个生命周期。

一、企业初创期税收优惠

企业初创期,除了普惠式的税收优惠,重点行业的小微企业购置固定资产,特殊群体创业或者吸纳特殊群体就业(高校毕业生、失业人员、退役士兵、军转干部、随军家属、残疾人、回国服务的在外留学人员、长期来华定居专家等)还能享受特殊的税收优惠。同时,国家还对扶持企业成长的科技企业孵化器、大学科技园等创新创业平台、创投企业、金融机构、企业和个人等给予税收优惠,帮助企业聚集资金。具体包括:

(一)小微企业税收优惠

1. 增值税小规模纳税人销售额未超限额免征增值税;

2. 小型微利企业减免企业所得税;

3. 增值税小规模纳税人减免资源税等“六税两费”;

(二)重点群体创业就业税收优惠

4. 重点群体创业税收扣减;

5. 吸纳重点群体就业税收扣减;

6. 退役士兵创业税收扣减;

7. 吸纳退役士兵就业企业税收扣减；
8. 随军家属创业免征增值税；
9. 随军家属创业免征个人所得税；
10. 安置随军家属就业的企业免征增值税；
11. 军队转业干部创业免征增值税；
12. 自主择业的军队转业干部免征个人所得税；
13. 安置军队转业干部就业的企业免征增值税；
14. 残疾人创业免征增值税；
15. 安置残疾人就业的单位和个体工商户增值税即征即退；
16. 特殊教育学校举办的企业安置残疾人就业增值税即征即退；
17. 残疾人就业减征个人所得税；
18. 安置残疾人就业的企业残疾人工资加计扣除；
19. 安置残疾人就业的单位减免城镇土地使用税；
20. 长期来华定居专家进口自用小汽车免征车辆购置税；
21. 回国服务的在外留学人员购买自用国产小汽车免征车辆购置税；

（三）创业就业平台税收优惠

22. 国家级、省级科技企业孵化器向在孵对象提供孵化服务取得的收入，免征增值税；
23. 国家级、省级科技企业孵化器免征房产税；
24. 国家级、省级科技企业孵化器免征城镇土地使用税；
25. 国家级、省级大学科技园向在孵对象提供孵化服务取得的收入，免征增值税；
26. 国家级、省级大学科技园免征房产税；
27. 国家级、省级大学科技园免征城镇土地使用税；
28. 国家备案众创空间向在孵对象提供孵化服务取得的收入，免征增值税；
29. 国家备案众创空间免征房产税；
30. 国家备案众创空间免征城镇土地使用税；

（四）对提供资金、非货币性资产投资助力的创投企业、金融机构等给予税收优惠

31. 创投企业投资未上市的中小高新技术企业按比例抵扣应纳税所得额；
32. 有限合伙制创业投资企业法人合伙人投资未上市的中小高新技术企业按比例抵扣应纳税所得额；
33. 公司制创投企业投资初创科技型企业按比例抵扣应纳税所得额；
34. 有限合伙制创业投资企业法人合伙人投资初创科技型企业按比例抵扣应纳税所得额；
35. 有限合伙制创业投资企业个人合伙人投资初创科技型企业按比例抵扣应纳税所得额；
36. 天使投资人投资初创科技型企业按比例抵扣应纳税所得额；
37. 以非货币性资产对外投资确认的非货币性资产转让所得分期缴纳企业所得税；
38. 以非货币性资产对外投资确认的非货币性资产转让所得分期缴纳个人所得税；
39. 金融机构农户小额贷款利息收入所得税减计收入；
40. 小额贷款公司农户小额贷款利息收入免征增值税；
41. 小额贷款公司农户小额贷款利息收入所得税减计收入；
42. 金融机构向农户、小微企业及个体工商户小额贷款利息收入免征增值税；
43. 向农户、小微企业及个体工商户提供融资担保及再担保服务收入免征增值税；
44. 金融机构与小型微型企业签订借款合同免征印花税；
45. 账簿印花税减免；

二、企业成长期税收优惠

为营造良好的科技创新税收环境，促进企业快速健康成长，国家出台了一系列税收优惠政策帮助企业不断增强转型升级的动力。对研发费用实施所得税加计扣除政策。对企业固定资产实行加速折旧。科研院所、技术开发机构、学校等购买用于科学研究、科技开发和教学的设备享受进口环节增值税、消费税免税等税收优惠。帮助企业和科研机构留住创新人才，鼓励创新人才为企业提供充分的智力保障和支持。具体包括：

（一）研发费用加计扣除政策

46. 研发费用加计扣除；
47. 委托境外研发费用加计扣除；

（二）固定资产加速折旧政策

48. 固定资产加速折旧或一次性扣除；
49. 制造业及部分服务业企业符合条件的仪器、设备加速折旧；
50. 制造业及部分服务业小型微利企业符合条件的仪器、设备加速折旧；

（三）购买符合条件设备税收优惠

51. 重大技术装备进口免征增值税；
52. 科学研究机构、技术开发机构、学校等单位进口免征增值税、消费税；
53. 民口科技重大专项项目进口免征增值税；

（四）科技成果转化税收优惠

54. 技术转让、技术开发和与之相关的技术咨询、技术服务免征增值税；
55. 技术转让所得减免企业所得税；

（五）科研机构创新人才税收优惠

56. 科研机构、高等学校股权奖励延期缴纳个人所得税；
57. 高新技术企业技术人员股权奖励分期缴纳个人所得税；
58. 中小高新技术企业向个人股东转增股本分期缴纳个人所得税；

59. 获得非上市公司股票期权、股权期权、限制性股票和股权奖励递延缴纳个人所得税；

60. 获得上市公司股票期权、限制性股票和股权奖励适当延长纳税期限；

61. 企业以及个人以技术成果投资入股递延缴纳所得税；

62. 由国家级、省部级以及国际组织对科技人员颁发的科技奖金免征个人所得税；

63. 职务科技成果转化现金奖励减免个人所得税；

三、企业成熟期税收优惠政策

发展壮大有成长性的企业，同样具有税收政策优势，国家充分补给"营养"，助力企业枝繁叶茂、独木成林。目前税收优惠政策覆盖科技创新活动的各个环节领域，帮助抢占科技制高点的创新型企业加快追赶的步伐。对高新技术企业减按15%的税率征收企业所得税，并不断扩大高新技术企业认定范围。将服务外包示范城市和国家服务贸易创新发展试点城市地区的技术先进型服务企业减按15%的税率征收企业所得税政策推广至全国实施。软件和集成电路企业可以享受企业所得税定期减免优惠，尤其是国家规划布局内的重点企业，可减按10%的税率征收企业所得税。对自行开发生产的计算机软件产品、集成电路重大项目企业还给予增值税期末留抵税额退税的优惠，对动漫企业实施增值税超税负即征即退等政策。具体包括：

（一）高新技术企业税收优惠

64. 高新技术企业减按15%税率征收企业所得税；

65. 职工教育经费按照8%企业所得税税前扣除；

66. 高新技术企业和科技型中小企业亏损结转年限延长至10年；

67. 技术先进型服务企业减按15%的税率征收企业所得税；

（二）软件企业税收优惠

68. 软件产品增值税超税负即征即退；

69. 软件企业定期减免企业所得税；

70. 国家规划布局内重点软件企业减按10%税率征收企业所得税；

71. 软件企业取得即征即退增值税款用于软件产品研发和扩大再生产企业所得税政策；

72. 企业外购软件缩短折旧或摊销年限；

（三）集成电路企业税收优惠

73. 集成电路重大项目企业增值税留抵税额退税；

74. 线宽小于0.8微米（含）的集成电路生产企业定期减免企业所得税；

75. 线宽小于0.25微米的集成电路生产企业减按15%税率征收企业所得税；

76. 投资额超过80亿元的集成电路生产企业减按15%税率征收企业所得税；

77. 线宽小于0.25微米的集成电路生产企业定期减免企业所得税；

78. 投资额超过80亿元的集成电路生产企业定期减免企业所得税；

79. 线宽小于130纳米的集成电路生产企业或项目定期减免企业所得税；

80. 线宽小于65纳米的集成电路生产企业或项目定期减免企业所得税；

81. 投资额超过150亿元的集成电路生产企业或项目定期减免企业所得税；

82. 国家规划布局内的集成电路设计企业减按10%税率征收企业所得税；

83. 集成电路生产企业生产设备缩短折旧年限；

84. 集成电路封装、测试企业定期减免企业所得税；

85. 集成电路关键专用材料生产企业、集成电路专用设备生产企业定期减免企业所得税；

86. 集成电路企业退还的增值税期末留抵税额在城市维护建设税、教育费附加和地方教育附加的计税（征）依据中扣除；

（四）动漫企业税收优惠

87. 动漫企业增值税超税负即征即退；

88. 动漫企业进口符合条件的商品免征增值税；

89. 符合条件的动漫企业定期减免企业所得税。

附件：1. "大众创业、万众创新"税收优惠政策指引汇编（略）

2. "大众创业、万众创新"税收优惠政策文件目录（略）

支持脱贫攻坚税收优惠政策指引

（2020年6月1日）

为助力全面打赢脱贫攻坚战，税收从支持贫困地区基础设施建设、推动涉农产业发展、激发贫困地区创业就业活力、推动普惠金融发展、促进"老少边穷"地区加快发展、鼓励社会力量加大扶贫捐赠六个方面，实施了110项推动脱贫攻坚的优惠政策。

一、支持贫困地区基础设施建设

为破除制约贫困地区发展的基础设施建设瓶颈，税收积极支持交通、水利等民生工程建设和运营，促进完善生产性、生活性、生态环境基础设施建设，优化贫困地区经济社会发展环境。具体包括：

（一）基础设施建设税收优惠

1. 国家重点扶持的公共基础设施项目企业所得税"三免三减半"

2. 农村电网维护费免征增值税

（二）农田水利建设税收优惠

3. 县级及县级以下小型水力发电单位可选择按照简易办法计算缴纳增值税

4. 水利设施用地免征城镇土地使用税

5. 农田水利占用耕地不征收耕地占用税

6. 国家重大水利工程建设基金免征城市维护建设税

（三）农民住宅建设税收优惠

7. 农村居民占用耕地新建自用住宅减半征收耕地占用税

8. 农村烈属等优抚对象及低保农民新建自用住宅免征耕地占用税

（四）农村饮水工程税收优惠

9. 农村饮水安全工程新建项目投资经营所得企业所得税"三免三减半"

10. 农村饮水安全工程免征增值税

11. 农村饮水安全工程运营管理单位自用房产免征房产税

12. 农村饮水安全工程运营管理单位自用土地免征城镇土地使用税

13. 建设农村饮水安全工程承受土地使用权免征契税

14. 农村饮水安全工程免征印花税

二、推动涉农产业发展

产业发展是脱贫的根本，支持贫困地区立足资源禀赋发展涉农产业，是实现脱贫的重要一环。现行税收政策在优化土地资源配置、促进农业生产、鼓励新型经营主体发展、促进农产品流通、支持农业资源综合利用等方面实施了一系列优惠政策，助力贫困地区增强"造血"功能。具体包括：

（一）优化土地资源配置税收优惠

15. 转让土地使用权给农业生产者用于农业生产免征增值税

16. 承包地流转给农业生产者用于农业生产免征增值税

17. 出租国有农用地给农业生产者用于农业生产免征增值税

18. 直接用于农、林、牧、渔业生产用地免征城镇土地使用税

19. 农村集体经济组织股份合作制改革免征契税

20. 农村集体经济组织清产核资免征契税

21. 收回集体资产签订产权转移书据免征印花税

22. 农村土地、房屋确权登记不征收契税

（二）促进农业生产税收优惠

23. 农业生产者销售的自产农产品免征增值税

24. 进口种子种源免征进口环节增值税

25. 进口玉米糠、稻米糠等饲料免征增值税

26. 单一大宗饲料等在国内流通环节免征增值税

27. 生产销售有机肥免征增值税

28. 滴灌产品免征增值税

29. 生产销售农膜免征增值税

30. 批发零售种子、种苗、农药、农机免征增值税

31. 纳税人购进农业生产者销售自产的免税农业产品可以抵扣进项税额

32. 农产品增值税进项税额核定扣除

33. 从事农、林、牧、渔业项目减免企业所得税

34. 从事"四业"的个人暂不征收个人所得税

35. 农业服务免征增值税

36. 农用三轮车免征车辆购置税

37. 捕捞、养殖渔船免征车船税

38. 农村居民拥有使用的三轮汽车等定期减免车船税

（三）支持新型农业经营主体发展税收优惠

39. "公司＋农户"经营模式销售畜禽免征增值税

40. "公司＋农户"经营模式从事农、林、牧、渔业生产减免企业所得税

41. 农民专业合作社销售本社成员生产的农产品免征增值税

42. 农民专业合作社向本社成员销售部分农用物资免征增值税

43. 购进农民专业合作社销售的免税农产品可以抵扣进项税额

44. 农民专业合作社与本社成员签订的涉农购销合同免征印花税

（四）促进农产品流通税收优惠

45. 蔬菜流通环节免征增值税

46. 部分鲜活肉蛋产品流通环节免征增值税

47. 农产品批发市场、农贸市场免征房产税

48. 农产品批发市场、农贸市场免征城镇土地使用税

49. 国家指定收购部门订立农副产品收购合同免征印花税

（五）促进农业资源综合利用税收优惠

50. 以部分农林剩余物为原料生产燃料电力热力实行增值税即征即退100%

51. 以部分农林剩余物为原料生产资源综合利用产品实行增值税即征即退70%

52. 以废弃动植物油为原料生产生物柴油等实行增值税即征即退70%

53. 以农作物秸秆为原料生产纸浆、秸秆浆和纸实行增值税即征即退50%

54. 以锯末等原料生产的人造板及其制品实行减按90%计入收入总额

55. 以农作物秸秆及壳皮等原料生产电力等产品实行减按90%计入企业所得税收入总额

56. 沼气综合开发利用享受企业所得税"三免三减半"

三、激发贫困地区创业就业活力

就业创业是最有效、最直接的脱贫方式。国家不断加大创业就业政策支持力度，扩大小微企业优惠政策范围，加强对失业人员、残疾人等重点群体或特殊群体就业创业的政策扶持，有力增强了贫困地区群众脱贫致富的内生动力。具体包括：

（一）小微企业税费优惠

57. 增值税小规模纳税人销售额限额内免征增值税

58. 小型微利企业减免企业所得税

59. 增值税小规模纳税人减免地方“六税两费”

60. 符合条件的缴纳义务人免征有关政府性基金

61. 符合条件的增值税小规模纳税人免征文化事业建设费

（二）重点群体创业就业税收优惠

62. 重点群体创业税收扣减

63. 吸纳重点群体就业税收扣减

64. 残疾人创业免征增值税

65. 安置残疾人就业的单位和个体户增值税即征即退

66. 特殊教育校办企业安置残疾人就业增值税即征即退

67. 安置残疾人就业的企业残疾人工资加计扣除

68. 安置残疾人就业的单位减免城镇土地使用税

四、推动普惠金融发展

大力发展普惠金融，增强金融对薄弱环节和弱势群体的服务保障能力，是实现脱贫的重要支撑。税收政策通过免税、减计收入、准备金税前扣除、简易计税等多种方式，以农户和小微企业为重点对象，鼓励金融机构和保险、担保、小额贷款公司加大对扶贫开发的金融支持力度。具体包括：

（一）银行类金融机构贷款税收优惠

69. 金融机构农户小额贷款利息收入免征增值税

70. 金融机构小微企业及个体工商户小额贷款利息收入免征增值税

71. 金融机构农户小额贷款利息收入企业所得税减计收入

72. 金融企业涉农和中小企业贷款损失准备金税前扣除

73. 金融企业涉农和中小企业贷款损失税前扣除

74. 农村信用社等金融机构提供金融服务可选择适用简易计税方法缴纳增值税

75. 中国农业银行三农金融事业部涉农贷款利息收入可选择适用简易计税方法缴纳增值税

76. 中国邮政储蓄银行三农金融事业部涉农贷款利息收入可选择适用简易计税方法缴纳增值税

77. 金融机构与小型微型企业签订借款合同免征印花税

（二）小额贷款公司贷款税收优惠

78. 小额贷款公司农户小额贷款利息收入免征增值税

79. 小额贷款公司农户小额贷款利息收入企业所得税减计收入

80. 小额贷款公司贷款损失准备金企业所得税税前扣除

（三）融资担保及再担保业务税收优惠

81. 为农户及小型微型企业提供融资担保及再担保业务免征增值税

82. 中小企业融资（信用）担保机构有关准备金企业所得税税前扣除

（四）农牧保险业务税收优惠

83. 农牧保险业务免征增值税

84. 保险公司种植业、养殖业保险业务企业所得税减计收入

85. 农牧业畜类保险合同免征印花税

五、促进“老少边穷”地区加快发展

坚持脱贫攻坚与促进区域协调发展相结合，国家实施西部地区、民族地区、新疆困难地区等区域性优惠政策，促进“老少边穷”等地区加快发展。具体包括：

（一）扶持欠发达地区和革命老区发展税收优惠

86. 西部地区鼓励类产业企业所得税优惠

87. 赣州市符合条件企业享受西部大开发企业所得税优惠

88. 天然林保护工程（二期）实施企业和单位免征房产税

89. 天然林保护工程（二期）实施企业和单位免征城镇土地使用税

90. 边民互市限额免税优惠

91. 边销茶销售免征增值税

（二）支持少数民族地区发展税收优惠

92. 民族自治地方企业减征或者免征属于地方分享的企业所得税

93. 新疆困难地区新办鼓励发展产业企业所得税优惠政策

94. 新疆喀什、霍尔果斯两个特殊经济开发区企业所得税优惠政策

95. 青藏铁路公司及其所属单位营业账簿免征印花税

96. 青藏铁路公司货物运输合同免征印花税

97. 青藏铁路公司及其所属单位自采自用的砂、石等材料免征资源税

98. 青藏铁路公司及其所属单位承受土地、房屋权属用于办公及运输免征契税

99. 青藏铁路公司及其所属单位自用的房产免征房产税

100. 青藏铁路公司及其所属单位自用的土地免征城镇土地使用税

（三）易地扶贫搬迁税收优惠政策

101. 易地扶贫搬迁贫困人口有关收入免征个人所得税

102. 易地扶贫搬迁贫困人口取得安置住房免征契税

103. 易地扶贫搬迁项目实施主体取得建设土地免征契

税、印花税

104. 易地扶贫搬迁项目实施主体、项目单位免征印花税

105. 易地扶贫搬迁安置住房用地免征城镇土地使用税

106. 易地扶贫搬迁项目实施主体购置安置房源免征契税、印花税

六、鼓励社会力量加大扶贫捐赠

国家通过加大对扶贫捐赠的优惠力度，广泛引导社会力量积极参与脱贫攻坚，鼓励社会力量加大扶贫捐赠，促进社会力量扶贫更好发挥作用。具体包括：

107. 企业符合条件的扶贫捐赠所得税税前据实扣除

108. 符合条件的扶贫货物捐赠免征增值税

109. 个人通过公益性社会组织或国家机关的公益慈善事业捐赠个人所得税税前扣除

110. 境外捐赠人捐赠慈善物资免征进口环节增值税

附件 1:《支持脱贫攻坚税收优惠政策指引汇编》(略)

附件 2:《支持脱贫攻坚税收优惠政策文件目录》(略)

财政部、税务总局、人力资源社会保障部、国务院扶贫办关于进一步支持和促进重点群体创业就业有关税收政策的通知

(2019 年 2 月 2 日　财税〔2019〕22 号)

各省、自治区、直辖市、计划单列市财政厅(局)、人力资源社会保障厅(局)、扶贫办，国家税务总局各省、自治区、直辖市、计划单列市税务局，新疆生产建设兵团财政局、人力资源社会保障局、扶贫办：

为进一步支持和促进重点群体创业就业，现将有关税收政策通知如下：

一、建档立卡贫困人口、持《就业创业证》(注明“自主创业税收政策”或“毕业年度内自主创业税收政策”)或《就业失业登记证》(注明“自主创业税收政策”)的人员，从事个体经营的，自办理个体工商户登记当月起，在 3 年(36 个月，下同)内按每户每年 12000 元为限额依次扣减其当年实际应缴纳的增值税、城市维护建设税、教育费附加、地方教育附加和个人所得税。限额标准最高可上浮 20%，各省、自治区、直辖市人民政府可根据本地区实际情况在此幅度内确定具体限额标准。

纳税人年度应缴纳税款小于上述扣减限额的，减免税额以其实际缴纳的税款为限；大于上述扣减限额的，以上述扣减限额为限。

上述人员具体包括：1. 纳入全国扶贫开发信息系统的建档立卡贫困人口；2. 在人力资源社会保障部门公共就业服务机构登记失业半年以上的人员；3. 零就业家庭、享受城市居民最低生活保障家庭劳动年龄内的登记失业人员；4. 毕业年度内高校毕业生。高校毕业生是指实施高等学历教育的普通高等学校、成人高等学校应届毕业的学生；毕业年度是指毕业所在自然年，即 1 月 1 日至 12 月 31 日。

二、企业招用建档立卡贫困人口，以及在人力资源社会保障部门公共就业服务机构登记失业半年以上且持《就业创业证》或《就业失业登记证》(注明“企业吸纳税收政策”)的人员，与其签订 1 年以上期限劳动合同并依法缴纳社会保险费的，自签订劳动合同并缴纳社会保险当月起，在 3 年内按实际招用人数予以定额依次扣减增值税、城市维护建设税、教育费附加、地方教育附加和企业所得税优惠。定额标准为每人每年 6000 元，最高可上浮 30%，各省、自治区、直辖市人民政府可根据本地区实际情况在此幅度内确定具体定额标准。城市维护建设税、教育费附加、地方教育附加的计税依据是享受本项税收优惠政策前的增值税应纳税额。

按上述标准计算的税收扣减额应在企业当年实际应缴纳的增值税、城市维护建设税、教育费附加、地方教育附加和企业所得税税额中扣减，当年扣减不完的，不得结转下年使用。

本通知所称企业是指属于增值税纳税人或企业所得税纳税人的企业等单位。

三、国务院扶贫办在每年 1 月 15 日前将建档立卡贫困人口名单及相关信息提供给人力资源社会保障部、税务总局，税务总局将相关信息转发给各省、自治区、直辖市税务部门。人力资源社会保障部门依托全国扶贫开发信息系统核实建档立卡贫困人口身份信息。

四、企业招用就业人员既可以适用本通知规定的税收优惠政策，又可以适用其他扶持就业专项税收优惠政策的，企业可以选择适用最优惠的政策，但不得重复享受。

五、本通知规定的税收政策执行期限为 2019 年 1 月 1 日至 2021 年 12 月 31 日。纳税人在 2021 年 12 月 31 日享受本通知规定税收优惠政策未满 3 年的，可继续享受至 3 年期满为止。《财政部 税务总局 人力资源社会保障部关于继续实施支持和促进重点群体创业就业有关税收政策的通知》(财税〔2017〕49 号)自 2019 年 1 月 1 日起停止执行。

本通知所述人员，以前年度已享受重点群体创业就业税收优惠政策满 3 年的，不得再享受本通知规定的税收优惠政策；以前年度享受重点群体创业就业税收优惠政策未满 3 年且符合本通知规定条件的，可按本通知规定享受优惠至 3 年期满。

各地财政、税务、人力资源社会保障部门、扶贫办要加强领导、周密部署，把大力支持和促进重点群体创业就业工作作为一项重要任务，主动做好政策宣传和解释工作，加强部门间的协调配合，确保政策落实到位。同时，要密切关注税收政策的执行情况，对发现的问题及时逐级向财政部、税务总局、人力资源社会保障部、国务院扶贫办反映。

国家税务总局、人力资源社会保障部、国务院扶贫办、教育部关于实施支持和促进重点群体创业就业有关税收政策具体操作问题的公告

（2019年2月26日国家税务总局公告2019年第10号公布　自2019年1月1日起施行）

为贯彻落实《财政部 税务总局 人力资源社会保障部 国务院扶贫办关于进一步支持和促进重点群体创业就业有关税收政策的通知》（财税〔2019〕22号）精神，现就具体操作问题公告如下：

一、重点群体个体经营税收政策

（一）申请

1. 建档立卡贫困人口从事个体经营的，向主管税务机关申报纳税时享受优惠。

2. 登记失业半年以上的人员，零就业家庭、享受城市居民最低生活保障家庭劳动年龄的登记失业人员，以及毕业年度内高校毕业生，可持《就业创业证》（或《就业失业登记证》，下同）、个体工商户登记执照（未完成"两证整合"的还须持《税务登记证》）向创业地县以上（含县级，下同）人力资源社会保障部门提出申请。县以上人力资源社会保障部门应当按照财税〔2019〕22号文件的规定，核实其是否享受过重点群体创业就业税收优惠政策。对符合财税〔2019〕22号文件规定条件的人员在《就业创业证》上注明"自主创业税收政策"或"毕业年度内自主创业税收政策"。

（二）税款减免顺序及额度

重点群体从事个体经营的，按照财税〔2019〕22号文件第一条的规定，在年度减免税限额内，依次扣减增值税、城市维护建设税、教育费附加、地方教育附加和个人所得税。城市维护建设税、教育费附加、地方教育附加的计税依据是享受本项税收优惠政策前的增值税应纳税额。

纳税人的实际经营期不足1年的，应当以实际月数换算其减免税限额。换算公式为：减免税限额＝年度减免税限额÷12×实际经营月数。

纳税人实际应缴纳的增值税、城市维护建设税、教育费附加、地方教育附加和个人所得税小于减免税限额的，以实际应缴纳的增值税、城市维护建设税、教育费附加、地方教育附加和个人所得税税额为限；实际应缴纳的增值税、城市维护建设税、教育费附加、地方教育附加和个人所得税大于减免税限额的，以减免税限额为限。

（三）税收减免管理

登记失业半年以上的人员，零就业家庭、城市低保家庭的登记失业人员，以及毕业年度内高校毕业生享受本项税收优惠的，由其留存《就业创业证》（注明"自主创业税收政策"或"毕业年度内自主创业税收政策"）备查，建档立卡贫困人口无需留存资料备查。

二、企业招用重点群体税收政策

（一）申请

享受招用重点群体就业税收优惠政策的企业，持下列材料向县以上人力资源社会保障部门递交申请：

1. 招用人员持有的《就业创业证》（建档立卡贫困人口不需提供）。

2. 企业与招用重点群体签订的劳动合同（副本），企业依法为重点群体缴纳的社会保险记录。通过内部信息共享、数据比对等方式审核的地方，可不再要求企业提供缴纳社会保险记录。

县以上人力资源社会保障部门接到企业报送的材料后，重点核实以下情况：

1. 招用人员是否属于享受税收优惠政策的人员范围，以前是否已享受过重点群体创业就业税收优惠政策。

2. 企业是否与招用人员签订了1年以上期限劳动合同，并依法为招用人员缴纳社会保险。

核实后，对持有《就业创业证》的重点群体，在其《就业创业证》上注明"企业吸纳税收政策"；对符合条件的企业核发《企业吸纳重点群体就业认定证明》。

招用人员发生变化的，应向人力资源社会保障部门办理变更申请。

本公告所称企业是指属于增值税纳税人或企业所得税纳税人的企业等单位。

（二）税款减免顺序及额度

1. 纳税人按本单位招用重点群体的人数及其实际工作月数核算本单位减免税总额，在减免税总额内每月依次扣减增值税、城市维护建设税、教育费附加和地方教育附加。城市维护建设税、教育费附加、地方教育附加的计税依据是享受本项税收优惠政策前的增值税应纳税额。

纳税人实际应缴纳的增值税、城市维护建设税、教育费附加和地方教育附加小于核算的减免税总额的，以实际应缴纳的增值税、城市维护建设税、教育费附加、地方教育附加为限；实际应缴纳的增值税、城市维护建设税、教育费附加和地方教育附加大于核算的减免税总额的，以核算的减免税总额为限。纳税年度终了，如果纳税人实际减免的增值税、城市维护建设税、教育费附加和地方教育附加小于核算的减免税总额，纳税人在企业所得税汇算清缴时，以差额部分扣减企业所得税。当年扣减不完的，不再结转以后年度扣减。

享受优惠政策当年，重点群体人员工作不满1年的，应当以实际月数换算其减免税总额。

减免税总额＝∑每名重点群体人员本年度在本企业工作

月数÷12×具体定额标准

2. 第2年及以后年度当年新招用人员、原招用人员及其工作时间按上述程序和办法执行。计算每名重点群体人员享受税收优惠政策的期限最长不超过36个月。

(三)税收减免管理

企业招用重点群体享受本项优惠的,由企业留存以下材料备查:

1. 享受税收优惠政策的登记失业半年以上的人员,零就业家庭、城市低保家庭的登记失业人员,以及毕业年度内高校毕业生的《就业创业证》(注明"企业吸纳税收政策")。

2. 县以上人力资源社会保障部门核发的《企业吸纳重点群体就业认定证明》。

3.《重点群体人员本年度实际工作时间表》(见附件)。

三、凭《就业创业证》享受上述优惠政策的人员,按以下规定申领《就业创业证》

(一)失业人员在常住地公共就业服务机构进行失业登记,申领《就业创业证》。对其中的零就业家庭、城市低保家庭的登记失业人员,公共就业服务机构应在其《就业创业证》上予以注明。

(二)毕业年度内高校毕业生在校期间凭学生证向公共就业服务机构申领《就业创业证》,或委托所在高校就业指导中心向公共就业服务机构代为申领《就业创业证》;毕业年度内高校毕业生离校后可凭毕业证直接向公共就业服务机构按规定申领《就业创业证》。

四、税收优惠政策管理

(一)严格各项凭证的审核发放。任何单位或个人不得伪造、涂改、转让、出租相关凭证,违者将依法予以惩处;对出借、转让《就业创业证》的人员,主管人力资源社会保障部门要收回其《就业创业证》并记录在案;对采取上述手段已经获取减免税的企业和个人,主管税务机关要追缴其已减免的税款,并依法予以处理。

(二)《就业创业证》采用实名制,限持证者本人使用。创业人员从事个体经营的,《就业创业证》由本人保管;被用人单位招用的,享受税收优惠政策期间,证件由用人单位保管。《就业创业证》由人力资源社会保障部统一样式,各省、自治区、直辖市人力资源社会保障部门负责印制,作为审核劳动者就业失业状况和享受政策情况的有效凭证。

(三)《企业吸纳重点群体就业认定证明》由人力资源社会保障部统一样式,各省、自治区、直辖市人力资源社会保障部门统一印制,统一编号备案,相关信息由当地人力资源社会保障部门按需提供给税务部门。

(四)县以上人力资源社会保障、税务部门及扶贫办要建立劳动者就业信息交换和协查制度。人力资源社会保障部建立全国《就业创业证》查询系统(http://jyjc.mohrss.gov.cn),供各级人力资源社会保障、财政、税务部门查询《就业创业证》信息。国务院扶贫办建立全国统一的全国扶贫开发信息系统,供各级扶贫办、人力资源社会保障、财政、税务部门查询建档立卡贫困人口身份等相关信息。

(五)各级税务机关对《就业创业证》或建档立卡贫困人口身份有疑问的,可提请同级人力资源社会保障部门、扶贫办予以协查,同级人力资源社会保障部门、扶贫办应根据具体情况规定合理的工作时限,并在时限内将协查结果通报提请协查的税务机关。

五、本公告自2019年1月1日起施行。《国家税务总局 财政部 人力资源社会保障部 教育部 民政部关于继续实施支持和促进重点群体创业就业有关税收政策具体操作问题的公告》(国家税务总局公告2017年第27号)同时废止。

特此公告。

附件:重点群体人员本年度实际工作时间表(样表)(略)

财政部、国家税务总局关于
促进残疾人就业增值税优惠政策的通知

(2016年5月5日 财税〔2016〕52号)

各省、自治区、直辖市、计划单列市财政厅(局)、国家税务局,新疆生产建设兵团财务局:

为继续发挥税收政策促进残疾人就业的作用,进一步保障残疾人权益,经国务院批准,决定对促进残疾人就业的增值税政策进行调整完善。现将有关政策通知如下:

一、对安置残疾人的单位和个体工商户(以下称纳税人),实行由税务机关按纳税人安置残疾人的人数,限额即征即退增值税的办法。

安置的每位残疾人每月可退还的增值税具体限额,由县级以上税务机关根据纳税人所在区县(含县级市、旗,下同)适用的经省(含自治区、直辖市、计划单列市,下同)人民政府批准的月最低工资标准的4倍确定。

二、享受税收优惠政策的条件

(一)纳税人(除盲人按摩机构外)月安置的残疾人占在职职工人数的比例不低于25%(含25%),并且安置的残疾人人数不少于10人(含10人);

盲人按摩机构月安置的残疾人占在职职工人数的比例不低于25%(含25%),并且安置的残疾人人数不少于5人(含5人)。

(二)依法与安置的每位残疾人签订了一年以上(含一年)的劳动合同或服务协议。

(三)为安置的每位残疾人按月足额缴纳了基本养老保险、基本医疗保险、失业保险、工伤保险和生育保险等社会保险。

(四)通过银行等金融机构向安置的每位残疾人,按月支

付了不低于纳税人所在区县适用的经省人民政府批准的月最低工资标准的工资。

三、《财政部、国家税务总局关于教育税收政策的通知》(财税〔2004〕39号)第一条第7项规定的特殊教育学校举办的企业,只要符合本通知第二条第(一)项第一款规定的条件,即可享受本通知第一条规定的增值税优惠政策。这类企业在计算残疾人人数时可将在企业上岗工作的特殊教育学校的全日制在校学生计算在内,在计算企业在职职工人数时也要将上述学生计算在内。

四、纳税人中纳税信用等级为税务机关评定的C级或D级的,不得享受本通知第一条、第三条规定的政策。

五、纳税人按照纳税期限向主管国税机关申请退还增值税。本纳税期已交增值税额不足退还的,可在本纳税年度内以前纳税期已交增值税扣除已退增值税的余额中退还,仍不足退还的可结转本纳税年度内以后纳税期退还,但不得结转以后年度退还。纳税期限不为按月的,只能对其符合条件的月份退还增值税。

六、本通知第一条规定的增值税优惠政策仅适用于生产销售货物,提供加工、修理修配劳务,以及提供营改增现代服务和生活服务税目(不含文化体育服务和娱乐服务)范围的服务取得的收入之和,占其增值税收入的比例达到50%的纳税人,但不适用于上述纳税人直接销售外购货物(包括商品批发和零售)以及销售委托加工的货物取得的收入。

纳税人应当分别核算上述享受税收优惠政策和不得享受税收优惠政策业务的销售额,不能分别核算的,不得享受本通知规定的优惠政策。

七、如果既适用促进残疾人就业增值税优惠政策,又适用重点群体、退役士兵、随军家属、军转干部等支持就业的增值税优惠政策的,纳税人可自行选择适用的优惠政策,但不能累加执行。一经选定,36个月内不得变更。

八、残疾人个人提供的加工、修理修配劳务,免征增值税。

九、税务机关发现已享受本通知增值税优惠政策的纳税人,存在不符合本通知第二条、第三条规定条件,或者采用伪造或重复使用残疾人证、残疾军人证等手段骗取本通知规定的增值税优惠的,应将纳税人发生上述违法违规行为的纳税期内按本通知已享受到的退税全额追缴入库,并自发现当月起36个月内停止其享受本通知规定的各项税收优惠。

十、本通知有关定义

(一)残疾人,是指法定劳动年龄内,持有《中华人民共和国残疾人证》或者《中华人民共和国残疾军人证(1至8级)》的自然人,包括具有劳动条件和劳动意愿的精神残疾人。

(二)残疾人个人,是指自然人。

(三)在职职工人数,是指与纳税人建立劳动关系并依法签订劳动合同或者服务协议的雇员人数。

(四)特殊教育学校举办的企业,是指特殊教育学校主要为在校学生提供实习场所、并由学校出资自办、由学校负责经营管理、经营收入全部归学校所有的企业。

十一、本通知规定的增值税优惠政策的具体征收管理办法,由国家税务总局制定。

十二、本通知自2016年5月1日起执行,《财政部、国家税务总局关于促进残疾人就业税收优惠政策的通知》(财税〔2007〕92号)、《财政部、国家税务总局关于将铁路运输和邮政业纳入营业税改征增值税试点的通知》(财税〔2013〕106号)附件3第二条第(二)项同时废止。纳税人2016年5月1日前执行财税〔2007〕92号和财税〔2013〕106号文件发生的应退未退的增值税余额,可按照本通知第五条规定执行。

促进残疾人就业增值税优惠政策管理办法

(2016年5月27日国家税务总局公告2016年第33号公布 根据2018年6月15日《国家税务总局关于修改部分税收规范性文件的公告》修正)

第一条 为加强促进残疾人就业增值税优惠政策管理,根据《财政部、国家税务总局关于促进残疾人就业增值税优惠政策的通知》(财税〔2016〕52号)、《国家税务总局关于发布〈税收减免管理办法〉的公告》(国家税务总局公告2015年第43号)及有关规定,制定本办法。

第二条 纳税人享受安置残疾人增值税即征即退优惠政策,适用本办法规定。

本办法所指纳税人,是指安置残疾人的单位和个体工商户。

第三条 纳税人首次申请享受税收优惠政策,应向主管税务机关提供以下备案资料:

(一)《税务资格备案表》。

(二)安置的残疾人的《中华人民共和国残疾人证》或者《中华人民共和国残疾军人证(1至8级)》复印件,注明与原件一致,并逐页加盖公章。安置精神残疾人的,提供精神残疾人同意就业的书面声明以及其法定监护人签字或印章的证明精神残疾人具有劳动条件和劳动意愿的书面材料。

(三)安置的残疾人的身份证明复印件,注明与原件一致,并逐页加盖公章。

第四条 主管税务机关受理备案后,应将全部《中华人民共和国残疾人证》或者《中华人民共和国残疾军人证(1至8级)》信息以及所安置残疾人的身份证明信息录入征管系统。

第五条 纳税人提供的备案资料发生变化的,应于发生变化之日起15日内就变化情况向主管税务机关办理备案。

第六条 纳税人申请退还增值税时,需报送如下资料:

(一)《退(抵)税申请审批表》。

(二)《安置残疾人纳税人申请增值税退税声明》(见附件)。

(三)当期为残疾人缴纳社会保险费凭证的复印件及由纳税人加盖公章确认的注明缴纳人员、缴纳金额、缴纳期间的明细表。

(四)当期由银行等金融机构或纳税人加盖公章的按月为残疾人支付工资的清单。

特殊教育学校举办的企业,申请退还增值税时,不提供资料(三)和资料(四)。

第七条　纳税人申请享受税收优惠政策,应对报送资料的真实性和合法性承担法律责任。主管税务机关对纳税人提供资料的完整性和增值税退税额计算的准确性进行审核。

第八条　主管税务机关受理退税申请后,查询纳税人的纳税信用等级,对符合信用条件的,审核计算应退增值税额,并按规定办理退税。

第九条　纳税人本期应退增值税额按以下公式计算:

本期应退增值税额=本期所含月份每月应退增值税额之和

月应退增值税额=纳税人本月安置残疾人员人数×本月月最低工资标准的4倍

月最低工资标准,是指纳税人所在区县(含县级市、旗)适用的经省(含自治区、直辖市、计划单列市)人民政府批准的月最低工资标准。

纳税人本期已缴增值税额小于本期应退税额不足退还的,可在本年度内以前纳税期已缴增值税额扣除已退增值税额的余额中退还,仍不足退还的可结转本年度内以后纳税期退还。年度已缴增值税额小于或等于年度应退税额的,退税额为年度已缴增值税额;年度已缴增值税额大于年度应退税额的,退税额为年度应退税额。年度已缴增值税额不足退还的,不得结转以后年度退还。

第十条　纳税人新安置的残疾人从签订劳动合同并缴纳社会保险的次月起计算,其他职工从录用的次月起计算;安置的残疾人和其他职工减少的,从减少当月计算。

第十一条　主管税务机关应于每年2月底之前,在其网站或办税服务厅,将本地区上一年度享受安置残疾人增值税优惠政策的纳税人信息,按下列项目予以公示:纳税人名称、纳税人识别号、法人代表、计算退税的残疾人职工人次等。

第十二条　享受促进残疾人就业增值税优惠政策的纳税人,对能证明或印证符合政策规定条件的相关材料负有留存备查义务。纳税人在税务机关后续管理中不能提供相关材料的,不得继续享受优惠政策。税务机关应追缴其相应纳税期内已享受的增值税退税,并依照税收征管法及其实施细则的有关规定处理。

第十三条　各地税务机关要加强税收优惠政策落实情况的后续管理,对纳税人进行定期或不定期检查。检查发现纳税人不符合财税〔2016〕52号文件规定的,按有关规定予以处理。

第十四条　本办法实施前已办理税收优惠资格备案的纳税人,主管税务机关应检查其已备案资料是否满足本办法第三条规定,残疾人信息是否已按第四条规定录入信息系统,如有缺失,应要求纳税人补充报送备案资料,补录信息。

第十五条　各省、自治区、直辖市和计划单列市税务局,应定期或不定期在征管系统中对残疾人信息进行比对,发现异常的,按相关规定处理。

第十六条　本办法自2016年5月1日起施行。

营业税改征增值税跨境应税行为增值税免税管理办法(试行)

(2016年5月6日国家税务总局公告2016年第29号公布　根据2018年6月15日《国家税务总局关于修改部分税收规范性文件的公告》修正)

第一条　中华人民共和国境内(以下简称境内)的单位和个人(以下称纳税人)发生跨境应税行为,适用本办法。

第二条　下列跨境应税行为免征增值税:

(一)工程项目在境外的建筑服务。

工程总承包方和工程分包方为施工地点在境外的工程项目提供的建筑服务,均属于工程项目在境外的建筑服务。

(二)工程项目在境外的工程监理服务。

(三)工程、矿产资源在境外的工程勘察勘探服务。

(四)会议展览地点在境外的会议展览服务。

为客户参加在境外举办的会议、展览而提供的组织安排服务,属于会议展览地点在境外的会议展览服务。

(五)存储地点在境外的仓储服务。

(六)标的物在境外使用的有形动产租赁服务。

(七)在境外提供的广播影视节目(作品)的播映服务。

在境外提供的广播影视节目(作品)播映服务,是指在境外的影院、剧院、录像厅及其他场所播映广播影视节目(作品)。

通过境内的电台、电视台、卫星通信、互联网、有线电视等无线或者有线装置向境外播映广播影视节目(作品),不属于在境外提供的广播影视节目(作品)播映服务。

(八)在境外提供的文化体育服务、教育医疗服务、旅游服务。

在境外提供的文化体育服务和教育医疗服务,是指纳税人在境外现场提供的文化体育服务和教育医疗服务。

为参加在境外举办的科技活动、文化活动、文化演出、文化比赛、体育比赛、体育表演、体育活动而提供的组织安排服务,属于在境外提供的文化体育服务。

通过境内的电台、电视台、卫星通信、互联网、有线电视等媒体向境外单位或个人提供的文化体育服务或教育医疗服务,不属于在境外提供的文化体育服务、教育医疗服务。

(九)为出口货物提供的邮政服务、收派服务、保险服务。

1. 为出口货物提供的邮政服务,是指:

(1)寄递函件、包裹等邮件出境。

(2)向境外发行邮票。

(3)出口邮册等邮品。

2. 为出口货物提供的收派服务,是指为出境的函件、包裹提供的收件、分拣、派送服务。

纳税人为出口货物提供收派服务,免税销售额为其向寄件人收取的全部价款和价外费用。

3. 为出口货物提供的保险服务,包括出口货物保险和出口信用保险。

(十)向境外单位销售的完全在境外消费的电信服务。

纳税人向境外单位或者个人提供的电信服务,通过境外电信单位结算费用的,服务接受方为境外电信单位,属于完全在境外消费的电信服务。

(十一)向境外单位销售的完全在境外消费的知识产权服务。

服务实际接受方为境内单位或者个人的知识产权服务,不属于完全在境外消费的知识产权服务。

(十二)向境外单位销售的完全在境外消费的物流辅助服务(仓储服务、收派服务除外)。

境外单位从事国际运输和港澳台运输业务经停我国机场、码头、车站、领空、内河、海域时,纳税人向其提供的航空地面服务、港口码头服务、货运客运站场服务、打捞救助服务、装卸搬运服务,属于完全在境外消费的物流辅助服务。

(十三)向境外单位销售的完全在境外消费的鉴证咨询服务。

下列情形不属于完全在境外消费的鉴证咨询服务:

1. 服务的实际接受方为境内单位或者个人。

2. 对境内的货物或不动产进行的认证服务、鉴证服务和咨询服务。

(十四)向境外单位销售的完全在境外消费的专业技术服务。

下列情形不属于完全在境外消费的专业技术服务:

1. 服务的实际接受方为境内单位或者个人。

2. 对境内的天气情况、地震情况、海洋情况、环境和生态情况进行的气象服务、地震服务、海洋服务、环境和生态监测服务。

3. 为境内的地形地貌、地质构造、水文、矿藏等进行的测绘服务。

4. 为境内的城、乡、镇提供的城市规划服务。

(十五)向境外单位销售的完全在境外消费的商务辅助服务。

1. 纳税人向境外单位提供的代理报关服务和货物运输代理服务,属于完全在境外消费的代理报关服务和货物运输代理服务。

2. 纳税人向境外单位提供的外派海员服务,属于完全在境外消费的人力资源服务。外派海员服务,是指境内单位派出属于本单位员工的海员,为境外单位在境外提供的船舶驾驶和船舶管理等服务。

3. 纳税人以对外劳务合作方式,向境外单位提供的完全在境外发生的人力资源服务,属于完全在境外消费的人力资源服务。对外劳务合作,是指境内单位与境外单位签订劳务合作合同,按照合同约定组织和协助中国公民赴境外工作的活动。

4. 下列情形不属于完全在境外消费的商务辅助服务:

(1)服务的实际接受方为境内单位或者个人。

(2)对境内不动产的投资与资产管理服务、物业管理服务、房地产中介服务。

(3)拍卖境内货物或不动产过程中提供的经纪代理服务。

(4)为境内货物或不动产的物权纠纷提供的法律代理服务。

(5)为境内货物或不动产提供的安全保护服务。

(十六)向境外单位销售的广告投放地在境外的广告服务。

广告投放地在境外的广告服务,是指为在境外发布的广告提供的广告服务。

(十七)向境外单位销售的完全在境外消费的无形资产(技术除外)。

下列情形不属于向境外单位销售的完全在境外消费的无形资产:

1. 无形资产未完全在境外使用。

2. 所转让的自然资源使用权与境内自然资源相关。

3. 所转让的基础设施资产经营权、公共事业特许权与境内货物或不动产相关。

4. 向境外单位转让在境内销售货物、应税劳务、服务、无形资产或不动产的配额、经营权、经销权、分销权、代理权。

(十八)为境外单位之间的货币资金融通及其他金融业务提供的直接收费金融服务,且该服务与境内的货物、无形资产和不动产无关。

为境外单位之间、境外单位和个人之间的外币、人民币资金往来提供的资金清算、资金结算、金融支付、账户管理服务,属于为境外单位之间的货币资金融通及其他金融业务提供的直接收费金融服务。

(十九)属于以下情形的国际运输服务:

1. 以无运输工具承运方式提供的国际运输服务。

2. 以水路运输方式提供国际运输服务但未取得《国际船舶运输经营许可证》的。

3. 以公路运输方式提供国际运输服务但未取得《道路运输经营许可证》或者《国际汽车运输行车许可证》,或者《道路运输经营许可证》的经营范围未包括“国际运输”的。

4. 以航空运输方式提供国际运输服务但未取得《公共航空运输企业经营许可证》,或者其经营范围未包括“国际航空客货邮运输业务”的。

5. 以航空运输方式提供国际运输服务但未持有《通用航空经营许可证》,或者其经营范围未包括“公务飞行”的。

(二十)符合零税率政策但适用简易计税方法或声明放弃适用零税率选择免税的下列应税行为:

1. 国际运输服务。

2. 航天运输服务。

3. 向境外单位提供的完全在境外消费的下列服务:

(1)研发服务;

(2)合同能源管理服务;

(3)设计服务;

(4)广播影视节目(作品)的制作和发行服务;

(5)软件服务;

(6)电路设计及测试服务;

(7)信息系统服务;

(8)业务流程管理服务;

(9)离岸服务外包业务。

4. 向境外单位转让完全在境外消费的技术。

第三条 纳税人向国内海关特殊监管区域内的单位或者个人销售服务、无形资产,不属于跨境应税行为,应照章征收增值税。

第四条 2016 年 4 月 30 日前签订的合同,符合《财政部、国家税务总局关于将铁路运输和邮政业纳入营业税改征增值税试点的通知》(财税〔2013〕106 号)附件 4 和《财政部、国家税务总局关于影视等出口服务适用增值税零税率政策的通知》(财税〔2015〕118 号)规定的免税政策条件的,在合同到期前可以继续享受免税政策。

第五条 纳税人发生本办法第二条所列跨境应税行为,除第(九)项、第(二十)项外,必须签订跨境销售服务或无形资产书面合同。否则,不予免征增值税。

纳税人向外国航空运输企业提供空中飞行管理服务,以中国民用航空局下发的航班计划或者中国民用航空局清算中心临时来华飞行记录,为跨境销售服务书面合同。

纳税人向外国航空运输企业提供物流辅助服务(除空中飞行管理服务外),与经中国民用航空局批准设立的外国航空运输企业常驻代表机构签订的书面合同,属于与服务接受方签订跨境销售服务书面合同。外国航空运输企业临时来华飞行,未签订跨境服务书面合同的,以中国民用航空局清算中心临时来华飞行记录为跨境销售服务书面合同。

施工地点在境外的工程项目,工程分包方应提供工程项目在境外的证明、与发包方签订的建筑合同原件及复印件等资料,作为跨境销售服务书面合同。

第六条 纳税人向境外单位销售服务或无形资产,按本办法规定免征增值税的,该项销售服务或无形资产的全部收入应从境外取得,否则,不予免征增值税。

下列情形视同从境外取得收入:

(一)纳税人向外国航空运输企业提供物流辅助服务,从中国民用航空局清算中心、中国航空结算有限责任公司或者经中国民用航空局批准设立的外国航空运输企业常驻代表机构取得的收入。

(二)纳税人与境外关联单位发生跨境应税行为,从境内第三方结算公司取得的收入。上述所称第三方结算公司,是指承担跨国企业集团内部成员单位资金集中运营管理职能的资金结算公司,包括财务公司、资金池、资金结算中心等。

(三)纳税人向外国船舶运输企业提供物流辅助服务,通过外国船舶运输企业指定的境内代理公司结算取得的收入。

(四)国家税务总局规定的其他情形。

第七条 纳税人发生跨境应税行为免征增值税的,应单独核算跨境应税行为的销售额,准确计算不得抵扣的进项税额,其免税收入不得开具增值税专用发票。

纳税人为出口货物提供收派服务,按照下列公式计算不得抵扣的进项税额:

不得抵扣的进项税额 = 当期无法划分的全部进项税额 × (当期简易计税方法计税项目销售额 + 免征增值税项目销售额 - 为出口货物提供收派服务支付给境外合作方的费用) ÷ 当期全部销售额

第八条 纳税人发生免征增值税跨境应税行为,除提供第二条第(二十)项所列服务外,应在首次享受免税的纳税申报期内或在各省、自治区、直辖市和计划单列市税务局规定的申报征期后的其他期限内,到主管税务机关办理跨境应税行为免税备案手续,同时提交以下备案材料:

(一)《跨境应税行为免税备案表》(附件 1);

(二)本办法第五条规定的跨境销售服务或无形资产的合同原件及复印件;

(三)提供本办法第二条第(一)项至第(八)项和第(十六)项服务,应提交服务地点在境外的证明材料原件及复印件;

(四)提供本办法第二条规定的国际运输服务,应提交实际发生相关业务的证明材料;

(五)向境外单位销售服务或无形资产,应提交服务或无形资产购买方的机构所在地在境外的证明材料;

(六)国家税务总局规定的其他资料。

第九条 纳税人发生第二条第(二十)项所列应税行为的,应在首次享受免税的纳税申报期内或在各省、自治区、直辖市和计划单列市税务局规定的申报征期后的其他期限内,到主管税务机关办理跨境应税行为免税备案手续,同时提交以下备案材料:

(一)已向办理增值税免抵退税或免退税的主管税务机

关备案的《放弃适用增值税零税率声明》(附件2)；

(二)该项应税行为享受零税率到主管税务机关办理增值税免抵退税或免退税申报时需报送的材料和原始凭证。

第十条　按照本办法第八条规定提交备案的跨境销售服务或无形资产合同原件为外文的，应提供中文翻译件并由法定代表人(负责人)签字或者单位盖章。

纳税人无法提供本办法第八条规定的境外资料原件的，可只提供复印件，注明“复印件与原件一致”字样，并由法定代表人(负责人)签字或者单位盖章；境外资料原件为外文的，应提供中文翻译件并由法定代表人(负责人)签字或者单位盖章。

主管税务机关对提交的境外证明材料有明显疑义的，可以要求纳税人提供境外公证部门出具的证明材料。

第十一条　纳税人办理跨境应税行为免税备案手续时，主管税务机关应当根据以下情况分别做出处理：

(一)备案材料存在错误的，应当告知并允许纳税人更正。

(二)备案材料不齐全或者不符合规定形式的，应当场一次性告知纳税人补正。

(三)备案材料齐全、符合规定形式的，或者纳税人按照税务机关的要求提交全部补正备案材料的，应当受理纳税人的备案，并将有关资料原件退还纳税人。

(四)按照税务机关的要求补正后的备案材料仍不符合本办法第八、九、十条规定的，应当对纳税人的本次跨境应税行为免税备案不予受理，并将所有报送材料退还纳税人。

第十二条　主管税务机关受理或者不予受理纳税人跨境应税行为免税备案，应当出具加盖本机关专用印章和注明日期的书面凭证。

第十三条　原签订的跨境销售服务或无形资产合同发生变更，或者跨境销售服务或无形资产的有关情况发生变化，变化后仍属于本办法第二条规定的免税范围的，纳税人应向主管税务机关重新办理跨境应税行为免税备案手续。

第十四条　纳税人应当完整保存本办法第八、九、十条要求的各项材料。纳税人在税务机关后续管理中不能提供上述材料的，不得享受本办法规定的免税政策，对已享受的减免税款应予补缴，并依照《中华人民共和国税收征收管理法》的有关规定处理。

第十五条　纳税人发生跨境应税行为享受免税的，应当按规定进行纳税申报。纳税人享受免税到期或实际经营情况不再符合本办法规定的免税条件的，应当停止享受免税，并按照规定申报纳税。

第十六条　纳税人发生实际经营情况不符合本办法规定的免税条件、采用欺骗手段获取免税、或者享受减免税条件发生变化未及时向税务机关报告，以及未按照本办法规定履行相关程序自行减免税的，税务机关依照《中华人民共和国税收征收管理法》有关规定予以处理。

第十七条　税务机关应高度重视跨境应税行为增值税免税管理工作，针对纳税人的备案材料，采取案头分析、日常检查、重点稽查等方式，加强对纳税人业务真实性的核实，发现问题的，按照现行有关规定处理。

第十八条　纳税人发生的与香港、澳门、台湾有关的应税行为，参照本办法执行。

第十九条　本办法自2016年5月1日起施行。此前，纳税人发生符合本办法第四条规定的免税跨境应税行为，已办理免税备案手续的，不再重新办理免税备案手续。纳税人发生符合本办法第二条和第四条规定的免税跨境应税行为，未办理免税备案手续但已进行免税申报的，按照本办法规定补办备案手续；未进行免税申报的，按照本办法规定办理跨境服务备案手续后，可以申请退还已缴税款或者抵减以后的应纳税额；已开具增值税专用发票的，应将全部联次追回后方可办理跨境应税行为免税备案手续。

附件：(略)

关于支持科技创新进口税收政策管理办法的通知

(2017年1月14日　财关税〔2016〕71号)

各省、自治区、直辖市、计划单列市财政厅(局)、教育厅(局)、发展改革委、科技厅(委、局)工业和信息化主管部门、民政厅(局)、商务厅(局)、国家税务局，海关总署广东分署、各直属海关，新疆生产建设兵团财务局、科技局、民政局、商务局：

为深入贯彻落实党中央、国务院关于创新驱动发展战略有关精神，发挥科技创新在全面创新中的引领作用，经国务院批准，财政部、海关总署、国家税务总局联合印发了《关于“十三五”期间支持科技创新进口税收政策的通知》(财关税〔2016〕70号)。为加强政策管理，现将支持科技创新进口税收政策管理办法通知如下：

一、国务院部委、直属机构所属从事科学研究工作的各类科研院所，由科技部核定名单，函告海关总署，并抄送本通知第八条出版物进口单位。此类科研院所持凭主管部门批准成立的文件、《事业单位法人证书》，按海关规定办理有关减免税手续。

各省、自治区、直辖市、计划单列市所属从事科学研究工作的各类科研院所，由本级科技主管部门核定名单，函告相关科研院所所在地直属海关，并抄送本通知第八条出版物进口单位。此类科研院所持凭主管部门批准成立的文件、《事业单位法人证书》，按海关规定办理有关减免税手续。

二、国家承认学历的实施专科及以上高等学历教育的高等学校，由教育部核定并在教育部门户网站公布，按海关规定办理有关减免税手续。

三、国家发展改革委会同财政部、海关总署和国家税务总局核定的国家工程研究中心的免税进口资格，按国家发展和改革委员会会同有关部门另行制定的国家工程研究中心管理办法确定。

国家发展改革委会同财政部、海关总署、国家税务总局和科技部核定的企业技术中心，按《国家企业技术中心认定管理办法》（国家发展改革委 科技部 财政部 海关总署 国家税务总局令第34号）确定免税资格，按海关规定办理有关减免税手续。

四、科技部会同财政部、海关总署和国家税务总局核定的科技体制改革过程中转制为企业和进入企业的主要从事科学研究和技术开发工作的机构、国家重点实验室、企业国家重点实验室、国家工程技术研究中心的免税进口管理办法由科技部会同有关部门另行制定。

五、科技部会同民政部核定或者各省、自治区、直辖市、计划单列市及新疆生产建设兵团科技主管部门会同同级民政部门核定的科技类民办非企业单位的免税进口管理办法见附件1。

六、工业和信息化部会同财政部、海关总署、国家税务总局核定的国家中小企业公共服务示范平台（技术类）的免税进口管理办法见附件2。

七、各省、自治区、直辖市、计划单列市及新疆生产建设兵团商务主管部门会同同级财政、国税部门和外资研发中心所在地直属海关核定的外资研发中心的免税进口管理办法见附件3。

八、国家新闻出版广电总局批准的下列具有出版物进口许可的出版物进口单位：中国图书进出口（集团）总公司及其具有独立法人资格的子公司、中国经济图书进出口公司、中国教育图书进出口有限公司、北京中科进出口有限责任公司、中国科技资料进出口总公司、中国国际图书贸易集团有限公司，按海关规定办理有关减免税手续。免税进口商品销售对象中的科研院所是指本通知第一条中经核定的科研院所；学校是指本通知第二条中经核定的高等学校。

出版物进口单位应在每年3月31日前将上一年度免税进口图书、资料等情况报财政部、海关总署、国家税务总局、国家新闻出版广电总局备案。备案信息应包括商品种类、进口额、免税进口商品的销售流向、使用单位等。

对出版物进口单位为科研院所、学校进口用于科研、教学的图书、资料等的免税范围，按进口科学研究、科技开发和教学用品免税清单中的“五、图书、文献、报刊及其他资料（包括只读光盘、微缩平片、胶卷、地球资料卫星照片、科技和教学声像制品）”执行。

九、财政部会同有关部门核定的其他科学研究机构、技术开发机构、学校，比照上述有关条款进行免税进口管理。

十、财政部等有关部门及其工作人员在政策执行过程中，存在违反执行免税政策规定的行为，以及滥用职权、玩忽职守、徇私舞弊等违法违纪行为的，按照《预算法》、《公务员法》、《行政监察法》、《财政违法行为处罚处分条例》等国家有关规定追究相应责任；涉嫌犯罪的，移送司法机关处理。

本通知自2016年1月1日起实施。

附件：1. 科技类民办非企业单位免税进口科学研究、科技开展和教学用品管理办法（略）

2. 国家中小企业公共服务示范平台（技术类）免税进口科学研究、科技开发和教学用品管理办法（略）

3. 外资研发中心免税进口科学研究、科技开发和教学用品管理办法（略）

科技开发用品免征进口税收暂行规定

（2007年1月31日财政部、海关总署、国家税务总局令第44号公布　根据2011年6月14日《财政部、海关总署、国家税务总局关于修改〈科技开发用品免征进口税收暂行规定〉和〈科学研究和教学用品免征进口税收规定〉的决定》修订）

第一条　为了鼓励科学研究和技术开发，促进科技进步，规范科技开发用品的免税进口行为，根据国务院关于同意对科教用品进口实行税收优惠政策的决定，制定本规定。

第二条　下列科学研究、技术开发机构，在2015年12月31日前，在合理数量范围内进口国内不能生产或者性能不能满足需要的科技开发用品，免征进口关税和进口环节增值税、消费税：

（一）科技部会同财政部、海关总署和国家税务总局核定的科技体制改革过程中转制为企业和进入企业的主要从事科学研究和技术开发工作的机构；

（二）国家发展和改革委员会会同财政部、海关总署和国家税务总局核定的国家工程研究中心；

（三）国家发展和改革委员会会同财政部、海关总署、国家税务总局和科技部核定的企业技术中心；

（四）科技部会同财政部、海关总署和国家税务总局核定的国家重点实验室和国家工程技术研究中心；

（五）财政部会同国务院有关部门核定的其他科学研究、技术开发机构。

第三条　免税进口科技开发用品的具体范围，按照本规定所附《免税进口科技开发用品清单》执行。

财政部会同有关部门根据科技开发用品的需求变化及国内生产发展情况，适时对《免税进口科技开发用品清单》进行调整。

第四条　依照本规定免税进口的科技开发用品，应当直接用于本单位的科学研究和技术开发，不得擅自转让、移作他用或者进行其他处置。

第五条　经海关核准的单位，其免税进口的科技开发用品可以用于其他单位的科学研究和技术开发活动。

第六条 违反规定，将免税进口的科技开发用品擅自转让、移作他用或者进行其他处置的，按照有关规定处罚，有关单位在1年内不得享受本税收优惠政策；依法被追究刑事责任的，有关单位在3年内不得享受本税收优惠政策。

第七条 海关总署根据本规定制定海关具体实施办法。

第八条 本规定自2007年2月1日起施行。

附件：

免税进口科技开发用品清单

（一）研究开发、科学试验用的分析、测量、检查、计量、观测、发生信号的仪器、仪表及其附件；

（二）为科学研究、技术开发提供必要条件的科研实验用设备（用于中试和生产的设备除外）；

（三）计算机工作站，中型、大型计算机；

（四）在海关监管期内用于维修依照本规定已免税进口的仪器、仪表和设备或者用于改进、扩充该仪器、仪表和设备的功能而单独进口的专用零部件及配件；

（五）各种载体形式的图书、报刊、讲稿、计算机软件；

（六）标本、模型；

（七）实验用材料；

（八）实验用动物；

（九）研究开发、科学试验和教学用的医疗检测、分析仪器及其附件（限于医药类科学研究、技术开发机构）；

（十）优良品种植物及种子（限于农林类科学研究、技术开发机构）；

（十一）专业级乐器和音像资料（限于艺术类科学研究、技术开发机构）；

（十二）特殊需要的体育器材（限于体育类科学研究、技术开发机构）；

（十三）研究开发用的非汽油、柴油动力样车（限于汽车类研究开发机构）。

科学研究和教学用品免征进口税收规定

（2007年1月31日财政部、海关总署、国家税务总局令第45号公布　根据2011年6月14日《财政部、海关总署、国家税务总局关于修改〈科技开发用品免征进口税收暂行规定〉和〈科学研究和教学用品免征进口税收规定〉的决定》第一次修正　根据2017年12月20日《财政部、海关总署、国家税务总局关于修改〈科学研究和教学用品免征进口税收规定〉的决定》第二次修正）

第一条 为了促进科学研究和教育事业的发展，推动科教兴国战略的实施，规范科学研究和教学用品的免税进口行为，根据国务院关于同意对科教用品进口实行税收优惠政策的决定，制定本规定。

第二条 科学研究机构和学校，以科学研究和教学为目的，在合理数量范围内进口国内不能生产或者性能不能满足需要的科学研究和教学用品，免征进口关税和进口环节增值税、消费税。

第三条 本规定所称科学研究机构和学校，是指：

（一）国务院部委、直属机构和省、自治区、直辖市、计划单列市所属专门从事科学研究工作的各类科研院所；

（二）国家承认学历的实施专科及以上高等学历教育的高等学校；

（三）财政部会同国务院有关部门核定的其他科学研究机构和学校。

第四条 免税进口科学研究和教学用品的具体范围，按照本规定所附《免税进口科学研究和教学用品清单》执行。

财政部会同国务院有关部门根据科学研究和教学用品的需求及国内生产发展情况，适时对《免税进口科学研究和教学用品清单》进行调整。

第五条 依照本规定免税进口的科学研究和教学用品，应当直接用于本单位的科学研究和教学，不得擅自转让、移作他用或者进行其他处置。

第六条 经海关核准的单位，其免税进口的科学研究和教学用品可用于其他单位的科学研究和教学活动。

第七条 违反规定，将免税进口的科学研究和教学用品擅自转让、移作他用或者进行其他处置的，按照有关规定处罚，有关单位在1年内不得享受本税收优惠政策；依法被追究刑事责任的，有关单位在3年内不得享受本税收优惠政策。

第八条 财政部、海关总署、税务总局等有关部门及其工作人员在政策执行过程中，存在违反本规定的行为，以及其他滥用职权、玩忽职守、徇私舞弊等违法违纪行为的，依照国家有关规定追究相应责任；涉嫌犯罪的，依法移送司法机关处理。

第九条 海关总署根据本规定制定海关具体实施办法。

第十条 本规定自2007年2月1日起施行。

附件：

免税进口科学研究和教学用品清单

（一）科学研究、科学试验和教学用的分析、测量、检查、计量、观测、发生信号的仪器、仪表及其附件；

（二）为科学研究和教学提供必要条件的科研实验用设备（用于中试和生产的设备除外）；

（三）计算机工作站，中型、大型计算机；

（四）在海关监管期内用于维修依照本规定已免税进口的仪器、仪表和设备或者用于改进、扩充该仪器、仪表和设备的功能而单独进口的专用零部件及配件；

（五）各种载体形式的图书、报刊、讲稿、计算机软件；

（六）标本、模型；

（七）教学用幻灯片；

（八）实验用材料；

（九）实验用动物；

（十）科学研究、科学试验和教学用的医疗检测、分析仪器及其附件（限于医药类院校、专业和医药类科学研究机构。经海关核准，上述进口单位以科学研究或教学为目的，在每5年每种1台的范围内，可将免税医疗检测、分析仪器用于其附属医院的临床活动）；

（十一）优良品种植物及种子（限于农林类科学研究机构和农林类院校、专业）；

（十二）专业级乐器和音像资料（限于艺术类科学研究机构和艺术类院校、专业）；

（十三）特殊需要的体育器材（限于体育类科学研究机构和体育类院校、专业）；

（十四）教练飞机（限于飞行类院校）；

（十五）教学实验船舶所用关键设备（限于航运类院校）；

（十六）科学研究用的非汽油、柴油动力样车（限于汽车类院校、专业）。

财政部、税务总局关于明确生活性服务业增值税加计抵减政策的公告

（2019年9月30日财政部、税务总局公告2019年第87号公布）

现就生活性服务业增值税加计抵减有关政策公告如下：

一、2019年10月1日至2021年12月31日，允许生活性服务业纳税人按照当期可抵扣进项税额加计15%，抵减应纳税额（以下称加计抵减15%政策）。

二、本公告所称生活性服务业纳税人，是指提供生活服务取得的销售额占全部销售额的比重超过50%的纳税人。生活服务的具体范围按照《销售服务、无形资产、不动产注释》（财税〔2016〕36号印发）执行。

2019年9月30日前设立的纳税人，自2018年10月至2019年9月期间的销售额（经营期不满12个月的，按照实际经营期的销售额）符合上述规定条件的，自2019年10月1日起适用加计抵减15%政策。

2019年10月1日后设立的纳税人，自设立之日起3个月的销售额符合上述规定条件的，自登记为一般纳税人之日起适用加计抵减15%政策。

纳税人确定适用加计抵减15%政策后，当年内不再调整，以后年度是否适用，根据上年度销售额计算确定。

三、生活性服务业纳税人应按照当期可抵扣进项税额的15%计提当期加计抵减额。按照现行规定不得从销项税额中抵扣的进项税额，不得计提加计抵减额；已按照15%计提加计抵减额的进项税额，按规定作进项税额转出的，应在进项税额转出当期，相应调减加计抵减额。计算公式如下：

当期计提加计抵减额＝当期可抵扣进项税额×15%

当期可抵减加计抵减额＝上期末加计抵减额余额＋当期计提加计抵减额－当期调减加计抵减额

四、纳税人适用加计抵减政策的其他有关事项，按照《关于深化增值税改革有关政策的公告》（财政部 税务总局 海关总署公告2019年第39号）等有关规定执行。

特此公告。

财政部、税务总局关于继续实施支持文化企业发展增值税政策的通知

（2019年2月13日　财税〔2019〕17号）

各省、自治区、直辖市、计划单列市财政厅（局），新疆生产建设兵团财政局，国家税务总局各省、自治区、直辖市、计划单列市税务局：

为贯彻落实《国务院办公厅关于印发文化体制改革中经营性文化事业单位转制为企业和进一步支持文化企业发展两个规定的通知》（国办发〔2018〕124号）有关规定，进一步深化文化体制改革，促进文化企业发展，现就继续实施支持文化企业发展的增值税政策通知如下：

一、对电影主管部门（包括中央、省、地市及县级）按照各自职能权限批准从事电影制片、发行、放映的电影集团公司（含成员企业）、电影制片厂及其他电影企业取得的销售电影拷贝（含数字拷贝）收入、转让电影版权（包括转让和许可使用）收入、电影发行收入以及在农村取得的电影放映收入，免征增值税。一般纳税人提供的城市电影放映服务，可以按现行政策规定，选择按照简易计税办法计算缴纳增值税。

二、对广播电视运营服务企业收取的有线数字电视基本收视维护费和农村有线电视基本收视费，免征增值税。

三、本通知执行期限为2019年1月1日至2023年12月31日。《财政部 税务总局关于继续执行有线电视收视费增值税政策的通知》（财税〔2017〕35号）同时废止。《财政部 税务总局关于继续实施支持文化企业发展若干税收政策的通知》（财税〔2014〕85号）自2019年1月1日起停止执行。

文化企业按照本通知规定应予减免的增值税税款，在本通知下发以前已经征收入库的，可抵减以后纳税期应缴税款或办理退库。

财政部、国家税务总局、科技部关于完善研究开发费用税前加计扣除政策的通知①

（2015 年 11 月 2 日 财税〔2015〕119 号）

各省、自治区、直辖市、计划单列市财政厅（局）、国家税务局、地方税务局、科技厅（局），新疆生产建设兵团财务局、科技局：

根据《中华人民共和国企业所得税法》及其实施条例有关规定，为进一步贯彻落实《中共中央 国务院关于深化体制机制改革加快实施创新驱动发展战略的若干意见》精神，更好地鼓励企业开展研究开发活动（以下简称研发活动）和规范企业研究开发费用（以下简称研发费用）加计扣除优惠政策执行，现就企业研发费用税前加计扣除有关问题通知如下：

一、研发活动及研发费用归集范围

本通知所称研发活动，是指企业为获得科学与技术新知识，创造性运用科学技术新知识，或实质性改进技术、产品（服务）、工艺而持续进行的具有明确目标的系统性活动。

（一）允许加计扣除的研发费用。

企业开展研发活动中实际发生的研发费用，未形成无形资产计入当期损益的，在按规定据实扣除的基础上，按照本年度实际发生额的 50%，从本年度应纳税所得额中扣除；形成无形资产的，按照无形资产成本的 150% 在税前摊销。研发费用的具体范围包括：

1. 人员人工费用。

直接从事研发活动人员的工资薪金、基本养老保险费、基本医疗保险费、失业保险费、工伤保险费、生育保险费和住房公积金，以及外聘研发人员的劳务费用。

2. 直接投入费用。

（1）研发活动直接消耗的材料、燃料和动力费用。

（2）用于中间试验和产品试制的模具、工艺装备开发及制造费，不构成固定资产的样品、样机及一般测试手段购置费，试制产品的检验费。

（3）用于研发活动的仪器、设备的运行维护、调整、检验、维修等费用，以及通过经营租赁方式租入的用于研发活动的仪器、设备租赁费。

3. 折旧费用。

用于研发活动的仪器、设备的折旧费。

4. 无形资产摊销。

用于研发活动的软件、专利权、非专利技术（包括许可证、专有技术、设计和计算方法等）的摊销费用。

5. 新产品设计费、新工艺规程制定费、新药研制的临床试验费、勘探开发技术的现场试验费。

6. 其他相关费用。

与研发活动直接相关的其他费用，如技术图书资料费、资料翻译费、专家咨询费、高新科技研发保险费，研发成果的检索、分析、评议、论证、鉴定、评审、评估、验收费用，知识产权的申请费、注册费、代理费，差旅费、会议费等。此项费用总额不得超过可加计扣除研发费用总额的 10%。

7. 财政部和国家税务总局规定的其他费用。

（二）下列活动不适用税前加计扣除政策。

1. 企业产品（服务）的常规性升级。

2. 对某项科研成果的直接应用，如直接采用公开的新工艺、材料、装置、产品、服务或知识等。

3. 企业在商品化后为顾客提供的技术支持活动。

4. 对现存产品、服务、技术、材料或工艺流程进行的重复或简单改变。

5. 市场调查研究、效率调查或管理研究。

6. 作为工业（服务）流程环节或常规的质量控制、测试分析、维修维护。

7. 社会科学、艺术或人文学方面的研究。

二、特别事项的处理

1. 企业委托外部机构或个人进行研发活动所发生的费用，按照费用实际发生额的 80% 计入委托方研发费用并计算加计扣除，受托方不得再进行加计扣除。委托外部研究开发费用实际发生额应按照独立交易原则确定。

委托方与受托方存在关联关系的，受托方应向委托方提供研发项目费用支出明细情况。

企业委托境外机构或个人进行研发活动所发生的费用，不得加计扣除。

2. 企业共同合作开发的项目，由合作各方就自身实际承担的研发费用分别计算加计扣除。

3. 企业集团根据生产经营和科技开发的实际情况，对技术要求高、投资数额大，需要集中研发的项目，其实际发生的研发费用，可以按照权利和义务相一致、费用支出和收益分享相配比的原则，合理确定研发费用的分摊方法，在受益成员企业间进行分摊，由相关成员企业分别计算加计扣除。

4. 企业为获得创新性、创意性、突破性的产品进行创意设计活动而发生的相关费用，可按照本通知规定进行税前加计扣除。

创意设计活动是指多媒体软件、动漫游戏软件开发，数字动漫、游戏设计制作；房屋建筑工程设计（绿色建筑评价标准

① 本通知第二条中“企业委托境外机构或个人进行研发活动所发生的费用，不得加计扣除”的规定已被《财政部、税务总局、科技部关于企业委托境外研究开发费用税前加计扣除有关政策问题的通知》废止。

为三星)、风景园林工程专项设计;工业设计、多媒体设计、动漫及衍生产品设计、模型设计等。

三、会计核算与管理

1. 企业应按照国家财务会计制度要求,对研发支出进行会计处理;同时,对享受加计扣除的研发费用按研发项目设置辅助账,准确归集核算当年可加计扣除的各项研发费用实际发生额。企业在一个纳税年度内进行多项研发活动的,应按照不同研发项目分别归集可加计扣除的研发费用。

2. 企业应对研发费用和生产经营费用分别核算,准确、合理归集各项费用支出,对划分不清的,不得实行加计扣除。

四、不适用税前加计扣除政策的行业

1. 烟草制造业。

2. 住宿和餐饮业。

3. 批发和零售业。

4. 房地产业。

5. 租赁和商务服务业。

6. 娱乐业。

7. 财政部和国家税务总局规定的其他行业。

上述行业以《国民经济行业分类与代码(GB/4754—2011)》为准,并随之更新。

五、管理事项及征管要求

1. 本通知适用于会计核算健全、实行查账征收并能够准确归集研发费用的居民企业。

2. 企业研发费用各项目的实际发生额归集不准确、汇总额计算不准确的,税务机关有权对其税前扣除额或加计扣除额进行合理调整。

3. 税务机关对企业享受加计扣除优惠的研发项目有异议的,可以转请地市级(含)以上科技行政主管部门出具鉴定意见,科技部门应及时回复意见。企业承担省部级(含)以上科研项目的,以及以前年度已鉴定的跨年度研发项目,不再需要鉴定。

4. 企业符合本通知规定的研发费用加计扣除条件而在2016年1月1日以后未及时享受该项税收优惠的,可以追溯享受并履行备案手续,追溯期限最长为3年。

5. 税务部门应加强研发费用加计扣除优惠政策的后续管理,定期开展核查,年度核查面不得低于20%。

六、执行时间

本通知自2016年1月1日起执行。《国家税务总局关于印发〈企业研究开发费用税前扣除管理办法(试行)〉的通知》(国税发〔2008〕116号)和《财政部、国家税务总局关于研究开发费用税前加计扣除有关政策问题的通知》(财税〔2013〕70号)同时废止。

国家税务总局关于研发费用税前加计扣除归集范围有关问题的公告

(2017年11月8日国家税务总局公告2017年第40号公布)

为进一步做好研发费用税前加计扣除优惠政策的贯彻落实工作,切实解决政策落实过程中存在的问题,根据《财政部 国家税务总局 科技部关于完善研究开发费用税前加计扣除政策的通知》(财税〔2015〕119号)及《国家税务总局关于企业研究开发费用税前加计扣除政策有关问题的公告》(国家税务总局公告2015年第97号)等文件的规定,现就研发费用税前加计扣除归集范围有关问题公告如下:

一、人员人工费用

指直接从事研发活动人员的工资薪金、基本养老保险费、基本医疗保险费、失业保险费、工伤保险费、生育保险费和住房公积金,以及外聘研发人员的劳务费用。

(一)直接从事研发活动人员包括研究人员、技术人员、辅助人员。研究人员是指主要从事研究开发项目的专业人员;技术人员是指具有工程技术、自然科学和生命科学中一个或一个以上领域的技术知识和经验,在研究人员指导下参与研发工作的人员;辅助人员是指参与研究开发活动的技工。外聘研发人员是指与本企业或劳务派遣企业签订劳务用工协议(合同)和临时聘用的研究人员、技术人员、辅助人员。

接受劳务派遣的企业按照协议(合同)约定支付给劳务派遣企业,且由劳务派遣企业实际支付给外聘研发人员的工资薪金等费用,属于外聘研发人员的劳务费用。

(二)工资薪金包括按规定可以在税前扣除的对研发人员股权激励的支出。

(三)直接从事研发活动的人员、外聘研发人员同时从事非研发活动的,企业应对其人员活动情况做必要记录,并将其实际发生的相关费用按实际工时占比等合理方法在研发费用和生产经营费用间分配,未分配的不得加计扣除。

二、直接投入费用

指研发活动直接消耗的材料、燃料和动力费用;用于中间试验和产品试制的模具、工艺装备开发及制造费,不构成固定资产的样品、样机及一般测试手段购置费,试制产品的检验费;用于研发活动的仪器、设备的运行维护、调整、检验、维修等费用,以及通过经营租赁方式租入的用于研发活动的仪器、设备租赁费。

(一)以经营租赁方式租入的用于研发活动的仪器、设备,同时用于非研发活动的,企业应对其仪器设备使用情况做必要记录,并将其实际发生的租赁费按实际工时占比等合理方法在研发费用和生产经营费用间分配,未分配的不得加计扣除。

(二)企业研发活动直接形成产品或作为组成部分形成

的产品对外销售的，研发费用中对应的材料费用不得加计扣除。

产品销售与对应的材料费用发生在不同纳税年度且材料费用已计入研发费用的，可在销售当年以对应的材料费用发生额直接冲减当年的研发费用，不足冲减的，结转以后年度继续冲减。

三、折旧费用

指用于研发活动的仪器、设备的折旧费。

（一）用于研发活动的仪器、设备，同时用于非研发活动的，企业应对其仪器设备使用情况做必要记录，并将其实际发生的折旧费按实际工时占比等合理方法在研发费用和生产经营费用间分配，未分配的不得加计扣除。

（二）企业用于研发活动的仪器、设备，符合税法规定且选择加速折旧优惠政策的，在享受研发费用税前加计扣除政策时，就税前扣除的折旧部分计算加计扣除。

四、无形资产摊销费用

指用于研发活动的软件、专利权、非专利技术（包括许可证、专有技术、设计和计算方法等）的摊销费用。

（一）用于研发活动的无形资产，同时用于非研发活动的，企业应对其无形资产使用情况做必要记录，并将其实际发生的摊销费按实际工时占比等合理方法在研发费用和生产经营费用间分配，未分配的不得加计扣除。

（二）用于研发活动的无形资产，符合税法规定且选择缩短摊销年限的，在享受研发费用税前加计扣除政策时，就税前扣除的摊销部分计算加计扣除。

五、新产品设计费、新工艺规程制定费、新药研制的临床试验费、勘探开发技术的现场试验费

指企业在新产品设计、新工艺规程制定、新药研制的临床试验、勘探开发技术的现场试验过程中发生的与开展该项活动有关的各类费用。

六、其他相关费用

指与研发活动直接相关的其他费用，如技术图书资料费、资料翻译费、专家咨询费、高新科技研发保险费，研发成果的检索、分析、评议、论证、鉴定、评审、评估、验收费用，知识产权的申请费、注册费、代理费，差旅费、会议费，职工福利费、补充养老保险费、补充医疗保险费。

此类费用总额不得超过可加计扣除研发费用总额的10%。

七、其他事项

（一）企业取得的政府补助，会计处理时采用直接冲减研发费用方法且税务处理时未将其确认为应税收入的，应按冲减后的余额计算加计扣除金额。

（二）企业取得研发过程中形成的下脚料、残次品、中间试制品等特殊收入，在计算确认收入当年的加计扣除研发费用时，应从已归集研发费用中扣减该特殊收入，不足扣减的，加计扣除研发费用按零计算。

（三）企业开展研发活动中实际发生的研发费用形成无形资产的，其资本化的时点与会计处理保持一致。

（四）失败的研发活动所发生的研发费用可享受税前加计扣除政策。

（五）国家税务总局公告2015年第97号第三条所称“研发活动发生费用”是指委托方实际支付给受托方的费用。无论委托方是否享受研发费用税前加计扣除政策，受托方均不得加计扣除。

委托方委托关联方开展研发活动的，受托方需向委托方提供研发过程中实际发生的研发项目费用支出明细情况。

八、执行时间和适用对象

本公告适用于2017年度及以后年度汇算清缴。以前年度已经进行税务处理的不再调整。涉及追溯享受优惠政策情形的，按照本公告的规定执行。科技型中小企业研发费用加计扣除事项按照本公告执行。

国家税务总局公告2015年第97号第一条、第二条第（一）项、第二条第（二）项、第二条第（四）项同时废止。

财政部、税务总局关于广告费和业务宣传费支出税前扣除有关事项的公告

（2020年11月27日财政部、税务总局公告2020年第43号公布　自2021年1月1日起施行）

根据《中华人民共和国企业所得税法》及其实施条例，现就广告费和业务宣传费支出税前扣除有关事项公告如下：

一、对化妆品制造或销售、医药制造和饮料制造（不含酒类制造）企业发生的广告费和业务宣传费支出，不超过当年销售（营业）收入30%的部分，准予扣除；超过部分，准予在以后纳税年度结转扣除。

二、对签订广告费和业务宣传费分摊协议（以下简称分摊协议）的关联企业，其中一方发生的不超过当年销售（营业）收入税前扣除限额比例内的广告费和业务宣传费支出可以在本企业扣除，也可以将其中的部分或全部按照分摊协议归集至另一方扣除。另一方在计算本企业广告费和业务宣传费支出企业所得税税前扣除限额时，可将按照上述办法归集至本企业的广告费和业务宣传费不计算在内。

三、烟草企业的烟草广告费和业务宣传费支出，一律不得在计算应纳税所得额时扣除。

四、本通知自2021年1月1日起至2025年12月31日止执行。《财政部、税务总局关于广告费和业务宣传费支出税前扣除政策的通知》（财税〔2017〕41号）自2021年1月1日起废止。

启运港退(免)税管理办法

(2018 年 12 月 28 日国家税务总局公告 2018 年第 66 号公布 自 2019 年 1 月 1 日起施行)

第一条 为规范启运港退(免)税管理,根据《财政部 海关总署 税务总局关于完善启运港退税政策的通知》的有关规定,制定本办法。

第二条 出口企业适用启运港退(免)税政策须同时满足以下条件:

(一)出口企业的出口退(免)税分类管理类别为一类或二类,并且在海关的信用等级为一般信用企业或认证企业(以税务总局清分的企业海关信用等级信息为准);

(二)出口企业出口适用退(免)税政策的货物,并且能够取得海关提供的启运港出口货物报关单电子信息;

(三)除本公告另有规定外,出口货物自启运日(以启运港出口货物报关单电子信息上注明的出口日期为准,下同)起 2 个月内办理结关核销手续。

第三条 适用启运港退(免)税政策的出口货物,其退税率执行时间以启运港出口货物报关单电子信息上注明的出口日期为准。

第四条 出口企业应自启运日起 2 个月内,凭启运港出口货物报关单电子信息及相关材料向主管出口退税的税务机关申报办理启运港退(免)税。

出口企业自启运日起超过 2 个月未办理结关核销手续或未申报启运港退(免)税的出口货物,应使用正常结关核销的出口货物报关单电子信息及相关材料按照现行规定申报办理退(免)税。

出口企业申报办理启运港退(免)税时,应在申报明细表的“退(免)税业务类型”栏内填写“QYGTS”标识。外贸企业应使用单独关联号申报适用本办法的出口货物退(免)税。

第五条 主管出口退税的税务机关受理出口企业启运港退(免)税首次申报时,即视为出口企业完成启运港退(免)税备案。

第六条 主管出口退税的税务机关办理启运港退(免)税相关事项所使用的信息,应以税务总局清分的下列信息为准:

(一)企业海关信用等级信息;

(二)启运港出口货物报关单信息(加启运港退税标识,以下简称“启运数据”);

(三)正常结关核销的报关单数据(加启运港退税标识,以下简称“结关数据”);

(四)货物未运抵离境港不再出口,海关撤销的报关单数据(以下简称“撤销数据”)。

第七条 主管出口退税的税务机关应使用启运数据受理审核启运港退(免)税。

第八条 主管出口退税的税务机关应定期使用结关数据和撤销数据开展启运港退(免)税复核工作。对复核比对异常的,按以下原则进行处理:

(一)启运数据中的出口数量及单位、总价等项目与结关数据不一致的,以结关数据为准进行调整或追缴已退(免)税款;

(二)涉及撤销数据的,根据现行规定进行调整或追缴已退(免)税款;

(三)自启运日起超过 2 个月仍未收到结关数据(以下简称“到期未结关数据”)的,除本办法第九条规定情形外,根据现行规定追缴已退(免)税款,该笔出口货物不再适用启运港退(免)税政策。

第九条 出口企业已申报办理启运港退(免)税的货物,因自然灾害、社会突发事件等不可抗力因素,预计 2 个月内无法办理结关核销手续的,应自启运日起 2 个月内向主管出口退税的税务机关提出申请,经主管出口退税的税务机关同意后,暂不追缴已退(免)税款。

上述货物在启运日次年的退(免)税申报期限截止之日前,主管出口退税的税务机关收到结关数据的,应按照本办法第八条规定处理;仍未收到结关数据的(以下简称“次年未结关数据”),该笔出口货物不再适用启运港退(免)税政策,主管出口退税的税务机关根据现行规定追缴已退(免)税款。

第十条 按第八条、第九条规定已追缴退(免)税款或进行调整处理的到期未结关数据和次年未结关数据,海关又办理结关核销手续的,出口企业可凭正常结关核销的出口货物报关单电子信息及相关材料重新申报出口退(免)税,主管出口退税的税务机关依据结关数据按照现行规定审核办理退(免)税。

第十一条 货物未运抵离境港不再出口,海关撤销出口货物报关单的,出口企业应按照现行规定向主管出口退税的税务机关申请出具《出口货物退运已补税(未退税)证明》,主管出口退税的税务机关在出具证明时,应使用撤销数据进行审核比对。出口企业未申报退(免)税的,不得再申报退(免)税;已申报办理退(免)税的,应补缴已退(免)税款。

第十二条 2018 年 4 月 10 日(以海关出口报关单电子信息注明的出口日期为准)以后的启运港出口货物,出口企业不再提供纸质出口货物报关单(出口退税专用)。

第十三条 本办法施行前符合本办法规定的适用启运港退(免)税办法的出口货物,可按本办法申报办理出口退(免)税相关事项。此前已按结关数据办理出口退(免)税事项的,不作调整。

第十四条 本办法未尽事宜,按照现行出口退(免)税相关规定执行。

第十五条 本办法自2019年1月1日起施行,启运港出口货物报关单电子信息上注明的出口日期为2019年1月1日以后(含)的启运港退(免)税事项按本办法执行。《启运港退(免)税管理办法》(国家税务总局公告2014年第52号发布,国家税务总局公告2018年第31号修改)同时废止。

财政部、税务总局、民政部关于公益性捐赠税前扣除有关事项的公告

(2020年5月13日财政部公告2020年第27号公布 自2020年1月1日起施行)

为贯彻落实《中华人民共和国企业所得税法》及其实施条例、《中华人民共和国个人所得税法》及其实施条例,现就公益性捐赠税前扣除有关事项公告如下:

一、企业或个人通过公益性社会组织、县级以上人民政府及其部门等国家机关,用于符合法律规定的公益慈善事业捐赠支出,准予按税法规定在计算应纳税所得额时扣除。

二、本公告第一条所称公益慈善事业,应当符合《中华人民共和国公益事业捐赠法》第三条对公益事业范围的规定或者《中华人民共和国慈善法》第三条对慈善活动范围的规定。

三、本公告第一条所称公益性社会组织,包括依法设立或登记并按规定条件和程序取得公益性捐赠税前扣除资格的慈善组织、其他社会组织和群众团体。公益性群众团体的公益性捐赠税前扣除资格确认及管理按照现行规定执行。依法登记的慈善组织和其他社会组织的公益性捐赠税前扣除资格确认及管理按本公告执行。

四、在民政部门依法登记的慈善组织和其他社会组织(以下统称社会组织),取得公益性捐赠税前扣除资格应当同时符合以下规定:

(一)符合企业所得税法实施条例第五十二条第一项到第八项规定的条件。

(二)每年应当在3月31日前按要求向登记管理机关报送经审计的上年度专项信息报告。报告应当包括财务收支和资产负债总体情况、开展募捐和接受捐赠情况、公益慈善事业支出及管理费用情况(包括本条第三项、第四项规定的比例情况)等内容。

首次确认公益性捐赠税前扣除资格的,应当报送经审计的前两个年度的专项信息报告。

(三)具有公开募捐资格的社会组织,前两年度每年用于公益慈善事业的支出占上年总收入的比例均不得低于70%。计算该支出比例时,可以用前三年收入平均数代替上年总收入。

不具有公开募捐资格的社会组织,前两年度每年用于公益慈善事业的支出占上年末净资产的比例均不得低于8%。计算该比例时,可以用前三年年末净资产平均数代替上年末净资产。

(四)具有公开募捐资格的社会组织,前两年度每年支出的管理费用占当年总支出的比例均不得高于10%。

不具有公开募捐资格的社会组织,前两年每年支出的管理费用占当年总支出的比例均不得高于12%。

(五)具有非营利组织免税资格,且免税资格在有效期内。

(六)前两年度未受到登记管理机关行政处罚(警告除外)。

(七)前两年度未被登记管理机关列入严重违法失信名单。

(八)社会组织评估等级为3A以上(含3A)且该评估结果在确认公益性捐赠税前扣除资格时仍在有效期内。

公益慈善事业支出、管理费用和总收入的标准和范围,按照《民政部、财政部、国家税务总局关于印发〈关于慈善组织开展慈善活动年度支出和管理费用的规定〉的通知》(民发〔2016〕189号)关于慈善活动支出、管理费用和上年总收入的有关规定执行。

按照《中华人民共和国慈善法》新设立或新认定的慈善组织,在其取得非营利组织免税资格的当年,只需要符合本条第一项、第六项、第七项条件即可。

五、公益性捐赠税前扣除资格的确认按以下规定执行:

(一)在民政部登记注册的社会组织,由民政部结合社会组织公益活动情况和日常监督管理、评估等情况,对社会组织的公益性捐赠税前扣除资格进行核实,提出初步意见。根据民政部初步意见,财政部、税务总局和民政部对照本公告相关规定,联合确定具有公益性捐赠税前扣除资格的社会组织名单,并发布公告。

(二)在省级和省级以下民政部门登记注册的社会组织,由省、自治区、直辖市和计划单列市财政、税务、民政部门参照本条第一项规定执行。

(三)公益性捐赠税前扣除资格的确认对象包括:

1.公益性捐赠税前扣除资格将于当年末到期的公益性社会组织;

2.已被取消公益性捐赠税前扣除资格但又重新符合条件的社会组织;

3.登记设立后尚未取得公益性捐赠税前扣除资格的社会组织。

(四)每年年底前,省级以上财政、税务、民政部门按权限完成公益性捐赠税前扣除资格的确认和名单发布工作,并按本条第三项规定的不同审核对象,分别列示名单及其公益性捐赠税前扣除资格起始时间。

六、公益性捐赠税前扣除资格在全国范围内有效,有效期为三年。

本公告第五条第三项规定的第一种情形,其公益性捐赠税前扣除资格自发布名单公告的次年1月1日起算。本公告第五条第三项规定的第二种和第三种情形,其公益性捐赠税前扣除资格自发布公告的当年1月1日起算。

七、公益性社会组织存在以下情形之一的,应当取消其公益性捐赠税前扣除资格:

(一)未按本公告规定时间和要求向登记管理机关报送专项信息报告的;

(二)最近一个年度用于公益慈善事业的支出不符合本公告第四条第三项规定的;

(三)最近一个年度支出的管理费用不符合本公告第四条第四项规定的;

(四)非营利组织免税资格到期后超过六个月未重新获取免税资格的;

(五)受到登记管理机关行政处罚(警告除外)的;

(六)被登记管理机关列入严重违法失信名单的;

(七)社会组织评估等级低于3A或者无评估等级的。

八、公益性社会组织存在以下情形之一的,应当取消其公益性捐赠税前扣除资格,且取消资格的当年及之后三个年度内不得重新确认资格:

(一)违反规定接受捐赠的,包括附加对捐赠人构成利益回报的条件、以捐赠为名从事营利性活动、利用慈善捐赠宣传烟草制品或法律禁止宣传的产品和事项、接受不符合公益目的或违背社会公德的捐赠等情形;

(二)开展违反组织章程的活动,或者接受的捐赠款项用于组织章程规定用途之外的;

(三)在确定捐赠财产的用途和受益人时,指定特定受益人,且该受益人与捐赠人或公益性社会组织管理人员存在明显利益关系的。

九、公益性社会组织存在以下情形之一的,应当取消其公益性捐赠税前扣除资格且不得重新确认资格:

(一)从事非法政治活动的;

(二)从事、资助危害国家安全或者社会公共利益活动的。

十、对应当取消公益性捐赠税前扣除资格的公益性社会组织,由省级以上财政、税务、民政部门核实相关信息后,按权限及时向社会发布取消资格名单公告。自发布公告的次月起,相关公益性社会组织不再具有公益性捐赠税前扣除资格。

十一、公益性社会组织、县级以上人民政府及其部门等国家机关在接受捐赠时,应当按照行政管理级次分别使用由财政部或省、自治区、直辖市财政部门监(印)制的公益事业捐赠票据,并加盖本单位的印章。

企业或个人将符合条件的公益性捐赠支出进行税前扣除,应当留存相关票据备查。

十二、公益性社会组织登记成立时的注册资金捐赠人,在该公益性社会组织首次取得公益性捐赠税前扣除资格的当年进行所得税汇算清缴时,可按规定对其注册资金捐赠额进行税前扣除。

十三、除另有规定外,公益性社会组织、县级以上人民政府及其部门等国家机关在接受企业或个人捐赠时,按以下原则确认捐赠额:

(一)接受的货币性资产捐赠,以实际收到的金额确认捐赠额。

(二)接受的非货币性资产捐赠,以其公允价值确认捐赠额。捐赠方在向公益性社会组织、县级以上人民政府及其部门等国家机关捐赠时,应当提供注明捐赠非货币性资产公允价值的证明;不能提供证明的,接受捐赠方不得向其开具捐赠票据。

十四、为方便纳税主体查询,省级以上财政、税务、民政部门应当及时在官方网站上发布具备公益性捐赠税前扣除资格的公益性社会组织名单公告。

企业或个人可通过上述渠道查询社会组织公益性捐赠税前扣除资格及有效期。

十五、本公告自2020年1月1日起执行。《财政部、国家税务总局、民政部关于公益性捐赠税前扣除有关问题的通知》(财税〔2008〕160号)、《财政部、国家税务总局、民政部关于公益性捐赠税前扣除有关问题的补充通知》(财税〔2010〕45号)、《财政部、国家税务总局、民政部关于公益性捐赠税前扣除资格确认审批有关调整事项的通知》(财税〔2015〕141号)同时废止。

尚未完成2019年度及以前年度社会组织公益性捐赠税前扣除资格确认工作的,各级财政、税务、民政部门按照原政策规定执行。2020年度及以后年度的公益性捐赠税前扣除资格的确认及管理按本公告规定执行。

特此公告。

适用增值税零税率应税服务退(免)税管理办法①

(2014年2月8日国家税务总局公告2014年第11号公布 自2014年1月1日起施行)

第一条 中华人民共和国境内(以下简称境内)的增值

① 本办法第十三条第五项第1目之(2)和第十五条第一项第4目已被《国家税务总局关于出口退(免)税有关问题的公告》废止,第十二条第二款、第十三条第五项第3目、第十四条、第十五条第二项已被《国家税务总局关于〈适用增值税零税率应税服务退(免)税管理办法〉的补充公告》废止。本办法第十三条第二项、第十三条第五项第2目已被《国家税务总局关于出口退(免)税申报有关问题的公告》废止。

税一般纳税人提供适用增值税零税率的应税服务，实行增值税退（免）税办法。

第二条 本办法所称的增值税零税率应税服务提供者是指，提供适用增值税零税率应税服务，且认定为增值税一般纳税人，实行增值税一般计税方法的境内单位和个人。属于汇总缴纳增值税的，为经财政部和国家税务总局批准的汇总缴纳增值税的总机构。

第三条 增值税零税率应税服务适用范围按财政部、国家税务总局的规定执行。

起点或终点在境外的运单、提单或客票所对应的各航段或路段的运输服务，属于国际运输服务。

起点或终点在港澳台的运单、提单或客票所对应的各航段或路段的运输服务，属于港澳台运输服务。

从境内载运旅客或货物至国内海关特殊监管区域及场所、从国内海关特殊监管区域及场所载运旅客或货物至国内其他地区或者国内海关特殊监管区域及场所，以及向国内海关特殊监管区域及场所内单位提供的研发服务、设计服务，不属于增值税零税率应税服务适用范围。

第四条 增值税零税率应税服务退（免）税办法包括免抵退税办法和免退税办法，具体办法及计算公式按《财政部、国家税务总局关于出口货物劳务增值税和消费税政策的通知》（财税〔2012〕39号）有关出口货物劳务退（免）税的规定执行。

实行免抵退税办法的增值税零税率应税服务提供者如果同时出口货物劳务且未分别核算的，应一并计算免抵退税。税务机关在审批时，应按照增值税零税率应税服务、出口货物劳务免抵退税额的比例划分其退税额和免抵税额。

第五条 增值税零税率应税服务的退税率为对应服务提供给境内单位适用的增值税税率。

第六条 增值税零税率应税服务的退（免）税计税依据，按照下列规定确定：

（一）实行免抵退税办法的退（免）税计税依据

1. 以铁路运输方式载运旅客的，为按照铁路合作组织清算规则清算后的实际运输收入；

2. 以铁路运输方式载运货物的，为按照铁路运输进款清算办法，对“发站”或“到站（局）”名称包含“境”字的货票上注明的运输费用以及直接相关的国际联运杂费清算后的实际运输收入；

3. 以航空运输方式载运货物或旅客的，如果国际运输或港澳台运输各航段由多个承运人承运的，为中国航空结算有限责任公司清算后的实际收入；如果国际运输或港澳台运输各航段由一个承运人承运的，为提供航空运输服务取得的收入；

4. 其他实行免抵退税办法的增值税零税率应税服务，为提供增值税零税率应税服务取得的收入。

（二）实行免退税办法的退（免）税计税依据为购进应税服务的增值税专用发票或解缴税款的中华人民共和国税收缴款凭证上注明的金额。

第七条 实行增值税退（免）税办法的增值税零税率应税服务不得开具增值税专用发票。

第八条 增值税零税率应税服务提供者办理出口退（免）税资格认定后，方可申报增值税零税率应税服务退（免）税。如果提供的适用增值税零税率应税服务发生在办理出口退（免）税资格认定前，在办理出口退（免）税资格认定后，可按规定申报退（免）税。

第九条 增值税零税率应税服务提供者应按照下列要求，向主管税务机关申请办理出口退（免）税资格认定：

（一）填报《出口退（免）税资格认定申请表》及电子数据；

《出口退（免）税资格认定申请表》中的“退税开户银行账号”，必须填写办理税务登记时向主管税务机关报备的银行账号之一。

（二）根据所提供的适用增值税零税率应税服务，提供以下对应资料的原件及复印件：

1. 提供国际运输服务。以水路运输方式的，应提供《国际船舶运输经营许可证》；以航空运输方式的，应提供经营范围包括“国际航空客货邮运输业务”的《公共航空运输企业经营许可证》或经营范围包括“公务飞行”的《通用航空经营许可证》；以公路运输方式的，应提供经营范围包括“国际运输”的《道路运输经营许可证》和《国际汽车运输行车许可证》；以铁路运输方式的，应提供经营范围包括“许可经营项目：铁路客货运输”的《企业法人营业执照》或其他具有提供铁路客货运输服务资质的证明材料；提供航天运输服务的，应提供经营范围包括“商业卫星发射服务”的《企业法人营业执照》或其他具有提供商业卫星发射服务资质的证明材料。

2. 提供港澳台运输服务。以公路运输方式提供内地往返香港、澳门的交通运输服务的，应提供《道路运输经营许可证》及持《道路运输证》的直通港澳运输车辆的物权证明；以水路运输方式提供内地往返香港、澳门交通运输服务的，应提供获得港澳线路运营许可船舶的物权证明；以水路运输方式提供大陆往返台湾交通运输服务的，应提供《台湾海峡两岸间水路运输许可证》及持《台湾海峡两岸间船舶营运证》船舶的物权证明；以航空运输方式提供港澳台运输服务的，应提供经营范围包括“国际、国内（含港澳）航空客货邮运输业务”的《公共航空运输企业经营许可证》或者经营范围包括“公务飞行”的《通用航空经营许可证》；以铁路运输方式提供内地往返香港的交通运输服务的，应提供经营范围包括“许可经营项目：铁路客货运输”的《企业法人营业执照》或其他具有提供铁路客货运输服务资质的证明材料。

3. 采用程租、期租和湿租方式租赁交通运输工具用于国际运输服务和港澳台运输服务的，应提供程租、期租和湿租合同或协议。

4. 对外提供研发服务或设计服务的,应提供《技术出口合同登记证》。

(三)增值税零税率应税服务提供者出口货物劳务,且未办理过出口退(免)税资格认定的,除提供上述资料外,还应提供加盖备案登记专用章的《对外贸易经营者备案登记表》和《中华人民共和国海关进出口货物收发货人报关注册登记证书》的原件及复印件。

第十条 已办理过出口退(免)税资格认定的出口企业,提供增值税零税率应税服务的,应填报《出口退(免)税资格认定变更申请表》及电子数据,提供第九条所列的增值税零税率应税服务对应的资料,向主管税务机关申请办理出口退(免)税资格认定变更。

第十一条 增值税零税率应税服务提供者按规定需变更增值税退(免)税办法的,主管税务机关应按照现行规定进行退(免)税清算,在结清税款后方可办理变更。

第十二条 增值税零税率应税服务提供者提供增值税零税率应税服务,应在财务作销售收入次月(按季度进行增值税纳税申报的为次季度首月,下同)的增值税纳税申报期内,向主管税务机关办理增值税纳税和退(免)税相关申报。

增值税零税率应税服务提供者收齐有关凭证后,可于在财务作销售收入次月起至次年 4 月 30 日前的各增值税纳税申报期内向主管税务机关申报退(免)税。逾期申报退(免)税的,主管税务机关不再受理。未在规定期限内申报退(免)税的增值税零税率应税服务,增值税零税率应税服务提供者应按规定缴纳增值税。

第十三条 实行免抵退税办法的增值税零税率应税服务提供者应按照下列要求向主管税务机关办理增值税免抵退税申报:

(一)填报《免抵退税申报汇总表》及其附表;

(二)提供当期《增值税纳税申报表》;

(三)提供免抵退税正式申报电子数据;

(四)提供增值税零税率应税服务所开具的发票(经主管税务机关认可,可只提供电子数据,原始凭证留存备查);

(五)根据所提供的适用增值税零税率应税服务,提供以下对应资料凭证:

1. 提供国际运输服务、港澳台运输服务的,需填报《增值税零税率应税服务(国际运输/港澳台运输)免抵退税申报明细表》(附件 1),并提供下列原始凭证的原件及复印件:

(1)以水路运输、航空运输、公路运输方式的,提供增值税零税率应税服务的载货、载客舱单或其他能够反映收入原始构成的单据凭证。以航空运输方式且国际运输和港澳台运输各航段由多个承运人承运的,还需提供《航空国际运输收入清算账单申报明细表》(附件 2);

(2)以铁路运输方式的,客运的提供增值税零税率应税服务的国际客运联运票据、铁路合作组织清算函件及《铁路国际客运收入清算函件申报明细表》(附件 3);货运的提供铁路进款资金清算机构出具的《国际铁路货运进款清算通知单》,启运地的铁路运输企业还应提供国际铁路联运运单、以及“发站”或“到站(局)”名称包含“境”字的货票;

(3)采用程租、期租、湿租服务方式租赁交通运输工具从事国际运输服务和港澳台运输服务的,还应提供程租、期租、湿租的合同或协议复印件。向境外单位和个人提供期租、湿租服务,按规定由出租方申报退(免)税的,可不提供第(1)项原始凭证。

上述(1)、(2)项原始凭证(不包括《航空国际运输收入清算账单申报明细表》和《铁路国际客运收入清算函件申报明细表》),经主管税务机关批准,增值税零税率应税服务提供者可只提供电子数据,原始凭证留存备查。

2. 提供航天运输服务的,需填报《增值税零税率应税服务(航天运输)免抵退税申报明细表》(附件 4),并提供下列资料及原始凭证的原件及复印件:

(1)签订的提供航天运输服务的合同;

(2)从与之签订航天运输服务合同的单位取得收入的收款凭证;

(3)《提供航天运输服务收讫营业款明细清单》(附件 5)。

3. 对外提供研发服务或设计服务的,需填报《增值税零税率应税服务(研发服务/设计服务)免抵退税申报明细表》(附件 6),并提供下列资料及原始凭证的原件及复印件:

(1)与增值税零税率应税服务收入相对应的《技术出口合同登记证》复印件;

(2)与境外单位签订的研发、设计合同;

(3)从与之签订研发、设计合同的境外单位取得收入的收款凭证;

(4)《向境外单位提供研发服务/设计服务收讫营业款明细清单》(附件 7)。

(六)主管税务机关要求提供的其他资料及凭证。

第十四条 实行免退税办法的增值税零税率应税服务提供者,应按照下列要求向主管税务机关办理增值税免退税申报:

(一)填报《外贸企业出口退税汇总申报表》;

(二)填报《外贸企业外购应税服务(研发服务/设计服务)出口明细申报表》(附件 8);

(三)填列外购对应的研发服务或设计服务取得增值税专用发票情况的《外贸企业出口退税进货明细申报表》;

(四)提供以下原始凭证:

1. 提供增值税零税率应税服务所开具的发票;

2. 从境内单位或者个人购进研发服务或设计服务出口的,提供应税服务提供方开具的增值税专用发票;

3. 从境外单位或者个人购进研发服务或设计服务出口的,提供取得的解缴税款的中华人民共和国税收缴款凭证;

4. 第十三条第(五)项第 3 目所列资料及原始凭证的原件

及复印件。

第十五条 主管税务机关受理增值税零税率应税服务退(免)税申报后,应对下列内容人工审核无误后,使用出口退税审核系统进行审核。对属于实行免退税办法的增值税零税率应税服务的进项一律使用交叉稽核、协查信息审核出口退税。如果在审核中有疑问的,可对企业进项增值税专用发票进行发函调查或核查。

(一)提供国际运输、港澳台运输的,应从增值税零税率应税服务提供者申报中抽取若干申报记录审核以下内容:

1. 所申报的国际运输、港澳台运输服务是否符合适用增值税零税率应税服务的规定;

2. 所抽取申报记录申报应税服务收入是否小于或等于该申报记录所对应的载货或载客舱单上记载的国际运输、港澳台运输服务收入;

3. 采用期租、程租和湿租方式租赁交通运输工具用于国际运输服务和港澳台运输服务的,重点审核期租、程租和湿租的合同或协议,审核申报退(免)税的企业是否符合适用增值税零税率应税服务的规定;

4. 以铁路运输方式提供国际运输、港澳台运输服务的,重点审核提供的货票的"发站"或"到站(局)"名称是否包含"境"字,是否与提供国际铁路联运运单匹配。

(二)对外提供研发服务或设计服务的,应审核以下内容:

1. 企业所申报的研发服务或设计服务是否符合适用增值税零税率应税服务规定;

2. 研发、设计合同签订的对方是否为境外单位;

3. 应税服务收入的支付方是否为与之签订研发、设计合同的境外单位;

4. 申报应税服务收入是否小于或等于从与之签订研发、设计合同的境外单位取得的收款金额;

5. 外贸企业外购研发服务或设计服务出口的,除按照上述内容审核外,还应审核其申报退税的进项税额是否与增值税零税率应税服务对应。

第十六条 因出口自己开发的研发服务或设计服务,退(免)税办法由免退税改为免抵退税办法的外贸企业,如果申报的退(免)税异常增长,出口货物劳务及服务有非正常情况的,主管税务机关可要求外贸企业报送出口货物劳务及服务所对应的进项凭证,并按规定进行审核。主管税务机关如果审核发现外贸企业提供的进货凭证有伪造或内容不实的,按照《财政部、国家税务总局关于出口货物劳务增值税和消费税政策通知》(财税〔2012〕39 号)等有关规定处理。

第十七条 主管税务机关认为增值税零税率应税服务提供者提供的研发服务或设计服务出口价格偏高的,应按照《财政部、国家税务总局关于防范税收风险若干增值税政策的通知》(财税〔2013〕112 号)第五条的规定处理。

第十八条 经主管税务机关审核,增值税零税率应税服务提供者申报的退(免)税,如果凭证资料齐全、符合退(免)税规定的,主管税务机关应及时予以审核通过,办理退税和免抵调库,退税资金由中央金库统一支付。

第十九条 增值税零税率应税服务提供者骗取国家出口退税款的,税务机关应按《国家税务总局关于停止为骗取出口退税企业办理出口退税有关问题的通知》(国税发〔2008〕32 号)和《财政部、国家税务总局关于防范税收风险若干增值税政策的通知》(财税〔2013〕112 号)的规定处理。增值税零税率应税服务提供者在停止退税期间发生的增值税零税率应税服务,不得申报退(免)税,应按规定缴纳增值税。

第二十条 增值税零税率应税服务提供者提供适用增值税零税率的应税服务,如果放弃适用增值税零税率,选择免税或按规定缴纳增值税的,应向主管税务机关报送《放弃适用增值税零税率声明》(附件 9),办理备案手续。自备案次月 1 日起 36 个月内,该企业提供的增值税零税率应税服务,不得申报增值税退(免)税。

第二十一条 主管税务机关应对增值税零税率应税服务提供者适用增值税零税率的退(免)税加强分析监控。

第二十二条 本办法要求增值税零税率应税服务提供者向主管税务机关报送的申报表电子数据应均通过出口退(免)税申报系统生成、报送。在出口退(免)税申报系统信息生成、报送功能升级完成前,涉及需报送的电子数据,可暂报送纸质资料。

出口退(免)税申报系统可从国家税务总局网站免费下载或由主管税务机关免费提供。

第二十三条 本办法要求增值税零税率应税服务提供者向主管税务机关同时提供原件和复印件的资料,增值税零税率应税服务提供者提供的复印件上应注明"与原件相符"字样,并加盖企业公章。主管税务机关在核对复印件与原件相符后,将原件退回,留存复印件。

第二十四条 本办法自 2014 年 1 月 1 日起施行,以增值税零税率应税服务提供者提供增值税零税率应税服务并在财务作销售收入的日期为准。

附件:(略)

关于《适用增值税零税率应税服务退(免)税管理办法》的补充公告[①]

(2015年12月14日国家税务总局公告2015年第88号公布　根据2018年6月15日《国家税务总局关于修改部分税收规范性文件的公告》修正)

根据《财政部、国家税务总局关于影视等出口服务适用增值税零税率政策的通知》(财税〔2015〕118号),经商财政部同意,现对《适用增值税零税率应税服务退(免)税管理办法》(国家税务总局公告2014年第11号发布)补充公告如下:

一、适用增值税零税率应税服务的广播影视节目(作品)的制作和发行服务、技术转让服务、软件服务、电路设计及测试服务、信息系统服务、业务流程管理服务,以及合同标的物在境外的合同能源管理服务的范围,按照《营业税改征增值税试点实施办法》(财税〔2013〕106号文件印发)所附的《应税服务范围注释》对应的应税服务范围执行;适用增值税零税率应税服务的离岸服务外包业务的范围,按照《离岸服务外包业务》(附件1)对应的适用范围执行。以上适用增值税零税率的应税服务,本公告统称为新纳入零税率范围的应税服务。

境内单位和个人向国内海关特殊监管区域及场所内的单位或个人提供的应税服务,不属于增值税零税率应税服务适用范围。

二、向境外单位提供新纳入零税率范围的应税服务的,增值税零税率应税服务提供者申报退(免)税时,应按规定办理出口退(免)税备案。

三、增值税零税率应税服务提供者收齐有关凭证后,可在财务作销售收入次月起至次年4月30日前的各增值税纳税申报期内向主管税务机关申报退(免)税;逾期申报的,不再按退(免)税申报,改按免税申报;未按规定申报免税的,应按规定缴纳增值税。

四、实行免抵退办法的增值税零税率应税服务提供者,向境外单位提供研发服务、设计服务、新纳入零税率范围的应税服务的,应在申报免抵退税时,向主管税务机关提供以下申报资料:

(一)《增值税零税率应税服务免抵退税申报明细表》(附件2)。

(二)《提供增值税零税率应税服务收讫营业款明细清单》(附件3)。

(三)《免抵退税申报汇总表》及其附表。

(四)当期《增值税纳税申报表》。

(五)免抵退税正式申报电子数据。

(六)下列资料及原始凭证的原件及复印件:

1. 提供增值税零税率应税服务所开具的发票(经主管税务机关认可,可只提供电子数据,原始凭证留存备查)。

2. 与境外单位签订的提供增值税零税率应税服务的合同。

提供软件服务、电路设计及测试服务、信息系统服务、业务流程管理服务,以及离岸服务外包业务的,同时提供合同已在商务部"服务外包及软件出口管理信息系统"中登记并审核通过,由该系统出具的证明文件;提供广播影视节目(作品)的制作和发行服务的,同时提供合同已在商务部"文化贸易管理系统"中登记并审核通过,由该系统出具的证明文件。

3. 提供电影、电视剧的制作服务的,应提供行业主管部门出具的在有效期内的影视制作许可证明;提供电影、电视剧的发行服务的,应提供行业主管部门出具的在有效期内的发行版权证明、发行许可证明。

4. 提供研发服务、设计服务、技术转让服务的,应提供与提供增值税零税率应税服务收入相对应的《技术出口合同登记证》及其数据表。

5. 从与之签订提供增值税零税率应税服务合同的境外单位取得收入的收款凭证。

跨国公司经外汇管理部门批准实行外汇资金集中运营管理或经中国人民银行批准实行经常项下跨境人民币集中收付管理的,其成员公司在批准的有效期内,可凭银行出具给跨国公司资金集中运营(收付)公司符合下列规定的收款凭证,向主管税务机关申报退(免)税:

(1)收款凭证上的付款单位须是与成员公司签订提供增值税零税率应税服务合同的境外单位或合同约定的跨国公司的境外成员企业。

(2)收款凭证上的收款单位或附言的实际收款人须载明有成员公司的名称。

(七)主管税务机关要求提供的其他资料及凭证。

五、实行免退税办法的增值税零税率应税服务提供者,应在申报免退税时,向主管税务机关提供以下申报资料:

(一)《外贸企业外购应税服务出口明细申报表》(附件4)。

(二)《外贸企业出口退税进货明细申报表》(需填列外购对应的增值税零税率应税服务取得增值税专用发票情况)。

(三)《外贸企业出口退税汇总申报表》。

(四)免退税正式申报电子数据。

(五)从境内单位或者个人购进增值税零税率应税服务出口的,提供应税服务提供方开具的增值税专用发票;从境外单位或者个人购进增值税零税率应税服务出口的,提供取得的解缴税款的中华人民共和国税收缴款凭证。

(六)本公告第四条第(六)项所列资料及原始凭证的原件及复印件。

① 本公告第四条第四项已被《国家税务总局关于出口退(免)税申报有关问题的公告》废止。

六、主管税务机关受理增值税零税率应税服务退(免)税申报后,应按规定进行审核,经审核符合规定的,应及时办理退(免)税;不符合规定的,不予办理,按有关规定处理;存在其他审核疑点的,对应的退(免)税暂缓办理,待排除疑点后,方可办理。

七、主管税务机关对申报的对外提供研发、设计服务以及新纳入零税率范围的应税服务退(免)税,应审核以下内容:

(一)申报的增值税零税率应税服务应符合适用增值税零税率应税服务规定。

(二)增值税零税率应税服务合同签订的对方应为境外单位。

(三)增值税零税率应税服务收入的支付方应为与之签订增值税零税率应税服务合同的境外单位。对跨国公司的成员公司申报退(免)税时提供的收款凭证是银行出具给跨国公司资金集中运营(收付)公司的,应要求企业补充提供中国人民银行或国家外汇管理局的批准文件,且企业提供的收款凭证应符合本公告的规定。

(四)申报的增值税零税率应税服务收入应小于或等于从与之签订增值税零税率应税服务合同的境外单位取得的收款金额;大于收款金额的,应要求企业补充提供书面说明材料及相应的证明材料。

(五)外贸企业外购应税服务出口的,除应符合上述规定外,其申报退税的进项税额还应与增值税零税率应税服务对应。

八、本公告未明确的其他增值税零税率应税服务退(免)税管理事项,按现行规定执行。

九、本公告自2015年12月1日起施行,以增值税零税率应税服务提供者提供增值税零税率应税服务并在财务作销售收入的日期为准。《适用增值税零税率应税服务退(免)税管理办法》第十二条第二款、第十三条第(五)项第3目、第十四条、第十五条第(二)项同时废止。

特此公告。

附件:(略)

企业所得税优惠政策事项办理办法

(2018年4月25日国家税务总局公告2018年第23号公布)

第一条 为落实国务院简政放权、放管结合、优化服务要求,规范企业所得税优惠政策事项(以下简称"优惠事项")办理,根据《中华人民共和国企业所得税法》(以下简称"企业所得税法")及其实施条例、《中华人民共和国税收征收管理法》(以下简称"税收征管法")及其实施细则,制定本办法。

第二条 本办法所称优惠事项是指企业所得税法规定的优惠事项,以及国务院和民族自治地方根据企业所得税法授权制定的企业所得税优惠事项。包括免税收入、减计收入、加计扣除、加速折旧、所得减免、抵扣应纳税所得额、减低税率、税额抵免等。

第三条 优惠事项的名称、政策概述、主要政策依据、主要留存备查资料、享受优惠时间、后续管理要求等,见本公告附件《企业所得税优惠事项管理目录(2017年版)》(以下简称《目录》)。

《目录》由税务总局编制、更新。

第四条 企业享受优惠事项采取"自行判别、申报享受、相关资料留存备查"的办理方式。企业应当根据经营情况以及相关税收规定自行判断是否符合优惠事项规定的条件,符合条件的可以按照《目录》列示的时间自行计算减免税额,并通过填报企业所得税纳税申报表享受税收优惠。同时,按照本办法的规定归集和留存相关资料备查。

第五条 本办法所称留存备查资料是指与企业享受优惠事项有关的合同、协议、凭证、证书、文件、账册、说明等资料。留存备查资料分为主要留存备查资料和其他留存备查资料两类。主要留存备查资料由企业按照《目录》列示的资料清单准备,其他留存备查资料由企业根据享受优惠事项情况自行补充准备。

第六条 企业享受优惠事项的,应当在完成年度汇算清缴后,将留存备查资料归集齐全并整理完成,以备税务机关核查。

第七条 企业同时享受多项优惠事项或者享受的优惠事项按照规定分项目进行核算的,应当按照优惠事项或者项目分别归集留存备查资料。

第八条 设有非法人分支机构的居民企业以及实行汇总纳税的非居民企业机构、场所享受优惠事项的,由居民企业的总机构以及汇总纳税的主要机构、场所负责统一归集并留存备查资料。分支机构以及被汇总纳税的非居民企业机构、场所按照规定可独立享受优惠事项的,由分支机构以及被汇总纳税的非居民企业机构、场所负责归集并留存备查资料,同时分支机构以及被汇总纳税的非居民企业机构、场所应在当完成年度汇算清缴后将留存的备查资料清单送总机构以及汇总纳税的主要机构、场所汇总。

第九条 企业对优惠事项留存备查资料的真实性、合法性承担法律责任。

第十条 企业留存备查资料应从企业享受优惠事项当年的企业所得税汇算清缴期结束次日起保留10年。

第十一条 税务机关应当严格按照本办法规定的方式管理优惠事项,严禁擅自改变优惠事项的管理方式。

第十二条 企业享受优惠事项后,税务机关将适时开展后续管理。在后续管理时,企业应当根据税务机关管理服务的需要,按照规定的期限和方式提供留存备查资料,以证实享受优惠事项符合条件。其中,享受集成电路生产企业、集成电路设计企业、软件企业、国家规划布局内的重点软件企业和集成电路设计企业等优惠事项的企业，应当在完成年度汇算清缴后，按照《目录》“后续管理要求”项目中列示的清单向税务机关提交资料。

第十三条 企业享受优惠事项后发现其不符合优惠事项规定条件的，应当依法及时自行调整并补缴税款及滞纳金。

第十四条 企业未能按照税务机关要求提供留存备查资料，或者提供的留存备查资料与实际生产经营情况、财务核算情况、相关技术领域、产业、目录、资格证书等不符，无法证实符合优惠事项规定条件的，或者存在弄虚作假情况的，税务机关将依法追缴其已享受的企业所得税优惠，并按照税收征管法等相关规定处理。

第十五条 本办法适用于2017年度企业所得税汇算清缴及以后年度企业所得税优惠事项办理工作。《国家税务总局关于发布〈企业所得税优惠政策事项办理办法〉的公告》（国家税务总局公告2015年第76号）同时废止。

财政部、国家税务总局关于企业所得税若干优惠政策的通知①

（2008年2月22日 财税〔2008〕1号）

各省、自治区、直辖市，计划单列市财政厅（局）、国家税务局、地方税务局，新疆生产建设兵团财务局：

根据《中华人民共和国企业所得税法》第三十六条的规定，经国务院批准，现将有关企业所得税优惠政策问题通知如下：

一、关于鼓励软件产业和集成电路产业发展的优惠政策

（一）软件生产企业实行增值税即征即退政策所退还的税款，由企业用于研究开发软件产品和扩大再生产，不作为企业所得税应税收入，不予征收企业所得税。

（二）我国境内新办软件生产企业经认定后，自获利年度起，第一年和第二年免征企业所得税，第三年至第五年减半征收企业所得税。

（三）国家规划布局内的重点软件生产企业，如当年未享受免税优惠的，减按10%的税率征收企业所得税。

（四）软件生产企业的职工培训费用，可按实际发生额在计算应纳税所得额时扣除。

（五）企事业单位购进软件，凡符合固定资产或无形资产确认条件的，可以按照固定资产或无形资产进行核算，经主管税务机关核准，其折旧或摊销年限可以适当缩短，最短可为2年。

（六）集成电路设计企业视同软件企业，享受上述软件企业的有关企业所得税政策。

（七）集成电路生产企业的生产性设备，经主管税务机关核准，其折旧年限可以适当缩短，最短可为3年。

（八）投资额超过80亿元人民币或集成电路线宽小于0.25um的集成电路生产企业，可以减按15%的税率缴纳企业所得税，其中，经营期在15年以上的，从开始获利的年度起，第一年至第五年免征企业所得税，第六年至第十年减半征收企业所得税。

（九）对生产线宽小于0.8微米（含）集成电路产品的生产企业，经认定后，自获利年度起，第一年和第二年免征企业所得税，第三年至第五年减半征收企业所得税。

已经享受自获利年度起企业所得税“两免三减半”政策的企业，不再重复执行本条规定。

（十）自2008年1月1日起至2010年底，对集成电路生产企业、封装企业的投资者，以其取得的缴纳企业所得税后的利润，直接投资于本企业增加注册资本，或作为资本投资开办其他集成电路生产企业、封装企业，经营期不少于5年的，按40%的比例退还其再投资部分已缴纳的企业所得税税款。再投资不满5年撤出该项投资的，追缴已退的企业所得税税款。

自2008年1月1日起至2010年底，对国内外经济组织作为投资者，以其在境内取得的缴纳企业所得税后的利润，作为资本投资于西部地区开办集成电路生产企业、封装企业或软件产品生产企业，经营期不少于5年的，按80%的比例退还其再投资部分已缴纳的企业所得税税款。再投资不满5年撤出该项投资的，追缴已退的企业所得税税款。

二、关于鼓励证券投资基金发展的优惠政策

（一）对证券投资基金从证券市场中取得的收入，包括买卖股票、债券的差价收入，股权的股息、红利收入，债券的利息收入及其他收入，暂不征收企业所得税。

（二）对投资者从证券投资基金分配中取得的收入，暂不征收企业所得税。

（三）对证券投资基金管理人运用基金买卖股票、债券的差价收入，暂不征收企业所得税。

三、关于其他有关行业、企业的优惠政策

为保证部分行业、企业税收优惠政策执行的连续性，对原有关就业再就业，奥运会和世博会，社会公益，债转股、清产核资、重组、改制、转制等企业改革，涉农和国家储备，其他单项优惠政策共6类定期企业所得税优惠政策（见附件），自2008年1月1日起，继续按原优惠政策规定的办法和时间执行到期。

四、关于外国投资者从外商投资企业取得利润的优惠政策

2008年1月1日之前外商投资企业形成的累积未分配利

① 本通知第一条第一项至第九项已被《财政部、国家税务总局关于进一步鼓励软件产业和集成电路产业发展企业所得税政策的通知》停止执行。

润,在2008年以后分配给外国投资者的,免征企业所得税;2008年及以后年度外商投资企业新增利润分配给外国投资者的,依法缴纳企业所得税。

五、除《中华人民共和国企业所得税法》、《中华人民共和国企业所得税法实施条例》、《国务院关于实施企业所得税过渡优惠政策的通知》(国发〔2007〕39号)、《国务院关于经济特区和上海浦东新区新设立高新技术企业实行过渡性税收优惠的通知》(国发〔2007〕40号)及本通知规定的优惠政策以外,2008年1月1日之前实施的其他企业所得税优惠政策一律废止。各地区、各部门一律不得越权制定企业所得税的优惠政策。

附件:

执行到期的企业所得税优惠政策表

类别	序号	文件名称	备注
一、就业再就业政策	1	财政部　国家税务总局关于下岗失业人员再就业有关税收政策问题的通知(财税〔2002〕208号)	对2005年底之前核准享受再就业减免税政策的企业,在剩余期限内享受至期满
	2	财政部　国家税务总局关于下岗失业人员再就业有关税收政策问题的通知(财税〔2005〕186号)	政策审批时间截止到2008年底
二、奥运会和世博会政策	3	财政部　国家税务总局　海关总署关于第29届奥运会税收政策问题的通知(财税〔2003〕10号)	奥运会结束并北京奥组委财务清算完结后停止执行
		财政部　国家税务总局关于第29届奥运会补充税收政策的通知(财税〔2006〕128号)	
	4	财政部　国家税务总局关于2010年上海世博会有关税收改策问题的通知(财税〔2005〕180号)	世博会结束并上海世博局财务清算完结后停止执行
		财政部　国家税务总局关于增补上海世博运营有限公司享受上海世博会有关税收优惠政策的批复(财税〔2006〕155号)	
三、社会公益政策	5	财政部　国家税务总局关于延长生产和装配伤残人员专门用品企业免征所得税执行期限的通知(财税〔2006〕148号)	
四、债转股、清产核资,重组、改制,转制等企业改革政策	6	财政部　国家税务总局关于债转股企业有关税收政策的通知(财税〔2005〕29号)	
	7	财政部　国家税务总局关于中央企业清产核资有关税务处理问题的通知(财税〔2006〕18号)	
	8	财政部　国家税务总局关于延长转制科研机构有关税收攻策执行期限的通知(财税〔2005〕14号)	
	9	财攻部　海关总署　国家税务总局关于文化体制改革中经营性文化事业单位转制后企业的若干税收政策问题约通知(财税〔2005〕1号)	
		财攻部　海关总署　国家税务总局关于文化体制改革试点中支持文化产业发展若干税收政策问题的通知(财税〔2005〕2号)	

续表

类别	序号	文件名称	备注
五、涉农和国家储备政策	10	财政部　国家税务总局关于促进农产品连锁经营试点税收优惠政策的通知(财税〔2007〕10号)	
	11	财政部　国家税务总局关于广播电视村村通税收政策的通知(财税〔2007〕17号)	
	12	财政部　国家税务总局关于部分国家储备商品有关税收政策的通知(财税〔2006〕105号)	
六、单项优惠政策	13	财政部　国家税务总局关于股权分置试点改革有关税收政策问题的通知(财税〔2005〕103号)	执行到股权分置试点改革结束
	14	财政部　国家税务总局关于中国证券投资者保护基金有限责任公司有关税收问题的通知(财税〔2006〕169号)	
	15	财政部　国家税务总局关于延长试点地区农村信用社有关税收政策期限的通知(财税〔2006〕46号)	
		财政部　国家税务总局关于海南省改革试点的农村信用社税收政策的通知(财税〔2007〕18号)	
	16	财政部　国家税务总局关于继续执行监狱劳教企业有关税收政策的通知(财税〔2006〕123号)	

国家税务总局关于实施国家重点扶持的公共基础设施项目企业所得税优惠问题的通知①

(2009年4月16日　国税发〔2009〕80号)

各省、自治区、直辖市和计划单列市国家税务局、地方税务局：

为贯彻落实《中华人民共和国企业所得税法》及其实施条例关于国家重点扶持的公共基础设施项目企业所得税优惠政策，促进国家重点扶持的公共基础设施项目建设，现将实施该项优惠政策的有关问题通知如下：

一、对居民企业(以下简称企业)经有关部门批准，从事符合《公共基础设施项目企业所得税优惠目录》(以下简称《目录》)规定范围、条件和标准的公共基础设施项目的投资经营所得，自该项目取得第一笔生产经营收入所属纳税年度起，第一年至第三年免征企业所得税，第四年至第六年减半征收企业所得税。

企业从事承包经营、承包建设和内部自建自用《目录》规定项目的所得，不得享受前款规定的企业所得税优惠。

二、本通知所称第一笔生产经营收入，是指公共基础设施项目建成并投入运营(包括试运营)后所取得的第一笔主营业务收入。

三、本通知所称承包经营，是指与从事该项目经营的法人主体相独立的另一法人经营主体，通过承包该项目的经营管理而取得劳务性收益的经营活动。

四、本通知所称承包建设，是指与从事该项目经营的法人主体相独立的另一法人经营主体，通过承包该项目的工程建设而取得建筑劳务收益的经营活动。

五、本通知所称内部自建自用，是指项目的建设仅作为本企业主体经营业务的设施，满足本企业自身的生产经营活动需要，而不属于向他人提供公共服务业务的公共基础设施建设项目。

六、企业同时从事不在《目录》范围的生产经营项目取得的所得，应与享受优惠的公共基础设施项目经营所得分开核算，并合理分摊企业的期间共同费用；没有单独核算的，不得享受上述企业所得税优惠。

期间共同费用的合理分摊比例可以按照投资额、销售收入、资产额、人员工资等参数确定。上述比例一经确定，不得随意变更。凡特殊情况需要改变的，需报主管税务机关核准。

① 本通知第七条已被《国家税务总局关于公布失效废止的税务部门规章和税收规范性文件目录的决定》废止。

七、从事《目录》范围项目投资的居民企业应于从该项目取得的第一笔生产经营收入后15日内向主管税务机关备案并报送如下材料后，方可享受有关企业所得税优惠：

（一）有关部门批准该项目文件复印件；

（二）该项目完工验收报告复印件；

（三）该项目投资额验资报告复印件；

（四）税务机关要求提供的其他资料。

八、企业因生产经营发生变化或因《目录》调整，不再符合本办法规定减免税条件的，企业应当自发生变化15日内向主管税务机关提交书面报告并停止享受优惠，依法缴纳企业所得税。

九、企业在减免税期限内转让所享受减免税优惠的项目，受让方承续经营该项目的，可自受让之日起，在剩余优惠期限内享受规定的减免税优惠；减免税期限届满后转让的，受让方不得就该项目重复享受减免税优惠。

十、税务机关应结合纳税检查、执法检查或其他专项检查，每年定期对企业享受公共基础设施项目企业所得税减免税款事项进行核查，核查的主要内容包括：

（一）企业是否继续符合减免所得税的资格条件，所提供的有关情况证明材料是否真实。

（二）企业享受减免企业所得税的条件发生变化时，是否及时将变化情况报送税务机关，并根据本办法规定对适用优惠进行了调整。

十一、企业实际经营情况不符合企业所得税减免税规定条件的或采取虚假申报等手段获取减免税的、享受减免税条件发生变化未及时向税务机关报告的，以及未按本办法规定程序报送备案资料而自行减免税的，企业主管税务机关应按照税收征管法有关规定进行处理。

十二、本通知自2008年1月1日起执行。

国家税务总局关于技术转让所得减免企业所得税有关问题的通知[①]

（2009年4月24日 国税函〔2009〕212号）

各省、自治区、直辖市和计划单列市国家税务局、地方税务局：

根据《中华人民共和国企业所得税法》（以下简称企业所得税法）及其实施条例和相关规定，现就符合条件的技术转让所得减免企业所得税有关问题通知如下：

一、根据企业所得税法第二十七条第（四）项规定，享受减免企业所得税优惠的技术转让应符合以下条件：

（一）享受优惠的技术转让主体是企业所得税法规定的居民企业；

（二）技术转让属于财政部、国家税务总局规定的范围；

（三）境内技术转让经省级以上科技部门认定；

（四）向境外转让技术经省级以上商务部门认定；

（五）国务院税务主管部门规定的其他条件。

二、符合条件的技术转让所得应按以下方法计算：

技术转让所得＝技术转让收入－技术转让成本－相关税费

技术转让收入是指当事人履行技术转让合同后获得的价款，不包括销售或转让设备、仪器、零部件、原材料等非技术性收入。不属于与技术转让项目密不可分的技术咨询、技术服务、技术培训等收入，不得计入技术转让收入。

技术转让成本是指转让的无形资产的净值，即该无形资产的计税基础减除在资产使用期间按照规定计算的摊销扣除额后的余额。

相关税费是指技术转让过程中实际发生的有关税费，包括除企业所得税和允许抵扣的增值税以外的各项税金及其附加、合同签订费用、律师费等相关费用及其他支出。

三、享受技术转让所得减免企业所得税优惠的企业，应单独计算技术转让所得，并合理分摊企业的期间费用；没有单独计算的，不得享受技术转让所得企业所得税优惠。

四、企业发生技术转让，应在纳税年度终了后至报送年度纳税申报表以前，向主管税务机关办理减免税备案手续。

（一）企业发生境内技术转让，向主管税务机关备案时应报送以下资料：

1. 技术转让合同（副本）；
2. 省级以上科技部门出具的技术合同登记证明；
3. 技术转让所得归集、分摊、计算的相关资料；
4. 实际缴纳相关税费的证明资料；
5. 主管税务机关要求提供的其他资料。

（二）企业向境外转让技术，向主管税务机关备案时应报送以下资料：

1. 技术出口合同（副本）；
2. 省级以上商务部门出具的技术出口合同登记证书或技术出口许可证；
3. 技术出口合同数据表；
4. 技术转让所得归集、分摊、计算的相关资料；
5. 实际缴纳相关税费的证明资料；
6. 主管税务机关要求提供的其他资料。

五、本通知自2008年1月1日起执行。

① 本通知第四条已被《国家税务总局关于公布失效废止的税务部门规章和税收规范性文件目录的决定》废止。

财政部、税务总局关于支持小微企业融资有关税收政策的通知

（2017 年 10 月 26 日　财税〔2017〕77 号）

各省、自治区、直辖市、计划单列市财政厅（局）、国家税务局、地方税务局，新疆生产建设兵团财务局：

为进一步加大对小微企业的支持力度，推动缓解融资难、融资贵，现将有关税收政策通知如下：

一、自 2017 年 12 月 1 日至 2019 年 12 月 31 日，对金融机构向农户、小型企业、微型企业及个体工商户发放小额贷款取得的利息收入，免征增值税。金融机构应将相关免税证明材料留存备查，单独核算符合免税条件的小额贷款利息收入，按现行规定向主管税务机构办理纳税申报；未单独核算的，不得免征增值税。《财政部 税务总局关于延续支持农村金融发展有关税收政策的通知 》（财税〔2017〕44 号）第一条相应废止。

二、自 2018 年 1 月 1 日至 2020 年 12 月 31 日，对金融机构与小型企业、微型企业签订的借款合同免征印花税。

三、本通知所称农户，是指长期（一年以上）居住在乡镇（不包括城关镇）行政管理区域内的住户，还包括长期居住在城关镇所辖行政村范围内的住户和户口不在本地而在本地居住一年以上的住户，国有农场的职工。位于乡镇（不包括城关镇）行政管理区域内和在城关镇所辖行政村范围内的国有经济的机关、团体、学校、企事业单位的集体户；有本地户口，但举家外出谋生一年以上的住户，无论是否保留承包耕地均不属于农户。农户以户为统计单位，既可以从事农业生产经营，也可以从事非农业生产经营。农户贷款的判定应以贷款发放时的借款人是否属于农户为准。

本通知所称小型企业、微型企业，是指符合《中小企业划型标准规定》（工信部联企业〔2011〕300 号）的小型企业和微型企业。其中，资产总额和从业人员指标均以贷款发放时的实际状态确定；营业收入指标以贷款发放前 12 个自然月的累计数确定，不满 12 个自然月的，按照以下公式计算：

营业收入（年）= 企业实际存续期间营业收入/企业实际存续月数 ×12

本通知所称小额贷款，是指单户授信小于 100 万元（含本数）的农户、小型企业、微型企业或个体工商户贷款；没有授信额度的，是指单户贷款合同金额且贷款余额在 100 万元（含本数）以下的贷款。

财政部、税务总局关于延续实施普惠金融有关税收优惠政策的公告

（2020 年 4 月 20 日财政部、税务总局公告 2020 年第 22 号公布）

为进一步支持小微企业、个体工商户和农户的普惠金融服务，现将有关税收政策公告如下：

《财政部、税务总局关于延续支持农村金融发展有关税收政策的通知》（财税〔2017〕44 号）、《财政部、税务总局关于小额贷款公司有关税收政策的通知》（财税〔2017〕48 号）、《财政部、税务总局关于支持小微企业融资有关税收政策的通知》（财税〔2017〕77 号）、《财政部、税务总局关于租入固定资产进项税额抵扣等增值税政策的通知》（财税〔2017〕90 号）中规定于 2019 年 12 月 31 日执行到期的税收优惠政策，实施期限延长至 2023 年 12 月 31 日。

本公告发布之日前，已征的按照本公告规定应予免征的增值税，可抵减纳税人以后月份应缴纳的增值税或予以退还。

财政部、税务总局关于实施小微企业普惠性税收减免政策的通知

（2019 年 1 月 17 日　财税〔2019〕13 号）

各省、自治区、直辖市、计划单列市财政厅（局），新疆生产建设兵团财政局，国家税务总局各省、自治区、直辖市和计划单列市税务局：

为贯彻落实党中央、国务院决策部署，进一步支持小微企业发展，现就实施小微企业普惠性税收减免政策有关事项通知如下：

一、对月销售额 10 万元以下（含本数）的增值税小规模纳税人，免征增值税。

二、对小型微利企业年应纳税所得额不超过 100 万元的部分，减按 25% 计入应纳税所得额，按 20% 的税率缴纳企业所得税；对年应纳税所得额超过 100 万元但不超过 300 万元的部分，减按 50% 计入应纳税所得额，按 20% 的税率缴纳企业所得税。

上述小型微利企业是指从事国家非限制和禁止行业，且同时符合年度应纳税所得额不超过 300 万元、从业人数不超过 300 人、资产总额不超过 5000 万元等三个条件的企业。

从业人数，包括与企业建立劳动关系的职工人数和企业接受的劳务派遣用工人数。所称从业人数和资产总额指标，应按企业全年的季度平均值确定。具体计算公式如下：

季度平均值 =（季初值 + 季末值）÷2

全年季度平均值 = 全年各季度平均值之和 ÷4

年度中间开业或者终止经营活动的，以其实际经营期作为一个纳税年度确定上述相关指标。

三、由省、自治区、直辖市人民政府根据本地区实际情况，以及宏观调控需要确定，对增值税小规模纳税人可以在50%的税额幅度内减征资源税、城市维护建设税、房产税、城镇土地使用税、印花税（不含证券交易印花税）、耕地占用税和教育费附加、地方教育附加。

四、增值税小规模纳税人已依法享受资源税、城市维护建设税、房产税、城镇土地使用税、印花税、耕地占用税、教育费附加、地方教育附加其他优惠政策的，可叠加享受本通知第三条规定的优惠政策。

五、《财政部 税务总局关于创业投资企业和天使投资个人有关税收政策的通知》（财税〔2018〕55号）第二条第（一）项关于初创科技型企业条件中的"从业人数不超过200人"调整为"从业人数不超过300人"，"资产总额和年销售收入均不超过3000万元"调整为"资产总额和年销售收入均不超过5000万元"。

2019年1月1日至2021年12月31日期间发生的投资，投资满2年且符合本通知规定和财税〔2018〕55号文件规定的其他条件的，可以适用财税〔2018〕55号文件规定的税收政策。

2019年1月1日前2年内发生的投资，自2019年1月1日起投资满2年且符合本通知规定和财税〔2018〕55号文件规定的其他条件的，可以适用财税〔2018〕55号文件规定的税收政策。

六、本通知执行期限为2019年1月1日至2021年12月31日。《财政部 税务总局关于延续小微企业增值税政策的通知》（财税〔2017〕76号）、《财政部 税务总局关于进一步扩大小型微利企业所得税优惠政策范围的通知》（财税〔2018〕77号）同时废止。

七、各级财税部门要切实提高政治站位，深入贯彻落实党中央、国务院减税降费的决策部署，充分认识小微企业普惠性税收减免的重要意义，切实承担起抓落实的主体责任，将其作为一项重大任务，加强组织领导，精心筹划部署，不折不扣落实到位。要加大力度、创新方式，强化宣传辅导，优化纳税服务，增进办税便利，确保纳税人和缴费人实打实享受到减税降费的政策红利。要密切跟踪政策执行情况，加强调查研究，对政策执行中各方反映的突出问题和意见建议，要及时向财政部和税务总局反馈。

国家税务总局关于实施小型微利企业普惠性所得税减免政策有关问题的公告

（2019年1月18日国家税务总局公告2019年第2号公布）

根据《中华人民共和国企业所得税法》及其实施条例、《财政部 税务总局关于实施小微企业普惠性税收减免政策的通知》（财税〔2019〕13号，以下简称《通知》）等规定，现就小型微利企业普惠性所得税减免政策有关问题公告如下：

一、自2019年1月1日至2021年12月31日，对小型微利企业年应纳税所得额不超过100万元的部分，减按25%计入应纳税所得额，按20%的税率缴纳企业所得税；对年应纳税所得额超过100万元但不超过300万元的部分，减按50%计入应纳税所得额，按20%的税率缴纳企业所得税。

小型微利企业无论按查账征收方式或核定征收方式缴纳企业所得税，均可享受上述优惠政策。

二、本公告所称小型微利企业是指从事国家非限制和禁止行业，且同时符合年度应纳税所得额不超过300万元、从业人数不超过300人、资产总额不超过5000万元等三个条件的企业。

三、小型微利企业所得税统一实行按季度预缴。

预缴企业所得税时，小型微利企业的资产总额、从业人数、年度应纳税所得额指标，暂按当年度截至本期申报所属期末的情况进行判断。其中，资产总额、从业人数指标比照《通知》第二条中"全年季度平均值"的计算公式，计算截至本期申报所属期末的季度平均值；年度应纳税所得额指标暂按截至本期申报所属期末不超过300万元的标准判断。

四、原不符合小型微利企业条件的企业，在年度中间预缴企业所得税时，按本公告第三条规定判断符合小型微利企业条件的，应按照截至本期申报所属期末累计情况计算享受小型微利企业所得税减免政策。当年度此前期间因不符合小型微利企业条件而多预缴的企业所得税税款，可在以后季度应预缴的企业所得税税款中抵减。

按月度预缴企业所得税的企业，在当年度4月、7月、10月预缴申报时，如果按照本公告第三条规定判断符合小型微利企业条件的，下一个预缴申报期起调整为按季度预缴申报，一经调整，当年度内不再变更。

五、小型微利企业在预缴和汇算清缴企业所得税时，通过填写纳税申报表相关内容，即可享受小型微利企业所得税减免政策。

六、实行核定应纳所得税额征收的企业，根据小型微利企业所得税减免政策规定需要调减定额的，由主管税务机关按照程序调整，并及时将调整情况告知企业。

七、企业预缴企业所得税时已享受小型微利企业所得税减免政策,汇算清缴企业所得税时不符合《通知》第二条规定的,应当按照规定补缴企业所得税税款。

八、《国家税务总局关于贯彻落实进一步扩大小型微利企业所得税优惠政策范围有关征管问题的公告》(国家税务总局公告2018年第40号)在2018年度企业所得税汇算清缴结束后废止。

特此公告。

国家税务总局关于小规模纳税人免征增值税政策有关征管问题的公告

(2019年1月19日国家税务总局公告2019年第4号公布 自2019年1月1日起施行)

按照《财政部 税务总局关于实施小微企业普惠性税收减免政策的通知》(财税〔2019〕13号)的规定,现将小规模纳税人月销售额10万元以下(含本数)免征增值税政策若干征管问题公告如下:

一、小规模纳税人发生增值税应税销售行为,合计月销售额未超过10万元(以1个季度为1个纳税期的,季度销售额未超过30万元,下同)的,免征增值税。

小规模纳税人发生增值税应税销售行为,合计月销售额超过10万元,但扣除本期发生的销售不动产的销售额后未超过10万元的,其销售货物、劳务、服务、无形资产取得的销售额免征增值税。

二、适用增值税差额征税政策的小规模纳税人,以差额后的销售额确定是否可以享受本公告规定的免征增值税政策。

《增值税纳税申报表(小规模纳税人适用)》中的"免税销售额"相关栏次,填写差额后的销售额。

三、按固定期限纳税的小规模纳税人可以选择以1个月或1个季度为纳税期限,一经选择,一个会计年度内不得变更。

四、《中华人民共和国增值税暂行条例实施细则》第九条所称的其他个人,采取一次性收取租金形式出租不动产取得的租金收入,可在对应的租赁期内平均分摊,分摊后的月租金收入未超过10万元的,免征增值税。

五、转登记日前连续12个月(以1个月为1个纳税期)或者连续4个季度(以1个季度为1个纳税期)累计销售额未超过500万元的一般纳税人,在2019年12月31日前,可选择转登记为小规模纳税人。

一般纳税人转登记为小规模纳税人的其他事宜,按照《国家税务总局关于统一小规模纳税人标准等若干增值税问题的公告》(国家税务总局公告2018年第18号)、《国家税务总局关于统一小规模纳税人标准有关出口退(免)税问题的公告》(国家税务总局公告2018年第20号)的相关规定执行。

六、按照现行规定应当预缴增值税税款的小规模纳税人,凡在预缴地实现的月销售额未超过10万元的,当期无需预缴税款。本公告下发前已预缴税款的,可以向预缴地主管税务机关申请退还。

七、小规模纳税人中的单位和个体工商户销售不动产,应按其纳税期、本公告第六条以及其他现行政策规定确定是否预缴增值税;其他个人销售不动产,继续按照现行规定征免增值税。

八、小规模纳税人月销售额未超过10万元的,当期因开具增值税专用发票已经缴纳的税款,在增值税专用发票全部联次追回或者按规定开具红字专用发票后,可以向主管税务机关申请退还。

九、小规模纳税人2019年1月份销售额未超过10万元(以1个季度为1个纳税期的,2019年第一季度销售额未超过30万元),但当期因代开普通发票已经缴纳的税款,可以在办理纳税申报时向主管税务机关申请退还。

十、小规模纳税人月销售额超过10万元的,使用增值税发票管理系统开具增值税普通发票、机动车销售统一发票、增值税电子普通发票。

已经使用增值税发票管理系统的小规模纳税人,月销售额未超过10万元的,可以继续使用现有税控设备开具发票;已经自行开具增值税专用发票的,可以继续自行开具增值税专用发票,并就开具增值税专用发票的销售额计算缴纳增值税。

十一、本公告自2019年1月1日起施行。《国家税务总局关于全面推开营业税改征增值税试点有关税收征收管理事项的公告》(国家税务总局公告2016年第23号)第三条第二项和第六条第四项、《国家税务总局关于明确营改增试点若干征管问题的公告》(国家税务总局公告2016年第26号)第三条、《国家税务总局关于营改增试点若干征管问题的公告》(国家税务总局公告2016年第53号)第二条和《国家税务总局关于小微企业免征增值税有关问题的公告》(国家税务总局公告2017年第52号)同时废止。

特此公告。

国家税务总局关于非居民企业不享受小型微利企业所得税优惠政策问题的通知

(2008年7月3日 国税函〔2008〕650号)

各省、自治区、直辖市和计划单列市国家税务局、地方税务局:

关于非居民企业是否享受企业所得税法规定的对小型微利企业的税收优惠政策问题,现明确如下:

企业所得税法第二十八条规定的小型微利企业是指企业的全部生产经营活动产生的所得均负有我国企业所得税纳税义务的企业。因此,仅就来源于我国所得负有我国纳税义务的非居民企业,不适用该条规定的对符合条件的小型微利企业减按20%税率征收企业所得税的政策。

财政部、国家税务总局关于执行企业所得税优惠政策若干问题的通知①

(2009年4月24日 财税〔2009〕69号)

各省、自治区、直辖市、计划单列市财政厅(局)、国家税务局、地方税务局,新疆生产建设兵团财务局:

根据《中华人民共和国企业所得税法》(以下简称企业所得税法)及《中华人民共和国企业所得税法实施条例》(国务院令第512号,以下简称实施条例)的有关规定,现就企业所得税优惠政策执行中有关问题通知如下:

一、执行《国务院关于实施企业所得税过渡优惠政策的通知》(国发〔2007〕39号)规定的过渡优惠政策及西部大开发优惠政策的企业,在定期减免税的减半期内,可以按照企业适用税率计算的应纳税额减半征税。其他各类情形的定期减免税,均应按照企业所得税25%的法定税率计算的应纳税额减半征税。

二、《国务院关于实施企业所得税过渡优惠政策的通知》(国发〔2007〕39号)第三条所称不得叠加享受,且一经选择,不得改变的税收优惠情形,限于企业所得税过渡优惠政策与企业所得税法及其实施条例中规定的定期减免税和减低税率类的税收优惠。

企业所得税法及其实施条例中规定的各项税收优惠,凡企业符合规定条件的,可以同时享受。

三、企业在享受过渡税收优惠过程中发生合并、分立、重组等情形的,按照《财政部国家税务总局关于企业重组业务企业所得税处理若干问题的通知》(财税〔2009〕59号)的统一规定执行。

四、2008年1月1日以后,居民企业之间分配属于2007年度及以前年度的累积未分配利润而形成的股息、红利等权益性投资收益,均应按照企业所得税法第二十六条及实施条例第十七条、第八十三条的规定处理。

五、企业在2007年3月16日之前设立的分支机构单独依据原内、外资企业所得税法的优惠规定已享受有关税收优惠的,凡符合《国务院关于实施企业所得税过渡优惠政策的通知》(国发〔2007〕39号)所列政策条件的,该分支机构可以单独享受国发〔2007〕39号规定的企业所得税过渡优惠政策。

六、实施条例第九十一条第(二)项所称国际金融组织,包括国际货币基金组织、世界银行、亚洲开发银行、国际开发协会、国际农业发展基金、欧洲投资银行以及财政部和国家税务总局确定的其他国际金融组织;所称优惠贷款,是指低于金融企业同期同类贷款利率水平的贷款。

七、实施条例第九十二条第(一)项和第(二)项所称从业人数,是指与企业建立劳动关系的职工人数和企业接受的劳务派遣用工人数之和;从业人数和资产总额指标,按企业全年月平均值确定,具体计算公式如下:

月平均值=(月初值+月末值)÷2

全年月平均值=全年各月平均值之和÷12

年度中间开业或者终止经营活动的,以其实际经营期作为一个纳税年度确定上述相关指标。

八、企业所得税法第二十八条规定的小型微利企业待遇,应适用于具备建账核算自身应纳税所得额条件的企业,按照《企业所得税核定征收办法》(国税发〔2008〕30号)缴纳企业所得税的企业,在不具备准确核算应纳税所得额条件前,暂不适用小型微利企业适用税率。

九、2007年底前设立的软件生产企业和集成电路生产企业,经认定后可以按《财政部国家税务总局关于企业所得税若干优惠政策的通知》(财税〔2008〕1号)的规定享受企业所得税定期减免税优惠政策。在2007年度或以前年度已获利并开始享受定期减免税优惠政策的,可自2008年度起继续享受至期满为止。

十、实施条例第一百条规定的购置并实际使用的环境保护、节能节水和安全生产专用设备,包括承租方企业以融资租赁方式租入的、并在融资租赁合同中约定租赁期届满时租赁设备所有权转移给承租方企业,且符合规定条件的上述专用设备。凡融资租赁期届满后租赁设备所有权未转移至承租方企业的,承租方企业应停止享受抵免企业所得税优惠,并补缴已经抵免的企业所得税税款。

十一、实施条例第九十七条所称投资于未上市的中小高新技术企业2年以上的,包括发生在2008年1月1日以前满2年的投资;所称中小高新技术企业是指按照《高新技术企业认定管理办法》(国科发火〔2008〕172号)和《高新技术企业认定管理工作指引》(国科发火〔2008〕362号)取得高新技术企业资格,且年销售额和资产总额均不超过2亿元、从业人数不超过500人的企业,其中2007年底前已取得高新技术企业资格的,在其规定有效期内不需重新认定。

十二、本通知自2008年1月1日起执行。

① 本通知第八条已被《国家税务总局关于扩大小型微利企业减半征收企业所得税范围有关问题的公告》废止,第七条已被《财政部、国家税务总局关于小型微利企业所得税优惠政策的通知》废止。

财政部、国家税务总局关于非营利组织企业所得税免税收入问题的通知

（2009 年 11 月 11 日　财税〔2009〕122 号）

各省、自治区、直辖市、计划单列市财政厅（局）、国家税务局、地方税务局，新疆生产建设兵团财务局：

根据《中华人民共和国企业所得税法》第二十六条及《中华人民共和国企业所得税法实施条例》（国务院令第 512 号）第八十五条的规定，现将符合条件的非营利组织企业所得税免税收入范围明确如下：

一、非营利组织的下列收入为免税收入：

（一）接受其他单位或者个人捐赠的收入；

（二）除《中华人民共和国企业所得税法》第七条规定的财政拨款以外的其他政府补助收入，但不包括因政府购买服务取得的收入；

（三）按照省级以上民政、财政部门规定收取的会费；

（四）不征税收入和免税收入孳生的银行存款利息收入；

（五）财政部、国家税务总局规定的其他收入。

二、本通知从 2008 年 1 月 1 日起执行。

国家税务总局关于实施农、林、牧、渔业项目企业所得税优惠问题的公告

（2011 年 9 月 13 日国家税务总局公告 2011 年第 48 号公布　自 2011 年 1 月 1 日起施行）

根据《中华人民共和国企业所得税法》（以下简称企业所得税法）及《中华人民共和国企业所得税法实施条例》（以下简称实施条例）的规定，现对企业（含企业性质的农民专业合作社，下同）从事农、林、牧、渔业项目的所得，实施企业所得税优惠政策和征收管理中的有关事项公告如下：

一、企业从事实施条例第八十六条规定的享受税收优惠的农、林、牧、渔业项目，除另有规定外，参照《国民经济行业分类》（GB/T4754－2002）的规定标准执行。

企业从事农、林、牧、渔业项目，凡属于《产业结构调整指导目录（2011 年版）》（国家发展和改革委员会令第 9 号）中限制和淘汰类的项目，不得享受实施条例第八十六条规定的优惠政策。

二、企业从事农作物新品种选育的免税所得，是指企业对农作物进行品种和育种材料选育形成的成果，以及由这些成果形成的种子（苗）等繁殖材料的生产、初加工、销售一体化取得的所得。

三、企业从事林木的培育和种植的免税所得，是指企业对树木、竹子的育种和育苗、抚育和管理以及规模造林活动取得的所得，包括企业通过拍卖或收购方式取得林木所有权并经过一定的生长周期，对林木进行再培育取得的所得。

四、企业从事下列项目所得的税务处理

（一）猪、兔的饲养，按“牲畜、家禽的饲养”项目处理；

（二）饲养牲畜、家禽产生的分泌物、排泄物，按“牲畜、家禽的饲养”项目处理；

（三）观赏性作物的种植，按“花卉、茶及其他饮料作物和香料作物的种植”项目处理；

（四）“牲畜、家禽的饲养”以外的生物养殖项目，按“海水养殖、内陆养殖”项目处理。

五、农产品初加工相关事项的税务处理

（一）企业根据委托合同，受托对符合《财政部、国家税务总局关于发布享受企业所得税优惠政策的农产品初加工范围（试行）的通知》（财税〔2008〕149 号）和《财政部、国家税务总局关于享受企业所得税优惠的农产品初加工有关范围的补充通知》（财税〔2011〕26 号）规定的农产品进行初加工服务，其所收取的加工费，可以按照农产品初加工的免税项目处理。

（二）财税〔2008〕149 号文件规定的“油料植物初加工”工序包括“冷却、过滤”等；“糖料植物初加工”工序包括“过滤、吸附、解析、碳脱、浓缩、干燥”等，其适用时间按照财税〔2011〕26 号文件规定执行。

（三）企业从事实施条例第八十六条第（二）项适用企业所得税减半优惠的种植、养殖项目，并直接进行初加工且符合农产品初加工目录范围的，企业应合理划分不同项目的各项成本、费用支出，分别核算种植、养殖项目和初加工项目的所得，并各按适用的政策享受税收优惠。

（四）企业对外购茶叶进行筛选、分装、包装后进行销售的所得，不享受农产品初加工的优惠政策。

六、对取得农业部颁发的“远洋渔业企业资格证书”并在有效期内的远洋渔业企业，从事远洋捕捞业务取得的所得免征企业所得税。

七、购入农产品进行再种植、养殖的税务处理

企业将购入的农、林、牧、渔产品，在自有或租用的场地进行育肥、育秧等再种植、养殖，经过一定的生长周期，使其生物形态发生变化，且并非由于本环节对农产品进行加工而明显增加了产品的使用价值的，可视为农产品的种植、养殖项目享受相应的税收优惠。

主管税务机关对企业进行农产品的再种植、养殖是否符合上述条件难以确定的，可要求企业提供县级以上农、林、牧、渔业政府主管部门的确认意见。

八、企业同时从事适用不同企业所得税政策规定项目的，应分别核算，单独计算优惠项目的计税依据及优惠数额；分别核算不清的，可由主管税务机关按照比例分摊法或其他合理方法进行核定。

九、企业委托其他企业或个人从事实施条例第八十六条规定农、林、牧、渔业项目取得的所得,可享受相应的税收优惠政策。

企业受托从事实施条例第八十六条规定农、林、牧、渔业项目取得的收入,比照委托方享受相应的税收优惠政策。

十、企业购买农产品后直接进行销售的贸易活动产生的所得,不能享受农、林、牧、渔业项目的税收优惠政策。

十一、除本公告第五条第二项的特别规定外,公告自2011年1月1日起执行。

特此公告。

财政部、税务总局关于海南自由贸易港企业所得税优惠政策的通知

(2020年6月23日 财税〔2020〕31号)

海南省财政厅,国家税务总局海南省税务局:

为支持海南自由贸易港建设,现就有关企业所得税优惠政策通知如下:

一、对注册在海南自由贸易港并实质性运营的鼓励类产业企业,减按15%的税率征收企业所得税。

本条所称鼓励类产业企业,是指以海南自由贸易港鼓励类产业目录中规定的产业项目为主营业务,且其主营业务收入占企业收入总额60%以上的企业。所称实质性运营,是指企业的实际管理机构设在海南自由贸易港,并对企业生产经营、人员、账务、财产等实施实质性全面管理和控制。对不符合实质性运营的企业,不得享受优惠。

海南自由贸易港鼓励类产业目录包括《产业结构调整指导目录(2019年本)》、《鼓励外商投资产业目录(2019年版)》和海南自由贸易港新增鼓励类产业目录。上述目录在本通知执行期限内修订的,自修订版实施之日起按新版本执行。

对总机构设在海南自由贸易港的符合条件的企业,仅就其设在海南自由贸易港的总机构和分支机构的所得,适用15%税率;对总机构设在海南自由贸易港以外的企业,仅就其设在海南自由贸易港内的符合条件的分支机构的所得,适用15%税率。具体征管办法按照税务总局有关规定执行。

二、对在海南自由贸易港设立的旅游业、现代服务业、高新技术产业企业新增境外直接投资取得的所得,免征企业所得税。

本条所称新增境外直接投资所得应当符合以下条件:

(一)从境外新设分支机构取得的营业利润;或从持股比例超过20%(含)的境外子公司分回的,与新增境外直接投资相对应的股息所得。

(二)被投资国(地区)的企业所得税法定税率不低于5%。

本条所称旅游业、现代服务业、高新技术产业,按照海南自由贸易港鼓励类产业目录执行。

三、对在海南自由贸易港设立的企业,新购置(含自建、自行开发)固定资产或无形资产,单位价值不超过500万元(含)的,允许一次性计入当期成本费用在计算应纳税所得额时扣除,不再分年度计算折旧和摊销;新购置(含自建、自行开发)固定资产或无形资产,单位价值超过500万元的,可以缩短折旧、摊销年限或采取加速折旧、摊销的方法。

本条所称固定资产,是指除房屋、建筑物以外的固定资产。

四、本通知自2020年1月1日起执行至2024年12月31日。

财政部、海关总署、税务总局关于海南自由贸易港自用生产设备“零关税”政策的通知

(2021年2月24日 财关税〔2021〕7号)

海南省财政厅、海口海关、国家税务总局海南省税务局:

为贯彻《海南自由贸易港建设总体方案》,经国务院同意,现将海南自由贸易港自用生产设备“零关税”政策通知如下:

一、全岛封关运作前,对海南自由贸易港注册登记并具有独立法人资格的企业进口自用的生产设备,除法律法规和相关规定明确不予免税、国家规定禁止进口的商品,以及本通知所附《海南自由贸易港“零关税”自用生产设备负面清单》所列设备外,免征关税、进口环节增值税和消费税。

二、本通知所称生产设备,是指基础设施建设、加工制造、研发设计、检测维修、物流仓储、医疗服务、文体旅游等生产经营活动所需的设备,包括《中华人民共和国进出口税则》第八十四、八十五和九十章中除家用电器及设备零件、部件、附件、元器件外的其他商品。

三、符合第一条规定条件的企业名单以及从事附件涵盖行业的企业名单,由海南省发展改革、工业和信息化等主管部门会同海南省财政厅、海口海关、国家税务总局海南省税务局确定,动态调整,并函告海口海关。

四、《海南自由贸易港“零关税”自用生产设备负面清单》详见附件。清单内容由财政部、海关总署、税务总局会同相关部门,根据海南自由贸易港实际需要和监管条件进行动态调整。

五、《进口不予免税的重大技术装备和产品目录》、《外商投资项目不予免税的进口商品目录》以及《国内投资项目不予免税的进口商品目录》,暂不适用于海南自由贸易港自用生产设备“零关税”政策。符合本政策规定条件的企业,进口上述三个目录内的设备,可免征关税、进口环节增值税和消费税。

六、为便于执行，财政部、海关总署将会同有关部门另行明确第二条中家用电器及设备零件、部件、附件、元器件商品范围。

七、“零关税”生产设备限海南自由贸易港符合政策规定条件的企业在海南自由贸易港内自用，并接受海关监管。因企业破产等原因，确需转让的，转让前应征得海关同意并办理相关手续。其中，转让给不符合政策规定条件主体的，还应按规定补缴进口相关税款。转让“零关税”生产设备，照章征收国内环节增值税、消费税。

八、企业进口“零关税”自用生产设备，自愿缴纳进口环节增值税和消费税的，可在报关时提出申请。

九、海南省相关部门应通过信息化等手段加强监管、防控风险、及时查处违规行为，确保生产设备“零关税”政策平稳运行，并加强省内相关部门信息互联互通，共享符合政策条件的企业、“零关税”生产设备的监管等信息。

十、本通知自公布之日起实施。

附件：海南自由贸易港“零关税”自用生产设备负面清单

附件

海南自由贸易港“零关税”自用生产设备负面清单

一、法律法规和相关规定明确不予免税、国家规定禁止进口的商品。

二、煤炭开采和洗选业、黑色金属采选业、有色金属采选、非金属矿采选业企业进口的设备（从事建筑用砂、石、土和地热、矿泉水、海域矿产资源生产的企业除外）。

三、皮革鞣制加工业、毛皮鞣制及制品加工业企业进口的设备。

四、煤化工业、核燃料加工业企业进口的设备。

五、电石法聚氯乙烯业、铬盐业企业进口的设备。

六、黑色金属冶炼和压延加工业企业进口的设备。

七、有色金属冶炼和压延加工业企业进口的设备。

八、金属表面处理及热处理加工业中的电镀工艺，铅蓄电池制造业，印刷电路板等高污染、高环境风险生产制造业，金属废料和碎屑加工处理中的旧电池拆解回收业（新能源汽车动力蓄电池梯次利用所需设备除外）企业进口的设备。

九、煤制品制造业、核辐射加工业企业进口的设备。

十、水力发电中的小水电业企业进口的设备。

十一、燃煤电力、热力生产和供应业企业进口的设备。

财政部、税务总局、国家发展改革委关于延续西部大开发企业所得税政策的公告

（2020年4月23日财政部、税务总局、国家发展改革委公告2020年第23号公布 自2021年1月1日起施行）

为贯彻落实党中央、国务院关于新时代推进西部大开发形成新格局有关精神，现将延续西部大开发企业所得税政策公告如下：

一、自2021年1月1日至2030年12月31日，对设在西部地区的鼓励类产业企业减按15%的税率征收企业所得税。本条所称鼓励类产业企业是指以《西部地区鼓励类产业目录》中规定的产业项目为主营业务，且其主营业务收入占企业收入总额60%以上的企业。

二、《西部地区鼓励类产业目录》由发展改革委牵头制定。该目录在本公告执行期限内修订的，自修订版实施之日起按新版本执行。

三、税务机关在后续管理中，不能准确判定企业主营业务是否属于国家鼓励类产业项目时，可提请发展改革等相关部门出具意见。对不符合税收优惠政策规定条件的，由税务机关按税收征收管理法及有关规定进行相应处理。具体办法由省级发展改革、税务部门另行制定。

四、本公告所称西部地区包括内蒙古自治区、广西壮族自治区、重庆市、四川省、贵州省、云南省、西藏自治区、陕西省、甘肃省、青海省、宁夏回族自治区、新疆维吾尔自治区和新疆生产建设兵团。湖南省湘西土家族苗族自治州、湖北省恩施土家族苗族自治州、吉林省延边朝鲜族自治州和江西省赣州市，可以比照西部地区的企业所得税政策执行。

五、本公告自2021年1月1日起执行。《财政部 海关总署 国家税务总局关于深入实施西部大开发战略有关税收政策问题的通知》（财税〔2011〕58号）、《财政部 海关总署 国家税务总局关于赣州市执行西部大开发税收政策问题的通知》（财税〔2013〕4号）中的企业所得税政策规定自2021年1月1日起停止执行。

特此公告。

财政部、国家税务总局、住房和城乡建设部关于调整房地产交易环节契税、个人所得税优惠政策的通知

（2010年9月29日 财税〔2010〕94号）

各省、自治区、直辖市、计划单列市财政厅（局）、地方税务局、

住房城乡建设厅（建委、房地局），西藏、宁夏、青海省（自治区）国税局，新疆生产建设兵团财务局、建设局：

经国务院批准，现就调整房地产交易环节契税、个人所得税有关优惠政策通知如下：

一、关于契税政策

（一）对个人购买普通住房，且该住房属于家庭（成员范围包括购房人、配偶以及未成年子女，下同）唯一住房的，减半征收契税。对个人购买90平方米及以下普通住房，且该住房属于家庭唯一住房的，减按1%税率征收契税。

征收机关应查询纳税人契税纳税记录；无记录或有记录但有疑义的，根据纳税人的申请或授权，由房地产主管部门通过房屋登记信息系统查询纳税人家庭住房登记记录，并出具书面查询结果。如因当地暂不具备查询条件而不能提供家庭住房登记查询结果的，纳税人应向征收机关提交家庭住房实有套数书面诚信保证。诚信保证不实的，属于虚假纳税申报，按照《中华人民共和国税收征收管理法》的有关规定处理。

具体操作办法由各省、自治区、直辖市财政、税务、房地产主管部门共同制定。

（二）个人购买的普通住房，凡不符合上述规定的，不得享受上述优惠政策。

二、关于个人所得税政策

对出售自有住房并在1年内重新购房的纳税人不再减免个人所得税。

本通知自2010年10月1日起执行。《财政部、国家税务总局关于调整房地产市场若干税收政策的通知》（财税字〔1999〕210号）第一条有关契税的规定、《财政部、国家税务总局关于调整房地产交易环节税收政策的通知》（财税〔2008〕137号）第一条、《财政部、国家税务总局、建设部关于个人出售住房所得征收个人所得税有关问题的通知》（财税字〔1999〕278号）第三条同时废止。

特此通知。

国家税务总局关于实施高新技术企业所得税优惠政策有关问题的公告

（2017年6月19日国家税务总局公告2017年第24号公布）

为贯彻落实高新技术企业所得税优惠政策，根据《科技部 财政部 国家税务总局关于修订印发〈高新技术企业认定管理办法〉的通知》（国科发火〔2016〕32号，以下简称《认定办法》）及《科技部 财政部 国家税务总局关于修订印发〈高新技术企业认定管理工作指引〉的通知》（国科发火〔2016〕195号，以下简称《工作指引》）以及相关税收规定，现就实施高新技术企业所得税优惠政策有关问题公告如下：

一、企业获得高新技术企业资格后，自高新技术企业证书注明的发证时间所在年度起申报享受税收优惠，并按规定向主管税务机关办理备案手续。

企业的高新技术企业资格期满当年，在通过重新认定前，其企业所得税暂按15%的税率预缴，在年底前仍未取得高新技术企业资格的，应按规定补缴相应期间的税款。

二、对取得高新技术企业资格且享受税收优惠的高新技术企业，税务部门如在日常管理过程中发现其在高新技术企业认定过程中或享受优惠期间不符合《认定办法》第十一条规定的认定条件的，应提请认定机构复核。复核后确认不符合认定条件的，由认定机构取消其高新技术企业资格，并通知税务机关追缴其证书有效期内自不符合认定条件年度起已享受的税收优惠。

三、享受税收优惠的高新技术企业，每年汇算清缴时应按照《国家税务总局关于发布〈企业所得税优惠政策事项办理办法〉的公告》（国家税务总局公告2015年第76号）规定向税务机关提交企业所得税优惠事项备案表、高新技术企业资格证书履行备案手续，同时妥善保管以下资料留存备查：

1. 高新技术企业资格证书；
2. 高新技术企业认定资料；
3. 知识产权相关材料；
4. 年度主要产品（服务）发挥核心支持作用的技术属于《国家重点支持的高新技术领域》规定范围的说明，高新技术产品（服务）及对应收入资料；
5. 年度职工和科技人员情况证明材料；
6. 当年和前两个会计年度研发费用总额及占同期销售收入比例、研发费用管理资料以及研发费用辅助账，研发费用结构明细表（具体格式见《工作指引》附件2）；
7. 省税务机关规定的其他资料。

四、本公告适用于2017年度及以后年度企业所得税汇算清缴。2016年1月1日以后按《认定办法》认定的高新技术企业按本公告规定执行。2016年1月1日前按《科技部 财政部 国家税务总局关于印发〈高新技术企业认定管理办法〉的通知》（国科发火〔2008〕172号）认定的高新技术企业，仍按《国家税务总局关于实施高新技术企业所得税优惠有关问题的通知》（国税函〔2009〕203号）和国家税务总局公告2015年第76号的规定执行。

《国家税务总局关于高新技术企业资格复审期间企业所得税预缴问题的公告》（国家税务总局公告2011年第4号）同时废止。

特此公告。

高新技术企业认定管理办法

（2016 年 1 月 29 日 国科发火〔2016〕32 号）

第一章 总 则

第一条 为扶持和鼓励高新技术企业发展，根据《中华人民共和国企业所得税法》（以下称《企业所得税法》）、《中华人民共和国企业所得税法实施条例》（以下称《实施条例》）有关规定，特制定本办法。

第二条 本办法所称的高新技术企业是指：在《国家重点支持的高新技术领域》内，持续进行研究开发与技术成果转化，形成企业核心自主知识产权，并以此为基础开展经营活动，在中国境内（不包括港、澳、台地区）注册的居民企业。

第三条 高新技术企业认定管理工作应遵循突出企业主体、鼓励技术创新、实施动态管理、坚持公平公正的原则。

第四条 依据本办法认定的高新技术企业，可依照《企业所得税法》及其《实施条例》、《中华人民共和国税收征收管理法》（以下称《税收征管法》）及《中华人民共和国税收征收管理法实施细则》（以下称《实施细则》）等有关规定，申报享受税收优惠政策。

第五条 科技部、财政部、税务总局负责全国高新技术企业认定工作的指导、管理和监督。

第二章 组织与实施

第六条 科技部、财政部、税务总局组成全国高新技术企业认定管理工作领导小组（以下称“领导小组”），其主要职责为：

（一）确定全国高新技术企业认定管理工作方向，审议高新技术企业认定管理工作报告；

（二）协调、解决认定管理及相关政策落实中的重大问题；

（三）裁决高新技术企业认定管理事项中的重大争议，监督、检查各地区认定管理工作，对发现的问题指导整改。

第七条 领导小组下设办公室，由科技部、财政部、税务总局相关人员组成，办公室设在科技部，其主要职责为：

（一）提交高新技术企业认定管理工作报告，研究提出政策完善建议；

（二）指导各地区高新技术企业认定管理工作，组织开展对高新技术企业认定管理工作的监督检查，对发现的问题提出整改处理建议；

（三）负责各地区高新技术企业认定工作的备案管理，公布认定的高新技术企业名单，核发高新技术企业证书编号；

（四）建设并管理“高新技术企业认定管理工作网”；

（五）完成领导小组交办的其他工作。

第八条 各省、自治区、直辖市、计划单列市科技行政管理部门同本级财政、税务部门组成本地区高新技术企业认定管理机构（以下称“认定机构”）。认定机构下设办公室，由省级、计划单列市科技、财政、税务部门相关人员组成，办公室设在省级、计划单列市科技行政主管部门。认定机构主要职责为：

（一）负责本行政区域内的高新技术企业认定工作，每年向领导小组办公室提交本地区高新技术企业认定管理工作报告；

（二）负责将认定后的高新技术企业按要求报领导小组办公室备案，对通过备案的企业颁发高新技术企业证书；

（三）负责遴选参与认定工作的评审专家（包括技术专家和财务专家），并加强监督管理；

（四）负责对已认定企业进行监督检查，受理、核实并处理复核申请及有关举报等事项，落实领导小组及其办公室提出的整改建议；

（五）完成领导小组办公室交办的其他工作。

第九条 通过认定的高新技术企业，其资格自颁发证书之日起有效期为三年。

第十条 企业获得高新技术企业资格后，自高新技术企业证书颁发之日所在年度起享受税收优惠，可依照本办法第四条的规定到主管税务机关办理税收优惠手续。

第三章 认定条件与程序

第十一条 认定为高新技术企业须同时满足以下条件：

（一）企业申请认定时须注册成立一年以上；

（二）企业通过自主研发、受让、受赠、并购等方式，获得对其主要产品（服务）在技术上发挥核心支持作用的知识产权的所有权；

（三）对企业主要产品（服务）发挥核心支持作用的技术属于《国家重点支持的高新技术领域》规定的范围；

（四）企业从事研发和相关技术创新活动的科技人员占企业当年职工总数的比例不低于 10%；

（五）企业近三个会计年度（实际经营期不满三年的按实际经营时间计算，下同）的研究开发费用总额占同期销售收入总额的比例符合如下要求：

1. 最近一年销售收入小于 5,000 万元（含）的企业，比例不低于 5%；

2. 最近一年销售收入在 5,000 万元至 2 亿元（含）的企业，比例不低于 4%；

3. 最近一年销售收入在 2 亿元以上的企业，比例不低于 3%。

其中，企业在中国境内发生的研究开发费用总额占全部研究开发费用总额的比例不低于 60%；

（六）近一年高新技术产品（服务）收入占企业同期总收入的比例不低于 60%；

（七）企业创新能力评价应达到相应要求；

（八）企业申请认定前一年内未发生重大安全、重大质量事故或严重环境违法行为。

第十二条 高新技术企业认定程序如下：

（一）企业申请

企业对照本办法进行自我评价。认为符合认定条件的在“高新技术企业认定管理工作网”注册登记，向认定机构提出认定申请。申请时提交下列材料：

1. 高新技术企业认定申请书；

2. 证明企业依法成立的相关注册登记证件；

3. 知识产权相关材料、科研项目立项证明、科技成果转化、研究开发的组织管理等相关材料；

4. 企业高新技术产品（服务）的关键技术和技术指标、生产批文、认证认可和相关资质证书、产品质量检验报告等相关材料；

5. 企业职工和科技人员情况说明材料；

6. 经具有资质的中介机构出具的企业近三个会计年度研究开发费用和近一个会计年度高新技术产品（服务）收入专项审计或鉴证报告，并附研究开发活动说明材料；

7. 经具有资质的中介机构鉴证的企业近三个会计年度的财务会计报告（包括会计报表、会计报表附注和财务情况说明书）；

8. 近三个会计年度企业所得税年度纳税申报表。

（二）专家评审

认定机构应在符合评审要求的专家中，随机抽取组成专家组。专家组对企业申报材料进行评审，提出评审意见。

（三）审查认定

认定机构结合专家组评审意见，对申请企业进行综合审查，提出认定意见并报领导小组办公室。认定企业由领导小组办公室在“高新技术企业认定管理工作网”公示10个工作日，无异议的，予以备案，并在“高新技术企业认定管理工作网”公告，由认定机构向企业颁发统一印制的“高新技术企业证书”；有异议的，由认定机构进行核实处理。

第十三条 企业获得高新技术企业资格后，应每年5月底前在“高新技术企业认定管理工作网”填报上一年度知识产权、科技人员、研发费用、经营收入等年度发展情况报表。

第十四条 对于涉密企业，按照国家有关保密工作规定，在确保涉密信息安全的前提下，按认定工作程序组织认定。

第四章 监督管理

第十五条 科技部、财政部、税务总局建立随机抽查和重点检查机制，加强对各地高新技术企业认定管理工作的监督检查。对存在问题的认定机构提出整改意见并限期改正，问题严重的给予通报批评，逾期不改的暂停其认定管理工作。

第十六条 对已认定的高新技术企业，有关部门在日常管理过程中发现其不符合认定条件的，应提请认定机构复核。复核后确认不符合认定条件的，由认定机构取消其高新技术企业资格，并通知税务机关追缴其不符合认定条件年度起已享受的税收优惠。

第十七条 高新技术企业发生更名或与认定条件有关的重大变化（如分立、合并、重组以及经营业务发生变化等）应在三个月内向认定机构报告。经认定机构审核符合认定条件的，其高新技术企业资格不变，对于企业更名的，重新核发认定证书，编号与有效期不变；不符合认定条件的，自更名或条件变化年度起取消其高新技术企业资格。

第十八条 跨认定机构管理区域整体迁移的高新技术企业，在其高新技术企业资格有效期内完成迁移的，其资格继续有效；跨认定机构管理区域部分搬迁的，由迁入地认定机构按照本办法重新认定。

第十九条 已认定的高新技术企业有下列行为之一的，由认定机构取消其高新技术企业资格：

（一）在申请认定过程中存在严重弄虚作假行为的；

（二）发生重大安全、重大质量事故或有严重环境违法行为的；

（三）未按期报告与认定条件有关重大变化情况，或累计两年未填报年度发展情况报表的。

对被取消高新技术企业资格的企业，由认定机构通知税务机关按《税收征管法》及有关规定，追缴其自发生上述行为之日所属年度起已享受的高新技术企业税收优惠。

第二十条 参与高新技术企业认定工作的各类机构和人员对所承担的有关工作负有诚信、合规、保密义务。违反高新技术企业认定工作相关要求和纪律的，给予相应处理。

第五章 附 则

第二十一条 科技部、财政部、税务总局根据本办法另行制定《高新技术企业认定管理工作指引》。

第二十二条 本办法由科技部、财政部、税务总局负责解释。

第二十三条 本办法自2016年1月1日起实施。原《高新技术企业认定管理办法》（国科发火〔2008〕172号）同时废止。

附件：国家重点支持的高新技术领域（略）

财政部、税务总局、商务部、科技部、国家发展改革委关于将技术先进型服务企业所得税政策推广至全国实施的通知

（2017年11月2日 财税〔2017〕79号）

各省、自治区、直辖市、计划单列市财政厅（局）、国家税务局、地方税务局、商务主管部门、科技厅（委、局）、发展改革委，新疆生产建设兵团财务局、商务局、科技局、发展改革委：

为贯彻落实《国务院关于促进外资增长若干措施的通知》（国发〔2017〕39号）要求，发挥外资对优化服务贸易结构的积极作用，引导外资更多投向高技术、高附加值服务业，促

进企业技术创新和技术服务能力的提升，增强我国服务业的综合竞争力，现就技术先进型服务企业有关企业所得税政策问题通知如下：

一、自2017年1月1日起，在全国范围内实行以下企业所得税优惠政策：

1. 对经认定的技术先进型服务企业，减按15%的税率征收企业所得税。

2. 经认定的技术先进型服务企业发生的职工教育经费支出，不超过工资薪金总额8%的部分，准予在计算应纳税所得额时扣除；超过部分，准予在以后纳税年度结转扣除。

二、享受本通知第一条规定的企业所得税优惠政策的技术先进型服务企业必须同时符合以下条件：

1. 在中国境内（不包括港、澳、台地区）注册的法人企业；

2. 从事《技术先进型服务业务认定范围（试行）》（详见附件）中的一种或多种技术先进型服务业务，采用先进技术或具备较强的研发能力；

3. 具有大专以上学历的员工占企业职工总数的50%以上；

4. 从事《技术先进型服务业务认定范围（试行）》中的技术先进型服务业务取得的收入占企业当年总收入的50%以上；

5. 从事离岸服务外包业务取得的收入不低于企业当年总收入的35%。

从事离岸服务外包业务取得的收入，是指企业根据境外单位与其签订的委托合同，由本企业或其直接转包的企业为境外单位提供《技术先进型服务业务认定范围（试行）》中所规定的信息技术外包服务（ITO）、技术性业务流程外包服务（BPO）和技术性知识流程外包服务（KPO），而从上述境外单位取得的收入。

三、技术先进型服务企业的认定管理

1. 省级科技部门会同本级商务、财政、税务和发展改革部门根据本通知规定制定本省（自治区、直辖市、计划单列市）技术先进型服务企业认定管理办法，并负责本地区技术先进型服务企业的认定管理工作。各省（自治区、直辖市、计划单列市）技术先进型服务企业认定管理办法应报科技部、商务部、财政部、税务总局和国家发展改革委备案。

2. 符合条件的技术先进型服务企业应向所在省级科技部门提出申请，由省级科技部门会同本级商务、财政、税务和发展改革部门联合评审后发文认定，并将认定企业名单及有关情况通过科技部“全国技术先进型服务企业业务办理管理平台”备案，科技部与商务部、财政部、税务总局和国家发展改革委共享备案信息。符合条件的技术先进型服务企业须在商务部“服务贸易统计监测管理信息系统（服务外包信息管理应用）”中填报企业基本信息，按时报送数据。

3. 经认定的技术先进型服务企业，持相关认定文件向所在地主管税务机关办理享受本通知第一条规定的企业所得税优惠政策事宜。享受企业所得税优惠的技术先进型服务企业条件发生变化的，应当自发生变化之日起15日内向主管税务机关报告；不再符合享受税收优惠条件的，应当依法履行纳税义务。主管税务机关在执行税收优惠政策过程中，发现企业不具备技术先进型服务企业资格的，应提请认定机构复核。复核后确认不符合认定条件的，应取消企业享受税收优惠政策的资格。

4. 省级科技、商务、财政、税务和发展改革部门对经认定并享受税收优惠政策的技术先进型服务企业应做好跟踪管理，对变更经营范围、合并、分立、转业、迁移的企业，如不再符合认定条件，应及时取消其享受税收优惠政策的资格。

5. 省级财政、税务、商务、科技和发展改革部门要认真贯彻落实本通知的各项规定，在认定工作中对内外资企业一视同仁，平等对待，切实做好沟通与协作工作。在政策实施过程中发现问题，要及时反映上报财政部、税务总局、商务部、科技部和国家发展改革委。

6. 省级科技、商务、财政、税务和发展改革部门及其工作人员在认定技术先进型服务企业工作中，存在违法违纪行为的，按照《公务员法》《行政监察法》等国家有关规定追究相应责任；涉嫌犯罪的，移送司法机关处理。

7. 本通知印发后，各地应按照本通知规定于2017年12月31日前出台本省（自治区、直辖市、计划单列市）技术先进型服务企业认定管理办法并据此开展认定工作。现有31个中国服务外包示范城市已认定的2017年度技术先进型服务企业继续有效。从2018年1月1日起，中国服务外包示范城市技术先进型服务企业认定管理工作依照所在省（自治区、直辖市、计划单列市）制定的管理办法实施。

附件：

技术先进型服务业务认定范围(试行)

一、信息技术外包服务(ITO)

(一)软件研发及外包

类　别	适用范围
软件研发及开发服务	用于金融、政府、教育、制造业、零售、服务、能源、物流、交通、媒体、电信、公共事业和医疗卫生等部门和企业,为用户的运营/生产/供应链/客户关系/人力资源和财务管理、计算机辅助设计/工程等业务进行软件开发,包括定制软件开发,嵌入式软件、套装软件开发,系统软件开发、软件测试等。
软件技术服务	软件咨询、维护、培训、测试等技术性服务。

(二)信息技术研发服务外包

类　别	适用范围
集成电路和电子电路设计	集成电路和电子电路产品设计以及相关技术支持服务等。
测试平台	为软件、集成电路和电子电路的开发运用提供测试平台。

(三)信息系统运营维护外包

类　别	适用范围
信息系统运营和维护服务	客户内部信息系统集成、网络管理、桌面管理与维护服务;信息工程、地理信息系统、远程维护等信息系统应用服务。
基础信息技术服务	基础信息技术管理平台整合、IT 基础设施管理、数据中心、托管中心、安全服务、通讯服务等基础信息技术服务。

二、技术性业务流程外包服务(BPO)

类别	适用范围
企业业务流程设计服务	为客户企业提供内部管理、业务运作等流程设计服务。
企业内部管理服务	为客户企业提供后台管理、人力资源管理、财务、审计与税务管理、金融支付服务、医疗数据及其他内部管理业务的数据分析、数据挖掘、数据管理、数据使用的服务;承接客户专业数据处理、分析和整合服务。
企业运营服务	为客户企业提供技术研发服务、为企业经营、销售、产品售后服务提供的应用客户分析、数据库管理等服务。主要包括金融服务业务、政务与教育业务、制造业务和生命科学、零售和批发与运输业务、卫生保健业务、通讯与公共事业业务、呼叫中心、电子商务平台等。
企业供应链管理服务	为客户企业提供采购、物流的整体方案设计及数据库服务。

三、技术性知识流程外包服务(KPO)

适用范围
知识产权研究、医药和生物技术研发和测试、产品技术研发、工业设计、分析学和数据挖掘、动漫及网游设计研发、教育课件研发、工程设计等领域。

财政部、税务总局关于继续执行的资源税优惠政策的公告

（2020 年 6 月 24 日财政部、税务总局公告 2020 年第 32 号公布）

《中华人民共和国资源税法》已由第十三届全国人民代表大会常务委员会第十二次会议于 2019 年 8 月 26 日通过，自 2020 年 9 月 1 日起施行。为贯彻落实资源税法，现将税法施行后继续执行的资源税优惠政策公告如下：

1. 对青藏铁路公司及其所属单位运营期间自采自用的砂、石等材料免征资源税。具体操作按《财政部、国家税务总局关于青藏铁路公司运营期间有关税收等政策问题的通知》（财税〔2007〕11 号）第三条规定执行。

2. 自 2018 年 4 月 1 日至 2021 年 3 月 31 日，对页岩气资源税减征 30%。具体操作按《财政部、国家税务总局关于对页岩气减征资源税的通知》（财税〔2018〕26 号）规定执行。

3. 自 2019 年 1 月 1 日至 2021 年 12 月 31 日，对增值税小规模纳税人可以在 50% 的税额幅度内减征资源税。具体操作按《财政部、税务总局关于实施小微企业普惠性税收减免政策的通知》（财税〔2019〕13 号）有关规定执行。

4. 自 2014 年 12 月 1 日至 2023 年 8 月 31 日，对充填开采置换出来的煤炭，资源税减征 50%。

特此公告。

图书在版编目（CIP）数据

中华人民共和国财税法律法规全书：含优惠政策：2021年版／中国法制出版社编．—7版．—北京：中国法制出版社，2021.3

（法律法规全书系列）

ISBN 978－7－5216－1598－2

Ⅰ．①中…　Ⅱ．①中…　Ⅲ．①财政法－汇编－中国②税法－汇编－中国　Ⅳ．①D922.209

中国版本图书馆CIP数据核字（2021）第019562号

策划编辑：袁笋冰　　责任编辑：李璞娜　　封面设计：杨泽江

中华人民共和国财税法律法规全书

ZHONGHUA RENMIN GONGHEGUO CAISHUI FALÜ FAGUI QUANSHU

经销/新华书店

印刷/三河市国英印务有限公司

开本/787毫米×960毫米　16开　　印张/45.75　字数/1362千

版次/2021年3月第7版　　2021年3月第1次印刷

中国法制出版社出版

书号 ISBN 978－7－5216－1598－2　　定价：108.00元

北京西单横二条2号

邮政编码 100031　　传真：010－66031119

网址：http：//www.zgfzs.com　　**编辑部电话：010－66066627**

市场营销部电话：010－66033393　　**邮购部电话：010－66033288**

（如有印装质量问题，请与本社印务部联系调换。电话：010－66032926）